THE NEW DICTIONARY

Hebrew-English English-Hebrew

THE NEW DICTIONARY

Hebrew-English English-Hebrew

Compiled by YISRAEL LAZAR

KIRYAT SEFER LTD., JERUSALEM

ISBN-965-17-0204-4 מסת"ב

Printed in Israel נִדְפַּס בִּמְדִינַת יִשְׂרָאֵל

Hemed Press Ltd., Jerusalem דְּפוּס חֶמֶד בְּע"מ יְרוּשָׁלַיִם

CONTENTS
(English–Hebrew)

Preface

This new bilingual dictionary, appearing at the end of the twentieth century and on the threshold of the year 2000, contains words and concepts which are most commonly used in Hebrew and English in daily life, in the press and media, in education, and in the realm of science and technology. In modern times every living language has undergone many changes and developments. This is true especially for English, which is today the international medium of communication, but is also true for Hebrew, the ancient Biblical tongue which has undergone so many deep and extensive developments in the last hundred years, and has spread in usage both in Israel and in other centers of Jewish life.

Arrangement of Entries

Special features of this dictionary concern the Hebrew side in particular. The spelling is the full spelling established by the Hebrew Language Academy and obligatory in all written materials. We have however seen fit also to vocalize each word fully so as to enable the user and learner to know its proper pronunciation. Verbs are entered as usual in Hebrew dictionary practice according to the third person past tense of the simple conjugation פָּעַל, thus שָׁמַר, לָמַד, כָּתַב and so on. In the פִּיעֵל conjugation י, and in the פּוּעַל conjugation ו, have been added after the first root letter, thus סִידֵּר, לִימֵּד, בִּיטֵּל . . . סוּדַּר, שׁוּתַּק, בּוּטַּל . . . . In the נִפְעַל conjugation verbs are arranged beginning with נ, thus נִכְתַּב, נוֹתַר, נוֹאַשׁ . . . . and in the הִפְעִיל, הוּפְעַל and הִתְפַּעֵל conjugations verbs are arranged beginning with ה, thus הִשְׁלִיךְ, הִמְתִּין, הִשְׁמִיד . . . הוּשְׁלַךְ, הוּרְתַּק, הוּשְׁמַד . . . הִתְלַהֵב, הִסְתַּדֵּר, הִזְדַּמֵּן, הִצְטַעֵר . . .

הקיצורים בחלק האנגלי־עברי הם:
Abbreviations on the English Side

abbrev. – abbreviation קִיצוּר
adj. – adjective תוֹאַר
adv. – adverb תוֹאַר הַפּוֹעַל
coll. – colloquial דִיבּוּרִי, בִּלְשׁוֹן הַדִיבּוּר
conj. – conjunction מִלַת חִיבּוּר
fem. – feminine נְקֵבָה
fig. – figurative בְּהַשְׁאָלָה
imp. – imperative צִיוּוּי
inf. – infinitive מָקוֹר
inter. – interjection מִלַת קְרִיאָה
masc. – masculine מִין זָכָר
n. – noun שֵׁם (עֶצֶם)
pl. – plural רַבִּים
pp. – past or passive participle עָבָר או 'בֵּינוֹנִי פָּעוּל'
prep. – preposition מִלַת יַחַס
pron. – pronoun מִלַת גוּף, כִּינּוּי גוּף
pt. – past tense זְמַן עָבָר
s., sing. – singular יָחִיד
sl. – slang סְלֶנג, עָגָה
v. aux. -- auxiliary verb פּוֹעַל עֵזֶר
v.i. – intransitive verb פּוֹעַל עוֹמֵד
v.t. – transitive verb פּוֹעַל יוֹצֵא

GRAMMATICAL TABLES
טבלאות דקדוק

פעלים חריגי נטייה

להלן רשימת פעלים באנגלית שצורות העבר וה׳בינוני פעול׳ שלהן חריגות. בדרך כלל מוסיפים בפועל את הסופיות ed הן לצורות העבר והן לצורות ה׳בינוני פעול׳. ברשימת Irregular Verbs אין ed בסוף הפועל בעבר או ב׳בינוני פעול׳ אלא סיומות אחרות או ששינויים ׳פנימיים׳ חלים בפועל בעבר או ב׳בינוני פעול׳

ENGLISH IRREGULAR VERBS

PRESENT	PAST	PAST PARTICIPLE
abide	abode	abode
am, is, are	was, were	been
arise	arose	arisen
awake	awoke, awaked	awoke, awaked
bear	bore	born, borne
beat	beat	beaten, beat
become	became	become
begin	began	begun
bend	bent	bent
bereave	bereaved, bereft	bereaved, bereft
beseech	beseeched, besought	beseeched, besought
beset	beset	beset
bet	bet, betted	bet, betted
bid	bade, bid	bidden, bid
bind	bound	bound
bite	bit	bitten
bleed	bled	bled
blow	blew	blown
break	broke	broken
breed	bred	bred
bring	brought	brought
build	built	built
burn	burned, burnt	burned, burnt

PRESENT	PAST	PAST PARTICIPLE
burst	burst	burst
buy	bought	bought
can	could	
cast	cast	cast
catch	caught	caught
choose	chose	chosen
cleave	cleaved, clove, cleft	cleaved; cloven, cleft
cling	clung	clung
clothe	clothed, clad	clothed, clad
come	came	come
cost	cost	cost
creep	crept	crept
crow	crowed, crew	crowed
cut	cut	cut
deal	dealt	dealt
dig	dug	dug
do	did	done
draw	drew	drawn
dream	dreamed, dream	dreamed, dreamt
drink	drank	drunk
drive	drove	driven
dwell	dwelled, dwelt	dwelled, dwelt
eat	ate	eaten
fall	fell	fallen
feed	fed	fed
feel	felt	felt
fight	fought	fought
find	found	found
flee	fled	fled
fling	flung	flung
fly	flew	flown
forbear	forbore	forborne
forbid	forbade, forbad	forbidden
forget	forgot	forgotten

PRESENT	PAST	PAST PARTICIPLE
forgive	forgave	forgiven
forsake	forsook	forsaken
freeze	froze	frozen
get	got	got, gotten
gild	gilded, gilt	gilded, gilt
gird	girded, girt	girded, girt
give	gave	given
go	went	gone
grind	ground	ground
grow	grew	grown
hang	hung	hung
have	had	had
hear	heard	heard
heave	heaved, hove	heaved, hove
help	helped	helped
hew	hewed	hewed, hewn
hide	hid	hidden, hid
hit	hit	hit
hold	held	held
hurt	hurt	hurt
keep	kept	kept
kneel	knelt, kneeled	knelt, kneeled
knit	knitted, knit	knitted, knit
know	knew	known
lay	laid	laid
lead	led	led
lean	leaned, leant	leaned, leant
leap	leaped, leapt	leaped, leapt
learn	learned, learnt	learned, learnt
leave	left	left
lend	lent	lent
let	let	let
lie	lay	lain
light	lighted, lit	lighted, lit

PRESENT	PAST	PAST PARTICIPLE
load	loaded	loaded, laden
lose	lost	lost
make	made	made
may	might	–
mean	meant	meant
meet	met	met
mow	mowed	mowed, mown
must	–	–
ought	–	
pay	paid	paid
pent	penned, pent	penned, pent
put	put	put
rend	rent	rent
rid	rid	rid
ride	rode	ridden
ring	rang	rung
rise	rose	risen
ran	ran	run
saw	sawed	sawed, sawn
say	said	said
see	saw	seen
seek	sought	sought
sell	sold	sold
send	sent	sent
set	set	set
sew	sewed	sewed, sewn
shake	shook	shaken
shall	should	–
shave	shaved	shaved, shaven
shear	sheared	shorn
shed	shed	shed
shine	shone	shone
shod	shod	shod
shoot	shot	shot

PRESENT	PAST	PAST PARTICIPLE
show	showed	shown
shred	shredded	shredded, shred
shrink	shrank, shrunk	shrunk
shut	shut	shut
sing	sang	sung
sink	sank	sunk
sit	sat	sat
slay	slew	slain
sleep	slept	slept
slide	slid	slid
sling	slung	slung
slink	slunk	slunk
slit	slit, slitted	slit, slitted
smell	smelled, smelt	smelled, smelt
smite	smote	smitten
sow	sowed	sown, sowed
speak	spoke	spoken
speed	sped, speeded	sped, speeded
spell	spelled, spelt	spelled, spelt
spend	spent	spent
spill	spilled, spilt	spilled, spilt
spin	spun	spun
spit	spat, spit	spat, spit
split	split	split
spoil	spoiled, spoilt	spoiled, spoilt
spread	spread	spread
spring	sprang	sprung
stand	stood	stood
steal	stole	stolen
stick	stuck	stuck
sting	stung	stung
stink	stank, stunk	stunk
strew	strewed	strewed, strewn
stride	strode	stridden

PRESENT	PAST	PAST PARTICIPLE
strike	struck	struck
string	strung	strung
strive	strove, strived	striven, strived
swear	swore	sworn
sweep	swept	swept
swell	swelled	swelled, swollen
swim	swam	swum
swing	swung	swung
take	took	taken
teach	taught	taught
tear	tore	torn
tell	told	told
think	thought	thought
thrive	thrived, throve	thrived, thriven
throw	threw	thrown
understand	understood	understood
thrust	thrust	thrust
tread	trod	trodden, trod
upset	upset	upset
wake	waked, woke	waked, woken
wear	wore	worn
weave	wove	woven
weep	wept	wept
wet	wet, wetted	wet, wetted
will	would	
win	won	won
wind	wound	wound
work	worked, wrought	worked, wrought
wring	wrung	wrung
write	wrote	written

דּוּגְמָה לִנְטִיַּית הַפּוֹעַל מִגִּזְרַת הַשְּׁלֵמִים: הַשּׁוֹרֶשׁ פקד
(בכתיב מלא)

SAMPLE INFLECTION OF THE REGULAR VERB
ROOT פקד

בִּנְיָין Pattern זמן Tense	פָּעַל (קַל)	נִפְעַל	פִּיעֵל	פּוּעַל	הִתְפַּעֵל	הִפְעִיל	הוּפְעַל
עָבָר Past	פָּקַדְתִּי פָּקַדְתָּ פָּקַדְתְּ פָּקַד פָּקְדָה פָּקַדְנוּ פְּקַדְתֶּם פְּקַדְתֶּן פָּקְדוּ	נִפְקַדְתִּי נִפְקַדְתָּ נִפְקַדְתְּ נִפְקַד נִפְקְדָה נִפְקַדְנוּ נִפְקַדְתֶּם נִפְקַדְתֶּן נִפְקְדוּ	פִּיקַּדְתִּי פִּיקַּדְתָּ פִּיקַּדְתְּ פִּיקֵּד פִּיקְּדָה פִּיקַּדְנוּ פִּיקַּדְתֶּם פִּיקַּדְתֶּן פִּיקְּדוּ	פּוּקַּדְתִּי פּוּקַּדְתָּ פּוּקַּדְתְּ פּוּקַּד פּוּקְּדָה פּוּקַּדְנוּ פּוּקַּדְתֶּם פּוּקַּדְתֶּן פּוּקְּדוּ	הִתְפַּקַּדְתִּי הִתְפַּקַּדְתָּ הִתְפַּקַּדְתְּ הִתְפַּקֵּד הִתְפַּקְּדָה הִתְפַּקַּדְנוּ הִתְפַּקַּדְתֶּם הִתְפַּקַּדְתֶּן הִתְפַּקְּדוּ	הִפְקַדְתִּי הִפְקַדְתָּ הִפְקַדְתְּ הִפְקִיד הִפְקִידָה הִפְקַדְנוּ הִפְקַדְתֶּם הִפְקַדְתֶּן הִפְקִידוּ	הוּפְקַדְתִּי הוּפְקַדְתָּ הוּפְקַדְתְּ הוּפְקַד הוּפְקְדָה הוּפְקַדְנוּ הוּפְקַדְתֶּם הוּפְקַדְתֶּן הוּפְקְדוּ
הוֹוֶה Present	פּוֹקֵד פּוֹקֶדֶת פּוֹקְדִים פּוֹקְדוֹת	נִפְקָד נִפְקֶדֶת נִפְקָדִים נִפְקָדוֹת	מְפַקֵּד מְפַקֶּדֶת מְפַקְּדִים מְפַקְּדוֹת	מְפוּקָּד מְפוּקֶּדֶת מְפוּקָּדִים מְפוּקָּדוֹת	מִתְפַּקֵּד מִתְפַּקֶּדֶת מִתְפַּקְּדִים מִתְפַּקְּדוֹת	מַפְקִיד מַפְקִידָה מַפְקִידִים מַפְקִידוֹת	מוּפְקָד מוּפְקֶדֶת מוּפְקָדִים מוּפְקָדוֹת
עָתִיד Future	אֶפְקוֹד תִּפְקוֹד תִּפְקְדִי יִפְקוֹד תִּפְקוֹד נִפְקוֹד תִּפְקְדוּ יִפְקְדוּ (תִּפְקוֹדְנָה)	אֶפָּקֵד תִּיפָּקֵד תִּיפָּקְדִי יִיפָּקֵד תִּיפָּקֵד נִיפָּקֵד תִּיפָּקְדוּ יִיפָּקְדוּ (תִּיפָּקַדְנָה)	אֲפַקֵּד[12] תְּפַקֵּד תְּפַקְּדִי יְפַקֵּד תְּפַקֵּד נְפַקֵּד תְּפַקְּדוּ יְפַקְּדוּ (תְּפַקֵּדְנָה)	אֲפוּקַּד[12] תְּפוּקַּד תְּפוּקְּדִי יְפוּקַּד תְּפוּקַּד נְפוּקַּד תְּפוּקְּדוּ יְפוּקְּדוּ (תְּפוּקַּדְנָה)	אֶתְפַּקֵּד תִּתְפַּקֵּד תִּתְפַּקְּדִי יִתְפַּקֵּד תִּתְפַּקֵּד נִתְפַּקֵּד תִּתְפַּקְּדוּ יִתְפַּקְּדוּ (תִּתְפַּקֵּדְנָה)	אַפְקִיד תַּפְקִיד תַּפְקִידִי יַפְקִיד תַּפְקִיד נַפְקִיד תַּפְקִידוּ יַפְקִידוּ (תַּפְקֵדְנָה)	אוּפְקַד תוּפְקַד תוּפְקְדִי יוּפְקַד תוּפְקַד נוּפְקַד תוּפְקְדוּ יוּפְקְדוּ (תוּפְקַדְנָה)
צִיוּוּי Imperative	פְּקוֹד פִּקְדִי פִּקְדוּ (פְּקוֹדְנָה)	הִיפָּקֵד הִיפָּקְדִי הִיפָּקְדוּ (הִיפָּקַדְנָה)	פַּקֵּד פַּקְּדִי פַּקְּדוּ (פַּקֵּדְנָה)	אַיִן	הִתְפַּקֵּד הִתְפַּקְּדִי הִתְפַּקְּדוּ (הִתְפַּקֵּדְנָה).	הַפְקֵד הַפְקִידִי הַפְקִידוּ (הַפְקֵדְנָה)	אַיִן

הַצּוּרוֹת בְּסִיּוֹמֶת – נָה בעתיד וּבציווּי הנתוּנוֹת בּסוֹגריים הן צוּרוֹת הנהוּגוֹת בּעתיד וּבציווּי בּעיקר בּמקרא לגוּף שני וּלגוּף שלישי רַבּוֹת. בּלשוֹן חֲכמִים בַּעֲקיבוּת, וּבמידה ההוֹלכת וגוֹברת גם בְּיָמינוּ, אֵין מִשְׁתַּמְשִׁים בַּצּוּרוֹת הַמָּאֳרָכוֹת לנקבוֹת אלא בַּצּוּרוֹת לְרַבִּים נוֹכחים ונסתרים: המדינוֹת יָדוּנוּ, הילדוֹת יְשַׂחֲקוּ, הַבְּעָיוֹת יִתְלַבְּנוּ, בּנוֹת, **בּוֹאוּ** הנה, חנה וּמזל שִׁמְעוּ בּקוֹלי וכו׳. הצּוּרוֹת המוֹארכוֹת לנקבוֹת – נוֹכְחוֹת ונסתרוֹת – הֵן אֵיפוֹא **רְשׁוּת** וְלֹא **חוֹבָה**, ועל כּן הוּבאוּ בּתוֹך סוֹגריים.

Parenthesized feminine forms with ־נָה in future and imperative are optional in Modern Hebrew, and the corresponding masculine forms are used instead.

תַּבְנִית־יְסוֹד לִנְטִיּוֹת הַשֵּׁם

SAMPLE INFLECTION OF THE NOUN

דּוּגְמָה לְשֵׁם נְקֵבָה: תְּמוּנָה Feminine		דּוּגְמָה לְשֵׁם זָכָר: דּוֹד Masculine	
מִסְפָּר רַבִּים Plural	מִסְפָּר יָחִיד Singular	רַבִּים Plural	יָחִיד Singular
תְּמוּנוֹת, תְּמוּנוֹת־	תְּמוּנָה, תְּמוּנַת־	דּוֹדִים, דּוֹדֵי־	דּוֹד, דּוֹד־
תְּמוּנוֹתַי	תְּמוּנָתִי	דּוֹדַי	דּוֹדִי
תְּמוּנוֹתֶיךָ	תְּמוּנָתְךָ	דּוֹדֶיךָ	דּוֹדְךָ
תְּמוּנוֹתַיִךְ	תְּמוּנָתֵךְ	דּוֹדַיִךְ	דּוֹדֵךְ
תְּמוּנוֹתָיו	תְּמוּנָתוֹ	דּוֹדָיו	דּוֹדוֹ
תְּמוּנוֹתֶיהָ	תְּמוּנָתָהּ	דּוֹדֶיהָ	דּוֹדָהּ
תְּמוּנוֹתֵינוּ	תְּמוּנָתֵנוּ	דּוֹדֵינוּ	דּוֹדֵנוּ
תְּמוּנוֹתֵיכֶם	תְּמוּנַתְכֶם	דּוֹדֵיכֶם	דּוֹדְכֶם
תְּמוּנוֹתֵיכֶן	תְּמוּנַתְכֶן	דּוֹדֵיכֶן	דּוֹדְכֶן
תְּמוּנוֹתֵיהֶם	תְּמוּנָתָם	דּוֹדֵיהֶם	דּוֹדָם
תְּמוּנוֹתֵיהֶן	תְּמוּנָתָן	דּוֹדֵיהֶן	דּוֹדָן

מִסְפָּרִים סִידּוּרִיִּים Ordinals		מִסְפָּרִים יְסוֹדִיִּים Cardinals		סְפָרוֹת Numerals
לִנְקֵבָה Feminine	לְזָכָר Masculine	לִנְקֵבָה Feminine	לְזָכָר Masculine	
רִאשׁוֹנָה	רִאשׁוֹן	אַחַת, אַחַת	אֶחָד, אַחַד־	1
שְׁנִיָּה	שֵׁנִי	שְׁתַּיִם שְׁתֵּי־	שְׁנַיִם שְׁנֵי־	2
שְׁלִישִׁית	שְׁלִישִׁי	שָׁלוֹשׁ שְׁלוֹשׁ־	שְׁלוֹשָׁה, שְׁלוֹשֶׁת־	3
רְבִיעִית	רְבִיעִי	אַרְבַּע, אַרְבַּע־	אַרְבָּעָה, אַרְבַּעַת־	4
חֲמִישִׁית	חֲמִישִׁי	חָמֵשׁ, חֲמֵשׁ־	חֲמִשָּׁה, חֲמֵשֶׁת־	5
שִׁשִּׁית	שִׁשִּׁי	שֵׁשׁ	שִׁשָּׁה, שֵׁשֶׁת־	6
שְׁבִיעִית	שְׁבִיעִי	שֶׁבַע, שְׁבַע	שִׁבְעָה, שִׁבְעַת־	7
שְׁמִינִית	שְׁמִינִי	שְׁמוֹנֶה	שְׁמוֹנָה, שְׁמוֹנַת־	8
תְּשִׁיעִית	תְּשִׁיעִי	תֵּשַׁע, תְּשַׁע־, תְּשַׁע	תִּשְׁעָה, תִּשְׁעַת־	9
עֲשִׂירִית	עֲשִׂירִי	עֶשֶׂר, עֶשֶׂר־	עֲשָׂרָה, עֲשֶׂרֶת־	10
הָאַחַת־עֶשְׂרֵה	הָאַחַד־עָשָׂר	אַחַת עֶשְׂרֵה	אַחַד עָשָׂר	11
הַשְׁתֵּים־עֶשְׂרֵה	הַשְׁנֵים־עָשָׂר	שְׁתֵּים עֶשְׂרֵה	שְׁנֵים עָשָׂר	12
הַשְׁלוֹשׁ־עֶשְׂרֵה	הַשְׁלוֹשָׁה־עָשָׂר	שְׁלוֹשׁ עֶשְׂרֵה	שְׁלוֹשָׁה עָשָׂר	13
הָאַרְבַּע־עֶשְׂרֵה	הָאַרְבָּעָה־עָשָׂר	אַרְבַּע עֶשְׂרֵה	אַרְבָּעָה עָשָׂר	14
הַחֲמֵשׁ־עֶשְׂרֵה	הַחֲמִשָּׁה־עָשָׂר	חֲמֵשׁ עֶשְׂרֵה	חֲמִשָּׁה עָשָׂר	15
הַשֵּׁשׁ־עֶשְׂרֵה	הַשִּׁשָּׁה־עָשָׂר	שֵׁשׁ־עֶשְׂרֵה	שִׁשָּׁה עָשָׂר	16
הַשְּׁבַע־עֶשְׂרֵה	הַשִּׁבְעָה־עָשָׂר	שְׁבַע־עֶשְׂרֵה	שִׁבְעָה עָשָׂר	17
הַשְּׁמוֹנֶה־עֶשְׂרֵה	הַשְּׁמוֹנָה־עָשָׂר	שְׁמוֹנֶה עֶשְׂרֵה	שְׁמוֹנָה עָשָׂר	18
הַתְּשַׁע־עֶשְׂרֵה	הַתִּשְׁעָה־עָשָׂר	תְּשַׁע עֶשְׂרֵה	תִּשְׁעָה עָשָׂר	19
הָעֶשְׂרִים	הָעֶשְׂרִים	עֶשְׂרִים	עֶשְׂרִים	20
הָעֶשְׂרִים וְאַחַת	הָעֶשְׂרִים וְאֶחָד	עֶשְׂרִים וְאַחַת	עֶשְׂרִים וְאֶחָד	21
	הַשְּׁלוֹשִׁים		שְׁלוֹשִׁים	30
	הָאַרְבָּעִים		אַרְבָּעִים	40
	הַחֲמִשִּׁים		חֲמִשִּׁים	50
	הַשִּׁשִּׁים		שִׁשִּׁים	60
	הַשִּׁבְעִים		שִׁבְעִים	70
	הַשְּׁמוֹנִים		שְׁמוֹנִים	80
	הַתִּשְׁעִים		תִּשְׁעִים	90
	הַמֵּאָה		מֵאָה	100
	הַמֵּאָה עֶשְׂרִים וַחֲמִשָּׁה (וְחָמֵשׁ)		מֵאָה עֶשְׂרִים וַחֲמִשָּׁה (וְחָמֵשׁ)	125
	הַמָּאתַיִם		מָאתַיִם	200
	הַשְּׁלוֹשׁ־מֵאוֹת		שְׁלוֹשׁ מֵאוֹת	300
	הָאַרְבַּע־מֵאוֹת		אַרְבַּע מֵאוֹת	400
	הָאֶלֶף		אֶלֶף	1000
	הָאַלְפַּיִם		אַלְפַּיִם	2000

הָאוֹתִיּוֹת בְּמִסְפָּרִים

NUMERICAL VALUES OF THE LETTERS

ק–100	מ–40	ז–7	א–1
ר–200	נ–50	ח–8	ב–2
ש–300	ס–60	ט–9	ג–3
ת–400	ע–70	י–10	ד–4
	פ–80	כ–20	ה–5
	צ–90	ל–30	ו–6

ת"ר–600	י"ח–18	י"א–11
תרי"ג–613	י"ט–19	י"ב–12
ת"ש–700	כ"א–21	י"ג–13
		י"ד–14
ת"ת–800	ל"א–31	ט"ו–15
תת"ק–900		ט"ז–16
א'–1,000	ת"ק–500	י"ז–17
התש"ן–5,750		

A

a, an *adj.* תָּווִית מְסַתֶּמֶת לְשֵׁם עֶצֶם אוֹ תּוֹאַר יָחִיד

aback *adv.* לְאָחוֹר, אֲחוֹרָה (לגבי מִפרשׂי ספינה)

abacus *n.* חֶשְׁבּוֹנִיָּיה

abandon *v.* זָנַח, הִפְקִיר

abandon *n.* מוּפְקָרוּת

abase *v.* בִּיזָּה, הִשְׁפִּיל

abash *v.* הֵבִיךְ; הִכְלִים, בִּייֵּשׁ

abate *v.* שָׁכַךְ, צִמְצֵם

abattoir *n.* בֵּית־מִטְבָּחַיִים

abbess *n.* (אישה) רֹאשׁ מִנְזָר

abbey *n.* מִנְזָר, בֵּית נְזִירִים

abbot *n.* (גֶּבֶר) רֹאשׁ מִנְזָר

abbreviate *v.* נִטְרֵק, קִיצֵּר

abbreviation *n.* נִטְרוּק, רָאשֵׁי תֵּיבוֹת

A.B.C. אָלֶף־בֵּית

abdicate *v.* הִתְפַּטֵּר, יָצָא בְּדִימוֹס

abdomen *n.* בֶּטֶן

abduct *v.* חָטַף בְּכוֹחַ, כָּלָא

aberration *n.* סְטִייָּה מֵהָרָגִיל; יְרִידָה מוּסָרִית

abet *v.* סִייֵּעַ לִדבר עֲבֵירָה

abeyance *n.* הַשְׁעָיָה; בִּיטּוּל זְמַנִּי

abhor *v.* תִּיעֵב, סָלַד בּ

abhorrent *adj.* מְתוֹעָב, גּוֹעֲלִי

abide *v.* נִשְׁאַר, הִתְמִיד, הִמְשִׁיךְ לִסְבּוֹל; קִייֵּם, צִייֵּת

ability *n.* כִּשְׁרוֹן, יְכוֹלֶת

abject *adj.* אָבוּד, שָׁפָל, נִתְעָב

ablaze *adj., adv.* מִתְלַקֵּחַ בְּלֶהָבוֹת

able *adj.* מְסוּגָּל; כִּשְׁרוֹנִי

able-bodied *adj.* שָׁלֵם בְּגוּפוֹ, בָּרִיא

abloom *adv.* בִּפְרִיחָה

abnormal *adj.* חָרִיג, לֹא נוֹרְמָלִי

aboard *adv., perp.* בּ, בְּתוֹךְ (אוֹנִייָּה, רֶכֶב, רַכֶּבֶת, מָטוֹס וְכַדּוֹמֶה)

abode *n.* בַּיִת, מְגוּרִים

abolish *v.* בִּיטֵּל (מוסד, תקנות וכַדּוֹמֶה)

A-bomb *n.* פְּצָצָה אֲטוֹמִית

abomination *n.* (אדם, דבר) שָׂנוּא, נִתְעָב; תּוֹעֵבָה

aborigines *n.* תּוֹשָׁבֵי הַמָּקוֹם מִדּוֹרוֹת

abort *v.* הִפִּילָה (עוּבָּר)

abortion *n.* נִיתּוּחַ הַפָּלָה; הַפָּלָה; נֵפֶל; כִּשָּׁלוֹן

abortive *adj.* לִפְנֵי זְמַנּוֹ, כּוֹשֵׁל, שֶׁל נִיסָּיוֹן נֵפֶל

abound *v.* שָׁפַע, הָיָה מְשׁוּפָּע, שָׁרַץ

about *prep.* עַל, בְּנוֹגֵעַ ל, בִּדְבַר, בְּעֶרֶךְ, כּ, סָבִיב ל

about *adv.* כִּמְעַט; מִסָּבִיב; לְאָחוֹר; כֹּה וָכֹה, הֵנָּה וָהֵנָּה

above *prep.* עַל, מֵעַל; גָּבוֹהַּ מִן

above *adv.* יוֹתֵר מִן, מֵעַל, שֶׁלְּמַעְלָה; לְעֵיל

above *adj.* שֶׁלְּעֵיל, הַנַּ"ל

above-board *adj.* גָּלוּי, הוֹגֵן

above-mentioned *adj.* הַנִּזְכָּר לְעֵיל, הַנַּ"ל

abracadabra *n.* לַחַשׁ־נַחַשׁ, פִּטְפּוּט, לַהַג

abrasive *n.* (חומר ניקוי) מְקַרְצֵף, מְצַחְצֵחַ

abrasive *adj.* סוֹרֵט, מְגָרֶה

abreast *adv.* יַחַד, שֶׁכֶם אֶחָד, בְּרוּחַ הַזְּמַן

abridge *v.* צִמְצֵם, קִיצֵּר; הִפְחִית

abroad *adv.* בְּחוּ"ל, בְּמֶרְחָב

abrogate *v.* בִּיטֵּל (חוק, מנהג)

abrupt *adj.* נִמְהָר (בשיחה); לֹא מְנוּמָּס; פִּתְאוֹמִי

abscess *n.* כִּיב, פֶּצַע מוּגְלָתִי

abscond *v.* בָּרַח; חָמַק, הִסְתַּלֵּק

absence *adj.* הֵיעָדְרוּת; חוֹסֶר

absent *adj.* חָסֵר, נֶעְדָּר

absent *v.* הִסְתַּלֵּק, הֶחְסִיר

absentee *n.* (אדם) חָסֵר, נֶעְדָּר

absent-minded *adj.* פְּזוּר־נֶפֶשׁ, מְפוּזָּר

absinthe *n.* אַבְּסִינְת (משקה אלכוהולי כגון ג'ין)

absolute *adj.* שָׁלֵם, מוּחְלָט

absolutely *adv.* בְּהֶחְלֵט, וַדַּאי; לְלֹא סִייָג

absolve *v.* חָנַן, הִתִּיר מִנֶּדֶר, פָּטַר מֵעוֹנֶשׁ

absorb *v.* סָפַג; קָלַט

absorbent *adj.* סוֹפֵג; קוֹלֵט

absorbing *adj.* מוֹשֵׁךְ לֵב, מְרַתֵּק

abstain *v.* נִמְנַע; הִתְנַזֵּר

abstemious *adj.* מִסְתַּפֵּק בְּמוּעָט

abstinent *adj.* מִתְנַזֵּר, פָּרוּשׁ

abstract *adj.* מוּפְשָׁט; לֹא מוּחָשׁ

abstract *n.* תַּקְצִיר, תַּמְצִית; (דבר) מוּפְשָׁט (כגון ציור או פיסול)

abstract *v.* חָשַׁב (ללא המחשה), הִכְלִיל; הֶחְסִיר; גָּנַב

abstruse *adj.* קָשֶׁה לַהֲבָנָה, מוּקְשֶׁה

absurd *adj.* מְגוּחָךְ, אַבְּסוּרְדִּי

absurdity *n.* מוּפְרָךְ, דָּבָר מְגוּחָךְ; חוֹסֶר הִיגָּיוֹן, אַבְּסוּרְד

abundant *adj.* שֶׁבְּשֶׁפַע, שׁוֹפֵעַ

abuse *v.* הִשְׁתַּמֵּשׁ לְרָעָה; הִתְעַלֵּל בּ; גִּידֵּף

abuse *n.* שִׁימּוּשׁ לְרָעָה; הִתְעַלְּלוּת, גִּידּוּף

abusive *adj.* פּוֹגֵעַ, מַעֲלִיב

abut *v.* גָּבַל עִם, נִשְׁעַן עַל

abutment *n.* צְמִידוּת (של שני דברים); מַשְׁעֵנָה, מִסְעָד

abysmal *adj.* תְּהוֹמִי, גָּדוֹל מְאוֹד; רַע מְאוֹד

abyss *n.* תְּהוֹם

academic *adj.* אֲקָדֶמָאִי, אֲקָדֵמִי; עִיּוּנִי, לֹא מַעֲשִׂי

academician *n.* חֲבֵר אֲקָדֶמְיָה

academy *n.* אֲקָדֶמְיָה

accede *v.* נַעֲנָה, הִסְכִּים; נִכְנַס (לתפקיד), הִגִּיעַ

accelerate *v.* הֵאִיץ, הִגְבִּיר מְהִירוּת

accelerator *n.* מֵאִיץ; דַּוְושַׁת הַדֶּלֶק (ברכב מנועי)

accent *n.* נַחַץ, הַטְעָמָה; סִימַן נַחַץ, תָּג; מִבְטָא, אוֹפֶן הֲגִיָּיה

accentuate *v.* הִדְגִּישׁ, הִטְעִים

accept *v.* קִיבֵּל, הִסְכִּים; הִשְׁלִים עִם; נַעֲנָה ל

acceptable *adj.* קָבִיל, רָאוּי לְהִתְקַבֵּל, רָצוּי

acceptance *n.* הִתְקַבְּלוּת; הַסְכָּמָה לְקַבֵּל

access *n.* כְּנִיסָה, זְכוּת כְּנִיסָה, גִּישָׁה

accessible *adj.* בְּהֶישֵּׂג יָד, נוֹחַ לְגִישָׁה, נָגִישׁ

accession *n.* הַגָּעָה (לזכויות, למעמד); תּוֹסֶפֶת; הֵיעָנוּת

accessory *n.* אַבְזָר; מְסַייֵּעַ לִדְבַר עֲבֵירָה

accident *n.* תְּאוּנָה, תַּקָּלָה

accidental *adj.* אַקְרָאִי, מִקְרִי, תַּקְרִיתִי

acclaim *v.* הֵרִיעַ, מָחָא כַּף
acclaim *n.* תְּרוּעוֹת, תְּשׁוּאוֹת
acclimate *v.* הִתְאַקְלֵם
acclimatize *v.* אִקְלֵם, הִסְתַּגֵּל
accolade *n.* עִיטוּר, אוֹת, הַעֲנָקַת תּוֹאַר אַבִּיר
accommodate *v.* אִכְסֵן, אֵירֵחַ; הִתְאִים
accommodating *adj.* נוֹחַ; גָּמִישׁ, מִסְתַּגֵּל
accommodation *n.* אִכְסוּן; תֵּיאוּם, הַתְאָמָה
accompaniment *v.* לִיוּוּי, לִיוּוּי מוּסִיקָלִי
accompanist *n.* מְלַוֶּה; לַוַּאי (בְּמוּסִיקָה בִּלְבַד)
accompany *v.* לִיוָּה, נִלְוָה
accomplice *n.* שׁוּתָּף לִדְבַר עֲבֵירָה
accomplish *v.* בִּיצֵּעַ, הִגְשִׁים; הִשְׁלִים
accomplished *adj.* גָּמוּר, מוּשְׁלָם
accomplishment *n.* הַשְׁלָמָה; הֶישֵּׂג, הַגְשָׁמָה, מַעֲלָה
accord *v.* תָּאַם, הִתְאִים; הֶעֱנִיק
accord *n.* תֵּיאוּם, הַתְאָמָה; תַּצְלִיל, אַקּוֹרְד; הַסְכָּמָה, תְּמִימוּת דֵּעוֹת
accordance *n.* הֶתְאֵם, תֵּיאוּם
according *adv.* עַל פִּי, לְפִי
accordingly *adv.* לְפִיכָךְ, לָכֵן
accordion *n.* מַפּוּחוֹן, אַקּוֹרְדְיוֹן
accost *v.* הִתְקָרֵב, נִיגַּשׁ; הִזְמִינָה (לִזְנוּת)
accouchement *n.* לֵידָה
account *n.* דִּין וְחֶשְׁבּוֹן, חֶשְׁבּוֹן; הֶסְבֵּר; עֵרֶךְ, חֲשִׁיבוּת; רֶוַוח
account *v.* הִסְבִּיר, הִצְדִּיק; דִּיוֵּחַ חָשַׁב ל, הֶעֱרִיךְ
accountable *adj* אַחְרָאִי, שֶׁנִּיתָּן לְהַסְבִּירוֹ
accountant *n.* רוֹאֵה חֶשְׁבּוֹן; מְנַהֵל חֶשְׁבּוֹנוֹת
accredit *v.* רָחַשׁ אֵמוּן, הִסְמִיךְ, יִיפָּה כּוֹחַ
accretion *n.* גִּידּוּל, הִצְטַבְּרוּת
accrue *v.* הִתְרַבָּה, הִצְטַבֵּר
accumulate *v.* אָסַף, צָבַר; הִצְטַבֵּר
accuracy *n.* דִּיּוּק, דַּיְיקָנוּת
accurate *adj.* מְדוּיָּק
accusation *n.* אִישׁוּם, הַאֲשָׁמָה
accusative *n.* יַחַס הַפָּעוּל, יַחֲסַת הַמּוּשָׂא הַיָּשִׁיר
accuse *v.* הֶאֱשִׁים
accustom *v.* הִרְגִּיל
ace *n.* אַחַת (בְּקְלָפִים וּבְקוּבִּיּוֹת); אַלּוּף, מוּמְחֶה
acerbity *n.* מְרִירוּת, חֲמִיצוּת (בְּהַבָּעָה, בְּמַצַּב רוּחַ)
acetate *n.* אֲצֵטָט, מֶלַח חוּמְצַת חוֹמֶץ
acetic *adj.* שֶׁל חוֹמֶץ, חוּמְצִי
acetic acid *n.* חוּמְצַת חוֹמֶץ
acetone *n.* אֲצֵטוֹן (נוֹזֵל דָּלִיק חֲסַר צֶבַע)
acetylene *n.* אֲצֵטִילִין (גַּאז לְמָאוֹר וּלְהַלְחָמָה)
acetylene torch *n.* מַבְעֵר אֲצֵטִילִין
ache *v.* כָּאַב; סָבַל כְּאֵב
ache *n.* כְּאֵב, מַכְאוֹב
achieve *v.* הִגְשִׁים, הִשִּׂיג
achievement *n.* הֶישֵּׂג, הַגְשָׁמָה
achievement test *n.* מִבְחַן הֶישֵּׂגִים
Achilles' heel *n.* עֲקֵב אֲכִילֶס, מְקוֹם הַתּוּרְפָּה
acid *adj., n* חָמוּץ; חוּמְצָתִי; חוּמְצָה

acidify *v.* הָפַךְ לְחוּמְצָה, חִימֵּץ
acidity *n.* חֲמִיצוּת
ack-ack *n.* נ"מ, (אֵשׁ) נֶגֶד מְטוֹסִים
acknowledge *v.* אִישֵּׁר, הוֹדָה בּ; הִכִּיר בּ
acknowledgement *n.* אִישּׁוּר; הַכָּרָה; הַבָּעַת תּוֹדָה
acme *n.* שִׂיא, פִּסְגָּה (של הצלחה וכד')
acne *n.* חֲזָזִית (מחלת עור)
acolyte *n.* שַׁמָּשׁ (בכנסייה), פָּקִיד זוּטָר, טִירוֹן
acorn *n.* בַּלּוּט, אִצְטְרוּבָּל
acoustic *adj.* שְׁמִיעוּתִי
acoustics *n.pl.* תּוֹרַת הַשְּׁמִיעוּת
acquaint *v.* וִידֵּעַ, הִכִּיר; הִקְנָה יְדִיעָה
acquaintance *n.* מַכָּר; הֶיכֵּרוּת; יְדִיעָה
acquiesce *v.* הִסְכִּים (בשתיקה)
acquiescence *n.* הַסְכָּמָה (בשתיקה)
acquire *v.* רָכַשׁ, הִשִּׂיג
acquisition *n.* רְכִישָׁה; קִנְייָן (חשוב)
acquit *v.* זִיכָּה; שִׁילֵּם (חוב)
acquittal *n.* זִיכּוּי, נִיקּוּי מֵאַשְׁמָה
acre *n.* אַקְר (מידת שטח, כ־4 דונמים)
acrid *adj.* חָרִיף, צוֹרֵב
acrimonious *adj.* חָרִיף, מַר (לגבי ריב וכד')
acrimony *n.* חֲרִיפוּת, מְרִירוּת
acrobat *n.* לוּלְייָן, אַקְרוֹבָּט
acrobatic *adj.* לוּלְייָנִי, אַקְרוֹבָּטִי
acrobatics *n.pl.* לוּלְייָנוּת, אַקְרוֹבָּטִיקָה
acronym *n.* מִלָּה מְנוּטְרֶקֶת, אַקְרוֹנִים
acropolis *n.* אַקְרוֹפּוֹלִיס, מְצוּדַת עִיר עַתִּיקָה (ביוון)
across *prep., adv.* בְּצוּרַת צְלָב; לָרוֹחַב, בַּחֲצִיָּה, בָּעֵבֶר הַשֵּׁנִי; דֶּרֶךְ
across-the-board *adj.* כּוֹלֵל הַכּוֹל, לְלֹא יוֹצֵא מֵהַכְּלָל
acrostic *n.* אַקְרוֹסְטִיכוֹן
act *n.* מַעֲשֶׂה, פְּעוּלָּה; חוֹק, רִישּׁוּם; מַעֲרָכָה (במחזה); הַעֲמָדַת פָּנִים
act *v.* פָּעַל, מִילֵּא תַּפְקִיד, הֶעֱמִיד פָּנִים
acting *adj.* בְּפוֹעַל, מְמַלֵּא מָקוֹם לְמַעֲשֶׂה
action *n.* פְּעוּלָּה, מַעֲשֶׂה, תְּבִיעָה לְמִשְׁפָּט; קְרָב
activate *v.* הִפְעִיל, תִּפְעֵל
active *adj.* פָּעִיל; פְּעַלְתָּנִי; זָרִיז
activity *n.* פְּעִילוּת, עִיסּוּק
actor *n.* שַׂחְקָן
actress *n.* שַׂחְקָנִית
actual *adj.* מַמָּשִׁי, קַיָּים
actually *adv.* בְּעֶצֶם, לְמַעֲשֶׂה, לַאֲמִיתּוֹ שֶׁל דָּבָר
actuary *n.* אַקְטוּאָר, מוּמְחֶה (לחישובי ביטוח)
actuate *v.* הֵנִיעַ; תִּפְעֵל; פָּעַל
acuity *n.* חַדּוּת, שְׁנִינוּת
acumen *n.* טְבִיעַת־עַיִן, מְהִירוּת תְּפִיסָה
acute *adj.* חַד, חָרִיף; צוֹרֵב; חָמוּר
ad *abbr.* מוֹדָעָה
A.D. – anno domini לספה"נ, לִסְפִירַת הַנּוֹצְרִים
adage *n.* מֵימְרָה; מִכְתָּם
adagio *n.* (במוסיקה) בְּאִיטִיּוּת, בִּמְתִינוּת
Adam *n.* אָדָם
adamant *adj.* מִתְעַקֵּשׁ, עַקְשָׁנִי
Adam's apple *n.* תַּפּוּחַ אָדָם הָרִאשׁוֹן, פִּיקַּת הַגַּרְגֶּרֶת
adapt *v.* סִיגֵּל, הִתְאִים, עִיבֵּד

adaptation *n.* עִיבּוּד; סִיגּוּל, הִסְתַּגְּלוּת
add *v.* צֵירֵף; הוֹסִיף
adder *n.* צֶפַע, אֶפְעֶה
addict *v.* הִתְמַכֵּר, הָיָה שָׁטוּף
addict *n.* שָׁטוּף, מִתְמַכֵּר
addiction *n.* הִתְמַכְּרוּת, שְׁטִיפוּת
addition *n.* תּוֹסֶפֶת; הוֹסָפָה; מוּסָף
additive *adj., n* צֵירוּפִי; נוֹסָף; מִיתּוֹסֵף
address *n.* כְּתוֹבֶת, מַעַן; פְּנִייָה: נְאוּם
address *v.* פָּנָה בִּדְבָרִים; מִיעֵן (מכתב)
addressee *n.* נִמְעָן, מְכוּתָּב
addressing machine *n.* (מְכוֹנָה) מְמַעֶנֶת
adduce *v.* הֵבִיא רְאָיָה, הוֹכִיחַ
adenoids *n.pl.* פּוֹלִיפִּים, 'שְׁקֵדַיִים' (בּאף)
adept *n., adj.* מוּמְחֶה, מְיוּמָּן
adequate *adj.* מַסְפִּיק, דַּיּוֹ, הוֹלֵם
adhere *v.* דָּבַק בּ; דָּגַל בּ
adherence *n.* נֶאֱמָנוּת, דְּבֵקוּת
adherent *adj.* חָסִיד, נֶאֱמָן
adhesion *n.* דְּבֵקוּת, נֶאֱמָנוּת
adhesive *adj.* דָּבִיק, נִצְמָד
adhesive tape *n.* סֶרֶט דָּבִיק, דִּבְקִית
ad hoc *adj., adv.* לְעִנְיָין זֶה, לְתַכְלִית מְסוּיֶּמֶת
adieu *int., n.* שָׁלוֹם, הֱיֵה שָׁלוֹם!
adjacent *adj.* גּוֹבֵל, קָרוֹב בְּיוֹתֵר
adjective *n.* שֵׁם תּוֹאַר
adjoin *v.* גָּבַל עִם
adjoining *adj.* סָמוּךְ, גּוֹבֵל
adjourn *v.* הִפְסִיק; הוּפְסַק (יְשיבה וכד')
adjournment *n.* דְּחִיָּה; הַפְסָקָה
adjunct *n.* תּוֹסֶפֶת מִשְׁנִית; מַשְׁלִים (בּתחבּיר)

adjust *v.* הִתְאִים, סִיגֵּל; תִּיקֵּן; הִסְדִּיר, כִּוְונֵן
adjustable *adj.* מִתְכַּוְונֵן, נִיתָּן לְהַתְאָמָה
adjustment *n.* תִּיקּוּן, הַתְאָמָה; כִּוְונוּן; הִסְתַּגְּלוּת
adjutant *n.* שָׁלִישׁ; עוֹזֵר
Adjutant General *n.* שָׁלִישׁ רָאשִׁי
ad lib *v.* אִלְתֵּר חוֹפְשִׁית (מִלים, מוּסיקה)
administer *v.* נִיהֵל; הִנְהִיג
administrator *n.* אֲמַרְכָּל, מְנַהֵל
admiral *n.* אַדְמִירָל, מְפַקֵּד חֵיל־יָם
admiralty *n.* בֵּית דִּין חֵיל הַיָּם, אַדְמִירָלִיּוּת
admire *v.* הֶעֱרִיץ; הִתְפַּעֵל
admirer *n.* מַעֲרִיץ; חָסִיד
admissible *adj.* קָבִיל; מוּתָּר
admission *n.* הֶיתֵּר כְּנִיסָה, כְּנִיסָה; הוֹדָאָה
admit *v.* הִכְנִיס, הִתִּיר לְהִיכָּנֵס; הוֹדָה
admittance *n.* רְשׁוּת כְּנִיסָה, מַתִּירוּת
admixture *n.* תּוֹסֶפֶת; תַּעֲרוֹבֶת
admonish *v.* הוֹכִיחַ, הִזְהִיר
ad nauseam *adv.* עַד לְזָרָא, מַגְעִיל
ado *n.* הֲמוּלָּה, טוֹרַח, שָׁאוֹן
adobe *n.* לְבֵנָה מֵחוֹמֶר; בֵּית חוֹמֶר
adolescence *n.* (גִּיל הַ)הִתְבַּגְּרוּת
adolescent *n., adj.* מִתְבַּגֵּר(ת)
adopt *v.* אִימֵּץ
adoption *n.* אִימּוּץ
adorable *adj.* (בּדיבּוּר) נֶחְמָד, חָמוּד
adore *v.* הֶעֱרִיץ; (בּדיבּוּר) חִיבֵּב בְּיוֹתֵר, אָהַב

adorn *v.* יִיפָּה; קִישֵּׁט
adornment *n.* יִיפּוּי; קִישּׁוּט; תַּכְשִׁיט
adrenal *adj.* סָמוּךְ לַכְּלָיוֹת
Adriatic *n., adj.* הַיָּם הָאַדְרִיאָטִי; אַדְרִיאָטִי
adrift *adv., predic., adj.* נִטְרָד; נִסְחָף בָּרוּחַ אוֹ בַּזֶּרֶם
adroit *adj.* זָרִיז, פִּיקֵּחַ
adulation *n.* חֲלָקוֹת, חֲנוּפָּה
adult *n.* מְבוּגָּר, בּוֹגֵר
adult *adj.* בָּשֵׁל, מְבוּגָּר
adulterate *v.* זִייֵּף, קִלְקֵל, מָהַל
adulterer *n.* נוֹאֵף, זַנַּאי
adulteress *n.* נוֹאֶפֶת
adultery *n.* נִיאוּף
advance *n.* הִתְקַדְּמוּת, עֲלִיָּיה; מִקְדָּמָה
advance *v.* קִידֵּם; הִתְקַדֵּם; שִׁילֵּם מֵרֹאשׁ
advanced *adj.* קְדוּמָנִי; מִתְקַדֵּם
advancement *n.* הִתְקַדְּמוּת; עֲלִיָּיה בְּדַרְגָּה
advances *n.pl.* תִּמְרוֹנֵי אַהֲבָה
advantage *n.* יִתְרוֹן, מַעֲלָה; תּוֹעֶלֶת, רֶוַוח
advantageous *adj.* מוֹעִיל; מֵקֵל, נוֹחַ; מַכְנִיס
advantageously *adv.* בְּיִתְרוֹן, בְּרֶוַוח
advent *n.* הוֹפָעָה, הִתְגַּלּוּת
adventitious *adj.* מִקְרִי; חָרִיג (בְּבִּיוֹלוֹגְיָה)
adventure *n.* הַרְפַּתְקָה
adventure *v.* הֵעֵז; הִסְתַּכֵּן
adventurer *n.* הַרְפַּתְקָן
adventuresome *adj.* נוֹעָז, הַרְפַּתְקָנִי
adventuress *n.* הַרְפַּתְקָנִית
adventurous *adj.* נוֹטֶה לְהַרְפַּתְקָנוּת

adverb *n.* תּוֹאַר הַפּוֹעַל
adversary *n.* יָרִיב; מִתְחָרֶה
adversity *n.* צָרָה, מְצוּקָה
advert *v.* צִייֵּן, הִזְכִּיר
advertise *v.* פִּרְסֵם, הִדְפִּיס מוֹדָעָה
advertisement *n.* מוֹדָעָה
advertiser *n.* מְפַרְסֵם, פִּרְסוּמַאי
advertising *n.* פִּרְסוּם בְּמוֹדָעוֹת; פִּרְסוּם
advertising man *n.* סוֹכֵן מוֹדָעוֹת
advice *n.* עֵצָה; יְדִיעָה
advisable *adj.* רָצוּי, מוּמְלָץ, נָבוֹן
advise *v.* יָעַץ, יִיעֵץ, הִמְלִיץ; הוֹדִיעַ
advisement *n.* עֵצָה נְכוֹנָה, שִׁיקּוּל־דַּעַת
advisory *adj.* מְיָיעֵץ
advocate *v.* הִמְלִיץ בְּפוּמְבֵּי, לִימֵּד זְכוּת, צִידֵּד, דָּגַל בּ
advocate *n.* עוֹרֵךְ־דִּין, פְּרַקְלִיט; סַנֵּיגוֹר, חָסִיד
aegis *n.* מָגֵן, חָסוּת
aerate *v.* אִוורֵר; מִילֵּא גָּז
aerial *adj.* אֲוִירִי
aerial *n.* מְשׁוּשָׁה, אַנְטֶנָּה
aerobatics *n.* אֵירוֹבַּטִיקָה, לוּלְיָינוּת טִיסָה
aerobics *n.* מָחוֹל אֵירוֹבִּי, הִתְעַמְּלוּת אֲוִירָנִית
aerodrome *n.* שְׂדֵה תְּעוּפָה
aerodynamics *n.pl.* אֵירוֹדִינָמִיקָה
airfoil, aerofoil *n.* כְּנַף מָטוֹס
aerogramme *n.* אִיגֶּרֶת אֲוִויר
aeronaut *n.* טַיַּיס כַּדּוּר פּוֹרֵחַ
aeronautics *n.pl.* אֲווִירוֹנוֹטִיקָה
aerosol *n.* תַּמִיסְאֲוִויר, אֶרוֹסוֹל
aerospace *n.* הֶחָלָל (הסמוך לכדור־הארץ); מַדַּע הַטַּיִס

aesthete *n.* אֶסְתֵּטִיקָן, רָגִישׁ לְיוֹפִי
aesthetic *adj.* אֶסְתֵּטִי
aesthetics *n.pl.* אֶסְתֵּטִיקָה, תּוֹרַת הַיָּפֶה
afar *adv.* רָחוֹק, הַרְחֵק, לַמֶּרְחַקִּים
affable *adj.* אָדִיב, חָבִיב, נְעִים הֲלִיכוֹת
affair *n.* מַעֲשֶׂה, עִנְיָן; עֵסֶק, הִתְאַהֲבוּת, רוֹמָן
affect *v.* הִשְׁפִּיעַ עַל, פָּעַל עַל; הֶעֱמִיד פָּנִים, הִתְגַּנְדֵּר
affectation *n.* הַעֲמָדַת־פָּנִים
affected *adj.* מְעוּשֶׂה; (על אדם) מְזוּיָּף בַּהֲלִיכוֹתָיו; מוּשְׁפָּע, נִרְגָּשׁ
affection *n.* חִיבָּה, רֶגֶשׁ, נְטִיָּיה חוֹלָנִית
affectionate *adj.* מְחַבֵּב, רוֹחֵשׁ אַהֲבָה
affidavit *n.* תַּצְהִיר, הַצְהָרָה בִּשְׁבוּעָה
affiliate *v.* קִיבֵּל כְּחָבֵר; הִצְטָרֵף; סִינֵּף
affinity *n.* זִיקָה; הִימָּשְׁכוּת, קִרְבָה
affirm *v.* אִישֵּׁר בְּתוֹקֶף; הִצְהִיר
affirmative *adj.* מְאַשֵּׁר, חִיּוּבִי
affix *v.* קָבַע; טָבַע; צֵירֵף, הִדְבִּיק
affix *adj.* הוֹסָפָה; (בבלשנות) מוּסֶפֶת (תחילית או סופית)
afflict *v.* יִיסֵּר, הִכְאִיב, הֵצִיק
affliction *n.* פֶּגַע, סֵבֶל
affluent *adj.* שׁוֹפֵעַ, שֶׁל רְוָוחָה
affluence *n.* שֶׁפַע; עוֹשֶׁר, רְוָוחָה
afford *v.* הָיָה יָכוֹל; עָמַד בּ
affray *n.* מְהוּמָה, תִּגְרָה
affront *v.* הֶעֱלִיב, בִּיזָּה, בִּייֵּשׁ
affront *n.* הַעֲלָבָה; דִּבְרֵי עֶלְבּוֹן
afield *adv.* בַּשָּׂדֶה, מִחוּץ לַבַּיִת
afire *adv., adj.* בָּאֵשׁ; מוּצָּת
aflame *adv., adj.* בְּלֶהָבוֹת; זוֹהֵר, מְשׁוּלְהָב
afloat *adv., adj.* צָף; בַּיָּם
afoot *adv.* בִּפְעוּלָּה; בְּשִׁימּוּשׁ
aforementioned *adj.* הַנִּזְכָּר לְעֵיל
aforenamed *adj.* הַנִּזְכָּר לְעֵיל
afoul *adv., adj* בְּתִסְבּוֹכֶת; מִסְתַּבֵּךְ
afraid *adj.* מְפַחֵד, חוֹשֵׁשׁ
aft *adv.* (באונייה) בַּיַּרְכָתַיִים, מֵאָחוֹר בַּחֵלֶק הָאֲחוֹרִי
after *prep.* לְאַחַר, אַחֲרֵי, בְּעִיקְבוֹת; עַל שֵׁם, בְּהֶתְאֵם ל, אַחַר כָּךְ
after *adv., conj.* מֵאָחוֹר; מְאוּחָר יוֹתֵר אַחֲרֵי, לְאַחַר שֶׁ
after hours *adv.* לְאַחַר שְׁעוֹת הָעֲבוֹדָה
aftermath *n.* תּוֹצָאָה (בייחוד של אסון), עוֹלֵלוֹת
afternoon *n.* אַחַר־הַצָּהֳרַיִים
afternoon-tea *n.* תֵּה שֶׁל מִנְחָה, אֲרוּחַת מִנְחָה
aftertaste *n.* טַעַם לְוַואי
afterthought *n.* הִרְהוּר שֵׁנִי; תְּגוּבָה שֶׁלְּאַחַר מַעֲשֶׂה
afterwards *adv.* אַחַר־כָּךְ, אַחֲרֵי כֵן
afterworld *n.* עוֹלָם הַבָּא
again *adv.* שׁוּב, עוֹד פַּעַם
against *prep.* נֶגֶד, לְעוּמַּת, מוּל; לִקְרַאת
agape *adj.* פְּעוּר פֶּה
age *v.* הִזְקִין, הִתְיַישֵּׁן, בָּלָה
age *n.* גִּיל; תְּקוּפָה; זִקְנָה
Age of Enlightenment *n.* תְּקוּפַת הַהַשְׂכָּלָה
age-old *adj.* עַתִּיק יוֹמִין
aged *adj.* זָקֵן, קָשִׁישׁ; בֶּן־, בְּגִיל
ageless *adj.* שֶׁאֵינוֹ מַזְקִין
agency *n.* סוֹכְנוּת, מִשְׂרָד מִסְחָרִי; שְׁלִיחוּת; אֶמְצָעִי

agenda *n.*   סֵדֶר הַיּוֹם; סֵדֶר פְּעוּלוֹת

agent *n.*   סוֹכֵן; עוֹשֶׂה הַפְּעוּלָה; אֶמְצָעִי

agglomeration *n.*   צוֹבֶר, גּוּשׁ; עֲרֵמָה, הִצְטַבְּרוּת, גִּיבּוּב

aggrandizement *n.*   הָאְדָּרָה, הַגְדָּלָה

aggravate *v.*   הֶחְמִיר, הֵרַע; הִרְגִּיז

aggregate *n., adj.*   סַךְ, סַךְ־הַכּוֹל; מְצוֹרָף, מְקוּבָּץ

aggression *n.*   תּוֹקְפָנוּת

aggressive *adj.*   תּוֹקְפָנִי

aggressor *n.*   תּוֹקְפָן

aghast *adj.*   מוּכֵּה תַּדְהֵמָה, נִדְהָם

agile *adj.*   זָרִיז, קַל תְּנוּעָה

agitate *v.*   זְעֲזֵעַ; הֵסִית, סִכְסֵךְ; בִּקֵּשׁ לְעוֹרֵר דַּעַת קָהָל

aglow *adv., adj*   בִּלֶהָט; בּוֹעֵר, לוֹהֵט

agnostic *adj., n.*   אַגְנוֹסְטִי, הַטּוֹעֵן שֶׁאֵין הוֹכָחָה לִמְצִיאוּת הָאֱלֹהִים (וְעִם זֹאת אֵינוֹ מִתְכַּחֵשׁ לְאִפְשָׁרוּת כְּזֹאת)

ago *adv.*   בֶּעָבָר, לְפָנִים

agog *adj., adv.*   בְּצִיפִּיָּה רַגְשָׁנִית, נִרְגָּשׁ

agony *n.*   יָגוֹן, יִיסּוּרִים

agrarian *adj.*   חַקְלָאִי, אַגְרָרִי

agree *v.*   הִסְכִּים; הָיָה תְּמִים־ דֵּעִים, תָּאַם

agreeable *adj.*   נוֹחַ, נָעִים; תוֹאַם, מוּכָן וּמְזוּמָן

agreement *n.*   הַסְכָּמָה; הֶסְכֵּם, הַתְאֵם, תְּמִימוּת־דֵּעִים

agriculture *n.*   חַקְלָאוּת

agronomy *n.*   אַגְרוֹנוֹמְיָה (מַדָּע גִּידּוּלֵי הַקַּרְקַע)

aground *adj., adv.*   עַל שִׂרְטוֹן

ague *n.*   קַדַּחַת הַבִּיצוֹת; צְמַרְמוֹרֶת; רְעָדָה

ah *interj.*   אַהּ! (לְהַבָּעַת תמיהה, כְּאֵב אוֹ שְׂבִיעוּת רָצוֹן)

aha *interj.*   אֲהָה! (לְהַבָּעַת תימהון, שִׂמחַת נִיצָחוֹן)

ahead *adv. adj*   בְּרֹאשׁ; קָדִימָה, לְפָנֵי

ahem *interj.*   אֲהֶם! (קריאַת אזהרה אוֹ סָפֵק)

ahoy *interj.*   אֲהוֹי! (קריאַת סַפָּנִים)

aid *n., v.*   עֶזְרָה, סִיּוּעַ; עוֹזֵר; עָזַר

aide-de-camp *n.*   שָׁלִישׁ אִישִׁי

aide mémoire *n.*   סִימָנִים (מְנֶמוֹטֶכְנִיִּים) לְזִכָּרָה

AIDS *n.*   מַחֲלַת אֵידְס, תַּכְּחַ"ן (תסמונת כֶּשֶׁל חיסוּנִי נִרְכָּשׁ)

ail *v.*   הֶכְאִיב, הֵצִיק; כָּאַב, חָלָה

ailing *adj.*   יְדוּעַ חוֹלִי

ailment *n.*   מֵחוֹשׁ, חוֹלִי, מַכְאוֹב

aim *v.*   כִּיוּוֵן, כּוֹנֵן (כְּלִי־יְרִיָּיה); שָׁאַף, הִתְכַּוֵּון

aim *n.*   כִּיוּוּן; מַטָּרָה, שְׁאִיפָה

air *v.*   אוֹוְרֵר; הִבִּיעַ בְּפוּמְבֵּי; הִתְאַווְרֵר

air *n.*   אֲוְוִיר; רוּחַ קַלָּה; מַנְגִּינָה

air attack *n.*   הַתְקָפַת אֲוְוִיר

air-borne *adj.*   מוּטָס בָּאֲוְוִיר

air-borne troops   יְחִידוֹת צָבָא מוּטָסוֹת

air-condition *n.*   מִיזּוּג־אֲוְוִיר

air-conditioned *adj.*   מְמוּזָּג אֲוְוִיר

air corps *n.pl.*   חֵיל הָאֲוְוִיר

aircraft *n.*   מָטוֹס, כְּלִי־טַיִס

aircraft-carrier *n.*   (סְפִינָה) נוֹשֵׂאת מְטוֹסִים

airdrome *n.*   שְׂדֵה תְּעוּפָה, נְמַל תְּעוּפָה

airdrop *n.* אַסְפָּקָה מוּצְנַחַת
airfield *n.* שְׂדֵה תְּעוּפָה
airfoil *n.* חֵלֶק מָטוֹס, פְּנֵי הַמָּטוֹס
air force *n.* חֵיל־הָאֲוויר
air-gap *n.* מִרְווַח אֲוויר
air-hostess *n.* דַּיֶּילֶת
air-lane *n.* נְתִיב אֲוויר
air-lift *n.* רַכֶּבֶת אֲווירִית
airliner *n.* מְטוֹס נוֹסְעִים גָּדוֹל
airmail *n.* דוֹאַר אֲוויר
airman *n.* טַיָּס; אֲווירַאי; חַיָּל בְּחֵיל הָאֲוויר
airplane *n.* מָטוֹס, אֲווירוֹן
airpocket *n.* כִּיס אֲוויר
airport *n.* נְמַל תְּעוּפָה
air-raid *n.* הַתְקָפָה אֲווירִית
air-raid drill *n.* תַּרְגִּיל הָגָ"א
air-raid shelter *n.* מִקְלָט
airship *n.* סְפִינַת־אֲוויר
airstrip *n.* מַסְלוּל מְטוֹסִים
airtight *adj.* אָטִים אֲוויר, מְהוּדָּק, לֹא חָדִיר
airway *n.* פֶּתַח לָאֲוויר, נָתִיב אֲווירִי
airy *adj.* אֲווירִי; קַל, עַלִּיז; מְאוּורָר שִׁטְחִי, מְרַפְרֵף
aisle *n.* מַעֲבָר (בֵּין שורות ספסלים)
ajar *adv.* פָּתוּחַ מְעַט
akimbo *adv.* בְּיָדַיִים עַל הַיְּרֵכַיִים
akin *adj.* קָרוֹב, דוֹמֶה
alabaster *n.* בַּהַט
à la carte לְפִי הַתַּפְרִיט (בציון מחיר לכל מנה)
alacrity *n.* רָצוֹן טוֹב, זְרִיזוּת
à-la-mode *adj.* לְפִי הָאוֹפְנָה הָאַחֲרוֹנָה
alarm *n.* אַזְעָקָה, אוֹת אַזְעָקָה; חֲרָדָה

alarm-clock *n.* שְׁעוֹן מְעוֹרֵר
alarmist *n.* זוֹרֵעַ בֶּהָלָה
alas *interj.* אֲהָהּ! אֲבוֹי!
albatross *n.* יַסְעוּר, אַלְבַּטְרוֹס
albino *n.* לַבְקָן
album *n.* אַלְבּוֹם, תַּלְקִיט
albumen, albumin *n.* חֶלְבּוֹן, אַלְבּוּמִין
alchemy *n.* אַלְכִּימְיָה
alcohol *n.* כּוֹהַל, אַלְכּוֹהוֹל
alcoholic *adj., n.* כּוֹהֲלִי; אַלְכּוֹהוֹלִי
alcove *n.* פִּינָּה מוּפְנֶמֶת, גוּמְחָה
alder *n.* אַלְמוֹן (עֵץ)
alderman *n.* חֲבֵר מוֹעֶצֶת עִירִיָּיה
ale *n.* שֵׁכָר, שֵׁיכָר
alert *adj.* בְּמַצַּב הִיכּוֹן; עֵרָנִי, זָהִיר
alert *n.* כּוֹנְנוּת, אַזְעָקָה
alert *v.* הִכְרִיז כּוֹנְנוּת; הִזְהִיר
alfalfa *n.* אַסְפֶּסֶת (תרבותית)
algae *n.pl.* אַצּוֹת
alias *n.* הַמְכוּנֶּה (שם מזוּיָף)
alias Jones הַמְכוּנֶּה ג'וֹנס
alibi *n.* טַעֲנַת אַלִּיבִּי, 'בְּמָקוֹם אַחֵר הָיִיתִי'; (דיבּוּרית) תֵּירוּץ
alien *n.* זָר, אֶזְרָח חוּץ
alien *adj.* נָכְרִי, זָר; שׁוֹנֶה
alienable *adj.* עָבִיר, נִיתָּן לְהַעֲבָרָה
alienate *v.* נִיכֵּר; מָסַר, הִרְחִיק
alienation *n.* נִיכּוּר; מְסִירָה, הוֹצָאָה מֵרְשׁוּת
alight *v.* יָרַד (מֶרְכָּב), נָחַת
alight *adj.* מוּאָר; דּוֹלֵק, בּוֹעֵר
align *v.* עָרַךְ, יִישֵּׁר, סִידֵּר בְּשׁוּרָה
alike *predic., adj., adv.* דּוֹמֶה, זֵהֶה; בְּאוֹפֶן שָׁוֶה

alimentary canal *n.* צִינּוֹר הָעִיכּוּל
alimony *n.* מְזוֹנוֹת; הַקְצָבַת דְּמֵי מִחְיָה
alive *predic., adj.* חַי, בַּחַיִּים; עֵר, זָרִיז; הוֹמֶה, רוֹעֵשׁ
aliya *n.* עֲלִיָּיה לְיִשְׂרָאֵל
alkali *n.* אַלְקָלִי, חוֹמֶר בְּסִיסִי
all *n., adj* הַכּוֹל; מִכְלוֹל; כָּל־
Allah *n.* אַלְלָה, הָאֵל
all at once פִּתְאוֹם, לְפֶתַע
allay *v.* הִשְׁקִיט, שִׁיכֵּךְ
all-clear *n.* אוֹת אַרְגָּעָה
allegation *n.* טַעֲנָה, הַצְהָרָה
allege *v.* אָמַר, טָעַן; הֶאֱשִׁים
allegiance *n.* נֶאֱמָנוּת, אֱמוּנִים
allegoric(al) *adj.* אַלֵּגוֹרִי, מְשָׁלִי
allergy *n.* אַלֶּרְגְיָה, סַלֶּדֶת
alleviate *v.* שִׁיכֵּךְ, הֵקֵל (כאב); רִיכֵּךְ (עונש)
alley *n.* סִמְטָה
All Fools' Day *n.* אֶחָד בְּאַפְּרִיל
All Hallows Day *n.* יוֹם כָּל הַקְּדוֹשִׁים
alliance *n.* בְּרִית
alligator *n.* אַלִּיגָטוֹר, תַּנִּין (בצפון אמריקה או בדרום מזרח סין)
alliteration *n.* לָשׁוֹן נוֹפֵל עַל לָשׁוֹן, אַלִּיטֶרַצְיָה
all-knowing *adj.* יוֹדֵעַ הַכּוֹל
allocate *v.* הִקְצָה, הִקְצִיב
allot *v.* הִקְצָה, הִקְצִיב
all-out *adj.* כָּל כּוּלוֹ, מְרַבִּי, שָׁלֵם
all-out effort *n.* מַאֲמָץ מְרַבִּי
allow *v.* הִרְשָׁה, הִתִּיר
allowance *n.* קִצְבָּה, הַקְצָבָה; הֲנָחָה
alloy *n.* סַגְסוֹגֶת, תַּעֲרוֹבֶת
all-powerful *adj.* כּוֹל יָכוֹל
all right *adv.* נִיחָא, בְּסֵדֶר, כַּשּׁוּרָה
All Saints Day see All Hallows
allspice *n.* פִּלְפֵּל אַנְגְּלִי, תְּבָלִים מְעוֹרָבִים
allude *v.* רָמַז, הִזְכִּיר
allure *v.* פִּיתָּה, מָשַׁךְ, הִקְסִים
alluring *adj.* מְפַתֶּה, מוֹשֵׁךְ
allusion *n.* אִזְכּוּר, רְמִיזָה
alluvium *n.* סַחַף, סְחוֹפֶת
ally *v.* אִיחֵד, הֵבִיא בִּבְרִית
ally *n.* בַּעַל־בְּרִית
almanac *n.* אַלְמָנָךְ, שְׁנָתוֹן
almighty *adj.* כּוֹל־יָכוֹל, רַב־כּוֹחַ
almond *n.* שָׁקֵד
almost *adv.* כִּמְעַט
alms *n.pl.* צְדָקָה, נְדָבָה
alms-house *n.* בֵּית־מַחְסֶה לַעֲנִיִּים
aloft *adv., predic., adj.* כְּלַפֵּי מַעְלָה; גָּבוֹהַּ
alone *predic., adj.* לְבַד, בְּעַצְמוֹ, בִּלְבַד
along *prep., adv.* לְאוֹרֶךְ, מִקָּצֶה אֶל קָצֶה
alongside *adv., prep.* לְיַד, אֵצֶל; לְיַד אוֹנִיָּיה, לְיַד רְצִיף
aloof *adv., predic., adj.* מְסוּיָּג, קַר, מְרוּחָק
aloud *adv.* בְּקוֹל רָם
alphabet *n.* אָלֶף־בֵּית, א"ב
alpine *adj.* הֲרָרִי, אַלְפִּינִי
already *adv.* כְּבָר, מִכְּבָר
alright see all right
also *adv.* גַּם כֵּן, גַּם, וְכֵן, מִלְּבַד זֹאת
also-ran *n.* (המונית) נִכְשָׁל (בתחרות, בבחירות)

altar *n.* מִזְבֵּחַ
alter *v.* שִׁינָּה, הִשְׁתַּנָּה
alterable *adj.* בַּר שִׁינּוּי, מִשְׁתַּנֶּה
alter ego *n.* הָאֲנִי הָאַחֵר
altercate *v.* הִתְקוֹטֵט, הִתְווַכַּח בְּקוֹלָנִיּוּת
alternate *adj.* מִתְחַלֵּף, בָּא לְפִי תּוֹר
alternate *v.* בָּא אַחֲרֵי; הֶחֱלִיף
alternating current *n.* זֶרֶם חִילּוּפִין
alternative *n.* בְּרֵירָה, חֲלוּפָה
alternatively *adv.* לַחֲלוּפִין
although *conj.* אַף־עַל־פִּי, אִם־כִּי
altimetry *n.* מְדִידַת גְּבָהִים
altitude *n.* גּוֹבַהּ
alto *n.* אַלְט, קוֹל שֵׁנִי
altogether *adv.* בְּסַךְ הַכּוֹל, לְגַמְרֵי; כְּלָלוֹ שֶׁל דָּבָר
altruist *n.* זוּלָתָן, אוֹהֵב הַזּוּלַת, אַלְטְרוּאִיסְט
altruistic *adj.* זוּלָתָנִי, שֶׁבְּאַהֲבַת הַזּוּלַת, אַלְטְרוּאִיסְטִי
alumina *n.* תַּחְמוֹצֶת־חַמְרָן
aluminium, aluminum *n.* חַמְרָן, אֲלוּמִינְיוּם
alumna *n.* בּוֹגֶרֶת בֵּית סֵפֶר גָּבוֹהַּ
alumnus *n.* בּוֹגֵר בֵּית סֵפֶר גָּבוֹהַּ
always *adv.* תָּמִיד, לְעוֹלָם
a.m. *abbr.* **ante meridiem** לִפְנֵי הַצָּהֳרַיִים
Am. *abbr.* **American** אֲמֶרִיקָנִי
amalgam *n.* אֲמַלְגָם, תִּצְרוֹפֶת מַתֶּכֶת כַּסְפִּית
amalgamation *n.* צֵירוּף, מִיזּוּג (שֶׁל חֲבָרוֹת לְגוּף חדש)
amass *v.* צָבַר הַרְבֵּה
amateur *n., adj.* חוֹבְבָן, חוֹבֵב

amaze *v.* הִפְתִּיעַ, הִפְלִיא, הִתְמִיהַּ
amazing *adj.* מַפְתִּיעַ, מַפְלִיא, מַדְהִים
ambassador *n.* שַׁגְרִיר
ambassadress *n.* שַׁגְרִירָה
amber *n.* עִנְבָּר
ambiguity *n.* דּוּ־מַשְׁמָעוּת, הִשְׁתַּמְּעוּת לִשְׁתֵּי פָּנִים
ambiguous *adj.* דּוּ־מַשְׁמָעִי, תַּרְתֵּי מַשְׁמַע
ambition *n.* שְׁאַפְתָנוּת, אַמְבִּיצְיָה
ambitious *adj.* שְׁאַפְתָנִי; יוּמְרָנִי
ambivalent *adj.* דּוּ עֶרְכִּי, סוֹתְרָנִי
amble *v.* הִתְנַהֵל לְאִטּוֹ
ambulance *n.* אַמְבּוּלַנְס
ambush *n.* מַאֲרָב, מִכְמוֹנֶת
ambush *v.* הִתְקִיף מִמַּאֲרָב; אָרַב
amelioration *n.* טִיּוּב, הַשְׁבָּחָה, שִׁיפּוּר
amen *n.* אָמֵן
amenable *adj.* צַיְיתָן, מוּכָן לְקַבֵּל; כָּפוּף (לחוק)
amend *v.* תִּיקֵן, הִשְׁבִּיחַ, שִׁיפֵּר
amendment *n.* תִּיקּוּן, הַשְׁבָּחָה
amends *n.pl.* שִׁילּוּמִים, פִּיצּוּיִים
amenity *n.* נוֹחוּת, נְעִימוּת
American *n., adj.* אֲמֶרִיקָנִי
americanize *v.* אִמְרֵק; הִתְאַמְרֵק
amethyst *n.* אַחְלָמָה (אבן טובה)
amiable *adj.* חָבִיב; נָעִים
amicable *adj.* חַבְרִי, יְדִידוּתִי
amid, amidst *prep.* בֵּין, בְּתוֹךְ, בְּקֶרֶב
amiss *adv.* לֹא כַּשּׁוּרָה
amity *n.* יְדִידוּת; יַחֲסֵי חֲבֵרוּת
ammeter *n.* מַד זֶרֶם, מַד־אַמְפֶּר
ammonia *n.* אַמּוֹנְיָה
ammunition *n.* תַּחְמוֹשֶׁת
amnesia *n.* שִׁכָּחוֹן, מַחֲלַת הַשִּׁכְחָה

amnesty *n.* חֲנִינָה כְּלָלִית

amoeba *n.* חִילוּפִית, אֲמֶבָּה

amoeboid *adj.* דְמוּי חִילוּפִית

amok אַמוֹק, הִשְׁתּוֹלְלוּת טֵירוּף

among, amongst *prep.* בֵּין, בְּתוֹךְ, בְּקֶרֶב

amoral *adj.* לֹא מוּסָרִי

amorous *adj.* חַמְדָנִי; מְאוֹהָב

amorphous *adj.* נְטוּל צוּרָה, לֹא מְגוּבָּשׁ

amount *n.* סְכוּם; שִׁיעוּר; כַּמּוּת

amount *v.* הִסְתַּכֵּם, הִגִּיעַ כְּדֵי

amour propre *n.* כָּבוֹד עַצְמִי

ampere *n.* אַמְפֶּר

amphibious *adj.* דוּחַיִּי, אַמְפִיבִּי

amphitheater *n.* אַמְפִיתֵיאַטְרוֹן

ample *adj.* מְרוּוָּח, רַב־מִידּוֹת; דַּיי וְהוֹתֵר

amplifier *n.* מַגְבִּיר קוֹל, מַגְבֵּר

amplify *v.* הִגְדִּיל; הִרְחִיב

amplitude *n.* הִתְפַּשְּׁטוּת; הִתְרַחֲבוּת; תְּנוּפָה, עוֹצְמָה

amply *adv.* בְּמִידָּה מַסְפֶּקֶת, דַּי וְהוֹתֵר

amputate *v.* קָטַע (אֵיבָר)

amuck *see* **amok**

amulet *n.* קָמֵיעַ

amuse *v.* שִׁעֲשַׁע; שִׂימֵּחַ; הִינָּה

amusement *n.* שַׁעֲשׁוּעַ, בִּידּוּר; צְחוֹק

amusement park *n.* גַּן שַׁעֲשׁוּעִים

amusing *adj.* מְשַׁעֲשֵׁעַ, מְבַדֵּחַ

an *see* **a**

anachronism *n.* אֲנַכְרוֹנִיזְם, עִיוּוּת סֵדֶר זְמַנִּים

anaemia *n.* מִיעוּט דָּם, חִיוָּרוֹן חוֹלָנִי

anaemic *adj.* חֲסַר דָּם, אֲנֵמִי

anaesthesia *n.* אִלְחוּשׁ, אַלְחוּשׁ, הַרְדָּמָה

anaesthetic *adj., n.* מְאַלְחֵשׁ, מַרְדִּים

anaesthetise *v.* אִלְחֵשׁ, הִרְדִּים

anagram *n.* אֲנַגְרָם (שִׁינּוּי סֵדֶר אוֹתִיּוֹת)

anal *adj.* שֶׁל פִּי הַטַּבַּעַת

analgesic *n.* מְשַׁכֵּךְ כְּאֵבִים

analogous *adj.* דּוֹמֶה, מַקְבִּיל

analogy *n.* הֶיקֵּשׁ, אֲנָלוֹגְיָה

analysis *n.* נִיתּוּחַ, אַבְחָנָה; אֲנָלִיזָה, אִנְלוּז

analyst *n.* בּוֹדֵק, מְאַבְחֵן; מְאַנְלֵז

analytic *adj.* נִיתּוּחִי, אֲנָלִיטִי

analyze, analyse *v.* נִיתֵּחַ, אִנְלֵז, אִבְחֵן

anarchist *n.* אֲנַרְכִיסְט

anarchy *n.* אֲנַרְכְיָה; הֶעְדֵּר שִׁלְטוֹן; אִי־סֵדֶר

anathema *n.* נִידּוּי, קְלָלָה; תּוֹעֵבָה

anatomy *n.* אֲנָטוֹמְיָה; גּוּף הָאָדָם

ancestor *n.* אָב קַדְמוֹן

ancestry *n.* יִיחוּס מִשְׁפָּחָה; אָבוֹת

anchor *n.* עוֹגֶן; מִשְׁעָן

anchor *v.* עָגַן, הִשְׁלִיךְ עוֹגֶן

anchovy *n.* עֲפְיָין, דַּג הָאַנְצ'וֹבִי

ancient *adj.* עַתִּיק, קָדוּם; קַדְמוֹן

and *conj.* ו, וְכֵן, עִם, גַּם, וְעוֹד

andirons *n.* מִתְמַךְ עֵצִים

anecdote *n.* אֲנֶקְדוֹטָה, בְּדִיחָה

anemia *see* **anaemia**

anesthesia *see* **anaesthesia**

anew *adv.* שׁוּב, מֵחָדָשׁ

angel *n.* מַלְאָךְ

anger *n.* כַּעַס, רוֹגֶז

anger *v.* הִרְגִּיז, הִכְעִיס

angina pectoris *n.* תְּעוּקַת הַלֵּב

angle *n.* זָוִית; נְקוּדַּת מַבָּט

angle-iron *n.* זָווִיתוֹן, בַּרְזֶל מְזוּוֶה
angle *v.* דָּג בְּחַכָּה
angler *n.* דַּיָּיג חוֹבֵב
angora *n.* אַנְגוֹרָה (צמר בעלי חיים ארוּכּי שֵׂער)
angry *adj.* כּוֹעֵס, רוֹגֵז
anguish *n.* יִיסוּרִים, כְּאֵב לֵב
angular *adj.* זָוויתִי; גַּרְמִי, רָזֶה
animal *n.* חַיָּה, חַי; בַּעַל-חַיִּים
animal *adj.* שֶׁל חַיָּה; בַּהֲמִי; בְּשָׂרִי
animal magnetism *n.* כּוֹחַ מְשִׁיכָה פִיסִי
animated cartoon *n.* צִיּוּר הַנְפָּשָׁה
animation *n.* זְרִיזוּת; עֵרָנוּת; הַנְפָּשָׁה (בטלוויזיה)
animosity *n.* שִׂנְאָה, אֵיבָה
animus *n.* אֵיבָה, טִינָה
anise *n.* כַּמְנוֹן
aniseed *n.* זַרְעֵי כַּמְנוֹן
ankle *n.* קַרְסוֹל
ankle support *n.* תּוֹמֵךְ קַרְסוֹל
anklet *n.* גַּרְבִּית, קַרְסוּלִית, קִישּׁוּט לַקַּרְסוֹל
annals *n.pl.* תּוֹלָדוֹת, דִּבְרֵי הַיָּמִים
annex *v.* סִיפֵּחַ, צֵירֵף
annexe, annex *n.* אֲגַף; נִסְפָּח, צֵירוּף
annihilate *v.* חִיסֵּל, הִשְׁמִיד
anniversary *n.* יוֹבֵל; צִיּוּן יוֹם שָׁנָה
annotate *v.* פֵּירֵשׁ, כָּתַב הֶעָרוֹת
announce *v.* הִכְרִיז, הוֹדִיעַ; קֵרְיֵין
announcement *n.* הוֹדָעָה; מוֹדָעָה
announcer *n.* מוֹדִיעַ; קַרְיָין (בּראדיוֹ)
annoy *v.* הֵצִיק, הִטְרִיד
annoyance *n.* מִטְרָד
annoying *adj.* מֵצִיק, מַטְרִיד
annual *adj.* שְׁנָתִי

annual *n.* שְׁנָתוֹן
annuity *n.* קִצְבָּה שְׁנָתִית; הַכְנָסָה שְׁנָתִית
annul *v.* בִּיטֵּל
anoint *v.* מָשַׁח (למלך וכד׳)
anomalous *adj.* חָרִיג; לֹא סָדִיר; לֹא תַּקִּין, סוֹטֶה
anomaly *n.* דָּבָר חוֹרֵג, חֲרִיגָה; סְטִיָּיה
anon. *abbr.* אַלְמוֹנִי, עֲלוּם-שֵׁם, אֲנוֹנִימִי
anonymity *n.* עִילּוּם-שֵׁם, אַלְמוֹנִיּוּת
anonymous *adj.* שֶׁבְּעִילּוּם שֵׁם, אַלְמוֹנִי
another *pron., adj.* נוֹסָף; אַחֵר, עוֹד אֶחָד
answer *n.* תְּשׁוּבָה, תְּגוּבָה, פִּתְרוֹן
answer *v.* הֵשִׁיב, עָנָה, הֵגִיב; הָיָה אַחְרָאִי
ant *n.* נְמָלָה
antacid *n.* מְנַטְרֵל חוּמְצוֹת
antagonism *n.* נִיגּוּד, קוֹטְבִיּוּת דֵּעוֹת
antagonize, antagonise *v.* עוֹרֵר נֶגְדּוֹ, דָּחָה מֵעָלָיו
antarctic, antartic *adj.* שֶׁמּוּל הַקּוֹטֶב הַדְּרוֹמִי, אַנְטַרְקְטִי
antecedent *n., adj.* הַנָּחָה, רֵישָׁה; מִלָּה קוֹדֶמֶת; קוֹדֵם, קוֹדְמָן, זוֹקֵק
antecedents *n.pl.* קוֹרוֹת, מוֹצָאוֹת
antechamber *n.* חֲדַר הַמְתָּנָה, פְּרוֹזְדוֹר
antedate *v.* הִקְדִּים בִּזְמַן
antelope *n.* דִּישׁוֹן
antenna *n.* מְשׁוֹשָׁה, אַנְטֶנָּה
antepenult *n.* (הברה) שְׁלִישִׁית מִסּוֹף הַמִּלָּה, לִפְנֵי מִלְּעֵיל
anteroom *n.* מָבוֹא לְחֶדֶר, חֲדַר-הַמְתָּנָה
anthem *n.* הִימְנוֹן

anthology *n.* מִקְרָאָה, אַנְתּוֹלוֹגְיָה, לֶקֶט
anthrax *n.* גַּחֶלֶת (מחלת עור)
anthropology *n.* אַנְתְּרוֹפּוֹלוֹגְיָה, תּוֹרַת לִימּוּד הָאָדָם
anthropomorphism *n.* הָאֲנָשָׁה, אַנְתְּרוֹפּוֹמוֹרְפִיזְם
antibiotic *adj., n.* אַנְטִיבִּיּוֹטִי, הַנִּלְחָם בַּחַיְידַקִּים
antibody *n.* נוֹגְדָן
anticipate *v.* רָאָה מֵרֹאשׁ; צִיפָּה; הִקְדִּים
anticlimax *n.* יְרִידַת הַמֶּתַח, סִיּוּם מְאַכְזֵב
antics *n.pl.* תַּעֲלוּלִים
antidote *n.* סַם שֶׁכְּנֶגֶד; תְּרוּפָה
antifreeze *n.* מוֹנֵעַ הַקְפָּאָה
antiglare *n.* מוֹנֵעַ סִנְווּר, מְעַמְעֵם
antiknock *n.* מוֹנֵעַ נְקִישׁוֹת
antimony *n.* אַנְטִימוֹן (יסוד מתכתי שמערבים בסגסוגות שונות)
antipasto *n.* מְתַאֲבֵן
antipathy *n.* אַנְטִיפַּתְיָה, סְלִידָה
antiphonal *adj.* שֶׁל שְׁנֵי קוֹלוֹת הָעוֹנִים זֶה לָזֶה (במקהלה ליטורגית)
antiquary *n.* סוֹחֵר, חוֹקֵר אוֹ אוֹסֵף עַתִּיקוֹת
antiquated *adj.* מְתֻיָּשָּׁן; מְיוּשָּׁן
antique *n., adj.* עַתִּיק; מְיוּשָּׁן
antique dealer *n.* סוֹחֵר עַתִּיקוֹת
antique store *n.* בֵּית מִמְכַּר עַתִּיקוֹת
antiquity *n.* קַדְמָאִיּוּת; יְמֵי־קֶדֶם
anti-Semitic *adj.* אַנְטִישֵׁמִי
antiseptic *adj., n.* אַנְטִיסֶפְּטִי, מְחַטֵּא
antitank *adj.* נֶגֶד טַנְקִי
antithesis *n.* אַנְטִיתֵזָה, הַנָּחָה סוֹתֶרֶת
antitoxin *n.* נֶגֶד רַעַל
antler *n.* קֶרֶן שֶׁל צְבִי (זכר)
antonym *n.* הִיפּוּכוֹ שֶׁל מַשְׁמָע, אַנְטוֹנִים
anus *n.* פִּי הַטַּבַּעַת
anvil *n.* סַדָּן; כַּן
anxiety *n.* חֲרָדָה, חֲשָׁשׁ, דְּאָגָה
anxious *adj.* מוּדְאָג, חָרֵד
any *pron., adj., adv.* אֵיזֶה, אֵיזֶשֶׁהוּ, כּוֹלְשֶׁהוּ; כָּל אֶחָד
anybody *pron.* כָּל אֶחָד; מִישֶׁהוּ
anyhow *adv.* בְּכָל אוֹפֶן, מִכָּל מָקוֹם, עַל כָּל פָּנִים
anyone *pron.* כָּל אָדָם; כָּל אֶחָד
anything *pron.* כָּל דָּבָר שֶׁהוּא; כּוֹלְשֶׁהוּ
anyway *adv.* בְּכָל אוֹפֶן; בְּכָל צוּרָה
anywhere *adv.* בְּכָל מָקוֹם; לְכָל מָקוֹם
apace *adv.* בִּמְהִירוּת; בִּזְרִיזוּת
apart *adv.* הַצִּדָּה; בְּנִפְרָד, בִּמְפוֹרָק
apartheid *n.* אַפַּרְטְהַייד, הַפְרָדָה
apartment *n.* דִּירָה
apartment house *n.* בֵּית־דִּירוֹת
apathetic(al) *adj.* אָדִישׁ, אַפָּטִי
apathetically *adv.* בַּאֲדִישׁוּת
apathy *n.* אֲדִישׁוּת, אַפַּתְיָה
ape *n., v.* קוֹף; חִיקָּה
aperitif *n.* מְתַאֲבֵן (יין, ליקר)
aperture *n.* חוֹר, פֶּתַח, חָרִיר
apex (*pl.* **apexes, apices**) *n.* רֹאשׁ, שִׂיא; קוֹדְקוֹד
aphorism *n.* אָפוֹרִיזְם, פִּתְגָּם, מֵימְרָה
aphrodisiac *adj., n.* מְגָרֶה, מְעוֹרֵר חֵשֶׁק
apiary *n.* כַּוֶּרֶת
apiece *adv.* כָּל אֶחָד, לְכָל אֶחָד
apish *adj.* כְּמוֹ קוֹף; חִיקּוּיִי; אֱוִילִי
aplomb *n.* בִּטְחָה עַצְמִית

apocalypse *n.* הִתְגַּלּוּת (חזון אחרית הימים. נבואות וחזיונות על ימות המשיח)

apogee *n.* שִׂיא הַמֶּרְחָק, שִׂיא הַגּוֹבַהּ

apologize *v.* הִצְטַדֵּק; הִתְנַצֵּל, בִּיקֵּשׁ סְלִיחָה

apology *n.* הִתְנַצְּלוּת; הִצְטַדְּקוּת

apoplectic *adj.* שֶׁל שָׁבָץ, שְׁבָצִי

apoplexy *n.* שָׁבָץ, שְׁבַץ־הַלֵּב

apostate *n.* אַפּוֹסְטָט, עָרִיק (מתמרד בדתו, במפלגתו, בעקרונותיו)

a posteriori *adj., adv.* (בלוגיקה) אַפּוֹסְטֶרְיוֹרִי, בְּדִיעֲבַד, לְאַחַר מַעֲשֶׂה

apostle *n.* שָׁלִיחַ, מְבַשֵּׂר (הנצרות)

apostrophe *n.* גֶּרֶשׁ, תָּג

apothecary *n.* רוֹקֵחַ

apothecaries' jar *n.* צִנְצֶנֶת חֶרֶס (לתרופות וכד')

apothecaries' shop *n.* בֵּית־מִרְקַחַת

appal *v.* הֶחֱרִיד, הִפְחִיד

appalling *adj.* מַחֲרִיד, אָיוֹם

apparatus *n.* מִתְקָן; מַעֲרֶכֶת מַכְשִׁירִים

apparel *n.* לְבוּשׁ, מַלְבּוּשׁ

apparent *adj.* בָּרוּר, נִרְאֶה

apparition *n.* הוֹפָעָה לֹא צְפוּיָה; רוּחַ מֵת

appeal *n.* קְרִיאָה לִתְמִיכָה; מַגְבִּית; פְּנִיָּיה; עִרְעוּר; כּוֹחַ מְשִׁיכָה

appeal *v.* הִתְחַנֵּן; עִרְעֵר; פָּנָה; מָשַׁךְ לֵב

appealing *adj.* נוֹגֵעַ לַלֵּב, מוֹשֵׁךְ, מְלַבֵּב

appear *v.* הוֹפִיעַ; נִרְאָה; יָצָא לָאוֹר

appearance *n.* הוֹפָעָה; הִתְיַצְּבוּת; מַרְאֶה חִיצוֹנִי

appease *v.* פִּייֵּס; הִשְׁלִים; הִשְׂבִּיעַ (רעבון)

appeasement *n.* פִּיוּס; הַשְׁלָמָה

appendage *n.* צֵירוּף; תּוֹסֶפֶת, יוֹתֶרֶת

appendicitis *n.* דַּלֶּקֶת הַתּוֹסֶפְתָּן

appendix (*pl.*-**ixes, -ices**) *n.* תּוֹסֶפְתָּן; נִסְפָּח (לספר)

appertain *v.* הִשְׁתַּיֵּיךְ ל, נָגַע ל,

appetite *n.* תֵּיאָבוֹן

appetizer *n.* מְתַאֲבֵן, מָנָה רִאשׁוֹנָה

appetizing *adj.* מְתַאֲבֵן

applaud *v.* מָחָא כַּף, הֵרִיעַ; שִׁיבַּח

applause *n.* מְחִיאַת כַּפַּיִם, תְּרוּעָה, תְּשׁוּאוֹת

apple *n.* תַּפּוּחַ

apple dumpling תַּפּוּחַ בִּגְלִימָה (עטוף בצק ואפוי)

apple of the eye *n.* בָּבַת הָעַיִן

apple polisher *n.* (המונית) מְלַחֵךְ פִּנְכָּה

applejack *n.* שֵׁכָר תַּפּוּחִים

appliance *n.* כְּלִי, מַכְשִׁיר; שִׁימּוּשׁ

applicable *adj.* בַּר הַשָּׂמָה, יָשִׂים

applicant *n.* מְבַקֵּשׁ, מַגִּישׁ בַּקָּשָׁה

apply *v.* הֵנִיחַ עַל; יִישֵּׂם; הִגִּישׁ בַּקָּשָׁה

appoint *v.* מִינָּה; הוֹעִיד; קָבַע

appointment *n.* קְבִיעָה (זמן, מקום); מִינּוּי, מִשְׂרָה; פְּגִישָׁה, רֵיאָיוֹן

apportion *v.* הִקְצָה; הִקְצִיב; מִינֵּן

apposition *n.* זֶה לְעוּמַּת זֶה; (בדקדוק) תְּמוּרָה

appraisal *n.* הַעֲרָכָה; שׁוּמָה, אוּמְדָן

appraise *v.* הֶעֱרִיךְ; אָמַד

appreciable *adj.* נִיתָּן לְהַעֲרָכָה, רָאוּי לְהַעֲרָכָה; נִיכָּר

appreciate *v.* הֶעֱרִיךְ, הֶחֱשִׁיב
appreciation *n.* הַעֲרָכָה; הוֹקָרָה; הֲבָנָה; עֲלִיַּית הָעֵרֶךְ
appreciative *adj.* מַבִּיעַ הַעֲרָכָה, מַעֲרִיךְ כָּרָאוּי
apprehend *v.* עָצַר, אָסַר; הֵבִין, הִשִּׂיג; חָשַׁשׁ, יָרֵא
apprehension *n.* עֲצִירָה; חֲשָׁשׁ, פַּחַד מֵהַבָּאוֹת; הֲבָנָה
apprehensive *adj.* חָרֵד, חוֹשֵׁשׁ לַבָּאוֹת
apprentice *n.* שׁוּלְיָה; חָנִיךְ
apprentice *v.* הִכְנִיס (לעבודה) כְּשׁוּלְיָה
apprenticeship *n.* חֲנִיכוּת, אִימּוּן
apprise, apprize *v.* הוֹדִיעַ, דִּיוּוֵחַ
approach *n.* הִתְקָרְבוּת, גִּישָׁה
approach *v.* קָרַב, הִתְקָרֵב, נִיגַּשׁ
approbation *n.* אִישּׁוּר, הֶיתֵּר
appropriate *v.* רָכַשׁ; הִקְצָה, יִיחֵד
appropriate *adj.* רָאוּי, מַתְאִים, הוֹלֵם
approval *n.* הַסְכָּמָה, חִיּוּב, אִישּׁוּר
approve *v.* הִסְכִּים ל, חִייֵּב; אִישֵּׁר
approximate *v.* קֵירֵב; קָרַב
approximate *adj.* מְשׁוֹעָר; קָרוֹב; מְקוֹרָב
a priori *adj., adv.* מִלְּכַתְּחִילָּה, מֵרֹאשׁ
apricot *n.* מִישְׁמֵשׁ
April *n.* אַפְּרִיל
April-fool *n.* פֶּתִי שֶׁל אֶחָד בְּאַפְּרִיל
April-fool's Day *n.* אֶחָד בְּאַפְּרִיל ('יוֹם שֶׁקֶר')
apron *n.* סִינָּר; סוֹכְכוֹן, כִּיסּוּי (למכונה וכד')
apropos *adv., adj.* אַגַּב; בְּעִנְיָין; שַׁיָּיךְ לָעִנְיָין, קוֹלֵעַ
apt *adj.* מַתְאִים; נוֹטֶה; מָהִיר תְּפִיסָה
aptitude *n.* נְטִיָּיה; כִּשְׁרוֹן; חָרִיצוּת
aquamarine *adj., n.* כְּצֶבַע מֵי יָם, כָּחוֹל־יְרַקְרַק
aquarium (*pl.*-**iums, -ia**) *n.* אַקְוָורְיוֹן
aquatic *adj.* חַי בְּמַיִם, נַעֲשֶׂה בְּמַיִם
aquatics *n.pl.* סְפּוֹרְט מַיִם
aqueduct *n.* מוֹבִיל־מַיִם
aquiline *adj.* נִשְׁרִי, כְּמַקּוֹר נֶשֶׁר
Arab *n., adj.* עַרְבִי; סוּס עַרְבִי
Arabia *n.* עֲרָב
Arabic *adj., n.* עַרְבִי; עַרְבִית (השפה)
Arabist *n.* חוֹקֵר תַּרְבּוּת עֲרָב, עֲרַבִּיסְט
arable *adj.* רָאוּי לְעִיבּוּד (אדמה)
arbiter *n.* בּוֹרֵר; קוֹבֵעַ
arbitrary *adv.* שְׁרִירוּתִי; זְדוֹנִי, לְלֹא נִימּוּק
arbitrate *v.* פִּישֵׁר; בֵּירֵר; פָּסַק
arbitration *n.* מִשְׁפַּט בּוֹרְרוּת; תִּיוּוּךְ
arbor *n.* מִסְעָד לִמְכוֹנָה; צִיר
Arbor Day *n.* חַג הָאִילָנוֹת
arboretum *n.* גַּן עֵצִים בּוֹטָנִי
arc *n.* קֶשֶׁת
arc welding *n.* רִיתּוּךְ בְּקֶשֶׁת־אוֹר
arcade *n.* מִקְמֶרֶת; שְׂדֵרַת קְשָׁתוֹת
arch *n.* קֶשֶׁת; שַׁעַר מְקוּשָּׁת; כִּיפָּה
arch *v.* קִישֵּׁת; הִתְקַשֵּׁת
arch *adj.* רֹאשׁ, רִאשׁוֹן בְּמַעֲלָה; שׁוֹבָב, מְמוּלָּח
archaeology *n.* אַרְכֵיאוֹלוֹגְיָה
archaic *adj.* אַרְכָאִי, קַדְמָאִי
archaism *n.* אַרְכָאִיזְם, מִלָּה מְיוּשֶׁנֶת, בִּיטּוּי מְיוּשָּׁן
archangel *n.* רַב־מַלְאָכִים
archbishop *n.* אַרְכִיבִּישׁוֹף, בִּישׁוֹף עֶלְיוֹן
arch-enemy *n.* הָאוֹיֵב הָרָאשִׁי; הַשָּׂטָן
archer *n.* קַשָּׁת, מוֹרֶה בְּקֶשֶׁת

archery *n.* קַשָּׁתוּת, יְרִיָּה בְּחֵץ וָקֶשֶׁת
archetype *n.* אַבְטִיפּוּס, טוֹפֶס רִאשׁוֹן
archipelago *n.* קְבוּצַת אִיִּים
architect *n.* אַדְרִיכָל, אַרְכִיטֶקְט
architectural *adj.* אַדְרִיכָלִי, אַרְכִיטֶקְטוּרִי
architecture *n.* אַדְרִיכָלוּת, אַרְכִיטֶקְטוּרָה
archives *n.pl.* אַרְכִיּוֹן, גַּנְזַךְ; גְּנָזִים
archway *n.* מִקְמֶרֶת
arctic *adj.* שֶׁל הַקּוֹטֶב הַצְּפוֹנִי, אַרְקְטִי
ardent *adj.* נִלְהָב; לוֹהֵט
ardor *n.* לַהַט, הִתְלַהֲבוּת
arduous *adj.* כָּרוּךְ בְּמַאֲמַצִּים רַבִּים, קָשֶׁה, מְיַיגֵּעַ
area *n.* שֶׁטַח; אֵיזוֹר; תְּחוּם
arena *n.* זִירָה
argue *v.* טָעַן; הִתְוַוכֵּחַ; נִימֵּק
argument *n.* וִיכּוּחַ, דִּיוּן; נִימּוּק
argumentative *adj.* וַכְּחָנִי
aria *n.* אַרְיָה, שִׁירַת יָחִיד (באופירה)
arid *adj.* צָחִיחַ, יָבֵשׁ
aridity, aridness *n.* צְחִיחוּת, יוֹבֶשׁ
aright *adv.* הֵיטֵב, כָּרָאוּי
arise *v.* עָלָה; קָם; הוֹפִיעַ; נָבַע
aristocracy *n.* אֲצוּלָה, אֲרִיסְטוֹקְרַטְיָה
aristocrat *n.* אָצִיל, אֲרִיסְטוֹקְרָט
aristocratic *adj.* אֲצִילִי, אֲרִיסְטוֹקְרָטִי
Aristotelian *adj.* שֶׁלְּפִי תּוֹרַת אֲרִיסְטוֹ
Aristotle *n.* אֲרִיסְטוֹ
arithmetic *n.* חֶשְׁבּוֹן
arithmetic(al) *adj.* חֶשְׁבּוֹנִי
arithmetically *adv.* בִּפְעוּלָּה חֶשְׁבּוֹנִית
ark *n.* תֵּיבָה; אָרוֹן
Ark of the Covenant *n.* אֲרוֹן־הַבְּרִית

arm *n.* זְרוֹעַ; חַיִל
arm-in-arm *adv.* שְׁלוּבֵי־זְרוֹעַ
armada *n.* צִי מִלְחָמָה גָּדוֹל
armature *n.* שִׁרְיוֹן; (בחשמל) עוֹגֶן
armchair *n.* כּוּרְסָה
armadillo *n.* חֲפַרְפֶּרֶת שִׁרְיוֹן
armament *n.* נֶשֶׁק חִימּוּשׁ
armed forces *n.pl.* הַכּוֹחוֹת הַמְזוּיָּנִים
armful *n.* מְלוֹא הַזְּרוֹעַ, מְלוֹא חוֹפְנַיִים
armistice *n.* שְׁבִיתַת נֶשֶׁק
armor *n.* שִׁרְיוֹן, מָגֵן
armored *adj.* מְשׁוּרְיָין; מוּגָן
armored car *n.* רֶכֶב שִׁרְיוֹן
armorial bearings *n.pl.* לְבוּשׁ שִׁרְיוֹן
armor-plate *n.* שִׁרְיוֹן
armor-plate *v.* שִׁרְיֵין (רֶכֶב וכד')
armory *n.* בֵּית־נֶשֶׁק; סַדְנַת נֶשֶׁק
armpit *n.* בֵּית־הַשֶּׁחִי, שֶׁחִי
armrest *n.* מִסְעַד־יָד
arms *n.pl.* נֶשֶׁק
army *n.* צָבָא
army corps *n.* גַּיִס, גְּיָיסוֹת
aroma *n.* בְּסוֹמֶת
aromatic *adj.* בְּסוּמְתִּי, נִיחוֹחִי
around *adv., prep.* מִסָּבִיב, מִכָּל צַד, בְּעֵרֶךְ, בְּקֵירוּב
arouse *v.* עוֹרֵר; הֵנִיעַ
arpeggio *n.* תַּצְלִיל שָׁבוּר, שְׁבָרִים
arraign *v.* תָּבַע לְמִשְׁפָּט; הֶאֱשִׁים
arrange *v.* סִידֵּר; עָרַךְ; הִסְדִּיר, עִיבֵּד
array *n.* הֵיעָרְכוּת; לְבוּשׁ
array *v.* סִידֵּר; עָרַךְ (צבא)
arrears *n.pl.* חוֹבוֹת יְשָׁנִים, חוֹבוֹת רוֹבְצִים
arrest *v.* עָצַר, תָּפַס; עִיכֵּב
arrest *n.* מַעְצָר; בְּלִימָה; עִיכּוּב

arresting *adj.* שׁוֹבֵה לֵב, מְצוֹדֵד
arrival *n.* הַגָּעָה; הוֹפָעָה
arrive *v.* הוֹפִיעַ; הִגִּיעַ; בָּא
arrogance *n.* שַׁחְצָנוּת; יְהִירוּת
arrogant *adj.* שַׁחְצָן; יָהִיר
arrogate *v.* תָּבַע לְעַצְמוֹ שֶׁלֹּא כַּדִּין; יִיחֵס שֶׁלֹּא כַּדִּין
arrow *n.* חֵץ; (חפץ) דְּמוּי־חֵץ
arsenal *n.* בֵּית־נֶשֶׁק, מַחְסַן נֶשֶׁק
arsenic *n.* זַרְנִיךְ, אַרְסָן
arson *n.* הַצָּתָה, שְׁלִיחַת אֵשׁ
art *n.* אֳמָנוּת; מְיוּמָּנוּת; מְלֶאכֶת־מַחֲשֶׁבֶת; אוּמָּנוּת
artefact, artifact *n.* כְּלִי מַכְשִׁיר, מוּצָר אַרְכֵיאוֹלוֹגִי
arteriosclerosis *n.* הִסְתַּיְּידוּת הָעוֹרְקִים
artery *n.* עוֹרֵק
artful *adj.* עָרוּם, עַרְמוּמִי; נוֹכֵל
arthritic *adj.* שֶׁל דַּלֶּקֶת הַמִּפְרָקִים אַרְתְּרִיטִי
arthritis *n.* דַּלֶּקֶת הַמִּפְרָקִים
artichoke *n.* חוּרְשָׁף, קִנְרֵס
article *n.* מַאֲמָר; דָּבָר, עֶצֶם; פְּרִיט; תָּווִית הַיִּידוּעַ; סְעִיף תַּקָּנָה
articulate *v.* דִּיבֵּר בִּבְהִירוּת; מִפְרֵק, עָשָׂה מִפְרָק
artifact *n.* see **artefact**
artifice *n.* טֶכְנִיקָה מְתוּחְכֶּמֶת; עַרְמוּמִיּוּת, תַּחְבּוּלָה
artificial *adj.* מְלָאכוּתִי, מְעוּשֶׂה
artillery *n.* חֵיל תּוֹתְחָנִים
artilleryman *n.* תּוֹתְחָן
artisan *n.* אוּמָּן; חָרָשׁ
artist *n.* אָמָּן; צַיָּיר
artistic *adj.* אֳמָנוּתִי

artless *adj.* טִבְעִי, תָּמִים
Aryan *n., adj.* אָרִית; אָרִי
as *adv.* כּ, כְּמוֹ, כְּשֶׁ, כֵּיוָון שֶׁ
as for *adv.* אֲשֶׁר ל, בְּנוֹגֵעַ ל
as long as כָּל עוֹד, כָּל זְמַן שֶׁ
as regards בְּעִנְיַין, בְּנוֹגֵעַ
as soon as בְּרֶגַע שֶׁ, מִיָּד לִכְשֶׁ
as though כְּאִילּוּ
asbestos *n.* אַסְבֶּסְט
ascend *v.* עָלָה, טִיפֵּס
ascendancy, -ency *n.* שְׁלִיטָה; עֶלְיָיה; הַשְׁפָּעָה
ascension *n.* עֲלִיָּיה
ascent *n.* עֲלִיָּיה; מַעֲלֶה
ascertain *v.* וִידֵּא, אִימֵּת
ascertainable *adj.* נִיתָּן לְבֵירוּר
ascetic *n., adj.* סַגְפָן, מִתְנַזֵּר
ascribe *v.* יִיחֵס ל, תָּלָה בּ, שִׁייֵּךְ
ash, ashes *n.* אֵפֶר, רֶמֶץ
ashamed *pred.adj.* בּוֹשׁ, מְבוּיָּשׁ, נִכְלָם
ashen *adj.* כְּאֵפֶר, אָפוֹר
Ashkenazim *n.pl.* אַשְׁכְּנַזִּים
ashore *adv.* אֶל הַחוֹף; עַל הַחוֹף
ashtray *n.* מַאֲפֵרָה
Asia Minor *n.* אַסְיָה הַקְּטַנָּה
Asian *adj.* אַסְיָינִי, אַסְיָיתִי
aside *adv.* הַצִּדָּה; בַּצַּד
aside *n.* (בתיאטרון) שִׂיחַ מוּסְגָּר
asinine *adj.* חֲמוֹרִי; אֱווִילִי
ask *v.* שָׁאַל; בִּיקֵּשׁ; תָּבַע; דָּרַשׁ
askance *adv.* בַּחֲשְׁדָנוּת; בְּאִי־אֵמוּן
askew *adj.* עָקוּם, לֹא יָשָׁר
asleep *adv., pred. adj.* בְּשֵׁינָה; יָשֵׁן
asp *n.* אֶפְעֶה
asparagus *n.* אַסְפָּרָגוֹס

aspect *n.* הֶיבֵּט, בְּחִינָה, אַסְפֶּקְט
aspersion *n.* הַשְׁמָצָה, דִיבָּה
asphalt *n.* אַסְפַלְט, חֵמָר
asphalt *v.* רִיבֵּד בְּאַסְפַלְט
asphyxiate *v.* שִׁינֵּק, הֶחֱנִיק
aspic *n.* קְרִישׁ (של בשר צלוי)
aspirant *adj., n.* שׁוֹאֵף, מוּעֲמָד
aspire *v.* שָׁאַף, הִתְאַוּוָה
aspirin *n.* אַסְפִּירִין
ass *n.* חֲמוֹר; שׁוֹטֶה; (המונית) תַּחַת
assail *v.* הִתְקִיף; הִסְתָּעֵר
assassin *n.* מִתְנַקֵּשׁ, רוֹצֵחַ
assassinate *v.* הִתְנַקֵּשׁ, רָצַח
assassination *n.* הִתְנַקְּשׁוּת, רֶצַח
assault *n.* הִתְנַפְּלוּת, תְּקִיפָה, אוֹנֶס
assay *v.* בָּדַק; נִיסָּה
assay *n.* בְּדִיקָה (של מתכת)
assemble *v.* כִּינֵּס; הִרְכִּיב; הִתְכַּנֵּס
assembly *n.* כִּינּוּס, עֲצֶרֶת; הַרְכָּבָה
assembly plant *n.* מִפְעַל הַרְכָּבָה
assent *v.* הִסְכִּים
assent *n.* הַסְכָּמָה
assert *v.* טָעַן; עָמַד עַל דַעְתּוֹ
assertion *n.* הַכְרָזָה; עֲמִידָה עַל זְכוּת
assess *v.* הֶעֱרִיךְ, שָׂם; קָבַע
assessment *n.* הַעֲרָכָה; שׁוּמָה
asset *n.* קִנְייָן, עֵרֶךְ; פְּרִיט (ברכוש)
assets *n.pl.* רְכוּשׁ, נְכָסִים
assiduous *adj.* מַתְמִיד, שַׁקְדָנִי
assign *v.* הִקְצָה; מִינָּה; הוֹעִיד
assignment *n.* חֲלוּקַת תַּפְקִידִים, קַבָּלַת תַּפְקִיד, מְשִׂימָה; הַעֲבָרַת נְכָסִים
assimilate *v.* טִימֵּעַ; הִטְמִיעַ; הִתְבּוֹלֵל, הִתְדַּמָּה
assist *v.* עָזַר, סִייֵּעַ
assistant *n.* עוֹזֵר, סְגָן, מְסַייֵּעַ
associate *n., adj.* חָבֵר שׁוּתָּף; חָבֵר נִסְפָּח; חָבֵר יוֹעֵץ
associate *v.* צֵירֵף, הִסְמִיךְ; הִתְחַבֵּר, הִשְׁתַּתֵּף
association *n.* הִתְאַחְדוּת, אִיגּוּד, אִרְגּוּן; צֵירוּף
assort *v.* סִיוּוֵג, מִייֵּן; עָרַךְ
assortment *n.* סִיוּוּג, מִיוּן; אוֹסֶף עָרוּךְ
assuage *v.* רִיכֵּךְ, שִׁיכֵּךְ; פִּייֵּס
assume *v.* הִנִּיחַ, הִתְייַמֵּר; קִיבֵּל עַל עַצְמוֹ
assumed name *n.* שֵׁם בָּדוּי
assumption *n.* הַנָּחָה, הַשְׁעָרָה; הִתְייַמְּרוּת; הִתְחַייְבוּת
assure *v.* הִבְטִיחַ; חִיזֵּק
Assyria *n.* אַשּׁוּר
Assyrian *n., adj.* אַשּׁוּרִי; אַשּׁוּרִית
aster *n.* אַסְתֵּר
asterisk *n.* כּוֹכָב, כּוֹכָבִית
astern *adv.* בַּיַּרְכָתַיִים; לְאָחוֹר
asteroid *n.* דַּג הַכּוֹכָב; כּוֹכָבִית (כוכב לכת קטנטן)
astigmatism *n.* אִי מִיקוּד (פגם בעדשת העין)
astir *adv.* בִּתְנוּעָה, רוֹגֵשׁ
asthma *n.* קַצֶּרֶת, אַסְתְּמָה
astonish *v.* הִדְהִים, הִפְתִּיעַ
astonishing *adj.* מַתְמִיהַּ, מַפְתִּיעַ
astound *v.* הִדְהִים, הִפְתִּיעַ
astounding *adj.* מַדְהִים, מַפְתִּיעַ
astral *adj.* דְּמוּי כּוֹכָב
astray *adv., adj.* שֶׁלֹּא בַּדֶּרֶךְ הַיָּשָׁר, הַצִּדָּה
astride *adv., adj.* בְּמְפוּסָק, כְּרוֹכֵב
astringent *adj.* כּוֹבֵל, עוֹצֵר; קָשֶׁה

astrology *n.* אַסְטְרוֹלוֹגְיָה
astronaut *n.* מַרְקִיעָן, אַסְטְרוֹנָאוּט, טַיַּס חָלָל
astronautics *n.pl.* מַרְקִיעָנוּת, אַסְטְרוֹנָאוּטִיקָה
astronomer *n.* אַסְטְרוֹנוֹם, תּוֹכֵן
astronomical *adj.* אַסְטְרוֹנוֹמִי; עֲנָקִי, גָדוֹל מִמַּדִּים
astronomy *n.* אַסְטְרוֹנוֹמְיָה, תְּכוּנָה, מַדַּע הַכּוֹכָבִים
astute *adj.* פִּיקֵחִי, עָרוּם
asunder *adv.* בְּנִפְרָד; לִקְרָעִים, לִרְסִיסִים; לְכָל רוּחַ
asylum *n.* מִקְלָט; בֵּית חוֹלֵי רוּחַ
asymmetry *n.* אִי־סִימֶטְרִיּוּת, אִי־תְּאִימוּת
at *prep.* בּ; אֵצֶל
atavism *n.* אָטָוִויזְם, (תכונות תורשתיות המופיעות לאחר מרחק של דורות)
atelier *n.* אָטֶלְיֶה, סַדְנַת הָאָמָּן
atheism *n.* אַתֵּאִיזְם; כְּפִירָה בָּעִיקָּר
atheist *n.* אַתֵּאִיסְט, כּוֹפֵר בָּעִיקָּר
Athens *n.* אַתּוּנָה
athirst *adj.* צָמֵא, תָּאֵב
athlete *n.* אַתְלֵט
athlete's foot *n.* כַּף רֶגֶל אַתְלֵט (מחלת עור)
athletic *adj.* אַתְלֵטִי
athletics *n.pl.* אַתְלֵטִיקָה
athwart *prep.* מִצַּד אֶל צַד; בְּמְלוּכְסָן; בְּנִיגּוּד
Atlantic *adj.* שֶׁל הָאוֹקְיָנוֹס הָאַטְלַנְטִי
Atlantic Charter *n.* הַהַצְהָרָה הָאַטְלַנְטִית
Atlantic Pact *n.* הָאֲמָנָה הָאַטְלַנְטִית

atlas *n.* אַטְלָס
atmosphere *n.* אַטְמוֹסְפֵרָה, אֲוִירָה
atmospheric *adj.* אַטְמוֹסְפֵרִי, שֶׁל אֲוִיר הָאָרֶץ
atmospherics *n.pl.* הַפְרָעוֹת אַטְמוֹסְפֵרִיּוֹת
atoll *n.* אָטוֹל (אי או טַבַּעַת איי אלמוגים מסביב לאגם)
atom *n.* אָטוֹם
atom bomb *n.* פְּצָצָה אֲטוֹמִית
atomic *adj.* אֲטוֹמִי
atomize *v.* אִיטֵּם, הִפְרִיד עַד הָאָטוֹם, רִיסֵּס
atonal *adj.* אֲטוֹנָלִי (לא הולם שום סולם)
atone *v.* כִּיפֵּר, סָלַח
atonement *n.* פִּיּוּס, כַּפָּרָה, כִּיפּוּר
atop *adv., prep.* בָּרֹאשׁ, עַל
atrocious *adj.* רַע, נִתְעָב
atrocity *n.* מַעֲשֶׂה זְוָועָה
atrophy *n.* דִּלְדּוּל, נִיוּוּן
attach *v.* קָשַׁר, חִיבֵּר; צֵירֵף; עִיקֵּל
attaché *n.* נִסְפָּח (בשגרירות)
attaché case *n.* תִּיק מִסְמָכִים (דמוי מזוודה קטנה)
attachment *n.* מוּסָף; צֵירוּף; קִשְׁרֵי חִיבָּה; עִיקּוּל
attack *v.* הִתְקִיף, הִתְנַפֵּל
attack *n.* הַתְקָפָה, תְּקִיפָה
attain *v.* הִשִּׂיג; הִגִּיעַ ל
attainment *n.* הַשָּׂגָה, הֶישֵּׂג
attainments *n.pl.* הֶישֵּׂגִים, כִּשְׁרוֹנוֹת
attar *n.* שֶׁמֶן וְרָדִים, וַרְדִּינוֹן
attempt *v.* נִיסָּה; הִשְׁתַּדֵּל
attempt *n.* נִיסָּיוֹן, מַאֲמָץ
attend *v.* נָכַח; שָׂם לֵב; טִיפֵּל, הִשְׁגִּיחַ

attendance *n.* נוֹכְחוּת; טִיפּוּל, הַקְשָׁבָה
attendant *adj.* מְלַוֶּוה; נוֹכֵחַ, מְשַׁמֵּשׁ
attendant *n.* סַדְרָן; לַבְלָר; מְטַפֵּל
attention *n.* תְּשׂוּמֶת־לֵב, הַקְשָׁבָה; טִיפּוּל; עֲמִידַת דּוֹם
attentive *adj.* נוֹתֵן דַּעְתּוֹ; קָשׁוּב; מְנוּמָּס
attenuate *v.* הִדְלִיל; הֶחְלִישׁ; דִּלְדֵּל
attest *v.* הֵעִיד; אִימֵּת
attic *n.* עֲלִיַּית־גַּג, עֲלִיָּיה
attire *n.* לְבוּשׁ, מַלְבּוּשׁ
attire *v.* הִלְבִּישׁ; קִישֵּׁט
attitude *n.* עֶמְדָּה; גִּישָׁה; יַחַס
attorney *n.* פְּרַקְלִיט, מוּרְשֶׁה
attract *v.* מָשַׁךְ; הֵסֵב תְּשׂוּמֶת־לֵב
attraction *n.* מְשִׁיכָה; כּוֹחַ מְשִׁיכָה; דָּבָר מוֹשֵׁךְ; אַטְרַקְצְיָה
attractive *adj.* מוֹשֵׁךְ; מְצוֹדֵד
attribute *n.* תְּכוּנָה; תּוֹאַר; לְוָואי (בְּדִקְדּוּק)
attribute *v.* ייחֵס; קִישֵּׁר; תָּלָה בּ...
attrition *n.* חִיכּוּךְ, הִשְׁתַּחֲקוּת
attune *v.* כִּיוְונֵן, כִּוְונֵן, תֵּיאֵם
atypical *adj.* לֹא טִיפּוּסִי, חָרִיג, לֹא סָדִיר
auburn *adj.* חוּם־זָהוֹב
au courant *adv.* מְעוּדְכָּן
auction *n.* מְכִירָה פּוּמְבִּית
auction *v.* מָכַר בִּמְכִירָה פּוּמְבִּית
auctioneer *n.* מְנַהֵל מְכִירָה פּוּמְבִּית
auctioneer *v.* נִיהֵל מְכִירָה פּוּמְבִּית
audacious *adj.* נוֹעָז, הַרְפַּתְקָנִי
audacity *n.* נוֹעָזוּת, הֶעָזָה; חוּצְפָּה
audibility *n.* שְׁמִיעוּת
audible *adj.* שָׁמִיעַ
audience *n.* קְהַל שׁוֹמְעִים; רֵאָיוֹן
audiofrequency *n.* תְּדִירוּת שֶׁמַע
audit *n.* רְאִיַּת חֶשְׁבּוֹן; דו"חַ חֶשְׁבּוֹנִי
audit *v.* בָּדַק חֶשְׁבּוֹנוֹת, רָאָה חֶשְׁבּוֹן
audition *n.* מִבְחַן לְאָמָן
auditor *n.* שׁוֹמֵעַ, מַאֲזִין; רוֹאֵה חֶשְׁבּוֹן
auditorium *n.* אוּלָם
auger *n.* מַקְדֵּחַ, מַקְדֵּחַ־כַּף
augment *v.* הִגְדִּיל; גָּדַל
augur *v.* בִּישֵּׂר, הִגִּיד עֲתִידוֹת
augury *n.* הַגָּדַת עֲתִידוֹת, נִיחוּשׁ עַל־פִּי סִימָנִים
august *adj.* מְרוֹמָם; מָלֵא הוֹד
August *n.* אוֹגוּסְט
aunt *n.* דּוֹדָה
aura *n.* הִילָה, הַשְׁרָאָה
au revoir *interj.* לְהִתְרָאוֹת
aurora *n.* זוֹהַר קוֹטְבִּי
aurora australis *n.* זוֹהַר הַדָּרוֹם
aurora borealis *n.* זוֹהַר הַצָּפוֹן
auspice *n.(usu.pl.)* חָסוּת
auspicious *adj.* מְבַשֵּׂר טוֹב
austere *adj.* חָמוּר; צָנוּעַ, לְלֹא קִישּׁוּט
austerity *n.* צֶנַע; נוּקְשׁוּת; הִינָּזְרוּת
autarchy *n.* אוֹטַרְכְיָה, רִיבּוֹנוּת מוּחְלֶטֶת, מִמְשָׁל עַצְמִי
authentic *adj.* אוֹתֶנְטִי, אָמִין
authenticate *v.* וִידֵּא, אִישֵּׁר
author *n.* מְחַבֵּר; יוֹצֵר
authoress *n.* מְחַבֶּרֶת; יוֹצֶרֶת
authoritarian *n., adj.* אוֹתוֹרִיטָרִי, סַמְכוּתִי
authoritative *adj.* מוּסְמָךְ; מְפַקֵּד
authority *n.* סַמְכוּת; יִיפּוּי־כּוֹחַ; שִׁלְטוֹנוֹת, בַּעַל סַמְכוּת; אַסְמַכְתָּה
authorize *v.* יִיפָּה כּוֹחַ; הִסְמִיךְ
authorship *n.* מְחַבְּרוּת

auto *n.* מְכוֹנִית, רֶכֶב מְמוּנָּע
autobiography *n.* תּוֹלְדוֹת עַצְמוֹ, אוֹטוֹבִּיוֹגְרַפְיָה
autobus *n.* אוֹטוֹבּוּס
autocratic *adj.* אוֹטוֹקְרָטִי, רוֹדָנִי
auto-da-fé *n.* אוֹטוֹ־דָה־פֶה, מִשְׁפַּט הָאִינְקְוִיזִיצְיָה, הַעֲלָאָה עַל מוֹקֵד
autograph *n.* אוֹטוֹגְרָף, חֲתִימַת שֵׁם
autograph *v.* חָתַם אֶת שְׁמוֹ
automat *n.* מִזְנוֹן אוֹטוֹמָטִי (בּאה"ב)
automatic *adj., n.* אוֹטוֹמָטִי, מְאוּטְמָט
automation *n.* אוֹטוֹמַצְיָה, אִטְמוּט
automaton (*pl.*-ata,-atons) *n.* רוֹבּוֹט, אוֹטוֹמָט
automobile *n.* אוֹטוֹמוֹבִּיל, רֶכֶב מְנוֹעִי, מְכוֹנִית
autonomous *adj.* אוֹטוֹנוֹמִי, עַצְמָאִי
autonomy *n.* אוֹטוֹנוֹמְיָה, שִׁלְטוֹן עַצְמִי
autopsy *n.* בְּדִיקָה לְאַחַר הַמָּוֶת, נְתִיחָה
autumn *n.* סְתָיו; שַׁלֶּכֶת
autumnal *adj.* סְתָוִי, סִתְוָנִי
auxiliary *n.* מְשָׁרֵת, עוֹזֵר; עֵזֶר, פּוֹעַל עוֹזֵר
avail *n.* תּוֹעֶלֶת, רֶוַח
avail *v.* הוֹעִיל, סִייֵּעַ; הָיָה לְעֵזֶר
available *adj.* נָשִׂיג, נִיתָּן לְהַשִּׂיג, זָמִין; עוֹמֵד לִרְשׁוּת
avalanche *n.* גַּלְשׁוֹן, מַפּוֹלֶת שֶׁלֶג, אֲוָלַנְשׁ
avant-garde *n., adj.* אֲוַנְגַרְד, חֲלוּצֵי רַעְיוֹן
avarice *n.* תַּאֲוַות מָמוֹן, קַמְצָנוּת
avaricious *adj.* חוֹמֵד מָמוֹן, קַמְצָן
avenge *v.* נָקַם, הִתְנַקֵּם
avenue *n.* שְׂדֵרָה, שְׂדֵרוֹת, מָבוֹא
aver *v.* אִישֵּׁר, קָבַע בְּבִטְחָה
average *n., adj.* מְמוּצָּע, בֵּינוֹנִי
average *v.* מִיצֵּעַ, חִישֵּׁב אֶת הַמְּמוּצָּע
averse *adj.* מִתְנַגֵּד; לֹא נוֹטֶה
aversion *n.* סְלִידָה, אִי־נְטִייָּה
avert *v.* הִפְנָה הַצִּדָּה, מָנַע, הֵסִיחַ
aviary *n.* כְּלוּב צִיפּוֹרִים
aviation *n.* תְּעוּפָה, טִיסָה
aviator *n.* טַיָּיס
avid *adj.* לָהוּט, מִשְׁתּוֹקֵק
avidity *n.* לְהִיטוּת, תְּשׁוּקָה
avocado *n.* אֲבוֹקָדוֹ, אֲווֹקָדוֹ
avocation *n.* עִיסּוּק, מִקְצוֹעַ
avoid *v.* הִתְחַמֵּק, נִמְנַע
avoidable *adj.* מָנִיעַ, נִיתָּן לִמְנִיעָה
avoidance *n.* חֲמִיקָה, הִימָּנְעוּת
avow *v.* הוֹדָה; הִתְווַדָּה
avowal *n.* הַכְרָזָה; אִישּׁוּר
await *v.* חִיכָּה, צִיפָּה
awake *v.* הֵעִיר; הִתְעוֹרֵר
awake *adj.* עֵר, לֹא יָשֵׁן
awaken *v.* הֵעִיר; הִמְרִיץ; הִתְעוֹרֵר
awakening *n.* הִתְעוֹרְרוּת; הִתְפַּכְּחוּת
award *n.* הַחְלָטַת בּוֹרְרוּת; פְּרָס; עִיטּוּר
award *v.* הֶעֱנִיק; זִיכָּה
aware *adj.* מוּדָע, יוֹדֵעַ; חָשׁ
awareness *n.* מוּדָעוּת, חִישָּׁה, הַכָּרָה
away *adv.* הָלְאָה מִזֶּה; רָחוֹק; בַּצַּד
awe *n.* יִרְאַת־כָּבוֹד, חֲרָדָה
awesome *adj.* מְעוֹרֵר יִרְאַת־כָּבוֹד
awestruck *adj.* מָלֵא יִרְאַת־כָּבוֹד
awful *adj.* נוֹרָא, אָיוֹם
awfully *adv.* (דיבּוּרית) 'נוֹרָא', מְאוֹד
awhile *adv.* זְמַן־מָה; לִזְמַן־מָה
awkward *adj.* מְסוּרְבָּל, מְגוּשָּׁם; חֲסַר חֵן; מֵבִיךְ

awl *n.* מַרְצֵעַ
awning *n.* גְנוּנָה, מַחְסֶה
awry *adj.* מְעוּקָם, מְשׁוּבָּשׁ
axe, ax *n.* גַרְזֶן
axe, ax *v.* קִיצֵץ (בתקציב, בשירותים וכד')
axiom *n.* אַקְסִיוֹמָה, מוּשְׂכָּל רִאשׁוֹן
axis *n.(pl.***axes***)* צִיר, קַו הָאֶמְצַע
axle *n.* צִיר, סֶרֶן, גַל
ay, aye *n. interj.* הֵן, כֵּן (תשובה חיובית)
ay, aye *adv.* תָּמִיד, לָנֶצַח
azimuth *n.* אַזִימוּת (קשת השמיים מן הזנית בניצב לאופק)
azure *adj.* כָּחוֹל, תְּכֵלֶת

B

baa *v., n.* פָּעָה; פְּעִיָּה
babble *v.* בִּרְבֵּר, פִּטְפֵּט, קִשְׁקֵשׁ
babble *n.* בִּרְבּוּר, פִּטְפּוּט, קִשְׁקוּשׁ
babe *n.* תִּינוֹק, עוֹלָל; (המונית)בַּחוּרוֹנֶת
baboon *n.* בַּבּוּן, קוֹף גָּדוֹל
baby *n.* תִּינוֹק, עוֹלָל
baby-carriage *n.* עֶגְלַת יְלָדִים
babyhood *n.* יַנְקוּת
Babylon, Babylonia *n.* בָּבֶל
Babylonian *adj.* בַּבְלִי; בַּבְלִית (שפה)
baby sitter *n.* שׁוֹמֵר טַף, שׁוֹמֶרֶת טַף, שְׁמַרְטַף
baccalaureate *n.* תּוֹאַר הַבּוֹגֵר
baccarat *n.* בַּקָּרָט (משחק קלפים)
bacchanal *n.* בַּקְכָנָל, מִתְהוֹלֵל בְּמִשְׁתָּאוֹת
bachelorhood *n.* רַוָּקוּת
bacillus *n.***(pl. bacilli)** חַיְידָק, מֶתֶג
back *n.* גַּב; אָחוֹר; מִסְעָד; (בכדורגל) מֵגֵן
back *adj.* אֲחוֹרִי; לְשֶׁעָבַר; בְּכִיווּן לְאָחוֹר
back *v.* תָּמַךְ, גִּיבָּה; הֵזִיז אֲחוֹרַנִּית; הִימֵּר לְטוֹבַת
back a bill עָרַב לִשְׁטָר בַּחֲתִימַת הֵיסֵב
back *adv.* אָחוֹרָה; בַּחֲזָרָה
backache *n.* כְּאֵב גַּב
backbone *n.* עַמּוּד־הַשִּׁדְרָה
back-breaking *adj.* שׁוֹבֵר גַּב, מְעַיֵּיף, מְפָרֵךְ
back down *v.* הוֹדָה בְּטָעוּת
backdown *n.* נְסִיגָה (מהתחייבות או מטַענה)
backer *n.* תּוֹמֵךְ; פַּטְרוֹן; מְהַמֵּר (על סוס במֵרוץ וכד')
backfire *n.* הַצָּתָה מוּקְדֶּמֶת (בּמנוֹע)
back-fire *v.* הִצִּית (מנוע) קוֹדֶם זְמַנּוֹ; הֵבִיא תוֹצָאוֹת הֲפוּכוֹת
backgammon *n.* שֵׁשׁ־בֵּשׁ
background *n.* רֶקַע, מוֹצָא
backing *n.* תִּימוּכִין, 'גִּיבּוּי'
backlash *n.* רְתִיעָה לְאָחוֹר; תְּגוּבָה חֲרִיפָה
backlog *n.* הִצְטַבְּרוּת (עבודה)
back-number *n., adj.* חוֹבֶרֶת יְשָׁנָה (של כתב־עת); מְיוּשָּׁן
back out *v.* הִתְחַמֵּק, הִסְתַּלֵּק
back-pay *n.* פִּיגּוּרֵי שָׂכָר
back-room boys *n.pl.* אַנְשֵׁי הַמֶּחְקָר
back-seat *n.* מוֹשָׁב אֲחוֹרִי; תַּפְקִיד מִשְׁנִי
backside *n.* אָחוֹר, 'יַשְׁבָן', תַּחַת
backslide *v.* הִתְדַּרְדֵּר לְחֵטְא
backstage *n., adj.* אֲחוֹרֵי הַקְּלָעִים; שֶׁמֵּאֲחוֹרֵי הַקְּלָעִים
backstairs *n., adj.* שֶׁבְּדֶרֶךְ אֲפֵלָה; עָקִיף
backstop *n.* חַיִץ; בּוֹלֵם כַּדּוּר (מלצאת, במגרש כדורגל וכד')
back-talk *n.* חוּצְפָּה; תְּשׁוּבָה מְחוּצֶּפֶת
backward *adj.* מְכוּוָּן לְאָחוֹר; מְפַגֵּר; בַּיְישָׁן
backward(s) *adv.* אֲחוֹרַנִּית, לְאָחוֹר; בְּהִיפּוּךְ
backwater *n.* מַיִם עוֹמְדִים; מָקוֹם קוֹפֵא עַל שְׁמָרָיו
backwoods *n.pl.* יַעַר בְּרֵאשִׁית, יַעַר עַד; שְׁמָמָה
backyard *n.* חָצֵר
bacon *n.* קוֹתֶל חֲזִיר (מְמוּלָּח וּמְעוּשָּׁן)

bacteria *n.pl.*(**bacterium** *sing.*) חַיְדַּקִים, מְתַגִים
bacteriologist *n.* בַּקְטֶרִיוֹלוֹג
bacteriology *n.* בַּקְטֶרִיוֹלוֹגְיָה (מדע חקר תכונות החיידקים)
bad *adj.* רַע; לָקוּי; רָקוּב, מוּשְׁחָת
badge *n.* תָּג; סֵמֶל (על בגד)
badger *v.* הִטְרִיד, הֵצִיק
badly *adv.* רַע; מְאוֹד, בְּמִידָּה רַבָּה
badly off *adj.* דָּחוּק בְּכֶסֶף, עָנִי
badminton *n.* בֶּדְמִינְטוֹן (מִשחק בכדור נוֹצה, דומה לטֶניס)
baffle *v.* סִיכֵּל; הֵבִיךְ; הָיָה קָשֶׁה
bag *n.* תִּיק, יַלְקוּט; שַׂקִּית; אַרְנָק; שְׁלַל צַיִד
bag and baggage *adv.* עַל כָּל רְכוּשׁוֹ, הַכּוֹל בַּכּוֹל מִכּוֹל כּוֹל
baggage *n.* מִטְעָן; מְזְוָודוֹת
baggage-car *n.* קְרוֹן מִטְעָן
bagpipe *n.* חֵמַת חֲלִילִים
bail *n.* עַרְבוּת; עֲרוּבָּה
bail *v.* הִפְקִיד; עָרַב
bailiff *n.* פְּקִיד הוֹצָאָה לְפוֹעַל; מְנַהֵל אֲחוּזָּה
baliwick *n.* מְחוֹז שִׁיפּוּט
bailment *n.* הַפְקָדָה, פִּיקָּדוֹן; חוֹזֵה הַפְקָדָה
bail out *v.* צָנַח (ממטוס); עָרַב (לעציר)
bait *v.* הִתְגָּרָה; לָעַג; שָׂם פִּיתָּיוֹן
bait *n.* פִּיתָּיוֹן; מִקְסָם, פִּיתּוּי
bake *v.* אָפָה; נֶאֱפָה
bakehouse *n.* מַאֲפִיָּיה
baker *n.* אוֹפֶה
baker's dozen *n.* שְׁלוֹשָׁה־עָשָׂר
bakery *n.* מַאֲפִיָּיה
baking powder *n.* אַבְקַת מַאֲפֶה; אֲפִיּוֹן
baking soda *n.* סוֹדָה לַאֲפִיָּיה
baksheesh *n.* בַּקְשִׁישׁ, תֶּשֶׁר, מַתָּת; שׁוֹחַד
balalaika *n.* בַּלָלַייְקָה (כלי נגינה עממי, בעל 3־4 מֵיתרים)
balance *n.* מֹאזְנַיִים; אִיזּוּן; מַאֲזָן; יִתְרָה
balance *v.* אִיזֵּן; הֵבִיא לְשִׁיוּוּי־מִשְׁקָל; הִשְׁוָוה; קִיזֵּז
balance of payments *n.* מַאֲזַן הַתַּשְׁלוּמִים
balance of power *n.* מַאֲזַן הַכּוֹחוֹת
balance-sheet *n.* מַאֲזָן
balcony *n.* מִרְפֶּסֶת, גְזוּזְטְרָה; יָצִיעַ
bald *adj.* קֵירֵחַ, גִּיבֵּחַ; יָבֵשׁ, חַדְגוֹנִי; גָּלוּי
baldness *n.* קָרַחַת, גַּבַּחַת
baldric *n.* חֲגוֹרָה, רְצוּעָה
bale *n.* חֲבִילָה; צְרוֹר גָּדוֹל
bale *v.* אָרַז; קָשַׁר בַּחֲבִילוֹת
baleful *adj.* מֵבִיא רָעָה, מַשְׁחִית
balk, baulk *v.* נֶעֱצַר; שָׂם מִכְשׁוֹל
balky *adj.* סַרְבָנִי, עַקְשָׁנִי
ball *n.* כַּדּוּר מִשְׂחָק; נֶשֶׁף רִיקּוּדִים
ballad, ballade *n.* בַּלָּדָה
ballast *v.* הֵנִיחַ זְבוֹרִית; אִיזֵּן
ballast *n.* זְבוֹרִית (משקולת לשמירת איזון אונייה)
ball-bearing *n.* מֵסַב כַּדּוּרִיּוֹת
ballerina *n.* בַּלֶּרִינָה, רַקְדָנִית
ballet *n.* בַּאלֶט
ballistic *adj.* בַּאלִיסְטִי
balloon *n.* כַּדּוּר פּוֹרֵחַ, בַּאלוֹן
ballot *n.* פֶּתֶק הַצְבָּעָה; הַצְבָּעָה חֲשָׁאִית
ballot-box *n.* קַלְפִּי
ballpoint pen *n.* עֵט כַּדּוּרִי

ballroom *n.* אוּלַם רִיקוּדִים
ballyhoo *n.* פִּרְסוֹמֶת רַעֲשָׁנִית
balm *n.* בּוֹסֶם, בֹּשֶׂם; שֶׁמֶן מִשְׁחָה; מַרְפֵּא
balmy *adj.* בָּסוּם, בָּשׂוּם; מַרְגִּיעַ, נָעִים; לָקוּי בְּשִׂכְלוֹ
baloney *n.* הֲבָלִים, שְׁטוּיוֹת
balsam *n.* שְׂרַף מַרְפֵּא, נֶטֶף רֵיחָנִי
baluster *n.* עַמּוּד יָצִיעַ; עַמּוּד מַעֲקֶה
balustrade *n.* מַעֲקֶה לְמַדְרֵגוֹת
bamboo *n., adj.* בַּמְבּוּק, חִזְרָן
bamboozle *v.* רִימָּה; בִּלְבֵּל
ban *n.* אִיסּוּר; חֵרֶם, נִידּוּי
ban *v.* אָסַר; הֶחֱרִים, נִידָּה
banal *adj.* בָּנָלִי, נָדוֹשׁ, תָּפֵל
banana *n.* בָּנָנָה
band *n.* אֶגֶד, פַּס, סֶרֶט, קִישּׁוּר; גְּדוּד, כְּנוּפְיָה; תִּזְמוֹרֶת
band *v.* הִתְאַחֵד, הִתְקַבֵּץ
bandage *n.* תַּחְבּוֹשֶׁת, אֶגֶד
bandage *v.* חָבַשׁ, תִּחְבֵּשׁ
bandanna *n.* בַּנְדַנָּה, מִטְפַּחַת צִבְעוֹנִית
bandit *n.(pl* **-its, -tti)** שׁוֹדֵד, לִסְטִים
bandmaster *n.* מְנַצֵּחַ (עַל מְנַגְּנִים)
bandstand *n.* בִּימַת הַתִּזְמוֹרֶת
bandy *v.* זָרַק מִכָּאן לְכָאן, הֶחֱלִיף
bane *n.* מְחַבֵּל, מַזִּיק, גּוֹרֵם הֶרֶס
baneful *adj.* אַרְסִי; מְחַבֵּל
bang *n.* דְּפִיקָה חֲזָקָה, מַכָּה, חֲבָטָה; קוֹל נֶפֶץ
bang *v.* הָלַם; טָרַק (דלת); הִשְׁמִיעַ קוֹל נֶפֶץ
bangle *n.* אֶצְעָדָה, עֶכֶס
banish *v.* גֵּירֵשׁ; הִגְלָה
banishment *n.* גֵּירוּשׁ; הַגְלָיָה
banister *n.* מַעֲקֵה הַמַּדְרֵגוֹת
banjo *n.* בַּנְג'וֹ (כְּלִי מֵיתָרִים עָגוֹל אָרִיךְ צַוָּואר)
bank *v.* חָסַם (בְּשִׁיפּוּעַ, בִּגְדָה); טָס מוּטֶה הַצִּדָּה; נֶעֱרַם; פָּעַל כְּבַנְק; הִפְקִיד בְּבַנְק; סָמַךְ
bank *n.* בַּנְק; קוּפָּה; סוֹלְלָה, תֵּל, גָּדָה
bank account *n.* חֶשְׁבּוֹן בְּבַנְק
bankbook *n.* פִּנְקַס בַּנְק
banker *n.* בַּנְקַאי; הַמַּחְזִיק בַּקּוּפָּה
banking *n.* בַּנְקָאוּת; עִסְקֵי בַּנְק
banknote *n.* שְׁטַר כֶּסֶף
bankroll *n.* צְרוֹר שִׁטְרֵי כֶּסֶף
bankrupt *n., adj.* פּוֹשֵׁט רֶגֶל
bankrupt *v.* הֵבִיא לִפְשִׁיטַת רֶגֶל
bankruptcy *n.* פְּשִׁיטַת רֶגֶל
banner *n.* דֶּגֶל
banner headline *n.* כּוֹתֶרֶת עֲנָקִית (בְּעִיתּוֹן)
banquet *n.* מִשְׁתֶּה
banquet *v.* עָרַךְ מִשְׁתֶּה; נֶהֱנָה בְּמִשְׁתֶּה
banter *n.* לָצוֹן, הִתְלוֹצְצוּת (בְּרוּחַ טוֹבָה)
banter *v.* חָמַד לָצוֹן, הִתְלוֹצֵץ
baptism *n.* טְבִילָה, טֶקֶס הִתְנַצְּרוּת
Baptist *n.* בַּפְּטִיסְט, מַטְבִּיל
baptist(e)ry *n.* אֲגַף הַטְּבִילָה; אַגַּן הַטְּבִילָה
baptize *v.* הִטְבִּיל; הִזָּה מַיִם; קָרָא שֵׁם
bar *n.* מוֹט; בְּרִיחַ; (בְּמוּסִיקָה) מַקָּף תֵּווִים; חַיִץ; סוֹרְגֵי תָּא הָאָסִיר; דֶּלְפֵּק מַשְׁקָאוֹת; בֵּית מַרְזֵחַ
bar *v.* מָנַע, חָסַם, אָסַר
bar *prep.* חוּץ מִן, בְּלִי
bar association *n.* לִשְׁכַּת עוֹרְכֵי־הַדִּין
barb *n.* חוֹד, חִדּוּד; עוֹקֶץ; מַלְעָן
barbarian *n.,adj.* בַּרְבָּרִי, לֹא תַּרְבּוּתִי

barbaric *adj.* בַּרְבָּרִי, אַכְזָרִי
barbarism *n.* בַּרְבָּרִיּוּת; שִׁיבּוּשׁ גַּס בַּלָּשׁוֹן
barbarous *adj.* אַכְזָרִי; לֹא תַּרְבּוּתִי
barbecue *v.* צָלָה בָּשָׂר (בחוץ)
barbecue *n.* מְסִיבַּת צְלִי בָּשָׂר (בחוץ)
barbed *adj.* דוֹקֵר, עוֹקֵץ
barbed wire *n.* תַּיִל דוֹקְרָנִי
barber *n.* סַפָּר
barber shop *n.* מִסְפָּרָה
bard *n.* מְשׁוֹרֵר, פַּיְיטָן; שִׁרְיוֹן סוּס
bard *v.* הִלְבִּישׁ שִׁרְיוֹנִים, שִׁרְיֵין (סוס)
bare *adj.* עָרוֹם; גָלוּי; רֵיק; דָחוּק
bare *v.* הִפְשִׁיט; עִרְטֵל
bareback *adj., adv.* לְלֹא אוּכָּף
barefaced *adj.* לְלֹא בּוּשָׁה, חָצוּף
barefoot *adj., adv.* יָחֵף
bareheaded *adj., adv.* בְּגִלּוּי רֹאשׁ
barely *adv.* בְּלִי קִישׁוּט; בְּדוֹחַק, בְּקוֹשִׁי
bargain *n.* מְצִיאָה, קְנִיָּיה בְּזוֹל
bargain counter *n.* דוּכַן מְצִיאוֹת
barge *n.* אַרְבָּה; סְפִינַת טֶקֶס
barge *v.* הוֹבִיל מִטְעָן בְּאַרְבָּה; פָּרַץ לְדִבְרֵי חֲבֵרוֹ בְּגַסּוּת
baritone *n., adj.* קוֹל בָּרִיטוֹן
bark *n.* נְבִיחָה; קְלִיפַּת הָעֵץ
bark *v.* נָבַח; צָרַח; (דיבורית) הִשְׁתַּעֵל; קִילֵּף, שִׁפְשֵׁף אֶת הָעוֹר
barley *n.* שְׂעוֹרָה
barley water *n.* מֵי־שְׂעוֹרִין (מַשקה לחולים)
barmaid *n.* מוֹזֶגֶת, מֶלְצָרִית
barn *n.* אָסָם (בחווה)
barnacle *n.* סַפּוּחַ, דַג הַשִּׁבְּלוּל (הנדבק לאונייה); אֲוַוז הַצָּפוֹן
barnyard *n.* חֲצַר־הַמֶּשֶׁק

barometer *n.* בָּרוֹמֶטֶר, מַדְלַחַץ אַטְמוֹסְפֵירִי
baron *n.* בָּרוֹן; אֵיל הוֹן
baroness *n.* בָּרוֹנִית
baroque *adj.* בָּרוֹקִי (בסגנון המצטיין בקישוט נִפרז)
barracks *n.pl.* קְסַרְקְטִין
barrage *n.* מָסַךְ אֵשׁ תּוֹתָחִים, מְטַר יְרִיּוֹת
barrel *n.* חָבִית; קְנֵה רוֹבֶה
barren *adj.* עָקָר; שׁוֹמֵם, מְשַׁעֲמֵם
barricade *n.* מִתְרָס, בָּרִיקָדָה
barricade *v.* חָסַם, תֵּרֵס, הִתְגּוֹנֵן בְּמִתְרָסִים
barrier *n.* מַחְסוֹם; מַעֲקָה
barrier reef *n.* שׁוּנִית אַלְמוּגִּים
barrister *n.* פְּרַקְלִיט, עוֹרֵךְ־דִּין
barroom *n.* מִסְבָּאָה, בָּר
bartender *n.* מוֹזֵג
barter *n.* סַחַר חֲלִיפִין
barter *v.* סָחַר בַּחֲלִיפִין; הֵמִיר
barytone, *see* **baritone**
base *n.* בָּסִיס; תַּחְתִּית; יְסוֹד
base *v.* בִּיסֵּס, יִיסֵּד
base *adj.* שָׁפָל; מוּג לֵב; נִבְזֶה
baseball *n.* כַּדּוּר בָּסִיס, בֵּייסְבּוֹל
base metals *n.pl.* מַתָּכוֹת פְּחוּתוֹת עֵרֶךְ
baseless *adj.* חֲסַר יְסוֹד; עוֹמֵד עַל בְּלִימָה
basement *n.* קוֹמַת־מַסָּד; מַסָּד
bash *v., n.* הִכָּה בְּחָזְקָה; מַכָּה חֲזָקָה
bashful *adj.* בַּיְישָׁן, בַּיְישָׁנִי
basic *adj.* בְּסִיסִי; עִיקָּרִי, יְסוֹדִי
basilica *n.* בָּזִילִיקָה (בניין רומי עתיק מוארך)

basin *n.* כִּיּוֹר, אַגָּן, קְעָרָה
basis *n.* בָּסִיס, יְסוֹד, עִיקָּר
bask *v.* הִתְעַנֵּג (בהתחממות בשמש); נֶהֱנָה
basket *n.* סַל, טֶנֶא מְלוֹא הַסַּל
basketball *n.* כַּדּוּרְסַל
basket work *n.* קְלִיעָה; טְווִיַּית קְלִיעָה
bas relief *n.* תַּבְלִיט נָמוּךְ
bass *n., adj.* (של) קוֹל בַּס (מוסיקה)
bass *n.* מוּשְׁט (דג); תִּרְזָה
bass drum *n.* תּוֹף גָּדוֹל
bass horn *n.* טוּבָּה
bassinet *n.* סַל שֵׁינָה (לתינוק)
bassoon *n.* (במוסיקה) בַּסּוֹן (כלי נשיפה)
bass viol *n.* כּוֹנֶרֶת־בֶּרֶךְ, וִיוֹלָה דָא גַמְבָּא
bass wood *n.* תִּרְזָה
bastard *n.* מַמְזֵר, יֶלֶד לא חוּקִי; מְעוּרָב; שָׁפָל
baste *v.* הִכְלִיב, תָּפַר אַרְעִית; הִרְטִיב בְּשֶׁמֶן; הִלְקָה, הִצְלִיף
bastion *n.* סוֹלְלָה, חוֹמַת מָגֵן; מְצוּדָה
bat *n.* עֲטַלֵּף; מַחְבֵּט, אַלָּה
bat *v.* חָבַט, הִיכָּה
batch *n.* מַעֲרֶכֶת, קְבוּצָה, צְרוֹר
bate *v.* הִפְחִית, הִקְטִין; עָצַר (נשימה)
bath *n.* רְחִיצָה בְּאַמְבָּט; אַמְבָּט; בֵּית־מֶרְחָץ
bathe *v.* הִטְבִּיל; הִרְטִיב; רָחַץ; הִתְאַמְבֵּט
bather *n.* מִתְרַחֵץ
bathhouse *n.* בֵּית־מֶרְחָץ; מֶרְחָצָה (בחוף)
bathing *n.* רְחִיצָה, רְחִיצָה בַּיָּם
bathing beach *n.* חוֹף רַחְצָה
bathing beauty *n.* נַעֲרַת מַיִם
bathing resort *n.* מֶרְחֲצָאוֹת
bathing trunks *n.pl.* מִכְנְסֵי רַחְצָה
bathos *n.* נְפִילָה (מן הנשגב אל המגוחך)
bathrobe *n.* מְעִיל רַחְצָה, גְּלִימַת רַחְצָה
bathroom *n.* חֲדַר־רַחְצָה, חֲדַר־אַמְבָּט
bathroom fixtures *n.pl.* אַבְזְרֵי חֲדַר־אַמְבָּט
bathtub *n.* אַמְבָּט
batik *n.* בַּטִּיק (שיטת צביעת בדים)
baton *n.* שַׁרְבִיט; אַלַּת שׁוֹטֵר
battalion *n.* בַּטַּלְיוֹן; גְּדוּד
batter *n.* טִשְׁטוּשׁ בִּדְפוּס; תַּבְלִיל; שֶׁתּוֹרוֹ לְשַׂחֵק (במשחקי מחבט)
batter *v.* הָלַם בְּחָזְקָה, נִיתֵּץ
battering ram *n.* אֵיל־בַּרְזֶל (לניגוח)
battery *n.* סוֹלְלַת תּוֹתָחִים; גוּנְדָּה יחידת חיל־תותחנים; מַעֲרֶכֶת מְכוֹנוֹת; תְּקִיפָה
battle *n.* קְרָב, מַעֲרָכָה
battle *v.* נִלְחַם בּ, נֶאֱבַק בּ
battle array *n.* מַעֲרָךְ קְרָבִי
battle-cry *n.* קְרִיאַת מִלְחָמָה
battlefield *n.* שְׂדֵה־קְרָב
battlefront *n.* חֲזִית
battleground *n.* שְׂדֵה מַעֲרָכָה
battleship *n.* אוֹנִיַּית־קְרָב, אוֹנִיַּית מִלְחָמָה
batty *adj.* מְשׁוּגָע, מְשׁוּנֶּה
bauble *n.* תַּכְשִׁיט זוֹל
baulk, *see* **balk**
bawd *n.* סַרְסוּרִית לִזְנוּת; נִיבּוּל־פֶּה
bawdy *adj.* זְנוּנִי; נִיבּוּלִי, שֶׁל נִיבּוּלֵי־פֶּה
bawdy house *n.* בֵּית־זוֹנוֹת, בֵּית־בּוֹשֶׁת

bawl *v.* הִרְעִישׁ; בָּכָה
bay *n.* מִפְרָץ; רְצִיף צְדָדִי (בתחנת־רכבת); נְבִיחָה־יְבָבָה
bay *v.* נָבַח־יִיבֵּב
bay *adj.* חוּם־אָדוֹם; עַרְמוֹנִי
bay leaves *n.pl.* עֲלֵי דַפְנָה
bay window *n.* גַּבְלִית (מעין גזוזטרה צרה בחלון נמוך)
bayonet *n.* כִּידוֹן
bayonet *v.* כִּידֵּן, דָּקַר בְּכִידוֹן
bayou *n.* שֶׁפֶךְ בּוֹצִי (של נהר לאגם)
bazaar *n.* בָּזָאר (שוק מזרחי; שוק למטרות צדקה)
bazooka *n.* בָּזוּקָה (מטול רקטות נגד שריון)
B.C. לִפְנֵי סְפִירַת הַנּוֹצְרִים, לפסה"נ
be *v.* הָיָה, חַי, הִתְקַיֵּים
beach *n.* שְׂפַת־הַיָּם, חוֹף
beachcomber *n.* נָווָד חוֹפִים
beachhead *n.* רֹאשׁ גֶּשֶׁר, רֹאשׁ חוֹף (עֶמדה שתופס חיל חלוץ בחוף למטרת פלישה)
beacon *n.* אוֹר מְאוֹתֵת, סִימַן אַזְהָרָה
beacon *v.* אוֹתֵת; הִבְהִיק
bead *n.* חָרוּז, חוּלְיָה
beadle *n.* שַׁמָּשׁ (במקום תפילה)
beagle *n.* שַׁפְלָן (כלב)
beak *n.* מַקּוֹר, חַרְטוֹם; זִיז
beaker *n.* גָּבִיעַ; כּוֹס (בעלת פייה לצורכי מעבדה)
beam *n.* קוֹרָה; קֶרֶן, אֲלוּמַּת אוֹר
beam *v.* קָרַן, הֵאִיר
bean *n.* שְׁעוּעִית, פּוֹל
bear *n.* דּוֹב; סַפְסָר בְּמְנָיוֹת
bear *v.* נָשָׂא; תָּמַךְ; הוֹבִיל; סָבַל; יָלַד; הֵנִיב (פרי)
beard *n.* זָקָן; (בבוטניקה) מַלְעָן
beardless *adj.* לְלֹא חֲתִימַת זָקָן
bearer *n.* נוֹשֵׂא, מַעֲבִיר; מוֹכָ"ז (מוסר כתב זה)
bearing *n.* צוּרַת הוֹפָעָה אִישִׁית, הִתְנַהֲגוּת; קֶשֶׁר, יַחַס
bearings *n.pl.* מוּדָעוּת לִמְצִיאוּת; תְּחוּשַׁת הִתְמַצְּאוּת
beast *n.* חַיָּה, בְּהֵמָה
beastly *adj.* חַיָּתִי, בֵּהֱמִי
beat *n.* מַכָּה בַּתּוֹף, אוֹת (על־ידי תיפוף); הוֹלֶם (לב); פַּעֲמָה (יחידת המקצב); מַקּוֹף (של שוטר)
beat *adj.* רָצוּץ
beat *v.* הִלְקָה, הִכָּה, הָלַם
beater *n.* מַקִּישׁ, מַקְצֵף
beatify *v.* הִכְרִיז כְּקָדוֹשׁ
beating *n.* הַכָּאָה, הַלְקָאָה; תְּבוּסָה
beatnik *n.* בִּיטְנִיק (המזלזל, בלבושו ובהתנהגותו, במוסכמות)
beau *n.* מְחַזֵּר, אוֹהֵב
beautician *n.* יַפַּאי, יַפָּאִית
beautiful *adj.* יָפֶה, יָפָה
beautify *v.* יִיפָּה; פֵּיאֵר
beauty *n.* יוֹפִי; יְפֵהפִיָּה, יְפֵיפִיָּה
beauty parlor *n.* מְכוֹן יוֹפִי, מִסְפָּרָה
beaver *n.* בּוֹנֶה; כּוּמְתַּת פַּרְוָוה
becalm *v.* עָצַר; הִשְׁקִיט, הִרְגִּיעַ
because *adv., conj.* מִשּׁוּם שֶׁ, מִפְּנֵי שֶׁ, כִּי, כֵּיוָן שֶׁ, הוֹאִיל וּ, בִּגְלַל
because of him בִּגְלָלוֹ, בְּשֶׁלּוֹ
beck *n.* רְמִיזָה, מֶחְוָוה
beckon *v.* רָמַז, הֶחֱוָוה; אוֹתֵת
becloud *v.* כִּיסָּה בְּעָנָן, עִרְפֵּל, בִּלְבֵּל
become *v.* נַעֲשָׂה, הָיָה לְ; הִתְאִים, הָלַם

becoming *adj.* הוֹלֵם, מוֹשֵׁךְ עַיִן; מַתְאִים
bed *n.* מִיטָּה; עֲרוּגָה (של פרחים); קַרְקָעִית
bed and board *n.* אֲשֶׁ"ל, לִינָה וְאוֹכֶל
bedbug *n.* פִּשְׁפֵּשׁ
bedclothes *n.pl.* כְּלֵי־מִיטָּה
bedding *n.* כְּלֵי־מִיטָּה; יְסוֹד, מַסָּד
bedeck *v.* קִישֵּׁט, יִיפָּה
bedevil *v.* בִּלְבֵּל, קִלְקֵל
bedfellow *n.* שׁוּתָּף לַמִּיטָּה; חָבֵר קָרוֹב
bedlam *n.* מְהוּמָה; בֵּית מְשׁוּגָּעִים
bed-linen *n.* לִבְנֵי מִיטָּה
bedouin *n., adj.* בֶּדְווִי
bedpan *n.* סִיר לַיְלָה
bedpost *n.* עַמּוּד הַמִּיטָּה (במיטה בעלת חופה)
bedraggle *v.* פָּרַע וְלִכְלֵךְ (שֵׂעָר, לבוש)
bedridden *adj.* מְרוּתָּק לַמִּיטָּה
bedrock *n.* תַּשְׁתִּית, יְסוֹד
bedside *n., adj.* צַד הַמִּיטָּה; שֶׁלְּיַד הַמִּיטָּה
bedsore *n.* כְּאֵב שְׁכִיבָה, פִּצְעֵי לַחַץ
bedspread *n.* כִּיסּוּי מִיטָּה
bedspring *n.* קְפִיצֵי מִיטָּה
bedstead *n.* מִיטָּה
bedtime *n., adj.* (שֶׁל) שְׁעַת הַשֵּׁינָה
beduin *see* **bedouin**
bee *n.* דְבוֹרָה
beech *n.* תְּאַשּׁוּר, אַשּׁוּר (עץ)
beef *n.* בְּשַׂר בָּקָר; תְּלוּנָה
beef *v.* הִתְאוֹנֵן, רָטַן
beefsteak *n.* אוּמְצַת בָּשָׂר, כְּתִיתָה
beehive *n.* כַּוֶּורֶת
beeline *n.* מְעוּף צִיפּוֹר, קַו יָשָׁר
beep *n.* צְפִירָה חַדָּה (בִּכְלִי רֶכֶב או במכשיר אלקטרוני)
beeper *n.* זִימּוּנִית, אִיתּוּרִית
beer *n.* בִּירָה, שֵׁכָר
beeswax *n.* דוֹנַג, שַׁעֲוָוה
beet *n.* סֶלֶק
beetle *n.* חִיפּוּשִׁית
beetle browed *adj.* בַּעַל גַּבּוֹת בּוֹלְטוֹת
befall *v.* אֵירַע, קָרָה
befitting *adj.* הוֹלֵם, מַתְאִים, רָאוּי
before *adv.* לִפְנֵי, קוֹדֶם שֶׁ, לִפְנֵי־כֵן
before *prep.* לִפְנֵי, בְּנוֹכְחוּת
before *conj.* לִפְנֵי, קוֹדֶם שֶׁ
beforehand *adj.* מִקּוֹדֶם, מֵרֹאשׁ
befoul *v.* טִינֵּף, לִכְלֵךְ
befriend *v.* הֶרְאָה יְדִידוּת, קֵירֵב
befuddle *v.* טִמְטֵם; בִּלְבֵּל
בִּיקֵּשׁ, הִתְחַנֵּן; קִיבֵּץ נְדָבוֹת
beget (begot, begat; begotten) *v.* הוֹלִיד; הֵבִיא לִידֵי
beggar *n.* קַבְּצָן, פּוֹשֵׁט יָד; (דיבורית) בַּרְנָשׁ
begin *v.* הִתְחִיל
beginner *n.* מַתְחִיל; טִירוֹן
beginning *n.* הַתְחָלָה; רֵאשִׁית
begrudge *v.* קִינֵּא בְּ, עֵינוֹ הָיְיתָה צָרָה בְּ, 'לֹא פִּרְגֵּן'
beguile *v.* הִטְעָה, הִשְׁלָה; הִקְסִים
behalf *n.* צַד, טַעַם (מִטַּעַם)
behave *v.* נָהַג; הִתְנַהֵג, הִתְנַהֵג כַּשּׁוּרָה
behavior *n.* הִתְנַהֲגוּת, יַחַס לַזּוּלַת
behead *v.* עָרַף רֹאשׁ
behest *n.* פְּקוּדָּה, צַו
behind *adv.* מֵאָחוֹר, לְאָחוֹר
behind *prep.* מֵאֲחוֹרֵי, אַחֲרֵי; בְּפִיגּוּר
behind *n.* אֲחוֹרַיִים, יַשְׁבָן, תַּחַת

behold *v.* רָאָה
behold! *interj.* הִנֵּה!
beholden *adj.* חַייָב מוּסָרִית
behove, behoove *v.* הָיָה עַל,
(impersonal) שׁוּמָה עַל
beige *adj.* (צבע) בֵּז', חוּם בָּהִיר
being *n.* יֵשׁוּת, קִיוּם; מְצִיאוּת
bejeweled *adj.* עָדוּי, מְקוּשָּׁט בְּתַכְשִׁיטִים
belabor *v.* הִצְלִיף, הִלְקָה; בִּיקֵּר קָשֶׁה
belated *adj.* בְּאֵיחוּר, בִּמְאוּחָר
belch *n.* גִּיהוּק; מַטַּח אֵשׁ (וכד')
belch *v.* גִּיהֵק; הֵטִיחַ (אש וכד')
beleaguer *v.* כִּיתֵּר, צָר
belfry *n.* מִגְדַּל פַּעֲמוֹנִים
belie *v.* הִפְרִיךְ, סָתַר, הֵזִים
belief *n.* אֱמוּנָה, אֵמוּן
believable *adj.* אָמִין, מְהֵימָן
believe *v.* הֶאֱמִין, נָתַן אֱמוּנוֹ; חָשַׁב
believer *n.* מַאֲמִין
belittle *v.* מִיעֵט; זִלְזֵל, הֵקֵל רֹאשׁ
bell *n.* פַּעֲמוֹן; צִלְצוּל
bell *v.* גָּעָה, שָׁאַג; קָשַׁר פַּעֲמוֹן ל
bellboy *n.* נַעַר מְשָׁרֵת (במלון)
belle *n.* אִשָּׁה יָפָה
belles-lettres *n.pl.* סִפְרוּת יָפָה, בֶּלֶטְרִיסְטִיקָה, סִיפּוֹרֶת
bellhop *n.* נַעַר מְשָׁרֵת (במלון)
bellicose *adj.* מְחַרְחֵר מִלְחָמָה, תּוֹקְפָנִי
belligerent *adj.* צַד לוֹחֵם; לוֹחְמָנִי, תּוֹקְפָנִי
bellow *n.* גְּעִיָּה; רַעַם
bellows *n.pl.* מַפּוּחַ
bellow *v.* גָּעָה, שָׁאַג; רָעַם
bell-ringing *n.* צִלְצוּל פַּעֲמוֹנִים
bellwether *n.* מַשְׁכּוֹכִית, תַּיִשׁ (נושא פעמון, ההולך בראש העדר)
belly *n.* בֶּטֶן; גָּחוֹן
belly *v.* נִיפַּח; הִתְנַפֵּחַ (בעיקר לגבי מפרשים)
belly-ache *n.* כְּאֵב בֶּטֶן
belly button *n.* טַבּוּר
bellylanding *n.* (במטוס) נְחִיתַת גָּחוֹן
belong *v.* הָיָה שַׁיָּךְ, הִשְׁתַּייֵךְ; הָיָה מַתְאִים
belongings *n. pl.* מִיטַּלְטְלִים, חֲפָצִים אִישִׁיִּים
beloved *adj., n.* אָהוּב, אֲהוּבָה
below *prep., adv.* מִתַּחַת ל, לְמַטָּה; לְהַלָּן
belt *n.* חֲגוֹרָה, רְצוּעָה; אֵזוֹר
bemoan *v.* סָפַד, קוֹנֵן, הִתְאוֹנֵן
bemuse *v.* בִּלְבֵּל, הֵבִיךְ
bench *n.* סַפְסָל; כֵּס הַמִּשְׁפָּט, חֶבֶר שׁוֹפְטִים; שׁוּלְחַן מְלָאכָה
bend *n.* סִיבּוּב; כֶּפֶף, עִיקּוּם, עִיקּוּל
bend *v.* כָּפַף, עִיקֵּם; סִיבֵּב; הִתְכּוֹפֵף; נִכְנַע
beneath *prep., adv.* מִתַּחַת, לְמַטָּה מִן.
benediction *n.* הַבָּעַת בְּרָכָה; בִּרְכַּת סִיּוּם (תפילה בכנסייה)
benefactor *n.* נַדְבָן, גּוֹמֵל חֶסֶד
benefactress *n.* נַדְבָנִית, גּוֹמֶלֶת חֶסֶד
beneficence *n.* גְּמִילוּת חֶסֶד, צְדָקָה
beneficent *adj.* גּוֹמֵל חֶסֶד, נָדִיב
beneficial *adj.* מוֹעִיל, מֵטִיב
beneficiary *n.* נֶהֱנֶה (מצוואה, מביטוח)
benefit *n.* טוֹבָה, תּוֹעֶלֶת; הֲטָבָה, גִּמְלָה; רֶוַח, יִתְרוֹן
benefit *v.* הִשְׁפִּיעַ טוֹבָה; נֶהֱנָה
benefit performance *n.* הַצָּגַת צְדָקָה.
benevolence *n.* רוֹחַב־לֵב, נְדִיבוּת לֵב

benevolent *adj.* שוחֵר טוב, גומֵל חֶסֶד
benign *adj.* טוב־לֵב; לֹא מַמְאִיר (גידול)
bent *adj.* כָּפוּף, מְעוּקָּם, מְעוּקָל
benzine, benzene *n.* בֶּנְזִין
bequeath *v.* הוֹרִישׁ, הִנְחִיל
bequest *n.* עִיזָּבוֹן, יְרוּשָׁה
berate *v.* גִידֵּף, נָזַף קָשֶׁה
bereave *v.* שָׁכַל; שָׁלַל
bereavement *n.* שְׁכוֹל, יְתוֹם, אַלְמוֹן
beret *n.* כּוּמְתָה, בֶּרֶט
bereft *adj.* מִתְאַבֵּל, מְשׁוּלָל (דבר נחוץ לו)
berry *n.* גַרְגִיר
berserk *adj.* מִשְׁתּוֹלֵל
berth *n.* מִיטַּת מַדָּף (באונייה, ברכבת); מֶרְחַב תְּנוּעָה; מִשְׂרָה; מַעֲגָן
beryllium *n.* בֶּרִילְיוּם (מַתכת קַלה, משמשת בתעשיות כלי טיס)
beseech *v.* הִפְצִיר; הִתְחַנֵּן
beset *v.* צָר, הִתְקִיף, הִטְרִיד
beside *prep.* אֵצֶל, עַל יַד; נוֹסָף עַל; מִלְּבַד
beside oneself יוֹצֵא מִגִּדְרוֹ, יוֹצֵא מִכֵּלָיו
besides *prep., adv.* מִלְּבַד, נוֹסָף לְכָךְ, יְתֵרָה מִזּו, בְּכָל אוֹפֶן, גַם כֵּן
besiege *v.* הִטְרִיד; צָר, הִקִּיף
besmirch *v.* הִכְתִּים, הִשְׁמִיץ
best *adj., adv., n.* הַטּוֹב בְּיוֹתֵר, הֲכִי טוֹב; מֵיטָב
bestial *adj.* חַיָּיתִי
best girl *n.* אֲהוּבָה
bestir *v.* הִתְעוֹרֵר, הֵנִיעַ אֶת עַצְמוֹ; עוֹרֵר, זֵירֵז
best man *n.* מְלַוֵּוה הֶחָתָן
bestow *v.* הִפְקִיד; הֶעֱנִיק
best seller *n.* רַב־מֶכֶר
bet *n.* הִימּוּר, הִתְעָרְבוּת
bet *v.* הִימֵּר, הִתְעָרֵב
betake *v.* הָלַךְ, פָּנָה אֶל
betide *v.* קָרָה, אֵירַע, הִתְרַחֵשׁ
betray *v.* בָּגַד; גִילָּה (סוד), הֶרְאָה, הֵעִיד עַל
betrayal *n.* בְּגִידָה; גִילּוּי סוד
betroth *v.* הִתְאָרֵס, אֵירֵס
betrothal *n.* אֵירוּסִים
betrothed *n., adj.* אָרוּס, אֲרוּסָה
better *n., adj.* יִתְרוֹן; מוּבְחָר, טוֹב יוֹתֵר, עוֹלֶה עַל
better *adv.* יָפֶה יוֹתֵר, בְּאוֹפֶן טוֹב יוֹתֵר
better half *n.* (דיבּוּרית) בֶּן־זוּג, בַּת־זוּג
betterment *n.* הַשְׁבָּחָה, שֶׁבַח מְקַרְקְעִים
between *prep., adv.* בֵּין שְׁנַיִים, בֵּין, בְּתוֹךְ
between ourselves בֵּינֵינוּ לְבֵין עַצְמֵנוּ, בְּסוֹד
betwixt and between *prep., adv.* חֲצִי־בְּחֲצִי
beverage *n.* מַשְׁקֶה
bevy *n. pl.* קְבוּצָה (של נשים); לַהֲקָה (צבִיים, עופות)
bewail *v.* סָפַד, הִסְפִּיד; בָּכָה
beware *v.* הִזְהִיר; נִזְהַר
bewilder *v.* הֵבִיךְ, בִּלְבֵּל
bewitch *v.* כִּישֵּׁף; הִקְסִים, רִיתֵּק
beyond *prep., adv.* מֵעֵבֶר ל, לְמַעְלָה מִן, יוֹתֵר מִן
bias *n.* דֵעָה מוּקְדֶמֶת; נְטִיָּיה, פְּנִיָּיה
bias *v.* הִשְׁפִּיעַ (לנטייה מן הצדק)
biased *adj.* נוֹשֵׂא פָּנִים, בַּעַל דֵעָה קְדוּמָה

bib *n.*	סִינָרִית
Bib. *abbr.* Biblical	
Bible *n.*	תּוֹרָה נְבִיאִים וּכְתוּבִים (תנ״ך),
	כִּתְבֵי־הַקּוֹדֶשׁ
Biblical, biblical *adj.*	מִקְרָאִי, תנ״כִי
bibliographer *n.*	בִּיבְּלִיוֹגְרָף
bibliography *n.*	בִּיבְּלִיוֹגְרַפְיָה,
	רְשִׁימַת סְפָרִים
bibliophile *n.*	בִּיבְּלִיוֹפִיל, אוֹהֵב סְפָרִים
bicameral *adj.*	שֶׁל שְׁנֵי בָּתֵּי מְחוֹקְקִים
	(עֶלְיוֹן וְתַחְתּוֹן)
bicarbonate *n.*	דוּ־פַּחְמָה
bicarbonate of soda *n.*	סוֹדָה לַאֲפִיָּיה,
	וְלִשְׁתִיָּיה
bicker *v.*	הִתְנַצֵּחַ, רָב
bicycle *n.*	אוֹפַנַּיִים
bid *n.*	הַצָּעַת מְחִיר; צַו
bid *v.*	הִצִּיעַ (מְחִיר); צִיוָּוה, הוֹרָה
bidder *n.*	מַצִּיעַ, מַכְרִיז הַצָּעָה
bidding *n.*	הוֹרָאָה; הַצָּעָה
bide *v.*	נִשְׁאַר
biennial *n., adj.*	דוּ־שְׁנָתִי
bier *n.*	אֲרוֹן הַמֵּת; כַּן לִגְוִויַּית הַמֵּת
bifocal *adj.*	דוּ־מוֹקְדִי
bifocals *n. pl.*	מִשְׁקָפַיִים דוּ־מוֹקְדַיִים
bifurcate *v.*	פִּילֵג אוֹ הִתְפַּלֵּג לִשְׁנַיִים
big *adj.*	גָּדוֹל, מְגוּדָּל; מְבוּגָּר
bigamist *n.*	בִּיגָמִיסְט (נוֹשֵׂא אִשָּׁה
	שְׁנִיָּיה עַל אִשְׁתּוֹ)
bigamy *n.*	רִיבּוּי נִישׂוּאִים,
	נִישׂוּאִים כְּפוּלִים
big deal!	(בְּלַגְלוּג וּבְבוּז)
	עֵסֶק גָּדוֹל
Big Dipper *n.*	הָעֲגָלָה הַגְּדוֹלָה,
	הַדּוּבָּה הַגְּדוֹלָה (קְבוּצָה יְדוּעָה
	שֶׁל שִׁבְעָה כּוֹכָבִים בִּשְׁמֵי הַצָּפוֹן)
big game *n.*	צַיִד גָּדוֹל
big-hearted *adj.*	נָדִיב, רְחַב לֵב
bigot *n.*	קַנַּאי קִיצוֹנִי
bigoted *adj.*	עִיוֵּור בֶּאֱמוּנָתוֹ
bigotry *n.*	קַנָּאוּת עִיוֶּורֶת,
	אֱמוּנָה עַקְשָׁנִית
big shot *n.*	(בְּדִיבּוּר) אָדָם חָשׁוּב
bigwig *n.*	(בְּדִיבּוּר) אָדָם חָשׁוּב
bike *n.*	(בְּדִיבּוּר עַמְמִי) אוֹפַנַּיִים; אוֹפָנוֹעַ
bilateral *adj.*	דוּצְדָדִי, בִּילָטֶרָלִי
bile *n.* כַּ.ס.	מָרָה, מִיץ מָרָה; זְרִיקַת מָרָה,
bile-stone *n.*	אֶבֶן מָרָה
bilge *n.*	קַרְקָעִית (אוֹנִיָּיה),
	(הַמּוֹנִית) הֶבֶל, שְׁטוּיוֹת
bilingual *adj., n.*	דוּ־לְשׁוֹנִי
	(מְדַבֵּר בִּשְׁתֵי לְשׁוֹנוֹת)
bilious *adj.*	זוֹרֵק מָרָה, רוֹגְזָנִי
bilk *v.*	הִשְׁתַּמֵּט מִפֵּירְעוֹן חוֹב; הוֹנָה
bill *n.*	חַרְטוֹם; מָקוֹר, חֶשְׁבּוֹן; שְׁטָר;
	הַצָּעַת חוֹק, מוֹדָעָה; רְשִׁימָה
	(שֶׁל פְּרִיטִים מוּצָעִים)
bill of exchange *n.*	שְׁטַר חֲלִיפִין
	(תְּעוּדָה הַמְּבַקֶּשֶׁת שֶׁסְּכוּם מָנוּקָב
	מָסוּיִים יְשׁוּלַם לְאָדָם מָסוּיִים)
bill of fare *n.*	תַּפְרִיט
bill of lading *n.*	רְשִׁימַת מִטְעָן
bill of sale *n.*	שְׁטַר מְכִירָה
bill *v.*	הִגִּישׁ חֶשְׁבּוֹן; חִיֵּיב; פִּרְסֵם בְּמוֹדָעָה
billboard *n.*	לוּחַ־מוֹדָעוֹת
billet *n.*	מְגוּרֵי חַיָּיל; מְקוֹם עֲבוֹדָה
billet-doux *n.*	מִכְתַּב אַהֲבָה
billfold *n.*	תִּיק, אַרְנָק
billiards *n.pl.*	מִשְׂחַק הַבִּילְיַארְד
billion *n.*	בִּילְיוֹן 10^9 (בְּבְּרִיטַנְיָה 10^{12})
billionaire *n.*	בִּילְיוֹנֵר
billow *n.*	נַחְשׁוֹל

billow *v.* הִתְנַחְשֵׁל
billy *n.* אַלַּת שׁוֹטֵר; כְּלִי פַּח (להרתחת מַיִם)
billy-goat *n.* (בדיבור) תַּיִשׁ
bin *n.* אַרְגָּז, כְּלִי־קִיבּוּל
binary *adj.* בִּינָרִי, שְׁנִיּוֹנִי, כָּפוּל; מְיוּסָּד עַל הַמִּסְפָּר 2 (בשיטת מספור במתמטיקה; בכימיה: מורכב או מכיל רק מוליקולות בעלות שני סוגים של אטומים)
bind *v.* קָשַׁר, הִידֵּק; חָבַשׁ; כָּרַךְ; חִייֵּב
bindery *n.* כְּרִיכִיָּה
binding *n.* קִישּׁוּר, חִיזּוּק; כְּרִיכַת סֵפֶר
binding *adj.* מְחַייֵּב
binge *n.* (המונית) מִשְׁתֶּה, הִילּוּלָא
bingo *int., n.* בִּינְגוֹ (משחק תחרותי חברתי, דומה ללוטו); בּוּל!, בְּדִיּוּק! (דיבורית)
binoculars *n. pl.* מִשְׁקֶפֶת
biochemical *adj.* בִּיּוֹכִימִי
biochemist *n.* בִּיּוֹכִימַאי
biochemistry *n.* בִּיּוֹכִימְיָה
biographer *n.* בִּיּוֹגְרָף, כּוֹתֵב תּוֹלָדוֹת
biographic(al) *adj.* בִּיּוֹגְרָפִי, שֶׁל תּוֹלְדוֹת חַיֵּי אָדָם
biography *n.* בִּיּוֹגְרַפְיָה, תּוֹלְדוֹת חַיִּים
biologist *n.* בִּיּוֹלוֹג
biology *n.* בִּיּוֹלוֹגְיָה, תּוֹרַת הַחַי
bipartite *adj.* (במשפט) דּוּ־צְדָדִי; (בבוטאניקה) מְחוּלָּק לִשְׁנַיִים
biped *adj.* (בזואולוגיה) הוֹלֵךְ עַל שְׁתַּיִים
birch *n.* (עֵץ) לִבְנֶה, שַׁדָּר; מַקֵּל
birch *v.* הִכָּה בְּמַקֵּל
bird *n.* צִיפּוֹר; עוֹף; בַּחוּרוֹנֶת; טִיפּוּס
bird-cage *n.* כְּלוּב צִיפּוֹר
bird of prey *n.* עוֹף דּוֹרֵס
birdseed *n.* מְזוֹן צִיפּוֹרִים
bird's-eye view *n.* מַרְאֶה מִמְּעוּף הַצִּיפּוֹר
birth *n.* לֵידָה; יְלוּדָה; מוֹצָא, רֵאשִׁית
birth certificate *n.* תְּעוּדַת לֵידָה
birth control *n.* אֶמְצָעֵי מְנִיעַת לֵידָה
birthday *n.* יוֹם־הוּלֶּדֶת
birthday cake *n.* עוּגַת יוֹם־הוּלֶּדֶת
birthmark *n.* סִימָן מוּלָד
birthplace *adj.* מְקוֹם הוּלֶּדֶת
birthright *n.* זְכוּת לֵידָה (הניתנת לאדם מעצם לידתו, כגון אזרחות)
biscuit *n.* רָקִיק, בִּיסְקְוִויט, מַרְקוֹעַ
bisect *v.* חָצָה לִשְׁנֵי חֲלָקִים שָׁוִוים
bisexual *adj.* דּוּ־מִינִי
bishop *n.* בִּישׁוֹף, הֶגְמוֹן; (בשחמט) רָץ
bison *n.* בִּיסוֹן, תְּאוֹ
bit *n.* רֶסֶן; מַקְדֵּחַ; מַשֶּׁהוּ, קוּרְטוֹב; רֶגַע, קֶט
bit by bit לְאַט־לְאַט, טִיפִּין־טִיפִּין
bitch *n.* כַּלְבָּה, מִרְשַׁעַת
bite (bit, bitten) *v.* נָשַׁךְ; נָגַס
bite *n.* נְשִׁיכָה; נְגִיסָה
biting *n.* נוֹשֵׁךְ; צוֹרֵב; עוֹקְצָנִי
bitter *adj.* מַר; צוֹרֵב
bitterness *n.* מְרִירוּת
bitumen *n.* בִּיטוּמֶן, אַסְפַּלְט, חֵמָר
bivouac *n.* מַחֲנֶה צְבָאִי אַרְעִי
bivouac *v.* חָנָה אַרְעִית
bizarre *adj.* תִּימְהוֹנִי, מוּזָר, מְשׁוּנֶּה
blab *v.* קִשְׁקֵשׁ, פִּטְפֵּט, בִּרְבֵּר
blabber *n.* פַּטְפְּטָן, בַּרְבְּרָן
black *adj.* שָׁחוֹר; קוֹדֵר
black and blue *adj.* כּוּלּוֹ פֶּצַע וְחַבּוּרָה

blackberry *n.* אוּכְמָנִית
blackbird *n.* קִיכְלִי הַשַּׁחרוּר
blackboard *n.* לוּחַ (של בית ספר)
blacken *v.* הִשְׁחִיר; הִשְׁמִיץ
blackguard *n.* מְנוּוָל, נִבְזֶה
blackguard *v.* הִתְנַהֵג בִּנְבָזוּת; גִּידֵף
blackjack *n.* אַלָּה; סוּכָּר שָׂרוּף
blackjack *v.* הִכָּה בְּאַלָּה
blackmail *n.* סְחִיטָה, סַחְטָנוּת
blackmail *v.* סָחַט
black market *n.* שׁוּק שָׁחוֹר
blackout *n.* הַאֲפָלָה, אִיפּוּל; דִּמְדּוּם חוּשִׁים; אִיבּוּד זִיכָּרוֹן
blackout *v.* אִיפֵּל; הִגִּיעַ לְדִמְדּוּם חוּשִׁים
black sheep *n.* כִּבְשָׂה שְׁחוֹרָה, חֶרְפַּת הַמִּשְׁפָּחָה (אוֹ הַמַּעֲמָד)
blacksmith *n.* נַפָּח
black tie *n.* עֲנִיבַת עֶרֶב
bladder *n.* שַׁלְפּוּחִית (הַשֶּׁתֶן)
blade *n.* לַהַב
blame *n.* אַשְׁמָה, גִינּוּי
blame *v.* הֶאֱשִׁים, גִּינָּה
blameless *adj.* חַף מִפֶּשַׁע, לֹא אָשֵׁם
blanch *v.* הִלְבִּין, נִיקָּה; הֶחֱוִויר
bland *adj.* נָעִים, אָדִיב; רַךְ, מַרְגִיעַ; תָּפֵל (בְּטַעַם)
blandish *v.* הֶחֱנִיף
blank *n.* נְיַיר מִכְתָּבִים, טוֹפֶס רֵיק
blank *adj.* רֵיק, חֲסַר הַבָּעָה
blank check *n.* שֶׁק לְלֹא סְכוּם; יָד חוֹפְשִׁית
blanket *n.* שְׂמִיכָה, כִּיסּוּי
blanket *adj.* מַקִּיף, כּוֹלֵל
blanket *v.* כִּיסָּה בִּשְׂמִיכָה; כִּיסָּה
blarney *n.* דִּבְרֵי חֲנֻפָּנוּת, חֲלָקוֹת
blasé *adj.* עָיֵף מֵעִינּוּגִים
blaspheme *v.* חִילֵּל אֶת הַשֵּׁם, חִילֵּל אֶת הַקּוֹדֶשׁ
blasphemous *adj.* שֶׁל חִילּוּל הַשֵּׁם; שֶׁל גִּידּוּף
blasphemy *n.* חִילּוּל הַשֵּׁם; גִּידּוּף
blast *n.* הִתְפָּרְצוּת רוּחַ; שְׁרִיקָה; נְשִׁיפָה חֲזָקָה; הִתְפּוֹצְצוּת
blast *v.* פּוֹצֵץ (סלעים וכד'); הִקְמִיל, נִיוֵּון
blast furnace *n.* כִּבְשַׁן אֵשׁ
blast off *v.* הִתְפָּרֵץ מִכַּעַס; שׁוּגַּר (רָקִיטָה, טִיל)
blatant *adj.* זוֹעֵק, רַעֲשָׁנִי; גַּס
blaze *n.* לֶהָבָה; זוֹהַר; הִתְפָּרְצוּת
blaze *v.* סִימֵּן (שביל); בָּעַר
blazon *v.* הִכְרִיז, פִּרְסֵם
bleach *n.* חוֹמֶר מַלְבִּין
bleach *v.* הִלְבִּין
bleacher *n.* מַלְבִּין; כְּלִי לְהַלְבָּנָה
bleaching powder *n.* אַבְקָה מַלְבִּינָה
bleak *adj.* שׁוֹמֵם; פָּתוּחַ לָרוּחַ; עָגוּם
bleary *adj.* מְעוּמְעַם רְאִיָּיה; לֹא בָּרוּר
bleat *n.* פְּעִיָּה, גְּעִיָּה
bleed *v.* שָׁתַת דָּם; נִנְקַז; הִקִּיז דָּם
blemish *v.* הֵטִיל מוּם, הִשְׁחִית
blemish *n.* לִיקּוּי, פְּגָם, פְּסוּל
blend *n.* תַּעֲרוֹבֶת, מְזִיגָה
blend *v.* עֵירֵב, מִיזֵּג
blender *n.* מַמְחֶה
bless *v.* בֵּירֵךְ, קִידֵּשׁ; הֶעֱנִיק אוֹשֶׁר
blessed *adj.* נִקְדָּשׁ בְּטֶקֶס דָּתִי נוֹצְרִי; מָלֵא אוֹשֶׁר וָשֶׁפַע
blessedness *n.* אוֹשֶׁר; בִּרְכַּת שָׁמַיִם
blessing *n.* בְּרָכָה, אוֹשֶׁר
blest *adj.* see **blessed**
blight *n.* כִּימָּשׁוֹן; פֶּגַע

blight *v.* הִכְמִישׁ, הִקְמִיל; סִיכֵּל
blimp *n.* סְפִינַת אֲוִויר
blind *adj.* עִיוֵּר; אָטוּם
blind *v.* עִיוֵּר, סִימֵּא
blind *n.* וִילוֹן, מְחִיצָה
blind alley *n.* מְשִׂימָה חַסְרַת תּוֹעֶלֶת, מָבוֹי סָתוּם
blind date *n.* פְּגִישָׁה עִיוֶּורֶת
blindfold *adj.* חֲבוּשׁ עֵינַיִים
blindfold *v.* חָבַשׁ עֵינַיִים
blind landing *n.* נְחִיתָה עִיוֶּורֶת
blind man *n.* עִיוֵּר
blind man's buff *n.* (מִשׂחק) לָמֶךְ וְנַעֲרוֹ; יַעֲקֹב יַעֲקֹב
blindness *n.* עִיוָּרוֹן
blink *v.* נִצְנֵץ; מִצְמֵץ בְּעֵינָיו
blink *n.* נִצְנוּץ; מִצְמוּץ עַיִן
blip *n.* כִּתְמוּם רָדָאר
bliss *n.* אוֹשֶׁר עִילָּאִי; שִׂמְחָה שְׁלֵמָה
blissful *adj.* מְאוּשָּׁר; מֵבִיא אוֹשֶׁר
blister *n.* חַבּוּרָה, אֲבַעְבּוּעָה
blister *v.* כּוּסָּה אֲבַעְבּוּעוֹת
blithe *adj.* שָׂמֵחַ, עַלִּיז
blitzkrieg *n.* מִלְחֶמֶת־בָּזָק
blizzard *n.* סוּפַת שֶׁלֶג
bloat *v.* נִיפַּח, מִילֵּא אֲוִויר; הִתְפִּיחַ; הִתְנַפֵּחַ
blob *n.* טִיפָּה; כֶּתֶם צֶבַע
bloc *n.* בְּלוֹק (גוּשׁ נבחרים אוֹ מדינוֹת למטרוֹת משוּתפוֹת)
block *n.* בּוּל עֵץ, גֶּזֶר אֶבֶן; גַּרְדּוֹם; מַעֲצוֹר; גְלוּפָה (בּדפוּס)
block *v.* חָסַם, עָצַר; אִימֵּם (כּוֹבע)
blockade *n.* מָצוֹר, הֶסְגֵּר יַמִּי
blockade-runner *n.* פּוֹרֵץ הֶסְגֵּר
blockbuster *n.* פְּצָצָה גְדוֹלָה
blockhead *n.* שׁוֹטֶה, מְטוּמְטָם
bloke *n.* (colloq) בָּחוּר, בַּרְנָשׁ
blond, blonde *n., adj.* בְּלוֹנְדִי(ת)
blood *n.* דָּם
bloodcurdling *adj.* מַפְחִיד, מַקְפִּיא דָּם
bloodhound *n.* כֶּלֶב גִישׁוּשׁ, כֶּלֶב מִשְׁטָרָה
blood poisoning *n.* הַרְעָלַת־דָּם
blood pressure *n.* לַחַץ דָּם
blood relation *n.* קִרְבַת דָּם
bloodshed *n.* שְׁפִיכַת דָּמִים
bloodshot *adj.* עֲקוּבָּה מִדָּם, מוּכְתֶּמֶת בְּדָם
blood test *n.* בְּדִיקַת דָּם
blood vessel *n.* כְּלִי דָּם, עוֹרֵק, וְרִיד
bloodthirsty *adj.* צְמֵא דָּם
blood transfusion *n.* עֵירוּי דָּם
bloody *adj.* מְגוֹאָל בְּדָם; אַכְזָרִי, אָרוּר
bloom *n.* פֶּרַח; פְּרִיחָה, לִבְלוּב
bloom *v.* לִבְלֵב, פָּרַח
bloomers *n. pl.* מִכְנְסֵי נָשִׁים; תַּחְתּוֹנֵי נָשִׁים
blossom *n.* פֶּרַח; פְּרִיחָה
blossom *v.* הִפְרִיחַ, פָּרַח
blot *n.* כֶּתֶם, פְּסוּל, חֶרְפָּה
blot *v.* הִכְתִּים; סָפַג (בּסוֹפג)
blot out *v.* מָחַק, הִשְׁמִיד
blotch *n.* כֶּתֶם גָּדוֹל
blotting paper *n.* נְיַיר סוֹפֵג
blouse *n.* חוּלְצָה
blow *n.* מַכָּה, מַהֲלוּמָה
blow *v.* נָשַׁף, נָשַׁב; פּוֹצֵץ; נִישָּׂא (בּרוּח); בִּזְבֵּז
blow out (a candle) *v.* כָּבָה; כִּיבָּה (נר)

blow-out *n.* הִתְפּוֹצְצוּת

blowpipe *n.* מַפּוּחַ; צִינּוֹר נִיפּוּחַ

blowtorch *n.* מַבְעֵר הַלְחָמָה

blubber *n.* שׁוּמַּן לִוְויָתָנִים

blubber *v.* דִּיבֵּר בִּבְכִייָּה

bludgeon *n.* אַלָּה, מַקֵּל עָבֶה

bludgeon *v.* הִכָּה בְּאַלָּה

blue *n.* תְּכוֹל, כְּחוֹל

blue *adj.* כָּחוֹל; מְדוּכָּא; שֶׁל זִימָּה, פּוֹרְנוֹגְרָפִי

blue *v.* הִכְחִיל, צָבַע בְּכָחוֹל

blue book *n.* סֵפֶר כָּחוֹל (דו"ח ועדה ממשלתית)

blue chip *n.* נֶכֶס בַּעַל עֵרֶךְ

blue-pencil *v.* תִּיקֵּן וּמָחַק

blue streak *n.* (דיבורית) בָּזָק, זֶרֶם מִלִּים.

blueberry *n.* אוּכְמָנִית

blueprint *n., v.* (הֵכִין) תּוֹכְנִית מְפוֹרֶטֶת.

blues *n. pl.* דִּכְדּוּךְ; שִׁירֵי עַצְבוּת

bluestocking *n.* כְּחוּלַת־גֶּרֶב (לגבי אישה), מְלוּמֶּדֶת וּפֶדַנְטִית

bluff *n.* שׁוּנִית, שֵׁן־סֶלַע, יוּהֲרָה; אִיוּם סְרָק; רַמָּאוּת, בְּלוֹף

bluff *adj.* יָשִׁיר, גְּלוּי־לֵב; לְבָבִי

blunder *n.* שְׁגִיאָה גַּסָּה

blunt *adj.* קֵיהֶה; (לגבי דיבור) יָבֵשׁ; גָּלוּי

blunt *v.* הִקְהָה

bluntness *n.* קֵיהוּת; גִּילּוּי־לֵב

blur *n.* כֶּתֶם כֵּיהֶה; טִשְׁטוּשׁ

blur *v.* טִשְׁטֵשׁ; נִיטַשְׁטֵשׁ

blurb *n.* פִּרְסוֹמֶת קוֹלָנִית

blurt *v.* הֵסִיחַ לְפִי תּוּמּוֹ

blush *n.* סוֹמֶק, אַדְמוּמִית

blush *v.* הִסְמִיק

bluster *n.* הֲמוּלָּה; רַבְרְבָנוּת קוֹלָנִית

bluster *v.* הִרְעִישׁ, הִרְעִים, אִיֵּם, הִכְרִיחַ בִּצְעָקוֹת

blustery *n.* מַרְעִישׁ עוֹלָמוֹת, צוֹעֵק־מְאַיֵּם

boa-constrictor *n.* חַנָּק עֲנָקִי (נחש לא ארסי החונק את טרפו)

boar *n.* חֲזִיר־בַּר

board *n.* אֲרוּחוֹת, אוֹכֶל; וַעַד מְנַהֵל, וַעֲדָה

board and lodging *n.* חֶדֶר עִם אֲרוּחוֹת, פֶּנְסְיוֹן מָלֵא

board of trustees *n.* וַעַד נֶאֱמָנִים

board *v.* כִּיסָּה בְּלוּחוֹת; הִתְאַכְסֵן (עם אוכל); יָרַד (בּאונייה), עָלָה (על כּלי רכב, מטוס וכד')

boarder *n.* מִתְאַכְסֵן; תַּלְמִיד בִּפְנִימִיָּה

boarding house *n.* אַכְסַנְיָה, פֶּנְסְיוֹן

boarding school *n.* בֵּית־סֵפֶר עִם פְּנִימִיָּה

boardwalk *n.* טַיֶּילֶת עֵץ

boast *n.* הִתְרַבְרְבוּת

boast *v.* הִתְפָּאֵר, הִתְרַבְרֵב

boastful *adj.* יוּהֲרָנִי, מִתְפָּאֵר

boat *n.* סִירָה, סְפִינָה

boating *n.* שִׁיּוּט בְּסִירוֹת

boatman *n.* מַשְׂכִּיר סִירוֹת

boatswain *n.* רַב מַלָּחִים

boatswain's mate *n.* סְגַן רַב־מַלָּחִים

bob *v.* הֵנִיעַ בִּמְהִירוּת; הֶחֱוָה קִידָּה; סִיפֵּר תִּסְפּוֹרֶת קְצָרָה

bob *n.* שִׁילִינְג

bobbed hair *n.* תִּסְפּוֹרֶת קְצָרָה

bobbin *n.* אַשְׁוָוה; בּוֹכְיָיר (בּמכונות תפירה)

bobby pin *n.* מַכְבֵּנָה, סִיכַּת שֵׂעָר

bobbysocks *n. pl.* גַּרְבִּיּוֹת

bobbysoxer *n.* נַעֲרָה מִתְבַּגֶּרֶת (דיבּוּרית)

bobsled *n.* מִגְרָרָה

bobtail *n., adj.* זָנָב קָצָר; קְצַר־זָנָב

bobwhite *n.* חוּגְלָה

bode *v.* נִיבָּא, רָאָה מֵרֹאשׁ; נִרְאָה מֵרֹאשׁ

bodice *n.* גוּפִית (החלק העליון הצמוּד לגוּף של שמלת נשים או גוּפייה)

bodily *adj., adv.* גוּפָנִי; בִּכְלָלוֹ; בִּשְׁלֵמוּת; גוּפָנִית

body *n.* גוּף; גְוִויָּה; מֶרְכָּב (של רֶכֶב)

bodyguard *n.* שׁוֹמֵר־רֹאשׁ

bog *n.* בִּיצָה

bog *v.* הִשְׁקִיעַ בְּבִיצָה; שָׁקַע בְּבִיצָה

bogey, bogy *n.* מִפְלֶצֶת, שֵׁד

bogeyman *n.* שֵׁד

boggle *v.* נִרְתַּע, הִיסֵּס, פָּסַח עַל שְׁתֵּי הַסְּעִיפִּים

bogus *adj.* מְזוּיָּף

Bohemian *adj., n.* בּוֹהֶמִי (מתעניין בספרוּת או באמנוּת שאינוֹ נוֹתן את דעתוֹ לדפוּסי התנהגוּת מקוּבּלים)

boil *n.* רְתִיחָה; תְּפִיחָה מוּגְלָתִית

boil *v.* הִרְתִּיחַ; רָתַח, הִתְבַּשֵּׁל

boiler *n.* דּוּד הַרְתָּחָה

boilermaker *n.* מַתְקִין דְּוָדִים

boiling *n.* רְתִיחָה; הַרְתָּחָה

boiling point *n.* נְקוּדַּת הָרְתִיחָה

boisterous *adj.* עַז וְסוֹעֵר, קוֹלָנִי־עַלִּיז

bold *adj.* עַזּ־פָּנִים, אַמִּיץ, בּוֹטֵחַ

boldface *n.* אוֹת שְׁחוֹרָה

boldness *n.* הֶעָזָה

bolero *n.* בּוֹלֶרוֹ (מחוֹל ספרדי; לסוּטה קצרה)

boll weevil *n.* זִיפִית, תּוֹלַעַת הַכּוּתְנָה

boloney *n.* הֲבָלִים, שְׁטוּיוֹת

Bolshevik *n.* בּוֹלְשֶׁוִיק (חבר המפלגה הקוֹמוּניסטית בּרוּסיה)

bolster *n.* כַּר אָרוֹךְ

bolster *v.* חִיזֵּק; תָּמַךְ

bolt *n.* בְּרִיחַ; לוֹלָב; בּוֹרֶג; בְּרִיחַת פֶּתַע

bolt *v.* בָּרַג, חִיזֵּק בִּבְרָגִים; בָּרַח, הִשְׁתַּמֵּט

bomb *n.* פְּצָצָה

bomb *v.* הִפְצִיץ

bomb crater *n.* מַכְתֵּשׁ פְּצָצָה

bombard *v.* הִרְעִישׁ, הִפְגִּיז; הִמְטִיר (שאלוֹת וכד')

bombardment *n.* הַפְצָצָה, הַפְגָּזָה

bombast *n.* גִּיבּוּב מְלִיצוֹת

bombastic(al) *adj.* מְלִיצִי, בּוֹמְבַּסְטִי

bombproof *adj.* חֲסִין פְּצָצוֹת

bombshell *n.* פְּצָצָה, הַפְתָּעָה מַדְהִימָה

bon mot *n.* מֵימְרָה שְׁנוּנָה

bon vivant *n.* נֶהֱנְתָן, חַי בְּמוֹתָרוֹת

bona fide *adj.* בְּתוֹם לֵב, מְהֵימָן, כֵּן

bonanza *n.* הַצְלָחָה, מַזָּל; שֶׁפַע

bond *n.* קֶשֶׁר; חֶבֶל; מְקַשֵּׁר, כּוֹבֵל שְׁטַר הִתְחַיְּיבוּת, אִיגֶּרֶת חוֹב; עֲרוּבָּה

bondage *n.* עַבְדוּת; שִׁעְבּוּד

bonded warehouses *n.* מַחְסְנֵי עֲרוּבָּה

bondholder *n.* מַחֲזִיק תְּעוּדַת־מִלְוֶה

bondsman *n.* עֶבֶד

bone *n.* עֶצֶם

bone *v.* הוֹצִיא עֲצָמוֹת; לָמַד בִּשְׁקִידָה

bone-head *n.* אֱוִיל, עַקְשָׁן

boneless *adj.* חֲסַר עֲצָמוֹת

boner *n.* טָעוּת מְגוּחֶכֶת

bonfire *n.* מְדוּרָה

bonhomie *n.* יְדִידוּת שׁוֹפַעַת

bonnet *n.* מִצְנֶפֶת, כּוּמְתָּה; חִיפַּת הַמָּנוֹעַ

bonny, bonnie *adj.* נֶחְמָד, שָׂמֵחַ

bonus *n.* הֲטָבָה, תּוֹסֶפֶת מְיוּחֶדֶת
bony *adj.* גַּרְמִי; מָלֵא עֲצָמוֹת
boo *int., n.* בּוּ!, בּוּז!
boo *v.* הִשְׁמִיעַ קְרִיאוֹת־גְּנַאי
booby *n.* שׁוֹטֶה, אֱוִיל
booby prize *n.* פְּרָס לָאַחֲרוֹן
booby trap *n.* מַלְכּוֹדֶת מִשְׂחָק; חוֹמֶר נֶפֶץ מוּסְוֶה
boogie-woogie *n.* בּוּגִי ווּגִי (סוג של ג'ז מלנכולי)
book *n.* סֵפֶר; כֶּרֶךְ; פִּנְקָס; רְשִׁימַת הַימּוּרִים
book-end *n.* זָוִויתָן לִסְפָרִים
book review *n.* סְקִירַת סְפָרִים
book *v.* הִזְמִין מָקוֹם; הִכְנִיס לִרְשִׁימָה
bookbinder *n.* כּוֹרֵךְ סְפָרִים
bookbindery *n.* כְּרִיכִיָּיה
bookcase *n.* אֲרוֹן סְפָרִים
bookie *n.* סוֹכֵן הִימּוּרִים
booking *n.* הַזְמָנָה (כרטיס, מקום)
bookish *adj.* לַמְדָנִי
bookkeeper *n.* מְנַהֵל סְפָרִים
bookkeeping *n.* הַנְהָלַת־סְפָרִים
bookmaker *n.* עוֹשֶׂה סְפָרִים (עורך, מדפיס, כורך); סוֹכֵן הִימּוּרִים
bookmark(er) *n.* סִימָנִית; תָּווִית סֵפֶר
bookplate *n.* תָּווִית סֵפֶר
bookstand *n.* דוּכַן סְפָרִים
bookworm *n.* תּוֹלַעַת סְפָרִים; אוֹהֵב לִלְמוֹד וְלִקְרוֹא
boom *n.* קוֹל נֶפֶץ; שִׂגְשׂוּג כַּלְכָּלִי; מוֹט מִפְרָשׂ; שַׁרְשֶׁרֶת חוֹסֶמֶת
boom *v.* רָעַשׁ, זִמְזֵם; קָפַץ קְפִיצַת־דֶּרֶךְ (בהתפתחות וכד')
boomerang *n.* בּוּמֶרַנְג (מֵעֵין חֵץ של ילדים אוסטרליים החוזר לידי זורקו), חֶרֶב פִּיפִיּוֹת
boom town *n.* עִיר מְשַׂגְשֶׂגֶת
boon *n.* הֲנָאָה; חֶסֶד, בְּרָכָה
boon companion *n.* חָבֵר שָׂמֵחַ
boor *n.* גַּס־רוּחַ; בּוּר
boorish *adj.* גַּס, מְגוּשָּׁם
boost *n.* הֲרָמָה; עִידּוּד; הַגְבָּרָה, פִּרְסוֹמֶת
boost *v.* הֵרִים; דִּיבֵּר בְּשֶׁבַח, פִּרְסֵם
booster *n., adj.* תּוֹמֵךְ, מְעוֹדֵד, מְפַרְסֵם
boot *n.* נַעַל גְּבוֹהָה; תָּא הַמִּטְעָן (במכונית)
boot *v.* נָעַל, הִנְעִיל; בָּעַט, פִּיטֵּר
bootblack *n.* מְצַחְצֵחַ נַעֲלַיִים
booth *n.* סְכָכָה; תָּא (לטלפון וכד')
bootjack *n.* חוֹלֵץ נַעַל
bootleg *v., adj.* סָחַר בְּשׁוּק שָׁחוֹר
bootlegger *n.* מַבְרִיחַ מַשְׁקָאוֹת
bootlegging *n.* הַבְרָחָה
bootlicker *n.* מְלַחֵךְ פִּנְכָּא, 'מְלַקֵּק'
bootstrap *n.* לוּלְאַת נַעַל
booty *n.* שָׁלָל, בִּיזָּה
booze *n.* מַשְׁקָאוֹת חֲרִיפִים
booze *v.* שָׁתָה לְשָׁכְרָה
borax *n.* בּוֹרַקְס (תרכובת של בור)
border *n.* גְּבוּל; סְפָר; קָצֶה, שׁוּל, שָׂפָה
border *v.* הֵקִים גְּבוּל; גָּבַל
border clash *n.* הִתְנַגְּשׁוּת בַּגְּבוּל
borderline *adj.* גּוֹבֵל; שָׁנוּי בְּמַחֲלוֹקֶת
bore *n.* לוֹעַ הַתּוֹתָח; קוֹטֶר לוֹעַ הַתּוֹתָח; (אדם) מְשַׁעֲמֵם; שִׁעֲמוּם
bore *v.* קָדַח, קִידֵּחַ, נִיקֵּב; חָדַר; שִׁעֲמֵם
boredom *n.* שִׁעֲמוּם, מֶטְרָד
boring *n.* קִידּוּחַ; נִיקּוּב; נֶקֶב
born *adj.* נוֹלָד; מִלֵּידָה, מוּלָד
borough *n.* אֵזוֹר עִיר; עִיר
borrow *v.* לָוָה, שָׁאַל

borrower *n.* לווה, שׁוֹאֵל
borsch, borscht *n.* חֲמִיצַת סֶלֶק
bosh *interj.* הֲבָלִים, שְׁטוּיוֹת
bosom *n.* חָזֶה, חֵיק
bosom friend *n.* יְדִיד קָרוֹב
boss *n.* זִיז; מַטְבַּעַת; בַּעַל עֵסֶק; מְנַהֵל; (בארה"ב) מְרַכֵּז מִפְלָגָה
boss *v.* נִיהֵל; הִשְׁתַּלֵּט
bossy *adj.* שְׁתַלְטָנִי
botanic(al) *adj.* בּוֹטָנִי
botanist *n.* בּוֹטָנַאי, בּוֹטָנִיקָן
botany *n.* בּוֹטָנִיקָה
botch *v.* תִּיקֵּן תִּיקּוּן גָּרוּעַ
botch *n.* מְלָאכָה גְרוּעָה; טְלַאי גַּס
both *adj., pron., adv.* הַשְּׁנַיִים; שְׁנֵיהֶם, שְׁתֵּיהֶן
bother *n.* טִרְחָה, מִטְרָד; טַרְחָן
bother *v.* הִדְאִיג, הִטְרִיד
bothersome *adj.* מַטְרִידָן, מַטְרִיד, מַדְאִיג
bottle *v.* מִילֵּא בַּקְבּוּקִים
bottle *n.* בַּקְבּוּק
bottle opener *n.* פּוֹתְחָן (לבקבוקים)
bottleneck *n.* צַוָּאר בַּקְבּוּק (תקלה או היעצרות בתהליך)
bottom *n.* תַּחְתִּית, קַרְקָעִית; קַעַר (בספינה); מוֹשָׁב (של כיסא); יַשְׁבָן, תַּחַת
bottomless *n.* לְלֹא קַרְקָעִית; לְלֹא תַּחְתִּית
boudoir *n.* בּוּדוּאָר, חֲדַר הָאִישָּׁה
bough *n.* עָנָף
bouillon *n.* מְרַק בָּשָׂר
boulder *n.* גּוּשׁ אֶבֶן
boulevard *n.* שְׂדֵרָה
bounce *n.* הַקְפָּצָה, הֶעָפָה; הִתְרַבְרְבוּת
bounce *v.* זִינֵּק, הֵעִיף, הִקְפִּיץ; הִתְרַבְרֵב
bouncer *n.* מֵעִיף, זוֹרֵק, מְגָרֵשׁ; שַׁקְרָן גָּדוֹל
bound *n.* זִינּוּק, קְפִיצָה, נְתִירָה
bound *n.* גְּבוּל, תְּחוּם
bound *adj.* בַּדֶּרֶךְ, נוֹעָד; קָשׁוּר, אָנוּס; מְכוֹרָךְ (לגבי ספר); חַיָּיב, מְחוּיָּב
boundary *n.* גְּבוּל
boundary stone *n.* אֶבֶן גְּבוּל
bounder *n.* חֲסַר נִימוּס
boundless *adj.* לְלֹא גְּבוּל
bountiful *adj.* נְדִיב־לֵב; מְשׁוּפָע
bounty *n.* נְדִיבוּת; מַעֲנָק
bouquet *n.* זֵר פְּרָחִים; נִיחוֹחַ יַיִן
bourbon *n.* שַׁמְרָנִי קִיצוֹנִי; בּוּרְבּוֹן, וִיסְקִי
bourgeois *n., adj.* בּוּרְגָּנִי
bourgeoisie *n.* הַבּוּרְגָּנוּת
bourse *n.* בּוּרְסָה (בייחוד של פאריז)
bout *n.* הִתְמוֹדְדוּת; מִשְׁמֶרֶת; הַתְקָפָה (של שתייה או מחלה)
bovine *adj.* דְּמוּי שׁוֹר; קֵיהֶה, מְשַׁעֲמֵם
bow *v.* הֶחֱוָה קִידָּה; נִכְנַע; הִכְנִיעַ; הִרְכִּין; קִישֵּׁת; הִתְקַשֵּׁת; (במוסיקה) קָשַׁת
bow *n.* קֶשֶׁת; עִיקּוּל; לוּלָאָה; קִידָּה; חַרְטוֹם הַסְּפִינָה
bow-legged *adj.* מְקוּשַּׁט רַגְלַיִים
bowdlerize *v.* טִיהֵר (ספר)
bowel, bowels *n.* מֵעַיִים, קְרָבַיִים
bowel movement *n.* יְצִיאָה, פְּעוּלַּת מֵעַיִים
bower *n.* סוּכַּת יֶרֶק, סְכָכָה
bowl *n.* קְעָרָה, קַעֲרִית
bowl *v.* שִׂיחֵק בְּכַדּוֹרֶת
bowler *n.* מְגַלְגֵּל כַּדּוּר; מִגְבַּעַת גְּבָרִים

bowling *n.* מִשְׂחַק הַכַּדּוֹרֶת
bowling alley *n.* אוּלַם כַּדּוֹרֶת
bowling green *n.* דֶשֶׁא כַּדּוֹרֶת
bowshot *n.* מְטַחֲוֵי קֶשֶׁת
bow tie *n.* עֲנִיבַת פַּרְפַּר
box *n.* תֵּיבָה, אַרְגָּז; תָּא (בתיאטרון); מַכַּת אֶגְרוֹף; (עץ) תְּאַשּׁוּר
box office *n.* קוּפָּה
box office hit *n.* לָהִיט קוּפָּתִי
box office record *n.* שִׂיא קוּפָּתִי
box office sale *n.* מְכִירַת כַּרְטִיסִים בַּקּוּפָּה
box seat *n.* מוֹשַׁב תָּא (בתיאטרון)
box *v.* שָׂם בְּתֵיבָה אוֹ בְּאַרְגָּז
box *v.* הִתְאַגְרֵף; הָלַם בְּאֶגְרוֹפָיו
boxcar *n.* קְרוֹן מִטְעָן סָגוּר
boxer *n.* מִתְאַגְרֵף; (כלב) בּוֹקְסֶר
boxing *n.* אִגְרוּף
boxing glove *n.* כְּפָפַת אִגְרוּף
boxwood *n.* עֵץ תֵּיבוֹת (תאשור)
boy *n.* יֶלֶד; נַעַר; בָּחוּר
boy scout *n.* צוֹפֶה
boycott *n.* חֵרֶם
boycott *v.* הֶחֱרִים, נִידָּה
boyish *adj.* שֶׁל נַעַר, תָּמִים
bra *n.* חֲזִיָּיה
brace *n.* מַאֲחֵז; הֶדֶק; חֲגוֹרַת חִיזּוּק; גֶּשֶׁר (מיישר שיניים)
brace *v.* הִידֵּק, צִימֵּד; חִיזֵּק; אוֹשֵׁשׁ
brace and bit *n.* מַקְדֵּחַת אַרְכּוּבָּה
bracelet *n.* צָמִיד
bracer *n.* מְחַזֵּק, מְאוֹשֵׁשׁ
braces *n. pl.* כְּתֵפוֹת, כְּתֵפִיּוֹת
bracing *adj.* מַבְרִיא, מְחַזֵּק, מְאוֹשֵׁשׁ
bracket *n.* מַדָּף, כַּן, מִסְעָד, זִיז פִּינָּה; (בסימני־פיסוק) סוֹגֵר
bracket *v.* תָּמַךְ, סָעַד; שָׂם בְּסוֹגְרַיִים; הִצְמִיד; צִיֵּין יַחַד
brackish *adj.* (מים) מְלוּחִים בְּמִקְצָת
brad *n.* מַסְמֵר דַּק (בלי ראש)
brag *n.* דִּבְרֵי רַבְרְבָנוּת
brag *v.* הִתְרַבְרֵב, הִתְפָּאֵר
braggart *n.* רַבְרְבָן, מִתְיַיהֵר
braid *n.* מִקְלַעַת, צַמָּה, קְווּצָּה
braid *v.* קָלַע; קָשַׁר בְּסֶרֶט
braille *n.* בְּרַייל (כתב העיוורים)
brain *n.* מוֹחַ; (ברבים) שֵׂכֶל, הֲבָנָה
brain child *n.* פְּרִי רוּחַ, יְצִירָה, רַעְיוֹן
brain drain *n.* הֲגִירַת אֲקָדֶמָאִים
brain power *n.* יְכוֹלֶת שִׂכְלִית
brain-storm *n.* הַתְקָפַת שִׁיגָּעוֹן; הַשְׁרָאָה פִּתְאוֹמִית
brains trust *n.* צֶוֶות מוֹחוֹת
brain-washing *n.* שְׁטִיפַת מוֹחַ
brain-wave *n.* הַבְרָקָה, נִצְנוּץ רַעְיוֹן
brainless *adj.* חֲסַר שֵׂכֶל, שׁוֹטֶה
brainy *adj.* פִּיקֵּחַ, חֲרִיף שֵׂכֶל
braise *v.* צָלָה לְאַט
brake *n.* בֶּלֶם, מַפֵּץ פִּשְׁתָּן; מֶרְכָּבָה; סְבַךְ שִׂיחִים; שָׁרָךְ
brake *v.* בָּלַם, הִפְעִיל בְּלָמִים
brake band *n.* סֶרֶט הַבֶּלֶם
brake drum *n.* תּוֹף הַבֶּלֶם
brake lining *n.* רְפִידַת הַבֶּלֶם
brakeman *n.* בַּלְמָן
bramble *n.* אָטָד, קוֹץ
brambly *adj.* קוֹצָנִי
bran *n.* סוּבִּין
branch *n.* עָנָף, חוֹטֶר; סְנִיף
branch *v.* הִסְתָּעֵף
branch line *n.* שְׁלוּחַת מְסִילַּת בַּרְזֶל
branch office *n.* מִשְׂרָד סְנִיפִי

brand *n.* סִימָן מִסְחָרִי; סוּג, טִיב; סִימָן מְקוּעְקָע; אוֹת קָלוֹן; אוּד

brand *v.* צִיֵּין סִימָן; שָׂם אוֹת קָלוֹן

brand-new *adj.* חָדָשׁ לְגַמְרֵי

branding iron *n.* מוֹט קַעְקוּעַ

brandish *v.* נוֹפֵף (חרב וכד')

brandy *n.* בְּרַנְדִי, יֵי"שׁ

brash *adj.* פָּזִיז; מְחוּצָף

brass *n.* פְּלִיז; (במוסיקה) כְּלֵי־נְשִׁיפָה

brass band *n.* תִּזְמוֹרֶת כְּלֵי־נְשִׁיפָה

brass hat *n.* (המונית) קָצִין גָּבוֹהַּ

brass winds *n. pl.* כְּלֵי־נְשִׁיפָה מִמַּתֶּכֶת

brassière *n.* חֲזִיַּית אִישָּׁה

brassy *adj.* פְּלִיזִי, מַתַּכְתִּי; מְחוּצָף

brat *n.* יֶלֶד (כינוי של בוז)

bravado *n.* הִתְפָּאֲרוּת, יוּמְרָנוּת

brave *adj.* אַמִּיץ

brave *v.* הִתְנַגֵּד בְּאוֹמֶץ

bravery *n.* אוֹמֶץ, הֶעָזָה

bravo *interj., n.* הֵידָד!, יִישַׁר כּוֹחַ!

brawl *n.* הִתְכַּתְּשׁוּת, מְרִיבָה

brawl *v.* הִתְכַּתֵּשׁ, רָב

brawler *n.* אִישׁ רִיב

brawn *n.* כּוֹחַ שְׁרִירִי; בְּשַׂר חֲזִיר כָּבוּשׁ

brawny *adj.* שְׁרִירִי, חָזָק

bray *v.* (חמור) נָעַר, צָוַוח; הִצְלִיף קָשֶׁה

braze *v.* צִיפָּה בִּפְלִיז; הִלְחִים

brazen *adj.* עָשׂוּי פְּלִיז; חֲסַר בּוּשָׁה

brazen *v.* הִתְחַצֵּף

brazier, brasier *n.* עוֹבֵד בִּפְלִיז

breach *n.* שְׁבִירָה; בְּקִיעַ; הֲפָרָה

breach *v.* בִּיקֵּעַ, פָּרַץ

breach of faith *n.* הֲפָרַת אֵמוּן

breach of peace *n.* הֲפָרַת שָׁלוֹם

breach of promise *n.* הֲפָרַת הַבְטָחַת נִישּׂוּאִים

breach of trust *n.* הֲפָרַת אֱמוּנִים

bread *n.* לֶחֶם; מִחְיָה

bread crumbs *n. pl.* פֵּירוּרֵי לֶחֶם

breaded *adj.* מְכוּסֶּה בְּפֵירוּרֵי לֶחֶם

breadth *n.* רוֹחַב

breadwinner *n.* מְפַרְנֵס

break *n.* שֶׁבֶר; בְּקִיעַ; בְּרִיחָה; הַתְחָלָה (של היום); הַפְסָקָה; שִׁינּוּי פִּתְאוֹמִי (בקול, בכיוון); הִזְדַּמְּנוּת

break of day *n.* עֲלוֹת הַשַּׁחַר

break-up *n.* הִתְפָּרְקוּת, הִתְפּוֹרְרוּת

break *v.* שָׁבַר; פָּרַץ (כלא וכד'); נִשְׁבַּר

breakable *adj.* שָׁבִיר, פָּרִיךְ

breakage *n.* שְׁבִירָה; שֶׁבֶר

breakdown *n.* הִתְמוֹטְטוּת; קִלְקוּל בּמכונה); הִתְמוֹטְטוּת (עצבים); פֵּירוּק לִפְרָטִים

breaker *n.* מְשַׁבֵּר; מִשְׁבָּר (גל)

breakfast *n.* אֲרוּחַת־בּוֹקֶר

breakneck *adj.* מְסוּכָּן, מְסַכֵּן

breakthrough *n.* פְּרִיצָה, חֲדִירָה, הִתְקַדְּמוּת חֲשׁוּבָה

breakwater *n.* מֵזַח, שׁוֹבֵר גַּלִּים

breast *n.* חָזֶה, שַׁד

breastbone *n.* עֶצֶם הֶחָזֶה

breaststroke *n.* שְׂחִיַּית חָזֶה

breath *n.* נְשִׁימָה; אֲוויר לִנְשִׁימָה; שְׁאִיפַת רוּחַ

breathe *v.* נָשַׁם; הִתְנַשֵּׁם

breathe in *v.* נָשַׁם, שָׁאַף

breathe out *v.* נָשַׁף

breathing space, breathing spell *n.* שָׁהוּת לִנְשׁוֹם לִרְווָחָה

breathless *adj.* חֲסַר נְשִׁימָה

breathtaking *adj.* עוֹצֵר נְשִׁימָה
breeches *n. pl.* מִכְנְסֵי רְכִיבָה, מִכְנָסַיִים
breed *n.* גֶזַע
breed *v.* הֵקִים וְלָדוֹת; גִידֵל; הִשְׁבִּיחַ גֶזַע
breeder *n.* מְגַדֵל, מְטַפֵּחַ
breeding *n.* גִידוּל; תַּרְבּוּת הַבַּיִת
breeze *n.* מַשַּׁב־רוּחַ
breezy *adj.* פָּתוּחַ לָרוּחַ; רַעֲנָן
brethren *n. pl.* אַחִים (לדת, לרעיון)
breviary *n.* סֵפֶר תְּפִילוֹת (בכנסייה)
brevity *n.* קוֹצֶר, צִמְצוּם
brew *v.* בִּישֵׁל; זָמַם, מִשְׁמֵשׁ וּבָא
brewer *n.* מְבַשֵּׁל שֵׁיכָר
brewery *n.* בֵּית מִבְשַׁל שֵׁיכָר
briar *n.* **see brier**
bribe *n.* שׁוֹחַד
bribe *v.* שִׁיחֵד
briberee *adj.* מְקַבֵּל שׁוֹחַד
bribery *n.* שׁוֹחַד; שִׁיחוּד
bric-a-brac *n.* תַּקְשִׁיטִים קְטַנִּים (חסרי ערך)
brick *n.* לְבֵנָה
brick-kiln *n.* כִּבְשַׁן לְבֵנִים
brick *v.* בָּנָה בִּלְבֵנִים
brickbat *n.* חֲתִיכַת לְבֵנָה (לזריקה); (דיבורית) הֶעָרָה פּוֹגַעַת
bricklayer *n.* בַּנַּאי, מַנִּיחַ לְבֵנִים
brickyard *n.* בֵּית חֲרוֹשֶׁת לִלְבֵנִים
bridal *adj.* שֶׁל כַּלָּה, שֶׁל כְּלוּלוֹת
bride *n.* כַּלָּה
bridegroom *n.* חָתָן
bridesmaid *n.* שׁוֹשְׁבִינַת הַכַּלָּה
bridge *n.* גֶשֶׁר; בְּרִידְג' (משחק קלפים)
bridge *v.* גִישֵׁר
bridgehead *n.* רֹאשׁ־גֶשֶׁר (עמדה צבאית שנכבשה בגדת הנהר של האויב)
bridle *n.* רֶסֶן
bridle *v.* רִיסֵן; הִגְבִּיהַּ רֹאשׁ (בכעס)
bridle path *n.* שְׁבִיל לְרוֹכְבֵי סוּסִים
brief *n.* תַּדְרִיךְ, תִּדְרוּךְ
brief *adj.* קָצָר, תַּמְצִיתִי
brief *v.* תִּדְרֵךְ
briefcase *n.* תִּיק
brier *n.* עוֹקֶץ; חוֹחַ; וֶרֶד יַיִנִי; עֶצְבּוֹנִית
brig *n.* (ספינה) דּוּ־תּוֹרְנִית; כֶּלֶא אוֹנִיָּה
brigade *n.* בְּרִיגָדָה, חֲטִיבָה
brigadier *n.* בְּרִיגָדִיר, אַלּוּף
brigand *n.* לִסְטִים, שׁוֹדֵד
brigantine *n.* דּוּ־תּוֹרְנִית קְטַנָּה (ספינה)
bright *adj.* זוֹרֵחַ, מֵאִיר; מַזְהִיר; פִּיקֵחַ, שָׁנוּן
brighten *v.* הֵאִיר יוֹתֵר; הוּאַר יוֹתֵר
brilliance, brilliancy *n.* זוֹהַר, זִיו; הִצְטַיְּנוּת
brilliant *adj.* מַזְהִיר; מִצְטַיֵּן
brim *n.* שָׂפָה; אוֹגֶן (במגבעת וכד')
brimstone *n.* גוֹפְרִית, גָפְרִית
brine *n.* מֵי־מֶלַח; מֵי־יָם
bring *v.* הֵבִיא
bring about *v.* גָרַם
bring up *v.* גִידֵל (ילד)
brink *n.* שָׂפָה (של שטח מים); קָצֶה, גְבוּל, סַף
brisk *adj.* מָהִיר; תּוֹסֵס
brisket *n.* בְּשַׂר חָזֶה
bristle *n.* זִיף
bristle *v.* הִזְדַקֵּר כְּזִיף; הִסְמִיר שֵׂעָר
brittle *adj.* שָׁבִיר, פָּרִיךְ

broach *n.* שַׁפּוּד (לצלייה); חוּד (בּראשׁ סיכּה); מַקְדֵחַ
broach *v.* נָקַב, נִיקֵב (חבית); פָּתַח
broad *adj.* רָחָב, נִרְחָב; גַּס
broadcast *n.* שִׁידּוּר
broadcast *v.* שִׁידֵּר; הֵפִיץ
broadcasting station *n.* תַּחֲנַת שִׁידּוּר
broadcloth *n.* אָרִיג מְשׁוּבָּח
broaden *v.* הִרְחִיב; הִתְפַּשֵּׁט
broadloom *n.* נוֹל רָחָב
broadminded *adj.* רְחַב־אוֹפֶק; סוֹבְלָנִי, פָּתוּחַ
broadshouldered *adj.* רְחַב כְּתֵפַיִים
broadside *n.* פְּנֵי הָאוֹנִיָּה; סוֹלְלַת צַד הָאוֹנִיָּה
broadsword *n.* חֶרֶב רַחֲבַת לַהַב
brocade *n.* מַעֲשֵׂה רִקְמָה (בּולטת)
broccoli *n.* בְּרוֹקוֹלִי (זן של כּרוּבית)
brochure *n.* עָלוֹן
brogue *n.* מִבְטָא אִירִי (בּאנגלית); נַעַל (חזקה וּמקוּשטת)
broil *v.* צָלָה
broiler *n.* תַּנּוּר צְלִיָּה; עוֹף צָעִיר
broken *adj.* שָׁבוּר, רָצוּץ
brokendown *adj.* הָרוּס; נִכְנַע
brokenhearted *adj.* שְׁבוּר־לֵב
broker *n.* סַרְסוּר; מְתַוֵּךְ
brokerage *n.* סַרְסָרוּת; דְּמֵי סַרְסָרוּת
bromide *n.* בְּרוֹמִיד (סם מרגיע, הערה נדוֹשׁה)
bronchitis *n.* דַּלֶּקֶת הַסִּימְפוֹנוֹת
broncho, bronco *n.* בְּרוֹנְקוֹ (סוּס קטן וּפראי)
broncho-buster *n.* מְאַלֵּף סוּסֵי בְּרוֹנְקוֹ

bronze *adj., n.* אָרֹד, בְּרוֹנְזָה
brooch *n.* סִיכַּת תַּכְשִׁיט, מַכְבֵּנָה
brood *n.* דּוֹר גּוֹזָלִים; יַלְדֵי הַמִּשְׁפָּחָה
brood *v.* דָּגְרָה; הִרְהֵר
brook *n.* פֶּלֶג
brook *v.* נָשָׂא, סָבַל
broom *n.* מַטְאֲטֵא
broomstick *n.* מַקֵּל מַטְאֲטֵא
broth *n.* מְרַק בָּשָׂר; מְרַק דָּגִים
brothel *n.* בֵּית־זוֹנוֹת, בֵּית־בּוֹשֶׁת
brother *n.* אָח
brother-in-law *n.* גִּיס
brotherhood *n.* אַחֲוָה, יְדִידוּת
brotherly *adj.* כְּאָח, יְדִידוּתִי
brouhaha *n.* בְּרוּהָהָה! (קוֹל רַעַשׁ), מְהוּמָה, שָׁאוֹן
brow *n.* גַּבָּה; מֵצַח
browbeat *v.* רָדַף, הִפְחִיד (בּמלים)
brown *adj.* חוּם
browned-off *adj.* מְיוּאָשׁ לְגַמְרֵי, נִמְאַס עָלָיו
brownie *n.* עוּגַת שׁוֹקוֹלָד; שֵׁד גַּמָּד (שׁעוֹשׂה עבוֹדוֹת בּלילה)
brownish *adj.* שְׁחַמְחַם, שַׁחֲמוּמִי
browse *n.* חוֹטָרִים; קְלָחִים
browse *v.* לִיחֵךְ; הֵצִיץ בִּסְפָרִים
bruise *n.* חַבּוּרָה
bruise *v.* פָּצַע בְּמַכָּה; הִכְחִיל (ממכּה)
brunch *n.* בּוֹקְרַיִים (ארוּחת בּוֹקר מאוּחרת שׁכּוֹללת גם צהריים)
brunet *n., adj.* שָׁחוּם, בְּרוּנֶטִי
brunette *n., adj.* שְׁחוּמָה, בְּרוּנֶטִית
brunt *n.* מְלוֹא הַנֵּטֶל אוֹ הָעוֹצְמָה
brush *n.* סְבַךְ שִׂיחִים; מִבְרֶשֶׁת; מִכְחוֹל; קְרָב קָצָר

brush *v.* בֵּירֵשׁ; צִחְצֵחַ; נָגַע קַלּוֹת
brush-off *n.* סֵירוּב, מֵיאוּן
brusque *adj.* קָצָר וּמָהִיר; לֹא אָדִיב, גַּס
brusqueness *n.* פְּזִיזוּת, חוֹסֶר אֲדִיבוּת
brussels sprouts *n. pl.* כְּרוּב בְּרוּסֶלִי
brutal *adj.* פִּרְאִי, חַיָּיתִי, אַכְזָרִי
brutality *n.* אַכְזְרִיּוּת, פִּרְאוּת
brute *n.* חַיָּה; יֵצֶר חַיָּיתִי
brute *adj.* נִבְעָר מִדַּעַת; חַיָּיתִי
brutish *adj.* חַיָּיתִי, אַכְזָרִי
bubble *n.* בּוּעָה; בִּעְבּוּעַ
bubble *v.* הֶעֱלָה בּוּעוֹת; גִּרְגֵּר
buccaneer *n.* שׁוֹדֵד־יָם
buck *n.* זָכָר (של צבי וכד'); גַּנְדְּרָן; (דיבורית) דּוֹלָר
buck private *n.* טוּרַאי
buck *v.* (לגבי סוס) דָּהַר בִּזְקִיפוּת; דָּחָה בְּעַקְשָׁנוּת
bucket *n.* דְּלִי
buckle *n.* אַבְזֵם
buckle *v.* סָגַר בְּאַבְזֵם; הִתְעַקֵּם
buckshot *n.* כַּדּוּר עוֹפֶרֶת (לצַיִד)
bucktooth *n.* שֵׁן בּוֹלֶטֶת
buckwheat *n.* חִיטָּה שְׁחוֹרָה, כּוּסֶּמֶת
bucolic *adj.* רוֹעִי, כַּפְרִי; חַקְלָאִי
bud *n.* נִיצָּן, צִיץ; נֶבֶט
buddy *n.* (דיבורית) חָבֵר, אָחָא
budge *v.* זָע; הֵנִיעַ קְצָת
budget *n.* תַּקְצִיב
budget *v.* תִּקְצֵב; תִּכְנֵן
budgetary *adj.* תַּקְצִיבִי
buff *n.* עוֹר חוּם־צְהַבְהַבּוֹנִי
buff *adj.* עוֹרִי; חוּם־צְהַבְהַבּוֹנִי
buff *v.* הִבְרִיק בְּעוֹר, לִיטֵּשׁ

buffalo *n.* תְּאוֹ, בּוּפָלוֹ
buffer *n.* בּוֹלֵעַ הֶלֶם, בּוֹלֵם, חוֹצֵץ
buffer state *n.* מְדִינַת חַיִץ
buffer zone *n.* אֵזוֹר חַיִץ
buffet *v.* הִכָּה; נֶאֱבַק
buffet *n.* מִזְנוֹן; מַכַּת אֶגְרוֹף
buffet car *n.* מִזְנוֹן רַכֶּבֶת
buffoon *n.* בַּדְחָן
buffoonery *n.* בַּדְחָנוּת
bug *n.* חֶרֶק; פִּשְׁפֵּשׁ
bug *v.* (דיבורית) צוֹתֵת; הִרְגִּיז
bugbear *n.* דַּחְלִיל
bugger *n. (colloq.)* (במשפט) עוֹשֵׂה מַעֲשֵׂה סְדוֹם; נִתְעָב, נָאֱלָח
buggy *n.* מֶרְכָּבָה קַלָּה; עֶגְלַת תִּינוֹק
buggy *adj.* נָגוּעַ בְּפִשְׁפְּשִׁים, מְפוּשְׁפָּשׁ
bughouse *n.* בֵּית־מְשׁוּגָּעִים
bugle *n.* חֲצוֹצְרָה
bugle call *n.* קְרִיאַת חֲצוֹצְרָה
bugler *n.* מְחַצְצֵר
build *n.* מִבְנֶה
build-up *n.* הִצְטַבְּרוּת; תַּעֲמוּלָה מוּקְדֶמֶת
build *v.* בָּנָה
building *n.* בִּנְיָין; בְּנִיָּיה
building lot, building site *n.* מִגְרַשׁ בְּנִיָּיה
building trades *n. pl.* מִקְצוֹעוֹת הַבְּנִיָּיה
built-in *adj.* בָּנוּי בַּקִּיר, מוּבְנֶה
built-up *adj.* מְכוּסֶּה בִּנְיָינִים
bulb *n.* בָּצָל; פְּקַעַת; נוּרַת־חַשְׁמַל
bulge *n.* בְּלִיטָה; תְּפִיחוּת
bulge *v.* הִבְלִיט; בָּלַט, תָּפַח, הִתְפִּיחַ
bulk *n.* כַּמּוּת גְּדוֹלָה, נֶפַח; עִיקָּר; צוֹבֶר

bulkhead *n.* מְחִיצָה (באונייה או במכרה למנוע שריפה)
bulky *adj.* גַּמְלוֹנִי; נָפוּחַ
bull *n.* פַּר; זָכָר (כגון פיל); (בבורסה) סַפְסָר יַקְרָן; צַו שֶׁל הָאַפִּיפְיוֹר
bulldog *n.* כֶּלֶב בּוּלְדוֹג
bulldoze *v.* כָּפָה בְּאִיוּמִים
bulldozer *n.* דַּחְפּוֹר
bullet *n.* קָלִיעַ, כַּדּוּר
bulletin *n.* עָלוֹן; יְדִיעוֹן
bulletin board *n.* לוּחַ מוֹדָעוֹת
bulletproof *adj.* חֲסִין קְלִיעִים
bullfight *n.* מִלְחֶמֶת פָּרִים
bullfrog *n.* צְפַרְדֵּעַ־הַשּׁוֹר (גדולה במיוחד)
bullheaded *adj.* עַקְשָׁנִי, אֱוִילִי
bullion *n.* זָהָב, כֶּסֶף; מְטִיל (זהב או כסף)
bullish *adj.* פָּרִי; עַקְשָׁנִי, אֱוִילִי; (בבורסה) גּוֹרֵם לַעֲלִיַּית מְחִירִים
bull pen *n.* זִירַת פָּרִים; מִכְלָאָה; בֵּית־מַעֲצָר
bullring *n.* זִירַת הַפָּרִים
bull's-eye *n.* פְּגִיעָה בְּאִישׁוֹן הַמַּטָּרָה, 'בּוּל'
bully *n.* מֵצִיק לַחַלָּשִׁים, רוֹדָן וּפַחְדָן
bully *v.* רָדַף (גופנית או מוסרית)
bully *interj.* מְצוּיָּן!, יוֹפִי!
bulrush *n.* אַגְמוֹן
bulwark *n.* סוֹלְלָה, דָּיֵק; הֲגָנָה
bum *n.* הוֹלֵךְ בָּטֵל; שַׁתְיָין
bum *v.* חַי עַל חֶשְׁבּוֹן הַכְּלָל; הָלַךְ בָּטֵל
bumblebee *n.* דְּבוֹרָה (גדולה שומזומה חזק)
bump *n.* מַכָּה, חַבּוּרָה; הִתְנַגְּשׁוּת; שִׁיבּוּשׁ (בכביש)
bump *v.* הִתְנַגֵּשׁ; הֵטִיחַ
bumper *n.* (במכונית) פָּגוֹשׁ
bumpkin *n.* כַּפְרִי מְגוּשָּׁם
bumptious *adj.* קוֹפֵץ בְּרֹאשׁ, בּוֹטֵחַ בְּעַצְמוֹ
bumpy *adj.* לֹא חָלָק
bun *n.* עוּגִית; לַחְמָנִית (מתוקה)
bunch *n.* צְרוֹר, אֶשְׁכּוֹל; חֲבוּרָה
bunch *v.* אִיגֵּד, צֵירֵף; הִתְאַגֵּד
bundle *n.* חֲבִילָה; אֲלוּמָּה
bundle *v.* צָרַר, אָרַז, אִיגֵּד
bungalow *n.* בּוּנְגָּלוֹ (בית חד קומתי)
bung hole *n.* פֶּתַח מְגוּפָה
bungle *v.* קִלְקֵל, שִׁיבֵּשׁ
bungling *adj.* מְקַלְקֵל, 'מְפַסְפֵס'
bunion *n.* יַבֶּלֶת
bunk *n.* מִיטַּת־קִיר; (המונית) שְׁטוּיוֹת
bunker *n.* תָּא הַפֶּחָם (באונייה); מַחְסֶה תַּת־קַרְקָעִי, 'בּוּנְקֶר'
bunkum *n. (colloq.)* נְאוּם לֹא כֵּן; פִּטְפּוּט, דִּבְרֵי הֶבֶל
bunny *n.* שָׁפָן קָטָן (כינוי חיבה)
bunting *n.* אֲרִיג דְּגָלִים; גִּיבְּתוֹן (ציפור)
buoy *n.* מָצוֹף
buoyancy *n.* צִיפָנוּת; כּוֹחַ הָעִילּוּי
buoyant *adj.* צִיפָנִי; מְעוֹדֵד, עַלִּיז
bur, burr *n.* קְלִיפָּה קָשָׁה; זִיז
burble *v.* גִּרְגֵּר; פִּטְפֵּט
burble *n.* גִּרְגּוּר; מִלְמוּל, פִּטְפּוּט
burden *n.* מַשָּׂא, נֵטֶל
burden of proof *n.* נֵטֶל הַהוֹכָחָה
burdensome *adj.* מֵעִיק
bureau *n.* שׁוּלְחַן־כְּתִיבָה; מִשְׂרָד, לִשְׁכָּה
bureaucracy *n.* בִּירוֹקְרַטְיָה, נַיֶּירֶת, סַחֶבֶת

bureaucrat *n.* בְּיוּרוֹקְרָט
bureaucratic(al) *adj.* בְּיוּרוֹקְרָטִי
burgess *n.* אֶזְרָח
burgh *n.* עִיר (בסקוטלנד)
burgher *n.* אֶזְרַח־עִיר
burglar *n.* פּוֹרֵץ
burglar alarm *n.* אַזְעָקַת שׁוֹד
burglar proof *adj.* חֲסִין פְּרִיצָה
burglary *n.* פְּרִיצָה
burgle *v.* פָּרַץ, שָׁדַד
burial *n.* קְבוּרָה
burial-ground *n.* אֲחוּזַת־קֶבֶר
burlap *n.* אָרִיג גַס
burlesque *n.* בּוּרְלֶסְקָה, פָּרוֹדְיָה
burlesque *v.* לִגְלֵג, עָשָׂה לִצְחוֹק
burlesque show *n.* הַצָּגַת בּוּרְלֶסְקָה
burly *adj.* בַּעַל גוּף
burn *n.* כְּוִיָּה
burn *v.* דָלַק; בָּעַר
burn down *v.* עָלָה בָּאֵשׁ
burner *n.* מַבְעֵר, מַדְלֶקֶת
burning *adj.* בּוֹעֵר, לוֹהֵט
burnish *n.* בָּרָק, בּוֹהַק
burnish *v.* צִחְצֵחַ, מֵירֵט; הִבְרִיק
burnou(s) *n.* בּוּרְנוּס
burr *n.* זִיז; קְלִיפָּה קָשָׁה
burrow *n.* שׁוּחָה, פִּיר
burrow *v.* חָפַר שׁוּחָה,
חָפַר מִנְהָרָה; הִתְחַפֵּר
bursar *n.* גִזְבָּר (של מוסד גבוה)
burst *n.* הִתְפּוֹצְצוּת; הִתְפָּרְצוּת;
(בצבאיות) צְרוֹר
burst *v.* הִתְפּוֹצֵץ; הִתְפָּרֵץ; נִיפֵּץ; בָּקַע
bury *v.* קָבַר, הִטְמִין
burying-ground *n.* בֵּית־קְבָרוֹת
bus *n.* אוֹטוֹבּוּס
busboy *n.* עוֹזֵר לְמֶלְצַר (במסעדה)
bush *n.* שִׂיחַ; סְבַךְ; יַעַר
bushel *n.* בּוּשֶׁל (בארה"ב 36.5 ליטר)
business *n.* עֵסֶק; עִיסוּק
business district *n.* אֵזוֹר עֲסָקִים
business-like *adj.* שִׁיטָתִי, מַעֲשִׂי
businessman *n.* אִישׁ־עֲסָקִים, סוֹחֵר
business suit *n.* חֲלִיפַת עֲבוֹדָה
busman *n.* נֶהַג אוֹטוֹבּוּס
buss *n.* נְשִׁיקַת תַּאֲוָה
buss *v.* נִישֵּׁק בְּתַאֲוָה, הִתְנַשֵּׁק
bust *n.* פֶּסֶל רֹאשׁ, חָזֶה;
חֲזֵה אִישָּׁה; כִּישָׁלוֹן; פְּשִׁיטַת רֶגֶל
bust *v.* הִתְפּוֹצֵץ; פּוֹצֵץ, הָרַס
buster *n.* נַעַר קָטָן
bustle *n.* פְּעִילוּת חֲזָקָה; נִיפּוּחַ שִׂמְלָה
bustle *v.* נָע בִּמְהִירוּת; זֵירֵז
busy *adj.* עָסוּק; פַּעַלְתָּנִי
busy *v. refl., v.* הֶעֱסִיק; הִתְעַסֵּק בּ
busybody *n.* מִתְעָרֵב בַּכּוֹל
busy signal *n.* צְלִיל תָּפוּס
but *conj.* אֲבָל, אַךְ; חוּץ מִן;
אֶלָּא שֶׁ; מִבְּלִי שֶׁ
but *adv., prep.* חוּץ מִן, אֶלָּא; כִּמְעַט
but for אִלְמָלֵא
butcher *n.* קַצָּב, בַּעַל אִטְלִיז; שׁוֹחֵט
butcher *v.* שָׁחַט; רָצַח בְּאַכְזָרִיּוּת
butcher knife *n.* סַכִּין קַצָּבִים
butcher shop *n.* אִטְלִיז
butchery *n.* בֵּית־מִטְבָּחַיִים;
קַצָּבוּת; טֶבַח
butler *n.* מְשָׁרֵת רָאשִׁי
butt *v.* נָגַע בּ; גָבַל עִם; נָגַח
butter *n.* חֶמְאָה
butter *v.* מָרַח בְּחֶמְאָה; הֶחֱמִיא, הֶחֱנִיף
butter dish *n.* כְּלִי חֶמְאָה, מַחְמָאָה

butter knife *n.* סַכִּין לְחֶמְאָה
buttercup *n.* נוּרִית
butterfly *n.* פַּרְפַּר
buttermilk *n.* חוּבֶץ, חֲלֵב־חֶמְאָה
butterscotch *n.* סוּכָּרִית חֶמְאָה
buttocks *n. pl.* אֲחוֹרַיִים, 'יַשְׁבָן', תַּחַת
button *n.* כַּפְתּוֹר; נִיצָן; (בחשמל) לְחִיץ
button *v.* כִּפְתֵּר, רָכַס
buttonhole *n.* לוּלָאָה; פֶּרַח (בדש המעיל)
buttonhole *v.* תָּפַר לוּלָאוֹת; אָחַז בְּדַשׁ הַבֶּגֶד
buttress *n.* מִתְמָךְ; מִסְעָד
buttress *v.* סָעַד בְּמִתְמָךְ, תָּמַךְ
buxom *adj.* מְלֵאַת חָזֶה וְנָאוָוה
buy *v.* קָנָה, רָכַשׁ
buy *n.* קְנִייָה
buyer *n.* קוֹנֶה, לָקוֹחַ
buzz *n.* זִמְזוּם; הֲמוּלָה
buzz *v.* זִמְזֵם; הָמָה
buzz-bomb *n.* פְּצָצָה מְזַמְזֶמֶת
buzz-saw *n.* מַסּוֹר מְעוּגָּל
buzzard *n.* אַיָּה, בַּז
buzzer *n.* זַמְזָם
by *prep., adv.* עַל־יַד; דֶּרֶךְ, בְּאֶמְצָעוּת; לְיַד; בּ; עַל־יְדֵי; מֵאֵת; עַל; בְּסָמוּךְ; בְּצַד
by and by *adv.* עוֹד מְעַט
by and large *adv.* בְּדֶרֶךְ כְּלָל
bye-bye *interj.* הֱיֵה שָׁלוֹם!
by election *n.* בְּחִירוֹת מִשְׁנֶה
by far הַיּוֹתֵר, הֲכִי
bygone *adj.* שֶׁעָבַר
by-law *n.* חוֹק עִירוֹנִי, חוֹק עֵזֶר
by-pass *n.* כְּבִישׁ עוֹקֵף
by-pass *v.* עָקַף; הֶעֱקִיף
by-product *n.* מוּצַר־לְוַואי; תּוֹצָאַת לְוַואי
bystander *n.* עוֹמֵד מִן הַצַּד
by the way דֶּרֶךְ אַגַּב
byway *n.* דֶּרֶךְ צְדָדִית
byword *n.* מֵימְרָה, מָשָׁל

C

cab *n.* מוֹנִית; תָּא הַנֶּהָג
cab driver *n.* נֶהַג מוֹנִית
cab stand *n.* תַּחֲנַת מוֹנִיּוֹת
cabal *n.* מְזִימָה; חֲבוּרַת זוֹמְמִים
cabana *n.* תָּא, סוּכָּה
cabaret *n.* קַבָּרֶט, קָפֶה בִּידּוּר
cabbage *n.* כְּרוּב
cabbala *n.* קַבָּלָה; פּוּלְחָן בְּנִסְתָּר
cabby *n.* נֶהַג מוֹנִית
cabin *n.* בִּיתָן, תָּא
cabinet *n.* מֶמְשָׁלָה; קַבִּינֶט; אָרוֹן
cabinetmaking *n.* נַגָּרוּת רָהִיטִים
cable *n.* כֶּבֶל; חֶבֶל עָבֶה; מִבְרָק
cable *v.* חִיזֵּק בְּכֶבֶל; הִבְרִיק, טִלְגְרֵף
cablecar *n.* רַכֶּבֶל
cablegram *n.* מִבְרָק
caboose *n* קָרוֹן מְאַסֵּף
cabriolet *n.* כִּרְכָּרָה (לִשְׁנַיִים)
cacao *n.* קָקָאוֹ
cache *n.* מַחֲבוֹא, סְלִיק, מַטְמוֹן
cache *v.* הִטְמִין
cachet *n.* תְּכוּנָה רְאוּיָה לְצִיּוּן; חוֹתֶמֶת קִישׁוּט (לציון אֵירוּעַ)
cackle *n.* קִרְקוּר; קִשְׁקוּשׁ
cackle *v.* קִרְקֵר; קִשְׁקֵשׁ
cacophony *n.* תַּצְרוּם, קָקוֹפוֹנְיָה
cactus *n.* צַבָּר, קַקְטוּס
cad *n.* נִבְזֶה, מְנוּוָּל
cadaver *n.* גְוִויָּה, פֶּגֶר
cadaverous *adj.* פִּגְרִי
caddie *n.* נוֹשֵׂא־כֵּלִים (בְּגוֹלְף)
cadence *n.* קֶצֶב; יְרִידַת הַקּוֹל; תַּנַח
cadet *n.* צוֹעֵר; חֲנִיךְ בֵּית־סֵפֶר צְבָאִי, פֶּרַח קְצוּנָה
cadge *v.* הֵצִיק (כְּדֵי לְקַבֵּל כֶּסֶף אוֹ אוֹכֶל)
cadmium *n.* קַדְמִיּוּם (יסוד כימי, מתכת רכה. שימושה רב בכורים אטומיים)
cadre *n.* סֶגֶל, קַדֶר
Caesar *n.* קֵיסָר; שַׁלִּיט
caesura *n.* (בתורת השירה ובמוסיקה) מִפְסָק
café *n.* בֵּית־קָפֶה
café society *n.* הַחוּג הַנּוֹצֵץ, 'הַחֶבְרָה הַגְּבוֹהָה'
cafeteria *n.* קָפֶטֶרְיָה, מִסְעֶדֶת שֵׁירוּת עַצְמִי
caftan *n.* קַפְטָן (גלימה רחבה לגברים במזרח. במערב – גלימת נשים)
caffeine *n.* קָפֶאִין, קוֹפֶאִין (חומר בסיסי רעלי)
cage *n.* כְּלוּב, סוּגַר
cage *v.* כָּלָא בִּכְלוּב, סִיגֵּר
cageling *n.* צִיפּוֹר בִּכְלוּב
cagey, cagy *adj.* זָהִיר, מְסוּגָּר
cahoots *n.* שׁוּתָּפוּת, יָד אַחַת
cajole *v.* פִּיתָּה, הִדִּיחַ, שִׁידֵּל
cajolery *n.* פִּיתּוּי, הֲדָחָה, שִׁידּוּל
cake *n.* עוּגָה, רָקִיק
cake *v.* גִּיבֵּשׁ; הִתְגַּבֵּשׁ
cake decorator *n.* מַזְרֵק צַנְתּוּר (לקישוט העוגה)
cake mixer *n.* מַקְצֵפָה (לקישוט העוגה)
calamitous *adj.* הֲרֵה אָסוֹן
calamity *n.* אָסוֹן, צָרָה גְדוֹלָה
calcify *v.* גָּרַם הִסְתַּיְּידוּת, הִקְשָׁה; הִסְתַּיֵּד, הִתְקַשָּׁה

calcium *n.* סִידָן (יסוד כִּימִי)

calculate *v.* חִישֵּׁב, תִּכְנֵן; חָשַׁב

calculating *adj.* מְחַשְׁבָּן; מְחַשֵּׁב, עָרוּם

calculator *n.* מַחְשְׁבוֹן (מַחְשֵׁב קטן)

calculus *n.* דֶּרֶךְ חִישּׁוּב; חֶשְׁבּוֹן

caldron *n. see* **cauldron**

calendar *n.* לוּחַ שָׁנָה

calf *n.* עֵגֶל; גּוּר; סוֹבֵךְ הָרֶגֶל

calfskin *n.* עוֹר עֵגֶל

caliber *n.* קוֹטֶר; מִידַּת כּוֹשֶׁר

calibrate *v.* סִימֵּן מִידּוֹת, כִּיֵּיל

caliberation *n.* כִּיּוּל

calico *n.* אֲרִיג כּוּתְנָה

caliph *n.* כָּלִיף

caliphate *n.* כָּלִיפוּת

calisthenics *n. pl.* הִתְעַמְּלוּת יוֹפִי וּבְרִיאוּת

call *n.* קְרִיאָה, צְעָקָה; הַזְמָנָה; בִּיקּוּר; שִׂיחַת טֶלֶפוֹן

call *v.* קָרָא, הִשְׁמִיעַ קוֹל; כִּינָּה; טִלְפֵּן; בִּיקֵּר

call-box *n.* תָּא טֶלֶפוֹן צִיבּוּרִי

call-boy *n.* נַעַר מְשָׁרֵת

call-girl *n.* נַעֲרַת טֶלֶפוֹן

call-number *n.* מִסְפַּר טֶלֶפוֹן

caller *n.* קוֹרֵא; מְבַקֵּר

calligraphy *n.* קַלִּיגְרַפְיָה, כְּתִיבָה תַּמָּה

calling *n.* קְרִיאָה; מִשְׁלַח יָד, מִקְצוֹעַ

calling card *n.* כַּרְטִיס בִּיקּוּר

calliope *n.* קַלִּיאוֹפָּה (עוּגָב קִיטוֹר)

callous *adj.* קָשׁוּחַ, נוּקְשֶׁה

callow *adj.* חֲסַר נִיסָּיוֹן, לא מְבוּגָּר

callus *n.* קָלוּס, חוֹמֶר גַּרְמִי

calm *n.* רְגִיעָה, שֶׁקֶט, נִינוֹחוּת

calm *adj.* רָגוּעַ, שָׁקֵט, נִינוֹחַ

calm down *v.* נִרְגַּע

calmness *n.* שַׁלְוָה, שֶׁקֶט

calorie *n.* קָלוֹרְיָה, חוּמִית

calumny *n.* עֲלִילַת שֶׁקֶר, דִּיבָּה

calvary *n.* מְקוֹם צְלִיבַת יֵשׁוּ, יִיסּוּרִים

calypso *n.* קָלִיפְּסוֹ (סגנון מנגינות)

camaraderie *n.* רוּחַ אַחֲוָה וִידִידוּת

camel *n.* גָּמָל

camellia *n.* קָמֶלְיָה (שיח בעל פרחים גדולים ויפים, דמוי ורד)

cameo *n.* קָמֵיעַ

camera *n.* מַצְלֵמָה

cameraman *n.* צַלָּם

camouflage *n., v.* הַסְוָואָה; הִסְוָוה

camp *n.* מַחֲנֶה, מַאֲהָל

camp *v.* הֵקִים מַחֲנֶה

campaign *n., v.* מַעֲרָכָה, מַסָּע; נֶאֱבַק, עָרַךְ מַסָּע

campfire *n.* מְדוּרָה

camphor *n.* כּוֹפֶר

campus *n.* קִרְיַת אוּנִיבֶרְסִיטָה

can *aux., v.* יָכוֹל, הָיָה רַשַּׁאי; שִׁימֵּר (בפחית)

can *n.* פַּח, פַּחִית, קוּפְסַת שִׁימּוּרִים

can-opener *n.* פּוֹתְחַן קוּפְסָאוֹת

canal *n.* תְּעָלָה

canary *n.* בַּזְבּוּז קַנָּרִי; יַיִן קַנָּרִי

canasta *n.* קָנַסְטָה (משחק קלפים)

cancan *n.* קַנְקָן (מחול שאופיינית לו הגבהת הרגליים)

cancel *v.* בִּיטֵּל

cancellation *n.* בִּיטּוּל

cancer *n.* סַרְטָן

cancerous *adj.* סַרְטָנִי, מְסוּרְטָן

candelabrum (pl.-bra) *n.* מְנוֹרָה

candid *adj.* גְּלוּי לֵב
candidacy *n.* מוּעֲמָדוּת
candidate *n.* מוּעֲמָד
candied *adj.* מְסוּכָּר
candle *n.* נֵר
candle holder *n.* פָּמוֹט
candor *n.* כֵּנוּת, גִּילּוּי לֵב
candy *n.* מַמְתָּק, סוּכָּרִיָּיה
cane *n.* קָנֶה, מַקֵּל הֲלִיכָה; קְנֵה סוּכָּר
canine *adj.* כַּלְבִּי, לְמִשְׁפַּחַת הַכְּלָבִים
canister *n.* קוּפְסָה קְטַנָּה, קוּפְסִית
canker *n.* אִיכָּל (פצעים בשפתיים ובחלל הפה)
canned goods *n.pl.* שִׁימּוּרִים
cannery *n.* בֵּית תַּעֲשִׂיַּית שִׁימּוּרִים
cannibal *n.* אוֹכֵל אָדָם, קַנִּיבָּל
cannon *n.* תּוֹתָח
cannonade *n.* הַרְעָשַׁת תּוֹתָחִים, הַפְגָּזָה
cannon fodder *n.* בְּשַׂר תּוֹתָחִים
canny *adj.* חַד עַיִן, עַרְמוּמִי, זָהִיר, חַשְׁדָנִי
canoe *n.* בּוּצִית, סִירָה קַלָּה
canon *n.* קָנוֹן (חוקת כנסייה; רשימת כתבים מוסמכת; תואר לאיש כמורה)
canonical *adj.* קָנוֹנִי; מוּסְמָךְ
canonize *v.* כָּלַל בְּרְשִׁימַת הַקָּנוֹן
canopy *n.* סוֹכֵךְ בַּד, כִּילָּה, חוּפָּה
cant *n.* הַכְרָזָה צְבוּעָה, הִתְחַסְּדוּת; לַהַג, לָשׁוֹן מְיוּחֶדֶת (של גנבים וכד')
cant *n.* תְּנוּעַת פִּתְאוֹם; לְכְסוּן; לוֹכְסָן
cantaloup(e) *n.* מֵלוֹן מָתוֹק
cantankerous *adj.* רַגְזָן, נִרְגָּן
cantata *n.* קַנְטָטָה (יצירה מוסיקלית דתית)
canteen *n.* קַנְטִינָה, מִסְעָדָה
canter *n.* דְּהִירָה קַלָּה
canticles *n.* שִׁיר הַשִּׁירִים
cantle *n.* מִסְעָד אֲחוֹרֵי הָאוּכָּף
canto *n.* קַנְטוֹ (קטע משיר ארוך)
canton *n.* מָחוֹז (בייחוד בשווייץ)
cantonment *n.* מַחֲנֵה צָבָא (ארעי)
cantor *n.* חַזָּן
canvas *n.* אַבְרְזִין, צַדְרָה, אֲרִיג מִפְרָשִׂים
canvass *v.* חִיזֵּר אַחֲרֵי קוֹלוֹת, נִיהֵל תַּעֲמוּלָה
canyon *n.* עָרוּץ עָמוֹק, קַנְיוֹן
cap *n.* כּוּמְתָּה, כּוֹבַע
cap *v.* כִּיסָּה בְּכוֹבָעִית; סָגַר בְּמִכְסֶה
capability *n.* יְכוֹלֶת, כּוֹשֶׁר
capable *adj.* כִּשְׁרוֹנִי, מְסוּגָּל
capacious *adj.* מְרוּוָּח, רְחַב יָדַיִים
capacity *n.* קִיבּוֹלֶת, קִיבּוּל, תְּכוּלָה; יְכוֹלֶת
cape *n.* שִׁכְמָה; כַּף, רֹאשׁ יַבָּשָׁה
caper *n.* צְלָף קוֹצָנִי; קְפִיצָה עַלִּיזָה
caper *v.* דִּילֵּג, חוֹלֵל
capillary *n.* נִימַת דָּם
capital *n.* עִיר בִּירָה; הוֹן
capitalism *n.* רְכוּשָׁנוּת, קַפִּיטָלִיזְם
capitalize *v.* כָּתַב בְּאוֹתִיּוֹת רֵישִׁיּוֹת; הִיוֵּן, הָפַךְ לְהוֹן
capital letter *n.* אוֹת רֵישִׁית, אוֹת גְּדוֹלָה
Capitol *n.* הַקַּפִּיטוֹל (בניין הקונגרס האמריקני)
capitulate *v.* נִכְנַע

capon *n.* תַּרְנְגוֹל מְסוֹרָס
caprice *n.* הֲפַכְפְּכָנוּת, קַפְּרִיסָה, גַּחַם
capricious *adj.* נָתוּן לַהֲפַכְפְּכָנוּת
capricorn *n.* מַזַּל גְּדִי
capsize *v.* הָפַךְ; הִתְהַפֵּךְ (סירה)
capstan *n.* כַּנָּן (מנוף באונייה)
capstone *n.* אֶבֶן הָרֹאשָׁה, גּוּלַּת הַכּוֹתֶרֶת
capsule *n.* כְּמוּסָה
captain *n.* סֶרֶן; רַב־חוֹבֵל, קַבַּרְנִיט; רֹאשׁ קְבוּצָה
captain *v.* פִּיקֵּד, נִיהֵל
captaincy *n.* מַנְהִיגוּת; קַבַּרְנִיטוּת
caption *n.* כּוֹתֶרֶת
captious *adj.* נוֹטֶה לְבִיקּוֹרְתִּיּוּת קַטְנוּנִית; נוֹטֶה לְהָבִיךְ
captivate *v.* שָׁבָה לֵב, הִקְסִים
captive *n., adj* אָסִיר, שָׁבוּי
captivity *n.* מַאֲסָר; שְׁבִי
captor *n.* שׁוֹבֶה, לוֹכֵד
capture *n.* תְּפִיסָה, כִּיבּוּשׁ
capture *v.* שָׁבָה, לָכַד
cappuccino *n.* קַפּוּצִ'ינוֹ (קפה אספרסו מעורב בחלב)
car *n.* מְכוֹנִית; קָרוֹן
car-rental-service *n.* שֵׁירוּת לְהַשְׂכָּרַת רֶכֶב
carafe *n.* לָגִין, צְלוֹחִית
caramel *n.* סוּכָּרִייָה, שֶׁזֶף סוּכָּר
carat *n.* קָרָט (יחידת משקל של אבנים או מתכות יקרות)
caravan *n.* שַׁיָּירָה; קְרוֹן־דִּירָה
caravanserai *n.* חָן, מְלוֹן־אוֹרְחִים
caraway *n.* כְּרַוְויָה (צמח תבלין)
carbide *n.* קַרְבִּיד
carbine *n.* קַרְבִּין (רובה קצר קנה)

carbohydrate *n.* פַּחְמֵימָה
carbolic acid *n.* חוּמְצָה קַרְבּוֹלִית
carbonate *n.* פַּחְמָה, מֶלַח חוּמְצָה פַּחְמָנִית
carbon dioxide *n.* דּוּ־תַּחְמוֹצֶת הַפַּחְמָן
carbon monoxide *n.* תַּחְמוֹצֶת הַפַּחְמָן
carbonize *v.* פִּיחֵם, הִתְפַּחֵם
carbuncle *n.* גַּחֲלִית (דלקת בעור); אֶבֶן טוֹבָה
carburetor *n.* קַרְבּוּרָטוֹר, מְאַדֶּה
carcass *n.* נְבֵלָה, פֶּגֶר
card *n.* כַּרְטִיס; קְלָף
card-case *n.* קוּפְסַת כַּרְטִיסֵי בִּיקּוּר
card catalogue *n.* כַּרְטֶסֶת, כַּרְטִיסִיָּה
card index *n.* כַּרְטֶסֶת
card-sharp *n.* רַמַּאי קְלָפִים
cardboard *n.* קַרְטוֹן
cardiac *adj.* שֶׁל הַלֵּב
cardigan *n.* אֲפוּדָּה
cardinal *n.* חַשְׁמָן
cardinal *adj.* עִיקָּרִי, יְסוֹדִי
cardinal number *n.* מִסְפָּר יְסוֹדִי, מִסְפָּר מוֹנֶה
care *n.* דְּאָגָה; תְּשׂוּמֶת־לֵב, זְהִירוּת
care *v.* דָּאַג, טִיפֵּל; חִיבֵּב
careen *v.* הִטָּה עַל צִדּוֹ; נָטָה עַל צִדּוֹ
career *n.* מַהֲלַךְ חַיִּים, קַרְיֶירָה
career *v.* נָע בִּמְהִירוּת
carefree *adj.* חֲסַר דְּאָגָה
careful *adj.* זָהִיר
careless *adj.* רַשְׁלָנִי; מְרוּשָּׁל
carelessness *n.* חוֹסֶר תְּשׂוּמֶת־לֵב
caress *n.* לְטִיפָה
caress *v.* לִיטֵּף
caretaker *n.* מְטַפֵּל, מְמוּנֶּה

careworn *adj.* עָיֵף מִדְּאָגָה
carfare *n.* דְּמֵי נְסִיעָה בְּאוֹטוֹבּוּס (וכד')
cargo *n.* מִטְעָן (של ספינה)
cargo boat *n.* אוֹנִיַּית סַחַר
caricature *n.,v.* אִטְלוּלִית, קָרִיקָטוּרָה; אִטְלֵל, עָשָׂה קָרִיקָטוּרָה מִן
caries *n.pl.* עַשֶּׁשֶׁת (רקב שיניים או עצמות)
carillon *n.* מַעֲרֶכֶת פַּעֲמוֹנִים
carillon *v.* נִיגֵּן בְּפַעֲמוֹנִים
carload *n.* מִטְעַן מַשָּׂאִית
carmine *adj.* (שצבעו) שָׁנִי, כַּרְמִין
carnage *n.* הֶרֶג רַב, טֶבַח
carnal *adj.* חוּשָׁנִי, שֶׁל תַּאֲווֹת הַגּוּף
carnation *n.* (פרח) צִיפּוֹרֶן
carnival *n.* עַדְלָיָדַע, קַרְנָוָל
carnivorous *adj.* אוֹכֵל בָּשָׂר
carob *n.* חָרוּב
carol *n.* זֶמֶר; מִזְמוֹר חַג־הַמּוֹלָד
carol *v.* שָׁר בְּעַלִּיזוּת
carom *n.* פְּגִיעָה כְּפוּלָה
carousal *n.* הִילוּלָה
carouse *v.* הִתְהוֹלֵל
carp *n.* קַרְפִּיוֹן (דג)
carp *v.* מָצָא מוּם
carpenter *n.* נַגַּר בִּנְיָן
carpentry *n.* נַגָּרוּת בִּנְיָן
carpet *n.* שָׁטִיחַ
carpet *v.* כִּיסָּה בִּשְׁטִיחִים
carpet sweeper *n.* שׁוֹאֵב אָבָק, שַׁאֲבָק
carriage *n.* מֶרְכָּבָה, עֲגָלָה; קָרוֹן, דְּמֵי הוֹבָלָה
carrier *n.* סַבָּל; מוֹבִיל; שָׁלִיחַ; חֶבְרָה לְהוֹבָלָה; נַשָּׂא, נוֹשֵׂא (חיידקי מחלה); נוֹשֵׂאת מְטוֹסִים
carrion *n., adj.* פֶּגֶר, נְבֵלָה
carrot *n.* גֶּזֶר
carrousel, carousel *n.* סְחַרְחֵרָה
carry *n.* טְוָח; נְשִׂיאָה, הוֹבָלָה
carry *v.* נָשָׂא, הוֹבִיל; הִצְלִיחַ ב
carry on *v.* הִמְשִׁיךְ
carsick *adj.* חוֹלֵה נְסִיעָה בִּמְכוֹנִית
cart *n.* עֲגָלָה
cart *v.* הֶעֱבִיר בַּעֲגָלָה
cart-horse *n.* סוּס עֲגָלָה
carte blanche *n.* מִסְמָךְ חָתוּם; יָד חוֹפְשִׁית
cartel *n.* קַרְטֶל (איגוד יצרנים וחברות מסחר לשם שמירת מונופול על תוצרתם)
cartilage *n.* חַסְחוּס, סְחוּס
carton *n.* קוּפְסַת קַרְטוֹן
cartoon *n.* אִטְלוּלִית, קָרִיקָטוּרָה; צִיּוּר הִיתּוּלִי
cartoon *v.* אִטְלֵל, קִרְקֵט, צִיֵּיר קָרִיקָטוּרָה
cartridge *n.* כַּדּוּר, תַּרְמִיל
carve *v.* חָרַת, חָקַק; גִּלֵּף, פִּיסֵּל
cascade *n.* אֶשֶׁד, מַפַּל מַיִם (קטן)
cascade *v.* נִיגַּר; גָּלַשׁ כְּמַפַּל מַיִם
case *n.* קוּפְסָה, תֵּיבָה; מִקְרֶה, פָּרָשָׁה; מִשְׁפָּט; יַחֲסָה (בתחביר)
case study *n.* נִיתּוּחַ אֵירוּעַ
case *v.* שָׂם בְּתֵיבָה
casement *n.* אֲגַף חַלּוֹן
cash *n.* מְזוּמָּנִים, כֶּסֶף מְזוּמָּן
cash *v.* הֶחֱלִיף בִּמְזוּמָּנִים
cash box *n.* קוּפָּה
cash register *n.* קוּפָּה רוֹשֶׁמֶת
cashew nut *n.* אֱגוֹז אֲנָקַרְדְּיוֹן
cashier *n.* גִּזְבָּר, קוּפַּאי

cashier *v.* פִּטֵּר, סִילֵּק (מתפקיד פיקודי בצבא)
cashier's check *n.* שֵׁק בַּנְקָאִי
cashmere *n.* קַשְׁמִיר (צמר רך משובח)
casing *n.* קוּפְסָה, כִּיסּוּי; חוֹמֶר אֲרִיזָה
casino *n.* קָזִינוֹ (קייטנה או בית כפרי איטלקי; אולם שעשועים והימורים)
cask *n.* חָבִית
casket *n.* תֵּיבָה (קטנה); אֲרוֹן מֵתִים
casserole *n.* אִלְפָּס, קְדֵירָה; תַּבְשִׁיל מוּכָן
cassock *n.* גְּלִימַת כְּמָרִים
cast *v.* זָרַק, הִפִּיל; לִיהֵק
cast iron *n.* בַּרְזֶל יָצוּק
cast-off *n., adj.* בְּגָדִים זְנוּחִים; זָנוּחַ (בגדים)
cast *n.* זְרִיקָה, הַשְׁלָכָה; דָּבָר מוּשְׁלָךְ; סִידּוּר, לִיהוּק; צֶוֶות
castanets *n. pl.* עַרְמוֹנִיּוֹת (זוג לוחיות שנהב קטנות שמקישים לקצב מנגינה)
castaway *n.* שָׂרִיד (של אונייה); מְנוּדֶּה
caste *n.* כַּת, קַסְטָה
caster *n.* זוֹרֵק; גַּלְגַּלִּית
castigate *v.* יִיסֵּר, הוֹכִיחַ
casting-vote *n.* קוֹל מַכְרִיעַ
castle *n.* טִירָה; מִבְצָר; צְרִיחַ
castle *v.* שָׂם בְּטִירָה; הִצְרִיחַ (בשחמט)
castling *n.* הַצְרָחָה (בשחמט)
castor oil *n.* שֶׁמֶן קִיק
castrate *v.* סֵירֵס; קִיצֵּץ
casual *n., adj.* אַרְעִי, מִקְרִי; לא פוֹרְמָלִי
casualty *n.* מִקְרֶה אָסוֹן, תְּאוּנָה; נִפְגָּע
casuistry *n.* פִּלְפּוּל, פַּלְפְּלָנוּת

cat *n.* חָתוּל; מְרוּשַׁעַת
cataclysm *n.* מַהְפֵּכַת סִדְרֵי בְּרֵאשִׁית; מַבּוּל
catacomb *n.* מְעָרַת־קְבָרִים, קָטָקוֹמְבָּה
catalogue *v.* קִטְלֵג, כִּרְטֵס
catalogue *n.* קָטָלוֹג
catalyze *v.* זֵירֵז (תגובה כימית), קִטְלֵז
catalyzer *n.* זָרָז, מְקַטְלֵז
catapult *n.* מִקְלַעַת
catapult *v.* זָרַק בְּלִיסְטְרָה בְּמַרְגֵּמָה; זָרַק בְּמִקְלַעַת
cataract *n.* מַפַּל־מַיִם, אֶשֶׁד
catarrh *n.* נַזֶּלֶת
catastrophe *n.* שׁוֹאָה, אָסוֹן
catcall *n.* יִלְלַת חָתוּל
catcall *v.* יִילֵּל כְּחָתוּל
catch *v.* תָּפַס, לָכַד; רִימָּה
catch *n.* תְּפִיסָה, עוֹצֵר; צַיִד
catch question *n.* שְׁאֵלַת מִלְכּוֹד
catcher *n.* תּוֹפֵס
catching *adj.* מִידַּבֵּק; מְצוֹדֵד, מוֹשֵׁךְ
catchup, ketchup *n.* רוֹטֶב עַגְבָנִיּוֹת מְתוּבָּל, קֶטְשׁוֹפּ
catchword *n.* אִמְרַת־כָּנָף
catchy *adj.* נִתְפָּס בְּנָקֵל, מוֹשֵׁךְ
catechism *n.* מִקְרָאָה דָּתִית (נוצרית)
category *n.* סוּג, קָטֵגוֹרְיָה
cater *v.* הִסְעִיד, סִיפֵּק מָזוֹן; סִיפֵּק שֵׁירוּת
caterer *n.* מַסְעִיד, מַסְעִידָן, סַפַּק־מָזוֹן
catering *n.* הַסְעָדָה
caterpillar *n.* זַחַל
catfish *n.* שְׂפַמְנוּן
catgut *n.* חוּטִים עֲשׂוּיִים מִמְּעַיִים

cathartic *adj.* מְטַהֵר, מְנַקֶּה אֶת הַמֵּעַיִים
cathedral *n., adj.* קָתֶדְרָלָה (כנסייה ראשית); שֶׁל קָתֶדְרָה
catheter *n.* צַנְתָּר
catheterize *v.* צִנְתֵּר
cathode *n.* קָתוֹדָה
catholic *adj.* עוֹלָמִי, אוּנִיבֶרְסָלִי; רְחַב אוֹפָקִים
Catholic *n., adj.* קָתוֹלִי
catnap *n.* נִמְנוּם קַל
catnip *n.* נֶפִּית הֶחָתוּלִים (צמח שבושמו מושך חתולים)
cat-o'-nine-tails *n.* מַגְלֵב שֶׁבַע הָרְצוּעוֹת
catsup see catchup
cattle *n. pl.* בָּקָר
catty *adj.* חֲתוּלִי; מְרוּשָׁע
catwalk *n.* מַעֲבָר צַר
caucus *n.* קָאוּקוּס (מיעוט במפלגה המבקש לכפות את דעתו)
cauldron *n.* קַלַּחַת
cauliflower *n.* כְּרוּבִית
causative *adj.* גּוֹרֵם, מְסַבֵּב
cause *n.* סִיבָּה, גּוֹרֵם; מַטָּרָה
cause *v.* גָּרַם, סִיבֵּב
causeway *n.* מְסִילָּה, שְׁבִיל מוּגְבָּה (בייחוד על פני מים בביצה)
caustic *adj.* צוֹרֵב, חוֹרֵךְ, מְאַכֵּל (לגבי חומר כימי)
caustic *n.* חוֹמֶר צוֹרֵב
cauterize *v.* צָרַב בְּבַרְזֶל לוֹהֵט
caution *n.* זְהִירוּת; אַזְהָרָה; טִיפּוּס מוּזָר
caution *v.* הִזְהִיר, הִתְרָה בּ
cautious *adj.* זָהִיר, נִזְהָר
cavalcade *n.* מִצְעַד פָּרָשִׁים (או מרכבות)
cavalier *n.* פָּרָשׁ; אַבִּיר, מְלַוֵּוה גְבֶרֶת
cavalier *adj.* שַׁחְצָנִי; מְזַלְזֵל
cavalry *n.* חֵיל פָּרָשִׁים, פָּרָשִׁים
cavalry-man *n.* פָּרָשׁ
cave *n.* מְעָרָה
cave *v.* כָּרָה, חָצַב; שָׁקַע
cave-in *n.* הִתְמוֹטְטוּת
cave-man *n.* שׁוֹכֵן מְעָרוֹת
caveat *n.* אַזְהָרָה, דְּרִישַׁת בַּעַל דִּין לְעַכֵּב דִּיּוּן
cavern *n.* מְעָרָה, מְחִילָּה
caviar, caviare *n.* קַוְויָאר, בֵּיצֵי דָּגִים
cavil *v.* הִתְגּוֹלֵל עַל, הִטִּיל דּוֹפִי
cavity *n.* חָלָל, חוֹר, נֶקֶב
cavort *v.* כִּרְכֵּר, קִיפֵּץ
caw *n.* צְרִיחַת עוֹרֵב
caw *v.* קִרְקֵר, צָרַח (עוף)
cease *v.* חָדַל, פָּסַק, הִפְסִיק
cease *n.* הֶפְסֵק
cease-fire *n.* הַפְסָקַת אֵשׁ, הֲפוּגָה
ceaseless *adj.* לֹא פּוֹסֵק, לֹא חָדֵל
cedar *n.* אֶרֶז
cede *v.* וִיתֵּר עַל (זכויות וכד')
ceiling *n.* תִּקְרָה, גְּבוּל עֶלְיוֹן
celebrant *n.* חוֹגֵג בְּטֶקֶס
celebrate *v.* חָגַג; שִׁיבַּח
celebrated *adj.* מְפוּרְסָם
celebration *n.* חֲגִיגָה; טֶקֶס
celebrity *n.* אִישִׁיּוּת מְפוּרְסֶמֶת
celerity *n.* חִיפָּזוֹן, מְהִירוּת
celery *n.* כַּרְפַּס רֵיחָנִי, סֶלֶרִי
celestial *adj., n.* שְׁמֵימִי, אֱלוֹהִי
celibacy *n.* רַוָּוקוּת, פְּרִישׁוּת מִנִּישּׂוּאִים
celibate *n., adj.* רַוָּוק, רַוָּוקִי
cell *n.* תָּא, חֶדֶר קָטָן

cellar *n.* מַרְתֵּף
cell house *n.* בֵּית־כֶּלֶא
cellist *n.* צֶ'לָן
cello *n.* צֶ'לוֹ
cellophane *n.* צֶלוֹפָן (נייר אריזה דק, אטים למים)
celluloid *n.* צֶלוּלוֹאִיד (חומר קרני מתאית, משמש לסרטי קולנוע וכד')
cellulose *n.* תָּאִית, צֶלוּלוֹזָה
cement *n.* צֶמֶנְט, מֶלֶט
cement *v.* צִמְנֵט, דִּיבֵּק
cemetery *n.* בֵּית־עָלְמִין
censer *n.* מַחְתָּה
censor *n.* צֶנְזוֹר
censor *v.* צִנְזֵר
censure *n.* בִּיקוֹרֶת חֲמוּרָה
censure *v.* בִּיקֵּר קָשׁוֹת
census *n.* מִפְקַד אוּכְלוּסִים
cent *n.* סֶנְט, מֵאִית
centaur *n.* קֶנְטָאוּר (בעל חיים אגדי)
centenary *n.* יוֹבֵל מֵאָה שָׁנִים
centennial *n., adj.* יוֹבֵל הַמֵּאָה; שֶׁל יוֹבֵל מֵאָה
center *v.* רִיכֵּז; הָיָה בַּמֶּרְכָּז
center, centre *n.* מֶרְכָּז, אֶמְצַע
center-piece *n.* קִישׁוּט מֶרְכַּז שׁוּלְחָן
centigrade *adj.* שֶׁל מַעֲלוֹת צֶלְזְיוּס
centimeter *n.* סֶנְטִימֶטֶר
centipede *n.* נַדָּל
central *adj.* מֶרְכָּזִי
centralize *v.* מִרְכֵּז; הִתְמַרְכֵּז
centrifugal *adj.* צֶנְטְרִיפוּגָלִי (שואף להתרחק מן המרכז), סִרְכּוּזִי
centrifugate, centrifuge *v.* סִרְכֵּז
centripetal *adj.* צֶנְטְרִיפֶּטָלִי (שואף אל המרכז)

century *n.* מֵאָה שָׁנָה; מֵאָה
ceramic *adj.* שֶׁל כְּלֵי חֶרֶס
ceramics *n.pl.* קֶרָמִיקָה
cereals *n.pl.* דָּגָן; גַּרְגְּרֵי דָּגָן
cerebellum *n.* הַמּוֹחַ הַקָּטָן
cerebral *adj.* שֶׁל הַמּוֹחַ
ceremonious *adj.* טִקְסִי
ceremony *n.* טֶקֶס
certain *adj.* וַדַּאי, בָּטוּחַ; מְסוּיָּם
certainly *adv., interj.* בְּוַודַּאי, וַדַּאי!
certainty *n.* וַדָּאוּת, דָּבָר בָּטוּחַ
certificate *n.* תְּעוּדָה, אִישׁוּר בִּכְתָב
certified public accountant *n.* רוֹאֵה חֶשְׁבּוֹן מוּסְמָךְ
certify *v.* אִישֵּׁר בִּכְתָב
cessation *n.* הַפְסָקָה
cesspool *n.* בּוֹר־שְׁפָכִים
chafe *n.* שִׁפְשׁוּף; דַּלֶּקֶת
chafe *v.* חִימֵּם בְּשִׁפְשׁוּף; הִכְאִיב בְּחִיכּוּךְ; הָיָה חֲסַר סַבְלָנוּת
chaff *n.* מוֹץ; לִגְלוּג בְּרוּחַ טוֹבָה
chaff *v.* לִגְלֵג בְּרוּחַ טוֹבָה
chafing-dish *n.* קַעֲרַת חִימּוּם (לתבשיל, על אש בוערת)
chagrin *n.* אַכְזָבָה, עַגְמַת נֶפֶשׁ
chagrin *v.* צִיעֵר, הִשְׁפִּיל
chain *n.* שַׁרְשֶׁרֶת, שַׁלְשֶׁלֶת, אֲזִיקִים
chain *v.* קָשַׁר בְּשַׁלְשֶׁלֶת, אָסַר בַּאֲזִיקִים
chain gang *n.* קְבוּצַת אֲסִירִים קְשׁוּרָה בְּשַׁרְשֶׁרֶת
chain reaction *n.* תְּגוּבַת שַׁרְשֶׁרֶת
chain smoker *n.* מְעַשֵּׁן בְּשַׁרְשֶׁרֶת
chain store *n.* חֲנוּת שַׁרְשֶׁרֶת
chair *n.* כִּיסֵּא, רָאשׁוּת
chair *v.* הוֹשִׁיב עַל כִּיסֵּא
chair lift *n.* רַכֶּבֶל

chairman *n.* יוֹשֵׁב־רֹאשׁ
chairmanship *n.* רָאשׁוּת, כְּהוּנַּת יוֹשֵׁב רֹאשׁ
chalet *n.* בֵּית עֵץ כַּפְרִי
chalice *n.* גָבִיעַ (בייחוד בכנסייה הנוצרית)
chalk *n.* גִיר, חֲתִיכַת גִיר
chalk *v.* כָּתַב בְּגִיר
challenge *n.* אֶתְגָר, קְרִיאָה לְהִתְמוֹדְדוּת
challenge *v.* קָרָא לְהִתְמוֹדְדוּת; אִתְגֵר; עִרְעֵר
chamber *n.* חֶדֶר, לִשְׁכָּה
chamber concert *n.* קוֹנְצֶרְט קָמֶרִי (באולם קטן)
chamberlain *n.* מְמוּנֶּה עַל נְכָסִים
chambermaid *n.* חַדְרָנִית, עוֹבֶדֶת נִיקָיוֹן
chamber pot *n.* סִיר לַיְלָה
chameleon *n.* זִיקִית
chamois *n.* יָעֵל
champ *v.* נָשַׁךְ (בחוסר סבלנות)
champ *n.* נְשִׁיכָה; לְעִיסָה; אַלּוּף
champagne *n.* יֵין שַׁמְפַּנְיָה
champion *n., adj.* אַלּוּף; מְנַצֵּחַ; דוֹגֵל, תּוֹמֵךְ, מֵגֵן עַל
champion *v.* דָגַל, תָּמַךְ בּ
championess *n.* תּוֹמֶכֶת, דוֹגֶלֶת; מְנַצַּחַת, אַלּוּפָה
championship *n.* אַלִּיפוּת
chance *n.* מִקְרֶה, מַזָּל; אֶפְשָׁרוּת, סִיכּוּי
chance *adj.* מִקְרִי, אַקְרָאִי
chance *v.* אֵירַע בְּמִקְרֶה; נִתְקַל
chancellery *n.* בֵּית הַנָּגִיד
chancellor *n.* נָגִיד, קַנְצְלֶר
chancery *n.* בֵּית מִשְׁפָּט גָבוֹהַּ
chandelier *n.* נִבְרֶשֶׁת
change *n.* שִׁינּוּי; כֶּסֶף קָטָן; עוֹדֶף; הַחְלָפָה
change of life בְּלוֹת, חִדְלוֹן הַוֶּסֶת
change *v.* שִׁינָּה; הֶחֱלִיף; פָּרַט; הִשְׁתַּנָּה
change color הֶחֱוִיר; הִסְמִיק
change one's mind שִׁינָּה אֶת דַעְתּוֹ
changeable *adj.* עָשׂוּי לְהִשְׁתַּנּוֹת, לֹא יַצִּיב
channel *n.* עָרוּץ, אָפִיק; תְּעָלָה; צִינּוֹר
channel *v.* הֶעֱבִיר בִּתְעָלָה; הִכְוִוין, נִיקֵּז
chant *n.* מִזְמוֹר, זֶמֶר (חדגוני), נִיגּוּן
chant *v.* זִימֵּר (חדגונית)
chanter *n.* זַמָּר; זַמָּר רָאשִׁי
chaos *n.* תּוֹהוּ וָבוֹהוּ, אַנְדְרָלָמוּסְיָה
chaotic *adj.* שֶׁל תּוֹהוּ וָבוֹהוּ, שֶׁל אִי סְדָרִים
chap *n.* סֶדֶק, בְּקִיעָה; בָּחוּר
chap *v.* בִּיקֵּעַ, סִידֵּק (בשפשוף); נִבְקַע; נִסְדַק (בשפשוף)
chaparral *n.* סְבַךְ שִׂיחִים, שִׂיחִיָּה
chapel *n.* בֵּית תְּפִילָּה קָטָן (של נוצרים)
chaperon *n.* מְלַוָּוה (בעיקר של צעירה)
chaplain *n.* כּוֹמֶר צְבָאִי, רַב צְבָאִי
chaplet *n.* זֵר פְּרָחִים, עֲטָרָה
chapter *v.* חִילֵּק לִפְרָקִים
chapter *n.* פֶּרֶק, פָּרָשָׁה; סְנִיף
char *v.* פִּיחֵם, חָרַךְ; נֶחְרַךְ
character *n.* אוֹפִי, טִיב, תְּכוּנָה; אוֹת (בא"ב)

characteristic *n.* תְּכוּנָה אוֹפְיָנִית, אִפְיוּן
characteristic *adj.* אוֹפְיָנִי
characterize *v.* אִפְיֵן
charade *n.* נַחֲשׁוּ (משחק שבו צריך לנחש מלה או מימרה על פי תנועות וסיפורים של המשחקים)
charcoal *n.* פַּחַם עֵץ; פֶּחָם לְצִיּוּר
charcoal burner *n.* תַּנּוּר פֶּחָמִים
charge *v.* קָבַע מְחִיר; חִיֵּב; הֶאֱשִׁים; הִסְתָּעֵר, הִטְעִין; מִינָּה
charge *n.* הַאֲשָׁמָה; מְחִיר; אִישׁוּם הֵיטֵל, חִיּוּב; הִסְתָּעֲרוּת; מִטְעָן; תַּפְקִיד
charge account *n.* חֶשְׁבּוֹן הַקָּפָה
chargé d'affaires *n.* מְמוּנֶּה עַל הַשַּׁגְרִירוּת
charge sheet *n.* כְּתַב אִישׁוּם
chariot *n.* רֶכֶב בַּרְזֶל (למלחמה, בימי קדם); מֶרְכָּבָה
charioteer *n.* נוֹהֵג בְּמֶרְכָּבָה, רַכָּב
charitable *adj.* נַדְבָנִי; שֶׁל צְדָקָה
charity *n.* צְדָקָה; נְדִיבוּת
charity performance *n.* הַצָּגַת צְדָקָה
charlatan *n.* נוֹכֵל, שַׁרְלָטָן
charlatanism *n.* נְכָלִים, שַׁרְלָטָנִיּוּת
charlotte *n.* שַׁרְלוֹט (עוגה ממולאה פירות ומקוצפת)
charm *n.* חֵן, קֶסֶם; קָמֵיעַ
charm *v.* הִקְסִים, קָסַם, כִּישֵּׁף
charming *adj.* נֶחְמָד, מַקְסִים
charnel *adj. n.* שֶׁל מֵתִים; חֲדַר מֵתִים
chart *n.* סִרְטוּט, מַפָּה, תַּרְשִׁים
chart *v.* סִרְטֵט
charter *n.* תְּעוּדַת רִישׁוּם חֶבְרָה
charter *v.* הִשְׂכִּיר; שָׂכַר
charter flight *n.* טִיסַת שֶׂכֶר
charter member *n.* חָבֵר מְיַיסֵּד
charwoman *n.* עוֹזֶרֶת בַּיִת
chartered accountant *n.* חֶשְׁבּוֹנַאי מוּסְמָךְ
chary *adj.* זָהִיר בְּ, נוֹהֵג זְהִירוּת
chase *n.* מָצוֹד, רְדִיפָה; צַיִד
chase *v.* רָדַף אַחֲרֵי
chase away *v.* גֵּירֵשׁ, הִבְרִיחַ
chasm *n.* בְּקִיעַ; חָלָל, נִקְרָא, תְּהוֹם
chassis *n.* מֶרְכָּב (של כלי רכב), תּוֹשֶׁבֶת
chaste *adj.* פָּרוּשׁ, צָנוּעַ, צְנוּעָתָנִי
chasten *v.* הוֹכִיחַ, יִיסֵּר, טִיהֵר
chastise *v.* יִיסֵּר, הִלְקָה
chastity *n.* צְנִיעוּת מִינִית, פְּרִישׁוּת
chat *n.* שִׂיחָה קַלָּה, פִּטְפּוּט
chat *v.* שׂוֹחֵחַ שִׂיחָה קַלָּה, פִּטְפֵּט
chateau *n.* טִירָה, בַּיִת כַּפְרִי גָּדוֹל
chattels *n.pl.* מִיטַּלְטְלִים
chatter *v.* פִּטְפֵּט; קִשְׁקֵשׁ
chatterbox *n.* פַּטְפְּטָן
chauffeur *n.* נַהָג שָׂכִיר
chauffeur *v.* הִסִּיעַ; עָבַד כְּנַהָג
chauvinist *adj.* שׁוֹבִינִיסְט, לְאוּמָנִי קַנַּאי; קַנַּאי לְמִין הַגַּבְרִי
cheap *adj., adv.* פְּחוּת עֵרֶךְ, זוֹל; בְּזוֹל
cheapen *v.* הוֹזִיל, הוֹרִיד מְחִיר, הוֹרִיד הָעֵרֶךְ
cheapness *n.* זוֹלוּת
cheat *n.* רַמַּאי
cheat *v.* רִימָּה, הוֹנָה, הֶעֱרִים עַל
check *n.* עֲצִירָה; בִּידּוּק, פִּיקּוּחַ; שֵׁק; חֶשְׁבּוֹן; שַׁח (בשחמט)
check *v.* עָצַר, רִיסֵּן; וִידֵּא, בִּידֵּק; שָׁאַל שַׁח (בשחמט)
checker *n.* פַּקָּח, מַשְׁגִּיחַ

checker *v.* עָשָׂה מִשְׁבְּצוֹת, נִימֵּר
checkerboard *n.* לוּחַ שַׁחְמָט וְדַמְקָה
checkers *n. pl.* דַּמְקָה (משחק על לוח שחמט)
checking *n.* בִּידּוּק
checkmate *n.* שַׁח מָט; מַפָּלָה גְמוּרָה
checkmate *v.* נָתַן מָט, מִטְמֵט
checkout *n.* שְׁלַב הַיְצִיאָה (ממלון)
checkpoint *n.* מַחְסוֹם בִּיקּוֹרֶת
checkroom *n.* מֶלְתָּחָה
checkup *n.* בְּדִיקָה, בִּידּוּק, בִּיקּוֹרֶת
cheek *n.* לֶחִי; חוּצְפָּה
cheek *v.* הִתְחַצֵּף
cheekbone *n.* עֶצֶם הַלֶּחִי
cheeky *adj.* חוּצְפָּנִי, חָצוּף
cheep *v.* צִיְיֵץ
cheer *n.* תְּרוּעָה; עִידּוּד
cheer *v.* שִׂימַּח, הֵרִיעַ ל, עוֹדֵד
cheerful *adj.* עַלִּיז; מְשַׂמֵּחַ
cheerio *interj.* הֱיֵה שָׁלוֹם!
cheerless *adj.* לֹא שָׂמֵחַ, לֹא עַלִּיז
cheer up *v.* רוֹמֵם רוּחַ, עוֹדֵד; הִתְעוֹדֵד
cheese *n.* גְּבִינָה
cheesecake *n.* עוּגַת גְּבִינָה; תַּצְלוּם נַעֲרָה חֲמוּדָה
cheesecloth *n.* אֲרִיג רֶשֶׁת
cheetah *n.* חָתוּל נְמֵרִי (בדרום אסיה ובאפריקה)
chef *n.* טַבָּח רָאשִׁי, אַשַּׁף הַמִּטְבָּח
chef d'oeuvre *n.* יְצִירַת מוֹפֵת (בספרות, בָּאֳמָנוּת, במוסיקה)
chemical *adj., n.* כִּימִי; חוֹמֶר כִּימִי
chemist *n.* כִּימַאי; רוֹקֵחַ (בבריטניה)
chemistry *n.* כִּימְיָה
cheque *n., see* **check**
chequer *n., see* **checker**

cherish *v.* חִיבֵּב, הֶעֱרִיץ; טִיפַּח, עוֹדֵד
cheroot *n.* סִיגָרִייָה (שחיתוכי קצותיה רבועים)
cherry *n.* דוּבְדְּבָן
cherub *n.* כְּרוּב (מלאך), פַּרְצוּף מַלְאָךְ (תמים ויפה)
chess *n.* שַׁח, שַׁחְמָט
chest *n.* תֵּיבָה; קוּפָּה; חָזֶה
chest of drawers *n.* שִׁידָּה
chestnut *n.* עַרְמוֹן (עץ, צֶבע); בְּדִיחָה נְדוֹשָׁה
chevalier *n.* אַבִּיר (חבר מִסדר כבוד); מְנוּמָס (כלפי נשים)
chew *n.* לְעִיסָה
chew *v.* לָעַס; הִרְהֵר
chew over שָׁקַל הֵיטֵב, הִרְהֵר
chew the cud הֶעֱלָה גֵרָה
chewing gum *n.* גּוּמִי לְעִיסָה
chic *adj., n.* מְהוּדָּר (בסגנונו); (סגנון) מוּבְחָר, מִצְטַיֵּין; שִׁיק
chicanery *n.* גְּנֵיבַת־דַּעַת, הַעֲרָמָה
chick *n.* אֶפְרוֹחַ, גּוֹזָל
chicken *n., adj.* פַּרְגִּית; מוּג־לֵב
chicken coop *n.* לוּל
chicken-pox *n.* אֲבַעְבּוּעוֹת־רוּחַ
chickenfeed *n.* סְכוּם אַפְסִי, כַּמּוּת אַפְסִית
chickenhearted *adj.* רַךְ-לֵב
chick-pea *n.* חִמְצָה, חוּמוּס
chicory *n.* עוֹלֶשׁ תַּרְבּוּתִי
chide *v.* גָּעַר בּ, נָזַף בּ
chief *n.* רֹאשׁ, מְנַהֵל; רֹאשׁ שֵׁבֶט
chief *adj.* רָאשִׁי, עִיקָּרִי
chief executive *n.* נְשִׂיא הַמְּדִינָה
chief justice *n.* נְשִׂיא בֵּית הַמִּשְׁפָּט הָעֶלְיוֹן, שׁוֹפֵט רָאשִׁי

chief of staff *n.* רֹאשׁ הַמַּטֶּה הַכְּלָלִי, הָרַמַטְכָּ"ל
chiefly *adv.* בְּעִיקָּר
chieftain *n.* רֹאשׁ שֵׁבֶט, רֹאשׁ קְבוּצָה
chiffon *n.* אֲרִיג מֶשִׁי אוֹ זְהוֹרִית
chiffonier, chiffonnier *n.* שִׁידָּה
chilblain *n.* אֲבַעְבּוּעוֹת־חוֹרֶף
child *n.* יֶלֶד, תִּינוֹק; נַעַר, נַעֲרָה
childbirth *n.* לֵידָה, חֶבְלֵי לֵידָה
childhood *n.* תְּקוּפַת הַיַּלְדוּת
childish *adj.* יַלְדוּתִי; תִּינוֹקִי
childishness *n.* יַלְדוּתִיּוּת; תִּינוֹקִיּוּת
childlike *adj.* יַלְדוּתִי, תָּמִים כְּיֶלֶד
children *n. pl. of* **child** בָּנִים, יְלָדִים
Children of Israel בְּנֵי יִשְׂרָאֵל
child welfare *n.* סַעַד הַיֶּלֶד, רְוָוחַת הַיֶּלֶד
chile, chili, chilli *n.* פִּלְפֵּל אָדוֹם (מיובש)
chill *n.* קוֹר, קְרִירוּת, הִתְקָרְרוּת
chill *adj.* קָרִיר, צוֹנֵן
chill *v.* הֵצֵן, צִינֵּן; קֵירֵר
chilled *adj.* קָפוּא
chilly *adj.* קָרִיר, צוֹנֵן
chime *n.* צִלְצוּל פַּעֲמוֹנִים
chime *v.* צִלְצֵל
chimera *n.* רַעְיוֹן רוּחַ, הֲזָיָה, דִמְיוֹן שָׁוְא
chimney *n.* אֲרוּבָּה, מַעֲשֵׁנָה
chimney flue *n.* מִפְלַשׁ אֲוִויר בָּאֲרוּבָּה
chimney-sweep *n.* מְנַקֵּה אֲרוּבּוֹת
chimpanzee *n.* שִׁימְפַּנְזֶה (קוף דמוי אדם)
chin *n.* סַנְטֵר
China *n.* סִין
china *n., adj.* כְּלֵי חַרְסִינָה; עֲשׂוּי חַרְסִינָה
china closet *n.* מַדַּף דִּבְרֵי חַרְסִינָה
Chinaman *n.* סִינִי
chinaware *n.* כְּלֵי חַרְסִינָה
chinchilla *n.* צ'ִנְצ'ִילָה (מכרסם דרום אמריקני), פַּרְוַות צ'ִנְצ'ִילָה, בַּד צֶמֶר כָּבֵד
Chinese *n., adj.* סִינִי; סִינִית (שפה)
chink *n.* סֶדֶק, בְּקִיעַ
chink *v.* קִשְׁקֵשׁ (במטבעות וכד')
chink *n.* צִלְצוּל מַתַּכְתִּי
chintz *n.* אָרִיג (מעוטר בצבעים)
chip *n.* שְׁבָב; קֵיסָם, פֶּלַח (תפוח אדמה); אֲסִימוֹן (למשחק)
chip *v.* שִׁיבֵּב; קִיצֵץ, נִיתֵּץ
chipmunk *n.* סְנָאִי (צפון אמריקני קטן)
chipper *v.* צִפְצֵף; פִּטְפֵּט
chipper *n.* מַשְׁבֵּב; סַתָּת
chips *n.pl.* טוּגָנִים, צִ'יפְּס
chiropodist *n.* כִּירוֹפּוֹדִיסְט (מומחה בריפוי מחלות רגליים)
chiropractor *n.* כִּירוֹפְּרַקְטוֹר (מרפא בעיסוי חוט השדרה)
chirp *v.* צִיֵּיץ
chirp *n.* צִיּוּץ
chirrup *n.* צִיּוּץ חוֹזֵר
chisel *n.* מַפְסֶלֶת
chisel *v.* סִיתֵּת, שִׁיבֵּב
chiseled *adj.* מְפוּסָּל, מְסוּתָּת
chit *n.* פֶּתֶק, פִּתְקָה
chitchat *n.* שִׂיחָה קַלָּה
chivalric, chivalrous *adj.* אַבִּירִי, נִימוּסִי
chivalry *n.* אַבִּירוּת, אֲדִיבוּת, נִימוּס
chive *n.* שׁוּם הַבַּצְלִית
chloride *n.* כְּלוֹרִיד (הרכב של כלור)
chlorine *n.* כְּלוֹר (יסוד כימי לחיטוי)

chloroform *n.* כְּלוֹרוֹפוֹרְם (נוזל חריף המשמש להרדמה)
chloroform *v.* הִשְׁתַּמֵּשׁ בִּכְלוֹרוֹפוֹרְם
chlorophyll *n.* כְּלוֹרוֹפִיל, יָרֶק
chock-full *adj.* מָלֵא וְגָדוּשׁ
chocolate *n.* שׁוֹקוֹלָד
chocolate vermicelli מִתְגֵּי שׁוֹקוֹלָד
choice *n.* בְּחִירָה, בְּרֵירָה, נִבְחָר, מוּבְחָר
choice *adj.* מְשׁוּבָּח, מְיוּחָד בְּמִינוֹ
choir *n.* מַקְהֵלָה
choirboy *n.* נַעַר מַקְהֵלָה
choir loft *n.* יְצִיעַ הַמַּקְהֵלָה
choirmaster *n.* מְנַצֵּחַ מַקְהֵלָה
choke *v.* חָנַק, הֶחֱנִיק; הִשְׁנִיק, הִפְעִיל מַשְׁנֵק; עָצַר, מָנַע; נֶחְנַק
choke *n.* מַשְׁנֵק (במכונית); חֲנִיקָה
cholera *n.* חוֹלִירָע
choleric *adj.* זוֹרֵק מָרָה, רוֹגְזָנִי
cholesterol *n.* כּוֹלֶסְטֶרוֹל (יסוד שומני המצוי במרה, בדם ובמוח)
choose *v.* בָּחַר, הֶעְדִּיף; הֶחְלִיט
chop *n.* קִיצּוּץ; טְחִינָה; צַלְעִית (צלע בהמה עם בשרה)
chop *v.* קִיצֵּץ, טָחַן; חָטַב
chopper *n.* מַקְצֵף; מַטְחֵנָה; קוֹפִיץ; מַסּוֹק
chopping board *n.* דַּף קִיצּוּץ
choppy *adj.* רוֹגֵשׁ (לגבי ים)
chopstick *n.* מַזְלֵג סִינִי (זוג קיסמים)
choral *adj., n.* מַקְהֵלָתִי; כּוֹרָל
chorale *n.* כּוֹרָל (פרק לזמרה בציבור בכנסייה)
chord *n.* מֵיתָר; אַקּוֹרְד, תַּצְלִיל
chord *v.* הִפִּיק תַּצְלִיל
chore *n.* עֲבוֹדָה שִׁגְרָתִית, עֲבוֹדַת בַּיִת

choreography *n.* כּוֹרֵיאוֹגְרַפְיָה, אָמָּנוּת יְצִירַת הַבַּאלֶט
chorus *n.* מַקְהֵלָה; חָרוּז חוֹזֵר
chorus *v.* שָׁר אוֹ דִקְלֵם בְּמַקְהֵלָה
chorus girl *n.* זַמֶּרֶת־רַקְדָנִית (בלהקה)
chow *n.* מָזוֹן; כֶּלֶב סִינִי; סִינִי (כינוי גנאי)
chowder *n.* מְרַק דָּגִים
chrestomathy *n.* כְּרֶסְטוֹמַתְיָה, מִקְרָאָה
Christ *n.* יֵשׁוּ הַנּוֹצְרִי
christen *v.* הִטְבִּיל
Christendom *n.* הָעוֹלָם הַנּוֹצְרִי
christening *n.* טֶקֶס הַטְבִילָה
Chrisian *adj. n.* נוֹצְרִי
Christianity *n.* נַצְרוּת
Christianize *v* נִיצֵּר, עָשָׂה לְנוֹצְרִי
Christian name *n.* שֵׁם פְּרָטִי
Christmas *n.* חַג־הַמּוֹלָד הַנּוֹצְרִי
chromium, chrome *n.* כְּרוֹם (יסוד מתכתי מבהיק)
chromosome *n.* כְּרוֹמוֹזוֹם (אחד הגופיפים הקטנים בתא החי הקובע את תכונות התורשה)
chronic *adj.* כְּרוֹנִי, מַתְמִיד, מְמוּשָּׁךְ
chronicle *n.* סִיפּוּר, שַׁלְשֶׁלֶת מְאוֹרָעוֹת
chronicle *v.* רָשַׁם בְּסֵפֶר זִיכְרוֹנוֹת
chronicler *n.* רוֹשֵׁם בְּסֵפֶר זִיכְרוֹנוֹת
chronology *n.* סֵדֶר זְמַנִּים, כְּרוֹנוֹלוֹגְיָה
chrysanthemum *n.* חַרְצִית
chubby *adj.* עֲגַלְגַּל, שְׁמַנְמַן
chuck *n.* טְפִיחָה קַלָּה; טִלְטוּל, זְרִיקָה; יָתֵד, מַלְחָצַיִים
chuck *v.* טָפַח; הִשְׁלִיךְ, גֵּירֵשׁ; קִרְקֵר

chuck it! עֲזוֹב!
chuck up נָטַשׁ (מִשְׂרָה מִתּוֹךְ מִיאוּס)
chuckle *n.* צְחוֹק מְאוּפָּק
chuckle *v.* צָחַק צְחוֹק מְאוּפָּק
chug *n.* טִרְטוּר (שֶׁל מָנוֹעַ וכד')
chug *v.* טִרְטֵר; נָע בְּטִרְטוּר
chum *n.* חָבֵר, חָבֵר לְחֶדֶר
chum *v.* הִתְחַבֵּר, הִתְיַידֵּד
chummy *adj.* חֲבֵרִי, חַבְרוּתִי
chump *n.* שׁוֹטֶה, חֲסַר דֵּעָה, בּוּל עֵץ
chunk *n.* פְּרוּסָה, חֲתִיכָה, נֶתַח
church *n.* כְּנֵסִייָה; הַדָּת הַנּוֹצְרִית
churchgoer *n.* מִתְפַּלֵּל קָבוּעַ
churchman *n.* כּוֹמֶר; אָדוּק בְּנַצְרוּת
Church of England *n.* הַכְּנֵסִייָה הָאַנְגְּלִיקָנִית
churchwarden *n.* נְצִיג שֶׁל הַכְּנֵסִייָה הַמְּקוֹמִית
churchyard *n.* בֵּית־עָלְמִין כְּנֵסִייָתִי
churl *n.* גַּס רוּחַ, בּוּר
churlish *adj.* בּוּר, גַּס, לֹא מְחוּנָּךְ
churn *n.* מַחְבֵּצָה (לַעֲשִׂיַּית חֶמְאָה)
churn *v.* חִיבֵּץ; בָּחַשׁ
chute *n.* תְּעָלָה; מַחֲלֵק; אֶשֶׁד
chutney *n.* תַּבְלִין הוֹדִי
cicada *n.* צְרָצַר
cider *n.* מִיץ תַּפּוּחִים
C.I.F., c.i.f. abbr. cost, insurance and freight סִיף (עֲלוּת, בִּיטוּחַ וְהוֹבָלָה)
cigar *n.* סִיגָר, סִיגָרָה
cigarette *n.* סִיגָרִייָה
cigarette lighter *n.* מַצִּית
cinch *n.* דָּבָר בָּטוּחַ; חֲבָק, רְצוּעַת אוּכָּף
cinch *v.* תָּפַס בְּבִטְחָה

cinder *n.* אוּד, גַּחֶלֶת, אֵפֶר
cinder bank *n.* תְּלוּלִית אֵפֶר
cinder track *n.* מַסְלוּל אֵפֶר (לְמֵרוֹץ)
Cinderella *n.* סִינְדֶּרֶלָּה, לִכְלוּכִית (סמל לאדם שזכה להכרה ולכבוד לאחר שנים של זלזול)
cinema *n.* קוֹלְנוֹעַ, רְאִינוֹעַ
cinematograph *n.* מְטוֹל קוֹלְנוֹעַ
cinnabar *n., adj.* צִינַּבָּר (מינרל)
cinnamon *n., adj.* קִינָּמוֹן
cipher *n.* אֶפֶס; סִפְרָה; צוֹפֶן
cipher *v.* הִשְׁתַּמֵּשׁ בִּסְפָרוֹת; חִשְׁבֵּן; כָּתַב בְּצוֹפֶן, צִיפֵּן
cipher key *n.* מַפְתֵּחַ צוֹפֶן
circa בְּעֵרֶךְ (לגבי תאריכים)
circle *n.* עִיגּוּל; מַעְגָּל; חוּג
circle *v.* הִקִּיף; סָבַב
circuit *n.* סִיבּוּב; סִיּוּר בְּסִיבּוּב; (בחשמל) מַעְגָּל
circuit breaker *n.* (בחשמל) מֶתֶג
circuitous *adj.* עוֹקֵף, עָקִיף, הוֹלֵךְ סְחוֹר סְחוֹר
circular *adj.* עִיגּוּלִי, מְעוּגָּל
circular *n.* מִכְתָּב חוֹזֵר, חוֹזֵר
circularize *v.* שָׁלַח חוֹזֵר
circulate *v.* חִילֵּק, הֵפִיץ; נָע בְּמַחֲזוֹר
circumcise *v.* מָל
circumciser *n.* מוֹהֵל
circumcision *n.* מִילָה, בְּרִית מִילָה
circumference *n.* הֶיקֵּף; קַו מַקִּיף
circumflex *n., adj.* סְגוֹלְתָּא, תָּג
circumflex *v.* שָׂם סְגוֹלְתָּא; תִּייֵּג
circumlocution *n.* מֶלֶל רַב, דִּיבּוּר בַּעֲקִיפִין
circumnavigate *v.* הִפְלִיג אוֹ טָס סָבִיב

circumnavigation *n.* הַפְלָגָה אוֹ טִיסָה סָבִיב
circumscribe *v.* הִקִּיף בְּעִיגּוּל; הִגְבִּיל
circumspect *adj.* זָהִיר, פְּקוּחַ עַיִן
circumstance *n.* תְּנַאי; מַצָּב עִנְיָינִים, מִקְרֶה; (בריבוי) נְסִיבּוֹת
circumstantial *adj.* נְסִיבָּתִי
circumstantiate *v.* בִּיסֵּס עַל יְסוֹד נְסִיבּוֹת וּרְאָיוֹת מְפוֹרָטוֹת
circumvent *v.* עָקַף בְּעוֹרְמָה
circus *n.* קִירְקָס; כִּיכָּר
cistern *n.* בּוֹר, מִקְוֵה מַיִם, מְכָל
citadel *n.* מְצוּדָה, מִבְצָר
citation *n.* צִיטוּט; מוּבָאָה; צִיּוּן לְשֶׁבַח
cite *v.* צִיטֵּט; צִיֵּין לְשֶׁבַח
citizen *n.* אֶזְרָח, מְאוּזְרָח
citizenry *n.* צִיבּוּר הָאֶזְרָחִים
citizenship *n.* אֶזְרָחוּת, נְתִינוּת
citron *n.* (עץ) אֶתְרוֹג
citrus *n.* פְּרִי הָדָר
city *n.* עִיר, כְּרַךְ
city council *n.* מוֹעֶצֶת הָעִיר
city editor *n.* עוֹרֵךְ חֲדָשׁוֹת מְקוֹמִיּוֹת
city father *n.* אַב־עִיר (אזרח כבוד)
city hall *n.* בֵּית הָעִירִיָּיה
city room *n.* חֲדַר חֲדָשׁוֹת (בעיתון)
city-state *n.* מְדִינָה־עִיר (כגון אתונה, ספרטה, קרתגו)
civic *adj.* עִירוֹנִי; אֶזְרָחִי
civics *n. pl.* אֶזְרָחוּת
civil *adj.* אֶזְרָחִי; מְנוּמָּס
civil engineering הַנְדָּסָה אֶזְרָחִית
civil law מִשְׁפָּט אֶזְרָחִי
civil life חַיִּים אֶזְרָחִיִּים
civil marriage נִישּׂוּאִים אֶזְרָחִיִּים
civil rights זְכוּיּוֹת הָאֶזְרָח
civil servant *n.* עוֹבֵד מְדִינָה
civil war מִלְחֶמֶת אֶזְרָחִים
civilian *n., adj.* אֶזְרָח, אֶזְרָחִי
civility *n.* נִימּוּס, אֲדִיבוּת
civilization *n.* תַּרְבּוּת, צִיווּילִיזַצְיָה
civilize *v.* תִּרְבֵּת, הֶעֱלָה אֶת רָמַת הַתַּרְבּוּת
civvies *n. pl.* לְבוּשׁ אֶזְרָחִי
clad *adj.* לָבוּשׁ; מְצוּפֶּה
claim *v.* תָּבַע; טָעַן
claim *n.* תְּבִיעָה; שֶׁטַח אוֹ סְכוּם נִתְבָּע
claim check *n.* תְּעוּדַת שִׁחְרוּר (של פיקדון וכד')
claimant *n.* תּוֹבֵעַ
clairvoyance *n.* רְאִיָּיה מֵעֵבֶר לַחוּשִׁים (תכונה שמייחסים למדיוּמים ספיריטואליסטים)
clairvoyant *n.* בַּעַל רְאִיָּיה (כּנ"ל)
clam *v.* אָסַף צְדָפוֹת
clam *n.* צִדְפָּה; שַׁתְקָן; מַלְחֶצֶת
clamor *n.* צְעָקָה; הֲמוּלָה
clamor *v.* צָעַק; תָּבַע בְּקוֹל
clamorous *adj.* רַעֲשָׁנִי, תּוֹבְעָנִי
clamp *n.* מַלְחֶצֶת; מֶלְחָצַיִים
clamp *v.* הִידֵּק בְּמַלְחֶצֶת
clan *n.* חֲמוּלָה, שֵׁבֶט, כַּת
clandestine *adj.* סוֹדִי, חֲשָׁאִי
clang *n., v.* הַקָּשָׁה, צִלְצוּל; הִקִּישׁ
clank *n.* רַעַשׁ שַׁרְשְׁרוֹת
clank *v.* הִשְׁמִיעַ רַעַשׁ שַׁרְשְׁרוֹת
clannish *adj.* שִׁבְטִי, מִשְׁפַּחְתִּי, נֶאֱמָן לְשִׁבְטוֹ
clap *v.* טָפַח; מָחָא כַּפַּיִים
clap *n.* טְפִיחָה; מְחִיאַת כַּפַּיִים

clapper *n.* עִנְבָּל, מוט צִלְצוּל; רַעֲשָׁן (לציפורים)
claptrap *n.* מְלִיצוֹת רֵיקוֹת
claque *n.* מוֹחֲאֵי כַּפַּיִם שְׂכוּרִים
claret *n., adj.* קְלָרֶט, (יין) אָדוֹם
clarify *v.* הִבְהִיר; הִתְבָּרֵר
clarinet *n.* קְלַרְנִית (כלי נשיפה)
clarion *n., adj.* קְלַרְיוֹן; (קול) בָּרוּר וְגָבוֹהַּ
clarity *n.* בְּהִירוּת
clash *v.* הִתְנַגֵּשׁ בְּרַעַשׁ
clash *n.* הִתְנַגְּשׁוּת
clasp *v.* הִידֵּק בְּאַבְזֵם; חִיבֵּק
clasp *n.* הֶדֶק; אַבְזֵם; לְחִיצָה
class *n.* מַעֲמָד; סוּג; כִּיתָּה; שִׁיעוּר, דַּרְגָּה
class *v.* סִיוּוֵג
class consciousness *n.* תּוֹדָעָה מַעֲמָדִית
class struggle *n.* מִלְחֶמֶת מַעֲמָדוֹת
classer, classeur *n.* עוֹקְדָן
classic *n.* יְצִירָה קְלַסִּית; סוֹפֵר קְלַסִּי
classic, classical *adj.* קְלַסִּי; מוֹפְתִי
classical scholar *n.* מְלוּמָּד, קְלַסִיקוֹן
classicist *n.* קְלַסִיקוֹן
classified *adj.* מְסוּוָּג
classify *v.* סִיוּוֵג
classmate *n.* בֶּן־כִּיתָּה
classroom *n.* כִּיתָּה
classy *adj.* מִמַּדְרֵגָה גבוהה, מְעוּלֶּה
clatter *n.* רַעַשׁ
clatter *v.* הִשְׁמִיעַ רַעַשׁ
clause *n.* פְּסוּקִית, מִשְׁפָּט טָפֵל; סְעִיף
claustrophobia *n.* פַּחַד־סָגוּר (פחד חולני ממקומות סגורים או מוגבלים בהיקפם), קְלוֹסְטְרוֹפוֹבְּיָה

clavichord *n.* מֵיתַרְיוֹן (כלי נגינה עתיק)
clavier *n.* מִקְלֶדֶת; קְלָוִיר, פַּרְטִיטוּרָה, תָּווֵי יְצִירָה
claw *n.* טוֹפֶר (ציפורן בעל חיים)
claw *v.* תָּפַס בְּצִיפּוֹרְנָיו
clay *n., adj.* חוֹמֶר, אֲדָמָה, בּוֹץ; שֶׁל חוֹמֶר
clean *adj.* נָקִי, טָהוֹר
clean *adv.* בְּצוּרָה נְקִיָּה
clean *v.* נִיקָּה; הִתְנַקָּה
cleaner *n.* מְנַקֶּה (אדם או מכשיר)
cleaning *n.* נִיקּוּי, טִיהוּר
cleaning fluid *n.* נוֹזֵל נִיקּוּי
cleaning woman *n.* מְנַקָּה
cleanliness *n.* נִיקָּיוֹן, נְקִיּוּת
cleanly *adj. adv.* נְקִי גוּף; בְּצוּרָה נְקִיָּה
cleanse *v.* נִיקָּה, טִיהֵר
clean-shaven *adj.* מְגוּלָּח לְמִשְׁעִי
clean-up *n.* נִיקּוּי, טִיהוּר; רֶוַח הָגוּן
clear *adj.* בָּהִיר; בָּרוּר, צָלוּל; חַף מִפֶּשַׁע
clear *adv.* לְגַמְרֵי
clear *v.* הִבְהִיר; טִיהֵר; זִיכָּה; פָּדָה; הִתְבַּהֵר
clearance *n.* רֶוַח בֵּינַיִים; סִילּוּק חֶשְׁבּוֹן
clearance sale *n.* מְכִירַת חִיסּוּל
clearing *n.* הַבְהָרָה; נִיקּוּי; חֶלְקָה מְנוּקָּה; קִיזּוּז, סִילּוּק חֶשְׁבּוֹנוֹת
clearing house *n.* לִשְׁכַּת סִילּוּקִים (בבאנק, להחלפת שֵׁקים ולאיזון)
clearly *adv.* בִּבְהִירוּת, בָּרוּר
clear-sighted *adj.* בְּהִיר רְאִיָּה; מַבְחִין
cleat *n.* יָתֵד, מַאֲחָז, חֲבֶק

cleat *v.* חִיזֵּק בְּיָתֵד
cleavage *n.* בִּיקּוּעַ, פִּילּוּג; הִתְבַּקְּעוּת
cleave *v.* פִּיצֵּל, בִּיקַּע; דָּבַק
cleaver *n.* מַקְצֵץ, קוֹפִיץ, חַלָּף, סַכִּין קַצָּבִים
clef *n.* מַפְתֵּחַ (במוסיקה)
cleft *n.* סֶדֶק, שֶׁסַע
cleft palate *n.* חֵךְ שָׁסוּעַ
clemency *n.* רַחֲמִים; נוֹחוּת (של מזג אוויר)
clement *adj.* רַחְמָנִי, נוֹחַ, נָעִים
clench *v., n.* סָגַר בְּכוֹחַ, אָחַז בְּחוֹזְקָה; אֲחִיזָה חֲזָקָה
clergy *n.* כְּמוּרָה
clergyman *n.* כּוֹמֶר, כּוֹהֵן דָּת
cleric *n., adj.* כּוֹמֶר; שֶׁל הַכְּמוּרָה
clerical *adj.* לַבְלָרִי; שֶׁל הַכְּמוּרָה, אוֹפְיָינִי לְדָתִיּוּת קִיצוֹנִית
clerical error *n.* שְׁגִיאַת כַּתְבָנִית, שְׁגִיאַת לַבְלָר
clerical work *n.* עֲבוֹדָה מִשְׂרָדִית
clerk *n.* פָּקִיד, לַבְלָר
clerk *v.* שִׁימֵּשׁ לַבְלָר
clever *adj.* פִּיקֵּחַ, שָׁנוּן, מְחוּכָּם
cleverness *n.* פִּיקְחוּת, שְׁנִינוּת
clew *n. see* **clue**
cliché *n.* בִּיטּוּי נָדוֹשׁ; גְּלוּפָה, קְלִישָׁה
click *v.* הִקִּישׁ; הִסְתַּדֵּר יָפֶה; הִתְאַהֵב
click *n.* נֶקֶשׁ, תִּקְתּוּק, קְלִיק
client *n.* לָקוֹחַ; מַרְשֶׁה (של עו"ד)
clientele *n.* צִיבּוּר הַלָּקוֹחוֹת
cliff *n.* צוּק, מָצוֹק
climate *n.* אַקְלִים, אֲוִוירָה
climax *n.* שִׂיא; מַשְׁבֵּר (בדרמה)
climax *v.* הֵבִיא לְשִׂיא; הִגִּיעַ לְשִׂיא
climb *n.* טִיפּוּס, עֲלִיָּיה, נְסִיקָה
climb *v.* טִיפֵּס, עָלָה, נָסַק
climber *n.* מְטַפֵּס, מְטַפְּסַיִים (של קוונים)
clinch *n.* קְבִיעַת מַסְמֵר; תְּפִיסָה חֲזָקָה
clinch *v.* קָבַע מַסְמֵר; קָבַע בְּהֶחְלֵטִיּוּת
cling *v.* דָּבַק, נֶאֱחַז בְּחוֹזְקָה
clinic *n.* מִרְפָּאָה
clinical *adj.* שֶׁל מִרְפָּאָה; קְלִינִי, שֶׁל חֲדַר חוֹלִים
clinician *n.* קְלִינִיקָן (מומחה בשיטות קליניות)
clink *v.* הִקִּישׁ, צִלְצֵל
clink *n.* קוֹל נְקִישָׁה; בֵּית־סוֹהַר
clinker *n.* גּוּשׁ אֵפֶר פֶּחָם; לְבֵנָה, גּוּשׁ לְבֵנִים
clip *n.* גְּזִיזָה, גְּזִירָה; צֶמֶר גָּזוּז; מִגְזָזַיִים; אֶטֶב; מַאֲחֵז (בעניבה); מַכְבֵּנָה (בשער אישה)
clip *v.* גָּזַז, חָתַךְ; קִיצֵּץ, קִיצֵּר
clipper *n.* גּוֹזֵז; מִגְזָזַיִים, קוֹטֵם; כְּלִי־רֶכֶב מָהִיר
clipping *n.* גְּזִיר, קֶטַע עִיתּוֹנוּת; קְטִימָה
clique *n.* כַּת מִתְבַּדֶּלֶת, קְלִיקָה
clique *v.* יִיסֵּד כַּת מִתְבַּדֶּלֶת
cliquish *adj.* כִּיתָּתִי, בַּדְלָנִי
cloak *n.* גְּלִימָה; מַסְוֶה
cloak *v.* כִּיסָּה בִּגְלִימָה; הִסְוָה
cloak-and-dagger *adj.* שֶׁל תְּכָכִים וְרִיגּוּל
cloak-room *n.* מֶלְתָּחָה, חֲדַר בְּגָדִים
clock *n.* שָׁעוֹן (קיר, שולחן)
clock *v.* קָבַע זְמַן לְפִי שָׁעוֹן
clockmaker *n.* עוֹשֵׂה שְׁעוֹנִים; שֶׁעָן
clockwise *adv.* בְּכִיווּן הַשָּׁעוֹן
clod *n.* רֶגֶב; גּוֹלֶם, טִיפֵּשׁ
clodhopper *n.* גַּס, מְגוּשָּׁם, בּוּר
clog *n.* קַבְקָב, נַעַל עֵץ, מִכְשׁוֹל

clog *v.* עָצַר, עִיכֵּב; נֶעֱצַר
cloister *n.* מִנְזָר
cloister *v.* הוֹשִׁיב בְּמִנְזָר
cloistral *adj.* מִנְזָרִי; חַי בְּמִנְזָר
close *v.* סָגַר; סִיֵּים; נִסְגַּר, הִסְתַּיֵּים, הִתְקָרֵב ל
close *n.* סְגִירָה; סִיּוּם; מָקוֹם סָגוּר; חָצֵר
close *adj.* קָרוֹב; סָגוּר, מֵעִיק
close *adv.* קָרוֹב, בְּסָמוּךְ
close-fisted *adj.* קַמְצָן
close-fitting *adj.* הָדוּק, מְהוּדָּק
close-lipped *adj.* שַׁתְקָנִי
close-up *n.* תַּצְלוּם מִקָּרוֹב, תַּקְרִיב
closely *adv.* בִּצְפִיפוּת, מִקָּרוֹב; בִּתְשׂוּמֶת-לֵב
closet *n.* אֲרוֹן בְּגָדִים; חֶדֶר מְיוּחָד קָטָן
closet *v.* הִסְתַּגֵּר לְשׂוֹחֵחַ בְּאַרְבַּע עֵינַיִים
closing *n.* סְגִירָה, נְעִילָה
closing prices *n. pl.* מְחִירֵי נְעִילָה (בַּבּוּרסה וכד')
closure *n.* סְגִירָה, סִיּוּם, נְעִילָה (של ויכוח וכד')
clot *n.* גּוּשׁ; קְרִישׁ דָּם; שׁוֹטֶה, טִיפֵּשׁ
clot *v.* עָשָׂה לְגוּשׁ; נִקְרַשׁ; הִקְרִישׁ
cloth *n.* אָרִיג; בַּד, מַפַּת שׁוּלְחָן; מַטְלִית
clothe *v.* הִלְבִּישׁ, כִּיסָּה
clothes *n. pl.* בְּגָדִים, תִּלְבּוֹשֶׁת
clothes hanger *n.* קוֹלָב
clothes-peg, pin *n.* הֶדֶק-כְּבִיסָה, אֶטֶב
clothier *n.* מוֹכֵר אֲרִיגִים, מוֹכֵר בְּגָדִים
clothing *n.* הַלְבָּשָׁה
cloud *n.* עָנָן, עֲנָנָה
cloud *v.* כִּיסָּה בְּעָנָן, הֵעִיב
cloud-capped *adj.* (הר) שֶׁרֹאשׁוֹ בַּעֲנָנִים
cloudburst *n.* שֶׁבֶר עָנָן
cloudless *adj.* בָּהִיר, לְלֹא עָנָן
cloudy *adj.* מְעוּנָּן; עָכוּר, מְעוּרְפָּל
clout *n.* מַכַּת אֶגְרוֹף, מַכָּה חֲזָקָה (בבייסבול); הַשְׁפָּעָה; אֲרִיג סְלַאי
clove *n.* צִיפּוֹרֶן (צמח תבלין)
clover *n.* תִּלְתָּן
clover leaf *n.* צוֹמֶת מֶחְלָף (כשהכבישים מצטלבים בשני מפלסים)
clown *n.* מוּקְיוֹן; לֵיצָן
clown *v.* הִתְנַהֵג כְּמוּקְיוֹן
clownish *adj.* מוּקְיוֹנִי
cloy *v.* הֶאֱכִיל עַד לְזָרָא; הִתְפַּטֵּם
club *n.* אַלָּה; מוֹעֲדוֹן
club *v.* הִכָּה בְּאַלָּה; הִתְאַגֵּד בְּמוֹעֲדוֹן
clubhouse *n.* מוֹעֲדוֹן
clubman *n.* חֲבֵר מוֹעֲדוֹן
cluck *v.* קִרְקֵר
cluck *n.* קִרְקוּר
clue *n.* מַפְתֵּחַ לְפִתְרוֹן
clump *n.* גּוּשׁ (עצים); קוֹל צְעָדִים כְּבֵדִים
clump *v.* פָּסַע בִּכְבֵדוּת
clumsy *adj.* מְגוּשָּׁם, מְסוּרְבָּל
cluster *n.* אֶשְׁכּוֹל; מִקְבָּץ, צְרוֹר
cluster *v.* קִיבֵּץ; הִתְקַבֵּץ, הִתְקַהֵל
clutch *v.* אָחַז בַּחוֹזְקָה
clutch *n.* (ברכב) מַצְמֵד; אֲחִיזָה, צְרוֹר בֵּיצִים (בהטלה אחת), צְרוֹר אֶפְרוֹחִים (בדגירה אחת)
clutter *v.* עָרַם בְּעִרְבּוּבְיָה
clutter *n.* אִי סֵדֶר, עִרְבּוּבְיָה
c/o - care of אֵצֶל
coach *n.* מְאַמֵּן, מוֹרֶה פְּרָטִי; אוֹטוֹבּוּס טִיּוּלִים; קְרוֹן נוֹסְעִים
coach *v.* הִדְרִיךְ, אִימֵּן, הֵכִין

coagulate *v.* הִקְפִּיא, הִקְרִישׁ; קָרַשׁ; קָפָא

coal *n.* פֶּחָם

coal *v.* סִיפֵּק פֶּחָמִים

coal mine *n.* מִכְרֵה פֶּחָם

coal oil *n.* נֵפְט

coal scuttle *n.* כְּלִי־קִיבּוּל לְפֶחָם

coal tar *n.* עִטְרָן פֶּחָם

coal yard *n.* תַּחֲנַת פֶּחָם

coalesce *v.* הִתְמַזֵּג, הִתְאַחֵד

coalition *n.* קוֹאָלִיצְיָה, שׁוּתָּפוּת; הִתְמַזְּגוּת

coarse *adj.* גַּס, מְחוּסְפָּס

coast *n.* חוֹף הַיָּם

coast *v.* שִׁיֵּט לְאוֹרֶךְ הַחוֹף; נָסַע בִּירִידָה לְלֹא הַתְנָעָה

coast guard *n.* מִשְׁמַר הַחוֹף

coast guard cutter *n.* סְפִינַת מִשְׁמַר הַחוֹף

coastal *adj.* חוֹפִי, סָמוּךְ לַחוֹף

coaster *n.* סְפִינַת חוֹף

coastline *n.* קַו הַחוֹף

coat *n.* מְעִיל; מַעֲטֶה, צִיפּוּי

coat *v.* כִּיסָּה בִּמְעִיל; צִיפָּה, עָטַף

coat of arms *n.* שֶׁלֶט גִּיבּוֹרִים; סֵמֶל (על דגל)

coat-tail *n.* אֲחוֹרֵי הַמִּקְטוֹרֶן

coated *adj.* (נייר) מַבְהִיק; מְצוּפֶּה

coating *n.* שִׁכְבַת צִיפּוּי

coax *v.* פִּיתָּה, שִׁידֵּל

cob *n.* אֶשְׁבּוֹל תִּירָס; סוּס (קצר רגליים); בַּרְבּוּר (זכר)

cobalt *n.* קוֹבַּלְט (יסוד מתכתי המשמש בסגסוגות מגנטיות)

cobbler *n.* סַנְדְּלָר

cobblestone *n.* חַלּוּק־אֶבֶן

cobra *n.* פֶּתֶן (נחש ארסי הודי), קוֹבְּרָה

cobweb *n.* קוּרֵי־עַכָּבִישׁ, קוּרִים

cocaine *n.* קוֹקָאִין (יסוד בסיסי נרקוטי המשמש ברפואה להרדמה)

cock *n.* תַּרְנְגוֹל; בֶּרֶז; נוֹקֵר (ברובה); אֵיבַר הַזָּכָר, זַיִן

cock of the walk *n.* תַּרְנְגוֹל מִתְרַבְרֵב בִּשְׁתַּלְּטָנוּתוֹ

cock *v.* דָּרַךְ (כלי ירייה); זָקַף; הִזְדַּקֵּף

cock-a-doodle-doo *n.* קוּקוּרִיקוּ (קריאת התרנגול)

cock-and-bull story *n.* סִיפּוּר הֲבַאי

cockade *n.* שׁוֹשֶׁנֶת (שעונדים בכובע כסמל)

cocked hat *n.* מִגְבַּעַת מוּפְשֶׁלֶת אוֹגֶן, כּוֹבַע שָׁלוֹשׁ פִּינּוֹת

cocker spaniel *n.* סְפַּנְיֵיל (כלב ציד קטן שאוזניו מושפלות)

cockeyed *n.* פּוֹזֵל; מְעוּקָּם, מְבוּלְבָּל

cockney *n.* קוֹקְנִי (להג של מזרח לונדון)

cockpit *n.* תָּא הַטַּיָּס; מָקוֹם לִקְרַב תַּרְנְגוֹלִים

cockroach *n.* תִּיקָן, מַקָּק

cockscomb *n.* כַּרְבּוֹלֶת תַּרְנְגוֹל

cocksure *adj.* בָּטוּחַ בְּעַצְמוֹ (כתרנגול)

cocktail *n.* קוֹקְטֵייל, מִמְסָךְ (משקה חריף מעורב)

cocktail party *n.* מְסִיבַּת קוֹקְטֵייל

cocktail shaker *n.* מְמַזֵּג קוֹקְטֵיל

cocky *adj.* חָצוּף, יָהִיר

cocoa *n., adj.* קָקָאוֹ

cocoa butter *n.* חֶמְאַת קָקָאוֹ

coconut, cocoanut *n.* אֱגוֹז הוֹדוּ, אֱגוֹז קוֹקוֹס

coconut palm *n.* דֶקֶל הַקוֹקוֹס
cocoon *n.* קוֹקֶלֶת, פְּקַעַת, מַעֲרְבוֹלֶת
cod *n.* בַּקָלָה (דג ים למאכל)
coda *n.* (בּמוסיקה), יֶסֶף, קוֹדָה (קטע בּסוף פרק המוסיף עניין)
coddle *v.* פִּינֵק
code *n.* צוֹפֶן; סֵפֶר חוּקִים, קוֹד, מִיקוּד
code *v.* רָשַם בְּצוֹפֶן, קוֹדֵד, מִיקֵד
code number *n.* מִיקוּד
code word *n.* מִלַּת צוֹפֶן
codeine *n.* קוֹדֶאִין (בּסיס לבן גבישי מופק מאופיום ומשמש בּרפואה)
codex *n. (pl.* **codices)** כְּתַב־יָד עַתִּיק
codger *n.* כִּילַי; זָקֵן תִּימְהוֹנִי
codicil *n.* הַשְלָמָה לְצַוָּואָה
codify *v.* עָרַךְ חוּקִים בְּסֵפֶר
co-ed *n.* סְטוּדֶנְטִית, תַּלְמִידָה (בּבי"ס מעורב)
coeducation *n.* חִינּוּךְ מְעוֹרָב
coefficient *n., adj.* מְקַדֵּם, מְסַייֵעַ
coequal *adj.* שָוֶה (בּערכּו, בּיכולתו) לְאַחֵר
coerce *v.* כָּפָה
coercion *n.* כְּפִייָה
coeval *adj.* שֶל אוֹתָהּ תְּקוּפָה
coexist *v.* הִתְקַיֵּים יַחַד
coexistence *n.* דוּ־קִיּוּם
coffee *n.* קָפֶה
coffee beans *n. pl.* גַּרְגְּרֵי קָפֶה
coffe grinder *n.* מַטְחֵנַת קָפֶה
coffee mill *n.* מַטְחֵנַת קָפֶה
coffee plantation *n.* מַטַּע קָפֶה
coffeepot *n.* קוּמְקוּם קָפֶה
coffer *n.* תֵּיבָה (לתכשיטים)
coffers *n. pl.* אוֹצָר, קֶרֶן
coffin *n.* אֲרוֹן מֵתִים, סְפִינָה רְעוּעָה

cog *n.* שֵן בְּגַלְגַל
cogency *n.* כּוֹחַ שִכְנוּעַ
cogent *adj.* מְשַכְנֵעַ
cogitate *v.* חָשַב, הִרְהֵר בְּדָבָר
cognac *n.* יֵי"ש, קוֹנְיָאק
cognate *adj., n.* קָרוֹב, מֵאוֹתוֹ מוֹצָא
cognition *n.* הַכָּרָה, תְּפִיסָה, מוּשָׂג
cognitive *adj.* הַכָּרָתִי, שֶל תְּפִיסָה
cognizance *n.* יְדִיעָה
cognizant *adj.* יוֹדֵעַ; נוֹתֵן אֶת דַעְתּוֹ
cogwheel *n.* גַּלְגַל מְשוּנָּן
cohabit *v.* חָיוּ יַחַד (כּמו איש ואישה)
cohabitation *n.* מְגוּרֵי יַחַד
coheir *n.* שוּתָּף לִירוּשָה
cohere *v.* הִתְדַבֵּק, הִתְלַכֵּד
coherence *n.* לְכִידוּת
coherent *adj.* הֶגְיוֹנִי, עָקִיב
cohesion *n.* לִיכּוּד, הִתְלַכְּדוּת, קִישוּרִיּוּת
coiffeur *n.* סַפָּר
coiffure *n.* תִּסְרוֹקֶת
coil *n.* פְּקַעַת, סְלִיל; נַחְשוֹן, פִּיתּוּל; תַּלְתַּל שֵׂעָר
coil *v.* כָּרַךְ; נָע בְּצוּרָה חֶלְזוֹנִית
coil spring *n.* קְפִיץ בּוֹרְגִי
coin *n.* מַטְבֵּעַ
coin *v.* טָבַע (מטבּעות); חִידֵּש מִלִּים
coincide *v.* נִזְדַמֵּן יַחַד; הִתְאִים בְּדִיּוּק
coincidence *n.* צֵירוּף מִקְרִים, זֶהוּת אֵירוּעִים
coition *n.* הִזְדַוּוְגוּת, מִשְגָּל
coitus *n.* הִזְדַוּוְגוּת, מִשְגָּל
coke *n.* קוֹקְס (חומר הפקה), שְאֵרִיּוֹת פַּחַם אֶבֶן; קוֹקָה קוֹלָה; (בּעגה) קוֹקָאִין
coke *v.* הָפַךְ לְקוֹקְס
col *n.* אוּכָּף (בּרכס הרים)

colander *n.* מְשַׁמֶּרֶת (קערה מנוקבת)
cold *adj.* קַר, צוֹנֵן
cold *n.* קוֹר, הִצְטַנְּנוּת, נַזֶּלֶת
cold-blooded *adj.* אַכְזָרִי, בְּדָם קַר
cold comfort *n.* נֶחָמָה פּוּרְתָּא
cold cuts *n. pl.* בָּשָׂר קַר
cold feet *n.pl.* (בעגה) פַּחַד (לגמור פעולה), מוֹרֶךְ לֵב
cold-hearted *adj.* חֲסַר לֵב, אָדִישׁ, חֲסַר רֶגֶשׁ
cold shoulder *n.* אֲדִישׁוּת גְּלוּיָה
cold shoulder *v.* הִתְיַחֵס בִּקְרִירוּת
cold snap *n.* קוֹר פִּתְאוֹמִי
cold storage *n.* אִחְסוּן בְּקֵירוּר
cold war *n.* מִלְחָמָה קָרָה
coldness *n.* קוֹר, קְרִירוּת
coleslaw *n.* סָלָט כְּרוּב קָצוּץ
colic *n.* כְּאֵב בֶּטֶן, עֲוִית מֵעַיִים
coliseum, colosseum *n.* קוֹלוֹזֵיאוּם, אַמְפִיתֵיאַטְרוֹן, אִיצְטַדְיוֹן
collaborate *v.* שִׁיתֵּף פְּעוּלָּה
collaborationist *n.* מְשַׁתֵּף פְּעוּלָּה (עם אויב)
collaborator *n.* מְשַׁתֵּף פְּעוּלָּה
collage *n.* קוֹלָז' (טכניקה של ציור על ידי הדבקת חומרים שונים, כגון גזירי עיתונות, תצלומים וכדומה)
collapse *n.* הִתְמוֹטְטוּת
collapse *v.* הִתְקַפֵּל, הִתְמוֹטֵט
collapsible *adj.*, מִתְקַפֵּל (כיסא, שולחן), נִיתָּן לְמוֹטְטוֹ
collar *n.* צַוָּארוֹן, עֲנָק
collar *v.* שָׂם צַוָּארוֹן; תָּפַס בְּצַוָּאר
collarbone *n.* עֶצֶם הַבְּרִיחַ
collate *v.* לִיקֵּט וְעָרַךְ; הִשְׁוָה (טקסטים)
collateral *adj., n.* צְדָדִי; מַקְבִּיל; מְסַיֵּעַ; עֲרֵבוּת
collation *n.* עֲרִיכַת כִּתְבֵי יָד (בהשוואתם); אֲרוּחָה קַלָּה
colleague *n.* עָמִית, חָבֵר בַּעֲבוֹדָה
collect *v.* אָסַף, קִיבֵּץ; גָּבָה; הִתְאַסֵּף
collect *adv.* בְּתַשְׁלוּם הַנִּמְעָן, בְּגוּבַיְינָא
collection *n.* אִיסּוּף; אוֹסֶף
collective *adj., n.* קוֹלֶקְטִיוִוי, קִיבּוּצִי, מְשׁוּתָּף; גּוּף קִיבּוּצִי, מִפְעָל שִׁיתּוּפִי
collector *n.* גּוֹבֶה; אַסְפָן, מְאַסֵּף (מַכשיר)
college *n.* מִכְלָלָה
collide *v.* הִתְנַגֵּשׁ
collie, colly *n.* כֶּלֶב רוֹעֶה
collision *n.* הִתְנַגְּשׁוּת רֶכֶב
collocation *n.* (בבלשנות) צֵירוּף כָּבוּל
colloid *adj., n.* דַּבְקָנִי, קוֹלוֹאִיד (חומר שבהתערבבו במים נעשה דבקי וסמיך)
colloquial *adj.* דִּיבּוּרִי, שֶׁל שִׂיחַת הַבְּרִיּוֹת
colloquialism *n.* בִּיטּוּי (מלשון הדיבור)
colloquium *n.* רַב שִׂיחַ מַדָּעִי
colloquy *n.* שִׂיחָה
collude *v.* הִתְקַשֵּׁר לִדְבַר עֲבֵירָה
collusion *n.* קְנוּנְיָה לְהוֹנָאָה
colon *n.* הַמְּעִי הַגַּס; נְקוּדָתַיִים
colonel *n.* קוֹלוֹנֶל, אַלּוּף מִשְׁנֶה
colonelcy, colonelship *n.* אַלּוּפוּת מִשְׁנֶה
colonial *adj., n.* קוֹלוֹנְיָאלִי; תּוֹשַׁב מוֹשָׁבָה
colonize *v.* הֵקִים מוֹשָׁבָה; יִישֵּׁב
colonnade *n.* שְׂדֵרַת עַמּוּדִים

colony *n.* מוֹשָׁבָה, קוֹלוֹנְיָה

colophon *n.* קוֹלוֹפוֹן (1. כְּתוֹבֶת שהייתה נהוגה בספרים עתיקים בסוף ספר, המציינת פרטים על הספר והוצאתו; 2. סמל מו״ל המוטבע בשער ספר)

color *n.* צֶבַע; סוֹמֶק פָּנִים

color *v.* נָתַן צֶבַע, גִּיוּוֵן; הִסְמִיק

color bar *n.* הַפְלָיָה מִטַּעֲמֵי צֶבַע עוֹר

color bearer *n.* נוֹשֵׂא דֶּגֶל

color blind *adj.* עִיוֵּר לִצְבָעִים

color television *n.* טֶלֶוִויזְיָה צִבְעוֹנִית

coloratura *n.* קֶטַע זִמְרָה מְסוּלְסָל

colored *adj.* צָבוּעַ; צִבְעוֹנִי, לֹא לָבָן, כּוּשִׁי; מְסוּלָּף

colorful *adj.* סַסְגוֹנִי, צִיּוּרִי, חַי

coloring *n.* צְבִיעָה; חוֹמֶר צֶבַע

colorless *adj.* חֲסַר צֶבַע

colossal *adj.* עֲנָקִי

colossus *n.* אַנְדַּרְטָה עֲנָקִית

colt *n.* סְיָח; אֶקְדָּח

column *n.* טוּר, עַמּוּד, עַמּוּדָה

coma *n.* תַּרְדֶּמֶת, קוֹמָה

comb *v.* סֵרַק

comb *n.* מַסְרֵק; כַּרְבּוֹלֶת

combat *v.* נִלְחַם בּ, נֶאֱבַק

combat *n., adj.* קְרָב; קְרָבִי

combatant *n.* לוֹחֵם בְּנֶשֶׁק

combination *n.* צֵירוּף, הִתְחַבְּרוּת, הִתְרַכְּבוּת, הַרְכָּבָה

combine *v.* צֵירֵף, הִרְכִּיב, אִיחֵד; הִתְחַבֵּר, הִתְרַכֵּב

combine *n.* צֵירוּף; אִיגּוּד; (קוֹמבַּיין) קַצְרְדָשׁ (בחקלאות)

combined *adj.* בְּהִתְרַכּוֹבֶת

combustible *adj., n.* דָּלִיק, בָּעִיר; חוֹמֶר דָּלִיק

combustion *n.* דְּלִיקָה, בְּעִירָה

come *v.* בָּא, הִגִּיעַ; אֵירַע, הִתְקַיֵּם

come between *v.* הִפְרִיד בֵּין, חָצַץ

come true *v.* הִתְקַיֵּם, הִתְאַמֵּת

comeback *n.* חֲזָרָה לְמַעֲמָד קוֹדֵם, תְּשׁוּבָה נִיצַּחַת

comedian *n.* שַׂחְקָן בְּקוֹמֶדְיָה, קוֹמִיקָן

comedienne *n.* שַׂחְקָנִית בְּקוֹמֶדְיָה, קוֹמִיקָנִית

comedown *n.* נְפִילָה מֵאִיגְּרָא רָמָה

comedy *n.* מַחֲזֶה הִיתּוּלִי, מַהֲתַלָּה, קוֹמֶדְיָה

comely *adj.* נָעִים, חִינָּנִי

comet *n.* כּוֹכַב־שָׁבִיט

comfort *v.* נִיחֵם

comfort *n.* נֶחָמָה

comfort station *n.* בֵּית כִּסֵּא צִיבּוּרִי, שֵׁירוּתִים

comfortable *adj.* נוֹחַ, לֹא סוֹבֵל כְּאֵבִים

comic, comical *adj.* מְבַדֵּחַ, קוֹמִי

comic *n.* בַּדְּחָן, מַצְחִיקָן

comic strip *n.* סִיפּוּר בְּצִיּוּרִים מְבַדְּחִים

coming *n.* הִתְקָרְבוּת, הוֹפָעָה

comma *n.* פְּסִיק

command *v.* צִיוָּה, פָּקַד; חָלַשׁ עַל, שָׁלַט בּ

command *n.* פְּקוּדָה, צַו; פִּיקּוּד

command car *n.* רֶכֶב פִּיקּוּד

commandant *n.* קְצִין־מְפַקֵּד; קוֹמַנְדַנְט

commandeer *v.* הִשְׁתַּלֵּט, גִּייֵּס בְּכוֹחַ, הִפְקִיעַ

commander *n.* מְפַקֵּד

commandment *n.* מִצְוָה, דִּיבֵּר

commando *n.* קוֹמַנְדוֹ, יְחִידַת מַחַץ

comme il faut הוגֶן, לְפִי הַמְקוּבָּל
commemorate *v.* הֶעֱלָה בַּזִּיכָּרוֹן, כִּיבֵּד זֵכֶר, הִנְצִיחַ
commence *v.* הִתְחִיל, הֵחֵל
commencement *n.* הַתְחָלָה
commend *v.* שִׁיבֵּחַ, הִמְלִיץ
commendable *adj.* רָאוּי לְשֶׁבַח
commendation *n.* צִיּוּן לְשֶׁבַח
commensurate *adj.* בְּאוֹתָהּ מִידָּה, שָׁוֶה עֵרֶךְ, יַחֲסִי, בְּהֶתְאֵם
comment *n.* הֶעָרָה
comment *v.* הֵעִיר
commentary *n.* פֵּירוּשׁ, בֵּיאוּר; תֵּיאוּר חַי
commentator *n.* מְפָרֵשׁ, פַּרְשָׁן
commerce *n.* מִסְחָר, סַחַר
commercial *n.* (בּרדיו וּבטלוויזיה) תּוֹכְנִית מִסְחָרִית, פִּרְסוֹמֶת
commercial *adj.* מִסְחָרִי
commingle *v.* עִרְבֵּב, מִיזֵּג; הִתְעַרְבֵּב
comminute *v.* שָׁחַק, דִּיקֵּק
commiserate *v.* הִבִּיעַ צַעַר, הִשְׁתַּתֵּף בְּצַעַר
commiseration *n.* הַבָּעַת צַעַר
commissar *n.* קוֹמִיסָר, מְנַהֵל מַחְלָקָה מֶמְשַׁלְתִּית (בּברית־המוֹעצוֹת)
commissary *n.* (בּצבא) מַחְסָן מָזוֹן וְצִיּוּד, שֶׁקֶם; מְמַלֵּא מָקוֹם, סְגָן
commission *n.* עַמְלָה, קוֹמִיסְיוֹן; בִּיצּוּעַ (פשע וכד'); וַעֲדָה, מִשְׁלַחַת; יִיפּוּי כּוֹחַ, הַטָּלַת תַּפְקִיד
commission *v.* הִטִּיל תַּפְקִיד
commissioned officer *n.* קָצִין (מסגן־משנה וּמעלה)
commissioner *n.* חֲבֵר וַעֲדָה; מְמוּנֶּה לְתַפְקִיד; נְצִיב

commit *v.* עָשָׂה, בִּיצֵּעַ; מָסַר; חִייֵּב
commitment *n.* מַטָּלָה, הִתְחַייְּבוּת
committal *n.* הֲטָלַת תַּפְקִיד, שְׁלִיחָה (לכלא, וכד')
committee *n.* וַעֲדָה, וַעַד
commode *n.* שִׁידָּה; אֲרוֹנִית
commodious *adj.* מְרוּוָּח
commodity *n.* חֵפֶץ מוֹעִיל, מִצְרָךְ
common *adj.* מְשׁוּתָּף, הֲדָדִי; רָגִיל; שִׁגְרָתִי; הֲמוֹנִי
common *n.* קַרְקַע צִיבּוּרִית, אַדְמַת הֶפְקֵר
common carrier *n.* רֶכֶב צִיבּוּרִי פָּשׁוּט
common law *n.* הַמִּשְׁפָּט הַמְקוּבָּל (חוק המדינה המבוסס על נוהג ותקדים)
common law marriage *n.* נִישּׂוּאִים בְּהֶסְכֵּם (ללא טקס דתי או אזרחי)
common room *n.* חֲדַר מוֹרִים, חֲדַר סֶגֶל
common sense *n.* שֵׂכֶל יָשָׁר, שִׁיפּוּט סָבִיר
common-sense *adj.* שֶׁל שֵׂכֶל יָשָׁר
common stock *n.* מְנָיָה רְגִילָה
commoner *n.* פְּשׁוּט עַם
commonplace *n., adj.* רָגִיל, מָצוּי, לֹא מְיוּחָד; אִמְרָה נְדוֹשָׁה; מַשֶּׁהוּ שִׁגְרָתִי
commonwealth *n.* חֶבֶר עַמִּים, קְהִילִיָּיה
commotion *n.* מְהוּמָה, הִתְרַגְּשׁוּת; הִתְקוֹמְמוּת
commune *n.* קְהִילָּה, קוֹמוּנָה, קִיבּוּץ
commune *v.* שׂוֹחַח שִׂיחָה אִינְטִימִית
communicant *n., adj.* חֲבֵר הַכְּנֵסִיָּיה; מִתְקַשֵּׁר, מְתוּקְשָׁר
communicate *v.* מָסַר, הוֹדִיעַ; הִתְקַשֵּׁר

communicating *adj.* מְקַשֵּׁר

communicative *adj.* נָכוֹן לְהִידָּבֵר; שֶׁל תִּקְשׁוֹרֶת

communion *n.* הִידָּבְרוּת; שִׁיתּוּף

communiqué *n.* תַּמְסִיר, הוֹדָעָה לַצִּיבּוּר

communism *n.* קוֹמוּנִיזְם

communist *n., adj.* קוֹמוּנִיסְט; קוֹמוּנִיסְטִי

community *n.* קְהִילָּה; עֵדָה; שׁוּתָּפוּת

communize *v.* עָשָׂה לִרְכוּשׁ הַכְּלָל

commutability *n.* אֶפְשָׁרוּת הַהֲמָרָה אוֹ הַתַּחְלוּף

commutable *adj.* נִיתָּן לְהַמָרָה אוֹ לְתַחְלוּף

commutation ticket *n.* כַּרְטִיס בַּהֲנָחָה (לנסיעות) לְיוֹמֵם

commute *v.* נָסַע כְּיוֹמֵם

commuter *n.* יוֹמֵם (נוסע בקביעות לעבודה בעיר וחוזר למקומו בפרבר או מחוץ לעיר)

compact *n.* בְּרִית, חוֹזֶה; קוּפְסַת תַּמְרוּקִים

compact *adj.* מְהוּדָּק, דָּחוּס, צָמוּם, תַּמְצִיתִי (סגנון)

companion *n.* חָבֵר; מְלַוֶּה; מַדְרִיךְ

companion *n.* חוּפַּת הַיְּרִידָה (באונייה)

companionable *adj.* חַבְרִי

companionship *n.* חֲבֵרוּת, יְדִידוּת

company *n.* חֲבוּרָה; חֶבְרָה, אֲגוּדָּה; אוֹרְחִים

company *adj.* שֶׁל חֶבְרָה

comparable *adj.* שֶׁנִּיתָּן לְהַשְׁווֹתוֹ, שֶׁרָאוּי לְהַשְׁווֹתוֹ

comparative *adj., n.* מַשְׁוֶה, הַשְׁוָאָתִי, יַחֲסִי; דַּרְגַּת הַיּוֹתֵר

compare *v.* דִּימָּה, הִשְׁוָה עִם; הִשְׁתַּוָּה

compare *n.* הַשְׁוָאָה

comparison *n.* הַשְׁוָאָה, דִּימּוּי

compartment *n.* תָּא; חֵלֶק נִפְרָד

compass *adj.* עִיגּוּלִי

compass *n.* מַצְפֵּן; הֶיקֵּף, תְּחוּם; מְחוּגָה

compassion *n.* רַחֲמִים, חֶמְלָה

compassionate *adj.* רַחֲמָנִי, אוֹהֵד

compatible *adj.* עוֹלֶה בְּקָנֶה אֶחָד עִם, מַתְאִים ל

compel *v.* הִכְרִיחַ, אִילֵּץ

compendious *adj.* תַּמְצִיתִי, מְקוּצָּר

compendium *n.* סִיכּוּם מְמַצֶּה

compensate *v.* פִּיצָּה

compensation *n.* פִּיצּוּי, פִּיצּוּיִים

compensatory *adj.* מְפַצֶּה

compete *v.* הִתְחָרָה

competence, competency *n.* כְּשִׁירוּת, כּוֹשֶׁר; הַכְנָסָה מַסְפֶּקֶת

competent *adj.* הוֹלֵם; מוּסְמָךְ; מוּכְשָׁר, כָּשִׁיר

competition *n.* הִתְחָרוּת, תַּחֲרוּת

competitive *adj.* תַּחֲרוּתִי

competitive examination *n.* בְּחִינַת הִתְחָרוּת

competitive price *n.* מְחִיר הִתְחָרוּת

competitor *n.* מִתְחָרֶה, מִתְמוֹדֵד

compilation *n.* לִיקּוּט, אוֹסֶף, לֶקֶט

compile *v.* לִיקֵּט, צֵירֵף

complacence, complacency *n.* שַׁאֲנַנּוּת; שְׂבִיעוּת רָצוֹן מֵעַצְמוֹ

complacent *adj.* שְׂבַע־רָצוֹן מֵעַצְמוֹ

complain *v.* הִתְאוֹנֵן

complaint *n.* תְּלוּנָה; מַחֲלָה

complaisance *n.* נְעִימוּת, אֲדִיבוּת

complaisant *adj.* נָעִים, אָדִיב

complement *n.* הַשְׁלָמָה; כַּמּוּת מְלֵאָה
complement *v.* הִשְׁלִים
complete *v.* הִשְׁלִים; סִיֵּים
complete *adj.* שָׁלֵם; מוּשְׁלָם
completion *n.* הַשְׁלָמָה; סִיּוּם
complex *n., adj.* תַּצְמִיד, הֶרְכֵּב מְסוּבָּךְ; תַּסְבִּיךְ; מוּרְכָּב
complexion *n.* צֶבַע הָעוֹר; מַרְאֶה
complexity *n.* סִיבּוּךְ, מוּרְכָּבוּת
compliance *n.* הֵיעָנוּת לְבַקָּשָׁה
complicate *v.* סִיבֵּךְ
complicated *adj.* מְסוּבָּךְ; מוּרְכָּב
complicity *n.* שׁוּתָּפוּת לִדְבַר עֲבֵירָה; קְנוּנְיָה
compliment *n.* מַחְמָאָה
compliment *v.* הֶחְמִיא, חָלַק מַחְמָאָה
complimentary *adj.* מַחְמִיא
complimentary copy *n.* עוֹתֶק חִינָּם
complimentary ticket *n.* כַּרְטִיס חִינָּם
comply *v.* נַעֲנָה לְבַקָּשָׁה, צִיֵּית, הִסְכִּים
component *n.* מַרְכִּיב, רְכִיב
component *adj.* מְהַוּוֶה חֵלֶק בּ
comport *v.* הִתְנַהֵג; תָּאַם, הִתְאִים
compose *v.* הִרְכִּיב; הָיָה מוּרְכָּב מ
composed *adj.* רָגוּעַ, שָׁלֵו
composer *n.* מְחַבֵּר, מַלְחִין, קוֹמְפּוֹזִיטוֹר
composite *n.* דָּבָר מוּרְכָּב, הֶרְכֵּב
composite *adj.* מוּרְכָּב; מִמִּשְׁפַּחַת הַמּוּרְכָּבִים
composition *n.* הַרְכָּבָה; הֶרְכֵּב; (בְּמוּסִיקָה) הַלְחָנָה; חִיבּוּר (סִפְרוּתִי)
compositor *n.* סַדָּר (בְּדְפוּס)
composure *n.* שַׁלְוָוה, רוֹגַע
compote *n.* לִפְתָּן, לִפְתַּן פֵּירוֹת
compound *n.* תִּרְכּוֹבֶת; מִלָּה מוּרְכֶּבֶת; מָקוֹם גָּדוּר
compound *v.* עֵירֵב; חִיבֵּר, הִרְכִּיב; הִתְפַּשֵּׁר
compound *adj.* מוּרְכָּב, מְחוּבָּר
compound interest *n.* רִיבִּית דְּרִיבִּית
compound sentence *n.* מִשְׁפָּט מְחוּבָּר, מִשְׁפָּט מְאוּחֶה
comprehend *v.* הֵבִין, תָּפַס
comprehensible *adj.* תָּפִיס, נִיתָּן לַהֲבָנָה
comprehension *n.* הֲבָנָה, תְּפִיסָה
comprehensive *adj.* יְסוֹדִי, מַקִּיף, כּוֹלֵל
compress *v.* דָּחַס, הִידֵּק יַחַד, רִיכֵּז
compress *n.* אֶגֶד, תַּחְבּוֹשֶׁת, רְטִיָּה
compression *n.* דְּחִיסָה; דְּחִיסוּת, רִיכּוּז
comprise *v.* כָּלַל, הֵכִיל
compromise *n.* פְּשָׁרָה, וִיתּוּר הֲדָדִי
compromise *v.* הִתְפַּשֵּׁר; יִישֵּׁב בִּפְשָׁרָה; סִיכֵּן, הֶחְשִׁיד
compromising evidence *n.* עֵדוּת מַחְשִׁידָה
comptroller *n.* מְפַקֵּחַ, מְבַקֵּר חֶבְרָה
compulsion *n.* כְּפִיָּה, אִילּוּץ
compulsory *adj.* שֶׁל חוֹבָה
compulsory education *n.* לִימוּד חוֹבָה, חִינּוּךְ חוֹבָה
compunction *n.* נְקִיפַת מַצְפּוּן, חֲרָטָה
compute *v.* חִשְׁבֵּן, חִישֵּׁב
computer *n.* מַחְשֵׁב
computerize *v.* מִחְשֵׁב, צִיֵּיד בְּמַחְשְׁבִים

comrade *n.* חָבֵר

con *n.* טַעַם נֶגֶד

con *v.* לָמַד, שִׁינֵּן; הוֹנָה

concave *adj.* קָעוּר, שְׁקַעֲרוּרִי

conceal *v.* הִסְתִּיר

concealment *n.* הַסְתָּרָה

concede *v.* הוֹדָה בְּצִדְקַת טַעֲנָה; וִיתֵּר

conceit *n.* יוּהֲרָה, הִתְרַבְרְבוּת

conceited *adj.* יָהִיר, גַּאַוְותָן

conceivable *adj.* סָבִיר, עוֹלֶה עַל הַדַּעַת

conceive *v.* הָרָה רַעְיוֹן; תֵּיאֵר לְעַצְמוֹ, הֶעֱלָה עַל דַּעְתּוֹ; הָרְתָה

concentrate *v.* רִיכֵּז; הִתְרַכֵּז

concentrate *n.* רִיכּוּז; תַּרְכִּיז

concentric *adj.* קוֹנְצֶנְטְרִי, מְשׁוּתָּף מֶרְכָּז

concept *n.* מוּשָּׂג

conception *n.* תְּפִיסָה; הִתְעַבְּרוּת; מוּשָּׂג; הֲרִייַת רַעְיוֹן

conceptualization *n.* הַמְשָׂגָה

conceptualize *v.* הִמְשִׂיג

concern *v.* נָגַע ל, הָיָה קָשׁוּר ל; עִנְייֵן; הִדְאִיג

concern *n.* עִנְייָן; מִפְעָל, עֵסֶק (מסחרי); דְּאָגָה

concerned *adj.* מְעוּנְייָן; מוּדְאָג

concerning *prep.* בְּנוֹגֵעַ ל

concert *v.* תִּכְנֵן יַחַד עִם

concert *n.* קוֹנְצֶרְט; פְּעוּלָּה מְשׁוּתֶּפֶת

concert master *n.* מְנַצֵּחַ מִשְׁנֶה

concertina *n.* מַפּוּחִית יָד (כלי נגינה)

concerto *n.* קוֹנְצֶ'רְטוֹ

concession *n.* וִיתּוּר; זִיכָּיוֹן; הֲנָחָה

conch *n.* קוֹנְכִית

concierge *n.* שׁוֹעֵר (בית)

conciliate *v.* הִשְׁלִים בֵּין, פִּייֵּס, הִרְגִּיעַ

conciliatory *adj.* פַּייְסָנִי

concise *adj.* תַּמְצִיתִי, מְמֻצָּה

conclave *n.* יְשִׁיבָה חֲשָׁאִית (כגון לשם בחירת אפיפיור)

conclude *v.* גָּמַר, סִייֵּם; הִסִּיק; הִסְתַּייֵּם

conclusion *n.* סִיּוּם; מַסְקָנָה

conclusive *adj.* מַכְרִיעַ, מְשַׁכְנֵעַ

concoct *v.* בִּישֵּׁל; בָּדָה, הִמְצִיא (סיפור, תירוץ וכד')

concomitant *adj., n.* מְלַוֶּוה, שֶׁל לְוָואי; מִתְאָרֵעַ בּוֹ זְמַנִּית תּוֹצָאַת לְוַואי

concord *n.* הֶתְאֵם, הֶסְכֵּם; תְּמִימוּת־דֵּעִים; שָׁלוֹם; מְזִיג צְלִילִים

concordance *n.* הַתְאָמָה, הַרְמוֹנְיָה; קוֹנְקוֹרְדַנְצְיָה (מילון לספר מסוים, כגון התנ"ך, המביא את כל המלים שבספר, על הסעיפויותיהן, ומציין את מקומן המדויק)

concourse *n.* הָמוֹן, הִתְקַהֲלוּת; רְחָבָה (בתחנת־רכבת, בשדה תעופה וכד')

concrete *adj.* מוּחָשׁ, מוּחָשִׁי; מַמָּשִׁי; יָצוּק

concrete *n.* בֶּטוֹן

concrete block *n.* בְּלוֹק בֶּטוֹן

concrete mixer *n.* מְעַרְבֵּל בֶּטוֹן

concubine *n.* פִּילֶגֶשׁ

concur *v.* הִסְכִּים, הִצְטָרֵף; קָרָה בּוֹזְמַנִּית

concurrence *n.* הַסְכָּמָה, הִתְרַחֲשׁוּת בּוֹ זְמַנִּית

concussion *n.* הֶדֶף, זַעֲזוּעַ חָזָק; זַעֲזוּעַ מוֹחַ

condemn *v.* גִּינָּה; דָּן, הִרְשִׁיעַ; פָּסַל

condemnation *n.* גִּינּוּי; הַרְשָׁעָה

condense *v.* עִיבָּה, דָחַס, צִמְצֵם; הִצְטַמְצֵם

condensed milk *n.* חָלָב מְרוּכָּז (מְשוּמָר)

condenser *n.* מְעַבָּה, קַבָּל

condescend *v.* מָחַל עַל כְּבוֹדוֹ; הוֹאִיל

condescending *adj.* נָדִיב בְּמוּפְגָן, מוֹחֵל עַל כְּבוֹדוֹ, מוֹאִיל

condescension *n.* נְדִיבוּת בְּמוּפְגָן, מְחִילָה עַל כְּבוֹדוֹ כְּלַפֵּי נְחוּתִים

condiment *n.* תַּבְלִין

condition *n.* תְּנַאי; מַצָּב, מַעֲמָד

condition *v.* הִתְנָה; הֵבִיא לְמַצָּב תַּקִין; מִיזֵּג (אוויר)

conditional *adj.* מוּתְנֶה, עַל תְּנַאי

condole *v.* נִיחֵם, הִבִּיעַ תַּנְחוּמִים

condolence *n.* נִיחוּם; תַּנְחוּמִים

condom *n.* כּוֹבָעוֹן, מַעֲטוֹף

condone *v.* כִּיפֵּר, מָחַל

conduce *v.* הֵבִיא לִידֵי, גָרַם, סִייֵעַ

conducive *adj.* מֵבִיא לִידֵי, מְסַייֵעַ

conduct *v.* נִיהֵל, הִדְרִיךְ; נִיצֵּחַ עַל (תזמורת); הוֹלִיךְ (חום, חשמל, קול וכד׳)

conduct *n.* הִתְנַהֲגוּת; נִיהוּל

conductor *n.* מְנַצֵּחַ; מוֹלִיךְ; כַּרְטִיסָן

conduit *n.* תְּעָלַת מַיִם, מַעֲבִיר מַיִם

cone *n.* חָרוּט; אִצְטְרוּבָּל

confectionery *n.* קוֹנְדִיטָאוּת; דִבְרֵי מְתִיקָה; מִגְדָנִיָּה

confederacy *n.* בְּרִית, אִיחוּד, קוֹנְפֵדֵרַצְיָה

confederate *v.* הִתְאַחֵד, הִתְחַבֵּר לִמְזִימָּה

confederate *n., adj.* בַּעַל בְּרִית; שׁוּתָּף לִדְבַר־עֲבֵירָה

confer *v.* הֶעֱנִיק; הֶחֱלִיף דֵעוֹת

conference *n.* וְעִידָה; הִתְייָעֲצוּת; יְשִׁיבָה

confess *v.* הוֹדָה; הִתְווַדָּה (לפני כומר)

confession *n.* הוֹדָאָה; וִידּוּי, הִתְווַדּוּת (לפני כומר)

confessional *n.* תָּא הַוִּידּוּי

confession of faith *n.* הַכְרָזַת ׳אֲנִי מַאֲמִין׳

confessor *n.* מִתְווַדֶּה; כּוֹמֶר מְווַדֶּה

confetti *n.* פְּתִיתֵי נְיָיר צִבְעוֹנִיִּים (שמפוזרים על חוגגים)

confidant(e) *n.* אִישׁ (אֵשֶׁת) סוֹד

confide *v.* בָּטַח בּ; גִילָּה (סוד)

confidence *n.* אֵמוּן; בִּיטָּחוֹן עַצְמִי

confident *adj.* בָּטוּחַ; בּוֹטֵחַ בְּעַצְמוֹ

confidential *adj.* סוֹדִי

configuration *n.* צֵירוּף תַּבְנִיתִי; שִׁילּוּב, (בּמַת׳) תְּצוּרָה; (בּאַסטרונומיה) מַעֲרָךְ יַחְסִי שֶׁל כּוֹכָבִים

confine *v.* הִגְבִּיל; כָּלָא, חָבַשׁ; רִיתֵּק

confine *n.* מַחְבּוֹשׁ

confinement *n.* חֲבִישָׁה; לֵידָה

confirm *v.* אִישֵּׁר; חִיזֵּק; הִכְנִיס בִּבְרִית הַכְּנֵסִיָּה

confirmed *adj.* מְאוּשָּׁר; מוּשְׁבָּע

confiscate *v.* הֶחֱרִים; עִיקֵּל

confiscate *adj.* מוּחֳרָם; מְעוּקָּל

conflagration *n.* דְלֵיקָה, שְׂרֵיפָה גְדוֹלָה

conflate *v.* צֵירֵף (למשל בטקסטים) לְאֶחָד

conflation *n.* צֵירוּף (כּנ״ל) לְאֶחָד

conflict *v.* הִתְנַגֵּשׁ; הִסְתַּכְסֵךְ

conflict *n.* הִתְנַגְּשׁוּת; סְתִירָה; רִיב

conflicting *adj.* סוֹתֵר

confluence *n.* זְרִימַת יַחַד (שֶׁל שְׁנֵי נהרות או כבישים)

conform *v.* פָּעַל בְּהֶתְאֵם; הִסְתַּגֵּל ל; צִיֵּית ל

conformity *n.* תּוֹאֲמוּת; הַתְאָמָה, תֵּיאוּם

confound *v.* הֵבִיךְ, בִּלְבֵּל; הִכְשִׁיל, סִיכֵּל

confounded *adj.* מְקוּלָּל, שָׂנוּא

confrere *n.* חָבֵר לְמִקְצוֹעַ, עָמִית

confront *v.* עִימֵּת; עָמַד מוּל

confrontation *n.* עִימּוּת

confuse *v.* בִּלְבֵּל; הֵבִיךְ

confusion *n.* עִרְבּוּבְיָה, בִּלְבּוּל; מְבוּכָה

confute *v.* הִפְרִיךְ, הֵזֵם

congeal *v.* הִקְרִישׁ, הִקְפִּיא; הִתְקָרֵשׁ, קָפָא

congenial *adj.* נָעִים; אָהוּד

congenital *adj.* מוּלָד, שֶׁמִּלֵּידָה (לגבי מום, מחלה)

congest *v.* דָּחַס, גִּידֵשׁ; הִתְגַּדֵּשׁ

congestion *n.* דְּחִיסוּת, צְפִיפוּת; גּוֹדֶשׁ (דם)

conglomerate *n.* תַּלְכִּיד (סלע מורכב מהצטברות צרורות או חלוקי אבנים), תַּעֲרוֹבֶת, עֵרֶב־רַב

congratulate *v.* בֵּירֵךְ, אִיחֵל

congratulation *n.* בְּרָכָה, אִיחוּלִים

congregate *v.* הִקְהִיל; הִתְאַסֵּף, הִתְקַהֵל

congregation *n.* קְהַל מִתְפַּלְּלִים; קְהִילָּה שֶׁל בֵּית כְּנֶסֶת

congress *n.* וְעִידָה, כִּינּוּס

congressman *n.* חֲבֵר הַקּוֹנְגְרֶס הָאֲמֶרִיקָנִי

congruence *n.* הַתְאָמָה, חֲפִיפָה

congruent *adj.* מַתְאִים, חוֹפֵף

conic, conical *adj.* חֲרוּטִי

conifer *n.* עֵץ יָרוֹק עַד (כגון אורן)

conjecture *n.* הַשְׁעָרָה, אוּמְדָן

conjecture *v.* שִׁיעֵר, אָמַד, נִיחֵשׁ

conjugal *adj.* שֶׁל חַיֵּי נִישׂוּאִין

conjugate *v.* הִטָּה פּוֹעַל, נִיטָּה

conjugate *adj., n.* מְצוֹרָף; זוּגִי, בְּזוּגוֹת

conjugation *n.* הַטָּיַת פְּעָלִים; נְטִיּוֹת פּוֹעַל

conjunction *n.* צֵירוּף, חִיבּוּר; מִלַּת חִיבּוּר

conjuration *n.* הַעֲלָאָה־בְּאוֹב, כִּישּׁוּף

conjure *v.* הֶעֱלָה בְּאוֹב, כִּישֵּׁף

conjure *v.* הִפְצִיר, הִתְחַנֵּן, הִשְׁבִּיעַ

conk *v.* הִכָּה; צָנַח פתאום, נִרְדַּם, הִתְעַלֵּף

connect *v.* צֵירֵף, חִיבֵּר; הִצְטָרֵף, הִתְחַבֵּר

connecting rod *n.* טַלְטַל

connection, connexion *n.* חִיבּוּר; יַחַס; קֶשֶׁר; קְרוֹב־מִשְׁפָּחָה

connector *n.* מַחְבֵּר (צינורות)

conniption (fit) *n.* מִתְקַף הִיסְטֶרִי

connive *v.* הֶעְלִים עַיִן; סִיֵּיעַ לִדְבַר־עֲבֵירָה

connoisseur *n.* אֲנִין טַעַם, מֵבִין

connotation *n.* מַשְׁמָעוּת נִלְוֵית, מַשְׁמַע לְוַואי

conquer *v.* כָּבַשׁ, נִיצַּח

conqueror *n.* כּוֹבֵשׁ, מְנַצֵּחַ

conquest *n.* נִיצָּחוֹן, כִּיבּוּשׁ; שֶׁטַח כָּבוּשׁ

conscience *n.* מַצְפּוּן

conscientious *adj.* נֶאֱמָן לְמַצְפּוּנוֹ

conscientious objector *n.* סָרְבָן־מִלְחָמָה (מטעמי מצפון)

conscious *adj.* חָשׁ, מַכִּיר בּ, מַרְגִּישׁ; מוּחָשׁ; בְּמוּדָע

consciousness *n.* הַכָּרָה; מוּדָעוּת

conscript *v.* גִּיֵּיס לְשֵׁירוּת חוֹבָה

conscript *adj., n.* מְגוּיָּס בְּשֵׁירוּת חוֹבָה
conscription *n.* גִּיוּס חוֹבָה
consercrate *v.* הִקְדִּישׁ, הִכְרִיז כְּקָדוֹשׁ
consecrate *adj.* מְקוּדָּשׁ, קָדוֹשׁ
consecutive *adj.* רָצוּף, זֶה אַחַר זֶה
consensus *n.* תְּמִימוּת דֵּעִים, הַסְכָּמָה כְּלָלִית
consent *v.* הִסְכִּים, נֵאוֹת
consent *n.* הַסְכָּמָה; רְשׁוּת
consequence *n.* תּוֹצָאָה; חֲשִׁיבוּת
consequential *adj.* מִשְׁתַּמֵּעַ; מַחְשִׁיב אֶת עַצְמוֹ; עָקִיב
consequently *adv.* לָכֵן, עַל כֵּן
conservation *n.* שִׁימּוּר; שְׁמוּרַת טֶבַע
conservatism *n.* שַׁמְרָנוּת
conservative *n., adj.* מְשַׁמֵּר; שַׁמְרָנִי, מָסוֹרְתִּי
conservatory *n.* חֲמָמָה; קוֹנְסֶרְוָטוֹרְיוֹן, בֵּית־סֵפֶר לְמוּסִיקָה
consider *v.* הִתְחַשֵּׁב בְּ, חָשַׁב לְ
considerable *adj.* נִיכָּר, רְצִינִי, לֹא מְבוּטָּל
considerate *adj.* מִתְחַשֵּׁב בַּזּוּלַת
consideration *n.* שִׁיקּוּל; תְּמוּרָה
considering *prep* בְּהִתְחַשֵּׁב בְּ
consign *v.* שִׁיגֵּר, שָׁלַח; הִפְקִיד בְּיַד
consignee *n.* מְקַבֵּל הַמִּשְׁלוֹחַ
consignment *n.* שִׁיגּוּר מִשְׁלוֹחַ
consist *v.* הָיָה מוּרְכָּב, הִיוָוה
consistency, consistence *n.* לְכִידוּת; מִידַּת הַצְּפִיפוּת; סוֹמֶךְ, מוּצָקוּת; עֲקִיבוּת
consistent *adj.* עָקִיב, עִקְבִי
consistory *n.* קוֹנְסִיסְטוֹרְיָה (מועצת חשמנים בכיתות נוצריות שונות)

consolation *n.* הַבָּעַת תַּנְחוּמִים, נִיחוּם
console *v.* נִיחֵם
console *n.* זִיז; שׁוּלְחַן עוּגָב
consommé *n.* מְרַק בָּשָׂר
consonant *adj.* מִתְמַזֵּג, תּוֹאֵם
consonant *n.* עִיצּוּר
consort *n.* בֶּן־זוּג
consort *v.* הִתְחַבֵּר עִם; הִתְאִים
consortium *n.* קוֹנְסוֹרְצְיוּם (שותפות חברות לשם ביצוע עסקה מסחרית גדולה)
conspectus *n.* קוֹנְסְפֶּקְט (חוזר סוקר וממצה בעניין מסוים)
conspicuous *adj.* בּוֹלֵט לָעַיִן
conspiracy *n.* מְזִימָּה חֲשָׁאִית, קְנוּנְיָה
conspire *v.* קָשַׁר קֶשֶׁר
constable *n.* שׁוֹטֵר
constancy *n.* הַתְמָדָה; נֶאֱמָנוּת; יַצִּיבוּת
constant *adj.* קָבוּעַ, תְּמִידִי; נֶאֱמָן
constant *n.* גּוֹרֵם קָבוּעַ
constellation *n.* קְבוּצַת כּוֹכָבִים; מַצַּב כּוֹכָבִים (בזמן לידה); צֵירוּף תְּנָאִים, מַצַּב עִנְיָינִים
consternation *n.* תַּדְהֵמָה, מְבוּכָה, אַכְזָבָה
constipate *v.* גָּרַם לַעֲצִירוּת
constipation *n.* עֲצִירוּת
constituency *n.* אֵזוֹר בְּחִירוֹת
constituent *n., adj.* מַרְכִּיב; בּוֹחֵר
constitute *v.* הִיוָוה; מִינָּה; הִסְמִיךְ
constitution *n.* הַרְכָּבָה; מִינּוּי; הֶרְכֵּב; אוֹפִי; חוּקָּה
constrain *v.* אִילֵּץ; אָסַר בִּכְבָלִים
constraint *n.* אִילּוּץ, הֶכְרֵחַ, אוֹנֶס; הַבְלָגָה מְבִיכָה
constrict *v.* הִידֵּק, כִּיוֵּץ; הִגְבִּיל

construct *n.* מִבְנֶה, הֶרְכֵּב, סְמִיכוּת (בדקדוק)
construct *v.* הִרְכִּיב, בָּנָה
construct state *n.* (בדקדוק עברי) סְמִיכוּת
construction *n.* בְּנִיָּה; הַרְכָּבָה; מִבְנֶה, בִּנְיָן; פֵּירוּשׁ
constructive *adj.* קוֹנֶה, יוֹצֵר, מוֹעִיל, קוֹנְסְטְרוּקְטִיוִוי
construe *v.* פֵּירֵשׁ; נִיתֵּחַ (משפט)
consul *n.* קוֹנְסוּל
consular *adj.* קוֹנְסוּלָרִי
consulate *n.* קוֹנְסוּלְיָה
consult *v.* נוֹעַץ; בִּיקֵּשׁ עֵצָה, הִתְיָיעֵץ עִם
consultant *n.* יוֹעֵץ
consultation *n.* הִתְיָיעֲצוּת
consume *v.* כִּילָּה; אָכַל
consumer *n.* צַרְכָן
consumer goods *n. pl.* מִצְרָכִים יְסוֹדִיִּים
consummate *v.* הִשְׁלִים
consummate *adj.* מוּשְׁלָם, מְשׁוּכְלָל
consumption *n.* צְרִיכָה; שַׁחֶפֶת
consumptive *adj., n.* חוֹלֵה שַׁחֶפֶת
contact *v.* קִישֵּׁר עִם; הִתְקַשֵּׁר
contact *n.* מַגָּע, קֶשֶׁר
contact lenses *n. pl.* עֲדָשׁוֹת מַגָּע
contagion *n.* הִידַּבְּקוּת מַחֲלָה
contagious *adj.* מִידַּבֵּק
contain *v.* הֵכִיל, כָּלַל; הִתְאַפֵּק, הִבְלִיג
container *n.* כְּלִי-קִיבּוּל, מְכָל
containerize *v.* הִטְעִין בִּמְכוּלוֹת
containment *n.* מְדִינִיּוּת שֶׁל עִיכּוּב
contaminate *v.* זִיהֵם, טִימֵּא
contamination *n.* זִיהוּם, טִימּוּא

contemplate *v.* הִתְבּוֹנֵן, הִרְהֵר בְּדָבָר; הָגָה
contemplation *n.* הִרְהוּר, הִתְבּוֹנְנוּת;
contemporaneous *adj.* שֶׁבְּאוֹתָהּ תְּקוּפָה
contemporary *adj., n.* שֶׁל אוֹתָהּ תְּקוּפָה; בֶּן־גִּיל
contempt *n.* בּוּז, זִלְזוּל
contemptible *adj.* בָּזוּי, נִבְזֶה
contemptuous *adj.* בָּז, מִתְעַב
contend *v.* הִתְחָרָה; טָעַן
contender *n.* יָרִיב; טוֹעֵן
content *adj., n.* שְׂבַע־רָצוֹן, מְרוּצֶה; שְׂבִיעוּת־רָצוֹן
content *v.* הִשְׂבִּיעַ רָצוֹן
content *n.* תְּכוּלָה, קִיבּוֹלֶת, תּוֹכֶן
contented *adj.* מְרוּצֶה
contentedness *n.* שְׂבִיעוּת־רָצוֹן
contention *n.* מַאֲבָק, רִיב; טַעֲנָה
contentious *adj.* חַרְחֲרָנִי; שָׁנוּי בְּמַחֲלוֹקֶת
contentment *n.* שְׂבִיעוּת-רָצוֹן; קוֹרַת־רוּחַ
contest *v.* נֶאֱבַק עַל; הִתְחָרָה עִם
contest *n.* מַאֲבָק; הִתְחָרוּת
contestant *n.* מִתְחָרֶה, מִתְמוֹדֵד
context *n.* הֶקְשֵׁר, קוֹנְטֶקְסְט
contiguity *n.* קִרְבָה, נְגִיעָה (זה בזה)
contiguous *adj.* נוֹגֵעַ; סָמוּךְ
continence, continency *n.* כִּיבּוּשׁ הַיֵּצֶר, פְּרִישׁוּת
continent *adj.* כּוֹבֵשׁ אֶת יִצְרוֹ, צָנוּעַ
continent *n.* יַבֶּשֶׁת
continental *adj.* יַבַּשְׁתִּי; שֶׁל אֵירוֹפָּה
contingency *n.* אַקְרָאִיּוּת, עִנְיָן תָּלוּי וְעוֹמֵד; אֵירוּעַ אֶפְשָׁרִי; מוֹתְנוּת

contingent *adj.* תָּלוּי, מוּתְנֶה, מִקְרִי
continual *adj.* רָצוּף, לֹא פּוֹסֵק
continue *v.* הִמְשִׁיךְ, נִמְשַׁךְ, הוֹסִיף ל
continuity *n.* הֶמְשֵׁכִיּוּת; רְצִיפוּת
continuous *adj.* רָצוּף; נִמְשָׁךְ
continuum *n.* רְצִיפוּת, רֶצֶף
contortion *n.* עִיוּוּת, עִיקּוּם
contour *n.* מִתְאָר, קַו גּוֹבַהּ
contra *prep., n.* נֶגֶד; נִימּוּק שֶׁכְּנֶגֶד
contraband *n., adj.* סְחוֹרָה מוּבְרַחַת; מוּבְרָח
contrabass *n., adj.* קוֹנְטְרַבַּס (נמוך מבאס)
contraceptive *adj., n.* (אֶמְצָעִי) מוֹנֵעַ הֵירָיוֹן
contract *n.* הֶסְכֵּם; חוֹזֶה
contract *v.* כִּיוּוֵץ, צִמְצֵם; נִדְבַּק בּ (מחלה); קָבַע בְּהֶסְכֵּם; הִתְכַּוּוֵץ; הִצְטַמְצֵם; הִתְחַיֵּיב
contraction *n.* כִּיוּוּץ, הִתְכַּוְּוצוּת, הִצְטַמְצְמוּת
contractor *n.* קַבְּלָן; מַשֶּׁהוּ (כגון שריר) כָּוּוִיץ
contradict *v.* נָגַד, סָתַר; הִכְחִישׁ
contradiction *n.* סְתִירָה; הַכְחָשָׁה
contradictory *adj.* כָּרוּךְ בִּסְתִירָה, סוֹתֵר
contralto *n.* קוֹנְטְרַלְטוֹ (הקול הנמוך של האישה)
contraption *n.* אַמְצָאָה מְכָנִית
contrary *adj.* מִתְנַגֵּד, עַקְשָׁן
contrary *adv.* בְּנִיגּוּד, בְּכִיוּוּן הָפוּךְ
contrary *n.* הֶפֶךְ, הִיפּוּךְ
contrast *v.* עִימֵּת, הִנְגִּיד
contrast *n.* נִיגּוּד
contravene *v.* הֵפֵר
contribute *v.* תָּרַם; הִשְׁתַּתֵּף
contribution *n.* תְּרוּמָה
contributor *n.* תּוֹרֵם; מִשְׁתַּתֵּף
contrite *adj.* מָלֵא חֲרָטָה; מֻכֵּה עַל חֵטְא
contrition *n.* מוּסַר כְּלָיוֹת, חֲרָטָה
contrivance *n.* אַמְצָאָה; תַּחְבּוּלָה
contrive *v.* הִמְצִיא, תִּחְבֵּל; עָלָה בְּיָדוֹ
control *n.* פִּיקּוּחַ, שְׁלִיטָה; בַּקָּרָה
control *v.* שָׁלַט; פִּיקֵּחַ; וִיסֵּת
control panel *n.* לוּחַ בַּקָּרָה
control-stick *n.* (במטוס) מָנוֹף הַנִּיוּוּט
controversial *adj.* שָׁנוּי בְּמַחְלוֹקֶת; אוֹהֵב פּוּלְמוּס
controversy *n.* מַחְלוֹקֶת, פּוּלְמוּס
controvert *v.* סָתַר, הִכְחִישׁ
contumacious *adj.* עַקְשָׁן, מִתְמָרֵד
contumacy *n.* עַקְשָׁנוּת, מַרְדָנוּת
contumely *n.* הַשְׁפָּלָה, גִּידּוּפִים, עֶלְבּוֹן צוֹרֵב
contusion *n.* חַבּוּרָה
conundrum *n.* חִידָה
convalesce *v.* הֶחְלִים, הִבְרִיא
convalescence *n.* הַחְלָמָה, הַבְרָאָה
convalescent *adj., n.* מַבְרִיא, מַחְלִים
convalescent home *n.* בֵּית־הַבְרָאָה
convection *n.* הוֹלָכַת חוֹם (בתנועת נוזלים או אוויר)
convene *v.* כִּינֵּס; הִתְכַּנֵּס
convenience *n.* נוֹחוּת; נוֹחִיּוּת, בֵּית־כִּיסֵּא
convenient *adj.* נוֹחַ
convent *n.* מִנְזָר (לנזירות)
convention *n.* וְעִידָה, כִּינּוּס; אֲמָנָה, הֶסְכֵּם; מוּסְכָּמָה
conventional *adj.* קוֹנְוֶנְצְיוֹנָלִי, מְקוּבָּל, מוּסְכָּם

conventionality *n.* שִׁגְרָה, מוּסְכָּמוּת

converge *v.* הִתְלַכֵּד, נִפְגַּשׁ, הִשִּׂיק

conversant *adj.* מַכִּיר, יוֹדֵעַ

conversation *n.* שִׂיחָה

conversational *adj.* שֶׁל שִׂיחָה; אוֹהֵב שִׂיחָה

converse *v.* שׂוֹחֵחַ, הֶחֱלִיף דְּבָרִים

converse *n.* חִילּוּפֵי דֵעוֹת (רשמים וכד'); נִיגּוּד

converse *n., adj.* מְנוּגָּד

conversion *n.* הֲפִיכָה, הֲמָרָה; הֲמָרַת דָּת

convert *v.* שִׁינָּה, הֶחְלִיף, הֵמִיר; גָּרַם לַהֲמָרַת דָּת; הֵמִיר דָּת

convert *n.* מוּמָר, גֵּר

convertible *adj., n.* הָפִיךְ, נִיתָּן לַהֲמָרָה; (מכונית) בַּעֲלַת גַּג מִתְקַפֵּל

convex *adj.* קָמוּר

convey *v.* הֶעֱבִיר; שָׁלַח; הוֹדִיעַ, מָסַר

conveyance *n.* הַעֲבָרָה; כְּלִי־רֶכֶב (להסעה); (במשפט) הַעֲבָרַת רְכוּשׁ; תְּעוּדַת הַעֲבָרַת רְכוּשׁ

conveyor *n.* מַסּוֹעַ (מִתקן בבית חרושת להעברת חומר גלם או מוצרים)

convict *v.* הִרְשִׁיעַ

convict *n.* אָסִיר שָׁפוּט (שהוּרְשע)

conviction *n.* הַרְשָׁעָה; שִׁכְנוּעַ; אֱמוּנָה

convince *v.* שִׁכְנֵעַ

convincing *adj.* מְשַׁכְנֵעַ

convivial *adj.* עַלִּיז, אוֹהֵב חַיִּים

convocation *n.* זִימּוּן, כִּינּוּס; עֲצֶרֶת

convoke *v.* זִימֵּן, כִּינֵּס

convoy *v.* לִיוָּה בַּהֲגָנָה מְזוּיֶּנֶת

convoy *n.* שַׁיָּרָה מְלוּוָּה

convulse *v.* זִעְזֵעַ

coo *v.* הָגָה כְּיוֹנָה

coo *n.* הֲגִיָּיה (כיונה)

cook *v.* בִּישֵּׁל; הִתְבַּשֵּׁל; סֵירֵס (חשבונות)

cook *n.* טַבָּח

cooking kettle *n.* יוֹרָה (סיר גדול מידות)

cooky, cookie *n.* רְקִיק, עוּגִית

cool *adj.* קָרִיר, צוֹנֵן; רָגוּעַ, שָׁקוּל

cool *v.* קֵירֵר, צִינֵּן; הִשְׁקִיט; הִצְטַנֵּן

cool *n.* קְרִירוּת, צִינָּה

cool-headed *adj.* קַר־מֶזֶג

cooler *n.* מְקָרֵר; בֵּית־סוֹהַר

coolie, cooly *n.* (בהודו, סין וכד') פּוֹעֵל פָּשׁוּט, קוּלִי

coolness *n.* קְרִירוּת; קוֹר־רוּחַ

coon *n.* דְּבִיבוֹן (טורף קטן למשפחת הדובים)

co-op *n.* צַרְכָנִיָּיה, חֲנוּת שִׁיתּוּפִית

coop *n.* לוּל; מִכְלָאָה

coop *v.* שָׂם בְּלוּל; כָּלָא (אדם)

cooper *n.* חַבְתָן; מְתַקֵּן חָבִיוֹת

cooper *v.* עָשָׂה אוֹ תִּיקֵּן חָבִיוֹת

cooperate *v.* שִׁיתֵּף פְּעוּלָּה

cooperation *n.* שִׁיתּוּף־פְּעוּלָּה

cooperative *adj., n.* שֶׁל שִׁיתּוּף־פְּעוּלָּה; קוֹאוֹפֵּרָטִיוִי; קוֹאוֹפֶּרָטִיב

cooperative society *n.* אֲגוּדָּה שִׁיתּוּפִית

cooperative store *n.* מַרְכּוֹל, צַרְכָנִיָּיה

coopt *v.* צֵירֵף (חבר לוועדה), מִינָּה בִּמְהִירוּת; תָּפַס (לפני אחרים)

coordinate *adj.* שְׁוֵה חֲשִׁיבוּת

coordinate *n.* שְׁוֵה דַרְגָּה, קוֹאוֹרְדִינָטָה

coordinate *v.* תֵּיאֵם, הִתְאִים; אִיחָה

coordinated *adj.* מְאוּחֶה, מוּתְאָם

coordination *n.* תֵּיאוּם, אִיחוּי; הִצְטַמְּדוּת

cop *n.* פְּקַעַת חוּטִים, סְלִיל; קְצִין מִשְׁטָרָה
cop *v.* תָּפַס
copartner *n.* שׁוּתָף, חָבֵר
cope *n.* גְּלִימַת כְּמָרִים
cope *v.* הִתְמוֹדֵד עִם, הִתְגַּבֵּר
copestone *n.* אֶבֶן רֹאשָׁה (שבבניין)
copier *n.* מַעְתִּיק, מְכוֹנַת שִׁכְפּוּל
copilot *n.* טַיַּס מִשְׁנֶה
coping *n.* נִדְבָּךְ עֶלְיוֹן (של קיר)
copious *adj.* מְרוּבֶּה, שׁוֹפֵעַ
copper *n.* נְחוֹשֶׁת; דוד (לבישול); מַטְבֵּעַ נְחוֹשֶׁת, צֶבַע נְחוֹשֶׁת; שׁוֹטֵר
copper *adj.* שֶׁל נְחוֹשֶׁת
copperhead *n.* נְחוּשׁ הָרֹאשׁ (נחש ארסי)
coppersmith *n.* חָרַשׁ־נְחוֹשֶׁת
copse *n.* סְבַךְ, שִׂיחִים סְבוּכִים
copula *n.* (בדקדוק) אוֹגֵד (מלה המקשרת במשפט בין נושא לנשוא שאינו פועל)
copulate *v.* הִזְדַוֵּג
copy *n.* הֶעְתֵּק; טוֹפֶס; עוֹתֶק
copy *v.* הֶעְתִּיק; חִיקָּה
copybook *n.* מַחְבֶּרֶת
copycat *n.* חַקְיָן, קוֹף
copyist *n.* מַעְתִּיק
copyright *n.* זְכוּת הַיּוֹצֵר
copyright *v.* הִבְטִיחַ זְכוּת הַמְחַבֵּר עַל
copywriter *n.* כּוֹתֵב מוֹדָעוֹת
coquetry *n.* גַּנְדְּרָנוּת, הִתְחַנְחֲנוּת
coquette, coquet *n.* מִתְחַנְחֶנֶת, גַּנְדְּרָנִית, קוֹקֶטִית
coquette, coquet *v.* הִתְגַּנְדֵּר; עָסַק בַּאֲהַבְהָבִים
coquettish *adj.* תְּחַנְחָנִי, אֲהַבְהָבָנִי, גַּנְדְּרָנִי

coral *n., adj.* אַלְמוֹג; אַלְמוֹגִי
cord *n.* חֶבֶל; (בחשמל) פְּתִיל; מֵיתָר
cord *v.* קָשַׁר בְּחֶבֶל
cordial *adj.* לְבָבִי, יְדִידוּתִי
cordial *n.* מַשְׁקֶה מְחַזֵּק
cordiality *n.* חֲמִימוּת, לְבָבִיּוּת
cordon *n., v.* שַׁרְשֶׁרֶת (שוטרים וכד'); הִקִּיף בְּשַׁרְשֶׁרֶת
corduroy *n., adj.* (אריג) קוֹרְדוּרוֹי
core *n.* לֵב הַפְּרִי; לֵב, תָּוֶךְ
core *v.* הוֹצִיא לִבָּה מ
corespondent *n.* מְעוֹרָב שְׁלִישִׁי (נתבע[ת] במשפט כשותף[ת] לניאוף)
cork *n.* שַׁעַם; פְּקָק
cork *v.* פָּקַק; הִשְׁחִיר (בשעם חרוך)
corking *adj.* 'עָצוּם', מְצוּיָּן!
corkscrew *n., adj.* מַחְלֵץ (פקקים) בּוֹרְגִי
corkscrew *v.* הִסְתּוֹבֵב כְּבוֹרֶג (ספיראלית)
corn *n.* תְּבוּאָה, דָּגָן; תִּירָס (בארה"ב)
corncob *n.* אֶשְׁבּוֹל תִּירָס
cornea *n.* קַרְנִית הָעַיִן
corner *n.* קֶרֶן, פִּינָּה, זָוִית
corner *v.* לָחַץ אֶל הַפִּינָּה, לָחַץ אֶל הַקִּיר; יָצַר מוֹנוֹפּוֹל
corner cupboard *n.* אֲרוֹן פִּינָּה
cornerstone *n.* אֶבֶן־פִּינָּה, יְסוֹד
cornet *n.* קוֹרְנִית (כלי נשיפה)
corn exchange *n.* בּוּרְסַת הַדְּגָנִים
cornflour *n.* עֲמִילַן הַתִּירָס, קֶמַח תִּירָס, תִּירָס טָחוּן
cornflower *n.* דְּגָנִיָּה (פרח)
cornhusk *n.* מוֹץ תִּירָס
cornice *n.* כַּרְכּוֹב
corn-meal *n.* קֶמַח דָּגָן; קֶמַח תִּירָס

corn on the cob *n.* תִּירָס בְּקֶלַח
cornstalk *n.* קֶלַח תִּירָס
cornstarch *n.* עֲמִילַן הַתִּירָס, קֶמַח תִּירָס, תִּירָס טָחוּן
cornucopia *n.* קֶרֶן הַשֶּׁפַע, שֶׁפַע
corny *adj.* דְגָנִי; מְעוּשֶּׂה, עָלוּב, מְיוּשָּׁן, רַגְשָׁנִי
corolla *n.* כּוֹתֶרֶת (של פרח)
corollary *n.* מַסְקָנָה; תּוֹצָאָה
corona *n.* הִילָּה (מסביב לשמש או לירח בשעת ליקוי)
coronary *n.* שֶׁל כֶּתֶר, דְמוּי כֶּתֶר; שֶׁל הַלֵּב, שֶׁל וְרִידִים
coronation *n.* טֶקֶס הַכְתָּרָה
coroner *n.* חוֹקֵר מִקְרֵי מָוֶות
coroner's inquest *n.* חֲקִירַת מִקְרֵה מָוֶות
coronet *n.* כֶּתֶר קָטָן, כִּתְרוֹן
corporal *n.* רַב־טוּרַאי, רַב טוּרָאִית
corporal *adj.* גּוּפָנִי
corporal punishment *n.* עוֹנֶשׁ גּוּפָנִי, מַכּוֹת, מַלְקוֹת
corporation *n.* תַּאֲגִיד, קוֹרְפּוֹרַצְיָה
corporeal *adj.* גּוּפָנִי, גַּשְׁמִי
corps *n. pl.* חַיִל, יְחִידָה (של שתֵי דיוויזיות או יותר); סֶגֶל, צֶוֶות
corps de ballet *n.* לַהֲקַת בַּלֶּט
corpse *n.* גּוּפָה, גְוִוִיָּה
corpulent *adj.* שָׁמֵן, בַּעַל בָּשָׂר
corpus *n.* קוֹרְפּוּס (אוסף כתבי־יד על נוֹשֵׂא מסוים); גּוּף, גְוִוִיָּה
corpuscle *n.* גּוּפִיף, כַּדּוּרִית דָם
corral *n.* מִכְלָאָה
corral *v.* כָּלָא בְּמִכְלָאָה
correct *v.* תִּיקֵּן; עָנַשׁ, יִיסֵּר
correct *adj.* נָכוֹן; הוֹלֵם
correction *n.* תִּיקּוּן; עוֹנֶשׁ
corrective *adj., n.* מְתַקֵּן; מַצָּב הַטָּעוּן תִּיקּוּן
correctness *n.* נְכוֹנוּת; הֲלִימוּת
correlate *v.* קִישֵּׁר עִם; תָּאַם
correlate *adj.* קָשׁוּר עִם
correlation *n.* מִתְאָם, קוֹרֶלַצְיָה, הֲדָדִיּוּת, יַחַס גּוֹמְלִין
correlative *adj., n.* תּוֹאֵם; מִלַּת (או בִּיטּוּי) הֲדָדִיּוּת
correspond *v.* הִתְאִים, תָּאַם; הָיָה דוֹמֶה; הִקְבִּיל
correspondence *n.* הַתְאָמָה, דִמְיוֹן; הִתְכַּתְּבוּת
correspondence school *n.* בֵּית־סֵפֶר לְשִׁיעוּרִים בִּכְתָב
correspondent *adj.* מַקְבִּיל
correspondent *n.* מִתְכַּתֵּב; כַּתָּב
corresponding *adj.* מַקְבִּיל
corridor *n.* פְּרוֹזְדוֹר, מִסְדְּרוֹן
corroborate *v.* אִישֵּׁר, חִיזֵּק
corrode *v.* שׁוּתַּךְ, נֶאֱכַל, הֶחְלִיד; שִׁיתֵּךְ, אִיכֵּל
corrodible *adj.* שָׁתִיךְ
corrosion *n.* שִׁיתּוּךְ, אִיכּוּל, בְּלִיָּה, הַחְלָדָה
corrosive *adj., n.* מְשַׁתֵּךְ
corrosiveness *n.* נְטִיָּה לְשִׁיתּוּךְ, הַחְלָדָה; סְחִיפָה
corrugated *adj.* גַּלִּי; מְכוּפָף בְּצוּרָה גַּלִּית
corrupt *v.* הִשְׁחִית, נַעֲשָׂה מוּשְׁחָת
corrupt *adj.* מוּשְׁחָת; מְשׁוּבָּשׁ
corruption *n.* שְׁחִיתוּת
corsage *n.* צְרוֹר פְּרָחִים (לאישה); חֲזִיַּית הַשִּׂמְלָה

corsair *n.* (אוניית) שודד־ים
corset *n.* מָחוֹך
cortege *n.* פָּמַלְיָה, בְּנֵי לְוָויָה
cortex *n.* קְלִיפַּת הַגֶּזַע; קְרוּם הַמּוֹחַ
cortisone *n.* קוֹרְטִיזוֹן (תרופה לדלקת מִפרקים ועוד)
corvee *n.* מַס עוֹבֵד; עֲבוֹדַת פֶּרֶךְ
cosh *v.* הִכָּה בְּאַלָּה
cosignatory *n.* מִצְטָרֵף לַחֲתִימָה
cosmetic *adj.* תַּמְרוּקִי, קוֹסְמֵטִי
cosmetic *n.* תַּמְרוּקִים, קוֹסְמֵטִיקָה
cosmic *adj.* יְקוּמִי, קוֹסְמִי
cosmonaut *n.* מַרְקִיעָן, חֲלָלַאי, אַסְטְרוֹנָאוּט
cosmopolitan *adj., n.* הַשַּׁיָּךְ לְכָל חֶלְקֵי הָעוֹלָם
cosmos *n.* הַיְקוּם, הַקּוֹסְמוֹס
cosset *v.* פִּינֵּק
cost *n.* עֲלוּת, מְחִיר, הוֹצָאָה
cost *v.* (לגבי מחיר) עָלָה
cost accounting *n.* חֶשְׁבּוֹנָאוּת עֲלוּת, תַּמְחִיר
cost, insurance and freight *n.* סִי"ף, עֲלוּת, בִּיטּוּחַ וְהוֹבָלָה
cost of living *n.* יוֹקֶר הַמִּחְיָה
costly *adj.* יָקָר; מְפוֹאָר
costume *n.* תִּלְבּוֹשֶׁת, חֲלִיפַת נָשִׁים
costume ball *n.* נֶשֶׁף תַּחְפּוֹשׂוֹת
costume jewellery *n.* תַּכְשִׁיטִים מְלָאכוּתִיִּים
cosy *see* **cozy**
cot *n.* מִיטָּה קְטַנָּה, מִיטוֹנֶת
cote *n.* מִסְתּוֹר (לצאן או לציפורים)
coterie *n.* חוּג; כַּת
cotillion *n.* קוֹטִילְיוֹן (מחול עליז; מנגינת המחול)

cottage *n.* בַּיִת כַּפְרִי, בֵּית קַיִץ
cottage cheese *n.* גְּבִינַת קוֹטֶג'
cotton *n., adj.* כּוּתְנָה
cotton-gin *n.* מַנְפֵּטָה (מכונה להפרדת סיבי כותנה)
cotton wool *n.* צֶמֶר גֶּפֶן
cottony *adj.* רַךְ, דְּמוּי צֶמֶר־גֶּפֶן
couch *v.* נִיסֵּחַ; הִשְׁתַּטֵּחַ
couch *n.* סַפָּה
couchette *n.* מִיטָּה (ברכבת)
cougar *n.* קוּגָר, נָמֵר
cough *n.* שִׁיעוּל
cough *v.* הִשְׁתַּעֵל
cough drop *n.* סוּכָּרִיָּה נֶגֶד שִׁיעוּל
cough syrup *n.* תְּמִיסָּה נֶגֶד שִׁיעוּל
could *see* **can**
council *n.* מוֹעָצָה
councilman *n.* חֲבֵר מוֹעָצָה
councilor, councillor *n.* חֲבֵר מוֹעָצָה
counsel *n.* עֵצָה; הִתְיַיעֲצוּת, דֵּעָה
counsel *v.* יִיעֵץ, יָעַץ
counselor, counsellor *n.* יוֹעֵץ
count *n.* אָצִיל, רוֹזֵן
count *v.* סָפַר, מָנָה; לָקַח בְּחֶשְׁבּוֹן; נֶחְשַׁב
countdown *n.* סְפִירָה לְאָחוֹר (כגון 10, 9, 8, 7, 6 וכו')
countenance *n.* פָּנִים; הַבָּעַת פָּנִים, אַרֶשֶׁת תְּמִיכָה
countenance *v.* עוֹדֵד, אָהַד
counter *n.* דּוּכָן, דַּלְפֵּק
counter *adj., adv.* נֶגֶד; בְּדֶרֶךְ הֲפוּכָה
counter *v.* הִתְנַגֵּד לְ; סָתַר; הֵשִׁיב
counteract *v.* פָּעַל נֶגֶד, סִיכֵּל
counterattack *n.* הַתְקָפַת נֶגֶד
counterattack *v.* בִּיצֵּעַ הַתְקָפַת נֶגֶד
counter-balance *n.* מִשְׁקָל שֶׁכְּנֶגֶד

counterbalance *v.* פָּעַל נֶגֶד בְּכוֹחַ שָׁוֶה
counterclockwise *adv.* נֶגֶד מַהֲלַךְ הַשָּׁעוֹן
counterespionage *n.* רִיגּוּל נֶגְדִּי
counterfeit *v.* זִיֵּף; הֶעֱמִיד פָּנִים
counterfeit *n., adj.* מַעֲשֵׂה זִיּוּף; מְזוּיָּף
counterfeit money *n.* כֶּסֶף מְזוּיָּף
counterfeiter *n.* זַיְיפָן
countermand *v.* בִּיטֵּל (פקודה)
countermand *n.* פְּקוּדָה מְבַטֶּלֶת
countermarch *n.* צְעִידָה חֲזָרָה
countermarch *v.* חָזַר עַל עֲקָבָיו
counteroffensive *n.* מִתְקָפַת־נֶגֶד
counterpane *n.* כְּסוּת לְמִיטָּה
counterpart *n.* כְּפִיל, הֶעְתֵּק, כְּפָל; חֵלֶק מַקְבִּיל
counterplot *n.* תַּחְבּוּלַת־נֶגֶד
counterplot *v.* תִּחְבֵּל נֶגֶד
counterpoint *n.* (במוסיקה) קוֹנְטְרַפּוּנְקְט (מערכת קולות המתפתחים עצמאית זה לעומת זה, כגון קנון ופוגה); סוֹתֵר אֲבָל מַקְבִּיל; הִיפּוּךְ
counter-reformation *n.* רֵפוֹרְמַצְיָה נֶגֶד (רפורמציה שקדמה לה)
counterrevolution *n.* מַהְפֵּכָה נֶגְדִּית
countersign *v.* חָתַם חֲתִימָה מְאַשֶּׁרֶת
countersign *n.* סִיסְמָה סוֹדִית
counter-spy *n.* מְרַגֵּל נֶגְדִּי
counterstroke *n.* מַכָּה נֶגְדִּית
counterweight *n.* מִשְׁקָל שֶׁכְּנֶגֶד
countess *n.* אֲצִילָה, רוֹזֶנֶת
countless *adj.* לְאֵין סְפוֹר
countrified, countryfied *adj.* כַּפְרִי

country *n.* מְדִינָה; אֶרֶץ; מוֹלֶדֶת; אֵזוֹר כַּפְרִי
country *adj.* כַּפְרִי; שֶׁל אֶרֶץ
country club *n.* מוֹעֲדוֹן מִחוּץ לָעִיר
country cousin *n.* קָרוֹב בֶּן כְּפָר; תָּמִים, פָּשׁוּט
country estate *n.* אֲחוּזָּה כַּפְרִית
country folk *n.* בְּנֵי כְּפָר, כַּפְרִיִּים
country gentleman *n.* בַּעַל אֲחוּזָּה
countryman *n.* בֶּן אֶרֶץ; בֶּן כְּפָר
country people *n. pl.* בְּנֵי כְּפָר, כַּפְרִיִּים
countryside *n.* נוֹף; אֵזוֹר כַּפְרִי
countrywide *adj.* כָּל אַרְצִי, שֶׁבְּרַחֲבֵי הָאָרֶץ
county *n., adj.* שֶׁל מָחוֹז
county seat *n.* בִּירַת מָחוֹז
coup *n.* צַעַד מוּצְלָח; הֲפִיכָה
coup de grace *n.* מַכַּת חֶסֶד
coup détat *n.* הֲפִיכָה מְדִינִית (פתאומית, בלתי חוקית, מבוצעת בכוח), מַהְפָּךְ
coupé *n.* עֲגָלָה (שני מושבים בפנים ואחד בחוץ); מְכוֹנִית (שתי דלתות)
couple *n.* זוּג
couple *v.* הִצְמִיד; זִיוּוג; חִיבֵּר; הִזְדַוֵּג
coupler *n.* מַצְמִיד, מַצְמֵד (מכשיר)
couplet *n.* (בשיר) צֶמֶד חֲרוּזִים
coupon *n.* תְּלוּשׁ
courage *n.* אוֹמֶץ־לֵב, גְּבוּרָה
courageous *adj.* אַמִּיץ־לֵב
courier *n.* רָץ, שָׁלִיחַ
course *n.* מַסְלוּל, דֶּרֶךְ; מִגְרָשׁ מֵרוֹץ; מֶשֶׁךְ, מְרוּצָה; מַהֲלָךְ (מאורעות, מחלה וכו'); קוּרְס לִימּוּדִים; מָנָה (בארוחה); כִּיוּוּן; נָתִיב

course *v.* זָרַם, נָע מַהֵר
court *n.* חָצֵר; מִגְרָשׁ (לטניס וכד׳); פָּמַלְיַת הַמֶּלֶךְ; בֵּית־מִשְׁפָּט
court *v.* הֶחֱנִיף ל; חִיזֵּר אַחֲרֵי
court jester *n.* לֵיצַן הֶחָצֵר
court-martial *n., v.* בֵּית דִּין צְבָאִי; שָׁפַט בְּבֵית דִּין צְבָאִי
court-plaster *n.* אִיסְפְּלָנִית (מסוג מיוחד)
courteous *adj.* אָדִיב, מְנוּמָּס, נִימוּסִי
courtesan, courtezan *n.* זוֹנָה (לעשירים), זוֹנַת חָצֵר
courtesy *n.* אֲדִיבוּת, נִימוּס
courthouse *n.* בִּנְיַין בֵּית־מִשְׁפָּט
courtier *n.* אָצִיל בַּחֲצַר הַמֶּלֶךְ
courtly *adj.* נִימוּסִי, אָדִיב
courtroom *n.* אוּלַם־הַמִּשְׁפָּט
courtship *n.* חִיזּוּר
courtyard *n.* חָצֵר
couscous *n.* כַּסְכּוּסִים, ׳כּוּסְכּוּס׳
cousin *n.* דּוֹדָן, בֶּן־דּוֹד
cove *n.* מִפְרָץ קָטָן; בַּרְנָשׁ
cove *v.* קִישֵּׁת, קִיעֵר
covenant *n.* אֲמָנָה, בְּרִית
covenant *v.* כָּרַת בְּרִית; הִתְחַיֵּיב
cover *v.* כִּיסָּה; (בצבא) חִיפָּה; הֵכִיל, כָּלַל
cover *n.* מִכְסֶה; כִּיסּוּי; עֲטִיָּה; מַחְסֶה
cover charge *n.* תַּשְׁלוּם הַשְׁלָמָה (שמוסיפים במועדון לילה בעד שעשועים ושירותים)
cover girl *n.* נַעֲרַת הָעֲטִיפָה (על גבי שבועונים וכד׳)
cover-up *n.* הַסְוָואָה
coverage *n.* סִיקּוּר, כִּיסּוּי
coveralls *n. pl.* סַרְבָּל
covered wagon *n.* עֲגָלָה מְכוּסָּה (של חלוצי אמריקה לנסיעה בערבה)
covering *n.* כִּיסּוּי, עֲטִיפָה
coverlet *n.* כִּיסּוּי מִיטָּה
covert *adj.* נִסְתָּר, סוֹדִי, חֲשָׁאִי
covert *n.* מַחְסֶה, מַחֲבוֹא; סְבַךְ יַעַר
covet *v.* חָמַד
covetous *adj.* חַמְדָנִי, חוֹשֵׁק
covetousness *n.* תְּשׁוּקָה, חֵשֶׁק
covey *n.* לַהֲקַת צִיפּוֹרִים (מדגירה אחת); קְבוּצָה
cow *n.* פָּרָה
cow *v.* הִפְחִיד
coward *adj., n.* מוּג־לֵב, פַּחְדָן, פַּחְדָנִי
cowardice *n.* פַּחְדָנוּת, מוֹרֶךְ־לֵב
cowardly *adj., adv.* בְּפַחְדָנוּת; מוּג־לֵב, פַּחְדָנִי
cowbell *n.* פַּעֲמוֹן שֶׁל פָּרָה (שקשור לצווארה)
cowboy *n.* קָאוּבּוֹי, בּוֹקֵר
cower *v.* הִתְרַפֵּס מִפַּחַד
cowherd *n.* בּוֹקֵר
cowhide *n.* עוֹר בָּקָר; שׁוֹט עוֹר
cowhide *v.* הִצְלִיף בְּשׁוֹט
cowl *n.* בַּרְדָס, כְּסוּת רֹאשׁ
cowlick *n.* קְוֻוצַּת שֵׂעָר (שאינה מתיישרת)
coxcomb *n.* כַּרְבּוֹלֶת תַּרְנְגוֹל, רַבְרְבָן, רֵיקָא
coy *adj.* בַּיְישָׁנִי, צָנוּעַ
coyote *n.* זְאֵב עֲרָבוֹת (במערב ארה״ב)
cozy, cosy *adj.* נוֹחַ, נָעִים
crab *n.* סַרְטָן
crab *v.* הִתְאוֹנֵן
crab apple *n.* תַּפּוּחַ־בַּר
crabbed *adj.* נוּקְשֶׁה; חָמוּץ; רַגְזָן
crack *n.* קוֹל־פִּיצּוּחַ; הַצְלָפַת־שׁוֹט; בְּקִיעַ, סֶדֶק; רֶגַע; (המונית) בְּרִיחָה

crack *v.* הִשְׁמִיעַ קוֹל־נֶפֶץ; פִּיצֵחַ; הִצְלִיף; סִידֵק; פָּרַץ (קופה); סִיפֵּר (בדיחה); נִסְדַק; נִשְׁבַּר

crack *adj.* מְצֻטְיָין, (המונית) מִמַּדְרֵגָה רִאשׁוֹנָה

crack-up *n.* הִתְנַגְּשׁוּת, הִתְמוֹטְטוּת

cracked *adj.* סָדוּק, מְבוּקָע; פָּגוּם; (המונית) מְטוֹרָף

cracker *n.* מַצִּייָה, פַּכְּסָם; זִיקּוּק־אֵשׁ

crackpot *n.* (המונית) תִּימְהוֹנִי, מְטוֹרָף

cradle *n.* עֶרֶשׂ, עֲרִיסָה

cradle *v.* הִשְׁכִּיב בַּעֲרִיסָה; שִׁימֵּשׁ מַחֲסֶה

craft *n.* מְלָאכָה, אוּמָנוּת; עוֹרְמָה, עַרְמוּמִיּוּת; סְפִינָה

craftiness *n.* עוֹרְמָה, עַרְמוּמִיּוּת

craftsman *n.* אוּמָן; בַּעַל־מִקְצוֹעַ

craftsmanship *n.* אוּמָנוּת, מִקְצוֹעִיּוּת

crafty *adj.* עָרוּם, נוֹכֵל

crag *n.* צוּק

cram *v.* דָּחַס; פִּיטֵּם; לָמַד בְּקֶצֶב מְזוֹרָז

cram *n.* פִּיטּוּם; זְלִילָה; לִימּוּד בְּחִיפָּזוֹן

cramp *n.* הִתְכַּוְּוצוּת שְׁרִירִים; מַלְחֶצֶת

cramp *v.* הִידֵּק בְּמַלְחֶצֶת; הִגְבִּיל, עָצַר

crane *n.* עָגוּר; עֲגוּרָן, מָנוֹף

crane *v.* הֵנִיף בַּעֲגוּרָן; זָקַף צַוָּאר

cranium *n.* גּוּלְגּוֹלֶת

crank *v.* חִיזֵּק בְּאַרְכּוּבָה

crank *n.* אַרְכּוּבָה; (דיבורית) נִרְגָּן; אָדָם מְשׁוּנֶּה

crankcase *n.* בֵּית־הָאַרְכּוּבָה

crankshaft *n.* גַּל הָאַרְכּוּבָה

cranky *adj.* נִרְגָּן; מְשׁוּנֶּה, תִּימְהוֹנִי; רוֹפֵף, לֹא יַצִּיב

cranny *n.* נְקִיק

crap *n.* שְׁטוּיוֹת

crape *n.* מַלְמָלָה, קְרֶפּ; סֶרֶט אֵבֶל

craps *n. pl.* מִשְׂחַק קוּבִּיּוֹת

crash *v.* נִיפֵּץ; עָבַר בְּרַעַשׁ וּבְכוֹחַ; (מָטוֹס וכד') הִתְרַסֵּק; הִתְנַפֵּץ

crash *n.* הִתְנַפְּצוּת, הִתְרַסְּקוּת; הִתְמוֹטְטוּת, מַפּוֹלֶת; קוֹל רַעַם

crash-dive *n.* צְלִילַת חֵירוּם

crash helmet *n.* קַסְדָּה, קַסְדַּת מָגֵן

crash program *n.* תּוֹכְנִית אִינְטֶנְסִיוִוית

crass *adj.* גַּס

crassly *adv.* בְּטִיפְּשׁוּת מוּחְלֶטֶת, בְּבַעֲרוּת גַּסָּה

crate *n.* תֵּיבַת אֲרִיזָה

crate *v.* אָרַז בְּתֵיבָה

crater *n.* לוֹעַ (הר געש), מַכְתֵּשׁ

cravat *n.* עֲנִיבָה

crave *v.* הִשְׁתּוֹקֵק אֶל; הִתְחַנֵּן לִפְנֵי

craven *adj., n.* פַּחְדָנִי; מוּג־לֵב

craving *n.* תְּשׁוּקָה

craw *n.* זֶפֶק

crawl *v.* זָחַל; רָחַשׁ

crawl *n.* זְחִילָה; שְׂחִיַּית חֲתִירָה

crayon *n., adj.* עִיפָּרוֹן; שֶׁל צִיּוּר בְּצִבְעֵי עִיפָּרוֹן

craze *v.* שִׁיגֵּעַ

craze *n.* שִׁיגָּעוֹן; אוֹפְנָה חוֹלֶפֶת

crazy *adj.* רוֹפֵף, לֹא יַצִּיב; מְטוֹרָף; (דיבורית) 'מְשׁתַּגֵּעַ' אַחֲרֵי

crazy bone *n.* (דיבורית) עֶצֶם הַמַּרְפֵּק

creak *n.* חֲרִיקָה

creak *v.* חָרַק

creaky *adj.* חוֹרֵק, חוֹרְקָנִי

cream *n.* שַׁמֶּנֶת, קְצֶפֶת; מֵיטָב; מִשְׁחָה

cream *v.* עָשָׂה שַׁמֶּנֶת; לָקַח אֶת הַחֵלֶק הַטּוֹב בְּיוֹתֵר

cream cheese *n.* גְּבִינָה לְבָנָה שְׁמֵנָה

cream puff *n.* תּוּפִין שַׁמֶּנֶת
creamery *n.* מַחְלָבָה
creamy *adj.* מָלֵא שַׁמֶּנֶת; דּוֹמֶה לְשַׁמֶּנֶת
crease *n.* קֶמֶט
crease *v.* קִימֵּט; הִתְקַמֵּט
create *v.* בָּרָא, יָצַר
creation *n.* בְּרִיאָה, יְצִירָה
Creation *n.* בְּרִיאַת הָעוֹלָם
creative *adj.* יוֹצֵר, יוֹצְרָנִי
creator *n.* בּוֹרֵא, יוֹצֵר
creature *n.* יְצִיר; יְצוּר; חַיָּה
creche *n.* (בבריטניה) מָעוֹן יוֹמִי לְתִינוֹקוֹת
credence *n.* אֵמוּן
credentials *n. pl.* כְּתַב הָאֲמָנָה
credible *adj.* אָמִין
credit *n.* אֵמוּן; כָּבוֹד; אַשְׁרַאי, הֲקָפָה; שֶׁבַח; זְכוּת (בחשבונות)
credit *v.* הֶאֱמִין בְּ, בָּטַח בְּ; זָקַף לִזְכוּת; נָתַן כָּבוֹד; (בהנהלת־חשבונות) זִיכָּה
credit card *n.* כַּרְטִיס אַשְׁרַאי
creditable *adj.* רָאוּי לְשֶׁבַח
creditor *n.* נוֹשֶׁה; זַכַּאי (לתשלום)
credo *n.* אֱמוּנָה, אֲנִי מַאֲמִין
credulous *adj.* נוֹחַ לְהַאֲמִין
creed *n.* עִיקְּרֵי אֱמוּנָה
creek *n.* פֶּלֶג, מִפְרָץ קָטָן
creep *v.* זָחַל; טִיפֵּס (לגבי צמח)
creeper *n.* זוֹחֵל, רוֹמֵשׂ; (צמח) מְטַפֵּס
creeping *adj.* זוֹחֵל; (צמח) מְטַפֵּס
cremate *v.* שָׂרַף מֵת
cremation *n.* שְׂרֵיפַת מֵת
crematory *n.* בֵּית מִשְׂרְפוֹת מֵתִים, קְרֶמָטוֹרְיוּם
creme de menthe *n.* לִיקֶר מֶנְתָּה
crepe *n.* קְרֶפּ (חומר עשוי מקאוצ'וק משמש לסוליות)
crescent *adj.* בְּצוּרַת חֶרְמֵשׁ,הוֹלֵךְ וְגָדֵל
crescent *n.* חֶרְמֵשׁ; חֲצִי סַהַר
cress *n.* צֶמַח חַרְדְּלִי
crest *n.* כַּרְבּוֹלֶת, רַעְמָה, צִיצִית רֹאשׁ; שֶׁלֶט אַבִּירִים, סֵמֶל; שִׂיא
crestfallen *adj.* מְדוּכָּא, שָׁבוּר
cretonne *n.* קְרֶטוֹן, אָרִיג כּוּתְנָה מְצוּיָּר
crevasse *n.* נְקִיק, בְּקִיעַ עָמוֹק
crevice *n.* סֶדֶק
crew *n.* צֶוֶות (במטוס, באוניה)
crew cut *n.* תִּסְפּוֹרֶת חֲלָקָה וּקְצָרָה
crib *n.* עֲרִיסָה; הַעְתָּקָה לֹא־חוּקִית
crib *v.* הֶעְתִּיק לְלֹא רְשׁוּת
cribbage *n.* קְרִיבָּג' (משחק קלפים)
crick *n.* כִּיוּוּץ (שרירים בעורף או בגב)
cricket *n.* (מִשְׂחָק) קְרִיקֶט; (דיבורית) מִשְׂחָק הָגוּן; צְרָצַר
crier *n.* צוֹעֵק; כָּרוֹז
crime *n.* פֶּשַׁע, עֲבֵירָה
criminal *n., adj.* עֲבַרְיָן, פּוֹשֵׁעַ פְּלִילִי
criminal claim *n.* תְּבִיעָה פְּלִילִית
criminal code *n.* מַעֲרֶכֶת הַחוֹק הַפְּלִילִי
criminal law *n.* חוֹק פְּלִילִי, דִּינֵי עוֹנָשִׁים
criminal negligence *n.* הַזְנָחָה פּוֹשַׁעַת
crimp *v.* קִימֵּט; קִיפֵּל
crimp *n.* קִימּוּט, גִּיהוּץ קְפָלִים; סִלְסוּל (שֵׂעָר)
crimson *n., adj.* אַרְגָּמָן
crimson *v.* הִתְאַדֵּם, הִסְמִיק
cringe *v.* הִתְכַּוֵּוץ מִפַּחַד, הִתְרַפֵּס; הִתְרַפְּסוּת

crinkle *n.* קֶמֶט, סִלְסוּל דַק (בְּשֵׂעָר)
cripple *n.* נָכֶה, מוּגְבָּל (בתנועה)
cripple *v.* עָשָׂה לְבַעַל מוּם; גָרַם נֶזֶק
crisis *n.* (*pl.* **crises**) מַשְׁבֵּר
crisp *adj.* פָּרִיךְ; אֵיתָן וְרַעֲנָן; מוּחְלָט, קוֹלֵעַ
crisps *n. pl.* טוּגָנִים, צִ׳יפְּס
criss-cross בְּצוּרַת תַּשְׁבֵּץ, שְׁתִי וָעֵרֶב
criterion *n.* (*pl.* **criteria**) אֶבֶן בּוֹחַן; קְנֵה מִידָּה, קְרִיטֶרְיוֹן
critic *n.* מְבַקֵּר
critical *adj.* בִּיקָרְתִּי; מַשְׁבְּרִי; חָמוּר, קְרִיטִי
criticism *n.* בִּיקֹרֶת
criticize *v.* בִּיקֵּר, מָתַח בִּיקוֹרֶת
critique *n.* מַאֲמַר בִּיקוֹרֶת
croak *v.* קִרְקֵר; (המונית) מֵת
croak *n.* קִרְקוּר
crochet *n.* רְקִימַת אוּנְקָל
crochet *v.* רָקַם בְּאוּנְקָל
crochet needle *n.* אוּנְקַל צְנִירָה
crocheting *n.* צְנִירָה
crock *n.* כַּד, כְּלִי־חֶרֶס; שֶׁבֶר כְּלִי
crockery, crockeryware *n.* כְּלֵי־חֶרֶס
crocodile *n.* תַּנִּין
crocodile tears *n. pl.* דִמְעוֹת־תַּנִּין
crocus *n.* כַּרְכּוֹם
croissant *n.* סַהֲרוֹן (לחמנית בצורת חצי טבעת)
crone *n.* זְקֵנָה בָּלָה
crony *n.* חָבֵר מְקוֹרָב
crook *n.* מַקֵּל רוֹעִים; מַטֵּה בִּישׁוֹפִים; עִיקּוּל; כִּיפוּף; נוֹכֵל, רַמַּאי
crook *v.* כּוֹפֵף, עִיקֵּם; הִתְעַקֵּם
crooked *adj.* עָקוֹם, לֹא הָגוּן, נוֹכֵל
crooked back *n.* גִּיבֵּן (או גיבנת)
croon *v.* זִימֵּר בְּקוֹל רַךְ וְנִרְגָּשׁ
crooner *n.* מְזַמֵּר בְּקוֹל רַךְ וְנִרְגָּשׁ
crop *n.* יְבוּל, תְּנוּבָה; שׁוֹט, זֶפֶק
crop *v.* חָתַךְ, קָטַם, קִיצֵּץ, קָצַר; (לגבי חיות) לִיחֵךְ
crop dusting *n.* רִיסּוּס בְּמְטוֹסִים
crop up *v.* הוֹפִיעַ פִּתְאוֹם, צָץ
croquet *n.* קְרוֹקֶט
croquette *n.* כּוּפְתָּה, כַּדּוּר
crosier, crozier *n.* מַטֵּה בִּישׁוֹף
cross *n.* צְלָב; יִיסּוּרִים; (בחקלאות) הַכְלָאָה; תַּעֲרוֹבֶת
cross *v.* חָצָה; הִצְטַלֵּב; הִכְשִׁיל
cross *adj.* חוֹצֶה; מִצְטַלֵּב; מְנוּגָּד; רוֹגֵז; מוּכְלָא
cross-country *adj., adv.* דֶרֶךְ הַשָּׂדוֹת
cross-examination *n.* חֲקִירַת נֶגֶד
cross-examine *v.* חָקַר חֲקִירַת נֶגֶד
cross-eyed *adj.* פּוֹזֵל
cross-reference *n.* הַפְנָיָה (למקום אחר בספר)
cross-road(s) *n.* צוֹמֶת דְרָכִים
cross-section *n.* חֲתָךְ לָרוֹחַב
cross-street רְחוֹב חוֹצֶה
crossbones *n.pl.* תִּצְלוֹבֶת עֲצָמוֹת (כסמל למוות)
crossbreed *n.* בֶּן־כִּלְאַיִים (חי או צמח)
crossbreed *v.* הִכְלִיא (כנ״ל)
crosscurrent *n.* זֶרֶם נֶגְדִּי
crossed cheque *n.* שֶׁק מְסוּרְטָט (למוטב)
crossing *n.* חֲצִייָה; צוֹמֶת; תִּצְלוֹבֶת; מַעֲבַר חֲצָיָה; הַכְלָאָה
crossing gate *n.* מַחְסוֹם רַכֶּבֶת
crossing point *n.* נְקוּדַת חֲצִיָּיה

crosspatch *n.* רַגְזָן
crosspiece *n.* קוֹרַת רוֹחַב, יְצוּל
crossword puzzle *n.* חִידַת תַּשְׁבֵּץ
crotch *n.* מִסְעָף, הִתְפַּלְּגוּת; מִפְשָׂעָה
crotchety *adj.* בַּעַל קַפְּרִיסוֹת, גַּחְמָן
crouch *v.* שָׁחָה; הִתְכּוֹפֵף, כָּרַע
crouch *n.* כְּרִיעָה, הִתְכּוֹפְפוּת, שְׁחִיָּה
croup *n.* (ברפואה) אַסְכָּרָה (מחלה חריפה באזור הלוע)
croupier *n.* קוּפַּאי (במשחקי הימורים)
crouton *n.* פַּת צְנִים
crow *n.* עוֹרֵב; קִרְקוּר (תרנגול)
crow *v.* קִרְקֵר; הִתְרַבְרֵב
crowbar *n.* דֶּקֶר מַזְלְגִי (להזזת דברים כבדים)
crowd *n.* הָמוֹן, קָהָל; חֲבוּרָה
crowd *v.* הִתְקַהֵל; נִדְחַק, מִילֵּא בִּצְפִיפוּת
crowded *adj.* צָפוּף, דָּחוּס
crown *n.* כֶּתֶר; כּוֹתֶרֶת (בשן); גּוּלַּת הַכּוֹתֶרֶת; קְרָאוּן (מטבע)
crown *v.* הִכְתִּיר; הִמְלִיךְ; עִיטֵּר רֹאשׁ; (המונית) הִכָּה בְּרֹאשׁוֹ שֶׁל
crown prince *n.* יוֹרֵשׁ עֶצֶר
crow's nest *n.* מִצְפֶּה (בתורן אונייה)
crucial *adj.* מַכְרִיעַ
crucible *n.* כּוּר הִיתּוּךְ, מַצְרֵף; מִבְחָן קָשֶׁה
crucifix *n.* דְּמוּת הַצָּלוּב (ישו)
crucifixion *n.* צְלִיבָה
crucify *v.* צָלַב, עִינָּה
crude *adj.* גּוֹלְמִי; לֹא מְשׁוּכְלָל, גַּס
crudity *n.* גּוֹלְמִיּוּת; חוֹסֶר שִׁכְלוּל; גַּסּוּת
cruel *adj.* אַכְזָרִי
cruelty *n.* אַכְזְרִיּוּת
cruet *n.* בַּקְבּוּק קָטָן, צְלוֹחִית (לשמן וכד', לְשׁוּלחן)
cruise *v.* שִׁיֵּט (להנאה מנמל לנמל)
cruise *n.* שִׁיּוּט; טִיסָה
cruiser *n.* מְשַׁיֵּט, מְסַיֵּר; (בחיל־הים) סַיֶּרֶת, אֳנִיַּית קְרָב
cruising radius *n.* טְוַח שִׁיּוּט
cruller *n.* רְקִיק סוּפְגָּנִית
crumb *n.* פֵּירוּר, קוּרְטוֹב
crumb *v.* הוֹסִיף פֵּירוּרֵי לֶחֶם; פּוֹרֵר
crumb cake *n.* פִּרְפּוּרֶת (עוגה שזרויים עליה פירורי בצק)
crumble *v.* פּוֹרֵר; הִתְפּוֹרֵר
crummy *adj.* מְלוּכְלָךְ; שָׁפָל
crumpet *n.* עוּגָה (עגולה ושטוחה)
crumple *v.* קִימֵּט; הִתְקַמֵּט; הִתְמוֹטֵט
crunch *v.* כָּתַשׁ בְּשִׁינָּיו בְּרַעַשׁ; מָעַךְ בְּרַעַשׁ
crunch *n.* כְּתִישָׁה; קוֹל כְּתִישָׁה
crunchy *adj.* נִמְעָךְ בְּרַעַשׁ
crusade *n.* מַסַּע צְלָב
crusader *n.* צַלְבָן; לוֹחֵם
crush *v.* מָעַךְ; רִיסֵּק, גָּרַס
crush *n.* מְעִיכָה; הִתְרַסְּקוּת; דּוֹחַק; (המונית) תְּשׁוּקָה
crush hat *n.* כּוֹבַע מִתְקַפֵּל
crust *n.* קְרוּם; גֶּלֶד
crust *v.* הִקְרִים; קָרַם; הִגְלִיד
crustacean *adj., n.* מִבַּעֲלֵי הַקְּרוּמִים (כגון סרטן)
crusty *adj.* בַּעַל קְלִיפָּה; נוּקְשֶׁה
crutch *n.* קַב; מִשְׁעֶנֶת
crutches *n.pl.* קַבַּיִים
crux *n.* עִיקָּר
cry *n.* קְרִיאָה, צְעָקָה; בְּכִי, יְלָלָה; סִיסְמָה
cry *v.* קָרָא, צָעַק, בָּכָה יִילֵּל
crybaby *n.* בַּכְיָין
crypt *n.* כּוּךְ

cryptic *adj.* חֲשָׁאִי, מִסְתּוֹרִי, לֹא מוּבָן
cryptogram *n.* כְּתַב סְתָרִים
crystal *n.* גָּבִישׁ; בְּדוֹלַח
crystal ball *n.* כַּדּוּר בְּדוֹלַח
crystalline *adj.* גְּבִישִׁי
crystallize *v.* יָצַר גְּבִישִׁים;
נַעֲשָׂה גָּבִישׁ; הִתְגַּבֵּשׁ
cub *n.* גּוּר
cub reporter *n.* כַּתָּב טִירוֹן
cubby-hole *n.* כּוּךְ, חָלָל סָגוּר
cube *n.* קוּבִּיָּה; חֶזְקָה שְׁלִישִׁית
cube *v.* הֶעֱלָה לְחֶזְקָה שְׁלִישִׁית
cubic,cubical *adj.* מְעוּקָּב
cubicle *n.* חֲדַר שֵׁינָה קָטָן;
תָּא (מופרד בתוך חדר)
cubism *n.* קוּבִּיזְם (זרם באמנות
הציור והפיסול שעיקרו תיאור
העצמים בטבע כגופים הנדסיים
פשוטים)
cubit *n.* אַמָּה (מידת אורך, 43־56 ס"מ)
cuckold *n.* בַּעַל קַרְנַיִים
cuckold *v.* הִצְמִיחַ קַרְנַיִים
cuckoo *n.* קוּקִיָּה
cuckoo *adj.* (דיבורית) מְשׁוּגָּע, אֱוִיל
cuckoo-clock *n.* שְׁעוֹן קוּקִיָּה
cucumber *n.* מְלָפְפוֹן
cud *n.* גֵּרָה (שמעלים כמה
בע"ח ללעיסה חוזרת)
cuddle *v.* חִיבֵּק; הִתְחַבֵּק; הִתְרַפֵּק
cuddle *n.* חִיבּוּק שֶׁל חִיבָּה
cudgel *n.* אַלָּה
cudgel *v.* חָבַט בְּאַלָּה
cue *n.* סִימָנִית; אוֹת, רֶמֶז;
מַקֵּל (ביליארד)
cuff *n.* שַׁרְווּלִית, חֵפֶת
cuff *v.* סָטַר, הָלַם

cuff-link *n.* כַּפְתּוֹר חֵפֶת, רֶכֶס שַׁרְווּלִית
cuisine *n.* מִטְבָּח; שִׁיטַת בִּישׁוּל
cul-de-sac *n.* מָבוֹי סָתוּם,
דֶּרֶךְ לְלֹא מוֹצָא
culinary *adj.* שֶׁל בִּישׁוּל, מִטְבָּחִי
cull *v.* בֵּירֵר, לִיקֵּט
culminate *v.* הִגִּיעַ לְשִׂיא; הִסְתַּיֵּים
culpable *adj.* נִפְשָׁע; אָשֵׁם; פְּלִילִי
culprit *n.* נֶאֱשָׁם; עֲבַרְיָין
cult *n.* פּוּלְחָן
cultivate *v.* עִיבֵּד (אדמה); תִּרְבֵּת, גִּידֵּל
cultivated *adj.* תַּרְבּוּתִי, מְתוּרְבָּת;
מְטוּפָּח
cultivation *n.* עִיבּוּד; תִּרְבּוּת, גִּידּוּל,
טִיפּוּחַ
culture *n., v.* גִּידּוּל; תַּרְבּוּת;
עִיבֵּד, גִּידֵּל (כנ"ל)
cultured *adj.* תַּרְבּוּתִי, מְתוּרְבָּת
culvert *n.* תְּעָלָה, מוֹבִיל מַיִם
cumbersome,cumbrous *adj.* מְגוּשָּׁם
cumin *n.* כַּמּוֹן (צמח תבלין)
cumulative *adj.* מִצְטַבֵּר
cuneiform *n.* כְּתַב הַיְתֵדוֹת
(הכתב העתיק של האשורים והבבלים)
cunning *adj.* עָרוּם, עַרְמוּמִי
cunning *n.* עַרְמוּמִיּוּת, עוֹרְמָה
cup *n.* סֵפֶל; גָּבִיעַ
cup *v.* הִקִּיז דָּם
cupboard *n.* אֲרוֹן כֵּלִים, מִזְנוֹן
cupid *n.* (במיתולוגיה הרומית)
קוּפִּיד, אֵל הָאַהֲבָה
cupidity *n.* תַּאֲוָוה, חַמְדָנוּת
cupola *n.* כִּיפָּה (על גג)
cur *n.* כֶּלֶב עָזוּב; פַּחְדָן
curate *n.* כּוֹמֶר, עוֹזֵר לְכוֹמֶר
curative *adj., n.* מְרַפֵּא, רִיפּוּיִי; תְּרוּפָה

curator *n.* מְנַהֵל מוּזֵיאוֹן
curb *v.* רִיסֵּן, רָתַם (סוס)
curb *n.* רֶסֶן; רִיסּוּן; שְׂפַת הַמִּדְרָכָה
curbstone *n.* אֶבֶן מִדְרָכָה
curd *n.* זִבְדָּה (או נוזל קרוש דומה)
curd *v.* הִקְרִישׁ; נִקְרַשׁ
curdle *v.* הִקְרִישׁ; נִקְרַשׁ, הִתְגַּבֵּן
cure *n.* רִיפּוּי; תְּרוּפָה
cure *v.* רִיפֵּא; עִישֵּׁן, שִׁימֵּר, כָּבַשׁ (בשר)
cure-all *n.* תְּרוּפָה לַכּוֹל
curfew *n.* עוֹצֶר, שְׁעַת הָעוֹצֶר
curio *n.* חֵפֶץ נָדִיר
curiosity *n.* סַקְרָנוּת
curious *adj.* סַקְרָן, מְסַקְרֵן; מוּזָר
curl *n.* תַּלְתַּל, סִלְסוּל
curl *v.* (לגבי שער) סִלְסֵל, תִּלְתֵּל; הִסְתַּלְסֵל; הִתְעַקֵּל
curlicue *n.* אוֹת מְסוּלְסֶלֶת
curling *n.* תִּלְתּוּל, הִסְתַּלְסְלוּת שֵׂעָר
curly *adj.* מְתוּלְתָּל
curly cabbage *n.* כְּרוּב מְסוּלְסָל
curmudgeon *n.* קַמְצָן, כִּילַי
currency *n.* כֶּסֶף בְּמַחְזוֹר, עוֹבֵר לַסּוֹחֵר, מַטְבֵּעַ; מַהֲלָכִים
current *n.* זֶרֶם, מַהֲלָךְ
current *adj.* נוֹכְחִי; שׁוֹטֵף; נָפוֹץ
current account *n.* חֶשְׁבּוֹן עוֹבֵר וָשָׁב
current events *n. pl.* עִנְיְינֵי הַיּוֹם
curriculum *n.* תּוֹכְנִית לִימּוּדִים
curriculum vitae *n.* תּוֹלְדוֹת חַיִּים (שמתבקש לצרף למכתבו מי שמציע עצמו למשרה)
curry *n.* קָארִי (תבלין הודי חריף; מאכל עם תבלין זה)
curry *v.* הֵכִין נָזִיד מְתוּבָּל בְּקָרִי; סֵרֵק, קִרְצֵף (סוס)
curse *n.* קְלָלָה
curse *v.* קִילֵּל, חֵירֵף
cursed *adj.* מְקוּלָּל; אָרוּר
cursive *adj., n.* רָהוּט; כְּתָב רָהוּט
cursory *adj.* נֶחְפָּז, שִׁטְחִי, מְרַפְרֵף
curt *adj.* קָצָר, מְקוּצָּר; מְקַצֵּר בְּדִיבּוּר
curtail *v.* קִיצֵּר, קִיצֵּץ
curtain *n.* וִילוֹן; מָסָךְ
curtain-call *n.* הוֹפָעַת שַׂחְקָנִים (לאחר תשואות הקהל בסוף ההצגה)
curtsy,curtsey *n.* קִידַּת חֵן (של אישה)
curve *n.* (במתמטיקה) עֲקוּמָּה; פִּיתּוּל (בכביש); חַמּוּק
curve *v.* עִיקֵּם, עִיקֵּל; הִתְעַקֵּם, הִתְפַּתֵּל
curved *adj.* עָקוּם, מְעוּקָּם
cushion *n.* כַּר, כָּרִית
cushion *v.* צִיֵּיד בְּכָרִים; רִיכֵּךְ, רִיפֵּד
cushy *adj.* (לגבי משרה) קַל וּבָטוּחַ
cuspidor *n.* רְקָקִית, מַרְקֵקָה
cuss *n.* קְלָלָה
cuss *v.* קִילֵּל, בִּיקֵּר קָשֶׁה
custard *n.* רַפְרֶפֶת, חֲבִיצָה
custodian *n.* אֶפִּיטְרוֹפּוֹס, מַשְׁגִּיחַ
custody *n.* הַשְׁגָּחָה, פִּיקּוּחַ; מַעְצָר
custom *n.* מִנְהָג; נוֹהַג
custom built *adj.* מוּכָן לְפִי הַזְמָנָה
custom house *n.* בֵּית מֶכֶס
custom tailor *v.* הִתְאִים לְפִי מִידָּה
custom work *n.* עֲבוֹדָה בְּהַזְמָנָה
customary *adj.* נָהוּג, מְקוּבָּל
customer *n.* קוֹנֶה, לָקוֹחַ
customs *n. pl.* מֶכֶס
customs clearance *n.* שִׁחְרוּר מִמֶּכֶס
cut *n.* חִיתּוּךְ; מַכָּה (בסכין וכד'); חֲתָךְ; נֵתַח; גִּזְרָה (של לבוש); קִיצּוּר, הַשְׁמָטָה; הוֹרָדָה (במחיר וכד')

cut *v.* חָתַךְ, כָּרַת; פָּרַס (לחם); סִיפֵּר (שֵׂעָר); קָצַץ (ציפורניים); קִיצֵּר, צִמְצֵם (דיבור וכד'); הִפְחִית, קִיצֵּץ בּ (מחירים וכד')

cut *adj.* חָתוּךְ, גָזוּר, קָצוּץ; (לגבי מחיר) מוּפְחָת

cut-and-dried *adj.* קָבוּעַ וּמְסוּדָּר מֵרֹאשׁ

cut glass *n.* פִּיתּוּחֵי זְכוּכִית

cutaway coat *n.* מְעִיל־זָנָב (מחודד כלפי אחור)

cutback *n.* חֲזָרָה לְאָחוֹר, יְרִידָה

cute *adj.* חָמוּד, פִּיקֵּחַ

cuticle *n.* קְרוּם חִיצוֹנִי; עוֹר קַרְנִי (בתחתית הציפורן)

cutlass *n.* חֶרֶב יַמָּאִים (בעבר)

cutler *n.* סַכִּינַאי, מוֹכֵר סַכִּינִים

cutlery *n.* סַכּוּ"ם (סכינים,כפות ומזלגות)

cutlet *n.* קְצִיצָה

cutout *n.* חֵלֶק מְנוּתָּק; מַפְסֵק אוֹטוֹמָטִי

cut-rate *n., adj.* (מחיר) מוּזָל

cutter *n.* (באפייה) מַקֵּד; חוֹתֵךְ, גַּזָּר; חוֹתֶכֶת (ספינה), סִירַת פִּיקּוּחַ

cutthroat *n.* רוֹצֵחַ

cutthroat *adj.* רוֹצְחָנִי

cutting *adj.* חוֹתֵךְ; פּוֹגֵעַ

cutting *n.* גְזִיר, חִיתּוּךְ, קִיצּוּץ; קֶטַע עִיתּוֹנוּת

cutting board *n.* דַּף קִיצּוּץ

cutting edge *n.* הַצַּד הַחַד

cuttlefish *n.* דְיוֹנוּן, דַג הַדְיוֹ, תְּמָנוּן

cyanide *n.* צִיאָנִיד (רעל חריף)

cybernetics *n.* קִיבֶּרְנֶטִיקָה (תורת הַבַּקָּרָה של הַתנועה והתקשורת של בני־אדם והחלפתם בפעולות מכניות המבוצעות בְּמכונות מסוג הַמחשֵב)

cycle *n.* מַחֲזוֹר; תְּקוּפָה; אוֹפַנַּיִים

cycle *v.* נָסַע בְּאוֹפַנַּיִים

cyclic, cyclical *adj.* מַחֲזוֹרִי; מַעְגָלִי

cyclist *n.* רוֹכֵב אוֹפַנַּיִים

cyclone *n.* צִיקְלוֹן (סופת רוחות וגשמים)

cyclotron *n.* צִיקְלוֹטְרוֹן (מכשיר שמאיץ את תנועותיהם של החלקיקים הגרעיניים ליצירת אנרגיות גבוהות)

cylinder *n.* גְּלִיל, צִילִינְדֶר; תּוּף (באקדח)

cylinder block *n.* חֲטִיבַת צִילִינְדֶרִים

cylindrical *adj.* גְּלִילִי, צִילִינְדְרִי

cymbal *n.* כַּף מְצִלְתַּיִים

cynic *n.* צִינִיקָן, לַגְלְגָן

cynical,cynic *adj.* צִינִי, לַגְלְגָנִי

cynicism *n.* צִינִיּוּת, לַגְלְגָנוּת

cynosure *n.* מֶרְכַּז הַהִתְעַנְיְינוּת

cypress *n.* תְּאַשּׁוּר

cyst *n.* גִידּוּל, שַׁלְחוּף; כִּיס

czar,tsar *n.* קֵיסָר, הַצָּר הָרוּסִי

czarina *n.* אֵשֶׁת הַצָּר

D

dab *v.* טָפַח קַלּוֹת, נָגַע
dab *n.* טְפִיחָה; לְחִיצָה קַלָּה; מוּמְחֶה
dabble *v.* שִׁכְשֵׁךְ בְּמַיִם; הִתְעַסֵּק (כּחוֹבבן)
dacron *n.* דַקְרוֹן (מין בד סינטטי לא קמיט)
dachshund *n.* תַּחְשׁוֹן (כּלב קצר רגליים)
dactyl *n.* מַרִים (בּתורת השירה. הברה ארוכּה ושתיים קצרות)
dad *n.* אַבָּא
daddy *n.* אַבָּא
daffodil *n.* נַרְקִיס עָטוּר
daffy, daft *adj.* שׁוֹטֶה; מְטוֹרָף
dagger *n.* פִּגְיוֹן; (בּדפוּס) סִימָן
dahlia *n.* דָלִיָּה (פּרח)
daily *n.* עִיתּוֹן יוֹמִי; עוֹבֶדֶת יוֹמִית
daily *adj.* יוֹמִי
daily *adv.* בְּכָל יוֹם
dainty *n.* מַעֲדָן
dainty *adj.* עָדִין
dairy *n.* מַחְלָבָה; מִסְעָדָה לְדִבְרֵי חָלָב
dais *n.* בִּימָה, דוּכָן
daisy *n.* חַרְצִית; חִינָּנִית
dally *v.* הִשְׁתַּעֲשֵׁעַ; בִּזְבֵּז זְמַן
dam *n.* סֶכֶר
dam *v.* סָכַר, עָצַר
dam *n.* אֵם (של הולכי על ארבּע)
damage *n.* הֶיזֵּק, תַּשְׁלוּמֵי נֶזֶק
damage *v.* הִזִּיק
damageable *adj.* עָלוּל לְהִינָּזֵק, נָזִיק
damascene *adj.* בְּקִישּׁוּט דַמַּשְׂקָאִי (מסוּלסל)
dame *n.* גְּבֶרֶת; אִישָּׁה
damn *v.* קִילֵּל; גִּינָּה; דָן לְחוֹבָה
damn! *interj.* לַעֲזָאזֵל!
damnation *n.* הַרְשָׁעָה, אֲבַדּוֹן
damned *n., adj., adv.* מְקוּלָּל; נִתְעָב; לְגַמְרֵי
damp *n.* לַחוּת, רְטִיבוּת
damp *v.* לִחְלֵחַ; רִיפָּה, דִיכֵּא
dampen *v.* הִרְטִיב; עִמְעֵם
damper *n.* מְדַכֵּא, מַשְׁבִּית שִׂמְחָה; מַרְטִיב; עַמְעֶמֶת (הֶתקן בּפסנתר)
damsel *n.* עַלְמָה צְעִירָה
dance *v.* רָקַד; הִרְקִיד
dance *n.* מָחוֹל, רִיקּוּד; נֶשֶׁף רִיקּוּדִים
dancer *n.* רוֹקֵד; רַקְדָן
dancing *n.* רִיקּוּד
dandelion *n.* שֵׁן הָאֲרִי (פּרח)
dandruff *n.* קַשְׂקַשֵּׂי רֹאשׁ
dandy *n.* סַרְזָן, יוֹהֲרָן
dandy *adj.* גַּנְדְרָנִי; מְצוּיָּן
danger *n.* סַכָּנָה
dangerous *adj.* מְסוּכָּן; מְסַכֵּן
dangle *v.* הָיָה תָּלוּי וּמִתְנַדְנֵד
dank *adj.* לַח, לא נָעִים, טָחוּב
dapper *adj.* הָדוּר
dapple *adj.* מְנוּמָּר, מְנוּקָּד
dapple *v.* נִימֵּר; נִיקֵּד
dare *v.* הֵעֵז; הִסְתַּכֵּן
dare *n.* הֶעָזָה; אֶתְגָּר
daredevil *adj., n.* נוֹעָז
daring *n., adj.* הַרְפַּתְקָנוּת, אוֹמֶץ־לֵב, תְּעוּזָה; נוֹעָז
dark *adj.* חָשׁוּךְ, אָפֵל
dark *n.* חוֹשֶׁךְ, דִמְדוּמִים
darken *v.* הֶחְשִׁיךְ, הִכְהָה; נִכְהָה, הוּכְהָה
darkly *adv.* בְּצוּרָה מִסְתּוֹרִית

darkness *n.* אֲפֵלָה, חוֹשֶׁךְ
darling *n., adj.* חָבִיב, אָהוּב, יָקָר
darn *n.* תִּיקּוּן בְּבֶגֶד, אִיחוּי
darn *interj.* לַעֲזָאזֵל
darn *v.* תִּיקֵּן
darning *n.* רִישׁוּת; תִּיקּוּן
darning needle *n.* מַחַט תִּיקּוּן
dart *n.* כִּידוֹן, חֵץ קָטָן
dart *v.* זִינֵּק
darts *n. pl.* מִשְׂחַק קְלִיעָה
dash *v.* הִשְׁלִיךְ בְּכוֹחַ, הִתִּיז; הִתְנוֹעֵעַ בִּמְהִירוּת; הִתְנַפֵּץ
dash *n.* זִינּוּק, גִּיחָה; טִיפָּה; מֶרֶץ, כּוֹחַ
dash *interj.* לַעֲזָאזֵל!
dashboard *n.* לוּחַ הַמַּחוֹוָנִים (בְּרֶכֶב)
dashing *adj.* בַּעַל מֶרֶץ; רַאַוְותָנִי
dastard *n.* מוּג לֵב, שָׁפָל
dastardly *adj.* פַּחְדָנִי־שָׁפָל
data *n. pl.* נְתוּנִים
data processing *n.* עִיבּוּד נְתוּנִים
date *n.* תּוֹמֶר (עֵץ); תָּמָר (פְּרִי); תַּאֲרִיךְ; פְּגִישָׁה, רֵיאָיוֹן
date *v.* צִיֵּן תַּאֲרִיךְ; תֵּאֲרֵךְ; קָבַע (נִקְבַּע) תַּאֲרִיךְ
date line *n.* שׁוּרַת תּוּ"ם (תאריך ומקום) (בחותמת דואר); קַו הַתַּאֲרִיךְ (קו אורך דמיוני באוקיינוס השקט, בערך 180° שממזרחו, בהסכם בין־לאומי, התאריך בלוח השנה הוא יום קודם למערבו)
date palm *n.* דֶּקֶל
dative *adj., n.* (שֶׁל) יַחֲסַת אֶל, דָּאטִיב
datum *n.* נָתוּן
daub *v.* צִיפָּה, מָרַח; לִכְלֵךְ
daud *n.* חוֹמֶר צִיפּוּי; צִיפּוּי; צִיּוּר גַּס
daughter *n.* בַּת

daughter-in-law *n.* כַּלָּה, אֵשֶׁת הַבֵּן
daunt *v.* הֵטִיל מוֹרָא, רִיפָּה
dauntless *adj.* עָשׂוּי לִבְלִי חַת
dauphin *n.* דוֹפִין, נָסִיךְ (תואר יורש העצר הצרפתי)
davenport *n.* סַפָּה־מִיטָּה; שׁוּלְחַן כְּתִיבָה (קטן)
davit *n.* מָנוֹף (לסירות הצלה)
dawdle *v.* הִתְבַּטֵּל, בִּיטֵּל זְמַן
dawn *n.* שַׁחַר, רֵאשִׁית
dawn *v.* עָלָה הַשַּׁחַר; הִתְבַּהֵר
day *n.* יוֹם, יְמָמָה, זְמַן
day-bed *n.* מִיטָּה־סַפָּה
day laborer *n.* פּוֹעֵל יוֹמִי
day nursery *n.* מְעוֹן יוֹם (לְפָעוֹטוֹת)
Day of Atonement *n.* יוֹם הַכִּיפּוּרִים
day off *n.* יוֹם חוּפְשָׁה
day of reckoning *n.* יוֹם הַדִּין
daybreak *n.* עֲלוֹת הַשַּׁחַר
daydream *n.* חֲלוֹם בְּהָקִיץ
daydream *v.* חָלַם בְּהָקִיץ, הָזָה
daylight *n.* אוֹר הַיּוֹם
daytime *n.* שְׁעוֹת הַיּוֹם
daze *v.* הֵמַם; בִּלְבֵּל
daze *n.* הֶלֶם, הִימּוּם; דִּמְדּוּם
dazzle *v.* סִנְווֵר; הִסְתַּנְוֵור
dazzle *n.* אוֹר מְסַנְוֵר, סִנְווּר
dazzling *adj.* מְסַנְוֵר
D.D.T. דִּידִיטִי (חומר קוטל חרקים)
deacon *n.* כּוֹמֶר זוּטָר, פְּקִיד כְּנֵסִיָּה
deaconess *n.* כּמָרִית
dead *adj., adv.* מֵת, דּוֹמֵם (מנוע וכד'); לְגַמְרֵי
dead *n.* מֵת, חָלָל
dead beat *adj.* בַּטְלָן מִשְׁתַּמֵּט; עָיֵיף עַד מָוֶות

dead bolt *n.* מַנְעוּל מֵת (ללא קפיץ)
dead drunk *n.* שִׁיכּוֹר כְּלוּט
dead end *n.* מָבוֹי סָתוּם
dead of night *n.* אִישׁוֹן לַיְלָה
dead ringer *adj.* דוֹמֶה מְאוֹד
Dead Sea *n.* יָם הַמָּוֶת, יָם הַמֶּלַח
dead set *adj.* אֵיתָן בְּדַעְתּוֹ
deaden *v.* הִקְהָה
deadline *n.* מוֹעֵד אַחֲרוֹן
deadlock *n., v.* קִיפָּאוֹן (במו"מ וכד'); הֵבִיא אוֹ בָּא לִידֵי קִיפָּאוֹן
deadly *adj.* הוֹרֵג; הֲרֵה אָסוֹן; כְּמֵת; קִיצוֹנִי
deadly *adv.* עַד מָוֶת; לַחֲלוּטִין
deadpan *adj.* חֲסַר הַבָּעָה
deaf *adj.* חֵירֵשׁ
deaf-and-dumb *n., adj.* (שֶׁל) חֵירֵשׁ־אִילֵּם
deaf-mute *n., adj.* חֵירֵשׁ־אִילֵּם
deafen *v.* הֶחֱרִישׁ אוֹזְנַיִים
deafening *adj.* מַחֲרִישׁ אוֹזְנַיִים
deafness *n.* חֵירְשׁוּת
deal *v.* עָסַק; טִיפֵּל; נָהַג; סָחַר
deal *n.* עֵסֶק, עִסְקָה; הֶסְכֵּם; הֶסְדֵּר; טִיפּוּל; כַּמּוּת (גְדוֹלָה)
deal *adj.* עָשׂוּי עֵץ אוֹרֶן
dealer *n.* סוֹחֵר; מְחַלֵּק קְלָפִים
dean *n.* דִּיקַן־פָקוּלְטָה; דִּיקַן־הַסְטוּדֶנְטִים; רֹאשׁ כְּנֵסִיָּה; זְקַן הַחֲבוּרָה
deanship *n.* דִּיקָנוּת
dear *n.* (אדם) יָקָר; יַקִּיר
dear *adj.* יָקָר
dear *adv.* בְּיוֹקֶר
dear *interj.* אֵלִי! (קריאת צער או תימהון)
dearie *n.* חֲבִיבִי, יַקִּירִי

dearth *n.* מַחְסוֹר
death *n.* מָוֶת
death blow *n.* מַכַּת מָוֶת
death certificate *n.* תְּעוּדַת פְּטִירָה
death house *n.* תָּא הַנִּידוֹנִים לְמָוֶת
death penalty *n.* עוֹנֶשׁ מָוֶת
death rate *n.* שִׁיעוּר הַתְּמוּתָה
death-rattle *n.* גְּנִיחַת גְּסִיסָה
death warrant *n.* פְּקוּדַת הֲמָתָה (לפושע)
deathless *adj.* נִצְחִי
deathly *adj., adv.* כַּמָּוֶת
deathwatch *n.* שׁוֹמֵר גוֹסֵס
debacle *n.* הִתְבַּקְּעוּת קֶרַח (על נהר); מַפָּלָה, תְּבוּסַת בֶּהָלָה
debar *v.* מָנַע כְּנִיסָה; שָׁלַל זְכוּיוֹת
debark *v.* הוֹרִיד מֵאוֹנִיָּה; יָרַד מֵאוֹנִיָּה
debarkation *n.* הוֹרָדָה מֵאוֹנִיָּה; יְרִידָה מֵאוֹנִיָּה
debase *v.* הִפְחִית בְּעֶרְכּוֹ, הִשְׁפִּיל; זִייֵּף (כסף)
debatable *adj.* נִיתָּן לְוִויכּוּחַ
debate *n.* וִיכּוּחַ; דִּיּוּן
debate *v.* דָּן; הִתְווַכֵּחַ
debauchery *n.* הוֹלֵלוּת, זִימָּה
debenture *n.* אִיגֶּרֶת חוֹב
debilitate *v.* הֶחֱלִישׁ, הִתִּישׁ
debility *n.* חוּלְשָׁה
debit *n., adj.* (זְקִיפָה) לְחוֹבָה
debit *v.* חִייֵּב חֶשְׁבּוֹן
debonair *adj.* חָבִיב, אָדִיב, נְעִים הֲלִיכוֹת
debris *n.* הֲרִיסוֹת, עִיֵּי חֳרָבוֹת
debt *n.* חוֹב
debtor *n.* חַיָּיב, בַּעַל חוֹב
debunk *v.* עָשָׂה לִצְחוֹק, חָשַׂף אֶת הַשֶּׁקֶר.

debut, début *n.* הוֹפָעַת בְּכוֹרָה
debutante, débutante *n.* מַתְחִילָה, מוֹפִיעָה לָרִאשׁוֹנָה
decade *n.* עָשׂוֹר
decadence, decadency *n.* הִתְנַוְונוּת
decadent *adj.* מִתְנַוֵון
Decalogue *n.* עֲשֶׂרֶת הַדִּיבְּרוֹת
decanter *n.* בַּקְבּוּק, כְּלִי זְכוּכִית (לְיַיִן)
decapitate *v.* הִתִּיז רֹאשׁ, עָרַף
decathlon *n.* תַּחֲרוּת אַתְלֶטִיקָה (בְּ־10 עֲנָפִים)
decay *v.* הִתְנַוֵון; רָקַב
decay *n.* הִתְנַוְונוּת; רִיקָּבוֹן
decease *v., n.* מֵת; מָוֶות
deceased *adj., n.* נִפְטָר, מֵת
deceit *n.* רַמָּאוּת, גְּנֵיבַת דַּעַת
deceitful *adj.* שַׁקְרָן, מְרַמֶּה
deceive *v.* גָּנַב דַּעַת, רִימָּה; אִכְזֵב
decelerate *v.* הֵאֵט (בְּרֶכֶב)
December *n.* דֶּצֶמְבֶּר
decency *n.* הֲגִינוּת; צְנִיעוּת
decent *adj.* הוֹגֵן, הָגוּן; צָנוּעַ
decentralize *v.* בִּיזֵּר (סמכויות)
deception *n.* רַמָּאוּת; אֲחִיזַת עֵינַיִים
deceptive *adj.* מַטְעֶה, עָלוּל לְהַטְעוֹת
decibel *n.* דֶּצִיבֶּל (יחידה למדידת עוצמת קול)
decide *v.* הֶחְלִיט, הִכְרִיעַ
decimal *adj., n.* עֶשְׂרוֹנִי; שֶׁבֶר עֶשְׂרוֹנִי
decimal point *n.* נְקוּדַת הַשֶּׁבֶר הָעֶשְׂרוֹנִי
decimate *v.* חִיסֵּל חֵלֶק גָּדוֹל; חִיסֵּל עֲשִׂירִית
decipher *v.* פִּעְנֵחַ (צופן)
decision *n.* הַחְלָטָה, הַכְרָעָה
decisive *adj.* מַכְרִיעַ, נָחוּשׁ בְּדַעְתּוֹ

deck *v.* צִיפָּה, קִישֵּׁט; סִיפֵּן
deck *n.* סִיפּוּן; צְרוֹר קְלָפִים
deck-chair *n.* כִּיסֵּא נוֹחַ
deck-hand *n.* מַלָּח־סִיפּוּנַאי
declaim *v.* דִּקְלֵם; טָעַן כְּנֶגֶד
declaration *n.* הַכְרָזָה, הַצְהָרָה
declarative *adj.* הַצְהָרָתִי
declare *v.* הִצְהִיר
declassify *v.* הִתִּיר אִיסּוּר פִּרְסוּם
declension *n.* נְטִיָּיה (והטיה) שֶׁל שְׁמוֹת עֶצֶם; מִדְרוֹן
declination *n.* נְטִיָּיה מַטָּה; סְטִיָּיה (של מחט במצפן וכד'); סֵירוּב, מֵיאוּן
decline *v.* דָּחָה (בנימוס); הִטָּה; יָרַד בְּמִדְרוֹן; נֶחֱלַשׁ
decline *n.* מוֹרָד, מִדְרוֹן; הִיחָלְשׁוּת, יְרִידָה
declivity *n.* מִדְרוֹן, מוֹרָד
decode *n.* פִּעְנוּחַ (צופן)
decode *v.* פִּעְנֵחַ (צופן)
décolleté *adj.* (לגבי אישה) עֲמוּקַּת מַחְשׂוֹף
decompose *v.* פֵּירֵק; רָקַב, נִרְקַב
decomposition *n.* פֵּירוּק; הִתְפָּרְקוּת; הֵירָקְבוּת
decompression *n.* רִיפּוּי לַחַץ
decontamination *n.* טִיהוּר (מגאזים רעילים או מרדיואַקטיוויות)
decor *n.* תַּפְאוּרָה, קִישּׁוּט וְסִידּוּר רָהִיטִים
decorate *v.* קִשֵּׁט; עִיטֵּר (באות הצטיינות)
decoration *n.* קִישּׁוּט; עִיטּוּר
decorator *n.* מְקַשֵּׁט, דַּקוֹרָטוֹר, צַבָּע (לבית)

decorous *adj.* הוֹלֵם, יָאֶה, הוֹגֵן (בהתנהגות, באופי וכד')
decorum *n.* הֲגִינוּת, הֲלִימוּת
decoy *v.* פִּיתָּה; נִפְתָּה
decoy *n.* פִּיתָּיוֹן
decrease *v.* הִפְחִית, הוֹרִיד; יָרַד, פָּחַת
decrease *n.* הַפְחָתָה, צִמְצוּם
decree *n.* פְּקוּדָּה, גְּזֵירָה
decree *v.* פָּקַד, גָּזַר
decrepit *adj.* תָּשׁוּשׁ
decrescendo *n.* (במוסיקה) הוֹלֵךְ וְרָפֶה
decry *v.* פָּסַל, זִלְזֵל בּ
dedicate *v.* הִקְדִּישׁ; חָנַךְ
dedication *n.* הַקְדָּשָׁה; הִתְמַסְּרוּת
deduce *v.* הִסִּיק
deduct *v.* הִפְחִית; נִיכָּה
deduction *n.* הַפְחָתָה; נִיכּוּי; הַקָּשָׁה מִן הַכְּלָל אֶל הַפְּרָט
deed *n.* מַעֲשֶׂה; מִסְמָךְ
deem *v.* חָשַׁב ל, סָבַר
deep *adj.* עָמוֹק; רְצִינִי, שָׁקוּעַ בּ
deep *n.* אוֹקְיָנוֹס, יָם, עוֹמֶק
deep *adv.* עַד לָעוֹמֶק, בָּעוֹמֶק
deep rooted *adj.* מְשׁוֹרָשׁ עָמוֹק
deepen *v.* הֶעֱמִיק
deer *n. sing., pl.* צְבִי, צְבָיִים
deface *v.* הִשְׁחִית פָּנִים, מָחַק
de facto *adv.* לְמַעֲשֶׂה, דֶה פַקְטוֹ
defamation *n.* הַשְׁמָצָה, הוֹצָאַת דִּיבָּה
defame *v.* הִשְׁמִיץ, הוֹצִיא דִּיבָּה
default *n.* הֵיעָדְרוּת, מַחְסוֹר; מֶחְדָּל, הִשְׁתַּמְּטוּת מֵחוֹבָה
default *v.* הִשְׁתַּמֵּט מֵחוֹבָה
defeat *v.* הֵבִיס, הִכְשִׁיל, הִפִּיל
defeat *n.* תְּבוּסָה; הֲפָרָה; הַפָּלָה
defeatism *n.* תְּבוּסָנוּת, תְּבוּסְתָנוּת

defeatist *n.* תְּבוּסָן
defecate *v.* הֶחֱרִיא, עָשָׂה צְרָכָיו
defect *n.* מוּם, פְּגָם, מִגְרַעַת
defection *n.* עֲרִיקָה; הִשְׁתַּמְּטוּת מִמִּילּוּי חוֹבָה
defective *adj.* לָקוּי, פָּגוּם; מְפַגֵּר
defend *v.* הֵגֵן, לִימֵּד זְכוּת, טָעַן ל
defendant *n.* נִתְבָּע, נֶאֱשָׁם, מִתְגּוֹנֵן
defender *n.* מֵגֵן; מְלַמֵּד זְכוּת
defense *n.* הֲגָנָה, הִתְגּוֹנְנוּת; (במשפט) סַנֵּיגוֹרְיָה
defensive *adj., n.* מֵגֵן; (שֶׁל) הִתְגּוֹנְנוּת
defer *v.* הִשְׁהָה, דָּחָה; נִכְנַע (מתוך כבוד)
deference *n.* כְּנִיעָה, וִיתּוּר (מתוך כבוד)
deferential *adj.* מְכַבֵּד, נִכְנָע (כּנ"ל)
deferment *n.* דְּחִיָּה (בּזמן)
defiance *n.* הִתְקוֹמְמוּת, הַמְרָיָה, הַתְרָסָה
defiant *adj.* מַתְרִיס, מִתְקוֹמֵם
deficiency *n.* חוֹסֶר, מַחְסוֹר, גֵּירָעוֹן
deficient *adj.* חָסֵר, לָקוּי
deficit *n.* גֵּירָעוֹן
defile *v.* טִימֵּא, לִכְלֵךְ; צָעַד בְּשׁוּרַת עוֹרֶף
defile *n.* מַעֲבָר צַר (בהרים)
define *v.* הִגְדִּיר, תֵּיאֵר; תָּחַם
definite *adj.* מוּחְלָט, מוּגְדָּר; מְסוּיָּם
definite article *n.* הַ"א הַיְדִיעָה
definition *n.* הַגְדָּרָה
definitive *adj.* מַכְרִיעַ; מְסַכֵּם, סוֹפִי
deflate *v.* הוֹצִיא אֶת הָאֲוִויר; הוֹרִיד (ממצב של אינפלאציה)
deflation *n.* הוֹצָאַת אֲוִויר; דֶפְלַצְיָה (הֶפֶךְ מן אינפלציה)
deflect *v.* הִטָּה; נָטָה הַצִּידָּה
deflower *v.* הֵסִיר פְּרָחִים; בִּיתֵּק בְּתוּלִים
deforest *v.* בֵּירֵא יַעַר
deform *v.* עִיוּוֵת צוּרָה, כִּיעֵר

deformed *adj.* מְעוּוָּת; מוּשְׁחַת מַרְאָה
deformity *n.* עִיוּוּת צוּרָה
defraud *v.* הוֹנָה, גָּזַל בְּמִרְמָה
defray *v.* שִׁילֵּם הוֹצָאוֹת
defrost *v.* הֵסִיר הַקֶּרַח, הִפְשִׁיר
deft *adj.* מְיוּמָּן, זָרִיז
defunct *adj.* מֵת, חָדֵל
defy *v.* הִתְרִיס, הִתְנַגֵּד בְּעַזּוּת
degeneracy *n.* נִיוּוּן, שְׁחִיתוּת
degenerate *v.* הִתְנַוֵּן
degenerate *adj., n.* מְנוּוָּן; מְפַגֵּר
degrade *v.* הוֹרִיד בְּמַעֲלָה; הִשְׁפִּיל
degrading *adj.* מַשְׁפִּיל, מְבַזֶּה
degree *n.* דַּרְגָּה; מַעֲלָה; תּוֹאַר
dehumidifier *n.* מִתְקָן מוֹנֵעַ לַחוּת
dehydrate *v.* יִיבֵּשׁ, הִצְמִיק, הֵסִיר אֶת הַמַּיִם
de-ice *v.* הִפְשִׁיר (קרח)
deify *v.* הֶאֱלִיהַּ
deign *v.* מָחַל עַל כְּבוֹדוֹ; הוֹאִיל
deism *n.* דֶּאִיזְם (אמונה בקיום אלוהים אבל לא בהתגלותו, או בפולחן דתי)
deity *n.* אֱלוֹהוּת
dejected *adj.* מְדוּכָּא, מְדוּכְדָּךְ
dejection *n.* דִּיכָּאוֹן, דִּכְדּוּךְ
de jure *adv.* דֶּה יוּרֶה, לַהֲלָכָה
delay *v.* עִיכֵּב, הִשְׁהָה; הִשְׁתַּהָה
delay *n.* עִיכּוּב; הִשְׁתַּהוּת
delectable *adj.* נֶחְמָד, מְעַנֵּג
delegate *n.* צִיר, בָּא־כּוֹחַ
delegate *v.* מִינָּה, יִיפָּה כּוֹחַ
delete *v.* מָחַק, בִּיטֵּל
deletion *n.* הַשְׁמָטָה, מְחִיקָה
deliberate *v.* שָׁקַל בְּדַעְתּוֹ; נוֹעַץ
deliberate *adj.* מְכוּוָּן; לְלֹא חִיפָּזוֹן
deliberation *n.* שִׁיקּוּל, דִּיּוּן, חֲשִׁיבָה
delicacy *n.* עֲדִינוּת; רְגִישׁוּת; מַעֲדָן
delicate *adj.* עָדִין, רַךְ, רָגִישׁ, אִיסְטְנִיס
delicatessen *n. pl.* מַעֲדַנִּים
delicious *adj.* עָרֵב בְּיוֹתֵר
delight *n.* עוֹנֶג, תַּעֲנוּג
delight *v.* עִינֵּג; הִתְעַנֵּג
delimit *v.* תָּחַם, קָבַע גְּבוּל
delightful *adj.* מְהַנֶּה, מְעַנֵּג
delineate *v.* תֵּיאֵר (בציור או במלים)
delinquency *n.* עֲבַרְיָינוּת; רַשְׁלָנוּת
delinquent *n., adj.* עֲבַרְיָין; מִתְרַשֵּׁל
delirious *adj.* מְטוֹרָף (בהשפעת חום)
delirium *n.* טֵירָפוֹן
deliver *v.* מָסַר; הִצִּיל; שִׁחְרֵר; יִילֵּד; הִסְגִּיר; נָאַם
delivery *n.* מְסִירָה, חֲלוּקָה; לֵידָה; אוֹפֶן דִּיבּוּר
delivery room *n.* חֲדַר לֵידָה
dell *n.* עֵמֶק, גַּיְא
delouse *v.* טִיהֵר מִכִּינִּים
delphinium *n.* דָּרְבָנִית (צמח)
delta *n.* דֶּלְתָּא, ד׳ יְוָונִית; מִישׁוֹר סַחַף בִּשְׁפַךְ נָהָר גָּדוֹל בְּצוּרַת מְשׁוּלָּשׁ
delude *v.* הִשְׁלָה, תִּעְתֵּעַ
deluge *n.* מַבּוּל, שִׁיטָּפוֹן
deluge *v.* שָׁטַף, הֵצִיף
delusion *n.* הַשְׁלָיָה, אַשְׁלָיָה; תַּעְתּוּעַ
de luxe *adj.* מֵשִׁיב מְעוּלֶּה, מְפוֹאָר
delve *v.* חָקַר, חָדַר; חָפַר
demagnetize *v.* בִּיטֵּל מִגְנוּט
demagog(ue) *n.* דֶּמָגוֹג (מנהיג משפיע ומלהיב את ההמון בכוח דבריו המכוונים לרוב לרגשות, ליצרים ולדעות קדומות של ההמון)
demagogic(al) *adj.* דֶּמָגוֹגִי

demand *v.* תָּבַע, דָרַש; הִצְרִיךְ
demand *n.* תְּבִיעָה; צוֹרֶךְ
demarcate *v.* סִימֵּן גְבוּלוֹת
demean *v.* הִשְפִּיל אֶת עַצְמוֹ
demeanor *n.* הִתְנַהֲגוּת, הוֹפָעָה
demented *adj.* מְטוֹרָף
demerit *n.* מִגְרַעַת, פְּגָם, חִיסָּרוֹן
demigod *n.* חֲצִי אֵל
demilitarize *v.* פֵּירַז
demise *v.* הֶעֱבִיר בַּעֲלוּת אוֹ מַלְכוּת
demise *n.* מָוֶת, פְּטִירָה;
הַעֲבָרַת מְקַרְקְעִין אוֹ שִלְטוֹן
demitasse *n.* סִפְלוֹן לְקָפֶה
demobilize *v.* שִחְרֵר (משירות צבאי);
פֵּירֵק צָבָא
democracy *n.* דֵמוֹקְרַטְיָה
democratic *adj.* דֵמוֹקְרָטִי
demography *n.* דֶמוֹגְרַפְיָה
(הרכב האוכלוסייה ותנועתה)
demolish *v.* הָרַס
demolition *n.* הֲרִיסָה
demon, daemon *n.* רוּחַ רָעָה, שֵד
מַשְחִת
demoniacal *adj.* שְטָנִי, שֵדִי
demonstrate *v.* הוֹכִיחַ; הִפְגִין
demonstration *n.* הוֹכָחָה;
הַדְגָמָה; הַפְגָנָה
demonstrative *adj.* מַפְגִין;
מַסְבִּיר, מַדְגִים
demonstrator *n.* מַצִיג, מַדְגִים; מַפְגִין
demoralize *v.* הִשְחִית; רִיפָּה רוּחַ
demote *n.* הוֹרִיד בְּדַרְגָה
demotion *n.* הוֹרָדָה בְּדַרְגָה
demur *v., n.* עִרְעֵר, הִבִּיעַ הִתְנַגְדוּת;
עִרְעוּר, הַבָּעַת הִתְנַגְדוּת
demure *adj.* מִצְטַנֵּעַ
demurrage *n.* עִיכּוּב (אונייה);
דְמֵי עִיכּוּב
den *n.* גוֹב, מְאוּרָה; חֶדֶר קָטָן
denaturalize *v.* שָלַל אֶזְרָחוּת
denial *n.* הַכְחָשָה, כְּפִירָה,
הִתְכַּחֲשוּת; סֵירוּב
denigrate *v.* הִשְמִיץ, הוֹצִיא דִיבָּה
denim *n.* אֲרִיג כּוּתְנָה גַס; סַרְבָּל
denizen *n.* תּוֹשַב הַמָּקוֹם; דַיָּר
denomination *n.* סוּג כַּת דָתִית;
עֵרֶךְ נָקוּב (במטבע), צֵרִיף
denote *v.* הוֹרָה עַל; צִיֵּין; סִימֵּל
denouement *n.* הַתָּרַת תִּסְבּוֹכֶת,
הַבְהָרָה סוֹפִית
denounce *v.* הוֹקִיעַ, הֶאֱשִים;
בִּיטֵּל חוֹזֶה אוֹ בְּרִית
dense *adj.* דָחוּס, מְעוּבֶּה, אָטוּם;
מְטוּמְטָם
density *n.* דְחִיסוּת
dent *n.* שֶקַע, גוּמָּה
dent *v.* גָרַם לְשֶקַע
dental *adj., n.* שִינִּי, שֶל שֵן; עִיצוּר שִינִּי.
dental floss *n.* חוּט שִינַּיִים (לניקוי)
dentifrice *n.* תַּכְשִיר לְנִיקּוּי שִינַּיִים
dentist *n.* רוֹפֵא שִינַּיִים
dentistry *n.* רִיפּוּי שִינַּיִים
denture *n.* מַעֲרֶכֶת שִינַּיִים תּוֹתָבוֹת
denunciation *n.* הוֹקָעָה;
הוֹדָעַת בִּיטּוּל חוֹזֶה
deny *v.* הִכְחִיש; הִתְכַּחֵש ל; סֵירֵב; שָלַל
deodorant *n., adj.* מַפִיג רֵיחַ, מְאַלְרֵחַ
deoxidize *v.* הֵסִיר חַמְצָן
depart *v.* עָזַב, עָקַר; פָּנָה
department *n.* מַחְלָקָה;
מָחוֹז מִנְהָלִי; מִשְרָד מֶמְשַלְתִּי
department store *n.* כּוֹל בּוֹ, מַרְכּוֹל

departure *n.* עֲזִיבָה, עֲקִירָה; פְּנִיָּיה
depend *v.* סָמַךְ; הָיָה תָּלוּי
dependable *adj.* שֶׁאֶפְשָׁר לִסְמוֹךְ עָלָיו, מְהֵימָן
dependence *n.* הִישָּׁעֲנוּת; תְּלוּת
dependency *n.* תְּלוּת; מְדִינַת חָסוּת
dependent *adj., n.* תָּלוּי; מוּתְנֶה
depict *v.* צִייֵּר, תֵּיאֵר בְּמִלִּים
deplete *v.* מִיעֵט, חִיסֵּר; רוֹקֵן
deplorable *adj.* רָאוּי לִגְנַאי; מְצַעֵר
deplore *v.* הִצְטַעֵר עַל, בִּיכָּה
deploy *v.* (לגבּי צבא) פֵּירֵס; הִתְפָּרֵס
deployment *n.* (כנ"ל) פֵּירוּס; הִתְפָּרְסוּת
depopulate *v.* חִיסֵּל אוּכְלוּסִיָּיה
deport *v.* הִגְלָה, גֵּירֵשׁ (מארץ)
deportation *n.* הַגְלָיָה
deportee *n.* גּוֹלֶה, מְגוֹרָשׁ
deportment *n.* דֶּרֶךְ הִתְנַהֲגוּת
depose *v.* הֵדִיחַ (ממעמד); הֵעִיד בִּשְׁבוּעָה
deposit *v.* שָׂם (אסימון), הֵנִיחַ; נָתַן דְּמֵי קְדִימָה; הִפְקִיד
deposit *n.* דְּמֵי קְדִימָה; פִּיקָּדוֹן; מִשְׁקָע; מִרְבָּץ
deposition *n.* מָזוֹג, מַצַּב רוּחַ; נְטִיָּיה; סִידּוּר, תֵּיאוּם
depositor *n.* מַפְקִיד
depot *n.* תַּחֲנַת רַכֶּבֶת; מַחְסַן צִיוּד
deprave *v.* הִשְׁחִית, קִלְקֵל
depraved *adj.* מוּשְׁחָת
depravity *n.* שְׁחִיתוּת, מַעֲשֶׂה מוּשְׁחָת
deprecate *v.* טָעַן נֶגֶד; שָׁלַל
deprecation *n.* גִּינּוּי, הִתְנַגְּדוּת
depreciate *v.* מִיעֵט בְּעֵרֶךְ
depreciation *n.* פְּחָת, בְּלַאי; יְרִידַת עֵרֶךְ

depredation *n.* שׁוֹד, בִּיזָּה
depress *v.* דִּיכֵּא רוּחַ; הֶחֱלִישׁ
depression *n.* דִּכְדּוּךְ, דִּיכָּאוֹן; שֶׁקַע (בּארוֹמטרי); שֵׁפֶל (כּלכּלי)
deprive *v.* שָׁלַל מִן; קִיפַּחַ, מָנַע
depth *n.* עוֹמֶק, עֲמָקוּת
deputy *n.* נָצִיג, שָׁלִיחַ; מְמַלֵּא מָקוֹם, סְגָן
derail *v.* הוֹרִיד, יָרַד מֵהַפַּסִּים
derange *v.* בִּלְבֵּל; עִרְבֵּב; שִׁיגֵּעַ
derby *n.* מִגְבַּעַת לֶבֶד; תַּחֲרוּת סְפּוֹרְט מְיוּחֶדֶת (שנתית, וכן תחרות כּדורגל בּין קבוצות מקומיות)
derelict *adj., n.* עָזוּב, מוּפְקָר; סְפִינָה עֲזוּבָה
deride *v.* לָעַג, לִגְלֵג
derision *n.* לִגְלוּג; נָשׂוּא לְלַעַג
derisive *adj.* מְלַגְלֵג
derivation *n.* נִגְזֶרֶת (של מלה); מָקוֹר, מוֹצָא
derive *v.* הִשִּׂיג; הֵפִיק; נִגְזַר מִן
dermatology *n.* דֶּרְמָטוֹלוֹגְיָה (חֵקר מחלות עור וריפּוּין)
derogatory *adj.* מְזַלְזֵל, שֶׁל גְּנַאי, שֶׁיֵּשׁ בּוֹ טַעַם לִפְגָם
derrick *n.* מַדְלֶה, עֲגוּרָן; מִגְדַּל קִידּוּחַ
dervish *n.* דֶּרְוִישׁ (נזיר מוּסלימי)
desalination *n.* הַמְתָּקָה, הַתְפָּלָה
desalt, desalinate *v.* הִמְתִּיק, הִתְפִּיל
descend *v.* יָרַד; יָצָא
descendant *n.* צֶאֱצָא
descendent *adj.* יוֹרֵד; מִשְׁתַּלְשֵׁל
descent *n.* יְרִידָה; מוֹרָד; מוֹצָא
describe *v.* תֵּיאֵר; סִרְטֵט
description *n.* תֵּיאוּר; סוּג, מִין
descriptive *adj.* מְתָאֵר, תֵּיאוּרִי
descry *v.* גִּילָּה, הִבְחִין בּ

desecrate *v.* חִילֵּל
desegregation *n.* בִּיטּוּל הַפְרָדָה
desert *v.* זָנַח; עָרַק
desert *n., adj.* מִדְבָּר; מִדְבָּרִי
desert *n.* גְמוּל, הָרָאוּי; עֵרֶךְ
deserter *n.* עָרִיק
desertion *n.* עֲרִיקָה; זְנִיחָה
deserve *v.* הָיָה רָאוּי ל
deservedly *adv.* בְּצֶדֶק, כָּרָאוּי
desiccate *v.* יִיבֵּשׁ, הוֹצִיא לַחוּת (גם בהשאלה); הִתְיַיבֵּשׁ
desideratum *n.* דָבָר נָחוּץ, צוֹרֶךְ חָשׁוּב
design *v.* תִּכְנֵן; רָשַׁם, סִרְטֵט
design *n.* תַּרְשִׁים, תּוֹכְנִית; כַּוּוָנָה
designate *adj.* הַמְיוּעָד (לתפקיד אבל עדיין לא התחיל בּוֹ)
designate *v.* צִיֵּין, יִיעֵד; קָרָא בְּשֵׁם; מִינָּה
designing *adj.* עַרְמוּמִי, חוֹרֵשׁ מְזִימוֹת
designing *n.* תִּכְנוּן, סִרְטוּט, הֲכָנַת דְגָמִים
desirable *adj.* נִכְסָף, רָצוּי
desire *v.* הִשְׁתּוֹקֵק ל, רָצָה ב
desire *n.* תְּשׁוּקָה; בַּקָּשָׁה; מְבוּקָּשׁ
desirous *adj.* מִשְׁתּוֹקֵק
desist *v.* חָדַל
desk *n.* שׁוּלְחַן־כְּתִיבָה, דוּכָן, מַחְלָקָה (במשרד)
desk clerk *n.* פְּקִיד קַבָּלָה
desk set *n.* מַעֲרֶכֶת כְּלֵי כְּתִיבָה
desolate *adj.* שׁוֹמֵם; מְדוּכְדָךְ
desolate *v.* הֵשַׁם, הֶחֱרִיב; אִמְלֵל
desolation *n.* עֲזוּבָה, שְׁמָמָה; יָגוֹן
despair *v.* הִתְיָיאֵשׁ
despair *n.* יֵיאוּשׁ
despairing *adj.* מִתְיָיאֵשׁ
despatch *n., v. see* **dispatch**
desperado *n.* פּוֹשֵׁעַ מְסוּכָּן
desperate *adj.* מְיוּאָשׁ; נוֹאָשׁ; שֶׁאֵינוֹ נִרְתָּע
despicable *adj.* מְגוּנֶּה, שָׁפָל
despise *v.* בָּז
despite *n.* בּוּז
despite *prep* לַמְרוֹת, חֵרֶף
despoil *v.* בָּזַז, גָּזַל
despondence, despondency *n.* דִיכָּאוֹן, דִכְדוּךְ
despondent *adj.* מְדוּכָּא, מְדוּכְדָךְ
despot *n.* רוֹדָן, עָרִיץ
despotic *adj.* רוֹדָנִי
despotism *n.* רוֹדָנוּת
dessert *n.* פַּרְפֶּרֶת, לִפְתָּן
destination *n.* יַעַד; תַּכְלִית
destine *v.* יָעַד
destined *adj.* מְיוּעָד
destiny *n.* גּוֹרָל; יִיעוּד
destitute *adj.* חֲסַר כּוֹל, חֲסַר־
destitution *n.* חוֹסֶר כּוֹל, עוֹנִי
destroy *v.* הָרַס; הִשְׁמִיד
destroyer *n.* מַשְׁמִיד; מַשְׁחֶתֶת (אונייה)
destruction *n.* הֲרִיסָה, הַשְׁמָדָה
destructive *adj.* הַרְסָנִי
desultory *adj.* מְחוּסַּר סֵדֶר, חֲסַר תִּכְנוּן
detach *v.* נִיתֵּק, הִפְרִיד, תָּלַשׁ
detachable *adj.* נִיתָּן לְהִינָּתֵק, נִיתָּן לְהִיפָּרֵד
detached *adj.* נִפְרָד, מְנוּתָּק; לֹא מְשׁוּחָד, אוֹבְּיֶיקְטִיווִי
detachment *n.* נִיתּוּק; הִינָּתְקוּת; הִסְתַּכְּלוּת מִגָּבוֹהַּ
detail *v.* תֵּיאֵר בִּפְרוֹטְרוֹט; (בצבא) הִקְצָה חוּלְיָה, הֵטִיל

detail *n.* פְּרָט; פֵּירוּט; מִקְצָה (בצבא)
detain *v.* עִיכֵּב; עָצַר
detect *v.* גִּילָּה, בִּילֵּשׁ
detection *n.* גִּילּוּי; חֲשִׂיפָה, בִּילּוּשׁ
detective *n., adj.* בַּלָּשׁ; בַּלָּשִׁי
detective story *n.* סִיפּוּר בַּלָּשִׁי
detector *n.* חוֹשֵׂף, מְגַלֶּה
detention *n.* מַעֲצָר, מַאֲסָר; עִיכּוּב
deter *v.* הִרְתִּיעַ, רִיפָּה אֶת יָדֵי
detergent *adj., n.* מְנַקֶּה; חוֹמֶר מְנַקֶּה
deteriorate *v.* קִלְקֵל; הִתְקַלְקֵל
determine *v.* קָבַע; הִכְרִיעַ, הֶחְלִיט; כִּיוּוֵן
determined *adj.* נָחוּשׁ בְּדַעְתּוֹ
deterrent *adj., n.* מַרְתִּיעַ; גּוֹרֵם מַרְתִּיעַ
detest *v.* תִּיעֵב
dethrone *v.* הֵדִיחַ מִמְּלוּכָה
detonate *v.* פּוֹצֵץ; הִתְפּוֹצֵץ
detour *n.* עֲקִיפָה; מַעֲקָף
detour *v.* עָקַף
detract *v.* חִיסֵּר, הִפְחִית
detriment *n.* נֶזֶק, רָעָה
detrimental *adj., n.* מַזִּיק, גּוֹרֵם הֶפְסֵד
Deuteronomy *n.* מִשְׁנֵה תּוֹרָה, סֵפֶר דְּבָרִים
devaluation *n.* פִּיחוּת (מטבע)
devastate *v.* הָרַס, הֵשַׁם
devastation *n.* הֶרֶס, שְׁמָמָה, חוּרְבָּן
develop *v.* פִּיתַּח; גִּילָּה; הִתְפַּתַּח; נִתְגַּלָּה
development *n.* פִּיתּוּחַ; הִתְפַּתְּחוּת
deviate *v.* הִטָּה; סָטָה
deviation *n.* הַטָּיָה; סְטִייָּה
deviationist *n.* דּוֹגֵל בִּסְטִייָּה
device *n.* אַמְצָאָה, מַכְשִׁיר, מִתְקָן; תַּחְבּוּלָה

devil *n.* שָׂטָן; שֵׁד; רָשָׁע
devil *v.* תִּיבֵּל (חריף); הִטְרִיד, הֵצִיק
devilish *adj., adv.* שֵׁדִי, שְׂטָנִי; מְאוֹד, בְּיוֹתֵר
devious *adj.* עֲקַלְקַל, פְּתַלְתּוֹל
devise *v.* תִּכְנֵן, הִמְצִיא
devoid *adj.* מְשׁוּלָּל, חָסֵר
devolution *n.* הֲסָבָה; תְּסִיבָּה (מכוח הדין)
devolve *v.* הֵסֵב
devote *v.* הִקְדִּישׁ, יִיחֵד
devoted *adj.* מָסוּר, אָדוּק
devotee *n.* חוֹבֵב נִלְהָב; קַנַּאי
devotion *n.* מְסִירוּת; חֲסִידוּת
devour *v.* בָּלַע, אָכַל; טָרַף
devout *adj.* אָדוּק, דָּתִי מָסוּר; אֲמִיתִּי, כֵּן
dew *n.* טַל
dew *v.* הִטְלִיל
dewdrop *n.* אֶגֶל טַל
dewy *adj.* טָלוּל
dexterity *n.* זְרִיזוּת, מְיוּמָּנוּת, יוּמְנָה
diabetes *n.* סוּכֶּרֶת
diabetic *adj., n.* שֶׁל סוּכֶּרֶת; חוֹלֵה סוּכֶּרֶת
diabolic(al) *adj.* שְׂטָנִי, שֵׁדִי
diacritical *adj.* דִּיאַקְרִיטִי, נִיקּוּדִי; מַבְחִין
diadem *n.* כֶּתֶר, עֲטֶרֶת; זֵר (פרחים)
di(a)eresis *n.* (בכתיב) הַבְדֶּלֶת שְׁתֵּי תְּנוּעוֹת סְמוּכוֹת
diagnose *v.* אִבְחֵן
diagnosis *n.* אִבְחוּן
diagonal *adj., n.* אֲלַכְסוֹנִי; אֲלַכְסוֹן
diagram *n.* תַּרְשִׁים, דִּיאַגְרַמָּה
diagram *v.* סִרְטֵט תַּרְשִׁים

dial *n.* חוּגָה
dial *v.* חִייֵג
dial telephone *n.* טֶלֶפוֹן חִיּוּג
dial tone *n.* צְלִיל חִיּוּג
dialect *n.* לַהַג, דִיאָלֶקְט
dialogue *n.* דוּ־שִׂיחַ, דִיאָלוֹג
diameter *n.* קוֹטֶר
diametrical *adj.* קוֹטְרִי; בְּדִיּוּק כְּנֶגֶד
diamond *n.* יַהֲלוֹם; מְעוּיָן
diamond *adj.* יַהֲלוֹמִי; מְשׁוּבָּץ יַהֲלוֹמִים
diaper *n.* חִיתּוּל
diaphragm *n.* סַרְעֶפֶת
diarrh(o)ea *n.* שִׁלְשׁוּל
diary *n.* יוֹמָן, לוּחַ יוֹמָן
Diaspora *n.* הַפְּזוּרָה, הַתְּפוּצָה, הַגּוֹלָה
diastole *n.* הִתְפַּשְּׁטוּת הַלֵּב
diathermy *n.* רִיפּוּי בְּחוֹם אוֹ בְּגַלִּים
diatribe *n.* בִּיקּוֹרֶת חֲרִיפָה
dice *n.* קוּבִּיּוֹת מִשְׂחָק
dice *v.* חָתַךְ לְקוּבִּיּוֹת
dichotomy *n.* חֲלוּקָּה לִשְׁנַיִים
dicker *v.* הִתְמַקֵּחַ
dictaphone *n.* כְּתַב־קוֹל, דִיקְטָפוֹן
dictate *v.* הִכְתִּיב, צִיוָּה, אִילֵּץ
dictate *n.* תַּכְתִּיב
dictation *n.* הַכְתָּבָה; תַּכְתִּיב
dictator *n.* דִיקְטָטוֹר, רוֹדָן; מַכְתִּיב
dictatorship *n.* רוֹדָנוּת, דִיקְטָטוּרָה
diction *n.* הֲגִייָה, חִיתּוּךְ דִּבּוּר
dictionary *n.* מִילּוֹן
dictum *n.* מֵימְרָה; הַכְרָזָה
didacatic *adj.* לִימּוּדִי, דִידַקְטִי
die *v.* מֵת; דָעַךְ
die *v.* טָבַע
die *n.* מַטְבַּעַת
diehard *n., adj.* לוֹחֵם עַקְשָׁנִי
diesel oil *n.* שֶׁמֶן דִיזֶל
diet *v.* שָׁמַר דִיאֶטָה
diet *n.* אוֹכֶל רָגִיל; דִיאֶטָה, תַּפְרִיט מְיוּחָד
dietitian, dietician *n.* דִיאֶטָן, דִיאֶטָנִית
differ *v.* הָיָה שׁוֹנֶה; חָלַק עַל
difference *n.* שׁוֹנִי, הֶבְדֵל, הֶפְרֵשׁ; אִי־הַסְכָּמָה
different *adj.* שׁוֹנֶה, נִבְדָל
differentiate *v.* הִבְחִין, הִבְדִיל
difficult *adj.* קָשֶׁה
difficulty *n.* קוֹשִׁי
diffidence *n.* אִי בִּיטָּחוֹן עַצְמִי, בַּיְישָׁנוּת, צְנִיעוּת
diffident *adj.* לֹא בּוֹטֵחַ בְּעַצְמוֹ, עָנָיו
diffuse *v.* הֵפִיץ; פִּיזֵּר; נָפוֹץ
diffuse *adj.* רַב־מֶלֶל; מְפוּזָּר; נָפוֹץ
dig *v.* חָפַר; חָתַר; חִיטֵּט; הִתְחַפֵּר; הִתְגּוֹרֵר
dig *n.* חֲפִירָה; דְחִיפָה; עֲקִיצָה, הֶעָרָה עוֹקְצָנִית
digest *v.* עִיכֵּל; הִתְעַכֵּל
digest *n.* לֶקֶט, תַּקְצִיר
digestible *adj.* נֶעְכָּל, מִתְעַכֵּל
digestion *n.* עִיכּוּל, הִתְעַכְּלוּת
digestive *adj.* מִתְעַכֵּל, מְסַייֵעַ לְעִיכּוּל
digit *n.* אֶצְבַּע; סִפְרָה
digital *adj.* סִפְרָתִי (מציין בספרות)
digital watch *n.* שְׁעוֹן סִפְרָתִי
dignified *adj.* אֲצִילִי, אוֹמֵר כָּבוֹד
dignify *v.* כִּיבֵּד, רוֹמֵם
dignitary *n., adj.* מְכוּבָּד, נִכְבָּד
dignity *n.* כָּבוֹד; עֵרֶךְ עַצְמִי
digress *v.* סָטָה, נָטָה
digression *n.* סְטִייָה, נְטִייָה
dike *n.* סֶכֶר, דַייק; תְּעָלָה

dike *v.* בָּנָה דָּיֵק; נִיקֵּז
dilapidated *adj.* רָעוּעַ, חָרֵב
dilate *v.* הִרְחִיב; הִתְרַחֵב
dilatory *adj.* אִיטִי, מְעַכֵּב; רַשְׁלָנִי
dilemma *n.* בְּעָיָה, דִּילֶמָּה
dilettante *n.* חוֹבְבָן, אָדָם שִׁטְחִי
diligence *n.* שְׁקִידָה, חָרִיצוּת
diligent *adj.* חָרוּץ, שַׁקְדָנִי
dill *n.* שֶׁבֶת (צמח ריחני)
dillydally *v.* בִּזְבֵּז זְמַנּוֹ
dilute *v.* דִּילֵּל, הִקְלִישׁ
dilute *adj.* מָהוּל, דָּלִיל
dilution *n.* דִּילּוּל, דְּלִילוּת; הַקְלָשָׁה; מְהִילָה
dim *adj.* עָמוּם
dim *v.* עָמַם, הֵעֵם; הוּעַם
dime *n.* דַּיים (עשרה סנטים)
dimension *n.* מֵמַד
diminish *v.* הִפְחִית, הִקְטִין
diminuendo *n.* (בּמוסיקה) הוֹלֵךְ וְרָפֶה
diminutive *adj., n.* זְעֵיר־אַנְפִּינִי; מוּזְעָר, קָטָן; צוּרַת הַקְטָנָה
dimly *adv.* בִּמְעוּמְעָם, בִּמְעוּרְפָּל
dimmer *n.* מְעַמְעֵם; עַמָּם
dimple *n.* גּוּמַּת־חֵן
dimple *v.* סִימֵּן גּוּמָּה
dimwit *n.* שׁוֹטֶה, קְשֵׁה תְּפִיסָה
dim-witted *adj.* טִיפְּשִׁי, מְטוּמְטָם
din *n.* הֲמוּלָּה, שָׁאוֹן
din *v.* הֵקִים רַעַשׁ
dine *v.* סָעַד, אָכַל, כִּיבֵּד בַּאֲרוּחָה
diner *n.* סוֹעֵד; קְרוֹן מִסְעָדָה
dingdong *n.* צִלְצוּל חוֹזֵר; שִׁגְרָה
dingdong *adj., adv.* שֶׁל מַהֲלוּמוֹת
dingy, dinghy *n.* סִירָה קְטַנָּה, סִירַת מְשׁוֹטִים
dingy *adj., n.* כֵּיהֶה; מְלוּכְלָךְ
dining-car *n.* קְרוֹן מִסְעָדָה
dining-room *n.* חֲדַר־אוֹכֶל
dinky *adj.* קָטָן וְנֶחְמָד (מכשיר, צעצוע)
dinner *n.* אֲרוּחָה עִיקָּרִית; אֲרוּחָה חֲגִיגִית
dinner-jacket *n.* חֲלִיפַת־עֶרֶב
dinner-set *n.* מַעֲרֶכֶת כְּלֵי אוֹכֶל
dinosaur *n.* דִּינוֹזָאוּרוּס (זוחל עתיק ענקי שנכחד)
diocese *n.* מְחוֹז הַבִּישׁוֹף
diode *n.* דִּיוֹדָה (התקן אלקטרוני להגבלת זרם חשמל או להכוונתו)
dioxide *n.* דּוּ־תַּחְמוֹצֶת
dip *v.* טָבַל, הִשְׁרָה; הוֹרִיד; שָׁקַע, נִטְבַּל
dip *n.* טְבִילָה; צְלִילָה; חִיטּוּי; הוֹרָדָה; שֶׁקַע
dip stick *n.* סַרְגֵּל טוֹבֵל (למדידת כמות שמן וכו׳)
diphtheria *n.* קָרֶמֶת
diphthong *n.* דּוּ־תְּנוּעָה, דִּיפְתּוֹנְג
diphthongize *v.* שִׁינָּה (או השתנה) לְדוּ־תְּנוּעָה
diploma *n.* תְּעוּדַת הַסְמָכָה, דִּיפְּלוֹמָה
diplomacy *n.* דִּיפְּלוֹמַטְיָה, חָכְמַת הַמְּדִינַאי
diplomat *n.* דִּיפְּלוֹמָט
diplomatic *adj.* דִּיפְּלוֹמָטִי
diplomatic pouch *n.* דּוֹאַר דִּיפְּלוֹמָטִי
dipper *n.* טוֹבֵל; מַטְבִּיל; מַצֶּקֶת; כַּפִּית שְׁאִיבָה
dire *adj.* נוֹרָא, מַבְעִית
direct *adj., adv.* יָשִׁיר, יָשָׁר; יְשִׁירוּת
direct *v.* כִּיוּוֵן, הִדְרִיךְ; הוֹרָה; בִּיֵּים (מחזה)
direct current *n.* זֶרֶם יָשָׁר

direct discourse *n.* דִּיבּוּר יָשִׁיר
direct hit *n.* פְּגִיעָה יְשִׁירָה
direct object *n.* מוּשָׂא יָשִׁיר
direct speech *n.* דִּיבּוּר יָשִׁיר
direction *n.* כִּיווּן; נִיהוּל; הַדְרָכָה; הַנְחָיָה; בִּיּוּם (מחזה וכד')
directly *adv.* הַיישֵׁר, בְּמֵישָׁרִים, מִיָּד, מִיָּד עִם
director *n.* מְנַהֵל; חֲבֵר הַנְהָלָה; בַּמַּאי
directorship *n.* הַנְהָלָה, מִשְׂרַת מְנַהֵל
directory *n., adj.* מַדְרִיךְ
direful *adj.* אָיוֹם, נוֹרָא
dirge *n.* קִינָה
dirigible *adj., n.* שֶׁאֶפְשָׁר לְנַהֲגוֹ, נָהִיג; סְפִינַת אֲוִויר
dirt *n.* לִכְלוּךְ; עָפָר; שִׁיקּוּץ
dirt-cheap *adj., adv.* בְּזִיל הַזּוֹל
dirt road *n.* דֶּרֶךְ עָפָר
dirty *adj.* מְלוּכְלָךְ, מְזוֹהָם
dirty *v.* לִכְלֵךְ; הִתְלַכְלֵךְ
dirty linen *n.* כְּבִיסָה מְלוּכְלֶכֶת
dirty trick *n.* תַּחְבּוּלָה שְׁפָלָה
disable *v.* הֵטִיל מוּם בּ, שָׁלַל כּוֹשֶׁר
disabuse *v.* שִׁחְרֵר מֵאַשְׁלָיָה
disadvantage *n.* חוֹסֶר יִתְרוֹן; פְּגָם
disadvantageous *adj.* לֹא נוֹחַ; גּוֹרֵם הֶפְסֵד
disaffected *adj.* מְמוּרְמָר, לֹא נֶאֱמָן, עוֹיֵן
disagree *v* לֹא הִסְכִּים, חָלַק עַל; לֹא תָּאַם.
disagreeable *adj.* לֹא נָעִים
disagreement *n.* אִי הַסְכָּמָה, חִילּוּקֵי־דֵעוֹת; אִי־הַתְאָמָה
disappear *v.* נֶעֱלַם
disappearance *n.* הֵיעָלְמוּת
disappoint *v.* אִכְזֵב
disappointment *n.* הִתְאַכְזְבוּת; אַכְזָבָה
disapproval *n.* הִתְנַגְּדוּת, אִי־שְׂבִיעוּת־רָצוֹן
disapprove *v.* לֹא שָׂבַע רָצוֹן; גִּינָּה, הִתְנַגֵּד
disarm *v.* פֵּירֵק נֶשֶׁק; הִתְפָּרֵק מִנִּשְׁקוֹ
disarmament *n.* פֵּירוּק נֶשֶׁק
disarming *adj.* מְפַיֵּיס, מֵפִיג (כעס וכד')
disarray *v.* גָּרַם אִי סֵדֶר, פָּרַע סֵדֶר
disaster *n.* אָסוֹן, שׁוֹאָה
disastrous *adj.* הֲרֵה אָסוֹן, נוֹרָא
disavow *v.* נִיעֵר חוֹצְנוֹ, הִתְכַּחֵשׁ
disband *v.* פֵּירֵק; הִתְפָּרֵק
disbar *v.* שָׁלַל מַעֲמָד (של עורך דין)
disbelief *n.* כְּפִירָה, חוֹסֶר אֱמוּנָה
disbelieve *v.* כָּפַר בּ, לֹא הֶאֱמִין
disburse *v.* הוֹצִיא כֶּסֶף
disbursement *n.* הוֹצָאַת כֶּסֶף
disc, disk *n.* דִּסְקָה; דִּיסְקוּס; חוּלְיָה; תַּקְלִיט
discard *v.* זָנַח
discard *n.* זְנִיחָה; זָנוּחַ
discern *v.* רָאָה; הִבְחִין
discerning *adj.* מַבְחִין; מַבְדִּיל
discharge *v.* פָּרַק (מטען); שִׁחְרֵר; יָרָה; פִּיטֵּר; הִשְׁתַּחְרֵר; בִּיצַּע; הִתְפָּרֵק
discharge *n.* פְּרִיקַת מִטְעָן; שִׁחְרוּר; יְרִיָּה; נְזִילָה; הִשְׁתַּחְרְרוּת; בִּיטּוּל
disciple *n.* תַּלְמִיד, חָסִיד
disciplinarian *n.* דּוֹגֵל בְּמִשְׁמַעַת
discipline *n.* מִשְׁמַעַת; שִׁיטָה, מִקְצוֹעַ מַדָּעִי וְשִׁיטָתִי

discipline *v.* מִשְׁמֵעַ; עָנַשׁ
disclaim *v.* הִתְכַּחֵשׁ ל
disclose *v.* גִּילָּה, פִּרְסֵם
disclosure *n.* גִּילּוּי, פִּרְסוּם
discolor *v.* שִׁינָּה אוֹ קִלְקֵל צֶבַע
discomfiture *n.* מְבוּכָה, תְּבוּסָה
discomfort *v.* הִטְרִיד
discomfort *n.* אִי־נוֹחוּת, טִרְדָה
disconcert *v.* הֵבִיךְ, הֵבִיא בִּמְבוּכָה
disconnect *v.* נִיתֵּק
disconsolate *adj.* עָגוּם, מְמָאֵן לְהִינָּחֵם
discontent *v.* צִיעֵר, לֹא הִשְׂבִּיעַ רָצוֹן
discontent *n.* אִי־שְׂבִיעוּת־רָצוֹן
discontented *adj.* לֹא מְרוּצֶה
discontinue *v.* הִפְסִיק; פָּסַק, חָדַל
discord *n.* חִיכּוּךְ, מְרִיבָה; דִיסוֹנַנְס
discordance *n.* אִי־הַתְאָמָה
discotheque *n.* דִיסְקוֹטֶק (מוֹעֲדוֹן לבילוי חברתי במוסיקה ובריקודים)
discount *v.* נִיכָּה (שטר); הִמְעִיט בְּעֶרֶךְ
discount *n.* נִיכָּיוֹן; הֲנָחָה כַּסְפִּית
discourage *v.* רִיפָּה יָדַיִים; הֵנִיא, הִרְתִּיעַ
discouragement *n.* רִיפּוּי יָדַיִים; הַרְתָּעָה
discourse *n.* שִׂיחָה; הַרְצָאָה
discourse *v.* דִּיבֵּר בַּאֲרִיכוּת, שׂוֹחַח; הִרְצָה
discourteous *adj.* לֹא אָדִיב
discourtesy *n.* חוֹסֶר נִימוּס
discover *v.* גִּילָּה, מָצָא
discovery *n.* גִּילּוּי; תַּגְלִית
discredit *n.* פְּגִיעָה בַּשֵּׁם הַטּוֹב, חוֹסֶר אֵמוּן, אָבְדַן אֵמוּן
discredit *v.* פָּגַע בְּשֵׁם טוֹב; הָרַס אֵמוּן
discreditable *adj.* מֵבִישׁ
discreet *adj.* זָהִיר, מְחוּשָּׁב, דִּיסְקְרֶטִי
discrepancy *n.* סְתִירָה
discrete *adj.* נִפְרָד, נִבְדָּל
discretion *n.* כּוֹחַ שִׁיפּוּט; שִׁיקּוּל־דַּעַת
discriminate *v.* הִפְלָה; הִבְחִין
discrimination *n.* הַפְלָיָה; הַבְחָנָה
discriminatory *adj.* מַפְלֶה, מַבְחִין
discursive *adj.* סוֹטֶה מֵעִנְיָין לְעִנְיָין
discus *n.* דִּיסְקוּס (סבלת מתכת עגולה שספורטאים מתאמנים בהטלתה למרחק)
discuss *v.* הִתְווַכֵּחַ, דָּן
discussion *n.* וִיכּוּחַ, דִּיּוּן
disdain *v.* בָּז
disdain *n.* שְׁאָט־נֶפֶשׁ, בּוּז
disdainful *adj.* מְבַזֶּה, מְזַלְזֵל
disease *n.* מַחֲלָה, חוֹלִי
diseased *adj.* נָגוּעַ בְּמַחֲלָה
disembark *v.* הוֹרִיד מֵאוֹנִיָּה; יָרַד מֵאוֹנִיָּה
disembarkation *n.* הוֹרָדָה מֵאוֹנִיָּה; יְרִידָה מֵאוֹנִיָּה
disembodied *adj.* מְנוּתָּק מִגּוּף
disembowel *v.* הוֹצִיא אֶת הַקְּרָבַיִים
disenchant *v.* שִׁחְרֵר מֵאַשְׁלָיָה
disenchantment *n.* הִתְפַּכְּחוּת
disengage *v.* שִׁחְרֵר, הִתִּיר, נִיתֵּק
disengagement *n.* שִׁחְרוּר; הִינָּתְקוּת; בִּיטּוּל אֵירוּסִים
disentangle *v.* הִתִּיר סְבַךְ; חִילֵּץ
disentanglement *n.* הַתָּרַת סְבַךְ; הֵיחָלְצוּת
disestablish *v.* בִּיטֵּל הַכָּרָה (של מדינה)
disfavor *n.* אִי־אַהֲדָה, עַיִן רָעָה

disfavor *v.* לא אָהַד, הִבִּיט בְּעַיִן רָעָה
disfigure *v.* הִשְׁחִית צוּרָה, כִּיעֵר
disfranchise *v.* שָׁלַל זְכוּיוֹת אֶזְרָח
disgorge *v.* הֵקִיא; הֶחֱזִיר גָּזֵל
disgrace *n.* קָלוֹן, אִי־כָּבוֹד, חֶרְפָּה
disgrace *v.* הֵסִיר חִנּוֹ מִן; בִּייֵּשׁ
disgraceful *adj.* מֵבִישׁ, מַחְפִּיר
disgruntled *adj.* מְמוּרְמָר, מְאוּכְזָב
disguise *v.* הִסְוָה, הִסְתִּיר
disguise *n.* תַּחְפּוֹשֶׂת, הַסְוָאָה
disgust *v.* מַגְעִיל, מְעוֹרֵר גּוֹעַל־נֶפֶשׁ
disgust *n.* סְלִידָה, גּוֹעַל־נֶפֶשׁ
disgusting *adj.* גּוֹעֲלִי
dish *n.* צַלַּחַת, קְעָרִית; תַּבְשִׁיל
dish *v.* חִילֵּק אוֹכֶל בְּצַלָּחוֹת
dishcloth *n.* מַטְלִית כֵּלִים
dishearten *v.* דִּיכֵּא, רִיפָּה יָדַיִים
dishevel *v.* פָּרַע (שֵׂעָר), סָתַר
dishonest *adj.* לֹא יָשָׁר, נוֹכֵל
dishonesty *n.* אִי־הֲגִינוּת, גְּנֵיבַת הַדַּעַת
dishonor *v.* שָׁלַל כָּבוֹד מִן, לֹא כִּיבֵּד; מֵיאֵן לְשַׁלֵּם
dishonor *n.* שְׁלִילַת כָּבוֹד; קָלוֹן, בּוּשָׁה
dishonorable *adj.* מֵבִישׁ, שָׁפָל
dish rack *n.* סוֹרֵג צַלָּחוֹת
dishrag *n.* מַטְלִית לְכֵלִים
dishwasher *n.* מֵדִיחַ כֵּלִים, מַדִּיחַ
dishwater *n.* מֵי כֵּלִים
disillusion *v.* נִיפֵּץ אַשְׁלָיָה
disillusionment *n.* הִתְפַּכְּחוּת
disinclination *n.* אִי־נְטִיָּה; סֵירוּב
disincline *v.* הִטָּה לֵב מִן; לֹא נָטָה
disinfect *v.* חִיטֵּא
disinfectant *adj., n.* מְחַטֵּא
disingenuous *adj.* לֹא כֵּן, מְעוּשֶּׂה

disinherit *v.* שָׁלַל יְרוּשָּׁה
disintegrate *v.* פּוֹרַר; הִתְפּוֹרֵר
disintegration *n.* הִתְפָּרְדוּת; הִתְפּוֹרְרוּת
disinter *v.* הוֹצִיא מִקִּבְרוֹ
disinterested *adj.* שֶׁאֵין לוֹ טוֹבַת־הֲנָאָה; אָדִישׁ
disinterestedness *n.* אֲדִישׁוּת, אִי־הִתְעַנְיְינוּת
disjointed *adj.* קָטוּעַ, לֹא לָכִיד
disjunctive *adj.* מַפְרִיד; מַבְחִין
disk *n.* דִּסְקָה; תַּקְלִיט
disk-jockey *n.* מַגִּישׁ תּוֹכְנִיּוֹת תַּקְלִיטִים (קלות), תַּקְלִיטָן
diskette *n.* (במחשב) תַּקְלִיטוֹן, דִּיסְקֶט
dislike *v.* לֹא חִיבֵּב, סָלַד
dislike *n.* אִי־חִיבָּה, סְלִידָה
dislocate *v.* הֵזִיז; עָקַר; שִׁיבֵּשׁ
dislodge *v.* סִילֵּק מִמְּקוֹמוֹ, גֵּירֵשׁ
disloyal *adj.* לֹא נֶאֱמָן, בּוֹגֵד
disloyalty *n.* אִי־נֶאֱמָנוּת, בְּגִידָה
dismal *adj.* מַעֲצִיב, מְדַכֵּא
dismantle *v.* פֵּירֵק; הָרַס
dismay *v.* רִיפָּה יָדַיִים, יֵיאֵשׁ
dismay *n.* רִפְיוֹן יָדַיִים, יֵיאוּשׁ
dismember *v.* קָטַע אֵיבָר; פֵּירֵק לַחֲתִיכוֹת
dismiss *v.* פִּיזֵּר, שִׁחְרֵר; פִּיטֵּר, בִּיטֵּל
dismissal *n.* פִּיזּוּר; שִׁילּוּחַ; פִּיטּוּרִים
dismount *v.* הוֹרִיד; יָרַד
disobedience *n.* אִי־צִיּוּת; הֲפָרַת מִשְׁמַעַת
disobedient *adj.* מֵפֵר מִשְׁמַעַת
disobey *v.* לֹא צִיֵּית
disorder *n.* אִי־סְדָרִים, עִרְבּוּבְיָה

disorder *v.* שִׁיבֵּשׁ סֵדֶר; בִּלְבֵּל
disorderly *adj.* לֹא מְסוּדָּר; מִתְפָּרֵעַ
disorderly *adv.* בְּאִי־סֵדֶר
disorderly house *n.* בֵּית־זוֹנוֹת
disorganize *v.* שִׁיבֵּשׁ סֵדֶר
disown *v.* הִתְכַּחֵשׁ ל
disparage *v.* זִלְזֵל בְּעֵרֶךְ
disparagement *n.* זִלְזוּל בְּעֵרֶךְ
disparate *adj.* נִבְדָּל, לֹא דוֹמֶה
disparity *n.* הֶבְדֵּל, שׁוֹנוּת
dispassionate *adj.* לֹא נִרְגָּשׁ, קַר־רוּחַ, מְיוּשָּׁב
dispatch, despatch *v.* שָׁלַח; הֵמִית
dispatch, despatch *n.* שְׁלִיחָה; הֲמָתָה; בִּיצוּעַ יָעִיל
dispel *v.* פִּיזֵּר (חששות)
dispensary *n.* בֵּית־מִרְקַחַת
dispense *v.* חִילֵּק; הֵכִין תְּרוּפוֹת; וִיתֵּר
dispensation *n.* וִיתּוּר, שִׁחְרוּר מֵחוֹבָה
disperse *v.* פִּיזֵּר; הִתְפַּזֵּר
Dispersion *n.* הִתְפּוּצוֹת, הַפְּזוּרָה
displace *v.* עָקַר מִמְּקוֹמוֹ; תָּפַס מְקוֹמוֹ שֶׁל
displaced person *n.* עָקוּר
display *v.* הֶרְאָה, הִצִּיג לְרַאֲוָוה
display *n.* תְּצוּגָה; חִישּׂוּף
display window *n.* חַלּוֹן רַאֲוָוה
displease *v.* הִרְגִּיז; לֹא נָעַם
displeasing *adj.* לֹא מוֹצֵא חֵן
displeasure *n.* אִי־שְׂבִיעוּת־רָצוֹן
disport *v.* הִתְבַּדֵּר, הִשְׁתַּעְשֵׁעַ
disposable *adj.* שֶׁאֶפְשָׁר לְהִיפָּטֵר מִמֶּנּוּ; חַד פַּעֲמִי (לגבי חיתולים וכד')
disposal *n.* הִשְׁתַּחְרְרוּת מִמַּשֶּׁהוּ; סִידּוּר בְּמָקוֹם; רְשׁוּת
dispose *v.* סִידֵּר; מִיקֵּם; נָטָה; קָבַע
disposition *n.* מֶזֶג, מַצַּב־רוּחַ; נְטִיָּיה; מַעֲרָךְ, סִידּוּר
dispossess *v.* נִישֵּׁל מִנְּכָסָיו
disproof *n.* הַפְרָכָה, הֲזָמָה
disproportion *n.* חוֹסֶר יַחַס, דִּיסְפְּרוֹפּוֹרְצְיָה, אִי תֵּיאוּם
disproportionate *adj.* לֹא בְּיַחַס נָכוֹן
disprove *v.* סָתַר, הִפְרִיךְ
dispute *v.* הִתְוַוכֵּחַ, עִרְעֵר
dispute *n.* פּוּלְמוּס, וִיכּוּחַ, מַחְלוֹקֶת
disqualify *v.* פָּסַל; שָׁלַל זְכוּיּוֹת
disquiet *v.* הִדְאִיג
disquiet *n.* אִי־שֶׁקֶט; דְּאָגָה
disregard *v.* הִתְעַלֵּם מִן
disregard *n.* הִתְעַלְּמוּת
disrepair *n.* מַצָּב הַטָּעוּן תִּיקּוּן
disreputable *adj.* יָדוּעַ לִגְנַאי, לֹא מְכוּבָּד
disrepute *n.* הַבְאָשַׁת שֵׁם טוֹב
disrespect *n.* חוֹסֶר כָּבוֹד
disrespectful *adj.* חָצוּף
disrobe *v.* פָּשַׁט; הִתְפַּשֵּׁט
disrupt *v.* שִׁיבֵּר, נִיתֵּץ
dissatisfaction *n.* אִי־שְׂבִיעוּת־רָצוֹן
dissatisfied *adj.* לֹא מְרוּצֶּה
dissatisfy *v.* לֹא הִשְׂבִּיעַ רָצוֹן
dissect *v.* נִיתַּח, בִּיתֵּר
dissemble *v.* הֶעֱמִיד פָּנִים
disseminate *v.* הֵפִיץ, זָרַע
dissension *n.* חִילּוּקֵי דֵעוֹת
dissent *v.* חָלַק עַל
dissent *n.* אִי־הַסְכָּמָה
dissenter *n.* מִסְתַּיֵּיג, פּוֹרֵשׁ
dissertation *n.* עֲבוֹדַת מֶחְקָר (לתואר אקדמי גבוה)

disservice *n.* שֵׁירוּת דוּב, שֵׁירוּת רָע
dissever *v.* נִיתֵּק, חִילֵּק; נִיתַּק
dissidence *n.* אִי־הַסְכָּמָה; פְּרִישָׁה
dissident *adj., n.* חוֹלֵק; פּוֹרֵשׁ
dissimilar *adj.* לֹא דוֹמֶה
dissimilate *v.* שִׁינָּה; הִשְׁתַּנָּה
dissimulate *v.* הֶעֱמִיד פָּנִים
dissipate *v.* פִּיזֵּר; הִתְפַּזֵּר; הִתְפָּרֵק
dissipated *adj.* מִתְהוֹלֵל; שֶׁבְּהִתְעַנְּגוּת
dissipation *n.* פִּיזּוּר, הִתְפָּרְדוּת; הוֹלֵלוּת
dissociate *v.* הִתְנַעֵר; נִיתֵּק; נִיתַּק
dissolute *adj.* מִתְהוֹלֵל, מוּפְקָר
dissolution *n.* חִיסּוּל; פֵּירוּק; הַפְרָדָה או הִיפָּרְדוּת; הֲמָסָה, הִתְמוֹסְסוּת
dissolve *v.* הֵמֵס, מוֹסֵס; הִתִּיר (קשר), פִּיזֵּר, פֵּירֵק; הִתְפָּרֵק
dissonance *n.* אִי־הַתְאָמָה (של קולות), צְרִיר
dissuade *v.* הֵנִיא
distance *n.* מֶרְחָק, רוֹחַק
distant *adj.* רָחוֹק, מְרוּחָק; צוֹנֵן
distaste *n.* סְלִידָה, בְּחִילָה; מְאִיסָה
distasteful *adj.* חֲסַר־טַעַם; לֹא נָעִים
distemper *n.* סִיּוּד בִּצְבָעִים; מַחֲלַת כְּלָבִים, מַחֲלָה; מַצַּב רוּחַ רָע
distend *v.* הִתְנַפֵּחַ, הִתְרַחֵב
distension *n.* נִיפּוּחַ, הַרְחָבָה
distil, distill *v.* זִיקֵּק; טִפְטֵף; זוּקַּק
distillation *n.* זִיקּוּק; נוֹזֵל מְזוּקָּק
distillery *n.* מִזְקָקָה; יֶקֶב יֵין שָׂרָף
distinct *adj.* מוּבְהָק; נִבְדָּל
distinction *n.* צִיּוּן; הַבְחָנָה, הֶבְדֵּל; יִיחוּד; הִצְטַיְּנוּת
distinctive *adj.* אוֹפְיָינִי, בָּרוּר
distinguish *v.* הִבְחִין, הִבְדִּיל; אִפְיֵין
distinguished *adj.* דָּגוּל, מִצְטַיֵּין
distort *v.* עִיוֵּות, סֵירֵס
distortion *n.* סֵירוּס, עִיוּוּת
distraction *n.* הַטָּיַת תְּשׂוּמֶת־הַלֵּב; בִּידּוּר; אִי־רִיכּוּז
distraught *adj.* מְטוֹרָף; מְפוּזָּר
distress *v.* הִכְאִיב; צִיעֵר
distress *n.* יִיסּוּרִים, מְצוּקָה
distressing *adj.* מְדַכֵּא, מְצַעֵר
distribute *v.* הֵפִיץ; חִילֵּק
distribution *n.* הֲפָצָה; חֲלוּקָה
distributor *n.* מְחַלֵּק; מֵפִיץ; מַפְלֵג (במנוע רֶכֶב)
district *n.* מָחוֹז, אֵזוֹר
district *v.* חִילֵּק לִמְחוֹזוֹת
district attorney *n.* פְּרַקְלִיט הַמָּחוֹז
distrust *n.* אִי־אֵמוּן, חֲשַׁד
distrust *v.* רָחַשׁ אִי־אֵמוּן ל
distrustful *adj.* חַשְׁדָן
disturb *v.* הִפְרִיעַ; פָּרַע סֵדֶר
disturbance *n.* הַפְרָעָה; אִי־סֵדֶר
disuse *n.* יְצִיאָה מִכְּלַל שִׁימּוּשׁ
disuse *v.* הִפְסִיק שִׁימּוּשׁ
ditch *n.* חֲפִירָה; תְּעָלַת־נִיקּוּז
ditch *v.* חָפַר תְּעָלָה; נָטַשׁ בְּעֵת צָרָה
dither *n.* הִתְרַגְּשׁוּת; בִּלְבּוּל
ditto(do.) *n., adv.* כנ"ל, אוֹתוֹ דָּבָר
ditto *v.* שִׁכְפֵּל
ditty *n.* זֶמֶר קָצָר, פִּזְמוֹנִית
diva *n.* זַמֶּרֶת אוֹפֵּירָה מְהוּלֶּלֶת
divagate *v.* סָטָה
divan *n.* סַפָּה
dive *v.* צָלַל
dive *n.* צְלִילָה
dive bomber *n.* מַפְצִיץ צְלִילָה
diver *n.* צוֹלֵל, אֲמוֹדַאי

diverge *v.* הִסְתָּעֵף, הִתְפַּלֵּג; סָטָה
divers *adj.* אֲחָדִים שׁוֹנִים
diverse *adj.* מִמִּינִים שׁוֹנִים; שׁוֹנִים
diversification *n.* גִּיוּוּן
diversified *adj.* מְגוּוָּן, רַב־צוּרוֹת
diversion *n.* נְטִיָּיה מִמַּסְלוּל; סְטִיָּיה; בִּידוּר
diversity *n.* שׁוֹנִי, שׁוֹנוּת; גִּיוּוּן
divert *v.* הִטָּה; הֵסִיחַ; בִּידֵּר, שִׁעֲשַׁע
diverting *adj.* מַטֶּה; מֵסִיחַ; מְבַדֵּר
divest *v.* הִפְשִׁיט; שָׁלַל מִן
divide *v.* חִילֵּק; הִפְרִיד; הִתְחַלֵּק
divide *n.* פָּרָשַׁת מַיִם
dividend *n.* מְחוּלָּק; דִּיווִידֶנְדָּה (חלק מן הרווחים)
dividers *n. pl.* מְחוּגָה
divination *n.* נִיבּוּי; הַגָּדַת עֲתִידוֹת
divine *v.* נִיבֵּא, נִיחֵשׁ
divine *adj., n.* אֱלוֹהִי; כּוֹהֵן דָּת, תֵּיאוֹלוֹג מְלוּמָּד
diving *n.* צְלִילָה
diving bell *n.* פַּעֲמוֹן צוֹלְלִים
diving board *n.* מַקְפֵּצַת צוֹלְלִים
diving suit *n.* מַדֵּי צוֹלֵל
divining-rod *n.* מַטֵּה־קֶסֶם (המאַתר, כביכול, מקור מים או נפט)
divinity *n.* אֱלוֹהוּת; תֵּיאוֹלוֹגְיָה
divisible *adj.* מִתְחַלֵּק, שֶׁנִּיתָּן לְחַלְּקוֹ
division *n.* חֲלוּקָּה; הִתְחַלְּקוּת; (בּחשבּון) חִילּוּק; (בּצבא) אוּגְדָּה
divisor *n.* מְחַלֵּק (בּחשבּון)
divorce *n.* גֵּירוּשִׁים, גֵּט, הַפְרָדָה, נִיתּוּק קֶשֶׁר
divorce *v.* גֵּירֵשׁ, הִתְגָּרֵשׁ; נִיתֵּק
divorcee *n.* גְּרוּשָׁה
divulge *v.* גִּילָּה סוֹד, פִּרְסֵם

dizziness *n.* סִחְרוּר, סַחֲרְחוֹרֶת
dizzy *adj.* סַחְרְחַר, מְבוּלְבָּל
dizzy *v.* סִחְרֵר, בִּלְבֵּל
do *v.* עָשָׂה, פָּעַל; 'סִידֵּר', רִימָּה
do away with *v.* בִּיטֵּל; הֵמִית
do time *v.* רִיצָּה פֶּשַׁע בִּישִׁיבָה בְּבֵית סוֹהַר
do without *v.* הִסְתַּפֵּק בִּלְעֲדֵי
docile *adj.* צַיְיתָן, מְקַבֵּל מָרוּת
dock *v.* הֵבִיא לְרָצִיף; זִינֵּב; נִיכָּה (ממשכּורת וכד')
dock *n.* רְצִיף; תָּא הַנֶּאֱשָׁם; זָנָב
dock hand *n.* פּוֹעֵל נָמֵל
dockage *n.* דְּמֵי עֲגִינָה
docket *n.* תַּקְצִיר שֶׁל מִסְמָךְ; (בּמשפּט) קִיצּוּר מַהֲלַךְ הַמִּשְׁפָּט
dockyard *n.* מִסְפָּנָה
doctor *n.* דּוֹקְטוֹר (בּעל תּוֹאר דוקטור), ד"ר; רוֹפֵא מוּסְמָךְ
doctor *v.* נָתַן טִיפּוּל רְפוּאִי; (בּדיבּוּר) זִיֵּיף
doctorate *n.* תּוֹאַר דּוֹקְטוֹר; עֲבוֹדַת דּוֹקְטוֹר
doctrinaire *n.* דּוֹקְטְרִינֶר (אדם השקוע בּספר וּבהלכה וּמתעלם מחיי המעשה ודרישוֹתיהם): פַּסְקָנִי (לפי הלכה מסוּימת)
doctrine *n.* מִשְׁנָה, דּוֹקְטְרִינָה (תּורה דוגמאטית שלא אוּשרה בּהוֹכחוֹת)
document *n.* מִסְמָךְ
document *v.* תִּיעֵד
documentary *adj.* מִסְמָכִי, תִּיעוּדִי
documentary *n.* סֶרֶט תִּיעוּדִי
documentation *n.* תִּיעוּד
dodder *v.* רָעַד (מזקנה וּמתשישוּת)

dodge *v.* נִרְתַּע הַצִּדָּה; הִתְחַמֵּק
dodge *n.* הִתְחַמְּקוּת; טַכְסִיס
dodo *n.* יוֹנָה בַּרְוָזִית (הוכחדה)
doe *n.* צְבִיָּה, אַיָּלָה
doer *n.* אָדָם עוֹשֶׂה
doeskin *n.* עוֹר אַיָּלוֹת
doff *v.* פָּשַׁט; הֵסִיר (כובע)
dog *n.* כֶּלֶב
dog *v.* עָקַב; רָדַף
dog days *n. pl.* יְמֵי־מַזַּל־כֶּלֶב (תקופה חמה ביותר, בין אמצע יולי לספטמבר)
dog in the manger *n.* כֶּלֶב בָּאֵבוּס (שמונע שור מלאכול קש משום שהוא אינו אוכל אותו)
dogged *adj.* מִתְעַקֵּשׁ, עַקְשָׁן
doggerel *n., adj.* חַרְזָנוּת בַּדְחָנִית; בַּדְחָנִי
doggy *adj.* שֶׁל כְּלָבִים
dogma *n.* דּוֹגְמָה (הנחה מקובלת ומוסכמת שאין להרהר אחריה)
dogmatic *adj.* דּוֹגְמָטִי
do-gooder *n.* טוֹב וּמֵטִיב (כינוי לגלגני לתומך נאיווי ברפורמות הומאניטריות)
dog-star *n.* אַבְרֵק, סִירְיוּס
dog-tired *adj.* עָיֵף כְּכֶלֶב
doily *n.* מַפִּית לְצַלַּחַת
doing *adj.* עוֹשֶׂה; מִתְרַחֵשׁ
doing *n.* מַעֲשֶׂה
doldrums *n. pl.* תְּקוּפַת דִּכְדּוּךְ וְאִי פְּעִילוּת
doubter *n.* סַפְקָן
doubtful *adj.* מְפוּקְפָּק; לֹא וַדָּאִי; דּוּ־מַשְׁמָעִי
doubtless *adj., adv.* וַדַּאי; וַדָּאִי

douche *n.* מִקְלַחַת
dough *n.* בָּצֵק, עִיסָּה; כֶּסֶף
doughboy *n.* חַיָּל רָגִיל
doughnut *n.* סוּפְגָּנִית, לְבִיבָה
doughty *adj.* חָזָק, אַמִּיץ
doughy *adj.* בְּצֵקִי, רַךְ
dour *adj.* קוֹדֵר, זוֹעֵף
douse *v.* הִטְבִּיל; כִּיבָּה; נִטְבַּל
dove *n.* יוֹנָה
dovecot(e) *n.* שׁוֹבָךְ
dovetail *n.* זְנַבְיוֹן (חיבור דומה לזנב יונה)
dovetail *v.* חִיבֵּר בִּזְנַבְיוֹנִים
dowager *n.* אַלְמָנָה יוֹרֶשֶׁת (תואר מבעלה)
dowdy *adj.* מְרוּשָּׁל לְבוּשׁ
dowel *n.* פִּין (באבזרי מכונה)
dower *n.* יְרוּשַּׁת אַלְמָנָה (מבעלה המת); נְדוּנְיָה
down *prep., adv.* לְמַטָּה, מַטָּה; בִּנְקוּדָה נְמוּכָה יוֹתֵר; דָּרוֹמָה; מְזֻמָּנִים קְדוּמִים; בִּמְזוּמָּן
down *adj.* יוֹרֵד; מוּפְנֶה מַטָּה; מְדוּכָּא
down *n.* יְרִידָה; מַעֲטֶה נוֹצוֹת; פְּלוּמָה, שֵׂעָר רַךְ
down *v.* הִפִּיל; הִכְנִיעַ; גָּמַע
downcast *adj.* מוּפְנֶה מַטָּה; מְדוּכָּא
downcast *n.* הֲפִיכָה, הֶרֶס; מַבָּט מַשְׁפִּיל
downfall *n.* גֶּשֶׁם שׁוֹטֵף; מַפָּלָה
downgrade *n.* מִדְרוֹן
downgrade *v.* הוֹרִיד בְּדַרְגָּה; הִמְעִיט בְּעֶרֶךְ
downhearted *adj.* מְדוּכָּא, עָצוּב
downhill *adj., adv.* יוֹרֵד, מִדְרוֹנִי
downstairs *adj., adv., n.* בְּקוֹמָה תַּחְתּוֹנָה; לְמַטָּה בַּמַּדְרֵגוֹת

downstream *adv.* בְּכִיווּן הַזֶּרֶם
downstroke *n.* לוֹכְסָן
downtown *adj., adv.* בְּמֶרְכַּז הָעִיר; אֶל מֶרְכַּז הָעִיר, הָעִירָה
downtrend *n.* מְגַמַּת יְרִידָה
downtrodden *adj.* נָתוּן לְדִיכּוּי
downward, downwards *adj., adv.* כְּלַפֵּי מַטָּה; בִּירִידָה
downy *adj.* מְכוּסֶּה פְּלוּמָה, רַךְ כִּפְלוּמָה
dowry *n.* נְדוּנְיָה
doxology *n.* מִזְמוֹר תְּהִילָּה לה׳
doyen *n.* זְקַן הַחֲבוּרָה (כְּגוֹן של סגל דיפלומאטי)
doze *v.* נִמְנֵם
doze *n.* תְּנוּמָה קְצָרָה
dozen *n.* תְּרֵיסָר, 12
dozens of עֲשָׂרוֹת
dozy *adj.* מְיוּשָּׁן, מְנוּמְנָם
drab *n.* מְרוּשָּׁל; זוֹנָה
drab *adj.* אָפוֹר, מְשַׁעֲמֵם
drachma *n.* דַּרְכְּמָה (מטבע יווני קדום, וכן יחידת משקל)
draft *n.* גִּיּוּס; טְיוּטָה; מְשִׁיכָה (של כסף)
draft *v.* סִרְטֵט, טִייֵּט; גִּייֵּס
draft *adj.* מַתְאִים לְהוֹבָלַת מַשָּׂא כָּבֵד
draft age *n.* גִּיל גִּיּוּס
draft beer *n.* בִּירָה מֵחָבִית
draft call *n.* צַו גִּיּוּס
draft dodger *n.* מִשְׁתַּמֵּט
draftee *n.* מְחוּיָּל, מְגוּיָּס
draftsman *n.* סַרְטָט; מְנַסֵּחַ מִסְמָכִים
drafty, draughty *adj.* פָּתוּחַ לָרוּחַ
drag *v.* סָחַב; גָּרַר; נִגְרַר
drag *n.* רֶשֶׁת לִמְשִׁיַּת טְבוּעִים; מַשְׂדֵּדָה, מִגְרָרָה; מִכְשׁוֹל
dragnet *n.* מִכְמוֹרֶת, רֶשֶׁת

dragon *n.* דְּרָקוֹן (חַיַּת אימים אגדית); מְכַשֵּׁפָה
drain *v.* נִיקֵּז; רוֹקֵן; הִתְרוֹקֵן
drain *n.* נֶקֶז, בִּיב; בִּיּוּב
drain-pipe *n.* בִּיב; צִינּוֹר נִיקּוּז
drain plug *n.* מְגוּפַת הֲרָקָה
drainage *n.* נִיקּוּז; בִּיּוּב; מֵי בִּיּוּב
drainboard *n.* דַּף יִיבּוּשׁ
drake *n.* בַּרְוָוז
dram *n.* דְּרָם (יחידת משקל קטנה), קוּרְטוֹב מַשְׁקֶה
drama *n.* מַחֲזֶה, דְּרָמָה
dramatic *adj.* דְּרָמָטִי, מְרַתֵּק, מַפְתִּיעַ
dramatis personae *n. pl.* הַנְּפָשׁוֹת (במחזה או בסיפור)
dramatist *n.* מַחֲזַאי
dramatize *v.* הִמְחִיז; בִּיטֵּא בְּצוּרָה מֶלוֹדְרָמָטִית
drape *n.* אֲרִיגִים, וִילוֹנוֹת
drape *v.* כִּיסָּה בִּירִיעוֹת וכד׳
drapery *n.* אֲרִיגִים, כְּסוּי; וִילוֹנוֹת
drastic *adj.* נִמְרָץ, חָזָק
draught *see* **draft**
draughts *n. pl.* מִשְׂחַק הַדַּמְקָה
draw *v.* מָשַׁךְ; סִרְטֵט; שָׁלַף (חרב וכד׳); הִקִּיז (דם); שָׁאַב; נִיסֵּחַ; יָצָא בְּתֵיקוּ
draw *n.* מְשִׁיכָה; שְׁאִיבָה; שְׁלִיפָה; תֵּיקוּ; פִּיתָּיוֹן
drawback *n.* מִכְשׁוֹל; חִיסָּרוֹן; תַּשְׁלוּם מוּחְזָר
drawbridge *n.* גֶּשֶׁר נִפְתָּח (או מוּזָז)
drawee *n.* נִמְשָׁךְ (שמושכים ממנו כסף בשק)
drawer *n.* מוֹשֵׁךְ, גוֹרֵר; מְסַרְטֵט; מוֹשֵׁךְ שֶׁק
drawer *n.* מְגֵירָה

drawing *n.* סִרְטוּט
drawing-board *n.* לוּחַ סִרְטוּט
drawing card *n.* מוֹקֵד הִתְעַנְיְינוּת, לָהִיט
drawing pin *n.* נַעַץ
drawing-room *n.* חֲדַר־אוֹרְחִים
drawl *v.* דִּיבֵּר לְאַט
drawl *n.* דִּיבּוּר אִיטִי
drawn *adj.* נִמְשַׁךְ, נִסְחַב; (חרב) שְׁלוּפָה; תֵּיקוּ; מָתוּחַ
dray *n.* קְרוֹנִית (נמוכה ללא דפנות)
dray *v.* הוֹבִיל בִּקְרוֹנִית
drayage *n.* הוֹבָלָה בִּקְרוֹנִית
dread *v.* פָּחַד, נִתְקַף אֵימָה
dread *n.* אֵימָה
dread *adj.* נוֹרָא
dreadful *adj.* מַחֲרִיד, אָיוֹם
dream *n.* חֲלוֹם, הֲזָיָה
dream *v.* חָלַם, הָזָה
dreamer *n.* חוֹלְמָן, בַּעַל חֲלוֹמוֹת
dreamland *n.* עוֹלַם הַדִּמְיוֹן
dreamy *adj.* חוֹלֵם, חוֹלֵם בְּהָקִיץ
dreary *adj.* מְדַכֵּא, מַעֲצִיב; מְשַׁעֲמֵם
dredge *n.* דַּחְפּוֹר, מַחְפֵּר
dredge *v.* גָּרַף בְּמַחְפֵּר; זָרָה (קמח או סוכר)
dredger *n.* דַּחְפּוֹר; דַּחְפּוֹרַאי, נַהַג דַּחְפּוֹר
dredging *n.* חֲפִירָה בְּמַחְפֵּר צָף
dregs *n. pl.* שְׁמָרִים; פְּסוֹלֶת
drench *v.* הִרְטִיב, הִסְפִּיג
dress *v.* יִישֵּׁר (שורה); הִתְיַישֵּׁר; הִלְבִּישׁ; לָבַשׁ
dress *n.* תִּלְבּוֹשֶׁת, לְבוּשׁ, שִׂמְלָה
dress-coat *n.* מִקְטוֹרֶן לַחֲלִיפַת עֶרֶב
dress goods *n.* הַלְבָּשָׁה
dress rehearsal *n.* חֲזָרָה בְּתִלְבּוֹשֶׁת
dress shirt *n.* חוּלְצַת עֶרֶב
dress suit *n.* תִּלְבּוֹשֶׁת עֶרֶב (של גבר)
dress tie *n.* עֲנִיבַת עֶרֶב
dresser *n.* אֲרוֹן מִטְבָּח; לוֹבֵשׁ
dressing *n.* לְבִישָׁה
dressing-down *n.* נְזִיפָה
dressing-gown *n.* חָלוּק
dressing-room *n.* חֲדַר־הַלְבָּשָׁה
dressing station *n.* תַּחֲנַת־חוֹבְשִׁים
dressing-table *n.* שׁוּלְחַן תִּסְפּוֹרֶת, שׁוּלְחַן אִיפּוּר
dressmaker *n.* תּוֹפֶרֶת, חַיָּיט לִגְבָרוֹת
dressmaking *n.* חַיָּטוּת לִגְבָרוֹת
dressy *adj.* מִתְגַּנְדֵּר
dribble *v.* נָזַל; הִזִּיל; כִּדְרֵר
dribble *n.* טִפְטוּף; טִיפָּה; כִּדְרוּר
driblet, dribblet *n.* קוּרְטוֹב
dried *adj.* מְיוּבָּשׁ, מְצוּמָק
drier *n.* מְיַיבֵּשׁ, מַכְשִׁיר יִיבּוּשׁ
drift *n.* הִיסָּחֲפוּת, טְרִידָה
drift *v.* נִסְחַף; נֶעֱרַם; סָחַף
drift-ice *n.* גּוּשֵׁי־קֶרַח נִסְחָפִים
driftwood *n.* קוֹרוֹת־עֵץ נִסְחָפוֹת
drill *n.* מַקְדֵּחַ; תִּרְגּוּל־סֵדֶר; אִימּוּנִים; מַזְרֵעָה
drill *v.* קָדַח; תִּרְגֵּל; הִתְאַמֵּן; זָרַע בְּמַזְרֵעָה
drill press *n.* מַקְדֵּחָה
drillmaster *n.* מַדְרִיךְ לְהִתְעַמְּלוּת
drink *v.* שָׁתָה
drink *n.* שְׁתִיָּיה; מַשְׁקֶה
drinkable *adj., n.* רָאוּי לִשְׁתִיָּיה, מַשְׁקֶה
drinker *n.* שׁוֹתֶה; שַׁתְיָין
drinking *n., adj.* שְׁתִיָּיה; שַׁתְיָינִי

drinking-fountain *n.* כִּיּוֹר לִשְׁתִיָּה

drinking-song *n.* שִׁיר־יַיִן

drinking trough *n.* שׁוֹקֶת

drip *v.* טִפְטֵף

drip *n.* טִפְטוּף

drip-dry *adj.* כַּבֵּס וּלְבַשׁ

drivable, driveable *adj.* שֶׁאֶפְשָׁר לִנְהוֹג בּוֹ, נָהִיג

drive *v.* נָהַג, הוֹבִיל; שִׁילַּח; הִמְרִיץ; הֵעִיף (כדור) בְּמֶרֶץ

drive *n.* נְהִיגָה; נְסִיעָה בְּרֶכֶב; מִבְצָע, מַסָּע; דַּחַף

drive-in movie theater *n.* קוֹלְנוֹעַ רֶכֶב

drive-in restaurant *n.* מִסְעֶדֶת רֶכֶב

drive shaft *n.* גַּל הֶינֵּעַ

drive wheel *n.* גַּלְגַּל מֵנִיעַ

drivel *v.* פִּטְפֵּט כְּיֶלֶד

drivel *n.* הֲבָלִים

driver *n.* נֶהָג, עֶגְלוֹן

driver's license *n.* רִשְׁיוֹן נְהִיגָה

driveway *n.* כְּבִישׁ פְּרָטִי (כניסה)

driving school *n.* בֵּית־סֵפֶר לִנְהִיגָה

drizzle *v.* טִפְטֵף גֶּשֶׁם דַּק; זִילַּח

drizzle *n.* גֶּשֶׁם דַּק

droll *n.* בַּדְחָן

droll *adj.* מַצְחִיק, מְבַדֵּחַ

drome *n.* (קיצור) שְׂדֵה תְּעוּפָה

dromedary *n.* גְּמַל מֵרוֹץ, גָּמָל עַרְבִי (חַד דַּבֶּשֶׁת)

drone *v.* הָמָה, זִמְזֵם

drone *n.* זְכַר־דְּבוֹרַת־הַדְּבַשׁ; הוֹלֵךְ בָּטֵל; צְלִיל נָמוּךְ מוֹנוֹטוֹנִי

drool *v.* הִזִּיל רוֹק מִפִּיו (כסימן תשוקה); הִשְׁתַּטָּה

droop *v.* הִשְׁתּוֹפֵף; שָׁקַע, יָרַד, שָׁחַח

droop *n.* שְׁפִיפָה, רִפְיוֹן

drop *v.* נָטַף; הִפִּיל לָאָרֶץ; הִנְמִיךְ (קול); נָטַשׁ; נָפַל; יָרַד (מחיר)

drop *n.* טִיפָּה; מִדְרוֹן; קוּרְטוֹב; סוּכָּרִיָּה; נְפִילָה

drop it! הַפְסֵק! שְׁכַח אֶת זֶה!

drop table *n.* שׁוּלְחַן כְּנָפַיִים

droplight *n.* מְנוֹרָה תְּלוּיָה

dropout *n.* נוֹשֵׁר (מבית־ספר וכד׳)

dropper *n.* מְטַפְטֵף; טַפְטֶפֶת

dropsy *n.* מַיֶּמֶת, הִידְרוֹקָן (מחלה)

droshky *n.* עֲגָלָה, מֶרְכָּבָה

dross *n.* סַגְסוֹגֶת, סִיגִים

drought *n.* בַּצּוֹרֶת, יוֹבֶשׁ

drove *v.* הוֹבִיל עֵדֶר לַשּׁוּק

drove *n.* עֵדֶר; הָמוֹן

drover *n.* נוֹהֵג צֹאן לַשּׁוּק

drown *v.* הִטְבִּיעַ; טָבַע

drowse *v.* נִמְנֵם

drowse *n.* נִמְנוּם, נִים וְלֹא נִים

drowsy *adj.* מְנַמְנֵם; עַצְלָנִי

drub *v.* הִצְלִיף, הִרְבִּיץ; הֵבִיס

drub *n.* חֲבָטָה, הַלְקָאָה

drubbing *n.* תְּבוּסָה; מַלְקוֹת

drudge *v.* עָבַד בְּפֶרֶךְ

drug *n.* סַם; תְּרוּפָה

drug *v.* רָקַח, עֵירֵב בְּסַם; הֵמֵם

drug addict *n.* מָכוּר לְסַמִּים, נַרְקוֹמָן

drug addiction *n.* הִתְמַכְּרוּת לְסַמִּים

drug habit *n.* הִתְמַכְּרוּת לְסַם

drug traffic *n.* מִסְחָר בְּסַמִּים

druggist *n.* רוֹקֵחַ, סוֹחֵר בִּרְפוּאוֹת

drugstore *n.* כּוֹלְבּוֹ (לתרופות, למצרכים קטנים ולארוחות קלות)

druid, Druid *n.* דְּרוּאִידִי (כּוֹהֵן דת או קוֹסֵם של כת דתית עתיקה)

drum *n.* תּוֹף, קוֹל הַתּוֹף; מְתוֹפֵף
drum *v.* תּוֹפֵף; הֶחְדִּיר (רעיון) בְּכוֹחַ
drum corps *n. pl.* לַהֲקַת מְתוֹפְפִים
drum-major *n.* מַשָּׂק מְתוֹפְפִים
drumbeat *n.* תִּיפּוּף
drumfire *n.* אֵשׁ תּוֹתָחִים שׁוֹטֶפֶת
drumhead *n.* עוֹר הַתּוֹף
drummer *n.* מְתוֹפֵף; סוֹכֵן נוֹסֵעַ
drumstick *n.* מַקֵּל מְתוֹפֵף, כְּרַע עוֹף (מבושל)
drunk *n.* שִׁיכּוֹר; מִשְׁתֶּה
drunk *adj.* שָׁתוּי, שִׁיכּוֹר
drunk as a lord שִׁיכּוֹר כְּלוֹט
drunkard *n.* שִׁיכּוֹר
drunken *adj.* שִׁיכּוֹר, שֶׁל שִׁיכְרוּת
drunken driving *n.* נְהִיגָה בִּשְׁעַת שִׁיכְרוּת
drunkenness *n.* שִׁיכְרוּת
dry *adj.* יָבֵשׁ; צָמֵא; מְשַׁעֲמֵם; לֹא מָתוֹק
dry *v.* יִיבֵּשׁ, נִיגֵּב; הִתְיַיבֵּשׁ
dry battery *n.* סוֹלְלָה יְבֵשָׁה
dry cell *n.* תָּא יָבֵשׁ
dry-clean *v.* נִיקָּה נִיקּוּי יָבֵשׁ (בחומרים כימיים)
dry-cleaning *n.* נִיקּוּי יָבֵשׁ
dry dock, dry-dock *n.* מִבְדּוֹק יָבֵשׁ (שאפשר להוציא ממנו את המים בתיקון אונייה)
dry-eyed *adj.* לֹא בּוֹכֶה
dry farming *n.* עִיבּוּד אֲדָמוֹת צְחִיחוֹת
dry goods *n.* אֲרִיגִים, בַּדִּים
dry ice *n.* קֶרַח יָבֵשׁ
dry law *n.* חוֹק הַיּוֹבֶשׁ
dry measure *n.* מִידַּת הַיָּבֵשׁ
dry nurse *n.* אוֹמֶנֶת
dry wash *n.* כְּבִיסָה לֹא מְגוֹהֶצֶת

dryer *n.* מַכְשִׁיר מְיַבֵּשׁ (שֵׂעָר, בגדים)
dryness *n.* יוֹבֶשׁ, אֲדִישׁוּת
dual *adj.* שֶׁל שְׁנַיִים; כָּפוּל
duality *n.* כְּפִילוּת
dub *v.* נָתַן שֵׁם אַחֵר; הִצְמִיד סֶרֶט־קוֹל שֶׁל שָׂפָה אַחֶרֶת
dubbin, dubbing *n.* שֶׁמֶן סִיכָה (לעור)
dubbing *n.* הַצְמָדַת כְּתוּבִיּוֹת (לשידור או לסֶרֶט); הוֹסָפַת סֶרֶט־קוֹל (כנ"ל), דִּיבּוּב
dubious *adj.* מְפוּקְפָּק; מְפַקְפֵּק, מְסוּפָּק
ducal *adj.* דּוּכָּס, שֶׁל דּוּכָּסוּת
ducat *n.* דּוּקָט (מטבע אירופי לשעבר באיטליה ובארצות השפלה); מַטְבֵּעַ
duchess *n.* דּוּכָּסִית
duchy *n.* דּוּכָּסוּת
duck *n.* בַּרְוָוז, בַּרְוָוזָה
duct *n.* תְּעָלָה; צִינּוֹר (בגוף האדם)
ductile *adj.* רָקִיעַ, מָתִיחַ, גָּמִישׁ
ductless *adj.* (בלוטה) לְלֹא צִינּוֹרוֹת הַפְרָשָׁה
ductless gland *n.* בַּלּוּטַת הַתְּרִיס
dud *n.* לֹא מוּצְלָח, פָּגָז נֵפֶל
duds *n. pl.* מַלְבּוּשִׁים בְּלוּאִים; חֲפָצִים אִישִׁיִּים
dude *n.* גַּנְדְּרָן, אִיסְטְנִיס, יָהִיר
due *adj.* שֶׁפִּרְעוֹנוֹ חָל; רָאוּי; דַּיּוֹ; בִּגְלַל
due *n.* (תשלום) הַמַּגִּיעַ; מַס
due *adv.* בְּדִיּוּק
duel *n.* דּוּ־קְרָב
duel *v.* נִלְחַם בְּדוּ־קְרָב
dues *n. pl.* מַס; דְּמֵי־חָבֵר
duet *n.* דּוּאִית, זֶמֶר שְׁנַיִים
dug-out *n.* שׁוּחָה; סִירָה (מעץ נבוב)
duke *n.* דּוּכָּס

dukedom *n.* דוּכָּסוּת
dulcet *adj.* נָעִים, מָתוֹק
dulcimer *n.* דוּלְצִ'ימֶר (כלי פריטה דמוי טראפז)
dull *v.* הִקְהָה; עִימֵם; קָהָה
dull *adj.* קֵיהֶה; קְשֵה תְּפִיסָה; מְשַׁעֲמֵם; עָמוּם
dullard *adj., n.* מְטוּמְטָם, שׁוֹטֶה
dully *adv.* בְּצוּרָה מְשַׁעֲמֶמֶת; בְּטִמְטוּם
duly *adv.* בַּזְּמַן; כָּרָאוּי
dumb *adj., n.* אִילֵּם; טִיפְּשִׁי
dumb creature *n.* חַיָּה, בְּהֵמָה
dumb show *n.* פַּנְטוֹמִימָה (מִשׂחק בלי מלים)
dumb-waiter *n.* מַעֲלִית אוֹכֶל; שׁוּלְחָן עָרוּךְ
dumbbell *n.* מִשְׁקוֹלֶת הֲרָמָה
dumbfound, dumfound *v.* הִכָּה בְּתַדְהֵמָה, הִפְתִּיעַ
dummy *n.* דֶּמֶה; גּוֹלֶם; אִימּוּם; טִיפֵּשׁ
dump *n.* שְׁפוֹכֶת; מִזְבָּלָה, מִצְבָּר (צבאי)
dump *v.* זָרַק, הִשְׁלִיךְ, הֵצִיף (שוק בסחורות זולות)
dumping *n.* הֲצָפַת הַשּׁוּק
dumpling *n.* נְטִיפָה; כּוּפְתָּה
dumpy *adj.* גּוּץ וְשָׁמֵן
dun *adj.* חוּם־אָפוֹר כֵּיהֶה
dun *n.* נוֹשֶׁה; תְּבִיעַת תַּשְׁלוּם חוֹב
dun *v.* נָשָׁה, תָּבַע סִילּוּק חוֹב
dunce *n.* שׁוֹטֶה, מְטוּמְטָם
dunderhead *n.* נִבְעָר מִדַּעַת
dune *n.* חוֹלָה, דְּיוּנָה
dung *n.* זֶבֶל בְּהֵמוֹת, פֶּרֶשׁ
dung *v.* זִיבֵּל
dungarees *n. pl.* סַרְבָּל
dungeon *n.* תָּא מַאֲסָר (תת־קרקעי)
dunghill *n.* תֵּל זֶבֶל, מַדְמֵנָה
dunk *v.* טָבַל (דבר מאכל במשקה)
duo- *pref.* שְׁנַיִים, שְׁתַּיִים
duo *n.* זוּג בַּדְּרָנִים
duodenum *n.* הַתְּרֵיסַרְיָין (מעי)
dupe *n.* פֶּתִי, שׁוֹטֶה
dupe *v.* הוֹנָה, תִּעְתֵּעַ
duplex house *n.* בַּיִת דּוּ־מִשְׁפַּחְתִּי
duplicate *adj.* זֵיהֶה, מַקְבִּיל; כָּפוּל
duplicate *v.* עָשָׂה הֶעְתֵּק; שִׁכְפֵּל
duplicate *n.* הֶעְתֵּק; כֶּפֶל
duplicity *n.* צְבִיעוּת, דּוּ־פַּרְצוּפִיּוּת
durable *adj.* יַצִּיב; לֹא בָּלֶה; עָמִיד
durable goods *n. pl.* סְחוֹרוֹת יַצִּיבוֹת
duration *n.* קִיּוּם, מֶשֶׁךְ זְמַן
duress *n.* אִילּוּץ, כְּפִיָּיה, לַחַץ
during *prep.* בְּמֶשֶׁךְ, בְּשָׁעָה
dusk *n.* בֵּין־הַשְּׁמָשׁוֹת, דִּמְדּוּמִים
dusky *adj.* שְׁחַמְחוּמִי, כֵּיהֶה
dust *n.* אָבָק; עָפָר
dust *v.* נִיקָּה מֵאָבָק; אִיבֵּק, גִּיפֵּר
dust jacket *n.* עֲטִיפַת סֵפֶר
dust storm *n.* סוּפַת חוֹל, סוּפַת אָבָק
dustbowl *n.* אֵזוֹר סוּפוֹת אָבָק
dustcloth *n.* מַטְלִית
duster *n.* מְנַקֶּה, מַטְלִית
dustpan *n.* יָעֶה
dusty *adj.* מְאוּבָּק; מְעוּרְפָּל
Dutch *adj., n.* הוֹלַנְדִּי; הוֹלַנְדִּית (שפה)
Dutch treat *n.* נוֹהַג הוֹלַנְדִּי (כל אחד משלם בעד עצמו); כִּיבּוּד כָּל אֶחָד לְעַצְמוֹ
dutiable *adj.* חַיָּיב בְּמֶכֶס
dutiful *adj.* מְמַלֵּא חוֹבָתוֹ; צַיְיתָנִי
duty *n.* חוֹבָה; תַּפְקִיד; מֶכֶס; מַס
duty-free *adj., adv.* פָּטוּר מִמֶּכֶס

D.V. -Deo Volente אִם יִרְצֶה הַשֵּׁם
dwarf *n., adj.* גַּמָּד; גַּמָּדִי
dwarf *v.* גִּימֵּד, מִיעֵט; קָטֵן
dwarfish *adj.* גַּמָּדִי, נַנָּסִי
dwell *v.* דָּר, גָּר; הֶאֱרִיךְ בְּדִיּוּן (בנושא)
dwelling *n.* בַּיִת, דִּירָה
dwelling-house *n.* בֵּית דִּירָה
dwindle *v.* הִתְמַעֵט, הִצְטַמְצֵם
dye *n.* חוֹמֶר צֶבַע, צֶבַע
dye *v.* צָבַע (בגד וכד'), מָשַׁח
dyeing *n.* צְבִיעָה
dyer *n.* צוֹבֵעַ
dyestuff *n.* חוֹמֶר צֶבַע
dying *adj.* מֵת, גוֹסֵס
dynamic *adj.* פָּעִיל, דִינָמִי, נִמְרָץ
dynamite *n.* דִינָמִיט (חומר נפץ)
dynamite *v.* פּוֹצֵץ בְּדִינָמִיט
dynamo *n.* דִינָמוֹ (מכונה ההופכת אנרגיה מכנית לזרם חשמל)
dynast *n.* מוֹלֵךְ, מוֹשֵׁל (בשלשלת מושלים)
dynasty *n.* שׁוֹשֶׁלֶת מוֹשְׁלִים (או מלכים)
dysentery *n.* בּוֹרְדָם, דִיזֶנְטֶרְיָה
dyspepsia *n.* קִלְקוּל קֵיבָה, הַפְרָעוֹת בְּעִיכּוּל

E

each *adj., pron.* כָּל אֶחָד, לְכָל אֶחָד
eager *adj.* תָּאֵב, מִשְׁתּוֹקֵק, לָהוּט
eagerness *n.* תְּשׁוּקָה, לְהִיטוּת
eagle *n.* נֶשֶׁר
ear *n.* אוֹזֶן; יָדִית (של כלי); שִׁיבּוֹלֶת
ear-muffs *n. pl.* כִּיסּוּיֵי אוֹזְנַיִים
earache *n.* כְּאֵב אוֹזֶן
eardrum *n.* תּוֹף הָאוֹזֶן
earflap *n.* דַּשׁ אוֹזֶן (המחובר לכובע)
earl *n.* רוֹזֵן
earldom *n.* רוֹזְנוּת
early *adj., adv.* מוּקְדָּם; קָדוּם; לִפְנֵי הַזְּמַן
early bird *n.* מַשְׁכִּים קוּם
early-ripening *adj.* (פרי או ירק) בַּכִּיר
early riser *n.* מַשְׁכִּים קוּם
earmark *n.* סִימַן הֶיכֵּר (על אוזן בהמה וכד')
earmark *v.* יִיחֵד, יִיעֵד; הִפְרִישׁ
earn *v.* הִשְׂתַּכֵּר; הִרְוִויחַ; הָיָה רָאוּי
earnest *adj.* רְצִינִי
earnest *n.* רְצִינוּת; עֵירָבוֹן, דְּמֵי קְדִימָה
earnings *n. pl.* שָׂכָר, רֶווַח
earphone *n.* אוֹזְנִית
earpiece *n.* אֲפַרְכֶּסֶת (הטלפון)
earring *n.* עָגִיל
earshot *n.* טְוַוח שְׁמִיעָה
earsplitting *adj.* מַחֲרִישׁ אוֹזְנַיִים
earth *n.* כַּדּוּר הָאָרֶץ, הַיְקוּם; קַרְקַע
earth *v.* כִּיסָּה בַּאֲדָמָה
earthen *adj.* קָרוּץ מֵעָפָר
earthenware *n.* חֶרֶס, כְּלֵי חוֹמֶר
earthly *adj.* אַרְצִי; מַעֲשִׂי
earthquake *n.* רְעִידַת־אֲדָמָה
earthwork *n.* חֲפִירוֹת בִּיצּוּר
earthy *adj.* חוֹמְרָנִי, גַּשְׁמִי, פָּשׁוּט
earwax *n.* הַפְרָשַׁת אוֹזֶן
ease *n.* מַרְגּוֹעַ; נִינוֹחוּת
ease *v.* הֵקֵל, הִרְגִּיעַ, רִיכֵּךְ
easel *n.* חֲצוּבָה; כַּנָּה
easement *n.* הֲקָלָה; (במשפט) זִיקַּת הֲנָאָה
easily *adv.* בְּקַלּוּת, קַלּוֹת, עַל נְקַלָּה
easily soluble *adj.* מִתְמוֹסֵס קַל
easiness *n.* קַלּוּת; חוֹפְשִׁיּוּת בְּהִתְנַהֲגוּת
east *n.* מִזְרָח
east *adj., adv.* כְּלַפֵּי מִזְרָח; מִמִּזְרָח
Easter *n., adj.* הַפַּסְחָא
Easter egg *n.* בֵּיצֵי הַפַּסְחָא
easterly *adj., adv.* כְּלַפֵּי מִזְרָח; מִמִּזְרָח
Easter Monday יוֹם ב' לְאַחַר הַפַּסְחָא
eastern *adj.* מִזְרָחִי; כְּלַפֵּי מִזְרָח
Eastertide *n.* תְּקוּפַת הַפַּסְחָא
eastward(s) *adj., adv.* מִזְרָחָה; מִזְרָחִי
easy *adj., adv.* קַל; נוֹחַ, רָגוּעַ; חוֹפְשִׁי; בְּקַלּוּת; בְּנִינוֹחוּת
easy-chair *n.* כּוּרְסָה, כִּיסֵּא־נוֹחַ
easy mark *n.* קוֹרְבָּן נוֹחַ
easy money *n.* רֶווַח קַל
easy payments *n. pl.* תַּשְׁלוּמִים נוֹחִים
easygoing *adj.* נוֹחַ לַבְּרִיּוֹת
eat *v.* אָכַל
eat humble pie הִתְרַפֵּס
eat one's heart out אָכַל אֶת עַצְמוֹ

eatable *adj.* אָכִיל, בַּר־אֲכִילָה
eaves *n. pl.* מַזְחִילָה, כַּרְכּוֹב
eavesdropping *n.* הַאֲזָנַת סֵתֶר
ebb *n.* שֵׁפֶל (מים)
ebb *v.* נָסוֹג, שָׁפַל
ebb and flow *n.* גֵיאוּת וָשֵׁפֶל
ebb-tide *n.* שֵׁפֶל הַמַּיִם
ebony *n., adj.* הוֹבְנָה (עץ)
ebullient *adj.* נִלְהָב, תּוֹסֵס
eccentric *adj.* יוֹצֵא דוֹפֶן, מוּזָר
eccentric *n.* אָדָם תִּימְהוֹנִי, מוּזָר
eccentricity *n.* תִּימְהוֹנִיּוּת
Ecclesiastes *n.* (ספר) קוֹהֶלֶת
ecclesiastic *adj., n.* כְּנֵסִיָּיתִי, דָּתִי; כּוֹמֶר, כּוֹהֵן דָּת
echelon *n.* דֶּרֶג פִּיקּוּד, תַּדְרִיג
echo *n.* הֵד, בַּת־קוֹל
echo *v.* עָנָה בְּהֵד; הִדְהֵד
éclair *n.* אֶצְבָּעִית (עוגייה)
eclectic *adj., n.* מְלוּקָּט, נִבְחָר; בַּרְרָנִי
eclipse *n.* לִיקּוּי (חמה, לבנה וכד')
eclipse *v.* הִסְתִּיר; הֶאֱפִיל
ecology *n.* אֵקוֹלוֹגְיָה (חקר החי והצומח בזיקה לסביבתם)
economic *adj.* כַּלְכָּלִי
economical *adj.* חֶסְכוֹנִי, חַסְכָנִי
economics *n.* כַּלְכָּלָה
economist *n.* כַּלְכְּלָן; חַסְכָן
economize *v.* נִיהֵל בְּחִיסָּכוֹן
economy *n.* חַסְכָנוּת
ecstasy *n.* הִתְלַהֲבוּת עִילָּאִית, אֶקְסְטָזָה
ecstatic *adj.* אֶקְסְטָטִי
ecumenic(al) *adj.* עוֹלָמִי, אָקוּמֵנִי, שֶׁל הַכְּנֵסִיָּיה הָעוֹלָמִית כּוּלָּהּ
eczema *n.* גָּרָב, אֶקְזֵמָה (מחלת עור)

eddy *n.* שִׁיבּוֹלֶת, מְעַרְבּוֹלֶת
eddy *v.* הִתְעַרְבֵּל
Eden *n.* עֵדֶן
edge *n.* קָצֶה, שָׂפָה; חוֹד
edge *v.* חִידֵּד; תָּחַם; נָע לְאַט
edge away הִתְרַחֵק לְאַט וּבִזְהִירוּת
edge one's way through פִּילֵּס דֶּרֶךְ בּ
edgeways, edgewise *adv.* כְּשֶׁהַחוֹד לְפָנִים
edging *n.* חִידּוּד; שָׂפָה
edgy *adj.* מְחוּדָּד; עַצְבָּנִי
edible *adj., n.* אָכִיל, בַּר־אֲכִילָה
edict *n.* צַו, גְּזֵירָה
edification *n.* הַשְׂכָּלָה (רוחנית או מוסרית)
edifice *n.* בִּנְיַין פְּאֵר
edify *v.* הִבְהִיר, הֵאִיר, חִינֵּךְ
edifying *adj.* מְאַלֵּף
edit *v.* עָרַךְ
edition *n.* הוֹצָאָה; מַהֲדוּרָה
editor *n.* עוֹרֵךְ; מַכְשִׁיר לִדְפוּס
editor in chief *n.* עוֹרֵךְ רָאשִׁי
editorial *adj., n.* שֶׁל הָעוֹרֵךְ; מַאֲמָר רָאשִׁי
editorial staff *n.* צֶוֶות הַמַּעֲרֶכֶת
educate *v.* חִינֵּךְ; אִימֵּן
education *n.* חִינּוּךְ, הַשְׂכָּלָה
educational *adj.* חִינּוּכִי, שֶׁל חִינּוּךְ
educational institution *n.* מוֹסַד חִינּוּךְ
educator *n.* מְחַנֵּךְ, אִישׁ חִינּוּךְ
eel *n.* צְלוֹפָח
eerie *adj.* מַפְחִיד, מוּזָר, מַטִּיל אֵימָה
efface *v.* מָחָה, מָחַק; הִצְנִיעַ
effect *n.* תּוֹצָאָה, הַשְׁפָּעָה, רוֹשֶׁם; חֲפָצִים

effect v.	מִימֵשׁ, בִּיצֵעַ, גָרַם
effects n. pl.	נְכָסֵי מִיטַלְטְלִין
effective adj., n.	יָעִיל, אָפֶקְטִיוְוִי; בַּר תוֹצָא; מַרְשִׁים
effectual adj.	מַתְאִים לְתַכְלִיתוֹ
effectuate v.	בִּיצֵעַ
effeminacy n.	נָשִׁיוּת
effeminate adj.	נָשִׁיִי
effervesce v.	תָּסַס
effervescence n.	תְּסִיסָה; הִתְקַצְפוּת
effervescent adj.	תָּסִיס; תּוֹסֵס
effete adj.	חָלוּשׁ, תָּשׁוּשׁ
efficacious adj.	יָעִיל, תַּכְלִיתִי
efficacy n.	יְעִילוּת
efficiency n.	יְעִילוּת; נְצִילוּת
efficient adj.	יָעִיל; מוּמְחָה
effigy n.	דְמוּת, תַּבְלִיט
effort n.	מַאֲמָץ
effrontery n.	חוּצְפָּה
effusion n.	תִּשְׁפּוֹכֶת
effusive adj.	מִשְׁתַּפֵּךְ
e.g.- exempli gratia	כְּגוֹן, לְמָשָׁל
egg n.	בֵּיצָה
egg v.	הֵסִית, הֵאִיץ בּ
egg-beater n.	מַקְצֵף בֵּיצִים
egg cup n.	גְבִיעַ בֵּיצָה
egg drops n.	נְטִיפִים (שֶׁל בֵּצֶק בְּמָרָק)
egg-head n.	אִינְטֶלֶקְטוּאָל (בְּנִימַת בּוּז)
eggnog n.	חַלְמוֹנָה
eggplant n.	חָצִיל
eggshell n.	קְלִיפַּת בֵּיצָה
ego n.	הָאֲנִי, הָאֶגוֹ
egocentric adj.	אָנוֹכִיִי, אֶגוֹצֶנְטְרִי
egoism n.	אָנוֹכִיוּת
egoist n.	אָנוֹכִיִי
egotism n.	אָנוֹכִיוּת, רַבְרְבָנוּת
egotist adj.	מִתְיַיהֵר, רַבְרְבָנִי
egregious adj.	מַחְפִּיר
egress n.	יְצִיאָה
Egypt n.	מִצְרַיִים
Egyptian n., adj.	מִצְרִי; מִצְרִית
eh!? interj.	אָה? (קְרִיאָה לְהַבָּעַת תְּמִיהָה אוֹ לִשְׁאֵלָה מֵעֵין 'נָכוֹן?')
eider n.	בַּרְוָוז (שְׁחוֹר-לָבָן, בַּעַל פְּלוּמָה מְשׁוּבַּחַת)
eiderdown n.	פְּלוּמַת הַבַּרְוָוז
eight n., adj.	שְׁמִינִיָּה, שְׁמִינִי, שְׁמוֹנָה, שְׁמוֹנֶה
eight hundred adj.	הַשְּׁמוֹנֶה מֵאוֹת
eighteen n.	שְׁמוֹנָה-עָשָׂר, שְׁמוֹנֶה-עֶשְׂרֵה
eighteenth adj.	הַשְּׁמוֹנָה-עָשָׂר
eighth adj., n.	הַשְּׁמִינִי; שְׁמִינִית
eightieth adj.	הַשְּׁמוֹנִים
eighty n., adj.	שְׁמוֹנִים; שֶׁל שְׁמוֹנִים
either pron., adj.	אֶחָד מִן הַשְּׁנַיִים
either adv.	אוֹ, אַף, גַם
either conj.	אוֹ
ejaculate v.	פָּרַץ בִּקְרִיאָה; הִתִּיז פִּתְאוֹם; הִפְלִיט זֶרַע
eject v.	גֵירֵשׁ, הִפְלִיט, הוֹצִיא
ejection n.	גֵירוּשׁ (בְּכוֹחַ); פְּלִיטָה
ejection seat n.	כִּיסֵּא חִירוּם (בְּמָטוֹס)
ejector n.	מַדָּח, מַפְלֵט
eke v.	חָסַךְ בְּעָמָל, הִשְׁלִים בְּקוֹשִׁי
elaborate v.	הִשְׁלִים, שִׁכְלֵל; שִׁפְרֵט
elaborate adj.	מְשׁוּפְרָט, מְשׁוּכְלָל
elan n.	לַהַט, הִתְלַהֲבוּת, כִּשְׁרוֹן, הָדָר
elapse v.	עָבַר, חָלַף
elastic adj.	אֶלַסְטִי, גָּמִישׁ, מָתִיחַ
elastic n.	סֶרֶט מָתִיחַ
elasticity n.	גְמִישׁוּת, אֶלַסְטִיּוּת

elated *adj.* שָׂמֵחַ, מְרוֹמָם
elation *n.* הִתְרוֹמְמוּת רוּחַ
elbow *n.* מַרְפֵּק; כִּיפּוּף
elbow *v.* דָּחַף, פִּילֵּס (במרפקו)
elbow grease *n.* צִחְצוּחַ חָזָק, עֲבוֹדָה קָשָׁה
elbow rest *n.* מִסְעַד זְרוֹעַ
elbowroom *n.* מָקוֹם מְרוּוָּח (לתנועה ולפעולה)
elder *adj.* בָּכִיר, קָשִׁישׁ מִן
elder *n.* מְבוּגָּר, וָתִיק; סַמְבּוּק (עץ נוי)
elder statesman *n.* מְדִינַאי מְנוּסֶּה
elderly *adj.* קָשִׁישׁ, מְבוּגָּר
eldest *adj.* הַבָּכִיר בְּיוֹתֵר
elect *v.* בָּחַר
elect *adj.* נִבְחַר
election *n.* בְּחִירָה, בְּחִירוֹת
electioneer *v.* נִיהֵל תַּעֲמוּלַת בְּחִירוֹת
elective *adj.* עַל סְמַךְ בְּחִירוֹת; עוֹמֵד לִבְחִירָה; נִיתָּן לִבְחִירָה
elective *n.* מִקְצוֹעַ בְּחִירָה
electorate *n.* גּוּף הַבּוֹחֲרִים
electric, electrical *adj.* חַשְׁמַלִּי; מְחַשְׁמֵל
electric fan *n.* מְאַוְורֵר חַשְׁמַלִּי
electrician *n.* חַשְׁמַלַּאי
electricity *n.* חַשְׁמַל; תּוֹרַת הַחַשְׁמַל
electric percolator *n.* חַלְחוּל חַשְׁמַלִּי
electric shaver *n.* מְגַלֵּחַ חַשְׁמַלִּי
electric tape *n.* סֶרֶט בִּידּוּד
electrify *v.* חִשְׁמֵל
electrocute *v.* הֵמִית בְּחַשְׁמַל
electrode *n.* אֶלֶקְטְרוֹדָה
electrolysis *n.* הַפְרָדָה חַשְׁמַלִּית
electrolyte *n.* אֶלֶקְטְרוֹלִיט
electromagnet *n.* אֶלֶקְטְרוֹמַגְנֵט

electromagnetic *adj.* אֶלֶקְטְרוֹמַגְנֶטִי
electromotive *adj.* מְיַיצֵּר חַשְׁמַל
electron *n.* אֶלֶקְטְרוֹן
electronic *adj.* אֶלֶקְטְרוֹנִי
electroplate *v.* צִיפָּה בְּמַתֶּכֶת עַל־יְדֵי אֶלֶקְטְרוֹלִיזָה
electroplate *n.* צִיפּוּי (כנ"ל)
electrostatic *adj.* אֶלֶקְטְרוֹסְטָטִי
electrotype *n.* גְּלוּפָה חַשְׁמַלִּית
electrotype *v.* הֵכִין גְּלוּפָה חַשְׁמַלִּית
elegance, elegancy *n.* הִידּוּר; הָדָר
elegant *adj.* אֶלֶגַנְטִי, מְהוּדָּר, נָאֶה
elegiac *n.* שִׁיר אֶלֶגִי, שִׁיר קִינָה
elegiac *adj.* אֶלֶגִי; עָצוּב
elegy *n.* שִׁיר קִינָה
element *n.* יְסוֹד (כימי); רְכִיב; עִיקָּר רִאשׁוֹנִי
elementary *adj.* יְסוֹדִי, בְּסִיסִי, רִאשׁוֹנִי
elementary school *n.* בֵּית־סֵפֶר יְסוֹדִי
elephant *n.* פִּיל
elevate *v.* הֵרִים; הֶעֱלָה בְּדַרְגָּה
elevated *adj.* מוּעֲלֶה; מְרוֹמָם
elevated *n.* רַכֶּבֶת עִילִית
elevation *n.* רָמָה; הַגְבָּהָה
elevator *n.* מַעֲלִית
elevatory *adj.* מֵרִים
eleven *n.* אַחַת־עֶשְׂרֵה, אַחַד־עָשָׂר
eleventh *adj.* הָאַחַד־עָשָׂר
elf *n.* שֵׁד גַּמָּד
elicit *v.* גִּילָּה, הוֹצִיא, דּוֹבֵב
elide *v.* הִבְלִיעַ; הִתְעַלֵּם מִן
eligible *adj., n.* רָאוּי, כָּשֵׁר לְהִיבָּחֵר
eliminate *v.* הֵסִיר, בִּיטֵּל, צִמְצֵם
elision *n.* הַבְלָעָה
élite, elite *n.* עִילִית

elixir *n.* סַם פֶּלֶא, מַרְפֵּא פֶּלֶא
elk *n.* אַיָּל
ell *n.* אַמָּה (144 ס"מ, 45 אינטש)
ellipse *n.* אֶלִיפְּסָה
ellipsis *n.* הַשְׁמַט (של מלה או מלים)
elm *n.* בּוּקִיצָה (עץ)
elocution *n.* תּוֹרַת הַדִּיבּוּר, אָמָּנוּת הַנְּאוּם
elongate *v.* הֶאֱרִיךְ; הִתְאָרֵךְ
elope *v.* בָּרַח עִם אֲהוּבָתוֹ
elopement *n.* בְּרִיחָה (כנ"ל)
eloquence *n.* אָמָּנוּת הַדִּיבּוּר
eloquent *adj.* אָמַּן הַדִּיבּוּר
else *adv.* אַחֵר; וָלֹא
elsewhere *adv.* בְּמָקוֹם אַחֵר
eluant *n.* (חומר) מַשְׁטִיף
eluate *adj.* (חומר) מוּשְׁטָף
elucidate *v.* הִבְהִיר, הִסְבִּיר
elude *v.* הִתְחַמֵּק
elusive *adj.* חוֹמְקָנִי
emaciate *v.* הִרְזָה
emanate *v.* יָצָא, נָבַע
emancipate *v.* שִׁחְרֵר, הִקְנָה שִׁוְויוֹן זְכוּיוֹת
emasculate *v.* סֵירֵס; הֶחְלִישׁ
embalm *v.* חָנַט
embankment *n.* סוֹלְלָה
embargo *n.* הֶסְגֵר; חֵרֶם מִסְחָרִי
embargo *v.* הֵטִיל חֵרֶם
embark *v.* הֶעֱלָה עַל אוֹנִיָּה; הִתְחִיל
embarkation *n.* עֲלִיָּה עַל אוֹנִיָּה
embarrass *v.* הֵבִיךְ; סִיבֵּךְ
embarrassing *adj.* מֵבִיךְ
embarrassment *n.* מְבוּכָה, קְשָׁיִים
embassy *n.* שַׁגְרִירוּת
embattled *adj.* עָרוּךְ לַקְּרָב
embed *v.* שִׁיבֵּץ, שִׁיקַּע, שִׁעְבֵּד

embellish *v.* יִיפָּה
embellishment *n.* קִישּׁוּט
ember *n.* אוּד, גַּחֶלֶת לוֹחֶשֶׁת
embezzle *v.* מָעַל (בכספים)
embezzlement *n.* מְעִילָה
embitter *v.* מֵירַר, מִרְמֵר
emblazon *v.* חָרַת, קִישֵּׁט; הִילֵּל
emblem *n.* סֵמֶל
emblematic, emblematical *adj.* סִמְלִי
embodiment *n.* הִתְגַּשְּׁמוּת; הַמְחָשָׁה; גִּילּוּם
embody *v.* גִּילֵּם; הִמְחִישׁ; הִכְלִיל
embolden *v.* חִיזֵּק לֵב, עוֹדֵד
emboss *v.* הִבְלִיט, קִישֵּׁט בְּתַבְלִיטִים
embrace *v.* חִיבֵּק; אִימֵּץ (רעיון)
embrace *n.* חִיבּוּק, הִתְחַבְּקוּת
embrasure *n.* אֶשְׁנָב, אֶשְׁנַב יְרִי
embroider *v.* רָקַם; קִישֵּׁט
embroidery *n.* רְקִימָה; רִקְמָה, קִישּׁוּט
embroil *v.* סִכְסֵךְ; בִּלְבֵּל
embroilment *n.* סִכְסוּךְ; בִּלְבּוּל
embryo *n.* עוּבָּר; בֵּיצִית מוּפְרָה, גַּרְעִין
embryo *adj.* בְּאִבּוֹ
embryology *n.* תּוֹרַת הִתְפַּתְּחוּת הָעוּבָּר
emend *v.* תִּיקֵּן
emendation *n.* תִּיקּוּן
emerald *n., adj.* בָּרֶקֶת; יָרוֹק מַבְהִיק
emerge *v.* צָף וְעָלָה; נִתְגַּלָּה
emergence *n.* הִתְגַּלּוּת
emergency *n., adj.* מַצַּב חֵירוּם
emergency landing *n.* נְחִיתַת חֵירוּם
emergency landing field *n.* מִנְחַת חֵירוּם
emeritus *adj.* אָמֶרִיטוּס (תואר לוואי לפרופ' שפרש מעבודתו)

emersion *n.* הִתְגַלּוּת (עַל פְּנֵי הַמַּיִם)
emery *n.* שָׁמִיר, אֶבֶן לִישׁוּשׁ
emetic *adj., n.* (חוֹמֶר) גּוֹרֵם לַהֲקָאָה
emigrant *adj., n.* מְהַגֵּר
emigrate *v.* הִיגֵּר
émigré *n.* מְהַגֵּר
eminence *n.* רוּם מַעֲלָה
eminent *adj.* רַם מַעֲלָה
emissary *n.* שָׁלִיחַ
emission *n.* הוֹצָאָה; הַנְפָּקָה; פְּלִיטָה
emit *v.* הוֹצִיא; פָּלַט
emolument *n.* תַּשְׁלוּם מַשְׂכּוֹרֶת (אוֹ פִּיצּוּיִים)
emotion *n.* רִיגּוּשׁ
emotional *adj.* רַגְשָׁנִי
empathy *n.* אֶמְפַּתְיָה, אַהֲדָה, חִיבָּה (הזדהות נפשית עם אדם אחר)
emperor *n.* קֵיסָר
emphasis *n.* הַדְגָּשָׁה
emphasize *v.* הִדְגִּישׁ
emphatic *adj.* תַּקִּיף; בּוֹלֵט, נֶחְצִי
emphysema *n.* נַפַּחַת, נַפַּחַת הָרֵיאוֹת
empire *n.* קֵיסָרוּת
empiric(al) *adj.* נִיסְיוֹנִי
empiricism *n.* אֶמְפִּירִיצִיזְם (שיטה פילוסופית המבוססת על ניסיון בלבד)
emplacement *n.* מוּצָב תּוֹתָחִים
employ *v.* הֶעֱבִיד, הֶעֱסִיק, הִשְׁתַּמֵּשׁ
employ *n.* שֵׁירוּת, עִיסּוּק
employable *adj.* שֶׁאֶפְשָׁר לְהַעֲסִיקוֹ (לתת לו עבודה)
employee *n.* עוֹבֵד, מוּעֲסָק
employer *n.* מַעֲבִיד, מַעֲסִיק
employment *n.* הַעֲסָקָה; תַּעֲסוּקָה
empower *v.* יִיפָּה כּוֹחַ
empress *n.* קֵיסָרִית, אֵשֶׁת קֵיסָר

emptiness *n.* רֵיקָנוּת
empty *adj.* רֵיק
empty *v.* הֵרִיק; הִתְרוֹקֵן
empty-handed *adj., adv.* בְּיָדַיִים רֵיקוֹת
empty-headed *adj.* רֵיקָא, שׁוֹטֶה
emulate *v.* הִשְׁתַּדֵּל לְהִשְׁתַּווֹת
emulator *n.* מְחַקֶּה
emulous *adj.* מִתְחָרֶה
emulsified *adj.* מְתוּחְלָב
emulsify *v.* תִּחְלֵב
emulsion *n.* תַּחְלִיב (מזיגת נוזלים שונים שאינם מתערבים לגמרי זה בזה); תִּחְלוּב
enable *v.* אִפְשֵׁר
enact *v.* הִפְעִיל חוֹק, חָקַק
enactment *n.* חֲקִיקָה, הַפְעָלַת חוֹק; חוֹק
enamel *n.* אֲמַיִיל; כְּלִי אֲמַיִיל
enamel *v.* אִימֵּל, צִיפָּה בַּאֲמַיִיל
enamelware *n.* כְּלֵי אֲמַיִיל
enamor *v.* הִלְהִיט בְּאַהֲבָה
encamp *v.* הוֹשִׁיב בְּמַחֲנֶה
encampment *n.* מַאֲהָל
encase *v.* נִרְתֵּק, סָגַר בְּקוּפְסָה
enchant *v.* כִּישֵּׁף; הִקְסִים
enchanting *adj.* מַקְסִים; כִּישׁוּפִי
enchantment *n.* קֶסֶם; כִּישׁוּף
enchantress *n.* קוֹסֶמֶת
enchase *v.* שִׁיבֵּץ אַבְנֵי־חֵן
encircle *v.* כִּיתֵּר, הִקִּיף
enclave *n.* מוּבְלַעַת
enclitic *adj., n.* (בדקדוק) דְּבוּקַת טַעַם (תיבה הדבוקה לחברתה כיחידת טעם אחת)
enclose, inclose *v.* סָגַר עַל; גָּדַר

enclosure, inclosure *n.* הֲקָמַת גָּדֵר; מִגְרָשׁ גָּדוּר

encode *v.* קוֹדֵד

encomium *n.* שֶׁבַח, הַלֵּל

encompass *v.* כִּיתֵּר; כָּלַל

encore *interj., n.* הַדְרָן

encore *v.* קָרָא הַדְרָן

encounter *v.* נִתְקַל בּ, פָּגַשׁ

encounter *n.* הִיתָּקְלוּת, מִפְגָּשׁ

encourage *v.* עוֹדֵד

encouragement *n.* עִידוּד

encroach *v.* הִסִּיג גְּבוּל

encumber *v.* הִכְבִּיד, הֶעֱמִיס

encumbrance *n.* הַכְבָּדָה, מַעֲמָסָה

encyclic(al) *adj.* כְּלָלִי, לַכּוֹל

encyclic(al) *n.* חוֹזֵר הָאַפִּיפְיוֹר (לכמורה)

encyclopedia *n.* אֶנְצִיקְלוֹפֶּדְיָה

encyclopedic *adj.* אֶנְצִיקְלוֹפֵּדִי

end *n.* קָצֶה, סוֹף, סִיּוּם, תַּכְלִית

end on כְּשֶׁהַקָּצֶה קָדִימָה

end to end כְּשֶׁהַקְּצָווֹת נוֹגְעִים זֶה בָּזֶה

end *v.* גָּמַר; הִסְתַּיֵּם

end in smoke נִגְמַר לְלֹא תּוֹצָאָה מַמָּשִׁית

end up נִסְתַּיֵּם

end up with סִיֵּם בּ

endanger *v.* סִיכֵּן

endear *v.* חִיבֵּב עַל

endeavor *v.* הִתְאַמֵּץ

endeavor *n.* מַאֲמָץ

endemic *adj., n.* (לגבי מחלה) מְיוּחָד לְעַם אוֹ לְאֵזוֹר

ending *n.* סִיּוּם, סוֹף

endless *adj.* אֵין־סוֹפִי, אֵינְסוֹפִי

endmost *adj.* הָרָחוֹק בְּיוֹתֵר, שֶׁבַּסּוֹף

endorse, indorse *v.* אִישֵּׁר; הֵסֵב (שֶׁק), חָתַם (חתימת אישור או קבלה)

endorsee *n.* מוּסָב

endorsement *n.* הֲסָבָה, אִישּׁוּר; חֲתִימָה

endorser *n.* מְאַשֵּׁר; מְקַיֵּם

endothermic *adj.* קוֹלֵט חוֹם

endow *v.* הֶעֱנִיק

endowment *n.* הַעֲנָקָה, מַתָּנָה

endurance *n.* כּוֹחַ סֵבֶל; סְבוֹלֶת

endure *v.* סָבַל; נָשָׂא; נִמְשַׁךְ

enduring *adj.* מַתְמִיד; עָמִיד

enema *n.* חוֹקֶן

enemy *n., adj.* אוֹיֵב, שׂוֹנֵא, עוֹיֵן

energetic *adj.* נִמְרָץ

energy *n.* מֶרֶץ, אֵנֶרְגְיָה

enervate *v.* הוֹצִיא עֲצַבִּ; הִתִּישׁ

enfeeble *v.* הֶחֱלִישׁ

enfilade *v., n.* אִנְפְלֵד (התקיף באש אנפילאדית); אֶנְפִילָדָה (אש להשמדת מטרה בקו ניצב על כיוון האש)

enfold, infold *v.* עָטַף; חִיבֵּק

enforce *v.* כָּפָה, אָכַף; חִיזֵּק

enforcement *n.* אֲכִיפָה, כְּפִיָּה

enfranchise *v.* אִזְרֵחַ, נָתַן זְכוּת הַצְבָּעָה

engage *v.* הֶעֱסִיק; עָסַק; צוֹדֵד; שִׁילֵּב; הִשְׁתַּלֵּב; שָׂכַר

engage gear נִכְנַס (הִכְנִיס) לְהִילּוּךְ

engaged *adj.* עָסוּק; קָשׁוּר בְּהִתְחַיְּבוּת; מְאוֹרָס

engagement *n.* הִתְחַיְּבוּת; הַעֲסָקָה; אֵירוּסִין; פְּגִישָׁה; קְרָב

engagement ring *n.* טַבַּעַת אֵירוּסִין

engaging *adj.* מוֹשֵׁךְ, מְצוֹדֵד

engender *v.* הוֹלִיד, גָּרַם

engine *n.* מָנוֹעַ; קַטָּר

engine driver *n.* נַהַג קַטָּר
engineer *n.* מְהַנְדֵס, נַהַג קַטָּר
engineer *v.* הִנְדֵס, תִּכְנֵן; תִּחְבֵּל
engineering *n.* הַנְדָסָה, מְהַנְדְסוּת, תִּכְנוּן
England *n.* אַנְגְלִיָּה (הארץ)
English *adj.* אַנְגְלִי; אַנְגְלִית (שפה)
Englishman *n.* אַנְגְלִי
English-speaking *adj.* דוֹבֵר אַנְגְלִית
Englishwoman *n.* (אישה) אַנְגְלִיָּה
engrained *adj. see* **ingrained**
engraft, ingraft *v.* הִשְׁתִּיל, הִרְכִּיב
engrave *v.* חָרַת, גִילֵף, חָקַק
engraving *n.* חֲרִיתָה, גִילּוּף
engross *v.* בָּלַע, הֶעֱסִיק ראשו וְרוּבּו
engrossing *adj.* מְרַתֵּק
engulf, ingulf *v.* בָּלַע; הִקִּיף מִכָּל עֵבֶר
enhance *v.* הִגְדִיל, הֶאְדִיר, הִגְבִּיר
enhancement *n.* הַגְדָלָה; הַאְדָרָה
enigma *n.* חִידָה, תַּעֲלוּמָה
enigmatic(al) *adj.* חִידָתִי, סָתוּם
enjoin *v.* הוֹרָה, חִיֵּיב, צִיוָּה
enjoy *v.* נֶהֱנָה; נִשְׂכַּר
enjoyable *adj.* מְהַנֶּה, נָעִים
enjoyment *n.* הֲנָאָה, שַׁעֲשׁוּעַ
enkindle *v.* לִיבָּה
enlarge *v.* הִגְדִיל, הִרְחִיב (את הדיבור וכד')
enlargement *n.* הַגְדָלָה; הַרְחָבָה
enlighten *v.* הֵאִיר, הִבְהִיר
enlightenment *n.* הַבְהָרָה; הַשְׂכָּלָה
enlist *v.* חִיֵּיל, גִיֵּיס; הִתְגַיֵּיס
enliven *v.* הֶחֱיָה, הִמְרִיץ
en masse *adv.* כִּקְבוּצָה, כְּגוּף, כּוּלָם יַחַד
enmesh, inmesh *v.* לָכַד כִּבְרֶשֶׁת
enmity *n.* שִׂנְאָה
ennoble *v.* רוֹמֵם, כִּיבֵּד
ennui *n.* עֲיֵיפוּת נַפְשִׁית
enormity *n.* מִפְלַצְתִּיּוּת; מַעֲשֶׂה תּוֹעֵבָה
enormous *adj.* עֲנָקִי, רַב מְמַדִּים
enough *adj., n., adv., interj.* דַיּוֹ, מַסְפִּיק; לְמַדַּיי; דַּיי!
enounce *v.* הִכְרִיז, הוֹדִיעַ
en passant *adv.* דֶּרֶךְ אַגַּב; (בשחמט) אַגַּב הִילוּכוֹ
enquire *v. see* **inquire**
enrage *v.* הִרְגִיז, עוֹרֵר זַעַם
enrapture *v.* גָרַם עוֹנֶג, שִׁלְהֵב בְּשִׂמְחָה
enrich *v.* הֶעֱשִׁיר; הִשְׁבִּיחַ
enriched bread *n.* לֶחֶם מְשׁוּפָּר
enroll, enrol *v.* הִכְנִיס לְרְשִׁימָה; נִרְשַׁם
en route *n.* בַּדֶּרֶךְ
ensconce *v.* שָׂם בְּמָקוֹם בָּטוּחַ
ensconce oneself הִתְמַקֵּם, נֶחְבָּא
ensemble *n.* מִכְלוֹל; צֶוֶות; בִּיצוּעַ מְאוּחָד
enshrine *v.* נָהַג בִּקְדוּשָׁה
ensign *n.* דֶגֶל; תָּג
enslave *v.* שִׁעְבֵּד
enslavement *n.* שִׁעְבּוּד
ensnare, insnare *v.* לָכַד בְּרֶשֶׁת
ensue *v.* בָּא מִיָּד אַחֲרֵי
ensuing *adj.* הַבָּא אַחֲרֵי
ensure *v.* הִבְטִיחַ
entail *v.* גָרַר, הֵבִיא לִידֵי, הִצְרִיךְ
entail *n.* הוֹרָשַׁת קַרְקַע; יְרוּשַׁת תְּכוּנוֹת
entangle *v.* לָכַד בִּסְבָךְ
entanglement *n.* סִיבּוּךְ, הִסְתַּבְּכוּת
entente *n.* הֲבָנָה, הַסְכָּמָה
Entente Cordiale *n.* הַסְכָּמָה יְדִידוּתִית (בין שתי מדינות)

enter *v.* נִכְנַס; הִשְׁתַּתֵּף;
רָשַׁם (בספר חשבונות וכו')
enter oneself for רָשַׁם אֶת
שְׁמוֹ ל
enter into נִכְנַס (לפרטים), הִתְחִיל בּ
enteric *adj.* שֶׁל הַמֵּעַיִים
enteric fever *n.* טִיפוּס הַמֵּעַיִים
enterprise *n.* מִפְעָל, מִבְצָע; יוֹזְמָה
enterprising *adj.* מֵעֵז, נוֹעָז
entertain *v.* שִׁעֲשַׁע; אֵירַח
entertainer *n.* בַּדְרָן
entertaining *adj.* מְשַׁעֲשֵׁעַ
entertainment *n.* בִּידּוּר
enthral(l), inthral(l) *v.* צוֹדֵד
enthuse *v.* הִלְהִיב; נִלְהַב
enthusiasm *n.* הִתְלַהֲבוּת
enthusiast *n.* (תומך) מִתְלַהֵב
entice *v.* פִּיתָּה, הֵסִית
enticement *n.* פִּיתּוּי; הִתְפַּתּוּת
entire *adj.* כּוֹלֵל, שָׁלֵם
entirely *adv.* לְגַמְרֵי; בִּשְׁלֵמוּת
entirety *n.* שְׁלֵמוּת
entitle, intitle *v.* קָבַע שֵׁם; זִיכָּה
entity *n.* יֵשׁוּת
entomb, intomb *v.* קָבַר
entombment *n.* קְבִירָה
entomology *n.* תּוֹרַת הַחֲרָקִים,
אֶנְטוֹמוֹלוֹגְיָה
entourage *n.* פָּמַלְיָה
entrails *n. pl.* קְרָבַיִים; מֵעַיִים, פְּנִים
entrain *v.* הִטְעִין בָּרַכֶּבֶת; נָסַע בָּרַכֶּבֶת
entrance *n.* כְּנִיסָה, פֶּתַח
entrance fee *n.* דְּמֵי כְּנִיסָה
entrance *v.* הִקְסִים; הִפְנֵט
entrance examination *n.* בְּחִינַת
כְּנִיסָה (למוסד חינוכי)

entrancing *adj.* מַקְסִים, מַדְלִיק
entrant *n.* נִכְנָס; מִתְחָרֶה
entrap *v.* לָכַד בְּרֶשֶׁת, הִפִּיל בַּפַּח
entreat *v.* הִפְצִיר, הִתְחַנֵּן
entreaty *n.* בַּקָּשָׁה, תְּחִינָּה
entrée *n.* זְכוּת כְּנִיסָה; מָנָה עִיקָּרִית
entrench, intrench *v.* חָפַר;
הִתְחַפֵּר, הִתְבַּצֵּר
entrepot *n.* מַחְסָן, מַחְסַן עֲרוּבָּה
entrepreneur *n.* קַבְּלָן, מְבַצֵּעַ עֲבוֹדוֹת
entrust *v.* הִפְקִיד בְּיַד, סָמַךְ עַל
entry *n.* כְּנִיסָה; פְּרִיט בִּרְשִׁימָה
entwine, intwine *v.* שָׁזַר; הִשְׁתַּזֵּר
enumerate *v.* מָנָה, סָפַר
enunciate *v.* בִּיטֵּא; הִכְרִיז, הִצְהִיר
envelop *v.* עָטַף; שִׁימֵּשׁ מַעֲטָה
envelope *n.* מַעֲטָפָה; עֲטִיפָה
enviable *adj.* מְעוֹרֵר קִנְאָה
envious *adj.* מָלֵא קִנְאָה
environ *v.* כִּיתֵּר, הִקִּיף
environment *n.* סְבִיבָה
environs *n. pl.* פַּרְבָּרִים
envisage *v.* חָזָה, דִּימָּה
envoi, envoy *n.* סֵיפָא
(של שיר או סיפור)
envoy *n.* שָׁלִיחַ, נָצִיג, צִיר
envy *n.* קִנְאָה
envy *v.* קִינֵּא, הִתְקַנֵּא
enzyme *n.* תַּסָּס, מַתְסִיס, אֶנְזִים
eon *n.* עִידָּן אָרוֹךְ, (בגיאולוגיה)
תְּקוּפָה אֲרוּכָּה בְּיוֹתֵר
epaulet, epaulette *n.* כּוֹתֶפֶת
epée *n.* סַיִף
epenthesis *n.* (בבלשנות) שִׁרְבּוּב הֲגָה
(לתוך מלה ללא הצדקה אטימולוגית)
epergne *n.* אֲגַרְטָל

ephemeral *adj.* חוֹלֵף, קִיקְיוֹנִי
ephod *n.* אֵפוֹד
epic *n.* שִׁיר אֶפִּי, שִׁיר עֲלִילָה
epic, epical *adj.* אֶפִּי, שֶׁל גְבוּרָה
epicure *n.* אֶפִּיקוּר, בַּרְרָן
epicurean, Epicurean *adj.* חוֹבֵב תַּעֲנוּגוֹת, נֶהֱנְתָן
epidemic *n.* אֶפִּידֶמְיָה, מַגֵּפָה
epidemically *adv.* בְּצוּרַת מַגֵּפָה
epidemiology *n.* תּוֹרַת הַמַּחֲלוֹת הַמַּגֵּפָתִיּוֹת
epidermis *n.* עִילִית הָעוֹר
epigram *n.* מִכְתָּם
epigraphy *n.* אֶפִּיגְרַפְיָה, מַדַּע פִּעְנוּחַ כְּתוּבוֹת עַתִּיקוֹת
epilepsy *n.* אֶפִּילֶפְּסְיָה, כִּפְיוֹן
epileptic *n., adj.* אֶפִּילֶפְּטִי; כִּפְיוֹנִי
epilogue *n.* אֶפִּילוֹג, סִיּוּם
epiphany *n.* הִתְגַּלּוּת (אלקית וכד')
episcopal *adj.* אֶפִּיסְקוֹפָּלִי (לפי ההשקפה שהסמכות הכנסייתית העליונה נתונה בידי הבישופים)
episode *n.* מְאוֹרָע, אֶפִּיזוֹדָה
epistemology *n.* אֶפִּיסְטֶמוֹלוֹגְיָה (ענף בפילוסופיה החוקר את מקורה וטיבה של הידיעה האנושית)
epistle *n.* אִיגֶּרֶת, מִכְתַּב שָׁלִיחַ (נוצרי)
epitaph *n.* חֲקִיקָה (על מצבה)
epithalamium *n.* שִׁיר חֲתוּנָּה
epithet *n.* תּוֹאַר, שֵׁם לְוַואי
epitome *n.* תַּמְצִית, עִיקָּר
epitomize *v.* תִּמְצֵת, מִיצָּה
epoch *n.* תְּקוּפָה, עִידָּן
epoch-making *adj.* פּוֹתֵחַ תְּקוּפָה
epochal *adj.* תְּקוּפָתִי
equable *adj.* אָחִיד; לֹא מִשְׁתַּנֶּה; שָׁלֵו
equal *adj., n.* שָׁוֶה; אָחִיד
equal *v.* שָׁוָה, הָיָה שָׁוֶה, הִשְׁתַּוָּוה
equality *n.* שִׁוְיוֹן
equalize *v.* הִשְׁוָה, (באלקטרוניקה) שִׁוְיֵין
equally *adv.* בְּמִידָּה שָׁוָה
equanimity *n.* יִישּׁוּב־דַּעַת, קוֹר רוּחַ
equate *v.* הִבִּיעַ שִׁוְיוֹן, נִיסֵּחַ בְּמִשְׁוָואָה, נָהַג כִּבְשָׁוֶה
equation *n.* הַשְׁוָואָה; מִשְׁוָואָה
equator *n.* קַו הַמַּשְׁוֶה
equestrian *adj.* פָּרָשִׁי
equestrian *n.* פָּרָשׁ, רוֹכֵב
equestrian statue *n.* אַנְדַּרְטָה שֶׁל (אדם) רָכוּב עַל סוּס
equidistant *adj.* מְרוּחָק בְּמִידָּה שָׁוָה
equilateral *adj., n.* שְׁוֵה צְלָעוֹת; מְצוּלָּע מְשׁוּכְלָל
equilibrium *n.* שִׁיוּוּי־מִשְׁקָל, אִיזּוּן
equinox *n.* שִׁוְיוֹן הַיּוֹם וְהַלַּיְלָה (ב־21 במארס וב־23 בספטמבר)
equip *v.* צִיֵּיד; סִיפֵּק
equipment *n.* צִיּוּד, אַבְזָרֵי צִיּוּד
equipoise *n.* שִׁיוּוּי־מִשְׁקָל, אִיזּוּן
equitable *adj.* צוֹדֵק, הוֹגֵן; בַּר תּוֹקֶף
equity *n.* הֲגִינוּת, נֶאֱמָנוּת לְצֶדֶק
equivalent *adj.* שָׁקוּל כְּנֶגֶד, שָׁוֶה
equivocal *adj.* תַּרְתֵּי מַשְׁמַע, דּוּ־מַשְׁמָעִי
equivocate *v.* הִבִּיעַ בְּצוּרָה דּוּ־מַשְׁמָעִית
equivocation *n.* תַּרְתֵּי מַשְׁמַע, דּוּ־מַשְׁמָעִיּוּת
era *n.* תְּקוּפָה; סְפִירָה
eradicate *v.* מָחַק, עָקַר, שֵׁירֵשׁ
eradicative *adj.* עוֹקֵר, מַשְׁמִיד
erase *v.* מָחָה, מָחַק
eraser *n.* מַחַק, מוֹחֵק

erasion *n.* מְחִיקָה
erasure *n.* מְחִיקָה
ere *conj., prep.* לִפְנֵי, קוֹדֵם שֶׁ
erect *v.* הֵקִים, בָּנָה
erect *adj., adv.* זָקוּף; בִּזְקִיפוּת
erection *n.* הִזְדַּקְּפוּת; זְקִפָה; בְּנִיָּה
ergative *adj.* (בדקדוק) גּוֹרֵם
ermine *n.* סַמּוּר
erode *v.* אִכֵּל; נִסְחַף; סָחַף
erosion *n.* הִסְתַּחֲפוּת
erotic *adj.* אֵרוֹטִי, מְגָרֶה, שֶׁל עֲגָבִים
err *v.* טָעָה; שָׁגָה
errand *n.* שְׁלִיחוּת
errand-boy *n.* נַעַר שְׁלִיחוּיוֹת
erratic *adj.* לֹא־יַצִּיב; סוֹטֶה
erratum *n.* טָעוּת־דְּפוּס
erroneous *adj.* מוּטְעֶה
error *n.* שְׁגִיאָה, טָעוּת
ersatz *n.* תַּחְלִיף
erstwhile *adv.* לְשֶׁעָבַר, לְפָנִים
erudite *adj.* מְלוּמָד, בָּקִי
erudition *n.* לַמְדָנוּת, בְּקִיאוּת
erupt *v.* פָּרַץ בְּכוֹחַ, הִתְפָּרֵץ
eruption *n.* הִתְפָּרְצוּת, הִתְגַּעֲשׁוּת
escalate *v.* הֶחְמִיר, הִסְלִים
escalation *n.* הַחְמָרָה, הַסְלָמָה
escalator *n.* מַדְרֵגוֹת נָעוֹת, דְּרַגְנוֹעַ
escallop, scallop *n.* צִדְפָּה
escapade *n.* הַרְפַּתְקָה נוֹעֶזֶת; בְּרִיחָה
escape *n.* בְּרִיחָה; הִימָּלְטוּת, הֵיחָלְצוּת
escape *v.* בָּרַח; נֶחֱלַץ
escapee *n.* בּוֹרֵחַ; נִמְלָט
escarpment *n.* כֵּף, מַתְלוּל, מִדְרוֹן פְּנִימִי
eschatology *n.* אֶסְכָטוֹלוֹגְיָה, חֲזוֹן אַחֲרִית הַיָּמִים

eschew *v.* נִמְנַע, הִתְחַמֵּק
escort *n.* מִשְׁמָר; מְלַוֶּוה
escort *v.* לִיוָּה
escutcheon *n.* מָגֵן (נושא סמל המשפחה)
esophagus, oesophagus *n.* וֶשֶׁט
esoteric *adj.* אֵזוֹטֵרִי, מְכוּוָּן לְקָהָל מְצוּמְצָם, שֶׁל הַמְּעַטִּים, שֶׁל הַנִּבְחָרִים; סוֹדִי
especial *adj.* מְיוּחָד, יוֹצֵא מִן הַכְּלָל
espionage *n.* רִיגּוּל, בִּיּוּן
esplanade *n.* טַיֶּלֶת, רְחָבָה
espousal *n.* אִימּוּץ (רעיון); נִישּׂוּאִין
espouse *v.* אִימֵּץ (רעיון); דָּגַל בּ; הִתְחַתֵּן
esprit de corps *n.* רוּחַ צֶוֶות
espy *v.* רָאָה (מרחוק), מַבָּטוֹ נִתְקַל
esquire (Esq.) *n.* הָאָדוֹן, מַר
ess *n.* אֶס (האות s)
essay *n.* מַסָּה; נִיסָּיוֹן
essay *v.* נִיסָּה
essayist *n.* מַסַּאי, כּוֹתֵב מַסּוֹת
essence *n.* עִיקָּר; תַּמְצִית
Essene *n.* אִיסִּי (שייך לכת נזירים בימי בית שני)
essential *adj.* חִיוּנִי; עִיקָּרִי
essential *n.* יְסוֹד, נְקוּדָה עִיקָּרִית
essentially *adv.* בִּיסוֹדוֹ
establish *v.* יִיסֵּד, כּוֹנֵן; הוֹכִיחַ, בִּיסֵּס
establishment *n.* יִיסּוּד; מוֹסָד; קְצוּנָּה (ביחידה צבאית), מִמְסָד; מְקוֹם עֵסֶק
estate *n.* מַעֲמָד; נְכָסִים; אֲחוּזָּה
esteem *v.* הֶעֱרִיךְ
esteem *n.* הַעֲרָכָה
ester *n.* אֶסְטֵר (תרכובת כימית שבה מחליפים את המימן שבחומצה ביסוד פחמימני)

esterify *v.* אִסְטֵר
esthetic *adj.* אֶסְתֵּטִי
estimable *adj.* רָאוּי לְהַעֲרָכָה
estimate *v.* אָמַד, הֶעֱרִיךְ
estimate *n.* אוּמְדָן, הַעֲרָכָה
estimation *n.* הַעֲרָכָה, דֵּעָה
estrangement *n.* הִתְרַחֲקוּת, פֵּירוּד
estuary *n.* שֶׁפֶךְ נָהָר
etc., et cetera, etcetera *phr. n.* וְכוּלֵי, וְכַדּוֹמֶה, וְכוּ'
etch *v.* חָרַט, גִּילֵּף
etcher *n.* חָרָט, גַּלָּף, גַּלְפָן
etching *n.* חֲרִיטָה, גִּילּוּף
eternal *adj.* נִצְחִי
eternity *n.* נֵצַח, אַלְמָוֶת
ether *n.* אֶתֶר (בכימיה: נוזל חסר צבע נדיף ודליק; בפיסיקה: לפי השקפה מיושנת, חומר הממלא את חלל העולם)
ethereal, etherial *adj.* שְׁמֵימִי; מְעוּדָּן
ethic, ethical *adj.* מוּסָרִי, אֶתִי
ethically *adv.* מִבְּחִינָה מוּסָרִית
ethnic, ethnical *adj.* אֶתְנִי (מיוחד לאוכלוסייה)
ethnography *n.* אֶתְנוֹגְרַפְיָה (מדע החוקר את הקבוצות המובהקות של האנושות למקורן, ללשונותיהן ולמוסדותיהן)
ethnology *n.* אֶתְנוֹלוֹגְיָה (מדע התיאור והסיווג של תרבויות הגזעים באנושות)
ethos *n.* תְּכוּנָה, מִידָּה, אֶתוֹס
etiquette *n.* גִּינּוּנֵי חֶבְרָה, אֶתִּיקֶטָה
et seq. - et sequentie וְהַבָּאִים לְהַלָּן
étude *n.* (במוסיקה) תַּרְגִיל, אֶטְיוּד

etymology *n.* אֶטִימוֹלוֹגְיָה, גִּיזָּרוֹן (חקר תולדות המלים וגלגוליהן)
etymon *n.* אֶטִימוֹן, מָקוֹר
eucalyptus *n.* אֵיקָלִיפְּטוּס
Eucharist *n.* סְעוּדַת יֵשׁוּ, לֶחֶם הַסְּעוּדָה
eugenic *adj.* מַשְׁבִּיחַ גֶּזַע
eulogistic *adj.* מָלֵא תִּשְׁבָּחוֹת
eulogize *v.* הִילֵּל, שִׁיבֵּחַ
eulogy *n.* שֶׁבַח, הַלֵּל
eunuch *n.* סָרִיס
euphemism *n.* לָשׁוֹן נְקִיָּה, בִּיטּוּי מְעוּדָּן
euphonic *adj.* נְעִים צְלִיל
euphony *n.* נוֹעַם הַקּוֹל, מִצְלוֹל
euphoria *n.* הַרְגָּשָׁה טוֹבָה
euphuism *n.* מְלִיצָה, סִגְנוֹן מְסוּלְסָל
eureka *interj.* אֶבְרֶקָה! מָצָאתִי! (קריאת שמחה עם גילוי תגלית)
European *adj., n.* אֵירוֹפִּי
euthanasia *n.* הֲמָתַת חֶסֶד (של חולה אנוש)
evacuate *v.* רוֹקֵן; פִּינָּה
evacuation *n.* פִּינּוּי; הֲרָקָה
evade *v.* הִתְחַמֵּק, הִשְׁתַּמֵּט
evaluate *v.* הֶעֱרִיךְ, קָבַע הַעֲרָכָה
evanescent *adj.* נָמוֹג, הוֹלֵךְ וְנֶעֱלָם
evangel *n.* מַטִּיף לְנַצְרוּת
evangelical *adj., n.* אֵוַנְגֶּלִי (נאמן לברית החדשה)
evaporate *v.* אִידָּה; הִתְנַדֵּף; נָגוֹז
evaporator *n.* מְאַדֶּה
evaporize *v.* אִידָּה
evasion *n.* הִתְחַמְּקוּת, הִשְׁתַּמְּטוּת
evasive *adj.* שְׁתַמְטָנִי, מִתְחַמֵּק
Eve *n.* חַוָּה, אִישָּׁה
eve *n.* עֶרֶב (של חג וכד')

even *adj.* שָׁוֶה; מִישׁוֹרִי; סָדִיר; מְאוּזָּן; אָחִיד
even *v.* הִשְׁוָה, יִישֵּׁר
even *adv.* בְּמִידָּה שָׁוָה; אֲפִילוּ
evening *n.* עֶרֶב, בִּפְרוֹס
event *n.* מְאוֹרָע; מִקְרֶה, אֵירוּעַ
eventful *adj.* רַב־אֵירוּעִים
eventual *adj.* הַבָּא בְּעִקְּבוֹתָיו
eventuality *n.* תּוֹצָאָה אֶפְשָׁרִית
eventually *adv.* בְּסוֹפוֹ שֶׁל דָּבָר
ever *adv.* תָּמִיד; אֵי־פַּעַם
evergreen *n., adj.* יְרוֹק־עַד
everlasting *adj., n.* נִצְחִי; נֵצַח
evermore *adv.* תָּמִיד, לָנֶצַח
every *adj.* כָּל־, כָּל־אֶחָד; בְּכָל
every other *adv.* לְסֵירוּגִין
everybody *pron.* כָּל־אֶחָד, הַכּוֹל
everyday *adj.* יוֹם־יוֹמִי; רָגִיל
everyone *n.* כָּל אֶחָד, כָּל אָדָם
everything *n.* הַכּוֹל, כָּל דָּבָר
everywhere *adv.* בְּכָל מָקוֹם
evict *v.* גֵּירֵשׁ (דייר)
eviction *n.* גֵּירוּשׁ (דייר)
evidence *n.* עֵדוּת, רְאָיָה
evidence *v.* הִבְהִיר; חִיזֵּק בְּעֵדוּת
evident *adj.* בָּרוּר
evil *adj.* רָע, מְרוּשָׁע
evil *n.* רָע, רִשְׁעוּת; פֶּגַע
evil eyed *adj.* רַע עַיִן
evil minded *adj.* בַּעַל רָצוֹן לְהָרַע
Evil One *n.* הַשָּׂטָן
evildoer *n.* עוֹשֵׂה רָע
evildoing *n.* רֶשַׁע, חֵטְא
evince *v.* הִבְהִיר, הוֹכִיחַ; גִּילָּה, הִפְגִּין
eviscerate *v.* הוֹצִיא אֶת הַמֵּעַיִים, הוֹצִיא חֵלֶק חִיּוּנִי

evoke *v.* הֶעֱלָה, עוֹרֵר
evolution *n.* הִתְפַּתְּחוּת הַדְּרָגָתִית
evolve *v.* פִּיתַּח בְּהַדְרָגָה; הִתְפַּתֵּחַ
ewe *n.* כִּבְשָׂה
ewer *n.* קַנְקַן, כַּד
ex *n.* אֶקְס (האות x); לְשֶׁעָבַר
ex officio מִכּוֹחַ הַתַּפְקִיד, בְּתוֹקֶף הַתַּפְקִיד
ex post facto בְּדִיעֲבַד, לְאַחַר מַעֲשֶׂה
ex-serviceman *n.* חַיָּיל לְשֶׁעָבַר
exacerbate *v.* הֶחְמִיר, הֶחְרִיף (כאב וכד'); הִכְעִיס
exact *adj.* מְדוּיָּק, מְדַיֵּיק
exact *v.* תָּבַע; נָשָׁה, דָּרַשׁ
exacting *adj.* מַחְמִיר בִּדְרִישׁוֹתָיו
exaction *n.* נְשִׁיָּה, נְגִישָׂה, עוֹשֶׁק
exactly *adv.* בְּדִיּוּק
exactness *n.* דִּיּוּק; דַּיְיקָנוּת
exaggerate *v.* הִגְזִים, הִפְרִיז
exaggerated *adj.* מוּגְזָם, מוּפְרָז
exalt *v.* הֶעֱלָה, רוֹמֵם
exam *n.* בְּחִינָה
examination *n.* בְּחִינָה, בְּדִיקָה
examine *v.* בָּחַן, בָּדַק
example *n.* דּוּגְמָה, מָשָׁל
exasperate *v.* הִכְעִיס, הֶחְרִיף
excavate *v.* חָפַר; חָשַׂף עַתִּיקוֹת
exceed *v.* עָלָה עַל, עָבַר עַל
exceedingly *adv.* מְאוֹד, בְּיוֹתֵר
excel *v.* הִצְטַיֵּין
excellence *n.* הִצְטַיְּינוּת
Excellency *n.* הוֹד מַעֲלָה
except *v.* הוֹצִיא מִכְּלָל
except *prep., conj.* חוּץ מִן, פְּרָט ל
exception *n.* הוֹצָאָה מִן הַכְּלָל; יוֹצֵא מִן הַכְּלָל; הִתְנַגְּדוּת

exceptional *adj.* יוֹצֵא מִן הַכְּלָל, מְיוּחָד
excerpt *v.* בָּחַר קֶטַע, צִיטֵּט קֶטַע
excerpt *n.* קֶטַע, מוּבָאָה
excess *n.* עוֹדֶף, גוֹדֶשׁ; בִּזְבּוּז
excessively *adv.* בְּהַפְרָזָה
exchange *n.* הַחְלָפָה, חִילוּפִים; תְּמוּרָה; בּוּרְסָה
exchange *v.* הֶחְלִיף
exchequer *n.* אוֹצָר, אוֹצַר הַמְּדִינָה
excisable *adj.* שֶׁאֶפְשָׁר לְהַטִּיל עָלָיו בְּלוֹ
excise *n.* בְּלוֹ
excise *v.* מָחַק; קִיטֵּעַ
excise tax *n.* בְּלוֹ
excitable *adj.* נוֹחַ לְהִתְרַגֵּשׁ
excite *v.* שִׁלְהֵב; עוֹרֵר
excitement *n.* שִׁלְהוּב; הִתְרַגְּשׁוּת
exciting *adj.* מַלְהִיב; מְרַגֵּשׁ
exclaim *v.* קָרָא, צָעַק
exclamation *n.* קְרִיאָה; מִלַּת קְרִיאָה
exclamation mark *n.* סִימַן קְרִיאָה (!)
exclude *v.* גֵּירֵשׁ; הוֹצִיא; מָנַע כְּנִיסָה
exclusion *n.* מְנִיעַת כְּנִיסָה; גֵּירוּשׁ
exclusive *adj.* בִּלְעָדִי, יִיחוּדִי
excommunicate *v.* הֶחְרִים, נִידָּה
excommunication *n.* נִידּוּי, הַחְרָמָה
excoriate *v.* הִפְשִׁיט עוֹר; גִּינָּה
excrement *n.* צוֹאָה
excrescence *n.* גִּידּוּל לֹא רָגִיל; גִּידּוּל (בצמח או בחי) מְכוֹעָר
excrete *v.* הִפְרִישׁ (מגוף אורגני)
excruciating *adj.* מַכְאִיב, מְיַיסֵּר
exculpate *v.* נִיקָּה מֵאַשְׁמָה
excursion *n.* טִיּוּל
excursionist *n.* מִשְׁתַּתֵּף בְּטִיּוּל
excursus *n.* נִסְפָּח (בספר)
excusable *adj.* בַּר־סְלִיחָה, נִסְלָח
excuse *v.* סָלַח; הִצְדִּיק
excuse *n.* תֵּירוּץ
execrable *adj.* גָּרוּעַ בְּיוֹתֵר, אָיוֹם
execration *n.* חֵירוּף וְגִידּוּף; תִּיעוּב
execute *v.* בִּיצֵּעַ
execution *n.* בִּיצּוּעַ, הוֹצָאָה לְפוֹעַל; הוֹצָאָה לְהוֹרֵג
executioner *n.* תַּלְיָין
executive *adj.* שֶׁל הוֹצָאָה לְפוֹעַל; מְנַהֵל
executive *n.* מְנַהֵל, הַנְהָלָה
executor *n.* מְבַצֵּעַ; אַפִּיטְרוֹפּוֹס
executrix *n.* אַפִּיטְרוֹפְּסִית
exegesis *n.* פֵּירוּשׁ, בֵּיאוּר (של המקרא)
exemplar *n.* דּוּגְמָה; עוֹתֶק (של סֵפֶר וכד')
exemplary *adj.* מוֹפְתִי, מְשַׁמֵּשׁ דוּגְמָה
exemplify *v.* הִדְגִּים; שִׁימֵּשׁ דוּגְמָה
exempt *v.* פָּטַר מִן, שִׁחְרֵר מִן
exempt *adj.* פָּטוּר מִן
exemption *n.* פְּטוֹר, שִׁחְרוּר
exercise *n.* תַּרְגִּיל; אִימּוּן, תִּרְגּוּל; הַפְעָלָה, שִׁימּוּשׁ; טְקָסִים
exercise *v.* עִימֵּל, אִימֵּן, תִּרְגֵּל; הִפְעִיל, הֶעֱסִיק, הִתְעַמֵּל
exert *v.* הִפְעִיל
exert oneself *v.* הִתְאַמֵּץ
exertion *n.* מַאֲמָץ; הַפְעָלָה
exhalation *n.* נְשִׁיפָה, נְדִיפָה, פְּלִיטָה
exhale *v.* נָשַׁף, הִדִּיף, פָּלַט
exhaust *v.* רוֹקֵן; מִיצָּה; כִּילָּה
exhaust *n.* פְּלִיטָה; מַפְלֵט
exhaust pipe *n.* מַפְלֵט, צִינּוֹר פְּלִיטָה (בּרכב)

exhaustion *n.* רִיקּוּן; מִיצּוּי; כְּלוֹת הַכּוֹחוֹת
exhaustive *adj.* מְמַצֶּה, יְסוֹדִי
exhibit *v.* הֶרְאָה, חָשַׂף; הִצִּיג
exhibit *n.* מוּצָג (במשפט)
exhibition *n.* תַּעֲרוּכָה, הַצָּגָה
exhibitor *n.* מַצִּיג (בתערוכה)
exhilarating *adj.* מְשַׂמֵּחַ, מְרַנֵּן
exhort *v.* טָעַן, יָעַץ, הִפְצִיר
exhume *v.* הוֹצִיא מִקֶּבֶר; חָשַׂף (עניין עלום)
exigency *n.* דְּחִיפוּת, צוֹרֶךְ דָּחוּף
exigent *adj.* דָּחוּף, דוֹחֵק, לוֹחֵץ
exile *n.* גָּלוּת, גּוֹלֶה; הַגְלָיָה
exile *v.* הִגְלָה
exist *v.* הִתְקַיֵּם; נִמְצָא, חַי
existence *n.* קִיּוּם; הִימָּצְאוּת; הֲוָיָה
existing *adj.* קַיָּם, מָצוּי
exit *n.* יְצִיאָה (מאולם ציבורי וכד')
exit *v.* יָצָא
exodus *n.* יְצִיאָה הֲמוֹנִית
Exodus *n.* יְצִיאַת מִצְרַיִם; סֵפֶר שְׁמוֹת
ex officio *see* **ex**
exonerate *v.* נִיקָּה מֵאַשְׁמָה, זִיכָּה
exorbitant *adj.* מוּפְרָז, מוּפְקָע
exorcise *v.* גֵּירֵשׁ (רוּחַ, דיבוק)
exothermic *adj.* פּוֹלֵט חוֹם
exotic *adj., n.* לֹא מְקוֹמִי, זָר; אֶקְזוֹטִי (מושך בזרותו)
expand *v.* הִגְדִּיל, הִתְרַחֵב; הִתְפַּשֵּׁט
expanse *n.* מֶרְחָב, מִשְׁטָח
expansion *n.* הִתְפַּשְּׁטוּת, הִתְרַחֲבוּת; פִּיתּוּחַ
expansive *adj.* נִיתָּן לְהַרְחָבָה; נִרְחָב; (לגבי אדם) גְּלוּי־לֵב
expatiate *v.* הִרְחִיב אֶת הַדִּיבּוּר

expatriate *v.* גֵּירֵשׁ מִמּוֹלַדְתּוֹ, הִגְלָה
expatriate *n.* מְגוֹרָשׁ; גּוֹלֶה (מרצון)
expect *v.* צִיפָּה; חִיכָּה; סָבַר, הִנִּיחַ
expectancy *n.* צִיפִּיָּה; תּוֹחֶלֶת
expectation *n.* סִיכּוּי; צִיפִּיָּה
expected *adj.* צָפוּי
expectorate *v.* יָרַק; כִּיֵּחַ
expediency *n.* כְּדָאִיּוּת, תּוֹעַלְתִּיּוּת
expedient *adj.* מוֹעִיל, רָצוּי, מְסַיֵּעַ לְהַשָּׂגַת מַטָּרָה
expedient *n.* אֶמְצָעִי, אֶמְצָעִי עֵזֶר
expedite *v.* הֵחִישׁ, זֵירֵז
expedition *n.* מַסָּע; מִשְׁלַחַת
expeditious *adj.* מְבוּצָּע כַּהֲלָכָה
expel *v.* גֵּירֵשׁ, הוֹצִיא
expend *v.* הוֹצִיא (כסף, זמן וכד')
expendable *adj.* מִתְכַּלֶּה; שֶׁאֶפְשָׁר לְהוֹצִיאוֹ; שֶׁאֶפְשָׁר לְהַקְרִיבוֹ
expenditure *n.* הוֹצָאָה, הוֹצָאוֹת
expense *n.* הוֹצָאָה, תַּשְׁלוּם
expensive *adj.* יָקָר
experience *n.* נִיסָּיוֹן; חֲוָויָה
experience *v.* הִתְנַסָּה; חָוָה
experienced *adj.* בַּעַל נִיסָּיוֹן, מְנוּסֶּה
experiment *n.* נִיסּוּי, נִיסָּיוֹן
experiment *v.* עָשָׂה נִיסָּיוֹן
expert *n., adj.* בָּקִי, מוּמְחֶה; מוּמְחִי
expiate *v.* כִּיפֵּר, רִיצָּה
expiation *n.* כַּפָּרָה
expire *v.* פָּג, פָּקַע; דָּעַךְ; מֵת
expiring date *n.* תַּאֲרִיךְ פִּיגָה
explain *v.* בֵּיאֵר, הִסְבִּיר, פֵּירֵשׁ
explanation *n.* הֶסְבֵּר, פֵּירוּשׁ
explanatory *adj.* מַסְבִּיר, מְבָאֵר
expletive *n.* קְלָלָה גַּסָּה; הַשְׁלֵם (מלה או ביטוי בשיר לצורך קצב)

explicate *v.* הִסְבִּיר וְנִיתֵּחַ
explicit *adj.* בָּרוּר, מְפוֹרָשׁ
explode *v.* פּוֹצֵץ; הִתְפּוֹצֵץ
exploit *v.* נִיצֵּל
exploit *n.* מַעֲשֶׂה רַב הַרְפַּתְקָה
exploitation *n.* נִיצּוּל
exploration *n.* סִיוּר; חֲקִירָה
explore *v.* סִייֵּר שֶׁטַח; חָקַר
explorer *n.* חוֹקֵר; נוֹסֵעַ
explosion *n.* פִּיצּוּץ; הִתְפּוֹצְצוּת
explosive *adj.* עָלוּל לְהִתְפּוֹצֵץ
explosive *n.* חוֹמֶר נֶפֶץ; הֶגֶה פּוֹצֵץ
exponent *n.* מַסְבִּיר; (במת׳) מַעֲרִיךְ (חזקה)
export *v.* יִיצֵּא
export *n.*, *adj.* יִיצוּא; יְצוּא; שֶׁל יְצוּא
expose *v.* חָשַׂף; גִּילָּה בָּרַבִּים
exposé *n.* הַרְצָאַת דְּבָרִים; הוֹקָעָה
exposition *n.* תְּצוּגָה; הַבְהָרָה
ex post facto *see* **ex**
expostulate *v.* טָעַן נֶגֶד
exposure *n.* חֲשִׂיפָה; הַצָּגָה בְּפוּמְבֵּי; הוֹקָעָה
expound *v.* הִבְהִיר
express *v.* בִּיטֵּא, הִבִּיעַ
express *adj.* בָּרוּר, בָּהִיר; מְיוּחָד; מָהִיר
express *adv.* בְּרֶכֶב יָשִׁיר אוֹ מָהִיר; בִּמְיוּחָד; (מכתב) דָּחוּף, בִּמְסִירָה מְיוּחֶדֶת
express *n.* אוֹטוֹבּוּס מָהִיר אוֹ רַכֶּבֶת מְהִירָה
express company *n.* חֶבְרָה לְהוֹבָלָה מְהִירָה
express terms *n. pl.* תְּנָאִים מְפוֹרָשִׁים
express train *n.* רַכֶּבֶת מְהִירָה
expression *n.* הַבָּעָה; בִּיטּוּי; מַבָּע
expressive *adj.* מַבִּיעַ; מָלֵא הַבָּעָה
expressly *adv.* בִּמְפוֹרָשׁ, בְּפֵירוּשׁ
expressway *n.* כְּבִישׁ יָשִׁיר
expropriate *v.* הִפְקִיעַ (נְכָס)
expulsion *n.* גֵּירוּשׁ, הוֹצָאָה בְּכוֹחַ
expunge *v.* מָחָה, מָחַק
expurgate *v.* טִיהֵר (ספר)
exquisite *adj.* מְיוּחָד, נִפְלָא, מַרְנִין; מְעוּלֶּה; דַּק טַעַם
exquisite *n.* סַרְזָן, גַּנְדְּרָן, יוֹמְרָן
extant *adj.* קַיָּים, שֶׁנִּשְׁתַּמֵּר
extemporaneous *adj.* מְאוּלְתָּר, לְלֹא הֲכָנָה
extempore *adj.*, *adv.* מְאוּלְתָּר; בְּאִלְתּוּר
extemporize *v.* אִלְתֵּר
extend *v.* פָּשַׁט; הוֹשִׁיט; הִרְחִיב; הֶאֱרִיךְ; הִתְפַּשֵּׁט; הִשְׂתָּרֵעַ
extended *adj.* שָׁלוּחַ; מוּשָׁט; מוֹאֳרָךְ; מָתוּחַ
extension *n.* הַרְחָבָה, הַאֲרָכָה; שְׁלוּחָה
extensive *adj.* רָחָב, גְּדוֹל מְמַדִּים; מַקִּיף
extent *n.* מִידַּת הִתְפַּשְּׁטוּת; שִׁיעוּר
extenuate *v.* רִיכֵּךְ; הֵקֵל
exterior *adj.*, *n.* חִיצוֹנִי; צַד חִיצוֹנִי
exterminate *v.* הִשְׁמִיד
external *adj.* חִיצוֹנִי
externals *n. pl.* מַרְאֶה חִיצוֹנִי
extinct *adj.* כָּבוּי (הר געש); מוּכְחָד
extinguish *v.* כִּיבָּה; כִּילָּה
extinguisher *n.* מַטְפֶּה
extirpate *v.* עָקַר, הִשְׁמִיד
extol *v.* שִׁיבֵּחַ
extort *v.* הִשִּׂיג בִּסְחִיטָה אוֹ בְּעִינּוּיִים

extortion *n.* סְחִיטָה בְּעִינּוּיִים; הַפְקָעַת שְׁעָרִים
extra *adj.* נוֹסָף, מְיוּחָד
extra *adv.* יוֹתֵר מִן הָרָגִיל
extra *n.* תּוֹסֶפֶת מְיוּחֶדֶת
extra-fare *n.* תּוֹסֶפֶת דְּמֵי נְסִיעָה
extra-flat *adj.* שָׁטוּחַ מְאוֹד
extract *v.* עָקַר; הוֹצִיא; מִיצָּה
extract *n.* דָּבָר מוּצָא; קֶטַע; מוּבָאָה; תַּמְצִית
extraction *n.* הוֹצָאָה, עֲקִירָה; מוֹצָא
extracurricular *adj.* שֶׁמִּחוּץ לְתוֹכְנִית הַלִּימוּדִים הָרְגִילָה
extradite *v.* הִסְגִּיר
extradition *n.* הַסְגָּרָה
extramural *adj.* מִחוּץ לְכוֹתְלֵי (האוניברסיטה וכד׳)
extraneous *adj.* חִיצוֹנִי, זָר
extraordinary *adj.* נָדִיר, יוֹצֵא מִגֶּדֶר הָרָגִיל
extrapolate *v.* (בּמת׳) חִיֵּץ; אָמַד (לפי נתונים)
extravagance *n.* בִּזְבּוּז, הַפְרָזָה
extravagant *adj.* בַּזְבְּזָנִי; יוֹצֵא דוֹפֶן; מוּפְרָז; מַפְרִיז; מוּזָר
extravaganza *n.* הַצָּגָה (או יצירה או אירוע) רַאַוְותָנִית, אֶקְסְטְרָוָגַנְצָה
extreme *adj.* קִיצוֹנִי, מַקְצִין
extreme *n.* קִיצוֹנִיּוּת, מִידָּה קִיצוֹנִית
extreme unction *n.* (אצל הקתולים) טֶקֶס לַהוֹלֵךְ לָמוּת
extremely *adv.* מְאוֹד מְאוֹד, בְּהַקְצָנָה
extremism *n.* נְטִיָּה לְהַקְצָנָה
extremity *n.* עוֹנִי קִיצוֹנִי; הַחֵלֶק הַקִּיצוֹנִי, קִיצוֹנִיּוּת (בּפעולה וכד׳); קְצֵה אֵיבָר; קָצָה

extricate *v.* שִׁחְרֵר, חִילֵּץ
extrinsic *adj.* חִיצוֹנִי, לא חִיּוּנִי
extrovert *n.* מְחוּצָּן, מוּחְצָן
extrude *v.* דָּחַף הַחוּצָה; בָּלַט
exuberant *adj.* תּוֹסֵס; שׁוֹפֵעַ
exude *v.* נָדַף (ריח וכד׳), נָטַף, בִּעְבֵּעַ
exult *v.* צָהַל, עָלַץ
exultant *adj.* שָׂמֵחַ, עוֹלֵץ (כּמנצח)
eye *n.* עַיִן; מַבָּט; קוֹף הַמַּחַט
eye *v.* הִתְבּוֹנֵן
eye of the morning *n.* הַשֶּׁמֶשׁ
eye-opener *n.* פּוֹקֵחַ עֵינַיִים, הַפְתָּעָה גְּדוֹלָה
eye-shade *n.* סַךְ עַיִן, מִצְחִית
eye-shadow *n.* אִיפּוּר עַיִן
eye-socket *n.* אֲרוּבַּת הָעַיִן
eyeball *n.* גַּלְגַּל הָעַיִן
eyebrow *n.* גַּבַּת הָעַיִן
eyeful *n.* מַרְאֶה נֶהְדָּר; ׳חֲתִיכָה׳, ׳חָתִיךְ׳
eyeglass *n.* זְכוּכִית הָעַיִן; מִשְׁקָף
eyeglasses *n. pl.* מִשְׁקָפַיִים
eyelash *n.* רִיסֵי עַפְעַף הָעַיִן
eyelet *n.* סֶדֶק, חָרִיר; לוּלָאָה
eyelid *n.* עַפְעַף
eyepiece *n.* עֵינִית, זְכוּכִית הָעַיִן (בּמשקפת וכד׳)
eyeshot *n.* טְוָוח רְאִיָּה
eyesight *n.* רְאִיָּה
eyesore *n.* מַרְאֶה מְכוֹעָר
eyestrain *n.* מַאֲמָץ יָתֵר שֶׁל הָעֵינַיִים
eyetooth *n.* נִיב (שֵׁן בּצורת חרוט בּלסת העליונה)
eyewash *n.* תַּרְחִיץ לָעֵינַיִים; אֲחִיזַת עֵינַיִים
eyewitness *n.* עֵד רְאִיָּה

F

fable *n.* מָשָׁל; סִיפּוּר, בְּדָיָה
fabric *n.* אָרִיג; רִקְמָה, מִבְנֶה
fabricate *v.* פִּבְרֵק, זִיֵּף
fabulous *adj.* דִמְיוֹנִי, אַגָּדִי
facade *n.* חָזִית (של בניין): מַרְאֶה חִיצוֹנִי
face *n.* פָּנִים; מַרְאֶה חִיצוֹנִי; חוּצְפָּה; יוּקְרָה
face *v.* עָמַד מוּל, רָאָה; צִיפָּה (חומר בחומר אחֵר)
face card *n.* (בקלפים) תְּמוּנָה
face lifting *n.* שִׁיפּוּר פָּנִים (בניתוח)
face value *n.* עֵרֶךְ נָקוּב; מַשְׁמָעוּת לִכְאוֹרָה
facet *n.* אַסְפֶּקְט, בְּחִינָה; צַד, פֵּאָה, פָּן
facetious *adj.* לֵיצָנִי, הִיתּוּלִי
facial *adj., n.* שֶׁל פָּנִים; טִיפּוּל פָּנִים
facile *adj.* קַל לְבִיצוּעַ; חָלָק; שִׁטְחִי
facilitate *v.* אִפְשֵׁר, הֵקֵל, סִייֵּעַ
facilities *n. pl.* מִתְקָנִים; אֶמְצָעִים
facility *n.* קַלּוּת, יוּמְנָה; אַפְשָׁרוּת, (ברבים) מִתְקָנִים נוֹחִים
facing *n.* צִיפּוּי, כִּיסוּי
facsimile *n.* פַקְסִימִילְיָה, צִילוּמִית, הֶעְתֵּק מְדוּיָּק
fact *n.* עוּבְדָה
faction *n.* סִיעָה, כַּת
factionalism *n.* פַּלְגָנוּת, סִיעָתִיוּת
factor *n.* גּוֹרֵם
factorize *v.* פֵּירֵק לְגוֹרְמִים
factory *n.* בֵּית חֲרוֹשֶׁת
factual *adj.* עוּבְדָתִי, אֲמִיתִּי
facultative *adj.* מַרְשֶׁה, מְאַפְשֵׁר
faculty *n.* כּוֹשֶׁר, יְכוֹלֶת טִבְעִית; סֶגֶל הַמּוֹרִים; (באוניברסיטה) מַחְלָקָה, פָקוּלְטָה

fad *n.* אוֹפְנָה חוֹלֶפֶת
fade *v.* דָּעַךְ, דָּהָה, נָמוֹג
fade-out *n.* הֵיעָלְמוּת הַדְרָגָתִית
fag *v.* עָמַל קָשֶׁה; הִתְעַיֵּף
fag *n.* עֲבוֹדָה מְפָרֶכֶת
faggot *n.* אֲגוּדַּת זְמוֹרוֹת, עֲרֵמָה
fahrenheit *n.* פָּרֶנְהַייט, תֶּרְמוֹמֶטֶר פָּרֶנְהַייט
fail *v.* נִכְשַׁל; הָיָה לָקוּי; אִכְזֵב
fail *n.* כִּישָּׁלוֹן, פִּיגּוּר
failure *n.* כִּישָּׁלוֹן; כּוֹשֵׁל, לֹא יוּצְלַח
faint *adj.* עָמוּם, חַלָּשׁ; עָיֵף; מִתְעַלֵּף
faint *n.* הִתְעַלְּפוּת
faint *v.* הִתְעַלֵּף
fainthearted *adj.* מוּג־לֵב
fair *adj.* הוֹגֵן; צוֹדֵק; טוֹב לְמַדַּיי; בָּהִיר
fair *adv.* בַּהֲגִינוּת, בְּצוּרָה הוֹגֶנֶת
fair *n.* יְרִיד
fairground *n.* מִגְרְשֵׁי יְרִיד
fairly *adv.* בַּהֲגִינוּת, כָּרָאוּי
fair-minded *adj.* צוֹדֵק, הוֹגֵן
fairness *n.* הֲגִינוּת; בְּהִירוּת
fairy *n.* פֵּיָה
fairy story (tale) *n.* מַעֲשִׂיָּה; בְּדָיָה
fairyland *n.* עוֹלַם הַפֵּיוֹת
fait accompli *n.* עוּבְדָה מוּגְמֶרֶת
faith *n.* אֱמוּנָה, דָּת; אֵמוּן
faithful *adj.* מָסוּר, נֶאֱמָן
faithless *adj.* חֲסַר אֱמוּנָה; בּוֹגֵד
fake *v.* זִיֵּף, הוֹנָה
fake *n.* מְזַיֵּף, נוֹכֵל; מַעֲשֵׂה זִיּוּף, נוֹכְלוּת
faker *n., adj.* (שֶׁל) זִיּוּף, הוֹנָאָה
falcon *n.* נֵץ, בַּז, עוֹף דּוֹרֵס
falconer *n.* בַּזְיָיר

falconry *n.* בַּזְיָירוּת
fall *v.* נָפַל; פָּחַת; חָל; נִפְתָּה
fall *n.* נְפִילָה, יְרִידָה; מַפּוֹלֶת; סְתָיו; שַׁלֶּכֶת; מַפַּל־מַיִם
fall asleep *v.* נִרְדַּם
fall guy *n.* קָרְבָּן, שָׂעִיר לַעֲזָאזֵל
fall in love *v.* הִתְאַהֵב
fall out *n.* נְשׁוֹרֶת, נְפוֹלֶת (אטומית)
fall out shelter *n.* מִקְלָט אֲטוֹמִי
fall under *v.* נִכְלַל בּ
fallacious *adj.* מַטְעֶה; מוּטְעֶה
fallacy *n.* סְבָרָה מוּטְעֵית
fallible *adj.* מוּטְעֶה, מַטְעֶה, עָלוּל לְהַטְעוֹת
fallow *v.* חָרַשׁ וְלֹא זָרַע
fallow *n.* שָׂדֶה חָרוּשׁ (ולא זרוע)
fallow *adj.* חָרוּשׁ וּמוּבָר; צְהַבְהַב
false *adj., adv.* מוּטְעֶה; כּוֹזֵב; מְזוּיָּף
falsehood *n.* שֶׁקֶר, רַמָּאוּת
falsetto *n.* פַּלְסֶת, סַלְפִית (קול מסַלֵּף)
falsify *v.* זִיֵּיף, סִילֵּף
falsity *n.* שֶׁקֶר, זִיּוּף
falter *v.* הִיסֵּס; דִּיבֵּר בְּהַסְסָנוּת
fame *n.* פִּרְסוּם, שֵׁם טוֹב
famed *adj.* מְפוּרְסָם, נוֹדָע
familiar *adj.* יָדוּעַ, רוֹוֵחַ, מוּכָּר
familiarity *n.* הֶיכֵּרוּת; בְּקִיאוּת; אִי־רִשְׁמִיּוּת
familiarize *v.* פִּרְסֵם, וִידֵּעַ, עָשָׂה מוּכָּר
family *n.* מִשְׁפָּחָה
famine *n.* רָעָב
famish *v.* הִרְעִיב; רָעַב
famished *adj.* גּוֹוֵעַ מֵרָעָב
famous *adj.* מְפוּרְסָם, נוֹדָע
fan *n.* מְנִיפָה; מְאַוורֵר; חוֹבֵב; מַעֲרִיץ
fan *v.* נוֹפֵף בִּמְנִיפָה; הֵשִׁיב רוּחַ

fanatic(al) *adj.* קַנַּאי, פַּנָטִי
fanatic *n.* אָדָם קַנַּאי
fanaticism *n.* קַנָּאוּת, פַּנָטִיּוּת
fancied *adj.* דִּמְיוֹנִי; אָהוּד
fancier *n.* מְחַבֵּב; שׁוֹגֶה בְּדִמְיוֹנוֹת
fanciful *adj.* דִּמְיוֹנִי, מוּזָר
fancy *n.* דִּמְיוֹן; אַשְׁלָיָה; קַפְּרִיזָה, גַּחַם, גַּחֲמָה
fancy *adj.* קִישּׁוּטִי; דִּמְיוֹנִי
fancy *v.* תֵּיאֵר לְעַצְמוֹ; חִיבֵּב
fancy! תָּאֵר לְעַצְמְךָ!, תָּאֲרִי לְעַצְמֵךְ!
fancy that!
fancy-ball *n.* נֶשֶׁף מַסֵּכוֹת
fancy-dress *n.* תַּחְפּוֹשֶׂת
fancy-free *adj.* חוֹפְשִׁי מֵהַשְׁפָּעָה
fancy goods *n. pl.* מַתָּנוֹת קְטַנּוֹת סִסְגּוֹנִיּוֹת
fancy jewelry *n.* תַּכְשִׁיטִים מְדוּמִּים
fancy skating *n.* הַחְלָקַת רַאֲוָוה
fancywork *n.* רִקְמָה
fanfare *n.* תְּרוּעַת חֲצוֹצְרוֹת (בטקס); הוֹפָעַת רַאֲוָוה
fang *n.* שֵׁן אֶרֶס
fanlight *n.* אֶשְׁנָב (מעל דלת או חלון)
fantastic *adj.* נִפְלָא, נֶהְדָּר, פַנְטַסְטִי
fantasy *n.* דִּמְיוֹן, הֲזָיָה
fantasy *v.* דִּימָּה, הָזָה, פִּנְטֵס
far *adj., adv.* רָחוֹק; בְּמִידָּה רַבָּה
Far East *n.* הַמִּזְרָח הָרָחוֹק
far fetched *adj.* רָחוֹק, קָשׁוּר בְּצוּרָה רוֹפֶפֶת
far flung *adj.* מִתְפַּשֵּׁט, מִשְׂתָּרֵעַ
far-off *adj.* מְרוּחָק
far-reaching *adj.* מַרְחִיק לָכֶת
faraway *adj.* רָחוֹק; חוֹלְמָנִי
farcical *adj.* מַצְחִיק; מְגוּחָךְ

fare *v.* נֶהֱנָה; הָיָה בְּמַצָּב; נָסַע; אֵירַע
fare *n.* דְּמֵי־נְסִיעָה; נוֹסֵעַ
farewell *adj., n., interj.* שֶׁל פְּרִידָה; בִּרְכַּת פְּרִידָה; צֵאתְכֶם לְשָׁלוֹם
farina *n.* תַּבְשִׁיל דַּיְיסָה מְעוּרֶבֶת
farm *n.* מֶשֶׁק, חַוָּוה
farm *v.* חָכַר, הֶחְכִּיר (לעיבּוּד)
farmer *n.* אִיכָּר, חַוְּואִי
farmhouse *n.* בֵּית־מֶשֶׁק
farming *n., adj.* אִיכָּרוּת, חַקְלָאוּת
farmyard *n.* חֲצַר מֶשֶׁק
farsighted *adj.* רוֹאֶה לְמֶרְחוֹק
farther *adj., adv.* יוֹתֵר רָחוֹק, הָלְאָה
farthest *adj.* הָרָחוֹק בְּיוֹתֵר
farthest *adv.* לְמֶרְחָק הַגָּדוֹל בְּיוֹתֵר
farthing *n.* רֶבַע פֶּנִי; פְּרוּטָה
fascinate *v.* הִקְסִים, רִיתֵּק
fascinating *adv.* בְּצוּרָה מְרַתֶּקֶת
fascism *n.* פַשִׁיזְם (לאוּמנוּת קיצונית ורודנית)
fascist *n.* פַשִׁיסְט (דוגל בפאשיזם)
fashion *n.* אוֹפְנָה; אוֹפֶן, דֶּרֶךְ; נוֹהַג מְקוּבָּל
fashion *v.* עִיצֵּב, קָבַע צוּרָה; הִתְאִים
fashion designing *n.* תִּכְנוּן אוֹפְנָה
fashion-plate *n.* דוּגְמַת אוֹפְנָה
fashion show *n.* תְּצוּגַת אוֹפְנָה
fashionable *adj.* אוֹפְנָתִי, מְקוּבָּל עַל הַחֶבְרָה הַגְּבוֹהָה
fast *adj.* מָהִיר; יַצִּיב; הוֹלְלָנִי; הָדוּק
fast *adv.* בִּמְהוּדָּק; חָזָק; מַהֵר
fast *v.* צָם
fast *n.* צוֹם
fast day *n.* יוֹם צוֹם, תַּעֲנִית
fasten *v.* חִיזֵּק, הִידֵּק; כִּפְתֵּר
fastener *n.* רוֹכְסָן; חָבֶק; (לחלון), רַתּוֹק

fastidious *adj.* אִיסְטְנִיסִי, בַּרְרָנִי
fat *adj.* שָׁמֵן
fat *n.* שׁוּמָן; שׁוֹמֶן
fatal *adj.* גּוֹרָלִי, פָטָלִי; גּוֹרֵם מָוֶות
fatalism *n.* פָטָלִיּוּת, פָטָלִיזְם
fatalist *n.* פָטָלִיסְט (המאמין שאין מנוס מהגורל)
fatality *n.* מִקְרֵה מָוֶות
fate *n.* גּוֹרָל; מָוֶות
fated *adj.* נִגְזָר עַל־פִּי הַגּוֹרָל
fateful *adj.* גּוֹרָלִי, מַכְרִיעַ
fathead *n.* טִיפֵּשׁ, מְטוּמְטָם
father *n.* אָב; כּוֹמֶר
father-in-law *n.* חוֹתֵן, חָם
father *v.* הוֹלִיד; הִמְצִיא; יָזַם
fatherhood *n.* אַבְהוּת
fatherland *n.* אֶרֶץ מוֹלֶדֶת
fatherless *adj.* יָתוֹם מֵאָבִיו
fatherly *adj., adv.* כְּאָב; אַבְהִי, אַבָּהִי
fathom *n.* פַתּוֹם (יחידת אורך 1.83 מ׳, למדידת עומק מים)
fathom *v.* חָדַר לְעוֹמֶק; הֵבִין
fathomless *adj.* עָמוֹק עַד אֵין חֵקֶר
fatigue *v.* עִייֵּף; הִתְעַייֵּף
fatigue *n.* עֲייֵפוּת; עֲבוֹדָה שְׁחוֹרָה (בצבא)
fatten *v.* הִשְׁמִין; פִּיטֵּם
fatty *adj., n.* שָׁמֵן, מֵכִיל שׁוּמָן
fatuous *adj.* טִיפְּשִׁי, נָבוּב
faucet *n.* בֶּרֶז
fault *n.* פְּגָם; שְׁגִיאָה; עָווֹל
faultfinder *n.* מְחַפֵּשׂ פְּגָמִים
faultless *adj.* לְלֹא פְּגָם, מוּשְׁלָם
faulty *adj.* פָּגוּם; מְקוּלְקָל, לֹא תַּקִּין
faun *n.* אָדָם־תַּיִשׁ (במיתולוגיה הרומית)
fauna *n.* עוֹלַם הַחַי

faux pas *n.* מִשְׁגֶּה (חברתי) מֵבִיךְ
favor, favour *n.* טוֹבָה, חֶסֶד; מַשּׂוֹא־פָּנִים
favor, favour *v.* נָטָה חֶסֶד ל
favorable *adj.* מְעוֹדֵד; נוֹחַ; נוֹטֶה לְהַסְכִּים
favorable answer *n.* תְּשׁוּבָה חִיּוּבִית
favorite *n., adj.* מוּעְדָף
favoritism *n.* מַשּׂוֹא־פָּנִים,הַפְלָיָה לְטוֹבָה
fawn *n.* עוֹפֶר
fawn *adj.* חוּם־צָהוֹב בָּהִיר
fawn *v.* הִתְרַפֵּס, הֶחֱנִיף
faze *v.* הִפְרִיעַ, הִדְאִיג
fear *n.* פַּחַד, חֲשָׁשׁ
fear *v.* פָּחַד, חָשַׁשׁ
fearful *adj.* נוֹרָא, אָיוֹם; חוֹשֵׁשׁ
fearless *adj.* אַמִּיץ־לֵב, לְלֹא חַת
fearsome *adj.* מַפְחִיד, אָיוֹם (במראהו)
feasible *adj.* בַּר־בִּיצּוּעַ, מַעֲשִׂי
feast *n.* חַג; סְעוּדָה; עוֹנֶג
feast *v.* נֶהֱנָה מִסְּעוּדָה; הִתְעַנֵּג
feat *n.* מַעֲשֶׂה מַרְשִׁים
feather *n.* נוֹצָה
feather *v.* קִישֵּׁט בְּנוֹצוֹת
featherbedding *n.* לַחַץ עַל מַעֲבִיד (מצד ארגון העובדים לתוספת עובדים מיותרת)
featherbrain *n.* קַל־דַּעַת, שׁוֹטֶה
feature *n.* דְּיוֹקָן; חֵלֶק פָּנִים; מְאַפְיֵין; רְשִׁימָה מֶרְכָּזִית בְּעִיתּוֹן
feature writer *n.* כּוֹתֵב רְשִׁימוֹת מֶרְכָּזִיּוֹת
February *n.* פֶבְּרוּאָר
feces, faeces *n. pl.* צוֹאָה
feckless *adj.* חֲסַר אוֹפִי, בַּטְלָן, לֹא יוּצְלָח

fecund *adj.* (חי או צומח) מִתְרַבֶּה, פּוֹרֶה (גם מבחינה אינטלקטואלית)
federal *adj.* שֶׁל בְּרִית מְדִינוֹת; פֶדֶרָלִי
federate *v.* אִיחֵד עַל בָּסִיס פֶדֶרָלִי; הִתְאַחֵד (כנ"ל)
federation *n.* הִתְאַחֲדוּת מְדִינוֹת, פֶדֶרַצְיָה
fed up *adj.* שֶׁנִּמְאַס עָלָיו
fee *v.* שִׁילֵּם; שָׂכַר
fee *n.* תַּשְׁלוּם; שְׂכַר טִרְחָה
feeble *adj.* חַלָּשׁ, תָּשׁוּשׁ
feeble-minded *adj.* רְפֵה שֵׂכֶל
feed *v.* הֶאֱכִיל, הֵזִין; שִׁימֵּשׁ מָזוֹן; נִיזּוֹן; סִיפֵּק
feed *n.* מָזוֹן; אֲבִיסָה
feedback *n.* מָשׁוֹב, 'הֵיזוּן חוֹזֵר'
feel *v.* הִרְגִּישׁ, חָשׁ
feel *n.* הַרְגָּשָׁה, תְּחוּשָׁה; חוּשׁ הַמִּישּׁוּשׁ
feeler *n.* מַרְגִּישׁ; הֶעָרַת גִּישׁוּשׁ; מַמְשָׁשׁ
feeling *adj.* רָגִישׁ
feeling *n.* הַרְגָּשָׁה, רֶגֶשׁ
feign *v.* הִמְצִיא בְּדִמְיוֹן; הֶעֱמִיד פָּנִים
feint *n.* הַטְעָיָה, טַכְסִיס הַטְעָיָה
feint *v.* הִטְעָה; הֶעֱמִיד פָּנִים
felicitate *v.* בֵּירֵךְ, אִיחֵל
felicitous *adj.* הוֹלֵם, קוֹלֵעַ
felicity *n.* שִׂמְחָה, עַלִּיצוּת
feline *adj.* חֲתוּלִי, מִמִּשְׁפַּחַת הַחֲתוּלִים
fell *pt. of* **fall**
fell *v.* הִפִּיל; כָּרַת
fellah *n.* פַלָּח, פַלָּח
fellow *n.* בֶּן־אָדָם; בָּחוּר; בַּרְנָשׁ
fellow being *n.* יְצוּר אֱנוֹשׁ
fellow-citizen *n.* בֶּן־אֶרֶץ
fellow-countryman *n.* בֶּן אוֹתָהּ אֶרֶץ
fellow man *n.* בֶּן־אָדָם, הַזּוּלַת

fellow member *n.* חֲבֵר אֲגוּדָּה
fellowship *n.* חֲבֵרוּת; אַחֲוָה; חֲבֵרוּת בַּאֲגוּדָּה; מַעֲנַק מֶחְקָר; קֶרֶן מַעֲנָקִים
felon *n.* פּוֹשֵׁעַ, מְבַצֵּעַ פֶּשַׁע; מוּרְסָה
felony *n.* פֶּשַׁע
felt *n.* לֶבֶד
female *n.* נְקֵבָה
female *adj.* נְקֵבִי, נָשִׁי
feminine *adj.* נָשִׁי
feminine gender *n.* (בדקדוק) מִין נְקֵבָה
feminism *n.* פֶמִינִיזְם (השקפה או תנועה בעד שוויון זכויות הנשים); נָשִׁיוּת
femur *n.* קוּלִית, עֶצֶם הַיָּרֵךְ
fen *n.* גֵּיא מַיִם, בִּיצָּה
fence *v.* גָּדַר; סִייֵּף (בסיוּף)
fence *n.* גָּדֵר; סִיוּף
fencing *n.* סִיוּף; גִּידוּר; וִיכּוּחַ טַכְסִיסִי
fend *v.* הִתְגּוֹנֵן
fender *n.* הוֹדֵף; פָּגוֹשׁ, כָּנָף (בּרכב)
fennel *n.* שׁוּמָר
ferment *n.* תְּסִיס; תְּסִיסָה, שְׁמָרִים, שְׂאוֹר
ferment *v.* הִתְסִיס; תָּסַס
fern *n.* שָׁרָךְ
ferocious *adj.* פִּרְאִי, אַכְזָרִי
ferocity *n.* פִּרְאוּת, אַכְזְרִיּוּת
ferret *n.* סַמּוּר
ferret *v.* צָד בְּעֶזְרַת סַמּוּר, גֵּירֵשׁ; חָשַׂף
ferris wheel *n.* אוֹפַן נַדְנֵדוֹת (בגן שעשועים)
ferry *n.* מַעְבּוֹרֶת
ferry *v.* הֶעֱבִיר בְּמַעְבּוֹרֶת
ferry boat *n.* סִירַת מַעְבּוֹרֶת
fertile *adj.* פּוֹרֶה
fertilize *v.* הִפְרָה; דִּישֵּׁן
fervent *adj.* נִלְהָב; נִרְגָּשׁ
fervently *adv.* בְּלַהַט
fervid *adj.* מְשׁוּלְהָב
fervor *n.* לַהַט, חוֹם חָזָק
festal *adj.* חֲגִיגִי, שֶׁל חַג
fester *v.* גָּרַם מוּגְלָה; הִרְקִיב
fester *n.* כִּיב, פֶּצַע מוּגְלָתִי
festival *n.* חַג, חֲגִיגָה, פֶסְטִיבָל, תְּחִיגָּה
festive *adj.* חֲגִיגִי
festivity *n.* טֶקֶס חֲגִיגִי; עַלִּיזוּת; חֲגִיגִיּוּת
festoon *n.* מִקְלַעַת פְּרָחִים
festoon *v.* קִישֵּׁט בְּזֵרִים
fetch *v.* הֵבִיא, הָלַךְ וְהֵבִיא
fetching *adj.* מַקְסִים, מְצוֹדֵד
fete *v.* עָרַךְ מְסִיבָּה לִכְבוֹד
fete *n.* חַג, חֲגִיגָה
fetid, foetid *adj.* מַבְאִישׁ
fetish *n.* עֶצֶם נַעֲרָץ, פֵטִישׁ
fetter *n.* סַד, אֲזִיקִּים
fetter *v.* כָּבַל בַּאֲזִיקִּים; הִגְבִּיל
fetus, foetus *n.* עוּבָּר
feud *v.* נָטַר אֵיבָה
feud *n.* אֵיבָה מַתְמִידָה
feudal *adj.* פֵיאוֹדָלִי
feudalism *n.* פֵיאוֹדָלִיּוּת (משטר מדיני כלכלי ששרר באירופה בימי הביניים עד המהפכה הצרפתית)
feuilleton *n.* פֶלִיטוֹן, יַרְכְתוֹן
fever *n.* חוֹם, קַדַּחַת; קַדַּחְתְּנוּת
feverish *adj.* קַדַּחְתָּנִי
few *adj., pron., n.* אֲחָדִים; מְעַטִּים
fez *n.* פֵז (תרבּוּשׁ)
fiancé *n.* אָרוּס
fiancée *n.* אֲרוּסָה
fiasco *n.* כִּישָּׁלוֹן מַחְפִּיר, פִיַאסְקוֹ
fiat *n.* פְּקוּדָה, צַו
fib *n.* שֶׁקֶר יַלְדוּתִי

fib *v.* שִׁיקֵּר (כנ"ל)
fibber *n.* שַׁקְרָן
fiber, fibre *n.* סִיב, לִיף, חוּט; מִבְנֶה סִיבִי
fibrous *adj.* סִיבִי; לִיפִי
fickle *adj.* לֹא יַצִּיב, הֲפַכְפַּךְ
fiction *n.* סִיפּוֹרֶת; בְּדַאי, בִּדְיוֹן
fictional *adj.* שֶׁל סִיפּוֹרֶת, דִּמְיוֹנִי
fictionalize *v.* בָּדָה, כָּתַב בְּדַאי
fictitious *adj.* מְזוּיָּף, בָּדוּי; סִיפּוּרִי
fiddle *n.* כִּינּוֹר; לַזְבֵּז שׁוּלְחָן
fiddle *v.* נִיגֵּן בְּכִינּוֹר; הִתְבַּטֵּל; רִימָּה
fiddler *n.* מְנַגֵּן בְּכִינּוֹר; עוֹסֵק בַּהֲבָלִים
fiddling, fiddly *adj.* פָּעוּט, חֲסַר עֵרֶךְ
fidelity *n.* נֶאֱמָנוּת
fidget *v.* עִצְבֵּן; נָע בְּעַצְבָּנוּת
fidgety *adj.* עַצְבָּנִי
fiduciary *n., adj.* אֶפִּיטְרוֹפּוֹס; נֶאֱמָן, שֶׁל נֶאֱמָנוּת
fie *interj.* פוּי (הבעת גועל)
fief *n.* אֲחוּזָּה פֵּיאוֹדָלִית
field *n.* שָׂדֶה; מִגְרָשׁ (ספורט); תְּחוּם (פעולה וכד')
field *v.* עָצַר (כדור) וְהִשְׁלִיךְ
fielder *n.* (במשחק) מְשַׂחֵק בַּשָּׂדֶה
fieldglasses *n. pl.* מִשְׁקֶפֶת שָׂדֶה
field hockey *n.* הוֹקִי שָׂדֶה
field-marshal *n.* פֵילְד מַרְשָׁל
field-piece *n.* תּוֹתַח שָׂדֶה
fiend *n.* שָׂטָן, שֵׁד; פֶּגַע רָע; שָׁטוּף, מִתְמַכֵּר (לסמים, לתחביב וכד')
fiendish *adj.* שְׂטָנִי
fierce *adj.* פִּרְאִי; סוֹעֵר; חָזָק
fierceness *n.* פִּרְאוּת
fiery *adj.* שֶׁל אֵשׁ, בּוֹעֵר; לוֹהֵט
fiesta *n.* חַג דָּתִי, יוֹם קָדוֹשׁ
fife *n.* חָלִיל
fife *v.* חִילֵּל
fifteen *adj., n.* חֲמִישָּׁה־עָשָׂר, חֲמֵשׁ־עֶשְׂרֵה
fifteenth *adj., n.* הַחֲמִישָּׁה־עָשָׂר; הַחֵלֶק הַחֲמִישָּׁה־עָשָׂר
fifth *adj., n.* חֲמִישִׁי, חֲמִישִׁית
fifth column *n.* גַּיִס חֲמִישִׁי
fifth-columnist *n.* אִישׁ הַגַּיִס הַחֲמִישִׁי
fiftieth *adj., n.* הַחֲמִישִּׁים; חֵלֶק הַחֲמִישִּׁים
fifty *adj., n.* חֲמִישִּׁים
fifty-fifty *adj., adv.* חֵלֶק כְּחֵלֶק, שָׁוֶה בְּשָׁוֶה
fig *n.* תְּאֵנָה; דָּבָר שֶׁל מַה־בְּכָךְ
fight *n.* קְרָב, מַאֲבָק
fight *v.* נִלְחַם בּ, נֶאֱבַק
fighter *n.* לוֹחֵם; מְטוֹס־קְרָב
fig-leaf *n.* עֲלֵה תְּאֵנָה
figment *n.* פְּרִי דִמְיוֹן, סִיפּוּר בַּדִּים
figurative *adj.* צִיּוּרִי, מְטָפוֹרִי
figure *n.* סִפְרָה, מִסְפָּר; צוּרָה, גִּזְרָה
figure *v.* חִשֵּׁב; הִבִּיעַ בְּמִסְפָּרִים; קִישֵּׁט
figure-head *n.* צֶלֶם בְּחַרְטוֹם סְפִינָה; מַנְהִיג לְרַאֲוָה (נטול סמכויות של ממש)
figure of speech *n.* בִּיטּוּי צִיּוּרִי
figure-skating *n.* הַחְלָקָה בְּצוּרוֹת
figurine *n.* פִּסְלוֹן, פִּסְלִית
filament *n.* חוּט דַּקִּיק
filbert *n.* אִלְסָר, אֱגוֹז טוּרְקִי
filch *v.* גָּנַב (דבר פעוט), 'סָחַב'
file *n.* שׁוֹפִין, פְּצִירָה; תִּיק; כַּרְטֶסֶת
file *v.* תִּיֵּק; צָעַד בְּטוּר; פָּצַר, שָׁף
file case *n.* תִּיקִיּוֹן

filet *n.* רֶשֶׁת
filial *adj.* שֶׁל בֵּן (או בת)
filiation *n.* הֱיוֹת בֵּן; אַבְהוּת
filibuster *n.* פִילִיבּוּסְטֶר (עיכוב קבלת חוק על ידי נאומים ואמצעי השהיה אחרים)
filigree, fillagree *n.* רִקְמַת פְּאֵר
filing *n.* תִּיּוּק
filing-cabinet *n.* תִּיקִיוֹן
fill *v.* מִילֵּא, סָתַם (שן); הִתְמַלֵּא
fill *n.* כַּמּוּת מַסְפֶּקֶת
filler *n.* מְמַלֵּא; מִילּוּי
fillet *n.* סֶרֶט; פִילֶה (בשר או דג ללא עצמות)
fillet *v.* קָשַׁר בְּסֶרֶט
filling *adj.* מְמַלֵּא, מַשְׂבִּיעַ
filling *n.* מִילּוּי; סְתִימָה
filling-station *n.* תַּחֲנַת־דֶּלֶק
fillip *n.* מַכָּה בְּאֶצְבַּע צְרֵדָה; תַּמְרִיץ
filly *n.* סְיָיחָה
film *n.* קְרוּם, סֶרֶט
film *v.* קָרַם; נִקְרַם; הִסְרִיט
film-star *n.* כּוֹכַב קוֹלְנוֹעַ
film strip *n.* סְרְטוֹן
filmy *adj.* קְרוּמִי, מְצוֹעָף
filter *n.* מַסְנֵן
filter *v.* סִינֵּן; הִסְתַּנֵּן
filtering *n.* סִינּוּן
filter paper *n.* נְיַיר סִינּוּן
filth *n.* לִכְלוּךְ, זוּהֲמָה; טוּמְאָה
filthy *adj.* מְטוּנָּף, מְתוֹעָב
filtrate *n.* תַּסְנִין
filtrate *v.* סִינֵּן
fin *n.* סְנַפִּיר; סוֹף
fin de siècle *n.* סוֹף הַמֵּאָה (ה־19, שינויי ערכים)
final *adj.*, *n.* סוֹפִי, אַחֲרוֹן
finale *n.* סִיּוּם; פִינָלֶה
finalist *n.* מְסַיֵּים
finally *adv.* לְבַסּוֹף; בְּצוּרָה סוֹפִית
finance *n.* מִימּוּן; כְּסָפִים, פִינַנְסִים
finance *v.* מִימֵּן; הִשְׁקִיעַ כְּסָפִים
financial *adj.* כַּסְפִּי
financier *n.* עָשִׁיר; בַּעַל הוֹן
financing *n.* מִימּוּן
finch *n.* פְּרוּשׁ מָצוּי
find *v.* מָצָא, גִּילָּה
find *n.* מְצִיאָה; תַּגְלִית
finder *n.* מוֹצֵא; מְאַתֵּר
finding *n.* מְצִיאָה; תַּגְלִית; מִמְצָא
fine *n.* קְנָס
fine *v.* קָנַס
fine *adj.*, *adv.* מְשׁוּבָּח, מוּבְחָר; חַד; עָדִין; נָאֶה
fine arts *n. pl.* אֳמָנוּיוֹת דַּקּוֹת
fine print *n.* אוֹתִיּוֹת קְטַנּוֹת
fine-toothed comb *n.* מַסְרֵק דַּק
fineness *n.* הִידּוּר; דַּקּוּת; עֲדִינוּת
finery *n.* קִישּׁוּט; כּוּר מַצְרֵף
finespun *adj.* דַּק, עָדִין
finesse *n.* עֲדִינוּת הַבִּיצּוּעַ; דַּקּוּת
finger *n.* אֶצְבַּע
finger-bowl *n.* נַטְלָה (לנטילת ידיים)
finger tip *n.* קְצֵה־הָאֶצְבַּע
finger *v.* נָגַע בְּאֶצְבְּעוֹתָיו; 'סָחַב'
fingerboard *n.* (בכינור) שְׁחִיף הָאֶצְבָּעוֹת; (בפסנתר) מִקְלֶדֶת
fingering *n.* מִשְׁמוּשׁ; 'סְחִיבָה'; נִיגּוּן בָּאֶצְבָּעוֹת
fingernail *n.* צִיפּוֹרֶן
fingerprint *n.*, *v.* טְבִיעַת אֶצְבָּעוֹת; הֶחְתִּים טְבִיעַת אֶצְבָּעוֹת

finial *n.* עִיטוּר־שִׂיא (בראש מגדל וכד')
finicky *adj.* מְפוּנָּק, אִיסְטְנִיס; מְפוֹרָט
finis *n.* (בְּסוֹף סֵפֶר) סוֹף, תַּם וְנִשְׁלַם
finish *v.* גָּמַר, סִיֵּם; הִסְתַּיֵּם
finish *n.* גִּימוּר; אַשְׁפָּרָה
finishing school *n.* בֵּית־סֵפֶר מַשְׁלִים
finishing touch *n.* גִּימוּר
finite *adj.* מוּגְדָר, מְפוֹרָשׁ; מוּגְבָּל; סוֹפִי
finite verb *n.* פּוֹעַל מְפוֹרָשׁ
fiord *n.* פְּיוֹרְד, עָרוּץ יָם
fir *n.* אַשׁוּחַ
fire *n.* אֵשׁ; דְּלֵיקָה; יְרִיָּה
fire *v.* הִצִּית, יָרָה; פִּיטֵּר; הִשְׁתַּלְהֵב
fire-alarm *n.* אַזְעָקַת שְׂרֵפָה
firearms *n. pl.* כְּלֵי־יְרִיָּה; נֶשֶׁק קַל
firebox *n.* תָּא־הָאֵשׁ (בְּקַטָּר)
firebrand *n.* לַפִּיד הַצָּתָה; מֵסִית
firebreak *n.* חוֹסֵם אֵשׁ (אדמה חרושה)
firebrick *n.* לְבֵנָה שְׂרוּפָה
fire-brigade *n.* כַּבָּאִים, מְכַבֵּי־אֵשׁ
firebug *n.* מַצִּית (בְּמֵזִיד)
fire company *n.* פְּלוּגַת כַּבָּאִים
firecracker *n.* גְּלִיל נְיָר מִתְפּוֹצֵץ (להפחדה)
firedamp *n.* גַּאז הַמִּכְרוֹת (המתפוצץ)
firedog *n.* כַּן עֲצֵי הַסָּקָה
fire drill *n.* תִּרְגּוּל כַּבָּאוּת
fire engine *n.* מְכוֹנִית כַּבָּאִים, כַּבָּאִית
fire ecape *n.* מוֹצָא חֵירוּם (מִבַּיִת); סוּלַּם כַּבָּאִים
fire-extinguisher *n.* מַטְפֶּה (לכיבוי אש)
firefly *n.* גַּחֲלִילִית
fire hose *n.* זַרְנוּק כִּיבּוּי
fire hydrant *n.* זַרְנוּק כִּיבּוּי
fire insurance *n.* בִּיטּוּחַ אֵשׁ
fire irons *n.pl.* כְּלֵי אָח
fireman *n.* כַּבַּאי; מַסִּיק
fireplace *n.* אָח
fireplug *n.* זַרְנוּק כִּיבּוּי
firepower *n.* עוֹצְמַת אֵשׁ
fireproof *adj.* חֲסִין אֵשׁ
fireproof *v.* חִיסֵּן מִפְּנֵי אֵשׁ
fire sale *n.* מְכִירָה עֵקֶב שְׂרֵיפָה
fire screen *n.* חַיִץ בִּפְנֵי אֵשׁ
fire ship *n.* סְפִינַת אֵשׁ
fire shovel *n.* אֵת כִּיבּוּי
fireside *n.* לְיַד הָאָח; חַיֵּי בַּיִת וּמִשְׁפָּחָה
firetrap *n.* מַלְכּוֹדֶת אֵשׁ (מבנה שקשה להיחלץ ממנו בשעת דְלֵיקָה)
firewarden *n.* כַּבַּאי
firewood *n.* עֲצֵי הַסָּקָה
fireworks *n. pl.* זִיקּוּקֵי אֵשׁ; הַבְרָקוֹת לָשׁוֹן
firing *n.* יְרִי, יְרִיָּה; דֶּלֶק
firing line *n.* חֲזִית (בִּקְרָב)
firing order *n.* סֵדֶר הַצָּתָה (במנוע)
firm *adj., adv.* מוּצָק, חָזָק; יַצִּיב, אֵיתָן
firm *n.* פִּירְמָה, בֵּית מִסְחָר
firm name *n.* שֵׁם פִּירְמָה, מוּתָג
firmament *n.* רָקִיעַ
firmness *n.* תַּקִּיפוּת, מוּצָקוּת; יַצִּיבוּת, אֵיתָנוּת
first *adj., adv., n.* רִאשׁוֹן; תְּחִילָּה;
first-aid *n.* עֶזְרָה רִאשׁוֹנָה
first-aid kit *n.* תַּרְמִיל עֶזְרָה רִאשׁוֹנָה
first-aid station *n.* תַּחֲנַת עֶזְרָה רִאשׁוֹנָה
first-born *adj., n.* בְּכוֹר
first-class *adj.,adv.* מִמַּדְרֵגָה רִאשׁוֹנָה

first cousin *n.* דוֹדָן יָשִׁיר, דוֹדָן רִאשׁוֹן
first finger *n.* הָאֶצְבַּע הַמַּרְאָה, אֶצְבַּע
first fruits *n. pl.* בִּיכּוּרִים: תּוֹצָאוֹת רִאשׁוֹנוֹת
first lieutenant *n.* סֶגֶן
first name *n.* שֵׁם פְּרָטִי
first-nighter *n.* מְבַקֵּר בְּהַצָּגוֹת־בְּכוֹרָה
first officer *n.* קָצִין רִאשׁוֹן (בצי)
first-rate *adj., adv.* מִמַּדְרֵגָה רִאשׁוֹנָה
firstly *adv.* רֵאשִׁית
fiscal *adj., n.* שֶׁל אוֹצַר הַמְּדִינָה, פִּיסְקָלִי
fiscal year *n.* שְׁנַת הַכְּסָפִים
fish *n.* דָג, דָגָה
fish bowl *n.* אַקְווַרְיוֹן
fish line *n.* חוּט הַחַכָּה
fish story *n.* סִיפּוּר בַּדִּים
fish *v.* דָג
fishbone *n.* עֶצֶם דָג, אִדְרָה
fisher *n.* דַּיָּג
fisherman *n.* דַּיָּג; סִירַת דַּיִג
fishery *n.* דַּיִג; מְקוֹם דַּיִג
fishhook *n.* חַכָּה
fishing *n.* דַּיִג; מִדְגֶּה
fishing reel *n.* סְלִיל חַכָּה
fishing tackle *n.* צִיוּד דַּיִג
fishpond *n.* בְּרֵיכַת דָגִים
fishwife *n.* מוֹכֶרֶת דָגִים; מְנַבֶּלֶת פִּיהָ
fishworm *n.* תּוֹלַעַת פִּיתָּיוֹן
fishy *adj.* חָשׁוּד, מְפוּקְפָּק
fission *n.* הִסְתַּדְּקוּת
fissionable *adj.* סָדִיק, נִיתָּן לְסִידּוּק
fissure *n.* סֶדֶק, בְּקִיעַ
fist *n.* אֶגְרוֹף
fist *v.* הִכָּה בְּאֶגְרוֹף
fist fight *n.* הִתְכַּתְּשׁוּת

fistula *n.* נָצוּר (ניקוז בתעלה לא טבעית של נוזל מוגלתי מפנים הגוף החוצה או לאיבר פנימי אחר)
fit *adj.* מַתְאִים, הוֹלֵם, רָאוּי, בָּרִיא
fit *v.* הִתְאִים, הָלַם; הִתְקִין
fit *n.* הַתְאָמָה; הַתְקָפַת מַחֲלָה; (דיבורית) הִתְפָּרְצוּת
fitful *adj.* מוֹפִיעַ לְמְקוּטָעִים; לְלֹא תְּדִירוּת
fitness *n.* הַתְאָמָה; כּוֹשֶׁר גוּפָנִי
fitter *n.* מַתְאִים, קוֹבֵעַ; מַסְגֵּר
fitting *adj., n.* הוֹלֵם; הַתְאָמָה; מַתְאִים
five *adj., n.* שֶׁל חָמֵשׁ; חָמֵשׁ, חֲמִישָּׁה; חֲמִישִׁיָּה
fix *v.* סִידֵּר: כִּיוּוֵן, תִּיקֵן; קָבַע; נִקְבַּע
fix *n.* מְבוּכָה; זְרִיקַת סַם (לגוף)
fixation *n.* קִיבּוּעַ; רַעְיוֹן קָבוּעַ, 'שִׁיגָּעוֹן'
fixed *adj.* מְחוּזָּק; קָבוּעַ; מְכוּוָּן; מְסוּדָּר
fixing *n.* קְבִיעָה; יִיצוּב; תִּיקּוּן
fixings *n. pl.* מִתְקָנִים, צִיּוּד
fixture *n.* קְבִיעָה; יִיצוּב; חֵפֶץ קָבוּעַ
fizz, fiz *n.* אִוְשָׁה, קוֹל תְּסִיסָה
fizz *v.* אִיוֵּשׁ, הִשְׁמִיעַ קוֹל תְּסִיסָה
fizzle *v.* הִשְׁמִיעַ קוֹל תְּסִיסָה
fizzle *n.* אִוְשָׁה; כִּישָּׁלוֹן, אַכְזָבָה
fizzy *adj.* מְאַוֵּשׁ, תּוֹסֵס (משקה)
fjord *n. see* **fiord**
flabbergast *v.* הִדְהִים
flabby *adj.* מְדוּלְדָּל; חַלָּשׁ, רַכְרוּכִי
flaccid *adj.* רָפוּי, רַךְ, חַלָּשׁ
flag *n.* דֶּגֶל; כּוֹתֶרֶת
flag *v.* קִישֵּׁט בְּדֶגֶל; אוֹתֵת; נֶחְלַשׁ
flag captain *n.* מְפַקֵּד אוֹנִיַּית דֶּגֶל
flag day *n.* יוֹם סֶרֶט
flag-stone *n.* אֶבֶן רִיצּוּף
flagellate *v.* הִלְקָה, הִצְלִיף

flagman *n.* דַקְלָן
flagon *n.* בַּקְבּוּק גָדוֹל, קַנְקַן
flagrant *adj.* שַׁעֲרוּרִיָּתִי, מַחְפִּיר
flagship *n.* אוֹנִיַּת־דֶגֶל
flail *n.* מַחְבֵּט (לדוש בּוֹ)
flair *n.* כִּשְׁרוֹן, חוּש
flak *n.* אֵש נֶגֶד מְטוֹסִים
flake *n.* פְּתִית; פֵּירוּר
flake *v.* פּוֹרֵר; הִתְפּוֹרֵר
flaky *adj.* פָּרִיךְ; פְּתִיתִי
flamboyant *adj.* סַסְגוֹנִי, רַאַוְתָנִי
flame *n.* שַׁלְהֶבֶת, אֵש; אַהֲבָה
flame *v.* שִׁלְהֵב; הִשְׁתַּלְהֵב
flame-thrower *n.* לַהֲבִיוֹר
flaming *adj.* בּוֹעֵר; לוֹהֵט
flamingo *n.* שְׁקִיטָן
flammable *adj.* דָלִיק
flan *n.* עוּגַת פֵּירוֹת
flange *n.* אוֹגֶן
flange *v.* שָׂם אוֹגֶן
flank *n.* צַד, כֶּסֶל; אֲגַף
flank *v.* אִיגֵּף, הִתְקִיף בָּאֲגַף
flannel *n.* פְלָנֶל
flap *n.* דַש; מַטְלִית; בֶּהָלָה
flap *v.* הִתְנַפְנֵף; נִפְנֵף, פִּרְפֵּר
flapjack *n.* חֲבִיתִית
flapper *n.* חֵלֶק מִתְנַפְנֵף; סְנַפִּיר
flare *v.* בָּעַר, הִבְזִיק; הִתְלַהֵט
flare *n.* הֶבְהֵק, לֶהָבָה; לַפִּיד
flare-up *n.* הִתְלַקְּחוּת; הִתְפָּרְצוּת
flash *n.* הֶבְזֵק, נִצְנוּץ; מַבְזֵק (בּמצלֵמה)
flash *v.* הִבְזִיק, נִצְנֵץ
flash *adj.* שַׁחְצָנִי, רַאַוְתָנִי
flash-back *n.* הַבְזָקָה לֶעָבָר
flash-bulb *n.* נוּרַת הַבְזָקָה
flash flood *n.* שִׁיטָפוֹן, מַבּוּל
flashing *n.* הַבְרָקָה, נִצְנוּץ, רִישׁוּף
flashlight *n.* פַּנַּס־כִּיס
flashy *adj.* זוֹהֵר, מַבְרִיק (כלפי חוּץ)
flask *n.* קַנְקַן, צְלוֹחִית
flat *adj.* שָׁטוּחַ, מִישׁוֹרִי; מְפוֹרָש
flat *adv.* בְּמַצָּב שָׁטוּחַ; אוֹפְקִית; בְּפֵירוּש
flat *n.* דִירָה
flatboat *n.* סִירָה שְׁטוּחָה, חֲמָקָה
flatcar *n.* קְרוֹן־רַכֶּבֶת שָׁטוּחַ
flatfooted *adj.* בַּעַל רֶגֶל שְׁטוּחָה
flathead *n.* שְׁטוּחַ רֹאש
flatiron *n.* מַגְהֵץ כָּבֵד
flatly *adv.* בְּגָלוּי וּבְפַסְקָנוּת
flatten *v.* שִׁיטֵּחַ, פִּיחֵס, יִישֵּׁר; שׁוּטַּח
flatter *v.* הֶחְנִיף, הֶחְמִיא
flatterer *n.* חַנְפָן
flattering *adj.* מַחֲנִיף, מַחְמִיא
flattery *n.* חֲנוּפָּה
flat-top *n.* נוֹשֵׂאת מְטוֹסִים; (בתספורת גבר) בְּלוֹרִית שְׁטוּחָה
flatulence, flatulency *n.* הַפְלָטַת גַאזִים, סִגְנוֹן מְנוּפָּח
flatware *n.* צַלָּחוֹת שְׁטוּחוֹת; סַכּוּ"ם
flaunt *v.* הִתְפָּאֵר, נִפְנֵף
flautist *n.* חֲלִילָן
flavor *n.* בְּסוֹמֶת, טַעַם מְיוּחָד
flavor *v.* בִּיסֵּם; תִּיבֵּל
flaw *n.* לִיקּוּי, חִיסָּרוֹן; סֶדֶק
flawless *adj.* לְלֹא רְבָב
flax *n.* פִּשְׁתָּה
flaxen *adj.* עָשׂוּי פִּשְׁתָּה; דְמוּי פִּשְׁתָּה
flaxseed *n.* זַרְעֵי פִּשְׁתָּה
flay *v.* פָּשַׁט עוֹר; בִּיקֵּר קָשֶׁה

flea *n.* פַּרְעוֹשׁ
flea bite *n.* עֲקִיצַת פַּרְעוֹשׁ, דָּבָר שֶׁל מָה בְּכָךְ
fleck *n.* רְבָב, כֶּתֶם קָטָן
fleck *v.* סִימֵּן בִּכְתָמִים זְעִירִים
fledgling, fledgeling *n.* גּוֹזָל הַמַּתְחִיל לִפְרוֹחַ; מַתְחִיל, טִירוֹן
flee *v.* בָּרַח, נָס
fleece *n.* צֶמֶר (של בע"ח), צֶמֶר גִּיזָּה
fleece *v.* פָּשַׁט מוֹר, עָשַׁק
fleecy *adj.* צַמְרִירִי; רַךְ וְלָבָן
fleet *adj.* מָהִיר, קַל תְּנוּעָה
fleet *n.* צִי
flesh *n.* בָּשָׂר
flesh and blood *n.* בָּשָׂר וָדָם; עַצְמוֹ וּבְשָׂרוֹ
fleshiness *n.* חוּשָׁנִיּוּת
fleshless *adj.* דַּל בָּשָׂר
fleshly *adj.* חוּשָׁנִי, שֶׁל הַגּוּף
fleshpots *n.pl.* סִיר הַבָּשָׂר; נֶהֱנְתָנוּת
flesh wound *n.* פֶּצַע שִׁטְחִי
fleshy *adj.* שָׁמֵן, בְּשָׂרִי
flex *v.* כִּיוֵּץ, כּוֹפֵף; הִתְכּוֹפֵף
flex *n.* חוּט חַשְׁמַל
flexible *adj.* כָּפִיף; גָּמִישׁ; מִתְפַּשֵּׁר
flibbertigibbet *n.* (אדם) פַּטְפְּטָן וְשׁוֹטֶה
flick *n.* מַכָּה קַלָּה
flick *v.* הִכָּה קַלּוֹת; הֵסִיר בִּנְגִיעָה
flicker *v.* הִבְהֵב, נִצְנֵץ
flicker *n.* הִבְהוּב, נִיצוֹץ; נִצְנוּץ
flier, flyer *n.* טַיָּיס, עָף, טָס
flight *n.* תְּעוּפָה, טִיסָה; בְּרִיחָה
flight-deck *n.* סִיפּוּן נוֹשֵׂאת מְטוֹסִים
flighty *adj.* גַּחְמָנִי, קַפְּרִיזִי; הֲפַכְפַּךְ
flimflam *n.* שְׁטוּיוֹת; הוֹנָאָה
flimflam *v.* רִימָּה, הוֹנָה
flimsy *adj.* דַּק, חֲסַר מִשְׁקָל (גם בהשאלה)
flinch *v.* נִרְתַּע
flinch *n.* הִירָּתְעוּת
fling *v.* זָרַק, הֵטִיל
fling *n.* זְרִיקָה, הַשְׁלָכָה
flint *n.* צוֹר, חַלָּמִישׁ
flint *adj.* קָשֶׁה
flintlock *n.* בְּרִיחַ צוֹר (ברובה מיושן)
flinty *adj.* מֵכִיל צוֹר; קְשֵׁה לֵב
flip *n.* מַכָּה קַלָּה (בקצה האצבע)
flip *v.* הֵזִיז בְּהַקָּשַׁת אֶצְבַּע
flippancy *n.* לֵיצָנוּת, קַלּוּת רֹאשׁ
flipper *n.* אֵיבַר שְׂחִיָּה (לא אצל דג)
flirt *v.* עָגַב, 'פְלִירְטֵט'
flirt *n.* עוֹסֵק(ת) בִּפְלִירְט
flit *v.* עָקַר מִמְּקוֹמוֹ; עָף, הִסְתַּלֵּק
flit *n.* שִׁינּוּי דִירָה; עֲקִירָה
flitter *v.* רִיחֵף, נִפְנֵף
float *v.* הֵצִיף; צָף; רִיחֵף; נוֹסַד
float *n.* מָצוֹף, צָף; רַפְסוֹדָה; אוֹרוֹת בָּמָה
floating *adj.* צָף; עַצְמָאִי
floating capital *n.* הוֹן בְּמַחֲזוֹר
floating votes *n.pl.* קוֹלוֹת (של מצביעים) צָפִים (לא בטוחים)
flock *n.* עֵדֶר, לַהֲקַת צִיפּוֹרִים, הָמוֹן
flock *v.* הִתְקַהֵל; נָהַר
floe *n.* גּוּשׁ קֶרַח צָף
flog *v.* הִצְלִיף; הִלְקָה
flood *v.* הֵצִיף
floodgate *n.* סֶכֶר
floodlight *v.* הֵצִיף בְּאוֹר
floodlight *n.* הֲצָפַת אוֹר
flood tide *n.* גֵּאוּת (הים)
floor *n.* רִצְפָּה; קוֹמָה
floor *v.* הֵטִיל אַרְצָה; רִיצֵּף

floor show *n.* הוֹפָעַת בִּידוּר (ללא בימה)
floorwalker *n.* מַדְרִיךְ־מְפַקֵּחַ
flop *v.* נָפַל אַרְצָה; נִכְשַׁל
flop *n.* כִּישָּׁלוֹן
flora *n.* צִמְחִיָּה, עוֹלַם הַצּוֹמֵחַ
floral *adj.* שֶׁל פְּרָחִים
florescence *n.* פְּרִיחָה, עוֹנַת הַפְּרִיחָה
florid *adj.* אֲדַמְדַּם; מְגוּנְדָּר (בחוסר טעם)
florist *n.* מְגַדֵּל פְּרָחִים; סוֹחֵר פְּרָחִים
floss *n.* חוּטֵי מֶשִׁי, סִיב מְשִׁיִי
flossy *adj.* עָשׂוּי חוּטֵי מֶשִׁי (זול)
flotilla *n.* שַׁיֶּטֶת; צִי קָטָן
flotsam *n.* שִׁבְרֵי אוֹנִיָּה צָפִים
flotsam and jetsam *n.pl.* שְׂרִידֵי סְפִינָה טְרוּפָה; שִׁירַיִים, טְרוּפֶת
flounce *n.* שָׂפָה, חֵפֶת
flounce *v.* עִיטֵּר בְּשָׂפָה, עִיטֵּר בְּחֵפֶת
flounder *n.* דַּג הַסַּנְדָּל
flounder *v.* נָע בִּכְבֵדוּת, הִתְלַבֵּט
flour *n.* קֶמַח
flour sifter *n.* נָפָה (לקמח)
flourish *v.* נוֹפֵף; פָּרַח; שִׂגְשֵׂג
flourish *n.* נִפְנוּף; קִישּׁוּטֵי סִגְנוֹן
flourishing *adj.* פּוֹרֵחַ, מְשַׂגְשֵׂג
flourmill *n.* טַחֲנַת־קֶמַח
floury *adj.* קִמְחִי; מְקוּמָּח
flout *v.* הִתְיַיחֵס בְּבוּז, הִמְרָה אֶת פִּי
flow *v.* זָרַם, שָׁפַע
flow *n.* זֶרֶם, זוֹב, שְׁפִיעָה
flower *n.* פֶּרַח; מִבְחָר
flower *v.* פָּרַח; הִפְרִיחַ
flowerbed *n.* עֲרוּגַת פְּרָחִים
flowergirl *n.* מוֹכֶרֶת פְּרָחִים
flowerpiece *n.* תְּמוּנַת־פְּרָחִים
flowerpot *n.* עֲצִיץ פְּרָחִים
flowery *adj.* מְכוּסֶּה בִּפְרָחִים; (לגבי לשון) נִמְלֶצֶת, פִּרְחוֹנִית
flu *n.* שַׁפַּעַת
fluctuate *v.* הִתְנוֹעֵעַ, נָע
flue *n.* מַעֲבָר חַם (של עשן או פליטת כבשן)
fluency *n.* שֶׁטֶף, רְהִיטוּת
fluent *adj.* שׁוֹטֵף, רָהוּט
fluently *adv.* בִּרְהִיטוּת, בְּשֶׁטֶף
fluff *n.* מוֹךְ, פְּלוּמָה
fluff *v.* מִילֵּא כָּרִים
fluffy *adj.* מוֹכִי, פְּלוּמָתִי
fluid *n., adj.* נוֹזֵל; נוֹזְלִי; מִשְׁתַּנֶּה
fluidity *n.* נְזִילוּת, זוֹרְמִיּוּת
fluke *n.* כַּף הָעוֹגֶן; מִקְרֶה, מַזָּל
fluke *v.* הִצְלִיחַ בְּמַזָּל
flume *n.* תְּעָלַת מַיִם
flummery *n.* רַפְרֶפֶת; מַחְמָאָה רֵיקָה
flummox *v.* הֵמַם, בִּלְבֵּל, הֵבִיךְ
flunk *v.* נִכְשַׁל (בבחינה); הִכְשִׁיל
flunky, flunkey *n.* מְשָׁרֵת, מִתְרַפֵּס
fluorescence *n.* פְלוּאוֹרָנוּת, הַנְהָרָה
fluorescent *adj.* פְלוּאוֹרָנִי, מַנְהִיר
fluoride, fluorid *n.* פְלוּאוֹרִיד
fluorine *n.* פְלוּאוֹר
fluorite *n.* פְלוּאוֹרִיט
fluoroscope *n.* מִשְׁקֶפֶת פְלוּאוֹרָנִית
flurry *v.* בִּלְבֵּל; עִצְבֵּן
flurry *n.* הִתְפָּרְצוּת; שָׁאוֹן
flush *v.* הִסְמִיק; גָּרַם לְהַסְמָקָה; שָׁטַף
flush *n.* הַסְמָקָה; מַשְׁטֵף (בבית כיסא)
flush *adj.* שָׁוֶה, שָׁטוּחַ, מִישׁוֹרִי
flush tank *n.* מְכַל הַמַּשְׁטֵף
flush toilet *n.* מַשְׁטֵף
flushing *n.* שְׁטִיפָה; אַדְמִימוּת

fluster *v.* בִּלְבֵּל; עִצְבֵּן
fluster *n.* מְבוּכָה; עַצְבָּנוּת
flute *n.* חָלִיל; חָרִיץ
flute *v.* חִילֵּל; עָשָׂה חֲרִיצִים
flutist *n.* חֲלִילָן
flutter *v.* רִפְרֵף; נָבוֹךְ
flutter *n.* מְבוּכָה; נִפְנוּף כְּנָפַיִים; רַעַד
flux *n.* זְרִימָה; גֵּיאוּת
flux *v.* שָׁטַף; רִיתֵּךְ
fly *v.* הֵעִיף; הֵטִיס; עָף, טָס
fly *n.* זְבוּב; דָּשׁ, 'חֲנוּת' (במכנסיים)
fly *adj.* פִּיקֵחַ, עַרְמוּמִי; עֵרָנִי
fly ball *n.* כַּדּוּר מְעוּפָף (בבייסבּול)
fly-by-night *n.* מִתְחַמֵּק־לַיְלָה
fly in the ointment אַלְיָה וְקוֹץ בָּהּ
fly net *n.* רֶשֶׁת זְבוּבִים
fly swatter *n.* מַחְבֵּט זְבוּבִים
flyer, flier *n.* עָף, טָס; טַיָּיס
flying *n., adj.* תְּעוּפָה, טַיִס; עָף
flying buttress *n.* מִתְמָךְ קַשְׁתִּי
flying colors *n.pl.* הִצְטַיְּינוּת
flying field *n.* שְׂדֵה־תְּעוּפָה
flying saucer *n.* צַלַּחַת מְעוֹפֶפֶת
flyleaf *n.* נְיָיר חָלָק, עַמּוּד רֵיק
flypaper *n.* נְיָיר דָּבִיק (ללכוד זבובים)
flyspeck *n.* רְבַב זְבוּב
flywheel *n.* גַּלְגַּל תְּנוּפָה
foal *n.* סְיָיח; עַיִר
foal *v.* הִמְלִיטָה (סייח)
foam *n.* קֶצֶף
foam *v.* הֶעֱלָה קֶצֶף
foam rubber *n.* גּוּמְאֲוִויר (לריפּוּד)
foamy *adj.* מַקְצִיף; דְּמוּי קֶצֶף
fob *n.* כִּיס קָטָן (אוֹ שרשרת לְשָׁעוֹן)
fob *v.* שָׂם בְּכִיס; רִימָּה, הֶעֱרִים
focal *adj.* מוֹקְדִי, מֶרְכָּזִי
focus *n.* מוֹקֵד, מֶרְכָּז
focus *v.* מִיקֵּד, רִיכֵּז; הִתְרַכֵּז
fodder *n.* מִסְפּוֹא
foe *n.* אוֹיֵב, שׂוֹנֵא
foetus, fetus *n.* עוּבָּר
fog *n.* עֲרָפֶל, מְבוּכָה
fog *v.* עִרְפֵּל; הִתְעַרְפֵּל
fogbound *adj.* מְרוּתָּק בְּשֶׁל עֲרָפֶל
foggy *adj.* עַרְפִּילִי, מְטוּשְׁטָשׁ
foghorn *n.* צוֹפַר עֲרָפֶל
fogy, fogey *n.* זָקֵן מְיוּשָּׁן בְּדֵעוֹתָיו
foible *n.* חוּלְשָׁה, נְקוּדָּה חַלָּשָׁה
foil *v.* סִיכֵּל; רִיקֵּעַ
foil *n.* רִיקּוּעַ מַתֶּכֶת
foist *v.* הֵטִיל שֶׁלֹּא בְּצֶדֶק
fold *v.* קִיפֵּל, קִימֵּט; הִתְקַפֵּל
fold *n.* קֶפֶל; קִיפּוּל; שֶׁקַע
folder *n.* עוֹטְפָן, תִּיק
folderol *n.* דִּיבּוּר רֵיק
foliage *n.* עַלְוָוה; קִישּׁוּט עָלִים
folio *n.* תַּבְנִית פוֹלְיוֹ (20×33 ס"מ)
folio *v.* מִסְפֵּר דַּפֵּי סֵפֶר
folk *n.* עַם, שֵׁבֶט, הַבְּרִיּוֹת
folk etymology *n.* גִּיזָּרוֹן עֲמָמִי
folk-music *n.* מוּסִיקָה עֲמָמִית
folk-song *n.* שִׁיר־עַם
folk tale *n.* סִיפּוּר עַם
folklore *n.* יֶדַע־עַם, פוֹלְקְלוֹר
folksy *adj.* עֲמָמִי
folkways *n.pl.* מָסוֹרֶת עֲמָמִית
follicle *n.* (בבוטאניקה) שַׂקִּיק
follow *v.* בָּא אַחֲרֵי; עָקַב אַחֲרֵי, הָלַךְ אַחֲרֵי
follow-up *adj., n.* מַמְרִיץ; מַעֲקָב
follower *n.* חָסִיד, עוֹקֵב; מְחַזֵּר
following *adj.* הַבָּא; שֶׁלְּהַלָּן

following *n.* הַבָּאִים; קְהַל מַעֲרִיצִים
folly *n.* טִיפְּשׁוּת, רַעְיוֹן־רוּחַ; שַׁעֲשׁוּעַ
foment *v.* טִיפֵּחַ; הֵסִית, לִיבָּה, חִרְחֵר
fond *adj.* מְחַבֵּב, אוֹהֵב
fondle *v.* לִיטֵף, גִּיפֵּף
fondness *n.* חִיבָּה, הִתְחַבְּבוּת
font *n.* כִּיּוֹר לִטְבִילָה (בכנסייה)
food *n.* אוֹכֶל, מָזוֹן
food chopper *n.* מַקְצֵף
food grinder *n.* מַטְחֵנָה
food pyramid *n.* סִיר מַעֲלוֹת
food store *n.* חֲנוּת־מַכּוֹלֶת
foodstuff *n.* מִצְרַךְ מָזוֹן
fool *n.* טִיפֵּשׁ; בַּדְחָן
fool *v.* שִׁיטָּה בּ; חָמַד לָצוֹן
foolery *n.* טִפְּשׁוּת
foolhardy *adj.* פַּחַז, נִמְהָר
fooling *n.* הִשְׁתַּטּוּת, 'מְתִיחָה'
foolish *adj.* שְׁטוּתִי; מַצְחִיק
foolproof *adj.* בָּטוּחַ, לֹא מְסוּכָּן
foolscap, fool's cap *n.* גּוֹדֶל מָלֵא (פוליו); כּוֹבַע לֵיצָן
fool's errand *n.* שְׁלִיחוּת סְרָק
foot *n.* רֶגֶל; כַּף רֶגֶל; תַּחְתִּית; מַרְגְּלוֹת (הר)
foot *v.* רָקַד; הֵנִיעַ רַגְלוֹ לְקֶצֶב; סִילֵּק (חשבון)
football *n.* כַּדּוּרֶגֶל, כַּדּוּר־רֶגֶל
footboard *n.* הֲדוֹם, כֶּבֶשׁ
footbridge *n.* גֶּשֶׁר לְהוֹלְכֵי־רֶגֶל
footfall *n.* קוֹל צְעָדָה
foothill *n.* רַגְלֵי הַר
foothold *n.* מִתְמַךְ רֶגֶל
footing *n.* דְּרִיסַת־רֶגֶל, אֲחִיזָה
footlights *n.pl.* אוֹרוֹת הַבָּמָה, מִקְצוֹעַ הַשַּׂחְקָן
footloose *adj.* מְהַלֵּךְ חוֹפְשִׁי
footman *n.* מְשָׁרֵת בְּמַדִּים
footnote *n.* הֶעָרָה (בתחתית העמוד)
footpath *n.* שְׁבִיל לְהוֹלְכֵי רֶגֶל
footprint *n.* עִקְבָה, טְבִיעַת רֶגֶל
footrace *n.* תַּחֲרוּת רִיצָה, מֵרוֹץ
footrest *n.* מִשְׁעֶנֶת לְרַגְלַיִים
footsoldier *n.* חַיָּיל רַגְלִי
footsore *adj.* שֶׁרַגְלָיו כּוֹאֲבוֹת
footstep *n.* צַעַד, פְּסִיעָה; עִקְבָה
footstool *n.* הֲדוֹם
footwear *n.* דִּבְרֵי הַנְעָלָה
footwork *n.* הָרַגְלַיִים (באגרוף), אוֹפֶן תִּמְרוּן
footworn *adj.* עָיֵיף בְּרַגְלָיו
fop *n.* גַּנְדְּרָן
for *prep., conj.* ל, כְּדֵי ל; לְטוֹבַת; תְּמוּרַת; בְּמֶשֶׁךְ; בּ
forage *n.* מִסְפּוֹא
forage *v.* בִּיקֵּשׁ אַסְפָּקָה; לָקַח צֵידָה
forasmuch as *conj.* הוֹאִיל וְ, לְאוֹר הָעוּבְדָה שֶׁ
foray *n.* פְּשִׁיטָה
foray *v.* פָּשַׁט עַל, בָּזַז
forbear *v.* וִיתֵּר, נִמְנַע, הִתְאַפֵּק
forbear *n.* אָב קַדְמוֹן
forbearance *n.* הַבְלָגָה, הִתְאַפְּקוּת; וִיתּוּר
forbid *v.* אָסַר
forbidden *adj.* אָסוּר
force *n.* כּוֹחַ, עוֹצְמָה
force *v.* הִכְרִיחַ, כָּפָה
forced *adj.* כָּפוּי, מְאוּלָץ
forced landing *n.* נְחִיתַת אוֹנֶס
forceful *adj.* רַב־עוֹצְמָה, תַּקִּיף
forceps *n.* מִצְבָּטַיִים

forcible *adj.* רַב־עוֹצְמָה, תַּקִּיף, מְשַׁכְנֵעַ

ford *n.* מַעְבּוֹרֶת (של נהר)

ford *v.* עָבַר בְּמַעְבּוֹרֶת

fore *n.* חֵלֶק קִדְמִי

fore *adj., adv.* רִאשׁוֹן, לְפָנִים; קִדְמִי

fore, *interj.* (בגולף) הִיזָּהֲרוּ!

fore-and-aft *adj., adv.* מֵחַרְטוֹם הַסְּפִינָה עַד יַרְכְתֶיהָ

forearm *n.* אַמַּת־הַיָּד (בין המרפק לשורש כף היד)

forearm *v.* חִימֵּשׁ מֵרֹאשׁ

forebode *v.* חָשׁ מֵרֹאשׁ, חָשַׁשׁ מֵרֹאשׁ; בִּישֵּׂר רָע

foreboding *n.* הַרְגָּשָׁה מְבַשֶּׂרֶת רָע

forecast *n.* תַּחֲזִית; חִיזּוּי

forecastle, fo'c's'le *n.* סִיפּוּן קִדְמִי

foreclose *v.* חִילֵּט, עִיקֵּל; מָנַע

foredoomed *adj.* נֶחֱרַץ מֵרֹאשׁ

forefather *n.* אָב קַדְמוֹן

forefinger *n.* אֶצְבַּע, הָאֶצְבַּע הַמַּרְאָה

forefront *n.* הַחֵלֶק הַקִּדְמִי

forego *v.* וִיתֵּר עַל; הִקְדִּים, קָדַם

foregoing *adj.* שֶׁלְּעֵיל, הַנַּ"ל

foregone *adj.* יָדוּעַ מֵרֹאשׁ

foreground *n.* מַרְאֶה קָרוֹב (בתמונה), קִדְמָה

forehanded *adj.* (בטניס) שֶׁל הַכָּאָה כַּפִּית; זָהִיר; בַּעַל חִיסָּכוֹן מַסְפִּיק

forehead *n.* מֵצַח

foreign *adj.* מֵאֶרֶץ זָרָה, זָר, נוֹכְרִי

foreign affairs *n.pl.* עִנְיְינֵי חוּץ

foreign born *adj., n.* יְלִיד חוּץ לָאָרֶץ

foreign exchange *n.* מַטְבֵּעַ חוּץ

foreign minister *n.* שַׂר הַחוּץ

foreign trade *n.* סְחַר חוּץ

foreigner *n.* זָר, יְלִיד אֶרֶץ זָרָה

foreleg *n.* רֶגֶל קִדְמִית (של בע"ח)

forelock *n.* תַּלְתַּל עַל מֵצַח

foreman *n.* מְנַהֵל עֲבוֹדָה; רֹאשׁ חֶבֶר הַמּוּשְׁבָּעִים

foremost *adj.* רָאשִׁי, רִאשׁוֹן, חָשׁוּב בְּיוֹתֵר

forenoon *n.* שָׁעוֹת שֶׁלִּפְנֵי הַצָּהֳרַיִים

forensic *adj.* מִשְׁפָּטִי, שֶׁל בֵּית הַמִּשְׁפָּט

forepart *n.* חֵלֶק קִדְמִי (או קודם)

forepaw *n.* רֶגֶל קִדְמִית (של בע"ח)

forequarter *n.* (בחיתוך בשר) חֵלֶק קִדְמִי

forerunner *n.* מְבַשֵּׂר (סימן או אדם); קוֹדֵם

foresee *v.* צָפָה מֵרֹאשׁ

foreseeable *adj.* צָפוּי מֵרֹאשׁ

foreshadow *v.* הָיָה סִימָן לַבָּאוֹת

foreshorten *v.* צִמְצֵם, קִיצֵּר קַוִּוים

foresight *n.* רְאִיַּת הַנּוֹלָד

foresighted *adj.* רוֹאֶה אֶת הַנּוֹלָד

foreskin *n.* עָרְלָה, עוֹרְלָה

forest *n.* יַעַר

forest *v.* יִיעֵר

forest ranger *n.* שׁוֹמֵר יַעַר

forestall *v.* הִקְדִּים; מָנַע

forestry *n.* יַעֲרָנוּת; יִיעוּר

foretaste *n.* טְעִימָה קוֹדֶמֶת, הִתְנַסּוּת קוֹדֶמֶת

foretell *v.* הִגִּיד מֵרֹאשׁ, נִיבֵּא

forethought *n.* מַחְשָׁבָה מֵרֹאשׁ

forever *adv.* לְעוֹלָם, לָנֶצַח

forewarn *v.* הִזְהִיר, הִתְרָה

foreword *n.* הַקְדָּמָה, מָבוֹא

foreyard *n.* סָמוּךְ הַתּוֹרֶן הַקִּדְמִי

forfeit *n.* עוֹנֶשׁ, קְנָס; אִיבּוּד

forfeit *v.* הִפְסִיד, אִיבֵּד
forfeit *adj.* מוּפְסָד
forfeiture *n.* הֶפְסֵד, אִיבּוּד; קְנָס
forgather *v.* הִתְאַסֵּף, הִתְכַּנֵּס
forge *n.* כּוּר, מַפָּחָה
forge *v.* זִיֵּיף; חִישֵׁל; יָצַר, עִיצֵּב
forgery *n.* (מַעֲשֵׂה) זִיוּף
forget *v.* שָׁכַח
forgetful *adj.* שַׁכְחָן
forgetfulness *n.* שִׁכְחָה, שַׁכְחָנוּת
forget-me-not *n.* (פרח) זְכָרִינִי זִכְרִייָה
forgivable *adj.* נִסְלָח, סָלִיחַ
forgive *v.* סָלַח, מָחַל
forgiveness *n.* סְלִיחָה, סַלְחָנוּת
forgiving *adj.* סַלְחָנִי
forgo, forego *v.* וִיתֵּר, נִמְנַע; הִקְדִּים
fork *n.* מַזְלֵג; קִילְשׁוֹן; הִסְתַּעֲפוּת (דרכים)
fork *v.* הֶעֱלָה בְּמַזְלֵג; הִסְתָּעֵף
forked *adj.* מְמוּזְלָג, דְּמוּי מַזְלֵג
forlorn *adj.* עָזוּב, מוּזְנָח; מְיוּאָשׁ
form *n.* צוּרָה, תַּבְנִית, טוֹפֶס
form *v.* עִיצֵּב; לָבַשׁ צוּרָה
formal *adj.* רִשְׁמִי, פוֹרְמָלִי
formal attire *n.* לְבוּשׁ רִשְׁמִי
formal call *n.* בִּיקּוּר נִימּוּסִים
formality *n.* רִשְׁמִיּוּת, פוֹרְמָלִיּוּת, גִינּוּנֵי נִימּוּס
formalize *v.* נָהַג בְּפוֹרְמָלִיּוּת; עִיצֵּב
format *n.* תַּבְנִית (של ספר)
formation *n.* עִצּוּב; יְצִירָה; הִתְהַוּוּת; מִבְנֶה; חֲטִיבָה
formative *adj.* מְעַצֵּב, יוֹצֵר, הִתְפַּתְּחוּתִי
former *adj.* קוֹדֵם; לְשֶׁעָבַר
formerly *adv.* קוֹדֶם, לְפָנִים
formidable *adj.* נוֹרָא, מַחֲרִיד; אַדִּיר
formless *adj.* חֲסַר צוּרָה, הִיוּלִי
formula *n.* נוּסְחָה
formulate *v.* נִיסֵּחַ
fornicate *v.* בָּעַל, נָאַף, זָנָה; זִיֵּין
fornication *n.* נִיאוּף, בְּעִילָה (פעולת הזדווגות בין איש ואישה שאינם נשואים זה לזה)
forsake *v.* נָטַשׁ, עָזַב; וִיתֵּר עַל
forswear *v.* הֵזֵם, כָּפַר בִּשְׁבוּעָה
fort *n.* מִבְצָר, מְצוּדָה
forte *n.* כּוֹחַ, נְקוּדָה חֲזָקָה
forte *adv.* (במוסיקה) בְּקוֹל רָם וְחָזָק
forth *adv., prep.* לְפָנִים; הָלְאָה
forthcoming *adj.* הַבָּא
forthright *adj., adv.* יָשָׁר; הֶחְלֵטִי
forthwith *adv.* מִיָּד
fortieth *adj., n.* הָאַרְבָּעִים
fortification *n.* בִּיצּוּר; מִבְצָר
fortify *v.* בִּיצֵּר, חִיזֵּק
fortissimo *adv.* בַּחֲוֹזְקָה, פוֹרְטִיסִימוֹ
fortitude *n.* גְּבוּרָה, עוֹז־רוּחַ
fortnight *n.* שְׁבוּעַיִים, 14 יום
fortress *n.* מְצוּדָה, מִבְצָר
fortuitous *adj.* מִקְרִי, שֶׁבְּמִקְרֶה
fortunate *adj.* בַּר־מַזָּל
fortune *n.* מַזָּל; הוֹן
fortune-hunter *n.* צַיַּיד עוֹשֶׁר
fortune-teller *n.* מַגִּיד עֲתִידוֹת
forty *adj., n.* אַרְבָּעִים
forum *n.* פוֹרוּם, מִפְגָּשׁ (לדיון)
forward *v.* הֶעֱבִיר הָלְאָה
forward *adj.* מִתְפַּתֵּחַ, מִתְקַדֵּם
forward(s) *adv.* לְפָנִים, קָדִימָה
forward *n.* חָלוּץ (בכדורגל וכד')
fossil *n.* מְאוּבָּן

foster *v.* סִייֵּעַ, קִידֵּם; אִימֵּץ
foster brother *n.* אָח מְאוּמָּץ
foster child *n.* יֶלֶד מְאוּמָּץ
foster father *n.* אוֹמֵן, אָב מְאַמֵּץ
foster home *n.* מִשְׁפָּחָה אוֹמֶנֶת
foul *adj.* מְגוּנֶּה; מָאוּס; מְזוּהָם
foul *n.* עֲבֵירָה עַל כְּלָלֵי הַמִּשְׂחָק
foul *v.* לִכְלֵךְ; הֵפֵר; הִסְתַּבֵּךְ, הִתְנַגֵּשׁ
foulmouthed *adj.* מְנַבֵּל פֶּה, גַּס
found *v.* בִּיסֵּס, יִיסֵּד
foundation *n.* קֶרֶן יְסוֹד; מוֹסָד
foundry *n.* בֵּית יְצִיקָה
foundryman *n.* עוֹבֵד מַתֶּכֶת
fount *n.* מַעְייָן; מַעֲרֶכֶת אוֹתִיּוֹת דְּפוּס
fountain *n.* מַעְייָן; מִזְרָקָה; מָקוֹר
fountain-pen *n.* עֵט נוֹבֵעַ
fountainhead *n.* מָקוֹר (של נחל)
four *n.* אַרְבָּעָה, אַרְבַּע
four-flush *v.* רִימָּה, הֶעֱמִיד פָּנִים
four-leaf clover *n.* תִּלְתָּן־אַרְבַּעַת־הֶעָלִים
four-letter word *n.* מִלַּת־אַרְבַּע־הָאוֹתִיּוֹת (מלת הבעילה באנגלית (fuck
four-o'clock *n.* שָׁעָה אַרְבַּע
four-way *adj.* שֶׁל אַרְבָּעָה כִּיווּנִים
fourscore *n.* שְׁמוֹנִים
foursome *n.* תַּחֲרוּת אַרְבָּעָה (שני זוגות)
fourteen *adj., n.* אַרְבָּעָה־עָשָׂר, אַרְבַּע־עֶשְׂרֵה
fourteenth *adj., n.* הָאַרְבָּעָה־עָשָׂר; הַחֵלֶק הָאַרְבָּעָה־עָשָׂר 1/14
fourth *adj.* רְבִיעִי(ת); רֶבַע, 1/4
fourth estate *n.* הַמַּעֲצָמָה הָרְבִיעִית (העיתונות)
fowl *n.* עוֹף, בְּשַׂר עוֹף
fowl *v.* צָד עוֹף
fox *n.* שׁוּעָל
fox *v.* הֶעֱרִים עַל
fox-terrier *n.* שַׁפְלָן (כלב נמוך)
foxhole *n.* שׁוּחָה
foxhound *n.* כֶּלֶב־צַיִד (לשועלים)
foxtrot *n.* פוֹקְסְטְרוֹט (ריקוד)
foxy *adj.* עַרְמוּמִי, דּוֹמֶה לְשׁוּעָל
foyer *n.* אוּלָם כְּנִיסָה
fracas *n.* מְהוּמָה, קְטָטָה
fraction *n.* שַׁבְרִיר; חֲלַקִיק; שֶׁבֶר במתמט'
fractional *adj.* חֶלְקִי, שֶׁל שֶׁבֶר; פָּעוּט
fractious *adj.* רוֹגְזָנִי, זָעֵף
fracture *n.* שֶׁבֶר, שְׁבִירָה
fracture *v.* שָׁבַר; סָבַל מִשְׁבָּר; נִשְׁבַּר
fragile *adj.* שָׁבִיר, שַׁבְרִירִי
fragment *n.* חֵלֶק; רְסִיס
fragmentary *adj.* מְקוּטָּע
fragrance *n.* בּוֹשֶׂם, נִיחוֹחַ
fragrant *adj.* רֵיחָנִי, נָעִים
frail *adj.* חָלוּשׁ, רָפֶה, שָׁבִיר, חוֹלָנִי
frail *n.* סַל נְצָרִים
frame *n.* מִסְגֶּרֶת; מִבְנֶה; שֶׁלֶד, גּוּף
frame *v.* הִרְכִּיב, מִסְגֵּר; הִתְאִים; נִיסַּח; (דיבורית) בִּיֵּים; הִתְפַּתַּח
frame of mind *n.* הֲלָךְ רוּחַ, מַצַּב־רוּחַ
frame-up *n.* עֲלִילַת שָׁוְא, אַשְׁמָה מְבוּיֶּמֶת
framework *n.* מִבְנֶה; שֶׁלֶד; מִסְגֶּרֶת
franc *n.* פְּרַנְק (יחידת מטבע)
France *n.* צָרְפַת
franchise *n.* זְכוּת הַצְבָּעָה (בבחירות); זִיכָּיוֹן
franchising *n.* שִׁיטַת הַזִּכְיָינוּת (לעסקים כגון שרשרת חנויות או מסעדות)

frank *adj.* גְלוּי־לֵב, כֵּן
frank *n.* חוֹתֶמֶת רִשְׁמִית (הפוטרת מבול)
frankfurter *n.* נַקְנִיקִיָּה (חריפה)
frankincense *n.* לְבוֹנָה
frankness *n.* גִילוּי־לֵב, כֵּנוּת
frantic *adj.* מִשְׁתּוֹלֵל, יוֹצֵא מִדַּעְתּוֹ; נוֹאָשׁ
frappe *n., adj.* מִקְפָּא פֵּירוֹת (כמתאבן); חָלָב מוּקְצָף (עם גלידה)
fraternal *adj.* אַחְוָתִי; שֶׁל מִסְדָר
fraternity *n.* אֲגוּדַּת סְטוּדֶנְטִים; אֲגוּדַּת אַחְוָה
fraternize *v.* הִתְיַידֵּד
fraud *n.* מִרְמָה; זִיוּף; רַמַּאי
fraudulent *adj.* שֶׁהוּשַּׂג בְּמִרְמָה
fraught *adj.* כָּרוּךְ (בסכנה וכד׳)
fray *n.* תִּגְרָה, הִתְכַּתְּשׁוּת
fray *v.* שִׁיחֵק; הִשְׁתַּחֵק (בגד וכד׳)
frazzle *n.* בְּלִייָה, אֲפִיסַת כּוֹחוֹת
freak *adj., n.* (דבר או אדם) חָרִיג
freak *v.* נִיקֵּד, נִימֵּר
freakish *adj.* מְשׁוּנֶּה
freckle *n.* נֶמֶשׁ
freckle *v.* כִּיסָּא אוֹ הִתְכַּסָּה בִּנְמָשִׁים
free *adj.* מְשׁוּחְרָר, חוֹפְשִׁי; עַצְמָאִי; נָבוּי; בְּלִי כֶּסֶף
free *adv.* חוֹפְשִׁית; חִינָּם
free *v.* שִׁחְרֵר; גָּאַל
free-born *adj.* בֶּן־חוֹרִין; כָּרָאוּי לְבֶן־חוֹרִין
free enterprise *n.* יוֹזְמָה חוֹפְשִׁית
free fight *n.* הִתְכַּתְּשׁוּת כְּלָלִית
free-for-all *n., adj.* תַּחֲרוּת לַכּוֹל
free hand *n.* יָד חוֹפְשִׁית
free of charge *adj.* חִינָּם
free-on-board (f.o.b.) חוֹפְשִׁי (מדמי הובלה) עַל הָאוֹנִיָּה, פו״ב
free ride *n.* הַסָּעַת חִינָּם
free-spoken *adj.* שֶׁבְּגִילּוּי־לֵב
free trade *n.* סַחַר חוֹפְשִׁי
free trader *n.* דוֹגֵל בְּסַחַר חוֹפְשִׁי
free-will *adj.* שֶׁבְּרָצוֹן חוֹפְשִׁי
freebooter *n.* שׁוֹדֵד־יָם
freedom *n.* חוֹפֶשׁ, חֵירוּת; עַצְמָאוּת
freedom of speech *n.* חוֹפֶשׁ הַדִּיבּוּר
freedom of the press *n.* חוֹפֶשׁ הָעִיתּוֹנוּת
freedom of the seas *n.* חוֹפֶשׁ הַשַּׁיִט
freedom of worship *n.* חוֹפֶשׁ הַפּוּלְחָן
freehold *n.* זְכוּת חֲכִירָה לִצְמִיתוּת
freelance *n.* (סופר) עִיתּוֹנַאי חוֹפְשִׁי; חַיָּיל שָׂכִיר
freelance *v.* עָבַד כְּעִיתּוֹנַאי חוֹפְשִׁי
freeman *n.* בֶּן־חוֹרִין; אֶזְרָח
freestone *n.* אֶבֶן־חוֹל (רכה); פְּרִי (בעל גַרעין לא צמוד לציפה)
freethinker *n.* חוֹפְשִׁי בְּדֵעוֹתָיו
freeway *n.* כְּבִישׁ לְלֹא אַגְרָה, כְּבִישׁ מָהִיר (ללא צמתים ורמזורים)
freewill *n.* בְּחִירָה חוֹפְשִׁית
freeze *v.* נִקְפָּא, הִגְלִיד; קָפָא
freeze *n.* הִיקָּפְאוּת, קִיפָּאוֹן
freezer *n.* מַקְפִּיא; תָּא־הַקְפָּאָה
freight *n.* מִטְעָן, מַשָּׂא; הוֹבָלָה
freight *v.* הִטְעִין, טָעַן סְחוֹרָה; שָׁלַח (מטען)
freight car *n.* קְרוֹן־מִטְעָן
freight train *n.* רַכֶּבֶת מַשָּׂא
freighter *n.* חוֹכֵר אוֹנִיַּית־מַשָּׂא
French *adj., n.* צָרְפָתִי; צָרְפָתִית (השפה)
French-doors *n.pl.* דֶּלֶת דוּ־אֲגַפִּית
French-dressing *n.* רוֹטֶב צָרְפָתִי

French fried potatoes *n.pl.* טוּגָנִים, צ'יפְּס
French horn *n.* קֶרֶן צָרְפָתִית
French window *n.* חַלּוֹן־דֶלֶת
frenetic *adj.* יוֹצֵא מִכֵּלָיו, מִשְׁתַּגֵּעַ
frenzied *adj.* מִשְׁתּוֹלֵל
frenzy *n.* הִשְׁתּוֹלְלוּת, טֵירוּף
frequency, frequence *n.* תְּדִירוּת, תְּכִיפוּת, שְׁכִיחוּת
frequency modulation *n.* אִפְנוּן תֶּדֶר
frequent *adj.* תָּכוּף, תָּדִיר
frequent *v.* בִּיקֵּר תְּכוּפוֹת
fequently *adv.* לְעִתִּים קְרוֹבוֹת
fresco *v.* צִייֵּר פְרֶסְקוֹ (בעוד הטיח לַח)
fresco *n.* פְרֶסְקוֹ (ציורים על קירות)
fresh *adj.* חָדָשׁ; רַעֲנָן; טָרִי; חוּצְפָּנִי
fresh water *n.* מַיִם חַיִּים
freshen *v.* הֶחֱיָה, רִעֲנֵן; חִיזֵּק הִתְרַעֲנֵן; הִתְחַזֵּק
freshet *n.* שֶׁפֶךְ נָהָר
freshman *n.* טִירוֹן (שנה ראשונה באוניברסיטה)
freshness *n.* טְרִיּוּת, רַעֲנַנּוּת
fret *v.* כִּרְסֵם, אִיכֵּל; הִדְאִיג; דָּאַג; נֶאֱכַל
fret *n.* עַצְבָּנוּת, רוֹגֶז, כַּעַס; הֵיאָכְלוּת
fretful *adj.* רַגְזָן, עַצְבָּנִי
friar *n.* נָזִיר (במנזר דתי)
friary *n.* מִנְזָר
fricassee *n.* פְּרִקָּסֶת (בשר או עוף מבושל)
friction *n.* שִׁפְשׁוּף; חִיכּוּךְ
Friday *n.* יוֹם הַשִּׁשִּׁי
fried *adj.* מְטוּגָּן
fried egg *n.* בֵּיצִיָּיה, בֵּיצַת 'עַיִן'
friend *n.* יָדִיד, חָבֵר, יְדִידָה, חֲבֵרָה
friendly *adj., adv.* חֲבֵרִי, יְדִידוּתִי; בְּצוּרָה יְדִידוּתִית
friendship *n.* יְדִידוּת
frieze *n.* אַפְרִיז, צָפִית (קישוט על קיר)
frigate *n.* פְרִיגָטָה (אוניית קרב)
fright *n.* פַּחַד גָּדוֹל, חֲרָדָה
frighten *v.* הִפְחִיד
frightful *adj.* מַפְחִיד; אָיוֹם, נוֹרָא
frightfulness *n.* אֵימָה
frigid *adj.* קַר, קָרִיר (ביחסו), צוֹנֵן (במגע מיני)
frigidity *n.* קוֹר; יַחַס צוֹנֵן (במגע מיני)
frill *n.* פִּיף, צִיצָה; קְווּצַת שֵׂעָר
frill *v.* קִישֵּׁט; חִיבֵּר צִיצָה
fringe *n.* צִיצִית; פֵּאָה, שָׂפָה
fringe *v.* קִישֵּׁט, עִיטֵּר
fringe benefits *n.pl.* הֲטָבוֹת (בנוסף לשכר)
frippery *n.* עֲדָיִים חַסְרֵי טַעַם
frisk *v.* דִּילֵּג, פִּיזֵּז; (המונית) חִיפֵּשׂ נֶשֶׁק (בגוף מישהו)
frisk *n.* דִּילּוּג, רִיקּוּד
frisky *adj.* מְקַפֵּץ בְּשִׂמְחָה וּבְעַלִּיזוּת
fritter *v.* בִּזְבֵּז
fritter *n.* טִגְנִית
frivolous *adj.* לֹא רְצִינִי, קַל־רֹאשׁ
friz(z) *v.* סִלְסֵל שֵׂעָר
friz(z) *n.* סִלְסוּל
frizzle *v.* הִשְׁמִיעַ אִוושַׁת טִיגּוּן; פּוֹרֵר בְּטִיגּוּן
frizzle *n.* תַּלְתַּל
frizzly, frizzy *adj.* מְסוּלְסָל בְּסִלְסוּלִים קְטַנִּים
fro *adv.* מִן, חֲזָרָה
frock *n.* שִׂמְלָה; גְּלִימָה
frog *n.* צְפַרְדֵּעַ

frogman *n.* צוֹלֵל, אִישׁ־צְפַרְדֵּעַ
frolic *n.* מְשׁוּבָה
frolic *v.* הִתְהוֹלֵל, הִשְׁתּוֹבֵב
from *prep.* מִן, מֵאֵת
front *n.* פָּנִים; חֲזִית; חָזוּת
front *adj.* קִדְמִי; חֲזִיתִי
front *v.* הִתְמוֹדֵד, עָמַד מוּל; הֵעֵז פָּנִים
frontage *n.* אוֹרֶךְ הַחֲזִית
front drive *n.* הֲנָעָה קִדְמִית
frontier *n.* גְּבוּל, סְפָר
front line *n.* קַו־הַחֲזִית
front-page *adj.* (ידיעה) בַּעֲלַת חֲשִׁיבוּת
frost *v.* כִּיסָּה בִּכְפוֹר
frost *n.* קָרָה, כְּפוֹר; כִּישָּׁלוֹן
frostbitten *adj.* נִפְגַּע קוֹר
frosting *n.* צִיפּוּי (לעוּגה), צִיפּוּי דְּמוּי כְּפוֹר
frosty *adj.* קַר מְאוֹד, כְּפוֹרִי
froth *n.* קֶצֶף, קוֹפִי (קֶצֶף בתבשיל)
froth *v.* הִקְצִיף, הִרְגִּיז
frothy *adj.* מַעֲלֶה קֶצֶף; נָבוּב (לגבּי דיבּוּר)
froward *adj.* מַמְרֶה, סָרְבָן
frown *n.* מַבָּט כּוֹעֵס
frown *v.* כָּעַס, הֶעִיב פָּנִים
frozen foods *n.pl.* מָזוֹן מוּקְפָּא
fructify *v.* עָשָׂה פְּרִי; הִפְרָה
frugal *adj.* חַסְכָנִי; זוֹל
fruit *n.* פְּרִי, תּוֹצָאָה
fruit-fly *n.* זְבוּב הַפֵּירוֹת
fruit juice *n.* מִיץ פֵּירוֹת
fruit of the vine *n.* פְּרִי הַגֶּפֶן
fruit salad *n.* סָלָט פֵּירוֹת
fruit stand *n.* דּוּכַן פֵּירוֹת
fruitful *adj.* נוֹשֵׂא פֵּירוֹת; פּוֹרֶה
fruition *n.* הַגְשָׁמָה; תּוֹצָאוֹת; הֲנָאָה
fruitless *adj.* שֶׁל סְרָק, לֹא מֵנִיב, עָקָר
frumpish *adj.* מְרוּשֶּׁלֶת (בּלבוּשה)
frustrate *v.* תִּסְכֵּל; סִיכֵּל, מָנַע, שָׂם לְאַל
fry *v.* טִיגֵּן; הִיטַּגֵּן
fry *n.* תַּבְשִׁיל מְטוּגָּן
fryingpan *n.* מַחֲבַת
fuddle *v.* בִּלְבֵּל; טִמְטֵם
fuddy-duddy *n.* קַשְׁקְשָׁן, תֶּרַח זָקֵן
fudge *n.* סוּכָּרִיָּה; שְׁטוּיוֹת
fuel *n.* דֶּלֶק; חוֹמֶר מַלְבֵּה
fuel *v.* סִיפֵּק דֶּלֶק; תִּדְלֵק, לָקַח דֶּלֶק
fuel oil *n.* נֵפְט, סוֹלָר
fugitive *adj., n.* פָּלִיט, בּוֹרֵחַ, נִמְלָט; חוֹלֵף, בֶּן־יוֹמוֹ
fugue *n.* פוּגָה (צוּרת שירה רב־קוֹלית)
fulcrum *n.* נְקוּדַּת מִשְׁעָן (לְמָנוֹף)
fulfil *v.* הִגְשִׁים; בִּיצַּע; מִילֵּא, קִיֵּם
fulfilment *n.* הַגְשָׁמָה, בִּיצּוּעַ; קִיּוּם
full *adj.* מָלֵא, גָּדוּשׁ, שָׂבֵעַ
full *adv.* מְאוֹד; יָשָׁר, הַיְישֵׁר
fullblooded *adj.* עַז רֶגֶשׁ, חוּשָׁנִי; טְהוֹר גֶּזַע
full-blown *adj.* שֶׁבִּמְלוֹא הִתְפַּתְּחוּתוֹ
full-bodied *adj.* חָסוֹן; מְגוּשָּׁם; בִּמְלוֹא הַחֲרִיפוּת
full-dress *adj.* בִּלְבוּשׁ טִקְסִי
faced *adj.* עֲגוֹל פָּנִים; מִסְתַּכֵּל הַיְישֵׁר
full-fledged *adj.* בָּשֵׁל (לעוֹף); מְפוּתָּח, מוּשְׁלָם
full-grown *adj.* מְפוּתָּח, מְבוּגָּר
full house *n.* אוּלָם מָלֵא
full-length *adj.* (סיפּוּר אוֹ סרט) שָׁלֵם, לֹא מְקוּצָּץ

full-length mirror *n.* רְאִי בְּקוֹמַת אָדָם
fullness *n.* שֶׁפַע, גוֹדֶשׁ; שְׁלֵמוּת
full-scale *adj.* בִּמְלוֹא הַהֶיקֵּף, שָׁלֵם
full-sized *adv.* בְּגוֹדֶל טִבְעִי
fullspeed *adv.* בִּמְהִירוּת מְרַבִּית
full stop *n.* נְקוּדָּה
fully *adv.* בִּשְׁלֵמוּת, בִּמְלוֹאוֹ
fulsome *adj.* מוּגְזָם וּמִתְחַנֵּף
fumble *v.* גִּישֵּׁשׁ בִּכְבֵדוּת, נִכְשַׁל
fume *n.* עָשָׁן; אֵד (חריף)
fume *v.* הֶעֱלָה עָשָׁן אוֹ אֵד; הִתְרַתֵּחַ
fumigate *v.* חִיטֵּא
fumigation *n.* חִיטּוּי
fun *n.* שַׁעֲשׁוּעַ, 'כֵּיף', בִּידּוּחַ; הֲנָאָה, צְחוֹק
function *n.* תַּפְקִיד, פְּעוּלָּה טִבְעִית
function *v.* תִּפְקֵד; בִּיצַּע עֲבוֹדָה, פָּעַל
functional *adj.* תִּפְקוּדִי; שִׁימּוּשִׁי
functionary *n.* פָּקִיד, נוֹשֵׂא מִשְׂרָה
fund *n.* קֶרֶן, הוֹן, אוֹצָר; מְלַאי
fund *v.* הִקְצִיב לְתַשְׁלוּם חוֹב; הִשְׁקִיעַ
fundamental *n.* יְסוֹד, עִיקָּר
fundamental *adj.* יְסוֹדִי, בְּסִיסִי
funeral *n.* הַלְוָויָה
funeral director *n.* מְנַהֵל טֶקֶס הַהַלְוָויָה
funeral oration *n.* הֶסְפֵּד
funereal *adj.* שֶׁל הַלְוָויָה, קוֹדֵר
fungous *adj.* פִּטְרִיָּיתִי
fungus *n.* פִּטְרִיָּיה; גִּידּוּל פִּטְרִיָּיתִי
funicular *adj., n.* שֶׁל חֶבֶל, שֶׁל כֶּבֶל; רַכֶּבֶל
funk *v.* פָּחַד; נִפְחַד
funk *n.* מוֹרֶךְ־לֵב, פַּחַד, פַּחְדָן
funnel *n.* מַשְׁפֵּךְ
funnel *v.* שָׁפַךְ בְּמַשְׁפֵּךְ, רִיכֵּז
funnies *n.pl.* צִיּוּרֵי שַׁעֲשׁוּעִים
funny *adj.* מַצְחִיק, מְגוּחָךְ; מוּזָר, מְשׁוּנֶּה
funny bone *n.* עֶצֶם הַמַּרְפֵּק
funny business *n.* עִנְיָין מוּזָר, עֵסֶק מְפוּקְפָּק
fur *n.* פַּרְוָוה
furbish *v.* מֵירֵק, צִחְצֵחַ
furious *adj.* זוֹעֵם, קוֹצֵף, רוֹתֵחַ
furl *v.* קִיפֵּל; הִתְקַפֵּל, נִגְלַל
furlong *n.* (מידת אורך) פֶּרְלוֹנג (200 מ')
furlough *n.* חוּפְשָׁה (בצבא, בשירות דיפלומאטי)
furnace *n.* כִּבְשָׁן, כּוּר
furnish *v.* צִיֵּיד, סִיפֵּק ל; רִיהֵט
furnishing *n.* סִידּוּרִים; רִיהוּט
furniture *n.* רָהִיטִים
furrier *n.* פַּרְוָון
furrow *n.* תֶּלֶם; קֶמֶט
furrow *v.* חָרַשׁ; קִימֵּט
further *adj., adv.* הָלְאָה, יוֹתֵר רָחוֹק; נוֹסָף עַל כָּךְ, וְעוֹד
further *v.* קִידֵּם, עוֹדֵד
furtherance *n.* עִידּוּד, קִידּוּם
furthermore *adv.* יָתֵר עַל כֵּן
furthest *adj., adv.* הָרָחוֹק בְּיוֹתֵר, הַרְחֵק בְּיוֹתֵר
furtive *adj.* חוֹמְקָנִי, מִתְגַּנֵּב
fury *n.* זַעַם; הִשְׁתּוֹלְלוּת כַּעַס
fuse *n.* נָתִיךְ; מַרְעוֹם; פְּתִיל (בפצצה)
fuse *v.* הִתִּיךְ; מִיזֵּג; נִיתַּךְ; מִתְמַזֵּג
fuse box *n.* תֵּיבַת חַשְׁמַל
fuselage *n.* גּוּף הַמָּטוֹס
fusible *adj.* נָתִיךְ, נִיתָּן לְהַתָּכָה (בחום)
fusilade, fusillade *v.* הִתְקִיף בְּמְטַר יְרִיּוֹת

fusilade, fusillade *n.* הַמְטָרַת יְרִיוֹת
fusion *n.* הַתָּכָה, הִיתּוּךְ; מְזִיגָה
fusion bomb *n.* פְּצָצַת אָטוֹם (בייחוד מימן)
fusion point *n.* נְקוּדַת הַהַתָּכָה; נְקוּדַת הַהֲמָסָה
fuss *v.* הִתְרַגֵּשׁ, עָשָׂה עֵסֶק רַב; הִטְרִיד
fuss *n.* הִתְרוֹצְצוּת, רַעַשׁ, הֲמוּלָּה
fussy *adj.* בַּרְרָן (בדברים פעוטים)
fusty *adj.* מְעוּפָּשׁ, מַסְרִיחַ
futile *adj.* עָקָר, חֲסַר תּוֹעֶלֶת, לֹא יוּצְלַח
futility *n.* עֲקָרוּת, חוֹסֶר עֵרֶךְ
future *adj.* עֲתִידִי, הַבָּא
future *n.* עָתִיד
futurist *n.* פוּטוּרִיסְט (דוגל בתפיסה פוטוריסטית באמנות)
fuze *see* **fuse**
fuzz *n.* מוֹךְ, צֶמֶר רַךְ
fuzzily *adv.* בִּמְעוּרְפָּל, בִּמְטוּשְׁטָשׁ
fuzzy *adj.* מְסוּלְסָל, מְכוּסֶּה מוֹךְ; מְעוּרְפָּל

G

gab *n.* פִּטְפּוּט
gab *v.* פִּטְפֵּט
gabardine *n.* אֲרִיג גַּבַּרְדִּין
gabble *n.* פִּטְפּוּט; גִּעְגּוּעַ
gable *n.* גַּמְלוֹן
gable-end *n.* פְּנֵי הַגַּמְלוֹן
gad *v.* שׁוֹטֵט
gad *n.* שׁוֹטְטוּת
gad *interj.* אֱלוֹהִים אַדִּירִים
gadabout *n.* נַוָּד; הוֹלֵךְ רָכִיל
gadfly *n.* זְבוּב הַבְּהֵמוֹת
gadget *n.* מַכְשִׁיר, הֶתְקֵן
gaff *n.* חַכָּה; צִלְצָל
gaff *v.* דָּקַר בְּצִלְצָל
gaffe *n.* פְּלִיטַת פֶּה; דִיבּוּר (אוֹ מעשה) פָּגוּם
gag *n.* מַחְסוֹם פֶּה; בְּדִיחָה
gag *v.* סָתַם פֶּה; (בניתוח) פָּתַח פֶּה
gaga *adj., adv.* טִיפְּשִׁי, מְטוּמְטָם; בְּטִיפְּשׁוּת
gage, gauge *n.* חוֹגָן, מַד; מִידָּה
gage *v.* הֶעֱרִיךְ, שִׁיעֵר
gaiety *n.* עַלִּיזוּת, שִׂמְחָה
gaily *adv.* בְּעַלִּיזוּת
gain *n.* רֶוַוח, הֶישֵּׂג
gain *v.* הִרְוִויחַ; זָכָה; הִשִּׂיג
gainful *adj.* רִווְחִי
gainsay *v.* דִּיבֵּר נֶגֶד, סָתַר
gait *n.* דֶּרֶךְ הִילּוּךְ
gaiter *n.* מוֹק, מַגָּף
gal *n.* (דיבּוּרית) נַעֲרָה
gala *n., adj.* גָּלָה, חֲגִיגָה מְפוֹאֶרֶת

galaxy *n.* גָּלַקְסְיָה (מערכת מיליארדי כוכבים, שאינם נראים בנפרד, כגון 'שביל החלב'); הוֹפָעַת תִּפְאָרָה (של בני אדם מוכשרים, יפיפיות וכד')
gale *n.* סוּפָה
gale of laughter *n.* גַּל צְחוֹק
gall *n.* מָרָה; מְרִירוּת; חוּצְפָּה
gall *v.* הִכְעִיס; חִיכֵּךְ
gallant *adj., n.* אַבִּירִי; הָדוּר
gallantry *n.* אַבִּירוּת, נִימוּס; אוֹמֶץ־לֵב
gall-bladder *n.* מָרָה, כִּיס־הַמָּרָה
galleon *n.* סְפִינַת־מִסְחָר
gallery *n.* מַעֲבָר מְקוֹרֶה; מִסְדְּרוֹן; יָצִיעַ
galley *n.* מִטְבַּח אוֹנִיָּיה
galley-proof *n.* יְרִיעַת הַגָּהָה
gallicism *n.* גַּלִּיצִיזְם (מלה או נִיב שאולים מצרפתית)
galling *adj.* מְמָרֵר; מַרְגִּיז
gallivant *v.* שׁוֹטֵט
gallnut *n.* עָפָץ
gallon *n.* גַּלוֹן (4.5 ל' בבריטניה, 3.8 בארה"ב)
gallop *n.* דְּהִירָה
gallop *v.* דָּהַר; הִדְהִיר
gallows *n.pl.* גַּרְדּוֹם
gallows-bird *n.* אָדָם רָאוּי לִתְלִיָּיה
gallstone *n.* אַבְנִית בַּמָּרָה
galore *adv.* לְמַכְבִּיר
galosh *n.* עַרְדָּל
galvanize *v.* גִּלְוֵון; זִעְזַע
galvanized iron *n.* בַּרְזֶל מְגוּלְוָון

gambit *n.* גַמְבִּיט (בשחמט), תִּמְרוּן פְּתִיחָה (הקרבת רגלי להשגת יתרון)
gamble *v.* הִימֵּר; גִמְבֵּל שִׂיחֵק בְּמִשְׂחֲקֵי מַזָּל
gamble *n.* הִימּוּר, גִמְבּוּל; סִפְסוּר
gambler *n.* מְהַמֵּר; סַפְסָר
gambol *v.* נִיתֵּר, דִילֵּג
gambol *n.* דִילּוּג, נִיתּוּר
gambrel *n.* קַרְסוֹל־סוּס, אוּנְקָל
gambrel roof *n.* גַג דְמוּי פַּרְסָה
game *n.* מִשְׂחָק; תַּחֲרוּת; צַיִד
game *v.* שִׂיחֵק מִשְׂחֲקֵי־מַזָּל
game *adj.* אַמִּיץ; מוּכָן לִקְרָב
game-bag *n.* יַלְקוּט צַיָּידִים
game-bird *n.* עוֹף צַיִד
gamecock *n.* תַּרְנְגוֹל־קְרָב
gamekeeper *n.* מְפַקֵּחַ צַיִד
game of chance *n.* מִשְׂחַק מַזָּל
gamut *n.* סוּלַּם הַקּוֹלוֹת; מִכְלוֹל
gamy *adj.* חֲרִיף־טַעַם
gander *n.* אֲוָוז
gang *n.* חֲבוּרָה
gang *v.* הִתְקִיף בַּחֲבוּרָה
gangling *adj.* מוֹאֳרָךְ וְרוֹפֵף
ganglion *n.* חַרְצוֹב, 'מֶרְכַּז עֲצַבִּים'
gangplank *n.* כֶּבֶשׁ אוֹנִיָּיה
gangrene *n.* נֶמֶק, גַנְגְרֶנָה
gangrene *v.* גָרַם לָמַק; נַעֲשָׂה מַק
gangster *n.* אִישׁ כְּנוּפְיָה, גַנְגְסְטֶר
gangway *n.* מַעֲבָר; מִסְדְרוֹן
gaol *n.* כֶּלֶא, מַאֲסָר
gap *n.* פַּעַר, פִּרְצָה
gape *v.* פָּעַר פִּיו; נִבְקַע
gape *n.* פְּעִירַת פֶּה; מַבָּט בְּפֶה פָּעוּר
gapes *n.* פַּהֶקֶת, הַתְקָפַת פִּיהוּק
garage *n.* מוּסָךְ
garage *v.* הִכְנִיס לְמוּסָךְ
garb *n.* לְבוּשׁ, תִּלְבּוֹשֶׁת
garb *v.* הִלְבִּישׁ
garbage *n.* זֶבֶל, אַשְׁפָּה
garbage can *n.* פַּח אַשְׁפָּה
garbage disposal *n.* סִילּוּק אַשְׁפָּה
garble *v.* סֵירֵס, סִילֵּף
garden *n.* גִינָּה, גַן
garden *v.* גִינֵּן, עִיבֵּד גַן
gardener *n.* גַנָּן
gardening *n.* גִינּוּן
garden-party *n.* מְסִיבַּת־גַן
gargantuan *adj.* עֲנָקִי, עָצוּם
gargle *n.* מְגַרְגֵר, שׁוֹטֵף
gargle *v.* גִרְגֵר
gargoyle *n.* זַרְבּוּבִית מְשׁוּנָּה
garish *adj.* רַאַוְותָנִי (בצורה זולה)
garland *n.* זֵר, כֶּתֶר; קִישׁוּט
garland *v.* עִיטֵּר בְּזֵר
garlic *n.* שׁוּם
garment *n.* מַלְבּוּשׁ
garner *n.* מַחְסָן, אוֹסֶם
garner *v.* צָבַר
garnet *n.* אֶבֶן טוֹבָה
garnish *v.* עִיטֵּר
garnish *n.* קִישׁוּט; עִיטּוּר סִפְרוּתִי; (בּבישול) תּוֹסֶפֶת קִישׁוּט
garniture *n.* קִישׁוּט
garret *n.* עֲלִיַּית־גַג
garrison *n.* חֵיל מַצָּב
garrotte *v.* הֵמִית בְּחֶנֶק
garrotte *n.* מִיתַת חֶנֶק
garrulous *adj.* פַּטְפְּטָנִי
garter *n.* בִּירִית
garth *n.* חָצֵר, גִינָּה

gas *n.*	גָּאז
gas *v.*	הָגִיז, סִיפֵּק גָּאז; הִרְעִיל בְּגָאז
gas-burner *n.*	מַבְעֵר גָּאז
gas producer *n.*	כּוּר גָּאז
gas-range *n.*	כִּירַיִים שֶׁל גָּאז
gas-station *n.*	תַּחֲנַת דֶּלֶק
gas-stove *n.*	כִּירַיִים שֶׁל גָּאז
gas-tank *n.*	מֵכַל בֶּנְזִין
gasbag *n.*	מֵכַל גָּאז; פַּטְפְּטָן
gaseous *adj.*	גָּאזִי
gash *n.*	חָתָךְ, פֶּצַע
gash *v.*	חָתַךְ, פָּצַע
gasholder *n.*	מֵכַל גָּאז
gasify *v.*	יָצַר גָּאז
gas-jet *n.*	סִילוֹן גָּאז
gasket *n.*	אֶטֶם
gaslight *n.*	אוֹר גָּאז
gasoline, gasolene *n.*	גָּאזוֹלִין, בֶּנְזִין
gasoline pump *n.*	מַשְׁאֵבַת בֶּנְזִין
gasp *v.*	הִתְאַמֵּץ לִנְשׁוֹם;
	דִּיבֵּר בְּכוֹבֶד נְשִׁימָה
gasp *n.*	נְשִׁימָה בִּכְבֵדוּת
gastric *adj.*	קֵיבָתִי
gastronomy *n.*	גַּסְטְרוֹנוֹמְיָה
	(חכמת האכילה הטובה)
gasworks *n.pl.*	מִפְעַל גָּאז
gate *n.*	שַׁעַר, פֶּתַח
gatecrash *v.*	בִּיקֵּר (בְּאֵירוּעַ) לְלֹא הַזְמָנָה
gatecrasher *n.*	אוֹרֵחַ לֹא קָרוּא
gatekeeper *n.*	שׁוֹמֵר סַף
gatepost *n.*	עַמּוּד הַשַּׁעַר
gateway *n.*	פֶּתַח שַׁעַר, כְּנִיסָה
gather *v.*	אָסַף, כִּינֵּס; נֶאֱסַף,
	נִקְבַּץ; הִסִּיק; הֵבִין
gathering *n.*	אִיסּוּף, אֲגִירָה; כֶּנֶס
gauche *adj.*	מְגוּשָּׁם, לֹא יוּצְלַח

gaudy *adj.*	מַבְרִיק, רַאוְותָנִי
gauge, gage *n.*	מַד; אַמַּת-מִידָה
gauge, gage *v.*	הֶעֱרִיךְ, שִׁיעֵר;
	קָבַע מִידוֹת
gauge glass *n.*	זְכוּכִית מַדִּיד
gaunt *adj.*	כָּחוּשׁ; זוֹעֵף
gauntlet *n.*	כְּפָפַת שִׁרְיוֹן
gauze *n.*	גָּאזָה, מַלְמָלָה
gavel *n.*	פַּטִּישׁ (שֶׁל יוֹ"ר)
gavotte *n.*	גָּבוֹט (מחול צרפתי)
gawk *n.*	לֹא-יוּצְלַח
gawk *v.*	נָהַג כְּשׁוֹטֶה
gawky *adj., n.*	לֹא-יוּצְלַח, מְגוּשָּׁם
gay *adj., n.*	'עַלִיז'; הוֹמוֹסֶקְסוּאָל
gaze *v.*	הִבִּיט, הִסְתַּכֵּל
gaze *n.*	מַבָּט, הִסְתַּכְּלוּת
gazelle *n.*	צְבִי
gazette *n..,v.*	עִיתּוֹן רִשְׁמִי;
	פִּרְסֵם בְּעִיתּוֹן רִשְׁמִי
gazetteer *n.*	לֶקְסִיקוֹן גֵּיאוֹגְרָפִי
gear *n.*	תִּשְׁלוֹבֶת גַּלְגַּלֵּי שִׁינַּיִים;
	הִילּוּךְ; רִתְמָה
gear *v.*	הִצְמִיד לְהִילּוּךְ; הִשְׁתַּלֵּב
gearbox, gearcase *n.*	תֵּיבַת הִילּוּכִים
gearshift *n.*	הַחְלָפַת הַהִילּוּךְ
gearshift lever *n.*	יָדִית הִילּוּכִים
gee, gee-gee, gee-hup *interj.*	גִּ'י
	(זֵירוּז לסוסים)
gee *interj.*	גִּ'י (הבעת השתוממות)
Gehenna *n.*	גֵּיהִינּוֹם, שְׁאוֹל
gel *n.*	קָרִישׁ, מִקְפָּא
gel *v.*	הִקְרִישׁ
gelatine *n.*	מִקְפָּא
gem *n.*	אֶבֶן טוֹבָה
gem *v.*	קִישֵּׁט
Gemini *n.pl.*	מַזַּל תְּאוֹמִים

gender *n.* (בדקדוק) מִין
gene *n.* גֵן (יחידת תורשה)
genealogy *n.* תּוֹלָדוֹת, סֵדֶר יִיחוּסִין
general *adj.* כְּלָלִי; כּוֹלֵל
general *n.* גֵנֵרָל, רַב־אַלּוּף
general delivery *n.* מְסִירַת דְבָרֵי דוֹאַר כְּלָלִית, דִיוּוּר
general practitioner *n.* רוֹפֵא כְּלָלִי
general staff *n.* מַטֶּה כְּלָלִי
generalissimo *n.* גֵנֵרָלִיסִימוֹ. מְפַקֵּד עֶלְיוֹן
generality *n.* הַכְלָלָה; כְּלָל
generalize *v.* הִכְלִיל, כָּלַל
generally *adv.* בְּדֶרֶךְ כְּלָל
generalship *n.* כּוֹשֶׁר מַצְבִּיאוּת
generate *v.* הוֹלִיד, יָצַר
generating station *n.* תַּחֲנַת כּוֹחַ
generation *n.* דוֹר; רְבִייָה; יְצִירָה
generator *n.* מְחוֹלֵל (קיטור, זרם חשמלי), גֵנֵרָטוֹר
generic *adj.* שֶׁל מִין; שֶׁל גֶּזַע
generous *adj.* רְחַב לֵב, נָדִיב
genesis *n.* מָקוֹר; בְּרִיאָה
Genesis *n.* בְּרֵאשִׁית (הַסֵּפֶר)
genetics *n.pl.* גֵנֵטִיקָה (חקר התורשה)
genial *adj.* יְדִידוּתִי, מַסְבִּיר פָּנִים
genie *n.* ג'ינִי, רוּחַ
genital *adj.* שֶׁל אֵיבְרֵי הַמִּין
genitals *n.pl.* אֵיבְרֵי הַמִּין
genitive *n., adj.* יַחַס הַקִּנְיָין; יַחַס הַסְּמִיכוּת; סוֹפִית הַסְּמִיכוּת
genius *n.* גָאוֹן; גְאוֹנִיּוּת
genocidal *adj.* שֶׁל רֶצַח־עַם
genocide *n.* רֶצַח־עַם
genre *n.* רוּחַ, תְּכוּנָה; סוּג; סִגְנוֹן, זָ'נֶר
genteel *adj.* מְנוּמָּס, אָדִיב, הָדוּר

gentile *n., adj.* לֹא-יְהוּדִי, גוֹי
gentility *n.* נִימוּס, אֲדִיבוּת; יִיחוּס
gentle *adj.* אָצִיל, עָדִין; מָתוּן
gentle sex *n.* הַמִּין הֶעָדִין (הנשים)
gentlefolk *n.* בְּנֵי־תַרְבּוּת, בְּנֵי־טוֹבִים
gentleman *n.* גֶ'נְטֶלְמֶן, בֶּן־טוֹבִים
gentleman-in-waiting *n.* אִישׁ חָצֵר
gentleman of leisure *n.* מִי שֶׁשְּׁעָתוֹ פְּנוּיָה, מִשְׁתָּעֶה
gentlemanly *adj., adv.* בְּנִימוּס, בַּאֲדִיבוּת
gentry *n.* רָמֵי מַעֲלָה
genuflect *v.* הֶחֱוָה קִידָּה
genuine *adj.* אֲמִיתִּי; כֵּן; אָמִין
genus *n.* סוּג, מִין
geographer *n.* גֵיאוֹגְרָף
geographic, geographical *adj.* גֵיאוֹגְרָפִי
geography *n.* גֵיאוֹגְרַפְיָה
geology *n.* גֵיאוֹלוֹגְיָה (חקר האדמה)
geometric, geometrical *adj.* הַנְדָּסִי, גֵיאוֹמֶטְרִי
geometrical progression *n.* טוּר הַנְדָּסִי
geometry *n.* הַנְדָּסָה
geophysics *n.pl.* גֵיאוֹפִיסִיקָה (הפיסיקה של האדמה)
geopolitics *n.pl.* גֵיאוֹפּוֹלִיטִיקָה (מדיניות כפי שהיא מושפעת מגורמים גיאוגרפיים)
geriatrician *n.* חוֹקֵר מַחֲלוֹת הַזִּקְנָה
geriatrics *n.pl.* חֵקֶר מַחֲלוֹת הַזִּקְנָה
germ *n.* חַיְידַּק; זֶרַע
germ *v.* נָבַט
germ carrier *n.* נוֹשֵׂא חַיְידַּקִּים, נַשָּׂא
germ cell *n.* תָּא זֶרַע

germ plasm *n.* פְּלַסְמַת זֶרַע

germ theory *n.* תֵּיאוֹרְיַת הַחַיְידַּקִּים

germ warfare *n.* מִלְחֶמֶת חַיְידַקִּים

germane *adj.* קָרוֹב; נוֹגֵעַ; הוֹלֵם

German measles *n.pl.* אַדֶּמֶת

germicidal *adj.* קוֹטֵל חַיְידַּקִּים

germicide *n.* קוֹטֵל חַיְידַּקִּים

germinate *v.* נָבַט, הֵנֵץ

gerontology *n.* מַדַּע הַזִּקְנָה, גֵּרוֹנְטוֹלוֹגְיָה

gerund *n.* (בדקדוק) שֵׁם פְּעוּלָּה

gerundive *adj., n.* (דמוי) שֵׁם פְּעוּלָּה

gestalt *n.* גֶשְׁטַלְט, תַּבְנִית

gestation *n.* תְּקוּפַת עִיבּוּר

gestatory *adj.* עִיבּוּרִי

gesticulate *v.* הֶחֱוָה

gesticulation *n.* הַחְוָוָיָה

gesture *n.* תְּנוּעַת הַבָּעָה; מַחְוָוה

gesture *v.* עָשָׂה תְּנוּעוֹת

get *v.* הִשִּׂיג; לָקַח; קָנָה; נַעֲשָׂה

get-together *n.* הִתְכַּנְּסוּת

get-up *n.* צוּרָה, תִּלְבּוֹשֶׁת, הוֹפָעָה

getaway *n.* בְּרִיחָה

gewgaw *n.* צַעֲצוּעַ זוֹל

geyser *n.* גַּייזֶר, מִזְרָקָה חַמָּה

ghastly *adj.* נוֹרָא, מַבְעִית

gherkin *n.* מְלָפְפוֹן קָטָן

ghetto *n.* גֶּטוֹ

ghost *n.* רוּחַ (של מֵת)

ghost writer *n.* סוֹפֵר שָׂכִיר

ghost *v.* כָּתַב בִּשְׁבִיל אַחֵר

ghostly *adj.* שֶׁל רוּחַ הַמֵּת

ghoul *n.* רוּחַ רָעָה, שֵׁד

ghoulish *adj.* שֵׁדִי, מְתוֹעָב

GI, G.I. *n., adj.* ג'י אַיי, חַיָּיל (בצבא ארה"ב)

giant *n.* עֲנָק

giant *adj.* עֲנָקִי

giantess *n.* עֲנָקָה

gibberish *n.* פִּטְפּוּט, מִלְמוּל

gibbet *n.* גַּרְדּוֹם

gibbon *n.* גִּיבּוֹן (קוף קטן ארך זרועות)

gibe, jibe *v., n.* לִגְלֵג; לִגְלוּג

giblets *n.pl.* טְפָלִים, טְפָלֵי עוֹף

giddiness *n.* קַלּוּת־דַּעַת; סְחְרוּר

giddy *adj.* קַל־דַּעַת

giddy *v.* סִחְרֵר; הִסְתַּחְרֵר

gift *n.* מַתָּנָה; כִּשְׁרוֹן

gift horse *n.* סוּס בְּמַתָּנָה (מתנה שאין בודקים)

gift of gab *n.* כִּשְׁרוֹן דִּיבּוּר

gift, shop *n.* חֲנוּת מַתָּנוֹת

gifted *adj.* מְחוֹנָן

gig *n.* כִּרְכָּרָה; דוּגִית

gigantic *adj.* עֲנָקִי

giggle *v.* גִּיחֵךְ

giggle *n.* גִּיחוּךְ

gigolo *n.* ג'יגולו (בן זוג שכיר לריקוד; מלווה אישה בשכר)

gild *v.* הִזְהִיב, צִיפָּה זָהָב

gilding *n.* הַזְהָבָה

gill *n.* זִים, אֲגִיד; גִּיל (מידת נוזל)

gill *v.* צָד, דָּג

gilt *n., adj.* צִיפּוּי זָהָב; מְצוּפֵּה זָהָב

gilt-edged *adj.* מוּזְהַב קְצָווֹת

gilt head *n.* זְהוֹב הָרֹאשׁ (דג)

gimlet *n., v.* מַקְדֵּחַ קָטָן; קָדַח חוֹר

gimmick *n.* אִחְזוּז, לַהֲטוּט

gin *n.* ג'ין (יי"ש); מַלְכּוֹדֶת; מַנְפֵּטָה

gin *v.* הִפְרִיד כּוּתְנָה בְּמַנְפֵּטָה

gin fizz *n.* ג'ין תּוֹסֵס

ginger *n.* זַנְגְּבִיל

ginger v.	תִּיבֵּל בְּזַנְגְּבִיל; עוֹרֵר
ginger-ale n.	מַשְׁקֶה זַנְגְּבִיל
gingerly adj., adv.	זָהִיר; בִּזְהִירוּת
gingham n.	אָרִיג מְפוּסְפָּס
gingivitis n.	דַּלֶּקֶת הַחֲנִיכַיִים
gipsy n. see gypsy	
giraffe n.	ג'ירָפָה, גָּמָל נְמֵרִי
gird v.	חָגַר; הִקִּיף; הִתְכּוֹנֵן; לָעַג
girder n.	מֵטִיל חוֹגֵר; קוֹרָה
girdle n.	חֲגוֹרָה, אַבְנֵט
girdle v.	סָגַר עַל
girl n.	יַלְדָּה, נַעֲרָה
girl friend n.	'בַּחוּרָה' קְבוּעָה
girl scout n.	צוֹפָה
girlhood n.	נַעֲרוּת (שֶׁל נערה); בְּחוּרוֹת
girlish adj.	שֶׁל נַעֲרָה
girth n.	הֶיקֵף; חֲגוֹרָה
gist n.	תַּמְצִית, עִיקָר
give v.	נָתַן, סִיפֵּק, הֶעֱנִיק; נִכְנַע
give n.	כְּנִיעָה לַלַּחַץ; גְּמִישׁוּת
give-and-take n.	שִׁיטַת תֵּן וָקַח
give away v.	נָתַן חִינָם, חִילֵּק; גִּילָּה סוֹד
given adj.	מוּעֲנָק; נָתוּן, מְסוּיִם
given name n.	שֵׁם פְּרָטִי
giver n.	נַדְבָן, תּוֹרֵם
gizzard n.	זֶפֶק
glacial adj.	קַרְחוֹנִי, קַר מְאוֹד
glacier n.	קַרְחוֹן
glad adj.	שָׂמֵחַ, עַלִּיז; מְשַׂמֵּחַ
glad rags n.pl.	(בדיבור) הַחֲלִיפָה הֲכִי טוֹבָה
gladden v.	שִׂימֵּחַ
glade n.	קָרַחַת-יַעַר
gladiator n.	גלַדְיָטוֹר, לוּדָר, מִתְגּוֹשֵׁשׁ
gladiola n.	סַיפָן, גלַדְיוֹלָה (פרח נוי)
gladly adv.	בְּשִׂמְחָה, בְּרָצוֹן
gladness n.	שִׂמְחָה, אוֹשֶׁר
glair n.	חֶלְבּוֹן בֵּיצָה
glamorous adj.	מַקְסִים בְּיוֹפְיוֹ, זוֹהֵר
glamour, glamor n.	קֶסֶם; זוֹהַר
glamour girl, glamor girl n.	נַעֲרַת זוֹהַר
glance v.	הֵעִיף עַיִן
glance n.	מַבָּט חָטוּף, הַצָּצָה
gland n.	בַּלּוּטָה
glare n.	אוֹר מְסַנְוֵר; מַבָּט זוֹעֵם
glare v.	הֵאִיר בְּאוֹר מְסַנְוֵר; הִבִּיט בְּזַעַם
glaring adj.	מְסַנְוֵר, בּוֹלֵט
glass n.	זְכוּכִית; כּוֹס; רְאִי; (בריבוי) מִשְׁקָפַיִים
glass adj.	עָשׂוּי זְכוּכִית; מְזוּגָּג
glass v.	זִיגֵּג, סִיפֵּק זְכוּכִיּוֹת
glass-blower n.	מְנַפֵּחַ זְכוּכִית
glass-house n.	חֲמָמָה; (בריבוי) כְּלָא צְבָאִי
glassful n.	מְלוֹא הַכּוֹס
glassware n.	כְּלֵי-זְכוּכִית
glassworks n.	בֵּית-חֲרוֹשֶׁת לִזְכוּכִית
glassy adj.	זְכוּכִיתִי, זְגוּגִי
glaucoma n.	גלָאוּקוֹמָה, בָּרְקִית (מחלת עין)
glaze v.	זִיגֵּג
glaze n.	זִיגּוּג, כְּלֵי חֶרֶס מְזוּגָּגִים
glazier n.	זַגָּג
gleam n.	קֶרֶן אוֹר; אוֹר קָלוּשׁ; זִיק (תקווה וכד')
gleam v.	נִצְנֵץ
glean v.	לִיקֵּט; נִלְקַט
glee n.	שִׂמְחָה; שִׁיר מַקְהֵלָה
glee club n.	מוֹעֲדוֹן לְמַקְהֵלָה
glen n.	עָרוּץ, גַּיְא צַר (בסקוטלנד)

glib *adj.* חָלָק; נִמְהָר וְשִׁטְחִי (בדיבור)
glide *n.* הַחְלָקָה; דְּאִיָּה, גְּלִישָׁה
glide *v.* הֶחֱלִיק, גָּלַשׁ; חָלַף
glider *n.* דָּאוֹן, גִּלְשׁוֹן
glimmer *v.* נִצְנֵץ
glimmer, glimmering *n.* נִצְנוּץ, הִבְהוּב, זִיק
glimpse *v.* רָאָה לְרֶגַע
glimpse *n.* מְעוּף עַיִן, רְאִיָּה חֲטוּפָה
glint *v.* נִצְנֵץ
glint *n.* נִצְנוּץ, מִבְזָק
glisten *v.* הִבְהִיק, הִתְנוֹצֵץ, זָהַר
glisten *n.* הֶבְהֵק
glitter, glister *v.* הִבְהִיק, זָהַר
glitter *n.* בָּרָק, זוֹהַר
gloaming *n.* דִּמְדּוּמִים, בֵּין־הַשְּׁמָשׁוֹת
gloat *v.* זָן אֶת עֵינָיו
globe *n.* (תַּבְנִית) כַּדּוּר־הָאָרֶץ
globetrotter *n.* מְשׁוֹטֵט בָּעוֹלָם
globule *n.* טִיפָּה, נֵטֶף
glockenspiel *n.* פַּעֲמוֹנִיָּה (מערכת פעמונים)
gloom *v.* הֶחְשִׁיד, הֶעֱצִיב
gloom *n.* אַפְלוּלִית, עֶצֶב
gloomy *adj.* עָצוּב, קוֹדֵר
glorify *v.* פֵּיאֵר, הֶעֱרִיץ
glorious *adj.* מְפוֹאָר, נֶהְדָּר
glory *n.* הוֹד, תְּהִילָּה, פְּאֵר, הָדָר
glory *v.* הִתְהַלֵּל, הִתְפָּאֵר
gloss *n.* בָּרָק, צִחְצוּחַ; בֵּיאוּר, הֶעָרָה (בכתב־יד)
gloss *v.* שִׁיוָּה בָּרָק; פֵּירֵשׁ; טִשְׁטֵשׁ, חִיפָּה
glossary *n.* רְשִׁימַת מִלִּים, מִילּוֹן
glossy *adj.* מַבְרִיק, מְמוֹרָט, חָלָק
glottal *adj.* מְבוּטָּא בְּבֵית־הַקּוֹל

glove *n.* כְּסָיָה, כְּפָפָה
glow *n.* לַהַט, חוֹם, זוֹהַר אָדוֹם
glow *v.* לָהַט; הִתְאַדֵּם, זָהַר
glow-worm *n.* גַּחֲלִילִית
glower *v.* הִבִּיט בְּזַעַם
glowing *adj.* לוֹהֵט, זוֹהֵר
glucose *n.* גְלוּקוֹזָה, סוּכַּר עֲנָבִים ($C_6H_{12}O_6$)
glue *n.* דֶּבֶק (נוזלי)
glue *v.* הִדְבִּיק, הִצְמִיד
gluey *adj.* דִּבְקִי, דָּבִיק
glum *adj.* עָגוּם, עֲכוּר נֶפֶשׁ
glut *n.* גּוֹדֶשׁ, עוֹדֶף; זְלִילָה
glut *v.* הִשְׂבִּיעַ; הֵצִיף; הֶחְנִיק
glutton *n.* זוֹלְלָן, רַעַבְתָן
gluttonous *adj.* זוֹלְלָנִי, רָעֵב ל
gluttony *n.* זְלִילָה
glycerine *n.* גְלִיצֶרִין, מִתְקִית (כוהל המשמש ברפואה)
G-man *n.* סוֹכֵן הַבּוֹלֶשֶׁת (האמריקנית)
gnarled *adj.* מְסוּקָס, מְחוּסְפָּס, מְפוּתָּל
gnash *v.* חָרַק שִׁינַּיִים; נָשַׁךְ
gnat *n.* יַתּוּשׁ
gnaw *v.* כִּרְסֵם; כָּסַס
gnome *n.* שֵׁדוֹן
gnu *n.* גְּנוּ (סוג ראם)
go *v.* הָלַךְ, נָסַע; עָזַב, עָבַר
go *n.* הֲלִיכָה; מֶרֶץ; נִיסָּיוֹן, הַצְלָחָה
go-ahead *adj.* בַּעַל יוֹזְמָה, מִתְקַדֵּם
go-between *n.* מְתַוּוֵךְ
go-by *n.* הִתְעַלְּמוּת
go-cart *n.* אוֹפַנִּית יְלָדִים
go-getter *n.* יוֹזְמָן נִמְרָץ
goad *n.* דָּרְבָן; גֵּירוּי
goad *v.* הִכָּה בְּמַלְמָד; גֵּירָה
goal *n.* מַטָּרָה; (בכדורגל) שַׁעַר

goalkeeper *n.* שׁוֹעֵר (בכדורגל)
goat *n.* תַּיִשׁ, עֵז
goatee *n.* זְקַן תַּיִשׁ (של אדם)
goatherd *n.* רוֹעֵה עִזִּים
goatskin *n.* עוֹר תַּיִשׁ
gob *n.* רוֹק; יוֹרֵד יָם, מַלָּח
gob *v.* יָרַק
gobble *v.* אָכַל בְּכָל פֶּה; חָטַף
gobbledegook *n.* לָשׁוֹן מְעוּרְפֶּלֶת
goblet *n.* גָּבִיעַ
goblin *n.* שֵׁדוֹן
god *n.* אֵל; אֱלִיל
God *n.* אֱלֹהִים, הָאֵל
godchild *n.* יֶלֶד סַנְדְּקָאוּת (בטקס טבילה נוצרי)
goddaughter *n.* בַּת סַנְדְּקָאוּת (בטקס טבילה נוצרי)
goddess *n.* אֵלָה
godfather *n.* סַנְדָּק (בטקס טבילה נוצרי)
godfather *v.* שִׁימֵּשׁ כְּסַנְדָּק
God-fearing *adj.* יְרֵא אֱלֹהִים
God-forsaken *adj.* שְׁכוּחַ אֵל
Godhead *n.* אֱלוֹהוּת
godless *adj.* כּוֹפֵר
godly *adj.* אֱלוֹהִי; יְרֵא אֱלֹהִים
godmother *n.* סַנְדָּקִית (בטקס טבילה נוצרי)
godsend *n.* מַתַּת אֱלֹהַּ
godson *n.* בֵּן סַנְדְּקָאוּת (בטקס טבילה נוצרי)
Godspeed *n.* אִיחוּלֵי דֶּרֶךְ צְלֵחָה
goggle *v.* גִּלְגֵּל בְּעֵינָיו
goggle-eyed *adj.* תָּמֵהַּ
goggles *n.pl.* מִשְׁקְפֵי מָגֵן
going *n.,adj.* הֲלִיכָה; הִתְקַדְּמוּת; מַצְלִיחָן
going concern *n.* מִפְעָל מְשַׂגְשֵׂג
goings on *n.pl.* תַּעֲלוּלִים, מַעֲלָלִים
goiter, goitre *n.* זַפֶּקֶת (מחלה)
gold *n., adj.* זָהָב; מוּזְהָב
gold-brick *n.* נֶתֶךְ זָהָב; חֵפֶץ מְזוּיָּף
gold-leaf *n.* עָלֵה זָהָב
gold-mine *n.* מִכְרֵה זָהָב
gold-plate *n.* כְּלֵי זָהָב
gold-plate *v.* רִיקַּע בְּזָהָב
gold standard *n.* בְּסִיס הַזָּהָב (שלפיו יחידת המטבע היסודית שווה בערכה, וניתנת להחלפה, בכמות ספציפית של זהב)
golden *adj.* שֶׁל זָהָב; זָהוֹב
Golden Age *n.* תּוֹר הַזָּהָב
golden calf *n.* עֵגֶל הַזָּהָב
Golden Fleece *n.* גִּיזַּת הַזָּהָב (באגדה היוונית)
golden mean *n.* שְׁבִיל הַזָּהָב (מידה בינונית בין שתי קיצוניות)
golden rule *n.* כְּלַל הַזָּהָב (מה ששנוי עליך לא תעשה לחברך)
goldfield *n.* מִכְרֵה זָהָב
goldfinch *n.* חוֹחִית
goldfish *n.* דַּג זָהָב, זְהַבְנוּן
goldilocks, goldylocks *n.* זְהוּבַּת שֵׂעָר; נוּרִית
goldsmith *n.* צוֹרֵף זָהָב
golf *n.* גּוֹלְף (משחק חוץ באלות ובכדורים נוקשים)
golf *n.* שִׂיחֵק בְּגוֹלְף
golf-club *n.* אַלַּת גּוֹלְף; מוֹעֲדוֹן גּוֹלְף
golf-links *n.pl.* מִגְרַשׁ גּוֹלְף
Golgotha *n.* גּוֹלְגוֹלְתָּא, שְׁאוֹל (על פי גולגותא, שלפי המסורת הנוצרית המקום שבו צלבו את יֵשׁוּ)

golly *interj.* גולי! (קריאת תמיהה)
gondola *n.* גונדולָה, סִירַת מַעֲבָר
gone *adj.* אָבוּד, בָּטֵל; נִכְשָׁל
gong *n.* גונג, מְצִילָּה
gonorrhea, gonorrhoea *n.* זִיבָה, גונורֵיאָה (מחלת מין)
goo *n.* חומֶר דָבִיק
good *adj.* טוב, טוב לֵב, מַשְׂבִּיעַ רָצון
good *n.* תּוֹעֶלֶת, יִתְרוֹן; הִצְטַיְּנוּת, דָבָר רָצוּי
good afternoon *interj.* שְׁעַת מִנְחָה טוֹבָה!
goodby, goodbye *interj., n.* הֱיוּ שָׁלוֹם!
good day *interj.* הֱיֵה שָׁלוֹם, בָּרוּךְ יוֹמְךָ
good evening *interj.* עֶרֶב טוב
good fellow *n.* בָּחוּר טוב
good-for-nothing *adj.* לא־יוּצְלָח
good graces *n.pl.* מְצִיאַת חֵן, חֶסֶד
good-hearted *adj.* טוב־לֵב
good-humored *adj.* טוב־מֶזֶג
good-looking *adj.* יְפֵה־תּוֹאַר
good looks *n.pl.* יְפִי מַרְאֶה
goodly *adj.* טוב, יָפֶה; רַב
good morning *interj.* בּוֹקֶר טוב!
good-natured *n.* טוב־מֶזֶג
good night *interj.* לַיְלָה טוב
goodness *n.* טוּב; טוּב; נְדִיבוּת
good sense *n.* שֵׂכֶל
good-sized *adj.* גָדוֹל לְמַדַּיי
good speed *n.* בְּהַצְלָחָה!
good-tempered *adj.* טוב מֶזֶג
good time *n.* הֲנָאָה, בִּילּוּי נָעִים
good turn *n.* טוֹבָה, חֶסֶד

goods *n.pl.* סְחוֹרָה, סְחוֹרוֹת, מִטְעָן, טוּבִים
goodwill *n.* רָצוֹן טוב, יְדִידוּת
goody *n.* מַמְתָּק, דָבָר טוב
goody-goody *n.* מִתְחַסֵּד, 'וְצִדְקָתְךָ'
gooey *adj.* דָבִיק
goof *n.* טִיפֵּשׁ
goof *v.* הֶחֱטִיא
goofy *adj.* טִיפֵּשׁ, אִידְיוֹטִי
goon *n.* טִיפֵּשׁ, אִידְיוֹט; אַימְתָן
goose *n.* אַוָּז, אַוָּזָה, טִיפֵּשׁ
goose flesh *n.* סִמְרוּר בָּעוֹר
goose pimples *n.pl.* חֲטָטֵי סִמְרוּר
gooseberry *n.* דוּמְדְּמָנִית
goosestep *n.* צְעִידַת אַוָּז
gopher *n.* סְנָאִית הָעֲרָבָה
gopher *n.* עֵץ גוֹפֶר
Gordian knot *n.* קֶשֶׁר גוֹרְדִי (מסובך)
gore *n.* דָם (שפוך וקרוש)
gore *v.* נָגַח
gorge *n.* עָרוּץ; גַּיְא; גָּרוֹן
gorge *v.* זָלַל, בָּלַע
gorgeous *adj.* נֶהְדָר, נִפְלָא
gorilla *n.* גוֹרִילָה (קוף גדול ביותר)
gory *adj.* מְכוּסֶּה בְּדָם
gosh! *interj.* אֱלֹהִים אַדִּירִים!
gospel *n.* בְּשׂוֹרַת הַנַּצְרוּת, מֶסֶר דָתִי
gospel truth *n.* אֱמֶת לַאֲמִיתָּהּ (לגבי נוצרי)
gossamer *n., adj.* קוּרֵי עַכָּבִישׁ; דַק
gossip *n.* רְכִילוּת, פִּטְפּוּט
gossip *v.* דִּיבֵּר רְכִילוּת
gossip columnist *n.* בַּעַל טוּר רְכִילוּת
gossipy *adj.* רְכִילוּתִי
gouge *n.* מַפְסֶלֶת; חָרִיץ; מִרְמָה
gouge *v.* פִּיסֵּל; רִימָּה

goulash *n.*   גּוּלָשׁ הוּנְגָּרִי
(בָּשָׂר מבושל ומתובל)

gourd *n.*   דְּלַעַת; נאד

gourmand *n.*   אַכְלָן, מַרְבֶּה לִזְלוֹל

gourmet *n.*   מֵיטִיב לְהַבְחִין בְּמַאֲכָלִים

gout *n.*   צִינִּית (מחלת רגליים,
מֵעַיִן שִיגָרוֹן)

gouty *adj., n.*   חולה צִינִּית

govern *v.*   מָשַׁל; נִיהַל, הִנְחָה

governess *n.*   אוֹמֶנֶת

government *n.*   מֶמְשָׁלָה

government in exile *n.* מֶמְשָׁלָה גוֹלָה

governmental *adj.*   מֶמְשַׁלְתִּי

governor *n.*   מוֹשֵׁל; שַׁלִּיט, נָגִיד;
וַסָּת (במכונה)

gown *n.*   שִׂמְלָה; גְּלִימָה (שֶׁל שׁוֹפְטִים)

gown *v.*   הִלְבִּישׁ (שִׂמְלָה או גלימה)

grab *v.*   חָטַף; תָּפַס, אָחַז ב

grab *n.*   חֲטִיפָה; תְּפִיסָה, אֲחִיזָה

grace *n.*   חֵן; חֶסֶד; בִּרְכַּת־הַמָּזוֹן

grace *v.*   הוֹסִיף חֵן; הוֹסִיף כָּבוֹד

grace-note *n.*   (במוסיקה) תָּו־עִיטּוּר

graceful *adj.*   חִינָּנִי, נָאֶה, קַל

gracious *adj.*   גּוֹמֵל חָסֶד, אָדִיב

gradation *n.*   שִׁינּוּי בְּהַדְרָגָה; הַדְרָגָה

grade *n.*   מַעֲלָה, מַדְרֵגָה; אֵיכוּת;
כִּיתָּה (שֶׁל בי"ס); שִׁיפּוּעַ

grade crossing *n.*   צוֹמֶת חַד מִפְלָסִי

grade-school *n.*   בֵּית־סֵפֶר יְסוֹדִי

grade *v.*   סִיוֵּוג; קָבַע צִיּוּנִים

gradient *adj.*   הַדְרָגָתִי; מְשׁוּפָּע

gradient *n.*   שִׁיפּוּעַ

gradual *adj.*   הַדְרָגָתִי, מוּדְרָג

gradually *adv.*   בְּהַדְרָגָה

graduate *n., adj.*   בּוֹגֵר אוּנִיבֶּרְסִיטָה;
שֶׁל בּוֹגֵר

graduate *v.*   סִיֵּים אוּנִיבֶּרְסִיטָה;
(במכונות) שִׁינֵּת

graduate school *n.*   אוּנִיבֶּרְסִיטָה
לְתוֹאַר שֵׁנִי

graduate student *n.*   סְטוּדֶנְט
לְתוֹאַר שֵׁנִי

graduate work *n.* עֲבוֹדָה לְתוֹאַר שֵׁנִי

graduation *n.*   סִיּוּם; טֶקֶס סִיּוּם;
סִימָנֵי דֵּירוּג

graft *n.*   (בִּרְפוּאָה וכד') הַרְכָּבָה,
הַשְׁתָּלָה; רֶכֶב; שׁוֹחַד

graft *v.*   הִשְׁתִּיל, הִרְכִּיב; הוּרְכַּב

graham cracker *n.*   פָּתִית
(מחיטה שלמה)

graham flour *n.*   קֶמַח חִיטָה שְׁלֵמָה

grain *n.*   גַּרְעִין; תְּבוּאָה; קוֹרטוֹב;
כִּיווּן הַסִּיבִים (בְּעֵץ)

grain *v.*   פּוֹרֵר לְגַרְעִינִים; צָבַע
כְּמִרְקַם הָעֵץ

grain elevator *n.*   מַמְגּוּרָה, אָסָם

grain field *n.*   שְׂדֵה בָּר

gram, gramme *n.*   גְּרָם; גַּרְעִין
חִמְצָה (חוּמוּס)

grammar *n.*   דִּקְדּוּק

grammar school *n.*   (בבריטניה)
בֵּית־סֵפֶר תִּיכוֹן עִיּוּנִי; (בארה"ב)
חֲטִיבַת בֵּינַיִים

grammarian *n.*   מְדַקְדֵּק

grammatical *adj.*   דִּקְדּוּקִי

gramophone *n.*   מָקוֹל, פָּטִיפוֹן

granary *n.*   אָסָם; גּוֹרֶן

grand *adj.* נֶהְדָּר; מְכוּבָּד; חָשׁוּב בְּיוֹתֵר

grand-aunt *n.*   דּוֹדָה־סָבְתָּא

grandchild *n.*   נֶכֶד, נֶכְדָּה

granddaughter *n.*   נֶכְדָּה

grand-duchess *n.*   הַדּוּכָּסִית הַגְּדוֹלָה

grand-duke *n.* הַדּוּכָּס הַגָּדוֹל
grandee *n.* אָצִיל סְפָרַדִּי
grandeur *n.* גְּדוּלָּה; אֲצִילוּת
grandfather *n.* סָב, סַבָּא
grandiose *adj.* נֶהְדָר
grandiosely *adv.* בְּהָדָר
grand jury *n.* חֶבֶר מוּשְׁבָּעִים
grandma *n.* סַבְתָּא
grandmother *n.* זְקֵנָה, סַבְתָּא
grandnephew *n.* בֶּן אַחְיָין
grandniece *n.* בַּת אַחְיָנִית
grand opera *n.* אוֹפֶּרָה גְּדוֹלָה (דראמה שבּהּ שרים את כל הטֶקסט)
grandpa *n.* סַבָּא
grandparent *n.* הוֹרֶה הוֹרִים
grand piano *n.* פְּסַנְתֵּר כָּנָף
grand slam *n.* נִיצָּחוֹן כַּבִּיר (בתחרויות ספורט)
grandson *n.* נֶכֶד
grand-stand *n.* יָצִיעַ (באיצטדיון)
grand-total *n.* סַךְ־הַכּוֹל הַכְּלָלִי
grand-uncle *n.* דוֹד־הָאָב אוֹ הָאֵם
grange *n.* חַוָּוה; אָסָם
granite *n.* גְּרָנִיט, שַׁחַם; קַשְׁיוּת
granny *n.* סַבְתָּא; מַרְגִּיזָן
grant *v.* נָתַן, הֶעֱנִיק; נַעֲנָה (לבקשה)
grant *n.* מַעֲנָק
grantee *n.* מְקַבֵּל מַעֲנָק, נֶהֱנֶה מִמַּעֲנָק
grant-in-aid *n.* סִיּוּעַ מַעֲנָק
grantor *n.* נוֹתֵן הַמַּעֲנָק
granular *adj.* גַּרְגִּירִי, גַּרְעִינִי
granulate *v.* פּוֹרֵר; הִתְפּוֹרֵר
granule *n.* גַּרְגִּיר
grape *n.* עֵנָב; אָדוֹם־כֵּיהָה
grape arbor *n.* סוּכַּת גֶּפֶן
grapefruit *n.* אֶשְׁכּוֹלִית
grape juice *n.* מִיץ עֲנָבִים
grape-vine *n.* גֶּפֶן (נושאת ענבים)
graph *n.* עָקוּם, גְּרָף
graphic *adj.* צִיּוּרִי, גְּרָפִי; מוּדְגָּם בַּעֲקוּמִים
graphology *n.* גְּרָפוֹלוֹגְיָה (מדע כתב היד וזיקתו לאופי הכותב)
graphite *n.* גְּרָפִיט (צורה גבישית של פחמן המשמשת בתעשיית עפרונות)
grapple *v.* אָחַז, תָּפַס; נֶאֱבַק, הִתְגּוֹשֵׁשׁ
grapple *n.* אַנְקוֹל; אֲחִיזָה
grasp *v.* אָחַז, תָּפַס; הֵבִין
grasp *n.* אֲחִיזָה; הֲבָנָה, יְכוֹלֶת תְּפִיסָה
grasping *adj.* חַמְדָן, קַמְצָן, אוֹהֵב בֶּצַע
grass *n.* עֵשֶׂב, דֶּשֶׁא, מִרְעֶה
grass court *n.* מִגְרַשׁ דֶּשֶׁא
grass roots *adj.* שׁוֹרְשִׁי, מִתּוֹךְ הָעָם
grass seed *n.* זֶרַע הַדֶּשֶׁא
grass widow *n.* 'אַלְמְנַת קַשׁ' (מי שבעלה לעתים קרובות מחוץ לבית; וכן גרושה)
grasshopper *n.* חָגָב
grassy *adj.* מְכוּסֶּה דֶּשֶׁא
grate *n.* סְבָכָה; אָח
grate *v.* רִיסֵּק; שִׁפְשֵׁף; צָרַם
grateful *adj.* אֲסִיר־תּוֹדָה
grater *n.* פּוּמְפִּיָּה; מָשׁוֹף
gratify *v.* הִשְׂבִּיעַ רָצוֹן; הִינָּה
gratin, au gratin *adj.* (לגבי תבשיל) מְצוּפֶּה פֵּירוּרֵי לֶחֶם
grating *n.* סוֹרֵג, סְבָכָה
gratis *adv.* חִינָּם
gratitude *n.* הַכָּרַת־טוֹבָה
gratuitous *adj.* נִיתָּן חִינָּם; לְלֹא סִיבָּה

gratuity *n.* תָּשֶׁר, מַתָּת
grave *adj.* רְצִינִי; חָמוּר, כָּבֵד
grave *n.* קֶבֶר
grave digger *n.* קַבְּרָן
grave stone *n.* מַצֵּבָה (על קבר)
grave yard *n.* בֵּית קְבָרוֹת
gravel *n.* חָצָץ; אַבְנִית
gravely *adv.* בִּרְצִינוּת, בְּכוֹבֶד רֹאשׁ
graven image *n.* פֶּסֶל, אֱלִיל
gravitate *v.* נִמְשַׁךְ; נָע מִכּוֹחַ־הַמְּשִׁיכָה
gravitation *n.* כּוֹחַ־הַכּוֹבֶד, כְּבִידָה
gravity *n.* כּוֹחַ־הַמְּשִׁיכָה; רְצִינוּת, חוּמְרָה
gravure *n.* פִּיתּוּחַ, גִּילוּף; הֶדְפֵּס פִּיתּוּחַ
gravy *n.* רוֹטֶב בָּשָׂר
gray, grey *adj., n.* אָפוֹר; עָגוּם
gray beard *n.* זָקֵן
gray-eyed *adj.* אֲפוֹר־עֵינַיִים
gray-haired *adj.* כְּסוּף שֵׂעָר
gray-headed *adj.* כְּסוּף־רֹאשׁ
gray matter *n.* (דיבורית) שֵׂכֶל, חוֹמֶר אָפוֹר
grayhound *n.* כֶּלֶב־צַיִד (רזה ומהיר)
grayish *adj.* אֲפַרְפַּר
graze *v.* רָעָה; הוֹצִיא לַמִּרְעֶה; הִתְחַכֵּךְ
grease *n.* שׁוּמָּן; שֶׁמֶן־סִיכָה
grease *v.* מָשַׁח, סָךְ
grease-gun *n.* מַזְרֵק לְמִשְׁחַת־סִיכָה
grease-paint *n.* מִשְׁחַת־צֶבַע (לאיפור שחקנים)
greasy *adj.* מְשׁוּמָּן, מְלוּכְלָךְ
great *adj.* גָּדוֹל; רַב; נַעֲלֶה
great aunt *n.* דוֹדַת הָאָב (אוֹ הָאֵם)
great grandchild *n.* נִין, בֶּן שִׁילֵּשׁ
great granddaughter *n.* נִינָה, בַּת שִׁילֵּשָׁה
great grandfather *n.* אָב שִׁילֵּשׁ
great grandmother *n.* אֵם שִׁילֵּשָׁה
great grandparent *n.* הוֹרֶה שִׁילֵּשׁ
great nephew *n.* בֶּן הָאַחְיָין
great niece *n.* בַּת הָאַחְיָין
great uncle *n.* דוֹד־סָב
greatly *adv.* בְּמִידָה רַבָּה, מְאוֹד, הַרְבֵּה
Grecian *adj., n.* יְוָנִי
Greece *n.* יָוָן
greed *n.* חֶמְדָּה; גַּרְגְּרָנוּת
greedy *adj.* תַּאַוְותָן; זוֹלֵל
Greek *adj., n.* יְוָנִי; (שפה) יְוָנִית
green *adj.* יָרוֹק; לֹא בָּשֵׁל; טִירוֹן
green *n.* צֶבַע יָרוֹק; מִדְשָׁאָה
green *v.* הוֹרִיק; כּוּסָּה דֶּשֶׁא
green corn *n.* תִּירָס מָתוֹק
green-eyed *adj.* קַנָּאִי
green-room *n.* חֲדַר מְנוּחָה (לשחקנים בתיאטרון)
green thumb *n.* יוֹדֵעַ גִּינּוּן
green vegetables *n.pl.* יְרָקוֹת
greenback *n.* יָרוֹק (דולאר)
greenery *n.* יֶרֶק; חֲמָמָה
greengrocer *n.* יַרְקָן
greengrocery *n.* חֲנוּת יְרָקוֹת
greenhorn *n.* יָרוֹק, טִירוֹן
greenhouse *n.* חֲמָמָה; מִשְׁתָּלָה
greenish *adj.* יְרַקְרַק
greens *n.pl.* יְרָקוֹת
greet *v.* בֵּירֵךְ, דָּרַשׁ בִּשְׁלוֹם
greeting *n.* בְּרָכָה, דָּ"שׁ
greeting card *n.* כַּרְטִיס בְּרָכָה
gregarious *adj.* עֶדְרִי; חַבְרוּתִי
grenade *n.* רִימּוֹן (פצצה)
grenadier *n.* חַיָּיל גְּבַהּ קוֹמָה

grenadine *n.* גרֶנָדִין (אריג דק מְמֻשִׁי, זהורית או צמר)
grid *n.* סורֵג, רֶשֶׁת; מַצְלֶה, אַסְכָּלָה
griddle *n.* מַחְתָּה
griddlecake *n.* חֲרָרָה, רָקִיק
gridiron *n.* אַסְכָּלָה, מַצְלֶה
grief *n.* יָגוֹן, צַעַר
grievance *n.* תְּלוּנָה, טְרוּנְיָה
grieve *v.* הִתְאַבֵּל; צִיעֵר, הִכְאִיב
grievous *adj.* גורֵם צָרות; מֵעִיק
griffin, griffon *n.* גְרִיפִין (יצור אגדי, (נֶשֶׁר־אַריה)
grill *v.* צָלָה; הֵצִיק
grill *n.* גְרִיל, אַסְכָּלָה, מַצְלֶה; צָלִי
grille *n.* סְבָכָה, סורֵג
grim *adj.* זוֹעֵם; מַחֲרִיד; פִּרְאִי
grimace *n.* עִיווּי פָּנִים
grimace *v.* עִיוּוָה פָּנָיו
grime *n.* לִכְלוּך
grime *v.* לִכְלֵך
grimy *adj.* מְלוּכְלָך
grin *n.* חִיוּך
grin *v.* חִייֵך
grind *v.* טָחַן, שָׁחַק; הִשְׁחִיז; הִתְמִיד (בלימוד)
grind *n.* טְחִינָה; הַתְמָדָה; עֲבוֹדָה קָשָׁה
grinder *n.* טוחֵן; מַשְׁחֵזָה; שֵׁן טוחֶנֶת
grindstone *n.* אֶבֶן מַשְׁחֶזֶת
gringo *n.* (בין־דרום־אמריקנים) זָר
grip *n.* אֲחָז, תֶּפֶס; תְּפִיסָה; יָדִית
grip *v.* תָּפַס, אָחַז; צוֹדֵד
gripe *n.* תְּלוּנָה
gripe *v.* הִתְלוֹנֵן
grippe, grip *n.* שַׁפַּעַת
gripping *adj.* מְצוֹדֵד, מְרַתֵּק
grisly *adj.* מַבְעִית
grist *n.* בַּר, דָּגָן
gristle *n.* חַסְחוּס, סְחוּס
gristly *adj.* חַסְחוּסִי, סְחוּסִי
gristmill *n.* טַחֲנַת קֶמַח
grit *n.* גַרְגְרֵי אָבָק; גַרְגְרִים קָשִׁים
grit *v.* טָחַן; חָרַק (שיניים)
gritty *adj.* חוֹלִי, אֲבָקִי
grizzled, grizzly *adj.* אַפְרוּרִי; אֲפוֹר שֵׂעָר
groan *n.* אֲנָחָה, אֲנָקָה
groan *v.* נֶאֱנַח; נֶאֱנַק; גָּנַח
groats *n.pl.* גְרִיסִים, שִׁיבּוֹלֶת שׁוּעָל
grocer *n.* חֶנְוָנִי מַכּוֹלֶת
grocery *n.* חֲנוּת מַכּוֹלֶת; מִצְרְכֵי מַכּוֹלֶת
grog *n.* מֶזֶג, תַּמְזִיג
groggy *adj.* כּוֹשֵׁל; שָׁתוּי
groin *n.* מִפְשָׂעָה; אֲשָׁכִים
groom *n.* חָתָן; סַיָּס
groom *v.* טִיפֵּל, נִיקָה, הִידֵּר
groomsman *n.* שׁוֹשְׁבִין הֶחָתָן
groove *n.* חָרִיץ
groove *v.* עָשָׂה חָרִיץ
grope *v.* מִישֵּׁשׁ, גִישֵּׁשׁ, חִיפֵּשׂ
gross *n.* תְּרֵיסַר תְּרֵיסָרִים (144)
gross *adj.* גָדוֹל; מְגוּשָׁם; בְּרוּטוֹ
gross national product *n.* הַמּוּצָר הַלְּאוּמִי הַכּוֹלֵל
gross profit *n.* רֶוַח גוֹלְמִי
gross weight *n.* מִשְׁקָל בְּרוּטוֹ
grossly *adv.* בְּצוּרָה גַסָּה
grossness *n.* גַסּוּת, הֲמוֹנִיּוּת, מְגוּדָּלוּת
grotesque *n., adj.* דְמוּת מוּזָרָה; מְשׁוּנֶּה; גְרוֹטֶסְקִי
grotto *n.* מְעָרָה (בייחוד מלאכותית)
grouch *v.* הָיָה מְמוּרְמָר, רָטַן

grouch *n.* רִישּוּן, הִתְמַרְמְרוּת
grouchy *adj.* נוֹחַ לִכְעוֹס, מְקַטֵר
ground *n.* אֲדָמָה, קַרְקַע; תַּחְתִּית; בָּסִיס, סִיבָּה; אַרְקָה (בחשמל)
ground *adj.* קַרְקָעִי; מְקוּרְקָע
ground *v.* בִּיסֵס; הָאֱרִיק (בחשמל); קִרְקַע (טייס, מטוס)
ground connection *n.* תַּיִל מַאֲרִיק
ground crew *n.* צְווֹת קַרְקַע
ground floor *n.* קוֹמַת קַרְקַע
ground glass *n.* זְכוּכִית דֵיהָה
ground lead *n.* תַּיִל מַאֲרִיק
ground swell *n.* סְעָרַת רַעַש (בים)
ground troops *n.pl.* חֵיל יַבָּשָׁה
ground wire *n.* תַּיִל מַאֲרִיק
grounder *n.* כַּדּוּר מִתְגַלְגֵל
groundless *adj.* חֲסַר יְסוֹד
groundplan *n.* תָּכְנִית בִּנְיָן
groundwork *n.* יְסוֹד, מַסָּד
group *n.* קְבוּצָה, לַהֲקָה; אוֹסֶף
group *v.* קִיבֵּץ, אִיגֵד; הִתְקַבֵּץ; סִיוּוּג, הִקְבִּיץ
grouping *n.* הַקְבָּצָה, סִיוּוג לִקְבוּצוֹת
grouse *n.* תַּרְנְגוֹל־בָּר; רַטְנָן
grouse *v.* רָטַן; הִתְלוֹנֵן
grove *n.* חוּרְשָׁה; שְׂדֵרָה
grovel *v.* זָחַל, הִתְרַפֵּס
grow *v.* גִידֵל; הִצְמִיחַ; גָדַל; צָמַח
growing child *n.* יֶלֶד גָדֵל
growl *v.* נָהַם, רָטַן; הִתְלוֹנֵן
grown-up *adj., n.* מְבוּגָר
growth *n.* גִידּוּל, צְמִיחָה
grub *n.* חִיפּוּשִׁית, רֶמֶשׂ; מָזוֹן
grub *v.* חָפַר; שֵׁירֵשׁ; עָמַל
grubby *adj.* שׁוֹרֵץ רְמָשִׂים; מְלוּכְלָךְ
grudge *v.* קִינֵּא בּ; נָתַן שֶׁלֹּא בִּרְצוֹן
grudge *n.* טִינָה, אֵיבָה
grudgingly *adv.* בְּלִי חֶמְדָּה; בְּעַיִן צָרָה
gruel *n.* דַיְיסָה (דלילה)
gruel *v.* נִיצֵּל; הִתְעַמֵּר בּ
gruesome *adj.* אָיוֹם, מַבְעִית, מַחְרִיד; נִתְעָב
gruff *adj.* זוֹעֵף; גַס; חֲסַר סַבְלָנוּת
grumble *v.* הִתְלוֹנֵן; רָטַן
grumble *n.* נְהִימָה, רִישּוּן
grumpy *adj.* נוֹחַ לִכְעוֹס, זוֹעֵף
grunt *n.* נְחִירָה, נַחֲרָה
grunt *v.* נָחַר, נָאַק
G-string *n.* (במוסיקה) מֵיתַר־סוֹל; כִּיסּוּי מוֹתְנַיִים (של חשפנית)
guarantee *n.* עֲרֻבּוּת, אַחֲרָיוּת
guarantee *v.* עָרַב לְ; הִבְטִיחַ
guarantor *n.* עָרֵב
guaranty *n.* אַחֲרָיוּת; עַרְבוּת; מַשְׁכּוֹן
guard *v.* שָׁמַר; הִשְׁגִיחַ עַל
guard *n.* מִשְׁמָר; שׁוֹמֵר
guard-rail *n.* מַעֲקָה
guardhouse *n.* בֵּית־מִשְׁמָר
guardian *n., adj.* שׁוֹמֵר; אַפִּיטְרוֹפּוֹס
guardianship *n.* אַפִּיטְרוֹפּוֹסוּת, פִּיקּוּחַ
guardroom *n.* חֲדַר הַמִּשְׁמָר
guardsman *n.* זָקִיף, שׁוֹמֵר
guava *n.* גוּאָוָה (פרי טרופי)
gubernatorial *adj.* שֶׁל הַמּוֹשֵׁל
guerrilla, guerilla *n.* לוֹחֵם־גֵרִילָה; מִלְחָמָה זְעִירָה
guerrilla warfare *n.* לוֹחֶמֶת גֵרִילָה
guess *v.* שִׁיעֵר, נִיחֵשׁ
guess *n.* הַשְׁעָרָה, נִיחוּשׁ
guesswork *n.* הַשְׁעָרָה, נִיחוּשׁ
guest *n.* אוֹרֵחַ

guest book *n.* סֵפֶר הָאוֹרְחִים
guest house *n.* בֵּית הַאֲרָחָה, מְלוֹן אוֹרְחִים
guffaw *n.* תְּרוּעַת צְחוֹק
guffaw *v.* צָחַק צְחוֹק גַס
guidance *n.* הַדְרָכָה, הַנְחָיָה
guide *n.* מַדְרִיךְ; מַנְחֶה; סֵפֶר הַדְרָכָה
guide *v.* הִנְחָה, הִדְרִיךְ
guide dog *n.* כֶּלֶב לְוַואי
guideboard *n.* לוּחַ הוֹרָאוֹת
guidebook *n.* מַדְרִיךְ
guided missile *n.* טִיל מוּנְחָה
guideline *n.* קַו מַנְחֶה
guidepost *n.* תַּמְרוּר דְרָכִים
guild *n.* גִילְדָה, אֲגוּדָה מִקְצוֹעִית
guilder *n.* זָהוּב, גִילְדֶר (יחידת מטבע בהולנד)
guildhall *n.* בִּנְיַן הָעִירִיָּה
guile *n.* עוֹרְמָה, תַּחְבּוּלָה
guileful *adj.* מָלֵא עוֹרְמָה
guileless *adj.* תָּמִים, יָשָׁר
guillotine *n.,v.* גִילְיוֹטִינָה; עָרַף רֹאשׁ
guilt *n.* אַשְׁמָה
guiltless *adj.* חַף מִפֶּשַׁע
guilty *adj.* אָשֵׁם, חַיָּיב
guinea *n.* גִינִי (מטבע, 21 שילינג אנגליים)
guinea-fowl, guinea-hen *n.* פְּנִינִיָּה (תרנגול בית)
guinea-pig *n.* חֲזִיר־יָם
guise *n.* צוּרָה, מַרְאֶה; מַסְוֶה
guitar *n.* גִיטָרָה
guitarist *n.* גִיטָרָן
gulch *n.* גַיְא, עָרוּץ
gulf *n.* מִפְרָץ, לְשׁוֹן־יָם; פַּעַר
gulf *v.* בָּלַע כִּתְהוֹם

gull *n.* שַׁחַף (עוף ים)
gull *v.* רִימָּה; פִּיתָּה
gullet *n.* וֶשֶׁט, בֵּית הַבְּלִיעָה
gullible *adj.* פֶּתִי, שֶׁקַל לְרַמּוֹתוֹ
gully *n.* עָרוּץ; תְּעָלָה
gulp *v.* בָּלַע בְּחִיפָּזוֹן
gulp *n.* בְּלִיעָה; לְגִימָה גְדוֹלָה
gum *n.* גוּמִי; חֲנִיכַיִים
gum *v.* הִדְבִּיק
gumdrop *n.* מַמְתָּק קָשֶׁה וְשָׁקוּף
gummy *adj.* דָבִיק, מָרוּחַ בְּדֶבֶק
gumption *n.* תּוּשִׁיָּה, יוֹזְמָה, שֵׂכֶל יָשָׁר
gun *n.* רוֹבֶה; אֶקְדָח; תּוֹתָח
gun *v.* יָרָה; רָדַף (כדי להרוג)
gun-carriage *n.* תּוֹשֶׁבֶת־תּוֹתָח
gunboat *n.* סְפִינַת־תּוֹתָחִים (בנהרות)
gunfire *n.* אֵשׁ תּוֹתָחִים
gunman *n.* (פּוֹשֵׁעַ) חָמוּשׁ, אוֹחֵז בְּנֶשֶׁק
gunner *n.* תּוֹתְחָן; (באונייה) קְצִין תּוֹתָחִים
gunnery *n.* תּוֹתְחָנוּת
gunny *n.* בַּד שַׂקִּים
gunpowder *n.* אֲבַק־שְׂרֵיפָה
gunrunner *n.* מַבְרִיחַ נֶשֶׁק
gunshot *n.* טְוַוח יְרִי
gunsmith *n.* נַשָּׁק, חָרַשׁ כְּלֵי נֶשֶׁק
guppy *n.* גוּפִּי (דג אקווריון צבעוני)
gurgle *v.* בִּעְבֵּעַ, בִּקְבֵּק
gurgle *n.* בִּעְבּוּעַ, בִּקְבּוּק
guru *n.* גוּרוּ (בהודו: מורה דת או מנהיג פולחן דתי)
gush *n.* שֶׁטֶף, זֶרֶם
gush *v.* הִשְׁתַּפֵּךְ; דִיבֵּר בְּשֶׁטֶף
gusher *n.* בְּאֵר נֵפְט
gushing *adj.* פּוֹרֵץ
gushy *adj.* מִשְׁתַּפֵּךְ; מִתְרַגֵּשׁ
gust *n.* פֶּרֶץ רוּחַ, מַשַּׁב

gustation *n.* טְעִימָה; חוּשׁ הַטַּעַם
gusto *n.* הֲנָאָה, תַּעֲנוּג, חֵשֶׁק רַב
gusty *adj.* סוֹעֵר
gut *n.* מֵעַיִים, קְרָבַיִים; עוֹר הַמֵּעַיִים; תְּעָלַת מַיִם
gut *v.* הֵסִיר מֵעַיִים; שָׁדַד; הָרַס
guts *n.pl.* מֵעַיִים; אוֹמֶץ־לֵב, 'דָם'
gutter *n.* מַזְחִילָה (בגג), מַרְזֵב
gutter *v.* נָמֵס טִיפּוֹת־טִיפּוֹת; תִּיעֵל
gutter-press *n.* עִיתּוֹנוּת זוֹלָה
gutter snipe *n.* יֶלֶד רְחוֹב מוּזְנָח
guttural *adj.* גְּרוֹנִי, שֶׁל הַגָּרוֹן; צָרוּד; חִיכִּי
guttural *n.* הֲגָה גְּרוֹנִי
guy *n.* בָּחוּר, בַּרְנָשׁ; אָדָם מוּזָר
guy *v.* הִיתֵּל בּ
guy rope *n.* חֶבֶל־חִיזּוּק
guzzle *v.* זָלַל, סָבָא
guzzle *n.* סְבִיאָה, זְלִילָה
gym *n.* אוּלַם הִתְעַמְּלוּת
gymnasium *n.* גִּימְנַסְיָה; אוּלַם הִתְעַמְּלוּת
gymnast *n.* מְאוּמָּן בְּהִתְעַמְּלוּת
gynecologist *n.* גִּינֵקוֹלוֹג (רופא למחלות נשים)
gyp *n.* רַמָּאוּת
gyp *v.* רִימָּה, הוֹנָה
gypsum *n.* גֶּבֶס
gypsy, gipsy *n.* צוֹעֲנִי; לְשׁוֹן הַצּוֹעֲנִים
gyrate *v., adj.* סָבַב; מִתְפַּתֵּל
gyroscope *n.* גִּירוֹסְקוֹפּ (מכשיר לייצוב אוניות ומטוסים)

H

ha! *interj.* הָא! (קריאה להבעת שמחה)
habeas corpus *n.* הַבֵּאַס קוֹרְפּוּס, צַו הֲבָאָה (צו בית משפט להביא אדם לפני השופט)
haberdasher *n.* מוֹכֵר בִּגְדֵי גְבָרִים; מוֹכֵר סִדְקִית
haberdashery *n.* חֲנוּת סִדְקִית; חֲנוּת בִּגְדֵי גְבָרִים
habit *n.* מִנְהָג, הֶרְגֵל; תִּלְבּוֹשֶׁת
habitat *n.* מָעוֹן טִבְעִי (של בע"ח או צמח); מִשְׁכָּן
habitation *n.* מִשְׁכָּן; הִשְׁתַּכְּנוּת
habit forming *adj.* הוֹפֵךְ לְהֶרְגֵל; (לגבי סם) גּוֹרֵם הִתְמַכְּרוּת
habitual *adj.* נָהוּג; קָבוּעַ
habitué *n.* מְבַקֵּר קָבוּעַ
hacienda *n.* אֲחוּזָה; מֶשֶׁק כַּפְרִי
hack *v.* בִּיקֵּעַ; הִכָּה בְּיָרֵךְ; שִׁיבֵּב
hack *n.* חָרִיץ, בְּקִיעַ; מַהֲלוּמָה
hack man *n.* עֶגְלוֹן; נַהַג מוֹנִית
hackney *n.* סוּס רְכִיבָה
hackney *adj.* שָׂכוּר, עוֹמֵד לִשְׂכִירָה
hackneyed *adj.* נָדוֹשׁ
hacksaw, hack saw *n.* מַסּוֹר מַתֶּכֶת
hackwork *n.* עֲבוֹדַת כְּתִיבָה (הנעשית כלאחר יד)
haddock *n.* חֲמוֹר־יָם (דג)
Hades *n.* שְׁאוֹל (מקום רוחות המתים)
haft *n.* יָדִית
haft *v.* עָשָׂה יָדִית
hag *n.* זְקֵנָה בָּלָה
hah! *interj.* הָהּ! (קריאה להבעת שמחה)

haggada, aggada *n.* הַגָּדָה (של פסח, וגם דברים בספרות התלמודית שאינם הלכה)
haggard *adj., n.* רָזֶה, כָּחוּשׁ, שָׁחוּף
haggle *n.* הִתְמַקְּחוּת
haggle *v.* הִתְמַקֵּחַ
hagiography *n.* הַגְיוֹגְרַפְיָה (ספרי כתובים בתנ"ך)
hagiology *n.* הַגְיוֹלוֹגְיָה (ספרות הקדושים בנצרות)
hail *n.* בָּרָד; קְרִיאַת שָׁלוֹם
hail *v.* קָרָא ל; בֵּירֵךְ לְשָׁלוֹם
hail *interj.* הֵידָד!
hailstone *n.* אֶבֶן־בָּרָד
hailstorm *n.* סוּפַת בָּרָד
hair *n.* שַׂעֲרָה; שֵׂעָר
hairbreadth *n., adj.* חוּט הַשַּׂעֲרָה
hairbrush *n.* מִשְׂעֶרֶת, מִבְרֶשֶׁת
haircut *n.* תִּסְפּוֹרֶת
hair-do *n.* תִּסְרוֹקֶת
hairdresser *n.* סַפָּר, סַפַּר נָשִׁים
hair dye *n.* צֶבַע שֵׂעָר
hairless *adj.* חֲסַר שֵׂעָר
hairnet *n.* רֶשֶׁת שֵׂעָר
hairpin *n.* סִיכַּת רֹאשׁ, מַכְבֵּנָה
hair-raising *adj.* מְסַמֵּר שֵׂעָר
hair-shirt *n.* כְּתוֹנֶת שֵׂעָר
hair-style *n.* תִּסְרוֹקֶת
hairsplitting *adj., n.* קַפְדָנִי, נוֹקְדָנִי; פִּלְפּוּל
hairspring *n.* קְפִיץ נִימִי
hairy *adj.* שָׂעִיר; שֶׁל שֵׂעָר
hake *n.* בַּקָּלָה (דג מאכל)

halcyon days *n. pl.* יְמֵי שֶׁקֶט, יְמֵי שַׁלְוָוה
hale *adj.* בָּרִיא, חָזָק
hale *v.* מָשַׁךְ, גָּרַר
half *n., adj., adv.* חֲצִי, מַחֲצִית
half-and-half *adj., adv.* חֵלֶק כְּחֵלֶק
half back *n.* רָץ (בכדורגל)
half-baked *adj.* לֹא בָּשֵׁל, אָפוּי לְמֶחֱצָה
half-binding *n.* כְּרִיכַת חֲצִי־עוֹר
half-blood *n.* קִרְבָה חוֹרֶגֶת (של שניים בני הורה אחד)
half-boot *n.* נַעַל חֲצָאִית
half-bound *adj.* כָּרוּךְ חֲצִי־עוֹר
half-breed *adj.* בֶּן־תַּעֲרוֹבֶת; בֶּן כִּלְאַיִים (בע"ח או צמח)
half-brother *n.* אָח חוֹרֵג
half-cocked *adj.* חֲסַר הֲבָנָה מַסְפֶּקֶת
half-hearted *adj.* בְּלֹא חֶמְדָּה
half-hose *n.* גַּרְבַּיִים קְצָרִים
half-hour *adj., adv.* הַנִּמְשָׁךְ חֲצִי שָׁעָה; בְּכָל חֲצִי שָׁעָה
half-length *adj.* בַּחֲצִי הָאוֹרֶךְ
half-mast *adj., n.* (דֶּגֶל) (לַ)חֲצִי הַתּוֹרֶן.
half-mourning *n.* הֲקַלַּת הָאֵבֶל
half pint *n.* חֲצִי פַּיְינְט; (דיבורית) נַנָּס
half-sister *n.* אָחוֹת חוֹרֶגֶת
half-staff *n.* חֲצִי הַתּוֹרֶן
half-timbered *adj.* בָּנוּי חֲצִי עֵץ
half-time *n.* הַמַּחֲצִית (במשחקי ספורט), חֲצִי מִשְׂרָה, חֲצִי יוֹם עֲבוֹדָה
half-title *n.* שֵׁם מְקוּצָּר (של ספר, לפני השער), חֲצִי כּוֹתֶר
half-tone *n.* גְּלוּפַת־רֶשֶׁת
half-track *n., adj.* חֲצִי זַחַל (בשריון)
half-witted *adj.* מְטוּמְטָם
halibut *n.* דַּג־הַפּוּטִית (שטוח)
halitosis *n.* בּוֹאֶשֶׁת הַנְּשִׁימָה
hall *n.* אוּלָם; פְּרוֹזְדוֹר
hallelujah, halleluiah *interj., n.* הַלְלוּיָהּ; מִזְמוֹר
hallmark *n.* סִימָן לְטִיב מְעוּלֶּה
hallo(a) *interj.* הַלוֹ!
hallow *v.* קִידֵּשׁ, עָשָׂה קָדוֹשׁ
hallowed *adj.* מְקוּדָּשׁ
Halloween, Hallowe'en *n.* 'לֵיל כָּל הַקְּדוֹשִׁים' (חג נוצרי)
hallucination *n.* הָלוּצִינַצְיָה, מַחֲזֵה שָׁוְא, הֲזָיָה
hallucinogenic *adj.* (סם או חומר) גּוֹרֵם לַהֲזָיוֹת
hallway *n.* מִסְדְּרוֹן
halo *n.* הִילָה
halogen *n.* הַלוֹגֶן (יסוד כימי בצורת מלח)
halt *adj., n.* צוֹלֵעַ; פָּגוּם; חֲנִיָּה; עֲצִירָה.
halt *interj.* עֲצוֹר! עִצְרוּ!
halt *v.* עָצַר; נֶעֱצַר; פָּסַק מ
halter *n.* אַפְסָר; חֶבֶל תְּלִיָּיה
halve *v.* חָצָה (לִשְׁנַיִים), צִמְצֵם לַחֲצִי
halves *pl.of* **half** חֲצָאִים
ham *n.* יֶרֶךְ חֲזִיר (מיובש או מעושן); שַׂחְקָן רַע; בְּשַׂר הָעָרְקָב
hamburger *n.* כְּרִיךְ בָּשָׂר קְצִיצַת בָּשָׂר
Hamitic *adj.* חָמִי, שֶׁל חָם (לגבי מספר לשונות אפרואסייתיות)
hamlet *n.* כְּפָר קָטָן
hammer *n.* פַּטִּישׁ, פַּטִּישׁ עֵץ
hammer *v.* הָלַם בְּכוֹחַ; חִישֵּׁל; עָמַל
hammock *n.* עַרְסָל

hamper *n.* סַל־אֲרִיזָה
hamper *v.* עִיכֵּב; הִפְרִיעַ
hamster *n.* אוֹגֵר (סוג עכבר)
hamstring *n., v.* גִּיד (שמאחורי הברך); חָתַךְ אֶת גִּיד הַבֶּרֶךְ
hand *n.* יָד; צַד; מָחוֹג; פּוֹעֵל; עֶזְרָה
hand *v.* מָסַר
hand baggage *n.* זְוָד יָד
hand-control *n.* בֶּלֶם יָד
hand-grenade *n.* רִימּוֹן יָד מִתְפּוֹצֵץ
hand-me-down *n.* בֶּגֶד מְשׁוּמָּשׁ
hand-organ *n.* עוּגַב יָד, תֵּיבַת נְגִינָה
hand-picked *adj.* נִבְחָר (למשימה)
hand-to-hand *adj.* בִּקְרָב מַגָּע
hand-to-mouth *adj.* מֵהַיָּד אֶל הַפֶּה
handbag *n.* תִּיק
handbill *n.* עָלוֹן פִּרְסוּם
handbook *n.* סֵפֶר־עֵזֶר
handbreadth *n.* מִידַּת רוֹחַב יָד
handcart *n.* מְרִיצָה
handcuff *v.* אָסַר בַּאֲזִיקִּים
handcuffs *n. pl.* אֲזִיקִּים
handful *n.* קוֹמֶץ, מְלוֹא חוֹפֶן
handicap *v.* הִקְשָׁה, הִכְבִּיד
handicap *n.* מִקְדָּם; מִכְשׁוֹל
handicraft *n.* אוּמָּנוּת; עֲבוֹדַת יָדַיִים
handiwork *n.* מְלֶאכֶת יָד
handkerchief *n.* מִמְחָטָה
handle *n.* יָדִית
handle *v.* טִיפֵּל, הִשְׁתַּמֵּשׁ בַּיָּד; סִידֵּר
handle-bar *n.* הָגֶה (באופניים)
handler *n.* עוֹסֵק, מְטַפֵּל
handmade *adj.* עֲבוֹדַת־יָד
handmade *adj.* נַעֲשָׂה בַּיָּד (לא במכונה)
handout *n.* נְדָבָה (אוכל או כסף)
handrail *n.* מַעֲקֶה
handsaw *n.* מַסּוֹר יָד
handset *n.* שְׁפוֹפֶרֶת טֶלֶפוֹן
handshake *n.* לְחִיצַת יָד
handsome *adj.* יָפֶה, נָאֶה
handspring *n.* הִיפּוּךְ (אַקרוֹבּטי)
handwork *n.* עֲבוֹדַת יָדַיִים
handwriting *n.* כְּתָב, כְּתִיבָה
handy *adj., adv.* נוֹחַ; זָמִין; שִׁימּוּשִׁי
handy-man *n.* יָדוֹ בַּכּוֹל, אוּמָּן לְכָל מְלָאכָה
hang *n.* תְּלִיָּיה, אוֹפֶן הַתְּלִיָּיה
hang *v.* תָּלָה; הָיָה תָּלוּי
hangar *n.* מוּסַךְ מְטוֹסִים
hanger *n.* קוֹלָב; (אדם) תּוֹלֶה
hanger-on *n.* גָּרוּר, תָּלוּי, נִלְוֶוה
hanging *n.* תְּלִיָּיה; הַשְׁהָיָה
hangman *n.* תַּלְיָין
hangnail *n.* דִּלְדּוּל צִיפּוֹרֶן (פיסת עור רפה ליד הציפורן)
hangout *n.* (דיבּוּרית) מְקוֹם מְגוּרִים
hangover *n.* שְׁאֵרִית, יְרוּשָּׁה; דַּכְדֶּכֶת, כְּאֵב רֹאשׁ
hank *n.* סְלִיל (חוטים)
hanker *v.* הִשְׁתּוֹקֵק ל
hanky *n.* מִמְחָטָה
hanky-panky, hankey-pankey *n.* עוֹרְמָה, תְּכָכִים
hansom (cab) *n.* כִּרְכָּרָה (של 2 גלגלים)
haphazard *adj., adv.* מִקְרִי, אַקְרָאִי; בְּאַקְרַאי
hapless *adj.* רַע־מַזָּל, מִסְכֵּן
haply *adv.* אוּלַי
happen *v.* אֵירַע, קָרָה
happening *n.* מִקְרֶה, מְאוֹרָע; חָוְיוֹן, אֵירָעוֹן

happily *adv.* בְּשִׂמְחָה, בְּאוֹשֶׁר
happiness *n.* אוֹשֶׁר, שִׂמְחָה
happy *adj.* מְאוּשָּׁר, שָׂמֵחַ, בַּר מַזָּל
happy-go-lucky *adj.* חֲסַר־דְּאָגָה
Happy New Year *interj.* שָׁנָה טוֹבָה!
hara-kiri *n.* חָרָקִירִי (התאבדות מסורתית יפאנית)
harangue *n.* נְאוּם אָרוֹךְ וְצַעֲקָנִי
harangue *v.* נָאַם (כנ"ל)
harass *v.* הִטְרִיד, הֵצִיק
harbinger *n.* מְבַשֵּׂר
harbinger *v.* בִּישֵּׂר, שִׁימֵּשׁ כָּרוֹז
harbor *n.* חוֹף, מַחְסֶה, נָמֵל
harbor *v.* עָגַן (בנמל), נָתַן מַחְסֶה, נָטַר (אֵיבָה)
hard *adj., adv* קָשֶׁה, נוּקְשֶׁה; בְּכָל הַכּוֹחַ.
hard-bitten *adj.* נוּקְשֶׁה; עַקְשָׁן
hard-boiled *adj.* (ביצה) קָשָׁה
hard cash *n.* מְזוּמָּנִים
hard-earned *adj.* שֶׁהוּשַּׂג בְּעָמָל
hard-fought *adj.* שֶׁהוּשַּׂג בְּמִלְחָמָה קָשָׁה
hard-hearted *adj.* קְשׁוּחַ, חֲסַר רֶגֶשׁ
hard-luck *n.* מַזָּל רַע (שלא מגיע)
hard-pressed *adj.* לָחוּץ
hard to please *adj.* קָשֶׁה לְרַצּוֹת
hard-up *adj.* נִזְקָק לְכֶסֶף, בִּמְצוּקָה כַּסְפִּית
hard-won *adj.* שֶׁהוּשַּׂג בְּעָמָל
harden *v.* הִקְשָׁה; חִיסֵּן; הִתְקַשָּׁה; קָשַׁח
hardening *n.* הַקְשָׁחָה
hardheaded *adj.* חֲזַק אוֹפִי, מַעֲשִׂי
hardihood *n.* עַזּוּת
hardiness *n.* נוּקְשׁוּת, כּוֹחַ עֲמִידָה
hardly *adv.* כִּמְעַט שֶׁלֹּא; בְּקוֹשִׁי
hardness *n.* קַשְׁיוּת, נוּקְשׁוּת
hardpan *n.* נָזָז (שכבת קרקע אטומה למים)
hardship *n.* מְצוּקָה, סֵבֶל
hardtack *n.* מַרְקוֹעַ (קָשֶׁה של ימאים)
hardware *n.* כְּלֵי־מַתֶּכֶת
hardwood *n.* עֵץ קָשֶׁה
hardy *adj.* אֵיתָן, חָסוֹן; עָמִיד
hare *n.* אַרְנֶבֶת, אַרְנָב
harebrained *adj.* פָּזִיז, נִמְהָר
harelip *n.* שָׂפָה שְׁסוּעָה, שְׂפַת אַרְנֶבֶת
harem *n.* הַרְמוֹן
haricot *n.* שְׁעוּעִית הַגִּינָּה
hark *v.* הֶאֱזִין, הִקְשִׁיב
harken *v.* הֶאֱזִין
harlequin *n.* בַּדְחָן, מוּקְיוֹן
harlot *n.* יַצְאָנִית, זוֹנָה
harm *n.* נֶזֶק, חַבָּלָה; רָעָה
harm *v.* הִזִּיק; הֵרַע ל
harmful *adj.* מַזִּיק; גּוֹרֵם נֶזֶק
harmless *adj.* לא יָכוֹל לְהַזִּיק
harmonic *n., adj.* (צליל) הַרְמוֹנִי
harmonica *n.* מַפּוּחִית־פֶּה
harmonious *adj.* נָעִים, עָרֵב, הַרְמוֹנִי
harmonize *v.* הִתְאִים, הִרְמֵן; הִתְמַזֵּג בְּצוּרָה נָאָה
harmony *n.* הַתְאָמָה, הַרְמוֹנְיָה
harness *n., v.* רִתְמָה; רָתַם
harp *n.* נֵבֶל
harpist *n.* פּוֹרֵט בְּנֵבֶל, נֵבְלַאי
harpoon *n., v.* צִלְצָל; הֵטִיל צִלְצָל
harpsichord *n.* צֶ'מְבָּלוֹ
harpy *n.* חַמְסָן, טוֹרֵף; אִשָּׁה קְשׁוּחָה
harrow *n.* מַשְׂדֵּדָה

harrow *v.* שִׂידֵּד; הֵצִיק, הֶחֱרִיד
harrowing *adj.* מַחֲרִיד, מְזַעְזֵעַ
harry *v.* פָּשַׁט (לשם ביזה), הֵצִיק, עִינָּה
harsh *adj.* אַכְזָרִי; גַּס; צוֹרֵם
hart *n.* אַיָּל
harum-scarum *adj., n., adv.* פָּזִיז וְנִמְהָר, פּוֹחֵז; בִּפְרָאוּת
harvest *n.* יְבוּל, קָצִיר, אָסִיף
harvest *v.* קָצַר, בָּצַר, קָטַף
harvester *n.* קוֹצֵר, בּוֹצֵר, קוֹטֵף
harvest home *n.* חַג סִיּוּם הָאָסִיף
has-been *n.* מִי אוֹ מַה שֶּׁהָיָה
hash *v.* רִיסֵּק, קִיצֵּץ
hash *n.* תַּבְשִׁיל מְרוּסָּק; בְּלִיל; חֲשִׁישׁ
hashish, hasheesh *n.* חֲשִׁישׁ
hassle *n.* וִיכּוּחַ, רִיב
hassock *n.* כָּרִית (לברכיים)
haste *n., v.* חִיפָּזוֹן, בְּהִילוּת; מִיהֵר, נֶחְפַּז
hasten *v.* הֵחִישׁ, זֵירֵז; מִיהֵר
hasty *adj.* חָטוּף, מָהִיר, מְזוֹרָז, נֶחְפָּז
hat *n.* כּוֹבַע, מִגְבַּעַת
hat-check girl *n.* עוֹבֶדֶת מֶלְתָּחָה
hatband *n.* סֶרֶט סְבִיב כּוֹבַע
hatch *v.* הִדְגִּיר; דָּגַר; הֵגִיחַ מִקְּלִיפָּתוֹ; זָמַם
hatch *n.* דְּגִירָה; בְּקִיעָה מִקְּלִיפָּה
hatchet *n.* גַּרְזֶן (קצר ידית)
hatchway *n.* כַּוָּוה (בסיפון אונייה)
hate *n.* שִׂנְאָה
hate *v.* שָׂנֵא; (בדיבור) הִצְטַעֵר מְאוֹד
hateful *adj.* שָׂנוּי, שָׂנוּא
hatpin *n.* סִיכַּת כּוֹבַע (לנשים להצמדת הַשֵּׂעָר)
hatrack *n.* קוֹלָב לְכוֹבָעִים
hatred *n.* שִׂנְאָה

hatter *n.* כּוֹבְעָן
haughtiness *n.* גַּאֲוָוה, יוּהֲרָה
haughty *adj.* יָהִיר, רַבְרְבָן
haul *v.* מָשַׁךְ, גָּרַר, הוֹבִיל
haul *n.* מְשִׁיכָה, סְחִיבָה; שָׁלָל
haunch *n.* מוֹתֶן, מוֹתְנַיִים
haunt *n.* מָקוֹם שֶׁמַּרְבִּים לְבַקֵּר; מְאוּרָה
haunt *v.* הוֹפִיעַ כְּרוּחַ; הֵצִיק; בִּיקֵּר תְּכוּפוֹת
haunted house *n.* בֵּית רוּחוֹת
haute couture *n.* גְּדוֹלֵי אוֹפְנָאֵי הַנָּשִׁים; הָאוֹפְנָה שֶׁלָּהֶם
hauteur *n.* יוּהֲרָה, שַׁחְצָנוּת
have *v.* הָיָה ל (פועל קניין), (בהווה) יֵשׁ לְ; הָיָה בְּ, הֵכִיל; הִשִּׂיג; נֶאֱלַץ
have *n.* בַּעַל רְכוּשׁ, עָשִׁיר
have-not *n.* עָנִי
haven *n.* נָמָל, חוֹף מִבְטָחִים; מִקְלָט
haversack *n.* תַּרְמִיל
havoc *n.* הֶרֶס, חוּרְבָּן
haw *n.* עוּזְרָד; הוֹאו (הבעת ספק)
haw *v.* מִלְמֵל 'הוֹאוּ'
haw-haw *n., interj.* הוֹ־הוֹ! (צחוק רם)
hawk *n.* נֵץ (גם בפוליטיקה)
hawk-eyed *adj.* חַד עַיִן
hawk *v.* דָּרַס כְּנֵץ
hawker *n.* רוֹכֵל
hawk's-bill *n.* מְקוֹר נֵץ
hawse *n.* בֵּית־הָעוֹגֶן
hawthorn *n.* עוּזְרָד (שיח בר)
hay *n.* חָצִיר, שַׁחַת; מִסְפּוֹא
hay-fever *n.* קַדַּחַת הַשַּׁחַת (נַזֶּלֶת קשה)
hayfield *n.* שְׂדֵה שַׁחַת
hayfork *n.* קִלְשׁוֹן
hayloft *n.* מַתְבֵּן

haymaker *n.* קוֹצֵר חָצִיר
haymow *n.* מַתְבֵּן; גוֹרֶן חָצִיר
hayrack *n.* אֵבוּס
hayrick *n.* עֲרֵימַת חָצִיר גְדוֹלָה
haystack *n.* עֲרֵימַת־שַׁחַת
haywire *n., adj.* תַּיִל (לקשירת חציר); תַּיִל שַׁחַת; מְקוּלְקָל (מכונה); מְבוּלְבָּל (אדם)
hazard *n.* סַכָּנָה, סִיכּוּן; מַזָּל
hazard *v.* סִיכֵּן; הִסְתַּכֵּן
hazardous *adj.* מְסוּכָּן; תָּלוּי בְּמַזָּל
haze *n.* אוֹבֶךְ; מְבוּכָה, עִרְפּוּל שִׂכְלִי
haze *v.* נַעֲשָׂה מְבוּלְבָּל, נִיטַשְׁטֵשׁ; הֶעֱמִיס עֲבוֹדָה; שִׁיטָּה בּ
hazel *n.* אִלְסָר (עץ)
hazel *adj.* חוּם־אֲדַמְדַם
hazelnut *n.* אִלְסָר (אגוז קטן עגלגל)
hazy *adj.* אָבִיךְ, מְעוּרְפָּל
H-bomb *n.* פְּצָצַת מֵימָן
he *n.* הוּא
he-goat *n.* תַּיִשׁ
he-man *n.* גְבַרְתָּן
head *n.* רֹאשׁ, קוֹדְקוֹד; שֵׂכֶל
head *adj.* רָאשִׁי
head *v.* עָמַד בְּרֹאשׁ
head-hunter *n.* צַיַּיד־רָאשִׁים (בשבט ילידים)
head office *n.* מִשְׂרָד רָאשִׁי
head-on *adj.* חֲזִיתִי, פָּנִים אֶל פָּנִים
head over heels כּוּלוֹ, מִכַּף רַגְלוֹ עַד קוֹדְקוֹדוֹ
headache *n.* כְּאֵב רֹאשׁ, דְאָגָה
headband *n.* סֶרֶט, שָׁבִיס
headboard *n.* לוּחַ מְרַאֲשׁוֹת
headdress *n.* כִּיסּוּי הָרֹאשׁ, קִישּׁוּט רֹאשׁ
header *n.* מַכַּת רֹאשׁ (בכדור)
headfirst *adv.* כְּשֶׁרֹאשׁוֹ לְפָנִים
headgear *n.* כּוֹבַע, כִּיסּוּי רֹאשׁ
heading *n.* נוֹשֵׂא, כּוֹתֶרֶת
headland *n.* כֵּף, שֵׁן סֶלַע
headless *adj.* נְטוּל רֹאשׁ, טִיפֵּשׁ; לְלֹא מַנְהִיג
headlight *n.* פַּנַּס גָדוֹל (בְּרֶכֶב)
headline *n.* כּוֹתֶרֶת
headliner *n.* עוֹרֵךְ לַיְלָה, קוֹבֵעַ כּוֹתָרוֹת
headlong *adv.* קָדִימָה, בָּרֹאשׁ; בִּפְזִיזוּת
headman *n.* מַנְהִיג, מוּכְתָּר
headmaster *n.* מְנַהֵל בֵּית סֵפֶר
headmost *adj.* הַקִּדְמִי בְּיוֹתֵר
headphone *n.* אוֹזְנִית
headpiece *n.* קַסְדָה; שֵׂכֶל
headquarters *n. pl.* מִפְקָדָה
headrest *n.* מִסְעַד רֹאשׁ
headset *n.* אוֹזְנִיּוֹת
headship *n.* רָאשׁוּת, הַנְהָלָה
headstone *n.* מַצֵּבָה (בְּרֹאשׁ קֶבֶר)
headstrong *adj.* עַקְשָׁנִי, קְשֵׁה עוֹרֶף
headwaiter *n.* מֶלְצַר רָאשִׁי
headwaters *n. pl.* מְקוֹרוֹת הַנָּהָר
headway *n.* הִתְקַדְּמוּת
headwind *n.* רוּחַ נֶגְדִית
headwork *n.* עֲבוֹדַת שֵׂכֶל
heady *adj.* נֶחְפָּז; מְשַׁכֵּר
heal *v.* רִיפֵּא; נִרְפָּא
healer *n.* מְרַפֵּא
health *n.* בְּרִיאוּת, שְׁלֵמוּת הַגּוּף וְהַנֶּפֶשׁ
healthful *adj.* מַבְרִיא; בָּרִיא לַגּוּף
healthy *adj.* בָּרִיא; מַבְרִיא
heap *n.* עֲרֵימָה; הָמוֹן, הַרְבֵּה
heap *v.* עָרַם; נֶעֱרַם; נָתַן בְּשֶׁפַע
hear *v.* שָׁמַע
hearer *n.* שׁוֹמֵעַ, מַאֲזִין

hearing *n.* שְׁמִיעָה, שֵׁמַע
hearing-aid *n.* מַכְשִׁיר שְׁמִיעָה
hearken *v.* הִקְשִׁיב
hearsay *n.* שְׁמוּעָה, רְכִילוּת
hearse *n.* רֶכֶב אֲרוֹן הַמֵּת
heart *n.* לֵב; מֶרְכָּז
heart attack *n.* הֶתְקֵף לֵב
heart disease *n.* מַחֲלַת לֵב
heart-rending *adj.* קוֹרֵעַ לֵב
heart-to-heart *adj.* גָּלוּי, כֵּן
heart trouble *n.* מַחֲלַת לֵב
heartache *n.* כְּאֵב לֵב
heartbeat *n.* מֵנִיעַ חִיּוּנִי (במפעל); דְּפִיקַת לֵב
heartbreak *n.* שִׁבְרוֹן לֵב, צַעַר גָּדוֹל
heartbroken *adj.* שְׁבוּר־לֵב
heartburn *n.* צָרֶבֶת
hearten *v.* חִיזֵּק, עוֹדֵד, שִׂימַּח
heartfailure *n.* אִי סְפִיקַת הַלֵּב
heartfelt *adj.* יוֹצֵא מִן הַלֵּב, כֵּן
hearth *n.* אָח; כּוּר
hearthstone *n.* אֶבֶן הָאָח; בַּיִת
heartily *adv.* בְּכֵנוּת, בִּלְבָבִיּוּת
heartless *adj.* חֲסַר רַחֲמָנוּת, אַכְזָרִי
heartsick *adj.* מְדוּכְדָּךְ
heartstrings *n. pl.* רְגָשׁוֹת עֲמוּקִים
hearty *adj.* לְבָבִי, חָבִיב; בָּרִיא, חָזָק
heat *n.* חוֹם, לַהַט, רְתִחָה
heat *v.* חִימֵּם, שִׁלְהֵב; הִתְחַמֵּם, הִשְׁתַּלְהֵב
heat lightning *n.* בִּרְקֵי עֶרֶב (באופק)
heat-wave *n.* גַּל חוֹם
heated *adj.* מְחוּמָּם, מְשׁוּלְהָב
heater *n.* מַכְשִׁיר חִימּוּם (תנור, דוּד)
heath *n.* שְׂדֵה בּוּר, עֲרָבָה
heathen *n., adj.* עוֹבֵד אֱלִילִים; חֲסַר תַּרְבּוּת; נִבְעָר
heather *n.* אַבְרָשׁ (שיח ירוק עד)
heating *n.* חִימּוּם; הִתְחַמְּמוּת
heatstroke *n.* מַכַּת־שֶׁמֶשׁ
heave *v.* הֵרִים, הֵנִיף
heave *n.* הֲרָמָה, הֲנָפָה; נְסִיקָה
heaven *n.* שָׁמַיִם, רָקִיעַ; אוֹשֶׁר עִילָּאִי
heavenly *adj.* שְׁמֵימִי
heavenly body *n.* גֶּרֶם שְׁמֵימִי
heavy *adj., adv.* כָּבֵד, אִיטִי; רְצִינִי וְיָבֵשׁ
heavyduty *adj.* נָתוּן לְמֶכֶס גָּבוֹהַּ
heavyset *adj.* רְחַב כְּתֵפַיִם
heavyweight *n., adj.* (מתאגרף) מִשְׁקָל כָּבֵד
Hebraic *adj.* עִבְרִי
Hebraism *n.* בִּיטּוּי עִבְרִי, צוּרָה עִבְרִית (בשפה לועזית)
Hebraist *n.* מְלוּמָּד עִבְרִי (בשפה ובתרבות עברית)
Hebrew *adj., n.* עִבְרִי; עִבְרִית (השפה)
hecatomb *n.* (ביוון) קָרְבָּן גָּדוֹל לָאֵלִים
heckle *n.* מַסְרֵק פִּשְׁתָּן
heckle *v.* שִׁיסֵּעַ בִּקְרִיאַת בֵּינַיִים
hectare *n.* הֶקְטָר (מידת שטח, כ־10 דונמים)
hectic *adj.* קַדַּחְתָּנִי, מָלֵא הִתְרַגְּשׁוּת
hedge *n.* גָּדֵר, גֶּדֶר חַיָּה, מְסוּכָה
hedge *v.* גָּדַר; הִתְגּוֹנֵן נֶגֶד הֶפְסֵדִים; הִתְחַמֵּק; גָּזַם מְסוּכָה
hedgehog *n.* קִיפּוֹד
hedgehop *v.* הִנְמִיךְ טוּס
hedgehopping *n.* טִיסָה נְמוּכָה
hedgerow *n.* מְסוּכָה
hedonism *n.* הֵדוֹנִיזְם, נֶהֱנְתָנוּת (השקפה הדוגלת בהנאה מהחיים)
hedonist *n.* הֵדוֹנִיסְט, נֶהֱנְתָן

heed *n.* תְּשׂוּמַת־לֵב; זְהִירוּת

heed *v.* נָתַן דַּעְתּוֹ ל

heedless *adj.* לֹא אַחֲרָאִי, לֹא זָהִיר

heehaw *n.,v.* נְעִירַת חֲמוֹר, נָעַר

heel *n.* עָקֵב; (המונית) נָבָל

heel *v.* עָקַב; עָשָׂה עֲקֵבִים

hefty *adj.* כָּבֵד; בַּעַל מִשְׁקָל

hegemony *n.* מַנְהִיגוּת

hegira, hejira *n.* הֶגִ'ירָה (בריחתו של מוחמד ממכה למדינה ב־622)

heifer *n.* עֶגְלָה (שטרם המליטה)

height *n.* גּוֹבַהּ, רוּם

heighten *v.* הִגְבִּיהַּ; הִגְדִּיל; גָּבַהּ; גָּדַל

heinous *adj.* בָּזוּי, מְתוֹעָב

heir *n.* יוֹרֵשׁ

heir apparent *n.* יוֹרֵשׁ מוּחְלָט

heirdom *n.* יְרוּשָׁה

heiress *n.* יוֹרֶשֶׁת

heirloom *n.* נֶכֶס מוּנְחָל

helicopter *n.* מַסּוֹק, הֶלִיקוֹפְּטֶר

heliocentric *adj.* שֶׁהַשֶּׁמֶשׁ בְּמֶרְכָּזוֹ

heliotrope *n.* (צמח) פּוֹנֶה לַשֶּׁמֶשׁ

heliport *n.* שְׂדֵה תְעוּפָה לְמַסּוֹקִים

helium *n.* הֶלְיוּם (גז קל, לא בוער)

helix *n.* צוּרָה חֶלְזוֹנִית, סְפִּירָל

hell *n.* גֵּיהִינּוֹם, שְׁאוֹל

hell-bent *adj.* הֶחְלִיט וִיהִי מָה

hellcat *n.* מְרוּשַׁעַת, מַלְאַךְ חַמָּה

Hellene *n.* יְוָנִי (קדום או של ימינו)

Hellenic *adj., n.* יְוָנִי; הֶלֵּנִית; יְוָנִית

hellfire, hell-fire *n.* אֵשׁ גֵּיהִינּוֹם

hellish *adj.* נוֹרָא; מְרוּשָּׁע

hello, hullo *interj.* הַלּוֹ!

helm *n., v.* הֶגֶה (בכלי־שיט); נָהַג; נִיהֵל

helmet *n.* קַסְדָּה

helmsman *n.* תּוֹפֵס הַהֶגֶה, הַגַּאי

help *v.* עָזַר, סִייֵּעַ, הוֹעִיל

help *n.* עֶזְרָה, סִיּוּעַ; עוֹזֵר

help! *interj.* הַצִּילוּ!

helper *n.* עוֹזֵר

helpful *adj.* מְסַייֵּעַ, עוֹזֵר, מוֹעִיל

helping *n.* מָנָה (בארוחה)

helpless *adj.* חֲסַר יֶשַׁע

helpmate, helpmeet *n.* חָבֵר עוֹזֵר, עֵזֶר כְּנֶגֶד, בֶּן־זוּג, בַּת־זוּג

helter-skelter *adj., adv.* בְּחִיפָּזוֹן, בְּאַנְדְּרָלָמוּסְיָה, בְּפִרְאוּת, בְּבֶהָלוּת

hem *n.* שָׂפָה, אִמְרָה, מֶלֶל

hem *v.* תָּפַר אִמְרָה אוֹ שָׂפָה; סָגַר עַל

hem *v.* הִמְהֵם, הִבִּיעַ סָפֵק אוֹ לַעַג, הִיסֵּס

hemisphere *n.* חֲצִי־כַּדּוּר

hemistich *n.* חֲצִי־שׁוּרָה (בשיר)

hemline *n.* קַו הַשָּׂפָה (של חצאית, מעיל וכד')

hemlock *n.* רוֹשׁ (צמח רעל); רַעַל

hemoglobin *n.* הֶמוֹגְלוֹבִּין (חומר חלבוני בגופיפי הדם האדומים)

hemophilia *n.* דַּמֶּמֶת (אי קרישת הדם)

hemorrhage *n.* דִּימּוּם, שְׁתִיתַת דָּם

hemorrhoid *n.* טְחוֹרִים

hemp *n.* (סִיבֵי) קַנַּבּוֹס

hemstitch *n.* תֶּפֶר שָׂפָה (לקישוט)

hemstitch *v.* תָּפַר אִמְרָה

hen *n.* תַּרְנְגוֹלֶת

hence *adj.* מִכָּאן שֶׁ, לְפִיכָךְ; מֵעַתָּה וָאֵילָךְ

henceforth, henceforward *adv.* מֵעַתָּה וְאֵילָךְ

henchman *n.* נֶאֱמָן, חָסִיד

hencoop *n.* לוּל (קטן)

henhouse *n.* לוּל (גדול)

henna *n., adj.* (שֶׁל) חִינָּה

henna *v.* צָבַע בְּחִינָּה

henpeck *v.* רָדְתָה (בבעלהּ)
henpecked *adj.* שֶׁאִישׁתּוֹ מוֹשֶׁלֶת בּוֹ
hep *adj.* (המונית) בַּעַל אִינְפוּרְמַצְיָה טוֹבָה
hepatitis *n.* דַּלֶּקֶת הַכָּבֵד
heptagon *n.* מְשׁוּבָּע (מצולע בעל 7 צלעות)
her *pron.* אוֹתָהּ; שֶׁלָּהּ; לָהּ
herald *n.* מְבַשֵּׂר; שָׁלִיחַ
herald *v.* בִּישֵּׂר, הִכְרִיז
heraldic *adj.* שֶׁל שִׁלְטֵי גִיבּוֹרִים
heraldry *n.* חֵקֶר שִׁלְטֵי הַגִּיבּוֹרִים; חֲגִיגִיּוּת מְפוֹאֶרֶת
herb *n.* עֵשֶׂב, יָרָק
herb doctor *n.* מְרַפֵּא בַּעֲשָׂבִים
herbaceous *adj.* עִשְׂבִּי; דְמוּי עָלֶה
herbivorous *adj.* אוֹכֵל עֵשֶׂב
herbage *n.* עֵשֶׂב; מִרְעֶה
herbal *adj.* עִשְׂבִּי, שֶׁל עִשְׂבֵי מַרְפֵּא
herbalist *n.* עוֹסֵק בְּצִמְחֵי מַרְפֵּא
herbarium *n.* עִשְׂבִּיָּיה
herculean *adj.* הֶרְקוּלְיָאנִי, גְּבַרְתָּנִי, חָזָק; קָשֶׁה
herd *n.* עֵדֶר
herd *v.* קִיבֵּץ; הִתְקַבֵּץ; הָיָה לְעֵדֶר
herdsman *n.* רוֹעֶה
here *adv., n.* כָּאן; הֵנָּה
hereabout(s) *adv.* בְּעֵרֶךְ כָּאן, בִּסְבִיבָה זוֹ
hereafter *adv., n.* מִכָּאן וְאֵילָךְ, בֶּעָתִיד; הָעוֹלָם הַבָּא
hereby *adv.* בָּזֶה
hereditary *adj.* תּוֹרַשְׁתִּי
heredity *n.* יְרוּשָּׁה, תּוֹרָשָׁה
herein *adv.* כָּאן; הֵנָּה; לְפִיכָךְ
hereof *adv.* שֶׁל זֶה, בְּזִיקָה לְכָךְ
hereon *adv.* לְפִיכָךְ
heresy *n.* אֶפִּיקוֹרְסוּת
heretic *n.* כּוֹפֵר, אֶפִּיקוֹרוֹס
heretical *adj.* שֶׁל כְּפִירָה, אֶפִּיקוֹרְסִי
heretofore *adv.* לִפְנֵי־כֵן, לְפָנִים
hereupon *adv.* לְפִיכָךְ, עֵקֶב זֹאת
herewith *adv.* בָּזֶה
heritage *n.* יְרוּשָּׁה; מוֹרֶשֶׁת
hermaphrodite *n.* אַנְדְּרוֹגִינוֹס, הֶרְמַפְרוֹדִיט
hermetic(al) *adj.* הֶרְמֵטִי, מְהוּדָּק
hermit *n.* מִתְבּוֹדֵד, פָּרוּשׁ, נָזִיר
hermitage *n.* מִנְזָר, מְגוּרֵי פָּרוּשׁ
hernia *n.* שֶׁבֶר, בֶּקַע
hero *n.* גִּיבּוֹר
heroic *adj.* שֶׁל גִיבּוֹרִים, נוֹעָז, הֵירוֹאִי
heroin *n.* הֵרוֹאִין (סם המופק ממורפיום)
heroine *n.* גִּיבּוֹרָה
heroism *n.* גְבוּרָה, אוֹמֶץ עִילָּאִי
herring *n.* מְלִיחַ, דָּג מָלוּחַ
herringbone *n., adj.* (בקישוט) דֶּגֶם אִדְרָה; דְמוּי אִדְרָה
hers *pron.* שֶׁלָּהּ
herself *pron.* הִיא עַצְמָהּ; אֶת עַצְמָהּ; בְּעַצְמָהּ; לְבַדָּהּ
hesitancy *n.* הִיסּוּס, פִּקְפּוּק
hesitant *adj.* מְהַסֵּס, הַסְסָנִי
hesitate *v.* הִיסֵּס, פִּקְפֵּק
hesitation *n.* הִיסּוּס, פִּקְפּוּק
heterodox *adj., n.* סוֹטֶה מֵהַדֵּעָה הַמְקוּבֶּלֶת; סוֹטֶה בֶּאֱמוּנָתוֹ
heterogeneity *n.* מוּרְכָּבוּת מְגוּוֶונֶת, הֶטֶרוֹגֵנִיּוּת
heterogeneous *adj.* רַב־סוּגִי, לֹא אָחִיד
heterosexual *adj., n.* הַנִּמְשָׁךְ לַמִּין הָאַחֵר (שלא כהומוסקסואל)

heuristic *n.* מְסַייֵעַ (לתלמיד למצוא את הפתרון בעצמו), הָאוּרִיסְטִי
hew *v.* חָטַב; גָּדַע, קִיצֵּץ
hex *n.* מְכַשֵּׁפָה; כִּישּׁוּף
hex *v.* כִּישֵּׁף
hexagon *n.* מְשׁוּשֶּׁה מְשׁוּכְלָל
hexameter *n.* מִשְׁקָל מְשׁוּשֶּׁה, הֶקְסָמֶטֶר
hey *interj.* הֵי! (קריאה להבעת שמחה או תימהון)
heyday *n.* תְּקוּפַת הַשִּׂיא, שְׁלַב הָעוֹצְמָה
hiatus *n.* פִּרְצָה; פֶּתַח; הֶפְסֵק
hibernate *v.* חָרַף; הִסְתַּגֵּר
hiccup, hiccough *n., v.* שִׁיהוּק; שִׁיהֵק
hick *n., adj.* בּוּר, כַּפְרִי; בּוּרוּתִי
hidden *adj.* חָבוּי, נִסְתָּר
hide *n.* מַחֲבוֹא, מִסְתּוֹר, עוֹר חַיָּה, שָׁלָח; (המונית) עוֹר אָדָם
hide *v.* הֶחְבִּיא; נֶחְבָּא
hide-and-seek *n.* מִשְׂחַק הַמַּחֲבוֹאִים
hide away *n.* מְקוֹם סֵתֶר, מַחֲבוֹא
hidebound *adj.* צַר־אוֹפֶק, נוּקְשֶׁה
hideous *adj.* מִפְלַצְתִּי, מְתוֹעָב
hideout *n.* מִקְלָט; מַחֲבוֹא
hiding *n.* הַסְתָּרָה; מַחֲבוֹא
hie *v.* מִיהֵר; הִזְדָּרֵז
hierarchy *n.* הִירַרְכִיָּה; מִדְרָג
hieroglyphic *adj., n.* שֶׁל כְּתַב הַחַרְטוּמִּים, סָתוּם וְחָתוּם
hi-fi *adj.* רַב נֶאֱמָנוּת (לגבי צליל)
hi-fi fan *n.* חוֹבֵב מוּסִיקָה רַבַּת נֶאֱמָנוּת
higgledy-piggledy *adv., adj., n.* בִּבְלְבּוּל; מְבוּלְבָּל; בִּלְבּוּלֶת
high *adj.* גָּבוֹהַּ, נִישָּׂא; נִשְׂגָּב; עַז
high *n.* רָמָה גְבוֹהָה; הִילּוּךְ גָּבוֹהַּ
high *adv.* גָּבוֹהַּ, לְמַעְלָה, בַּגּוֹבַהּ
high blood pressure *n.* יֶתֶר לַחַץ דָּם
high command *n.* פִּיקּוּד עֶלְיוֹן, מִפְקָדָה עֶלְיוֹנָה
high frequency *n.* (בחשמל) תֶּדֶר גָּבוֹהַּ
high gear *n.* הִילּוּךְ גָּבוֹהַּ
high grade *adj.* גְּבַהּ אֵיכוּת
high-handed *adj.* קָשֶׁה
high-hat *n., v.* מִגְבַּעַת גְּבוֹהָה; הִתְיַיחֵס בְּזִלְזוּל
high-hatted *adj.* מִתְיַיהֵר
high horse *n.* יַחַס יָהִיר
high life *n.* חַיֵּי הַחוּג הַנּוֹצֵץ
high noon *n.* צָהֳרֵי יוֹם
high-pitched *adj.* (קול) גָּבוֹהַּ
high-powered *adj.* רַב־עוֹצְמָה; (אדם) רַב הַשְׁפָּעָה
high-priced *adj.* יָקָר
high priest *n.* כּוֹהֵן גָּדוֹל
high road *n.* דֶּרֶךְ הַמֶּלֶךְ; כְּבִישׁ רָאשִׁי
high school *n.* בֵּית־סֵפֶר־תִּיכוֹן
high sea *n.* יָם גּוֹעֵשׁ
high society *n.* הַחֶבְרָה הַגְּבוֹהָה
high-spirited *adj.* בְּמַצַּב רוּחַ מְרוֹמָם
high-strung *adj.* מְעוּצְבָּן, מָתוּחַ
high tide *n.* גֵּאוּת הַיָּם
high time *n.* הַזְּמַן הַבָּשֵׁל; (המונית) בִּילּוּי מְשַׁעֲשֵׁעַ
highball *n.* מָזוֹג, תַּמְזִיג
highborn *adj.* אָצִיל מִלֵּידָה
highboy *n.* שִׁידָּה, אֲרוֹן מְגֵרוֹת
highbrow *n., adj.* מַשְׂכִּיל; מַשְׂכִּילִי
higher education *n.* חִינּוּךְ גָּבוֹהַּ
higher-up *n.* בָּכִיר יוֹתֵר
highfalutin(g) *adj.* מִתְרַבְרֵב, מְנוּפָּח
highland *n., adj.* רָמָה, אֶרֶץ הֲרָרִית
highlight *n.* הָעִנְיָין הָעִיקָּרִי; הַכּוֹתֶרֶת

highlight *v.* הִבְלִיט
highly *adv.* בְּמִידָּה רַבָּה, מְאוֹד
highminded *adj.* בַּעַל מוּסָר נַעֲלֶה, אֲצִיל־רוּחַ
highness *n.* רָמָה, גוֹבַהּ; הוֹד מַעֲלָה
highwater *n.* גֵּאוּת (בַּיָּם)
highway *n.* כְּבִישׁ רָאשִׁי, דֶּרֶךְ הַמֶּלֶךְ
highwayman *n.* לִסְטִים, שׁוֹדֵד דְּרָכִים
hijack *v.* חָטַף (מטוס); גָּנַב מִגַּנָּב
hijacker *n.* חוֹטֵף מָטוֹס
hike *v.* צָעַד, הָלַךְ בָּרֶגֶל; הֶעֱלָה
hike *n.* צְעִידָה, הֲלִיכָה
hiker *n.* מְטַיֵּל
hilarious *adj.* עַלִּיז, צוֹהֵל
hill *n.* גִּבְעָה, עֲלִיָּה, תֵּל; עֲרֵימָה
hill *v.* תִּילֵּל, עָרַם
hillock *n.* גִּבְעָה קְטַנָּה
hillside *n.* מוֹרַד הַגִּבְעָה
hilly *adj.* הֲרָרִי, רַב־גְּבָעוֹת
hilt *n.* נִיצָּב (של חרב או פגיון)
him *pron.* לוֹ; אוֹתוֹ
himself *pron.* לְבַדּוֹ, בְּעַצְמוֹ; אֶת עַצְמוֹ, לְעַצְמוֹ
hind *n.* אַיָּלָה
hind *adj.* אֲחוֹרִי
hind legs *n.* רַגְלַיִים אֲחוֹרִיּוֹת (של בעל חיים)
hind quarters *n.pl.* אֲחוֹרַיִים (כנ"ל)
hinder *v.* הִפְרִיעַ, עִיכֵּב, מָנַע
hindmost *adj.* אַחֲרוֹן
hindrance *n.* מְנִיעָה, עִיכּוּב
hindsight *n.* חָכְמָה לְאַחַר מַעֲשֶׂה
Hindu *n., adj.* הוֹדִי (כייחוד מצפון הודו); מַאֲמִין בְּהִינְדוּאִיזם
Hinduism *n.* הִינְדוּאִיזם (דת, מוסר, פילוסופיה ותרבות הרווחים בהודו)
hinge *n.* צִיר (דלת וכד')
hinge *v.* קָבַע צִיר; הָיָה תָּלוּי בּ
hint *v.* רָמַז
hint *n.* רֶמֶז
hinterland *n.* פְּנִים־הָאָרֶץ, עוֹרֶף
hip *n.* יָרֵךְ
hip *interj.* הֵידָד!
hip bath *n.* אַמְבַּט קָטָן (ליושב בלבד)
hip-bone *n.* עֶצֶם הַיָּרֵךְ
hipped *adj.* מְשׁוּגָּע לְדָבָר אֶחָד; עָצוּב, מְדוּכָּא
hippo *n.* סוּס־הַיְאוֹר
hippodrome *n.* אִיצְטַדְיוֹן לְמֵרוֹצֵי סוּסִים
hippopotamus *n.* סוּס־הַיְאוֹר
hire *v.* שָׂכַר, חָכַר; הִשְׂכִּיר
hire *n.* דְּמֵי שְׂכִירוּת, שְׂכִירָה; הַשְׂכָּרָה
hireling *n., adj.* שָׂכִיר (לפעולה לא הגונה)
his *pron., adj.* שֶׁלּוֹ
Hispanic *adj.* סְפָרַדִּי
hiss *n.* שְׁרִיקַת בּוּז; קוֹל לְחִישָׁה (או תסיסה)
hiss *v.* שָׁרַק
histology *n.* חֵקֶר מִבְנֵה הָרְקָמוֹת (של החי והצומח)
historian *n.* הִיסְטוֹרְיוֹן
historic *adj.* הִיסְטוֹרִי
history *n.* הִיסְטוֹרְיָה, תּוֹלָדוֹת
histrionic(al) *adj.* שֶׁל שַׂחְקָנִים, מְעוּשֶּׂה, תֵּיאַטְרָלִי
hit *v.* פָּגַע, הִכָּה
hit *n.* פִּיגּוּעַ, מַהֲלוּמָה; קְלִיעָה; לְהִיט
hit-and-run *adj.* שֶׁל 'פְּגַע וּבְרַח'
hit-or-miss *adj.* חֲסַר תִּכְנוּן; מִקְרִי
hit parade *n.* מִצְעַד פִּזְמוֹנִים
hit record *n.* תַּקְלִיט־לְהִיט

hitch *v.* קָשַר, עָנַד; הֵרִים
hitch *n.* מִכְשוֹל, מַעְצוֹר; צְלִיעָה
hitchhike *v.* טִיֵּל בְּ'הַסָּעוֹת' (טרמפ)
hitchhiker *n.* 'טְרֶמְפִּיסְט'
hitching post *n.* עַמּוּד לְקְשִירַת סוּס
hither *adj., adv.* הֵנָּה; בְּצַד זֶה
hitherto *adv.* עַד כֹּה
hive *n.* כַּוֶּרֶת
hive *v.* הִכְנִיס לְכַוֶּרֶת
hives *n. pl.* דַּלֶּקֶת הָעוֹר, חָרֶלֶת
ho! *interj.* הוֹ (קריאת התפעלות או תימהון)
hoard *n.* אוֹצָר, מַאֲגָר, מַטְמוֹן
hoard *v.* אָגַר, צָבַר (מלאי)
hoarding *n.* אֲגִירָה, הַטְמָנָה
hoarfrost *n.* לוֹבֶן כְּפוֹר
hoarse *adj.* צָרוּד
hoarseness *n.* צְרִידוּת
hoary *adj.* כְּסוּף שֵׂעָר; סָב
hoax *n.* תַּעֲלוּל, מְתִיחָה, אֲחִיזַת עֵינַיִים
hoax *v.* מָתַח, סִידֵּר
hobble *v.* דִּידָה; צָלַע; קָשַר (סוס ברגליו)
hobble *n.* צְלִיעָה; כְּבִילָה
hobby *n.* תַּחְבִּיב
hobbyhorse *n.* סוּס־עֵץ (מתנדנד)
hobgoblin *n.* שֵׁדוֹן, מַזִּיק
hobnail *n.* מַסְמֵר קָצָר (רחב ראש)
hobo *n.* נַוָּד, פּוֹעֵל נוֹדֵד
hock *n.* מַשְׁכּוֹן
hock *v.* (המונית) נָתַן בַּעֲבוֹט, מִשְׁכֵּן
hock *n.* קֶפֶץ, קַרְסוֹל; יֵין הוֹק
hockey *n.* הוֹקִי (משחק)
hockshop *n.* בֵּית־עֲבוֹט
hocus-pocus *n.* לַחַשׁ־נַחַשׁ; לַהֲטוּט
hocus-pocus *v.* הֶעֱרִים, לִהֵטַט
hod *n.* לוּחַ־בַּנָּאִים; דְּלִי לְפֶחָמִים
hodgpodge *see* **hotchpotch**
hoe *n.* מַעְדֵּר
hoe *v.* עָדַר
hog *n.* חֲזִיר
hoggish *adj.* אָנוֹכִיִּי, תַּאַוְתָנִי; זוֹלֵל
hogshead *n.* חָבִית לְשֵׁכָר
hogwash *n.* שִׁיָּרִים (למאכל חזירים); הֶבֶל
hoist *v.* הֵרִים, נוֹפֵף
hoist *n.* נִפְנוּף, הֲרָמָה; מָנוֹף
hoity-toity *adj., interj.* יָהִיר; שְׁטוּיוֹת, דִּבְרֵי הֶבֶל
hokum *n.* שְׁטוּיוֹת; בְּדִיחוֹת זוֹלוֹת
hold *v.* הֶחֱזִיק, תָּפַס בּ, סָבַר, הֵנִיחַ
hold *n.* הַחְזָקָה, אֲחִיזָה; הַשְׁפָּעָה
holder *n.* מַחֲזִיק (אדם או עֶצֶם)
holding *n.* רְכוּשׁ מוּחְזָק, נְכָסִים
holding company *n.* חֶבְרַת־אֵם
holding out *n.* הִתְחַזּוּת
holdup *n.* שׁוֹד דְּרָכִים
hole *n.* חוֹר, נֶקֶב; מַצָּב קָשֶׁה
hole *v.* חָרַר, נִיקֵּב, קָדַח
holiday *n.* חַג; פַּגְרָה, חוּפְשָׁה
holiness *n.* קְדוּשָׁה, קוֹדֶשׁ
hollo(a)! *interj.* הוֹלוֹ! (קריאה להסבת תשומת לב)
hollow *adj.* חָלוּל, נָבוּב, רֵיק; שָׁקוּעַ, קָעוּר
hollow *n.* חוֹר, חָלָל, שְׁקַעֲרוּרִית
hollow *v.* רוֹקֵן; נַעֲשָׂה חָלוּל
holocaust *n.* שׁוֹאָה, הַשְׁמָדָה
holograph *n.* הוֹלוֹגְרָף (מסמך כתוב כולו בידי מחברו)
holster *n.* נַרְתִּיק עוֹר (לאקדח)
holy *adj., n.* מְקוּדָּשׁ, קָדוֹשׁ; צַדִּיק, חָסִיד

Holy Ghost *n.*	רוּחַ הַקּוֹדֶשׁ
	(ב'שילוש הקדוש')
Holy Land *n.*	אֶרֶץ־הַקּוֹדֶשׁ
Holy See *n.*	הַכֵּס הַקָּדוֹשׁ (שֶׁל
	האפיפיור)
homage *n.*	דִּבְרֵי שֶׁבַח, הַבָּעַת הַעֲרָצָה
home *n.*	בַּיִת, דִּירָה, מִשְׁפָּחָה; מוֹסָד
home *v.*	חָזַר הַבַּיְתָה, הִתְבַּיֵּת
home *adv.*	הַבַּיְתָה, לַבַּיִת; לַיַּעַד
home-bred *adj.*	חֲנִיךְ בַּיִת, יָלִיד
home-brew *n.*	שֵׁכָר בַּיִת
home-coming *n.*	שִׁיבָה הַבַּיְתָה
home country *n.*	מוֹלֶדֶת
home delivery *n.*	מִשְׁלוֹחַ לַבַּיִת
home front *n.*	חֲזִית פְּנִימִית
home-loving *adj.*	שָׁאוֹהֵב חַיֵּי מִשְׁפָּחָה
home office *n.*	מִשְׂרָד הַפָּנִים
	(בבריטניה)
home port *n.*	נְמַל הַבַּיִת
home rule *n.*	שִׁלְטוֹן עַצְמִי
home run *n.*	(בבייסבול) רִיצָה לַגְּמָר
home stretch *n.*	יְשׁוֹרֶת הַגְּמָר
	(במרוץ)
home town *n.*	עִיר מוֹלֶדֶת
homeland *n.*	אֶרֶץ־מוֹלֶדֶת
homeless *adj.*	חֲסַר בַּיִת
homely *adj.*	פָּשׁוּט, רָגִיל, לֹא יְמֻרְנִי;
	גַּס
homemade *adj.*	תּוֹצֶרֶת בַּיִת
homeopath *n.*	מְרַפֵּא בְּהוֹמֵיאוֹפַּתְיָה
homeopathy *n.*	הוֹמֵיאוֹפַּתְיָה
	(שִׁיטַת רִיפּוּי)
homesick *adj.*	מִתְגַּעְגֵּעַ לַבַּיִת
homespun *n., adj.*	אָרִיג טָוּוּי בַּבַּיִת;
	בֵּיתִי, פָּשׁוּט
homestead *n.*	בֵּית אָב, אֲחֻזַּת בַּיִת

homeward(s) *adv.*	הַבַּיְתָה
homework *n.*	שִׁיעוּרֵי בַּיִת
homey *adj.*	בֵּיתִי, מִשְׁפַּחְתִּי, פָּשׁוּט
homicidal *adj.*	שֶׁל רֶצַח אָדָם
homicide *n.*	רֶצַח אָדָם; רוֹצֵחַ
homiletics *n. pl.*	דַּרְשָׁנוּת; הַטָּפַת
	מוּסָר
homily *n.*	דְּרָשָׁה, הַטָּפַת מוּסָר
homing *adj.*	חוֹזֵר הַבַּיְתָה; מוּנְחֶה
	(טִיל וכד')
homing pigeon *n.*	יוֹנַת דּוֹאַר
hominy *n.*	תִּירָס טָחוּן (מְבוּשָׁל)
homogeneity *n.*	הוֹמוֹגֶנִיּוּת (אֲחִידוּת
	הָרֶכֶב)
homogeneous *adj.*	הוֹמוֹגֶנִי,
	שָׁוֶה חֲלָקִים, מִמִּין אֶחָד, מֵעוֹר אֶחָד
homogenize *v.*	הֶאֱחִיד,
	עָשָׂה לְהוֹמוֹגֶנִי, הִמְגֵּן
homogenized milk *n.*	חָלָב מְהוּמְגָּן
homograph *n.*	הוֹמוֹגְרָף (מִלָּה זֵיהָה
	בִּכְתִיבָה לְאַחֶרֶת, אֲבָל יֵשׁ לָהּ
	מוֹצָא, מַשְׁמָע, וּלְפְעָמִים גַּם
	מִבְטָא אַחֵר)
homologous *adj.*	שָׁוֶה מוֹצָא;
	שָׁוֶה מַצָּב, שָׁוֶה מִבְנֶה
homonym *n.*	הוֹמוֹנִים (כֶּפֶל
	מַשְׁמַע בְּמִלָּה אַחַת)
homonymous *adj.*	הוֹמוֹנִימִי
homophone *n.*	הוֹמוֹפוֹן (מִלָּה הֱזֵיהָה
	בְּאוֹפֶן הֲגִיָּיתָהּ לְאַחֶרֶת אֲבָל יֵשׁ לָהּ
	כְּתִיב, מוֹצָא וּמַשְׁמָע אַחֵר)
homosexual *adj., n.*	הוֹמוֹסֶקְסוּאָלִי
homosexuality *n.*	הוֹמוֹסֶקְסוּאָלִיּוּת,
	מִשְׁכַּב זָכוּר
hone *n.*	אֶבֶן מַשְׁחֶזֶת
hone *v.*	הִשְׁחִיז

honest *adj.* כֵּן, יָשָׁר, הָגוּן
honesty *n.* כֵּנוּת, יוֹשֶׁר, הֲגִינוּת
honey *n.* דְּבַשׁ; מוֹתֶק
honey-eater *n.* יוֹנֵק־הַדְּבַשׁ, צוּפִית (צִיפּוֹר)
honeybee *n.* דְּבוֹרַת הַדְּבַשׁ (רגילה)
honeycomb *n., adj.* חַלַּת־דְּבַשׁ
honeyed *adj.* מְמוּתָּק
honeymoon *n.* יֶרַח־דְּבַשׁ
honeymoon *v.* בִּילּוּי יֶרַח־דְּבַשׁ
honk *n.* צְוִוחַת אֲוַוז־הַבָּר; צְפִירַת מְכוֹנִית (מסוג יָשָׁן)
honk *v.* צָוַוח; צָפַר
honky-tonk *n.* דִּיסְקוֹטֶק אוֹ בֵּית־מַרְזֵחַ זוֹל
honor *n.* כָּבוֹד, פְּאֵר, שֵׁם טוֹב
honor system *n.* מִשְׁמַעַת כָּבוֹד (הנהגת משמעת במוסד חינוך על פי הבטחת כבוד של החניכים)
honorarium *n.* מַעֲנָק כָּבוֹד; שְׂכַר סוֹפְרִים
honorary *adj.* (תואר) לְשֵׁם כָּבוֹד
honorific *adj.* מַבִּיעַ כָּבוֹד
hood *n.* בַּרְדָּס; חִיפַּת הַמָּנוֹעַ
hood *v.* חָבַשׁ בַּרְדָּס; כִּיסָּה
hoodlum *n.* בִּרְיוֹן, פּוֹחֵחַ
hoodoo *n.* מֵבִיא מַזָּל רַע
hoodwink *v.* רִימָּה, אָחַז עֵינַיִים
hooey *n., interj.* שְׁטוּיוֹת
hoof *n.* פַּרְסָה, טֶלֶף
hoof *v.* הָלַךְ; רָקַד
hoof beat *n.* שַׁעֲטַת פְּרָסוֹת
hook *n.* וָו, אוּנְקָל; חַכָּה, קֶרֶס
hook *v.* צָד, הֶעֱלָה בְּחַכָּתוֹ; עִיקֵּם
hook-up *n.* רֶשֶׁת תַּחֲנוֹת שִׁידּוּר; מִתְלֶה, צֵירוּף; חִיבּוּר
hookah *n.* נַרְגִּילָה
hooked *adj.* מְאוּנְקָל; תָּפוּס, לָכוּד
hooknosed *adj.* כְּפוּף חוֹטֶם
hookworm *n.* תּוֹלַעַת חַכָּה
hooky *adj.* רַב־וָוִים; מְאוּנְקָל
hooligan *n.* חוּלִיגָן, בִּרְיוֹן
hoop *n.* טַבַּעַת, חִישׁוּק
hoop *v.* חִישֵּׁק, הִידֵּק בְּחִישׁוּק
hoot *n.* קְרִיאַת גְּנַאי; יְלָלָה; צְפִירָה
hoot *v.* צָפַר; קָרָא קְרִיאַת גְּנַאי; יִילֵּל
hoot owl *n.* יַנְשׁוּף
hooter *n.* צוֹפָר (בְּרֶכֶב)
hoover *n.* שׁוֹאֵב אָבָק
hop *n.* נִיתּוּר, קְפִיצָה; רִיקּוּד; טִיסָה קְצָרָה
hop *v.* קָפַץ (על רגל אחת), נִיתֵּר
hop *n.* כְּשׁוּת (צמח המשמש בתעשיית שֵׁכָר)
hope *n.* תִּקְוָוה
hope *v.* קִיוָּוה
hopeful *adj., n.* מְקַוֶּוה; נוֹתֵן תִּקְוָוה
hopeless *adj.* נוֹאָשׁ; מְיוֹאָשׁ, חֲסַר תִּקְוָוה
hopper *n.* מְדַלֵּג, מְקַפֵּץ; חָרָק מְנַתֵּר
hopscotch *n.* אֶרֶץ (משחק)
horde *n.* עֵרֶב־רַב, הָמוֹן
horizon *n.* אוֹפֶק
horizontal *adj., n.* אוֹפְקִי; שָׁכוּב
hormone *n.* הוֹרְמוֹן
horn *n.* קֶרֶן; שׁוֹפָר
horn *v.* נָגַח
hornet *n.* צִרְעָה
hornet's nest *n.* קֵן צְרָעוֹת
hornpipe *n.* חֲלִיל־הַקֶּרֶן
horny *adj.* קַרְנִי, נוּקְשֶׁה
horology *n.* הַתְקָנַת שְׁעוֹנִים

horoscope *n.* הורוֹסקוֹפּ, מַעֲרַךְ כּוֹכָבִים (בְּמוֹעֵד מסוּים)
horrible *adj.* נוֹרָא, מַחְרִיד
horrid *adj.* מַחְרִיד; מְעוֹרֵר בְּחִילָה
horrify *v.* הִפְחִיד, הִבְעִית
horror *n.* פַּחַד, פַּלָּצוּת; כִּיעוּר
horror-struck *adj.* מוּכֵּה אֵימָה
hors d'oeuvre *n.* מְתַאֲבֵן
horse *n.* סוּס
horse *v.* רָתַם סוּס; נָשָׂא עַל גַּבּוֹ
horse breaker *n.* מְאַלֵּף סוּסִים
horse doctor *n.* רוֹפֵא בְּהֵמוֹת
horse opera *n.* מַעֲרָבוֹן
horse-power *n.* כּוֹחַ סוּס
horse-sense *n.* שֵׂכֶל יָשָׁר, מַעֲשִׂי
horse trade *n.* חִילוּפֵי סוּסִים; מַשָּׂא וּמַתָּן עַרְמוּמִי
horseback *n., adv.* (עַל) גַּב הַסּוּס
horselaugh *n.* צְחוֹק פָּרוּעַ
horseman *n.* רוֹכֵב, פָּרָשׁ
horsemanship *n.* אָמָּנוּת הָרְכִיבָה
horseplay *n.* הִתְפַּרְחֲחוּת, מִשְׂחָק פָּרוּעַ
horserace *n.* מֵרוֹץ סוּסִים
horseradish *n.* חֲזֶרֶת
horseshoe *n.* פַּרְסַת סוּס
horsewhip *n.* שׁוֹט, מַגְלֵב
horsy *adj.* סוּסִי; שָׁטוּף בְּסְפּוֹרְט הַסּוּסִים; מְגוּשָּׁם
hortative, hortatory *adj.* מַמְרִיץ, מְעוֹדֵד; מַזְהִיר
horticultural *adj.* גַּנָּנִי, שֶׁל גַּנָּנוּת
hosanna *n.* הוֹשַׁע־נָא
hose *n.* גֶּרֶב; זַרְנוּק
hose *v.* רָחַץ בְּזַרְנוּק, הִשְׁקָה בְּזַרְנוּק
hosier *n.* מְיַיצֵּר גַּרְבַּיִים; סוֹחֵר גַּרְבַּיִים
hosiery *n.* גַּרְבַּיִים, תִּגְרוֹבֶת
hospice *n.* בֵּית הַאֲרָחָה, אַכְסַנְיָה
hospitable *adj.* מְאָרֵחַ טוֹב
hospital *n.* בֵּית־חוֹלִים
hospitality *n.* אֵירוּחַ
hospitalize *v.* אִשְׁפֵּז
host *n.* מְאָרֵחַ
hostage *n.* בֶּן־עֲרוּבָּה
hostel *n.* אַכְסַנְיָה; מְעוֹן סְטוּדֶנְטִים
hostelry *n.* פּוּנְדָק
hostess *n.* מְאָרַחַת; אַכְסְנָאִית
hostile *adj.* אוֹיֵב, עוֹיֵן
hostility *n.* אֵיבָה, עוֹיְנוּת
hostler *n.* סַיָּס, אוּרְוָון
hot *adj., adv.* חַם, לוֹהֵט; עַז; חָרִיף; בְּחוֹם
hot air *n.* הֲבָלִים, לַהַג; רַבְרְבָנוּת
hot cake *n.* עוּגָה חַמָּה; מִצְרָךְ נֶחְטָף
hot dog *n.* נַקְנִיקִית חַמָּה
hot-plate *n.* צַלַּחַת בִּישׁוּל, כִּירָה
hot springs *n. pl.* מַעְיָינוֹת חַמִּים
hot-tempered *adj.* חַם־מֶזֶג, חָמוּם
hot water *n.* מַיִם חַמִּים; מְצוּקָה
hot water bottle *n.* בַּקְבּוּק חַם
hotbed *n.* יָצוּעַ חַם; חֲמָמָה
hotblooded *adj.* חָמוּם, חֲמוּם־מֶזֶג
hotchpotch *n.* נָזִיד מְעוֹרָב, עִרְבּוּבְיָה, בִּלְבּוּלֶת
hotel *n.* מָלוֹן
hotelkeeper *n.* מְלוֹנַאי
hotfoot *v.* הָלַךְ מַהֵר
hothead *n.* חֲמוּם־מוֹחַ
hotheaded *adj.* חֲמוּם־מוֹחַ
hothouse *n.* חֲמָמָה
hound *n.* כֶּלֶב צַיִד; מְנוּוָּל
hound *v.* רָדַף; הֵצִיק ל
hour *n.* שָׁעָה

hour-hand *n.* מְחוֹג הַשָּׁעוֹת (בשעון)
hourglass *n.* שְׁעוֹן־חוֹל
hourly *adj., adv.* שָׁעָה־שָׁעָה, מִדֵּי שָׁעָה
house *n.* בַּיִת, דִּירָה; שׁוֹשֶׁלֶת; בֵּית מִסְחָר
house *v.* שִׁיכֵּן, אִכְסֵן; הִשְׁתַּכֵּן
house arrest *n.* מַעְצַר בַּיִת
house furnishings *n. pl.* חֶפְצֵי בַּיִת
house hunt *n.* חִיפּוּשׂ בַּיִת
houseboat *n.* סִירָה־בַּיִת
housebreaker *n.* פּוֹרֵץ; מְנַתֵּץ בָּתִּים יְשָׁנִים
housebroken *adj.* (לגבי בע"ח) מְבוּיָּת, מְאוּלָּף
houseful *n.* (בתיאטרון וכד') הָאוּלָם מָלֵא
house furnishings *n. pl.* חֶפְצֵי בַּיִת
household *n., adj.* דַּיָּירֵי בַּיִת; מִשְׁפָּחָה; (שֶׁל) מֶשֶׁק הַבַּיִת
householder *n.* בַּעַל־בַּיִת
housekeeper *n.* מְנַהֶלֶת מֶשֶׁק־הַבַּיִת; עֲקֶרֶת בַּיִת
housewarming *n.* מְסִיבַּת חֲנוּכַּת בַּיִת
housewife *n.* עֲקֶרֶת בַּיִת
housework *n.* עֲבוֹדַת בַּיִת
housing *n.* שִׁיכּוּן
housing estate *n.* שִׁיכּוּן
housing shortage *n.* מַחְסוֹר בְּדִירוֹת
hovel *n.* בִּקְתָּה, בַּיִת דַּל, צְרִיף
hover *v.* רִיחֵף
hovercraft *n.* רַחֶפֶת, סְפִינַת רַחַף
how *adv.* אֵיךְ, כֵּיצַד
howdah *n.* אַפִּרְיוֹן (על גבי פיל)
however *adv.* בְּכָל אוֹפֶן, אֵיךְ שֶׁלֹּא, כַּמָּה שֶׁלֹּא; בְּכָל זֹאת

howitzer *n.* הוֹבִיצֶר (תותח בעל זווית גבוהה וטווח קצר)
howl *v.* יִילֵּל; יִיבֵּב
howler *n.* מְיַילֵּל; הַקּוֹף הַצּוֹחֵק; טָעוּת מְגוּחֶכֶת
howsoever *conj.* בְּכָל אוֹפֶן שֶׁהוּא
hub *n.* טַבּוּר (של גלגל); מֶרְכָּז (העניינים)
hubbub *n.* הֲמוּלָה, מְהוּמָה
hubcap *n.* 'צַלַּחַת', מְגוּפַת טַבּוּר הַגַּלְגַּל
hubris *n.* יְהִירוּת שַׁחְצָנִית
hucklebone *n.* עֶצֶם הַיָּרֵךְ
huckster *n.* רוֹכֵל סִדְקִית; תַּגְרָן
huddle *v.* הִצְטוֹפֵף, הִתְקַהֵל; נֶחְפַּז לַעֲשׂוֹת
huddle *n.* קָהָל צָפוּף
hue *n.* צֶבַע, גּוֹוֶן
huff *n.* רוֹגֶז, הִתְפָּרְצוּת זַעַם
hug *v.* חִיבֵּק חָזָק, גִּיפֵּף; דָּבַק בּ
hug *n.* חִיבּוּק חָזָק, גִּיפּוּף
huge *adj.* עֲנָקִי, עָצוּם
hulk *n.* גּוּף אוֹנִיָּה (שיצאה מכלל שימוש)
hulking *adj.* מְגוּשָּׁם, מְסוּרְבָּל
hull *n.* קְלִיפָּה (של שעועית וכד'), מִכְסֶה; גּוּף אוֹנִיָּה
hull *v.* הֵסִיר מִכְסֶה; קִילֵּף
hullabaloo *n.* מְהוּמָה, הֲמוּלָה
hullo! *interj.* הַלּוֹ! (קריאה בטלפון ובדיבור להסבת תשומת לב)
hum *n.* זִמְזוּם, הֶמְיָה
hum *v.* זִמְזֵם; הִמְהֵם
human *adj., n.* אֱנוֹשִׁי, אָדָם
human being (creature) *n.* יְצוּר, בֶּן־אָדָם
humane *adj.* אֱנוֹשִׁי, רַחֲמָנִי
humanist *n., adj.* הוּמָנִיסְט; הוּמָנִיסְטִי

humanitarian *n., adj.* הוּמָנִיטָרִי, אוֹהֵב אָדָם
humanity *n.* הָאֱנוֹשׁוּת; אֱנוֹשִׁיּוּת; (בריבוי) מַדְעֵי־הָרוּחַ
humankind *n.* הַמִּין הָאֱנוֹשִׁי
humble *adj.* עָנָיו, צָנוּעַ; עָלוּב; עָנִי
humble *v.* הִכְנִיעַ, הִשְׁפִּיל
humbug *n., v.* הוֹנָאָה, זִיּוּף; נוֹכֵל; הוֹנָה
humdinger *n.* מְיוּחָד בְּמִינוֹ, דוּגְמָה
humdrum *adj.* שִׁגְרָתִי וּמְשַׁעֲמֵם
humid *adj.* לַח, רָטוֹב
humidify *v.* לִחְלֵחַ, הִרְטִיב
humidity *n.* לַחוּת, רְטִיבוּת
humiliate *v.* הִשְׁפִּיל, הֵמִיט חֶרְפָּה
humility *n.* עֲנָוָה; כְּנִיעָה
humming *adj.* מְזַמְזֵם; תּוֹסֵס
humor *n.* מַצַּב־רוּחַ; בְּדִיחוּת; הִיתּוּל, הוּמוֹר
humor *v.* הִתְמַסֵּר ל; הִסְתַּגֵּל ל
humorist *n.* כּוֹתֵב דִּבְרֵי בְּדִיחוּת, בַּדְחָן
humoristic *adj.* בַּדְחָנִי, הוּמוֹרִיסְטִי
humorous *adj.* מְבַדֵּחַ, הִיתּוּלִי
hump *n.* גַּבְנוּן, חֲטוֹטֶרֶת; תֵּל
humpback *n.* גִּיבֵּן; גַּבְנוּן
humph!, hmph! *interj.* הֲבָלִים! שְׁטוּיוֹת!
humus *n.* רִקְבּוֹבִית; חוּמוּס, חִמְצָה
hunch *n.* חֲטוֹטֶרֶת; דַּבֶּשֶׁת; חֲשָׁד
hunch *v.* הִתְגַּבֵּן; הֵגִיחַ
hunchback *n.* גִּיבֵּן; גַּבְנוּן
hundred *n.* מֵאָה, שְׁטָר שֶׁל מֵאָה (דולר וכד׳)
hundredth *adj., n.* מֵאִי; מֵאִית
hunger *n.* רָעָב; תְּשׁוּקָה
hunger *v.* רָעַב; הִשְׁתּוֹקֵק, הִתְאַוָּה
hunger-march *n.* צַעֲדַת רָעָב
hunger-strike *n.* שְׁבִיתַת רָעָב
hungry *adj.* רָעֵב; תָּאֵב
hunk *n.* נֵתַח
hunky dory *adj.* הוֹלֵם, מַשְׂבִּיעַ רָצוֹן
hunt *v.* צָד; בִּיקֵּשׁ; חִיפֵּשׂ
hunt *n.* צַיִד; חִיפּוּשׂ
hunter *n.* צַיָּיד; רוֹדֵף
hunting *n.* צַיִד
hurdle *n.* מִכְשׁוֹל גָּדֵר, מְסוּכָה
hurdle *v.* קָפַץ וְעָבַר; הִתְגַּבֵּר עַל
hurdler *n.* מְדַלֵּג עַל מִכְשׁוֹלִים
hurdle race *n.* מֵרוֹץ מְסוּכוֹת
hurdy-gurdy *n.* תֵּיבַת נְגִינָה
hurl *v.* הִשְׁלִיךְ; זָרַק
hurl *n.* הַשְׁלָכָה, הֲטָלָה
hurly-burly *n.* שָׁאוֹן, רַעַשׁ, תְּסִיסָה
hurrah, hurray *interj., n., v.* הֵידָד! קָרָא הֵידָד
hurricane *n.* סוּפַת צִיקְלוֹן
hurried *adj.* מְמַהֵר; פָּזִיז
hurry *v.* זֵירֵז; מִיהֵר
hurry *n.* חִיפָּזוֹן, מְהִירוּת
hurt *v.* פָּגַע, פָּצַע; כָּאַב
hurt *n.* פְּגִיעָה; פְּצִיעָה
hurtle *v.* הֵטִיל, זָרַק, הִשְׁלִיךְ; מִיהֵר בְּבֶהָלָה
husband *n.* בַּעַל, בֶּן זוּג
husband *v.* נָהַג בְּחִסְכָנוּת, חָסַךְ
husbandman *n.* חַקְלַאי, אִיכָּר
husbandry *n.* חַקְלָאוּת; נִיהוּל מֶשֶׁק חַסְכָנִי
hush *interj.* הַס! שֶׁקֶט!
hush *adj., n.* שָׁקֵט; שֶׁקֶט
hush *v.* הִשְׁתִּיק; שָׁתַק
hushaby *interj.* נוּמָה, נוּמָה!

hush-hush *adj.* סוֹדִי, חֲשָׁאִי
hush money *n.* שׁוֹחַד הַשְׁתָּקָה
husk *n., v.* קְלִיפָּה; קִילֵּף
husky *adj.* רַב קְלִיפּוֹת; גְּבַרְתָּנִי; צָרוּד
husky *n.* גְּבַרְתָּן
hussar *n.* הוּסָר, חַיָּל (בּחיל הפרשים)
hussy, huzzy *n.* אִישָּׁה אוֹ נַעֲרָה גַּסָּה
hustings *n. pl.* הֲכָנוֹת (לבחירות)
hustle *v.* דָּחַף, דָּחַק; נִדְחַף
hustle *n.* הֲמוּלָּה; מֶרֶץ
hustler *n.* פְּעִיל, עוֹבֵד בְּמֶרֶץ
hut *n.* סוּכָּה, צְרִיף
hutch *n.* כְּלוּב (לשפנים)
hyacinth *n.* יַקִּינתּוֹן (פרח, אבן־חן)
hyaena, hyena *n.* צָבוֹעַ
hybrid *n.* בֶּן־כִּלְאַיִים, בֶּן תַּעֲרוֹבֶת
hybridization *n.* הַכְלָאָה
hydra *n.* הִידְרָה; נְחַשׁ הַמַּיִם
hydrant *n.* זַרְנוּק (לכיבּוּי אש)
hydrate *n.* הִידְרָט, מֵימָה
hydrate *v.* הוֹסִיף מַיִם
hydraulic *adj.* הִידְרוֹלִי (ממוּנע בכוח מים)
hydraulics *n. pl.* הִידְרוֹלִיקָה (הנעה בכוח מים)
hydrocarbon *n.* פַּחְמֵימָן
hydrochloric *n.* מֵימָן כְּלוֹרִי
hydroelectric *adj.* הִידְרוֹאֶלֶקְטְרִי
hydrofluoric *adj.* הִידְרוֹפְלוּאוֹרִי
hydrofoil *n.* סְפִינַת רַחַף, רַחֶפֶת
hydrogen *n.* מֵימָן
hydrogen peroxide *n.* מֵי חַמְצָן
hydrogen sulfide *n.* מֵימָן גוֹפְרָתִי
hydrometer *n.* הִידְרוֹמֶטֶר, מַד־מַיִם
hydrophobia *n.* כַּלֶּבֶת; בַּעַת־מַיִם
hydroplane *n.* מְטוֹס־יָם
hydroxide *n.* מֵימָה, הִידְרוֹקְסִיד
hyena, hyaena *n.* צָבוֹעַ
hygiene *n.* הִיגְיֵינָה, שְׁמִירַת הַבְּרִיאוּת
hygienic *adj.* הִיגְיֵינִי
hymen *n.* קְרוּם הַבְּתוּלִים
hymn *n.* מִזְמוֹר, שִׁיר הַלֵּל (בּכנסייה)
hymnal *n., adj.* (שֶׁל) סֵפֶר שִׁירֵי כְּנֵסִיָּה
hyperacidity *n.* יֶתֶר־חוּמְצִיּוּת
hyperbola *n.* הִיפֶּרְבּוֹלָה (חתך חרוט)
hyperbole *n.* גּוּזְמָה
hyperbolic *adj.* הִיפֶּרְבּוֹלִי; מוּגְזָם
hypercritical *adj.* מַגְזִים בְּבִיקוֹרְתִּיּוּתוֹ
hypersensitive *adj.* רָגִישׁ בְּיוֹתֵר
hypertension *n.* לַחַץ יֶתֶר, לַחַץ דָּם גָּבוֹהַּ
hyphen *n.* מַקָּף
hyphenate *v.* מִיקֵּף, חִיבֵּר בְּמַקָּף
hypnosis *n.* הִפְּנוּט, הִיפְּנוֹזָה
hypnotic *adj., n.* מְהַפְּנֵט; מְהוּפְּנָט
hypnotism *n.* הִפְּנוּט
hypnotize *v.* הִפְּנֵט
hypochondria *n.* חוֹלָנִיּוּת מְדוּמָּה
hypocrisy *n.* צְבִיעוּת
hypocrite *n.* אָדָם צָבוּעַ
hypocritical *adj.* צָבוּעַ
hypodermic *adj.* תַּת־עוֹרִי
hypotenuse *n.* יֶתֶר (בּמשוּלש ישר־זווית)
hypothesis *n.* הַשְׁעָרָה, הִיפּוֹתֵיזָה
hypothetic(al) *adj.* הַשְׁעָרָתִי
hyssop *n.* אֵזוֹב
hysteria *n.* הִיסְטֶרְיָה (מצב נפשי מעוּרער; התפרצוּיות רגשיות)
hysteric(al) *adj.* הִיסְטֶרִי
hysterics *n. pl.* הֶתְקֵף הִיסְטֶרְיָה

I

I *pron.* אֲנִי, אָנוֹכִי

iambic *adj., n.* יַאמְבִּי, יוֹרֵד; שִׁיר בְּמִקְצָב יוֹרֵד

ibex *n.* יָעֵל

ibis *n.* אִיבִּיס (עוף ביצות דורס)

ice *n.* קֶרַח

ice *v.* צִיפָּה בְּקֶרַח; הִקְפִּיא; זִיגֵּג (עוגה וכד׳)

ice age *n.* עִידַן הַקֶּרַח

ice-bag *n.* כָּרִית קֶרַח

iceberg *n.* קַרְחוֹן; אָדָם קַר מֶזֶג

icebound *adj.* לָכוּד בַּקֶּרַח

icebox *n.* אֲרוֹן־קֶרַח, מְקָרֵר

icebreaker *n.* (ספינה) בּוֹקַעַת קֶרַח

ice cream *n.* גְּלִידָה

ice cube *n.* קוּבִּיַּית קֶרַח

ice field *n.* שְׂדֵה קֶרַח (באזורי הקוטב)

ice-pack *n.* שְׂדֵה גְּלִידֵי קֶרַח צָף; רְטִיַּית קֶרַח (לרפואה)

ichthyology *n.* חֵקֶר הַדָּגִים

icicle *n.* נְטִיף קֶרַח

icing *n.* זִיגּוּג (על עוגה); קֶרַח קָפוּא (על מטוס)

icon, ikon *n.* אִיקוֹנִין, פֶּסֶל

iconoclasm *n.* שְׁבִירַת אֱלִילִים; נִיפּוּץ מוּסְכָּמוֹת

iconoclast *n.* שׁוֹבֵר אֱלִילִים; מְנַפֵּץ מוּסְכָּמוֹת

icy *adj.* מְצוּפֶּה קֶרַח; קַר כְּקֶרַח

idea *n.* רַעְיוֹן, דֵּעָה; מוּשָּׂג

ideal *n.* אִידֵיאָל, שְׁאִיפָה; מוֹפֵת

ideal *adj.* מוּשְׁלָם, מוֹפְתִי, אִידֵיאָלִי

idealist *n.* טְהוֹר שְׁאִיפָה, אִידֵיאָלִיסְט

idealize *v.* עָשָׂה אִידֵיאָלִי, הִצִּיג בְּצוּרָה אִידֵיאָלִית

idem ר׳ שָׁם, אֶצְלוֹ

identical *adj.* זֵהֶה, דּוֹמֶה, שָׁוֶה

identification *n.* זִיהוּי, הִזְדַּהוּת

identification tag *n.* תַּג זִיהוּי

identify *v.* זִיהָה

identikit *n.* קְלַסְתְּרוֹן

identity *n.* זֶהוּת

identity card *n.* תְּעוּדַת זֶהוּת

ideology *n.* אִידֵיאוֹלוֹגְיָה, הַשְׁקָפַת עוֹלָם

idiocy *n.* אִידְיוֹטִיּוּת, שְׁטוּת גְּמוּרָה

idiolect *n.* בִּיטּוּי יִיחוּדִי (לדוברו)

idiom *n.* נִיב, אִידְיוֹם, מַטְבֵּעַ לָשׁוֹן

idiomatic *adj.* נִיבִי, אִידְיוֹמָטִי, מְיוּחָד לַלָּשׁוֹן

idiosyncrasy *n.* יִיחוּד, קַו אוֹפְיָינִי

idiot *n.* אִידְיוֹט, שׁוֹטֶה גָּמוּר

idiotic *adj.* אִידְיוֹטִי

idle *adj.* בַּטְלָנִי, בָּטֵל; עַצְלָנִי

idle *v.* בִּיטֵּל זְמַנּוֹ; הִתְעַצֵּל

idleness *n.* בַּטָּלָה, בִּיטּוּל זְמַן

idler *n.* עַצְלָן, בַּטְלָן

idol *n.* אֱלִיל; גִּיבּוֹר נַעֲרָץ

idolatry *n.* עֲבוֹדַת אֱלִילִים; הַעֲרָצָה עִיוֶּרֶת

idolize *v.* אִילֵּהַּ

idyll *n.* אִידִילְיָה (תיאור פיוטי של חיים שלווים)

idyllic *adj.* שָׁלֵו; אִידִילִי

i.e. הַיְינוּ, כְּלוֹמַר

if *conj.* אִם, אִילּוּ

if *n.* תְּנַאי, הַשְׁעָרָה

igloo *n.* אִיגְלוּ (בית שלג אסקימואי)

ignite *v.* הִצִּית; שִׁלְהֵב; הִשְׁתַּלְהֵב

ignition *n.* הַצָּתָה

ignition switch *n.* מֶתֶג הַצָּתָה
ignoble *adj.* שָׁפָל; נְחוּת דַּרְגָּה
ignominious *adj.* מַשְׁפִּיל; שָׁפָל
ignominy *n.* בּוּשָׁה וְחֶרְפָּה; הִתְנַהֲגוּת מְבִישָׁה
ignoramus *n.* בּוּר
ignorance *n.* בּוּרוּת, אִי־יְדִיעָה
ignorant *adj.* בּוּר, אֵינוֹ יוֹדֵעַ
ignore *v.* הִתְעַלֵּם מִן, לֹא שָׂם לֵב
ikon, icon *n.* אִיקוֹנִין, פֶּסֶל
ilk *pron., n.* כָּמוֹהוּ; סוּג
ill *adj., adv.* חוֹלֶה, רַע; בְּאוֹפֶן גָּרוּעַ
ill-advised *adj.* שֶׁלֹּא בִּתְבוּנָה
ill-bred *adj.* לֹא מְנוּמָּס
ill-considered *adj.* לֹא שָׁקוּל, מוּטְעֶה
ill fame *n.* שֵׁם רָע
ill-fated *adj.* מֵבִיא מַזָּל רַע; שֶׁמַּזָּלוֹ רַע
ill-gotten *adj.* שֶׁנִּרְכַּשׁ בְּעַוְלָה
ill health *n.* בְּרִיאוּת לְקוּיָה
ill-humored *adj.* בְּמַצַּב רוּחַ רָע
ill-spent *adj.* מְבוּזְבָּז, שֶׁהוּצָא לָרִיק
ill-starred *adj.* לְלֹא מַזָּל
ill-tempered *adj.* זוֹעֵם, רַע מֶזֶג
ill-timed *adj.* לֹא בִּזְמַנּוֹ
ill-treat *v.* הִתְאַכְזֵר
ill-will *n.* אֵיבָה, טִינָה
illegal *adj.* לֹא חוּקִּי
illegible *adj.* לֹא קָרִיא
illegitimate *adj., n.* לֹא לֶגִיטִימִי, לֹא מוּתָּר, לֹא חוּקִּי
illicit *adj.* לֹא חוּקִּי
illiteracy *n.* בַּעֲרוּת, אַנְאַלְפַבֵּיתִיּוּת, אִי יְדִיעַת קְרוֹא וּכְתוֹב
illiterate *adj., n.* בַּעַר, אַנְאַלְפַבֵּיתִי
ill-mannered *adj.* לֹא מְנוּמָּס
illness *n.* מַחֲלָה

illogical *adj.* לֹא הֶגְיוֹנִי
illuminate *v.* הֵאִיר; הִבְהִיר; קִישֵּׁט
illuminating gas *n.* גָּאז לְמָאוֹר
illumination *n.* תְּאוּרָה, אוֹר; הַבְהָרָה
illusion *n.* הֲזָיָה; אַשְׁלָיָה, אִילוּזְיָה
illusive *adj.* מַשְׁלֶה, מַטְעֶה
illusory *adj.* מַשְׁלֶה, מַטְעֶה
illustrate *v.* אִיֵּר, עִיטֵּר; הִדְגִּים
illustration *n.* אִיּוּר, הַדְגָּמָה, הַבְהָרָה
illustrious *adj.* מְהוּלָּל, מְפוּרְסָם
image *n.* דִּימּוּי, דְּמוּת; דְּיוֹקָן
imagery *n.* דְּמוּיוֹת, פְּסָלִים; דִּמְיוֹנִיּוּת
imaginary *adj.* דִּמְיוֹנִי, מְדוּמֶּה
imagination *n.* דִּמְיוֹן; כּוֹחַ הַדִּמְיוֹן
imagine *v.* דִּימָּה, דִּמְיֵין
imbalance *n.* חוֹסֶר אִיזּוּן, אִי שִׁיוּוּי מִשְׁקָל
imbecile *adj., n.* מְטוּמְטָם; אִימְבֶּצִילִי
imbecility *n.* טִמְטוּם, אִימְבֶּצִילִיּוּת
imbed *v.* שִׁיקַּע, שִׁיבֵּץ; מִסְגֵּר הֵיטֵב
imbibe *v.* שָׁתָה; סָפַג; שָׁאַף
imbroglio *n.* תִּסְבּוֹכֶת; מַצָּב מְסוּבָּךְ
imbue *v.* מִילֵּא (רגשות); הִלְהִיב; הִשְׁרָה, הִרְטִיב
imitate *v.* חִיקָּה
imitation *n.* חִיקּוּי
immaculate *adj.* לְלֹא רְבָב, טָהוֹר
immanent *adj.* אִימָנֶנְטִי, טָבוּעַ בְּתוֹכוֹ, מַהוּתִי
immaterial *adj.* לֹא חָשׁוּב; לֹא גַּשְׁמִי
immature *adj.* לֹא בָּשֵׁל, לֹא מְבוּגָּר
immeasurable *adj.* לֹא מָדִיד, עָצוּם
immediacy *n.* דְּחִיפוּת, תְּכִיפוּת
immediate *adj.* מִיָּדִי, דָּחוּף
immediately *adv.* מִיָּד, תֵּיכֶף
immemorial *adj.* קָדוּם, מֵאָז וּמִתָּמִיד

immense *adj.* עָצוּם, עֲנָקִי
immerge *v.* טָבַל, שָׁקַע
immerse *v.* שָׂרָה, טָבַל; הִשְׁקִיעַ
immersion *n.* טְבִילָה, הַטְבָּלָה, שְׂרִייָה
immigrant *n., adj.* מְהַגֵּר, עוֹלֶה (לישראל)
immigrate *v.* הִיגֵּר, עָלָה (לישראל)
immigration *n.* הֲגִירָה, עֲלִייָה (לישראל)
imminent *adj.* קָרוֹב, מְמַשְׁמֵשׁ וּבָא
immobile *adj.* לֹא זָע, חֲסַר תְּנוּעָה
immobilize *v.* הִדְמִים, שִׁיתֵּק
immoderate *adj.* לֹא מָתוּן, מַפְרִיז
immodest *adj.* לֹא צָנוּעַ, לֹא הָגוּן
immoral *adj.* בִּלְתִּי־מוּסָרִי, פָּרוּץ
immortal *adj., n.* אַלְמוֹתִי, בֶּן־אַלְמָוֶות; נִצְחִי
immortalize *v.* הִנְצִיחַ, הֶעֱנִיק חַיֵּי נֵצַח
immune *adj.* מְחוּסָּן, חָסִין
immunize *v.* חִיסֵּן
immutable *adj.* לֹא נִיתָּן לְשִׁינּוּי
imp *n.* שֵׁדוֹן
impact *n.* הִתְנַגְּשׁוּת גּוּפִים; הַשְׁפָּעָה חֲזָקָה
impair *v.* קִלְקֵל, פָּגַם
impale *v.* דָּקַר, דִּיקֵּר, תָּקַע
impalpable *adj.* לֹא מָשִׁישׁ, קָשֶׁה לִתְפִיסָה
impanel *v.* צֵירֵף לְצֶוֶות
impart *v.* מָסַר, הֶעֱנִיק, הִקְנָה
impartial *adj.* לֹא נוֹשֵׂא פָּנִים, לֹא מְשׁוּחָד
impassable *adj.* לֹא עָבִיר
impasse *n.* מָבוֹי סָתוּם; קִיפָּאוֹן
impassibility *n.* קֵיהוּת לְכְאֵב
impassible *adj.* לֹא רָגִישׁ לִכְאֵב
impassibly *adv.* בַּאֲדִישׁוּת
impassion *v.* הִלְהִיב; שִׁלְהֵב יֵצֶר
impassioned *adj.* מְשׁוּלְהָב; תַּאַוְותָנִי
impassive *adj.* חֲסַר רֶגֶשׁ, קֵיהֶה
impatience *n.* קוֹצֶר רוּחַ
impatient *adj.* מְהִיר חֵמָה, קְצַר רוּחַ
impeach *v.* הֶאֱשִׁים בְּפֶשַׁע, גִּינָּה, הֵטִיל דוֹפִי
impeachment *n.* הַאֲשָׁמָה פּוּמְבִּית, הַדָּחָה
impeccable *adj.* טָהוֹר, לְלֹא רְבָב
impecunious *adj.* חֲסַר כֶּסֶף
impedance *n.* עַכָּבָה
impede *v.* עִיכֵּב; הִכְשִׁיל
impediment *v.* מִכְשׁוֹל, מַעְצוֹר, פְּגַם בְּדִיבּוּר
impel *v.* הִמְרִיץ, דָּחַף, אִילֵּץ
impending *adj.* עוֹמֵד לְהִתְרַחֵשׁ
impenetrable *adj.* לֹא חָדִיר
impenitent *adj., n.* לֹא מִתְחָרֵט
imperative *n.* צִיוּוּי
imperative *adj.* חָשׁוּב, הֶכְרֵחִי; נִיתָּן בְּתוֹקֶף שֶׁל צִיוּוּי
imperceptible *adj.* לֹא מוּחָשׁ, לֹא מוּרְגָשׁ
imperfect *adj., n.* לֹא מוּשְׁלָם; עָבָר לֹא נִשְׁלָם, עָתִיד
imperfection *n.* אִי־שְׁלֵמוּת, לִקּוּת
imperial *adj.* שֶׁל אִימְפֶּרְיָה; מְפוֹאָר, מְהוּדָּר
imperial *n.* זְקַנְקַן מְחוּדָּד
imperialist *n.* דּוֹגֵל בְּאִימְפֶּרְיָלִיזְם
imperil *v.* סִיכֵּן, הֶעֱמִיד בְּסַכָּנָה
imperious *adj.* מוֹשֵׁל, מְצַוֶּוה; דָּחוּף
imperishable *adj.* לֹא נִשְׁמָד, נִצְחִי
impermeable *adj.* אָטִים, לֹא חָדִיר

impersonal *adj.* לְלֹא פְּנִיָּה אִישִׁית; שֶׁנּוֹשְׂאוֹ סְתָמִי (משפט בדקדוק)
impersonate *v.* גִּילֵּם; הִתְחַזָּה ל
impertinence *n.* חוּצְפָּה, עַזּוּת־פָּנִים
impertinent *adj.* עַז־פָּנִים, חָצוּף
impetuous *adj.* קְצַר־רוּחַ, נִמְהָר
imperturbable *adj.* קַר רוּחַ, לֹא מִתְרַגֵּשׁ
impervious *adj.* לֹא חָדִיר, לֹא נִיתָּן לְהַשְׁפָּעָה
impetus *n.* דַּחַף, מֵנִיעַ
impiety *n.* חִילּוּל קוֹדֶשׁ
impinge *v.* פָּגַע בְּ; הִסִּיג גְּבוּל
impious *adj.* מְחַלֵּל קוֹדֶשׁ, כּוֹפֵר
impish *adj.* שׁוֹבָבִי
implacable *adj.* לֹא סוֹלְחָנִי, לֹא נִיתָּן לְפִיּוּס
implant *v.* הֶחְדִּיר, הִנְחִיל; נָטַע
implausible *adj.* לֹא סָבִיר, קָשֶׁה לְהַאֲמִין לוֹ
implement *v.* הִגְשִׁים, בִּיצֵּעַ
implement *n.* מַכְשִׁיר; אֶמְצָעִי
implicate *v.* גָּרַר, סִיבֵּךְ
implication *n.* מַשְׁמָעוּת, הַשְׁלָכָה
implicit *adj.* לְלֹא הִסְתַּיְּיגוּת; מוּבְהָק; מִשְׁתַּמֵּעַ, מְרוּמָּז
implied *adj.* מִתְחַיֵּיב מִ; מְרוּמָּז
implore *v.* הִפְצִיר; הִתְחַנֵּן
imply *v.* רָמַז; הִשְׁתַּמֵּעַ
impolite *adj.* לֹא מְנוּמָּס, לֹא אָדִיב
imponderable *adj.* לֹא נִיתָּן לְשִׁיקּוּל אוֹ לְהַעֲרָכָה מְדוּיֶּקֶת
import *v.* יִיבֵּא; רָמַז; הִבִּיעַ; נָגַע ל
import *n.* יְבוּא, יִיבּוּא; מַשְׁמָעוּת, כַּוָּונָה
importance *n.* חֲשִׁיבוּת
important *adj.* חָשׁוּב, נִכְבָּד
importation *n.* יִיבּוּא, יְבוּא
importer *n.* יְבוּאָן, מְיַיבֵּא
importunate *adj.* דָּחוּף, נָחוּץ; מַפְצִיר, מֵצִיק
importune *v.* הֵצִיק, הִפְצִיר
impose *v.* כָּפָה, הִטִּיל; נִיצֵּל, רִימָּה
imposing *adj.* רַב־רוֹשֶׁם, מְפוֹאָר
imposition *n.* חִיּוּב, הֶיטֵּל; דְּרִישָׁה נִפְרָזֶת
impossible *adj.* אִי־אֶפְשָׁרִי; בִּלְתִּי נִסְבָּל
impost *n.* מַס, הֶיטֵּל
impostor *n.* רַמַּאי, נוֹכֵל
imposture *n.* נְכָלִים, הוֹנָאָה
impotence, impotency *n.* חוֹסֶר אוֹנִים, חוֹסֶר כּוֹחַ גַּבְרָא
impotent *adj.* חֲסַר כּוֹחַ־גַּבְרָא
impound *v.* כָּלָא בְּמִכְלָאָה; סָכַר
impoverish *v.* רוֹשֵׁשׁ, מִסְכֵּן, דִּלְדֵּל
impracticable *adj.* לֹא מַעֲשִׂי; לֹא שִׁימּוּשִׁי
impractical *adj.* לֹא מַעֲשִׂי
imprecate *v.* קִילֵּל, חֵירֵף, גִּידֵּף
imprecation *n.* קְלָלָה, חֵירוּף
impregnable *adj.* לֹא נִיתָּן לְכִיבּוּשׁ
impregnate *v.* רִיוּוָּה; הִפְרָה
impresario, impressario *n.* אֲמַרְגָּן
impress *v.* הִרְשִׁים; טָבַע, חָתַם
impression *n.* רוֹשֶׁם; הַשְׁפָּעָה; מוּשָּׂג
impressionable *adj.* נוֹחַ לְהִתְרַשֵּׁם, רָגִישׁ
impressive *adj.* מַרְשִׁים
imprint *v.* הִדְפִּיס; הֶחְתִּים
imprint *n.* טְבִיעָה, סִימָן, עָקֵב
imprison *v.* אָסַר, כָּלָא
imprisonment *n.* מַאֲסָר, כְּלִיאָה

improbable *adj.* שֶׁלֹּא יִיתָּכֵן; לֹא מִתְקַבֵּל עַל הַדַּעַת, לֹא סָבִיר

impromptu *adv.* בְּאִלְתּוּר, כִּלְאַחַר יָד

impromptu *adj., n.* מְאוּלְתָּר; יְצִירָה מוּסִיקָלִית מְאוּלְתֶּרֶת

improper *adj.* לֹא מַתְאִים; לֹא נָכוֹן, לֹא הוֹגֵן; גַּס

improve *v.* שִׁיפֵּר, הִשְׁבִּיחַ; הִשְׁתַּפֵּר

improvement *n.* שִׁיפּוּר, הַשְׁבָּחָה, שִׁכְלוּל

improvident *adj.* אֵינוֹ דּוֹאֵג לַמָּחָר; מְבַזְבֵּז

improvise *v.* אִלְתֵּר

imprudent *adj.* לֹא זָהִיר, פָּזִיז

impudence *n.* חוּצְפָּה

impudent *adj.* חָצוּף, חוּצְפָּן

impugn *v.* הֵטִיל סָפֵק בּ, סָתַר

impulse *n.* פֶּרֶץ, דַּחַף, אִימְפּוּלְס

impulsive *adj.* שֶׁבְּדַחַף; פַּרְצָנִי, פּוּרְצָנִי, אִימְפּוּלְסִיבִי

impunity *n.* זַכָּאוּת, שִׁחְרוּר מֵעוֹנֶשׁ

impure *adj.* לֹא טָהוֹר; טָמֵא

impurity, impureness *n.* אִי־טָהֳרָה

impute *v.* זָקַף עַל, יִיחֵס (אשמה), טָפַל

in *prep.,adv.,n.,adj.* בּ, בְּתוֹךְ, פְּנִימָה; בְּמֶשֶׁךְ; דָּבָר פְּנִימִי; (המונית) בָּאוֹפְנָה, מְקוּבָּל בַּחֶבְרָה

in abeyance תָּלוּי וְעוֹמֵד

in camera בִּדְלָתַיִים סְגוּרוֹת

in effect תָּקֵף

in force בְּתוֹקֶף, תָּקֵף

in ipso facto בְּעֶצֶם הָעוּבְדָה

in lieu (of) בִּמְקוֹם

inability *n.* אִי־יְכוֹלֶת

inaccessible *adj.* לֹא נָשִׂיג, לֹא נָגִישׁ, לֹא בְּהֶישֵּׂג יָד; אָטוּם (להשפעה)

inaccuracy *n.* אִי־דִּיּוּק

inaccurate *adj.* לֹא מְדוּיָּק, לֹא מְדַיֵּיק

inaction *n.* חוֹסֶר פְּעוּלָּה, חִיבּוּק יָדַיִים

inactive *adj.* לֹא פּוֹעֵל, לֹא פָּעִיל

inactivity *n.* אִי־פְּעוּלָּה, אֶפֶס מַעֲשֶׂה

inadequate *adj.* לֹא כָּשִׁיר; לֹא מַסְפִּיק

inadmissible *adj.* לֹא קָבִיל (כּראָיָה)

inadvertent *adj.* בְּהֶיסַּח הַדַּעַת

inadvisable *adj.* לֹא רָצוּי, לֹא כְּדַאי

inane *adj., n.* נָבוּב, טִיפְּשִׁי; רֵיקוּת

inanimate *adj.* לֹא חַי, דּוֹמֵם, מְשַׁעֲמֵם

inappreciable *adj.* לֹא נִיכָּר, אַפְסִי

inappropriate *adj.* לֹא מַתְאִים, לֹא הוֹלֵם

inaptitude *n.* חוֹסֶר כִּשְׁרוֹן (בּידיים), חוֹסֶר הַתְאָמָה; חוֹסֶר שַׁייָכוּת לָעִנְיָין

inarticulate *adj.* עִילֵּג; לֹא בָּרוּר, מְגַמְגֵּם

inartistic *adj.* לֹא אָמָנוּתִי/אָמְנוּתִי

inasmuch (as) *conj.* הוֹאִיל וְ, כֵּיוָן שֶׁ

inattentive *adj.* לֹא מַקְשִׁיב; זוֹנֵחַ

inaugural *adj.,n.* שֶׁל פְּתִיחָה חֲגִיגִית; נְאוּם פְּתִיחָה

inaugurate *v.* פָּתַח רִשְׁמִית, חָנַךְ; הִכְנִיס לְתַפְקִיד בְּטֶקֶס

inauguration *n.* חֲנוּכָּה, פְּתִיחָה רִשְׁמִית

inauspicious *adj.* לֹא חִיּוּבִי, לֹא מוּצְלָח

inborn *adj.* מוּלָד, שֶׁמִּלֵּידָה

inbreeding *n.* זִיוּוּג (בּע"ח אוֹ בּני אדם מאותו סוג)

incandescent *adj.* זוֹהֵר, לוֹהֵט

incantation *n.* לַחַשׁ, כִּישּׁוּף, קֶסֶם

incapable *adj.* חֲסַר יְכוֹלֶת; לֹא מְסוּגָּל
incapacitate *v.* הֶחֱלִישׁ; שָׁלַל כּוֹשֶׁר, פָּסַל
incapacity *n.* אִי־יְכוֹלֶת, אִי־כְּשִׁירוּת
incarcerate *v.* אָסַר, כָּלָא
incarnate *v., adj.* גִּישֵּׁם; גִּילֵּם
incarnation *n.* הַעֲלָאַת בָּשָׂר, הִתְגַּשְּׁמוּת
incase, encase *v.* סָגַר, נִרְתֵּק
incendiarism *n.* הַצָּתָה זְדוֹנִית
incendiary *adj.,n.* מַצִּית; מֵסִית
incense *v.* הִקְטִיר; הִרְגִּיז
incense *n.* קְטוֹרֶת
incentive *adj., n.* מְעוֹרֵר, מְגָרֶה; תַּמְרִיץ, מֵנִיעַ
inception *n.* הַתְחָלָה, רֵאשִׁית
incertitude *n.* אִי־בִּיטָּחוֹן, אִי וַדָּאוּת
incessant *adj.* לֹא פּוֹסֵק
incest *n.* גִּילּוּי־עֲרָיוֹת
incestuous *adj.* שֶׁבְּגִילּוּי־עֲרָיוֹת
inch *n.* אִינְץ' (2.54 ס"מ); קוֹרֶט
inch *v.* הֵנִיעַ לְאִטּוֹ; נָע לְאִטּוֹ
inchoate *adj.* בְּאִבּוֹ, עֲדַיִין לֹא מְפוּתָּח דַּיּוֹ
incidence *n.* הִיקָּרוּת, הֵיאָרְעוּת; תְּחוּלָה
incident *adj.* עָשׂוּי לָחוּל; קָשׁוּר ל
incident *n.* מִקְרֶה, תַּקְרִית
incidental *adj.* מִקְרִי, צְדָדִי, תַּקְרִיתִי
incidentally *adv.* בְּמִקְרֶה, אַגַּב
incinerate *v.* שָׂרַף לְאֵפֶר
incineration *n.* שְׂרֵפָה לְאֵפֶר
incinerator *n.* מִשְׂרָפֶת
incipient *adj.* מַתְחִיל, מְבַצְבֵּץ
incision *n.* חָתָך; חִיתּוּך
incisive *adj.* חַד, חוֹדֵר
incite *v.* הֵסִית, שִׁיסָּה
inclemency *n.* אִי־רַחֲמָנוּת, אַכְזְרִיּוּת
inclement *adj.* לֹא רַחֲמָנִי, אַכְזָרִי
inclement weather מֶזֶג אֲוִויר אַכְזָרִי
inclination *n.* נְטִיָּה, פְּנִיָּה; מוֹרָד
incline *n.,v.* שִׁיפּוּעַ; הִטָּה; נָטָה
inclose, enclose *v.* סָגַר עַל, גָּדַר, צֵירֵף (במכתב)
inclosure, enclosure *n.* מִגְרָשׁ גָּדוּר; גָּדֵר
include *v.* הֵכִיל, כָּלַל
including *adv.* כּוֹלֵל, לְרַבּוֹת
inclusive *adj.* כּוֹלֵל הַכּוֹל, וְעַד בִּכְלָל
incognito *adj., adv.* בְּעִילּוּם־שֵׁם, בְּהַסְתָּרַת זֶהוּת; עֲלוּם־שֵׁם
incoherent *adj.* מְבוּלְבָּל, חֲסַר קֶשֶׁר הֶגְיוֹנִי
incombustible *adj.* לֹא דָּלִיק, לֹא נִשְׂרָף
income *n.* הַכְנָסָה
income-tax *n.* מַס הַכְנָסָה
incoming *adj., n.* נִכְנָס (דואר וכד')
incommunicado *adj.* (אסיר) מְנוּתָּק (מִקֶּשֶׁר)
incomparable *adj.* שֶׁאֵין דּוֹמֶה לוֹ
incompatible *adj. n.* מְנוּגָּד, לֹא מַתְאִים, אֵינָם עוֹלִים בְּקָנֶה אֶחָד
incompetent *adj.* לֹא מוּכְשָׁר, לֹא יָכוֹל
incomplete *adj.* לֹא שָׁלֵם, חָסֵר
incomprehensible *adj.,n.* לֹא מוּבָן
inconceivable *adj.* שֶׁאֵין לְהַעֲלוֹתוֹ עַל הַדַּעַת
inconclusive *adj.* לֹא מַסְקָנִי, לֹא מְשַׁכְנֵעַ
incongruous *adj.* לֹא תּוֹאֵם, לֹא הוֹלֵם
inconsequential *adj.* לְלֹא תּוֹצָאוֹת; לֹא עָקִיב; לֹא נוֹבֵעַ מִמַּה שֶּׁקָּדַם

inconsiderable *adj.* קַל עֵרֶךְ, שֶׁאֵין לְהַחְשִׁיבוֹ
inconsiderate *adj.* לֹא מִתְחַשֵּׁב בַּזּוּלַת
inconsistency *n.* סְטִיָּה מִן הַקַּו, חוֹסֶר עִקְבִיּוּת
inconsistent *adj.* לֹא מַתְאִים; לֹא עִקְבִי, סוֹטֶה מֵהַקַּו שֶׁקָּבַע
inconsolable *adj.* שֶׁאֵין לוֹ נֶחָמָה, שֶׁאֵינוֹ מִתְנַחֵם
inconspicuous *adj.* לֹא בּוֹלֵט, לֹא נִרְאֶה לָעַיִן
inconstant *adj.* לֹא יַצִּיב, הֲפַכְפַּךְ
incontinent *adj.* לֹא מַבְלִיג, לֹא מִתְאַפֵּק
inconvenience *n.,v.* אִי־נוֹחוּת; גָּרַם אִי־נוֹחוּת
inconvenient *adj.* לֹא נוֹחַ
inconvertible *adj.* לֹא נִיתָּן לְהַחְלָפָה, לֹא חָלִיף
incorporate *v.* אִיחֵד, הִכְלִיל, כָּלַל; הָפַךְ לְחֶבְרָה מִסְחָרִית
incorporate *adj.* מְאוּגָּד, מְאוּחָד
incorporation *n.* הֶאֱגֵד, אִיחוּד; הֲקָמַת חֶבְרָה מִסְחָרִית
incorporeal *adj.* לֹא גַּשְׁמִי, לֹא מוּחָשִׁי
incorrect *adj.* לֹא נָכוֹן, מוּטְעֶה, שָׁגוּי
incorrigible *adj.* שֶׁאֵין לוֹ תַּקָּנָה
increase *v.* הִגְדִּיל; הִרְבָּה; גָּדַל
increase *n.* גִּידּוּל, רִיבּוּי, תּוֹסֶפֶת
increasingly *adv.* בְּמִידָּה גְּדֵלָה וְהוֹלֶכֶת
incredible *adj.* שֶׁלֹּא יֵיאָמֵן
incredulous *adj.* שֶׁאֵינוֹ מוּכָן לְהַאֲמִין, סַפְקָנִי
increment *n.* גְּדִילָה; הַגְדָּלָה, תּוֹסֶפֶת
incriminate *v.* הִפְלִיל

incrimination *n.* הַפְלָלָה
incrust *v.* כִּיסָּה בְּקְרוּם קָשֶׁה
incubate *v.* דָּגַר; הִדְגִּיר
incubator *n.* מַדְגֵּרָה, אִינְקוּבָּטוֹר
inculcate *v.* הֶחְדִּיר (מושגים)
incumbency *n.* חוֹבָה; מִשְׁרַת כּוֹמֶר
incumbent *adj., n.* מוּטָל עַל; נוֹשֵׂא מִשְׂרָה (כומר)
incunabula *n.pl.* אִינְקוּנַבּוּלָה, דְּפוּס עֶרֶס (כינוי לספר שנדפס בתקופה ראשונה של אמצאת הדפוס, סוף המאה ה־15)
incur *v.* נָטַל עָלָיו, הֵבִיא עַל עַצְמוֹ
incurable *adj.,n.* חֲשׂוּךְ מַרְפֵּא
incursion *n.* פְּלִישָׁה, פְּשִׁיטָה
indebted *adj.* חַיָּיב (כסף או תודה)
indecency *n.* אִי־הֲגִינוּת, פְּרִיצוּת
indecent *adj.* מְגוּנֶּה, לֹא הָגוּן, גַּס
indecisive *adj.* הַסְסָנִי
indeclinable *adj.,n.* לֹא נִיטֶּה
indecorous *adj.* חֲסַר טַעַם טוֹב, חֲסַר הֲגִינוּת
indeed *adv.,interj.* בֶּאֱמֶת, אָמְנָם
indefatigable *adj.* לֹא מִתְעַיֵּיף
indefensible *adj.* שֶׁאִי־אֶפְשָׁר לְהַצְדִּיקוֹ
indefinable *adj.* לֹא נִיתָּן לְהַגְדָּרָה
indefinite *adj.* סָתוּם; סְתָמִי
indelible *adj.* לֹא מָחִיק, לֹא נִמְחָק
indelicate *adj.* לֹא עָדִין, לֹא צָנוּעַ
indemnification *n.* תַּשְׁלוּם פִּיצּוּיִים
indemnify *v.* פִּיצָּה, שִׁיפָּה
indemnity *n.* תַּשְׁלוּם נֶזֶק, פִּיצּוּי
indent *v.* שִׁינֵּן; הֵזִיחַ, הִפְנִים (שׁוּרָה)
indent *n.* שִׁינּוּן; פְּרִיצָה; הַזְמָנָה (של סחורה)

indentation *n.* שִׁינּוּן; הַפְנָמָה, הֲזָחָה
indenture *n.* הֶסְכֵּם בִּכְתָב (בעיקר להעסקת שוליה)
indenture *v.* קָשַׁר בְּחוֹזֶה
independence *n.* אִי־תְּלוּת, עַצְמָאוּת
independency *n.* אִי־תְּלוּת, עַצְמָאוּת
independent *adj., n.* לֹא תָּלוּי, עַצְמָאִי
indescribable *adj.* שֶׁאֵין לְתָאֲרוֹ
indestructible *adj.* שֶׁאֵין לְהָרְסוֹ
indeterminate *adj.* לֹא בָּרוּר; לֹא קָבוּעַ
index *n.* מַפְתֵּחַ (לספר), מַדָּד (יוקר המחיה)
index *v.* עָרַךְ מַפְתֵּחַ, מִפְתֵּחַ
index finger *n.* הָאֶצְבַּע הַמַּרְאָה
India *n.* הוֹדוּ
India ink *n.* דְּיוֹת, 'טוּשׁ'
Indian *adj.* הוֹדִי; אִינְדִיאָנִי (באמריקה)
Indian club *n.* אַלַּת הִתְעַמְּלוּת
Indian corn *n.* תִּירָס
Indian file *n.* טוּר עוֹרְפִּי
Indian Ocean *n.* הָאוֹקְיָנוֹס הַהוֹדִי
indicate *v.* הֶרְאָה, הִצְבִּיעַ; סִימֵן
indication *n.* סִימָן, סֵמֶל
indicative *adj.* מַצְבִּיעַ עַל, מֵעִיד עַל, מְצַיֵּן
indicative mood *n.* דֶּרֶךְ הַחִיוּוּי
indicator *n.* מַרְאֶה, מְכַוֵּן; מָחוֹג, מַחְוָן (ברכב)
indices *n.pl. of* **index**
indict *v.* הֶאֱשִׁים
indictment *n.* הַאֲשָׁמָה; כְּתַב אִישׁוּם
indifferent *adj.* אָדִישׁ, רַשְׁלָנִי
indigenous *adj.* יָלִיד, יְלִידִי
indigent *adj.* עָנִי, חֲסַר כּוֹל
indigestible *adj.* שֶׁקָּשֶׁה לְעַכְּלוֹ
indignant *adj.* מְמוּרְמָר, זוֹעֵם
indignation *n.* הִתְמַרְמְרוּת
indignity *n.* פְּגִיעָה בְּכָבוֹד, בִּיזָיוֹן
indigo *n.* אִינְדִיגוֹ (כחול כיהה)
indirect *adj.* עָקִיף, לֹא יָשִׁיר
indiscernible *adj.* לֹא נִיכָּר, סָמוּי
indiscreet *adj.* לֹא זָהִיר; פַּטְפְּטָנִי
indiscriminate *adj.* לֹא מַבְחִין
indispensable *adj.* שֶׁאֵין לְווַתֵּר עָלָיו
indisposed *adj.* לֹא בְּקַו הַבְּרִיאוּת
indisputable *adj.* שֶׁאֵינוֹ נִיתָּן לְוִיכּוּחַ, שֶׁאֵין לְעַרְעֵר עָלָיו
indissoluble *adj.* לֹא מָסִיס
indistinct *adj.* לֹא בָּרוּר, מְעוּרְפָּל
indite *v.* חִיבֵּר (נאום וכד׳) וְכָתַב
individual *adj.* יְחִידָנִי, אִינְדִיוִידוּאָלִי
individuality *n.* יִיחוּד, אוֹפִי מְיוּחָד
indivisible *adj.* לֹא נִיתָּן לַחֲלוּקָה
Indo-Chinese *adj.,n.* הוֹדוּ־סִינִי
indoctrinate *v.* הִלְעִיט אֶת הַמּוֹחַ, לִימֵּד
indolent *adj.* עַצְלָנִי, בַּטְלָנִי
indoor *adj.* פְּנִימִי, בֵּיתִי
indoors *adv.* בַּבַּיִת
indorse, endorse *v.* אִישֵּׁר; הֵסֵב (שטר)
indorsee, endorsee *n.* מוּסָב
indorsement, endorsement *n.* הֲסָבָה
indorser, endorser *n.* מֵסֵב
indubitable *adj.* לֹא מוּטָּל בְּסָפֵק
induce *v.* הִשְׁפִּיעַ עַל, פִּיתָּה, הִשִּׁיא
inducement *n.* פִּיתּוּי, הַשָּׁאָה
induct (into) *v.* גִּייֵּס, חִייֵּל
induction *n.* הַשְׁרָאָה, אִינדוּקְצְיָה
indulge *v.* הִתְמַכֵּר; פִּינֵּק
indulgence *n.* הִתְפַּנְּקוּת, הִתְמַכְּרוּת; פִּיוּס; סוֹבְלָנוּת; תַּעֲנוּג

indulgent *adj.* נוֹחַ, סוֹבְלָנִי
industrial *adj.* תַּעֲשִׂיָּתִי
industrialist *n.* תַּעֲשִׂיָּן
industrialize *v.* תִּיעֵשׁ
industrious *adj.* חָרוּץ
industry *n.* תַּעֲשִׂיָּה; חָרִיצוּת
inebriation *n.* שִׁכְרוּת
inedible *n.* לֹא אָכִיל, לֹא רָאוּי לַאֲכִילָה
ineffable *adj.* שֶׁלֹּא יְבוּטָּא בְּמִלִּים, עִילָּאִי
ineffective *adj.* לֹא מוֹעִיל, לֹא יָעִיל
ineffectual *adj.* לֹא מוּצְלָח, לֹא יָעִיל
inefficacious *adj.* לֹא מוֹעִיל
inefficacy *n.* אִי־יְעִילוּת
inefficient *adj.* לֹא יָעִיל
ineligible *adj.,n.* לֹא רָאוּי לִבְחִירָה; פָּסוּל
ineluctable *adj.* שֶׁאֵין מָנוֹס מִמֶּנּוּ
inept *adj.* לֹא מַתְאִים; שְׁטוּתִי
inequality *n.* אִי־שִׁוְיוֹן, חֲלוּקָּה בִּלְתִּי שָׁוָה
inequity *n.* אִי־צֶדֶק
ineradicable *adj.* לֹא נִיתָּן לִמְחִיקָה, שֶׁאֵין לְעָקְרוֹ
inertia *n.* אִי פְּעוּלָּה, כְּבֵדוּת, אִיטִיּוּת; הֶתְמֵד (בפיסיקה)
inescapable *adj.* שֶׁאֵין לְהִימָּנַע מִמֶּנּוּ
inestimable *adj.* לֹא יְשׁוֹעַר, לֹא יְסוּלָּא בַּפָּז
inevitable *adj.* בִּלְתִּי־נִמְנָע
inexact *adj.* לֹא מְדוּיָּק
inexcusable *adj.* שֶׁלֹּא יִיסָּלַח
inexhaustible *adj.* לֹא נִדְלֶה, לֹא נִלְאֶה
inexorable *adj.* שֶׁאֵין לְרַכְּכוֹ; שֶׁאֵין לְשַׁנּוֹתוֹ
inexpedient *adj.* לֹא כְּדָאִי, לֹא מוֹעִיל
inexpensive *adj.* לֹא יָקָר, זוֹל
inexperience *n.* חוֹסֶר נִיסָּיוֹן
inexplicable *adj.* שֶׁאֵין לְהַסְבִּירוֹ
inexpressible *adj.* שֶׁאִי אֶפְשָׁר לְבַטְּאוֹ
infallible *adj., n.* שֶׁאֵינוֹ שׁוֹגֶה; בָּדוּק (תרופה וכד')
infamous *adj.* יָדוּעַ לְשִׁמְצָה
infamy *n.* שִׁמְצָה, קָלוֹן
infancy *n.* יַלְדוּת, יַנְקוּת
infant *n.* עוֹלָל, תִּינוֹק
infantile *adj.* יַלְדוּתִי, תִּינוֹקִי
infantile paralysis *n.* שִׁיתּוּק יְלָדִים
infantry *n.* חֵיל־רַגְלִים
infantryman *n.* חַיָּל רַגְלִי
infatuated *adj.* מוּקְסָם, מְאוֹהָב עַד לְשִׁיגָּעוֹן
infect *v.* אִילֵּחַ, זִיהֵם, הִדְבִּיק בְּמַחֲלָה
infection *n.* הַדְבָּקָה, אִילּוּחַ, זִיהוּם
infectious *adj.* מִידַּבֵּק
infelicity *n.* עַצְבוּת, הַחְמָצָה (בזמן)
infer *v.* הִסִּיק; הִקִּישׁ, לָמַד מ
inferior *adj., n.* נָחוּת, נוֹפֵל בְּעֶרְכּוֹ; נְחוּת דַּרְגָּה
inferiority *n.* נְחִיתוּת
inferiority complex *n.* תַּסְבִּיךְ נְחִיתוּת
infernal *adj.* שְׂטָנִי, אַכְזָרִי
inferno *n.* גֵּיהִינּוֹם, מְעַרְבּוֹלֶת אֵשׁ
infest *v.* שָׁרַץ בּ
infidel *adj., n.* כּוֹפֵר
infidelity *n.* אִי־נֶאֱמָנוּת, בְּגִידָה
infield *n.* (בבייסבול) שֶׁטַח הַמִּשְׂחָק
infighting *n.* קְרָב מַגָּע; הִתְגּוֹשְׁשׁוּת
infiltrate *v.* סִינֵּן; הִסְתַּנֵּן
infinite *adj.,n.* אֵין־סוֹפִי; אֵין־סוֹף

infinitesimal *adj.* קְטַנְטַן, זְעַרְעַר
infinitive *adj.,n.* שֶׁל מָקוֹר; מָקוֹר
infinity *n.* אֵין־סוֹף, נֶצַח
infirm *adj.* חָלוּשׁ, חוֹלֶה
infirmary *n.* בֵּית־חוֹלִים, מִרְפָּאָה
infirmity *n.* חוּלְשָׁה; מַחוֹשׁ; הִיסּוּס
infix *v.* קָבַע, תָּקַע, קִיבֵּעַ
infix *n.* מִצְעִית, תּוֹכִית
inflame *v.* הִדְלִיק; הֵסִית; הִשְׁתַּלְהֵב
inflammable *adj.* דָּלִיק
inflammation *n.* דַּלֶּקֶת; הִתְלַקְּחוּת
inflate *v.* נִיפַּח; הִתְנַפֵּחַ
inflation *n.* נִיפּוּחַ; אִינְפְלַצְיָה, נַפַּחַת
inflect *v.* כָּפַף, הִטָּה
inflection *n.* הַטָּיָה, כְּפִיפָה
inflexible *adj.* לֹא גָּמִישׁ, נוּקְשֶׁה
inflict *v.* גָּרַם (אבידות וכד׳); הֵטִיל (עונש וכד׳)
inflow *n.* זְרִימָה פְּנִימָה
influence *n.* הַשְׁפָּעָה, 'פְּרוֹטֶקְצְיָה'
influence *v.* הִשְׁפִּיעַ עַל
influent *adj., n.* זוֹרֵם אֶל; יוּבַל
influential *adj.* בַּעַל הַשְׁפָּעָה
influenza *n.* שַׁפַּעַת
influx *n.* זֶרֶם, זְרִימָה (פנימה)
inform *v.* הוֹדִיעַ, מָסַר; הִלְשִׁין
informal *adj.* לֹא רִשְׁמִי, לֹא פוֹרְמָלִי
informant *n.,adj.* מוֹסֵר יְדִיעוֹת
information *n.* מֵידָע, אִינְפוֹרְמַצְיָה
informational *adj.* שֶׁל אִינְפוֹרְמַצְיָה
informed sources *n.pl.* מְקוֹרוֹת יוֹדְעֵי דָּבָר
infra *prep.* לְמַטָּה, מִתַּחַת, תַּת
infra-red *adj.* תַּת־אָדוֹם, אִינְפְרָה־אָדוֹם
infraction *n.* שְׁבִירָה; הֲפָרָה (של הסכם, של חוק וכד׳)
infrequent *adj.* לֹא תָּדִיר, נָדִיר
infringe *v.* עָבַר, הֵפֵר
infringement *n.* עֲבֵירָה, הֲפָרָה
infuriate *v.* הִרְגִּיז, הִרְתִּיחַ
infuse *v.* מִילֵּא, יָצַק אֶל, עֵירָה
infusion *n.* מִילּוּי, יְצִיקָה; עֵירוּי
ingenious *adj.* חָכָם, מְחוּכָּם, עָשׂוּי בְּחָכְמָה
ingenuity *n.* שְׁנִינוּת, תַּחְבּוּלָה
ingenuous *adj.* כֵּן, יָשָׁר; תָּמִים
ingenuousness *n.* כֵּנוּת, יוֹשֶׁר
ingest *v.* הִכְנִיס מָזוֹן לַקֵּיבָה
inglorious *adj.* לֹא מְכוּבָּד, מֵבִישׁ
ingot *n.* מְטִיל
ingraft *v.* הִרְכִּיב; נָטַע
ingrained, engrained *adj.* מוּשְׁרָשׁ (לגבי דֵּעָה, תכונה וכד׳)
ingrate *adj.,n.* כְּפוּי־טוֹבָה
ingratiate *v.* הִתְחַבֵּב
ingratiating *adj.* מִתְחַנֵּף
ingratitude *n.* כְּפִיַּית טוֹבָה
ingredient *n.* מַרְכִּיב, רְכִיב
ingress *n.* רְשׁוּת כְּנִיסָה
inhabit *v.* הִשְׁתַּכֵּן בּ, חַי בּ
inhabitant *n.* תּוֹשָׁב
inhale *v.* שָׁאַף (לתוכו)
inherent *adj.* טָבוּעַ בּוֹ, טִבְעִי, מַהוּתִי
inherit *v.* יָרַשׁ
inheritance *n.* יְרוּשָּׁה
inhibit *v.* עִיכֵּב, מָנַע, עָצַר בְּעַד
inhibition *n.* עַכָּבָה, מַעְצוֹר נַפְשִׁי
inhospitable *adj.* לֹא מַסְבִּיר פָּנִים
inhuman *adj.* לֹא אֱנוֹשִׁי, אַכְזָרִי
inhumane *adj.* לֹא אֱנוֹשִׁי, לֹא רַחְמָנִי
inhumanity *n.* חוֹסֶר רֶגֶשׁ אֱנוֹשִׁי
inimical *adj.* עוֹיֵן, מַזִּיק

inimitable *adj.* לֹא נִיתָּן לְחִיקּוּי
iniquity *n.* עָוֶול, אִי צֶדֶק, רֶשַׁע
initial *adj.,n.* רִאשׁוֹנִי, רָאשִׁי; אוֹת רִאשׁוֹנָה (שֶׁל שֵׁם)
initial *v.* חָתַם בְּרָאשֵׁי־תֵּיבוֹת
initiate *v.* הִתְחִיל בּ, יָזַם
initiation *n.* כְּנִיסָה חֲגִיגִית (לַאֲגוּדָּה וכו')
initiative *n.* יוֹזְמָה
initiator *n.* יוֹזֵם
inject *v.* הִזְרִיק; זָרַק (הערה וכד')
injection *n.* זְרִיקָה; הֶעָרַת בֵּינַיִים
injudicious *adj.* לֹא נָבוֹן, לֹא שָׁקוּל
injunction *n.* צַו, צַו מוֹנֵעַ
injure *v.* פָּצַע, הִזִּיק, פָּגַע
injurious *adj.* מַזִּיק, פּוֹגֵעַ
injury *n.* פֶּצַע; הֶיזֵּק, נֵזֶק
injustice *n.* אִי־צֶדֶק, עָוֶול
ink *n.,v.* דְּיוֹ; סִימֵּן בִּדְיוֹ; כִּיסָּה בִּדְיוֹ
inkling *n.* רֶמֶז, שֶׁמֶץ דָּבָר
inkstand *n.* דְּיוֹתָה
inkwell *n.* קֶסֶת דְּיוֹ
inlaid *adj.* מְשׁוּבָּץ, חָרוּת
inland *n.,adj.,adv.* (שֶׁל) פְּנִים הָאָרֶץ
in-law *n.* קָרוֹב (על ידי נישואים)
inlay *v.,n.* שִׁיבֵּץ; שִׁיבּוּץ
inlet *n.* מִפְרָץ קָטָן; פֶּתַח כְּנִיסָה
inmate *n.* גֵּר, שׁוֹכֵן (בְּמוֹסָד סָגוּר כְּבֵית סוֹהַר אוֹ בֵּית חוֹלִים)
inn *n.* פּוּנְדָּק, אַכְסַנְיָה
innards *n.pl.* (בְּדִיבּוּר) קְרָבַיִים
innate *adj.* מוּטְבָּע, טָבוּעַ; פְּנִימִי
inner *adj.* פְּנִימִי, תּוֹכִי
inner tube *n.* אַבּוּב 'פְּנִימִי'
inning *n.* מַחְזוֹר (בְּבֵייסְבּוֹל, בְּקְרִיקֶט); תּוֹר
innkeeper *n.* פּוּנְדְּקִי
innocence *n.* חַפּוּת מִפֶּשַׁע, תּוֹם
innocent *adj.,n.* חַף מִפֶּשַׁע, תָּמִים
innocuous *adj.* לֹא מַזִּיק; לֹא חָשׁוּב, לֹא בּוֹלֵט
innovate *v.* חִידֵּשׁ, הִמְצִיא
innovation *n.* חִידּוּשׁ, הַמְצָאָה
innuendo *n.* רֶמֶז לִגְנַאי
innumerable *adj.* שֶׁלֹּא יִיסָּפֵר מֵרוֹב
inoculate *v.* חִיסֵּן בְּהַרְכָּבַת נַסְיוּב
inoculation *n.* (חִיסּוּן בּ) הַרְכָּבַת נַסְיוּב
inoffensive *adj.* לֹא מַזִּיק
inopportune *adj.* לֹא בְּעִתּוֹ, בִּזְמַן לֹא נוֹחַ
inordinate *adj.* מוּפְרָז, לֹא מְרוּסָּן
inorganic *adj.* אִי־אוֹרְגָנִי
input *n.* מַה שֶׁמּוּכְנָס, כּוֹחַ; קֶלֶט (בִּמְכוֹנָה)
inquest *n.* תַּחְקִיר, חֲקִירַת סִיבַּת מָוֶות
inquire, enquire *v.* שָׁאַל, חָקַר
inquirer *n.* חוֹקֵר, שׁוֹאֵל
inquiry, enquiry *n.* חֲקִירָה וּדְרִישָׁה
inquisition *n.* חֲקִירָה קַפְּדָנִית
inquisitive *adj.* סַקְרָנִי
inroad *n.* הַסָּגַת גְּבוּל, פְּשִׁיטָה
insane *adj.* לֹא שָׁפוּי, חוֹלֵה רוּחַ
insanely *adv.* בְּשִׁיגָּעוֹן, כִּמְשׁוּגָּע
insanity *n.* טֵירוּף, אִי־שְׁפִיּוּת
insatiable *adj.* שֶׁאֵינוֹ יוֹדֵעַ שׂוֹבַע
inscribe *v.* רָשַׁם; חָקַק
inscription *n.* כְּתוֹבֶת; חֲקִיקָה, חֲרוֹתֶת
inscrutable *adj.* שֶׁאֵין לַהֲבִינוֹ, מִסְתּוֹרִי
insect *n.* חָרָק
insecticide *n.* קוֹטֵל חֲרָקִים (תַּכְשִׁיר)
insecure *adj.* חֲסַר בִּיטָּחוֹן עַצְמִי

inseminate *v.* הִזְרִיעַ זֶרַע
insemination *n.* הַזְרָעַת זֶרַע
inseparable *adj.* שֶׁאֵין לְהַפְרִידָם
insert *v.,n.* הִכְנִיס, שִׁרְבֵּב (מלה לטֶקסט); הַבְלָעָה; מִלָּה אוֹ קֶטַע מוּבְלָע
insertion *n.* קְבִיעָה; הַכְנָסָה; דָּבָר שֶׁשּׁוּרְבַּב
inset *n.* הַבְלָעָה; מִילּוּאָה
inset *v.* שָׂם בּ
inside *adj.,n.,adv.,prep.* פְּנִימִי; פָּנִים; פְּנִימָה; בְּתוֹךְ, בּ
inside information *n.* מֵידָע פְּנִימִי
insider *n.* יוֹדֵעַ דָּבָר, אִישׁ פְּנִימִי
insidious *adj.* מְחַבֵּל בַּסֵּתֶר, מַפִּיל בְּרֶשֶׁת
insight *n.* בּוֹנְנוּת
insignia *n.pl.* סִימָנֵי־דַרְגָּה (אוֹ מעמד)
insignificant *adj.* חֲסַר עֵרֶךְ; לֹא נִיכָּר
insincere *adj.* לֹא כֵּן, לֹא יָשָׁר
insinuate *v.* רָמַז (בצורה פוגענית); הִגְנִיב
insipid *adj.* תָּפֵל (אדם), חֲסַר חִיּוּת
insist *v.* עָמַד עַל, דָּרַשׁ בְּתוֹקֶף
insofar *adv.* עַד כַּמָּה שֶׁ
insolence *n.* חוּצְפָּה, עַזּוּת פָּנִים
insoluble *adj.* לֹא מָסִיס; לֹא פָּתִיר
insolvency *n.* פְּשִׁיטַת־רֶגֶל
insomnia *n.* חוֹסֶר שֵׁינָה, נְדוּדֵי שֵׁינָה
insomuch *adv.* בְּמִידָּה; כָּךְ שׁ
insouciance *n.* קוֹר רוּחַ, שַׁאֲנָנוּת
inspect *v.* בָּדַק, בָּחַן, פִּיקַּח
inspection *n.* פִּיקּוּחַ, בְּדִיקָה
inspiration *n.* הַשְׁרָאָה; הִתְלַהֲבוּת
inspire *v.* עוֹרֵר רוּחַ; הִשְׁרָה

inspiring *adj.* מַלְהִיב
instability *n.* אִי־יַצִּיבוּת
install *v.* הִתְקִין, קָבַע; הִכְנִיס לְמִשְׂרָה
installment *n.* תַּשְׁלוּם חֶלְקִי; הֶמְשֵׁךְ
installment buying *n.* רְכִישָׁה בְּתַשְׁלוּמִים
installment plan *n.* תָּכְנִית רְכִישָׁה בְּתַשְׁלוּמִים
instance *n.* דּוּגְמָה; מִקְרֶה; דֶּרֶג, שָׁלָב (בהליך משפטי)
instance *v.* הִדְגִּים
instancy *n.* דְּחִיפוּת
instant *adj.* מִיָּדִי
instant *n.* רֶגַע, הֶרֶף עַיִן
instantaneous *adj.* מִיָּדִי
instantly *adv.* מִיָּד, בֵּין רֶגַע
instead *adv.* בִּמְקוֹם
instep *n.* גַּב כַּף הָרֶגֶל
instigate *v.* הֵסִית, גֵּירָה
instill *v.* הֶחְדִּיר (לאט לאט); טִפְטֵף
instinct *n.* יֵצֶר, אִינְסְטִינְקְט
instinctive *adj.* יִצְרִי, אִינְסְטִינְקְטִיבִי
institute *v.* יִיסֵּד, הֵקִים
institute *n.* מָכוֹן
institution *n.* מוֹסָד
instruct *v.* הִדְרִיךְ, לִימֵּד, תִּדְרֵךְ
instruction *n.* לִימּוּד; תִּדְרוּךְ
instructive *adj.* מְאַלֵּף
instructor *n.* מַדְרִיךְ
instrument *n.* מַכְשִׁיר; אֶמְצָעִי
instrumental *adj.* מוֹעִיל, מְסַיֵּיעַ, מְשַׁמֵּשׁ
instrumentalist *n.* נַגָּן
instrumentality *n.* אֶמְצָעוּת; עֶזְרָה
insubordinate *n.* מְסָרֵב לְקַבֵּל מָרוּת, מַרְדָן, מַמְרֶה

insufferable *adj.* בִּלְתִּי נִסְבָּל
insufficient *adj.* לֹא מַסְפִּיק
insular *adj.* אִיִּי; שׁוֹכֵן אִי; צַר אוֹפֶק
insulate *v.* בִּידֵּד, בּוֹדֵד
insulation *n.* בִּידּוּד
insulator *n.* מְבַדֵּד, חוֹמֶר מְבוֹדֵד
insulin *n.* אִינְסוּלִין (תרכיב לחולי סוכרת)
insult *v.* הֶעֱלִיב, פָּגַע בּ
insult *n.* עֶלְבּוֹן, פְּגִיעָה
insurance *n.* בִּיטּוּחַ
insurance policy *n.* תְּעוּדַת בִּיטּוּחַ
insure *v.* בִּיטַּח
insurer *n.* מְבַטֵּחַ
insurgent *n.* מִתְקוֹמֵם
insurmountable *adj.* שֶׁאִי אֶפְשָׁר לְהִתְגַּבֵּר עָלָיו
insurrection *n.* הִתְקוֹמְמוּת, מְרִידָה
insusceptible *adj.* לֹא רָגִישׁ, לֹא מִתְרַשֵּׁם בְּנָקֵל
intact *adj.* שָׁלֵם, שֶׁלֹּא נָגְעוּ בּוֹ
intake *n.* כְּנִיסָה, כַּמּוּת שֶׁנִּכְנֶסֶת; קְלִיטָה.
intangible *adj.* לֹא מָשִׁישׁ; לֹא מוּחָשׁ
integer *n.* מִסְפָּר שָׁלֵם, יֵשׁוּת שְׁלֵמָה, יְחִידָה שְׁלֵמָה
integral *adj.* לֹא נִפְרָד; שָׁלֵם, שֶׁל מִסְפָּרִים שְׁלֵמִים; חָשׁוּב; אִינְטֶגְרָלִי
integration *n.* הִתְכַּלְּלוּת, מִיזּוּג
integrity *n.* כְּלִילוּת, שְׁלֵמוּת, יוֹשֶׁר מִידּוֹת
intellect *n.* שֵׂכֶל, בִּינָה
intellectual *adj.,n.* (שֶׁל) אִישׁ־רוּחַ
intellectuality *n.* כּוֹשֶׁר בִּינָה
intelligence *n.* בִּינָה, הֲבָנָה; מוֹדִיעִין
intelligence bureau *n.* אֲגַף מוֹדִיעִין
intelligence quotient (I.Q.) *n.* מְנַת מִשְׂכָּל
intelligent *adj.* נָבוֹן, אִינְטֶלִיגֶנְטִי
intelligentsia *n.* אִינְטֶלִיגֶנְצְיָה, אַנְשֵׁי־הָרוּחַ
intelligible *adj.* מוּבָן, נִתְפָּס
intemperance *n.* אִי־מְתִינוּת, חוֹסֶר רִיסּוּן עַצְמִי (בייחוד בשתיית משקאות אלכוהוליים)
intemperate *adj.* לֹא מָתוּן, מַפְרִיז
intend *v.* נָטָה, הִתְכַּוֵּן, יָעַד
intendance *n.* הַשְׁגָּחָה, הַחְזָקָה
intendant *n.* מַשְׁגִּיחַ
intended *adj.,n.* מְכוּוָּן, מְיוּעָד
intense *adj.* חָזָק, עַז, מְאוּמָּץ
intensity *n.* עוֹצְמָה, חוֹזֶק
intensive *adj.* חָזָק, נִמְרָץ
intent *adj.* דָּרוּךְ; מְכוּוָּן
intent *n.* הִתְכַּוְּונוּת; מַטָּרָה
intention *n.* כַּוָּונָה
intentional *adj.* שֶׁבְּמֵזִיד, מְכוּוָּן
inter *v.* קָבַר, טָמַן
inter alia בֵּין הַשְּׁאָר
interact *v.* פָּעֲלוּ הֲדָדִית
interaction *n.* פְּעוּלַּת גּוֹמְלִין
inter-American *adj.* בֵּין־אֲמֵרִיקָנִי
intercalate *v.* הִבְלִיעַ, שָׂם בֵּין, הִכְנִיס לְלוּחַ הַשָּׁנָה
intercede *v.* הִשְׁתַּדֵּל בְּעַד
intercept *v.* תָּפַס בַּדֶּרֶךְ, יֵירֵט
interceptor *n.* עוֹצֵר, מְעַכֵּב; מָטוֹס יֵירוּט
interchange *v.* הֶחֱלִיף; הִתְחַלֵּף
interchange *n.* חֲלִיפִין
intercollegiate *adj.* בֵּין־אוּנִיבֶרְסִיטָאִי
intercom *n.* תִּקְשׁוֹרֶת פְּנִימִית

intercontinental *adj.* בֵּין־יַבַּשְׁתִּי
intercourse *n.* מַגָּע; מַגָּע וּמַשָּׂא; מַגָּע מִינִי; מִשְׁגָל, בְּעִילָה
intercross *v.* חָצוּ זֶה אֶת זֶה; הִצְלִיב, הִכְלִיא
interdenominational *adj.* שֶׁבֵּין כִּיתּוֹת דָּתִיּוֹת
interdependence *n.* תְּלוּת הֲדָדִית
interdict *v.* אָסַר מָנַע
interdict *n.* אִיסוּר, מְנִיעָה, מֶנַע
interest *v.* עִנְיֵין
interest *n.* זִיקָה בְּעִנְיָן, אִינְטֶרֶס; תּוֹעֶלֶת; רִיבִּית, פֵּירוֹת
interested *adj.* מִתְעַנְיֵין, מְעוּנְיָין
interesting *adj.* מְעַנְיֵין
interfere *v.* הִתְעָרֵב, פָּגַע, הִפְרִיעַ
interference *n.* הִתְעָרְבוּת; הַפְרָעָה
interim *n., adj.* תְּקוּפַת בֵּינַיִים; זְמַנִּי
interior *adj., n.* פְּנִימִי; פְּנִים
interject *v.* הִשְׁמִיעַ קְרִיאַת בֵּינַיִים
interjection *n.* זְרִיקָה אֶל תּוֹךְ; קְרִיאָה
interlace *v.* שָׁזַר; שִׁילֵּב; הִשְׁתַּלֵּב
interlard *v.* תִּיבֵּל, שִׁרְבֵּב; שִׁילֵּב
interline *v.* הוֹסִיף בֵּין הַשִּׁיטִּין
interlining *n.* בִּטְנָה פְּנִימִית
interlink *v.* רִיתֵּק
interlock *v.* שִׁילֵּב; תָּאַם
interlocutor *n.* בֶּן־שִׂיחַ
interlocutory *adj.* זְמַנִּי, שֶׁל בֵּינַיִים
interlocutory costs *n.pl.* הוֹצָאוֹת בֵּינַיִים
interlocutory order *n.* צַו בֵּינַיִים
interlope *v.* נִדְחַק, הִתְעָרֵב
interloper *n.* דּוֹחֵק אֶת עַצְמוֹ
interlude *n.* נְגִינַת־בֵּינַיִים; מְאוֹרַע־בֵּינַיִים; הַפְסָקָה (בין מערכות)
intermarriage *n.* נִישּׂוּאֵי תַּעֲרוֹבֶת
intermediary *adj., n.* בֵּינַיְימִי; אֶמְצָעִי; מְתַוֵּוךְ
interment *n.* קְבוּרָה
intermezzo *n.* אִינְטֶרְמֶצּוֹ, נְגִינַת בֵּינַיִים
interminable *adj.* נִמְשָׁךְ לְאֵין סוֹף
intermingle *v.* עִירֵב; הִתְעָרֵב
intermittent *adj.* בָּא בְּסֵירוּגִין
intermix *v.* בָּלַל; הִתְבּוֹלֵל
intern *v.* כָּלָא בְּהֶסְגֵּר
intern(e) *n.* רוֹפֵא פְּנִימוֹנִי (שגר בביה"ח)
internal *adj.* פְּנִימִי, תּוֹכִי
internal affairs *n.pl.* עִנְיְינֵי פְּנִים
internal commerce *n.* סַחַר פְּנִים
internal revenue *n.* מִסֵּי הַמְּדִינָה
international *adj.* בֵּין־לְאוּמִּי
internationalize *v.* בִּנְאֵם
internecine *adj.* גּוֹרֵם לְהֶרֶס הֲדָדִי
internee *n.* כָּלוּא, עָצִיר, נָתוּן בְּמַחֲנֵה הֶסְגֵּר
internist *n.* רוֹפֵא פְּנִימִי
internment *n.* כְּלִיאָה
internship *n.* תְּקוּפַת הִתְמַחוּת
interpellate *v.* הִגִּישׁ שְׁאִילְתָּא
interpenetrate *v.* חָדַר לְכָל סֶדֶק; חָדְרוּ זֶה לְתוֹךְ זֶה
interplay *n.* פְּעִילוּת הֲדָדִית
interpolate *v.* שִׁינָּה טֶקְסְט; שִׁרְבֵּב
interpose *v.* שָׂם, עָמַד בֵּין
interpret *v.* פֵּירֵשׁ, הִסְבִּיר; תִּרְגֵּם; הֵבִין
interpreter *n.* מְתוּרְגְּמָן; מְפָרֵשׁ
interregnum *n.* תְּקוּפַת בֵּינַיִים (של שלטון)
interrelated *adj.* שֶׁבְּיַחֲסֵי גּוֹמְלִין

interrogate *v.* חָקַר וְדָרַשׁ, תִּשְׁאֵל, תִּחְקֵר
interrogation *n.* תִּחְקוּר, תִּשְׁאוּל
interrogation point (mark) *n.* סִימַן שְׁאֵלָה (?)
interrogative *adj.* חוֹקֵר וְדוֹרֵשׁ
interrupt *v.* הִפְסִיק; הִפְרִיעַ; שִׁיסַּע
intersection *n.* חֲצִיָּיה; חִיתּוּךְ
intersperse *v.* פִּיזֵּר, זָרָה; שִׁיבֵּץ
interstice *n.* חָרִיץ, סֶדֶק, נְקִיק
intertwine *v.* שָׁזַר; הִשְׁתַּזֵּר
interval *n.* הַפְסָקָה, הֲפוּגָה
intervene *v.* הִפְרִיעַ, הִתְעָרֵב
intervening *adj.* בֵּינַיִים; מַפְרִיד
intervention *n.* הִתְעָרְבוּת; חֲצִיצָה
interview *n.* רֵיאָיוֹן
interview *v.* רֵאיֵין
interweave *v.* סָרַג, אָרַג, שָׁזַר
intestate *adj., n.* לְלֹא צַוָּואָה (נפטר, עיזבון)
intestine *n.* מֵעַיִים, מְעִי
intimacy *n.* מַגָּע הָדוּק; סוֹדִיוּת; יַחֲסֵי מִין
intimate *adj.,n.* קָרוֹב, הָדוּק, אִינְטִימִי, אִישִׁי; יָדִיד קָרוֹב
intimate *v.* רָמַז; הוֹדִיעַ
intimation *n.* רֶמֶז; הוֹדָעָה
intimidate *v.* אִיֵּים, הִפְחִיד; אִילֵּץ
into *prep.* אֶל, אֶל תּוֹךְ, לְתוֹךְ, ל
intolerable *adj.* בִּלְתִּי נִסְבָּל; קָשֶׁה מִנְּשׂוֹא
intolerant *adj.* לֹא סוֹבְלָנִי
intombment *n.* קְבוּרָה
intonation *n.* הַנְגָּנָה, אִינְטוֹנַצְיָה
intone *v.* קָרָא לְפִי הַטְּעָמִים; דִּקְלֵם בְּמַנְגִּינָה, דִּיבֵּר בְּנִיגּוּן

intoxicant *n.* מְשַׁכֵּר
intoxicate *v.* שִׁיכֵּר
intoxication *n.* שִׁכְרוּת; שִׁיכּוּר
intractable *adj.* לֹא מְקַבֵּל מָרוּת, סוֹרֵר, עַקְשָׁן, לֹא גָמִישׁ
intransigent *n.,adj.* לֹא מִתְפַּשֵּׁר, נוּקְשֶׁה מְאוֹד
intransitive *n.,adj.* (פּוֹעַל) עוֹמֵד
intravenous *adj.* מוּזְרָק לַוְּרִיד
intrench *v.* הִתְחַפֵּר, הִתְבַּצֵּר
intrepid *adj.* לְלֹא חַת, אַמִּיץ
intrepidity *n.* אִי־מוֹרָא, אוֹמֶץ
intricate *adj.* מְסוּבָּךְ וּמוּרְכָּב
intrigue *v.* זָמַם, סִכְסֵךְ; סִקְרֵן
intrigue *n.* תַּחְבּוּלָה; מְזִימָה; תְּכָכִים
intrinsic(al) *adj.* פְּנִימִי, עַצְמִי; סְגוּלִי
intrinsically *adv.* בִּיסוֹדוֹ, בְּעֶצֶם מַהוּתוֹ
introduce *v.* הִצִּיג; הֵבִיא, הִכְנִיס, הִנְהִיג; הִקְדִּים (דברי הֶסבר)
introduction *n.* הַקְדָּמָה; הַכְנָסָה; הַנְהָגָה; הַצָּגָה
introductory, introductive *adj.* מַצִּיג, מַקְדִּים
introspect *v.* הִתְבּוֹנֵן בְּתוֹךְ עַצְמוֹ
introvert *n.* מוּפְנָם, מְפוּנָּם
intrude *v.* פָּרַץ, נִדְחַק, הִדְחִיק
intruder *n.* נִדְחָק; לֹא קָרוּא; פּוֹלֵשׁ
intrusive *adj.* מַפְרִיעַ, נִדְחָק
intrust *v.* הִפְקִיד; הִטִּיל עַל
intuition *n.* טְבִיעַת־עַיִן, אִינְטוּאִיצְיָה, יְדִיעָה בִּלְתִּי אֶמְצָעִית
inundate *v.* שָׁטַף, הֵצִיף
inundation *n.* שִׁיטָּפוֹן, הֲצָפָה
inure *v.* הִרְגִּיל ב; חִישֵּׁל
invade *v.* פָּלַשׁ; פָּגַע (בזכות)

invader *n.* פּוֹלֵשׁ
invalid *adj.* חֲסַר תּוֹקֶף, לֹא תּוֹפֵס
invalid *n.,adj.* חוֹלֶה, נָכֶה, בַּעַל מוּם
invalidate *v.* פָּסַל, שָׁלַל תּוֹקֶף
invalidity *n.* חוֹסֶר תּוֹקֶף
invaluable *adj.* רַב־עֵרֶך
invariable *adj.* לֹא מִשְׁתַּנֶּה; תְּמִידִי
invariably *adv.* בְּאוֹפֶן קָבוּעַ, תָּמִיד
invasion *n.* פְּלִישָׁה; פְּגִיעָה (בזכות)
invective *n.* גִידּוּף, דִבְרֵי נְאָצָה
inveigh *v.* הִתְקִיף בַּחֲרִיפוּת
inveigle *v.* פִּיתָּה
invent *v.* הִמְצִיא; חִידֵשׁ
invention *n.* הַמְצָאָה, אַמְצָאָה
inventive *adj.* מַמְצִיאָנִי, בַּעַל כּוֹחַ הַמְצָאָה
inventiveness *n.* מַמְצִיאָנוּת, כִּשְׁרוֹן הַמְצָאָה
inventor *n.* מַמְצִיאָן
inventory *n.,v.* מְלַאי, מְצַאי, רְשִׁימַת פְּרִיטִים
inverse *adj.,n.* הָפוּך, הוֹפְכִי; הֵפֶך
inversion *n.* הֲפִיכָה; סֵירוּס
invert *v.* הָפַך
invert *adj.,n.* הָפוּך
invertebrate *adj.,n.* חֲסַר חוּלְיוֹת
inverted commas *n.pl.* מֵירְכָאוֹת (")
invest *v.* הִשְׁקִיעַ; הֶעֱנִיק
investigate *v.* חָקַר, תִּחְקֵר, תִּשְׁאֵל
investigation *n.* חֲקִירָה, תִּשְׁאוּל
investment *n.* הַשְׁקָעָה; מָצוֹר; טֶקֶס הַסְמָכָה
investor *n.* מַשְׁקִיעַ הוֹן
inveterate *adj.* רָגִיל, מוּשְׁבָּע
invidious *adj.* פּוֹגֵעַ
invigilate *v.* הִשְׁגִּיחַ (על כתיבת בחינה)
invigorate *v.* הִגְבִּיר, הִמְרִיץ
invigoration *n.* חִיזּוּק, הַמְרָצָה
invincible *adj.* לֹא מְנוּצָּח
inviolate *adj.* שֶׁלֹּא חוּלַּל, שֶׁנִּשְׁמַר
invisible *adj.* בִּלְתִּי נִרְאֶה
invitation *n.* הַזְמָנָה (לטקס וכד')
invite *v.* הִזְמִין, קָרָא; פִּיתָּה
inviting *adj.* מַזְמִין; מְפַתֶּה
invocation *n.* תְּפִילַּת בַּקָּשָׁה
invoice *n.* תְּעוּדַת מִשְׁלוֹחַ, חֶשְׁבּוֹנִית
invoice *v.* הֵכִין חֶשְׁבּוֹנִית
invoke *v.* קָרָא בִּתְפִילָּה; פָּנָה
involuntary *adj.* שֶׁלֹּא מֵרָצוֹן, בְּלִי מֵשִׂים
involution *n.* מְעוֹרָבוּת; סִיבּוּך, הִסְתַּבְּכוּת; (במת') הַעֲלָאָה בְּחֶזְקָה
involve *v.* גָּרַר, עֵירֵב, סִיבֵּך; הֶעֱסִיק
involvement *n.* מְעוֹרָבוּת; הִסְתַּבְּכוּת
invulnerable *adj.* לֹא פָּגִיעַ
inward *adj.,n.,adv.* פְּנִימִי; פְּנִים; פְּנִימָה
iodide *n.* יוֹדִיד (תרכובת של יוד)
iodine *n.* יוֹד
ion *n.* יוֹן (אטום נושא מטען חשמלי)
ionize *v.* יוֹנֵן; הִתְיוֹנֵן
iota *n.* יוֹטָה (י' יוונית)
IOU,I.O.U. *n.* שְׁטַר־חוֹב (ר"ת אני חייב לך)
ipso facto אִיפְּסוֹ פַקְטוֹ (מכוח עובדה זו)
irascible *adj.* נוֹחַ לִכְעוֹס, רַתְחָן
irate *adj.* כּוֹעֵס, כַּעֲסָנִי
ire *n.* כַּעַס
iris *n.* קַשְׁתִּית (העין); אִירוּס (פרח)
irk *v.* הִרְגִּיז
irksome *adj.* מַרְגִּיז, מַטְרִיד, מְיַיגֵּעַ
iron *n.* בַּרְזֶל; מַגְהֵץ

iron *adj.* בַּרְזִילִי; שֶׁל בַּרְזֶל
iron *v.* גִּיהֵץ
ironbound *adj.* עוֹטֶה בַּרְזֶל, מְשׁוּרְיָין
ironclad *n.* סְפִינַת שִׁרְיוֹן
ironclad *adj.* מְצוּפֶּה בַּרְזֶל
iron curtain *n.* מָסַךְ הַבַּרְזֶל
ironic, ironical *adj.* מְלַגְלֵג, אִירוֹנִי, מְעוֹרֵר צְחוֹק מַר
ironing *n.* גִּיהוּץ
ironing board *n.* לוּחַ גִּיהוּץ
ironware *n.* כְּלֵי בַּרְזֶל וּמַתֶּכֶת
iron will *n.* רְצוֹן בַּרְזֶל (חזק)
ironwork *n.* עֲבוֹדַת בַּרְזֶל
irony *n.* אִירוֹנְיָה, לִגְלוּג, צְחוֹק מַר
irradiate *v.* הֵאִיר; חָשַׂף לְהַקְרָנָה
irrational *adj.,n.* לֹא הֶגְיוֹנִי
irreconcilable *adj.* שֶׁאִי אֶפְשָׁר לְפַיְיסוֹ (לפייסם); שֶׁאֵין לְהַעֲלוֹתָם בְּקָנֶה אֶחָד
irrecoverable *adj.* שֶׁאֵין לְקַבְּלוֹ חֲזָרָה
irredeemable *adj.* שֶׁאֵין לְהַחֲזִירוֹ
irrefutable *adj.* שֶׁאֵין לְהַפְרִיכוֹ
irregular *adj.,n.* לֹא סָדִיר; חָרִיג
irregularity *n.* אִי תַּקִּינוּת, סְטִיָּיה
irrelevance, irrelevancy *n.* אִי־שַׁיָּיכוּת לָעִנְיָין, אִי נֶחְשָׁבוּת
irrelevant *adj.* לֹא שַׁיָּיךְ לָעִנְיָין
irreligious *adj.* לֹא דָּתִי
irremediable *adj.* לְלֹא תַּקָּנָה
irremovable *adj.* שֶׁאִי אֶפְשָׁר לְסַלְּקוֹ
irreparable *adj.* שֶׁאִי אֶפְשָׁר לְתַקְּנוֹ
irreplaceable *adj.* שֶׁאֵין לוֹ תַּחֲלִיף
irrepressible *adj.* שֶׁלֹּא נִיתָּן לְרַסְּנוֹ (לדכאו)
irreproachable *adj.* שֶׁלְּלֹא דוֹפִי, מוֹפְתִי
irresistible *adj.* שֶׁאֵין לַעֲמוֹד בְּפָנָיו
irrespective *adj.* בְּלִי שִׂים לֵב, בְּלִי לְהִתְחַשֵּׁב
irresponsibility *n.* חוֹסֶר אַחְרָיוּת, פְּטוֹר מֵאַחְרָיוּת
irresponsible *adj.* לֹא אַחְרָאִי
irretrievable *adj.* שֶׁאֵין לַהֲשִׁיבוֹ (אבידה)
irreverent *adj.* חֲסַר רֶגֶשׁ כָּבוֹד, לוֹעֵג לַמְּקוּדָּשׁ
irrevocable *adj.* שֶׁאֵין לוֹ חֲזָרָה; שֶׁאֵין לְשַׁנּוֹתוֹ, סוֹפִי
irrigate *v.* הִשְׁקָה, שָׁטַף
irrigation *n.* הַשְׁקָיָה
irritable *adj.* נוֹחַ לִכְעוֹס, עַצְבָּנִי
irritant *adj.,n.* (חומר) מְגָרֶה; מַרְגִּיז
irritate *v.* הִרְגִּיז, הִכְעִיס, עִצְבֵּן
irruption *n.* פְּלִישָׁה; הִתְפָּרְצוּת
island *n.* אִי
islander *n.* יוֹשֵׁב אִי
isle *n.* אִי
islet *n.* אִי קָטָן
isolate *v.* בּוֹדֵד; הִבְדִּיל, נִיתֵּק
isolation *n.* בִּידּוּד; הַבְדָּלָה; הֶסְגֵּר
isolationist *n.* דּוֹגֵל בְּבַדְלָנוּת
isosceles *adj.* שְׁוֵה־שׁוֹקַיִים (משולש)
isotope *n.* אִיזוֹטוֹפּ (יסוד כִּימִי זיהה לאחֵר בתכונות כימיות אך שונה ממנו במשקלו האטומי)
Israel *n.* יִשְׂרָאֵל, עַם יִשְׂרָאֵל; מְדִינַת יִשְׂרָאֵל
Israeli *adj.,n.* יִשְׂרְאֵלִי
Israelite *n.* יְהוּדִי, יִשְׂרְאֵלִי
issuance *n.* הַנְפָּקָה
issue *n.* עִנְיָין, פָּרָשָׁה; הוֹצָאָה, נִיפּוּק; בְּעָיָה; גִּילָּיוֹן; צֶאֱצָאִים

issue *v.* הִנְפִּיק; הוֹצִיא; יָצָא

isthmus *n.* מֵצַר יַבָּשָׁה

it *pron.* הוּא; לוֹ; אוֹתוֹ, זֶה

italic *n.,adj.* (של) אות כְּתָב

italicize *v.* הִדְפִּיס בְּאוֹתִיּוֹת כְּתָב

itch *n.* גֵירוּי; עִקְצוּץ

itch *v.* חָש גֵירוּי; גֵירָה; הִשְׁתּוֹקֵק

itchy *adj.* מְגָרֶה, מְגָרֵד; חָש בְּגֵירוּי

item *n.* פְּרִיט; יְדִיעָה (בעיתון)

itemize *v.* רָשַׁם פְּרָטִים, פֵּירֵט

iterate *v.* אָמַר שׁוּב וְשׁוּב

itinerant *adj.,n.* עוֹרֵךְ סִיבּוּב; נוֹדֵד

itinerary *n.* מַסְלוּל סִיּוּר, תּוֹכְנִית נְסִיעָה (או טיול וכד׳)

its *pron.,adj.* שֶׁלּוֹ, שֶׁלָּהּ

itself *pron.* (שֶׁל) עַצְמוֹ, עַצְמָהּ

ivied *adj.* מְכוּסֵּה קִיסוֹס

ivory *n.* שֶׁנְהָב, שֵׁן פִּיל

ivy *n.* קִיסוֹס

J

jab *v.* תָּקַע, נָעַץ

jabber *n., v.* פִּטְפּוּט; פִּטְפֵּט

jack *n.* בָּחוּר (כּוּלשהוּ); מַלָּח; מַגְבֵּהַּ

jack *v.* הֵרִים, הִגְבִּיהַּ

jackal *n.* תַּן

jackanapes *n.* יָהִיר, גַּאַוְתָן; שׁוֹבָב

jackass *n.* שׁוֹטֶה, 'חֲמוֹר'

jacket *n.* מִקְטוֹרֶן; עֲטִיפָה (של ספר)

jackknife *n.* אוֹלָר גָּדוֹל

jack-of-all-trades *n.* 'מוּמְחֶה' לַכּוֹל, יָדוֹ בַּכּוֹל

jack-o'-lantern *n.* אוֹר מַתְעֶה (בביצות)

jackpot *n.* קוּפָּה (במשחק קלפים); פְּרָס ראשון

jack-rabbit *n.* אַרְנָב גָּדוֹל

jackscrew *n.* מַגְבֵּהַּ בּוֹרְגִי

jackstone *n.* אֶבֶן מִשְׂחָק

jack-tar *n.* (דיבורית) מַלָּח

jade *n.* סוּס בָּלֶה; פְּרוּצָה

jade *v.* עִייֵּף, הִלְאָה

jaded *adj.* עָייֵף, תָּשׁוּשׁ

jag *n.* שֵׁן־סֶלַע

jag *v.* שִׁיכֵּן

jagged *adj.* מְשׁוּנָּן

jaguar *n.* יָגוּאָר (טורף ממשפחת החתולים)

jail *n.* מַאֲסָר, כֶּלֶא

jail *v.* אָסַר, כָּלָא

jailbird *n.* אָסִיר, פּוֹשֵׁעַ

jail delivery *n.* בְּרִיחָה מִכֶּלֶא

jailor *n.* סוֹהֵר

jalopy *n.* מְכוֹנִית מְיוּשֶּׁנֶת

jam *n.* רִיבָּה; דְּחִיסָה; צָרָה; פְּקָק (תנועה)

jam *v.* דָּחַק; נִדְחַק; מִילֵּא (אולם וכד')

jam-packed *adj.* מָלֵא וְדָחוּס

jam-session *n.* (בעגה) קוֹנְצֶרְט ג'ז

jamb *n.* מְזוּזָה (של דלת או חלון)

jamboree *n.* ג'מְבּוֹרִי, כִּינּוּס צוֹפִים

jamming *n.* בִּילּוּל; הַצְרָמָה

jangle *v.* צָרַם; הִתְווַכֵּחַ בְּקוֹל צוֹרֵם

jangle *n.* רַעַשׁ צוֹרֵם

janitor *n.* שׁוֹעֵר; שַׁמָּשׁ

January *n.* (חוֹדֶשׁ) יָנוּאָר

japan *n.* לַכָּה יַפָּנִית

Japanese *n., adj.* יַפָּנִי; יַפָּנִית (שפה)

jar *n.* צִנְצֶנֶת; חֲרִיקָה, תַּצְרוּם

jar *v.* חָרַק, עִצְבֵּן

jardinière *n.* עָצִיץ

jargon *n.* לָשׁוֹן מְקוּלְקֶלֶת, זַ'רְגוֹן; נִיב מִקְצוֹעִי

jasper *n.* יָשְׁפֵה (אבן טובה)

jaundice *n.* צַהֶבֶת; קִנְאָה מְרִירָה

jaundiced *adj.* חוֹלֵה צַהֶבֶת; אֲכוּל קִנְאָה

jaunt *n.* טִיוּל קָצָר

jaunt *v.* טִייֵּל טִיוּל קָצָר

jaunty *adj.* עַלִּיז וּבָטוּחַ בְּעַצְמוֹ

javelin *n.* רוֹמַח, כִּידוֹן

jaw *n.* לֶסֶת; דַּבְּרָנוּת

jaw *v.* דִּיבֵּר, פִּטְפֵּט, הִטִּיף מוּסָר

jaw-breaker *n.* מִלָּה קָשָׁה לְבִיטּוּי

jay *n.* (עוֹף) עוֹרְבָנִי; פַּטְפְּטָן

jay-walk *v.* חָצָה כְּבִישׁ בְּאוֹפֶן מְסוּכָּן

jazz *n.* ג'אז (צורת מוסיקה)

jazz *v.* נִיגֵּן ג'אז

jealous *adj.* קַנַּאי

jealousy *n.* קִנְאָה

jeans *n. pl.* ג'ינס, מִכְנְסֵי־עֲבוֹדָה, סַרְבָּל
jeep *n.* ג'יפ (סוג מכונית צבאית)
jeer *v.* לִגְלֵג
jejune *adj.* (לגבי ספרות) תָּפֵל
jell *v.* נִקְרַשׁ, גִּיבֵּשׁ צוּרָה
jell *n.* קָרִישׁ, מִקְפָּא
jelly *n.* קָרִישׁ, מִקְפָּא
jelly *v.* הִקְרִישׁ; קָרַשׁ
jellyfish *n.* מֶדוּזָה
jeopardize *v.* סִיכֵּן
jeopardy *n.* סִיכּוּן, סַכָּנָה
jeremiad *n.* קִינָה, סִיפּוּר קוֹדֵר
Jericho *n.* יְרִיחוֹ
jerk *v.* מָשַׁךְ פִּתְאוֹם
jerk *n.* תְּנוּעַת פִּתְאוֹם;
(המונית) שׁוֹטֶה, בּוּר
jerkin *n.* מְעִיל קָצָר, זִיג
jerky *adj.* עַצְבָּנִי
jersey *n.* אֲפוּדַּת צֶמֶר, פַּקֶּרֶס
Jerusalem *n.* יְרוּשָׁלַיִם
jest *n.* הֲלָצָה, בְּדִיחָה
jest *v.* הִתְלוֹצֵץ
jester *n.* לֵיצָן, בַּדְחָן
Jesuit *n.* יֵשׁוּעִי
Jesus Christ *n.* יֵשׁוּ הַנּוֹצְרִי
jet *n.* קִילוּחַ, סִילוֹן
jet *v.* קִילֵּחַ; קָלַח
jet age *n.* תְּקוּפַת הַסִּילוֹן
jet black *adj.* שָׁחוֹר כְּזֶפֶת
jet-fighter *n.* מְטוֹס קְרָב סִילוֹנִי
jet-liner *n.* מְטוֹס מִסְחָרִי סִילוֹנִי
jet propulsion *n.* הֲנָעָה סִילוֹנִית
jetsam *n.* מִטְעָן שֶׁהוּשְׁלַךְ לַיָּם
jettison *n.* הַשְׁלָכָה מֵאוֹנִיָּה
jetty *n.* מֵזַח; רְצִיף נָמֵל
Jew *n.* יְהוּדִי

jewel *n.* אֶבֶן טוֹבָה
jewel *v.* שִׁיבֵּץ, קִישֵּׁט
jeweler, jeweller *n.* צוֹרֵף
jewelry, jewellery *n.* תַּכְשִׁיטִים
Jewess *n.* יְהוּדִיָּה
Jewish *adj.* יְהוּדִי
Jewry *n.* יַהֲדוּת
Jezebel *n.* אִיזֶבֶל, מִרְשַׁעַת
jib *n.* מִפְרָשׂ חָלוּץ
jib *v.* סֵירֵב לְהִתְקַדֵּם, עָמַד פִּתְאוֹם
jibe, gibe *v.* לָעַג, לִגְלֵג;
(דיבורית) הִסְכִּים עִם
jiffy *n.* הֶרֶף עַיִן
jig *n.* ג'יג (ריקוד מהיר ועליז)
jig *v.* רָקַד ג'יג, כִּרְכֵּר
jiggle *v.* נִעְנַע, הִתְנַעְנַע הֵנָּה וָהֵנָּה
jig-saw *n.* מַסּוֹרִית וְקַשְׁתִּית
jig-saw-puzzle *n.* (חידת) תַּצְרֵף
jihad *n.* מִלְחֶמֶת־מִצְוָה, ג'יהַאד
jilt *v.* נָטְשָׁה אָהוּב, נָטַשׁ אֲהוּבָה
jingle *n.* צִלְצוּל; חָרוּז פִּרְסוֹמֶת,
פִּזְמוֹנֶת
jingo *n.* לְאוּמָנִי קִיצוֹנִי
jingoism *n.* לְאוּמָנוּת יְהִירָה, ג'ינְגוֹאִיזְם
jinn, jinnee *n.* שֵׁד, שֵׁדִים
jinx *n.* סִימָן רַע
jitters *n. pl.* עַצְבָּנוּת יְתֵרָה
jittery *adj.* מְעוּצְבָּן
job *n.* מִשְׂרָה, עֲבוֹדָה; מְשִׂימָה; תַּפְקִיד
job analysis *n.* נִיתּוּחַ בִּיצוּעִים
job lot *n.* תַּעֲרוֹבֶת (של סחורות)
job-work *n.* הַזְמָנוֹת קְטַנּוֹת שֶׁל דְּפוּס
jobber *n.* מְבַצֵּעַ עֲבוֹדוֹת
jobholder *n.* מַחֲזִיק בְּמִשְׂרָה
jobless *adj.* מוּבְטָל, מְחוּסַּר עֲבוֹדָה
jockey *n.* סַיָּס, רוֹכֵב בְּמֵרוֹצֵי סוּסִים

jockey *v.* תִּמְרֵן, טִכְסֵס
jockstrap *n.* מִכְנָסִית (של אתלטים)
jocose *adj.* בַּדְחָנִי
jocular *adj.* מְבַדֵּחַ, עַלִּיז
jocund *adj.* עַלִּיז, שָׂמֵחַ
jog *v.* דָּחַף, הֵסִיט, הֵנִיעַ
jog *n.* דְּחִיפָה קַלָּה
jog trot *n.* רִיצָה אִטִּית
John Bull *n.* הָעָם הָאַנְגְלִי, אַנְגְלִי (כינוי)
John the Baptist *n.* יוֹחָנָן הַמְטַבֵּל
johnnycake *n.* עוּגַת תִּירָס
Johnny-jump-up *n.* אַמְנוֹן וְתָמָר
Johnny-on-the-spot *adj., n.* הַמּוּכָן תָּמִיד
join *v.* צֵירֵף, אִיחֵד; הִצְטָרֵף
join *n.* מְקוֹם חִיבּוּר; תֶּפֶר
joiner *n.* נַגָּר; (דיבורית) מִצְטָרֵף
joint *n.* חִיבּוּר, מַחְבָּר
joint *adj.* מְאוּגָּד, מְשׁוּתָּף
joint account *n.* חֶשְׁבּוֹן מְשׁוּתָּף
joint owner *n.* שׁוּתָּף בְּבַעֲלוּת
joint session *n.* יְשִׁיבָה מְשׁוּתֶּפֶת
jointly *n. pl.* בְּמְשׁוּתָּף, בְּיַחַד
joist *n., v.* קוֹרָה (התומכת ברצפה)
joke *n.* בְּדִיחָה, הֲלָצָה
joke *v.* הִתְבַּדֵּחַ, הִתְלוֹצֵץ
joker *n.* בַּדְחָן, לֵיצָן; ג'וֹקֶר (בקלפים)
jolly *adj., adv.* עַלִּיז; מְשַׂמֵּחַ; (המונית) מְאוֹד
jolly *v.* קִנְטֵר; הִתְלוֹצֵץ
jolt *v.* הָדַף; הִתְנַדְנֵד
jolt *n.* הֲדִיפָה, טִלְטוּל
Jona(h) *n.* יוֹנָה; מְבַשֵּׂר רָע
jongleur *n.* זַמָּר נוֹדֵד
josh *v.* הִתְבַּדֵּחַ עַל חֶשְׁבּוֹן

jostle *n.* הִתְחַכְּכוּת, הִיתָּקְלוּת
jostle *v.* נִדְחַף, נִתְקַל
jot *n.* (האות) יו"ד; נְקוּדָּה
jot (down) *v.* רָשַׁם (בקיצור)
jounce *v.* טִלְטֵל; נִיטַלְטֵל
journal *n.* כְּתַב־עֵת, עִיתּוֹן; יוֹמָן
journalese *n.* לְשׁוֹן הָעִיתּוֹנָאִים
journalism *n.* עִיתּוֹנָאוּת
journalist *n.* עִיתּוֹנַאי
journey *n., v.* מַסָּע; נָסַע
journeyman *n.* אוּמָּן שָׂכִיר
joust *n.* דוּ־קְרָב (מעל גבי סוסים)
jovial *adj.* עַלִּיז, שָׂמֵחַ
joviality *n.* עַלִּיצוּת, עַלִּיזוּת
jowl *n.* לֶסֶת
joy *n.* שִׂמְחָה, חֶדְוָוה
joy-ride *n.* נְסִיעַת הֲנָאָה (ברכב גנוב)
joyful *adj.* עַלִּיז, שָׂמֵחַ
joyless *adj.* עָגוּם, עָצוּב
joyous *adj.* שָׂמֵחַ, עַלִּיז
jubilant *adj.* צוֹהֵל, שָׂמֵחַ
jubilation *n.* צָהֳלָה, שִׂמְחָה
jubilee *n.* חֲגִיגַת יוֹבֵל
Judaism *n.* יַהֲדוּת
judge *n.* שׁוֹפֵט; פּוֹסֵק
judge *v.* שָׁפַט; פָּסַק
judge-advocate *n.* פְּרַקְלִיט
judgment, judgement *n.* פְּסַק־דִּין, שְׁפִיטָה; שִׁיקּוּל דַּעַת
judgment-day *n.* יוֹם־הַדִּין
judgment seat *n.* כֵּס הַמִּשְׁפָּט
judicature *n.* בָּתֵּי כֵּס הַמִּשְׁפָּט; חֶבֶר שׁוֹפְטִים
judicial *adj.* מִשְׁפָּטִי, לְפִי הַדִּין; בִּיקּוֹרְתִּי
judiciary *n., adj.* (שֶׁל) הָרָשׁוּת הַשּׁוֹפֶטֶת

judicious *adj.* שָׁקוּל, מְיוּשָּׁב

judo *n.* ג'וּדוֹ (היאבקות יפאנית)

jug *n.* כַּד; (המונית) בֵּית־סוֹהַר

juggle *v* לְהַטֵּט, אָחַז עֵינַיִים

juggle *n.* לַהֲטוּט, אֲחִיזַת־עֵינַיִים

juggler *n.* לַהֲטוּטָן

jugular *adj., n.* צַוָּארִי; וְרִיד הַצַּוָּאר

juice *n.* מִיץ, עָסִיס; דֶּלֶק, חַשְׁמַל

juicy *adj.* עֲסִיסִי; מְעַנְיֵין, מְגָרֶה

jujitsu *n.* ג'יאוּ ג'יטְסוּ (שיטת התגוננות יַפָּנִית ללא נשק)

jujube *n.* שֵׁיזָף; מַמְתָּק (בטעם שיזף)

jukebox *n.* מָקוֹל אוֹטוֹמָטִי (מוּפְעל במטבע)

julep *n.* מַשְׁקֶה מָתוֹק

julienne *n.* מְרַק יְרָקוֹת מְרוּסָּקִים

July *n.* יוּלִי

jumble *n.* עִרְבּוּבְיָה, בְּלִיל

jumble *v.* עִרְבֵּב; הִתְעַרְבֵּב

jumbo *n.* עֲנָקִי (אדם או חפץ)

jump *n.* קְפִיצָה; תְּנוּעָה פִּתְאוֹמִית

jump *v.* הִקְפִּיץ; פָּסַח; קָפַץ

jumper *n.* קַפְצָן; אֲפוּדָּה

jumping jack *n.* (אדם) קַפְצָן

jumping-off place *n.* מָקוֹם נִידָּח

jump seat *n.* כִּיסֵּא קְפִיצִי, כִּיסֵּא מִתְקַפֵּל

jumpy *adj.* עַצְבָּנִי

junction *n.* חִיבּוּר, אִיחוּד; צוֹמֶת (דרכים)

juncture *n.* חִיבּוּר, מַחְבָּר; מוֹעֵד

June *n.* יוּנִי

jungle *n.* ג'וּנְגֶל, יַעַר סָבוּךְ

junior *adj., n.* זוּטָר, צָעִיר

junk *n.* מִפְרָשִׂית סִינִית; גְּרוּטָאוֹת; סַם (בייחוד הרואין)

junk *v.* הִשְׁלִיךְ, הִפְקִיר

junk dealer *n.* סוֹחֵר גְּרוּטָאוֹת

junket *n.* חֲבִיצַת חָלָב; טִיּוּל צִיבּוּרִי

junket *v.* הִשְׁתַּתֵּף בְּטִיּוּל בַּזְּבְזָנִי

junkman *n.* סוֹחֵר גְּרוּטָאוֹת

junkshop *n.* מַחְסַן יַמָּאִים

junkyard *n.* מִגְרַשׁ גְּרוּטָאוֹת

juridical *adj.* מִשְׁפָּטִי

jurisdiction *n.* סַמְכוּת חוּקִית, שִׁיפּוּט

jurisprudence *n.* תּוֹרַת הַמִּשְׁפָּטִים

jurist *n.* מִשְׁפְּטָן

juror *n.* מוּשְׁבָּע, שׁוֹפֵט מוּשְׁבָּע

jury *n.* חֶבֶר מוּשְׁבָּעִים

jurybox *n.* תָּא חֶבֶר מוּשְׁבָּעִים

juryman *n.* מוּשְׁבָּע

just *adj., adv.* צוֹדֵק, הוֹגֵן; בְּדִיּוּק, כָּרֶגַע; פָּשׁוּט

just now *adv.* בְּרֶגַע זֶה

justice *n.* צֶדֶק, יוֹשֶׁר; שׁוֹפֵט

justifiable *adj.* שֶׁנִּיתָּן לְהַצְדִּיקוֹ

justify *v.* הִצְדִּיק, צִידֵּק

justly *adv.* בְּצֶדֶק; בְּדִיּוּק

jut *v.* בָּלַט כְּלַפֵּי חוּץ

jute *n.* יוּטָה (סיבי שקים, חבלים וכד')

juvenile *adj., n.* שֶׁל נוֹעַר; צָעִיר, צְעִירָה

juvenile delinquency *n.* עֲבַרְיָינוּת נוֹעַר

juvenile lead *n.* תַּפְקִיד שֶׁל צָעִיר (בתיאטרון)

juvenilia *n. pl.* יְצִירוֹת נְעוּרִים (של אָמָן)

juxtapose *v.* שָׂם זֶה לְיַד זֶה

K

Kabbala, Kabala *n.* קַבָּלָה

kale, kail *n.* קוֹלְרַבִּי, כְּרוּב הַקָּלֶה, חֲמִיצַת כְּרוּב

kaleidoscope *n.* קָלֵידוֹסקוֹפּ

kangaroo *n.* קֶנְגוּרוּ (חַיַּת כִּיס)

karate *n.* קָרָטֶה (שִׁיטַת לְחִימָה יַפָּאנִית)

karyosone *n.* גַּרְעִין הַתָּא

kasher, kosher *adj.* כָּשֵׁר

katydid *n.* קָטִידִיד (מִין חָגָב)

kayak *n.* קַיָּיק (סִירַת אֶסְקִימוֹאִים קַלָּה)

keel *v.* הָפַךְ סְפִינָה; הָפַךְ, הִטָּה

keel *n.* שִׁדְרִית (חֵלֶק תַּחְתּוֹן וְחַד שֶׁל סִירָה)

keen *adj.* חָרִיף, חַד; נִלְהָב, לָהוּט

keen *n.,v.* קִינָה; קוֹנֵן

keep (kept) *v.* קִיֵּם, שָׁמַר, הֶחֱזִיק; נִשְׁמַר; פִּרְנֵס; הִמְשִׁיךְ; עָשָׂה שׁוּב

keep *n.* מִחְיָה, פַּרְנָסָה; מִבְצָר

keeper *n.* שׁוֹמֵר (בְּגַן חַיּוֹת, בְּבֵית חוֹלִים)

keeping *n.* שְׁמִירָה; גִּידּוּל; הַתְאָמָה

keepsake *n.* מַזְכֶּרֶת

keg *n.* חֲבִיוֹנָה, חָבִית קְטַנָּה

ken *n.* הֶיקֵּף (הַיְדִיעָה אוֹ הַהַשָּׂגָה)

kennel *n.* מְלוּנָה

kepi *n.* כּוֹבַע־מִצְחָה

kept woman *n.* פִּילֶגֶשׁ

kerb *n.* שְׂפַת הַמִּדְרָכָה

kerbstone *n.* אֶבֶן שָׂפָה

kerchief *n.* מִטְפַּחַת רֹאשׁ; מִמְחָטָה

kernel *n.* גַּרְעִין; זֶרַע; עִיקָּר

kerosene *n.* נֵפְט

ketchup *n.* רוֹטֶב עַגְבָנִיּוֹת מְתוּבָּל, קֶטְשׁוֹפּ

kettle *n.* קוּמְקוּם

kettledrum *n.* (בְּמוּסִיקָה) תּוּנְפָּן (כְּלִי נְגִינָה)

key *n.* מַפְתֵּחַ; פִּתְרוֹן; קְלִיד, מַקָּשׁ

key *v.* חִיבֵּר, הִידֵּק; כּוֹנֵן, כִּיוֵּן

key man *n.* אִישׁ מַפְתֵּחַ

key money *n.* דְּמֵי מַפְתֵּחַ

key position *n.* עֶמְדַּת מַפְתֵּחַ

key word *n.* מִלַּת מַפְתֵּחַ

keyboard *n.* מִקְלֶדֶת

keyhole *n.* חוֹר הַמַּפְתֵּחַ

keynote *n.* צְלִיל מוֹבִיל

keynote speech *n.* נְאוּם מְכוֹוֵן

keystone *n.* יְסוֹד, אֶבֶן רֹאשָׁה, עִיקָּרוֹן

khaki *n.* חָקִי

khan *n.* חָן, כָּן (תּוֹאַר לְשַׁלִּיט סִינִי בִּימֵי הַבֵּינַיִים)

khedive *n.* כֵּדִיב (מִשְׁנֶה לַמֶּלֶךְ הַמִּצְרִי בְּשִׁלְטוֹן הָעוֹתְמָנִי)

kibbutz *n.* קִיבּוּץ

kibitz *v.* הִסְתַּכֵּל מִן הַצַּד (בְּמִשְׂחָק)

kibitzer *n.* מִסְתַּכֵּל מִן הַצַּד (בְּמִשְׂחָק)

kiblah *n.* הַפְנָיָה לְמֶכָּה, קִיבְלָה

kibosh *n.* עֲצִירָה, מְנִיעָה

kick *v.* בָּעַט

kick *n.* בְּעִיטָה; (בְּרוֹבֶה) רֶתַע; (דִּיבּוּרִית) סִיפּוּק, הֲנָאָה

kick-starter *n.* מַתְנֵעַ רֶגֶל (לְאוֹפַנּוֹעַ)

kickback *n.* תְּשׁוּבָה כַּהֲלָכָה; נִיכּוּי

kickoff *n.* הַתְחָלָה

kid *n.,adj.* גְּדִי; יֶלֶד

kid *v.* הִיתֵּל בְּ, שִׁיטָּה בְּ; מָתַח

kidder *n.* מְשַׁטֶּה, מְהַתֵּל

kid-glove *adj.* רַךְ, עָדִין
kidnap *v.* חָטַף (ילד, אדם)
kidnap(p)er *n.* חוֹטֵף (אדם)
kidney *n.* כִּלְיָה; מֶזֶג, טֶבַע, טִיפּוּס
kidney-bean *n.* שְׁעוּעִית
kill *v.* הָרַג, הֵמִית, שָׁחַט; הִכְשִׁיל
kill time *v.* הֶעֱבִיר זְמַן
kill *n.* הֲרִיגָה, טְבִיחָה; טֶרֶף, צַיִד
kill-joy *n.* מֵפֵר שִׂמְחָה
killer *n.* הוֹרֵג, רוֹצֵחַ
killer whale *n.* לִוְיָתָן מְרַצֵּחַ
killing *adj.* מוֹשֵׁךְ אֶת הָעַיִן; מְעַיֵּף; מַצְחִיק, 'הוֹרֵג'
kiln *n.* כִּבְשָׁן (לשריפת סיד או לבֵנים)
kilo *n.* קִילוֹ
kilocycle *n.* קִילוֹהֶרְץ (יחידת תדירות תנודות גלי ראדיו)
kilogram(me) *n.* קִילוֹגְרַם
kilometer *n.* קִילוֹמֶטֶר
kilometric *adj.* קִילוֹמֶטְרִי
kilowatt *n.* קִילוֹוָט, אֶלֶף וָט
kilt *n.* חֲצָאִית (סקוטית)
kilter *n.* מַצָּב תַּקִּין
kimono *n.* קִימוֹנוֹ (חלוק בית יפאני)
kin *n.* קָרוֹב, בֶּן־מִשְׁפָּחָה, שְׁאֵר בָּשָׂר
kind *adj.* טוֹב, מֵיטִיב; אָדִיב
kind *n.* סוּג, מִין
kindergarten *n.* גַּן־יְלָדִים
kindergartner *n.* לוֹמֵד בְּגַן
kindhearted *adj.* טוֹב־לֵב
kindle *v.* שִׁלְהֵב, הִצִּית; הִתְלַקֵּחַ
kindling *n.* חוֹמֶר הַסָּקָה
kindling wood *n.* עֵץ הַסָּקָה
kindly *adj.* נְעִים מֶזֶג
kindly *adv.* בַּאֲדִיבוּת, בְּטוּבְךָ

kindness *n.* חֶסֶד, טוּב־לֵב
kindred *n.,adj.* מִשְׁפָּחָה, קְרוֹבִים; קָרוֹב, מְקוֹרָב
kine *n.* (קדמאית) בָּקָר, פָּרוֹת
kinetic *adj.* שֶׁל תְּנוּעָה
king *n.* מֶלֶךְ; אֵיל־הוֹן
king post *n.* עַמּוּד הַתָּוֶךְ (בגג)
king-size *adj.* גָּדוֹל מֵהָרָגִיל
kingdom *n.* מַלְכוּת, מְלוּכָה; מַמְלָכָה
kingfisher *n.* שַׁלְדָּג גַּמָּדִי (עוף)
kingly *adj.,adv.* מַלְכוּתִי, כְּמֶלֶךְ
kingpin *n.* רֹאשׁ הַמְדַבְּרִים; אָדָם חִיּוּנִי
king's (queen's) English *n.* אַנְגְּלִית מְשׁוּבַּחַת
king's evil *n.* חֲזִירִית (מין שחפת)
kingship *n.* מַלְכוּת
king's ransom *n.* הוֹן עָתֵק
kink *n.* עִיקּוּל, קִרְזוּל
kink *v.* קִרְזֵל; עִיקֵּל; קוּרְזַל
kinky *adj.* מְפוּתָּל; גַּחֲמוֹנִי
kinsfolk *n.pl.* קְרוֹבֵי־מִשְׁפָּחָה
kinship *n.* קִרְבָה, קִרְבַת־מִשְׁפָּחָה
kinsman *n.* קְרוֹב־מִשְׁפָּחָה, שְׁאֵר בָּשָׂר
kinswoman *n.* קְרוֹבַת־מִשְׁפָּחָה
kiosk *n.* קִיוֹסְק; תָּא טֵלֵפוֹן
kipper *n.* דָּג מְעוּשָּׁן
kipper *v.* עִישֵּׁן דָּג
kismet *n.* הַגּוֹרָל, רְצוֹן אֱלוֹהַּ
kiss *n.* נְשִׁיקָה
kiss *v.* נִישֵּׁק; הִתְנַשֵּׁק
kit *n.* צִיּוּד; תַּרְמִיל, זְוָד
kitbag *n.* מִזְוָד, תַּרְמִיל (של חייל)
kitchen *n.* מִטְבָּח
kitchenette *n.* מִטְבָּח קָטָן, פִּינַּת בִּישּׁוּל
kitchen garden *n.* גִּינַּת יְרָקוֹת

kitchen police *n.pl.* (בצבא) תּוֹרָנֵי מִטְבָּח, תּוֹרָנוּת מִטְבָּח

kitchenware *n.* כְּלֵי־מִטְבָּח

kite *n.* דַּיָּה, בַּז; עֲפִיפוֹן

kith and kin *n.pl.* יְדִידִים וּקְרוֹבִים

kitten *n.* חֲתַלְתּוּל

kittenish *adj.* חֲתוּלִי; מִתְחַנְחֵן

kitty *n.* חֲתַלְתּוּל

kiwi *n.* קִיווִי (עוֹף רָץ, לא עָף)

kleptomaniac *n.* קְלֶפְּטוֹמָן (־מָנִית)

knack *n.* כִּשְׁרוֹן, יוּמְנָה

knapsack *n.* תַּרְמִיל־גַּב

knave *n.* נָבָל, נוֹכֵל

knavery *n.* נְבָלִים

knead *v.* לָשׁ

knee *n.* בֶּרֶךְ

knee-breeches *n.* מִכְנָסַיִים (המגיעים עד הברכיים)

knee-deep *adj.* עָמוֹק עַד הַבִּרְכַּיִים (לגבי שלג)

knee-high *adj.* גָּבוֹהַּ עַד הַבִּרְכַּיִים

kneecap *n.* פִּיקַּת־הַבֶּרֶךְ

kneel *v.* כָּרַע בֶּרֶךְ

kneepad *n.* רְפִידַת בֶּרֶךְ, מָגֵן בֶּרֶךְ

knell *n.* צִלְצוּל פַּעֲמוֹנִים (סימן אבל)

knell *v.* צִלְצֵל בְּפַעֲמוֹנִים (כנ"ל); בִּישֵּׂר רַע

Knesset *n.* הַכְּנֶסֶת

knickers *n.pl.* תַּחְתּוֹנִים (של נשים ושל ילדים)

knicknack, nicknack *n.* תַּכְשִׁיט זוֹל

knife *n.* סַכִּין

knife *v.* דָּקַר בְּסַכִּין

knife sharpener *n.* מְחַדֵּד סַכִּינִים

knight *n.* אַבִּיר; פָּרָשׁ; אָצִיל (בריטי)

knight *v.* הֶעֱנִיק תּוֹאַר אָצִיל

knight-errant *n.* אַבִּיר נוֹדֵד; הַרְפַּתְקָן

knight-errantry *n.* הַרְפַּתְקָנוּת

knighthood *n.* אַבִּירוּת; מַעֲמַד הָאַבִּיר אוֹ הָאָצִיל

knightly *adj.* אַבִּירִי

knit *v.* סָרַג; חִיבֵּר, אִיחֵד, אִיחָה

knitting *n.* סְרִיגָה

knitting-needle *n.* מַחַט־סְרִיגָה

knitwear *n.* סְרִיגִים, לְבוּשׁ סָרוּג

knob *n.* בְּלִיטָה, חַבּוּרָה, יָדִית עֲגוּלָּה

knock *v.* דָּפַק, הִכָּה, הָלַם, הִקִּישׁ

knock-kneed *adj.* עִיקֵּל, בַּעַל רַגְלַיִ ×

knocker *n.* מַקּוֹשׁ שַׁעַר; (דיבורית) מוֹתֵחַ בִּיקּוֹרֶת

knockout *n.* מִיגּוּר, 'נוֹק־אָאוּט'

knockout drops *n.pl.* מַשְׁקֶה מְהַמֵּם

knoll *n.* גִּבְעָה, תְּלוּלִית

knot *n.* קֶשֶׁר; סִיקּוּס (בעץ); קֶשֶׁר יַמִּי

knot *v.* חִיבֵּר בְּקֶשֶׁר, קָשַׁר

knotty *adj.* קָשֶׁה וְסָבוּךְ

know *v.* יָדַע; הִכִּיר

know *n.* יְדִיעָה

knowable *adj.* עָשׂוּי לְהִיוָּדַע

knowhow *n.* יֶדַע

knowingly *adv.* בִּידִיעָה, בְּפִיקְחוּת, בַּחֲרִיפוּת

knowledge *n.* מֵידָע, יְדִיעָה, יֶדַע

knowledgeable *adj.* בַּעַל יְדִיעוֹת, יוֹדֵעַ הַרְבֵּה

know-nothing *n.* בּוּר

knuckle *n.* מִפְרַק אֶצְבַּע, מִפְרַק הַבֶּרֶךְ אוֹ הַקַּרְסוֹל (בבע"ח)

knurl *n.* חֲרִיץ, שֶׁנֶת, בְּלִיטָה

knurled *adj.* מְחוֹרָץ, מְשׁוּנָּת

kohlrabi *n.* קוֹלְרַבִּי, כְּרוּב הַקֶּלַח

kolkhoz *n.* קולחוז (מֶשֶׁק משותף ברוסיה)

kopeck *n.* קוֹפֵּיקָה (מטבע קטן רוסי)

kosher *adj.,n.* כָּשֵׁר; אֲמִיתִּי

kosher *v.* הִכְשִׁיר

kowtow *n., v.* הִשְׁתַּחֲוָיָה (בסין); הִשְׁתַּחֲוָה

krone *n.* קְרוֹנָה (מטבע סקנדינאווי)

kudos *n.* תְּהִלָּה וְכָבוֹד, פִּרְסוּם

L

lab *n.* מַעְבָּדָה
label *n.* תָּווִית, תָּו
label *v.* הִדְבִּיק תָּווִית; סִיוּוג
labial *adj., n.* שֶׁל הַשְּׂפָתַיִים; הֶגֶה שְׂפָתִי (כגון במ"פ)
labor *n.* עֲבוֹדָה, עָמָל; חֶבְלֵי־לֵידָה
labor union *n.* אִרְגּוּן עוֹבְדִים
labor *v.* עָמַל; הִתְאַמֵּץ
laboratory *n.* מַעְבָּדָה
labored *adj.* אִיטִי וְכָבֵד; מְעוּשֶׂה
laborer *n.* פּוֹעֵל, עוֹבֵד
laborious *adj.* עוֹבֵד קָשֶׁה; מְיַיגֵּעַ
labyrinth *n.* מָבוֹךְ, לַבִּירִינְת
lace *n.* שְׂרוֹךְ; מַעֲשֵׂה רִקְמָה
lace trimming *n.* עִיטוּרֵי תַּחְרִים
lace work *n.* תַּחְרִים
lace *v.* קָשַׁר בִּשְׂרוֹךְ; קִישֵּׁט בְּרִקְמָה
lacerate *v.* קָרַע, חָתַךְ; פָּגַע בְּרְגָשׁוֹת
lachrymose *adj.* דּוֹמֵעַ
lacing *n.* רְקִימָה; שְׂרוֹךְ
lack *n.* חוֹסֶר
lack *v.* חָסַר, הָיָה חָסֵר
lackadaisical *adj.* אָדִישׁ
lackey *n.* עֶבֶד, מְשָׁרֵת, צַיְיתָן
lacking *prep., adj.* בְּלִי; חָסֵר
lackluster *n., adj.* לְלֹא אוֹר, לְלֹא חַיִּים; עָמוּם
laconic, laconical *adj.* לָקוֹנִי, מוּבָּע בְּמִלִּים מוּעָטוֹת
lacquer *n., v.* לַכָּה; לִיכָּה, צִיפָּה בְּלַכָּה
lactate *n.* הִפְרִישׁ חָלָב; הֵינִיקָה

lacuna *n.* חָלָל; קֶטַע חָסֵר (בכתיבה)
lacy *adj.* שֶׁל תַּחְרִים
lad *n.* בָּחוּר
ladder *n.* סוּלָּם; 'רַכֶּבֶת' (בגרב)
ladder *v.* נִקְרַע כְּ'רַכֶּבֶת'
ladder-truck *n.* מַשָּׂאִית כַּבָּאִים
laden *adj.* טָעוּן, עָמוּס
ladies' room *n.* (נוחיות) לִגְבָרוֹת
ladle *n.* מַצֶּקֶת
ladle *v.* יָצַק בְּמַצֶּקֶת
lady *n.* גְּבֶרֶת
ladybird *n.* פָּרַת משה רַבֵּנוּ (רֶמֶשׂ)
ladyfinger *n.* אֶצְבָּעִית (עוגה)
lady-in-waiting *n.* נַעֲרַת הַמַּלְכָּה
ladykiller *n.* מַדְלִיקָן, מַצְלִיחָן (בנשים)
ladylike *adj.* כִּגְבֶרֶת, כְּלֵיידִי
ladylove *n.* אֲהוּבָה
ladyship *n.* מַעֲלַת הַגְּבֶרֶת, מַעֲמַד לֵיידִי
lady's-maid *n.* מְשַׁמֶּשֶׁת שֶׁל גְּבֶרֶת
lady's man *n.* גֶּבֶר כָּרוּךְ אַחַר נָשִׁים
lag *v., n.* פִּיגֵּר; פִּיגּוּר
lager beer *n.* בִּירָה יְשָׁנָה
laggard *n. adj.* מִתְמַהְמֵהַּ, פַּגְרָן
lagoon *n.* לָגוּן, אֲגַם רָדוּד
lair *n.* מִרְבָּץ, מְאוּרָה
laissez-faire (בכלכלה) 'הַנַּח לִפְעוֹל', עִידוּד יוֹזְמָה חוֹפְשִׁית
laity *n.* לֹא אַנְשֵׁי דָּת; הֶדְיוֹטוֹת
lake *n.* אֲגַם
lamb *n.* טָלֶה, שֶׂה, כֶּבֶשׂ
lambaste *v.* הִיכָּה חָזָק
lambkin *n.* טָלֶה רַךְ

lambskin *n.* עור כֶּבֶשׂ
lame *adj.* חִיגֵּר, נְכֵה רַגְלַיִים
lame *v.* שִׁיתֵּק, הֵטִיל מוּם
lamé *n.* נִיר, לָמֶה (אריג שזור חוטי מתכת)
lament *v.* קוֹנֵן
lament *n.* קִינָה, נְהִי
lamentable *adj.* מְצַעֵר; מַעֲצִיב
lamentation *n.* קִינָה, בְּכִי מַר, מִסְפֵּד
laminate *v.* הִפְרִיד לְרִיקוּעִים דַּקִּים
lamp *n.* מְנוֹרָה, עֲשָׁשִׁית, פָּנָס
lampblack *n.*, *v.* פִּיחַ הַמְּנוֹרָה; פִּיֵּחַ
lampoon *n.*, *v.* (חִיבֵּר) סָטִירָה חֲרִיפָה, (שָׂם לְ) לַעַג וָקֶלֶס
lamppost *n.* עַמּוּד פָּנָס־רְחוֹב
lampshade *n.* סוֹכֵךְ
lance *n.* רוֹמַח
lance *v.* פָּתַח (פצע) בְּאִזְמֵל
lancet *n.* אִזְמֵל נִיתּוּחִים
land *n.* יַבָּשָׁה, אֶרֶץ, אֲדָמָה, קַרְקַע
land breeze *n.* רוּחַ קַלָּה (מהיבשה)
land *v.* עָלָה לַיַּבָּשָׁה; נָחַת; הִגִּיעַ, נִקְלַע
landau *n.* כִּרְכָּרָה (4 גלגלים וגג זחיח)
landed *adj.* שֶׁל מְקַרְקְעִים, בַּעַל־אֲחוּזוֹת
landfall *n.* רְאִיַּית חוֹף
land grant *n.* הַקְצָאַת קַרְקַע
landholder *n.* בַּעַל קַרְקַע; חוֹכֵר
landing *n.* עֲלִייָה לַיַּבָּשָׁה; נְחִיתָה; רְצִיף
landing craft *n.* נַחֲתַת
landlady *n.* בַּעֲלַת־בַּיִת (משכירה)
landless *adj.* חֲסַר קַרְקַע, חֲסַר מוֹלֶדֶת
landlocked *adj.* מְנוּתָּק מִן הַיָּם
landlord *n.* בַּעַל־בַּיִת, בַּעַל אַכְסַנְיָה
landlubber *n.* אוֹהֵב יַבָּשָׁה, שׂוֹנֵא יָם; בּוּר בְּהִלְכוֹת יָם
landmark *n.* צִיּוּן דֶּרֶךְ, תַּמְרוּר
land office *n.* מִשְׂרַד רִישּׁוּם קַרְקָעוֹת, טַבּוּ
landowner *n.* בַּעַל קַרְקָעוֹת
landscape *n.* נוֹף, תְּמוּנַת נוֹף
landscapist *n.* צַיַּר נוֹף
landslide *n.* מַפּוֹלֶת אֲדָמָה; מַהְפָּךְ (בבחירות)
landward *adv.*, *adj.* מוּפְנֶה לַחוֹף; כְּלַפֵּי הַחוֹף
lane *n.* סִמְטָה, שְׁבִיל צַר; נָתִיב
langsyne, lang syne *adv.* לְזֵכֶר הֶעָבָר
language *n.* לָשׁוֹן, שָׂפָה
languid *adj.* חֲסַר מֶרֶץ, נִרְפֶּה, אָדִישׁ
languish *v.* נֶחֱלַשׁ; רָפָה; נָמַק בְּגַעְגּוּעִים
languor *n.* חוּלְשָׁה גוּפָנִית, רִפְיוֹן
languorous *adj.* חַלָּשׁ, רָפֶה
lank *adj.* גָּבוֹהַּ וְכָחוּשׁ
lanky *adj.* גָּבוֹהַּ וְכָחוּשׁ
lanolin *n.* לָנוֹלִין (שומן צמר כבשים)
lantern *n.* פָּנָס, תָּא הָאוֹר (במגדלור)
lanyard *n.* חֶבֶל קָצָר, שְׂרוֹךְ כָּתֵף
lap *n.* חֵיק
lap *v.* קִיפֵּל, עָטַף; לִיקֵּק; חָפַף
lapboard *n.* לוּחַ חֵיק (המשמש במקום שולחן)
lap-dog *n.* כְּלַבְלַב
lapel *n.* דַּשׁ הַבֶּגֶד

lapidary *n., adj.* עוֹסֵק בַּאֲבָנִים טוֹבוֹת, סוֹחֵר בַּאֲבָנִים טוֹבוֹת; שֶׁל אֲבָנִים טוֹבוֹת
lapis lazuli *n.* אֶבֶן תְּכֵלֶת טוֹבָה
lapse *n.* שְׁגִיאָה קַלָּה; סְטִיָּיה; פֶּרֶק (זמן)
lapse *v.* שָׁגָה, כָּשַׁל; פָּג, פָּקַע
larceny *n.* גְּנֵיבָה
larch *n.* אַרְזִית (עץ מחט)
lard *n.* שׁוּמַּן חֲזִיר
lard *v.* שִׁימֵּן בְּשׁוּמַּן חֲזִיר
larder *n.* מְזָווֶה
large *adj.* גָּדוֹל, נָדִיב, רְחַב לֵב
large intestine *n.* הַמְּעִי הַגַּס
largely *adv.* בְּמִידָּה רַבָּה, בִּנְדִיבוּת
largeness *n.* גּוֹדֶל; רוֹחַב־לֵב
large-scale *adj.* בְּקְנֵה מִידָּה גָּדוֹל
lariat *n.* פְּלָצוּר
lark *n.* עֶפְרוֹנִי (עוף)
lark *v.* הִשְׁתּוֹבֵב, הִשְׁתַּעֲשֵׁעַ
larkspur *n.* (צמח) דָּרְבָנִית
larva *n.* זַחַל
laryng(e)al *adj.* גְּרוֹנִי
laryngitis *n.* דַּלֶּקֶת הַגָּרוֹן
laryngoscope *n.* רְאִי־גָּרוֹן
larynx *n.* גָּרוֹן
lascivious *adj.* תַּאַוותָנִי
lasciviousness *n.* תַּאַוותָנוּת
lash *n.* מַלְקוֹת; שׁוֹט; עַפְעַף
lash *v.* הִלְקָה, הִצְלִיף; חִיזֵּק, רִיתֵּק; הִידֵּק בְּחֶבֶל
lashing *n.* הַלְקָאָה; הַתְקָפַת דְּבָרִים
lass *n.* נַעֲרָה, בַּחוּרָה
lassitude *n.* רִפְיוֹן, חוּלְשָׁה; אֲדִישׁוּת
lasso *n., v.* פְּלָצוּר; תָּפַס בִּפְלָצוּר
last *adj., adv.* אַחֲרוֹן; לָאַחֲרוֹנָה
last *v.* נִמְשַׁךְ, אָרַךְ; נִשְׁאַר קַיָּים
last *n.* אִימּוּם (לנעל)
lasting *adj.* מְמוּשָׁךְ, נִמְשָׁךְ; עָמִיד
lastly *adv.* לְבַסּוֹף, לָאַחֲרוֹנָה
last name *n.* שֵׁם מִשְׁפָּחָה
last night *n.* אֶמֶשׁ
latch *n.* בְּרִיחַ, תֶּפֶס הַמַּנְעוּל
latch *v.* סָגַר בִּבְרִיחַ
latchkey *n.* מַפְתֵּחַ
late *adj., adv.* מְאוּחָר; קוֹדֵם; מְאַחֵר; מָנוֹחַ; בִּמְאוּחָר
latecomer *n.* מְאַחֵר לָבוֹא
lately *adv.* לָאַחֲרוֹנָה
latent *adj.* כָּמוּס, נִסְתָּר, עֲדַיִין
lateral *adj.* שֶׁל צַד, צְדָדִי, כְּלַפֵּי הַצַּד
lath *n.* פְּסִיס עֵץ, בְּדִיד
lathe *n.* מַחְרֵטָה
lathe *v.* פָּעַל בְּמַחְרֵטָה
lather *n.* קֶצֶף (סבון, זיעה)
lather *v.* הֶעֱלָה קֶצֶף; הִקְצִיף
latitude *n.* רוֹחַב; קַו־רוֹחַב
latrine *n.* בֵּית־כִּיסֵּא, מַחְרָאָה
latter *adj.* מְאוּחָר יוֹתֵר, שֵׁנִי, שֶׁל הַסּוֹף
lattice *n., v.* סְבָכָה, סוֹרְגִים; רִישֵּׁת
latticework *n.* מַעֲשֵׂה סְבָכָה
laudable *adj.* רָאוּי לְשֶׁבַח וּלְתְהִילָּה
laudanum *n.* סַם מַרְגִּיעַ, מִשְׁרַת אוֹפְּיוּם
laudatory *adj.* שֶׁל שֶׁבַח, מְשַׁבֵּחַ
laugh *v., n.* צָחַק, לִגְלֵג; צְחוֹק
laughable *adj.* מְבַדֵּחַ, מַצְחִיק
laughing *adj., n.* צוֹהֵל, צוֹחֵק; צְחוֹק
laughing-gas *n.* גַּאז הַצְּחוֹק (HNO2, המשמש ברפואת שיניים)

laughingstock *n.* מַטָּרָה לִצְחוֹק וּלְלַעַג
laughter *n.* צְחוֹק
launch *v.* שִׁילַּח; הִשִּׁיק (ספינה); הִתְחִיל
launch *n.* סִירַת מָנוֹעַ
launching *n.* הַשָּׁקָה; שִׁילּוּחַ (טיל)
launder *v.* כִּיבֵּס וְגִיהֵץ
launderer *n.* כּוֹבֵס
launderette *n.* מִכְבָּסָה אוֹטוֹמָטִית
laundress *n.* כּוֹבֶסֶת
laundry *n.* מִכְבָּסָה; כְּבִיסָה
laureate *adj.* עֲטוּר עֲלֵי דַפְנָה
laurel *n., v.* דַפְנָה; כָּבוֹד וּתְהִילָּה; עָנַד דַפְנָה
lava *n.* לָבָה, לַבָּה (מהר געש)
lavatory *n.* בֵּית כִּיסֵּא, שֵׁירוּתִים
lavender *n.* אֲזוֹבְיוֹן, שֶׁמֶן בּוֹשְׂמִי
lavender water *n.* מֵי בּוֹשֶׂם
lavish *adj.* פַּזְרָנִי, נִיתָּן בְּשֶׁפַע
lavish *v.* פִּיזֵּר, נָתַן בְּשֶׁפַע
law *n.* חוֹק, מִשְׁפָּט; כְּלָל
law-abiding *adj.* שׁוֹמֵר חוֹק
law-breaker *n.* עֲבַרְיָין
law court *n.* בֵּית־מִשְׁפָּט
lawful *adj.* חוּקִי
lawless *adj.* מוּפְקָר, פּוֹרֵעַ חוֹק
lawmaker *n.* מְחוֹקֵק
lawn *n.* מִדְשָׁאָה, מִשְׁטַח דֶשֶׁא
lawn mower *n.* מַכְסַחַת דֶשֶׁא
law office *n.* מִשְׂרַד עוֹרֵךְ־דִין
law student *n.* סְטוּדֶנְט לְמִשְׁפָּטִים
lawsuit *n.* תְּבִיעָה מִשְׁפָּטִית
lawyer *n.* מִשְׁפְּטָן, עוֹרֵךְ־דִין
lax *adj.* רוֹפֵף, מְרוּשָּׁל
laxative *adj., n.* מְשַׁלְשֵׁל

lay *adj.* חִילּוֹנִי; לֹא מִקְצוֹעִי
lay *v.* **(laid)** הִנִּיחַ, שָׂם; הִשְׁכִּיב
layer *n.* שִׁכְבָה, נִדְבָּךְ
layette *n.* צוֹרְכֵי תִּינוֹק (לעריסה)
lay figure *n.* (אדם) גּוֹלֶם, בּוּבָּה
layman *n.* חִילּוֹנִי; הֶדְיוֹט; לֹא מִקְצוֹעִי
layoff *n.* פִּיטוּרִים זְמַנִּיִּים, הַשְׁעָיָה
lay of the land *n.* מַרְאֵה הַשֶּׁטַח
layout *n.* תַּסְדִּיר, סִידּוּר (של ספר); תָּכְנִית (של יישוב)
lay-over *n.* דְחִיָּיה
laziness *n.* עַצְלוּת
lazy *adj.* עָצֵל
lazybones *n.* עַצְלָן
lea *n.* כַּר דֶשֶׁא
lead *v.* הִנְחָה, נָהַג, הוֹבִיל; הָלַךְ בָּרֹאשׁ
lead *n.* קְדִימָה; הֶקְדֵּם; הַנְהָגָה
lead *n.* עוֹפֶרֶת, גְּרָפִיט
leaden *adj.* יְצוּק עוֹפֶרֶת, כָּבֵד
leader *n.* מַנְהִיג, רֹאשׁ; מַאֲמָר רָאשִׁי
leadership *n.* מַנְהִיגוּת
leading *adj.* עִיקָּרִי, רָאשִׁי
leading article *n.* מַאֲמָר רָאשִׁי
leading question *n.* שְׁאֵלָה מַנְחָה
leading-strings *n. pl.* מוֹשְׁכוֹת תִּינוֹק
lead pencil *n.* עִיפָּרוֹן
leaf *n.* עָלֶה; דַף
leaf *v.* דִפְדֵף, עִלְעֵל; לִבְלֵב
leafless *adj.* חֲסַר עָלִים
leaflet *n.* עַלְעָל; עָלוֹן, כְּרוּז
leafy *adj.* דְמוּי עָלֶה
league *n.* לִיגָה, חֶבֶר
League of Nations *n.* חֶבֶר הַלְאוּמִּים
leak *n.* דֶלֶף, דְלִיפָה
leak *v.* דָלַף, נָזַל; הִתְגַּלָּה
leakage *n.* נְזִילָה, דְלִיפָה

leaky *adj.* דָלִיף, דוֹלֵף
lean *v.* נִשְׁעַן; הִטָּה, הִשְׁעִין
lean *adj.* כָּחוּש; רָזֶה
leaning *n.* נְטִיָּיה שִׂכְלִית
lean-to *n.* צְרִיף מְשׁוּפַּע גַג
leap *v.* דִילֵג, קָפַץ מֵעַל
leap *n.* קְפִיצָה, זִינּוּק
leapfrog *n.* מִמְשָׂק, קְפִיצַת חֲמוֹר
leap year *n.* שָׁנָה מְעוּבֶּרֶת
learn *v.* לָמַד; נוֹכַח, שָׁמַע
learn by heart *v.* לָמַד עַל־פֶּה
learned *adj.* מְלוּמָּד, לַמְדָנִי
learned journal *n.* כְּתַב־עֵת מַדָּעִי
learned society *n.* חֶבְרָה מַדָּעִית
learner *n.* לוֹמֵד, מִתְלַמֵּד
learning *n.* לְמִידָה, לִימּוּד; יְדִיעָה
lease *n., v.* חֲכִירָה, הַחְכִּיר; חָכַר
leasehold *n.* מוּחְכָּר, קַרְקַע מוּחְכֶּרֶת
leaseholder *n.* חוֹכֵר, חַכְרָן
leash *n.* רְצוּעָה
leash *v.* אָסַר בִּרְצוּעָה
least *adj., n., adv.* הַפָּחוּת בְּיוֹתֵר; מִזְעָרִי, פָּחוּת מִכּוֹל
leather *n.* עוֹר (מעובד)
leatherneck *n.* נֶחָת (בחיל הנחתים)
leathery *adj.* דְמוּי עוֹר
leave *n.* רְשׁוּת; חוּפְשָׁה, פְּרִידָה
leave of absence *n.* חוּפְשָׁה (ללא תשלום)
leave *v.* הִשְׁאִיר, עָזַב; נִפְרַד
leaven *v.* הֶחְמִיץ, תָּסַס; הִשְׁפִּיעַ
leaven *n.* שְׂאוֹר; תְּסִיסָה; חָמֵץ
leavetaking *n.* פְּרִידָה
leavings *n. pl.* שִׁירַיִים, שְׁיָרִים
lecher *n.* שְׁטוּף זִימָּה, זַנַּאי
lechery *n.* זִימָּה, מַעֲשֵׂה זִימָּה

lectern *n.* עַמּוּד קְרִיאָה, קָתֶדְרָה
lecture *n.* הַרְצָאָה; הַטָּפָה
lecture *v.* הִרְצָה; הִטִּיף מוּסָר
lecturer *n.* מַרְצֶה; מַטִּיף
ledge *n.* כַּרְכּוֹב; זִיז; רֶכֶס סְלָעִים
ledger *n.* סֵפֶר חֶשְׁבּוֹנוֹת, פִּנְקָס
lee *n.* חָסִי, סֵתֶר רוּחַ
leech *n.* עֲלוּקָה; טַפִּיל
leek *n.* כְּרֵשָׁה (סוג של בצל)
leer *n.* מַבָּט עַרְמוּמִי, מַבָּט נוֹכֵל
leer *v.* הִבִּיט בְּמַלְוּכְסָן, הִבִּיט מַבָּט נוֹכֵל
leery *adj.* חוֹשְׁדָנִי, נִזְהָר
lees *n. pl.* שְׁמָרִים (של יין)
leeward *adj., n., adv.* עִם הָרוּחַ; חָסוּי
leeway *n.* סְטִיָּיה, סְחִיפָה, מִטְרַד רוּחַ
left *adj., adv.* עָזוּב; שְׂמָאלִי; שְׂמֹאלָה
left *n.* (צד) שְׂמֹאל
left-hand drive *n.* נְהִיגָה בְּצַד שְׂמֹאל (כמו באנגליה)
left-handed *adj., adv.* אִיטֵּר(ת) יַד יְמִינוֹ(נָהּ), שְׂמָאלִי(ת)
leftish *adj.* שְׂמֹאלָנִי
leftist *n.* שְׂמָאלִי, שְׂמֹאלָן
leftover *n.* שִׁירַיִים
leftwing *n.* אֲגַף שְׂמָאלִי
left-winger *n.* אִישׁ הַשְּׂמֹאל (במדיניות)
leg *n.* רֶגֶל; יָרֵךְ; קֶטַע נְסִיעָה (באוויר)
legacy *n.* יְרוּשָׁה, מוֹרָשָׁה
legal *adj.* חוּקִי; מִשְׁפָּטִי
legality *n.* חוּקִיּוּת
legalize *v.* אִישֵּׁר חוּקִית, עָשָׂה לְחוּקִי
legal tender *n.* הֵילָךְ חוּקִי, מַטְבֵּעַ חוּקִי

legatee *n.* יוֹרֵשׁ, מְקַבֵּל יְרוּשָּׁה

legation *n* שְׁלִיחַת צִיר; מִשְׁלַחַת צִירוּת

legato *adv.* (בְּמוּסִיקָה) חָלָק, לְלֹא הַפְסָקוֹת

legend *n.* אַגָּדָה, מִקְרָא (בְּמַפּוֹת), כְּתוֹבֶת (עַל מַטְבֵּעַ)

legendary *adj., n.* אַגָּדִי; קוֹבֶץ אַגָּדוֹת

legerdemain *n.* לַהֲטוּטִים, אֲחִיזַת עֵינַיִם

leggings *n.* מוּקַיִים, חוֹתָלוֹת

leggy *adj.* אֶרֶךְ רַגְלַיִים

legible *adj.* קָרִיא

legion *n.* לְגְיוֹן; חַיִל, יְחִידָה

legislate *v.* קָבַע חוֹק

legislation *n.* חֲקִיקָה, תְּחִיקָּה

legislative *adj.* מְחוֹקֵק

legislator *n.* מְחוֹקֵק

legislature *n.* בֵּית־מְחוֹקְקִים

legitimacy *n.* כַּשְׁרוּת, חוּקִיּוּת, לֶגִיטִימִיּוּת

legitimate *adj.* חוּקִי, כָּשֵׁר, מוּתָּר

legitimate, legitimatize *v.* עָשָׂה לְחוּקִי, הִכְרִיז כְּחוּקִי

leisure *n.* פְּנַאי

leisure class *n.* מַעֲמַד הַנֶּהֱנְתָנִים

leisurely *adj., adv.* (מְבוּצָע) בִּמְתִינוּת

lemming *n.* לֶמִינְג (מכרסם קטן באזורי הקוטב)

lemon *n.* לִימוֹן; מִיץ לִימוֹן

lemonade *n.* לִימוֹנָדָה, מַשְׁקֵה לִימוֹן

lemon squeezer *n.* מַסְחֵט לִימוֹנִים

lemon verbena *n.* עֵץ הַלִּימוֹן

lemur *n.* לֶמוּר (מין קוף דמוי שועל)

lend *v.* הִשְׁאִיל; הִלְוָוה (כסף)

lender *n.* מַלְוֶוה

length *n.* אוֹרֶךְ, מֶשֶׁךְ זְמַן

lengthen *v.* הֶאֱרִיךְ; אָרַךְ

lengthwise *adv.* לָאוֹרֶךְ

lengthy *adj.* אָרוֹךְ (יותר מדיי)

leniency *n.* מִידַּת הָרַחֲמִים; רַכּוּת, יָד רַכָּה

lenient *adj.* רַךְ, רַחְמָנִי, נוֹחַ

lens *n.* עֲדָשָׁה (במשקפיים)

Lent *n.* לֶנְט (40 הימים שלפני הפסחא הנוצרי, ימי צום ותשובה)

lentil *n.* עֲדָשָׁה (צמח)

lento *adv.* (במוסיקה) אִיטִי; לְאַט

leopard *n.* נָמֵר

leotard *n.* אֲפוּדַת טוֹרְסוֹ (הדוקה ומכסה את הגוף, להוציא ראש וגפיים)

leper *n.* מְצוֹרָע

leprosy *n.* צָרַעַת

leprous *adj.* מְצוֹרָע

lesbian *adj.* לֶסְבִּית (הנמשכת לבנות מינה, הומוסקסואלית)

lese majesty *n.* פְּגִיעָה בַּשִּׁלְטוֹן

lesion *n.* לִיקּוּי

less *adj., prep., n., adv.* פָּחוֹת; קָטָן יוֹתֵר; מְעַט

lessee *n.* חוֹכֵר, שׂוֹכֵר

lessen *v.* הִפְחִית; הִתְמַעֵט

lesser *adj.* פָּחוּת

lesson *n.* שִׁיעוּר, לֶקַח

lessor *n.* מַחְכִּיר, מַשְׂכִּיר

lest *conj.* שֶׁמָּא, פֶּן

let *n.* מִכְשׁוֹל, מַעְצוֹר

let *v.* הִרְשָׁה, אִפְשֵׁר; הִשְׂכִּיר

letdown *n.* יְרִידָה, הַרְפָּיָה, אַכְזָבָה; הַשְׁפָּלָה, נְחִיתָה

lethal *adj.* מֵמִית, קַטְלָנִי
lethargic, lethargical *adj.* יָשֵׁן, מְיוּשָּׁן; אִיטִי
lethargy *n.* רַדֶּמֶת, רִפְיוֹן אֵיבָרִים
letter *n.* אוֹת, אוֹת־דְפוּס; סִפְרוּת
letter carrier *n.* דַּוָּור
letter drop *n.* תֵּיבַת־מִכְתָּבִים
letter of credit *n.* מִכְתַּב אַשְׁרַאי
letter-perfect *adj.* בָּקִי הֵיטֵב (שחקן, תלמיד)
letter scales *n. pl.* מֹאזְנֵי דוֹאַר
letterhead *n.* כּוֹתֶרֶת (שם וכתובת, מודפסת); נְיַיר מִכְתָּבִים
lettering *n.* כְּתִיבַת אוֹתִיּוֹת
letterpress *n.* טֶקְסְט מוּדְפָּס (בספר מצויר)
lettuce *n.* חַסָּה
letup *n.* הֲפוּגָה, הַפְסָקָה
leukemia, leucemia *n.* חִיוּוֵר דָּם, סַרְטַן הַדָּם, לֵיקֶמְיָה
Levant *n.* הַמִּזְרָח; מִזְרַח הַיָּם הַתִּיכוֹן
Levantine *n., adj.* לֶוַנְטִינִי, מִזְרָחִי
levee *n.* סֶכֶר סוֹלְלָה; קַבָּלַת־פָּנִים (מלכותית)
level *n., adj.* מִשְׁטָח; גּוֹבַהּ, מִפְלָס
level *v.* יִישֵּׁר, שִׁוּוָה; אִיזֵּן
level-headed *adj.* מְיוּשָּׁב בְּדַעְתּוֹ
levelling rod *n.* מוֹט אִיזּוּן
lever *n.* מָנוֹף, מוֹט
lever *v.* הִשְׁתַּמֵּשׁ בְּמָנוֹף
leverage *n.* הֲנָפָה; מַעֲרֶכֶת מְנוֹפִים
leviathan *n., adj.* לִוְויָתָן; סְפִינָה עֲנָקִית; עֲנָקִי
levitation *n.* הִתְרוֹמְמוּת, רִיחוּף
levity *n.* חוֹסֶר רְצִינוּת, קַלּוּת דַּעַת
levy *v.* הֵטִיל מַס, גָּבָה מַס; גִּיֵּיס
levy *n.* מִיסּוּי; מַס
lewd *adj.* שֶׁל זִימָּה, תַּאַוְתָנִי
lewdness *n.* זִימָּה, גַּסּוּת
lexicographer *n.* מִילּוֹנַאי, לֶקְסִיקוֹגְרָף
lexicographic(al) *adj.* מִילּוֹנִי
lexicon *n.* מִילּוֹן, לֶקְסִיקוֹן
liability *n.* אַחְרָיוּת, עֵירָבוֹן
liable *adj.* עָלוּל, מְסוּגָּל; חַיָּיב
liaison *n.* קִישּׁוּר, קֶשֶׁר; אַהֲבָה לֹא חוּקִית
liar *n.* שַׁקְרָן
lib *n.* שִׁחְרוּר, שִׁוְויוֹן זְכוּיוֹת, שִׁוְויוֹן הַמִּינִים
libation *n.* נִיסּוּךְ; יֵין נֶסֶךְ; מַשְׁקֶה מְשַׁכֵּר
libel *n., v.* דִּיבָּה, הַשְׁמָצָה, לָשׁוֹן הָרָע, הוֹצָאַת לַעַז; הִשְׁמִיץ, הוֹצִיא לַעַז
libelous *adj.* מְהַוֶּה הוֹצָאַת דִּיבָּה בִּכְתָב
liberal *adj., n.* נָדִיב, סוֹבְלָנִי, לִיבֶּרָלִי; רְחַב־אוֹפֶק
liberality *n.* נְדִיבוּת, סוֹבְלָנוּת
liberal minded *adj.* לִיבֶּרָלִי בְּגִישָׁתוֹ
liberate *v.* שִׁחְרֵר
liberation *n.* שִׁחְרוּר
liberator *n.* מְשַׁחְרֵר
libertine *n., adj.* מוּפְקָר, פָּרוּץ
liberty *n.* חוֹפֶשׁ, חֵירוּת
libidinous *adj.* תַּאַוְתָנִי, שְׁטוּף זִימָּה
libido *n.* תַּאֲוַות־מִין; אֲבִיּוֹנָה
librarian *n.* סַפְרָן
library *n.* סִפְרִיָּיה
library school *n.* בֵּית סֵפֶר לְסַפְרָנוּת

library science *n.* מַדַּע הַסִּפְרָנוּת
libretto *n.* לִיבְּרִית (תמליל של אופירה או מחזה מוסיקלי)
licence, license *n.* רִשְׁיוֹן, הַרְשָׁאָה; תְּעוּדַת־סְמִיכוּת; פְּרִיצוּת
licence plate *n.* לוּחִית מִסְפָּר (ברכב)
licentious *adj.* מוּפְקָר; לֹא מוּסָרִי
lichen *n.* חֲזָזִית (צמח)
lick *v.* לִיקֵּק; לִיחֵךְ; לְהַלֵּם
lick *n.* לִיקּוּק, לְקָלוּק, לִיחוּךְ
licorice, liquorice *n.* שׁוּשׁ (צמח המשמש לרפואה ולממתקים)
lid *n.* מִכְסֶה, כִּיסּוּי; עַפְעַף
lido *n.* לִידוֹ (חוף רחצה מהודר)
lie *v.* שָׁכַב; שִׁיקֵּר
lie *n.* מַצַּב תְּנוּחָה; שֶׁקֶר, כָּזָב
lie detector *n.* מְכוֹנַת־אֱמֶת
lien *n.* זְכוּת עִיקּוּל, שִׁעְבּוּד (בגלל חוב)
lieu *n.* מָקוֹם (במקום – **in lieu**)
lieutenant *n.* לֶפְטֶנַנְט, סֶגֶן
lieutenant-colonel *n.* סְגַן־אַלּוּף
lieutenant-governor *n.* סְגַן מוֹשֵׁל
lieutenant junior grade *n.* סֶגֶן מִשְׁנֶה
life *n.* חַיִּים, נֶפֶשׁ, חִיּוּנִיּוּת
life annuity *n.* קִצְבָּה שְׁנָתִית לְכָל הַחַיִּים
lifebelt *n.* חֲגוֹרַת הַצָּלָה
life boat *n.* סִירַת הַצָּלָה
life-buoy *n.* מְצוֹף־הַצָּלָה
life float *n.* גַּלְגַּל הַצָּלָה
life guard *n.* שׁוֹמְרֵי רֹאשׁ; מַצִּיל
life jacket *n.* חֲגוֹרַת הַצָּלָה
life preserver *n.* חֲגוֹרַת הַצָּלָה
life sentence *n.* מַאֲסַר עוֹלָם
life size *n., adj.* (דמות) בְּגוֹדֶל טִבְעִי
lifeless *adj.* חֲסַר חַיִּים; מֵת
lifelike *adj.* דּוֹמֶה לַמְּצִיאוּת
lifeline *n.* חֶבֶל הַצָּלָה
lifer *n.* נִידּוֹן לְמַאֲסַר־עוֹלָם; (בבדיחות) קָצִין (או חייל) בִּצְבָא הַקֶּבַע
lifetime *n.* מֶשֶׁךְ הַחַיִּים
lifework *n.* עֲבוֹדַת חַיִּים
lift *v.* הֵרִים; רוֹמֵם; נָשָׂא; הִתְרוֹמֵם; הִתְפַּזֵּר (ערפל וכד׳)
lift *n.* הֲרָמָה, הֲנָפָה; הַסָּעָה; מַעֲלִית
ligament *n.* רְצוּעָה (כגון באזור הברך); מֵיתָר
ligature *n.* שֶׁנֶץ; קְשִׁירָה; קֶשֶׁר
light *n.* אוֹר; מָאוֹר; אֵשׁ
light *adj.* בָּהִיר; מוּאָר; קַל
light *v.* **(lit)** הִדְלִיק, הֵאִיר
light *adv.* קַל, בְּקַלּוּת
light bulb *n.* נוּרָה
light complexion *n.* עוֹר פָּנִים בָּהִיר
light-fingered *adj.* זָרִיז
light-footed *adj.* קַל רֶגֶל
light-hearted *adj.* עַלִּיז, שָׂמֵחַ
light-weight *adj.* קַל מִשְׁקָל
light-year *n.* שְׁנַת אוֹר
lighten *v.* הֵקֵל; הִפְחִית מִשְׁקָל; הִרְגִּישׁ הֲקָלָה; הֵאִיר
lighter *n.* דּוֹבְרָה, מַעְבּוֹרֶת; מַצִּית
lightheaded *adj.* שֶׁרֹאשׁוֹ סְחַרְחַר; קַל־רֹאשׁ, עַלִּיז
lighthouse *n.* מִגְדַּלּוֹר
lighting fixtures *n. pl.* אַבְזְרֵי תְּאוּרָה.
lightly *adv.* בְּקַלּוּת מִשְׁקָל; בְּנַחַת, בַּעֲלִיזוּת

lightness *n.* אור, לובֶן; בְּהִירוּת
lightning *n.* בָּרָק
lightning rod *n.* כַּלִיא־רַעַם, כַּלִיא בָּרָק
lignite *n.* פֶּחָם חוּם (רך)
likable *adj.* חָבִיב, נָעִים
like *adj., adv., prep., conj.* דּוֹמֶה ל, כְּמוֹ; שָׁוֶה
like *n.* דָּבָר דּוֹמֶה; נְטִיָּיה, חִיבָּה
like *v.* חִיבֵּב, רָצָה
likelihood *n.* הִיתָּכְנוּת, אֶפְשָׁרוּת
likely *adj., adv.* סָבִיר, מִתְקַבֵּל עַל הַדַּעַת
like-minded *adj.* תְּמִים־דֵּעִים
liken *v.* הִשְׁוָוה, דִּימָּה
likeness *n.* דְּמוּת, תְּמוּנַת אָדָם; דִּמְיוֹן (בין שניים)
likewise *adv., conj.* וְכֵן, בְּאוֹתוֹ אוֹפֶן
liking *n.* נְטִיָּיה, חִיבָּה
lilac *n., adj.* לִילָךְ
lilliputian *n., adj.* לִילִיפּוּטִי, גַּמָּד; גַּמָּדִי
lilt *n.* שִׁיר (בקצב עליז)
lily *n.* לִילְיוּם; שׁוֹשָׁן
limb *n.* גַּף, אֵיבָר, כָּנָף; עָנָף
limber *adj.* גָּמִישׁ
limber *v.* הִגְמִישׁ
limbo *n.* גֵּיהִינּוֹם; שִׁכְחָה
lime *n.* סִיד
lime *v.* סִייֵּד, הוֹסִיף סִיד; צָד עוֹפוֹת
limelight *n.* אֲלוּמַּת־אוֹר; מֶרְכַּז הִתְעַנְיְינוּת
limerick *n.* חַמְשִׁיר (מכתם, 5 שורות בחרוזות)
limit *n.* גְּבוּל; קָצֶה

limit *v.* הִגְבִּיל, תָּחַם; צִמְצֵם
limited *adj.* מוּגְבָּל; בְּעֵירָבוֹן מוּגְבָּל
limitless *adj.* בִּלְתִּי מוּגְבָּל
limousine *n.* לִימוּסִין (מכונית גדולה ומפוארת)
limp *v., n.* צָלַע; צְלִיעָה
limp *adj.* רַךְ, רָפֶה
limpid *adj.* צָלוּל, בָּרוּר
linage *n.* מִסְפַּר הַשּׁוּרוֹת (בחומר מודפס), תַּשְׁלוּם בְּעַד כְּתִיבָה לְפִי מְחִיר הַשּׁוּרָה
linchpin *n.* קַטְרָב, פִּין אוֹפָן (המחבר את האופן לציר)
linden, linden tree *n.* טִילְיָה (עץ נוי נשיר)
line *n.* קַו, שׁוּרָה; סִרְטוּט; מֶסֶר; קֶמֶט
line *v.* סִידֵּר (בשורה); הָלַךְ לְאוֹרֶךְ הַקַּו; כִּיסָּה בִּקְמָטִים; בִּיטֵּן
lineage *n.* שַׁלְשֶׁלֶת יוּחֲסִין
lineament *n.* תַּו פָּנִים, קַו קְלַסְתֵּר
linear *adj.* קַוִּוי
lineman *n.* קַוָּן
linen *n.* פִּשְׁתָּן; לְבָנִים
linen closet *n.* אֲרוֹן לְבָנִים
line of battle *n.* קַו הַחֲזִית
liner *n.* אוֹנִיַּית נוֹסְעִים
lineup *n.* שׁוּרָה, מִסְדָּר; מַעֲרָךְ
linger *v.* הִשְׁתַּהָה; הֶאֱרִיךְ בּ
lingerie *n.* לְבָנִים
lingering *adj.* מִשְׁתַּהֶה
lingo *n.* לָשׁוֹן (לא ברורה או זרה); לָשׁוֹן מְיוּחֶדֶת (כגון של מַחשֵׁב)
lingua franca *n.* שָׂפָה כְּלַל אֲזוֹרִית, שָׂפָה מְשׁוּתֶּפֶת (לדוברי שָׂפות שונות)

lingual *adj., n.* לְשׁוֹנִי; הָגֶה לְשׁוֹנִי (כגון ט,ל,נ)

linguist *n.* בַּלְשָׁן, לְשׁוֹנַאי

linguistic *adj.* לְשׁוֹנִי; בַּלְשָׁנִי

liniment *n.* מְסִיכָה, מִשְׁחָה (נוזלית)

lining *n.* אֲרִיג בִּטְנָה; בִּטְנָה

link *n.* חוּלְיָה; קֶשֶׁר; חִיבּוּר, זִירָה

link *v.* קִישֵּׁר, חִיבֵּר, הִתְחַבֵּר

linnet *n.* (ציפור) חוּחִית, תַּפּוּחִית

linoleum *n.* שַׁעֲמָנִית, לִינוֹל

linotype *n.* מְסַדֶּרֶת לַיְינוֹטַייפּ (של שורות יצוקות)

linotype *v.* סִידֵּר בְּלַיְינוֹטַייפּ

linseed *n.* זֶרַע פִּשְׁתָּה

linseed oil *n.* שֶׁמֶן פִּשְׁתִּים

lint *n.* מִרְפָּד (לכיסוי פצע)

lintel *n.* מַשְׁקוֹף

lion *n.* אַרְיֵה, לָבִיא

lioness *n.* לְבִיאָה

lionhearted *adj.* אַמִּיץ־לֵב

lionize *v.* כִּיבֵּד (כאילו היה המכובד ארי שבחבורה)

lion's den *n.* מְאוּרַת אַרְיֵה

lion's share *n.* חֵלֶק הָאֲרִי

lip *n.* שָׂפָה, שְׂפָתַיִים; דִּיבּוּר; חוּצְפָּה

lip-read *v.* קָרָא בַּשְּׂפָתַיִים (כחירש)

lip-service *n.* מַס־שְׂפָתַיִים

lipstick *n.* שְׂפָתוֹן, אוֹדֶם (לשפתיים)

liquefy *v.* הָפַךְ לְנוֹזֵל

liqueur *n.* לִיקֶר (משקה חריף)

liquid *adj.* נוֹזֵל, נוֹזְלִי; בָּהִיר

liquid *n.* נוֹזֵל

liquidate *v.* שִׁילֵּם, חִיסֵּל; רָצַח; פֵּירֵק

liquidity *n.* נְזִילוּת

liquor *n.* מַשְׁקֶה חָרִיף (מזוקק)

liquorice *n.* שׁוּשׁ (צמח שמשורשיו חומר לרפואה ולממתקים)

lisp *v.* שִׂפְתֵּת (שיבש הגיים שורקים כגון ס')

lisp *n.* שִׂפְתּוּת

lissom(e) *adj.* גָּמִישׁ, קַל וְחִינָּנִי

list *n.* רְשִׁימָה; נְטִיָּיה לַצַּד (של אונייה)

list *v.* עָרַךְ רְשִׁימָה; נָטְתָה לַצַּד

listen *v.* הִקְשִׁיב, הֶאֱזִין

listener *n.* מַאֲזִין

listening-post *n.* מוּצַב הַאֲזָנָה

listless *adj.* אָדִישׁ, חֲסַר מֶרֶץ

litany *n.* לִיטַנְיָה (בכנסייה: מין תפילת תחנון של חזן וקהל לסירוגין)

liter, litre *n.* לִיטֶר

literacy *n.* יְדִיעַת קְרוֹא וּכְתוֹב

literal *adj.* כִּכְתָבוֹ, מִילּוּלִי, שֶׁפְּשׁוּטוֹ כְּמַשְׁמָעוֹ

literal translation *n.* תַּרְגּוּם מִילּוּלִי

literary *adj.* סִפְרוּתִי; בָּקִיא בְּסִפְרוּת

literate *adj.* יוֹדֵעַ קְרוֹא וּכְתוֹב

literature *n.* סִפְרוּת

lithe *adj.* גָּמִישׁ, קַל תְּנוּעָה

lithia *n.* תַּחְמוֹצֶת לִיתְיוּם

lithium *n.* לִיתְיוּם

lithograph *n., v.* (עָשָׂה) הֶדְפֵּס אֶבֶן

lithography *n.* לִיתוֹגְרַפְיָה (עשיית הדפס אבן)

litigant *n., adj.* מְעוֹרָב בִּתְבִיעָה מִשְׁפָּטִית, מִתְדַּיֵּין

litigate *v.* הִתְדַּיֵּין, הִגִּישׁ תְּבִיעָה

litigation *n.* הִתְדַּיְּינוּת, הַגָּשַׁת תְּבִיעָה

litmus *n.* לַקְמוּס
litre, liter *n.* לִיטֶר (יחידת נפח, דצימטר מעוקב)
litter *n.* אַפִּרְיוֹן; אַשְׁפָּה, לִכְלוּךְ; וְלָדוֹת שֶׁל הַמְלָטָה אַחַת
litter *v.* הֵכִין מַצָּע תֶּבֶן; פִּיזֵּר אַשְׁפָּה
litterateur *n.* אִישׁ־סֵפֶר
little *n.* כַּמּוּת קְטַנָּה, מְעַט
little *adj.* פָּעוּט, קָטָן; מְעַט, קְצָת
little *adv.* בְּמִידָּה מוּעֶטֶת
little by little *adv.* לְאַט לְאַט, טִיפִּין טִיפִּין, בְּהַדְרָגָה
little finger *n.* זֶרֶת
little-neck *n.* (צֶדֶף) קְצַר צַוָּאר
little owl *n.* יַנְשׁוּף קָטָן
Little Red Riding Hood *n.* כִּיפָּה אֲדוּמָּה
liturgic(al) *adj.* פּוּלְחָנִי, לִיטוּרְגִי (ר' להלן)
liturgy *n.* לִיטוּרְגִיָה (עבודת אלוהים, פולחן דתי, סִדרֵי התפילה והעבודה בבית הכנסת)
livable *adj.* שֶׁאֶפְשָׁר לִחְיוֹת בּוֹ
live *v.* חַי; חָיָה, גָּר, הִתְקַיֵּים
live *adj.* חַי; מַמָּשִׁי; מָלֵא חַיִּים
livelihood *n.* מִחְיָה, פַּרְנָסָה
liveliness *n.* פְּעִילוּת, רַעֲנַנּוּת, עַלִּיזוּת
livelong *adj.* אָרוֹךְ, שָׁלֵם
lively *adj.* מָלֵא חַיִּים, פָּעִיל
liven *v.* 'חִימֵּם', עוֹרֵר; הִתְעוֹרֵר
liver *n.* כָּבֵד
livery *n.* בִּגְדֵי שְׂרָד, מַדֵּי מְשָׁרְתִים
livery *adj.* סוֹבֵל בַּכָּבֵד, שְׁחוֹר מָרָה
liveryman *n.* סַיָּיס, אוּרְוָון
livery-stable *n.* אוּרְוָה
livestock *n.* הַמֶּשֶׁק הַחַי
livid *adj.* חִיוֵּור מְזוּעָם; כְּחוֹל־אָפוֹר
living *n., adj.* חַיִּים, פַּרְנָסָה; חַי, קַיָּים
living quarters *n. pl.* מְגוּרִים
living-room *n.* טְרַקְלִין, סָלוֹן
lizard *n.* לְטָאָה, חַרְדּוֹן
llama *n.* לָמָה (גמל חסר דבשת בדרום אמריקה)
lo *interj.* הִנֵּה! רְאוּ!
load *n.* מִטְעָן, עוֹמֶס; סֵבֶל
load *v.* הִטְעִין (גם נשק); טָעַן; הֶעֱמִיס; נִטְעַן
loaded *adj.* טָעוּן, עָמוּס; שָׁתוּי
loaf *n.* כִּיכַּר לֶחֶם
loaf *v.* הִתְבַּטֵּל, בִּיטֵּל זְמַן
loafer *n.* בַּטְלָן; נַעַל קַלָּה
loam *n.* טִיט, אֲדָמָה כְּבֵדָה
loan *n.* הַלְוָואָה; מִלְוֶוה
loan *v.* הִלְוָוה (כסף); הִשְׁאִיל
loan-shark *n.* נוֹשֶׁךְ נֶשֶׁךְ
loath, loth *adj.* חֲסַר רָצוֹן, מְמָאֵן (לעשות)
loathe *v.* בָּחַל, תִּיעֵב, סָלַד
loathing *n.* תִּיעוּב, סְלִידָה
loathsome *adj.* נִתְעָב
lob *v.* זָרַק לַגּוֹבַה, תִּילֵּל (בטניס)
lobby *n.* מִסְדְּרוֹן; שְׁדוּלָה.
lobby *v.* הִשְׁתַּדֵּל בְּעַד, שִׁידֵּל
lobbying *n.* שְׁתַדְּלָנוּת, שִׁידּוּל
lobbyist *n.* שְׁתַדְּלָן, שְׁדוּלָן
lobe *n.* בְּדַל אוֹזֶן; אַלְיָה, אוּנָה
lobster *n.* סַרְטַן־יָם
lobster-pot *n.* מַלְכּוֹדֶת סַרְטָנִים
local *adj.* מְקוֹמִי
local *n.* תּוֹשַׁב הָאֵזוֹר; עוֹבֵד מְקוֹמִי; סְנִיף מְקוֹמִי (של איגוד מקצועי)

locale *n.* מָקוֹם, סְבִיבָה
locality *n.* מָקוֹם, סְבִיבָה
localize *v.* עָשָׂה לִמְקוֹמִי; הִגְבִּיל לְמָקוֹם
locate *v.* מִיקֵּם; אִיתֵּר; הִתְיַישֵּׁב
location *n.* מָקוֹם; מְקוֹם־מְגוּרִים; סְבִיבָה
loch *n.* מִפְרָץ יָם, אֲגַם
lock *n.* מַנְעוּל; בְּרִיחַ (גם ברובה); סֶכֶר; קְווּצַּת שֵׂעָר
lock *v.* נָעַל, חָסַם, עָצַר; נֶעֱצַר; חִיבֵּר; שִׁילֵב; הִתְחַבֵּר; הִשְׁתַּלֵּב
lock-out *n.* הַשְׁבָּתָה
lock-step *n.* צְעִידָה אִיטִּית צְפוּפָה
locker *n.* תָּא (נִנְעָל), אֲרוֹנִית
locket *n.* עֲדִילְיוֹן, קוּפְסַת קִישּׁוּט
lockjaw *n.* צַבֶּבֶת הַלְּסָתוֹת, צַפֶּדֶת
locksmith *n.* מְתַקֵּן מַנְעוּלִים, מַסְגֵּר
lockstitch *n.* תֶּפֶר־קֶשֶׁר
lockup *n.* מְקוֹם מַעֲצָר; כֶּלֶא
locomotion *n.* כּוֹחַ תְּנוּעָה מִמָּקוֹם לְמָקוֹם, נְסִיעָה
locomotive *n., adj.* קַטָּר; מֵנִיעַ; מַרְבֶּה לִנְסוֹעַ
locus *n.* (*pl.* **loci**) מָקוֹם מְדוּיָּק
locus classicus מַרְאֵה מָקוֹם קְלָסִי (לנושא מסוים)
locust *n.* אַרְבֶּה
locution *n.* חִיתּוּךְ דִּיבּוּר, הַבָּעָה, סִגְנוֹן
lode, load *n.* עוֹרֶק (של מרבצים)
lodestar, loadstar *n.* כּוֹכַב נִיוּוּט, כּוֹכַב הַצָּפוֹן
lodge *v.* לָן, הִתְאַכְסֵן; הֵלִין, אֵירֵחַ; הִפְקִיד (מסמך וכד'); תָּקַע, נִתְקַע
lodge *n.* אַכְסַנְיָה; צְרִיף
lodger *n.* דַּיָּיר; מִתְאַכְסֵן
lodging *n.* מְקוֹם־מְגוּרִים זְמַנִּי
loft *n.* עֲלִיַּית־גַּג
lofty *adj.* מְרוֹמָם; נִשְׂגָּב; רַבְרְבָנִי
log *n.* קוֹרַת עֵץ, בּוּל עֵץ
log *v.* כָּרַת עֵצִים; רָשַׁם בְּיוֹמַן אוֹנִיָּה
log cabin *n.* צְרִיף עֵץ
log driving *n.* הוֹבָלַת קוֹרוֹת עֵץ בַּנָּהָר
log jam *n.* פְּקָק בִּתְנוּעַת קוֹרוֹת עֵץ
logarithm *n.* לוֹגָרִיתְם
logbook *n.* יוֹמַן אוֹנִיָּה
logger *n.* חוֹטֵב עֵצִים
loggerhead *n.* בּוּל עֵץ, טִיפֵּשׁ
loggia *n.* אַכְסַדְרָה
logic *n.* הִיגָּיוֹן, תּוֹרַת הַהִיגָּיוֹן
logical *adj.* הֶגְיוֹנִי
logician *n.* מוּמְחֶה בְּתוֹרַת הַהִיגָּיוֹן
logistic *adj.* לוֹגִיסְטִי
logistics *n. pl.* לוֹגִיסְטִיקָה (חכמת הנעת צבא על ציודו)
loin *n.* מוֹתֶן, חֶלֶץ
loincloth *n.* חֲגוֹרַת חֲלָצַיִים
loiter *v.* הִשְׁתַּהָה, שׁוֹטֵט, בִּיטֵּל זְמַן
loiterer *n.* הוֹלֵךְ בָּטֵל
loll *v.* שָׁכַב, נִשְׁעַן בְּעַצְלָנוּת
lollipop, lollypop *n.* סוּכָּרִיַּית מַקֵּל
lolly *n.* סוּכָּרִיַּת מַקֵּל; (דיבורית) כֶּסֶף
lone *adj.* בּוֹדֵד; לֹא מְיוּשָּׁב, נִידָּח
loneliness *n.* בְּדִידוּת
lonely *adj.* בּוֹדֵד, גַּלְמוּד
lonesome *adj.* גַּלְמוּד
long *adj., adv.* אָרוֹךְ, מְמוּשָּׁךְ; מִזְּמַן

long *v.* הִתְגַעְגֵעַ
long-boat *n.* הַסִּירָה הַגְּדוֹלָה (שבאונייה)
long distance call *n.* שִׂיחָה בֵּין־עִירוֹנִית
long-drawn-out *adj.* נִמְשָׁךְ יוֹתֵר מִדַּיי
long-lived *adj.* מַאֲרִיךְ יָמִים
long-playing record *n.* תַּקְלִיט אֲרִיךְ־נֶגֶן
long-range *adj.* לְטְווָח אָרוֹךְ
long-standing *adj.* קַיָּם מִזְּמַן, מִשֶּׁכְּבָר
long-suffering *adj., n.* סַבְלָן; סַבְלָנוּת
long-term *adj.* לִזְמַן אָרוֹךְ
long-winded *adj.* מַאֲרִיכָן, מַרְבֶּה לְדַבֵּר
longevity *n.* אֲרִיכוּת יָמִים
longhair *n.* אִינְטֶלֶקְטוּאָל; מַשְׂכִּיל
longhand *n.* כְּתִיבָה רְגִילָה (לא בקצרנות או במכונה)
longing *n.* גַּעְגּוּעִים
longing *adj.* מִתְגַּעְגֵעַ
longitude *n.* קַו־אוֹרֶךְ
look *v.* הִסְתַּכֵּל, הִבִּיט; נִרְאָה
look *n.* מַבָּט; מַרְאֶה
looker-on *n.* מִסְתַּכֵּל (מן הצד), צוֹפֶה
looking-glass *n.* רְאִי, מַרְאָה
lookout *n.* עֵרָנוּת; זָקִיף; צְפִיָּיה; מִצְפֶּה
loom *n.* נוֹל, מַאֲרָגָה, מְכוֹנַת־אֲרִיגָה
loom *v.* הִזְדַּקֵּר, הוֹפִיעַ בִּמְעוּרְפָּל; אָרַג בְּנוֹל
loony *adj., n.* סַהֲרוּרִי, מְשׁוּגָּע

loop *n., v.* לוּלָאָה; עָשָׂה לוּלָאָה
loophole *n.* אֶשְׁנַב יְרִי; סֶדֶק בַּחוֹק
loose *adj.* רָפֶה; תָּלוּשׁ; לֹא קָשׁוּר, חוֹפְשִׁי; מוּפְקָר; לֹא מְדוּיָּק, רַשְׁלָנִי; לֹא אָרוּז; לֹא צָפוּף
loose *v.* נִיתֵּק, הִתִּיר
loose-leaf notebook *n.* דַּפְדֶּפֶת (שדפיה עשויים להיתלש)
loosen *v.* הִתִּיר, שִׁחְרֵר; נִיתַּר; רוֹפֵף
looseness *n.* רִפְיוֹן, הִתְרוֹפְפוּת
loose-tongued *adj.* פַּטְפְּטָנִי, מוּפְקָר
loot *n.* שָׁלָל
loot *v.* שָׁלַל
lop *v.* גָּזַם, זָמַר; כָּרַת
lope *v.* הָלַךְ בִּצְעָדִים אֲרוּכִּים
lopsided *adj.* נוֹטֶה לְצַד אֶחָד
loquacious *adj.* מַרְבֶּה דִּיבּוּר, דַּבְּרָן
lord *n.* אָדוֹן; אָצִיל; ה׳
lord *v.* נָהַג כְּלוֹרְד, הִתְנַשֵּׂא
lordly *adj.* גֵּא; נֶהְדָּר; מִתְנַשֵּׂא
lordship *n.* אֲצִילוּת, אַדְנוּת
lore *n.* יֶדַע עַמָּמִי
lorgnette *n.* מִשְׁקְפֵי אוֹפֵּרָה, מִשְׁקָפַיִם (ארוכי ידית)
lorry *n.* מַשָּׂאִית
lose *v.* אִיבֵּד; אָבַד לוֹ; הִפְסִיד; שָׁכַל
loser *n.* מַפְסִיד; מְאַבֵּד
loss *n.* אֲבֵידָה
loss of face *n.* אוֹבְדָן יוּקְרָה
lost *adj.* אָבוּד; אוֹבֵד; נִפְסָד
lost sheep *n.* (דיבורית) כִּבְשָׂה תּוֹעָה
lot *n.* חֵלֶק; כַּמּוּת; גּוֹרָל

lotion *n.* תְּמִיסָה; תַּרְחִיץ
lottery *n.* הַגְרָלָה
lotus *n.* לוטוס (שושן מים)
loud *adj.* צַעֲקָנִי, קוֹלָנִי
loud *adv.* בְּקוֹל רָם
loudmouthed *adj.* צַעֲקָנִי
loudspeaker *n.* רַמְקוֹל
lounge *v.* הֵסֵב; הִתְהַלֵּךְ בַּעֲצַלְתַּיִים
lounge *n.* (במלון) אוּלַם אוֹרְחִים, חֲדַר־אוֹרְחִים
louse *n.* (*pl.* **lice**) כִּינָּה, טַפִּיל; מְנוּוָל
lousy *adj.* מְכוּנָּם; נִתְעָב
lout *n.* גַּס רוּחַ, מְגוּשָּׁם
lovable *adj.* חָבִיב
love *n.* אַהֲבָה; אָהוּב, אֲהוּבָה
love *v.* אָהַב, הָיָה מְאוֹהָב
love-affair *n.* פָּרָשַׁת אֲהָבִים
lovebird *n.* תּוּכִּי (קטן בכלוב)
love-child *n.* יֶלֶד אַהֲבָה (שהוריו לא נשואים)
loveless *adj.* חֲסַר אַהֲבָה
lovely *adj.* נֶחְמָד, נֶהְדָר
lovematch *n.* נִישּׂוּאֵי אַהֲבָה
lover *n.* אוֹהֵב, מְחַזֵּר
love-seat *n.* מוֹשָׁב לִשְׁנַיִים
lovesick *adj.* חוֹלֵה אַהֲבָה
love-song *n.* שִׁיר אַהֲבָה
loving-kindness *n.* אַהֲבָה מִתּוֹךְ חֶסֶד
low *adj., adv.* נָמוּךְ; יָרוּד; חַלָּשׁ
low *n.* דָּבָר נָמוּךְ; שֵׁפֶל; גְּעִיַּית פָּרָה
low *v.* גָּעָה
lowborn *adj.* לֹא בַּעַל יִיחוּס
low-brow *n., adj.* 'נְמוּךְ מֵצַח' (בעל ערכי תרבות והשכלה נְמוּכִים)
Low Countries *n. pl.* אַרְצוֹת הַשְּׁפֵלָה. (בלגיה, לוקסמבורג והולנד)
low-down *adj.* נָמוּךְ, שָׁפָל
low-down *n.* עוּבְדוֹת אֲמִיתִּיּוֹת
lower *v.* הִנְמִיךְ; הִפְחִית; הוֹרִיד
lower *adj.* נָמוּךְ יוֹתֵר
lower, lour *v.* (לגבי שמיים, עננים) זָעַף, קָדַר
lower berth *n.* (באונייה) מִיטַּת מַדָּף תַּחְתּוֹנָה
lower middle class *n.* הַמַּעֲמָד הַבֵּינוֹנִי הַנָּמוּךְ
low frequncy *n.* תֶּדֶר נָמוּךְ
low gear *n.* הִילּוּךְ נָמוּךְ
lowland *n.* שְׁפֵלָה
lowly *adj.* פָּשׁוּט; נָמוּךְ; עָנָיו
low-minded *adj.* שָׁפָל, גַּס
low neck *adj.* עֲמוּקַּת מַחְשׂוֹף
low spirits *n.* דִּיכָּאוֹן, דִּכְדּוּךְ
low tide *n.* שֵׁפֶל (בים)
loyal *adj., n.* נֶאֱמָן
loyalist *n.* נֶאֱמָן (לממסד)
loyalty *n.* נֶאֱמָנוּת
lozenge *n.* תַּבְנִית מְעוּיָּן; כְּמוּסָה (תרופה מְצוּפָּה בשכבה מתוקה)
L.P. *abbr.* (תַּקְלִיט) אֲרִיךְ נֶגֶן
long playing (record)
L.S.D. אֶל אֶס דִּי (סם משכר הגורם להזיות)
lubber *n.* גּוֹלֶם, שׁוֹטֶה מְגוּשָּׁם
lubricant *n.* חוֹמֶר סִיכָה
lubricate *v.* סָךְ (מכונה), שִׁימֵּן
lucent *adj.* מַבְהִיק, מַבְרִיק
lucerne, lucern *n.* אַסְפֶּסֶת
lucid *adj.* מֵאִיר; בָּהִיר; בָּרוּר
Lucifer *n.* לוּצִיפֶר (השטן), (הכוכב) נוֹגַהּ
luckily *adv.* לְמַרְבֵּה הַמַּזָּל

luckless *adj.* חֲסַר מַזָּל
lucky *adj.* שֶׁל מַזָּל
lucky hit *n.* מַכַּת מַזָּל
lucrative *adj.* מִשְׁתַּלֵּם, מַכְנִיס
lucre *n.* בֶּצַע כֶּסֶף
ludicrous *adj.* מְגוּחָךְ
lug *v.* מָשַׁךְ, סָחַב
lug *n.* יָדִית; אָבִיק; חָף
luggage *n.* מִטְעָן; מִזְוָודוֹת, מִזְוָוד
lugubrious *adj.* נוּגֶה, עָצוּב
lukewarm *adj.* פּוֹשֵׁר
lull *v.* הִרְגִּיעַ, יִישֵּׁן; נִרְגַּע
lull *n.* הֲפוּגָה
lullaby *n.* שִׁיר עֶרֶשׂ
lumbago *n.* מַתֶּנֶת (מחלת כאבי מותניים)
lumber *n.* גְּרוּטָאוֹת; עֵצִים
lumber *v.* הִתְנַהֵל בִּכְבֵדוּת
lumberjack *n.* כּוֹרֵת עֵצִים
lumber-yard *n.* מִגְרָשׁ לְמַחְסַן עֵצִים
luminary *n.* גֶּרֶם שָׁמַיִם; מָאוֹר
luminescent *adj.* נְהוֹרָנִי
luminous *adj.* מֵאִיר; מוּאָר
lummox *n.* גּוֹלֶם, שׁוֹטֶה
lump *n., adj.* גּוּשׁ; חַבּוּרָה
lump *v.* צָבַר; כָּלַל; הִצְטַבֵּר
lumpy *adj.* מָלֵא גּוּשִׁים
lunacy *n.* סַהֲרוּרִיּוּת
lunar *adj.* יַרְחִי
lunatic *adj., n.* לֹא שָׁפוּי, מְשׁוּגָּע
lunatic asylum *n.* בֵּית־חוֹלֵי־רוּחַ
lunatic fringe *n.* מִיעוּט פָּנָאטִי
lunch *n.* אֲרוּחַת־צָהֳרַיִים
lunch *v.* סָעַד בַּצָּהֳרַיִים
lunch basket *n.* תִּיק אוֹכֶל
lunch cloth *n.* מַפִּית אוֹכֶל
luncheon *n.* אֲרוּחַת צָהֳרַיִים
lunchroom *n.* מִסְעָדָה לַאֲרוּחוֹת קַלּוֹת
lung *n.* רֵיאָה
lunge *n., v.* תְּחִיבָה; גִּיחָה; תָּחַב; הָדַף
lurch *n.* רְתִיעָה הַצִּדָּה; מְבוּכָה
lurch *v.* הוּסַט לְצַד
lure *n., v.* מִתְקַן פִּיתּוּי; פִּיתָּה
lurid *adj.* נוֹרָא בִּצְבָעָיו; אָיוֹם
lurk *v.* אָרַב; הִסְתַּתֵּר
luscious *adj.* טָעִים, עָרֵב; מְגָרֶה
lush *adj.* עֲסִיסִי; שׁוֹפֵעַ
lust *n., v.* תַּאֲוָוה; עָגַב, הִתְאַוָּוה
luster, lustre *n.* זוֹהַר
lustful *adj.* תַּאַוְותָנִי
lustrous *adj.* מַבְרִיק, מַזְהִיר
lusty *adj.* חָסוֹן; נִמְרָץ
lute *n.* קַתְרוֹס; מֶרֶק (לתיקון מקטרות)
luxuriance *n.* שֶׁפַע, עוֹשֶׁר
luxuriant *adj.* שׁוֹפֵעַ, מְשׁוּפָּע
luxurious *adj.* שֶׁל מוֹתָרוֹת
luxury *n.* מוֹתָרוֹת
lye, lie *n.* תְּמִיסַת חִיטּוּי
lying *adj.* מְשַׁקֵּר; שׁוֹכֵב
lying-in *n., adj.* שְׁכִיבַת יוֹלֶדֶת
lymph *n.* לִימְפָה
lymphatic *adj.* לִימְפָתִי; נִרְפֶּה, אִיטִי
lynch *v.* עָשָׂה מִשְׁפַּט לִינְץ׳
lynching *n.* עֲשִׂיַּית לִינְץ׳
lynx *n.* חָתוּל פֶּרֶא
lynx-eyed *adj.* חַד־רְאִיָּה
lyre *n.* כִּינּוֹר דָּוִד, נֶבֶל עַתִּיק
lyric *n.* לִירִיקָה; שִׁיר לִירִי
lyrical *adj.* לִירִי
lyricist *n.* מְשׁוֹרֵר לִירִי
lysol *n.* לִיזוֹל (נוזל חיטוי)

M

ma *n.* אִמָּא
ma'am *n.* גְבֶרֶת
macabre *adj.* קודֵר, מַחֲרִיד, מַבְעִית
macadam *adj.* עָשׂוּי שִׁכְבוֹת חָצָץ
macadamize *v.* רִיבֵּד בְּחָצָץ
macaroni *n.* אִטְרִיּוֹת; טַרְזָן (אנגלי במאה ה־18)
macaroon *n.* מַקָּרוֹן (עוגה מתוקה מחלבון ביצה, קמח, ממרח שקדים וכו')
macaw *n.* מַקָאוֹ (תוּכִּי)
mace *n.* אַלָּה, שַׁרְבִיט; מוּסְקָטִית רֵיחָנִית (תבלין)
machination *n.* תַּחְבּוּלָה, מְזִימָּה
machine *v.* יִיצֵּר בִּמְכוֹנָה
machine *n.* מְכוֹנָה
machine-gun *n.* מְכוֹנַת־יְרִיָּיה, מַקְלֵעַ
machine-made *adj.* מְיוּצָּר בִּמְכוֹנָה
machine shop *n.* סַדְנָה לִמְכוֹנוֹת
machine tool *n.* מְכוֹנַת עִיבּוּד מַתָּכוֹת (כּגוֹן מַחְרֵטָה)
machinery *n.* מַעֲרֶכֶת־מְכוֹנוֹת, מַנְגָּנוֹן
machinist *n.* מְכוֹנַאי
mackerel *n.* קוֹלְיָיס (דג מאכל)
mac(k)intosh *n.* מְעִיל־גֶשֶׁם
macrocosm *n.* מַקְרוֹקוֹסְמוֹס, הָעוֹלָם הַגָּדוֹל, יֵשׁוּת גְדוֹלָה
mad *adj.* מְטוֹרָף; מִשְׁתּוֹלֵל; רוֹגֵז
madam(e) *n.* גְבֶרֶת; גְבִרְתִּי
madcap *n.* עַרְנִי, פָּזִיז, (אדם) פּוֹרְצָנִי
madden *v.* שִׁיגֵּעַ; הִרְגִיז
mademoiselle *n.* הָעַלְמָה (כִּינּוּי לאישה לֹא נשואה)
made-to-order *adj.* עָשׂוּי לְפִי מִידָּה, עָשׂוּי לְפִי הַזְמָנָה
madhouse *n.* בֵּית־חוֹלֵי־רוּחַ
madman *n.* מְטוֹרָף, מְשׁוּגָּע
madness *n.* טֵירוּף, שִׁיגָּעוֹן
Madonna *n.* מָדוֹנָה (הבּתולה מרים, ציור או פסל שלה)
maelstrom *n.* מְעַרְבּוֹלֶת
maestro *n.* מָאֶסְטְרוֹ (מוסיקאי, מנצח או מורה מפורסם)
magazine *n.* כְּתַב־עֵת; מַחְסַן תַּחְמוֹשֶׁת
magenta *n.,adj.* אָדוֹם (שבּספקטרוּם)
maggot *n.* זַחַל זְבוּב, רִימָּה
Magi (*pl.of* **Magus**) הָאַמְגוּשִׁים (אנשי כּהוּנה של כת הזורואסטרים של פרס ומדיי)
magic *n.* קֶסֶם, כִּישּׁוּף, לַהֲטוּטִים
magic *adj.* שֶׁל קֶסֶם
magician *n.* קוֹסֵם, מְכַשֵּׁף
magistrate *n.* שׁוֹפֵט שָׁלוֹם
magnanimous *adj.* גְדוֹל־נֶפֶשׁ, רְחַב־לֵב
magnate *n.* אֵיל הוֹן, מַגְנָט
magnesia *n.* מַגְנֶזְיָה (תחמוצת מגנזיום לשימוש רפוּאי)
magnesium *n.* מַגְנִיּוֹן, מַגְנֶזְיוּם
magnet *n.* מַגְנֵט; (מַשֶׁהוּ אוֹ מִישֶׁהוּ) מוֹשֵׁךְ
magnetic *adj.* מַגְנֵטִי; מוֹשֵׁךְ
magnetism *n.* מַגְנֵטִיּוּת; קֶסֶם אִישִׁי
magnetize *v.* מִגְנֵט; מָשַׁךְ בְּקִסְמוֹ
magneto *n.* מַגְנֵטוֹ (היוצר ניצוץ בּמנוֹע)

magnificent *adj.* מָלֵא־הוד, מְפוֹאָר
magnify *v.* הִגְדִיל; הִגְזִים, פֵּיאֵר
magnifying glass *n.* זְכוּכִית מַגְדֶלֶת
magniloquence *n.* דִיבּוּר גָבוֹהַּ וּמְהוּקְצָע
magnitude *n.* גוֹדֶל; גוֹדֶל רַב
magnolia *n.* מַנְגוֹלְיָה (עץ נוֹי לבן פרחים)
magnum opus *n.* יְצִירָה גְדוֹלָה (בספרות, בְּאָמנוּת)
magpie *n.* עוֹרֵב הַנְחָלִים; פַּטְפְּטָן
Magyar *adj.,n.* מַגְיָארִי; הוּנְגָרִית
maharaja(h) *n.* מַהָארָג׳ה (תוֹאר לנסיך הודי)
mahjong(g) *n.* מָהְיוֹנְג (משחק סיני בּ־144 כלים)
mahlstick *n.* מַקֵל צַיָירִים
mahogany *n.* תּוֹלַעֲנָה, עֵץ הַמַהֲגוֹן
maid *n.* עַלְמָה, לֹא נְשׂוּאָה; עוֹזֶרֶת
maiden *adj.* לֹא נְשׂוּאָה, שֶׁלִפְנֵי הַנִישׂוּאִים
maidenhair *n.* שַׂעֲרוֹת שוּלַמִית (צמח שרכני)
maidenhead *n.* בְּתוּלִיוּת, בְּתוּלִים
maidenhood *n.* בְּתוּלִיוּת
maiden lady *n.* רַוָוקָה
maid-in-waiting *n.* שוֹשְׁבִינָה
maidservant *n.* מְשָׁרֶתֶת, עוֹזֶרֶת
mail *n.* דוֹאַר, דִבְרֵי דוֹאַר
mail *v.* שָׁלַח בַּדוֹאַר, דִיוֵור
mail carrier *n.* דַוָור
mailing list *n.* רְשִׁימַת מִשְׁלוֹחַ, רְשִׁימַת נִמְעָנִים
mailing permit *n.* רִשְׁיוֹן לְהַחְתָּמַת ׳שוּלַם׳
mailman *n.* דַוָור
mail-order house *n.* חֶבְרַת אַסְפָּקָה בַּדוֹאַר
maim *v.* גָרַם נָכוּת
main *adj.* עִיקָרִי, רָאשִׁי
main *n.* צִינוֹר רָאשִׁי (למים); עִיקָר; גְבוּרָה
main deck *n.* סִיפּוּן רָאשִׁי
mainland *n.* יַבֶּשֶׁת, אֶרֶץ
main line *n.* קַו רָאשִׁי (במסילת ברזל)
mainly *adv.* בְּעִיקָר, קוֹדֶם כּוֹל
mainmast *n.* תּוֹרֶן רָאשִׁי
mainsail *n.* מִפְרָשׂ רָאשִׁי
mainspring *n.* קְפִיץ רָאשִׁי; מֵנִיעַ עִיקָרִי
mainstay *n.* חֶבֶל תּוֹרֶן רָאשִׁי, מִשְׁעָן מֶרְכָּזִי; מְפַרְנֵס
maintain *v.* תָּמַך; קִיֵים; טָעַן; תִּחְזֵק
maintenance *n.* תִּחְזוּק, אַחְזָקָה; הַמְשָׁכָה
maitre d'hotel *n.* מְנַהֵל הַמָלוֹן
maize *n.* תִּירָס
majestic *adj.* מַלְכוּתִי, נֶהְדָר
majesty *n.* רוֹמְמוּת; הָדָר, הוֹד
major *adj.* עִיקָרִי; בָּכִיר; מָז׳וֹרִי, רַבִּיב (במוּסיקה); רוּבָּנִי
major *n.* רַב־סֶרֶן; מִקְצוֹעַ רָאשִׁי
major *v.* לָמַד כְּמִקְצוֹעַ רָאשִׁי
major general *n.* אַלוּף, מֵיג׳וֹר גֶ׳נֶרָל
majority *n.,adj.* (שֶׁל) רוֹב; בַּגִירוּת
make *n.* תּוֹצֶרֶת, מוּצָר
make *v.* **(made)** עָשָׂה, יָצַר; הִיוָוה
make-believe *n.,adj.* (שֶׁל) הַעֲמָדַת־פָּנִים
maker *n.* עוֹשֶׂה, יוֹצֵר; הַבּוֹרֵא

makeshift *adj.* (סידור) זְמַנִּי, אֲרָעִי
make-up *n.* אִיפּוּר
make-up man *n.* מְאַפֵּר
malachite *n.* מָלָכִיט (מחצב נחושת ירוק)
maladjustment *n.* אִי־הַתְאָמָה, אִי הִסְתַּגְּלוּת
maladroit *adj.* לֹא זָרִיז, לֹא פִּיקֵחַ, חֲסַר טַקְט
malady *n.* מַחֲלָה, חוֹלִי
malaise *n.* הַרְגָּשַׁת חוֹלִי, מֵיחוּשׁ
malapropism *n.* שִׁיבּוּשׁ מְגוּחָךְ (של מלה)
malapropos *n.,adj.,adv.* (דבר) שֶׁלֹּא בִּמְקוֹמוֹ
malaria *n.* קַדַּחַת
malcontent *adj.,n.* לֹא מְרוּצֶה; מַר־נֶפֶשׁ
male *adj.,n.* (שֶׁל) זָכָר; (שֶׁל) גֶּבֶר
male nurse *n.* אָח (רחמן)
malediction *n.* קְלָלָה, מְאֵרָה
malefactor *n.* רָשָׁע, גּוֹמֵל רָע
malevolent *adj.* רוֹצֶה לְהַזִּיק, מְרוּשָּׁע
malformed *adj.* מְעוּוַּת צוּרָה
malice *n.* רֶשַׁע, רָצוֹן לְהָרֵעַ
malicious *adj.* רוֹצֶה לְהָרֵעַ, זְדוֹנִי
malign *v.* הִלְעִיז עַל, הִשְׁמִיץ
malign *adj.* מַזִּיק, הַרְסָנִי
malignant *adj.* רָע; מַמְאִיר
malignity *n.* רוֹעַ
malinger *v.* הִתְחַלָּה
mall *n.* מִדְרְחוֹב
mallard *n.* בְּרֵכִיָּה (ברווז בר)
malleable *adj.* שֶׁאֶפְשָׁר לְעַצְּבוֹ
mallet *n.* מַקֶּבֶת; פַּטִּישׁ עֵץ
malnutrition *n.* תְּזוּנָה לְקוּיָה, תַּת־תְּזוּנָה
malodorous *adj.* מַדִּיף רֵיחַ רַע, מַסְרִיחַ
malt *n.* לֶתֶת; בִּירָה
malpractice *n.* הַזְנָחָה פּוֹשַׁעַת (של רופא), הִתְנַהֲגוּת נִפְסֶדֶת (של אִישׁ צִיבּוּר)
maltreat *v.* נָהַג בְּאַכְזְרִיּוּת כְּלַפֵּי
mamma, mama *n.* אִמָּא
mammal *n.* יוֹנֵק
mammalian *adj.* יוֹנְקִי
Mammon *n.* מָמוֹן, עוֹשֶׁר, חֶמְדָּה; אֵל הַמָּמוֹן (ב'ברית החדשה')
mammoth *n.,adj.* מַמּוּתָה (פיל ענקי שהוכחד)
man (*pl.* **men**) אָדָם, אִישׁ; גֶּבֶר
man *v.* סִיפֵּק אֲנָשִׁים, אִיֵּשׁ
manacle *n.,v.* כְּבָלִים; כָּבַל
manage *v.* נִיהֵל; עָלָה בְּיָדוֹ
manageable *adj.* שֶׁאֶפְשָׁר לְהִשְׁתַּלֵּט עָלָיו, בַּר שְׁלִיטָה
management *n.* הַנְהָלָה; נִיהוּל
manager *n.* מְנַהֵל
managerial *adj.* הַנְהָלָתִי, מְנַהַלְתִּי
mandarin *n.* מַנְדָּרִין (לפנים: פקיד סיני ממשלתי בכיר; פקיד ממשלה, בירוקראט); מַנְדָּרִינִית (לשון הדיבור בסין)
mandate *n.* צַו מִגָּבוֹהַּ, מַנְדָּט; מְמוּנּוּת
mandatory *adj.* מְצֻוֶּה עַל יְדֵי סַמְכוּת
mandolin(e) *n.* מַנְדּוֹלִינָה (כלי מיתרים)
mane *n.* רַעְמָה, שֵׂעָר אָרוֹךְ (של גבר)

manful *adj.* גַבְרִי, נָחוּשׁ הַחְלָטָה
manganese *n.* מַנְגָן (יסוד כימי מתכתי)
manger *n.* אֵבוּס
mangle *v.* רִיסֵק, שִׁיסֵּעַ, הָרַס
mangle *n.* מַעְגִילַת כְּבִיסָה
mangy *adj.* נְגוּעַ שְׁחִין
manhandle *v.* טִיפֵּל בְּצוּרָה גַסָּה, הֵזִיז בְּכוֹחַ
manhole *n.* שׁוּחַת בַּקָּרָה (של בִּיוּב, קווי טלפון)
manhood *n.* גַבְרוּת; בַּגְרוּת; אוֹמֶץ
man-hour *n.* שְׁעַת עֲבוֹדָה (של אדם אחד)
manhunt *n.* צֵיד אָדָם
mania *n.* שֶׁגַע, שִׁיגָּעוֹן, מַנְיָה
maniac *n.,adj.* מוּכֵּה שִׁיגָּעוֹן, מְטוֹרָף
manicure *n.* מָנִיקוּרָה, טִיפּוּל צִיפּוֹרְנַיִים
manicure *v.* טִיפֵּל בְּצִיפּוֹרְנַיִים, מִנְקֵר
manicurist *n.* מָנִיקוּרִיסְטִית, מְמַנְקֶרֶת
manifest *adj.,n.* בָּרוּר; תַּצְהִיר, רְשִׁימַת מִטְעָן
manifest *v.* הֶרְאָה בָּרוּר; נִרְאָה
manifesto *n.* גִילּוּי־דַעַת, מִנְשָׁר
manifold *adj.,n.* רַב־פָּנִים; סַעֶפֶת, צִינּוֹר מְסוֹעָף
manifold *v.* שִׁכְפֵּל
manikin *n.* גַמָּד; דוּגְמָן
manipulate *v.* יִידֵּן, פָּעַל בְּיָדָיו; טִיפֵּל בְּתַחְכּוּם; עָשָׂה בְּעוֹרְמָה
manipulation *n.* יִידּוּן, טִיפּוּל, פְּעוּלָה מְחוּכֶּמֶת, מַנִיפּוּלַצְיָה
mankind *n.* הָאֱנוֹשׁוּת

manliness *n.* גַבְרִיּוּת
manly *adj.* גַבְרִי, יָאֶה לְגֶבֶר
manned spaceship *n.* חֲלָלִית מְאוּיֶּשֶׁת
mannequin *n.* אִימוּם; דוּגְמָן, דוּגְמָנִית
manner *n.* אוֹפֶן, צוּרָה; נוֹהַג; נִימוּס; סוּג
mannerism *n.* צוּרַת דִּיבּוּר מְיוּחֶדֶת, סִגְנוֹן מְעוּשֶׂה, מָנֶרִיזְם
mannish *adj.* גַבְרִי; גַבְרִית (אישה)
man of letters *n.* אִישׁ סְפָרוּת
man of means *n.* בַּעַל אֶמְצָעִים
man of the world *n.* אִישׁ הָעוֹלָם הַגָּדוֹל
man-of-war *n.* (לפנים) אוֹנִיַּית־מִלְחָמָה
manoeuvre *n.,v.* תִּמְרוֹן; תִּמְרֵן
manor *n.* אֲחוּזָּה
manorhouse *n.* בֵּית בַּעַל אֲחוּזָּה
manpower *n.* כּוֹחַ אָדָם
mansard *n.* גַג דוּ־שִׁיפּוּעִי
manservant *n.* מְשָׁרֵת
mansion *n.* אַרְמוֹן, בַּיִת גָּדוֹל
manslaughter *n.* הֲרִיגַת אָדָם
mantel, mantelpiece *n.* אֶדֶן הָאָח
mantle *n.* מְעִיל, כְּסוּת
mantle *v.* כִּיסָּה; הִסְמִיק, הֶאְדִּים
manual *adj.* יָדְנִי, שֶׁל יָד
manual *n.* מַדְרִיךְ, סֵפֶר שִׁימּוּשִׁי
manual training *n.* אִימּוּן בִּמְלֶאכֶת־יָד
manufacture *v.* יִיצֵּר; הִמְצִיא
manufacture *n.* חֲרוֹשֶׁת, יִיצּוּר
manufacturer *n.* חֲרוֹשְׁתָּן, יַצְרָן
manumission *n.* שִׁחְרוּר (עֶבֶד)

manure *n.* זֶבֶל (אורגני)
manuscript *n.* כְּתַב־יָד
many *adj.* רַבִּים, הַרְבֵּה
manysided *adj.* רַב־צְדָדִי
map *n.,v.* מַפָּה; מִיפָּה
maple *n.* אֶדֶר (עץ לתעשיית רהיטים)
mar *v.* הִזִּיק, הִשְׁחִית, עִיוּוֵת
marathon *n.* מֵרוֹץ מָרָתוֹן; מְשִׂימָה קָשָׁה וּמְייַגַּעַת
maraud *v.* פָּשַׁט, שָׁדַד
marauder *n.* פּוֹשֵׁט, שׁוֹדֵד
marble *n.,adj.* שַׁיִשׁ; שַׁיִשִׁי
marbles *n.pl.* גולות (משחק)
March *n.* מַארס (החודש)
march *n.* צְעִידָה, מִצְעָד, צְעָדָה; נְגִינַת־לֶכֶת; אֲזוֹרֵי גְבוּל
march *v.* צָעַד, צָעַד בְּקֶצֶב; הִצְעִיד; גָּבַל
marchioness *n.* אֵשֶׁת מַרְקִיז, רוֹזֶנֶת
mare *n.* סוּסָה
margarine *n.* מַרְגָרִינָה
margin *n.* שׁוּל, שׁוּלַיִים; קָצֶה
marginal *adj.* שׁוּלִי, גְבוּלִי
marigold *n.* צִיפּוֹרְנֵי הֶחָתוּל
marihuana, marijuana *n.* קַנַּבּוֹס הוֹדִי, מָרִיכוּאָנָה
marine *adj.* יַמִּי, שֶׁל הַצִּי
marine *n.* צִי הַמְּדִינָה; נַחָת
mariner *n.* מַלָּח, יוֹרֵד יָם
marionette *n.* בּוּבַּת תֵּיאַטְרוֹן, מַרְיוֹנֶטָה
marital *adj.* שֶׁל נִישּׂוּאִים, שֶׁל חַיֵּי זוּג
marital status *n.* מַעֲמָד אֶזְרָחִי
maritime *adj.* יַמִּי; צִיִּי; חוֹפִי
marjoram *n.* אֵזוֹב
mark *n.* סִימָן; צִיּוּן; מַארק (מטבע)
mark *v.* צִיֵּין, סִימֵּן; הִתְוָוה
mark-down *n.* הֲנָחָה (במחיר)
market *n.* שׁוּק
market *v.* שִׁיוּוֵק
marketable *adj.* רָאוּי לְשִׁיווּק, שָׁוִויק
marketing *n.* שִׁיווּק
market-place *n.* שׁוּק, רַחֲבַת־שׁוּק
marksman *n.* קַלָּע (ברובה וכד׳)
marksmanship *n.* קַלָּעוּת
mark-up *n.* הַעֲלָאַת מְחִיר
marmalade *n.* מַרְמֶלָדָה (ריבה מעסיס פירות)
maroon *n.,adj.* זִיקּוּק אֵשׁ; אָדוֹם־חוּם כֵּיהֶה
maroon *v.* נָטַשׁ (בחוף או באי שומם)
marquee *n.* אוֹהֶל גָּדוֹל
marquis *n.* מַרְקִיז (אציל)
marquise *n.* מַרְקִיזָה
Marrano *n.* מָרָנוֹ, אָנוּס (יהודי מספרד שהתנצר למראית עין)
marriage *n.* נִישּׂוּאִים, טֶקֶס כְּלוּלוֹת
marriageable *adj.* שֶׁהִגִּיעַ לְפִרְקוֹ
marriage portion *n.* נְדוּנְיָה
married *adj.* נָשׂוּי, נְשׂוּאָה
marrow *n.* לְשַׁד, מוֹחַ עֲצָמוֹת; קִישׁוּא
marry *v.* נָשָׂא אִישָּׁה, נִישְּׂאָה; הִשִּׂיא
Mars *n.* מַרְס, הַכּוֹכָב מַאְדִּים
marsh *n.* בִּיצָה
marshal *n.* מַרְשָׁל, מַצְבִּיא גָבוֹהַּ; קְצִין טֶקֶס; רֹאשׁ הַמִּשְׁטָרָה
marshal *v.* סִידֵּר, אִרְגֵּן; הִכְוִין (טקס)

marsh-mallow *n.* חוטְמִית (פרח בר), מַמְתָּק (מצופה שוקולד)
marshy *adj.* בִּיצָתִי
marsupial *n.* חַיַּית כִּיס
mart *n.* שוּק, מֶרְכָּז מִסְחָרִי
martial *adj.* מִלְחַמְתִּי; צְבָאִי
martially *adv.* כְּלוֹחֵם, בְּמִלְחַמְתִּיוּת
martin *n.* סְנוּנִית
martini *n.* קוֹקְטֵיל (ג'ין וֶורמוּת)
martyr *n.* מְקַדֵּשׁ הַשֵּׁם, קָדוֹשׁ
martyr *v.* עָשָׂה לְקָדוֹשׁ
marvel *n.,v.* פֶּלֶא; הִתְפַּעֵל
marvelous *adj.* נִפְלָא, נֶהְדָר
marzipan *n.* מַרְצִיפָּן (מאפה מתובל שקדים טחונים, סוכר, דבש...)
mascara *n.* פּוּךְ עֵינַיִים
mascot *n.* קָמֵיעַ
masculine *adj.* גַּבְרִי; מִמִּין זָכָר
mash *n.* כְּתוֹשֶׁת; בְּלִילָה, דַּיְיסָה
mash *v.* כָּתַשׁ; רִיסֵּק; חָלַט (תה)
mask *n.* מַסֵּכָה, הַסְוָואָה
mask *v.* כִּיסָּה בְּמַסֵּכָה, הִתְחַפֵּשׂ
masochist *n.* מָזוֹכִיסְט (הנהנה מהתייסרות עצמו)
mason *n.* בַּנַּאי; בּוֹנֶה חוֹפְשִׁי
masonry *n.* בְּנִיַּית אֶבֶן, בְּנִיָּיה
Masora *n.* מְסוֹרָה
Masoretic *adj.* עַל־פִּי הַמָּסוֹרֶת, מָסוֹרְתִּי; מְסוֹרָתִי (על פי המְסוֹרָה)
masque *n.* מַסְק (מחזה אליגורי ללא דיבור, היה נהוג לפנים בחוגי האצולה הבריטית)
masquerade *n.,v.* נֶשֶׁף מַסֵּכוֹת; הַעֲמָדַת־פָּנִים; הִתְחַפֵּשׂ; הֶעֱמִיד פָּנִים

Mass *n.* מִיסָה (תפילה קתולית)
mass *n.,v.* גּוּשׁ גָּדוֹל, כַּמּוּת גְּדוֹלָה, מַאסָה (כמות החומר שבגוף); צָבַר, קִיבֵּץ, עָרַם
massacre *n.,v.* טֶבַח; טָבַח
massage *n.,v.* עִיסּוּי; עִיסָּה
masseur *n.* עַסְיָין
masseuse *n.* עַסְיָינִית
massif *n.* שַׁלְשֶׁלֶת הָרִים
massive *adj.* מָלֵא, מַסִּיבִי; כָּבֵד
mast *n.* תּוֹרֶן; פְּרִי עֲצֵי יַעַר
master *v.* הִשְׁתַּלֵּט עַל, מָשַׁל; הִתְמַחָה בּ
master *n.* אָדוֹן; מוּסְמָךְ; מוֹרֶה; אָמָן
master-key *n.* כּוֹל פּוֹתֵחַ, מַפְתֵּחַ גַּנָּבִים
master-stroke *n.* פְּעוּלָּה גְאוֹנִית, מַעֲשֶׂה גְאוֹנִי
masterful *adj.* אַדְנוּתִי; נִמְרָץ
masterly *adj. adv.* אֳמָנוּתִי; כָּרָאוּי לְמוּמְחֶה
mastermind *n.* מְתַכְנֵן רָאשִׁי
Mater of Arts (Science) *n.* מוּסְמָךְ לְמַדְּעֵי־הָרוּחַ (הַטֶּבַע)
masterpiece *n.* יְצִירַת מוֹפֵת
mastery *n.* מוּמְחִיּוּת; שְׁלִיטָה
masthead *n.* רֹאשׁ הַתּוֹרֶן
masticate *v.* לָעַס
mastif *n.* כֶּלֶב שְׁמִירָה (גדול)
masturbate *v.* אוֹנֵן, עָשָׂה מַעֲשֵׂה אוֹנָן
mat *n.* מַרְבָד קָטָן, מַחְצֶלֶת
mat *v.* רִיפֵּד, קָלַע
matador *n.* מָטָדוֹר (לוחם בפרים)
mat(t) *adj.,n.* עָמוּם, דֵּיהֶה
mat(t) *v.* הִכְהָה, הִדְהָה

match *n.* גַּפְרוּר; יָרִיב שָׁוֶה עֵרֶךְ; תַּחֲרוּת; שִׁידּוּךְ

match *v.* הֶעֱמִיד כְּמִתְחָרֶה; הִתְאִים; תֵּיאֵם; זִיוּוֵג

matchless *adj.* שֶׁאֵין כָּמוֹהוּ

matchmaker *n.* שַׁדְכָן

mate *n.* (בשחמט) מַט; חָבֵר, עָמִית; בֶּן־זוּג; קָצִין (באונייה)

mate *v.* זִיוּוֵג; הִתְחַבֵּר; הִתְחַתֵּן; (בשחמט) נָתַן מַט

material *adj.* גַּשְׁמִי, חוּמְרִי, מָטֶרְיָלִי

material *n.* חוֹמֶר; אָרִיג, בַּד

materialism *n.* חוּמְרָנוּת

materialize *v.* הִתְגַּשֵּׁם; קִיבֵּל צוּרָה מוּחָשִׁית

maternal *adj.* אִמָּהִי; מִצַּד הָאֵם

maternity *n.* אִמָּהוּת

matey *adj.* חַבְרוּתִי, יְדִידוּתִי

mathematical *adj.* מָתֵימָטִי

mathematician *n.* מָתֵימָטִיקָן

mathematics *n.* מָתֵימָטִיקָה

matinee, matinée הַצָּגַת בּוֹקֶר, הַצָּגָה יוֹמִית

mating season *n.* עוֹנַת הַהִזְדַּוְּוגוּת

matins *n.* תְּפִילַּת שַׁחֲרִית (בכנסייה האנגליקנית)

matriarch *n.* מַטְרִיאַרְכִית (אם, ראש משפחה שתלטנית)

matricide *n.* הוֹרֵג אִמּוֹ; רֶצַח אֵם

matriculate *v.* עָמַד בִּבְחִינוֹת הַבַּגְרוּת; רָשַׁם (נרשם) לְבֵית־סֵפֶר גָּבוֹהַּ

matrimony *n.* נִישּׂוּאִים, חַיֵּי זוּג

matrix (*pl.* **matrices**) *n.* אִימָּה, מַטְרִיצָה (בדפוס)

matron *n.* אִישָּׁה נְשׂוּאָה; אֵם בַּיִת; מַטְרוֹנָה

matronly *adj.* כְּמַטְרוֹנָה

matted *adj.* סָבוּךְ (כגון לגבי שֵׂער)

matter *n.* חוֹמֶר; דָּבָר, עִנְיָן

matter *v.* הָיָה חָשׁוּב

matter-of-fact *adj.* מִבְּחִינַת הָעוּבְדוֹת, כִּפְשׁוּטוֹ, לְמַעֲשֶׂה

mattock *n.* מַעְדֵּר

mattress *n.* מִזְרָן, מַצָּע

mature *adj.* בָּשֵׁל, מְבוּגָּר

mature *v.* בָּשַׁל, בָּגַר

maturity *n.* בַּגְרוּת, בְּשֵׁלוּת; בַּגִּירוּת

maudlin *adj.* בַּכְיָינִי

maul, mall *v.* חִיבֵּל; נָהַג בְּגַסּוּת

mausoleum *n.* מָאוּזוֹלֵאוּם (מקום קבורה מהודר; אנדרטה לאומית)

mauve *adj.* סָגוֹל־בָּהִיר

maw *n.* פֶּה, זֶפֶק; קֵיבָה

mawkish *adj.* גּוֹעֲלִי; רַגְשָׁנִי

maxi *n.* מַקְסִי (חצאית או שמלה ארוכה)

maxim *n.* מֵימְרָה, פִּתְגָּם

maximum *n.,adj.* הַמְּרוּבֶּה, מֵרַב; מְרַבִּי

may (might) *v.* מוּתָּר, אֶפְשָׁר, הַלְוַואי; אוּלַי

May Day *n.* אֶחָד בְּמַאי

maybe *adv.* אוּלַי, יִיתָּכֵן

mayhem *n.* (במשפט) הַטָּלַת מוּם זְדוֹנִית

mayonnaise *n.* מָיוֹנִית, מָיוֹנֵז

mayor *n.* רֹאשׁ עִיר

mayoress *n.* (אישה) רֹאשׁ עִיר

maze *n.* מָבוֹךְ; מְבוּכָה
mazurka *n.* מָזוּרְקָה (ריקוד)
me *pron.* אוֹתִי; לִי
mead *n.* יֵין דְּבַשׁ
meadow *n.* אָחוּ, כַּר דֶּשֶׁא
meadowland *n.* אַדְמַת־מִרְעֶה
meager, meagre *adj.* רָזֶה; דַּל; זָעוּם
meal *n.* אֲרוּחָה
mealtime *n.* שְׁעַת אֲרוּחָה
mean *v.* פֵּירוּשׁוֹ, הִתְכַּוֵּן; יָעַד
mean *n.* דֶּרֶךְ, אוֹפֶן; (ברבים) אֶמְצָעִים; מְמוּצָּע
mean *adj.* תִּיכוֹן, בֵּינוֹנִי; שָׁפָל; קַמְצָן
meander *v.* הִתְפַּתֵּל
meaning *n.,adj.* מוּבָן, מַשְׁמָע, מַשְׁמָעוּת; בַּעַל מַשְׁמָעוּת
meaningful *adj.* מַשְׁמָעוּתִי, מָלֵא כַּוָּנוֹת
meaningless *adj.* חֲסַר מוּבָן
meanness *n.* שִׁפְלוּת; קַטְנוּנִיּוּת; קַמְצָנוּת
meantime *n.,adv.* בֵּינְתַיִים
meanwhile *n.,adv.* בֵּינְתַיִים
measles *n.* חַצֶּבֶת
measly *adj.* שֶׁיֵּשׁ לוֹ חַצֶּבֶת
measurable *adj.* נִיתָּן לִמְדִידָה, מָדִיד
measure *n.* גּוֹדֶל; מִידָּה; מְדִידָה; אַמַּת־מִידָּה
measure *v.* מָדַד; גּוֹדְלוֹ הָיָה
measurement *n.* מִידָּה; מְדִידָה
meat *n.* בָּשָׂר
meat ball *n.* כַּדּוּר בָּשָׂר, קְצִיצָה
meaty *adj.* בְּשָׂרִי; מָלֵא תּוֹכֶן
mechanic *n.* מְכוֹנַאי
mechanical *adj.* מֵכָנִי; שֶׁל מְכוֹנוֹת; מְלָאכוּתִי; אוֹטוֹמָטִי
mechanics *n.pl.* מְכוֹנָאוּת; מֵכָנִיקָה
mechanism *n.* מִבְנֵה מְכוֹנָה; מַנְגָּנוֹן
mechanize *v.* מִיכֵּן, אִטְמֵט
medal *n.* מַדַּלְיוֹן; עִיטּוּר
medallion *n.* תִּלְיוֹן, מַדַּלְיוֹן, עֲדִילְיוֹן
meddle *v.* הִתְעָרֵב; בָּחַשׁ
meddler *n.* מִתְעָרֵב; בּוֹחֵשׁ
meddlesome *adj.* מַרְבֶּה לְהִתְעָרֵב
media *n.pl.* אֶמְצָעִים, אֶמְצָעֵי הַתִּקְשׁוֹרֶת, מְתַווְכִים, תַּוָּכִים
median *n.,adj.* אֶמְצָעִי, תִּיכוֹן; קַו חוֹצֶה
mediate *v.* תִּיוּוֵךְ, הִפְגִּישׁ
mediation *n.* תִּיווּךְ, הַפְגָּשָׁה
mediator *n.* מְתַווֵּךְ
medical *adj.* רְפוּאִי; מְרַפֵּא
medical student *n.* סְטוּדֶנְט לִרְפוּאָה
medicine *n.* רְפוּאָה; תְּרוּפָה
medicine cabinet *n.* תָּא תְּרוּפוֹת
medicine kit *n.* מַעֲרֶכֶת צִיּוּד רְפוּאִי
medicine man *n.* רוֹפֵא אֱלִיל, קוֹסֵם
medieval *adj.* שֶׁל יְמֵי הַבֵּינַיִים
medievalist *n.* מוּמְחֶה בִּימֵי־הַבֵּינַיִים
mediocre *adj.* בֵּינוֹנִי, פָּעוּט
mediocrity *n.* בֵּינוֹנִיּוּת, חוֹסֶר רָמָה
meditate *v.* הִרְהֵר, שָׁקַל, מִידֵּט
meditation *n.* הִרְהוּר, שִׁיקּוּל דַּעַת; רִיכּוּז מַחְשָׁבָה; מֶדִיטַצְיָה, מִידּוּט
Mediterranean *adj.,n.* יָם־תִּיכוֹנִי; הַיָּם הַתִּיכוֹן
medium *n.,adj.* אֶמְצָעוּת; אֶמְצָעִי; (בספיריטואליזם) מְתַווֵּךְ, מֶדְיוּם
mediums, media *n.,pl.*
medley *n.,adj.* בְּלִיל, עִרְבּוּבְיָה; מְעוּרָב

meek *adj.* שְׁפַל־רוּחַ, עָנָיו
meekness *n.* שִׁפְלוּת־רוּחַ, עֲנָוָה
meerschaum *n.* מִירְשָׁאוּם (מינרל לבן שמקשטים בּוֹ מקטרות)
meet *v.*(*pl.* **met**) פָּגַשׁ; קִיבֵּל פְּנֵי; סִיפֵּק; נִפְגַּשׁ
meet *adj.* מַתְאִים
meeting *n.* פְּגִישָׁה; אֲסֵיפָה
meeting of minds *n.* הִזְדַּהוּת רוּחָנִית; תְּמִימוּת־דֵּעִים
meeting-place *n.* מְקוֹם הִתְוַעֲדוּת
megacycle *n.* מֶגָאסַייְקְל, מֶגָהֶרְץ (יחידת תדירות של גלי ראדיו)
megalith *n.* אֶבֶן גְּדוֹלָה (במצבות פריהיסטריות)
megalomania *n.* מֶגָלוֹמַנְיָה, שִׁיגְעוֹן גַּדְלוּת
megaphone *n.* רַמְקוֹל, מֶגָפוֹן
melancholia *n.* מָרָה שְׁחוֹרָה, דִּיכָּאוֹן
melancholy *n.,adj.* מָרָה שְׁחוֹרָה, דִּיכָּאוֹן; מְדוּכְדָךְ; מַעֲצִיב; מְדַכְדֵךְ
melange *n.* בְּלִיל, עִרְבּוּבְיָה
melee, melée *n.* הִתְכַּתְּשׁוּת, מְהוּמָה
mellifluous *adj.* עָרֵב, צַח (לגבי קול אוֹ מנגינה)
mellow *adj.* רַךְ וּמָתוֹק; בָּשֵׁל
mellow *v.* רִיכֵּךְ; הִתְרַכֵּךְ
melodious *adj.* לָחִין, מֵלוֹדִי, מִתְרוֹנֵן
melodramatic *adj.* כִּדְרָמָטִיּוּת נִפְרֶזֶת, מֵלוֹדְרָמָטִי
melody *n.* נְעִימָה, מַנְגִּינָה, לַחַן
melon *n.* מֵלוֹן, אֲבַטִּיחַ צָהוֹב
melt *v.* נָמַס, נִיתַּךְ; הֵמֵס, הִתִּיךְ
melt *n.* נְתוּכֶת
melting-pot *n.* כּוּר הִיתּוּךְ
member *n.* חָבֵר (בּארגוּן)
membership *n.* חֲבֵרוּת
membrane *n.* קְרוּמִית, מֶמְבְּרָנָה
memento *n.* מַזְכֶּרֶת
memo *see* **memorandum**
memoirs *n.pl.* זִיכְרוֹנוֹת
memorandum *n.* תִּזְכּוֹרֶת; זִיכְרוֹן דְּבָרִים
memorial *adj.,n.* שֶׁל זִכָּרוֹן; אַזְכָּרָה, מַצֶּבֶת־זִיכָּרוֹן
memorialize *v.* הִנְצִיחַ זִיכָּרוֹן; הִגִּישׁ תַּזְכִּיר
memorize *v.* לָמַד עַל פֶּה, שִׁינֵּן
memory *n.* זִיכָּרוֹן, זֵכֶר
menace *n.,v.* אִיוּם; סַכָּנָה; אִיֵּים
ménage, menage *n.* (הנהלת) מֶשֶׁק־בַּיִת
menagerie *n.* כְּלוּב חַיּוֹת, גַּן חַיּוֹת
mend *v.* תִּיקֵּן
mend *n.* תִּיקּוּן
mendacious *adj.* שִׁיקְרִי, כּוֹזֵב, לֹא נָכוֹן
mendicant *n.* פּוֹשֵׁט יָד
menfolk *n.pl.* גְּבָרִים
menial *adj.* נִכְנָע, מִתְרַפֵּס; בָּזוּי
menial *n.* מְשָׁרֵת בַּיִת
meningitis *n.* דַּלֶּקֶת קְרוּם הַמּוֹחַ
menopause *n.* הַפְסָקַת הַוֶּסֶת, בְּלוֹת
menses *n.pl.* וֶסֶת, מַחְזוֹר
men's room *n.* שֵׁירוּתִים לִגְבָרִים
menstruate *v.* הָיָה לָהּ וֶסֶת
mental *adj.* נַפְשִׁי, רוּחָנִי, שִׂכְלִי
mental illness *n.* מַחֲלַת־רוּחַ
mental retardation *n.* פִּיגּוּר שִׂכְלִי

menthol *n.* מֶנְתּוֹל (כּוהל ממנתה, אוֹ סינתטי, המשמש להקלת כאב אוֹ כתמרוק)
mention *n.,v.* אִזְכּוּר; הִזְכִּיר
mentor *n.* יוֹעֵץ וְעוֹזֵר (לבלתי מנוסה)
menu *n.* תַּפְרִיט
mercantile *adj.* מִסְחָרִי
mercenary *n.,adj.* שְׂכִיר חֶרֶב; בְּעַד כֶּסֶף
merchandise *n.* סְחוֹרוֹת טוּבִים
merchant *n.,adj.* סוֹחֵר; מִסְחָרִי
merchant vessel *n.* אוֹנִיַּית סוֹחֵר
merciful *adj.* רַחְמָנִי, רַחוּם
merciless *adj.* חֲסַר רַחֲמִים
mercury *n.* כַּסְפִּית
mercy *n.* רַחֲמִים; חֲנִינָה; חֶמְלָה
mere *adj.* סְתָם, וְתוּ לֹא
meretricious *adj.* זְנוּתִי; שַׁחְצָנִי וְזוֹל; מְזוּיָּף, לֹא כֵּן
merge *v.* הִבְלִיעַ; מִיזֵּג; הִתְמַזֵּג, הִתְאַחֵד
merger *n.* הִתְמַזְּגוּת, אִיחוּד; הֶבְלֵעַ
meridian *adj.,n.* שֶׁל צָהֳרַיִים; קַו־אוֹרֶךְ
meringue *n.* מִקְצֶפֶת (עוּגִיית בּיצה וסוכּר)
merit *n.* הִצְטַיְּינוּת, עֵרֶךְ, מַעֲלָה
merit *v.* הָיָה רָאוּי ל, הָיָה מַגִּיעַ לוֹ
mermaid *n.* בְּתוּלַת־יָם (יצוּר אגדי: חציוֹ אישה וחציוֹ דג)
merriment *n.* שִׂמְחָה, עֲלִיצוּת
merry *adj.* שָׂמֵחַ, עַלִּיז
merry-go-round *n.* סְחַרְחֶרֶת
merrymaker *n.* עַלִּיז שֶׁבַּחֲבוּרָה

mesdames *n.pl.* (הַ)גְּבָרוֹת, גְּבִירוֹתַיי
mesh *n.* רֶשֶׁת, עַיִן, עֵינָה
mesh *v.* לָכַד בְּרֶשֶׁת; הִסְתַּבֵּךְ
mesmerize *v.* הִפְנֵט
mess *n.* אִי־סֵדֶר, בִּלְבּוּל, לִכְלוּךְ; אֲרוּחָה (בּצוותא); חֲדַר אוֹכֶל
mess *v.* בִּלְבֵּל, עִרְבֵּב, לִכְלֵךְ
mess kit *n.* זְווד אוֹכֶל
mess of pottage *n.* נְזִיד עֲדָשִׁים
mess-tin *n.* פִּינְגָ'ה, מֶסְטִין
message *n.* הוֹדָעָה, מֶסֶר, שְׁלִיחוּת
messieurs *n.pl.* (הָ)אֲדוֹנִים, רַבּוֹתַיי
messenger *n.* שָׁלִיחַ
Messiah, Messias *n.* מָשִׁיחַ
Messrs. *abbr.* **messieurs** אֲדוֹנִים
messy *adj.* מְבוּלְבָּל, פָּרוּעַ
metabolism *n.* חִילּוּף הַחֳמָרִים בַּגּוּף
metal *n.,adj.* מַתֶּכֶת; עָשׂוּי מַתֶּכֶת
metallic *adj.* מַתַּכְתִּי
metallurgy *n.* מֵטַלוּרְגְיָה, מַדַּע הַמַּתָּכוֹת
metal polish *n.* מִשְׁחַת נִיקּוּי מַתֶּכֶת
metalwork *n.* מְלֶאכֶת מַתֶּכֶת
metamorphosis *n.* שִׁינּוּי צוּרָה, גִּלְגּוּל, מֵטָמוֹרְפוֹזִיס
metaphor *n.* הַשְׁאָלָה, מֵטָפוֹרָה
metaphoric(al) *adj.* מוּשְׁאָל
metaphysical *adj.* מֵטָפִיסִי, סְפֵק־פִּיסִי (מיוּסד על סברה מוּפשטת אוֹ שבּהשערה)
mete *v.* הִקְצִיב, חִילֵּק בְּמִידָּה
meteor *n.* מֵטֵאוֹר, 'כּוֹכָב נוֹפֵל'
meteorology *n.* חַזָּאוּת, מֵטֵאוֹרוֹלוֹגְיָה
meter, metre *n.* מִקְצָב; מִשְׁקָל; מֶטֶר

meter *n.* מַד, מוֹנֶה, מוֹדֵד
metering *n.* מְדִידָה, מְנִיָּה
methane *n.* מֵתָן (גַז הַבִּיצוֹת)
method *n.* שִׁיטָה, דֶרֶך, מֵתוֹדָה
methodic(al) *adj.* מֵתוֹדִי, שִׁיטָתִי
methodology *n.* מֶתוֹדוֹלוֹגְיָה (תורת השיטות המדעיות לחקירה בענפי מַדָע שונים)
meticulous *adj.* קַפְּדָנִי, דַקְדְקָנִי
metier *n.* מִשְׁלַח־יָד, מִקְצוֹעַ
metric(al) *adj.* מֶטְרִי
metronome *n.* מַד־קֶצֶב (במוסיקה)
metropolis *n.* עִיר בִּירָה, מֶטְרוֹפּוֹלִין
metropolitan *adj.* מֶטְרוֹפּוֹלִינִי, שֶׁל כְּרַך
mettle *n.* אוֹפִי; טִיב; אוֹמֶץ־לֵב
mettlesome *adj.* מָלֵא אוֹמֶץ וּמֶרֶץ
mew *n.,v.* יִלְלַת חָתוּל; יִילֵל
mews *n.pl.* חָצֵר מוּקֶפֶת אוּרְווֹת
mezzanine *n.* קוֹמַת בֵּינַיִים
mezzo-soprano *n.* מֶצוֹ סוֹפְּרָן
mica *n.* נְצִיץ
microbe *n.* חַיְידַק
microbiology *n.* מִיקְרוֹבִּיוֹלוֹגְיָה (מדע העוסק באורגניזמים זעירים בזיקתם ליצורים אחרים)
microcosm *n.* מִיקְרוֹקוֹסמוֹס (עולם קטן, עולם בזעיר אנפין)
microfilm *n.* סֶרֶט זִיעוּר, תַּצְלוּם מוּקְטָן
microgroove *n.* תַּקְלִיט אֲרִיך נֶגֶן
microphone *n.* מִיקְרוֹפוֹן (מכשיר קולט קולות ומשדרם ברדיו)
microscope *n.* מִיקְרוֹסְקוֹפּ
microscopic *adj.* מִיקְרוֹסְקוֹפִּי, זָעִיר
microwaves *n.pl.* (בחשמל) גַלֵּי מִיקְרוֹ

mid *adj.* אֶמְצָעִי
midday *n.* צָהֳרַיִים
middle *adj.* אֶמְצָעִי; תִּיכוֹנִי
middle *n.* אֶמְצַע, תָּוֶך
middle age *n.* גִיל הָעֲמִידָה
Middle Ages *n.pl.* יְמֵי הַבֵּינַיִים
middle-class *n.,adj.* (שֶׁל) הַמַּעֲמָד הַבֵּינוֹנִי
Middle East *n.* הַמִּזְרָח הַתִּיכוֹן
middleman *n.* מְתַוֵּך
middling *adj.,adv.* בֵּינוֹנִי; בְּמִידָה בֵּינוֹנִית, לְמַדַיי
midget *n.* נַנָּס, גוּץ
midland *adj.,n.* (שֶׁל) פְּנִים־הָאָרֶץ
midnight *n.,adj.* (שֶׁבַּ)חֲצוֹת הַלַּיְלָה
midriff *n.* סַרְעֶפֶת, מְרוֹם הַבֶּטֶן
midshipman *n.* (בצי ארה"ב) פֶּרַח קְצוּנָּה; (בבריטניה) קְצִין זוּטָר
midst *n.* אֶמְצַע, תָּוֶך, תּוֹך
midstream *n.* לֵב הַנָּהָר
midsummer *n.* אֶמְצַע הַקַּיִץ, עִיצּוּמוֹ שֶׁל קַיִץ
midway *adj.,adv.,n.* (שֶׁ)בְּאֶמְצַע הַדֶּרֶך; אֶמְצַע הַדֶּרֶך
midwife *n.* מְיַילֶּדֶת
midwinter *n.,adj.* עִיצּוּמוֹ שֶׁל חוֹרֶף
mien *n.* הַבָּעָה, הוֹפָעָה
miff *n.* רוֹגֶז, 'בְּרוֹגֶז'
miff *v.* הֶעֱלִיב; נֶעֱלַב
might *pt. of* **may**
might *n.* כּוֹחַ, עוֹצְמָה
mighty *n.,adj.,adv.* רַב־עוֹצְמָה, חָזָק
migrate *v.* הִיגֵּר, נָדַד
migratory *adj.* מְהַגֵּר, נוֹדֵד
mike *n.* (בדיבור) מִיקְרוֹפוֹן
milch *adj.* נוֹתֶנֶת חָלָב

mild *adj.* מֵקֵל, מָתוּן; נָעִים
mildew *n.* טַחַב, יֵירָקוֹן
mile *n.* מִיל (1,600 מטר), מַייל
mileage *n.* מִסְפַּר הַמִּילִים (המיילים)
milepost *n.* אֶבֶן מִיל (מייל)
milestone *n.* צִיּוּן דֶרֶךְ, תַּמְרוּר
milieu *n.* הֲוַוי, סְבִיבָה חֶבְרָתִית
militancy *n.* לוֹחֲמָנוּת
militant *adj.* מִלְחַמְתִּי, לוֹחֲמָנִי
militarism *n.* מִילִיטָרִיזְם, צְבָאִיּוּת
militarist *n.* דוֹגֵל בִּצְבָאִיּוּת
militarize *v.* עָשָׂה לִצְבָאִי, נָתַן צִבְיוֹן צְבָאִי
military *adj.,n.* צְבָאִי; צָבָא
militate *v.* פָּעַל; הִשְׁפִּיעַ
militia *n.* מִשְׁמַר עָם, מִילִיצְיָה
milk *n.* חָלָב
milk *v.* חָלַב; סָחַט; יָנַק; נָתְנָה חָלָב
milkcan *n.* כַּד חָלָב
milker *n.* חוֹלֵב; פָּרָה חוֹלֶבֶת
milking *n.* חֲלִיבָה
milkmaid *n.* נַעֲרָה חוֹלֶבֶת
milkman *n.* חַלְבָּן, חוֹלֵב
milk-shake *n.* מַשְׁקֵה חָלָב מוּקְצָף
milksop *n.* גֶּבֶר נָשִׁי, רַכְרוּכִי
milkweed *n.* צִמְחֵי בָּר (בעלי מיץ חלבי)
milky *adj.* חֲלָבִי, לְבַנְבַּן
Milky Way *n.* שְׁבִיל הֶחָלָב
mill *n.* טַחֲנָה; בֵּית חֲרוֹשֶׁת; מַטְחֵנָה
mill *v.* טָחַן
millenium *n.* אֶלֶף שָׁנָה
miller *n.* טוֹחֵן, בַּעַל טַחֲנָה
millet *n.* דוֹחַן (צמח מזון ומספוא)
milliard *n.* מִילְיַארְד (אֶלֶף מיליון בבריטניה)
milligram *n.* מִילִיגְרַם, אַלְפִּית גְּרַם
millimeter, millimetre *n.* מִילִימֶטֶר
milliner *n.* כּוֹבְעָן (לנשים)
millinery *n.* כּוֹבְעָנִיָּה, כּוֹבָעִים וְאַבְזְרֵיהֶם
milling *n.* טְחִינָה; כִּרְסוּם
million *n.* מִילְיוֹן
million(n)aire *n.* מִילְיוֹנֵר
millionth *adj., n.* הַמִּילְיוֹנִי
millstone *n.* אֶבֶן רֵיחַיִם, מַעֲמָסָה
mime *n.* בַּדְחָן, מוּקְיוֹן
mime *v.* חִיקָּה; שִׂיחֵק בְּלִי מִלִּים
mimeograph *n.,v.* (מכונה) מְשַׁכְפֶּלֶת; שִׁכְפֵּל
mimesis *n.* מִימֶזִיס, חִיקּוּי
mimic *n.,v.* חִיקּוּי; חִיקָּה
mimicry *n.* חַקְיָינוּת
mimosa *n.* מִימוֹזָה, שִׁיטָה בַּיְשָׁנִית (למשפחת הקטניות)
minaret *n.* צְרִיחַ (מעל מסגד)
mince *v.* טָחַן (בשר); הִתְבַּטֵּא בְּאוֹפֶן מְעוּדָּן
mincemeat *n.* בָּשָׂר טָחוּן
mince-pie *n.* פַּשְׁטִיד בָּשָׂר
mind *n.* מוֹחַ; דֵעָה; רָצוֹן
mind *v.* שָׁמַר עַל, דָאַג לְ; הִשְׁגִּיחַ
mindful *adj.* שָׂם לֵב
mind-reader *n.* קוֹרֵא מַחְשָׁבוֹת
mine *pron* שֶׁלִּי
mine *n.* מִכְרֶה; מוֹקֵשׁ
mine *v.* כָּרָה; מִיקֵּשׁ
minefield *n.* שְׂדֵה מוֹקְשִׁים
miner *n.* כּוֹרֶה, מַנִּיחַ מוֹקְשִׁים, מְמַקֵּשׁ; חַבְּלָן
mineral *adj.,n.* מִינֶרָלִי, מַחְצָבִי; מַחְצָב, מִינֶרָל

mineralogy *n.* מִינֶרוֹלוֹגְיָה, תּוֹרַת הַמַּחְצָבִים
mine-sweeper *n.* (ספינה) שׁוֹלֶת מוֹקְשִׁים
mingle *v.* מִיזֵג, עֵירֵב; הִתְעָרְבֵּב; הָיָה מְעוֹרָב
mini *n.* מִינִי, קָטָן; חֲצָאִית מִינִי
miniature *n.,adj.* זְעֵיר־אַנְפִּין, (בּ)תַבְנִית מוּקְטֶנֶת
minimal *adj.* מִזְעָרִי, מִינִימָלִי
minimize *v.* הִפְחִית עֵרֶךְ; צִמְצֵם
minimum *n., adj.* מִינִימוּם; מִינִימָלִי, מִזְעָרִי
mining *n.* כְּרִייָה; מִיקוּשׁ
minion *n.* מְשָׁרֵת חָבִיב
minister *n.* שַׂר; כּוֹהֵן דָת; צִיר
minister *v.* שֵׁירֵת, טִיפֵּל בּ
ministerial *adj.* שֶׁל שַׂר; לְצַד הַמֶּמְשָׁלָה
ministry *n.* מִשְׂרָד (ממשלתי); כְּהוּנָּה
mink *n.* חוֹרְפָּן; פַּרְוַות חוֹרְפָּן
minnow *n.* דַג נָהָר (קטן)
minor *adj.,n.* קָטָן; קַטִּין; זוּטָר; מִשְׁנִי
minority *n.* מִיעוּט; קַטִּינוּת
minstrel *n.* זַמָּר נוֹדֵד; שַׂחְקָן בַּדְחָן
mint *n.* נַעֲנָה, מִנְתָּה; מִטְבָּעָה
mint *v.* טָבַע כֶּסֶף; טָבַע מִלִּים
minuet *n.* מִינוּאֶט (ריקוד ומנגינתו)
minus *prep,adj.* פָּחוֹת, מִינוּס; שֶׁל חִיסּוּר; שְׁלִילִי
minuscule *adj.* זָעִיר
minute *n.* דַקָּה; רִישׁוּם דְבָרִים
minute *adj.* קְטַנְטַן; מְדוּקְדָק
minutes *n.pl.* פְּרוֹטוֹקוֹל; זִכְרוֹן דְבָרִים
minutiae *n.pl.* פְּרָטֵי פְּרָטִים; פְּרָטִים פְּעוּטִים
minx *n.* נַעֲרָה חֲצוּפָה
miracle *n.* נֵס, פֶּלֶא
miraculous *adj.* מַפְלִיא; נִסִּי
mirage *n.* מַרְאֵה תַּעְתּוּעִים, מִירָאז'
mire *n.* אַדְמַת בִּיצָה, רֶפֶשׁ
mirror *n.v.* מַרְאָה, רְאִי; שִׁיקֵּף
mirth *n.* עֲלִיצוּת, שִׂמְחָה, צְחוֹק
miry *adj.* מְרוּפָּשׁ, בּוֹצִי
misadventure *n.* מִקְרֶה רַע
misanthropy *n.* שִׂנְאַת בְּנֵי אָדָם
misapprehension *n.* הֲבָנָה מוּטְעֵית
misappropriation *n.* שִׁימּוּשׁ לֹא נָכוֹן; מְעִילָה
misbehave *v.* הִתְנַהֵג שֶׁלֹּא כַּהֲלָכָה
misbehavior *n.* הִתְנַהֲגוּת רָעָה
miscalculation *n.* חֶשְׁבּוֹן מוּטְעֶה
miscarriage *n.* עִיוּוּת; הַפָּלָה (של עובר)
miscarriage of justice *n.* עִיוּוּת דִין
miscarry *v.* הָלַךְ לְאִיבּוּד, נִכְשַׁל; הִפִּילָה
miscellaneous *adj.* מְעוֹרָב; שׁוֹנִים
miscellany *n.* אוֹסֶף מְעוֹרָב, קוֹבֶץ מְעוֹרָב
mischief *n.* פְּגִיעָה, נֶזֶק; תַּעֲלוּל, מַעֲשֵׂה קוּנְדֵס
mischief-maker *n.* תַּכְכָן, סַכְסְכָן
mischievous *adj.* מַזִּיק; גּוֹרֵם רָעָה; שׁוֹבָב
misconception *n.* תְּפִיסָה לֹא נְכוֹנָה, מוּשָּׂג מוּטְעֶה
misconduct *n.* הִתְנַהֲגוּת פְּסוּלָה; נִיהוּל כּוֹשֵׁל
misconstrue *v.* פֵּירֵשׁ לֹא נָכוֹן, הֵבִין שֶׁלֹּא כַּהֲלָכָה
miscount *n.* טָעוּת בִּסְפִירָה

miscreant *n.* רָשָׁע, נָבָל
miscue *n.* הַחְטָאָה
misdeed *n.* חֵטְא, פֶּשַׁע
misdemeanor *n.* מַעֲשֶׂה לֹא חוּקִי, עֲבֵירָה (קלה)
misdirect *v.* הִנְחָה לֹא נָכוֹן, מִיעֵן לֹא נָכוֹן
misdoing *n.* מַעֲשֶׂה רַע
mise-en-scene *n.* סִידּוּר הַבִּימָה (למחזה); תַּפְאוּרָה; רֶקַע
miser *n.* כִּילַי, קַמְצָן
miserable *adj.* עָלוּב, אוּמְלָל, מִסְכֵּן
miserly *adj.* קַמְצָן, כִּילַי
misery *n.* מְצוּקָה, מַחְסוֹר, דִּכְדּוּךְ
misfeasance *n.* עֲשִׂיָּה מְעוּוֶּלֶת (בִּיצוּע בדרך לא חוקית)
misfire *n.* כִּישָׁלוֹן
misfire *v.* נִכְשַׁל בִּירִיָּה, נִכְשַׁל בַּהֲצָתָה (של מנוע), נִכְשַׁל (בכוונתו להשיג תוצאות ממעשהו)
misfit *n.* אִי־הַתְאָמָה; (לבוש או אדם) לֹא מַתְאִים
misfortune *n.* מַזָּל רַע, צָרָה
misgiving *n.* חֲשָׁשׁ, חֲרָדָה
misgovern *v.* נִיהֵל נִיהוּל כּוֹשֵׁל
misguided *adj.* מוּטְעֶה, מוּלָךְ שׁוֹלָל
mishap *n.* תְּאוּנָה, תַּקָּלָה
misinform *v.* מָסַר מֵידָע מוּטְעֶה
misinterpret *v.* פֵּירֵשׁ שֶׁלֹּא כַּהֲלָכָה
misjudge *v.* טָעָה בְּשִׁיפּוּטוֹ
mislay *v.* הִנִּיחַ לֹא בַּמָּקוֹם
mislead *v.* הִטְעָה, הוֹלִיךְ שׁוֹלָל
misleading *adj.* מַטְעֶה
mismanagement *n.* טִיפּוּל גָּרוּעַ
misnomer *n.* כִּינּוּי בְּשֵׁם מוּטְעֶה, שֵׁם מוּטְעֶה (או לא מתאים)
misogynist *n.* שׂוֹנֵא נָשִׁים
misplace *v.* הִנִּיחַ בְּמָקוֹם לֹא נָכוֹן
misprint *n.* טָעוּת דְּפוּס
mispronounce *v.* טָעָה בַּהֲגִיָּיה
misquote *v.* צִיטֵּט לֹא נָכוֹן
misread *v.* קָרָא לֹא בְּדִיּוּק, פֵּירֵשׁ שֶׁלֹּא כַּהֲלָכָה
misrepresent *v.* תֵּיאֵר תֵּיאוּר מְסוּלָּף, יִיצֵּג בְּאוֹר לֹא נָכוֹן
Miss *n.* עַלְמָה, נַעֲרָה (לא נשואה)
miss *v.* הֶחְטִיא; הֶחְמִיץ
miss *n.* הַחְטָאָה, כִּישָׁלוֹן
missal *n.* סֵפֶר תְּפִילּוֹת
misshapen *adj.* מְעוּוַּת צוּרָה
missile *n.* דָּבָר נִזְרָק, טִיל
missing *adj.* נֶעְדָּר, חָסֵר
mission *n.* שְׁלִיחוּת; מִשְׁלַחַת; מִיסְיוֹן
missionary *n.,adj.* מִיסְיוֹנֶר; שָׁלִיחַ; מִיסְיוֹנִי
missis, missus *n.* (הָ)אִישָּׁה (נשואה); גְּבֶרֶת
missive *n.* אִיגֶּרֶת (רִשְׁמִית)
misspell *v.* טָעָה בִּכְתִיב
misspent *adj.* בּוּזְבַּז
misstatement *n.* קְבִיעַת עוּבְדָה לֹא נְכוֹנָה
missy *n.* (דיבּוּרית) גְּבֶרֶת צְעִירָה, נַעֲרָה
mist *n.* אֵד, עֲרָפֶל, עִרְפּוּל
mistake *v.n.* טָעָה; טָעוּת, שְׁגִיאָה
mistaken *adj.* מוּטְעֶה
mistakenly *adv.* בְּטָעוּת
Mister *n.* (הָ)אָדוֹן, מַר
mistletoe *n.* הַדִּבְקוֹן הַלָּבָן (שִׂיחַ טפילי)
mistreat *v.* נָהַג שֶׁלֹּא כַּשּׁוּרָה

mistreatment *n.* הִתְעַלְּלוּת
mistress *n.* בַּעֲלַת־בַּיִת; פִּילֶגֶשׁ; מוֹרָה
mistrial *n.* מִשְׁפָּט מוּטְעֶה, מִשְׁפָּט פָּסוּל
mistrust *n.* אִי־אֵמוּן
mistrust *v.* חָשַׁד בּ, לֹא בָּטַח בּ
mistrustful *adj.* חַשְׁדָנִי, חֲסַר אֵמוּן
misty *adj.* מְעוּרְפָּל, סָתוּם
misunderstand *v.* הֵבִין לֹא נָכוֹן
misunderstanding *n.* אִי־הֲבָנָה
misuse *v.* הִשְׁתַּמֵּשׁ שִׁימּוּשׁ לֹא נָכוֹן
misuse *n.* שִׁימּוּשׁ לֹא נָכוֹן
mite *n.* תְּרוּמָה זְעִירָה; יְצוּר קְטַנְטַן
miter *n.* מִצְנֶפֶת (של בִּישׁוֹף וכד'); חִיבּוּר זָוִויתִי
mitigate *v.* הֵפִיג, שִׁיכֵּךְ, הוֹקֵל
mitt *n.* כְּפָפַת בֵּיסְבּוֹל; כְּפָפַת אִגְרוּף
mitten *n.* כְּסָיָה (ללא בּתי אצבע אלא לבוהן)
mix *v.* עֵירֵב, עִרְבֵּב, בָּלַל; נַעֲשָׂה מְעוּרָב, הִתְרוֹעֵעַ
mix *n.* תַּעֲרוֹבֶת, עִרְבּוּב; מְעוּרָבוּת
mix-up *n.* בִּלְבּוּל, תִּסְבּוֹכֶת
mixed *adj.* מְעוּרָבָּב, מְבוּלְבָּל
mixed feelings *n.pl.* רְגָשׁוֹת מְעוּרָבִים
mixer *n.* מְעַרְבֵּל, מִיקְסֶר; מְעוּרָב עִם הַבְּרִיּוֹת
mixture *n.* תַּעֲרוֹבֶת, מְזִיגָה
mnemonic *adj.* מְנֶמוֹטֶכְנִי (של סימנים המסייעים לזיכרון)
moan *v.* נֶאֱנַח, נֶאֱנַק, רָטַן
moan *n.* גְּנִיחָה, אֲנָחָה, אֲנָקָה
moat *n.* תְּעָלַת־מָגֵן, חֲפִיר

mob *n.* הָמוֹן פָּרוּעַ, אֲסַפְסוּף
mob *v.* (לגבּי המון) הִתְקַהֵל; הִסְתָּעֵר; הִתְפָּרֵעַ
mobile *adj.* מִתְנַיֵּעַ, נַיָּד; מִשְׁתַּנֶּה תְּכוּפוֹת
mobility *n.* נַיָּדוּת; הִשְׁתַּנּוּת
mobilization *n.* גִּיּוּס, חִיּוּל
mobilize *v.* חִיֵּל, גִּיֵּס, הִתְגַּיֵּס, חוּיַּל
mobster *n.* בִּרְיוֹן, חֲבֵר כְּנוּפְיָה
moccasin *n.* מוֹקַסִּין (עור רךְ)
mocha *n.* מוֹקָה (קפה משוּבּח)
mock *v.* לִגְלֵג עַל, שִׂיחֵק בּ; חִיקָּה
mock *n.* לַעַג; צְחוֹק
mock-up *n.* דֶּגֶם מְכוֹנָה (בּגודל טבעי)
mock *adj.* מְזוּיָּף, מְבוּיָּם
mockery *n.* לַעַג, חוּכָא וּטְלוּלָא
mockingbird *n.* צִיפּוֹר מְחַקָּה, חַקְיָין
mode *n.* אוֹפֶן, צוּרָה; אוֹפְנָה
model *n.* מוֹדֶל, דֶּגֶם; דוּגְמָן, דוּגְמָנִית
model *adj.* מְשַׁמֵּשׁ דוּגְמָה, מוֹפְתִי
model *v.* עִיצֵּב לְפִי דֶּגֶם; צָר צוּרָה; שִׁימֵּשׁ כְּדוּגְמָן (או דוּגמנית)
moderate *v.* מִיתֵּן, רִיכֵּךְ; הִתְרַכֵּךְ
moderate *adj.,n.* מָתוּן; מְמוּצָּע, מוּעָט (לגבּי יכולת וכד')
moderation *n.* מְתִינוּת; הִתְאַפְּקוּת
moderator *n.* מְמַתֵּן, מְשַׁכֵּךְ; יוֹשֵׁב רֹאשׁ (בּדיון או בּאסיפה)
modern *adj.* חָדִישׁ, חָדָשׁ, מוֹדֶרְנִי
modernity *n.* מוֹדֶרְנִיּוּת
modernize *v.* חִידֵּשׁ, עָשָׂה לְמוֹדֶרְנִי
modest *adj.* צָנוּעַ, עָנָיו; מְצוּמְצָם
modestly *adv.* בִּצְנִיעוּת, בַּעֲנָוָה
modesty *n.* צְנִיעוּת; צִמְצוּם; עֲנָוָה
modicum *n.* מִידָּה מְצוּמְצֶמֶת; מְעַט

modifier *n.* מְשַׁנֶּה, מְתָאֵם; (בדקדוק) מַגְבִּיל, מְאַיֵּךְ, לְוָואִי
modify *v.* שִׁינָּה, הִתְאִים; סִיגֵּל; (בדקדוק) הִגְבִּיל, אִיֵּךְ
modish *adj.* אוֹפְנָתִי
modulate *v.* וִיסֵּת, תֵּיאֵם; (במוסיקה) סִילֵּם; גִּיוֵּן (קול)
modulation *n.* תֵּיאוּם; סִילּוּם; גִּיוּוּן
mohair *n.* מוֹהֵיר (אריג עיזי אנגורה)
Mohammedan *adj.,n.* מוּחַמַּדִי, מוּסְלִימִי
Mohammedanism *n.* אִיסְלָם
moist *adj.* לַח, רָטוֹב
moisten *v.* הִרְטִיב, לִחְלֵחַ; הִתְלַחְלֵחַ, נִרְטַב
moisture *n.* לַחוּת
molar *n.,adj.* (שֶׁל) שֵׁן טוֹחֶנֶת
molasses *n.* דִּבְשָׁה (נוזל שנותר בזיקוק סוכר)
mold *n.* כִּיּוּר, תַּבְנִית, דְּפוּס; כַּרְכּוֹב; עוֹבֶשׁ
molder *v.* הִתְפּוֹרֵר, עָבַשׁ
molding *n.* דְּפוּס; כַּרְכּוֹב
moldy *n.* עָבֵשׁ, נִרְקָב
mole *n.* שׁוּמָה (בליטה כיהה בעור); חוֹלֶד, חֲפַרְפֶּרֶת; שׁוֹבֵר־גַּלִּים, מֵזַח
molecule *n.* מוֹלֵקוּלָה, פְּרוּדָּה
molest *v.* הֵצִיק ל
moll *n.* פִּילַגְשׁוֹ שֶׁל פּוֹשֵׁעַ, זוֹנָה
mollify *v.* הִרְגִּיעַ, רִיכֵּךְ
mollusk *n.* רַכִּיכָה
mollycoddle *n.* תְּפַנְקָן, מִתְפַּנֵּק
mollycoddle *v.* פִּינֵּק
moloch *n.* מוֹלֶךְ, (עניין) תּוֹבֵעַ קוֹרְבָּנוֹת נוֹרָאִים

molt *v.* הִשִּׁיר
molten *adj.* מוּתָּךְ, מְעוּצָּב
moment *n.* רֶגַע; חֲשִׁיבוּת, עֵרֶךְ
momentary *adj.* רִגְעִי
momentous *adj.* רַב־חֲשִׁיבוּת
momentum *n.* תְּנוּפָה
monarch *n.* מוֹנַרְךְ, מֶלֶךְ
monarchist *n.* מוֹנַרְכִיסְט (תומך בשיטת שלטון מלך)
monarchy *n.* שִׁלְטוֹן מֶלֶךְ, מְלוּכָנוּת
monastery *n.* מִנְזָר (לנזירים)
monastic *adj.* מִנְזָרִי
Monday *n.* יוֹם שֵׁנִי (לשבוע)
monetary *adj.* שֶׁל מַטְבֵּעַ הַמְּדִינָה; כַּסְפִּי
money *n.* כֶּסֶף, מָמוֹן
money-order *n.* הַמְחָאַת־כֶּסֶף (בדואר)
moneybag *n.* תִּיק כֶּסֶף, מָמוֹן; עָשִׁיר
moneychanger *n.* שׁוּלְחָנִי, חַלְפָן
moneyed *adj.* עָשִׁיר, בַּעַל הוֹן
mongrel *adj.,n.* בֶּן־כִּלְאַיִם, בֶּן תַּעֲרוֹבֶת
monitor *n.* תּוֹרָן (בכיתה), מַשְׁגִּיחַ; קַשָּׁב (ברדיו); מַנְטֵר (במחשב וברפואה), מִתְקָן מַעֲקָב וּבַקָּרָה
monitor *v.* פִּיקַּח, הִשְׁגִּיחַ; הֶאֱזִין (לשידור); נִיטֵּר, פָּעַל פְּעוּלַּת מַנְטֵר (ר׳ לעיל)
monk *n.* נָזִיר
monkey *n.* קוֹף; יֶלֶד שׁוֹבָב
monkey bousiness *n.* עֲסָקִים לֹא הוֹגְנִים
monkey-wrench *n.* מַפְתֵּחַ אַנְגְּלִי
monocle *n.* מוֹנוֹקְל, מִשְׁקָף
monogamy *n.* מוֹנוֹגַמְיָה (נישואים עם אישה אחת בלבד)

monogram *n.* מונוגרָמָה (שילוב ראשי תיבות של שם או עסק בצורה מיוחדת)
monograph *n.* מונוגרַפיָה (מחקר מדעי על נושא אחד)
monolithic *adj.* מֵאֶבֶן אַחַת; מונוליתִי (אחיד, עשוי מִקשה אחת)
monologue *n.* (מונולוג, חַד שִׂיחַ (דיבּור בּגוּף ראשון)
monomania *n.* שִׁגָּעוֹן לְדָבָר אֶחָד
monopolize *v.* הִשִּׂיג מונופול; הִשְׁתַּלֵּט עַל, מִנְפֵּל
monopoly *n.* מונופול (זכות יחיד), הִשְׁתַּלְּטוּת גְמוּרָה, מִנְפּוּל
monorail *n.* רַכֶּבֶת חַד־פַּסִּית
monosyllable *n.* מִלָּה חַד־הֲבָרִית
monotheism *n.* מונותֵיאִיזם (אמוּנה בּאל אחד)
monotheist *n.* מונותֵיאִיסְט
monotonous *adj.* מונוטוני, חַד־צְלִילִי; חַדְגוֹנִי
monotony *n.* חַדגוֹנִיּוּת, מונוטוֹנִיּוּת
monotype *n.* מַסְדֵּרַת דְּפוּס
מונוטַיפּ (שיוצקת כל אות בּנפרד, שלא כליינוטייפּ היוצקת את האותיות שורות שורות)
monovalent *adj.* חַד עֶרְכִּי
monoxide *n.* תַּחְמוֹצֶת חַד־חַמְצָנִית
monsignor *n.* מוֹנְסִינְיוֹר (תואר כבוד צרפתי לנסיכים או לכמרים רמי דרג)
monsoon *n.* מוֹנְסוּן (רוח עונתית בּאזור האוקיינוס ההודי)
monster *n.* מִפְלֶצֶת, חַיַּת אָדָם
monstrosity *n.* מִפְלַצְתִּיּוּת, זְוָעָה
monstrous *adj.* מִפְלַצְתִּי; אָיוֹם
montage *n.* מוֹנְטָז' (הרכבה אָמנוּתית של קטעי תמונות)
month *n.* חוֹדֶשׁ, יֶרַח
monthly *adj., adv., n.* חוֹדְשִׁי; בְּכָל חוֹדֶשׁ; יַרְחוֹן
monument *n.* מַצֵּבָה, אַנְדַּרְטָה
moo *v., n.* גָּעָה כְּפָרָה, גְּעִיָּה
mood *n.* מַצַּב־רוּחַ, הֲלַךְ רוּחַ
moody *adj.* מְצוּבְרָח, נָתוּן לְמַצְּבֵי־רוּחַ
moon *n.* יָרֵחַ, לְבָנָה
moon *v.* שׁוֹטֵט, הִסְתַּכֵּל בַּאֲדִישׁוּת
moonlight *n.* אוֹר הַלְּבָנָה
moonlighting *n.* עֲבוֹדָה נוֹסֶפֶת (בּלילה)
moonshine *n.* אוֹר הַלְּבָנָה; שְׁטוּיוֹת
moonshot *n.* שִׁיגּוּר (חללית) לַיָּרֵחַ
moor *n.* אַדְמַת בּוּר, עֲרָבָה
moor *v.* רָתַק (ספינה) קָשַׁר
moorland *n.* אַדְמַת־בּוּר, בָּתָה
moose *n.* אַיָּל (בּשוודיה וּבצפון אמריקה)
moot *adj.* שָׁנוּי בְּמַחְלוֹקֶת, מְפוּקְפָּק
moot *v.* הֶעֱלָה לְדִיּוּן
mop *n., v.* סְמַרְטוּט, מַטְלִית; נִיגֵּב
mope *v.* שָׁקַע בְּעַצְבוּת
moral *n.* מוּסָר, לֶקַח, עִיקָּרוֹן מוּסָרִי
moral *adj.* מוּסָרִי, שֶׁיֵּשׁ בּוֹ מוּסַר הַשְׂכֵּל
morale *n.* מַצָּב נַפְשִׁי, מוֹרָל
morality *n.* מוּסָרִיּוּת; מוּסָר
morass *n.* בִּיצָּה, בּוֹץ
moratorium *n.* מוֹרָטוֹרְיוּם, תַּדְחִית

morbid *adj.* חוֹלָנִי, נָגוּעַ בְּמַחֲלָה
mordant *adj.* צוֹרֵב, עוֹקֵץ
more *n.,adj.,adv.* תּוֹסֶפֶת; יוֹתֵר, עוֹד
moreover *adv.* וְעוֹד; יָתֵר עַל כֵּן
mores *n.pl.* מִנְהָגִים וּנְהָגִים (של חברה מסוימת)
morgue *n.* חֲדַר־מֵתִים; (בעיתון) גַּנְזָךְ
moribund *adj.* גּוֹסֵס, נוֹטֶה לָמוּת
morning *n.,adj.* בּוֹקֶר; בּוֹקְרִי
morning coat *n.* מִקְטוֹרֶן בּוֹקֶר
morning-glory *n.* לְפוּפִית (צמח)
morning sickness *n.* מַחֲלַת בּוֹקֶר (בחילה והקאות בבוקר, בייחוד בתחילת ההיריון)
morning star *n.* נוֹגַהּ; אַיֶּלֶת הַשַּׁחַר
moron *n.* מוֹרוֹן, קְהוּי שֵׂכֶל, מְפַגֵּר
morose *adj.* חָמוּץ, עָגוּם
morphine *n.* מוֹרְפִין, מוֹרְפְיוּם (לשיכוך כאבים)
morphology *n.* מוֹרְפוֹלוֹגְיָה, (בביולוגיה ובדקדוק) תּוֹרַת הַצּוּרוֹת וְהַמִּבְנֶה
morrow *n.* יוֹם הַמָּחֳרָת
morsel *n.* נְגִיסָה, פֵּירוּר
mortal *adj.,n.* שֶׁל מָוֶת; בֶּן־מָוֶת; שֶׁל הָעוֹלָם; בָּשָׂר וָדָם
mortality *n.* תְּמוּתָה
mortar *n.* מַכְתֵּשׁ; מְדוֹכָה; מַרְגֵּמָה; טִיחַ, מֶלֶט
mortarboard *n.* כַּן טִיחַ; כּוֹבַע אֲקָדֶמִי (רבוע)
mortgage *n.* מַשְׁכַּנְתָּה; שִׁעְבּוּד
mortgage *v.* מִשְׁכֵּן
mortician *n.* קַבְּלָן לִקְבוּרָה
mortify *v.* הִשְׁפִּיל, דִּיכֵּא; הִסְתַּגֵּף; נִרְקַב

mortise lock *n.* מַנְעוּל חָבוּי
mortuary *n.,adj.* בֵּית־מֵתִים; שֶׁל מָוֶת
Mosaic *adj.* שֶׁל תּוֹרַת מֹשֶׁה
mosaic *n.,adj.* פְּסֵיפָס; פְּסֵיפָסִי
Moses *n.* מֹשֶׁה רַבֵּנוּ
moshav *n.* מוֹשָׁב
moshava *n.* מוֹשָׁבָה
Moslem *adj.,n.* מוּסְלִימִי
mosque *n.* מִסְגָּד
mosquito *n.* יַתּוּשׁ
mosquito net *n.* כִּילָה, רֶשֶׁת
moss *n.* אֵזוֹב; קַרְקַע סְפוֹגִית
mossback *n.* מַחֲזִיק בְּנוֹשָׁנוּת
mossy *adj.* מְכוּסֶּה אֵזוֹב
most *adj.,adv.,n.* הַיּוֹתֵר, הֲכִי; בְּעִיקָּר; הָרוֹב
mostly *adv.* עַל־פִּי רוֹב; בְּעִיקָּר
mote *n.* חֶלְקִיק, גַּרְגִּיר אָבָק
motel *n.* מְלוֹן רֶכֶב (מלון לבעלי רכב), מוֹטֶל
moth *n.* עָשׁ
mothball *n.* כַּדּוּר נֶגֶד עָשׁ
moth-eaten *adj.* אֲכוּל עָשׁ; מְיוּשָּׁן
mother *n.* אֵם, אִמָּא
mother *v.* יָלְדָה; טִיפֵּל כְּאֵם
mother-in-law *n.* חָמוֹת, חוֹתֶנֶת
mother-of-pearl *n.* אֵם הַפְּנִינָה (חומר המשמש לכפתורים)
mother superior *n.* אֵם מִנְזָר (לנזירות)
mother wit *n.* שֵׂכֶל יָשָׁר, שֵׂכֶל טִבְעִי
motherhood *n.* אִימָּהוּת
motherland *n.* מוֹלֶדֶת
motherless *adj.* יָתוֹם מֵאִמּוֹ
motherly *adj.* אִימָּהִי

mothy *adj.* עָשִׁי; אָכוּל עָשׁ
motif *n.* (בּיצירה אמנותית) מוֹטִיב; (בּמוּסיקה) תֵּנַע, רַעְיוֹן מֵנִיעַ
motion *n.* תְּנוּעָה, נִיעָה; מַהֲלָךְ; הַצָּעָה (לדיוּן וּלהצבּעה)
motion *v.* הִנְחָה, כִּיוֵּן
motionless *adj.* חֲסַר תְּנוּעָה
motivate *v.* הֵנִיעַ, גָּרַם
motive *n.,adj.* מֵנִיעַ, מְנִיעִי
motley *adj.,n.* מְעוֹרָב, סַסְגּוֹנִי; תַּעֲרוֹבֶת מְבוּלְבֶּלֶת
motor *n.* מָנוֹעַ, רֶכֶב מְמוּנָע
motor *adj.* שֶׁל תְּנוּעָה; מוֹטוֹרִי
motor scooter *n.* קַטְנוֹעַ
motor vehicle *n.* רֶכֶב מְנוֹעִי
motorboat *n.* סִירַת־מָנוֹעַ
motorbus *n.* אוטובּוּס
motorcade *n.* שַׁיֶּרֶת מְכוֹנִיּוֹת
motorcar *n.* מְכוֹנִית, רֶכֶב
motorcycle *n.* אוֹפַנּוֹעַ
motorist *n.* נַהָג, נֶהָג
motorize *v.* צִיֵּד בְּמָנוֹעַ
mottle *v.* נִימֵּר
motto *n.* סִיסְמָה, מוֹטוֹ
moult *v.* (לגבּי שׂערוֹת) נָשַׁר, הִשִּׁיר (נוֹצוֹת)
mound *n.* תֵּל, גִּבְעָה; עֲרֵימָה
mount *n.* כַּן; הַר; מֶרְכָּב (כּגוֹן סוּס)
mount *v.* עָלָה; הִצִּיב (משמר); קָבַע (תמוּנה)
mountain *n.* הַר
mountaineer *n.* מְטַפֵּס בֶּהָרִים
mountainous *adj.* הֲרָרִי
mountebank *n.,v.* רוֹפֵא נוֹכֵל; נוֹכֵל
mounting *n.* כַּנָּה; מִקְבָּע; רְכִיבָה
mourn *v.* הִתְאַבֵּל, קוֹנֵן
mourner *n.* אָבֵל, מְקוֹנֵן
mournful *adj.* עָצוּב, עָגוּם
mourning *n.,adj.* אֵבֶל; אֲבֵלוּת; שֶׁל אֲבֵלוּת
mouse *n.*(*pl.* **mice**) עַכְבָּר
mousetrap *n.* מַלְכּוֹדֶת עַכְבָּרִים
moustache, mustache *n.* שָׂפָם
mouth *n.* פֶּה; פֶּתַח; שֶׁפֶךְ (נהר)
mouthful *n.* מְלוֹא הַפֶּה
mouth-organ *n.* מַפּוּחִית־פֶּה
mouthpiece *n.* פּוּמִית; דוֹבֵר; בִּיטָאוֹן
mouthwash *n.* תְּמִיסָּה לִשְׁטִיפַת פֶּה
movable *adj.* נַיָּד, נִיתָּן לְזִיזָה
move *v.* הֵנִיעַ, הֵזִיעַ; עָבַר דִּירָה; נָע; נָגַע עַד לֵב; הִצִּיעַ (בּאסיפה וכד׳)
move *n.* תְּנוּעָה; צַעַד; תּוֹר (בּמשחק)
movement *n.* תְּנוּעָה, תְּנוּדָה; פֶּרֶק (בּמוּסיקה); פְּעוּלַּת מֵעַיִים
movie *n.* קוֹלְנוֹעַ, סְרָטִים
moviegoer *n.* מְבַקֵּר בְּקוֹלְנוֹעַ
moviehouse *n.* קוֹלְנוֹעַ
moving *adj.* נָע; נוֹגֵעַ עַד לֵב
moving picture *n.* סֶרֶט קוֹלְנוֹעַ
moving spirit *n.* רוּחַ חַיָּה
mow *v.* קָצַר, כִּסַּח
mower *n.* מַכְסֵחָה (לקצירת עֵשׂב)
Ms. or Ms מִיז (תואר נימוּס לגבֶרת כּשלא ידוּע אם היא נשׂוּאה או לא, או כּשמעמדהּ זה אינו רלוואנטי)
much *n.,adj.,adv.* הַרְבֵּה; רַב; מְאוֹד
mucilage *n.* רִיר חַלָּמוּת (דבק צמחים)
muck *n.* זֶבֶל מֶשֶׁק; לִכְלוּךְ, טִינּוֹפֶת

muckrake *v.* גִילָה שְׁחִיתוּת
muckrake *n.* שְׁחִיתוּת; מַגְרֵפָה לְזֶבֶל
mucous *adj.* רִירִי
mucous membrane *n.* קְרוּמִית רִירִית
mucus *n.* רִיר, לֵחַ
mud *n.* בּוֹץ, רֶפֶשׁ
mud bath *n.* אַמְבַּט־בּוֹץ
muddle *v.* גָרַם עַרְבּוּבְיָה; בִּלְבֵּל
muddle *n.* עַרְבּוּבְיָה; בִּלְבּוּל
muddlehead *n.* מְבוּלְבָּל
muddy *adj.* בּוֹצִי; דָלוּחַ, עָכוּר
mudguard *n.* (בּמכוֹנית) כָּנָף
mudslinger *n.* מַתִּיז רֶפֶשׁ, מַשְׁמִיץ
muezzin *n.* מוּאַזִין (בּמסגד)
muff *n.* יְדוֹנִית; הַחְטָאָה (בּמשׂחק); לֹא יוּצְלַח
muff *v.* 'פִּסְפֵס', נִכְשַׁל
muffin *n.* לַחְמָנִית מְתוּקָה
muffle *v.* עָטַף, עָטָה; הִתְעַטֵּף
muffler *n.* סוּדַר צַוָאר; עַמָּם (בּמכוֹנית)
mufti *n.* לְבוּשׁ אֶזְרָחִי
mug *n.* סֵפֶל גָדוֹל; פַּרְצוּף (המוֹנית); טִיפֵּשׁ
mug *v.* צִילֵם; שָׁדַד
muggy *adj.* לַח וְחַם
mulatto *n.* מוּלָט (צאצא של לבן ושחור)
mulberry *n.* תּוּת
mulct *v.* עָנַשׁ בִּקְנָס; גָזַל בְּמִרְמָה
mule *n.* פִּרְדָה, פֶּרֶד
muleteer *n.* נַהַג פְּרָדוֹת
mulish *adj.* פִּרְדִי, עַקְשָׁנִי
mull *v.* הִרְהֵר (בּדבר); הֵכִין תַּמְזִיג (יין)
multicolored *adj.* רַבְגוֹנִי
multifarious *adj.* רַבִּים וּמְגוּוָנִים וְשׁוֹנִים
multilateral *adj.* רַב־צְדָדִי
multiple *adj.* כָּפוּל, מְכוּפָּל; רַב־פָּנִים
multiple *n.* כְּפוּלָה; מְכַפֵּל
multiplicity *n.* רִיבּוּי, מִסְפָּר רַב
multiply *v.* הִכְפִּיל, הִתְרַבָּה
multitude *n.* הַרְבֵּה, הָמוֹן
mum *adj.* (דיבּוּרית) אִילְמִי
mum *n.* אִמָּא
mumble *v.* מִלְמֵל, לָעַס בְּקוֹשִׁי
mumble *n.* מִלְמוּל, לַחַשׁ
mumbo-jumbo *n.* פּוּלְחָן אֱוִילִי, גִיבּוּב מִלִּים
mummery *n.* הַצָּגָה רֵיקָה, טֶקֶס אֱוִילִי
mummification *n.* חֲנִיטָה
mummy *n.* מוּמְיָה, גוּף חָנוּט; אִמָּא
mumps *n.pl.* חַזֶרֶת
munch *v.* לָעַס (בּקוֹל)
mundane *adj.* שֶׁל הָעוֹלָם, גַשְׁמִי
municipal *adj.* עִירוֹנִי
municipality *n.* עִירִיָּה
munificent *adj.* נָדִיב, רְחַב־לֵב
munition dump *n.* מִצְבּוֹר תַּחְמוֹשֶׁת
munitions *n.pl.* תַּחְמוֹשֶׁת
mural *adj.* כּוֹתְלִי; שֶׁבֵּין כְּתָלִים
mural *n.* צִיּוּר קִיר
murder *n.v.* רֶצַח; רָצַח
murderer *n.* רוֹצֵחַ
murderess *n.* רוֹצַחַת
murderous *adj.* רוֹצְחָנִי
murky *adj.* קוֹדֵר, אָפֵל, חָשׁוּךְ
murmur *n.* רִשְׁרוּשׁ, הֶמְיָה
murmur *v.* הָמָה, מִלְמֵל

muscle *n.* שְׁרִיר
muscular *adj.* שְׁרִירִי
muse *v.* הִרְהֵר
museum *n.* בֵּית־נְכוֹת, מוּזֵיאוֹן
mush *n.* כְּתוֹשֶׁת רַכָּה; דַּיְסָה
mushroom *n.,adj.* פִּטְרִיָּה; פִּטְרִיָּתִי
mushy *adj.* דְּמוּי דַּיְסָה; רַגְשָׁנִי
music *n.* מוּסִיקָה
musical *n.* מַחֲזֶמֶר, קוֹמֶדְיָה מוּסִיקָלִית
musical *adj.* מוּסִיקָלִי
music-box *n.* תֵּיבַת נְגִינָה
music-hall *n.* אוּלָם בִּידּוּר מוּסִיקָלִי
musician *n.* מוּסִיקַאי
musicologist *n.* מוּסִיקוֹלוֹג
music-stand *n.* כַּן תָּווִים
musk *n.* מוּשְׁק (אייל המושק; חומר חריף המשמש בבשמים)
musket *n.* מוּסְקֶט (רובה עתיק)
musketeer *n.* רוֹבַאי, מוּסְקֶטִיר
muslin *n.* מַלְמָלָה, מוּסְלִין
muss *n.* אִי־סֵדֶר
muss *v.* הָפַךְ סְדָרִים
mussy *adj.* לֹא מְסוּדָּר
must *n.* הֶכְרֵחַ, חוֹבָה; עוֹבֶשׁ
must *v.aux.* הָיָה צָרִיךְ
mustard *n.* חַרְדָּל
mustache *n.* שָׂפָם
mustang *n.* סוּס פֶּרֶא (בערבות אמריקה)
muster *n.* מִפְקַד צָבָא, מִסְדָּר
muster *v.* הִזְעִיק לְמִפְקָד, הִקְהִיל; נִקְבְּצוּ
musty *adj.* עָבֵשׁ, מְעוּפָּשׁ
mutable *adj.* עָשׂוּי לְהִשְׁתַּנּוֹת, מִשְׁתַּנֶּה
mutation *n.* הִשְׁתַּנּוּת; מוּטַצְיָה (שינוי מורש בגנים או בכרומוזומים המביא לידי היווצרות סוג חדש בחי או בצומח)
mutatis mutandis *adv.* הוֹאִיל וְנַעֲשׂוּ הַשִּׁינּוּיִים הַמַּתְאִימִים
mute *adj.* שׁוֹתֵק; אִילֵּם
mute *n.* אִילֵּם, עַמְעֶמֶת (בכלי נגינה)
mute *v.* הִשְׁקִיט, עִמְעֵם
mutilate *v.* הִשְׁחִית צוּרָה; עִיוֵּות
mutineer *n.* מִתְמָרֵד (בצבא וכד')
mutinous *adj.* מַרְדָנִי
mutiny *n.* מֶרֶד, קֶשֶׁר
mutiny *v.* מָרַד, הִתְמָרֵד, הִתְקוֹמֵם
mutt *n.* כֶּלֶב; אִידְיוֹט
mutter *v.,n.* מִלְמֵל; רָטַן; מִלְמוּל, רִיטּוּן
mutton *n.* בְּשַׂר כֶּבֶשׂ
mutual *adj.* הֲדָדִי; שֶׁל גּוֹמְלִין, מְשׁוּתָּף
muzzle *n.* זְמָם, מַחְסוֹם; לוֹעַ (של כלי־ירייה)
muzzle *v.* חָסַם, הִשְׁתִּיק
my *pron.* שֶׁלִּי
myopia *n.* קוֹצֶר רְאִיָּה
myriad *n.,adj.* אֵין סְפוֹר; רִיבּוֹא
myrrh *n.* מוֹר (בושם)
myrtle *n.* הֲדַס (שיח נוי)
myself *pron.* אֲנִי עַצְמִי; אוֹתִי; לְבַדִּי
mysterious *adj.* טָמִיר, אָפוּף מִסְתּוֹרִין
mystery *n.* תַּעֲלוּמָה, מִסְתּוֹרִין
mystic(al) *adj.* מִיסְטִי, נִסְתָּר, עָלוּם
mystic *n.* דָּבֵק בְּמִסְתּוֹרִין
mysticism *n.* תּוֹרַת הַנִּסְתָּר, מִיסְטִיקָה

mystification *n.* עִרְפּוּל, אֲפִיפָה בְּמִסְתּוֹרִין; הַטְעָיָה

mystify *v.* הִטְעָה; הֵבִיך

mystique *n.* הִילָּה מִיסְטִית; סוֹד מִקְצוֹעִי

myth *n.* מִיתוֹס, דְמוּת דִמְיוֹנִית

mythic *adj.* מִיתוֹסִי, בָּדוּי

mythological *adj.* מִיתוֹלוֹגִי, אַגָּדִי

mythology *n.* מִיתוֹלוֹגְיָה (חקר המיתוס)

N

nab *v.* תָּפַס (בעבירה)

nadir *n.* נָדִיר (נקודה במפת השמיים מול זֶנִית), נְקוּדַת הַשֵּׁפֶל (הנמוכה ביותר)

nag *n.* סוּס קָטָן

nag *v.* הֵצִיק (בנזיפות וכד'), 'נִדְנֵד', הִטְרִיד

naiad *n.* נִימְפַת־מַיִם

nail *n.* צִיפּוֹרֶן (באצבע); מַסְמֵר

nail *v.* חִיבֵּר בְּמַסְמֵר; רִיתֵּק

nail-file *n.* מָשׁוֹף לְצִיפּוֹרְנַיִים

nailset *n.* קוֹבַע מַסְמֵר

naive *adj.* תָּמִים, נָאִיווִי

naked *adj.* עָרוֹם, חָשׂוּף

namby-pamby *adj.* רַכְרוּכִי, מְפוּנָּק

name *n.* שֵׁם, כִּינּוּי

name *v.* כִּינָּה, קָרָא בְּשֵׁם

nameless *adj.* בֶּן בְּלִי שֵׁם; לְלֹא שֵׁם

namely *adv.* כְּלוֹמַר, הַיְינוּ

namesake *n.* בַּעַל אוֹתוֹ שֵׁם

nanny *n.* אוֹמֶנֶת, מְטַפֶּלֶת

nanny-goat *n.* עֵז

nap *n.* נִמְנוּם, שֵׁינָה קַלָּה

napalm *n.* נַפָּאלְם (דלק סוג פצצות מציתות)

nape *n.* מַפְרֶקֶת, עוֹרֶף (הצוואר)

naphtha *n.* נֵפְט, נַפְטָא

napkin *n.* מַפִּית שׁוּלְחָן; חִיתּוּל

nappy *n.* חִיתּוּל

narcissus *n.* נַרְקִיס

narcosis *n.* אִלְחוּשׁ, נַרְקוֹזָה

narcotic *adj., n.* נַרְקוֹטִי, מְרַדִּים; נַרְקוֹמָן

narrate *v.* סִיפֵּר

narration *n.* סִיפּוּר, הַגָּדָה

narrative *adj., n.* סִיפּוּרִי; סִיפּוּר

narrator *n.* מְסַפֵּר

narrow *n.* מַעֲבָר צַר; מֵצַר, מֵיצַר

narrow *adj.* צַר, דָּחוּק, מוּגְבָּל

narrow *v.* הֵצֵר, צִמְצֵם; הִצְטַמְצֵם

narrow-gauge *n.* (מסילת ברזל) צָרָה (מהרגילה)

narrow-minded *adj.* צַר־אוֹפֶק

nasal *adj.* אַפִּי, חוֹטְמִי

nascent *adj.* מִתְהַוֶּה, מַתְחִיל לְהִתְקַיֵּים

nasty *adj.* מְטוּנָּף, גַּס, לֹא נָעִים

natal *adj.* שֶׁל לֵידָה, מוֹלָד

nation *n.* אוּמָּה, לְאוֹם

national *adj.* לְאוּמִּי

national *n.* אֶזְרָח (של מדינה מסוימת)

nationalism *n.* לְאוּמִּיּוּת, לְאוּמָּנוּת

nationalist *n.* לְאוּמִּי, לְאוּמָּנִי

nationality *n.* אֶזְרָחוּת, נְתִינוּת

nationalize *v.* הִלְאִים

native *adj.* טִבְעִי, טָבוּעַ מִלֵּידָה

native *n.* יָלִיד; תּוֹשָׁב מְקוֹמִי

native land *n.* מוֹלֶדֶת

nativity *n.* לֵידָה

N.A.T.O. *n.* נָאטוֹ (ארגון הברית הצפון־אטלנטית)

natty *adj.* מְסוּדָּר וְנָקִי; זָרִיז

natural *adj.* טִבְעִי, שֶׁמִּלֵּידָה

natural *n.* מְפַגֵּר מִלֵּידָה; מוּצְלָח

naturalism *n.* נָטוּרָלִיזְם (תפיסה השואפת לתיאור מדויק של המציאות)

naturalist *n.* חוֹקֵר צְמָחִים אוֹ בַּעֲלֵי חַיִּים; נָטוּרָלִיסְט

naturalization *n.* הִתְאַזְרְחוּת; אִזְרוּחַ
naturalization papers *n.pl.* תְּעוּדַת אֶזְרָח
naturalize *v.* אִזְרַחַ; הִתְאַזְרַחַ
naturally *adv.* טִבְעִית, בְּדֶרֶךְ הַטֶּבַע; כַּמּוּבָן
nature *n.* טֶבַע; אוֹפִי; סוּג, מִין
naught *n.* אֶפֶס, שׁוּם דָּבָר
naughty *adj.* שׁוֹבָב; סוֹרֵר, גַּס
nausea *n.* בְּחִילָה, זָרָא
nauseate *v.* הִגְעִיל; סָלַד מִן
nauseating *adj.* מַגְעִיל, מַסְלִיד
nauseous *adj.* מַגְעִיל, מַסְלִיד
nautical *adj.* יַמִּי, שֶׁל יַמָּאִים
naval *adj.* שֶׁל הַצִּי, שֶׁל חֵיל־הַיָּם
nave *n.* טַבּוּר הַגַּלְגַּל; תּוֹךְ הָאוּלָם (של כנסייה)
navel *n.* טַבּוּר
navel orange *n.* תַּפּוּז טַבּוּרִי (גדול)
navigability *n.* אֶפְשָׁרוּת הָעֲבִירָה
navigable *adj.* עָבִיר (לכלי שַׁיִט)
navigate *v.* נָהַג; נִיוֵּט
navigation *n.* נִיוּוּט (בים, באוויר)
navigator *n.* נַוָּט; מַנְחָה (מִתקן להכוונת כלי טיס או טיל)
navy *n.* חֵיל־הַיָּם, צִי
navy blue *adj.* כָּחוֹל כֵּהֶה
navy yard *n.* מִסְפָּנַת חֵיל־הַיָּם
Nazarene *n.* תּוֹשַׁב נָצְרַת; נוֹצְרִי
near *adj., adv., prep.* קָרוֹב, סָמוּךְ, עַל־יַד
nearby *adj.* סָמוּךְ
Near East *n.* הַמִּזְרָח הַקָּרוֹב
nearly *adv.* כִּמְעַט, בְּקֵירוּב
nearsighted *adj.* קְצַר־רְאִיָּה
nearsightedness *n.* קוֹצֶר־רְאִיָּה
neat *adj.* מְסוּדָּר וְנָקִי; עָשׂוּי יָפֶה; מְחוּטָּב; (משקה) לֹא מָהוּל, נָקִי
nebula *n.* (באסטרונומיה) עֲרְפִילִית; עֲמוּמָה (בעין)
nebular *adj.* עַרְפִילִי
nebulous *adj.* מְעוּרְפָּל
necessary *adj., n.* דָּרוּשׁ, הֶכְרֵחִי; מִצְרָךְ חִיּוּנִי
necessitate *v.* הִצְרִיךְ
necessitous *adj.* נִצְרָךְ
necessity *n.* צוֹרֶךְ, הֶכְרֵחַ
neck *n.* צַוָּאר; גָּרוֹן
neck *v.* 'מִזְמֵז', 'הִתְמַזְמֵז'
neckband *n.* צַוָּאר (של בגד)
necklace *n.* עֲדִילְיוֹן, עֲנָק, מַחְרוֹזֶת
necktie *n.* עֲנִיבָה
necrology *n.* הֶסְפֵּד, נֶקְרוֹלוֹג; רְשִׁימַת מֵתִים
necromancy *n.* אוֹב
nectar *n.* מַשְׁקֵה הָאֵלִים; יַיִן מְשׁוּבָּח
nectarine *n.* נֶקְטָרִין (אפרסק ממין משובח)
née *adj.* לְבֵית (שם אישה לפני נישואיה)
need *n.* צוֹרֶךְ; עוֹנִי, מְצוּקָה
need *v.* הִצְטָרֵךְ, הָיָה זָקוּק ל
needful *adj.* דָּרוּשׁ, נָחוּץ
needle *n.* מַחַט; מַסְרֵגָה
needle *v.* תָּפַר בְּמַחַט; (המונית) עָקַץ, הִרְגִּיז
needle-point *n.* חוֹד מַחַט
needle woman *n.* תּוֹפֶרֶת
needless *adj.* מְיוּתָּר, שֶׁלֹּא לְצוֹרֶךְ
needless to say אֵין צוֹרֶךְ לוֹמַר
needs *adv.* בְּהֶכְרֵחַ

needy *adj.* נִצְרָךְ
ne'er-do-well *n., adj.* לֹא־יוּצְלַח
nefarious *adj.* נָבָל, מְרוּשָׁע
negation *n.* הַכְחָשָׁה, שְׁלִילָה, בִּיטּוּל
negative *adj.* שְׁלִילִי; נֶגָטִיווִי
negative *n.* שְׁלִילָה; תַּשְׁלִיל, נֶגָטִיב
neglect *n.* הַזְנָחָה; רַשְׁלָנוּת; עֲזוּבָה
neglect *v.* הִזְנִיחַ, הִתְרַשֵּׁל, חָדַל לָתֵת דַּעְתּוֹ, זָנַח
neglectful *adj.* רַשְׁלָנִי, מַזְנִיחַ
negligée *n.* לְבוּשׁ חוּפְשִׁי, חָלוּק (של אישה)
negligence *n.* רַשְׁלָנוּת
negligent *adj.* רַשְׁלָנִי, מְרוּשָׁל
negligible *adj.* לֹא חָשׁוּב, אַפְסִי
negotiable *n.* עָבִיר; סָחִיר
negotiate *v.* נָשָׂא וְנָתַן; עָבַר (על מכשול וכד'), סִיחֵר (שטר)
negotiation *n.* מַשָּׂא־וּמַתָּן, סִיחוּר
Negro, negro *n., adj.* כּוּשִׁי, שְׁחוֹם עוֹר
neigh *v., n.* צָהַל; צָהֳלָה
neighbor *n.* שָׁכֵן
neighborhood *n.* שְׁכֵנוּת; סְבִיבָה
neighboring *adj.* שָׁכֵן, סָמוּךְ
neighborly *adj.* כָּרָאוּי לְשָׁכֵן, יְדִידוּתִי
neither *adj., pron.* אַף לֹא אֶחָד (משניים); גַּם לֹא
nemesis *n.* פּוּרְעָנוּת, עוֹנֶשׁ צוֹדֵק
neologism *n.* חִידּוּשׁ לָשׁוֹן מִלָּה חֲדָשָׁה, תַּחְדִּישׁ
neomycin *n.* נֵיאוֹמִיצִין (תרופה אנטיביוטית)
neon *n.* נֵיאוֹן (גאז המשמש בנורות חשמל)
neophyte *n.* טִירוֹן
nephew *n.* אַחְיָן, בֶּן־אָח, בֶּן־אָחוֹת
nepotism *n.* נֶפּוֹטִיזְם ('פְּרוֹטֶקְצְיָה' לִקְרוֹבִים)
nerve *n.* עָצָב; קוֹר־רוּחַ; אוֹמֶץ; עוֹרֶק (של עלה); (בריבוי) עַצְבָּנוּת
nerve-racking *adj.* מְעַצְבֵּן, מוֹרֵט עֲצַבִּים
nervous *adj.* עַצְבָּנִי; עֲצַבִּי
nervousness *n.* עַצְבָּנוּת, חֲרָדָה
nervy *adj.* עַצְבָּנִי; מְעַצְבֵּן
nest *n., v.* קֵן; קִינֵּן
nest-egg *n.* סְכוּם שֶׁנֶּחְסַךְ (לשעת הדחק)
nestle *v.* שָׁכַב בִּנְוֹחִיּוּת; הִצְטַנֵּף
net *n.* רֶשֶׁת; מִכְמוֹרֶת
net *v.* עָשָׂה רֶשֶׁת; לָכַד בְּרֶשֶׁת
net *adj., v.* נֶטוֹ, נָקִי; הִרְוִיחַ (רווח נקי)
netherworld *n.* עוֹלַם הַמֵּתִים, גֵּיהִינּוֹם
netting *n.* רִישׁוּת
nettle *n., v.* סִרְפָּד; עָקַץ
network *n.* מַעֲשֵׂה־רֶשֶׁת; הִסְתָּעֲפוּת
neuralgia *n.* נֵירַלְגְיָה (מחלת עצבים)
neuritis *n.* דַּלֶּקֶת עֲצַבִּים
neurology *n.* נֵירוֹלוֹגְיָה (תורת העצבים, מבניהם ומחלותיהם)
neurosis *n.* נֵירוֹזָה, נֶבְרוֹזָה (עצבנות חולנית)
neurotic *adj., n.* נֵירוֹטִי, נֶבְרוֹטִי, עַצְבָּנִי חוֹלָנִי
neuter *adj., n.* (מין) סְתָמִי; מְחוּסַּר מִין
neutral *adj., n.* נֵיטְרָלִי
neutralism *n.* מְדִינִיּוּת נֵיטְרָלִית
neutrality *n.* נֵיטְרָלִיּוּת
neutralize *v.* נִטְרֵל
neutron *n.* נֵיטְרוֹן (חלקיק בגרעין האטום החסר מִטען חשמלי)

never *adv.* לְעוֹלָם לֹא, מֵעוֹלָם לֹא
nevermore *adv.* לֹא עוֹד לְעוֹלָם
nevertheless *adv.* בְּכָל זֹאת, אַף־עַל־פִּי־כֵן
new *adj.* חָדָשׁ, חָדִישׁ
new arrival *n.* מִקָּרוֹב בָּא
new moon *n.* מוֹלַד הַיָּרֵחַ
New Testament *n.* 'הַבְּרִית הַחֲדָשָׁה'
new world *adj.* שֶׁל הָעוֹלָם הֶחָדָשׁ
New Year's Day רֹאשׁ הַשָּׁנָה
newborn *adj.* בֶּן יוֹמוֹ, שֶׁזֶּה עַתָּה נוֹלָד
newcomer *n.* פָּנִים חֲדָשׁוֹת
newly *adv.* זֶה לֹא כְּבָר; בְּצוּרָה חֲדָשָׁה; לָאַחֲרוֹנָה
newlywed *adj.* שֶׁנִּישְּׂאוּ זֶה עַתָּה
news *n.* חֲדָשׁוֹת
news agency *n.* סוֹכְנוּת יְדִיעוֹת
news conference *n.* מְסִיבַּת עִיתּוֹנָאִים
news coverage *n.* סִיקּוּר חֲדָשׁוֹת
news reel יוֹמַן חֲדָשׁוֹת
news sheet דַּף חֲדָשׁוֹת
news stand דּוּכָן לִמְכִירַת עִיתּוֹנִים
newscast *n.* שִׁידּוּר חֲדָשׁוֹת
newscaster *n.* קַרְיַין חֲדָשׁוֹת
newspaper *n.* עִיתּוֹן
newspaperman *n.* עִיתּוֹנַאי
newsprint *n.* נְיַיר עִיתּוֹנִים
newsworthy *adj.* רָאוּי לְפִרְסוּם
newsy *adj.* חַדְשׁוֹתִי, שׁוֹפֵעַ חֲדָשׁוֹת
next *adj.*, *adv.* הַבָּא אַחֲרָיו, הַקָּרוֹב; שֶׁלְּאַחַר
next best *n.* שֶׁאַחֲרֵי הַטּוֹב בְּיוֹתֵר
next-door *adj.* שָׁכֵן, סָמוּךְ
next of kin *n.* הַקָּרוֹב בְּיוֹתֵר (במשפחה)

niacin *n.* חוּמְצַת נִיקוֹטִין
nibble *v.* כִּרְסֵם, נָגַס
nibble *n.* כִּרְסוּם, נְגִיסָה
nice *adj.* נָאֶה; נֶחְמָד; עָדִין; בַּרְרָן; טָעִים; דַּק
nice looking *adj.* נִרְאֶה נֶחְמָד
nicely *adv.* הֵיטֵב, יָפֶה
nicety *n.* קַפְּדָנוּת; דַּקּוּת; עֲדִינוּת
niche *n.* גּוּמְחָה, מָקוֹם מַתְאִים
nick *n.*, *v.* חָתָךְ קָטָן, חָרִיץ; עָשָׂה חָרִיץ
nickel *n.* נִיקֶל (מתכת קשה)
nickel-plate *v.*, *n.* צִיפָּה בְּנִיקֶל; צִיפּוּי בְּנִיקֶל
nick-nack, knick-knack *n.* תַּכְשִׁיט קָטָן (זול)
nickname *n.* כִּינּוּי חִיבָּה; שֵׁם לְוַואי
nicotine *n.* נִיקוֹטִין (חומר ארסי הנמצא בטבאק)
niece *n.* אַחְיָינִית, בַּת הָאָח אוֹ הָאָחוֹת
nifty *adj.* יָפֶה, הָדוּר
niggard *adj.*, *n.* קַמְצָן, כִּילַי
nigger *n.* כּוּשִׁי (כינוי מעליב)
niggling *adj.* קַטְנוּנִי, שֶׁל מָה בְּכָךְ
nigh *adv.* קָרוֹב לְ, כִּמְעַט
night *n.* לַיְלָה
night-club *n.* מוֹעֲדוֹן לַיְלָה
night-letter *n.* מִבְרָק לַיְלָה
night-owl *n.* צִיפּוֹר לַיְלָה
night-time *n.* לַיְלָה (בין שקיעת השמש לזריחתה)
night-watchman *n.* שׁוֹמֵר לַיְלָה
nightcap *n.* כִּיפַּת לַיְלָה; כּוֹסִית לִפְנֵי הַשֵּׁינָה
nightfall *n.* עֲרוֹב יוֹם
nightgown *n.* כְּתוֹנֶת לַיְלָה

nightingale *n.* זָמִיר
nightlong *adj.* שֶׁנִּמְשָׁךְ כָּל הַלַּיְלָה
nightly *adj.* לֵילִי
nightmare *n.* חֲלוֹם בַּלָּהוֹת, סִיּוּט
nightmarish *adj.* סִיּוּטִי
nightshirt *n.* כְּתוֹנֶת לַיְלָה (לְגֶבֶר)
nighty *n.* (בלשון הילדים) כְּתוֹנֶת לַיְלָה
nihilism *n.* נִיהִילִיזְם (שלילת ערכי מוסר וחברה מקובלים)
nihilist *n.* נִיהִילִיסְט (שולל כנ"ל)
nil *n.* אֶפֶס (בייחוד בציון תוצאות מִשחק)
Nile *n.* נִילוּס, הַיְאוֹר
nimble *adj.* זָרִיז, מָהִיר, מְהִיר תְּפִיסָה
nimbus *n.* הִילָה
nincompoop *n.* מְטוּמְטָם, אִידְיוֹט
nine *adj., n.* תִּשְׁעָה, תֵּשַׁע
nine hundred *n.* תְּשַׁע מֵאוֹת
nineteen *adj., n.* תִּשְׁעָה־עָשָׂר; תְּשַׁע־עֶשְׂרֵה
nineteenth *adj., n.* הַתִּשְׁעָה־עָשָׂר, הַתְּשַׁע־עֶשְׂרֵה
ninetieth *adj.* הַתִּשְׁעִים
ninety *adj., n.* תִּשְׁעִים
ninny *n.* שׁוֹטֶה, פֶּתִי
ninth *adj., n.* הַתְּשִׁיעִי; תְּשִׁיעִית
nip *n.* צְבִיטָה, נְשִׁיכָה; לְגִימָה
nip *v.* צָבַט, נָשַׁךְ
nip along מַהֵר, הִזְדָּרֵז
nipple *n.* דַּד, פִּטְמָה
Nippon *n.* נִיפּוֹן, יַפָּן
nippy *adj., n.* זָרִיז; קַר; חָרִיף
nirvana *n.* נִירְוָואנָה (בִּיטוּל יֵשׁוּת היחיד תוך התמזגותו בּרוּח העליון)

nisi *adv.* (במשפט) עַל תְּנַאי
nit *n.* בֵּיצַת כִּינָּה, אִנְבָּה
nitrate *n.* חַנְקָה (תרכובת חומצת חנקן עם בסיס כולשהו)
nitric acid *n.* חוּמְצַת חַנְקָן
nitrogen *n.* חַנְקָן
nitroglycerin(e) *n.* נִיטרוֹגְלִיצֵרִין (חומר נפץ חזק)
nitwit *n.* חֲסַר שֵׂכֶל, מְטוּמְטָם
nix *n.* אֶפֶס, שׁוּם דָּבָר
no *adj., adv.* לֹא; לְלֹא
no doubt בְּלִי סָפֵק
no man's land *n.* שֶׁטַח הֶפְקֵר
no one אַף אֶחָד לֹא
no wonder אֵין פֶּלֶא
nobby *adj.* (המונית) טַרְזָנִי, מְהוּדָּר
nobility *n.* אֲצִילוּת
noble *adj.* יְפֵה־נֶפֶשׁ, אֲצִילִי
nobleman *n.* אָצִיל
noblesse oblige הָאֲצִילוּת מְחַיֶּיבֶת (המעמד מחייב התנהגות נאותה)
nobody *n.* אַף לֹא אֶחָד; אָדָם לֹא חָשׁוּב, אֶפֶס
nocturnal *adj.* לֵילִי, שֶׁל לַיְלָה
nod *n.* נִיד רֹאשׁ (להסכמה)
nod *v.* הֵנִיעַ רֹאשׁוֹ; שָׁמַט רֹאשׁוֹ (מתוך נמנום)
node *n.* מִפְרָק (בצמח); בְּלִיטָה, גוּלָּה; קֶשֶׁר; (במתמ') צוֹמֶת (של עקומה)
Noel *n.* חַג הַמּוֹלָד (של הנוצרים)
nohow *adv.* (דיבורית) בְּשׁוּם אוֹפֶן לֹא
noise *n.* רַעַשׁ, שָׁאוֹן
noise *v.* פִּרְסֵם, הֵפִיץ
noiseless *adj.* שָׁקֵט לְגַמְרֵי

noisy *adj.* רוֹעֵשׁ, רַעֲשָׁנִי
nomad *n., adj.* נַוָּד, נוֹדֵד
nom de plume *n.* שֵׁם סִפְרוּתִי, 'שֵׁם בָּדוּי', שֵׁם עֵט
nomenclature *n.* מִינּוּחַ (שמשתמשים בו באמנות או במדע)
nominal *adj.* שֵׁמִי; (ערך וכד') נָקוּב
nominate *v.* הִצִּיעַ (כמועמד)
nomination *n.* הַצָּעַת מוּעֲמָד
nominative *adj., n.* נוֹשֵׂא, נוֹשְׂאִי
nominee *n.* מוּעֲמָד
non-belligerent *adj.* לֹא לוֹחֵם
nonchalance *n.* שִׁוְויוֹן־נֶפֶשׁ
nonchalant *adj.* קַר־רוּחַ, אָדִישׁ
noncombatant *adj., n.* לֹא לוֹחֵם
noncommissioned officer *n.* מַשָּׂ"ק (מפקד שאינו קצין)
noncommittal *adj.* לֹא־מְחַיֵּיב
nonconformist *n.* לֹא מִסְתַּגֵּל; לֹא תּוֹאֲמָן
nondescript *adj.* שֶׁאֵינוֹ נִיתָּן לְתֵיאוּר
none *pron., adj., adv.* אַף לֹא אֶחָד; כְּלָל לֹא
nonentity *n.* (לגבי אדם) אֶפֶס; אִי־יֵשׁוּת
nonfiction *n.* לֹא סִיפּוֹרֶת, לֹא בִּדְיוֹנִי
nonfulfillment *n.* אִי־בִּיצּוּעַ, אִי־מִילּוּי
nonintervention *n.* אִי־הִתְעָרְבוּת
nonmetallic *adj.* אַל מַתַּכְתִּי
nonplus *v.* הֵבִיךְ, הִפְתִּיעַ
nonprofit *adj.* לֹא לְשֵׁם רְווָחִים, לֹא מִסְחָרִי
nonresident *n., adj.* (שֶׁל) לֹא תּוֹשָׁב
nonresidential *adj.* שֶׁלֹּא לִמְגוּרִים
nonscientific *adj.* לֹא מַדָּעִי
nonsectarian *adj.* אַל כִּיתָּתִי
nonsense *n.* שְׁטוּיוֹת
nonsensical *adj.* שְׁטוּתִי, טִיפְּשִׁי
non-skid *adj.* מְחוּסָּן נֶגֶד הַחְלָקָה
nonstop *adj., adv.* יָשִׁיר; לְלֹא הֶפְסֵק
noodle *n.* אִטְרִית, אִטְרִיָּיה; פֶּתִי
nook *n.* פִּינָּה, מְקוֹם סֵתֶר
noon *n.* צָהֳרַיִם
no-one *n.* אַף לֹא אֶחָד
noontime, noontide *n.* שְׁעַת צָהֳרַיִים
noose *n.* לוּלָאָה; קֶשֶׁר
nor *conj.* לֹא, וְאַף לֹא
norm *n.* נוֹרְמָה, תֶּקֶן, מַתְכּוֹנֶת
normal *adj.* תַּקִּין, תִּקְנִי, נוֹרְמָלִי
normalization *n.* עֲשִׂיָּיה לְנוֹרְמָלִי, הַחְזָרָה לְתִקְנוּ, נִרְמוּל
normalize *v.* נִרְמֵל, עָשָׂה לְנוֹרְמָלִי
north *n., adj., adv.* צָפוֹן; צְפוֹנִי; צָפוֹנָה
northeaster *n.* רוּחַ צְפוֹנִית־מִזְרָחִית
northern *adj.* צְפוֹנִי
nose *n.* אַף, חוֹטֶם
nose *v.* רִחְרֵחַ; חִיטֵּט; תָּחַב אֶת חוֹטְמוֹ
nosebag *n.* שַׂק מִסְפּוֹא
nosebleed *n.* דֶּמֶם אַף
nosedive *n.* צְלִילָה תְּלוּלָה (של מטוס)
nosegay *n.* זֵר פְּרָחִים
nose-ring *n.* נֶזֶם
nostalgia *n.* גַּעְגּוּעִים לֶעָבָר; נוֹסְטַלְגְּיָה
nostalgic *adj.* רְווּי גַּעְגּוּעִים; נוֹסְטַלְגִי
nostril *n.* נְחִיר
nosy, nosey *adj., n.* גְּדוֹל חוֹטֶם; סַקְרָנִי
not *adv.* אַיִן, אֵין; לֹא
nota bene נ"ב, שִׂים לֵב בִּמְיוּחָד (הערה בשולי מכתב)

notable *adj., n.* רָאוּי לְצִיּוּן; אִישִׁיּוּת דְגוּלָה
notarize *v.* קִיֵּם, אִישֵׁר
notary *n.* נוֹטַרְיוֹן
notch *n., v.* חָרִיץ; עָשָׂה חָרִיץ
note *n.* פֶּתֶק, פִּתְקָה; הֶעָרָה; (בְּמוּסִיקָה) תָּו
note *v.* רָשַׁם; שָׂם לֵב
notebook *n.* פִּנְקָס, דַּפְדֶּפֶת
noted *adj.* מְפוּרְסָם, יָדוּעַ
noteworthy *adj.* רָאוּי לְצִיּוּן
nothing *n.* שׁוּם דָּבָר, לֹא כְלוּם
notice *n.* מוֹדָעָה; הַתְרָאָה, הוֹדָעָה מֵרֹאשׁ; תְּשׂוּמֶת־לֵב
notice *v.* שָׂם לֵב, הִבְחִין
noticeable *adj.* בּוֹלֵט, נִיכָּר
notify *v.* הוֹדִיעַ
notion *n.* מוּשָּׂג, רַעְיוֹן; נְטִיָּיה
notoriety *n.* הֱיוֹת יָדוּעַ לִגְנַאי
notorious *adj.* יָדוּעַ לִגְנַאי
notwithstanding *prep., adv., conj.* אַף־עַל־פִּי שֶׁ, לַמְרוֹת, עַל אַף
nougat *n.* מַמְתָּק קָשֶׁה (מֵאֱגוֹזִים, סוּכָּר...)
nought *n.* אֶפֶס (0)
noun *n.* שֵׁם עֶצֶם
nourish *v.* זָן; הֵזִין, הִשְׂבִּיעַ, טִיפֵּחַ
nourishment *n.* הֲזָנָה, מָזוֹן
nouveau riche *adj.* עָשִׁיר חָדָשׁ
nova *n.* כּוֹכָב חָדָשׁ
novel *adj.* חָדָשׁ
novel *n.* רוֹמָן, סִיפּוּר
novelist *n.* מְסַפֵּר, מְחַבֵּר רוֹמָנִים
novelty *n.* חִידּוּשׁ; זָרוּת
novice *n.* טִירוֹן (לֹא בְּצָבָא)
noviciate, novitiate *n.* טִירוֹן (נָזִיר אוֹ כּוֹהֵן דָּת); תְּקוּפַת טִירוֹנוּת (כַּנ"ל)
now *adv., conj., n.* עַתָּה, עַכְשָׁיו; הֲרֵי; כֵּיוָן שֶׁ
now and then *adv.* מִדֵּי פַּעַם
now then שְׁמַע/שִׁמְעִי אֵיפוֹא
nowadays *adv.* בְּיָמֵינוּ
noway, noways *adv.* כְּלָל לֹא
nowhere *adv.* בְּשׁוּם מָקוֹם לֹא
noxious *adj.* מַזִּיק
nozzle *n.* נְחִיר (שֶׁל צִינּוֹר), זַרְבּוּבִית
nth *adj.* שֶׁל n, בְּחֶזְקַת n
nuance *n.* גְּוָנְוָן, גּוֹנִית; דַּקּוּת
nub *n.* גַּבְשׁוּשִׁית; עִיקָּר
nubile *adj.* (לְגַבֵּי עַלְמָה) שֶׁהִגִּיעָה לְפִרְקָהּ
nuclear *adj.* גַּרְעִינִי
nucleus *n. (pl.* **nuclei)** גַּרְעִין
nude *adj., n.* עָרוֹם; עֵירוֹם, גּוּף עָרוֹם
nudge *n., v.* דְּחִיפָה קַלָּה (בְּמַרְפֵּק); דָּחַף קַלּוֹת
nugget *n.* גּוּשׁ זָהָב גּוֹלְמִי
nuisance *n.* מִטְרָד; טַרְדָן
null *adj.* בָּטֵל
nullify *v.* בִּיטֵּל תּוֹקֶף
nullity *n.* חוֹסֶר תּוֹקֶף, בִּיטּוּל
numb *adj.* חֲסַר תְּחוּשָׁה
numb *v.* גָּרַם לְאוֹבְדַן תְּחוּשָׁה
number *n.* מִסְפָּר; סִפְרָה; כַּמּוּת
number *v.* סָפַר; מִסְפֵּר; כָּלַל
numberless *adv.* לְאֵין־סְפוֹר
numeral *adj., n.* מִסְפָּרִי; סִפְרָה
numerical *adj.* מִסְפָּרִי
numerous *adj.* רַב, רַבִּים

numismatics *n.* נוּמִיסְמָטִיקָה (חֵקֶר הַמַּטְבְּעוֹת)
numskull *n.* טִיפֵּשׁ, שׁוֹטֶה
nun *n.* נְזִירָה
nuptial *adj.* שֶׁל נִישּׂוּאִים, שֶׁל כְּלוּלוֹת
nurse *n.* אָחוֹת רַחְמָנִיָּה, אָחוֹת
nurse *v.* הֵינִיקָה; טִיפֵּל (בחולה)
nursery *n.* חֲדַר יְלָדִים; מִשְׁתָּלָה
nursery school *n.* גַּן־יְלָדִים, גַּנּוֹן
nursing *n.* מִקְצוֹעַ הָאָחוֹת; טִיפּוּל, סִיעוּד
nursing bottle *n.* בַּקְבּוּק לְתִינוֹק
nursing home *n.* בֵּית־חוֹלִים פְּרָטִי
nurture *v.* חִינֵּךְ, הֵזִין, טִיפֵּחַ
nut *n.* אֱגוֹז; אוֹם; אָדָם מוּזָר; בְּעָיָה קָשָׁה
nutcracker *n.* מַפְצֵחַ אֱגוֹזִים
nutmeg *n.* אֱגוֹז מוּסְקָט
nutrient *n.* (חומר) מֵזִין
nutriment *n.* אוֹכֶל מֵזִין
nutrition *n.* תְּזוּנָה; הֲזָנָה
nutritious *adj.* מֵזִין
nutshell *n.* קְלִיפַּת אֱגוֹז; תַּמְצִית
nutty *adj.* שֶׁטַּעֲמוֹ כָּאֱגוֹז; אֱגוֹזִי; (דיבּוּרית) מְטוֹרָף
nuzzle *v.* חִיכֵּךְ אֶת הָאַף אוֹ הַחַרְטוֹם
nylon *n.* נֵיילוֹן (חומר סינתטי המשמש בתעשיית הלבוש והטקסטיל)
nymph *n.* נִימְפָה, צְעִירָה יָפָה

O

O *interj.* הוֹ!, הוֹי!, אוֹי!

oaf *n.* גוֹלֶם, מְגוּשָּׁם; פִּרְחָח

oak *n.* אַלּוֹן

oaken *adj.* מֵעֵץ אַלּוֹן

oar *n.* מָשׁוֹט

oarsman *n.* מְשׁוֹטַאי

oasis *n.* (*pl.* **oases**) נְאַת מִדְבָּר, נְוֵה מִדְבָּר

oat *n.* גַּרְעִין שִׁיבּוֹלֶת־שׁוּעָל

oath *n.* שְׁבוּעָה; קְלָלָה

oatmeal *n.* קֶמַח שִׁיבּוֹלֶת־שׁוּעָל

ob(b)ligato *adj.*, *n.* (בְּמוּסִיקָה) חוֹבָה

obduracy *n.* עַקְשָׁנוּת, קְשִׁי עוֹרֶף

obdurate *adj.* עַקְשָׁן, קְשֵׁה עוֹרֶף

obedience *n.* צִיּוּת, צַיְּיתָנוּת

obedient *adj.* מְצַיֵּית, צַיְּיתָן

obeisance *n.* קִידָּה, הִשְׁתַּחֲוָיָה

obelisk *n.* אוֹבֵּלִיסְק, מַצֶּבֶת מַחַט

obese *adj.* שָׁמֵן מְאוֹד

obesity *n.* שׁוֹמֶן הַגּוּף

obey *v.* צִיֵּית, שָׁמַע בְּקוֹל

obfuscate *v.* הֶאֱפִיל; בִּלְבֵּל

obituary *n.* הֶסְפֵּד, מַאֲמַר אַזְכָּרָה

object *v.* מָחָה, הִתְנַגֵּד, עִרְעֵר עַל

object *n.* עֶצֶם; נוֹשֵׂא; תַּכְלִית; (בְּדִקְדּוּק) מוּשָׂא

objection *n.* הִתְנַגְּדוּת; עִרְעוּר

objectionable *adj.* מְעוֹרֵר הִתְנַגְּדוּת

objective *adj.* אוֹבְּיֶיקְטִיבִי; לֹא מְשׁוּחָד

objective *n.* מַטָּרָה, יַעַד; עַצְמִית (מַעֲרֶכֶת עֲדָשׁוֹת בְּמַכְשִׁיר אוֹפְּטִי)

oblation *n.* קָרְבָּן, מִנְחָה

obligate *v.* חִיֵּיב, הִכְרִיחַ

obligation *n.* הִתְחַיְּיבוּת, מְחוּיָּבוּת

oblige *v.* הִכְרִיחַ, חִיֵּיב

obliging *adj.* מֵיטִיב, גּוֹמֵל טוֹבָה

oblique *adj.* מְלוּכְסָן; לוּכְסָן, 'קַו נָטוּי'

obliterate *v.* מָחָה; הִכְחִיד

oblivious *adj.* אֵינוֹ מוּדָע ל, אֵינוֹ שָׂם לֵב, לֹא זוֹכֵר

oblong *adj.*, *n.* מַלְבֵּנִי; מַלְבֵּן

obnoxious *adj.* מַגְעִיל, נִתְעָב

oboe *n.* אַבּוּב (כְּלִי נְשִׁיפָה)

oboist *n.* מְנַגֵּן בְּאַבּוּב

obscene *adj.* גַּס, שֶׁל זִימָּה

obscenity *n.* נִיבּוּל־פֶּה, גַּסּוּת

obscure *adj.* אָפֵל; מְעוּרְפָּל; סָתוּם

obscure *v.* הִסְתִּיר; הֶאֱפִיל

obscurity *n.* אֲפֵלָה; אִי־בְּהִירוּת

obsequies *n.pl.* טֶקֶס קְבוּרָה

obsequious *adj.* מִתְרַפֵּס, מִתְחַנֵּף

observance *n.* קִיּוּם (מִצְווֹת אוֹ חוּקִּים)

observant *adj.*, *n.* פְּקוּחַ עַיִן; שׁוֹמֵר מִצְווֹת

observation *n.* הִתְבּוֹנְנוּת, הַשְׁגָּחָה; הֶעָרָה

observatory *n.* מִצְפֶּה

observe *v.* הִתְבּוֹנֵן; צָפָה; קִיֵּים (חוֹק וכד')

observer *n.* מַשְׁקִיף, מִסְתַּכֵּל; מְקַיֵּים מִצְווֹת

obsess *v.* הִשְׁתַּלֵּט עַל, אָחַז כְּ'דִיבּוּק'

obsession *n.* 'דִיבּוּק', שִׁיגָּעוֹן לְדָבָר אֶחָד

obsolescence *n.* הִתְיַישְׁנוּת, יְצִיאָה מִכְּלַל שִׁימּוּשׁ

obsolete *adj.*, *n.* מְיוּשָּׁן, לֹא בְּשִׁימּוּשׁ

obstacle *n.* מִכְשׁוֹל, מְנִיעָה
obstetric(al) *adj.* שֶׁל מְיַלְּדוּת
obstetrics *n.pl.* מְיַלְּדוּת
obstinacy *n.* עַקְשָׁנוּת
obstinate *adj.* עַקְשָׁן
obstreperous *adj.* מִתְפָּרֵעַ קוֹלָנִי, מְסָרֵב לְקַבֵּל מָרוּת
obstruct *v.* הִפְרִיעַ, שָׂם מִכְשׁוֹל; חָסַם
obstruction *n.* מִכְשׁוֹל; הַפְרָעָה
obtain *v.* הִשִּׂיג, רָכַשׁ
obtrude *v.* כָּפָה, נִדְחַק, דָּחַף אֶת עַצְמוֹ
obtrusive *adj.* נִדְחָק, טוֹרְדָנִי
obtuse *adj.* קֵיהֶה (בצורה, ברגש, בתפיסה)
obtuse angle זָוִית קֵיהָה
obviate *v.* הֵסִיר (מכשול), מָנַע
obviously *adv.* כַּמּוּבָן, בָּרוּר לְגַמְרֵי
occasion *n.* הִזְדַּמְּנוּת, מְאוֹרָע
occasion *v.* הֵסֵב, גָּרַם
occasional *adj.* אַקְרָאִי; הִזְדַּמְּנוּתִי
occident *n.* אַרְצוֹת הַמַּעֲרָב
occlude *v.* (ברפואה) סָגַר, סָתַם
occlusion *n.* (כנ"ל) סְגִירָה, סְתִימָה
occult *adj.* מִסְתּוֹרִי, כָּמוּס; מִיסְטִי
occupancy *n.* הַחְזָקָה; דַּיָּרוּת
occupant *n.* דַּיָּר; מַחֲזִיק
occupation *n.* מִשְׁלַח יָד; כִּיבּוּשׁ
occupy *v.* תָּפַס (מקום, זמן); הֶעֱסִיק; כָּבַשׁ
occur *v.* קָרָה; עָלָה (על הדעת)
occurrence *n.* מִקְרֶה, מְאוֹרָע, הִתְרַחֲשׁוּת
ocean *n.* אוֹקְיָנוֹס
ochre *adj.* חוּם־צְהַבְהַב
o'clock *adv.* לְפִי הַשָּׁעוֹן

octagon *n.* מְתוּמָּן (מצולע בן 8 צלעות)
octane *n.* אוֹקְטָן (אחד ממרכיבי הבנזין למנועים)
octave *n.* אוֹקְטָבָה
octavo *n.* אוֹקְטָבוֹ (שמינית גיליון)
octet *n.* שְׁמִינִיָּה (יצירה ל־8 מנגנים)
octopus *n.* תְּמָנוּן (בעל חיים יַמִּי טורף)
octoroon *n.* שְׁמִינִיּוֹן (בן תערובת, ששמינית דמו – של כושי)
ocular *adj.* שֶׁל עֵינַיִם, שֶׁל רְאִיָּה
oculist *n.* רוֹפֵא עֵינַיִים
odd *adj.* לֹא זוּגִי; שׁוֹנֶה; מוּזָר
add jobs *n.pl.* עֲבוֹדוֹת אַקְרָאִיּוֹת
odd lot *n.* שְׁאֵרִית; כַּמּוּת שׁוֹנָה מֵהָרְגִילָה (כגון כשמספר המעטפות בחבילה קטן מ־100)
oddity *n.* מוּזָרוּת; מוּזָר
odds *n.pl.* סִיכּוּיִים (בעד או נגד); תְּנָאֵי הִימּוּר
odds and ends *n.pl.* שְׁאֵרִיּוֹת
ode *n.* אוֹדָה (שיר תהילה)
odious *adj.* דּוֹחֶה, שָׂנוּא, מָאוּס
odium *n.* שִׂנְאָה; חֶרְפָּה וּבוּשָׁה
odor *n.* רֵיחַ
odorous *adj.* רֵיחָנִי
odorless *adj.* נְטוּל רֵיחַ
obyssey *n.* מַסָּע הַרְפַּתְקָנִי
of *prep.* שֶׁל, מִן, עַל, בּ
off *adv., prep.* מִחוּץ ל, בְּמֶרְחָק; רָחוֹק, הָלְאָה
off *adj.* מְרוּחָק יוֹתֵר
off and on *adv.* בַּהֲפְסָקוֹת, לְסֵירוּגִין
off color *adj.* לֹא מַרְגִּישׁ בְּטוֹב
off duty *adj.* לֹא בְּתַפְקִיד, חוֹפְשִׁי

off-hand *adj.* מְאוּלְתָּר
off one's feed *adj.* חֲסַר חֵשֶׁק לֶאֱכוֹל
off one's head *adj.* (המונית) מְשׁוּגָּע
off-peak load *n.* עוֹמֶס לֹא מְרַבִּי
off the map *adv.* בְּמָקוֹם נִידָּח
off the point *adv.* לֹא לָעִנְיָן
off the record *adv.* לֹא לְפִרְסוּם
offal *n.* פְּסוֹלֶת (של בשר בע"ח)
offbeat *adj.* יוֹצֵא דוֹפֶן, לֹא מְקוּבָּל
offchance *n.* אֶפְשָׁרוּת רְחוֹקָה
offend *v.* פָּגַע בּ; הֶעֱלִיב
offender *n.* עוֹבֵר עֲבֵירָה, עֲבַרְיָין
offense *n.* פְּגִיעָה; חֵטְא, עֶלְבּוֹן
offensive *adj.* שֶׁל הַתְקָפָה, הֶתְקֵפִי; מַעֲלִיב, פּוֹגֵעַ
offensive *n.* מִתְקָפָה
offer *v.* הִצִּיעַ; הִגִּישׁ, הוֹשִׁיט
offer *n.* הַצָּעָה (כסף, עזרה)
offering *n.* הַצָּעָה; קוֹרְבָּן; מַתָּנָה
office *n.* מִשְׂרָד; מִשְׂרָה
office-boy *n.* נַעַר שָׁלִיחַ
office holder *n.* נוֹשֵׂא מִשְׂרָה
office supplies *n.pl.* צוֹרְכֵי מִשְׂרָד
officer *n.* קָצִין; שׁוֹטֵר
official *adj., n.* רִשְׁמִי; פָּקִיד
officiate *v.* כִּיהֵן, שִׁימֵּשׁ בְּתַפְקִיד
officious *adj.* מִתְעָרֵב (שלא לצורך)
offprint *n.* תַּדְפִּיס
offset *v.* אִיזֵּן, קִיזֵּז; הִדְפִּיס בְּאוֹפְסֶט
offset printing *n.* הַדְפָּסַת צִילּוּם, דְּפוּס אוֹר
offshoot *n.* נֵצֶר; חוֹטֶר
offshore *adj., adv.* מִן הַחוֹף וָהָלְאָה
offspring *n.* צֶאֱצָא, יְלָדִים
oft, often *adv.* לְעִתִּים קְרוֹבוֹת
ogle *v.* קָרַץ בְּעֵינַיִים ל
ogre *n.* מִפְלֶצֶת, עֲנָק רָשָׁע
oh *interj.* אוֹי, הוֹ (קריאת תימהון, פחד, שמחה)
ohm *n.* אוֹם (יחידת התנגדות חשמלית)
oho *interj.* אוֹהוֹ! (קריאת תמיהה או ניצחון)
oil *n.* שֶׁמֶן; נֵפְט
oil *v.* שִׁימֵּן
oil-cake *n.* כּוּסְפָּה (מספוא לבהמות)
oil-colors *n.pl.* צִבְעֵי שֶׁמֶן
oil-field *n.* שְׂדֵה נֵפְט
oil gauge *n.* מַד שֶׁמֶן
oil mill *n.* בֵּית בַּד (לעשיית שמן)
oil pan *n.* אַמְבַּט שֶׁמֶן (בתחתית המנוע)
oil tanker *n.* מְכָלִית נֵפְט
oil well *n.* בְּאֵר נֵפְט
oilcan *n.* קַנְקַן שֶׁמֶן, אָסוּךְ
oilcloth *n.* שַׁעֲוָונִית
oily *adj.* מְשׁוּמָּן; מָלֵא שֶׁמֶן; מַחֲנִיף
ointment *n.* מִשְׁחָה
O.K. *adj., n., v.* נָכוֹן; אִישּׁוּר; אִישֵּׁר
okra *n.* בַּמְיָה
old *adj.* יָשָׁן; זָקֵן; עַתִּיק; בֶּן (...שנים)
old age *n.* זִקְנָה
old and young מִגָּדוֹל וְעַד קָטָן
old boy *n.* בּוֹגֵר (בי"ס תיכון), תַּלְמִיד לְשֶׁעָבַר
old-fashioned *adj.* מְיוּשָּׁן; שַׁמְרָנִי
Old Glory *n.* דֶּגֶל ארה"ב
old hand *n.* עוֹבֵד מְנוּסֶּה, בַּעַל נִיסָּיוֹן
old maid *n.* בְּתוּלָה זְקֵנָה
old master *n.* צַיָּיר אוֹ צִיּוּר קְלָסִי
old salt *n.* מַלָּח וָתִיק
old timer *n.* וָתִיק
old wives' tale *n.* סִיפּוּר שֶׁל סַבְתָּא
old-world *adj.* שֶׁל הָעוֹלָם הֶעָתִיק

oleander *n.* הַרְדּוּף
oligarchy *n.* אוֹלִיגַרְכְיָה (שלטון אצילים ומיוחסים)
olive *n.* זַיִת; צֶבַע הַזַּיִת
olive *adj.* שֶׁל זַיִת
olive grove *n.* כֶּרֶם זֵיתִים
olive oil *n.* שֶׁמֶן זַיִת
Olympiad *n.* אוֹלִימְפְּיָאדָה
Olympian *adj.* אוֹלִימְפִּי (של האלים כביכול), עַל אֱנוֹשִׁי
omega *n.* אוֹמֶגָה (שם האות האחרונה בא"ב היווני)
omelet, omelette *n.* חֲבִיתָה
omen *n.* אוֹת מְבַשֵּׂר
ominous *adj.* מְבַשֵּׂר רָע
omission *n.* הַשְׁמָטָה; אִי־בִּיצּוּעַ, מֶחְדָּל
omit *v.* הִשְׁמִיט; דִּילֵּג עַל
omnibus *n.* אוטובוס
omnipotent *adj.* כּוֹל יָכוֹל
omniscient *adj.* יוֹדֵעַ הַכּוֹל
omnivorous *adj.* אוֹכֵל הַכּוֹל; קוֹרֵא הַכּוֹל
on *prep., adv.* עַל, עַל גַּבֵּי; בּ, לְיַד בִּתְמִידוּת; לְפָנִים; קָדִימָה
once *adv.* פַּעַם, אִם פַּעַם
once *conj., n.* בְּרֶגַע שֶׁ, פַּעַם אַחַת
once and again פְּעָמִים אֲחָדוֹת
once and for all אַחַת לְתָמִיד
once in a while מִפַּעַם לְפַעַם
once or twice פְּעָמִים אֲחָדוֹת
onceover *n.* (דיבורית) מַבָּט בּוֹחֵן מָהִיר
oncoming *adj.* מִתְקָרֵב, מְמַשְׁמֵשׁ וּבָא
one *adj.* אֶחָד, אַחַת; מִישֶׁהוּ
one and all כּוּלָּם כְּאֶחָד
one another זֶה... זֶה
one sided *adj.* חַד צְדָדִי
oneness *n.* הֱיוֹת אֶחָד, אִיחוּד, יִיחוּד
onerous *adj.* מַכְבִּיד; כָּבֵד
oneself *pron.* עַצְמוֹ
onion *n.* בָּצָל
onionskin *n.* נְייָר שָׁקוּף דַּק
onlooker *n.* צוֹפֶה, מִסְתַּכֵּל מִן הַצַּד
only *conj., adv., adj.* רַק; אֶלָּא שֶׁ; בִּלְבַד, אַךְ, אוּלָם; יָחִיד; יְחִידִי
onomatopoeia *n.* אוֹנוֹמָטוֹפֵּיאָה (שימוש במלים שיש בהן משום חיקוי צלילים טבעיים)
onrush *n.* פְּרִיצָה קָדִימָה
onset *n.* הִתְקָפָה; הַתְחָלָה
onslaught *n.* הִסְתָּעֲרוּת
onto *prep.* אֶל
onus *n.* נֵטֶל, אַחְרָיוּת
onward *adv.* קָדִימָה
onyx *n.* אֶנֶךְ, שׁוֹהַם
oodles *n.pl.* הָמוֹן
oomph *interj.* (המונית) הִתְרַגְּשׁוּת יֶתֶר; מְשִׁיכָה מִינִית
ooze *n.* טִפְטוּף, פִּכְפּוּךְ
ooze *v.* פִּיכָּה, נָטַף; דָּלַף
opacity *n.* אֲטִימוּת לָאוֹר
opal *n.* לֶשֶׁם
opaque *adj.* אָטוּם; עָמוּם
open *adj.* פָּתוּחַ; פָּנוּי
open *v.* פָּתַח; פָּתַח בּ...; נִפְתַּח
open-air *adj.* בָּאֲוִויר הַפָּתוּחַ
open-eyed *adj.* מִשְׁתָּאֶה; פְּקוּחַ־עַיִן
open-handed *adj.* נְדִיב לֵב
open-hearted *adj.* כֵּן, גְּלוּי לֵב
open-minded *adj.* פָּתוּחַ, לְלֹא דֵּעָה קְדוּמָה
open secret *n.* סוֹד גָּלוּי

opening *n.* פֶּתַח; פְּתִיחָה; הַתְחָלָה; מִשְׂרָה פְּנוּיָה; הַצָּגַת־בְּכוֹרָה
opening night *n.* עֶרֶב בְּכוֹרָה
opening number *n.* פְּרִיט פּוֹתֵחַ
openness *n.* פְּתִיחוּת
opera *n.* אוֹפֵּירָה
opera-glasses *n.pl.* מִשְׁקֶפֶת אוֹפֵּירָה
operate *v.* פָּעַל; תִּפְעֵל; נִיתַּחַ
operatic *adj.* שֶׁל אוֹפֵּירָה
operating-room *n.* חֲדַר־נִיתּוּחִים
operating-table *n.* שׁוּלְחַן־נִיתּוּחִים
operation *n.* פְּעוּלָה; תִּפְעוּל; מִבְצָע; נִיתּוּחַ
operator *n.* פּוֹעֵל; מַפְעִיל (מכונה)
operetta *n.* אוֹפֵּרֶטָּה
opiate *n., adj.* סַם מַרְגִּיעַ וּמַרְדִּים
opinion *n.* דֵּעָה, סְבָרָה; חַוּוֹת־דַּעַת
opinionated *adj.* עַקְשָׁנִי בְּדַעְתּוֹ
opium *n.* אוֹפְּיוּם (סַם נרקוטי)
opponent *n., adj.* יָרִיב, מִתְנַגֵּד
opportune *adj.* בְּעִתּוֹ, שֶׁמִּזְדַּמֵּן (בּרגע הנכון)
opportunist *n.* מְנַצֵּל הִזְדַּמְּנוּיוֹת, אוֹפּוֹרְטוּנִיסְט
opportunity *n.* הִזְדַּמְּנוּת, שְׁעַת כּוֹשֶׁר
oppose *v.* הִתְנַגֵּד; הִצִּיב נֶגֶד
opposite *adj., adv.* שֶׁמִּמּוּל; מְנוּגָּד; נֶגֶד, מוּל, לְעוּמַּת
opposition *n.* הִתְנַגְּדוּת; אוֹפּוֹזִיצְיָה
oppress *v.* הֵעִיק עַל; דִּיכֵּא
oppression *n.* נְגִישָׂה, לַחַץ
oppressive *adj.* מְדַכֵּא; מַכְבִּיד; מֵעִיק
opprobrious *adj.* חָרִיף, מְגַדֵּף
opprobrium *n.* בּוּשָׁה, קָלוֹן
opt *v.* בָּחַר
optic *adj.* שֶׁל הָעַיִן, שֶׁל הָרְאִיָּיה

optical *adj.* שֶׁל חוּשׁ הָרְאִיָּיה, אוֹפְּטִי
optician *n.* אוֹפְּטִיקַאי
optimism *n.* אוֹפְּטִימִיּוּת, רְאִיַּית הַצַּד הַטּוֹב
optimist *n.* אוֹפְּטִימִיסְט
optimum *n., adj.* הַטּוֹב בְּיוֹתֵר, הָרָצוּי בְּיוֹתֵר
option *n.* בְּרֵירָה, אוֹפְּצְיָה
optional *adj.* שֶׁל בְּחִירָה, שֶׁל רְשׁוּת
optometrist *n.* אוֹפְּטוֹמֶטְרִיסְט (מומחה לבדיקת עֵיניים לצורך משקפיים)
opulent *adj.* עָשִׁיר, שׁוֹפֵעַ
opus *n.* יְצִירָה מוּסִיקָלִית (המסומנת במספר)
or *conj.* אוֹ
oracle *n.* אוֹרַקְל; אוּרִים וְתוּמִּים, עַתִידָן
oracular *adj.* נְבוּאִי, שֶׁל מַגִּיד עֲתִידוֹת
oral *adj., n.* שֶׁבְּעַל־פֶּה; שֶׁל פֶּה; בְּחִינָה בְּעַל־פֶּה
orange *n., adj.* תַּפּוּחַ־זָהָב, תַּפּוּז; תָּפוּז
orangeade *n.* מִיץ תַּפּוּזִים בְּמַיִם
orange juice *n.* מִיץ תַּפּוּזִים
orang-outang *n.* אוֹרַנְג־אוּטַנְג
oration *n.* נְאוּם, נְאוּם חֲגִיגִי
orator *n.* נוֹאֵם, נוֹאֵם גָּדוֹל
oratorical *adj.* נְאוּמִי
oratorio *n.* אוֹרָטוֹרְיָה (יצירה מוּסיקלית לקולות וּלכלים, המיוּסדת בּדרך כּלל על מסורת קדושה)
orb *n.* כַּדּוּר (שׁל גֶרֶם שמיים), גַּלְגַּל הָעַיִן
orbit *n., v.* מַסְלוּל (שׁל כּוֹכב); נָע בְּמַסְלוּל
orchard *n.* בּוּסְתָּן

orchestra *n.* תִּזְמוֹרֶת
orchestra stalls *n.pl.* שׁוּרוֹת רִאשׁוֹנוֹת (בּאוּלם תיאטרון)
orchestrate *v.* תִּזְמֵר, עִיבֵּד לְתִזְמוֹרֶת
orchid *n.* סַחְלָב (פרח)
ordain *v.* (בּנצרוּת) הִסְמִיךְ; צִיוָּה
ordeal *n.* מִבְחָן, נִיסָּיוֹן קָשֶׁה; יִיסּוּרִים
order *n.* סֵדֶר; מִשְׁטָר; תַּקִּינוּת; מִסְדָר (דתי)
order *v.* פָּקַד; הִזְמִין; הִסְדִיר
orderly *adj.* מְסוּדָּר; מְמוּשְׁמָע
orderly officer *n.* קְצִין תּוֹרָן
orderly *n.* מְשַׁמֵּשׁ, תּוֹרָן; אָח (בּבית־חוֹלים)
ordinal *adj., n.* שֶׁל מַעֲרֶכֶת; מִסְפָּר סוֹדֵר
ordinance *n.* תַּקָּנָה; חוֹק, צַו
ordinary *adj.* רָגִיל, מָצוּי, מְקוּבָּל
ordinary seaman מַלָּח פָּשׁוּט (בּלי דרגה)
ordnance *n.* תּוֹתְחָנוּת; חִימוּשׁ
ordure *n.* צוֹאָה, זֶבֶל
ore *n.* עַפְרָה
organ *n.* עוּגָב; אֵיבָר; בִּיטָּאוֹן
organ-grinder *n.* מַפְעִיל תֵּיבַת־נְגִינָה
organic *adj.* שֶׁל אֵיבְרֵי הַגּוּף; קָשׁוּר קֶשֶׁר אַמִּיץ, אוֹרְגָנִי
organism *n.* גוּף חַי, מַנְגָּנוֹן
organist *n.* עוּגָבַאי
organization *n.* אִרְגּוּן, הִסְתַּדְּרוּת
organize *v.* אִרְגֵּן
orgasm *n.* אוֹרְגַזְם, רְוְויוֹן שִׂיא (בּהתרגשוּת המינית)
orgy *n.* הוֹלְלוּת מִינִית, אוֹרְגְיָה
orient *n., adj.* מִזְרָח, אַרְצוֹת הַמִּזְרָח; מִזְרָחִי
oriental *adj., n.* מִזְרָחִי; בֶּן הַמִּזְרָח
orientation *n.* הִתְמַצְאוּת
orifice *n.* פּוּמִית; פִּיָּה
origin *n.* מָקוֹר
original *adj.* מְקוֹרִי
original *n.* מָקוֹר רִאשׁוֹן; אָדָם מְקוֹרִי, יוֹצֵא דוֹפֶן
originate *v.* הִתְחִיל, נוֹלַד, צָמַח; הִמְצִיא, הִצְמִיחַ
ornament *n.* קִישּׁוּט; תַּכְשִׁיט
ornament *v.* קִישֵּׁט
ornate *adj.* מְהוּדָּר לְרַאֲוָוה; מְלִיצִי
ornithology *n.* חֵקֶר הַצִּיפּוֹרִים, צַפָּרוּת
orphan *n., adj.* יָתוֹם; מְיוּתָּם
orphan *v.* ייִתֵּם
orphanage *n.* בֵּית־יְתוֹמִים
orthodontist *n.* רוֹפֵא לְיִישּׁוּר שִׁינַּיִים
orthodox *adj.* אָדוּק, אוֹרְתוֹדוֹקְסִי
orthography *n.* כְּתִיב נָכוֹן
orthop(a)edics *n.pl.* אוֹרְתוֹפֶּדְיָה (רפוּאת תיקוּן מוּמים בּאיברי התנוּעה)
oscillate *v.* הִתְנוֹדֵד; פִּקְפֵּק
oscillator *n.* (בּחשמל) מַתְנֵד
osmosis *n.* אוֹסְמוֹזָה, פִּעְפּוּעַ
ossify *v.* הָפַךְ לְעֶצֶם; נַעֲשָׂה לְעֶצֶם
ossuary *n.* גְלוֹסְקָמָה (תיבה לעצמוֹת המת)
ostensible *adj.* מוּצְהָר, רַאַוותָנִי
ostentatious *adj.* רַאַוותָנִי
ostracism *n.* נִידּוּי
ostrich *n.* יָעֵן, בַּת־יַעֲנָה
other *adj., pron., adv.* אַחֵר, שׁוֹנֶה; נוֹסָף; מִלְּבַד
otherwise *adv.* אַחֶרֶת, וְלֹא

otiose *adj.* מְיוּתָּר, חֲסַר תַּכְלִית
otter *n.* לוּטְרָה, כֶּלֶב הַנָּהָר
ouch *interj.* אוּף! (קריאת כאב)
ought *v. aux.* חַיָּיב; צָרִיךְ
ounce *n.* אוּנְקִיָּה; קוּרֶט, שֶׁמֶץ
our *pron.* שֶׁלָּנוּ
ours *pron.* שֶׁלָּנוּ
ourselves *pron.* אָנוּ עַצְמֵנוּ; אוֹתָנוּ; לָנוּ
oust *v.* גֵּירֵשׁ; עָקַר מִמְּקוֹמוֹ
out *adv.* לַחוּץ, הַחוּצָה; מִחוּץ ל; חוּץ
out *n.* בְּלִיטָה; הֵיחָלְצוּת
out-and-out *adj.* לַחֲלוּטִין, גָּמוּר
outbid *v.* הִצִּיעַ מְחִיר גָּבוֹהַּ יוֹתֵר
outboard *adj.* (בימאות) לְיַד יַרְכְתֵי הַסְּפִינָה
outbound *adj.* (לגבי אונייה) הַיּוֹצֵאת מִנְּמַל הַבַּיִת
outbreak *n.* הִתְפָּרְצוּת; מְהוּמוֹת
outburst *n.* הִתְפָּרְצוּת, פְּרוֹץ
outcast *n.* מְנוּדֶּה, גַּלְמוּד
outcome *n.* תּוֹצָאָה, תּוֹלָדָה
outcry *n.* זְעָקָה, מֶחָאָה
outdated *adj.* מְיוּשָּׁן
outdo *v.* עָלָה עַל, הֵיטִיב מִן
outdoor *adj.* שֶׁבַּחוּץ
outdoors *adv., n.* בַּחוּץ, מִחוּץ לַבַּיִת
outer *adj.* חִיצוֹנִי
outer space *n.* הֶחָלָל הַחִיצוֹן
outfield *n.* קְצוֹת הַמִּגְרָשׁ (בקריקט)
outfit *n.* מַעֲרֶכֶת כֵּלִים; תִּלְבּוֹשֶׁת; צִיּוּד
outfit *v.* צִיֵּיד, סִיפֵּק
outgoing *adj., n.* יוֹצֵא; חַבְרוּתִי
outgoings *n.* הוֹצָאוֹת
outgrow *v.* גָּדַל יוֹתֵר מִן; נִגְמַל מִן
outgrowth *n.* תּוֹצָאָה; יִיחוּר, גִּידּוּל
outing *n.* יְצִיאָה, טִיּוּל
outlandish *adj.* מוּזָר, תִּמְהוֹנִי
outlast *v.* חַי יוֹתֵר
outlaw *n.* שֶׁמִּחוּץ לַחוֹק
outlaw *v.* הוֹצִיא מִחוּץ לַחוֹק
outlay *n., v.* הוֹצָאוֹת; הוֹצִיא כֶּסֶף
outlet *n.* מוֹצָא, פּוּרְקָן
outline *n.* מִתְאָר, קַו חִיצוֹנִי; תַּמְצִית
outline *v.* תֵּיאֵר בְּצוּרָה כְּלָלִית
outlive *v.* הֶאֱרִיךְ יָמִים יוֹתֵר מִן
outlook *n.* הַשְׁקָפָה; סִיכּוּי
outlying *adj.* מְרוּחָק, נִידָּח
outmoded *adj.* שֶׁאֵינוֹ בָּאוֹפְנָה, מְיוּשָּׁן
outnumber *v.* עָלָה בְּמִסְפָּרוֹ עַל
out-of-date *adj.* יָשָׁן, מְיוּשָּׁן
out-of-doors *adj.* מִחוּץ לַבַּיִת
out-of-print *adj.* (ספר) שֶׁאָזַל
out-of-the-way *adj.* רָחוֹק, נִידָּח; לֹא יָדוּעַ
outpatient *n.* חוֹלֵה־חוּץ (שמקבל טיפול בביה"ח)
outpost *n.* מוּצַב־חוּץ, עֶמְדָה מְרוּחֶקֶת
output *n.* תְּפוּקָה, הֶסְפֵּק
outrage *n.* נְבָלָה; שַׁעֲרוּרִיָּיה
outrage *v.* פָּגַע קָשׁוֹת בּ
outrageous *adj.* מְזַעֲזֵעַ, נִתְעָב
outrank *v.* עָלָה בְּדַרְגָּה עַל
outright *adj.* גָּמוּר, מוּחְלָט; בִּמְקוֹם
outright *adv.* בִּשְׁלֵמוּת; בְּבַת אַחַת; גְּלוּיוֹת
outset *n.* הַתְחָלָה, פְּתִיחָה
outside *n., adj.* חוּץ; חִיצוֹנִיּוּת; חִיצוֹנִי
outside *adv., prep.* הַחוּצָה; מִחוּץ ל; חוּץ מִן
outsider *n.* הַנִּמְצָא בַּחוּץ; סוּס מְעוּט סִיכּוּיִים (לנצח)

outskirts *n.pl.* פַּרְבָּרִים, קְצוֹת הָעִיר

outspoken *adj.* מוּבָּע גְלוּיוֹת; מְדַבֵּר גְלוּיוֹת

outstanding *adj.* בּוֹלֵט; דָגוּל; (חוב) לֹא נִפְרַע, תָּלוּי וְעוֹמֵד

outward *adj., adv.* כְּלַפֵּי חוּץ

outweigh *v.* הִכְרִיעַ בְּמִשְׁקָל

outwit *v.* הָיָה פִּיקֵחַ יוֹתֵר

ouzo *n.* מַשְׁקֶה חָרִיף (מיוון)

ova *n.pl.* בֵּיצִיּוֹת הַנְּקֵבָה

oval *adj.* בֵּיצִי, סְגַלְגַּל

ovary *n.* שַׁחֲלָה

ovation *n.* תְּשׁוּאוֹת

oven *n.* תַּנּוּר, כִּבְשָׁן

over *adv., prep.* עַל, מֵעַל; בְּמֶשֶׁךְ; שׁוּב; נוֹסָף

over-all, overall *adj.* כּוֹלֵל הַכּוֹל

over again *adv.* שׁוּב, עוֹד פַּעַם

overall *n.* חָלוּק בַּיִת

overalls *n.pl.* סַרְבָּל

overbearing *adj.* שְׁתַלְטָנִי, שַׁחְצָנִי

overboard *adv.* מִן הַסְּפִינָה לַמַּיִם

overcast *adj.* מְעוּנָּן; קוֹדֵר

overcharge *v.* הִפְקִיעַ מְחִיר

overcharge *n.* מְחִיר מוּפְקָע; הֶעְמִיס יוֹתֵר מִדַּי

overcoat *n.* מְעִיל עֶלְיוֹן

overcome *v.* גָּבַר, הִתְגַּבֵּר עַל

overdo *v.* הִפְרִיז, הִגְדִּישׁ אֶת הַסְּאָה

overdose *n.* מָנָה יְתֵרָה

overdraft *n.* מְשִׁיכַת־יֶתֶר

overdraw *v.* מָשַׁךְ מְשִׁיכַת־יֶתֶר (בבאנק)

overdue *adj.* שֶׁעָבַר זְמַנּוֹ

overeat *v.* זָלַל

overexertion *n.* מַאֲמַץ־יֶתֶר

overexposure *n.* חֲשִׂיפָה יְתֵרָה

overfeed *v.* הֵזִין יוֹתֵר מִדַּי, הִלְעִיט

overflow *v.* הִשְׁתַּפֵּךְ, שָׁטַף; עָלָה עַל גְּדוֹתָיו

overflow *n.* מִגְלָשׁ; קָהָל עוֹדֵף

overgrown *adj.* מְגוּדָּל מִדַּיי

overhang *v.* בָּלַט מֵעַל, אִיֵּם

overhang *n.* חֵלֶק בּוֹלֵט, זִיז

overhaul *n.* שִׁיפּוּץ

overhaul *v.* שִׁיפֵּץ, תִּיקֵּן; הִדְבִּיק, הִשִּׂיג

overhead *adv.* מֵעַל לָרֹאשׁ; לְמַעְלָה

overhead *adj.* עִילִי; (הוצאה) כְּלָלִית

overhead expenses *n.pl.* הוֹצָאוֹת קְבוּעוֹת (לניהול עסק)

overhear *v.* שָׁמַע בְּאַקְרַאי

overheat *v.* חִימֵּם יוֹתֵר מִדַּי

overjoyed *adj.* שָׂמֵחַ בְּיוֹתֵר, צוֹהֵל

overland *adv., adj.* בְּדֶרֶךְ הַיַּבָּשָׁה

overlap *v.* חָפַף (בחלקו)

overload *v.* הֶעְמִיס יָתֵר עַל הַמִּידָּה

overlook *v.* הֶעְלִים עַיִן; הִשְׁקִיף, הִשְׁגִּיחַ

overly *adv.* יוֹתֵר מִדַּיי

overnight *adv., adj.* בִּן־לַיְלָה; לְלַיְלָה אֶחָד

overnight bag *n.* זְוַד לִינָה

overpass *n.* צוֹמֶת עִילִי

overpopulate *v.* מִילֵּא אֲנָשִׁים יָתֵר עַל הַמִּידָּה

overpower *v.* הִכְנִיעַ; גָּבַר עַל

overpowering *adj.* מְהַמֵּם, מִשְׁתַּלֵּט

overproduction *n.* תְּפוּקַת־יֶתֶר

overrate *v.* הִפְרִיז בְּהַעֲרָכָה

overrun *v.* (*pt.* **overran**) כָּבַשׁ, פָּשַׁט כְּפוּלָשׁ; הִתְפַּשֵּׁט מַהֵר

overseas *adj., adv.* (שֶׁל) מֵעֵבֶר לַיָּם

overseer *n.* מַשְׁגִּיחַ
overshadow *v.* הֶאֱפִיל עַל
overshoe *n.* עַרְדָּל
oversight *n.* טָעוּת שֶׁבְּהַעֲלָמַת־עַיִן
oversleep *v.* הֶאֱרִיךְ לִישׁוֹן
overt *adj.* פָּתוּחַ, גָּלוּי לָעַיִן
overtake *v.* עָקַף; הִדְבִּיק; בָּא פִּתְאוֹם
overthrow *v.* הִפִּיל, מִיגֵּר
overtime *adv., n.* שָׁעוֹת נוֹסָפוֹת
overtrump *v.* (בקלפים) עָלָה עַל, בִּקְלָף גָּבוֹהַּ יוֹתֵר
overture *n.* פְּתִיחָה, אוֹבֶרְטוּרָה
overweening *adj.* יָהִיר מִדַּיי
overweight *n., adj.* (בַּעַל) מִשְׁקָל עוֹדֵף
overwhelm *v.* הִכְרִיעַ תַּחְתָּיו; הֵמַם
overwork *n.* עֲבוֹדָה מֵעֵבֶר לַכּוֹחוֹת
overwork *v.* הֶעֱבִיד בְּפֶרֶךְ; עָבַד יָתֵר עַל הַמִּידָּה

ovum *n.* בֵּיצַת הַנְּקֵבָה
ow *interj.* אוֹי!
owe *v.* חָב, הָיָה חַיָּיב ל
owing *adj.* (חוב) מַגִּיעַ
owing to בִּגְלַל, מֵחֲמַת
owl *n.* יַנְשׁוּף
own *adj., n.* שֶׁל, שֶׁל עַצְמוֹ
own *v.* הָיָה בְּעָלִים שֶׁל; הוֹדָה
owner *n.* בַּעַל, בְּעָלִים
ownership *n.* בַּעֲלוּת
ox *n. (pl.* **oxen)** שׁוֹר
oxide *n.* תַּחְמוֹצֶת
oxidize *v.* חִמְצֵן; הִתְחַמְצֵן
oxygen *n.* חַמְצָן
oyster *n.* צִדְפַּת מַאֲכָל
ozone *n.* אוֹזוֹן (צורת חמצן חריף־ריח ומרענן); (בדיבור) אֲוִויר צַח וּמְרַעֲנֵן

P

p(a)ean *n.* שִׁיר עַלִּיז (של תהילה)
pagan *n., adj.* עוֹבֵד אֱלִילִים (עכו"ם)
paganism *n.* עֲבוֹדַת אֱלִילִים
page *n., v.* עַמּוּד (של דף); נַעַר מְשָׁרֵת; מִסְפֵּר דַּפִּים
pageant *n.* הַצָּגַת רַאֲוָה
pageantry *n.* מַחֲזוֹת מַרְהִיבֵי עַיִן
pager *n.* זִימּוּנִית, אִיתּוּרִית
pagination *n.* מִסְפּוּר הָעַמּוּדִים (בספר)
pagoda *n.* פָּגוֹדָה (מִסגד נוסח הודו־סין או יפן)
pail *n.* דְּלִי
pain *n.* כְּאֵב, מֵחוֹשׁ; טִרְחָה
pain *v.* הִכְאִיב, צִיעֵר
painful *adj.* מַכְאִיב, כּוֹאֵב
painkiller *n.* (סַם) מַשְׁקִיט כְּאֵבִים
painless *adj.* לְלֹא כְּאֵב
painstaking *adj.* מְבוּצָּע בְּקַפְּדָנוּת
paint *v.* צִיֵּיר; צָבַע
paint *n.* צֶבַע
painter *n.* צַיָּיר; צַבָּע
painting *n.* צִיּוּר; צְבִיעָה
pair *n.* זוּג, צֶמֶד
pair *v.* זִיוּוֵג; נַעֲשׂוּ זוּג; הִזְדַּוְּוגוּ (בע"ח)
pair off *v.* הִסְתַּדְּרוּ בְּזוּגוֹת
pajamas, pyjamas *n.* פִּיגָ'מָה, חֲלִיפַת שֵׁינָה
pal *n.* (דיבורית) חָבֵר
palace *n.* אַרְמוֹן
palaeography *n.* פָּלֵאוֹגְרַפְיָה (חקר כתבים עתיקים)
palanquin *n.* אַפִּרְיוֹן
palatable *adj.* טָעִים, נָעִים לַחֵךְ

pace *n.* פְּסִיעָה; קֶצֶב תְּנוּעָה
pace *v.* צָעַד, פָּסַע
pacemaker *n.* קוֹצֵב; קוֹצֵב לֵב
pacific *adj.* עוֹשֶׂה שָׁלוֹם; מְפַיֵּיס; שָׁלֵו
Pacific Ocean *n.* הָאוֹקְיָינוֹס הַשָּׁקֵט
pacifier *n.* מַשְׁכִּין שָׁלוֹם; מַשְׁקִיט
pacifism *n.* אַהֲבַת שָׁלוֹם; פָּצִיפִיזְם
pacifist *n.* פָּצִיפִיסְט, רוֹדֵף שָׁלוֹם
pacify *v.* הִרְגִּיעַ; הִשְׁכִּין שָׁלוֹם
pack *n.* חֲבִילָה, חֲפִיסָה; חֲבוּרָה, לַהֲקָה
pack animal *n.* בֶּהֱמַת מַשָּׂא
pack saddle *n.* מַרְדַּעַת
pack, *v.* אָרַז, צָרַר; צוֹפֵף
package *n.* חֲבִילָה, צְרוֹר
package deal *n.* עִסְקַת חֲבִילָה
package *v.* צָרַר, עָשָׂה חֲבִילָה
packing box *n.* תֵּיבַת אֲרִיזָה
packing-house *n.* בֵּית־אֲרִיזָה
pact *n.* אֲמָנָה, בְּרִית
pad *n.* מַרְפֵּד, רְפָד; כָּרִית; פִּנְקָס
pad *v.* מִילֵּא לְרִיפּוּד; נִיפֵּחַ (נאום וכד')
padding *n.* חוֹמֶר רִיפּוּד; נִיפּוּחַ; תּוֹסָפוֹת מְיוּתָּרוֹת
paddle *n.* מָשׁוֹט; מַבְחֵשׁ
paddle wheel *n.* גַּלְגַּל הֲנָעָה (לאונייה), מְשׁוֹטָה
paddle *v.* חָתַר; שִׁכְשֵׁךְ
paddock *n.* מִכְלָאָה (לסוסים, לפני המרוץ)
paddy *n.* אוֹרֶז
padlock *n., v.* מַנְעוּל; נָעַל
padre *n.* כּוֹהֵן־דָּת צְבָאִי

palatal *adj.* חִכִּי

palate *n.* חֵךְ; חוּשׁ הַטַּעַם

palatial *adj.* כְּמוֹ אַרְמוֹן, גָּדוֹל וּמְפוֹאָר

pale *adj.* חִיוֵּר

pale *v.* הֶחֱוִויר

pale *n.* מוֹט, כְּלוֹנָס (לגדר); תְּחוּם, גְּבוּל

paleface *n.* לְבֶן־פָּנִים

palette *n.* לוּחַ צְבָעִים (של צייר)

palimpsest *n.* פָּלִימְפְּסֶסְט (כת״י עתיק על גבי כת״י קודם, שנמחק)

palindrome *n.* פָּלִינְדְּרוֹם (מלה או משפט שאפשר לקראו באותו אופן גם ישר וגם הפוך: כגון בעב׳: היפהפיה)

palisade *n.* מְסוּכָה, גֶּדֶר יְתֵדוֹת

pall *v.* הִתְפַּטֵּם עַד לְזָרָא; נַעֲשָׂה חֲסַר טַעַם

pall *n.* אֲרִיג אֵבֶל; מִיטַּת מֵת

pallbearer *n.* נוֹשֵׂא מִיטַּת מֵת

palliate *v.* הֵקֵל, הִרְגִּיעַ

pallid *adj.* חִיוֵּר, חֲסַר צֶבַע

pallor *n.* חִיוָּרוֹן (של פנים)

palm *n.* דֶּקֶל, תָּמָר; כַּף הַיָּד

palm-oil *n.* שֶׁמֶן תְּמָרִים

palm *v.* שִׁיחֵד; הִסְתִּיר בְּכַף הַיָּד

palmist *n.* מְנַחֵשׁ עַל־פִּי כַּף הַיָּד

palmistry *n.* קְרִיאַת כַּף הַיָּד

palpable *adj.* מָשִׁישׁ; מַמָּשִׁי, מוּחָשׁ

palpitate *v.* פִּרְפֵּר, רָטַט

palsy *n.* שִׁיתּוּק; שִׁיתֵּק; הִדְהִים

paltry *adj.* חֲסַר עֵרֶךְ, נִקְלֶה

pamper *v.* פִּינֵּק

pamphlet *n.* פַּמְפְלֵט, עָלוֹן

pan *n.* מַחֲבַת, סִיר נָמוּךְ

pan *v.* בִּישֵּׁל בְּמַחֲבַת; שָׁטַף (עפרות זהב)

panacea *n.* פָּנַצֵיאָה, תְּרוּפָה לַכּוֹל

panache *n.* עִיטּוּר נוֹצוֹת (בקסדה); רַאַוְותָנוּת, רַבְרְבָנוּת

pancake *n.* פַּנְקֵיק, חֲבִיתִית

pancreas *n.* לַבְלָב

panda *n.* פַּנְדָּה (בע״ח דומה לדוב)

pandemonium *n.* אַנְדְּרָלָמוּסְיָה, מְהוּמָה

pander *n.* רוֹעֵה זוֹנוֹת

pander *v.* סִרְסֵר לִדְבַר עֲבֵירָה; עוֹדֵד (דברים שליליים)

pane *n.* שִׁמְשָׁה, זְגוּגִית, לוּחַ זְכוּכִית

panegyric *n.* תִּשְׁבָּחוֹת, שֶׁבַח וְהַלֵּל

panel *n.* לוּחִית, סָפִין, שִׁיפּוּלֶת; צֶוֶות

panel *v.* מִילֵּא; קִישֵּׁט

panelist *n.* חֲבַר צֶוֶות דִּיּוּן

pang *n.* כְּאֵב פִּתְאוֹמִי, מַכְאוֹב

panic *n.* תַּבְהֵלָה, פָּנִיקָה

panic *v.* תִּבְהֵל, עוֹרֵר בֶּהָלָה; אִיבֵּד עֶשְׁתּוֹנוֹת

panic-stricken *adj.* אֲחוּז בֶּהָלָה

panoply *n.* שִׁרְיוֹן מָלֵא, חֲגוֹר מָלֵא

panorama *n.* מַרְאֵה נוֹף; תְּמוּנָה מַקִּיפָה

pansy *n.* (פרח) אַמְנוֹן וְתָמָר; (דיבורית) גֶּבֶר נָשִׁי, הוֹמוֹסֶקְסוּאָל

pant *v.* הִתְנַשֵּׁף

pant *n.* נְשִׁימָה כְּבֵדָה; (ברבים) מִכְנָסַיִים

pantheism *n.* פַּנְתֵּאִיזְם (התפיסה שהאלוהות נמצאת בכול, שכל הכוחות בטבע אלוהיים; נכונות לעבוד את כל האלים או את רובם)

pantheon *n.* פַּנְתֵּיאוֹן (בניין קבריהם או שרידיהם של בני־אדם גדולים)

panther *n.* נָמֵר, פַּנְתֵּר

panties *n.pl.* תַּחְתּוֹנִים קְצָרִים (של נשים)

pantomime *n.* פַּנְטוֹמִימָה

pantry *n.* מְזָווֶה

pants *n.pl.* תַּחְתּוֹנִים; מִכְנָסַיִים

pantyhose *n.* בֶּגֶד צָמוּד (לרקדנים), גְמִישׁוֹנִים

pap *n.* פְּטָמָה

papa *n.* אַבָּא (בפי ילדים)

papacy *n.* אַפִּיפְיוֹרוּת; שִׁלְטוֹן הַכְּנֵסִיָּיה הַקָּתוֹלִית

paper *n.* נְיָיר; תְּעוּדָה; חִיבּוּר; עִיתּוֹן

paper *adj.* עָשׂוּי נְיָיר

paper *v.* כִּיסָּה בִּנְיָיר

paper-back *n.* (ספר) בַּעַל כְּרִיכַת נְיָיר

paper-boy *n.* מְחַלֵּק עִיתּוֹנִים

paper-clip *n.* מְהַדֵּק, כְּלִיב

paper curreney *n.* מַטְבֵּעַ נְיָיר (ולא מתכת)

paper-cutter *n.* מַחְתֵּךְ נְיָיר

paper doll *n.* בּוּבַּת נְיָיר

paper-hanger *n.* טַפֵּטַאי (מכסה קירות בטפטים)

paper-knife *n.* סַכִּין לִנְיָיר (מעץ וכו')

paper-mill *n.* בֵּית־חֲרוֹשֶׁת לִנְיָיר

paper profits *n.pl.* רְווָחִים שֶׁעַל הַנְּיָיר (היפותטיים)

paper tape *n.* סֶרֶט מְנוּקָּב

paper-work *n.* נַיֶּירֶת

pap(i)er-maché *n., adj.* נְיָיר מְעוּבָּד (לתעשיית קופסאות)

papoose *n.* תִּינוֹק (בפי האינדיאנים); תַּרְמִיל (לנשיאת תינוק)

paprika *n.* פַּפְּרִיקָה, פִּלְפֶּלֶת

papyrus *n.* פַּפִּירוּס גוֹמֶא; כְּתַב יָד (ע"ג פפירוס)

par *n., adj.* שׁוּוִי; שָׁוֶוה

parable *n.* מָשָׁל

parabola *n.* פָּרַבּוֹלָה (צורה הנדסית)

parabolical *adj.* שֶׁל מְשָׁלִים

parachute *v., n.* הִצְנִיחַ; צָנַח; מַצְנֵחַ

parachutist *n.* צַנְחָן

parade *n.* מִצְעָד; תַּהֲלוּכָה, מִסְדָּר

parade *v.* הִצִּיג לְרַאֲוָוה; עָבַר בְּמִסְדָּר

paradigm *n.* פָּרָדִיגְמָה, דוּגְמַת הַטָּיָיה (של שם, פועל)

paradise *n.* גַּן־עֵדֶן

paradox *n.* פָּרָדוֹקְס, מוּפְרָכוּת, הֶפְרֵךְ

paraffin *n.* פָּרָפִין; נֵפְט בְּעֵירָה

paragon *n.* מוֹפֵת, דוּגְמָה

paragraph *n.* סְעִיף, פִּסְקָה

paragraph *v.* חִילֵּק לִסְעִיפִים

parakeet *n.* תּוּכִּי־הַצַּוָּוארוֹן

parallel *adj., n.* מַקְבִּיל; קַו מַקְבִּיל

parallelogram *n.* מַקְבִּילִית

paralysis *n.* שִׁיתּוּק

paralyze *v.* שִׁיתֵּק

paralytic *adj., n.* מְשׁוּתָּק

paramilitary *adj.* (לגבי יחידת כוח) לְפִי דוּגְמָה צְבָאִית, לְיַד הַצָּבָא הַסָּדִיר

paramount *adj., n.* רָאשִׁי; עֶלְיוֹן

paranoia *n.* שִׁיגָּעוֹן גַּדְלוּת אוֹ נִרְדָּפוּת (מחלת רוח)

parapet *n.* מַעֲקֶה, מִסְעָד

paraphernalia *n.pl.* מַכְשִׁירִים; אַבְזָרִים
paraphrase *v., n.* מָסַר דְּבָרִים בְּאוֹפֶן חוֹפְשִׁי; תִּעְקֵף; פָּרָפְרָזָה, מְסִירַת דְּבָרִים חוֹפְשִׁית; תַּעֲקִיף
paraplegic *n., adj.* מְשׁוּתָּק (בְּגַפָּיו התחתונות); סוֹבֵל מְשִׁיתּוּק (כנ"ל)
parasite *n.* טַפִּיל
parasitic(al) *adj.* טַפִּילִי
parasol *n.* שִׁמְשִׁיָּה, סוֹכֵךְ
paratrooper *n.* צַנְחָן
paratroops *n.pl.* חֵיל צַנְחָנִים
parboil *v.* בִּישֵּׁל לְמֶחֱצָה
parcel *n.* חֲבִילָה, צְרוֹר
parcel *v.* חִילֵּק, עָטַף
parch *v.* יִיבֵּשׁ (יותר מדיי), הִצְמִיא
parchment *n.* גְּוִויל, קְלָף
pardon *n.* מְחִילָה, סְלִיחָה
pardon *v.* סָלַח, מָחַל
pardonable *adj.* סָלִיחַ, שֶׁאֶפְשָׁר לִסְלוֹחַ לוֹ, בַּר סְלִיחָה
pardon board *n.* וַעֲדַת חֲנִינָה
pare *v.* גָּזַר קְצָווֹת; קִילֵּף
parent *n.* הוֹרֶה
parentage *n.* הוֹרוּת
parenthesis *n.* סוֹגְרַיִים
parenthood *n.* הוֹרוּת
par excellence מוּבְהָק, בְּבִיצוּעַ מוּשְׁלָם, בְּהִצְטַיְּינוּת
pari passu בַּד בְּבַד וּבְקֶצֶב שָׁוֶה
pariah *n.* פַּרְיָה; מְנוּדֶּה
parish *n.* (בכנסייה הנוצרית) קְהִילָּה
parishioner *n.* מִשְׁתַּיֵּיךְ לַקְּהִילָּה
parity *n.* שִׁוְויוֹן, מַצָּב שָׁוֶה
park *n.* גַּן צִיבּוּרִי
park *v.* חָנָה; הֶחֱנָה
parka *n.* מְעִיל אָטִים מַיִם (לסקי ולטיפוס על הרים)
parking *n.* חֲנִייָה
parking lot *n.* מִגְרַשׁ חֲנָיָה
parkland *n.* גַּן צִיבּוּרִי
parkway *n.* שְׂדֵרָה
parlance *n.* אוֹפֶן דִּיבּוּר
parley *v.* נָשָׂא וְנָתַן
parley *n.* דִּיּוּן, מַשָּׂא וּמַתָּן
parliament *n.* בֵּית־נִבְחָרִים, בֵּית מְחוֹקְקִים, (בישראל) כְּנֶסֶת
parlor *n.* טְרַקְלִין, חֲדַר אוֹרְחִים
parochial *adj.* עֲדָתִי; קַרְתָּנִי; צַר אוֹפֶק
parody *n.* פָּרוֹדְיָה; (יצירה של חיקוי מלגלג)
parody *v.* חִיבֵּר פָּרוֹדְיָה; חִיקָּה (בצורה לגלגנית)
parole *n.* הַבְטָחָה, הֵן צֶדֶק
parole *v.* שִׁחְרֵר (על סמך הן צדק)
paroxysm *n.* הִתְפָּרְצוּת (של כאב, כעס, צחוק)
parquet *n.* פַּרְקֶט (ריצוף אריחי עץ)
parricide *n.* הוֹרֵג אָבִיו
parrot *n.* תּוּכִּי
parrot *v.* חִיקָּה כְּתוּכִּי
parry *v.* הָדַף; הִתְחַמֵּק (ממכה וכד')
parse *v.* (בתחביר) נִיתַּח מִשְׁפָּט
parsimonious *adj.* קַמְצָנִי, חַסְכָנִי (יותר מדיי)
parsley *n.* כַּרְפַּס־נְהָרוֹת, פֶּטְרוֹסְלִינוֹן
parsnip *n.* גֶּזֶר לָבָן
parson *n.* כּוֹמֶר, כּוֹהֵן דָּת
part *n.* חֵלֶק; תַּפְקִיד; צַד
part *v.* הִפְרִיד; נִפְרַד

part and parcel of חֵלֶק בִּלְתִּי נִפְרָד מִן
part song שִׁיר (לכמה קולות)
part-time *adj.* חֶלְקִי (עבודה וכד׳)
part-timer *n.* עוֹבֵד חֶלְקִית
partake *v.* נָטַל חֵלֶק, הִשְׁתַּתֵּף
partial *adj.* חֶלְקִי; נוֹשֵׂא פָּנִים, חַד־צְדָדִי.
participate *v.* הִשְׁתַּתֵּף, נָטַל חֵלֶק
participle *n.* (בדקדוק) בֵּינוֹנִי
particle *n.* חֶלְקִיק, קוּרְטוֹב
particular *n.* פְּרָט, פְּרִיט
particular *adj.* מְיוּחָד, מְסוּיָּם; מְדַקְדֵּק, מַקְפִּיד
partisan *adj.* חַד־צְדָדִי
partisan *n.* חַיָּיל לֹא סָדִיר, פַּרְטִיזָן
partition *n.* מְחִיצָה; חֲלוּקָה
partition *v.* חִילֵּק; הֵקִים מְחִיצָה
partner *n.* שׁוּתָּף; בֶּן־זוּג
partner *v.* שִׁימֵּשׁ כְּשׁוּתָּף (כבן־זוג)
partnership *n.* שׁוּתָּפוּת
partridge *n.* חוֹגְלָה (ציפור)
part-time *adj.* חֶלְקִי
parturition *n.* לֵידָה, הַמְלָטָה
party *n.* קְבוּצָה; מִפְלָגָה; מְסִיבָּה; צַד (בוויכוח וכד׳)
party line *n.* (בטלפון) קַו מְשׁוּתָּף; קַו הַמִּפְלָגָה
party wall קִיר מְשׁוּתָּף (בין דירות)
parvenu *n.* עָנִי שֶׁהֶעֱשִׁיר; אָדָם פָּשׁוּט שֶׁעָלָה לִגְדוּלָּה
pasha *n.* פֶּחָה, פָּשָׁה (תואר אצילות טורקי או מצרי)
pass *v.* עָבַר; חָלַף; אִישֵּׁר; מָסַר; עָמַד (בבחינה)
pass *n.* רְשׁוּת מַעֲבָר; תְּעוּדַת מַעֲבָר; ׳מַסְפִּיק׳

passable *adj.* עָבִיר; מַנִּיחַ אֶת הַדַּעַת
passage *n.* מַעֲבָר; קֶטַע; פְּרוֹזְדוֹר
passbook *n.* פִּנְקַס בַּנְק
passé *adj.* ׳לְשֶׁעָבַר׳, ׳מִי שֶׁהָיָה׳
passenger *n.* נוֹסֵעַ, חֲבֵר צֶוֶות לֹא יָעִיל
passerby *n.* עוֹבֵר אוֹרַח
passim *adv.* (לגבי ציטאטות ואזכורים) בִּמקומות רַבִּים (בספר וכד׳)
passing *adj.* עוֹבֵר, חוֹלֵף
passing *n.* מָוֶות, הִסְתַּלְּקוּת; עֲמִידָה (בבחינה)
passing out ceremony טֶקֶס סִיּוּם (של מחזור בית ספר וכד׳)
passion *n.* תְּשׁוּקָה; הִתְלַהֲבוּת, רֶגֶשׁ עַז
passionate *adj.* עַז רֶגֶשׁ, מִתְלַהֵב, רַגְשָׁנִי מְאוֹד
passive *adj.* סָבִיל, פַּסִּיבִי; חֲסַר יוֹזְמָה
passive *n.* (בדקדוק) בִּנְיָין סָבִיל
passkey *n.* פְּתַחְכּוֹל, מַפְתֵּחַ גַּנָּבִים
Passover *n.* פֶּסַח
passport *n.* דַּרְכּוֹן
password *n.* סִיסְמָה (מוסכמת)
past *adj., n.* שֶׁעָבַר; זְמַן עָבָר
past *prep., adv.* מֵעֵבֶר ל
past praying for *adj.* חֲשׂוּךְ מַרְפֵּא, אָבוּד, חֲסַר תַּקָּנָה
paste *n., v.* עִיסָּה; דֶּבֶק; הִדְבִּיק
pasteboard *n.* קַרְטוֹן (לכריכה)
pastel *n., adj.* פַּסְטֶל (עיפרון צבעוני רך); רַךְ, עָדִין (לגבי צבע)
pasteurize *v.* פִּסְטֵר
pastime *n.* בִּילּוּי, נוֹפֶשׁ
pastor *n.* רוֹעֶה (רוחני); כּוֹמֶר

pastoral *adj.* פַּסְטוֹרָלִי; שֶׁל רוֹעִים, שֶׁל חַיִּים בְּחֵיק הַטֶּבַע
pastoral(e) *n.* פַּסְטוֹרָלָה, (יצירה בעלת רקע כפרי)
pastry *n.* עוּגִיָּה, תּוּפִין, דִבְרֵי מַאֲפֶה
pastry-cook *n.* אוֹפֵה עוּגוֹת
pasture *n.* מִרְעֶה
pasture *v.* רָעָה
pasty *adj.* דָבִיק, בְּצֵקִי; לֹא בָּרִיא (במראהו)
pat *adj., adv.* מַתְאִים, בְּעִתּוֹ, הוֹלֵם
pat *n., v.* לְטִיפָה, טְפִיחָה; טָפַח בְּחִיבָּה
patch *n.* טְלַאי; אִיסְפְּלָנִית, רְטִיָּה
patch *v.* הִטְלִיא; שִׁימֵּשׁ טְלַאי
patch up *v.* הִטְלִיא, תִּיקֵּן אֵיכְשֶׁהוּ
pate *n.* (דיבורית) רֹאשׁ
paté *n.* מִמְרָח
patent *n.* פָּטֶנְט; הַרְשָׁאָה
patent *v.* קִיבֵּל פָּטֶנְט
paternal *adj.* אַבָהִי, שֶׁמִּצַּד הָאָב
paternity *n.* אַבְהוּת; מָקוֹר
path *n.* שְׁבִיל, דֶּרֶךְ, מַסְלוּל
pathetic *adj.* פָּתֵטִי, סְפוּג רֶגֶשׁ; מְעוֹרֵר רַחֲמִים
pathfinder *n.* מְגַלֶּה נְתִיבוֹת, גַּשָּׁשׁ
pathology *n.* פַּתוֹלוֹגְיָה (חקר תופעות חולניות בגוף)
pathos *n.* פָּתוֹס
pathway *n.* שְׁבִיל, נָתִיב
patience *n.* סַבְלָנוּת, אוֹרֶךְ רוּחַ, פַּסִיאַנְס (משחק קלפים ליחיד)
patient *adj.* סַבְלָנִי, אֶרֶךְ רוּחַ
patient *n.* חוֹלֶה, פַּצִיאֶנְט
patina *n.* בְּרַק יוֹשֶׁן (ע״ג כלי נחושת ועץ)
patio *n.* חָצֵר פְּנִימִית

patois *n.* דִיאָלֶקְט, לַהַג מְקוֹמִי
patriarch *n.* אָב רִאשׁוֹן
patrician *adj., n.* פַּטְרִיצִי; אָצִיל
patricide *n.* רֶצַח אָב
patrimony *n.* יְרוּשָׁה, נַחֲלַת אָבוֹת
patriot *n.* אוֹהֵב מוֹלַדְתּוֹ, פַּטְרִיּוֹט
patriotic *adj.* שֶׁל אַהֲבַת־הַמּוֹלֶדֶת
patriotism *n.* אַהֲבַת־הַמּוֹלֶדֶת
patrol *v.* פִּטְרֵל, סִיֵּיר
patrol *n.* פִּטְרוּל, סִיּוּר
patrol wagon *n.* מְכוֹנִית עֲצוּרִים
patrolman *n.* סַיָּר; שׁוֹטֵר מַקּוֹפִי
patron *n.* פַּטְרוֹן, נוֹתֵן חָסוּת; לָקוֹחַ קָבוּעַ
patronize *v.* שִׁימֵּשׁ פַּטְרוֹן; הִתְיַיחֵס כְּאֶל בֶּן חָסוּת
patter *v.* נָקַשׁ נְקִישָׁה (כגשם)
patter *n.* עָגָה (של מעמד מסוים); פִּטְפּוּט (של קומיקאים)
pattern *n., v.* תַּבְנִית; דֶּגֶם; קָבַע תַּבְנִית.v
patty *n.* פַּשְׁטִידִית
paucity *n.* מִיעוּט (במספר או בכמות)
Paul *n.* פָּאוּל, שָׁאוּל הַתַּרְסִי
paunch *n.* כֶּרֶס, בֶּטֶן
pauper *n.* עָנִי; קַבְּצָן
pause *n., v.* הַפְסָקָה, הֲפוּגָה; הִפְסִיק
pave *v.* רִיצֵּף, סָלַל
pave the way for הִכְשִׁיר אֶת הַקַּרְקַע לְ
pavement *n.* מִדְרָכָה; מַרְצֶפֶת, רִיצּוּף
pavilion *n.* בִּיתָן
paw *n.* רֶגֶל (של בע״ח)
paw *v.* תָּפַף בְּרַגְלוֹ; נָגַע בְּיָד גַּסָּה
pawn *v.* מִשְׁכֵּן
pawn *n.* (בשחמט) רַגְלִי; מַשְׁכּוֹן
pawn ticket *n.* קַבָּלַת מַשְׁכּוֹן
pawnbroker *n.* מַלְוֶוה בַּעֲבוֹט

pawnshop *n.* בֵּית־עֲבוֹט
pay *v.* שִׁילֵּם; הָיָה כְּדַאי; נָתַן רֶוַח
pay attention *v.* שִׂים לֵב
paid a visit to *v.* בִּיקֵּר
paid him a compliment חָלַק לוֹ מַחְמָאָה
paid off *v.* גָּמַר לִפְרוֹעַ
pay *n.* שָׂכָר, מַשְׂכּוֹרֶת
pay-load *n.* הַנּוֹסְעִים וְהַמִּטְעָן (בּמטוס), מִטְעָן מַכְנִיס
pay- off *n.* סִילּוּק חֶשְׁבּוֹן; חִישּׁוּב סוֹפִי, הֶסְדֵּר סוֹפִי
pay-out *n.* אֲחוּז הָרְוָחִים הַנִּיתָּן לְבַעֲלֵי מְנָיוֹת
pay-roll *n.* רְשִׁימַת עוֹבְדִים (עם ציוּן משׂכּורותיהם)
pay station *n.* תָּא טֶלֶפוֹן (בּתשלוּם)
pay-toilet *n.* בֵּית כִּיסֵּא בְּתַשְׁלוּם (על ידי שלשוּל מטבּע הפּותח דלת)
payable *adj.* שֶׁאֶפְשָׁר לְשַׁלְּמוֹ, שֶׁיֵּשׁ לְשַׁלְּמוֹ
payday *n.* יוֹם תַּשְׁלוּם הַמַּשְׂכּוֹרֶת
payee *n.* מְקַבֵּל הַתַּשְׁלוּם
payer *n.* מְשַׁלֵּם, שַׁלָּם
paymaster *n.* שַׁלָּם
payment *n.* שָׂכָר, תַּשְׁלוּם; גְּמוּל
pea *n.* אָפוּן, אֲפוּנָה
peace *n.* שָׁלוֹם; שַׁלְוָה, מְנוּחָה
peace of mind *n.* שַׁלְוַת־נֶפֶשׁ
peaceable *adj.* שָׁלֵו; אוֹהֵב שָׁלוֹם
peaceful *adj.* שׁוֹחֵר שָׁלוֹם; שָׁקֵט, שָׁלֵו
peacemaker *n.* מַשְׁכִּין שָׁלוֹם
peach *n.* אֲפַרְסֵק, נִפְלָא; 'חֲתִיכָה'
peachy *adj.* (המוּנית) מְפוֹאָר, עָצוּם
peacock *n.* טַוָּס (זכר)
peak *v.* נֶחֱלַשׁ, רָזָה, נָמַק
peak *n.* פִּסְגָּה, שִׂיא; חוֹד בּוֹלֵט
peal *n.* צִלְצוּל פַּעֲמוֹנִים
peal *v.* צִלְצֵל; רָעַם
peal of laughter *n.* רַעֲמֵי צְחוֹק
peal of thunder *n.* קוֹל רַעַם חָזָק
peanut *n.* אֱגוֹז־אֲדָמָה, בּוֹטֶן, בּוֹטְנָה
peanuts *n.pl.* בּוֹטְנִים; (המוּנית) סְכוּם אַפְסִי
pear *n.* אַגָּס (העץ, הפּרי)
pearl *n.* מַרְגָּלִית, פְּנִינָה
pearl oyster *n.* צִדְפַּת הַפְּנִינִים
peasant *n.* אִיכָּר, עוֹבֵד אֲדָמָה
peashooter *n.* יוֹרֶה אֲפוּנָה (צעצוּע)
peat *n.* כָּבוּל, טוֹרְף
pebble *n.* אֶבֶן חָצָץ
pecan *n.* (אֱגוֹז) פֶּקָן
peck *v.* נִיקֵּר, הִקִּישׁ בְּמַקּוֹר; מַכַּת מַקּוֹר
peck *n.* פֶּק (מידת היבש)
peculiar *adj.* מוּזָר; מְיוּחָד
pecuniary *adj.* כַּסְפִּי
pedagogue *n.* מְחַנֵּךְ, פֵּדָגוֹג
pedagogy *n.* תּוֹרַת הַהוֹרָאָה וְהַחִינּוּךְ
pedal *adj.* שֶׁל הָרֶגֶל, שֶׁל דַּוְושָׁה
pedal *n.* דַּוְושָׁה
pedant *n.* קַפְדָן, נוּקְדָן
pedantic *adj.* מַקְפִּיד בְּקְטַנּוֹת, מַחְמִיר
pedantry *n.* קַפְדָנוּת נוּקְשָׁה
peddle *v.* עָסַק בְּרוֹכְלוּת, רָכַל
peddler, pedlar *n.* רוֹכֵל
pederasty *n.* מִשְׁכַּב זָכוּר (עם יֶלֶד)
pedestal *n.* כֵּן, בָּסִיס
pedestrian *n., adj.* הוֹלֵךְ רֶגֶל; שֶׁל הֲלִיכָה בָּרֶגֶל; חֲסַר מָעוֹף; לְלֹא הַשְׁרָאָה
pediatrics *n.pl.* פֶּדִיאַטְרִיקָה (תּורת ריפּוּי ילדים)

pedicure *n.* טִיפּוּל בְּכַפּוֹת הָרַגְלַיִים
pedigree *n.* שַׁלְשֶׁלֶת הַיִּיחוּס, יִיחוּס
pedlar *n.* **see peddler**
peek *n.* הֲצָצָה, מַבָּט חָטוּף
peek *v.* חָטַף מַבָּט, הֵצִיץ
peel *v.* קָלַף, קִילֵף; הִתְקַלֵּף
peel *n.* קְלִיפָּה
peeling knife *n.* מַקְלֵף
peeling machine *n.* מַקְלֵפָה
peep *v.* הֵצִיץ; צִפְצֵף, צִיֵּיץ
peep *n.* הֲצָצָה; צִפְצוּף, צִיּוּץ
peephole *n.* חוֹר הֲצָצָה
peer *v.* הִתְבּוֹנֵן מִקָּרוֹב
peer *n.* פִּיר (אציל); שָׁוֶוה
peerage *n.* הָאֲצוּלָה, מַעֲמַד חַבְרֵי בֵּית הַלּוֹרְדִים
peerless *adj.* שֶׁאֵין דּוֹמֶה לוֹ
peeve *v.* הִרְגִּיז, הִכְעִיס
peevish *adj.* רָגִיז, נוֹחַ לִכְעוֹס
peg *n.* יָתֵד, מַסְמֵר, וָו, אֶטֶב
peg *v.* חִיזֵּק בִּיתֵדוֹת; תָּקַע
peg-top *n.* סְבִיבוֹן
pejorative *adj.* (מִלָּה) שֶׁל גְּנַאי, שֶׁל הַפְחָתָה
pekoe *n.* פֶּקוֹאָה (מין תֵה משובח)
pelf *n.* מָמוֹן, בֶּצַע כֶּסֶף
pelikan *n.* שַׂקְנַאי (עוף)
pell-mell, pellmell *adv., adj.* בְּעִרְבּוּבְיָה, בְּאִי־סֵדֶר
pellet *n.* כַּדּוּרִית (של לחם, של נייר רטוב וכד'), גְּלוּלָה
pellucid *adj.* צָלוּל מְאוֹד
pelt *v.* סָקַל, רָגַם; נִיתַּךְ; מִיהֵר
pelt *n.* עוֹר פַּרְוָוה; מְהִירוּת
pelvis *n.* אַגַן הַיְרֵכַיִים
pen *v.* הִכְנִיס לְדִיר; סָגַר; כָּתַב בְּעֵט
pen *n.* דִּיר, גְּדֵרָה; עֵט
pen-friend *n.* חָבֵר לְהִתְכַּתְּבוּת
pen-knife *n.* אוֹלַר כִּיס
pen-name *n.* שֵׁם סִפְרוּתִי
pen-nib *n.* צִיפּוֹרֶן לְעֵט
pen-pal *n.* חָבֵר לְהִתְכַּתְּבוּת
pen-point *n.* חוֹד הָעֵט
penal *adj.* שֶׁל עוֹנֶשׁ; עוֹנְשִׁי
penalize *v.* עָנַשׁ, הֶעֱנִישׁ
penalty *n.* עוֹנֶשׁ, קְנָס
penalty (kick) (בְּעִיטַת) עוֹנֶשׁ (בכדור רגל)
penance *n.* תְּשׁוּבָה, חֲרָטָה
pence *n.* (רבים של פֶּני) פֶּנִים
penchant *n.* חִיבָּה, נְטִיָּיה
pencil *n.* עִיפָּרוֹן; מִכְחוֹל
pendant *n.* עֲדִילְיוֹן, תִּלְיוֹן, עֲדִי תָּלוּי
pendent *adj.* תָּלוּי וְעוֹמֵד
pending *adj., prep.* תָּלוּי, תָּלוּי וְעוֹמֵד
pendulum *n.* מְטוּטֶלֶת
penetrate *v.* חָדַר; הֶחְדִּיר
penguin *n.* פִּנְגְּוִוין (עוף)
penholder *n.* מַחֲזִיק־עֵט
penicillin *n.* פֶּנִיצִילִּין (חומר אנטיביוטי)
peninsula *n.* חֲצִי־אִי
peninsular *adj.* שֶׁל חֲצִי אִי, דְּמוּי חֲצִי־אִי
penis *n.* אֵיבַר הַזָּכָר, פִּין, 'זַיִן'
penitence *n.* חֲרָטָה, חֲזָרָה בִּתְשׁוּבָה
penitent *adj., n.* חוֹזֵר בִּתְשׁוּבָה
penmanship *n.* אָמָּנוּת הַכְּתִיבָה, סִגְנוֹן כְּתִיבָה
pennant *n.* דֶּגֶל אִיתוּת (באוניה)

penniless *adj.* חֲסַר פְּרוּטָה, חֲסַר כּוֹל

pennon *n.* דִּגְלוֹן, דֶּגֶל אִיתוּת

penny *n.* פֶּנִי, (מטבע בבריטניה), סֶנְט (בּאה"ב)

pennyweight *n.* מִשְׁקַל פֶּנִי (1.55 גרם)

pension *n.* קִצְבָּה, פֶּנְסְיָה; פֶּנְסְיוֹן

pension *v.* הֶעֱנִיק קִצְבָּה

pensioner *n.* מְקַבֵּל קִצְבָּה, קִצְבַּאי

pensive *adj.* שָׁקוּעַ בְּמַחֲשָׁבוֹת

pentagon *n.* מְחוּמָשׁ, מִשְׂרַד הַהֲגָנָה הָאֲמֶרִיקָנִי

pentameter *n.* פֶּנְטָמֶטֶר (שׁוּרָה בַּת 5 מִקְצָבִים)

Pentateuch *n.* חֲמִישָּׁה חוּמְשֵׁי תּוֹרָה, הַחוּמָּשׁ

Pentecost *n.* חַג הַשָּׁבוּעוֹת

penthouse *n.* דִּירַת־גַּג

pent up *adj.* סָגוּר, עָצוּר

penult *adj.* לִפְנֵי הָאַחֲרוֹן

penurious *adj.* עָנִי; קַמְצָנִי

penury *n.* חוֹסֶר כּוֹל, עוֹנִי

peon *n.* עוֹבֵד אֲדָמָה; שָׁלִיחַ, מְשָׁרֵת

peony *n.* אַדְמוֹן (פרח)

people *n.* עַם; בְּנֵי אָדָם

people *v.* אִכְלֵס, מִילֵּא בִּבְנֵי אָדָם

pep *n., v.* מֶרֶץ, זְרִיזוּת; הִמְרִיץ

pepper *n., v.* פִּלְפֵּל; הוֹסִיף פִּלְפֵּל

peppermint *n.* נַעֲנָה, מִנְתָּה

per *prep.* בְּאֶמְצָעוּת; לְכָל (אחד)

perambulator *n.* עֶגְלַת יְלָדִים

per capita *adj.* לַגּוּלְגּוֹלֶת

percent *n.* אָחוּז, %, אֲחוּזִים

perceive *v.* הֵבִין; הִבְחִין

percentage *n.* אֲחוּזִים לְמֵאָה

perception *n.* תְּפִיסָה; תְּחוּשָׁה

perch *n.* עָנָף, מוֹט (למנוחת עופות), מָקוֹם מוּגְבָּה; דַּקַּר מַיִם מְתוּקִים

perch *v.* יָשַׁב, הוֹשִׁיב עַל מַשֶּׁהוּ גָּבוֹהַּ

percolator *n.* חַלְחוּל (קומקום לקפה)

perdition *n.* כְּלָיָה, אוֹבְדָן, גֵּיהִינּוֹם

perennial *adj., n.* רַב־שְׁנָתִי, נִצְחִי

perfect *adj.* שָׁלֵם, מוּשְׁלָם; לְלֹא מוּם

perfect *n.* (בדקדוק) עָבָר גָּמוּר

perfect *v.* הֵבִיא לִידֵי שְׁלֵמוּת, שִׁכְלֵל

perfidy *n.* כַּחַשׁ, בְּגִידָה, הֲפָרַת אֵמוּן

perforate *v.* נִקֵּב

perforation *n.* נִקּוּב

perforce *adv.* בְּהֶכְרֵחַ

perform *v.* בִּיצֵּעַ, הוֹצִיא לַפּוֹעַל; שִׂיחֵק (בתפקיד)

performance *n.* בִּיצּוּעַ; הַצָּגָה

performer *n.* שַׂחְקָן; מוֹצִיא לַפּוֹעַל

perfume *n., v.* בּוֹשֶׂם; בִּישֵּׂם

perfunctory *adj.* לָצֵאת יְדֵי חוֹבָה, כִּלְאַחַר יָד

perhaps *adv.* שֶׁמָּא, אוּלַי

peril *n.* סַכָּנָה

perilous *adj.* מְסוּכָּן

perimeter *n.* הֶיקֵּף (של צורה הנדסית); גְּבוּלוֹת חִיצוֹנִיִּים (של שטח)

period *n.* תְּקוּפָה; עוֹנַת הַוֶּסֶת, מַחְזוֹר; נְקוּדָּה

phalanx *n.* יְחִידָה צְבָאִית (ביוון העתיקה); גּוּשׁ מְאוּחָד (של בני אדם)

phallus *n.* פִּין, אֵיבַר מִין הַזָּכָר (סמל ההפריה)

phantasm(a) *n.* הֲזָיָה

phantom *n., adj.* רוּחַ, שֵׁד; דִּמְיוֹנִי

Pharisee *n.* פְּרוּשִׁי

pharmaceutic(al) *adj.* שֶׁל רוֹקְחוּת

pharmacist *n.* רוֹקֵחַ
pharmacy *n.* בֵּית־מִרְקַחַת
pharynx *n.* לוֹעַ
phase *n.* מַרְאֵה הַיָּרֵחַ או גֶּרֶם שָׁמַיִם; שָׁלָב
phase *v.* בִּיצֵּעַ בִּשְׁלַבִּים
pheasant *n.* (בְּשַׂר) פַּסְיוֹן (עוף)
phenomenal *adj.* בִּלְתִּי־רָגִיל; שֶׁל תּוֹפָעָה, מְיוּחָד
phenomenon *n.* תּוֹפָעָה; דָּבָר (אוֹ אָדָם) מְיוּחָד בְּמִינוֹ
phew *interj.* פִּיוּ! (קריאת תמיהה עייפות, בחילה...)
phial *n.* בַּקְבּוּקוֹן
philanderer *n.* עַגְבָן, 'מִתְעַסֵּק' עִם בָּנוֹת
philanthropist *n.* נָדִיב, נַדְבָן, פִילַנְטְרוֹפ
philanthropy *n.* נַדְבָנוּת, פִילַנְטְרוֹפְּיָה
philately *n.* בּוּלָאוּת, אֲסִיפַת בּוּלִים
philharmonic *adj.* פִילְהַרְמוֹנִי (1. לאוהבי מוסיקה; 2. שייך לתזמורת סימפונית)
Philistine *n., adj.* פְּלִשְׁתִּי; חֲסַר תַּרְבּוּת
philologist *n.* לְשׁוֹנַאי, בַּלְשָׁן, פִילוֹלוֹג
philology *n.* בַּלְשָׁנוּת, פִילוֹלוֹגְיָה
philosopher *n.* פִילוֹסוֹף, הוֹגֵה דֵעוֹת
philosophic(al) *adj.* מְיוּשָּׁב וְשָׁקוּל; פִילוֹסוֹפִי
phlebitis *n.* דַּלֶּקֶת הַוְּרִידִים
phlegm *n.* רִיר, לֵחָה, קֵיהוּת, אֲדִישׁוּת
phlegmatic(al) *adj.* פְלֶגְמָטִי, קֵיהֶה רֶגֶשׁ, אָדִישׁ
phobia *n.* בַּעַת, פַּחַד, סְלִידָה
phoenix *n.* פֶנִיקְס, (עוֹף הַ)חוֹל

phone *n., v.* טֵלֵפוֹן; טִלְפֵּן
phone call *n.* צִלְצוּל טֵלֵפוֹן
phonetic *adj.* פוֹנֵטִי, שֶׁל הַגִּיָּיה
phonograph *n.* מָקוֹל, פָּטֵיפוֹן
phonology *n.* תּוֹרַת הַהֶגֶה
phon(e)y *adj.* מְזוּיָּף, לֹא כֵּן
phooey *interj.* פוּי (קריאת בוז, אי אמון, אכזבה)
phosphate *n.* זַרְחָה, פוֹסְפָט
phosphorescent *adj.* זַרְחוֹרִי
phosphorous *adj.* זַרְחָנִי
photo *n.* תַּצְלוּם, תְּמוּנָה
photo finish *n.* גְּמָר מְצוּלָּם (של מרוץ)
photocopy *n., v.* הֶעְתֵּק תַּצְלוּם; צִילֵּם (מסמך וכד'); הֶעְתִּיק
photoengraving *n.* פִּיתּוּחַ אוֹר
photogenic *adj.* צָלִים, נוֹחַ לְצִילּוּם, פוֹטוֹגֶנִי
photograph *n.* תַּצְלוּם, תְּמוּנָה
photograph *v.* צִילֵּם
photographer *n.* צַלָּם
photography *n.* צִילּוּם
photostat *n.* פוֹטוֹסְטָט, הַעְתָּקַת צִילּוּם
phrase *n.* צֵירוּף מִלִּים, נִיב; מְלִיצָה
phrase book *n.* לֶקְסִיקוֹן לְנִיבִים
phrase *v.* נִיסַּח, הִבִּיעַ בְּמִלִּים
phrenology *n.* פְרֶנוֹלוֹגְיָה (קביעת אופיו וכשריו של אדם לפי מבנה גולגולתו)
phylacteries *n.pl.* תְּפִילִּין
physic *n.* תְּרוּפָה, סַם
physical *adj.* גּוּפָנִי, גַּשְׁמִי; פִיסִי
physician *n.* רוֹפֵא
physicist *n.* פִיסִיקַאי
physics *n.pl.* פִיסִיקָה

physiognomy *n.* פִיסְיוֹנוֹמְיָה (קביעת אופי אדם לפי קלסתר פניו); פַּרְצוּף

physiologic(al) *adj.* פִיסְיוֹלוֹגִי

physiology *n.* פִיסְיוֹלוֹגְיָה

physique *n.* מִבְנֵה גוּף

pianissimo *adv.* (במוסיקה) מְאוֹד בְּשֶׁקֶט

piano *n.* פְּסַנְתֵּר

piastre *n.* פִּיאַסְטֶר (מטבע איטלקי), אֲגוֹרָה

piazza *n.* רְחָבָה, כִּיכָּר

picador *n.* פִּיקָדוֹר (דוקֵר הפר במלחמת פרים)

picaresque *adj.* פִּיקָרֶסְקִי, [סיפור] עַל נוֹכְלִים וְהַרְפַּתְקָנִים

picayune *n., adj.* פְּרוּטָה; חֲסַר עֵרֶךְ

piccalilli *n.* כְּבוּשִׁים בְּחַרְדָּל

piccaninny, pickaninny, *n.* תִּינוֹק (או ילד) כּוּשִׁי

piccolo *n.* חֲלִילוֹן

pick *v.* בָּחַר, בֵּירֵר; קָטַף; קָרַע

pick *n.* בְּרֵירָה; בָּחִיר; מַעְדֵר, מַכּוֹשׁ

pickax *n.* מַעְדֵר, מַכּוֹשׁ

picket *n.* כְּלוֹנָס, יָתֵד; מִשְׁמֶרֶת (שובתים וכד')

picket *v.* גָּדַר; הִשְׁתַּתֵּף בְּמִשְׁמֶרֶת שׁוֹבְתִים

pickle *v.* כָּבַשׁ (ירקות)

pickle *n.* מֵי כְּבוּשִׁים; כְּבוּשִׁים; מַצָּב בִּישׁ

pick-me-up *n.* 'מְחַיֵּה נְפָשׁוֹת', מַשְׁקֶה מְעוֹרֵר

pickpocket *n.* כַּיָּיס

pickup *n.* רֹאשׁ מָקוֹל (פאטיפון); מֶכֶר מִקְרִי; מַשָּׂאִית קַלָּה

picnic *n.* פִּיקְנִיק (טיול ואכילה בחיק הטבע)

picnic *v.* הִשְׁתַּתֵּף בְּפִיקְנִיק

pictorial *adj.* צִיּוּרִי

picture *n.* תְּמוּנָה; צִיּוּר; סֶרֶט; תַּצְלוּם

picture *v.* תֵּיאֵר; דִּימָּה

picture-gallery *n.* גָּלֶרְיָה לְצִיּוּרִים

picture postcard *n.* גְּלוּיַת תְּמוּנָה

picture-show *n.* הַצָּגַת קוֹלְנוֹעַ

picture window *n.* חַלּוֹן נוֹף

picturesque *adj.* צִיּוּרִי, סַסְגוֹנִי

pidling *adj.* שֶׁל מַה בְּכָךְ

pie *n.* פַּשְׁטִידָה

pie in the sky חֲלוֹם בְּאַסְפַּמְיָא

pie *v.* הִתְעַרְבֵּב; עִרְבֵּב (אותיות־דפוס)

piece *n.* חֲתִיכָה; פְּרוּסָה; פִּיסָּה; נֵתַח

piece *v.* חִיבֵּר, אִיחָה

piecework *n.* עֲבוֹדָה בְּקַבְּלָנוּת

pied *adj.* מְנוּמָּר, מְגוּוָּן בִּצְבָעָיו

pier *n.* מֵזַח; רְצִיף

pierce *v.* חָדַר, נִיקֵּב, פִּילַּח

piercing *adj.* חוֹדֵר, מְפַלֵּחַ

piety *n.* אֲדִיקוּת, יִרְאַת שָׁמַיִם

piffle *n.* שְׁטוּיוֹת, הֲבָלִים

pig *n.* חֲזִיר

pigeon *n.* יוֹנָה

pigeon house *n.* שׁוֹבַךְ יוֹנִים

pigeonhole *n.* תָּא (לניירות, מסמכים)

pigeonhole *v.* שָׂם בְּתָא; סִידֵּר

piggish *adj.* חֲזִירִי

pigheaded *adj.* עַקְשָׁנִי, עַקְשָׁן

pig-iron *n.* בַּרְזֶל יְצִיקָה

pigment *n.* צִבְעָן, פִּיגְמֶנְט

pigpen *n.* דִּיר חֲזִירִים

pigsticking *n.* צֵיד חֲזִירֵי־בָּר

pigsty *n.* דִיר חֲזִירִים

pigtail *n.* צַמָּה עוֹרְפִּית

pike *n.* רוֹמַח; דָג טוֹרֵף

piker *n.* (המונית) עָלוּב, קַטְנוּנִי

pilaf, pilau *n.* פִּילָף (אורז מבושל עם בשר)

pile *n.* עֲרֵימָה; כַּמּוּת גְדוֹלָה; בִּנְיָן גָבוֹהַּ

pile *v.* עָרַם, צָבַר; הִצְטַבֵּר

pilfer *v.* גָנַב, ׳סָחַב׳

pilgrim *n.* עוֹלֵה־רֶגֶל, צַלְיָין

pilgrimage *n.* עֲלִייָה לְרֶגֶל

pill *n.* גְלוּלָה; כַּדּוּר

pillage *n.* בִּיזָה; שָׁלָל

pillage *v.* בָּזַז, שָׁדַד

pillar *n.* עַמּוּד, עַמּוּד תָּוֶוךְ

pillory *n.* עַמּוּד קָלוֹן

pillory *v.* הֶעֱמִיד לְיַד עַמּוּד הַקָּלוֹן, בִּיזָה

pillow *n.* כַּר

pillow *v.* הֵנִיחַ עַל כַּר; שִׁימֵשׁ כַּר

pillowcase *n.* צִיפָּה

pilot *n.* נַוָּוט (באונייה); טַיָּיס

pilot *v.* נָהַג; שִׁימֵּשׁ כְּקַבַּרְנִיט; הוֹבִיל

pilot *adj.* נִיסְיוֹנִי

pilot plant *n.* מִתְקָן נִיסְיוֹנִי

pimento *n.* (עֵץ) פִּלְפֵּל

pimp *n., v.* סַרְסוּר לִזְנוּת; סִרְסֵר לִזְנוּת

pimple *n.* פִּצְעוֹן, חֲטָט

pimply *adj.* מְחוּטָט, מְכוּסֶּה פִּצְעֵי בַּגְרוּת

pin *n.* פְּרִיפָה, סִיכָּה; יָתֵד

pin money *n.* קוּפָּה לְהוֹצָאוֹת אִישִׁיּוֹת (של אישה)

pin *v.* פָּרַף; חִיבֵּר בְּסִיכָּה

pin-up girl *n.* תְּמוּנַת בַּחוּרָה יָפָה

pinafore *n.* סִינַר יְלָדִים

pinball *n.* כַּדּוּר וִיתֵדוֹת (משחק)

pince-nez *n.* מִשְׁקְפֵי־אַף (שמרכיבים על האף)

pincers *n.pl.* מִצְבָּטַיִים

pincer movement *n.* (בתכסיסי מלחמה) תְּנוּעַת מֶלְקָחַיִים

pinch *v.* צָבַט; ׳סָחַב׳; לָחַץ; קִימֵּץ

pinch *n.* צְבִיטָה; לְחִיצָה; קוֹרֶט, קֻמְצוּץ

pinchcock *n.* מַלְחֵץ

pincushion *n.* כָּרִית לְסִיכּוֹת

pine *n.* אוֹרֶן

pine cone *n.* אִיצְטְרוֹבָּל

pine *v.* נָמַק; הִתְגַעְגֵעַ

pineapple *n.* אֲנָנָס

pinenut *n.* אֱגוֹז צְנוֹבָר (זרע האיצטרובל)

ping *n., v.* זִמְזוּם; זִמְזֵם

ping pong *n.* פִּינְג־פּוֹנְג, טֶנִיס שׁוּלְחָן

pinhead *n.* גוּלַּת סִיכָּה; טִיפֵּשׁ

pink *n.* צִיפּוֹרֶן; מַצָּב עִילָּאִי

pink *adj.* וָרוֹד

pinnacle *n.* פִּסְגַת צְרִיחַ

pinpoint *v.* אִיתֵּר בִּמְדוּיָּק

pinpoint *n.* חוּד סִיכָּה

pinprick *n.* דְקִירַת סִיכָּה; עֲקִיצָה

pint *n.* פַּיינְט (0.568 ליטר; 1/8 גלון)

pinwheel *n.* גַלְגַל פִּין

pioneer *n.* חָלוּץ, יוֹזֵם

pioneer *v.* הָיָה חָלוּץ; סָלַל

pious *adj.* אָדוּק, צַדִּיק

pip *n.* פִּיפּ, צְלִיל אוֹת הַשָּׁעָה (ברדיו), כּוֹכָב (דרגת קצין); נְקוּדָּה (על דומינו וכד׳); חַרְצָן

pipe *n.* צִינּוֹר; (במוסיקה) קָנֶה; מִקְטֶרֶת

pipe *v.* חִילֵל; צָפַר
pipe dream *n.* הֲזָיָה
pipe-line *n.* צִינּוֹר, קַו צִינּוֹרוֹת
pipe organ *n.* עוּגָב
pipe wrench *n.* מַפְתֵּחַ צִינּוֹרוֹת
piper *n.* חֲלִילָן
pippin *n.* (כל סוג של) תַּפּוּחַ
pipsqueak *n.* נִקְלֶה, 'אֶפֶס', דָּבָר בָּזוּי
piquant *adj.* מְגָרֶה, מְסַקְרֵן, פִּיקַנְטִי
pique *n.* רוֹגֶז, עֶלְבּוֹן
pique *v.* הִרְגִּיז, עוֹרֵר טִינָה
pirate *n.* שׁוֹדֵד־יָם, פִּירָט
pirate *v.* שָׁדַד; הִשְׁתַּמֵּשׁ בְּלֹא רְשׁוּת
pirouette *n.* פִּירוּאֶט (סיבוב מהיר על רגל אחת)
pis aller *n.* מוֹצָא אַחֲרוֹן; אֶמְצָעִי דָּחוּק, צַעַד נוֹאָשׁ
piss *v., n.* הִשְׁתִּין; שֶׁתֶן
pistachio *n.* בּוֹטְנִים (פוסטוק חלבי, פוסטוק שָׁאמִי)
pistol *n.* אֶקְדָּח
piston *n.* בּוּכְנָה; (בּמוּסיקה) שַׁסְתּוֹם
piston-ring *n.* טַבַּעַת הַבּוּכְנָה
piston-rod *n.* מוֹט הַבּוּכְנָה
pit *n.* בּוֹר, אֲחוֹרֵי אוּלַם תֵּיאַטְרוֹן, גּוּמָה
pit *v.* עָשָׂה חוֹרִים, הֶעֱמִיד לִקְרָב
pitch *v.* נָטָה (אוהל); אָהַל; הֶעֱמִיד
pitch *n.* גּוֹבַהּ, רָמָה; גּוֹבַהּ הַצְּלִיל
pitcher *n.* כַּד; מַגִּישׁ (בּמשחקי כדור)
pitchfork *n.* קִלְשׁוֹן, מַזְלֵג
piteous *adj.* מְעוֹרֵר רַחֲמִים, מִסְכֵּן
pitfall *n.* מַלְכּוֹדֶת, פַּח
pith *n.* עִיקָר, תַּמְצִית; כּוֹחַ; רִקְמָה (בקליפת תפוז); חוּט הַשִּׁדְרָה
pithy *adj.* תַּמְצִיתִי; נִמְרָץ
pitiful *adj.* מְעוֹרֵר רַחֲמִים; בָּזוּי
pitiless *adj.* חֲסַר רַחֲמִים
pittance *n.* תַּשְׁלוּם נִלְעָג, פְּרוּטוֹת
pitterpatter *n.* קוֹל תְּפִיפָה דַּק
pity *n., v.* רַחֲמָנוּת; רִיחֵם
pivot *n.* צִיר, יָד
pivot *v.* הִרְכִּיב; סַב עַל צִיר
pixy, pixie *n.* שֵׁדוֹן, פֵּיָה קְטַנָּה
pizza *n.* פִּיצָה (מאכל איטלקי)
placard *n.* כְּרָזָה, פְּלָקָט
placard *v.* הִדְבִּיק כְּרָזוֹת
placate *v.* הִרְגִּיעַ, פִּיֵּיס
place *n.* מָקוֹם
place *v.* שָׂם, הִנִּיחַ, הֶעֱמִיד, מִיקֵּם
placement *n.* הֲשָׂמָה, מִיקוּם
placenta *n.* שִׁלְיָה
placid *adj.* שָׁלֵו, שָׁקֵט
plage *n.* חוֹף רַחֲצָה, פְּלַזָ'ה
plagiarism *n.* גְּנֵיבַת יְצִירַת הַזּוּלַת, פְּלַגְיָאט
plagiarize *v.* גָּנַב (יצירת הזולת)
plague *n.* מַגֵּפָה, דֶּבֶר; טַרְדָן
plague *v.* הִכָּה בְּדֶבֶר; הִטְרִיד
plaid *n.* אֲרִיג צֶמֶר מְשׁוּבָּץ
plain *adj.* פָּשׁוּט; בָּרוּר; גָּלוּי; רָגִיל
plain *n.* מִישׁוֹר, עֲרָבָה
plain-clothes *n.pl.* בְּגָדִים אֶזְרָחִיִּים
plaintiff *n.* תּוֹבֵעַ, מַאֲשִׁים, קוֹבֵל
plaintive *adj.* מַבִּיעַ תַּרְעוֹמֶת
plait *n.* צַמָּה, מַחְלָפָה
plan *n.* תּוֹכְנִית; תַּרְשִׁים
plan *v.* תִּכְנֵן, הֵכִין תּוֹכְנִית
plane *n.* (עץ) דּוֹלֵב; מִשְׁטָח מִישׁוֹרִי, מָטוֹס

plane *adj.* שָׁטוּחַ; מִישׁוֹרִי
plane *v.* הִקְצִיעַ
planet *n.* כּוֹכַב־לֶכֶת
planetarium *n.* פְּלָנֶטַרְיוּם (אולם וכו' מתקנים להדגמת תנועות גרמי שָׁמַיִם)
plane tree *n.* דוֹלֶב
planing mill *n.* נַגָּרִיָּה מֵכָנִית
plank *n.* קֶרֶשׁ; סְעִיף (במצע מדיני)
plant *n.* צֶמַח; נֶטַע, שְׁתִיל; בֵּית־חֲרוֹשֶׁת
plant *v.* זָרַע, נָטַע; שָׁתַל
plantation *n.* מַטָּע, אֲחוּזַּת מַטָּעִים
planter *n.* בַּעַל מַטָּעִים
plaque *n.* לוּחַ (לקישוט, להנצחה)
plasma *n.* פְּלַסְמָה (1. החומר החי של התא, 2. החֵלק הנוזל נטול הצבע שבדם או בלימפה)
plaster *n.* אִיסְפְּלָנִית; טִיחַ
plaster *v.* טָח; כִּיֵּר; הִדְבִּיק
plasterboard *n.* לוּחַ טִיחַ
plastic *adj., n.* פְּלַסְטִי, גָּמִישׁ; חוֹמֶר פְּלַסְטִי
plate *n.* צַלַּחַת; כְּלֵי זָהָב אוֹ כֶּסֶף; לוּחַ מַתֶּכֶת; רִיקּוּעַ; פְּרוֹטֶזָה (של שיניים)
plate *v.* צִיפָּה; רִקֵּעַ
plate-glass *n.* זְכוּכִית מְעוּרְגֶּלֶת (לחלונות, למראות וכד')
plate-layer *n.* פּוֹעֵל מְסִילַּת־בַּרְזֶל
plateau *n.* רָמָה
platform *n.* בָּמָה, דוּכָן; רָצִיף
platform car *n.* עֲגָלַת רְצִיף
platinum *n.* פְּלָטִינָה (מתכת נדירה)
platitude *n.* מֵימְרָה שְׁחוּקָה
platoon *n.* מַחְלָקָה
platter *n.* צַלַּחַת

platypus *n.* בַּרְוָזָן (יונק בעל מקור הדומה לשל הברווז)
plaudits *n.pl.* תְּשׁוּאוֹת, מְחִיאוֹת כַּפַּיִים
plausible *adj.* סָבִיר לִכְאוֹרָה, חֲלַקְלַק
plausibly *adv.* בְּאוֹפֶן סָבִיר
play *v.* שִׂיחֵק; נִיגֵּן
play *n.* מִשְׂחָק; שַׁעֲשׁוּעַ; מַחֲזֶה
playbill *n.* מוֹדָעַת הַצָּגָה
playful *adj.* אוֹהֵב שְׂחוֹק
playgoer *n.* מְבַקֵּר תֵּיאַטְרוֹן קָבוּעַ
playground *n.* מִגְרַשׁ מִשְׂחָקִים
playhouse *n.* תֵּיאַטְרוֹן
playing-cards *n.pl.* קְלָפֵי מִשְׂחָק
playing-field *n.* מִגְרַשׁ מִשְׂחָקִים
playoff *n.* מִשְׂחַק גְּמָר (גמר סל, גמר כדורגל וכד')
playpen *n.* לוּל
plaything *n.* צַעֲצוּעַ
playwright *n.* מַחֲזַאי, כּוֹתֵב מַחֲזוֹת
playwriting *n.* מַחֲזָאוּת
plaza *n.* רְחָבָה, כִּכָּר
plea *n.* טַעֲנָה; כְּתַב־הֲגָנָה
plead *v.* (במשפט) טָעַן, סִנְגֵּר; הִפְצִיר
pleasant *adj.* נָעִים, נוֹחַ
pleasantry *n.* הִיתּוּל, הֲלָצָה
please *v.* מָצָא חֵן בְּעֵינֵי, הִנְעִים
please *interj.* בְּבַקָּשָׁה
pleasing *adj.* מְנַעִים, מְהַנֶּה
pleasure *n.* הֲנָאָה
pleat *n., v.* קִיפּוּל, קֶמֶט; עָשָׂה קְפָלִים
pleb, plebeian *n., adj.* פְּשׁוּט־עַם, פְּלֶבֵּאִי
plebiscite *n.* מִשְׁאַל עַם
pledge *n.* מַשְׁכּוֹן; עֵרָבוֹן; הִתְחַיְּבוּת

pledge *v.* מִשְׁכֵּן; הִתְחַיֵּב
plenipotentiary *n.* מְיוּפֶּה כּוֹחַ, שַׁגְרִיר
plenitude *n.* שְׁפָעָה, גּוֹדֶשׁ
plentiful *adj.* שׁוֹפֵעַ, גָּדוּשׁ
plenty *n.* שֶׁפַע, רְווָחָה
plenty *adv.* דַּיי וְהוֹתֵר; מְאוֹד
plenum *n.* מְלִיאָה
plethora *n.* גּוֹדֶשׁ יֶתֶר, עוֹדֶף
pleurisy *n.* דַּלֶּקֶת הָאֶדֶר
pliable *adj.* כָּפִיף, גָּמִישׁ
pliers *n.pl.* מֶלְקָחַיִם, מֶלְקַחַת
plight *n.* מַצָּב רַע, מְצוּקָה
plight *v.* הִבְטִיחַ (נישואים)
P.L.O. הָאִרְגּוּן לְשִׁחְרוּר פַּלַסְטִין (אָשָׁ"ף)
plod *v.* הָלַךְ בִּכְבֵדוּת
plop *n., v., adv.* פלופ, (קול אבן נופלת למים); הִשְׁמִיעַ פלופ, נָפַל בְּקוֹל פלופ
plot *n.* מְזִימָּה, קֶשֶׁר; עֲלִילָה; מִגְרָשׁ
plot *v.* קָשַׁר קֶשֶׁר, זָמַם; תִּכְנֵן
plow, plough *n., v.* מַחֲרֵשָׁה; חָרַשׁ
plowman *n.* חוֹרֵשׁ
plowshare *n.* לַהַב הַמַּחֲרֵשָׁה
ploy *n.* תַּחְבּוּלָה (להערים על הזולת)
pluck *v.* קָטַף, תָּלַשׁ, מָרַט (נוצות)
pluck *n.* אוֹמֶץ־לֵב; מְשִׁיכָה חַדָּה
plucky *adj.* אַמִּיץ־לֵב
plug *n.* (ברכב) מַצֵּת; פְּקָק; (בחשמל) תֶּקַע; תַּעֲמוּלָה מִסְחָרִית
plug *v.* סָתַם, פָּקַק; עָשָׂה פִּרְסוֹמֶת
plum *n.* שְׁזִיף; דָּבָר טוֹב, 'צִימּוּק'
plum cake עוּגַת שְׁזִיפִים
plumage *n.* נוֹצוֹת הָעוֹף
plumb *n.* אֲנָךְ
plumb *adj., adv.* זָקוּף, מְאוּנָּךְ; בִּמְאוּנָּךְ; מוּחְלָט, בְּדִיּוּק
plumb *v.* מָדַד בַּאֲנָךְ; בָּדַק
plumb-bob *n.* מִשְׁקוֹלֶת אֲנָךְ
plumb line *n.* חוּט אֲנָךְ
plumber *n.* שְׁרַבְרָב, אִינְסְטָלָטוֹר
plumbing *n.* שְׁרַבְרָבוּת
plumbing fixtures *n.pl.* צַנֶּרֶת (מים, ביוב); אִינְסְטָלַצְיָה
plume *n.* נוֹצָה; קִישּׁוּט נוצות
plummet *n.* אֲנָךְ, מִשְׁקוֹלֶת הָאֲנָךְ
plummet *v.* צָנַח בִּמְאוּנָּךְ
plump *adj.* שְׁמַנְמַן
plump *v.* נָפַל, צָנַח (פתאום)
plump *adv.* בִּנְפִילָה פִּתְאוֹמִית
plum-pudding *n.* פַּשְׁטִידַת שְׁזִיפִים
plunder *v.* שָׁדַד, בָּזַז
plunder *n.* שׁוֹד, בִּיזָּה, שָׁלָל
plunge *v.* הִתְפָּרֵץ; צָלַל; קָפַץ (למים); הֵטִיל
plunge *n.* טְבִילָה, קְפִיצָה לַמַּיִם
plunger *n.* קוֹפֵץ, צוֹלֵל; מְהַמֵּר
plunk *v.* פָּרַט (על כלי); נָפַל בְּחוֹזְקָה; הֵטִיל
plural *adj., n.* שֶׁל רִיבּוּי; רַבִּים
pluralism *n.* פְּלוּרָלִיזְם, רַב גּוֹנִיּוּת (ההשקפות בענייני דת, לאום וכד')
plus *prep., n., adj.* וְעוֹד, בְּצֵירוּף; פְּלוּס; יִתְרוֹן
plush *n., adj.* קְטִיפָה
plutocracy *n.* פְּלוּטוֹקְרַטְיָה (שלטון העשירים)
plutonium *n.* פְּלוּטוֹנְיוּם (יסוד מתכתי רעיל, רדיואקטיווי)
ply *v.* עָבַד בְּמֶרֶץ; הִפְעִיל; סִיפֵּק בְּשֶׁפַע
ply *n.* שִׁכְבָה, עוֹבִי; מְגַמָּה
plywood *n.* לְבִיד

p.m. אחה"צ (מ־12 בצהריים עד 12 בלילה)
pneumatic *adj.* מְמוּלָּא אֲוִיר, מוּפְעָל בְּלַחַץ אֲוִיר
pneumonia *n.* דַּלֶּקֶת רֵיאוֹת
pneumonic *adj.* שֶׁל דַּלֶּקֶת הָרֵיאוֹת
poach *v.* חָלַט (בּיצה); הִסִּיג גְבוּל
poache'd egg *n.* בֵּיצָה מְאוּדָּה (שבּוּשלה בּאדים)
poacher *n.* צָד בְּלִי רְשוּת; מַסִּיג גְבוּל
pock *n.* גוּמָה (בּעוֹר), אֲבַעְבּוּעָה
pocket *n.* כִּיס
pocket *v.* הִכְנִיס לַכִּיס; הִרְוִיחַ
pocket-book *n.* פִּנְקָס כִּיס
pocket handkerchief *n.* מִמְחָטָה
pocket money *n.* דְּמֵי־כִּיס
pocketknife *n.* אוֹלָר
pockmark *n.* צַלֶּקֶת
pod *n.* תַּרְמִיל (אפוּנה, שעוּעית)
podium *n.* דוּכָן (למנצח, למַרצה וכד')
poem *n.* שִׁיר, פּוֹאֵימָה
poet *n.* מְשׁוֹרֵר, פַּיְּטָן
poetess *n.* מְשׁוֹרֶרֶת, פַּיְּטָנִית
poetic, poetical *adj.* שִׁירִי, פִּיּוּטִי
poetry *n.* שִׁירָה, פִּיּוּט
pogrom *n.* פְּרָעוֹת, פּוֹגְרוֹם
poignancy *n.* חֲרִיפוּת; נְגִיעָה לַלֵּב
poignant *adj.* חָרִיף; מַכְאִיב, מְעוֹרֵר רְגָשׁוֹת
poinsettia *n.* פּוֹיְנְסֶטְיָה (צמח טרוֹפּי אדוֹם עלים)
point *n.* נְקוּדָּה; חוֹד; דָּגֵשׁ; עִיקָר; טַעַם, כַּוָּונָה, תַּכְלִית; תְּכוּנָה
point *v.* שָׂם נְקוּדָּה; חִידֵּד; הִצְבִּיעַ
point-blank *adj., adv.* מִטְּוָח קָצָר מְאוֹד, יָשָׁר לַפָּנִים, בְּגָלוּי

pointed *adj.* מְחוּדָּד; קוֹלֵעַ; עוֹקֵץ
pointer *n.* מַחֲוָון; מָחוֹג; (מין) כֶּלֶב צַיִד
poise *n.* אִיזּוּן, קוֹר רוּחַ
poise *v.* אִיזֵּן; שָׁמַר שִׁוּוּי־מִשְׁקָל; הֶחֱזִיק
poison *n., v.* רַעַל, אֶרֶס; הִרְעִיל
poisonous *adj.* מַרְעִיל, אַרְסִי
poke *n.* תְּחִיבָה; דְּחִיפָה קַלָּה
poke *v.* תָּחַב, תָּקַע
poke a hole *v.* לַעֲשׂוֹת חוֹר
poke about *v.* לְחַטֵּט
poke his nose *v.* לִתְחוֹב אֶת חוֹטְמוֹ
poke fun at *v.* לָשִׂים לְלַעַג
poker *n.* מַחְתָּה; פּוֹקֶר (משחק)
poky *adj.* קָטָן וְצַר; קַטְנוּנִי
polar bear *n.* דּוֹב הַקּוֹטֶב
polarize *v.* קִיטֵּב
pole *n.* קוֹטֶב; מוֹט; עַמּוּד
pole-vault *n.* קְפִיצַת מוֹט
polecat *n.* נְמִיָּה
polemic *n., adj.* פּוּלְמוּס; פּוּלְמוּסִי
polestar *n.* כּוֹכַב הַצָּפוֹן
police *n., v.* מִשְׁטָרָה; שִׁיטֵּר
police court *n.* בֵּית מִשְׁפָּט לַעֲבֵירוֹת קַלּוֹת
police office *n.* מַטֵּה הַמִּשְׁטָרָה
police station *n.* תַּחֲנַת מִשְׁטָרָה
policeman *n.* שׁוֹטֵר
policewoman *n.* שׁוֹטֶרֶת
policy *n.* מְדִינִיּוּת, קַו־פְּעוּלָּה; תְּעוּדַת בִּיטּוּחַ
polio *n.* (בּדיבּוּר) שִׁיתּוּק יְלָדִים
poliomyelitis *n.* (מחלת) שִׁיתּוּק יְלָדִים
polish *v.* לִיטֵּשׁ; צִחְצַח, הִבְרִיק
polish *n.* צִחְצוּחַ; מִשְׁחַת צִחְצוּחַ

polisher *n.* מְצַחְצֵחַ, מְלַטֵּשׁ
polite *adj.* אָדִיב, מְנוּמָּס, נִימוּסִי
politeness *n.* אֲדִיבוּת, נִימוּס
politic *adj.* נָבוֹן וְזָהִיר, מְחוּכָּם
political *adj.* מְדִינִי, פּוֹלִיטִי
politician *n.* פּוֹלִיטִיקַאי
politics *n.pl.* מְדִינִיּוּת, פּוֹלִיטִיקָה
polka *n.* פּוֹלְקָה (רִיקּוּד מהיר ועליז)
poll *n.* סְפִירַת קוֹלוֹת; הַצְבָּעָה
poll *v.* הִצְבִּיעַ, עָרַךְ הַצְבָּעָה; קִיבֵּל קוֹלוֹת
pollen *n.* אֲבָקָה (שֶׁל פְּרָחִים)
pollinate *v.* אִיבֵּק (צמח)
polling booth *n.* קַלְפֵּי
polling day *n.* יוֹם בְּחִירוֹת
polling station *n.* קַלְפֵּי, תַּחֲנַת הַצְבָּעָה
poll-tax *n.* מַס גוּלְגּוֹלֶת
pollute *v.* זִיהֵם, טִינֵּף
pollution *n.* זִיהוּם, טִינּוּף
polo *n.* פּוֹלוֹ (משחק כדור ברכיבה)
polonaise *n.* פּוֹלוֹנֵיז (ריקוד פולני איטי; המוסיקה שלו)
poltergeist *n.* שֵׁד (שובב ורעשני)
polygamist *n.* פּוֹלִיגָמִיסְט, רַב־נָשִׁים
polyglot *adj., n.* רַב־לְשׁוֹנִי; יוֹדֵעַ לְשׁוֹנוֹת
polygon *n.* מְצוּלָּע; רַב־צְלָעוֹת
polyp *n.* פּוֹלִיפּ, 'שָׁקֵד' (בּאף)
polytheist *n.* מַאֲמִין בְּאֵלִים רַבִּים
pomade *n.* מִשְׁחַת בְּשָׂמִים (לְשֵׂעָר)
pomegranate *n.* (עֵץ) רִימּוֹן
pomelo *n.* פּוֹמֶלוֹ (מין אשכולית גדולה)
pommel *v.* הִכָּה בְּאֶגְרוֹף
pommel *n.* תְּפוּס הָאוּכָּף; גּוּלַּת נִיצַּב הַחֶרֶב
pomp *n.* פְּאֵר, זוֹהַר, טֶקְסִיּוּת
pompon *n.* פּוֹמְפּוֹן (נוצות או סרטים לקישוט בּגד או נעל)
pompous *adj.* מִתְגַּנְדֵּר; מְנוּפָּח
poncho *n.* פּוֹנְצ'וֹ (מעיל גשם של טיילים ורוכבי אופניים)
pond *n.* בְּרֵכָה
ponder *v.* שָׁקַל, הִרְהֵר
ponderous *adj.* כָּבֵד, מְגוּשָּׁם; מְשַׁעֲמֵם
pone *n.* לֶחֶם תִּירָס (של אינדיאנים)
pontiff *n.* אַפִּיפְיוֹר; כּוֹהֵן גָּדוֹל
pontoon *n.* גֶּשֶׁר־צָף (לסירות)
pony *n.* סוּס קָטָן
poodle *n.* פּוּדְל (כלב מסולסל שֵׂעָר)
pooh *interj.* פּוּה! (הבּעת בּוז או חוסר סבלנות)
pool *n.* מִקְוֵה מַיִם; קוּפָּה מְשׁוּתֶּפֶת
pool *v.* הִפְקִידוּ בְּקֶרֶן מְשׁוּתֶּפֶת
poolroom *n.* אוּלַם בִּילְיַארְד
poop *n.* בֵּית־אַחְרָה (סיפון מורם בּירכתי הספינה)
poor *adj.* עָנִי, דַּל; מִסְכֵּן
poor-box *n.* קוּפַּת צְדָקָה
poorhouse *n.* בֵּית עֲנִיִּים
poorly *adv., adj.* בְּקוֹשִׁי; בְּקַמְצָנוּת; חוֹלָנִי
pop *v.* פָּקַע; יָרָה; יָצָא; נִכְנַס בְּחִיפָּזוֹן; הִכָּה
pop *n.* קוֹל יְרִיָּיה; גָּזוֹז
pop *adj.* פּוֹפּוּלָרִי, עֲמָמִי
popcorn *n.* תִּירָס קָלוּי
pope *n.* אַפִּיפְיוֹר
popery *n.* אַפִּיפְיוֹרוּת (בּפי מתנגדים)
popeyed *adj.* פְּעוּר עֵינַיִים
popgun *n.* רוֹבֶה פְּקָקִים

poplar *n.* (עץ) צַפְצָפָה
poppy *n.* פֶּרֶג
poppycock *n.* שְׁטוּיוֹת
populace *n.* הֲמוֹן הָעָם
popular *adj.* אָהוּד; עֲמָמִי, פּוֹפּוּלָרִי
popularize *v.* הָפַךְ לְפּוֹפּוּלָרִי; הֵפִיץ בָּעָם
population *n.* תּוֹשָׁבִים, אוּכְלוּסִיָּה; אִכְלוּס
populous *adj.* רַב־אוּכְלוּסִים
porcelain *n.* חַרְסִינָה
porch *n.* מִרְפֶּסֶת
porcupine *n.* דַּרְבָּן
pore *n.* נַקְבּוּבִית
pore *v.* עִיֵּן הֵיטֵב
pork *n.* בְּשַׂר חֲזִיר
pornography *n.* פּוֹרְנוֹגְרַפְיָה, סִפְרוּת זִימָּה
porous *adj.* נַקְבּוּבִי, מְנוּקְבָּב
porpoise *n.* (מין) דוֹלְפִין
porridge *n.* דַּיְסָה
port *n.* (עִיר) נָמֵל; שְׂמֹאל (האונייה); יֵין אוֹפּוֹרְטוֹ
portable *adj., n.* מִיטַּלְטֵל, נוֹחַ לְטִלְטוּל
portal *n.* שַׁעַר, דֶּלֶת
portend *v.* בִּישֵּׂר, הִזְהִיר
portent *n.* אוֹת מְבַשֵּׂר
portentous *adj.* מְבַשֵּׂר (רע)
porter *n.* סַבָּל; שׁוֹעֵר
portfolio *n.* תִּיק נְיָירוֹת, תִּיק שַׂר
porthole *n.* אֶשְׁנָב, חַלּוֹן בָּאוֹנִיָּה
portico *n.* שְׂדֵרַת עַמּוּדִים, סְטָיו
portion *n.* חֵלֶק; מָנָה
portly *adj.* בַּעַל כֶּרֶס, כַּרְסָן
portmanteau *n.* מִזְוָודָה גְּדוֹלָה
portrait *n.* פּוֹרְטְרֶט, דְּיוֹקָן
portray *v.* צִיֵּיר; תֵּיאֵר, שִׁיקֵּף
portrayal *n.* צִיּוּר; תֵּיאוּר, שִׁיקּוּף
pose *v.* הִצִּיג (בעיה וכד'); יָשַׁב בְּצוּרָה הָרְצוּיָה; הִתְיַימֵּר
pose *n.* פּוֹזָה; הַעֲמָדַת־פָּנִים
posh *adj.* מְפוֹאָר, מְצוּחְצָח
position *n.* מַצָּב, (בצבא) מוּצָב; מַעֲמָד; עֶמְדָּה (בוויכוח)
position *v.* הֶעֱמִיד בַּמָּקוֹם
positive *adj.* חִיּוּבִי; פּוֹזִיטִיבִי; מוּחְלָט
positive *n.* פּוֹזִיטִיב (בצילום); חִיּוּב
posse *n.* (באה"ב) קְבוּצַת שׁוֹטְרִים
possess *v.* הֶחֱזִיק בְּ; הָיָה לוֹ
possession *n.* בַּעֲלוּת, חֲזָקָה
possibility *n.* אֶפְשָׁרוּת, בְּרֵירָה, הִיתָּכְנוּת
possible *adj.* אֶפְשָׁרִי
possum *n.* פּוֹסוּם (חיות כיס קטנות שוכנות עצים)
post *n.* עַמּוּד; דּוֹאַר; (בצבא) עֶמְדָּה
post *v.* שָׁלַח בַּדּוֹאַר, דִּיוֵּור; הִדְבִּיק (מודעה וכד')
postage *n.* דְּמֵי־דוֹאַר
postage meter *n.* מַחְתֵּמָה
postage stamp *n.* בּוּל דּוֹאַר
postal *adj., n.* שֶׁל דּוֹאַר; גְּלוּיָה
postal order *n.* הַמְחָאַת דּוֹאַר
postcard *n.* גְּלוּיַת־דוֹאַר
postdate *v.* קָבַע תַּאֲרִיךְ מְאוּחָר
poste restante *n.* (בדואר) מָדוֹר מִכְתָּבִים שְׁמוּרִים (לנמען)
poster *n.* כְּרָזָה, פְּלָקָט
posterior *n.* אֲחוֹרַיִים
posterity *n.* זֶרַע, צֶאֱצָאִים

posthaste *adv.* בִּמְהִירוּת רַבָּה
posthumous *adj.* שֶׁלְּאַחַר הַמָּוֶת
postman *n.* דַּוָּר
postmark *n.* חוֹתֶמֶת דוֹאַר
postmark *v.* חָתַם (חותמת-דואר)
postmaster *n.* מְנַהֵל דוֹאַר
post meridiem אַחֲרֵי הַצָּהֳרַיִים, אחה"צ
post-mortem *adj., n.* (בְּדִיקָה) שֶׁלְּאַחַר הַמָּוֶת
post-office *n.* בֵּית-דוֹאַר
post-office box *n.* תָּא-דוֹאַר
postpaid *adj.* דָּר"ש, דְּמֵי-דוֹאַר שׁוּלְמוּ
postpone *v.* דָּחָה, הִשְׁהָה
postscript *n.* הוֹסָפָה לַכָּתוּב, נ"ב
postulate *n., v.* הַנָּחַת יְסוֹד; קָבַע כְּעוּבְדָה, הִנִּיחַ כְּבָסִיס
posture *n.* מַעֲרַךְ הַגּוּף, תְּנוּחָה
postwar *adj.* שֶׁלְּאַחַר הַמִּלְחָמָה
posy *n.* זֵר פְּרָחִים (קטן)
pot *n.* קְדֵרָה, סִיר; כְּלִי-בַּיִת; (המונית) חֲשִׁישׁ
potash *n.* פַּחְמַת אַשְׁלְגָן, אַשְׁלָג
potassium *n.* אַשְׁלְגָן, קַלְיוּם
potato *n.* תַּפּוּחַ-אֲדָמָה, תַּפּוּד
potbellied *adj.* כַּרְסָנִי
potency *n.* עוֹצְמָה; כּוֹחַ-גַּבְרָא, יְעִילוּת
potent *adj.* חָזָק, יָעִיל, בַּעַל כּוֹחַ-גַּבְרָא
potentate *n.* שַׁלִּיט, מֶלֶךְ
potential *adj. n.* שֶׁבְּכוֹחַ, פּוֹטֶנְצְיָאלִי; פּוֹטֶנְצְיָאל; אֶפְשָׁרוּת גְּלוּמָה
pothole *n.* מַהֲמוֹרָה (בכביש), פִּיר (בסלע)
potion *n.* שִׁיקּוּי; תְּרוּפָה; רַעַל
pot-luck *n.* הָאוֹכֶל שֶׁבַּבַּיִת, מַה שֶׁיֵּשׁ
potpourri *n.* תַּעֲרוֹבֶת (עלי ורד ותבלים, וכן של קטעי מוסיקה או ספרות)
potsherd *n.* חֶרֶס (שבר כלי בחפירות)
pottage *n.* נָזִיד, מְרַק סָמִיךְ
potshot *n.* יְרִיָּה לֹא מְדוּיֶּקֶת
potter *n.* קַדָּר, יוֹצֵר
potter *v.* עָבַד בַּעֲצַלְתַּיִים
potter's clay *n.* חוֹמֶר
pottery *n.* קַדָּרוּת; כְּלֵי-חֶרֶס
pouch *n.* כִּיס, שַׂקִּיק
poulterer *n.* סוֹחֵר עוֹפוֹת
poultice *n.* רְטִיָּה
poultry *n.* עוֹפוֹת מֶשֶׁק
pounce *v.* זִינֵּק, הִתְנַפֵּל
pound *n.* לִיטְרָה (משקל); לִירָה (כסף)
pound *v.* הָלַם, הִכָּה
pour *v.* שָׁפַךְ, מָזַג; נִיתַּךְ (גשם)
pout *v.* שִׁרְבֵּט (שפתיים); כָּעַס
poverty *n.* עוֹנִי, דַּלּוּת
powder *n.* אַבְקָה, פּוּדְרָה (קוסמטית)
powder *v.* אִיבֵּק; שָׁחַק; פִּידֵּר
powder-puff *n.* כָּרִית לְפוּדְרָה
powder-room *n.* (חֲדַר) נוֹחִיוּת (לנשים)
powdery *adj.* כְּמוֹ אַבְקָה
power *n.* כּוֹחַ, חוֹזֶק; יְכוֹלֶת; שִׁלְטוֹן; מַעֲצָמָה; סַמְכוּת; חֶזְקָה (מתימטיקה)
power *v.* סִיפֵּק כּוֹחַ
power-dive *n.* (כמטוס) צְלִילָה בְּדַחַף הַמָּנוֹעַ
power mower *n.* מַכְסַחַת מָנוֹעַ
power plant *n.* תַּחֲנַת כּוֹחַ
power of attorney *n.* יִיפּוּי כּוֹחַ

powerful *adj.* חָזָק, רַב־כּוֹחַ
powerhouse *n.* תַּחֲנַת־כּוֹחַ
powerless *adj.* אֵין־אוֹנִים
powwow *n.* שִׂיחַת אִינְדִיָאנִים (בהתבדחות)
pox *n.* (בדיבור) עַגֶּבֶת, סִיפִילִיס
practical *adj.* מַעֲשִׂי, תּוֹעַלְתִּי
practical joke *n.* תַּעֲלוּל מֵבִיךְ, 'סידור'
practically *adv.* מִבְּחִינָה מַעֲשִׂית; כִּמְעַט, לְמַעֲשֶׂה
practice *n.* אִימּוּן, תִּרְגּוּל; הֶרְגֵּל; פְּרַקְטִיקָה (של רופא וכד')
practice, practise *v.* תִּרְגֵּל; הִתְאַמֵּן; עָסַק בְּמִקְצוֹעַ
practitioner *n.* עוֹסֵק (במקצוע)
pragmatic *adj.* פְּרַגְמָטִי, מַעֲשִׂי (לאו דווקא אידיאולוגי)
prairie *n.* עֲרָבָה רְחָבָה, אֵזוֹר מִרְעֶה
praise *n., v.* שֶׁבַח, הַלֵּל; שִׁיבַּח, הִילֵּל
pram *n.* עֶגְלַת יְלָדִים
prance *v.* קִרְטֵעַ, קִיפֵּץ, פִּיזֵּז
prank *n.* מַעֲשֵׂה קוּנְדֵּס, תַּעֲלוּל
prate *v.* פִּטְפֵּט, קִשְׁקֵשׁ
prattle *n.* פִּטְפּוּט, שְׁטוּיוֹת
prawn *n.* (מין) סַרְטָן קָטָן
pray *v.* הִתְפַּלֵּל, הִתְחַנֵּן, הִפְצִיר
prayer *n.* תְּפִילָּה, תְּחִינָּה
prayer-book *n.* סִידּוּר תְּפִילָּה
preach *v.* הִטִּיף; דָּרַשׁ דְּרָשָׁה
preacher *n.* דַּרְשָׁן, מַטִּיף
preamble *n.* הַקְדָּמָה, פֶּתַח דָּבָר
precarious *adj.* לֹא בָּטוּחַ, רוֹפֵף, לֹא מְבוּסָּס
precaution *n.* אֶמְצָעֵי־זְהִירוּת
precede *v.* קָדַם; הִקְדִּים
precedence *n.* זְכוּת קְדִימָה, עֲדִיפוּת
precedent *n.* תַּקְדִּים
precept *n.* הַנְחָיָה; מִצְוָה; כְּלָל
precinct *n.* תְּחוּם, סְבִיבָה; מִדְרְחוֹב
precious *adj.* יְקַר עֵרֶךְ, יָקָר מְאוֹד
precipice *n.* צוּק תָּלוּל; תְּהוֹם
precipitate *v.* הִפִּיל בְּעוֹצְמָה; הֵחִישׁ, זֵירֵז, הֵאִיץ
precipitate *adj.* נֶחְפָּז, נִמְהָר
precipitous *adj.* תָּלוּל בְּיוֹתֵר
précis *n.* תַּמְצִית דְּבָרִים, תַּקְצִיר
precise *adj.* מְדוּיָּק, מְדוּקְדָּק
precision *n.* דִּיּוּק, דַּיְיקָנוּת
preclude *v.* הוֹצִיא מִכְּלַל אֶפְשָׁרוּת
precocious *adj.* מְפוּתָּח מֵעַל לְגִילוֹ
preconceive *v.* גִּיבֵּשׁ (דעה) מֵרֹאשׁ, חִישֵּׁב מֵרֹאשׁ
preconception *n.* דֵּעָה שֶׁגּוּבְּשָׁה מֵרֹאשׁ; דֵּעָה קְדוּמָה
precursor *n.* מְבַשֵּׂר; קוֹדֵם
predatory *adj.* טוֹרֵף, חַמְסָנִי
predecessor *n.* קוֹדֵם, מִי שֶׁהָיָה קוֹדֵם
predicament *n.* מַצָּב מֵעִיק
predicate *n., v.* נָשׂוּא; צִיֵּין, קָבַע; הִצְרִיךְ
predict *v.* נִיבָּא, חָזָה מֵרֹאשׁ
prediction *n.* נִיבּוּי; חִיזּוּי
predilection *n.* חִיבָּה מְיוּחֶדֶת, הַעֲדָפָה
predispose *v.* הִטָּה מֵרֹאשׁ; הִכְשִׁיר
predominant *adj.* שׁוֹלֵט; מַכְרִיעַ
predominate *v.* שָׁלַט, הָיָה הָרוֹב
preeminent *adj.* דָּגוּל, נַעֲלֶה
preempt *v.* קָנָה בִּזְכוּת קְדִימָה
preen *v.* נִיקָּה בְּמַקּוֹר; הִתְהַדֵּר
prefab *n.* בַּיִת טְרוֹמִי

prefabricate *v.* יִיצֵּר מֵרֹאשׁ
preface *n., v.* הַקְדָּמָה; הִקְדִּים
prefect *n.* (ברומא העתיקה) מַצְבִּיא, מוֹשֵׁל; (בצרפת) קְצִין מָחוֹז, רֹאשׁ מִשְׁטֶרֶת פָּארִיז; (בבי"ס באנגלייה) תַּלְמִיד מַשְׁגִּיחַ (על המשמעת)
prefer *v.* הֶעְדִיף, בִּיכֵּר
preferable *adj.* עָדִיף
preference *n.* הַעְדָּפָה
prefix *n.* תְּחִילִית, קִידּוֹמֶת
prefix *v.* שָׂם לִפְנֵי
pregnant *adj.* הָרָה; פּוֹרֶה
prejudice *n.* דֵּעָה קְדוּמָה, נֶזֶק
prejudice *v.* נָטַע דֵּעָה קְדוּמָה בְּלֵב (הזולת); פָּגַע (בזכות וכד')
prejudicial *adj.* גּוֹרֵם דֵּעָה קְדוּמָה; מַזִּיק
prelate *n.* כּוֹמֶר בָּכִיר (מבישוף ומעלה)
preliminary *adj., n.* מוּקְדָּם, קוֹדֵם, מֵכִין; פְּעוּלָּה מְכִינָה
prelude *n.* פְּרֵלוּד, נְגִינַת פְּתִיחָה
premature *adj.* לֹא בָּשֵׁל, לִפְנֵי זְמַנּוֹ
premeditate *v.* תִּכְנֵן מֵרֹאשׁ
premier *adj., n.* רִאשׁוֹן; רֹאשׁ; רֹאשׁ מֶמְשָׁלָה
première *n.* הַצָּגַת־בְּכוֹרָה
premise, premiss *n.* הַנָּחַת יְסוֹד
premises *n.pl.* בַּיִת (על מבני העזר שלו), חֲצֵרִים
premium *n.* דְּמֵי־בִּיטּוּחַ, פְּרֶמְיָה; הֲטָבָה
premonition *n.* תְּחוּשָׁה (לא טובה) מוּקְדֶּמֶת
preoccupation *n.* הִתְעַסְּקוּת בְּמַחְשָׁבָה אַחַת
preoccupy *v.* הֶעֱסִיק אֶת הַדַּעַת

prepaid *adj.* שָׁשּׁוּלַּם מֵרֹאשׁ
preparation *n.* הֲכָנָה, הַכְשָׁרָה
preparatory *adj.* מֵכִין; מַכְשִׁיר
prepare *v.* הֵכִין; הִכְשִׁיר; הִתְכּוֹנֵן
preparedness *n.* נְכוֹנוּת, כּוֹנְנוּת
prepay *v.* שִׁילֵּם מֵרֹאשׁ
preponderant *adj.* מַכְרִיעַ, עוֹדֵף
preposition *n.* מִלַּת־יַחַס
prepossessing *adj.* מוֹשֵׁךְ, עוֹשֶׂה רוֹשֶׁם
preposterous *adj.* לֹא הֶגְיוֹנִי, מְגוּחָךְ
prerequisite *adj., n.* צוֹרֶךְ דָּרוּשׁ; מְהַוֶּה תְּנַאי מוּקְדָּם
prerogative *n.* זְכוּת מְיוּחֶדֶת
presage *v.* הָיָה אוֹת ל, נִיבֵּא, בִּישֵּׂר
prescient *adj.* (בספרות) רוֹאֶה אֶת הַנּוֹלָד
prescribe *v.* רָשַׁם מַתְכּוֹן; הִצִּיעַ תְּרוּפָה
prescription *n.* מִרְשָׁם, רֶצֶפְּט
presence *n.* נוֹכְחוּת; הוֹפָעָה אִישִׁית
present *adj., n.* נוֹכְחִי, נוֹכֵחַ; הוֹוֶה (זמן); מַתָּנָה
present *v.* הֶעֱנִיק, נָתַן; הִצִּיג, הֶרְאָה
presentable *adj.* רָאוּי לְהוֹפָעָה בְּצִיבּוּר
presentation *n.* הַצָּגָה; הַגָּשָׁה
presentiment *n.* הַרְגָּשָׁה מְנַבְּאָה רָעוֹת
presently *adv.* מִיָּד, כָּעֵת
preserve *v.* שִׁימֵּר; שָׁמַר עַל; הִנְצִיחַ
preserve *n.* רִיבָּה; שְׁמוּרָה; תְּחוּם פְּרָטִי
preside *v.* יָשַׁב רֹאשׁ
presidency *n.* נְשִׂיאוּת
president *n.* נָשִׂיא
presidium *n.* נְשִׂיאוּת; וַעֲדָה מַתְמֶדֶת

press *v.* לָחַץ, דָּחַק; גִיהֵץ
press *n.* גִיהוּץ; לַחַץ; מַגְהֵץ; עִיתּוֹנוּת; (בֵּית) דְּפוּס; אֲרוֹן קִיר
press agent *n.* סוֹכֵן פִּרְסוֹמֶת בָּעִיתּוֹנוּת
press conference *n.* מְסִיבַּת עִיתּוֹנָאִים
press cutting *n.* גְזִיר עִיתּוֹן
pressing *adj.* דָּחוּף; לוֹחֵץ; גִיהוּץ
pressure *n.* לַחַץ
pressure cooker *n.* סִיר לַחַץ
pressure group *n.* קְבוּצַת לַחַץ
prestige *n.* יוּקְרָה, פְּרֶסְטִיזָ'ה
presto *interj.* מַהֵר! בְּקֶצֶב מָהִיר!
presumably *adv.* כְּפִי שֶׁמִּסְתַּבֵּר
presume *v.* הִנִּיחַ; הִרְשָׁה לְעַצְמוֹ
presumption *n.* הַנָּחָה, סְבָרָה; חוּצְפָּה
presumptuous *adj.* מַרְשֶׁה לְעַצְמוֹ, חָצוּף
presuppose *v.* הִנִּיחַ מֵרֹאשׁ
presupposition *n.* הֲנָחַת קֹדֶם
pretend *v.* הִתְיַימֵּר; הֶעֱמִיד פָּנִים
pretense *n.* הַעֲמָדַת־פָּנִים
pretentious *adj.* יוּמְרָנִי
pretest *n.* קֹדֶם בְּחִינָה, בְּחִינַת־קֹדֶם
preterit(e) *n., adj.* (שֶׁל) זְמַן עָבָר (בדקדוק)
pretext *n.* תֵּירוּץ, פִּתְחוֹן פֶּה
pretty *adj.* נֶחְמָד, יָפֶה
pretty *adv.* לְמַדַּיי
pretty nearly *adv.* כִּמְעַט
pretty-pretty *n.* יוֹפִי מְעוּשֶׂה
pretty sure *adj.* בָּטוּחַ לְמַדַּיי
pretzel *n.* פְּרֶצֶל (כעך קטן מָלוּחַ)
prevail *v.* נִיצַּח; שָׂרַר, הָיָה רוֹוֵחַ
prevailing *adj.* שׂוֹרֵר, רוֹוֵחַ
prevalent *adj.* רוֹוֵחַ; נָפוֹץ
prevaricate *v.* הִתְחַמֵּק מֵאֱמֶת, שִׁיקֵּר
prevent *v.* מָנַע, הֵנִיא
preventable *adj.* מָנִיעַ, בַּר־מְנִיעָה
prevention *n.* מְנִיעָה
preventive *adj., n.* מוֹנֵעַ; אֶמְצָעִי מְנִיעָה
preview *n.* הַצָּגָה מוּקְדֶּמֶת
previous *adj., adv.* קוֹדֵם; נֶחְפָּז
previous to לִפְנֵי, קוֹדֶם
prey *n., v.* טֶרֶף; שָׁדַד; טָרַף; הֵעִיק
price *n.* מְחִיר, עֵרֶךְ
price *v.* קָבַע מְחִיר; הֶעֱרִיךְ מְחִיר
price-control *n.* פִּיקּוּחַ עַל מְחִירִים
price-cutting *n.* הוֹרָדַת מְחִירִים
price fixing *n.* קְבִיעַת מְחִירִים
price freezing *n.* הַקְפָּאַת מְחִירִים
price list *n.* מְחִירוֹן
priceless *adj.* יָקָר מְאוֹד, שֶׁאֵין עָרוֹךְ לוֹ
prick *n.* דְּקִירָה; (המונית) 'זַיִן'
prick *v.* דָּקַר, דָּקַר
prickly *adj.* דּוֹקְרָנִי
prickly heat *n.* חֲרָרָה (מחלת עור)
prickly pear *n.* צַבָּר
pride *n.* גַאֲוָה; יוּהֲרָה
pride *v.* הִתְפָּאֵר, הִתְגָאָה
priest *n.* כּוֹהֵן; כּוֹמֶר
priesthood *n.* כְּהוּנָּה
prig *n.* מַפְרִיז בְּדַקְדְקָנוּתוֹ (בענייני מוסר), מִתְחַסֵּד
prim *adj.* צְנוּעָתָנִי; יְפֵה נֶפֶשׁ
prima donna *n.* זַמֶּרֶת רָאשִׁית
prima facie *adj., adv.* בְּמַבָּט רִאשׁוֹן, לִכְאוֹרָה
primary *adj., n.* רִאשׁוֹנִי; עִיקָּרִי; יְסוֹדִי; בְּחִירַת (מועמדים) מוּקְדֶּמֶת

primary colors *n.pl.* צִבְעֵי יְסוֹד

primary school *n.* בֵּית־סֵפֶר יְסוֹדִי

primate *n.* אַרְכִיבִּישׁוֹף

prime *adj., n.* רָאשִׁי, רִאשׁוֹן בְּמַעֲלָה; מוּבְחָר

prime *v.* הִפְעִיל; הִתְנִיעַ; הֶאֱכִיל; סִיפֵּק (אבק־שריפה, ידיעות)

prim(a)eval *adj.* קַדְמוֹן, שֶׁל תְּקוּפַת בְּרֵאשִׁית

prime minister *n.* רֹאשׁ מֶמְשָׁלָה

primer *n.* אַלְפוֹן, סֵפֶר לְמַתְחִילִים

primitive *adj.* פְּרִימִיטִיוִי; קָדוּם; נֶחְשָׁל

primogeniture *n.* הֱיוֹת הַבְּכוֹר

primordial *adj.* רֵאשִׁיתִי, קַדְמוֹן, קַדְמָאִי

primp *v.* הִתְייַפָּה בְּקַפְּדָנוּת

primrose *n., adj.* רַקֶּפֶת; רַקַּפְתִּי

primrose path *n.* שְׁבִיל תַּעֲנוּגוֹת

prince *n.* נָסִיךְ

princess *n.* נְסִיכָה

principal *adj.* עִיקָּרִי, רָאשִׁי

principal *n.* מְנַהֵל, רֹאשׁ; קֶרֶן

principle *n.* עִיקָּרוֹן, עִיקָּר

print *n.* (אוֹתִיּוֹת) דְּפוּס, טְבִיעָה; הֶדְפֵּס

print *v.* הִדְפִּיס; טָבַע; כָּתַב בְּאוֹתִיּוֹת־דְּפוּס

printed matter *n.* דִּבְרֵי־דְּפוּס

printer *n.* מַדְפִּיס, בַּעַל דְּפוּס

printer's devil *n.* שׁוּלְיַית מַדְפִּיס

printing *n.* הַדְפָּסָה

prior *adj.* קוֹדֵם

prior to לִפְנֵי

prior *n.* רֹאשׁ מִסְדָּר דָּתִי; סְגַן רֹאשׁ מִנְזָר

priority *n.* זְכוּת־קְדִימָה; עֲדִיפוּת

prism *n.* מִנְסָרָה, פְּרִיסְמָה

prison *v.* בֵּית־סוֹהַר

prisoner *n.* אָסִיר

prissy *adj.* קַפְּדָן

pristine *adj.* קָדוּם; שֶׁנִּשְׁאַר טָהוֹר, בִּלְתִּי פָּגוּם

privacy *n.* פְּרָטִיּוּת

private *adj.* פְּרָטִי, אִישִׁי

private *n.* טוּרַאי

private first class *n.* טוּרַאי רִאשׁוֹן

private view *n.* הַצָּגָה פְּרָטִית

privation *n.* מַחְסוֹר, חוֹסֶר כּוֹל

privilege *n.* זְכוּת מְיוּחֶדֶת, פְּרִיוִוילֶגְיָה

privy *adj., n.* פְּרָטִי; סוֹדִי; בֵּית־כִּסֵּא

prize *n., adj.* פְּרָס; מְעוּלֶּה

prize *v.* הֶעֱרִיךְ מְאוֹד

prize-fight *n.* קְרַב אִגְרוּף לְשֵׁם כֶּסֶף

pro *adv., n.* (נִימּוּק, הַצְבָּעָה) בְּעַד

pro and con (נִימּוּקִים) בְּעַד וָנֶגֶד

probability *n.* הִסְתַּבְּרוּת, סִיכּוּי

probable *adj.* מִסְתַּבֵּר, קָרוֹב לְוַודַּאי

probation *n.* מִבְחָן, נִיסָּיוֹן, תְּקוּפַת מִבְחָן

probe *n.* בְּדִיקָה; חֲקִירָה

probe *v.* בָּחַן, בָּדַק

problem *n.* בְּעָיָה

procedure *n.* נוֹהַל, סְדָרִים

proceed *v.* הִמְשִׁיךְ, הִתְקַדֵּם

proceeding *n.* הָלִיךְ; מַהֲלַךְ הָעִנְיָינִים

proceeds *n.pl.* הַכְנָסוֹת, רְוָוחִים

process *n.* תַּהֲלִיךְ

process *v.* עִיבֵּד, תִּהֲלֵךְ

processing (text) עִיבּוּד תַּמְלִילִים

procession *n.* תַּהֲלוּכָה

proclaim *v.* הִכְרִיז, הִצְהִיר

proclitic *adj., n.* (מִלָּה) נִגְרֶרֶת

proclivity *n.* נְטִיָּה (נפשית, טבעית)
procrastinate *v.* הִשְׁהָה מִיּוֹם לְיוֹם; הִיסֵּס
procreate *v.* הוֹלִיד, הִתְרַבָּה
proctor *n.* קְצִין מִשְׁמַעַת (באוניב' אוקספורד וקיימברידג')
procure *v.* הִשִּׂיג, רָכַשׁ; סִרְסֵר
prod *n.* דְּחִיפָה
prod *v.* דָּחַף; דִּרְבֵּן, זֵירֵז
prodigal *adj., n.* בַּזְבְּזָנִי; בַּזְבְּזָן
prodigious *adj.* מַפְלִיא; עָצוּם
prodigy *n.* פֶּלֶא, נֵס; עִילּוּי
produce *v.* קִיֵּים, הִצִּיג; יָלַד; הֵפִיק, יִיצֵּר
produce *n.* יְבוּל; תּוֹצֶרֶת
product *n.* תּוֹצָר, מוּצָר; מַכְפֵּלָה
production *n.* תְּפוּקָה, יִיצּוּר; הֲפָקָה (מילולית), הֲבָעָה, יְצִירָה
profane *v.* טִימֵּא, חִילֵּל קוֹדֶשׁ
profane *adj.* חִילּוֹנִי; טָמֵא; גַּס
profanity *n.* חִילּוּל הַקּוֹדֶשׁ; חֵירוּף
profess *v.* טָעַן, הִתְיַימֵּר
profession *n.* מִקְצוֹעַ; הַצְהָרָה
professional *adj.,n.* מִקְצוֹעִי, מִקְצוֹעָן
professor *n.* פְּרוֹפֶסוֹר
proffer *v.* הִצִּיעַ; הַצָּעָה
proficient *adj.* מְיוּמָּן, מוּמְחֶה
profile *n.* צְדוּדִית, פְּרוֹפִיל
profile *v.* הִתְקִין פְּרוֹפִיל
profit *n.* רֶוַוח, תּוֹעֶלֶת
profit taking *n.* מִימּוּשׁ רְוָוחִים
profit *v.* הֵפִיק רֶוַוח אוֹ תּוֹעֶלֶת
profitable *adj.* מֵבִיא רֶוַוח, מַכְנִיס
profiteer *n., v.* מַפְקִיעָן; הִפְקִיעַ שְׁעָרִים
profligate *adj., n.* מוּפְקָר

pro forma invoice *n.* חֶשְׁבּוֹנִית פְּרוֹפוֹרְמָה
profound *adj.* עָמוֹק
profuse *adj.* פַּזְרָנִי, שׁוֹפֵעַ
progeny *n.* צֶאֱצָאִים
prognosis *n.* פְּרוֹגְנוֹזָה, תַּחֲזִית; אַבְחָנָה
prognostic *n., adj.* נִיבּוּיִי, תַּחֲזִיתִי
program(me) *n.* תּוֹכְנִית; תּוֹכְנִיָּיה
progress *n.* הִתְקַדְּמוּת; קִדְמָה
progress *v.* הִתְקַדֵּם
progressive *adj., n.* פְּרוֹגְרֶסִיבִי; מִתְקַדֵּם
prohibit *v.* אָסַר
project *n.* מִבְצָע, תּוֹכְנִית, פְּרוֹיֶקְט
project *v.* תִּכְנֵן; הֵטִיל; הִקְרִין; הִשְׁלִיךְ; בָּלַט
projectile *n., adj.* קָלִיעַ, טִיל
projection *n.* תִּכְנוּן; הֲטָלָה, הֵיטֵל; הַשְׁלָכָה; בְּלִיטָה
projector *n.* מָטוֹל, מַקְרֵן
proletarian *adj., n.* פְּרוֹלֶטָרִי (של מעמד הפועלים)
proletariat *n.* מַעֲמַד הַפּוֹעֲלִים
proliferate *v.* פָּרָה, הֵנִיב
prolific *adj.* פּוֹרֶה; שׁוֹפֵעַ, מֵנִיב
prolix *adj.* אָרוֹךְ וּמְשַׁעֲמֵם
prolog, prologue *n.* מָבוֹא, פְּרוֹלוֹג
prolong *v.* הֶאֱרִיךְ, חִידֵּשׁ (תוקף)
prom *n.* טַיֶּילֶת; קוֹנְצֶרְט טַיֶּילֶת
promenade *n.* טִיּוּל, טַיֶּילֶת
promenade *v.* טִייֵּל בְּטַיֶּילֶת; הוֹלִיךְ לְרַאֲוָוה
prominent *adj.* בּוֹלֵט; יָדוּעַ, דָּגוּל
promiscuous *adj.* נוֹהֵג(ת) בְּחוֹפֶשׁ מִינִי, לְלֹא הַבְחָנָה
promise *n., v.* הַבְטָחָה; הִבְטִיחַ

promising *adj.* מַבְטִיחַ
promissory *adj.* מִתְחַיֵּיב, מְחַיֵּיב
promontory *n.* כֵּף, צוּק־חוֹף
promote *v.* הֶעֱלָה בְּדַרְגָה; קִידֵּם
promotion *n.* עֲלִיָּיה בְּדַרְגָה; קִידּוּם
prompt *adj.* מָהִיר, מִיָּדִי
prompt *v.* זֵירֵז, הֵנִיעַ; סִייֵּעַ (לנואם); לָחַשׁ (לשחקן)
prompter *n.* לַחְשָׁן
promulgate *v.* פִּרְסֵם, הֵפִיץ
prone *adj.* שָׁכוּב עַל פָּנָיו; עָלוּל
prong *n.* שֵׁן (במזלג וכד')
pronominal *adj.* (בדקדוק) שֶׁל כִּינּוּי הַשֵּׁם
pronoun *n.* כִּינּוּי הַשֵּׁם
pronounce *v.* בִּיטֵּא; הִכְרִיז
pronouncement *n.* הַכְרָזָה, הַצְהָרָה
pronunciation *n.* מִבְטָא, הֲגִיָּיה
proof *n.* הוֹכָחָה, רְאָיָה; הֲגָהָה
proof *adj.* בָּדוּק; חָסִין
proofreader *n.* מַגִּיהַּ, קוֹרֵא הֲגָהוֹת
prop *n.* סָמוֹךְ, מִשְׁעָן
prop *v.* תָּמַךְ, סָעַד
propaganda *n.* תַּעֲמוּלָה, פִּרְסוּמֶת
propagate *v.* הֵפִיץ, פִּרְסֵם; הִטִּיף ל, רִיבָּה
propel *v.* הֵנִיעַ, דָּחַף
propeller *n.* מַדְחֵף
propensity *n.* נְטִיָּיה טִבְעִית
proper *adj.* אֲמִיתִּי; מַתְאִים; הָגוּן, כָּשֵׁר
proper noun *n.* שֵׁם (עצם) פְּרָטִי
property *n.* רְכוּשׁ, נְכָסִים; תְּכוּנָה
prophecy *n.* נְבוּאָה
prophesy *v.* נִיבָּא, נִיבֵּא
prophet *n.* נָבִיא
prophylactic *adj., n.* מוֹנֵעַ (מחלה)

propinquity *n.* קִרְבָה, דִּמְיוֹן (בין רעיונות וכד')
propitiate *v.* פִּייֵּס, רִיצָּה
propitious *adj.* נוֹחַ, מַתְאִים, מְסַייֵּעַ
propjet *n.* מַדְחֵף, סִילוֹן (טורבינה)
proportion *n.* יַחַס; פְּרוֹפּוֹרְצְיָה
proportionate *adj.* יַחֲסִי
proposal *n.* הַצָּעָה; הַצָּעַת נִישּׂוּאִים
propose *v.* הִצִּיעַ; הִצִּיעַ נִישּׂוּאִים
proposition *n.* הַצָּעָה; הַנָּחָה
propound *v.* הִצִּיעַ, הֶעֱלָה
proprietor *n.* בְּעָלִים, בַּעַל עֵסֶק (או נכס)
proprietress *n.* בַּעֲלַת נֶכֶס
propriety *n.* הִתְנַהֲגוּת נְאוֹתָה
prop *n., v.* מִסְעָד, סָמַךְ, הֶחֱזִיק, תָּמַךְ
propulsion *n.* דַּחַף, הֲנָעָה
prosaic *adj.* פְּרוֹזָאִי, אָפוֹר
proscribe *v.* נִידָּה; גֵּירֵשׁ, הוֹקִיעַ
prose *n.* פְּרוֹזָה
prosecute *v.* תָּבַע לְדִין; עָסַק בּ, הִתְמִיד בּ
prosecutor *n.* תּוֹבֵעַ, קָטֵגוֹר
proselyte *n.* גֵּר, מוּמָר
prosody *n.* תּוֹרַת הַמִּשְׁקָל, פְּרוֹזוֹדְיָה
prospect *n.* סִיכּוּי; מַרְאֶה נוֹף נִרְחָב; לָקוֹחַ בְּכוֹחַ
prospect *v.* חִיפֵּשׂ (זהב וכד')
prosper *v.* שִׂגְשֵׂג; גָּרַם לְהַצְלָחָה
prosperity *n.* שֶׁפַע, שִׂגְשׂוּג
prosperous *adj.* מְשַׂגְשֵׂג
prostitute *v.* מָכַר (עַצְמוֹ; כִּשְׁרוֹנוֹ)
prostitute *n.* זוֹנָה
prostrate *adj.* שָׁטוּחַ; מוּכְנָע
prostrate *v.* הִפִּיל אַרְצָה; הִשְׁתַּטֵּחַ

prostration *n.* אֲפִיסַת כּוֹחוֹת

protagonist *n.* מְצַדֵּד

protean *adj.* מִשְׁתַּנֶּה תְּכוּפוֹת, פּוֹשֵׁט צוּרָה וְלוֹבֵשׁ צוּרָה

protect *v.* הֵגֵן, שָׁמַר עַל

protection *n.* הֲגָנָה, שְׁמִירָה, חָסוּת

protégé(e) *n.* בֶּן־חָסוּת, (בַּת חָסוּת)

protein *n.* חֶלְבּוֹן, פְּרוֹטֵאִין

protest *v.* מָחָה; טָעַן בְּתוֹקֶף

protest *n.* מְחָאָה, מֶחָאָה

protocol *n.* פְּרוֹטוֹקוֹל דְבָרִים; גִינוּנֵי טֶקֶס

proton *n.* פְּרוֹטוֹן (חלקיק החומר הנושא מטען חשמלי חיובי)

protoplasm *n.* פְּרוֹטוֹפְּלַסְמָה (תִּרְכּוֹבֶת כימית שהיא יסוד תא החי והצומח)

prototype *n.* אַבְטִיפּוּס

protozoon *n.* פרוטוזואון (בע"ח חד תאי)

protract *v.* הֶאֱרִיךְ

protrude *v.* בָּלַט, הִזְדַּקֵּר

proud *adj.* גֵּא, גַּאֶה; שַׁחְצָן

prove *v.* הוֹכִיחַ; הוּכַח

provenance *n.* מוֹצָא, מָקוֹר

proverb *n.* מָשָׁל, פִּתְגָּם

provide *v.* סִיפֵּק; קָבַע; דָאַג ל

provided *conj.* בִּתְנַאי שֶׁ, בִּלְבַד שֶׁ

providence *n.* דְאָגָה לֶעָתִיד; הַהַשְׁגָּחָה הָעֶלְיוֹנָה

providential *adj.* מֵאֵת הַהַשְׁגָּחָה הָעֶלְיוֹנָה

providing *conj.* אִם, בִּתְנַאי

province *n.* מָחוֹז; תְּחוּם

provincial *n., adj.* פְּרוֹבִינְצְיָאל; פְּרוֹבִינְצְיָאלִי; בֶּן כְּפָר, תָּמִים

provision *n.* סִיפּוּק צְרָכִים; אֶמְצָעִי; תְּנַאי; קְבִיעָה (בדין)

provisional *adj.* זְמַנִּי

proviso *n.* תְּנַאי

provocation *n.* הַקְנָטָה, קִנְטוּר

provocative *adj.* מַקְנִיט, מְקַנְטֵר; מְעוֹרֵר

provoke *v.* הִתְגָּרָה בּ; גֵּירָה

provoking *adj.* מְקַנְטֵר; מְגָרֶה

prow *n.* חַרְטוֹם סְפִינָה

prowess *n.* אוֹמֶץ־לֵב, גְבוּרָה

prowl *v.* שִׁיחֵר לְטֶרֶף

prowler *n.* מְשַׁחֵר לְטֶרֶף, מְשׁוֹטֵט (לכוונת זדון)

proximity *n.* קִרְבָה, סְמִיכוּת מָקוֹם

proxy *n.* שְׁלוּת, שָׁלוּחַ לְהַצְבָּעָה

prude *n.* מִצְטַנֵּעַ, מִתְחַסֵּד

prudence *n.* יִישׁוּב הַדַּעַת, זְהִירוּת נְבוֹנָה

prudent *adj.* זָהִיר וְנָבוֹן

prudery *n.* הִצְטַנְּעוּת יְתֵרָה

prudish *adj.* מִצְטַנֵּעַ (בהפרזה)

prune *n.* שְׁזִיף מְיוּבָּשׁ

prune *v.* גָּזַם, זָמַר, קִיצֵּץ

pry *v.* חִיטֵּט; הֵצִיץ (ללא רשות)

psalm *n.* מִזְמוֹר, מִזְמוֹר תְּהִילִּים

psalmody *n.* שִׁירַת מִזְמוֹרֵי תְּפִילָּה; הַלְחָנַת (או עיבוד) מִזְמוֹרֵי תְּהִילִּים; אוֹסֵף מִזְמוֹרִים

psalter *n.* סֵפֶר תְּהִילִּים (או מבחר ממנו)

pseudo *adj.* מְזוּיָּף, מְדוּמֶּה

pseudonym *n.* שֵׁם בָּדוּי, פְּסֶבְדוֹנִים

pshaw *interj.* שו! (קריאה להבעת קוצר רוח, רוגז, אכזבה, אי אֵמוּן)

psyche *n.* נְשָׁמָה, רוּחַ, שֵׂכֶל
psychiatrist *n.* פְּסִיכִיאַטֶר (מומחה למחלות רוח)
psychiatry *n.* פְּסִיכִיאַטְרִיָּה
psychic *adj., n.* נַפְשִׁי, פְּסִיכִי
psychoanalysis *n.* פְּסִיכוֹאָנָלִיזָה (חישוף מקור הפרעות נפשיות)
psychoanalyze *v.* טִיפֵּל בְּאוֹרַח פְּסִיכוֹאָנָלִיטִי
psychological *adj.* פְּסִיכוֹלוֹגִי
psychologist *n.* פְּסִיכוֹלוֹג
psychology *n.* תּוֹרַת-הַנֶּפֶשׁ, פְּסִיכוֹלוֹגְיָה
psychopath *n.* פְּסִיכוֹפָּת, חוֹלֵה-נֶפֶשׁ
psychosis *n.* פְּסִיכוֹזָה, טֵירוּף
psychotic *adj.* סוֹבֵל מִפְּסִיכוֹזָה
ptomaine *n.* רְעָלִים (שבמזון מבאיש)
pub *n.* מִסְבָּאָה, בֵּית מַרְזֵחַ
puberty *n.* בַּגְרוּת מִינִית
public *adj.* פּוּמְבִּי, צִיבּוּרִי
public *n.* צִיבּוּר, קָהָל
public conveyance רֶכֶב צִיבּוּרִי
public enemy *n.* אוֹיֵב הָעָם
public holiday *n.* שַׁבָּתוֹן, חַג
public house *n.* מִסְבָּאָה
public opinion *n.* דַּעַת הַקָּהָל
public relations *n.pl.* יַחֲסֵי צִיבּוּר
public school *n.* (באנגליה) בי"ס (תיכון) פְּרָטִי; (בארה"ב) בי"ס מַמְלַכְתִּי
public speaking *n.* נְאִימָה בְּצִיבּוּר
public spirit *n.* נְכוֹנוּת לְשָׁרֵת אֶת הַצִּיבּוּר
public toilet *n.* בֵּית כִּסֵּא צִיבּוּרִי, שֵׁירוּתִים
publication *n.* הוֹצָאָה לָאוֹר, פִּרְסוּם
publicity *n.* פִּרְסוֹמֶת, פִּרְסוּם

publicize *v.* פִּרְסֵם בָּרַבִּים
publish *v.* פִּרְסֵם; הוֹצִיא לָאוֹר
publisher *n.* מוֹצִיא לָאוֹר, מו"ל
publishing house *n.* הוֹצָאָה לָאוֹר
pucker *v.* קִימֵּט; הִתְקַמֵּט
pudding *n.* חֲבִיצָה (מַאֲכָל לְ) קִינּוּחַ סְעוּדָה
puddle *n.* שְׁלוּלִית; טִיט (חומר)
pudgy *adj.* גּוּץ וְשָׁמֵן
puerile *adj.* יַלְדוּתִי, טִיפְּשִׁי
puerility *n.* יַלְדוּתִיּוּת, טִיפְּשׁוּת
puff *n.* נְשִׁימָה; נְשִׁיפָה (של עשן); כָּרִית (לאבקת פנים); שֶׁבַח מוּגְזָם (בביקורת)
puff *v.* נָשַׁם; נָשַׁף; הִתְנַפֵּחַ; נִיפֵּחַ
pug *n.* (מין) כֶּלֶב (דומה לבולדוג)
pug-nose(d) (בַּעַל) חוֹטֶם קָצָר וּפָחוּס
pugilism *n.* אֶגְרוֹפָנוּת, אִגְרוּף
pugilist *n.* מִתְאַגְרֵף
pugnacious *adj.* שׁוֹאֵף קְרָבוֹת, תּוֹקְפָנִי
puissant *adj.* רַב כּוֹחַ, רַב הַשְׁפָּעָה
puke *n., v.* (המונית) קִיא; הֵקִיא
pulchritude *n.* יוֹפִי
pull *v.* מָשַׁךְ; מָתַח
pull *n.* מְשִׁיכָה; (המונית) הַשְׁפָּעָה, 'פְּרוֹטֶקְצְיָה', 'מְשִׁיכַת חוּטִים'
pullet *n.* פַּרְגִּית
pulley *n.* גַּלְגֶּלֶת
pulmonary *adj.* שֶׁל הָרֵיאוֹת
pulp *n.* חֵלֶק בְּשָׂרִי; צִיפָּה (של פרי); כְּתוֹשֶׁת
pulp *v.* כָּתַשׁ; נִכְתַּשׁ
pulpit *n.* דּוּכָן; בִּימָה
pulsate *v.* הָלַם, פָּעַם
pulsation *n.* פְּעִימָה, רֶטֶט

pulse *n.* דוֹפֶק; פְּעִימָה; קִטְנִיּוֹת
pulse *v.* פָּעַם
pulverize *v.* שָׁחַק, כִּיתֵּת; הָרַס
pumice (stone) *n.* אֶבֶן סְפוֹג
pummel *v.* הִכָּה בְּאֶגְרוֹף
pump *n.* מַשְׁאֵבָה; נַעַל־סִירָה
pump *v.* שָׁאַב; נִיפַּח; סָחַט (מידע)
pumpernickel *n.* פּוּמְפֶּרְנִיקֶל (לחם שיפון גס)
pumpkin *n.* דְּלַעַת
pump-priming *n.* סִבְסוּד
pun *n.* מִשְׂחַק מִלִּים
pun *v.* שִׂיחֵק בְּמִלִּים
punch *n.* מְכוֹנַת־נִיקּוּב, מְנַקֵּב; פּוּנְץ' (משקה); מַכַּת אֶגְרוֹף
punch *v.* הִכָּה בְּאֶגְרוֹף; נִיקֵּב
punch clock *n.* שְׁעוֹן רִישׁוּם נוֹכְחוּת
punch-drunk *adj.* הָמוּם מִמַּכּוֹת
punctilious *adj.* דַּקְדְּקָנִי (בטקסיות)
punctual *adj.* דַּיְיקָן, דַּקְדְּקָן
punctuate *v.* פִּיסֵּק; שִׁיסַּע (נאום)
punctuation *n.* פִּיסּוּק; נִיקּוּד
punctuation mark *n.* סִימַן פִּיסּוּק
puncture *n.* נֶקֶר, תֶּקֶר, פַּנְ(ק)צ'ר
puncture *v.* נִיקֵּב; קָרָה לוֹ נֶקֶר
puncture-proof *adj.* חֲסִין נֶקֶר
pundit *n.* פַּנְדִּיט (חכם הודי); מְלוּמָּד (בלגלוג)
pungent *adj.* חָרִיף; צוֹרֵב
punish *v.* עָנַשׁ; הֶעֱנִישׁ
punishable *adj.* בַּר־עוֹנֶשׁ; גּוֹרֵר עוֹנֶשׁ
punishment *n.* עוֹנֶשׁ
punitive *adj.* לְתַכְלִית הָעֲנָשָׁה, מַעֲנִישׁ
punk *n.* עֵץ רָקוּב; שְׁטוּיוֹת
punster *n.* מְשַׂחֵק בְּמִלִּים
punt *v., n.* הֵנִיעַ (סירה); סִירָה (שטוחה)

puny *adj.* קָטָן וְחָלוּשׁ
pup *n.* כְּלַבְלַב
pupil *n.* אִישׁוֹן (עין); תַּלְמִיד
puppet *n.* בּוּבָּה
puppeteer *n.* בּוּבָּנַאי (מפעיל תיאטרון בובות)
puppet govermment *n.* מֶמְשֶׁלֶת בּוּבוֹת
puppy love *n.* אַהֲבָה רִאשׁוֹנָה
purchase *v., n.* רָכַשׁ, קָנָה; קְנִייָה, רְכִישָׁה
purchasing power *n.* כּוֹחַ קְנִייָה
purdah *n.* פּוּרְדָּה, הַפְרָדָה (של נשים מגברים, בייחוד בחברה מוסלימית)
pure *adj.* טָהוֹר
puree *n.* רֶסֶק, מְחִית
purgative *adj., n.* מְטַהֵר; סַם שִׁלְשׁוּל
purgatory *n.* שְׁאוֹל מְטַהֵר (מקום עינויים של כפרה, לפי אמונת הקתולים)
purge *v.* טִיהֵר; שִׁלְשֵׁל
purge *n.* טִיהוּר
purify *v.* טִיהֵר, זִיכֵּךְ
purism *n.* טַהֲרָנוּת (בעיקר בענייני לשון)
puritan *adj.* טַהֲרָנִי, מַחְמִיר (בענייני מוסר)
purity *n.* טוֹהַר
purl *n.* סְרִיגַת 'שְׂמֹאל'; הֶמְיַת פֶּלֶג
purloin *v.* גָּנַב (גניבה ספרותית)
purple *n., adj.* אַרְגָּמָן; אַרְגְּמָנִי
purport *v.* הִתְכַּוֵּון; הִתְיַימֵּר
purport *n.* כַּוָּונָה; הֶסְבֵּר
purpose *n.* תַּכְלִית, כַּוָּונָה

purposely *adv.* בְּכַוָּונָה
purr *n.* פּוֹרֵר (המית הנאה של חתול)
purse *n.* אַרְנָק; כֶּסֶף, פְּרָס כַּסְפִּי
purse *v.* כִּיוֵּץ; הִתְכַּוֵּץ
purse proud *n.* מִתְרַבְרֵב בְּהוֹנוֹ
purser *n.* גִּזְבָּר, כַּלְכָּל (באונייה)
pursuance *n.* הַמְשָׁכָה, בִּיצּוּעַ הַגְשָׁמָה
pursuant to בְּהֶתְאֵם ל
pursue *v.* רָדַף; הִתְמִיד
pursuer *n.* רוֹדֵף, מַתְמִיד
pursuit *n.* רְדִיפָה; מִשְׁלַח־יָד, עִיסּוּק
purvey *v.* סִיפֵּק, צִייֵּד
purview *n.* הֶיקֵּף פְּעוּלָה, תְּחוּם
pus *n.* מוּגְלָה
push *v.* דָּחַף; דָּחַק; נִדְחַף
push *n.* דְּחִיפָה; מַאֲמָץ; יוֹזְמָה
push-button *n.* לְחִיץ
push-button control *n.* הַפְעָלָה בִּלְחִיצַת כַּפְתּוֹר
pushcart *n.* עֶגְלַת־יָד
pusher *n.* נִדְחָף (קדימה); סוֹחֵר סַמִּים
pushing *adj.* דּוֹחֵף, תּוֹקְפָנִי
pusillanimous *adj.* פַּחְדָן
puss *n.* חָתוּל, חֲתוּלָה
pussy *n.* חֲתוּלָה
pustule *n.* אֲבַעְבּוּעָה מוּגְלָתִית
put *v.* שָׂם, הִנִּיחַ, נָתַן
putative *adj.* נֶחְשָׁב; קַיָּים לְפִי הַמְשׁוֹעָר
put-out *adj.* מְרוּגָּז, מְעוּצְבָּן
putrefy *v.* גָּרַם לְרִיקָּבוֹן, רָקַב; נִרְקַב
putrid *adj.* רָקוּב, נִרְקָב
putsch *n.* נִיסָּיוֹן הֲפִיכָה
putter *n.* מַחְבֵּט גּוֹלְף
putty *n.* מֶרֶק (טיט דביק לשמשות)
putty *v.* דִּיבֵּק, חִיזֵּק בְּמֶרֶק
puzzle *n.* פָּאזֶל, חִידָה; חִידַת תַּצְרֵף
puzzle *v.* הִתְמִיהַּ; הִתְלַבֵּט
puzzler *n.* מַתְמִיהַּ; בְּעָיָה קָשָׁה
pygmy, pigmy *n.* נַנָּס
pyjamas, pajamas *n.* פִּיגָ'מָה, חֲלִיפַת שֵׁינָה
pylon *n.* עַמּוּד (לחשמל)
pyramid *n.* פִּירָמִידָה
pyre *n.* עֲרֵימַת עֵצִים לִמְדוּרָה
pyrex *n.* זְכוּכִית עֲמִידָה בָּאֵשׁ
pyrites *n.* אֶבֶן הָאֵשׁ, בַּרְזֶל גּוֹפְרִיתִי
pyrotechnics *n.pl.* פִּירוֹטֶכְנִיקָה (עשיית זיקוקי אש)
python *n.* פִּיתוֹן, פֶּתֶן

Q

qua *conj.* בְּתוֹר, כְּ

quack *v., n.* גִּעְגֵּעַ, קִרְקֵר; גִּעְגּוּעַ, קִרְקוּר

quack *n.* נוֹכֵל, רַמַּאי, מִתְחַזֶּה כְּרוֹפֵא

quackery *n.* נוֹכְלוּת, רַמָּאוּת

quad *n.* מְרוּבָּע

quadrangle *n.* חָצֵר מְרוּבַּעַת

quadrant *n.* רֶבַע עִיגּוּל

quadrilateral *adj., n.* מְרוּבָּעִי, בְּצוּרַת מְרוּבָּע; מְרוּבָּע

quadruped *adj., n.* מְהַלֵּךְ עַל אַרְבַּע

quadruple *v.* רִיבֵּעַ; כָּפַל בְּאַרְבַּע

quadruplet *n.* רְבִיעִיָּה; אֶחָד מֵרְבִיעִיָּה

quaff *v.* גָּמַע, לָגַם

quagmire *n.* אַדְמַת בִּיצָה, בּוֹץ

quail *v.* פָּחַד, נִרְתַּע

quail *n.* שְׂלָיו

quaint *adj.* מוּזָר, שׁוֹנֶה; יָשָׁן וּמְעַנְיֵין

quake *v.* רָעַד

quake *n.* רַעַד, רְעִידַת־אֲדָמָה

qualify *v.* הִסְמִיךְ; הִכְשִׁיר אֶת עַצְמוֹ; מִיתֵּן, רִיכֵּךְ; (בדקדוק) הִגְדִיר, תֵּיאֵר

quality *n.* אֵיכוּת, טִיב, סְגוּלָּה

qualm *n.* הִיסּוּס; נְקִיפַת מַצְפּוּן

quandary *n.* מְבוּכָה, אִי וַדָּאוּת

quantity *n.* כַּמּוּת; גּוֹרֵם

quantum *n.* קְוַנְטוּם (כמות או מידה)

quarantine *n.* הֶסְגֵּר (למניעת התפשטות מחלות)

quarantine *v.* שָׂם בְּהֶסְגֵּר

quarrel *n.* רִיב, תִּגְרָה, קְטָטָה

quarrel *v.* רָב, הִתְקוֹטֵט

quarrelsome *adj.* מַרְבֶּה לְהִתְקוֹטֵט

quarry *n.* מַחְצָבָה; נִרְדָּף, חַיָּה נִיצוֹדָה

quarry *v.* חָצַב

quart *n.* רֶבַע גַּלּוֹן

quarter *n.* רֶבַע; רֶבַע דּוֹלָר; רוֹבַע

quarter *v.* חִילֵּק לְאַרְבָּעָה; אִכְסֵן

quarter-deck *n.* סִיפּוּן אַחְרָה

quarterly *adj., adv., n.* שֶׁל רֶבַע שָׁנָה; רִבְעוֹן

quartermaster *n.* אַפְסְנַאי; קְצִין אַפְסְנָאוּת

quartet *n.* (במוסיקה) רְבִיעִיָּה

quarto *n.* קְוַרְטוֹ (תבנית גיליון נייר שצורתו יותר ריבועית מפוליו)

quartz *n.* בְּדוֹלַח־הָרִים, קְוַרְצָה, צוֹר מְגוּבָּשׁ

quash *v.* דִּיכֵּא; בִּיטֵּל

quasi *prefix* בְּמִידָּה מְסוּיֶּמֶת, לְמֶחְצָה, מֵעֵין

quatrain *n.* בַּיִת, שִׁיר (בן 4 שורות)

quaver *v.* רָעַד

quaver *n.* רַעַד, סִלְסוּל קוֹל

quay *n.* רְצִיף, מֵזַח

queasy *adj.* גּוֹרֵם בְּחִילָה (אוכל); רָגִישׁ בְּיוֹתֵר (קיבה, מצפון); נוֹטֶה לְהָקִיא

queen *n.* מַלְכָּה

queen-dowager *n.* אַלְמְנַת הַמֶּלֶךְ הַקּוֹדֵם

queenly *adv., adj.* כְּמַלְכָּה, יָאֶה לְמַלְכָּה

queer *adj.* מוּזָר, מְשׁוּנֶּה; (המונית) הוֹמוֹסֶקְסוּאָלִי

queer *v.* קִלְקֵל; שִׁיבֵּשׁ

queer customer *n.* ברנש מוזר
quell *v.* הכניע; השקיט, דיכא
quench *v.* כיבה; ריווה (צימאון)
querulous *adj.* גורם בחילה (אוכל) נרגן, מרבה להתאונן, 'מקטר'
query *n.* שאלה; סימן-שאלה
query *v.* שאל, הקשה
quest *n.* חיפוש, ביקוש
question *n.* שאלה
question *v.* שאל, חקר, תשאל
question-mark *n.* סימן-שאלה
questionable *adj.* מסופק
questionnaire *n.* שאלון
queue *n., v.* תור; עמד בתור
queue up עמד בתור
quibble *v.* התפלפל (כדי להתחמק)
quick *adj.* מהיר, זריז; מהיר תפיסה
quicken *v.* מיהר, זירז; הזדרז
quicklime *n.* סיד חי
quickly *adv.* מהר, במהירות
quicksand *n.* (שטח) חול טובעני
quicksilver *n.* כספית
quid *n.* גוש טבק (לעיסה); לירה
quid pro quo *n.* תמורה (לדבר שניתן)
quiescence *n.* במצב מנוחה, באי פעולה
quiescent *adj.* מצב מנוחה, אי פעילות
quiet *adj., n.* שקט; שקט; שלווה
quiet *v.* השקיט, הרגיע; שקט, נרגע
quill *n.* נוצה, קולמוס
quilt *n.* כסת
quince *n.* חבוש (עץ ופרי)
quinine *n.* כינין (נגד קדחת)
quinsy *n.* דלקת השקדיים
quintessence *n.* מופת, תמצית צרופה
quintet(te) *n.* קווינטט, חמישייה (במוסיקה)
quintuplet *n.* חמישייה, אחד מחמישייה
quip *n.* חידוד, דבר שנינה
quip *v.* העיר בשנינות
quire *n.* צרור (24 דפי כתיבה)
quirk *n.* גחמה מוזרה
quisling *n.* בוגד (משתף פעולה עם כובש)
quit *v.* נטש; עזב
quit *adj.* פטור, משוחרר
quite *adv.* לגמרי; למדי, די
quitter *n.* חסר כוח התמדה
quiver *v.* רעד, רטט; הרטיט
quiver *n.* רטט; אשפה (לחיצים)
quixotic *adj.* דון-קישוטי
quiz *n.* מבחן; חידון
quizzical *adj.* מוזר, משונה; היתולי
quoit *n.* עיגול (מתכת או חבל למשחק)
quondam *adj.* לשעבר
quorum *n.* מניין חוקי; קוורום
quota *n.* מכסה
quotable *adj.* ראוי לציטוט, נוח לצטטו
quotation *n.* מובאה, ציטטה; הצעת מחיר
quotation marks *n.pl.* מרכאות
quote *v.* ציטט; נקב (מחיר)
quotidien *adj.* חוזר יום יום, רגיל, יומיומי
quotient *n.* מנה (תוצאת פעולת חילוק)

R

rabbi *n.* רַבִּי, רַב
Rabbinate *n.* רַבָּנוּת
rabbinic(al) *adj.* רַבָּנִי
rabbit *n.* אַרְנָב, אַרְנֶבֶת, אַרְנָבוֹן
rabble *n.* אֲסַפְסוּף, עֵרֶב רַב
rabble rouser *n.* מֵסִית לְמְהוּמוֹת
rabid *adj.* נְגוּעַ כַּלֶּבֶת, מְטוֹרָף; קִיצוֹנִי, 'שָׂרוּף'
rabies *n.* כַּלֶּבֶת
raccoon *n.* רָקוּן (יונק טורף)
race *n.* מֵירוֹץ; גֶּזַע
race *v.* הִתְחָרָה (בריצה); רָץ בִּמְהִירוּת
race riots *n.pl.* מְהוּמוֹת גִּזְעָנִיּוֹת
race-track *n.* מַסְלוּל מֵירוֹץ
racehorse *n.* סוּס מֵירוֹץ
racial *adj.* גִּזְעִי, גִּזְעָנִי
rack *n.* כּוֹנָן; סוֹרֵג; יִיסּוּרִים
rack *v.* עִינָּה, יִיסֵּר
racket *n.* רַעַשׁ; מֶתַח, הִתְרוֹצְצוּת; מַחְבֵּט טֶנִיס, רַחַת
racketeer *n.* נוֹכֵל, סַחְטָן
raconteur *n.* מְסַפֵּר סִיפּוּרִים
racoon *n. see* **raccoon**
racy *adj.* חַי, חָרִיף, עֲסִיסִי
radar *n.* מַכָּ"ם, רָדָר
radiant *adj.* זוֹהֵר; קוֹרֵן, זוֹרֵחַ
radiate *v.* הִקְרִין, קָרַן (אור וכד')
radiate *adj.* קוֹרֵן; יוֹצֵא מִן הַמֶּרְכָּז
radiation *n.* קְרִינָה, הַקְרָנָה
radiator *n.* רַדְיָאטוֹר, מַקְרֵן; מַצְנֵן
radical *adj., n.* רָדִיקָלִי, קִיצוֹנִי, יְסוֹדִי
radio *n.* רַדְיוֹ, אַלְחוּט
radio *v.* שִׁידֵּר
radio announcer *n.* קַרְיַין רַדְיוֹ
radio broadcasting *n.* שִׁידּוּרֵי רַדְיוֹ
radio network *n.* רֶשֶׁת רַדְיוֹ
radio receiver *n.* מַקְלֵט רַדְיוֹ
radish *n.* צְנוֹן, צְנוֹנִית
radium *n.* רַדְיוּם (יסוד כימי מתכתי רדיואקטיווי)
radius *n.* רַדְיוּס, מָחוֹג
raffle *n., v.* פַּיִס, הַגְרָלָה; הִגְרִיל
raft *n.* רַפְסוֹדָה, דוֹבְרָה
rafter *n.* קוֹרָה (משופעת לרעפים)
rag *n.* סְמַרְטוּט, סְחָבָה
ragamuffin *n.* (יֶלֶד) לְבוּשׁ קְרָעִים
rage *n.* זַעַם, חֵימָה; בּוּלְמוּס
ragged *adj.* מְחוּסְפָּס; שָׁחוּק
ragout *n.* תַּרְבִּיךְ (בשר וירקות מאודים)
ragtag *adj.* בָּלוּי וְקָרוּעַ
ragtime *n.* סוּג מוּסִיקָה לְרִיקּוּד (חזקה ומהירה)
raid *n., v.* פְּשִׁיטָה; עָרַךְ פְּשִׁיטָה
rail *n.* מַעֲקֶה; פַּס מְסִילַּת־בַּרְזֶל
rail *v.* קִילֵּל, חֵירֵף
rail fence *n.* מַעֲקֶה פַּסֵּי־בַּרְזֶל
railhead *n.* סוֹף הַקַּו (של רכבת)
railing *n.* מַעֲקֶה בַּרְזֶל
railroad *n.* מְסִילַּת־בַּרְזֶל
railroad *v.* הֶעֱבִיר בִּמְסִילַּת־בַּרְזֶל; אִילֵּץ; הִכְרִיחַ
railway *n.* מְסִילַּת־בַּרְזֶל, רַכֶּבֶת
raiment *n.* לְבוּשׁ
rain *n.* גֶּשֶׁם, מָטָר, מִמְטָר
rain *v.* יָרַד גֶּשֶׁם; הִמְטִיר
rainbow *n.* קֶשֶׁת (בענן)

raincoat *n.* מְעִיל־גֶשֶׁם
rainfall *n.* כַּמּוּת גֶשֶׁם
raise *v.* הֵרִים, עוֹרֵר, הֶעֱלָה; גִּידֵּל
raise *n.* הַעֲלָאָה (בשכר)
raisin *n.* צִימּוּק
raison d'être *n.* סִיבַּת הַקִּיּוּם, הַצְדָּקַת הַקִּיּוּם
raj *n.* שִׁלְטוֹן (הבריטים בהודו)
rajah *n.* (מהודית) רֹאשׁ, נָסִיךְ, מוֹשֵׁל
rake *n.* מַגְרֵפָה; שְׁטוּף זִימָּה
rake *v.* גָּרַף; עָרַם
rake-off *n.* אֲחוּזִים (מעסק מפוקפק)
rakish *adj.* מִתְהַדֵּר, עַלִּיז; מוּשְׁחָת
rally *n.* כִּינּוּס, אֲסֵיפָה; הִתְאוֹשְׁשׁוּת
rally *v.* קִיבֵּץ; לִיכֵּד; הִתְלַכֵּד; הִתְאוֹשֵׁשׁ
ram *n.* אַיִל; אֵיל־בַּרְזֶל
ram *v.* דָּחַף בְּחוֹזְקָה, נִיגֵּחַ
ramble *v.* טִייֵּל, שׁוֹטֵט, סָטָה מֵהַנּוֹשֵׂא (בשיחה)
ramble *n.* טִיּוּל (להנאה)
ramify *v.* סֵיעֵף; הִסְתָּעֵף
ramp *n.* מַעֲבָר מְשׁוּפָּע
rampage *n.* הִשְׁתּוֹלְלוּת
rampant *adj.* מִתְרוֹמֵם (על רגליו האחוריות); מִתְפַּשֵּׁט (לכל עֵבר)
rampart *n.* סוֹלְלָה, דָּיֵק, חוֹמָה
ramrod *n.* מַקֵּל בַּרְזֶל, חוֹטֶר
ramshackle *adj.* רָעוּעַ, מִתְמוֹטֵט
ranch *n.* חַוָּוה גְּדוֹלָה (לבקר)
rancid *adj.* מְקוּלְקָל, לֹא טָרִי
rancor *n.* שִׂנְאָה, אֵיבָה
random *adj.* אַקְרָאִי, מִקְרִי
randy *adj.* תַּאַוְותָנִי, מִתְפָּרֵעַ
range *v.* עָרַךְ בְּשׁוּרָה; שׁוֹטֵט; הִשְׁתָּרֵעַ; טִיוַּוח
range *n.* רֶכֶס; שׁוּרָה; טְוָוח; תְּחוּם; מִבְחָר
ranger *n.* מְשׁוֹטֵט; שׁוֹמֵר יַעַר; שׁוֹטֵר רוֹכֵב; חַיָּיל קוֹמַנְדוֹ
rank *n.* דַּרְגָּה, מַעֲמָד; שׁוּרָה
rank and file *n.pl.* אַנְשֵׁי הַשּׁוּרָה (לא המנהיגים)
rank *v.* עָרַךְ בְּשׁוּרָה; הָיָה בְּדַרְגַּת
rank *adj.* פּוֹרֶה (מדי); פָּרוּעַ; מַסְרִיחַ
rankle *v.* כָּאַב, הִטְרִיד
ransack *v.* חִיטֵּט; בָּזַז, שָׁדַד
ransom *n.* כּוֹפֶר, כּוֹפֶר נֶפֶשׁ
ransom *v.* שִׁחְרֵר תְּמוּרַת כּוֹפֶר; פָּדָה
rant *v.* הִתְרַבְרֵב, דִּקְלֵם
rap *v.* הִכָּה קַלּוֹת, טָפַח
rap *n.* טְפִיחָה; קוֹל דְּפִיקָה קַלָּה
rapacious *adj.* חַמְסָנִי; עוֹשֵׁק
rape *v., n.* אָנַס; אוֹנֶס
rapid *adj.* מָהִיר, תָּלוּל
rapid *n.* (בנהר) שִׁיפּוּעַ מַיִם
rapier *n.* סַיִף
rapport *n.* הִתְקָרְבוּת, קִרְבָה
rapprochement *n.* הִתְקָרְבוּת, חִידּוּשׁ הַיְּדִידוּת
rapt *adj.* שָׁקוּעַ עָמוֹק; מְרוּתָּק
rapture *n.* אֶקְסְטָזָה, הִתְפַּעֲלוּת
rare *adj.* נָדִיר; קָלוּשׁ; דָּלִיל
rarefy *v.* הִקְלִישׁ, דִּילֵּל
rarely *adv.* לְעִיתִּים רְחוֹקוֹת
rarity *n.* נְדִירוּת, דָּבָר יְקַר הַמְּצִיאוּת
rascal *n.* נוֹכֵל, נָבָל
rase, raze *v.* הָרַס, מָחָה (מעל פני האדמה)
rash *n.* פְּרִיחָה (בעור)
rash *adj.* פּוֹחֵז; פָּזִיז
rasp *v.* שִׁייֵּף, פָּצַר; עִצְבֵּן; צָרַם (את האוזן)

rasp *n.* שׁוֹפִין, מָשׁוֹף; קִרְצוּף
raspberry *n.* פֶּטֶל
rat *n.* חוּלְדָּה, עַכְבְּרוֹשׁ, אָדָם שָׁפָל
rat *v.* לָכַד עַכְבָּרִים; (המונית) עָרַק, בָּגַד
ratchet, ratch *n.* גַּלְגַּל שֶׁל מַחְגֵּר מְשׁוּנָּן
rate *n.* שִׁיעוּר, קֶצֶב; אַרְנוֹנָה; שַׁעַר (מטבע)
rate of exchange *n.* שַׁעַר הַחֲלִיפִין
rate *v.* הֶעֱרִיךְ
rather *adv.* מוּטָב שֶׁ; בְּמִידַּת מַה; לְמַדַּיי
rather! *interj.* בְּהֶחְלֵט, וְעוֹד אֵיךְ!
ratify *v.* קִיֵּם, אִשְׁרֵר
ratio *n.* יַחַס
ratiocinate *v.* חִישֵּׁב לְפִי הִיגָּיוֹן
ration *n.* מָנָה קְצוּבָה
ration *v.* הִנְהִיג צֶנַע, חִילֵּק בְּקִיצוּב
rational *adj.* שִׂכְלְתָנִי, רַצְיוֹנָלִי
rationalize *v.* הִתְרִיץ
rationalization *n.* הִתְרָצָה
rattan *adj.* דֶּקֶל הוֹדִי (דק גזע), מַקֵּל דַּק
rattle *v.* נָקַשׁ; טִרְטֵר; דָּפַק
rattle *n.* נְקִישָׁה, טִרְטוּר; קִשְׁקוּשׁ; רַעֲשָׁן
rattlesnake *n.* נְחַשׁ נְקִישָׁה (הנוקש בזנבו)
raucous *adj.* צוֹרֵם, גַּס וְצָרוּד
ravage *n.* הֶרֶס, חוּרְבָּן
ravage *v.* הָרַס, הֶחֱרִיב
rave *v.* צָעַק בְּטֵירוּף; הִשְׁתּוֹלֵל
raven *n.* עוֹרֵב שָׁחוֹר
ravenous *adj.* רָעֵב מְאוֹד, זוֹלֵל
ravine *n.* גֵּיא הָרִים, קָנְיוֹן
ravioli *n.* כִּיסָנִים (נוסח איטלקי)
ravish *v.* שָׁבָה, הִקְסִים; אָנַס
ravishing *adj.* מַקְסִים; שׁוֹבֵה לֵב
raw *adj.* לֹא מְבוּשָּׁל; גּוֹלְמִי; גַּס; טָרִי (פצע, מזון); פְּרִימִיטִיבִי
raw materials *n.pl.* חוֹמְרֵי גֶּלֶם
rawhide *n.* עוֹר לֹא מְעוּבָּד
ray *n.* קֶרֶן אוֹר; תְּרִיסָנִית (דג)
rayon *n.* זְהוֹרִית (משי סינתטי)
raze *v. see* **rase**
razor *n.* תַּעַר; מַגְלֵחַ
razor-blade *n.* סַכִּין־גִּילּוּחַ
reach *v.* הִגִּיעַ, הִשִּׂיג; הִשְׂתָּרַע
reach me downs *n.pl.* (המונית) בְּגָדִים מוּכָנִים
reach *n.* הֶישֵּׂג־יָד; הַשָּׂגָה
react *v.* הִשְׁפִּיעַ; הֵגִיב, הֵשִׁיב
reaction *n.* הֲגָבָה, תְּגוּבָה; רֵיאַקְצְיָה
reactionary *n., adj.* רֵיאַקְצְיוֹנֶר, נִלְחָם בְּקִדְמָה
reactor *n.* כּוּר (אטומי)
read *v.* קָרָא; הִקְרִיא; הָיָה כָּתוּב
read between the lines קָרָא בֵּין הַשִּׁיטִין
readable *adj.* קָרִיא
reader *n.* קוֹרֵא; בַּעַל קְרִיאָה (בבית־כנסת); מַרְצֶה; מִקְרָאָה (ספר)
readily *adv.* בְּרָצוֹן, לְלֹא הִיסּוּס
reading *n.* גִּרְסָה; קַרְיָינוּת; הַקְרָאָה
reading comprehension *n.* הֲבָנַת הַנִּקְרָא
reading-desk *n.* שׁוּלְחַן־קְרִיאָה
reading-glasses *n.pl.* מִשְׁקְפֵי־קְרִיאָה
ready *adj.* מוּכָן
ready *v.* הֵכִין
ready-made suit *n.* חֲלִיפָה מוּכָנָה

ready money *n.* כֶּסֶף מְזוּמָּן
real *adj.* מַמָּשִׁי, אֲמִיתִּי, רֵיאָלִי
real estate *n.* מְקַרְקְעִים
real life *n.* הַמְּצִיאוּת
realism *n.* מְצִיאוּתִיּוּת, רֵיאָלִיזְם
realist *n.* רֵיאָלִיסְט, אָדָם מְצִיאוּתִי
reality *n.* מְצִיאוּת, מַמָּשׁוּת
realization *n.* הֲבָנָה, תְּפִיסָה; הַגְשָׁמָה, מִימּוּשׁ; הֲמָרָה (של רכוש בכסף)
realize *v.* הִגְשִׁים; הִמְחִישׁ; מִימֵּשׁ; נוֹכַח
realm *n.* מַמְלָכָה; תְּחוּם
realtor *n.* סוֹכֵן מְקַרְקְעִים
realty *n.* מְקַרְקְעִים
ream *n.* חֲבִילַת נְיָיר (480 גיליונות)
reap *v.* קָצַר, אָסַף
reaper *n.* קוֹצֵר; מַקְצֵרָה
reaping hook *n.* מַגָּל
reappear *v.* שׁוּב הוֹפִיעַ
reapportionment *n.* חֲלוּקָה מֵחָדָשׁ
rear *n., adj.* עוֹרֶף; אֲחוֹרַיִים; אֲחוֹרִי
rear *v.* גִּידֵּל; הֵרִים; הִתְרוֹמֵם
rear-admiral *n.* סְגַן־אַדְמִירָל
rear drive *n.* הֶינֵעַ אֲחוֹרָנִי
rearmament *n.* חִימּוּשׁ מֵחָדָשׁ
reason *n.* כּוֹחַ מַחְשָׁבָה, שֵׂכֶל; סִיבָּה; הִיגָּיוֹן
reason *v.* חָשַׁב בְּהִיגָּיוֹן; שָׁקַל; נִימֵּק
reasonable *adj.* הֶגְיוֹנִי, סָבִיר
reassert *v.* חָזַר וְטָעַן
reassessment *n.* הַעֲרָכָה מֵחָדָשׁ
reassure *v.* הִרְגִּיעַ, חִיזֵּק בִּיטָּחוֹן
reawaken *v.* הִתְעוֹרֵר שׁוּב; הֵעִיר שׁוּב
rebate *n.* הֲנָחָה; הֲטָבָה
rebel *n., adj.* מוֹרֵד, מִתְמָרֵד
rebel *v.* מָרַד, הִתְקוֹמֵם, הִתְמָרֵד
rebellion *n.* מֶרֶד, מְרִידָה
rebellious *adj.* מַרְדָּנִי, מִתְמָרֵד
rebirth *n.* תְּחִיָּיה, הִתְחַדְּשׁוּת
rebound *n.* (בכדורסל) כַּדּוּר נִיתָּר, כַּדּוּר חוֹזֵר
rebound *v.* קָפַץ חֲזָרָה
rebuff *n.* הֲשָׁבַת פָּנִים רֵיקָם
rebuff *v.* הֵשִׁיב פָּנִים רֵיקָם (בצורה פוגענית)
rebuke *v.* יִיסֵּר, הוֹכִיחַ
rebuke *n.* תּוֹכֵחָה
rebus *n.* רֶבּוּס (חידת הרכבת מלים על פי ציורים)
rebut *v.* הִפְרִיךְ, סָתַר
rebuttal *n.* הַפְרָכָה, סְתִירָה
recalcitrant *adj.* מַמְרֶה, מְסָרֵב
recall *v.* קָרָא לַחֲזוֹר (לשגריר וכד'); בִּיטֵּל, זָכַר
recall *n.* זְכִירָה; בִּיטּוּל
recant *v.* חָזַר בּוֹ
recap *v.* גִּיפֵּר (צמיג וכד')
recapitulation *n.* סִיכּוּם בְּרָאשֵׁי פְּרָקִים, תַּמְצוּת
recast *v.* יָצַק שׁוּב; עִיצֵּב מֵחָדָשׁ
recast *n.* יְצִיקָה מֵחָדָשׁ; עִיצּוּב מְחוּדָּשׁ
recede *v.* נָסוֹג; נִרְתַּע; יָרַד (ערך)
receipt *n.* קַבָּלָה; מַתְכּוֹן
receipt *v.* אִישֵּׁר קַבָּלָה
receive *v.* קִיבֵּל; קִיבֵּל פְּנֵי
receiver *n.* מְקַבֵּל; נִמְעָן; אֲפַרְכֶּסֶת (טלפון); מַקְלֵט (רדיו)
receiving set *n.* מַקְלֵט רַדְיוֹ
recension *n.* עֲרִיכָה אוֹ הַהֲדָרָה שֶׁל טֶקְסְט
recent *adj.* זֶה מִקָּרוֹב, אַחֲרוֹן

recently *adv.* לָאַחֲרוֹנָה, בַּזְּמַן הָאַחֲרוֹן
receptacle *n.* כְּלִי־קִיבּוּל
reception *n.* קַבָּלָה; קַבָּלַת־פָּנִים, קְלִיטָה (רדיו)
receptionist *n.* פְּקִיד (פְּקִידַת) קַבָּלָה
receptive *adj.* נָכוֹן, מְהִיר־תְּפִיסָה, פָּתוּחַ
receptiveness *n.* כּוֹשֶׁר קְלִיטָה
recess *n.* הַפְסָקָה, פַּגְרָה; גוּמְחָה
recess *v.* עָשָׂה גוּמְחָה; הוּפְסְקָה (אסיפה וכד׳)
recession *n.* יְרִידָה זְמַנִּית, שֵׁפֶל כַּלְכָּלִי
recessive *adj.* נוֹטֶה לַחֲזוֹר אוֹ לָסֶגֶת
recherché *adj.* עָשׂוּי בְּהַקְפָּדָה (דברי אוכל), נִבְחַר בִּקְפִידָה יְתֵרָה; מְעוּשֶּׂה (מלים וכד׳)
recipe *n.* מַתְכּוֹן, מִרְשָׁם
reciprocal *adj.* הֲדָדִי; שֶׁל גּוֹמְלִין
reciprocity *n.* הֲדָדִיּוּת
recital *n.* (בּמוּסיקה) רֵסִיטָל; דִּקְלוּם
recite *v.* דִּקְלֵם
reckless *adj.* פָּזִיז, לֹא זָהִיר
recklessly *adv.* בִּפְזִיזוּת
reckon *v.* חִשְׁבֵּן, חִישֵּׁב; סָבַר, הִנִּיחַ
reclaim *v.* הֶחֱזִיר לְמוּטָב; טִייֵּב, שִׁיקֵּם
recline *v.* נִשְׁעַן לְאָחוֹר; הֵסֵב
recluse *n., adj.* פָּרוּשׁ, מִתְבּוֹדֵד
recognize *v.* הִכִּיר, זִיהָה
recoil *v., n.* נִרְתַּע, נָסוֹג; רְתִיעָה
recollect *v.* נִזְכַּר, זָכַר
recommend *v.* הִמְלִיץ
recompense *n.* גְּמוּל, פִּיצּוּי
reconcile *v.* הִשְׁלִים; יִישֵּׁב
recondite *adj.* חוֹרֵג מֵהַתְּחוּם הָרָגִיל, (לגבּי נוֹשׂאי ידיעה) קָשֶׁה לַחְדוֹר לְעוּמְקוֹ, יָדוּעַ מְעַט
reconnaissance *n.* סִיּוּר
reconnoiter, reconnoitre *v.* סִייֵּר; סָקַר
reconsider *v.* חָזַר וְעִייֵּן
reconstruct *v.* שִׁחְזֵר; בָּנָה מֵחָדָשׁ
reconversion *n.* הַחְזָרָה לְקַדְמוּתוֹ
record *v.* רָשַׁם; הִקְלִיט
record *n.* רְשִׁימָה; פְּרוֹטוֹקוֹל; תַּקְלִיט; שִׂיא
record holder *n.* שִׂיאָן, בַּעַל שִׂיא
record player *n.* פָּטֵיפוֹן, מָקוֹל
recording *adj., n.* רוֹשֵׁם; הַקְלָטָה
records *n.pl.* רְשׁוּמוֹת, מִסְמָכִים
recount *v.* סִיפֵּר, דִּיוּוַח
re-count *n., v.* מִנְייָן נוֹסָף; מָנָה שׁוּב
recoup *v.* פִּיצָּה; קִיבֵּל חֲזָרָה
recourse *n.* פְּנִייָּה; מִפְלָט
recover *v.* הִתְאוֹשֵׁשׁ; קִיבֵּל בַּחֲזָרָה; נִפְרַע
recovery *n.* הַחְלָמָה, הִתְאוֹשְׁשׁוּת; קַבָּלָה בַּחֲזָרָה
recreation *n.* בִּידּוּר, נוֹפֶשׁ
recrimination *n.* הַאֲשָׁמַת נֶגֶד
recruit *v.* גִּייֵּס, חִייֵּל
recruit *n.* טִירוֹן, מְגוּיָּס
rectangle *n.* מַלְבֵּן
rectify *v.* תִּיקֵּן (עיוּוּת); זִיקֵּק
rector *n.* רֶקְטוֹר (ראש אוּניברסיטה); כּוֹמֶר
rectilinear *adj.* שֶׁל קַו יָשָׁר, מוּקָף קַוִּים יְשָׁרִים
rectitude *n.* יוֹשֶׁר, הִתְנַהֲגוּת יְשָׁרָה
rectum *n.* חַלְחוֹלֶת

recumbent *adj.* שָׁכוּב, שָׁעוּן

recuperate *v.* הֵשִׁיב לְאֵיתָנוֹ; הֶחְלִים

recur *v.* חָזַר; נִשְׁנָה

red *adj., n.* אָדוֹם; אוֹדֶם

redaction *n.* עֲרִיכָה לִדְפוּס

redactor *n.* עוֹרֵךְ (לדפוס)

red-blooded *adj.* נִמְרָץ; תַּאַוְתָן

red handed *adj.* בִּשְׁעַת בִּיצּוּעַ הַפֶּשַׁע

red herring *n.* הַסָּחַת דַּעַת

red hot *adj.* אָדוֹם לוֹהֵט, טָרִי

red tape *n.* סַחֶבֶת, נַיֶּירֶת

redden *v.* הֶאְדִּים, אִידֵּם; הִתְאַדֵּם

redeem *v.* גָּאַל; קִיֵּים (הבטחה); כִּיבֵּד

redeemer *n.* גּוֹאֵל, פּוֹדֶה, מוֹשִׁיעַ

redemption *n.* גְּאוּלָּה, פְּדוּת

redeploy *v.* פָּרַס (צבא) מֵחָדָשׁ, אִרְגֵּן שׁוּב, הֵסֵב (כוח עבודה)

rediscover *v.* גִּילָּה שׁוּב

redolent *adj.* מַדִּיף רֵיחַ חָרִיף

redoubt *n.* בִּיצּוּר

redound *v.* תָּרַם, הוֹסִיף

redress *v., n.* תִּיקֵּן מְעוּוָּת; תִּיקּוּן מְעוּוָּת

redskin *n.* אִינְדִּיאָנִי, אֲדוֹם־עוֹר

reduce *v.* הִקְטִין, צִמְצֵם; יָרַד בְּמִשְׁקָל

reducing exercises *n.pl.* תַּרְגִּילֵי הַרְזָיָה

redundant *adj.* מְיוּתָּר, עוֹדֵף

reduplicate *v.* שִׁכְפֵּל, חָזַר עַל

reed *n.* קָנֶה; סוּף; לְשׁוֹנִית (כלי נשיפה)

re-edit *v.* עָרַךְ מֵחָדָשׁ, שִׁעֲרֵךְ

reef *n.* שׁוּנִית; חֵלֶק מִפְרָשׂ

reefer *n.* זִיג מַלָּחִים; סִיגָרִיַּית חֲשִׁישׁ

reek *v.* הִסְרִיחַ; הֶעֱלָה עָשָׁן

reel *n.* סְלִיל; סְחַרְחוֹרֶת

reel *v.* כָּרַךְ בִּסְלִיל; הִתְנוֹדֵד, הָיָה סְחַרְחַר

re-election *n.* בְּחִירָה מֵחָדָשׁ

re-enlist *v.* הִתְגַּיֵּס שׁוּב; גִּיֵּס שׁוּב

re-entry *n.* כְּנִיסָה מֵחָדָשׁ

re-examination *n.* בְּדִיקָה מֵחָדָשׁ

refectory *n.* חֲדַר אוֹכֶל (במנזר או בקולג')

refer *v.* יִיחֵס; הִפְנָה; הִתְיַיחֵס

referee *n.* שׁוֹפֵט, פּוֹסֵק

referee *v.* שָׁפַט

reference *n.* הַפְנָיָה; אִזְכּוּר; מַרְאֵה מָקוֹם; עִיּוּן; הַמְלָצָה

reference book *n.* סֵפֶר יַעַץ, סֵפֶר יַעַן

reference library *n.* סִפְרִיַּית עִיּוּן

referendum *n.* מִשְׁאַל־עַם

refill *v., n.* מִילֵּא שׁוּב; מִילּוּי

refine *v.* זִיקֵּק, עִידֵּן, לִיטֵּשׁ

refinement *n.* זִיקּוּק, עִידּוּן, לִיטּוּשׁ

refinery *n.* בֵּית־זִיקּוּק

refit *v.* תִּיקֵּן וְשִׁיפֵּץ; הִשְׁתַּפֵּץ

reflect *v.* הֶחֱזִיר (אור); שִׁיקֵּף; הִשְׁתַּקֵּף; הִרְהֵר

reflection *n.* הַחֲזָרָה (של אור); הִרְהוּר; הַטָּלַת דּוֹפִי

reflex *n., adj.* רֶפְלֶקְס (תנועת תגובה לא רצונית), הֶחְזֵר, בָּבוּאָה, הִשְׁתַּקְּפוּת

reflexive *adj., n.* (בדקדוק) חוֹזֵר, רֶפְלֶקְסִיבִי (כגון צורות התפעל: התרחץ, התלבש)

reforestation *n.* יִיעוּר מֵחָדָשׁ

reform *v.* תִּיקֵּן; הֶחֱזִיר לְמוּטָב; חָזַר לְמוּטָב

reform *n.* תִּיקּוּן, רֵפוֹרְמָה

reformation *n.* תִּיקּוּן, שִׁינּוּי לְמוּטָב; רֵפוֹרְמַצְיָה (הכנסת רפורמה, שינוי ערכים בדת וכד׳)
reformatory *n.* מוֹסָד מְתַקֵּן (לעבריינים צעירים)
refraction *n.* הִשְׁתַּבְּרוּת (קרני אור)
refrain *v.* נִמְנַע; הִתְאַפֵּק
refrain *n.* פִּזְמוֹן חוֹזֵר
refresh *v.* רִעְנֵן; הֵשִׁיב נֶפֶשׁ
refreshment *n.* רִעְנוּן; תִּקְרוֹבֶת, כִּיבּוּד
refrigerator *n.* מְקָרֵר
refuel *v.* תִּדְלֵק
refuge *n.* מִקְלָט, מִפְלָט, מַחְסֶה
refugee *n.* פָּלִיט
refulgence *n.* זוֹהַר, נוֹגַהּ
refund *v.* הֶחְזִיר תַּשְׁלוּם
refund *n.* הַחְזָרַת תַּשְׁלוּם
refurbish *v.* צִחְצֵחַ מֵחָדָשׁ, שִׁיפֵּץ
refurnish *v.* רִיהֵט מֵחָדָשׁ
refusal *n.* דְּחִיָּה, סֵירוּב
refuse *v.* דָּחָה, סֵירֵב
refuse *n.* פְּסוֹלֶת, אַשְׁפָּה
refute *v.* הִפְרִיךְ, סָתַר
regain *v.* הִשִּׂיג שׁוּב, רָכַשׁ שׁוּב; הִגִּיעַ שׁוּב
regal *adj.* מַלְכוּתִי, שֶׁל מְלָכִים
regale *v.* אָכַל (שָׁתָה) בַּהֲנָאָה; הֵינָּה, הִגִּישׁ בְּשֶׁפַע
regalia *n.* סִמְלֵי מַלְכוּת
regard *n.* מַבָּט; הַעֲרָכָה, הוֹקָרָה
regard *v.* הִתְיַיחֵס; הִתְבּוֹנֵן, רָאָה
regardless *adj.* בְּלִי שִׂים לֵב
regatta *n.* תַּחֲרוּת כְּלֵי שַׁיִט
regenerate *v.* חִידֵּשׁ, הֶחֱיָה; נִתְחַדֵּשׁ
regent *n.* עוֹצֵר; חֲבֵר מִנְהָלָה (באוניב׳)
regicide *n.* הוֹרֵג מֶלֶךְ; הֲרִיגַת מֶלֶךְ
regime *n.* מִשְׁטָר
regimen *n.* מִשְׁטָר בְּרִיאוּת (דיאטה וכו׳)
regiment *n.* גְּדוּד, חֲטִיבָה
regiment *v.* אִרְגֵּן בְּמִשְׁטָר מִשְׁמַעְתִּי
region *n.* אֵזוֹר, חֶבֶל, תְּחוּם
regional *adj.* אֲזוֹרִי
register *n.* פִּנְקַס רִישּׁוּם; מִרְשָׁם; מִשְׁלָב (במוסיקה, בבלשנות)
register *v.* רָשַׁם; שָׁלַח בְּדוֹאַר רָשׁוּם
registrar *n.* רַשָּׁם; מַזְכִּיר אָקָדֶמִי
regress *v.* נְסִיגָה, תְּנוּעָה לְאָחוֹר
regret *v.* הִצְטַעֵר, הִתְחָרֵט
regret *n.* צַעַר, חֲרָטָה, הִתְנַצְּלוּת
regrettable *adj.* מְצַעֵר
regular *adj.* סָדִיר; קָבוּעַ
regular *n.* חַיַּיל קֶבַע; אוֹרֵחַ קָבוּעַ
regulate *v.* כִּיוֵּן (שעון); תֵּיאֵם; וִיסֵּת
regurgitate *v.* זָרַם שׁוּב; הֵזְרִים שׁוּב; הֶעֱלָה שׁוּב לַפֶּה
rehabilitate *v.* שִׁיקֵּם; הֶחְזִיר אֶת שְׁמוֹ הַטּוֹב
rehash *v., n.* עִיבֵּד מֵחָדָשׁ (חומר ישן); עִיבּוּד מֵחָדָשׁ (כנ״ל)
rehearsal *n.* חֲזָרָה (להופעה)
rehearse *v.* חָזַר (כנ״ל); סִיפֵּר
reign *n., v.* מַלְכוּת; שִׁלְטוֹן; מָלַךְ
reimburse *v.* הֶחְזִיר הוֹצָאוֹת
rein *n.* מוֹשְׁכָה, מוֹשְׁכוֹת
rein *v.* עָצַר, בָּלַם; רִיסֵּן
reincarnation *n.* גִּלְגּוּל חָדָשׁ, שִׁיבָה לִתְחִיָּה
reindeer *n.* אַיָּל בֵּיתִי
reinforce *v.* תִּגְבֵּר, חִיזֵּק
reinforcement *n.* תִּגְבּוֹרֶת, חִיזּוּק

reinstate *v.* הֵשִׁיב עַל כַּנּוֹ

reiterate *v.* חָזַר עַל

reject *v.* דָּחָה, פָּסַל, סֵירֵב לְקַבֵּל

rejection *n.* דְּחִיָּה (כנ"ל)

rejoice *v.* שָׂמַח מְאוֹד

rejoinder *n.* תְּשׁוּבָה, מַעֲנֶה

rejuvenation *n.* חִידּוּשׁ נְעוּרִים

rekindle *v.* הִדְלִיק שׁוּב, הִלְהִיב מֵחָדָשׁ

relapse *v.* חָזַר לְסוּרוֹ, חָזַר שׁוּב

relapse *n.* הֲרָעַת מַצָּב

relate *v.* סִיפֵּר; יִיחֵס ל

related *adj.* קָשׁוּר ל; קָרוֹב

relation *n.* קֶשֶׁר; זִיקָה; קְרוֹב מִשְׁפָּחָה

relationship *n.* קֶשֶׁר;
קִרְבָה מִשְׁפַּחְתִּית; זִיקָה

relative *adj.* יַחֲסִי; נוֹגֵעַ ל

relative *n.* קָרוֹב, שְׁאֵר בָּשָׂר

relax *v.* הִרְפָּה; הִתְפָּרְקֵן, נִינוֹחַ

relaxation *n.* הַרְפָּיָה, נִינוֹחוּת

relaxing *adj.* מַרְפֶּה, מַרְגִּיעַ

relay *n.* הַעֲבָרָה; הַמְסָרָה;
סוּסֵי הַחְלָפָה

relay *v.* הִמְסִיר

relay race *n.* מֵירוֹץ שְׁלִיחִים

release *v.* שִׁחְרֵר; הִתִּיר

release *n.* שִׁחְרוּר; הֶיתֵּר

relegate *v.* הוֹרִיד (לדרגה או למעמד
נמוכים יותר)

relent *v.* הִתְרַכֵּךְ, חָזַר בּוֹ (מכוונה רעה)

relentless *adj.* חֲסַר רַחֲמִים

relevant *adj.* נוֹגֵעַ לָעִנְיָן, רֶלֶוַונְטִי

reliable *adj.* מְהֵימָן

reliance *n.* אֵמוּן, בִּטְחָה

relic *n.* שָׂרִיד, מַזְכֶּרֶת; עַצְמוֹת הַמֵּת

relief *n.* הֲקָלָה, פּוּרְקָן; תַּבְלִיט

relieve *v.* הֵקֵל, סִייֵּעַ; הֶחֱלִיף

religion *n.* דָּת

religious *adj., n.* שֶׁל דָּת, דָּתִי

relinquish *v.* זָנַח, וִיתֵּר עַל

reliquary *n.* תֵּיבָה (לשרידי עצמות
קדוש)

relish *n.* טַעַם נָעִים; תַּבְלִין; חֵשֶׁק

relish *v.* נָתַן טַעַם; הִתְעַנֵּג

relocate *v.* מִיקֵּם; הִתְמַקֵּם

reluctance *n.* אִי־רָצוֹן, אִי חֵשֶׁק

reluctant *adj.* לֹא נוֹטֶה; כָּפוּי

rely *v.* סָמַךְ, בָּטַח

remain *v.* נִשְׁאַר, נוֹתַר

remainder *n.* יֶתֶר, שְׁאֵרִית; יִתְרָה

remark *v.* הֵעִיר; שָׂם לֵב

remark *n.* הֶעָרָה; תְּשׂוּמֶת־לֵב

remarkable *adj.* רָאוּי לְצִיּוּן, מוּפְלָא

remarry *v.* הִתְחַתֵּן, הִתְחַתְּנָה שׁוּב

remedial *adj.* עָשׂוּי לְרַפֵּא, נִיתָּן
לְתִיקּוּן

remedy *n.* מַרְפֵּא; תְּרוּפָה; תִּיקּוּן

remedy *v.* הֵבִיא תַּקָּנָה, תִּיקֵּן

remember *v.* נִזְכַּר, זָכַר, מָסַר דָּ"שׁ

remembrance *n.* זִכָּרוֹן, הִיזָּכְרוּת

remind *v.* הִזְכִּיר

reminder *n.* תִּזְכּוֹרֶת

reminisce *v.* הֶעֱלָה זִכְרוֹנוֹת

remiss *adj.* מִתְרַשֵּׁל, רַשְׁלָנִי

remission *n.* מְחִילָה (ע"י הקב"ה);
שִׁחְרוּר, פְּטוּר; הַרְפָּיָה

remit *v.* שָׁלַח; הֶעֱבִיר; מָחַל

remittance *n.* הַעֲבָרַת כֶּסֶף

remnant *n.* שְׁאֵרִית

remonstrate *v.* מָחָה, טָעַן נֶגֶד

remorse *n.* נְקִיפַת מַצְפּוּן

remorseful *adj.* מָלֵא חֲרָטָה

remote *adj.* מְרוּחָק, נִידָּח

removable *adj.* שֶׁאֶפְשָׁר לְסַלְּקוֹ
removal *n.* הֲסָרָה; סִילּוּק
remove *v.* הֵסִיר; סִילֵּק; עָבַר דִירָה, הֶעְתִּיק מְגוּרִים
remuneration *n.* שָׂכָר, תַּשְׁלוּם
renaissance, renascence *n.* תְּחִיָּה
rend *v.* קָרַע, בָּקַע
render *v.* מָסַר, הִגִּישׁ; בִּיצֵּעַ, הֵבִיא לִידֵי
rendezvous *n.* רֵיאָיוֹן, פְּגִישָׁה
rendition *n.* בִּיצּוּעַ; תַּרְגּוּם
renegade *n., adj.* מוּמָר; בּוֹגֵד (במפלגה וכד')
renege *v.* הִתְכַּחֵשׁ
renew *v.* חִידֵּשׁ, הִתְחִיל מֵחָדָשׁ
renewable *adj.* נִיתָּן לְחִידּוּשׁ
renewal *n.* חִידּוּשׁ
renounce *v.* וִיתֵּר, הִסְתַּלֵּק מִן
renovate *v.* חִידֵּשׁ, שִׁיפֵּץ
renown *n.* פִּרְסוּם, שֵׁם
renowned *adj.* מְפוּרְסָם
rent *adj.* קָרוּעַ
rent *n.* דְּמֵי שְׂכִירוּת; קֶרַע
rent *v.* שָׂכַר; הִשְׂכִּיר
rental *n.* דְּמֵי שְׂכִירוּת
renunciation *n.* הוֹדָעַת וִיתּוּר, הִסְתַּלְּקוּת
reopen *v.* פָּתַח שׁוּב
reorganize *v.* אִרְגֵּן מֵחָדָשׁ
repair *v.* תִּיקֵּן, שִׁיפֵּץ
repair *n.* תִּיקּוּן; מַצָּב תַּקִּין
reparation *n.* מַתַּן פִּיצּוּיִים
repartee *n.* תְּשׁוּבָה כַּהֲלָכָה
repast *n.* אֲרוּחָה, סְעוּדָה
repatriate *v.* הֶחֱזִיר לְמוֹלַדְתּוֹ
repatriate *n.* חוֹזֵר לְמוֹלַדְתּוֹ
repay *v.* גָּמַל, שִׁילֵּם בַּחֲזָרָה, הֶחְזִיר
repayment *n.* הֶחְזֵר תַּשְׁלוּם
repeal *v.* בִּיטֵּל; בִּיטּוּל (חוק)
repeat *v.* חָזַר עַל
repeat *n.* הַדְרָן
repeat performance *n.* הַצָּגָה חוֹזֶרֶת
repel *v.* הֵדַף; דָּחָה, עוֹרֵר סְלִידָה
repent *v.* הִתְחָרֵט, חָזַר בִּתְשׁוּבָה
repentant *n.* מִתְחָרֵט, חוֹזֵר בִּתְשׁוּבָה
repercussion *n.* הֵד, תְּהוּדָה; (ברבים) הַשְׁלָכוֹת, תּוֹצָאוֹת
repertoire, repertory *n.* רֶפֶּרְטוּאָר (רשימת יצירות אָמנותיות המיועדות לביצוע בעונה)
repetition *n.* חֲזָרָה, הִישָּׁנוּת
repine *v.* הִתְאוֹנֵן
replace *v.* הֶחְלִיף; שָׂם בַּחֲזָרָה
replacement *n.* הַחְלָפָה; הַחְזָרָה; מִילּוּי מָקוֹם; תַּחְלִיף
replenish *v.* מִילֵּא שׁוּב, חִידֵּשׁ מְלַאי
replete *adj.* גָּדוּשׁ, שׁוֹפֵעַ, שָׂבֵעַ
replica *n.* הֶעְתֵּק, רֶפְּלִיקָה (של ציור וכד')
reply *v., n.* עָנָה, הֵשִׁיב; תְּשׁוּבָה
reply paid דְּמֵי מִשְׁלוֹחַ הַתְּשׁוּבָה שׁוּלְּמוּ מֵרֹאשׁ
report *v.* דִּיוֵּחַ
report *n.* דִּין וְחֶשְׁבּוֹן, דוּ"חַ, יְדִיעָה
reportage *n.* כַּתָּבָה, רְשִׁימָה
reportedly *adv.* כְּפִי שֶׁנִּמְסַר
reporter *n.* כַּתָּב
repose *v.* נָח, שָׁכַב (לנוח); רָחַשׁ אֵמוּן
repose *n.* מְנוּחָה, מַרְגּוֹעַ
repository *n.* מַחְסָן, אוֹסֶף, מְלַאי
reprehend *v.* גָּעַר, גִּינָּה
reprehensible *adj.* רָאוּי לִנְזִיפָה, רָאוּי לְגִינּוּי

represent *v.* יִיצֵּג, סִימֵּל, תֵּיאֵר

representative *adj.* יִיצוּגִי, רֶפְּרֶזֶנְטָטִיווִי

representative *n.* נָצִיג, בָּא־כּוֹחַ

repress *v.* דִיכֵּא; הִדְחִיק (רגשות)

reprieve *v.* דָחָה (הוצאה להורג); נָתַן אַרְכָּה

reprieve *n.* דְחִיַּית הוֹצָאָה לַהוֹרֵג; אַרְכָּה

reprimand *n.* נְזִיפָה, גְעָרָה

reprimand *v.* נָזַף, גָעַר

reprint *v.* הִדְפִּיס שׁוּב

reprint *n.* הַדְפָּסָה חֲדָשָׁה

reprisal *n.* פְּעוּלַּת תַּגְמוּל

reproach *v.* נָזַף, הוֹכִיחַ

reproach *n.* נְזִיפָה, הוֹכָחָה

reprobate *v. n.* גִינָּה בַּחֲרִיפוּת; סָלַד מִן; אָדָם מוּשְׁחָת

reproduce *v.* יָצַר שׁוּב; הֶעְתִּיק, שִׁעְתֵּק, שִׁחְזֵר; הוֹלִיד

reproduction *n.* יְצִירָה מֵחָדָשׁ; הֶעְתֵּק; שַׁעְתּוּק; שִׁחְזוּר

reproof *n.* נְזִיפָה, תּוֹכֵחָה

reprove *v.* נָזַף, גָעַר

reptile *n., adj.* זוֹחֵל, רֶמֶשׂ

republic *n.* רֶפּוּבְּלִיקָה, קְהִילִיָּיה

republican *adj., n.* רֶפּוּבְּלִיקָנִי

repudiate *v.* הִכְחִישׁ; כָּפַר בּ

repugnant *adj.* דוֹחֶה, מְעוֹרֵר סְלִידָה

repulse *v.* הָדַף, דָחָה

repulse *n.* סֵירוּב (לא מנומס)

repulsive *adj.* מַגְעִיל, דוֹחֶה

reputation *n.* שֵׁם טוֹב, כָּבוֹד

repute *v.* חָשַׁב ל, נֶחְשַׁב

repute *n.* מוֹנִיטִין, שֵׁם

reputedly *adv.* כְּפִי שֶׁחוֹשְׁבִים

request *v.* בִּיקֵּשׁ; בַּקָּשָׁה, מִשְׁאָלָה

requiem *n.* רֶקְוִויֶּם (יצירה מוסיקלית לזכר נפטר)

require *v.* תָּבַע, דָרַשׁ; הָיָה זָקוּק ל

requirement *n.* צוֹרֶך; דְרִישָׁה

requisite *adj., n.* דָרוּשׁ; צוֹרֶך

requital *n.* גְמוּל, תַּגְמוּל

requite *v.* גָמַל, שִׁילֵּם

rescind *v.* בִּיטֵּל (חוק, חוזה)

rescue *v., n.* חִילֵּץ, הִצִּיל; הַצָּלָה

research *n. v.* מֶחְקָר; חָקַר

resemblance *n.* דִמְיוֹן (בין דברים)

resemble *v.* דָמָה ל, הָיָה דוֹמֶה ל

resent *v.* הִתְרָעֵם עַל, שָׁמַר טִינָה

resentment *n.* כַּעַס, טִינָה

reservation *n.* הַזְמָנַת מָקוֹם; הִסְתַּיְּיגוּת; מָקוֹם שָׁמוּר; שְׁמוּרָה

reserve *n.* רֶזֶרְוָה; שְׁמוּרָה; הִסְתַּיְּיגוּת; עֲתוּדָה (בצבא); יַחַס קָרִיר

reserve *v.* שָׁמַר; הִזְמִין

reservist *n.* חַיַּיל מִילּוּאִים, עֲתוּדַאי

reservoir *n.* מַאֲגָר, מְכָל

reside *v.* גָר, נִמְצָא בּ

residence *n.* מְגוּרִים, בַּיִת

resident *adj., n.* תּוֹשָׁב, מְקוֹמִי

residue *n.* שְׁאֵרִית, שְׁיָרִים, מִשְׁקָע

resign *v.* הִתְפַּטֵּר; נִכְנַע

resignation *n.* הִתְפַּטְּרוּת; הַשְׁלָמָה

resilience *n.* כּוֹשֶׁר הִתְאוֹשְׁשׁוּת

resin *n.* שְׂרָף

resist *v.* הִתְנַגֵּד, עָמַד בִּפְנֵי

resistance *n.* הִתְנַגְּדוּת, עֲמִידוּת

resolute *adj.* הֶחְלֵטִי, מוּחְלָט; תַּקִּיף

resolution *n.* הַחְלָטָה; תַּקִּיפוּת

resolve *v.* הֶחְלִיט, פָּתַר, הִתִּיר
resolve *n.* הַחְלָטִיּוּת
resonance *n.* תְּהוּדָה
resorption *n.* סְפִיגָה מֵחָדָשׁ
resort *v.* נִזְקַק ל, הִשְׁתַּמֵּשׁ ב
resort *n.* מְקוֹם מַרְגּוֹעַ
resound *v.* הִדְהֵד
resource *n.* אֶמְצָעִי; תּוּשִׁיָּה; מַשְׁאָב
resourceful *adj.* בַּעַל תּוּשִׁיָּה
respect *n.* כָּבוֹד; בְּחִינָה, הֶיבֵּט; דְּרִישַׁת שָׁלוֹם
respect *v.* כִּיבֵּד; הֶעֱרִיךְ
respectability *n.* הֲגִינוּת
respectable *adj.* מְכוּבָּד, הָגוּן
respectful *adj.* בַּעַל יִרְאַת כָּבוֹד
respectfully *adv.* בְּדֶרֶךְ־אֶרֶץ
respecting *prep.* בְּעִנְיַין, בִּדְבַר־
respective *adj.* שֶׁל כָּל אֶחָד וְאֶחָד
respectively *adv.* לְפִי הַסֵּדֶר שֶׁבּוֹ הוּזְכְּרוּ
respire *v.* נָשַׁם, שָׁאַף
respite *n.* אַרְכָּה, הֲרְוָוחָה
resplendent *adj.* זוֹהֵר, מַבְרִיק
respond *v.* הֵגִיב, עָנָה
response *n.* תְּשׁוּבָה, תְּגוּבָה
responsibility *n.* אַחְרָיוּת
responsible *adj.* אַחְרָאִי
rest *n.* מְנוּחָה, מִשְׁעָן; (בְּמוּסִיקָה) הֶפְסֵק; שְׁאֵרִית, הַשְּׁאָר, הַיֶּתֶר
rest *v.* נָח, נָפַשׁ; נָתַן מְנוּחָה
restaurant *n.* מִסְעָדָה
restful *adj.* מַרְגִּיעַ, שָׁקֵט, שָׁלֵו
restitution *n.* הַחְזָרָה; שִׁילּוּם
restive *adj.* מְסָרֵב, לֹא צַיְיתָן
restoration *n.* חֲזָרָה (לְאֵיתָנוֹ, לִמְקוֹמוֹ), שִׁחְזוּר, שִׁיקּוּם
restore *v.* הֶחֱזִיר, שִׁיקֵּם, שִׁחְזֵר
restrain *v.* עָצַר, בָּלַם
restraint *n.* רִיסּוּן, הַבְלָגָה, הִתְאַפְּקוּת
restrict *v.* הִגְבִּיל, צִמְצֵם
restroom *n.* שֵׁירוּתִים, בָּתֵּי כִּיסֵּא
result *v.* נָבַע; הִסְתַּיֵּם
result *n.* תּוֹצָאָה, תּוֹלָדָה
resume *v.* הִמְשִׁיךְ ב, הִתְחִיל שׁוּב
résumé *n.* סִיכּוּם, תַּמְצִית
resurrect *v.* הֵקִים לִתְחִיָּה, הִנְהִיג מֵחָדָשׁ
resurrection *n.* הַחְיָאָה, תְּחִיַּית הַמֵּתִים
resuscitate *v.* הֶחֱזִיר לִתְחִיָּה; אוֹשֵׁשׁ
retail *n., adj., adv.* קִמְעוֹנוּת; קִמְעוֹנִי; בְּקִמְעוֹנוּת
retail *v.* מָכַר (אוֹ נִמְכַּר) בְּקִמְעוֹנוּת; חָזַר עַל (סִיפּוּר)
retailer *n.* קִמְעוֹנַאי
retain *v.* הֶחֱזִיק ב, שָׁמַר; הֶחֱזִיק בְּשֵׁירוּתִים
retaliate *v.* גָּמַל, שִׁילֵּם מִידָּה כְּנֶגֶד מִידָּה
retaliation *n.* תַּגְמוּל
retard *v.* הֵאֵט, עִיכֵּב, הִפְרִיעַ
retch *v.* הִתְאַמֵּץ לְהָקִיא
retching *n.* רֶפְלֶקְס הֲקָאָה
retention *n.* שְׁמִירָה, עֲצִירָה, הַחְזָקָה
reticence *n.* שַׁתְקָנוּת
reticent *adj.* שַׁתְקָנִי
retina *n.* רִשְׁתִּית הָעַיִן
retinue *n.* פָּמַלְיָה
retire *v.* פָּרַשׁ, נָסוֹג, שָׁכַב לִישׁוֹן
retort *v.* הֵשִׁיב בְּכַעַס (אוֹ בִּשְׁנִינוּת)

retort *n.* תְּשׁוּבָה נִמְרֶצֶת; (בכימיה) אַבִּיק
retouch *v.* שִׁיפֵּר; (בצילום) דִייֵת
retrace *v.* חָזַר (על עֲקֵבוֹתָיו)
retract *v.* חָזַר בּוֹ, הִתְכַּחֵשׁ
retread *v.* גִּיפֵּר שׁוּב (צמיג)
retreat *n.* נְסִיגָה; פְּרִישָׁה; מִפְלָט
retreat *v.* נָסוֹג
retrench *v.* קִיצֵּץ, קִימֵּץ
retribution *n.* תַּגְמוּל, גְּמוּל
retrieve *v.* הִשִּׂיג שׁוּב; הִצִּיל (כבוד וכד׳)
retriever *n.* (כלב) מַחֲזִיר
retro-retro אֲחוֹרָה, חֲזָרָה
retroactive *adj.* רֶטְרוֹאַקְטִיבִי, מַפְרֵעִי
retrograde *adj.* מְכוּוָּן אֲחוֹרָה, מִידַּרְדֵּר
retrogressive *adj.* נַעֲשֶׂה יוֹתֵר גָּרוּעַ, מִידַּרְדֵּר
retrospect *n.* מַבָּט לְאָחוֹר
retrospective *adj.* סוֹקֵר לְאָחוֹר; רֶטְרוֹסְפֶּקְטִיבִי
return *v.* חָזַר; הֶחֱזִיר, עָנָה, הִכְנִיס (רווחים)
return *n.* חֲזָרָה; הַחְזָרָה, תְּמוּרָה, רֶוַח
return address *n.* כְּתוֹבֶת לִתְשׁוּבָה
return game *n.* מִשְׂחַק גּוֹמְלִין
return ticket *n.* כַּרְטִיס הָלוֹךְ וָשׁוֹב
return trip *n.* נְסִיעָה הָלוֹךְ וָשׁוֹב
reunification *n.* אִיחוּד מֵחָדָשׁ
reunion *n.* אִיחוּד מֵחָדָשׁ; כִּינּוּס, מִפְגָּשׁ (מחזור בי״ס וכד׳)
reunite *v.* אִיחֵד שׁוּב; הִתְאַחֵד שׁוּב
rev *n.* סִיבּוּב, סְבָב
rev *v.* הִגְבִּיר תְּאוּצָה שֶׁל (מנוע)

revaluation *n.* יִיסּוּף (מטבע); הַעֲרָכָה מֵחָדָשׁ
revamp *v.* הִתְקִין פֶּנֶת מֵחָדָשׁ (לנעל); חִידֵּשׁ (לחן וכד׳)
reveal *v., n.* הֶרְאָה, גִּילָּה; גִּילּוּי
reveille *n.* תְּרוּעַת הַשְׁכָּמָה
revel *v.* הִתְהוֹלֵל, הִתְעַנֵּג
revelation *n.* גִּילּוּי; גִּילּוּי מַפְתִּיעַ
revelry *n.* הִתְהוֹלְלוּת
revenge *v., n.* נָקַם; גָּמַל; נְקָמָה
revengeful *adj.* נַקְמָנִי
revenue *n.* הַכְנָסָה, הַכְנָסָה מִמִּסִּים
reverberate *v.* הִדְהֵד (קול), הֶחֱזִיר (חום); שִׁיקֵּף (אור)
revere *v.* כִּיבֵּד, הֶעֱרִיץ
reverence *n.* יִרְאַת־כָּבוֹד
reverie *n.* חֲלוֹם בְּהָקִיץ
reversal *n.* הֲפִיכָה, מַהְפָּךְ
reverse *adj., n.* הָפוּךְ; הֵפֶךְ, הִיפּוּךְ; כִּישָּׁלוֹן
reverse *v.* הֵפֵךְ; נָהַג לְאָחוֹר
revert *v.* חָזַר (לקדמותו)
review *n.* סְקִירָה; בְּחִינָה מְחוּדֶּשֶׁת
review *v.* סָקַר, בָּחַן
revile *v.* חֵירֵף, גִּידֵּף
revise *v.* עָרַךְ וּבָדַק מֵחָדָשׁ
revision *n.* עֲרִיכָה וּבְדִיקָה מֵחָדָשׁ
revival *n.* תְּחִיָּה, הַחְיָאָה
revive *v.* הֶחֱיָה, הֵשִׁיב נֶפֶשׁ; קָם לִתְחִיָּה
revivify *v.* הֶחֱיָה, הֵפִיחַ מֶרֶץ
revoke *v.* בִּיטֵּל (צו, רשות)
revolt *n.* מֶרֶד, הִתְקוֹמְמוּת; בְּחִילָה
revolt *v.* מָרַד, הִתְקוֹמֵם; עוֹרֵר בְּחִילָה
revolting *adj.* מְעוֹרֵר בְּחִילָה

revolution *n.* מַהְפֵּכָה; סִיבּוּב
revolutionary *adj. n.* מַהְפְּכָנִי; מַהְפְּכָן
revolve *v.* הִסְתּוֹבֵב; סוֹבֵב
revolver *n.* אֶקְדָּח (תוּפִּי)
revolving door *n.* דֶּלֶת סוֹבֶבֶת
revue *n.* רֶוויוּ (הצגה מגוונת בקטעי הומור וסאטירה)
revulsion *n.* שִׁינּוּי פִּתְאוֹמִי; תְּגוּבָה חֲרִיפָה
reward *v.* נָתַן פְּרָס; פִּיצָּה, גָּמַל
reward *n.* גְּמוּל; פְּרָס
rewarding *adj.* כְּדָאִי
rewrite *v.* שִׁכְתֵּב; עִיבֵּד
rhapsody *n.* הַבָּעָה נִרְגֶּשֶׁת; (בּמוּסיקה) רַפְסוֹדְיָה
rhetoric *n.* רֵטוֹרִיקָה (אֲמנוּת הנאום)
rhetorical *adj.* רֵטוֹרִי
rheumatic *adj., n.* שִׁיגְרוֹנִי, רוּמָטִי
rheumatism *n.* שִׁיגָּרוֹן
rhinestone *n.* אֶבֶן גְּבִישִׁית; יַהֲלוֹם מְזוּיָּף
rhinoceros *n.* קַרְנַף
rhombus *n.* מְעוּיָּן
rhubarb *n.* רִיבָּס
rhyme *n.* חָרוּז, חֲרִיזָה
rhyme *v.* חָרַז, כָּתַב חֲרוּזִים
rhythm *n.* קֶצֶב, רִיתְמוּס
rhythmic(al) *adj.* קִצְבִּי, רִיתְמִי
rib *n.* צֵלָע
rib *v.* צִילֵּעַ, חִיזֵּק בִּצְלָעוֹת; (המונית) קִנְטֵר, הִיתֵּל
ribald *adj.* מְנַבֵּל פִּיו, מְבַיֵּשׁ, גַּס
ribbon *n.* סֶרֶט, פַּס צַר
rice *n.* אוֹרֶז
rich *adj.* עָשִׁיר; מְהוּדָּר
riches *n.pl.* עוֹשֶׁר, הוֹן
rickets *n.* רַכֶּכֶת (מחלת עצמות)
rickety *adj.* סוֹבֵל מֵרַכֶּכֶת; רוֹפֵף
rickshaw *n.* רִיקְשָׁה (עגלה דו אופנית, שאדם מוביל אותה)
rid *v.* שִׁחְרֵר; טִיהֵר; הֵסִיר
riddance *n.* הִיפָּטְרוּת, הִשְׁתַּחְרְרוּת
riddle *n.* חִידָה; מָשָׁל
riddle *v.* דִּיבֵּר בְּחִידוֹת; פָּתַר חִידוֹת; נִיקֵּב כִּכְבָרָה
ride *v.* רָכַב; נָסַע בְּרֶכֶב; הִרְכִּיב
ride *n.* טִיוּל (בנסיעה או ברכיבה)
rider *n.* פָּרָשׁ; נִסְפָּח (לחוק וכד')
ridge *n.* רֶכֶס, קַו מוּגְבָּה
ridicule *n.* לַעַג, גִּיחוּךְ, צְחוֹק
ridicule *v.* לָעַג, עָשָׂה צְחוֹק
ridiculous *adj.* מְגוּחָךְ, נִלְעָג
riding *n.* רְכִיבָה
riding academy *n.* בֵּית־סֵפֶר לִרְכִיבָה
riding breeches *n.pl.* מִכְנְסֵי רְכִיבָה
riding-habit *n.* תִּלְבּוֹשֶׁת רְכִיבָה
riding master *n.* מוֹרֶה לִרְכִיבָה
rife *adj.* נָפוֹץ, מָצוּי
riffle *v.* עִרְבֵּב, טָרַף (קלפים); עִלְעֵל
riffraff *n.* אֲסַפְסוּף, עֲרַב־רַב
rifle *n.* רוֹבֶה
rifle *v.* גָּנַב (ממגירה, מארון)
rift *n.* בְּקִיעַ; קֶרַע
rig *v.* צִיֵּיד (אונייה); הִצְטַיֵּיד; הִרְכִּיב חֲלָקִים
rig *n.* (באונייה) חִיבֵּל (מערך התרנים והחבלים)
right *adj.* צוֹדֵק, נָכוֹן; מַתְאִים, יְמָנִי
right angle *n.* זָווִית יְשָׁרָה

right hand drive *n.* הֶגֶה יְמָנִי
right-hand man *n.* יָד יְמִינוֹ, עוֹזֵר נֶאֱמָן
right minded *adj.* הָגוּן, בַּעַל הַדֵּעוֹת הַנְּכוֹנוֹת
right of way *n.* זְכוּת קְדִימָה
right *n.* (צַד) יָמִין; זְכוּת, צֶדֶק
right *adv.* יָשָׁר, יְשִׁירוּת; בְּצֶדֶק; כַּשּׁוּרָה
right *v.* יִישֵּׁר, תִּיקֵּן
righteous *adj.* צַדִּיק, עוֹשֶׂה צֶדֶק
rightful *adj.* חוּקִי, בַּעַל זְכוּת; הוֹגֵן, צוֹדֵק
rightist *n., adj.* יְמָנִי (בפוליטיקה)
rightly *adv.* בְּצֶדֶק, נָכוֹן
rigid *adj.* לֹא גָמִישׁ, נוּקְשֶׁה
rigmarole *n.* גִּיבּוּב מִלִּים אָרוֹךְ
rigorous *adj.* קַפְּדָנִי, חָמוּר, קָשֶׁה
rile *v.* הִרְגִּיז
rill *n.* פֶּלֶג (של מים זורמים)
rim *n.* קָצֶה, שָׂפָה; שׁוּל; חִישׁוּק
rime *n.* כְּפוֹר; חָרוּז
rind *n.* קְרוּם, קְלִיפָּה
ring *v.* צִלְצֵל, נִשְׁמַע; הִקִּיף, כִּיתֵּר
ring *n.* צִלְצוּל; צְלִיל; טַבַּעַת; עִיגּוּל
ringing *adj.* מְצַלְצֵל, מְהַדְהֵד
ringleader *n.* מַנְהִיג (קושרים וכד׳)
ringmaster *n.* מְנַהֵל זִירָה
ringside *n.* שׁוּרָה רִאשׁוֹנָה
ringworm *n.* גַּזֶּזֶת
rink *n.* מִשְׁטַח קֶרַח לְהַחְלָקָה
rinse *n., v.* שְׁטִיפָה; שָׁטַף
riot *n.* פְּרָעוֹת; הִשְׁתּוֹלְלוּת, מְהוּמָה
riot *v.* פָּרַע; הִתְפָּרֵעַ
rioter *n.* מִתְפָּרֵעַ
rip *v.* קָרַע; נִיתֵּק; נִקְרַע
rip *n.* שִׁיבּוֹלֶת (בים, בנהר)
ripe *adj.* בָּשֵׁל, בּוֹגֵר
ripen *v.* בָּשַׁל; הִתְבַּגֵּר
ripple *v.* (לגבי ים) הֶעֱלָה אַדְווֹת; הִתְנוֹעֵעַ כְּאַדְוָוה
ripple *n.* אַדְוָוה; קוֹל עוֹלֶה וְיוֹרֵד
rise *v.* קָם, עָלָה; הִתְקוֹמֵם
rise *n.* עֲלִיָּיה; שִׁיפּוּעַ; הַעֲלָאָה; זְרִיחָה
risk *n.* סִיכּוּן; סְכוּם מְבוּטָּח
risk *v.* סִיכֵּן, הִסְתַּכֵּן בּ
risky *adj.* כָּרוּךְ בְּסִיכּוּן, מְסוּכָּן; גַּס
risqué *adj.* נוֹעָז, גַּס (סיפור וכד׳)
rite *n.* טֶקֶס, פּוּלְחָן (דתי)
ritual *adj., n.* (שֶׁל) טֶקֶס דָּתִי
rival *n., v.* יָרִיב, מִתְחָרֶה; הִתְחָרָה בּ
rivalry *n.* הִתְחָרוּת, יְרִיבוּת
river *n.* נָהָר, זֶרֶם חָזָק
river-bed *n.* אֲפִיק נָהָר
riverside *n.* שְׂפַת נָהָר
rivet *n.* מַסְמֶרֶת
rivet *v.* רִיתֵּק, רִיכֵּז (תשומת לב וכד׳)
rivulet *n.* פֶּלֶג מַיִם
roach *n.* מַקָּק, תִּיקָן
road *n.* דֶּרֶךְ, כְּבִישׁ, רְחוֹב
roadbed *n.* תַּשְׁתִּית הַכְּבִישׁ
roadblock *n.* מַחְסוֹם דֶּרֶךְ
roadside *n., adj.* (בּ)צַד הַכְּבִישׁ
roadstead *n.* מַעֲגָן
roadway *n.* כְּבִישׁ, דֶּרֶךְ
roam *v.* שׁוֹטֵט, נָדַד
roam *n.* נְדִידָה; נוֹדֵד
roar *v., n.* שָׁאַג; שְׁאָגָה
roast *v.* צָלָה, קָלָה; נִצְלָה
roast *n., adj.* צָלִי; צָלוּי
roast beef *n.* צְלִי בָּקָר
rob *v.* שָׁדַד

robber *n.* שׁוֹדֵד, גַּזְלָן
robbery *n.* שׁוֹד, גָּזֵל
robe *n.* גְּלִימָה; חָלוּק
robe *v.* הִלְבִּישׁ גְּלִימָה; הִתְלַבֵּשׁ
robin *n.* אֲדוֹם־הֶחָזֶה (עוף)
robot *n.* רוֹבּוֹט
robust *adj.* חָסוֹן, בָּרִיא
rock *n.* סֶלַע, צוּר, אֶבֶן גְּדוֹלָה
rock *v.* נִדְנֵד, טִלְטֵל; הִתְנַדְנֵד, הִיטַּלְטֵל
rock-bottom *n.* נְקוּדַת שֵׁפֶל; אֶבֶן תַּשְׁתִּית
rocker *n.* כִּסְנוֹעַ
rocket *n.* טִיל
rocket *v.* הִתְקִיף בְּטִילִים; (מחיר) הֶאֱמִיר
rocket bomb *n.* טִיל, רָקֶטָה
rocket launcher *n.* מַזְנִיק טִילִים
rocking-chair *n.* כִּיסֵּא מִתְנַדְנֵד
rocking-horse *n.* סוּס מִתְנַדְנֵד
rock-salt *n.* מֶלַח גְּבִישִׁי
rocky *adj.* סַלְעִי; (המונית) רָעוּעַ
rococo *adj.* מְצוּעְצָע, מְקוּשָּׁט בְּצוּרָה מוּפְרֶזֶת
rod *n.* מוֹט דַּק, מַקֵּל
rodent *n., adj.* מְכַרְסֵם
rodeo *n.* כִּינּוּס בָּקָר
roe *n.* אַיָּלָה; בֵּיצֵי דָּגִים
rogue *n.* נוֹכֵל, נָבָל, רַמַּאי
roguish *adj.* נוֹכֵל; שׁוֹבָב
role *n.* תַּפְקִיד
roll *v.* הִתְגַּלְגֵּל, הִתְנַדְנֵד; סוֹבֵב; גִּלְגֵּל
roll *n.* גָּלִיל; לַחְמָנִית; רְשִׁימַת שֵׁמוֹת מְגִילָּה; קוֹל (רעם)
roller *n.* מַכְבֵּשׁ; גָּלִיל; מַעֲגִילָה
roller skate *n.* גִּלְגִּלִּית
roller-skate *v.* הֶחֱלִיק בְּגַלְגִּלִּיּוֹת
rolling-pin *n.* מַעֲגִילָה (לבצק)
rolling stone *n.* אֶבֶן מִתְגַּלְגֶּלֶת; (אדם) נוֹדֵד
roly-poly *adj.* שָׁמֵן, שְׁמַנְמַן
romance *n.* רוֹמָן; פָּרָשַׁת אֲהָבִים
romance *v.* סִיפֵּר (בהפעלת הדמיון)
romantic *adj.* דִּמְיוֹנִי; רוֹמַנְטִי, רִגְשִׁי
romanticism *n.* רוֹמַנְטִיצִיזם (תנועת משכילים ואֳמנים בסוף המאה ה־19, שהדגישה את הרגש והדמיון ואת השחרור מתפיסות חברתיות מקובלות של האֳמנות)
romp *n.* מִשְׂחַק יְלָדִים נִמְרָץ
romp *v.* שִׂיחֵק בְּמֶרֶץ
rompers *n.pl.* בֶּגֶד מִשְׂחָק (לילד)
roof *n.* גַּג
roof *v.* קֵירָה, כִּיסָּה בְּגַג
roof of the mouth *n.* הַחֵיךְ
roofer *n.* מְתַקֵּן גַּגּוֹת
rook *v.* הוֹנָה, רִימָּה (בקלפים וכד׳)
rook *n.* עוֹרֵב; רַמַּאי
rookie *n.* טִירוֹן, ׳יָרוֹק׳
room *n.* חֶדֶר; מָקוֹם
room and board *n.* חֶדֶר וְאוֹכֶל, אֲשֵׁ״ל
room mate חָבֵר לְחֶדֶר
roomer *n.* דַּיָּיר בְּחֶדֶר (שכור)
roomy *adj.* מְרוּוָּח
roost *n.* מוֹט (למנוחת תרנגולים); לוּל
roost *v.* נָח עַל מוֹט; יָשַׁן; הֵלִין
rooster *n.* תַּרְנְגוֹל
root *n.* שׁוֹרֶשׁ; מָקוֹר; יְסוֹד, עִיקָּר
root *v.* הִשְׁרִישׁ; הִשְׁתָּרֵשׁ; הֵרִיעַ
rope *n.* חֶבֶל; מַחֲרוֹזֶת

rope dancer/walker *n.* מְהַלֵּךְ עַל חֶבֶל
rope ladder *n.* סוּלַּם חֲבָלִים
rope *v.* קָשַׁר בְּחֶבֶל
rosary *n.* עֲרוּגַת שׁוֹשַׁנִּים; סִידּוּר תְּפִילּוֹת (קתולי)
rose *n.* וֶרֶד, שׁוֹשַׁנָּה
rose *adj.* וָרוֹד
rosebud *n.* נִיצַּן וֶרֶד
rosemary *n.* רוֹזְמָרִין (שיח נוי)
rosin *n.* נֶטֶף, שְׂרָף
roster *n.* רְשִׁימַת תּוֹרָנוּיוֹת
rostrum *n.* בָּמָה, דוּכַן נוֹאֲמִים
rosy *adj.* וָרוֹד
rot *n.* רָקָב; הִידַּרְדְּרוּת
rot *v.* נִרְקַב; הִרְקִיב
rotary *adj.* סִיבּוּבִי, פּוֹעֵל בִּתְנוּעָה סִיבּוּבִית
rotate *v.* הִתְחַלֵּף; סוֹבֵב; סִידֵּר לְפִי מַחְזוֹרִיּוּת
rotation *n.* סִיבּוּב, הִתְחַלְּפוּת (בסדר מחזורי), רוֹטַצְיָה
rote *n.* זְכִירָה בְּעַל פֶּה (ללא הבנה מלאה), שִׁגְרָה, רוּטִינָה
rotogravure *n.* הַדְפָּסַת שֶׁקַע
rotten *adj.* רָקוּב; קְלוֹקֵל
rotund *adj.* עָגוֹל; עֲגַלְגַּל
rouge *n.* אוֹדֶם
rough *adj.* מְחוּסְפָּס, גַּס; לֹא מְדוּיָּק
rough-cast *adj., n.* מְטוּיָּח גַּס; טִיוּטָה גוֹלְמִית
roughhouse *n.* תִּגְרַת יָדַיִים (רעשנית)
roughly *adv.* בָּאֲלִימוּת, בְּגַסּוּת; בְּעֵרֶךְ
roughneck *n.* בִּרְיוֹן
roulette *n.* רוּלֶטָה; (משחק הימורים)

round *adj.* עָגוֹל; מַעְגָּלִי; שָׁלֵם
round-shouldered *adj.* כְּפוּף גֵּו
round-trip ticket *n.* כַּרְטִיס הָלוֹךְ וָשׁוֹב
round-up *n.* סִיכּוּם; מָצוֹד
round *n.* עִיגּוּל; הֶיקֵּף; סִיבּוּב; שָׁלָב
round *v.* עִיגֵּל; הִשְׁלִים
round *adv.* בְּעִיגּוּל; מִסָּבִיב
round *prep.* סָבִיב ל
roundabout *adj., n.* עָקִיף; קָרוּסֶלָה, סְחַרְחֵרָה; כִּיכָּר (בצומת תנועה)
roundhouse *n.* בֵּית־כֶּלֶא
rouse *v.* הֵעִיר; שִׁלְהֵב; הִתְעוֹרֵר
rout *n.* הִתְגּוֹדְדוּת; מְהוּמָה
rout *v.* הֵבִיס
route *n.* מַסְלוּל, נָתִיב, דֶּרֶךְ
route *v.* כִּיוּוּן מִשְׁלוֹחַ; קָבַע נְתִיב מִשְׁלוֹחַ
routine *n., adj.* שִׁגְרָה; שִׁגְרָתִי
rove *v.* שׁוֹטֵט, נָדַד
row *n.* שׁוּרָה
row *v.* חָתַר (במשוטים)
row *n.* רַעַשׁ, מְרִיבָה, רִיב קוֹלָנִי
row *v.* רָב; נָזַף
rowboat *n.* סִירַת־מְשׁוֹטִים
rowdy *n., adj.* פִּרְחָח, מִתְפָּרֵעַ
rower *n.* חוֹתֵר (במשוטים)
royal *adj.* מַלְכוּתִי
royalist *n., adj.* מְלוּכָנִי (תומך בשלטון מלוכה)
royalty *n.* מַלְכוּת; תַּמְלוּג (ליוצר)
rub *v.* שִׁפְשֵׁף; הִשְׁתַּפְשֵׁף, הִתְחַכֵּךְ
rub along *v.* 'הִסְתַּדֵּר'
rub down *v.* נִיגֵּב הֵיטֵב; צִמְצֵם בְּשִׁפְשׁוּף

rub in *v.* מָרַח חָזָק לְתוֹךְ
rub off *v.* הֵסִיר בְּשִׁפְשׁוּף
rub *n.* שִׁפְשׁוּף, חִיכּוּךְ; קוֹשִׁי
rubber *n.* גוּמִי; מַחַק, מוֹחֵק
rubber band *n.* גוּמִיָּיה
rubber stamp *n.* חוֹתֶמֶת גוּמִי
rubber-stamp *v.* שָׂם חוֹתֶמֶת; אִישֵּׁר אוֹטוֹמָטִית
rubbish *n.* אַשְׁפָּה, זֶבֶל; שְׁטוּיוֹת
rubble *n.* שִׁבְרֵי אֶבֶן, פְּסוֹלֶת בְּנִיָּיה
rubdown *n.* עִיסּוּי
rubric *n.* כּוֹתֶרֶת מְקוּשֶּׁטֶת; שֵׁם
ruby *n., adj.* אוֹדֶם (אבן); אָדוֹם לוֹהֵט
rucksack *n.* תַּרְמִיל גַּב
rudder *n.* הֶגֶה (אונייה, מטוס)
ruddy *adj.* אַדְמוֹנִי
rude *adj.* גַּס, חָצוּף
rudiment *n.* יְסוֹדוֹת רִאשׁוֹנִיִּים
rue *v.* הִתְחָרֵט, הִצְטַעֵר
rueful *adj.* מִתְחָרֵט, מִצְטַעֵר
ruffian *n.* בִּרְיוֹן אַכְזָר, אַלָּם
ruffle *v.* חִסְפֵּס, פָּרַע; קִימֵּט; הִרְגִּיז
ruffle *n.* חִסְפּוּס; קְמָטִים; בַּד מְקוּמָּט
rug *n.* כְּסוּת צֶמֶר, שְׁטִיחַ קָטָן
rugby *n.* רַגְבִּי (משחק כדורגל גם ביד)
rugged *adj.* מְבוּתָּר, סַלְעִי, מְפוּרָץ
ruin *n.* חוּרְבָּן, הֶרֶס; עִיִּי מַפּוֹלֶת
ruin *v.* הָרַס, הֶחֱרִיב
rule *n.* כְּלָל, נוֹהַג; שִׁלְטוֹן; סַרְגֵּל
rule *v.* שָׁלַט, מָלַךְ; קָבַע
rule of law *n.* שִׁלְטוֹן הַחוֹק
ruler *n.* שַׁלִּיט; סַרְגֵּל
ruling *adj.* שׁוֹלֵט; רוֹוֵחַ
ruling *n.* פְּסָק, קְבִיעָה (של שופט)
rum *n., adj.* רוּם (משקה חריף)
rumba *n.* רוּמְבָּה (ריקוד קובני)
rumble *v.* רָעַם, רָעַשׁ
rumble *n.* רַעַם; הֶמְיָה
ruminant *n., adj.* מַעֲלֵה גֵּירָה
ruminate *v.* הֶעֱלָה גֵּירָה; הִרְהֵר
rummage *v.* חִיטֵּט, חִיפֵּשׂ בִּיסוֹדִיּוּת
rummage sale *n.* מְכִירַת שְׁיָרִים
rumor *n., v.* שְׁמוּעָה; הֵפִיץ שְׁמוּעָה
rump *n.* אֲחוֹרַיִים, עָכּוּז, תַּחַת
rump steak *n.* אוּמְצַת אֲחוֹרַיִים
rumple *v.* פָּרַע (שֵׂעָר); קִימֵּט
rumpus *n.* (דיבורית) רַעַשׁ, מְהוּמָה
run *v.* בָּרַח, רָץ; נָסַע; נִמְשַׁךְ; נִיהֵל
run *n.* רִיצָה; מַהֲלָךְ; (בּגרב) קֶרַע
runaway *adj.* בּוֹרֵחַ; שֶׁהוּשַּׂג בְּקַלּוּת
run-down *adj.* יָרוּד
rung *n.* מוֹט חִיבּוּר, שָׁלָב (של סולם)
runner *n.* רָץ, שָׁלִיחַ; שָׁטִיחַ צַר
runner-up *n.* שֵׁנִי בְּתַחֲרוּת
running *adj.* רָץ; זוֹרֵם; רָצוּף
running head *n.* כּוֹתֶרֶת שׁוֹטֶפֶת
run-proof *adj.* חֲסִין קֶרַע
runt *n.* נַנָּס, מְגוּמָּד (בע"ח, צמח)
runway *n.* מַסְלוּל הַמְרָאָה
rupee *n.* רוּפִּי (מטבע הודי ופאקיסטָנִי)
rupture *n.* בְּקִיעָה, שֶׁבֶר; נִיתּוּק
rupture *v.* נִיתֵּק, קָרַע; גָּרַם שֶׁבֶר; סָבַל מִשֶּׁבֶר
rural *adj.* כַּפְרִי
rush *v.* נֶחְפַּז; גָּח; זִינֵּק; הִסְתָּעֵר; הֵאִיץ
rush *n.* חוֹפְזָה; זִינּוּק, גִּיחָה
russet *adj.* חוּם־אֲדַמְדַּם אוֹ צְהַבְהַב
rust *n.* חֲלוּדָּה
rust *v.* הֶחְלִיד, הֶעֱלָה חֲלוּדָּה
rustic *adj.* כַּפְרִי; בֶּן־כְּפָר; לֹא מְלוּטָּשׁ

rustle *v.* רִשְׁרֵשׁ; הִזְדָּרֵז
rustle *n.* רִשְׁרוּשׁ
rustling *adj.* מְרַשְׁרֵשׁ, מְאַוֵּשׁ
rusty *adj.* חָלוּד
rut *n.* תֶּלֶם; חָרִיץ; שִׁגְרָה; (בבע"ח) הִתְיַיחֲמוּת
ruthless *adj.* אַכְזָרִי, חֲסַר רַחֲמִים
rye *n.* שִׁיפוֹן; וִיסְקִי שִׁיפוֹן

S

Sabbath *n.* שַׁבָּת; יום א׳ (אצל הנוצרים)
sabbatical year *n.* שְׁנַת שַׁבָּתוֹן
sable *n., adj.* (פרוות) צוֹבֶל (יונק קטן מסיביר)
sabotage *n.* חַבָּלָה, סַבּוֹטָז׳
sabotage *v.* חִיבֵּל
saboteur *n.* מְחַבֵּל, מַשְׁחִית
sabra *n.* צַבָּר (יליד הָאָרֶץ)
sac *n.* שַׁלְחוּף (שקיק בתוך גוף)
saccharine(e) *n., adj.* סַכָּרִין; סַכָּרִינִי, מְתַקְתַּק
sacerdotal *adj.* כּוֹהֲנִי
sachet *n.* אַרְנָק קָטָן (מבושם)
sack *v.* בָּזַז; פִּיטֵּר
sack *n.* שַׂק; פִּיטּוּרִין; בִּזָּה; סֶק (יין לבן)
sackcloth *n.* שַׂק; אָרִיג גַּס
sacrament *n.* טֶקֶס נוֹצְרִי; סְעוּדַּת קוֹדֶשׁ
sacred *adj.* קָדוֹשׁ; מְקוּדָּשׁ
sacrifice *n.* זֶבַח; הַקְרָבָה
sacrifice *v.* הִקְרִיב, זָבַח
sacrilege *n.* חִילּוּל הַקּוֹדֶשׁ
sacrilegious *adj.* שֶׁל חִילּוּל הַקּוֹדֶשׁ
sacristan *n.* שַׁמָּשׁ כְּנֵסִיָּה
sacrosanct *adj.* קָדוֹשׁ, מְקוּדָּשׁ
sad *adj.* עָצוּב, עָגוּם, מְצַעֵר; כֵּיהֶה
sadden *v.* הֶעֱצִיב, צִיעֵר
saddle *n.* אוּכָּף; מוֹשָׁב (באופניים)
saddle *v.* שָׂם אוּכָּף; הֶעֱמִיס
saddlebag *n.* אַמְתַּחַת
Sadducee *n.* צָדוֹקִי (מכת הצדוקים בימי בי״ש)
sadist *n.* סָדִיסְט, עַנַּאי
sadistic *adj.* סָדִיסְטִי, אַכְזָרִי
sadness *n.* עַצְבוּת, צַעַר
safe *adj.* בָּטוּחַ, שָׁלֵם
safe *n.* כַּסֶּפֶת; תֵּיבָה (לשמירת בשר)
safe-conduct *n.* תְּעוּדַת מַעֲבָר
safe-deposit *n.* חַדְרֵי־כַּסָּפוֹת
safeguard *n.* אֶמְצָעֵי בִּיטָּחוֹן; הֲגָנָה
safeguard *v.* שָׁמַר, אִבְטֵחַ
safety *n.* בִּיטָּחוֹן; בְּטִיחוּת
safety-belt *n.* חֲגוֹרַת בְּטִיחוּת (במכונית)
safety match *n.* גַּפְרוּר
safety-pin *n.* סִיכַּת בְּטִיחוּת; נִצְרָה (ברימון)
safety rail *n.* מַעֲקֶה
safety razor *n.* מַגְלֵחַ
safety-valve *n.* שַׁסְתּוֹם בְּטִיחוּת
saffron *n.* זְעַפְרָן צָהוֹב; צֶבַע צָהוֹב
sag *v.* הִתְקַעֵר, שָׁקַע; הָיָה שָׁמוּט
sag *n.* שְׁקִיעָה, הִתְקַעֲרוּת; יְרִידָה
sagacious *adj.* נָבוֹן, פִּיקֵּחַ
sage *adj., n.* חָכָם, נָבוֹן וּמְנוּסֶּה; מַרְוָה (צמח תבליני)
sahib *n.* אָדוֹן (כינוי הודי לגבר)
sail *n.* מִפְרָשׂ; סִירַת מִפְרָשׂ
sail *v.* שָׁט בִּכְלִי־שַׁיִט, הִפְלִיג; הֵשִׁיט
sailcloth *n.* אֲרִיג מִפְרָשִׂים
sailing *n.* שַׁיִט; הַפְלָגָה
sailing boat *n.* מִפְרָשִׂית
sailor *n.* מַלָּח, סַפָּן
saint *n.* קָדוֹשׁ; קָדוֹשׁ נוֹצְרִי
saintliness *n.* קְדוּשָּׁה, עֶלְיוֹנוּת
sake *n.* (לְ)מַעַן, (לְ)שֵׁם

salaam *n.* בִּרְכַּת שָׁלוֹם

salable *adj.* מָכִיר, רָאוּי לִמְכִירָה

salacious *adj.* מְגָרֶה (מינית), פּוֹרְנוֹגְרָפִי

salad *n.* סָלָט, יָרָק חַי (למאכל)

salad days *n.pl.* יְמֵי הַנְּעוּרִים

salami *n.* סָלָמִי, נַקְנִיק (איטלקי, מתובּל)

salary *n.* מַשְׂכּוֹרֶת (חודשית)

sale *n.* מְכִירָה; מְכִירָה כְּלָלִית

saleslady *n.* זַבָּנִית

salesman *n.* זַבָּן, סוֹחֵר

sales manager *n.* מְנַהֵל מְכִירוֹת

salesmanship *n.* אוּמָּנוּת הַמְּכִירָה

sales tax *n.* מַס מְכִירוֹת

salient *adj.* בּוֹלֵט, מִזְדַּקֵּר

saline *adj.* מָלוּחַ

saliva *n.* רוֹק, רִיר

sallow *adj.* צְהַבְהַב, חִיוֵּר

sally *n.* גִּיחָה, הִתְפָּרְצוּת; הֶעָרָה שְׁנוּנָה

sally *v.* הֵגִיחַ, הִתְפָּרֵץ

salmon *n.* (בּשׂר) סַלְמוֹן

salon *n.* טְרַקְלִין, סָלוֹן

saloon *n.* מִסְבָּאָה; (בּאוֹנִיָּה) אוּלַם הַנּוֹסְעִים

salt *n.* מֶלַח; שְׁנִינוּת; מַלָּח וָתִיק

salt *adj.* מֶלַח, מָלוּחַ

salt *v.* הִמְלִיחַ, תִּיבֵּל בְּמֶלַח

saltcellar *n.* מִמְלָחָה

saltpetre, saltpeter *n.* מְלַחַת

salt shaker *n.* מִמְלָחָה, מַבְזֵק מֶלַח

salty *n.* מָלוּחַ

salubrious *adj.* (לגבּי אקלים) בָּרִיא; מַבְרִיא

salutation *n.* הַבָּעַת בְּרָכָה

salute *v.* בֵּירֵךְ לְשָׁלוֹם, הִצְדִּיעַ

salute *n.* הַצְדָּעָה; יְרִיּוֹת כָּבוֹד

salvage *n.* נְצוֹלֶת; רְכוּשׁ שֶׁנִּיצַּל; חִילּוּץ אוֹנִיָּה; נִיצּוּל פְּסוֹלֶת

salvage *v.* הִצִּיל; חִילֵּץ (אונייה); נִיצֵּל פְּסוֹלֶת

salvation *n.* גְּאוּלָּה, יְשׁוּעָה

salve *n.* מִשְׁחָה; מָזוֹר

salve *v.* הֵבִיא מַרְפֵּא

salver *n.* טַס, מַגָּשׁ

salvo *n.* מַטַּח יְרִי; מַטָּח

Samaritan *n., adj.* שׁוֹמְרוֹנִי; שׁוֹמְרוֹנִית; נָדִיב

same *adj., pron., adv.* זֶהֶה, הוּא עַצְמוֹ; דּוֹמֶה; אָחִיד; הַנַּ"ל

samovar *n.* מֵחַם רוּסִי, סָמוֹבָר

sample *n.* דּוּגְמָה, מִדְגָּם

sample *v.* לָקַח דּוּגְמָה, בָּדַק חֵלֶק

sanatorium *n.* בֵּית הַבְרָאָה (לטיפּוּל ממוּשׁך), סָנָטוֹרְיוּם

sanctify *v.* עָשָׂה לִמְקוּדָּשׁ, קִידֵּשׁ

sanctimonious *adj.* מַעֲמִיד פְּנֵי קָדוֹשׁ

sanction *n.* הַרְשָׁאָה; אִישּׁוּר; (בּריבּוּי) עִיצוּמִים

sanction *v.* נָתַן תּוֹקֶף; אִישֵּׁר

sanctuary *n.* מְקוֹם קָדוֹשׁ, מִקְדָּשׁ; מִקְלָט

sanctum *n.* מָקוֹם קָדוֹשׁ; (בּדיבּוּר) חֶדֶר פְּרָטִי (לעבוֹדה וכד')

sand *n.* חוֹל, חוֹלָה

sand *v.* פִּיזֵּר חוֹל; נִיקָּה בְּחוֹל

sand dune *n.* חוֹלָה, דְּיוּנָה

sandal *n.* סַנְדָּל

sandalwood *n.* עֵץ הַסַּנְדָּל (עץ קשה וריחני)

sandbag *v.* בִּיצֵּר בְּשַׂקֵּי חוֹל
sand-bar *n.* שִׂרְטוֹן
sandbox *n.* אַרְגַּז חוֹל
sandglass *n.* שְׁעוֹן חוֹל
sandpaper *n.* נְיַיר־זְכוּכִית
sandpaper *v.* שִׁפְשֵׁף בִּנְיַיר־זְכוּכִית
sandwich *n., v.* כָּרִיךְ; הִדְחִיס (בין שני דברים שונים)
sandy *adj.* חוֹלִי; מִצְבַּע הַחוֹל
sane *adj.* שָׁפוּי, מְפוּקָּח, מְיוּשָּׁב
sanguinary *adj.* רְווּי דָם, עָקוֹב מִדָּם; צְמֵא לְדָם
sanguine *adj.* אֲדוֹם פָּנִים; בּוֹטֵחַ, אוֹפְּטִימִי
sanitarium *n.* see **sanatorium**
sanitary *adj.* בְּרִיאוּתִי; תַּבְרוּאִי
sanitary napkin *n.* תַּחְבּוֹשֶׁת הִיגְיֵינִית
sanitation *n.* תַּבְרוּאָה, סָנִיטַצְיָה
sanity *n.* שְׁפִיּוּת, שִׁיקּוּל דַּעַת
sap *n.* לַחְלוּחִית, חִיּוּת
sap *v.* מָצַץ; הִתִּישׁ
saphead *n.* שׁוֹטֶה, פֶּתִי
sapient *adj.* חָכָם, נָבוֹן
sapling *n.* שְׁתִיל; נֵצֶר רַךְ, בָּחוּר צָעִיר
sapphire *n.* סַפִּיר (אבן טובה)
Saracen *n.* סָרָצֵנִי, מוּסְלִימִי (בימי הצלבנים)
sarcasm *n.* לַעַג מַר, סַרְקַסְטִיּוּת, אַרְסִיּוּת
sarcastic *adj.* עוֹקְצָנִי, צוֹרֵב, אַרְסִי
sarcophagus *n.* גְּלוֹסְקָמָה (תיבת אבן או עץ לשמירת עצמות מתים בימי קדם)
sardine *n.* סַרְדִּין

sardonic *adj.* לַגְלְגָנִי, אַרְסִי
sari *n.* שִׂמְלָה הוֹדִית
sash *v.* מִסְגֵּר; עִיטֵּר בְּסֶרֶט
sash *n.* מִסְגֶּרֶת לְחַלּוֹן
sash window *n.* חַלּוֹן זָחִיחַ (אנכית)
sassy *adj.* (בדיבור) חָצוּף
satan *n.* הַשָּׂטָן
satchel *n.* יַלְקוּט
sateen *n.* סָטִין
satellite *n.* יָרֵחַ; לַוְויָן; גָּרוּר; חָסִיד
satellite country *n.* (מְדִינָה) גְּרוּרָה
satiate *adj.* שָׂבֵעַ
satiate *v.* הִשְׂבִּיעַ
satin *n., adj.* סָטִין; מְשִׁיִי
satiric(al) *adj.* סָטִירִי
satirist *n.* סָטִירִיקָן
satirize *v.* תֵּיאֵר בְּסָטִירִיּוּת
satisfaction *n.* שְׂבִיעוּת־רָצוֹן; סִיפּוּק
satisfactory *adj.* מְסַפֵּק; מֵנִיחַ אֶת הַדַּעַת
satisfy *v.* סִיפֵּק; הִשְׂבִּיעַ רָצוֹן
saturate *v.* רִיוָּה, הִרְוָה
Saturday *n.* שַׁבָּת
Saturn *n.* שַׁבְּתַאי (כוכב הלכת)
saturnalia *n.pl.* חַג סָטוּרְנוּס; הוֹלֵלוּת פְּרוּעָה
saturnine *adj.* קוֹדֵר
satyr *n.* סָטִיר (אל שחציו אדם וחציו תיש); שְׁטוּף זִימָּה, נוֹאֵף
sauce *n.* רוֹטֶב; תַּבְלִין; (דיבורית) חוּצְפָּה
sauce *v.* תִּיבֵּל; הִתְחַצֵּף
saucepan *n.* סִיר לְבִישּׁוּל
saucer *n.* תַּחְתִּית, צַלַּחַת (לכוס, לספל)
saucy *adj.* חָצוּף; עַסִיסִי

sauerkraut *n.* כְּרוּב כָּבוּשׁ
sauna *n.* סָאוּנָה (מרחץ אדים נוסח פינלַנד)
saunter *n.* הֲלִיכָה אִטִּית וּשְׁקֵטָה
saunter *v.* טִייֵל לַהֲנָאָתוֹ
sausage *n.* נַקְנִיק; נַקְנִיקִית
sauté *adj.* מְטוּגָן מַהֵר (בּמעט שמן)
savage *adj.* פִּרְאִי; זוֹעֵף; פֶּרֶא
savanna(h) *n.* עֲרָבוֹת אַמֶרִיקָה הַטְּרוֹפִּית
savant *n.* מְלוּמָּד, מַדְעָן
save *v.* הִצִּיל; חָסַךְ
save *prep., conj.* פְּרָט ל, חוּץ מִן
saving *adj.* מַצִּיל, גּוֹאֵל; חוֹסֵךְ
saving *adj., n., prep.* מַצִּיל, מְפַצֶּה, מְכַפֵּר; חִיסָּכוֹן
Savior, savior *n.* מוֹשִׁיעַ, גּוֹאֵל
savoir faire *n.* (מצרפתית) טַקְט חֶבְרָתִי, יְדִיעָה אֵיךְ לְהִתְנַהֵג
savor *n.* טַעַם; תַּבְלִין
savor *v.* הָיָה לוֹ טַעַם (רֵיחַ)
savory *n.* צַתְרָה (צמח ריחני); מַאֲכָל מָלוּחַ (או חריף)
savory *adj.* טָעִים, בָּשִׂים; מְתַאֲבֵן
savvy *n.* שֵׂכֶל
saw *n., v.* מַסּוֹר; פִּתְגָם; נִיסֵּר
sawbuck *n.* חֲמוֹר נְסִירָה (מִתקן מסייע)
sawdust *n.* נְסוֹרֶת
sawmill *n.* מִנְסָרָה (מכונה)
saxophone *n.* סַקְסוֹפוֹן (כלי נשיפה)
say *v.* אָמַר, הִגִּיד
say *n.* זְכוּת דִּיבּוּר, דֵּעָה
saying *n.* אֲמִירָה; מֵימְרָה
scab *n.* גֶּלֶד (על פצע); גָּרֶדֶת; מֵפֵר שְׁבִיתָה

scabbard *n.* נְדָן
scabby *adj.* בַּעַל פְּצָעִים מַגְלִידִים
scabrous *adj.* מְחוּסְפָּס; גַּס
scaffold *n.* גַּרְדּוֹם; פִּיגּוּם
scaffolding *n.* (חֳמָרִים לְ)פִיגּוּמִים
scald *v.* כִּיוָּה, הִלְהִיט
scale *n.* קַשְׂקַשׂ; סוּלָּם; דֵּירוּג
scale *v.* טִיפֵּס; עָלָה בְּהַדְרָגָה; הִתְקַלֵּף
scaling ladder *n.* סוּלָּם (לְטִיפּוּס עַל) בִּיצּוּרִים
scallop *n.* צִדְפָּה מְחוֹרֶצֶת
scallop *v.* קִישֵּׁט (שפת בגד) בְּסִלְסוּלִים
scalp *n.* קַרְקֶפֶת
scalp *v.* הֵסִיר קַרְקֶפֶת, פָּשַׁט עוֹר; רִימָּה; סִפְסֵר
scalpel *n.* אִזְמֵל מְנַתְּחִים
scaly *adj.* מְכוּסֶּה קַשְׂקַשִּׂים, מְחוּסְפָּס
scamp *n.* שׁוֹבָב, 'בַּנְדִיט'
scamp *v.* עָשָׂה בְּחִיפָּזוֹן וּבְלִי עִנְייָן
scamper *v.* נָס מַהֵר
scamper *n.* בְּרִיחָה מְהִירָה
scan *v.* סָרַק (שטח); קָרָא בְּרִפְרוּף
scandal *n.* שַׁעֲרוּרִייָה; לָשׁוֹן הָרָע
scandalize *v.* עוֹרֵר שַׁעֲרוּרִייָה
scandalous *adj.* מְזַעְזֵעַ, שַׁעֲרוּרִייָתִי
scansion *n.* זִיהוּי מִשְׁקָל (של שיר)
scant *adj.* מוּעָט, דַּל
scant *v.* קִימֵּץ, צִמְצֵם
scanty *adj.* מִזְעָרִי, זָעוּם, דַּל
scapegoat *n.* שָׂעִיר לַעֲזָאזֵל
scar *n.* צַלֶּקֶת
scar *v.* צִילֵּק; הִצְטַלֵּק
scarab *n.* חִיפּוּשִׁית פַּרְעֹה
scarce *adj.* נָדִיר; לֹא מַסְפִּיק
scarcely *adj.* בְּקוֹשִׁי

scare *v.* הִפְחִיד; פָּחַד
scare *n.* פַּחַד, בֶּהָלָה
scarecrow *n.* דַחְלִיל
scarf *n.* סוּדָר, עֲטִיפַת צַוָּאר
scarlet *n., adj.* אָדוֹם שָׁנִי
scarlet fever *n.* שָׁנִית, סְקַרְלַטִינָה
scary *adj.* מַבְהִיל; מַפְחִיד
scathing *adj.* חָרִיף, נוֹקֵב
scatter *v.* הֵפִיץ, פִּיזֵּר; הִתְפַּזֵּר
scatterbrained *adj.* מְפוּזָּר
scattered showers *n.pl.* מִמְטָרִים פְּזוּרִים
scenario *n.* תַּסְרִיט, תַּרְחִישׁ
scene *n.* סְצֶנָה; מְקוֹם הִתְרַחֲשׁוּת; מְאוֹרָע; תְּמוּנָה (במחזה)
scenery *n.* נוֹף; תַּפְאוּרָה
scent *v.* הֵרִיחַ; חָשַׁד
scent *n.* רֵיחַ; נִיחוֹחַ; בּוֹשֶׂם; חוּשׁ־רֵיחַ
scepter, sceptre *n.* שַׁרְבִיט
sceptic(al) *adj., n.* סַפְקָנִי; סַפְקָן
schedule *n.* לוּחַ־זְמַנִּים; מִפְרָט
schedule *v.* תִּכְנֵן
scheme *n.* תּוֹכְנִית; מַעֲרֶכֶת; קֶשֶׁר
scheme *v.* זָמַם; עִיבֵּד תּוֹכְנִית
schemer *n.* אִישׁ מְזִימּוֹת, תַּכְנָן
scheming *adj.* בַּעַל מְזִימּוֹת, תַּכְכָנִי
scherzo *n.* סְקֶרְצוֹ, מִיצּוּר מוּסִיקָלִי (פרק בסימפוניה)
schism *n.* פִּילּוּג, קֶרַע
schizophrenia *n.* שַׁסַּעַת (מחלת רוח)
schnap(p)s *n.* יֵין שָׂרָף, יי״ש הוֹלַנְדִי
schnorkel *n., v.* שְׁנוֹרְקֶל (מכשיר הנשמה לצוללת ולצוללים)
scholar *n.* מְלוּמָּד, תַּלְמִיד־חָכָם; תַּלְמִיד
scholarly *adj.* מְלוּמָּד, לַמְדָנִי, מַדָּעִי
scholarship *n.* יֶדַע, חָכְמָה; מַעֲנָק
school *n.* בֵּית־סֵפֶר; אַסְכּוֹלָה
school *v.* חִינֵּךְ, הִדְרִיךְ; מִשְׁמַע
school-board *n.* מוֹעֶצֶת חִינּוּךְ
schooling *n.* חִינּוּךְ בְּבֵית סֵפֶר
schooner *n.* מִפְרָשִׂית
sciatic *adj.* שֶׁל הַיָּרֵךְ; שֶׁל הַשֵּׁת
sciatica *n.* אִישְׁיָאס, נָשִׁית (דלקת עצב הַנָּשֶׁה)
science *n.* מַדָּע
scientific *adj.* מַדָּעִי
scientist *n.* מַדְעָן
scimitar *n.* חֶרֶב (קצרה וקשוחה)
scintillate *v.* נָצַץ, הִבְהֵב; הִבְרִיק
scion *n.* חוֹטֶר; צֶאֱצָא
scissors *n.pl.* מִסְפָּרַיִים
sclerosis *n.* סְקְלֶרוֹזִיס, טָרֶשֶׁת, הִסְתַּיְּדוּת הָעוֹרְקִים
scoff *v.* לָעַג, לִגְלֵג
scold *n.* אִשָּׁה רַגְזָנִית
scold *v.* גָּעַר, נָזַף
scoop *n.* יָעֶה; מַצֶּקֶת; יְדִיעָה בִּלְעָדִית (בעיתון), סְקוּפּ
scoop *v.* דָּלָה, גָּרַף
scoot *v.* זִינֵּק וָרָץ, הִסְתַּלֵּק מַהֵר
scooter *n.* אוֹפַנִּית, גַּלְגַּלַּיִים; קַטְנוֹעַ
scope *n.* הֶיקֵּף, תְּחוּם; מֶרְחַב פְּעוּלָּה
scorch *v.* חָרַךְ, צָרַב; נֶחְרַךְ, נִצְרַב
scorch *n.* כְּוִויָּה קַלָּה; 'טִיסָה' (ברכב)
scorching *adj.* לוֹהֵט, צוֹרֵב
score *n.* סְרֶטֶת; מַצַּב הַנְּקוּדוֹת (בתחרות)
score *v.* זָכָה בִּנְקוּדוֹת; רָשַׁם נְקוּדוֹת; (במוסיקה) תִּזְמֵר יְצִירָה; סָרַט
score a goal לְהַבְקִיעַ שַׁעַר

score a point לְזכּוֹת בִּנְקוּדָה
scoreboard *n.* לוּחַ נִיקּוּד
scorn *n.* בּוּז, לַעַג
scorn *v.* בָּז ל, דָחָה בְּבוּז
scornful *adj.* מָלֵא בּוּז
scorpion *n.* עַקְרָב
Scotch *adj., n.* סְקוֹטִי; סְקוֹטִית; סְקוֹטְש (ויסקי)
scotch *v.* שָׂם קֵץ, סִיכֵּל
scoundrel *n.* נָבָל, נוֹכֵל, רָשָׁע
scour *v.* מֵירֵק, נִיקָּה, גָרַף, סָרַק
scourge *n.* שׁוֹט, פּוּרְעָנוּת, אָסוֹן
scourge *v.* יִיסֵּר, הֵבִיא פּוּרְעָנוּת
scout *n.* גַשָּׁשׁ, סַיָּיר; צוֹפֶה; סְפִינַת סִיוּר, מְטוֹס סִיוּר
scout *v.* עָסַק בְּסִיוּר; גִישֵּׁשׁ; חִיפֵּשׂ
scoutmaster *n.* מַדְרִיךְ צוֹפִים
scow *n.* סִירָה שְׁטוּחָה (להעברת חול, אבנים)
scowl *v.* הִזְעִים עַפְעַפַּיִים
scowl *n.* מַבָּט רוֹגֵז
scrabble *v., n.* גִישֵּׁשׁ; טִיפֵּס בְּאוֹפֶן פָּרוּעַ; שַׁבֵּץ־נָא (משחק בניית מלים מאותיות)
scraggy *adj.* כָּחוּשׁ וְגַרְמִי
scram *interj.* הִסְתַּלֵּק!
scramble *v.* הִתְגַבֵּר עַל דֶרֶךְ (תלולה); חָתַר לְהַשִּׂיג
scramble *n.* טִיפּוּס בְּקוֹשִׁי; הִידָּחֲקוּת
scrambled egg *n.* בֵּיצָה טְרוּפָה
scrap *n.* חֲתִיכָה, פֵּירוּר, פִּיסָּה; גְרוּטָה
scrap *v.* הִשְׁלִיךְ; נֶאֱבַק בְּאֶגְרוֹפָיו
scrapbook *n.* לֶקֶט גְזִירֵי עִיתּוֹנוּת
scrape *v.* גָרַד, שִׁיֵּיף
scrape *n.* גֵירוּד, שִׁיּוּף; סְרֶטֶת; מַצָּב בִּישׁ

scrap-heap *n.* עֲרֵימַת גְרוּטָאוֹת
scrap-iron *n.* גְרוּטָאוֹת
scrap-paper *n.* נְיַיר טְיוּטָה
scratch *v.* סָרַט, גֵירֵד; מָחַק; הִתְגָרֵד
scratch *n.* גֵירוּד, סְרִיטָה; סְרֶטֶת
scratch *adj.* מְאוּלְתָּר, אַקְרָאִי
scratch paper *n.* נְיַיר טְיוּטָה
scrawl *v.* 'קִשְׁקֵשׁ', שִׁרְבֵּט
scrawl *n.* 'קִשְׁקוּשׁ', שִׁרְבּוּט
scrawny *adj.* דַק בָּשָׂר, כָּחוּשׁ
scream *v.* צָוַוח, צָרַח, יִילֵּל
scream *n.* צְוָוחָה, צְרִיחָה, יְלָלָה
screech *v., n.* צָוַוח; צְוָוחָה, חֲרִיקָה
screech-owl *n.* תִּנְשֶׁמֶת
screen *n.* מָסָךְ, חַיִץ; סוֹכֵךְ, מִרְקָע, אֶקְרָן
screen *v.* קָבַע חַיִץ, חָצַץ; הִקְרִין; הִסְרִיט
screenplay *n.* תַּסְרִיט
screw *n.* בּוֹרֶג, סְלִיל; סִיבּוּב בּוֹרְגִי שָׂכָר; כְּרוּכִית (טבאק או מלח); (סלנג) בְּעִילָה
screw *v.* בָּרַג, הִבְרִיג; כָּפָה; הִתְבָּרֵג; (סלנג) בָּעַל
screwball *n.* (בבייסבול) כַּדוּר מִשְׁתַּטֶּה; אָדָם מוּזָר
screwdriver *n.* מַבְרֵג
screw-jack *n.* מַגְבֵּהַּ בּוֹרְגִי
screw propeller *n.* מַדְחֵף בּוֹרְגִי
screwy *adj.* לֹא שָׁפוּי, מוּזָר
scribble *v.* שִׁרְבֵּט
scribble *n.* כְּתַב חַרְטוּמִים, שִׁרְבּוּט
scribe *n.* סוֹפֵר; מַעְתִּיק
scrimmage *n.* הִתְכַּתְּשׁוּת רַבָּתִי
scrimp *v.* קִימֵּץ, צִמְצֵם

scrip *n.* מִסְמָךְ, כְּתָב; אִיגֶּרֶת חוֹב
script *n.* כְּתָב, אוֹתִיּוֹת כְּתָב, כְּתַב־יָד
Scripture *n.* הַמִּקְרָא, כִּתְבֵי־הַקּוֹדֶשׁ
script-writer *n.* תַּסְרִיטַאי
scrofula *n.* חֲזִירִית (שחפת בלוטות הלימפה)
scroll *n.* מְגִילָּה
Scroll of the Law סֵפֶר הַתּוֹרָה
scrotum *n.* כִּיס הָאֲשָׁכִים
scrounge *v.* 'סְחַב', 'שְׁנוֹרֵר'
scrub *v.* רָחַץ וְשִׁפְשֵׁף, נִיקָּה
scrub *n.* רְחִיצָה וְשִׁפְשׁוּף, קִרְצוּף; שִׂיחִיָּה, סְבַךְ שִׂיחִים
scruff *n.* עוֹרֶף
scrumptious *adj.* (לגבי אוכל) טָעִים מְאוֹד, נִפְלָא
scruple *n.* הִיסּוּס, נְקִיפַת מַצְפּוּן
scruple *v.* סָבַל מִנְּקִיפוֹת מַצְפּוּן
scrupulous *adj.* בַּעַל מַצְפּוּן, מַקְפִּיד
scrutinize *v.* בָּדַק, בָּחַן מִקָּרוֹב
scrutiny *n.* בְּדִיקָה מְדוּקְדֶּקֶת
scuff *v.* גָּרַר רַגְלַיִים; דִּשְׁדֵּשׁ
scuffle *v.* הִתְקוֹטֵט, הִתְגּוֹשֵׁשׁ
scuffle *n.* תִּגְרָה
scull *n.* מָשׁוֹט; סִירַת מֵירוֹץ
scull *v.* חָתַר, הֵנִיעַ סִירָה בְּמָשׁוֹט
scullery *n.* קִיטוֹן הַמְּבַשְּׁלִים
scullion *n., adj.* מְשָׁרֵת מִטְבָּח
sculptor *n.* פַּסָּל
sculptress *n.* פַּסֶּלֶת
sculpture *n.* פִּיסוּל; פַּסָּלוּת; פֶּסֶל
sculpture *v.* פִּיסֵּל, גִּילֵּף
scum *n.* זוּהֲמָה, חֶלְאָה
scum *v.* הֵסִיר זוּהֲמָה, קִיפָּה
scummy *adj.* מְכוּסֶּה קְרוּם
scurf *n.* קַשְׂקַשִּׂים

scurrilous *adj.* מְגַדֵּף, מְנָאֵץ
scurry *v.* אָץ־רָץ
scurvy *adj.* נִבְזִי, שָׁפָל
scurvy *n.* צַפְדִּינָה (מחלת דם)
scuttle *n.* דְּלִי לְפֶחָם (ליד האח); פְּתִחָה (בסיפון)
scuttle *v.* רָץ מַהֵר; נִיקֵּב (אונייה כדי לטַבּעהּ)
scythe *n.* חֶרְמֵשׁ
sea *n.* יָם
sea *adj.* שֶׁל הַיָּם, יַמִּי
seaboard *n.* חוֹף יָם, אֵזוֹר הַחוֹף
sea-dog *n.* כֶּלֶב־יָם; יַמַּאי וָתִיק
sea-legs *n.pl.* רַגְלֵי סַפָּן מְנוּסֶּה
sea-level *n.* (גובה) פְּנֵי הַיָּם
sea-shell *n.* קוֹנְכִית
seafarer *n.* יוֹרֵד־יָם
seagull *n.* שַׁחַף
seal *n.* חוֹתָם, חוֹתֶמֶת; כֶּלֶב־יָם
seal *v.* שָׂם חוֹתָם, אִישֵּׁר; אָטַם
seam *n.* תֶּפֶר; קֶמֶט
seaman *n.* אִישׁ יָם, יַמַּאי
seamless *adj.* חֲסַר תֶּפֶר
seamstress *n.* תּוֹפֶרֶת
seamy *adj.* לֹא נָעִים; מְצוּלָּק
seance *n.* מִפְגָּשׁ (ספיריטואליסטים), מוֹשָׁב
seaport *n.* נָמָל; עִיר נָמָל
sear *adj.* יָבֵשׁ, קָמֵל
sear *v.* חָרַךְ, צָרַב; הִקְשִׁיחַ
search *v.* חִיפֵּשׂ, בָּדַק; חָדַר
search *n.* חִיפּוּשׂ, בְּדִיקָה
searchlight *n.* זַרְקוֹר
seascape *n.* (תמונת) נוֹף יַמִּי
seashore *n.* חוֹף־יָם
seasickness *n.* מַחֲלַת־יָם

seaside *n.* חוף־הַיָּם
season *n.* עוֹנָה, זְמַן
season *v.* תִּיבֵּל; הִכְשִׁיר, חִישֵּׁל; רִיכֵּךְ
seasonal *adj.* עוֹנָתִי
seasoning *n.* תַּבְלִין; תִּיבּוּל
seat *n.* כִּיסֵּא, מוֹשָׁב; מְקוֹם יְשִׁיבָה; ׳יַשְׁבָן׳
seat *v.* הוֹשִׁיב, הֵכִיל מְקוֹמוֹת יְשִׁיבָה
seat belt *n.* חֲגוֹרַת בְּטִיחוּת (ברכב, במטוס)
seat cover *n.* כִּיסּוּי מוֹשָׁב
seaway *n.* נְתִיב יַמִּי
seaweed *n.* אַצַּת־יָם
seaworthy *adj.* כָּשִׁיר לְהַפְלָגָה (כּיס)
secede *v.* פָּרַשׁ (מארגון וכד׳)
secession *n.* פְּרִישָׁה (כנ״ל)
seclude *n.* הִדִּיר מִן, בּוֹדֵד
secluded *adj.* מוּפְרָשׁ, מְבוֹדָד
seclusion *n.* בִּידּוּד, הִתְבּוֹדְדוּת
second *adj.* שֵׁנִי, שְׁנִיָּיה
second *n.* שֵׁנִי, שְׁנִיָּיה; עוֹזֵר; הִילּוּךְ שֵׁנִי; סְחוֹרָה סוּג ב׳
second *v.* תָּמַךְ בּ; הִשְׁאִיל (פקיד וכד׳)
secondary *adj.* שִׁנְיִי, מִשְׁנִי
secondary school *n.* בֵּית־סֵפֶר תִּיכוֹן
second-class *adj.* מִמַּדְרֵגָה שְׁנִיָּיה
second hand *n.* מְחוֹג הַשְּׁנִיּוֹת
secondhand *adj.* מְשׁוּמָּשׁ, יָד שְׁנִיָּיה
second lieutenant *n.* סְגַן מִשְׁנֶה
second-rate *adj.*, *n.* מִמַּדְרֵגָה שְׁנִיָּיה; בֵּינוֹנִי
second sight *n.* רְאִיָּיה נְבוּאִית
second wind *n.* אֵיתָנוּת חוֹזֶרֶת, עוֹצְמָה מְחוּדֶּשֶׁת
secrecy *n.* סוֹדִיּוּת, חֲשָׁאִיּוּת
secret *n.*, *adj.* סוֹד, סוֹדִי, חֲשָׁאִי
secretary *n.* מַזְכִּיר; שַׂר
Secretary of State *n.* שַׂר, שַׂר הַחוּץ
secrete *v.* הִפְרִישׁ (נוזלים); הִסְתִּיר
secretive *adj.* עוֹטֶה סוֹדִיּוּת
sect *n.* כַּת, כִּיתָּה
sectarian *adj.*, *n.* שֶׁל כַּת, כִּיתָּתִי; קַנָּאִי; קַנַּאי
section *n.* קֶטַע, סְעִיף, חֵלֶק; מַחְלָקָה; אֵזוֹר
sector *n.* גִּזְרָה (במעגל), סֶקְטוֹר, מִגְזָר
secular *adj.* חִילּוֹנִי
secularism *n.* חִילּוֹנִיּוּת
secure *adj.* בָּטוּחַ, בּוֹטֵחַ; מוּגָן
secure *v.* הִשִּׂיג; אִבְטַח, בִּיצֵּר, שָׁמַר
securely *adv.* בְּבִיטָּחוֹן; (סגירה וכד׳) הֵיטֵב
security *n.* בִּיטָּחוֹן, אַבְטָחָה; עֲרוּבָּה, מַשְׁכּוֹן; (בריבוי) נְיָירוֹת־עֵרֶךְ
Security Council *n.* מוֹעֶצֶת הַבִּיטָּחוֹן
sedan *n.* סֶדָן (מכונית סגורה ל־4 נוסעים); אַפִּרְיוֹן
sedate *adj.* מְיוּשָּׁב בְּדַעְתּוֹ
sedative *adj.*, *n.* מַרְגִּיעַ; סַם מַרְגִּיעַ
sedentary *adj.* שֶׁל יְשִׁיבָה
sediment *n.* מִשְׁקָע, סְחוֹפֶת
sedition *n.* דִּבְרֵי הֲסָתָה לְמֶרֶד
seditious *adj.* מֵסִית לְמֶרֶד
seduce *v.* פִּיתָּה, שִׁידֵּל (לדבר עבירה)
seducer *n.* מְפַתֶּה
seduction *n.* פִּיתּוּי; הִתְפַּתּוּת
seductive *adj.* מְפַתֶּה; מוֹשֵׁךְ
sedulous *adj.* שַׁקְדָנִי, מַתְמִיד

see *n.* בִּישׁוֹפוּת
see *v.* רָאָה, נוֹכַח, הֵבִין; לִיוָּה
See of Rome *n.* הָאַפִּיפְיוֹרוּת
seed *n.* זֶרַע, גַּרְעִין, יְסוֹד
seed *v.* זָרַע, טָמַן זֶרַע; הוֹצִיא גַּרְעִין
seedling *n.* שְׁתִיל
seedy *adj.* מָלֵא גַּרְעִינִים; מוּזְנָח (בהופעה), לֹא בָּרִיא
seeing *conj.* בְּהִתְחַשֵּׁב
seek *v.* חִיפֵּשׂ, בִּיקֵּשׁ
seem *v.* נִרְאָה, עָשָׂה רוֹשֶׁם
seemingly *adv.* לִכְאוֹרָה
seemly *adj.* הָגוּן, יָאֶה, הוֹלֵם וְצָנוּעַ
seep *v.* חִלְחֵל, הִסְתַּנֵּן
seepage *n.* חִלְחוּל, הִסְתַּנְּנוּת
seer *n.* חוֹזֶה, נָבִיא
seesaw *n.* נַדְנֵדָה
seesaw *v.* הִתְנַדְנֵד
seethe *v.* רָתַח, סָעַר
segment *n.* חֵלֶק, פֶּלַח, מִקְטָע
segregate *v.* הִפְרִיד, בּוֹדֵד
segregation *n.* הַפְרָדָה, בִּידּוּד
segregationist *n.* תּוֹמֵךְ בְּהַפְרָדָה גִזְעִית
seigneur *n.* אָצִיל פֵאוֹדָלִי
seine *n.* מִכְמוֹרֶת (נפרשת)
seismograph *n.* מַדְרַעַשׁ, סֵיסְמוֹגְרָף
seismology *n.* סֵיסְמוֹלוֹגְיָה (חקר רעידות האדמה)
seize *v.* תָּפַס, חָטַף, הֶחֱרִים
seizure *n.* תְּפִיסָה, לְכִידָה; הַחֲרָמָה
seldom *adv.* לְעִיתִּים רְחוֹקוֹת
select *v.* בָּחַר
select *adj.* נִבְחָר, מוּבְחָר
selectee *n.* מְגוּיָּס (לצבא)
selection *n.* בְּחִירָה; מִבְחָר, הִיבָּחֲרוּת
self *n., adj., pron.* עַצְמִיּוּת; עַצְמִי
self absorbed *adj.* שָׁקוּעַ בְּעַצְמוֹ
self-abuse *n.* בִּיזּוּי עַצְמִי; אוֹנָנוּת
self-addressed envelope *n.* מַעֲטָפַת תְּשׁוּבָה
self-assurance *n.* בִּיטָּחוֹן עַצְמִי
self-centered *adj.* מְעוּנְיָין רַק בְּעַצְמוֹ, אָנוֹכִיִּי
self-conscious *adj.* רָגִישׁ לְעַצְמוֹ; בַּיְישָׁן, נָבוֹךְ בְּחֶבְרָה
self-contained *adj.* סָגוּר, מְסוּגָר; (דירה) שֶׁיֵּשׁ בָּהּ כֹּל הַדָּרוּשׁ
self-control *n.* שְׁלִיטָה עַצְמִית
self-defense *n.* הִתְגּוֹנְנוּת, הֲגָנָה עַצְמִית
self-denial *n.* הִתְנַזְּרוּת, הִסְתַּגְּפוּת
self-determination *n.* הַגְדָּרָה עַצְמִית
self-educated *n.* לוֹמֵד מֵעַצְמוֹ, בַּעַל הַשְׂכָּלָה עַצְמִית
self-employed *adj.* (עוֹבֵד) עַצְמָאִי
self esteem *n.* הַעֲרָכָה עַצְמִית יְתֵרָה
self-evident *adj.* מוּבָן מֵאֵלָיו
self-explanatory *adj.* מוּבָן מֵאֵלָיו
self-government *n.* שִׁלְטוֹן עַצְמִי
self-important *adj.* חָשׁוּב בְּעֵינֵי עַצְמוֹ
self-indulgence *n.* הִתְמַכְּרוּת לַהֲנָאָתוֹ
self-interest *n.* טוֹבַת עַצְמוֹ
self-love *n.* אַהֲבָה עַצְמִית
self-made-man *n.* אָדָם שֶׁהִצְלִיחַ בְּכוֹחוֹת עַצְמוֹ
self-portrait *n.* דְּיוֹקָן עַצְמוֹ
self-possessed *adj.* קַר רוּחַ וּבוֹטֵחַ בְּעַצְמוֹ
self-preservation *n.* שְׁמִירַת הַקִּיּוּם (העצמי)

self-reliant *adj.* בּוֹטֵחַ בְּעַצְמוֹ
self-respecting *adj.* מְכַבֵּד אֶת עַצְמוֹ
self-sacrifice *n.* הַקְרָבָה עַצְמִית
self-satisfied *adj.* שְׂבַע־רָצוֹן מֵעַצְמוֹ
self-seeking *n., adj.* רְדִיפַת טוֹבַת עַצְמוֹ; אָנוֹכִיִּי
self-service *n.* שֵׁירוּת עַצְמִי
self-starter *n.* מַתְנֵעַ (בּרכב)
self-sufficient *adj.* לֹא נִזְקָק לְעֶזְרַת אֲחֵרִים, בּוֹטֵחַ בְּעַצְמוֹ
self-support *n.* הַחְזָקָה עַצְמִית
self-taught *adj.* בַּעַל הַשְׂכָּלָה עַצְמִית
self-willed *adj.* עַקְשָׁן, תַּקִּיף בְּדַעְתּוֹ
selfish *adj.* אָנוֹכִיִּי
selfless *adj.* לֹא אָנוֹכִיִּי
selfsame *adj.* אוֹתוֹ עַצְמוֹ, זֵהֶה
sell *v.* מָכַר; נִמְכַּר
sell *n.* רַמָּאוּת
seller *n.* מוֹכֵר, זַבָּן; דָּבָר נִמְכָּר
sell-out *n.* 'מְכִירָה', בְּגִידָה
seltzer *n.* מֵי סוֹדָה
semantic *adj.* סֵמַנְטִי, שֶׁל מַשְׁמַע הַמִּלָּה
semaphore *n.* סֵמָפוֹר (איתות בדגלים)
semblance *n.* צוּרָה חִיצוֹנִית; מַרְאִית־עַיִן
semen *n.* זֶרַע (הזכר)
semester *n.* סֶמֶסְטֶר, זְמַן (לימודים)
semi- חֲצִי
semi-annual *adj.* חֲצִי שְׁנָתִי
semi-colon *n.* נְקוּדָה וּפְסִיק (;)
semiconscious *adj.* בְּהַכָּרָה לְמֶחֱצָה
semifinal *adj., n.* (שֶׁל) חֲצִי־גְמָר
semimonthly *n., adj., adv.* דּוּ־שְׁבוּעוֹן; דּוּ־שְׁבוּעוֹנִי; אַחַת לִשְׁבוּעַיִים

seminar *n.* סֶמִינַרְיוֹן (באוניב')
seminary *n.* בֵּית מִדְרָשׁ (למורים וכד'), סֶמִינָר
Semite *n.* שֵׁמִי
Semitic *adj.* שֵׁמִי
Semitics *n.* שֵׁמִיּוּת (מדע ההיסטוריה, הלשונות והתרבויות של העמים השמיים)
semiweekly *adj., n., adv.* חֲצִי־שְׁבוּעִי, פַּעֲמַיִים בְּשָׁבוּעַ
semiyearly *adj., adv.* חֲצִי־שְׁנָתִי, פַּעֲמַיִים בְּשָׁנָה
semolina *n.* סוֹלֶת (לדייסה)
senate *n.* סֵנָט
senator *n.* סֵנָטוֹר (חבר הסנט)
send *v.* שָׁלַח, שִׁיגֵּר
sender *n.* שׁוֹלֵחַ, מְשַׁגֵּר
send-off *n.* פְּרִידָה חֲגִיגִית, שִׁילּוּחַ (אוֹרֵחַ)
senescence *n.* הִזְדַּקְּנוּת
senile *adj.* שֶׁל זִקְנָה, סֵנִילִי, תָּשׁוּשׁ
senility *n.* תְּשִׁישׁוּת מִזִּקְנָה; סֵנִילִיּוּת
senior *adj., n.* בָּכִיר, וָתִיק יוֹתֵר
senior citizens *n.pl.* קִצְבָּאִים, קְשִׁישִׁים, 'אֶזְרָחִים בְּכִירִים', בְּנֵי גִיל הַזָּהָב
seniority *n.* וֶתֶק, בְּכִירוּת
sensation *n.* תְּחוּשָׁה; סֶנְסַצְיָה
sense *n.* חוּשׁ, רֶגֶשׁ, הַכָּרָה, שֵׂכֶל; מַשְׁמָע, מוּבָן
sense *v.* חָשׁ, הִרְגִּישׁ
senseless *adj.* חֲסַר טַעַם
sensibility *n.* כּוֹשֶׁר חִישָּׁה, רְגִישׁוּת
sensible *adj.* נָבוֹן, הֶגְיוֹנִי; חָשׁ
sensitive *adj.* רָגִישׁ
sensitize *v.* עָשָׂה (נייר צילום) לְרָגִישׁ

sensory *adj.* חוּשִׁי, שֶׁל חוּשִׁים
sensual *adj.* חוּשָׁנִי, תַּאַוְתָּנִי
sensuous *adj.* חוּשִׁי, רָגִישׁ לְגֵירוּי חוּשִׁי
sentence *n.* מִשְׁפָּט (בתחביר); גְּזַר־דִּין
sentence *v.* דָּן; חָרַץ דִּין
sentential *adj.* קָצָר וּבָרוּר, תַּמְצִיתִי; בְּסִגְנוֹן פִּתְגָּמִי; מוּסָרָנִי מְנוּפָּח
sentient *adj.* חָשׁ, מַרְגִּישׁ, עֵר לִתְחוּשָׁה
sentiment *n.* רֶגֶשׁ, סֶנְטִימֶנְט
sentimentality *n.* רִגְשִׁיּוּת, רַגְשָׁנוּת
sentinel *n.* זָקִיף
sentry *n.* זָקִיף
separate *v.* הִפְרִיד; נִפְרַד
separate *adj.* נִפְרָד, לְחוּד
September *n.* חוֹדֶשׁ סֶפְּטֶמְבֶּר
septet *n.* שַׁבְעִית (של מנגנים או זַמָּרִים)
septic *adj., n.* אָלוּחַ, מְזוֹהָם
septuagenarian *n.* (אדם) בִּשְׁנוֹת הַשִּׁבְעִים, 70–79
Septuagint *n.* תַּרְגּוּם הַשִּׁבְעִים
sepulcher, sepulchre *n.* קֶבֶר, קְבוּרָה
sequel *n.* הֶמְשֵׁךְ; תּוֹלָדָה
sequence *n.* הִשְׁתַּלְשְׁלוּת, רֶצֶף; סֵדֶר
sequester *v.* הִפְקִיעַ
sequin *n.* דִּיסְקִית זְעִירָה (לקישוט)
seraglio *n.* הַרְמוֹן; אַרְמוֹן שׁוּלְטָן
seraph *n.* שָׂרָף, מַלְאָךְ
sere *adj.* יָבֵשׁ, קָמֵל
serenade *n.* סֶרֶנָדָה (שיר אוהב)
serendipity *n.* (על פי אגדה פרסית) יְכוֹלֶת לְגַלּוֹת אֶת הַהַשְׁגָּחָה הָעֶלְיוֹנָה בְּמִקְרֶה

serene *adj.* שָׁלֵו, רוֹגֵעַ
serenity *n.* שַׁלְוָה, רוֹגַע
serf *n.* אִיכָּר, צְמִית, עֶבֶד
serfdom *n.* שִׁעְבּוּד
serge *n.* אֲרִיג צֶמֶר חָזָק
sergeant *n.* סַמָּל
sergeant-at-arms *n.* קְצִין הַסֵּדֶר
sergeant-major *n.* רַב־סַמָּל
serial *adj., n.* סִידּוּרִי; סִיפּוּר בְּהֶמְשֵׁכִים
series *n.* סִדְרָה
serious *adj.* רְצִינִי, חָמוּר, כָּבֵד
sermon *n.* דְּרָשָׁה, הַטָּפָה
sermonize *v.* הִטִּיף, נָשָׂא דְּרָשָׁה
serpent *n.* נָחָשׁ
serrated *adj.* מְשׁוּנָּן (לגבי עלה וכד')
serum *n.* נַסְיוּב, נוֹזֵל זַךְ (של דם, של חָלָב)
servant *n.* מְשָׁרֵת, מְשָׁרֶתֶת
serve *v.* שֵׁירֵת; עָבַד אֶת; כִּיהֵן 'שִׁימֵּשׁ', הִגִּישׁ (אוכל וכד')
serve *n.* (בטניס) חֲבָטַת פְּתִיחָה
service *n.* שֵׁירוּת, אַחְזָקָה; טוֹבָה; חֲבָטַת פְּתִיחָה (בטניס)
service *v.* נָתַן שֵׁירוּת
serviceable *adj.* שָׁמִישׁ, תַּכְלִיתִי
serviceman *n.* חַיָּיל; מְתַקֵּן
servile *adj.* מִתְרַפֵּס (כעבד)
servitude *n.* עַבְדוּת, שִׁעְבּוּד
sesame *n.* שׁוּמְשׁוּם, שׁוּמְשׁוּם
session *n.* מוֹשָׁב; יְשִׁיבָה
set *v.* שָׁקַע (שמש); הִנִּיחַ; קָבַע; הוֹשִׁיב; עָרַךְ (שולחן); סִידֵּר (בדפוס); כִּיוּוֵן (שעון וכד')
set *adj.* קָבוּעַ מֵרֹאשׁ, מְיוּעָד; מְכוּוָּן
set *n.* מַעֲרֶכֶת; סִדְרָה; קְבוּצָה; תַּפְאוּרָה (בתיאטרון)

setback *n.* עִיכּוּב, הַפְרָעָה
settee *n.* סַפָּה (קטנה)
setting *n.* קְבִיעָה, סִידּוּר; מִסְגֶּרֶת, רֶקַע
settle *n.* סַפְסָל נוֹחַ
settle *v.* סִידֵּר, הִסְדִּיר; הֶחְלִיט; פָּרַע (חוב); בָּא לָגוּר; הוֹשִׁיב, הִשְׁכִּין; יִישֵּׁב (סכסוך); הִתְיַישֵּׁב, הִתְנַחֵל
settlement *n.* סִידּוּר; הֶסְדֵּר; הֶסְכֵּם; פֵּירָעוֹן (חוב); הוֹרָשָׁה; יִישּׁוּב, הִתְנַחֲלוּת
settler *n.* מִשְׁתַּקֵּעַ, מִתְנַחֵל
set-up *n.* מִבְנֶה, צוּרַת אִרְגּוּן
seven *adj., n.* (של) שִׁבְעָה, שֶׁבַע
seventeen *adj., n.* שִׁבְעָה־עָשָׂר, שְׁבַע־עֶשְׂרֵה
seventh *adj., n.* שְׁבִיעִי; שְׁבִיעִית
seventieth *adj., n.* הַשִּׁבְעִים; הַחֵלֶק הַשִּׁבְעִים
seventy *adj., n.* שִׁבְעִים
sever *v.* נִיתֵּק; נִיתַּק
several *adj.* אֵי אֵלּוּ, אֲחָדִים
severance pay *n.* פִּיצּוּיֵי פִּיטּוּרִים
severe *adj.* חָמוּר, קָשֶׁה; פָּשׁוּט
sew *v.* תָּפַר, אִיחָה
sewage *n.* שׁוֹפְכִים, מֵי בִּיּוּב
sewer *n.* בִּיב, צִינּוֹר בִּיּוּב; תּוֹפֵר, תּוֹפֶרֶת
sewerage *n.* בִּיּוּב, שׁוֹפְכִים
sewing *n.* תְּפִירָה
sewing machine *n.* מְכוֹנַת תְּפִירָה
sex *n.* מִין
sex appeal *n.* מְשִׁיכָה מִינִית
sextant *n.* סֶקְסְטַנְט (מכשיר מדידה באסטרונומיה או בימאות)
sextet *n.* שִׁישִׁיָּיה; שִׁיתִּית (במוסיקה)
sexton *n.* שַׁמָּשׁ כְּנֵסִיָּיה
sexual *adj.* מִינִי, שֶׁל יַחֲסֵי מִין
sexy *adj.* מַדְלִיק, מְעוֹרֵר תְּשׁוּקָה מִינִית
shabby *adj.* מְרוּפָּט, בָּלוּי; נִבְזִי
shack *n.* בִּקְתָּה, צְרִיף
shackle *n.* אֲזִיק, כֶּבֶל
shad *n.* דָּג גָּדוֹל (למאכל)
shade *n.* צֵל; גָּוֶון; אָהִיל, מָגִינּוֹר
shade *v.* יָצַר צֵל, הֵצֵל עַל; (בציור) קִוְוקֵו צְלָלִים, הִצְלִיל
shadow *n.* צֵל, כֶּתֶם
shadow cabinet *n.* מֶמְשֶׁלֶת צְלָלִים
shadow *v.* הֵצֵל; עָקַב אַחֲרֵי
shadowy *adj.* צִלְלִי; קָלוּשׁ; מְעוּרְפָּל
shady *adj.* מֵצֵל; מוּצָל; (דיבורית) מְפוּקְפָּק
shaft *n.* מוֹט, כְּלוֹנָס; קַת; צִיר
shaggy *adj.* שָׂעִיר, מְדוּבְלָל
shake *v.* נִעְנַע, טִלְטֵל; זִעְזַע; הִתְנַדְנֵד
shake *n.* נִעְנוּעַ, טִלְטוּל
shakedown *n.* מִיטַּת קַשׁ; (המונית) סְחִיטָה בְּעִינּוּיִים
shake-up *n.* שִׁידּוּד מַעֲרָכוֹת, הוֹצָאָה מִשַּׁלְוָוה
shaky *adj.* לֹא יַצִּיב, חַלָּשׁ, לֹא בָּטוּחַ
shale *n.* צִפְחָה (אבן רכה)
shall *v.* (פועל־עזר לציון העתיד גוף ראשון)
shallot *n.* בְּצַלְצַל
shallow *adj.* רָדוּד, שִׁטְחִי
sham *n.* זִיּוּף, הַעֲמָדַת־פָּנִים, הִתְחַזּוּת
sham *v.* הֶעֱמִיד פָּנִים, הִתְחַזָּה
shambles *n.* בֵּית־מִטְבָּחַיִים; שְׂדֵה־הֶרֶג, הֲרִיסוֹת
shame *n.* בּוּשָׁה, חֶרְפָּה

shame *v.* ביישׁ; השׁפּיל
shameful *adj.* מביש, מחפיר
shameless *adj.* חסר בושה
shampoo *v.* חפף ראש (בשמפו)
shampoo *n.* שמפו, חפיפת ראש
shamrock *n.* תלתן
shank *n.* שוק, רגל
shanty *n.* בקתה, צריף רעוע
shape *n.* צורה, דמות, תבנית
shape *v.* צר (צורה), עיצב; גיבש; לבש צורה
shapeless *adj.* חסר צורה
shapely *adj.* יפה צורה, חטוב
share *n.* חלק, מניה
share *v.* חילק; נטל חלק
shareholder *n.* בעל מניה
shark *n.* כריש; נוכל
sharp *adj.* חד, חריף, שנון, ממולח
sharp *adv.* בדיוק נמרץ; בערנות
sharpen *v.* חידד; התחדד
sharper *n.* רמאי
sharpshooter *n.* קלע
shatter *v.* ניפץ; התנפץ
shatterproof *adj.* חסין התנפצות
shave *v.* גילח; עבר קרוב מאוד; התגלח
shave *n.* גילוח, תגלחת
shavings *n.pl.* נסורת, גרודת
shawl *n.* סודר
she *pron., n.* היא
sheaf *n.* אלומה, עומר, צרור
shear *v.* גזז, סיפר
shears *n.pl.* מספריים (גדולים)
sheath *n.* נדן, תיק
sheathe *v.* הכניס לנדן
shed *n.* צריף; סככה; מחסן
shed *v.* השיל, השיר, הזיל (דמעות), שפך (דם); הפיץ (אור)
sheen *n.* ברק, זוהר
sheep *n.* צאן; כבש
sheep-dog *n.* כלב רועים
sheep-fold *n.* מכלאה לכבשים
sheepish *adj.* מבויש, נבוך, נפחד
sheepskin *n.* עור כבש; קלף
sheer *v.* סטה, התרחק
sheer *adj.* מוחלט; דק ושקוף; תלול מאוד
sheet *n.* סדין, לוח, ריקוע; גיליון (נייר)
sheik(h) *n.* שייך (ערבי)
shekel *n.* שקל (המטבע הישראלי)
shelf *n.* מדף
shell *n.* קליפה קשה; קונכית; פגז
shell *v.* קילף, הוציא מהקליפה; הפגיז
shellac(k) *n.* שלק (לקה)
shellfire *n.* הפגזה, אש תותחים
shellfish *n.* חיות ים שריוניות (או רכיכות)
shelter *n.* מחסה, מקלט
shelter *v.* שימש מחסה; חסה
shelve *v.* ירד בשיפוע; גנז; מידף
shepherd *n.* רועה צאן
shepherd *v.* רעה; הוביל, הנהיג
sherbet *n.* מיץ מומתק
sheriff *n.* שריף (נציג השלטון)
sherry *n.* שרי (יין מדרום ספרד)
shibboleth *n.* שיבולת (תופעה דיאלקטית בלשון, עפ"י שופטים יב 6); סימן היכר (מילולי, לקבוצה או לעם)
shield *n.* מגן, שלט אבירים

shield *v.* הֵגֵן עַל, שָׁמַר

shift *v.* הֵזִיז, הֶעֱבִיר; זָז

shift *n.* הַעְתָּקָה, הֲזָזָה; מִשְׁמֶרֶת; חִילּוּף

shiftless *adj.* עַצְלָן, חֲסַר תּוּשִׁיָּה; לֹא יָעִיל

shifty *adj.* עַרְמוּמִי, לֹא יָשָׁר

shilling *n.* שִׁילִינְג

shilly-shally *v., n.* הִיסֵּס, פָּסַח עַל שְׁתֵּי הַסְּעִיפִּים; הִיסּוּס

shimmer *v.* נִצְנֵץ, הִבְהֵב

shimmer *n.* נִצְנוּץ, הִבְהוּב

shin *n.* שׁוֹק (החלק הקדמי)

shin *v.* טִיפֵּס

shinbone *n.* שׁוֹקָה (עצם השוק)

shine *v.* זָרַח; הִצְטַיֵּן

shine *n.* זוֹהַר, בָּרָק

shingle *n.* לוּחַ רִיעוּף (עשוי עץ או אזבסט); תִּסְפּוֹרֶת קְצָרָה (מאחור)

shingle *v.* רִיעֵף; גָּזַז (שֵׂעָר)

shining *adj.* מַבְרִיק, זוֹרֵחַ

shiny *adj.* מַבְרִיק, נוֹצֵץ

ship *n.* אֳנִיָּה, סְפִינָה; מָטוֹס

ship *v.* הִטְעִין בִּסְפִינָה; שִׁיגֵּר; הִפְלִיג

shipmate *n.* חָבֵר לָאוֹנִיָּה; מְשָׁרֵת בָּאוֹנִיָּה

shipment *n.* מִשְׁלוֹחַ בָּאוֹנִיָּה

shipper *n.* קַבְּלַן הוֹבָלָה (בים)

shipping *n.* מִשְׁלוֹחַ; סַפָּנוּת; צִי

shipshape *adj., adv.* בְּסֵדֶר נָאֶה

shipside *n.* מֵזַח, רְצִיף נָמָל

shipwreck *n.* הִיטָּרְפוּת אוֹנִיָּה

shipwreck *v.* טִיבֵּעַ סְפִינָה; נִטְרְפָה סְפִינָתוֹ

shipyard *n.* מִסְפָּנָה

shirk *v.* הִשְׁתַּמֵּט, הִתְחַמֵּק מִן

shirk, shirker *n.* מִשְׁתַּמֵּט

shirr *v.* סִידֵּר יְרִיעוֹת בַּד (בטורים מקבילים); בִּישֵּׁל (בֵּיצה ללא קליפה)

shirred eggs *n.pl.* בֵּיצִים (בלי קליפה) מְבוּשָּׁלוֹת (בכלי בתוך סיר מים רותחים)

shirt *n.* חוּלְצָה, כּוּתּוֹנֶת

shirtwaist *n.* חוּלְצַת נָשִׁים

shiver *v.* רָעַד, רִיטֵּט

shiver *n.* רַעַד, רֶטֶט, צְמַרְמוֹרֶת

shoal *n.* שִׂרְטוֹן; מַיִם רְדוּדִים

shock *n.* זַעֲזוּעַ, הֶלֶם

shock *v.* גָּרַם הֶלֶם, זִעְזַע, הִדְהִים

shocking *adj.* מְזַעְזֵעַ, נוֹרָא

shod *adj.* מְצוּיָּד בִּנְעָלַיִים

shoddy *n., adj.* אָרִיג זוֹל; זוֹל

shoe *n.* נַעַל; פַּרְסָה

shoe *v.* הִנְעִיל; פִּרְזֵל

shoe-tree *n.* אִימּוּם נַעַל (שמכניסים לנעל כדי לשמור על יציבותה)

shoeblack *n.* מְצַחְצֵחַ נַעֲלַיִים

shoehorn *n.* כַּף לִנְעָלַיִים

shoelace *n.* שְׂרוֹךְ נַעַל

shoemaker *n.* סַנְדְּלָר

shoeshine *n.* צִחְצוּחַ נַעֲלַיִים

shoestring *n.* שְׂרוֹךְ נַעַל

shoo *interj.* שׁוּ! (קריאה להרחקת חתולים, ציפורים וכד')

shoot *v.* יָרָה בְּ; הִסְרִיט, הוֹצִיא עֲנָפִים חֲדָשִׁים

shoot *n.* יְרִי; צַיִד; תַּחֲרוּת קְלִיעָה; נֶטַע רַךְ, נֵצֶר

shooting match *n.* תַּחֲרוּת קְלִיעָה

shooting star *n.* מֶטֶאוֹר, כּוֹכָב נוֹפֵל

shop *n.* חֲנוּת; בֵּית־מְלָאכָה, בֵּית חֲרוֹשֶׁת
shop *v.* עָרַךְ קְנִיּוֹת, קָנָה (בחנות)
shopgirl *n.* זַבָּנִית
shopkeeper *n.* חֶנְוָנִי
shoplifter *n.* גַּנָּב בַּחֲנוּיוֹת
shopper *n.* עוֹרֵךְ קְנִיּוֹת
shopping center *n.* מֶרְכַּז קְנִיּוֹת
shopping district *n.* אֵזוֹר חֲנוּיוֹת
shopwindow *n.* חַלּוֹן־רַאֲוָה
shopworn *adj.* (מוצג ראווה) בָּלוּי
shore *n.* חוֹף, גָּדָה
shore *v.* תָּמַךְ (במתמך)
shore leave *n.* חוּפְשַׁת חוֹף (של מַלָּח)
shore patrol *n.* מִשְׁמַר הַחוֹפִים
shorn *adj.* גָּזוּר, גָּזוּז
short *adj.* קָצָר; (אדם) נָמוּךְ; חָסֵר; פָּרִיךְ
short cut *n.* קִיצּוּר דֶּרֶךְ
short lived *adj.* קְצַר יָמִים
short ranged *adj.* קְצַר טְוָח
short stop *n.* (בבייסבול) מָגֵן
short tempered *adj.* נוֹחַ לִכְעוֹס, מִתְרַתֵּחַ מַהֵר
short term *adj.* קְצַר מוֹעֵד
short *n.* קָצָר; סֶרֶט קָצָר, מַשֶּׁהוּ קָצָר
short *adv.* פִּתְאוֹם; בְּקִיצּוּר; בְּגַסּוּת
short *v.* גָּרַם אוֹ נִגְרַם קָצָר
shortage *n.* מַחְסוֹר
shortbread *n.* עוּגָה פְּרִיכָה
shortcake *n.* עוּגָה פְּרִיכָה
shortchange *v.* נָתַן עוֹדֵף פָּחוֹת מִן הַמַּגִּיעַ
shortcoming *n.* חִיסָּרוֹן, מִגְרַעַת
shorten *v.* קִיצֵּר; הִתְקַצֵּר
shortening *n.* קִיצּוּר; שׁוּמָּן (של חמאה)
shorthand *n., adj.* (של) קַצְרָנוּת
shorthand-typist *n.* קַצְרָנִית־כַּתְבָנִית
shortly *adv.* בְּקָרוֹב; בְּקִיצּוּר
shorts *n.pl.* מִכְנָסַיִים קְצָרִים
shortsighted *adj.* קְצַר־רְאִיָּה
shot *n.* יְרִיָּה; נִיסָּיוֹן; זְרִיקָה
shot gun *n.* רוֹבֵה־צַיִד
shot-put *n.* (תחרות) הֲדִיפַת־כַּדּוּר
should *v. aux.* צָרִיךְ, רָצוּי שֶׁ
shoulder *n.* כָּתֵף, שְׁכֶם
shoulder-blade *n.* עֶצֶם הַשְּׁכֶם
shoulder *v.* דָּחַף, הָדַף; נָשָׂא
shoulder arms! הַכְתֵּף (נֶ)שֶׁק!
shout *n.* צְעָקָה, צְוָוחָה, תְּרוּעָה
shout *v.* צָעַק, צָוַח, קָרָא
shove *v.* דָּחַף, הָדַף; נִדְחַק
shove *n.* דְּחִיפָה
shovel *n.* יָעֶה, אֵת
shovel *v.* הֵסִיר (או) הֶעֱבִיר בְּיָעֶה
show *v.* הֶרְאָה; הִצִּיג; נִרְאָה; הוֹפִיעַ
show bill *n.* מוֹדַעַת הוֹפָעָה
show a leg *v.* (ל)קוּם מִן הַמִּיטָּה
show-fight *v.* גִּלָּה הִתְנַגְּדוּת
show-girl *n.* נַעֲרַת לַהֲקָה
show off *n.* הַצָּגָה לְרַאֲוָוה
show off *v.* הִצִּיג לְרַאֲוָוה, הִבְלִיט
show oneself *v.* (ל)הֵרָאוֹת אֶת עַצְמוֹ
show (him) the door *v.* גֵּרֵשׁ אוֹתוֹ מִן הַבַּיִת
show up *v.* הוֹפִיעַ לְעֵינֵי כּוֹל
show *n.* גִּילּוּי, הוֹפָעָה; הַצָּגָה, רַאֲוָוה
showcase *n.* תֵּיבַת רַאֲוָוה
showdown *n.* גִּילּוּי הַקְּלָפִים
shower *n.* גֶּשֶׁם, מִמְטָר; מִקְלַחַת
shower *v.* הִמְטִיר; הִתְקַלֵּחַ

shower-bath *n.* מִקְלַחַת
showman *n.* מְנַהֵל הַצָּגוֹת
showpiece *n.* פְּאֵר הַתּוֹצֶרֶת
showplace *n.* אֲתַר רַאֲוָה
showroom *n.* חֲדַר תְּצוּגָה
showy *adj.* רַאַוְתָנִי
shrapnel *n.* פְּצִיץ, פָּגָז מִתְרַסֵּק
shred *n.* קֶרַע; רְסִיס
shred *v.* קָרַע לִגְזָרִים
shrew *n.* גַּדְפָּנִית, מִרְשַׁעַת
shrewd *adj.* פִּיקֵחַ, חָרִיף
shriek *v.* צָוַח, צָרַח
shriek *n.* צְוָחָה, צְרִיחָה
shrill *adj.* צַרְחָנִי
shrimp *n.* סַרְטָן (קטן); אָדָם קָטָן
shrine *n.* אֲרוֹן־קוֹדֶשׁ; מִקְדָּשׁ
shrink *v.* הִתְכַּוֵּץ; כִּיוּוּץ
shrinkage *n.* הִתְכַּוְּוצוּת; פְּחָת
shrivel *v.* כָּמַשׁ; הִכְמִישׁ
shroud *n.* סְדִין תַּכְרִיכִים
shroud *v.* כָּרַךְ בְּתַכְרִיכִים; כִּיסָּה
shrub *n.* שִׂיחַ
shrubbery *n.* שִׂיחִים
shrug *v.* מָשַׁךְ בִּכְתֵפָיו
shrug *n.* מְשִׁיכַת כְּתֵפַיִים
shuck *v., n.* הֵסִיר תַּרְמִיל (או קליפה); תַּרְמִיל; קְלִיפָּה (קשה)
shudder *v.* רָעַד, הִתְחַלְחֵל
shudder *n.* רַעַד, חַלְחָלָה
shuffle *v.* גָּרַר אֶת רַגְלָיו; הִשְׁתָּרֵךְ; טָרַף (קלפים), עִרְבֵּב
shuffle *n.* גְּרִירַת רַגְלַיִים; עִרְבּוּב, הַחְלָפַת תַּפְקִידִים; טְרִיפַת קְלָפִים
shuffeboard *n.* לוּחַ הַחְלָקָה
shun *v.* הִתְרַחֵק מִן
shunt *v.* הִטָּה לְמַסְלוּל צְדָדִי
shut *v.* סָגַר, הֵגִיף (תריס); עָצַם (עיניים); נִסְגַר
shut up! *interj.* סְתוֹם (סִתְמִי) אֶת הַפֶּה
shutdown *n.* סְגִירָה, הַשְׁבָּתָה
shutter *n.* תְּרִיס; סֶגֶר (במצלמה)
shuttle *v.* נָע הָלוֹךְ וָשׁוֹב
shuttle bus *n.* אוֹטוֹבּוּס הָלוֹךְ וָשׁוֹב
shuttle service *n.* שֵׁירוּת הָלוֹךְ וָשׁוֹב
shuttle train *n.* רַכֶּבֶת הָלוֹךְ וָשׁוֹב
shy *adj.* בַּיְישָׁן
shy *v.* נִרְתַּע בְּבֶהָלָה; הִשְׁלִיךְ (אבן וכד')
shyster *n.* פְּרַקְלִיט נִכְלוּלִים
sibilant *adj., n.* (הֶגֶה) שׁוֹרֵק (כגון ס, ש, ז)
sibyl *n.* סִיבִּילָה, מַגֶּדֶת עֲתִידוֹת; מְכַשֵּׁפָה
sic *adv., adj.* כָּךְ
sick *adj.* חוֹלֶה; מַרְגִישׁ בְּחִילָה, מֵקִיא
sick leave *n.* חוּפְשַׁת מַחֲלָה
sickbed *n.* עֶרֶס דְוַוי
sicken *v.* נֶחֱלָה; הֶחֱלָה; חָשׁ (או עוֹרֵר) בְּחִילָה
sickening *adj.* מַגְעִיל, מַבְחִיל
sickle *n.* מַגָּל
sickly *adj.* חוֹלָנִי
sickness *n.* מַחֲלָה, חוֹלִי
side *n.* צַד, עֵבֶר, צֶלַע, דּוֹפֶן
side *adj.* צִדִּי, צְדָדִי
side *v.* צִידֵּד בּ
side-arms *n.pl.* נֶשֶׁק צַד
side-dish *n.* תּוֹסֶפֶת (בסעודה)

side effect *n.* תּוֹצָאַת לְוַואי
side glance *n.* מַבָּט מֵהַצַּד אוֹ לַצַּד
side issue *n.* עִנְיָן צְדָדִי
side-line *n.* עִיסּוּק צְדָדִי; סְחוֹרָה מִשְׁנִית
side-show *n.* הַצָּגָה צְדָדִית; עִנְיָן צְדָדִי
side-view *n.* מַרְאֶה מִן הַצַּד
side-whiskers *n.* זְקַן לְחָיַיִם
sideboard *n.* מִזְנוֹן
sideburns *n.* זְקַן לְחָיַיִם
sidereal *adj.* שֶׁל, אוֹ שֶׁלְּפִי הַכּוֹכָבִים
sidesaddle *n.* אוּכַּף נָשִׁים
sidesplitting *adj.* מַצְחִיק עַד לְהִתְפַּקֵּעַ
sidetrack *n.* מַסְלוּל צְדָדִי, דֶּרֶךְ צְדָדִית
sidewalk *n.* מִדְרָכָה
sideward *adv., adj.* הַצִּדָּה, לַצַּד
sideway(s) *adv., adj.* מוּפְנֶה בִּמְלוּכְסָן הַצִּדָּה
siding *n.* מְסִילָּה צְדָדִית
sidle *v.* הָלַךְ בְּצִידּוּד
siege *n.* מָצוֹר
siesta *n.* מְנוּחַת (אחרי ה) צָהֳרַיִים
sieve *n.* נָפָה, כְּבָרָה
sift *v.* סִינֵּן, נִיפָּה; בָּדַק
sigh *v.* נֶאֱנַח; הִבִּיעַ בַּאֲנָחוֹת
sigh *n.* אֲנָחָה
sight *n.* מַרְאֶה; רְאִיָּה; (ברובה) כַּוֶּונֶת
sight *v.* כִּיווּן בְּכַוֶּונֶת; גִּילָּה (מרחוק)
sight draft *n.* (של שֵׁק או שטר) מִמְשָׁךְ בְּהַצָּגָה
sight read *n.* נִיגֵּן (זימר) בִּקְרִיאָה רִאשׁוֹנָה
sight reader *n.* מְנַגֵּן (מזמר) בִּקְרִיאָה רִאשׁוֹנָה
sightseeing *n.* תִּיּוּר, סִיּוּר
sightseer *n.* תַּיָּיר, מְסַיֵּיר

sign *n.* סִימָן, סֶמֶל; שֶׁלֶט; מַחֲוָוה
sign *v.* חָתַם; רָמַז
signal *n.* אוֹת, אִיתּוּת, תַּמְרוּר
signal *v.* נָתַן אוֹת, אוֹתֵת
signal *adj.* מוּבְהָק, בּוֹלֵט
Signal corps *n.* חֵיל־הַקֶּשֶׁר
signatory *n., adj.* חוֹתֵם; חָתוּם
signature *n.* חֲתִימָה
signboard *n.* שֶׁלֶט
signer *n.* חוֹתֵם
signet ring *n.* טַבַּעַת־חוֹתָם
significant *adj.* נִיכָּר, בּוֹלֵט, מַשְׁמָעוּתִי
signify *v.* צִיֵּין, הוֹדִיעַ; הָיָה בַּעַל מַשְׁמָעוּת
signpost *n.* שֶׁלֶט, תַּמְרוּר דְּרָכִים
signpost *v.* הִצִּיב צִיּוּנֵי־דֶרֶךְ
silence *n., v.* דְּמָמָה, שְׁתִיקָה; הִשְׁתִּיק
silent *adj.* שׁוֹתֵק, דּוֹמֵם
silhouette *n.* צְלָלִית
silicon *n.* צוֹרָן (יסוד כימי אַלמתכתי)
silk *n.* מֶשִׁי
silken *adj.* מִשְׁיִי; רַךְ כְּמֶשִׁי
silkworm *n.* תּוֹלַעַת מֶשִׁי
silky *adj.* מִשְׁיִי
sill *n.* אֶדֶן חַלּוֹן
silly *adj., n.* טִיפְּשִׁי, טִיפֵּשׁ
silo *n.* סִילוֹ, מִגְדַּל הַחְמָצָה
silt *n.* מִשְׁקַע סְחוֹפֶת
silver *n., adj.* כֶּסֶף; שֶׁל כֶּסֶף
silver *v.* צִיפָּה כֶּסֶף; הִכְסִיף
silver foil *n.* רִיקּוּעַ כֶּסֶף
silver lining *n.* קֶרֶן אוֹר
silver plate *n.* כְּלֵי כֶּסֶף
silver screen *n.* מָסַךְ הַקּוֹלְנוֹעַ
silver spoon *n.* כַּף כֶּסֶף (עושר בירושה)

silver-tongue *n.* (נוֹאָם) מַזְהִיר
silverware *n.* כְּלֵי־כֶּסֶף
simian *adj.* דוֹמֶה לְקוֹף
similar *adj.* דוֹמֶה
simile *n.* מָשָׁל, דִּימּוּי
simmer *v.* הֶחֱזִיק בְּמַצַּב פִּעְפּוּעַ; רְתִיחָה שְׁקֵטָה
simper *n.* חִיּוּךְ טִיפְּשִׁי
simple *adj.* פָּשׁוּט, לֹא מְסוּבָּךְ, תָּמִים
simpleminded *adj.* תָּמִים; לְקוּי בְּשִׂכְלוֹ
simpleton *n.* פֶּתִי, שׁוֹטֶה
simulate *v.* הֶעֱמִיד פָּנִים; חִיקָּה, הִדְמָה
simulation *n.* הַדְמָיָה (משחק חינוכי של חיקוי דמויות היסטוריות, פוליטיות וכדומה)
simultaneous *adj.* בּוֹזְמַנִּי
simultaneously *adv.* בּוֹזְמַנִּית, סִימוּלְטָנִית
sin *n., v.* חֵטְא; חָטָא
since *adv., prep., conj.* מֵאָז, מִלְּפְנֵי; כֵּיוָן שֶׁ, הוֹאִיל וְ
sincere *adj.* כֵּן, אֲמִיתִּי
sincerity *n.* כֵּנוּת, יוֹשֶׁר
sine die בְּלִי לִקְבּוֹעַ תַּאֲרִיךְ לְהֶמְשֵׁךְ
sine qua non תְּנַאי הֶכְרֵחִי
sine *n.* סִינוּס (בטריגונומטרייה); גַּת (בּרפוּאה)
sinecure *n.* סִינֶקוּרָה, מִשְׂרָה נוֹחָה וּמַכְנִיסָה
sinew *n.* גִּיד; שְׁרִירִיּוּת, כּוֹחַ
sinful *adj.* חוֹטֵא; שֶׁל חֵטְא
sing *v.* שָׁר, זִימֵּר
singe *v.* חָרַךְ, צָרַב; נֶחְרַךְ
singer *n.* זַמָּר, שָׁר

single *adj.* יָחִיד, בּוֹדֵד, לֹא נָשׂוּי
single *v.* בָּחַר, בֵּרֵר
single-breasted *adj.* (מעיל) שֶׁנִּרְכָּס לְפָנִים בְּשׁוּרַת כַּפְתּוֹרִים אַחַת
single file *n.* טוּר עוֹרְפִּי
single-handed *adj., adv.* בְּכוֹחוֹת עַצְמוֹ
single minded *adj.* דָּבֵק, מָסוּר לְמַטָּרָה
single-track *adj.* חַד־מְסִילָתִי
singsong *n.* שִׁירָה בְּצִיבּוּר (מאולתרת)
singsong *adj.* חַדְגּוֹנִי
singular *adj.* יָחִיד, לֹא רָגִיל
sinister *adj.* מְבַשֵּׂר רָעוֹת, מְאַיֵּם
sink *v.* שָׁקַע, צָלַל, טָבַע; טִיבֵּעַ
sink *n.* כִּיּוֹר (במטבּח)
sinking-fund *n.* קֶרֶן הַשְׁקָעוֹת
sinner *n.* חוֹטֵא, עוֹבֵר עֲבֵירָה
sinuous *adj.* מִתְפַּתֵּל
sinus *n.* גַּת (בּרפוּאה); (בּטריגוֹנ') סִינוּס
sip *v.* לָגַם
sip *n.* לְגִימָה (קטנה)
siphon *n.* גִּשְׁתָּה, סִיפוֹן
siphon *v.* שָׁאַב, זָרַם בְּגִשְׁתָּה
sir *n.* אָדוֹן, אֲדוֹנִי; סֶר
sire *n.* אָב; בֶּהֱמַת הַרְבָּעָה
sire *v.* הוֹלִיד
siren *n.* בְּתוּלַת־יָם; אִישָּׁה מְפַתָּה; צוֹפָר (לאזעקה)
sirloin *n.* נֵתַח בְּשַׂר מוֹתְנַיִים
sirocco *n.* סִירוֹקוֹ (רוּח חמה ולחה באפריקה)
sissy *n.* (גבר) רַכְרוּכִי
sister *n.* אָחוֹת (גם בּבית חולים)
sister-in-law *n.* גִּיסָה
(*pl.* **sisters-in-law**)

sisyphean *adj.* סִיזִיפִית, קָשָׁה
sysyphean labour *n.* עֲבוֹדָה סִיזִיפִית (קשה מאוד)
sit *v.* יָשַׁב; הָיָה מוּנָּח
sit-down strike *n.* שְׁבִיתַת שֶׁבֶת
site *n., v.* אֲתָר, מָקוֹם; מִיקֵּם
sitting *n.* יְשִׁיבָה
sitting duck *n.* מַטָּרָה קַלָּה
sitting-room *n.* חֲדַר אוֹרְחִים
situate *v.* מִיקֵּם, הִנִּיחַ
situation *n.* מַצָּב, מָקוֹם
six *adj., n.* שֵׁשׁ, שִׁישָּׁה
six hundred *n., adj.* שֵׁשׁ מֵאוֹת
sixteen *n.* שִׁישָּׁה־עָשָׂר, שֵׁשׁ־עֶשְׂרֵה
sixteenth *adj., n.* הַשִּׁישָּׁה־עָשָׂר, הַשֵּׁשׁ־עֶשְׂרֵה; הַחֵלֶק הַשִּׁישָּׁה־עָשָׂר 1/16
sixth *adj., n.* שִׁישִּׁי; שִׁישִּׁית
sixtieth *adj., n.* הַשִּׁישִּׁים; אֶחָד מִשִּׁישִּׁים
sixty *n.* שִׁישִּׁים
sizable, sizeable *adj.* נִיכָּר, גָּדוֹל
size *n.* מִידָּה, שִׁיעוּר, גּוֹדֶל
sizzle *v.* לָחַשׁ, רָחַשׁ
sizzle *n.* קוֹל רְחִישָׁה
skate *n.* גַּלְגִּלִּית; (ברבים) מַחְלִיקַיִים; תְּרִיסָנִית (דג)
skate *v.* הֶחֱלִיק (במחליקיים או בגלגליות)
skedaddle *v.* הִסְתַּלֵּק, בָּרַח
skein *n.* חֲבִילָה (של צמר), כְּרִיכָה (של חוטים)
skeleton *n., adj.* שֶׁלֶד; שִׁלְדִּי
skeleton key *n.* מַפְתֵּחַ גַּנָּבִים
sketch *n.* מִתְוָוה, סְקִיצָה; סִרְטוּט; תֵּיאוּר קָצָר
sketch *v.* עָרַךְ מִתְוָוה, סִרְטֵט
sketchbook *n.* מַחְבֶּרֶת לְצִיּוּרִים
skew *adj.* נָטוּי לְצַד אֶחָד
skew-eyed פּוֹזֵל
skewer *n.* שַׁפּוּד
skewer *v.* שִׁיפֵּד
ski *n.* מִגְלָשׁ, סְקִי
ski *v.* הֶחֱלִיק
ski jacket *n.* חֲגוֹרַת סְקִי
ski-jump *n.* קְפִיצַת מִגְלָשַׁיִים
ski lift *n.* מָנִיף סְקִי
ski-run *n.* מַסְלוּל סְקִי
skid *n.* הַחְלָקָה (ברכב); מַגְלֵשׁ (של מטוס); סָמוֹךְ
skid *v.* הֶחֱלִיק (ברכב)
skiff *n.* סִירָה קַלָּה
skiing *n.* גְּלִישָׁה
skill *n.* יוּמְנָה, מְיוּמָּנוּת
skilled *adj.* מְיוּמָּן
skillet *n.* אִלְפָּס
skil(l)ful *adj.* מְיוּמָּן, זָרִיז וּמְנוּסֶּה
skim *v.* קִיפָּה; רִפְרֵף מֵעַל
skim-milk *n.* חָלָב דַּל שׁוּמָּן
skimmer *n.* מְקַפָּה; שַׁחֲפִית (עוף מים)
skimp *v.* נָתַן בְּקַמְצָנוּת
skimpy *adj.* קַמְצָנִי, זָעוּם
skin *n.* עוֹר; קְלִיפָּה (של פרי וכד')
skin *v.* פָּשַׁט עוֹר; רִימָּה
skin-deep *adj., adv.* שִׁטְחִי
skin-game *n.* מִשְׂחַק רַמָּאוּת, תַּרְמִית
skindiving *n.* צְלִילָה תַּת מֵימִית
skinflint *n.* קַמְצָן, כִּילַיי
skinny *adj.* דַּק בָּשָׂר, כָּחוּשׁ
skip *v.* דִּילֵּג, פָּסַח עַל
skip *n.* דִּילּוּג, קְפִיצָה

skipper *n.* רַב־חוֹבֵל; מַנְהִיג
skirmish *n.* קְרָב קָצָר, הִתְכַּתְּשׁוּת
skirmish *v.* הִתְכַּתֵּשׁ, הִתְנַגֵּשׁ
skirt *n.* חֲצָאִית, שִׂמְלָנִית
skirt *v.* הִקִּיף אֶת הַשּׁוּלַיִים שֶׁל
skit *n.* חִיבּוּר הִיתּוּלִי
skittish *adj.* עַצְבָּנִי; קַפְּרִיזִי
skul(l)duggery *n.* תַּחְבּוּלָה שְׁפָלָה
skull *n.* גּוּלְגּוֹלֶת, קַרְקֶפֶת
skullcap *n.* כִּיפָּה
skunk *n.* בּוֹאֵשׁ, צַחֲנָן, נְאָלָה
sky *n.* שָׁמַיִים
sky-blue *adj.* תָּכוֹל
sky-high *adv.* עַד הַשָּׁמַיִים
skylark *n.* זַרְעִית הַשָּׂדֶה (ציפור)
skylark *v.* הִשְׁתּוֹבֵב
skylight *n.* צוֹהַר (בגג)
skyline *n.* קַו־אוֹפֶק
skyrocket *n.* זִיקּוּק־אֵשׁ
skyrocket *v.* הִמְרִיא; הֶאֱמִיר (מחיר)
skyscraper *n.* גּוֹרֵד שְׁחָקִים
skywriting *n.* כְּתִיבַת עָשָׁן (של פרסומת במטוס)
slab *n.* לוּחַ, טַבְלָה
slack *adj.* רָפוּי, מְרוּשָּׁל, אִיטִי
slack *v.* הִתְבַּטֵּל, הִתְרַשֵּׁל
slack *n.* לְבוּשׁ מְרוּשָּׁל; חֵלֶק רָפוּי (של חבל וכד')
slacker *n.* מִתְרַשֵּׁל
slag *n.* סִיגִים
slake *v.* הִרְוָוה (צמאו)
slalom *n.* תַּחֲרוּת סְקִי (במסלול מתפתל)
slam *v.* טָרַק (דלת); הֵטִיל בְּהַטָּחָה
slam *n.* טְרִיקָה
slam-bang *n.* טְרִיקָה חֲזָקָה
slander *n.* דִּיבָּה, הַשְׁמָצָה
slander *v.* הוֹצִיא דִּיבָּה, הִשְׁמִיץ
slanderous *adj.* מוֹצִיא דִּיבָּה, מַשְׁמִיץ
slang *n.* הֲמוֹנִית, סְלָנְג, עָגָה
slang *v.* חֵירֵף, גִּידֵּף
slant *v.* הִתְלַכְסֵן, נָטָה; הִטָּה
slant *n.* שִׁיפּוּעַ, נְטִייָה
slap *n., v.* סְטִירָה; סָטַר, טָפַח
slapdash *adj., adv.* פָּזִיז, נֶחְפָּז; בְּחִיפָּזוֹן
slapstick *n., adj.* (שֶׁל) קוֹמֶדְיָה גַּסָּה (שיש בה התפרעויות)
slash *v.* חָתַךְ, פָּרַס; גִּינָּה
slash *n.* חֲתָךְ, פֶּצַע, סְרִיטָה
slat *n.* פַּסִּיס (כמו בתריס)
slate *n.* צִפְחָה, רַעַף; רְשִׁימַת מוּעֲמָדִים
slate *v.* בִּיקֵּר קָשׁוֹת; הִכְלִיל בִּרְשִׁימָה
slate roof *n.* גַּג רְעָפִים
slattern *n.* (אישה) מְרוּשֶּׁלֶת
slaughter *n.* שְׁחִיטָה, טֶבַח
slaughter *v.* שָׁחַט, טָבַח
slaughterhouse *n.* בֵּית־מִטְבָּחַיִים
slave *n.* עֶבֶד, שִׁפְחָה
slave-driver *n.* נוֹגֵשׂ
slave trade *n.* סַחַר עֲבָדִים
slavery *n.* עַבְדוּת
slaw *n.* סָלָט כְּרוּב חָתוּךְ
slay *v.* הָרַג, רָצַח
sleazy *adj.* מוּזְנָח, מְלוּכְלָךְ
sled *n.* מִזְחֶלֶת, עֲגָלַת שֶׁלֶג
sledge-hammer *n.* קוּרְנָס, פַּטִּישׁ כָּבֵד
sleek *adj.* חָלָק, מַבְרִיק
sleek *v.* הֶחֱלִיק, הִבְרִיק
sleep *n.* שֵׁינָה
sleep *v.* יָשַׁן; נִרְדַּם; הֵלִין
sleeper *n.* נַמְנְמָן; אֶדֶן (במסילת ברזל)

sleeping-bag *n.* שַׂק שֵׁנָה
sleeping car *n.* קְרוֹן שֵׁינָה
sleeping partner *n.* שׁוּתָּף לֹא פָּעִיל
sleeping pill *n.* גְלוּלַת שֵׁינָה
sleepless *adj.* חֲסַר שֵׁינָה
sleepwalker *n.* סַהֲרוּרִי
sleepy *adj.* אֲחוּז שֵׁינָה, מְנוּמְנָם
sleepyhead *n.* קֵיהֶה, מְנוּמְנָם
sleet *n.* שֶׁלֶג וּבָרָד, חֲנָמַל
sleeve *n.* שַׁרְווּל
sleigh *n.* עֲגָלַת שֶׁלֶג
sleigh *v.* נָסַע בַּעֲגָלַת שֶׁלֶג
sleight *n.* מְיוּמָנוּת, זְרִיזוּת יָדַיִים
sleight of hand *n.* לַהֲטוּט, מַעֲשֵׂה לְהָטִים
slender *adj.* דַק גֵו, עָדִין
sleuth *n.* כֶּלֶב גִישׁוּשׁ, בַּלָּשׁ
slew *n.* סִיבּוּב, פְּנִיָּיה
slice *n.* פְּרוּסָה, חֵלֶק, חֲתִיכָה
slice *v.* פָּרַס, חָתַךְ פְּרוּסָה
slick *v.* הֶחֱלִיק, לִיטֵּשׁ
slick *adj.* חָלָק, חֲלַקְלַק
slide *v.* הֶחֱלִיק, גָלַשׁ
slide *n.* (מַסְלוּל) הַחְלָקָה; שְׁקוּפִית; חֵלֶק זָחִיחַ (במכונה)
slide fastener *n.* רוֹכְסָן
slide rule *n.* סַרְגֵל־חִישׁוּב
slide valve *n.* שַׁסְתּוֹם הַחְלָקָה
sliding door *n.* דֶלֶת זָזָה, דֶלֶת זְחִיחָה
slight *adj.* קַל, שֶׁל מַה־בְּכָךְ; דַק
slight *v., n.* פָּגַע, הֶעֱלִיב; עֶלְבּוֹן
slim *adj.* דַק, צַר; רָזֶה
slim *v.* הִרְזָה; רָזָה
slime *n.* בּוֹץ
slimy *adj.* מְכוּסֶּה בּוֹץ; (אדם) שָׁפָל
sling *n.* זְרִיקָה; קֶלַע; לוּלָאָה; מִתְלֶה
sling *v.* הִשְׁלִיךְ בְּקֶלַע
slingshot *n.* קֶלַע
slink *v.* הִתְגַנֵּב
slip *v.* הֶחֱלִיק וּמָעַד; נִשְׁמַט
slip *n.* טָעוּת; מַעֲשֶׂה כָּשֵׁל; הַחְלָקָה; תַּקָּלָה; תַּחְתּוֹנִית
slip of the pen *n.* פְּלִיטַת קוּלְמוֹס
slip-up *n.* מִשְׁגֶה, טָעוּת
slipper *n.* נַעַל־בַּיִת
slippery *adj.* חֲלַקְלַק, חֲמַקְמַק
slipshod *adj.* מְרוּשָּׁל, כִּלְאַחַר יָד
slit *n.* סֶדֶק, חָתָךְ, קֶרַע
slit *v.* חָתַךְ לָאוֹרֶךְ, חָרַץ
slither *v.* נָע בְּהַחְלָקָה, הֶחֱלִיק
sliver *n.* קֵיסָם, שְׁבָב
slobber *v.* רָר; הֵרִיר (מתוך רגשנות)
slog *v.* הִכָּה בְּפִרְאוּת, הִתְמִיד בְּעַקְשָׁנוּת
slogan *n.* סִיסְמָה
sloop *n.* סְפִינָה חַד־תּוֹרְנִית
slop *v.* שָׁפַךְ, נָתַן לִגְלוֹשׁ; נִשְׁפַּךְ, גָלַשׁ
slope *n.* שִׁיפּוּעַ, מִדְרוֹן
slope *v.* הִשְׁתַּפֵּעַ
sloppy *adj.* רָטוֹב וּמְלוּכְלָךְ
slosh *v.* הִכָּה; הִתְבּוֹסֵס (בבוץ)
slot *n.* חָרִיץ
slot machine *n.* אוֹטוֹמָט מְכִירָה
sloth *n.* עַצְלוּת
slouch *n.* תְּנוּחַת רִישׁוּל, הֲלִיכַת רִישׁוּל
slouch hat *n.* מִגְבַּעַת (ששפתה מורדת)
slough *n.* נְשׁוֹלֶת
slough *v.* נָשַׁל; הִשִּׁיל
slovenly *adj.* מְרוּשָּׁל, מוּזְנָח
slow *adj.* אִיטִי
slow *v.* הֵאֵט
slow *adv.* לְאַט
slow-motion *adj.* (סרט) אַט־נוֹעִי

slowdown *n.* הָאָטָה
slug *n.* קְלִיעַ; אֲסִימוֹן מְזוּיָּף; חִילָּזוֹן
slug *v* הִכָּה בִּפְרָאוּת
sluggard *n.* עַצְלָן
sluggish *adj.* עַצְלָנִי, אִטִּי
sluice *n.* סֶכֶר, תְּעָלַת מַיִם
sluicegate *n.* סֶכֶר
slum *n.* שְׁכוּנַת־עוֹנִי
slum *v.* בִּיקֵּר בִּשְׁכוּנַת־עוֹנִי
slumber *v.* נָם, יָשַׁן
slumber *n.* תְּנוּמָה
slump *n.* שֵׁפֶל פִּתְאוֹמִי
slump *v.* יָרַד פִּתְאוֹם
slur *v.* הִבְלִיעַ (הברות); הֶעֱלִיב
slur *n.* פְּגָם, דוֹפִי
slush *n.* רֶפֶשׁ, שֶׁלֶג נָמֵס
slut *n.* אִישָּׁה מְרוּשֶּׁלֶת; חֲצוּפָה, פְּרוּצָה
sly *adj.* עַרְמוּמִי; שָׁנוּן; שׁוֹמֵר סוֹד
smack *n.* סְטִירָה מְצַלְצֶלֶת; טַעַם
smack *v.* סָטַר בְּקוֹל; הָיָה בּוֹ רֵיחַ שֶׁל
smack *adv.* יָשָׁר
small *n.* הַחֵלֶק הַדַּק
small of the back *n.* אֶמְצַע הַגַּב
small *adj.* קָטָן, פָּעוּט, זָעִיר
small arms *n.pl.* נֶשֶׁק קַל
small beer *n.* בִּירָה קַלָּה, אָדָם (דָּבָר) לֹא חָשׁוּב
small change *n.* כֶּסֶף קָטָן
small fry *n.* זַאֲטוּטִים; דְּגֵי רְקָק
small hours *n.pl.* הַשָּׁעוֹת הַקְּטַנּוֹת
small-minded *adj.* קַטְנוּנִי, צַר אוֹפֶק
smallpox *n.* אֲבַעְבּוּעוֹת (מחלה)
small-time *adj.* פָּעוּט, קַל־עֵרֶךְ
small-town *adj.* קַרְתָּנִי

smart *v.* צָרַב; סָבַל כְּאֵבִים
smart *n.* כְּאֵב חַד
smart *adj.* פִּיקֵּחַ, מְמוּלָּח; נוֹצֵץ, נִמְרָץ
smart aleck *n.* (אדם) שַׁחְצָן, יָהִיר
smart set *n.* חוּג נוֹצֵץ
smash *n.* נִיפּוּץ, הִתְנַפְּצוּת; הִתְמוֹטְטוּת
smash *v.* נִיפֵּץ, מָחַץ; הִתְנַפֵּץ; הִתְמוֹטֵט
smashing *adj.* 'עָצוּם', 'פַנְטַסְטִי'
smashup *n.* הִתְנַגְּשׁוּת חֲזָקָה
smattering *n.* יְדִיעָה קְלוּשָׁה
smear *v.* מָרַח, סָךְ; הִשְׁמִיץ; טִינֵּף
smear *n.* כֶּתֶם, הַשְׁמָצָה
smear campaign *n.* מַסַּע הַשְׁמָצוֹת
smell *v.* הֵפִיץ רֵיחַ; הֵרִיחַ
smell *n.* הֲרָחָה, רֵיחַ; רֵיחַ רַע
smelling-salts *n.pl.* מִלְחֵי הֲרָחָה (למתעלפים)
smelly *adj.* מַסְרִיחַ
smelt *v.* הִתִּיךְ
smile *v., n.* חִיֵּיךְ; חִיּוּךְ
smiling *adj.* מְחַיֵּיךְ, חַיְכָנִי
smirch *v.* לִכְלֵךְ, הִכְתִּים (שֵׁם)
smirk *v.* חִיֵּיךְ בִּמְעוּשֶּׂה
smirk *n.* חִיּוּךְ מְעוּשֶּׂה
smite *v.* הִכָּה
smith *n.* נַפָּח, חָרָשׁ
smithereens *n.pl.* רְסִיסִים קְטַנִּים
smithy *n.* מַפָּחָה, נַפָּחִיָּה
smock *n.* חָלוּק, סַרְבָּל
smog *n.* עַרְפִּיחַ, סמוג
smoke *n.* עָשָׁן; עִישּׁוּן
smoke-screen *n.* מָסַךְ עָשָׁן
smoke *v.* הֶעֱלָה עָשָׁן; עִישֵּׁן
smoker *n.* מְעַשֵּׁן; קְרוֹן־עִישּׁוּן
smokestack *n.* אֲרוּבָּה (באוניה, בקטר)

smoking *n.* עִישּׁוּן
smoking car *n.* קְרוֹן־עִישּׁוּן
smoking jacket *n.* מִקְטוֹרֶן עֶרֶב (מהודר)
smoky *adj.* עָשֵׁן, אָפוּף עָשָׁן
smolder *v.* בְּעֵירָה אִיטִּית (חזקה)
smooth *adj.* חָלָק; נָעִים
smooth *v.* הֶחְלִיק, יִישֵּׁר (הדורים)
smooth *n.* הַחְלָקָה, יִישּׁוּר
smooth-spoken *adj.* מְדַבֵּר חֲלָקוֹת
smother *v.* הֶחְנִיק, כִּיבָּה (וכיסה), דִּיכֵּא
smudge *n.* מְדוּרָה עֲשֵׁנָה (להרחקת חרקים); כֶּתֶם שָׁחוֹר
smudge, smutch *v.* טִשְׁטֵשׁ, מָרַח (כּתב); הִיטַּשְׁטֵשׁ, נִמְרַח
smug *adj.* מְרוּצֶּה מֵעַצְמוֹ
smuggle *v.* הִבְרִיחַ, הִגְנִיב
smuggler *n.* מַבְרִיחָן, מַבְרִיחַ
smuggling *n.* הַבְרָחָה
smut *n.* חֲתִיכַת פִּיחַ; לִכְלוּךְ, נִיבּוּל פֶּה
smutty *adj.* שֶׁל נִיבּוּל־פֶּה; מְלוּכְלָךְ
snack *n.* אֲרוּחָה קַלָּה
snag *n.* תְּקָלָה, קוֹשִׁי, קוֹץ
snail *n.* חִילָּזוֹן, שַׁבְּלוּל
snake *n.* נָחָשׁ
snake in the grass *n.* אוֹיֵב נִסְתָּר
snap *n.* קוֹל חַד; מֶרֶץ, חִיּוּת; תַּצְלוּם
snap *adj.* שֶׁל פֶּתַע, שֶׁל חָתָף
snap *v.* פָּקַע; הִשְׁמִיעַ פִּצְפּוּץ; דִּיבֵּר בְּכַעַס; חָטַף לְפֶתַע בַּשִּׁינַּיִים; נִקְרַע, נִשְׁבַּר
shapdragon *n.* לוֹעַ הָאֲרִי (צמח)
snappish *adj.* נוֹחַ לִכְעוֹס, רַגְזָנִי; נַשְׁכָן

snappy *adj.* רַגְזָנִי; מָהִיר וְנִמְרָץ
snapshot *n.* תַּצְלוּם
snare *v.* לָכַד בְּמַלְכּוֹדֶת
snare *n.* מַלְכּוֹדֶת
snarl *v.* (לגבי כלב) נָהַם; רָטַן; סִיבֵּךְ; הִסְתַּבֵּךְ
snarl *n.* הִסְתַּבְּכוּת, פְּקַק תְּנוּעָה
snatch *v.* חָטַף, תָּפַס
snatch *n.* חֲטִיפָה
sneak *v.* הִתְגַּנֵּב; הִגְנִיב; הִלְשִׁין
sneak *n.* נוֹכֵל; מַלְשִׁין
sneaker *n.* נַעַל סְפּוֹרט (שאינה רְעִישָׁה)
sneaky *adj.* שֶׁל נוֹכֵל, פַּחְדָנִי
sneer *v.* לִגְלֵג
sneeze *v., n.* הִתְעַטֵּשׁ; עִיטּוּשׁ
snicker *v.* צָהַל, צִחְקֵק
snide *adj.* (לגבי דיבּוּר) עוֹקְצָנִי, מְלַגְלֵג
sniff *v.* רִחְרֵחַ
sniff *n.* רִחְרוּחַ; שְׁאִיפָה בָּאַף
sniffle *v.* שָׁאַף בִּנְחִירָיו
sniffle *n.* שְׁאִיפַת נְחִירַיִים; נַזֶּלֶת
snigger *v., n.* (צִחְקֵק) צִחְקוּק צִינִי, שֶׁל נִיבּוּל פֶּה
snip *v.* גָּזַר בְּמִסְפָּרַיִים
snipe *n.* חַרְטוּמָן (עוף ביצות)
snipe *v.* צָלַף
sniper *n.* צַלָּף
snippet *n.* קֶטַע גָּזוּר, גְּזִיר
snitch *v.* (המונית) חָטַף, 'סָחַב'
snivel *v.* יִיבֵּב
snob *n.* סְנוֹב, מִתְנַשֵּׂא
snoop *v.* (המונית) חִיטֵּט בְּעִנְיָינִים לֹא לוֹ
snoop *n.* (המונית) חִיטּוּט (כנ"ל); חַטְטָן (כנ"ל)

snoopy *adj.* חַטְטָנִי, סַקְרָנִי
snoot *n.* (המונית) חוֹטֶם; מִתְנַשֵּׂא
snooty *adj.* יָהִיר, מִתְנַשֵּׂא
snooze *n.* תְּנוּמָה קַלָּה
snooze *v.* חָטַף תְּנוּמָה
snore *v., n.* נָחַר; נְחִירָה
snorkel *n., v.* שְׁנוֹרְקֶל (צינור נשימה לצוללת או לשחייה תת מימית)
snort *n.* חִרְחוּר, נַחֲרָה
snort *v.* חִרְחֵר, נָחַר
snot *n.* רִיר חוֹטֶם
snotty *adj.* זָב רִיר (כנ"ל); מִתְנַשֵּׂא
snout *n.* חַרְטוֹם
snow *n., v.* שֶׁלֶג; יָרַד שֶׁלֶג
snowball *n.* כַּדּוּר שֶׁלֶג
snowball *v.* הָלַךְ וְגָדַל (ככדור שלג מתגלגל)
snowblind *adj.* מְסוּנווָר שֶׁלֶג
snowcapped *adj.* עֲטוּר שֶׁלֶג
snowdrift *n.* הִיעָרְמוּת שֶׁלֶג
snowfall *n.* יְרִידַת שֶׁלֶג
snowflake *n.* פְּתוֹת שֶׁלֶג
snowman *n.* אִישׁ (עשוי) שֶׁלֶג
snowplow *n.* (מכונה) מְפַנָּה שֶׁלֶג
snowshoe *n.* נַעַל שֶׁלֶג
snowstorm *n.* סוּפַת שֶׁלֶג
snowy *adj.* מְכוּסֶּה שֶׁלֶג, מוּשְׁלָג
snub *n.* הַשְׁפָּלָה, זִלְזוּל; חוֹטֶם סוֹלֵד
snub *v.* הִתְיַיחֵס בְּזִלְזוּל
snubby *adj.* (חוטם) סוֹלֵד; מַעֲלִיב
snuff *v.* רִחְרֵחַ
snuff *n.* טַבַּק הֲרָחָה, רִחְרוּחַ
snuffbox *n.* קוּפְסַת טַבַּק הֲרָחָה
snuffers *n.pl.* מַמְחֵט (מספריים למחיטת פתיל הנר)
snug *adj.* אָפוּף רוֹךְ וָחוֹם

snuggle *v.* הִתְכַּרְבֵּל; חִיבֵּק
so *adv., pron., conj., interj.* כָּךְ; עַד כְּדֵי כָּךְ; וּבְכֵן, עַל־כֵּן; כְּמוֹ־כֵן
so and so מִישֶׁהוּ; מְנוּוָל
so called *adj.* הַמִּתְקָרֵא
so far עַד עַכְשָׁיו
so far as עַד כַּמָּה שֶׁ
so far, so good עַד כָּאן הַכּוֹל בְּסֵדֶר
so long as כָּל עוֹד; בִּתְנַאי שֶׁ
so to speak כִּבְיָכוֹל
so that כְּדֵי שֶׁ, כָּךְ שֶׁ
so what? אָז מָה?
soak *v.* סָפַג; שָׁרָה, הִשְׁרָה, הִסְפִּיג
soap *n.* סַבּוֹן
soap-flakes *n.pl.* שְׁבָבֵי סַבּוֹן
soap *v.* סִיבֵּן; הִסְתַּבֵּן
soapbox *n.* אַרְגַּז סַבּוֹן; בָּמַת רְחוֹב
soapbox orator *n.* נוֹאֵם רְחוֹב
soap dish *n.* סַבּוֹנִית
soapstone *n.* חוֹמֶר סַבּוֹן
soapsuds *n.pl.* קֶצֶף סַבּוֹן
soapy *adj.* מֵכִיל סַבּוֹן, שֶׁל סַבּוֹן
soar *v.* נָסַק, עָלָה לְגוֹבַהּ רַב
sob *v.* בָּכָה, הִתְיַיפֵּחַ; הִתְיַיפְּחוּת
sob story *n.* סִיפּוּר סוֹחֵט דְּמָעוֹת
sober *adj.* מְפוּכָּח
sober *v.* הִתְפַּכֵּחַ
sobriety *n.* רְצִינוּת, יִישּׁוּב דַּעַת
sobriquet *n.* כִּינּוּי חִיבָּה; שֵׁם לְוַואי
soccer *n.* כַּדּוּרֶגֶל
sociable *adj., n.* חַבְרוּתִי
social *adj.* חֶבְרָתִי; סוֹצְיָאלִי
social climber *n.* שׁוֹאֵף לַעֲלוֹת בַּחֶבְרָה
socialism *n.* סוֹצְיָאלִיזְם

socialite *n.* אִישׁ (אֵשֶׁת) הַחֶבְרָה הַגְּבוֹהָה

society *n.* חֶבְרָה

society editor *n.* עוֹרֵךְ הַמָּדוֹר לְחֶבְרָה

sociology *n.* סוֹצְיוֹלוֹגְיָה, תּוֹרַת הַחֶבְרָה

sock *n.* גֶּרֶב

sock *v.* (המונית) הִכָּה

socket *n.* (בחשמל) תּוֹשֶׁבֶת, שֶׁקַע; אֲרוּבַּת הָעַיִן

sod *n.* רֶגֶב־אֲדָמָה (עם עשב על שורשיו)

soda *n.* סוֹדָה

soda fountain *n.* דּוּכָן לְמֵי סוֹדָה

soda water *n.* מֵי־סוֹדָה

sodium *n.* נַתְרָן

sodomy *n.* מִשְׁגָּל לֹא טִבְעִי (הומוסקסואלי או אנאלי)

sofa *n.* סַפָּה

soft *adj.* רַךְ, עָדִין; מָתוּן

soft-boiled egg *n.* בֵּיצָה רַכָּה

soft coal *n.* פֶּחָם חֵמָר

soft-pedal *v.* עִימֵּם (בנגינה בפסנתר)

soft-soap *v.* סִיבֵּן בְּסַבּוֹן נוֹזֵל; הֶחֱמִיא, הִתְחַנֵּף

soften *v.* רִיכֵּךְ; הִתְרַכֵּךְ

soggy *adj.* רָטוֹב, סְפוּג מַיִם

soil *n.* קַרְקַע, אֲדָמָה

soil *v.* לִכְלֵךְ; הִתְלַכְלֵךְ

soirée *n.* נֶשֶׁף, מְסִיבָּה

sojourn *v.* שָׁהָה, גָּר זְמַנִּית

sojourn *n.* שְׁהִיָּה, יְשִׁיבָה זְמַנִּית

solace *n.* נֶחָמָה

solace *v.* נִיחֵם

solar *adj.* שִׁמְשִׁי, סוֹלָרִי

solar battery *n.* סוֹלְלַת שֶׁמֶשׁ

solar system *n.* מַעֲרֶכֶת הַשֶּׁמֶשׁ

solarium *n.* חֲדַר שֶׁמֶשׁ (למבריאים)

sold-out *adj.* (שֶׁ)אָזַל, (שֶׁ)נִּמְכַּר

solder *n.* מַתֶּכֶת הַלְחָמָה; גּוֹרֵם מְאַחֶה

solder *v.* הִלְחִים

soldering iron *n.* מַלְחֵם

soldier *n.* חַיָּל, אִישׁ צָבָא

soldier of fortune *n.* שְׂכִיר חֶרֶב

soldiery *n.* חַיָּלִים; צָבָא

sole *n.* סוּלְיָה; כַּף רֶגֶל

sole *adj.* יָחִיד, יְחִידִי בִּלְעָדִי

sole *v.* הִתְקִין סוּלְיָה

solecism *n.* שִׁיבּוּשׁ לָשׁוֹן חָמוּר; חוֹסֶר נִימוּס, חֲרִיגָה בַּהִתְנַהֲגוּת

solely *adv.* בִּלְבַד, אַךְ וְרַק

solemn *adj.* חֲגִיגִי, טִקְסִי; רְצִינִי

solicit *v.* בִּיקֵּשׁ; שִׁידֵּל

solicitor *n.* עוֹרֵךְ־דִּין

solicitous *adj.* מִתְחַשֵּׁב, דּוֹאֵג

solicitude *n.* דְּאָגָה, הִתְחַשְּׁבוּת

solid *n., adj.* (גוף) מוּצָק; יַצִּיב, סוֹלִידִי

solidity *n.* מוּצָקוּת; יַצִּיבוּת

soliloquy *n.* הִרְהוּר בְּקוֹל (של שחקן)

solitaire *n.* אֶבֶן טוֹבָה; מִשְׂחַק קְלָפִים (ליחיד)

solitary *adj.* בּוֹדֵד, גַּלְמוּד

solitude *n.* בְּדִידוּת, מָקוֹם מְבוּדָּד

solo *n.* סוֹלוֹ, שִׁירַת (נגינת) יָחִיד

soloist *n.* סוֹלָן

solstice *n.* (באסטרונ׳) הִיפּוּךְ (עונות)

soluble *adj.* מָסִיס; בַּר־פִּתְרוֹן

solution *n.* פִּתְרוֹן; תְּמִיסָּה

solve *v.* פָּתַר

solvent *adj.* יָכוֹל לִפְרוֹעַ (חובות); מֵמֵס; מָסִיס

somber, sombre *adj.* קוֹדֵר, אָפֵל
somberness, sombreness *n.* קַדְרוּת
sombrero *n.* סוֹמְבְּרֶרוֹ (מגבעת רחבת שוליים)
some *adj., pron., adv.* כַּמָּה, אֲחָדִים; אֵיזֶשֶׁהוּ; קְצָת; חֵלֶק; בְּעֵרֶךְ
somebody *pron., n.* מִישֶׁהוּ; אָדָם חָשׁוּב
somehow *adv.* אֵיכְשֶׁהוּ
someone *pron.* מִישֶׁהוּ
somersault *n.* ׳סַלְטָה׳, דּוּ סֶבֶב
somersault *v.* עָשָׂה דּוּ סֶבֶב (באוויר)
something *n., adv.* מַשֶּׁהוּ, דְּבַר־מָה
sometime *adj.* בִּזְמַן מִן הַזְּמַנִּים, לְשֶׁעָבַר
sometimes *adv.* לִפְעָמִים
someway *adv.* אֵיכְשֶׁהוּ
somewhat *adv., n.* קְצָת, מַשֶּׁהוּ
somewhere *adv., n.* אֵי־שָׁם
somnambulist *n.* סַהֲרוּרִי
somnolent *adj.* נוֹטֶה לְהֵירָדֵם; מַרְדִּים
son *n.* בֵּן
son-in-law *n.* חָתָן (בעל הבת)
sonata *n.* סוֹנָטָה (יצירה מוסיקלית לנגינה)
song *n.* שִׁיר, זֶמֶר
Song of Solomon, Song of Songs *n.* שִׁיר הַשִּׁירִים
songbird *n.* צִיפּוֹר־שִׁיר
sonic *adj.* קוֹלִי
sonic boom *n.* בּוּם עַל־קוֹלִי
sonnet *n.* סוֹנֶטָה, שִׁיר־זָהָב (שיר בן 14 שורות)
sonneteer *n.* מְחַבֵּר סוֹנֶטוֹת, חַרְזָן
sonny *n.* יֶלֶד (פנייה לצעיר)
sonority *n.* מְלֵאוּת, הִדְהוּד (של צליל)
sonorous *adj.* (צליל) מָלֵא, מְהַדְהֵד
soon *adv.* בִּמְהֵרָה, בְּקָרוֹב
soot *n.* פִּיחַ
soothe *v.* הִרְגִּיעַ, רִיכֵּךְ, שִׁיכֵּךְ
soothsayer *n.* מַגִּיד עֲתִידוֹת
sooty *adj.* מְפוּיָּח
sop *v., n.* הִטְבִּיל (פת לחם וכד׳) בנוזל (חלב, מים); סָפַג; אוֹכֶל טָבוּל; שׁוֹחַד
sophist *n.* סוֹפִיסְט, פַּלְפְּלָן, מִתְחַכֵּם
sophisticated *adj.* מְתוּחְכָּם
sophistication *n.* תִּחְכּוּם
sophistry *n.* סוֹפִיסְטִיקָה, פִּלְפּוּל, הִתְחַכְּמוּת
sophomore *n.* (באה״ב) סְטוּדֶנְט (שנה ב׳)
soporific *adj.* (חומר) מַרְדִּים
sopping *adj.* סְפוּג מַיִם
soprano *adj., n.* סוֹפְּרָן; זַמֶּרֶת סוֹפְּרָן
sorcerer *n.* קוֹסֵם, אַשָּׁף
sorceress *n.* קוֹסֶמֶת
sorcery *n.* כִּישׁוּף
sordid *adj.* מְלוּכְלָךְ; שָׁפָל
sore *adj.* כּוֹאֵב; כָּאוּב; רָגוּז
sore *n.* פֶּצַע; עִנְיָין כָּאוּב
sorely *adv.* אֲנוּשׁוֹת
sorghum *n.* דּוּרָה
sorority *n.* אֲגוּדַּת נָשִׁים
sorrel *adj., n.* אֲדַמְדַּם־חוּם; חוּמְעָה
sorrow *n.* צַעַר, יָגוֹן
sorrow *v.* הִצְטַעֵר, הִתְיַיסֵּר
sorrowful *adj.* עָצוּב, עָגוּם
sorry *adj.* מִצְטַעֵר; מִתְחָרֵט; אוּמְלָל

sort *n.* סוּג, מִין, טִיפּוּס

sort *v.* סִיוּוּג, מִיֵּן

S.O.S. הַצִּילוּ! (קריאה לעזרה)

so-so *adj., adv.* לֹא מְצֻיָּן; נִסְבָּל; כָּכָה־כָּכָה

sot *n.* שִׁיכּוֹר מוּעָד

sotto voce *adv.* בַּחֲצִי קוֹל, בְּלַחַשׁ

sou *n.* סוּ (מטבע צרפתי קטן), פְּרוּטָה

soul *n.* נֶפֶשׁ, נְשָׁמָה

soulfulness *n.* נְשָׁמָה יְתֵרָה, רֶגֶשׁ עָמוֹק

sound *n.* קוֹל צְלִיל; טוֹן

sound *v.* נִשְׁמַע; עָשָׂה רוֹשֶׁם שֶׁל

sound *adj.* בָּרִיא, שָׁפוּי

soundly *adv.* בִּיעִילוּת, כַּהֲלָכָה

soundproof *adj.* חֲסִין־קוֹל

soup *n.* מָרָק

soup-kitchen *n.* מִטְבַּח צְדָקָה לַנִּצְרָכִים, בֵּית־תַּמְחוּי

sour *adj.* חָמוּץ; בּוֹסֶר

sour *v.* הֶחְמִיץ

source *n.* מָקוֹר

souse *v.* שָׁרָה, הִרְטִיב; כָּבַשׁ

south *n.* דָּרוֹם, כְּלַפֵּי דָּרוֹם

south *adj., adv.* דְּרוֹמִי; דְּרוֹמִית

southern *adj.* דְּרוֹמִי

southerner *n.* דְּרוֹמִי, אִישׁ הַדָּרוֹם

southpaw *n.* (בדיבור) אִיטֵּר, שְׂמָאלִי

southward(s) *adj., adv.* דְּרוֹמִי; דָּרוֹמָה

souvenir *n.* מַזְכֶּרֶת

sovereign *adj.* רִיבּוֹנִי, עֶלְיוֹן; יָעִיל

sovereign *n.* רִיבּוֹן; מֶלֶךְ; סוֹבְרִין (לירה זהב)

sovereignty *n.* רִיבּוֹנוּת

soviet *n., adj.* סוֹבְיֶיט; סוֹבְיֶיטִי

sovietize *v.* סִבְיֵיט

Soviet Russia *n.* רוּסְיָה הַסּוֹבְיֶיטִית, בְּרִית־הַמּוֹעָצוֹת

sow *n.* חֲזִירָה (נקבת החזיר)

sow *v.* זָרַע; הֵפִיץ

soy *n.* רוֹטֶב סוֹיָה

soya *n.* סוֹיָה (ממשפחת הקטניות)

soybean *n.* פּוֹל סוֹיָה

spa *n.* מַעְיָן מִינֶרָלִי, מְקוֹם מַרְפֵּא

space *n.* מֶרְחָב, חָלָל; רֶוַח

space *v.* רִיוּוַח, קָבַע רְוָחִים

space craft *n.* חֲלָלִית

space flight *n.* טִיסָה לֶחָלָל

space key *n.* (במכונת כתיבה) מַקַּשׁ הָרְוָחִים, קְלִיד רֶוַח

space ship *n.* סְפִינַת־חָלָל, חֲלָלִית

space shuttle *n.* חֲלָלִית מַעְבּוֹרֶת (להעברת טייסי חלל בין האדמה לתחנה חללית)

spaceman *n.* מַרְקִיעָן, חֲלָלַאי

spacious *adj.* מְרוּוָּח

spade *n.* אֵת (לחפירה)

spadework *n.* עֲבוֹדַת הֲכָנָה קָשָׁה

spaghetti *n.* סְפָּגֶטִי (איטריות איטלקיות)

span *n.* אוֹרֶךְ, רוֹחַק; מֶשֶׁךְ

span *v.* נִמְתַּח, הִשְׂתָּרַע

spangle *n.* לוּחִית נוֹצֶצֶת

spangle *v.* כִּיסָּה בִּנְקוּדוֹת כֶּסֶף

spaniel *n.* סְפַּנְיֶיל (כלב ארוך שער ואוזניים)

spank *v.* הִצְלִיף בַּיַּשְׁבָן

spanking *adj.* יוֹצֵא מִן הַכְּלָל, מְצוּיָּן

spanner *n.* מַפְתֵּחַ (לברגים)

spar *n.* כְּלוֹנָס, תּוֹרֶן

spar *v.* עָשָׂה תְּנוּעוֹת אִגְרוּף

spare *v.* חָסַךְ, חָס עַל

spare *adj.* רָזֶה, כָּחוּשׁ; עוֹדֵף, חֲלִיפִי
spare *n.* חֵלֶק־חִילוּף, חֲלָף
spare parts *n.pl.* חֲלָפִים, חֶלְקֵי־חִילוּף
sparing *adj.* חַסְכָנִי, קַמְצָנִי
spark *n.* נִיצוֹץ; הַבְרָקָה
spark *v.* הִתִּיז נִיצוֹצוֹת
sparkle *v.* נִצְנֵץ, הִבְרִיק
sparkle *n.* נִצְנוּץ, בָּרָק
sparkling *adj.* נוֹצֵץ; תּוֹסֵס
sparrow *n.* דְרוֹר (ציפור)
sparse *adj.* דָלִיל וּמְפוּזָר
spartan *adj.* סְפַּרְטָנִי, מִסְתַּגֵּף, סַתְגְּפָן
spasm *n.* עֲוִוית פִּתְאוֹם
spasmodic *adj.* עֲוִויתִי
spastic *adj., n.* עֲוִויתִי; סוֹבֵל מֵעֲוִויתוֹת
spat *n.* בֵּיצֵי צִדְפָּה; רִיב קַל; גְּמָשָׁה
spate *n.* זֶרֶם חָזָק, שִׁיטָּפוֹן
spatial *adj.* מֶרְחָבִי
spatter *v.* הִתִּיז; נִיתַּז
spatula *n.* מָרִית, כַּף רוֹפְאִים
spawn *v.* הֵטִיל בֵּיצִים; הִשְׁרִיץ; נוֹלְדוּ
spawn *n.* בֵּיצֵי דָגִים (או צפרדעים)
speak *v.* דִיבֵּר
speakeasy *n.* (בּאה"ב) בֵּית־מִמְכָּר חֲשָׁאִי לְמַשְׁקָאוֹת מְשַׁכְּרִים
speaker *n.* נוֹאֵם, דוֹבֵר; יוֹשֵׁב־רֹאשׁ בֵּית־נִבְחָרִים
speaking-tube *n.* צִינּוֹר דִיבּוּר (מחדר לחדר או מבּניין לבניין)
spear *n.* חֲנִית; שַׁפּוּד חַכָּה
spear *v.* שִׁיפֵּד, דָקַר בַּחֲנִית
spearhead *n.* רֹאשׁ חֲנִית
spearmint *n.* נַעֲנָה

special *adj.* מְיוּחָד
specialist *n.* מוּמְחֶה
speciality, specialty *n.* יִיחוּד, תְּכוּנָה מְיוּחֶדֶת; תְּחוּם הִתְמַחוּת
specialize *v.* יִיחֵד; הִתְמַחָה
species *n.* מִין; זַן
specific *adj.* מוּגְדָר, מְסוּיָּם; יִיחוּדִי
specific *n.* תְּרוּפָה מְיוּחֶדֶת
specify *v.* צִיֵּין בִּמְפוֹרָשׁ, פֵּירֵט
specimen *n.* דוּגְמָה, מִדְגָּם
specious *adj.* צוֹדֵק לִכְאוֹרָה, כּוֹזֵב
speck *n.* כֶּתֶם, רְבָב, נְקוּדָּה
speckle *n.* כֶּתֶם, רְבָב
speckle *v.* נִיקֵּד, נִימֵּר
spectacle *n.* מַחֲזֶה, מַרְאֶה מַרְהִיב עַיִן
spectacles *n.pl.* מִשְׁקָפַיִים
spectator *n.* צוֹפֶה (במשחק, במחזה)
spectre *n.* רוּחַ, שֵׁד מְבַשֵּׂר רָע
spectrum *n.* תַּחֲזִית, סְפֶּקְטְרוּם (של צבעי הקשת)
speculate *v.* נִיחֵשׁ, שִׁיעֵר; סִפְסֵר
speech *n.* כּוֹחַ הַדִּיבּוּר; דִיבּוּר
speechless *adj.* חֲסַר מִלִּים, נְטוּל דִיבּוּר
speed *n.* מְהִירוּת; (דיבורית) סַם מְשַׁכֵּר
speed limit *n.* מְהִירוּת מוּתֶּרֶת
speed *v.* נָע בִּמְהִירוּת, מִיהֵר; הֵאִיץ
speeding *n.* (נְהִיגָה) בִּמְהִירוּת מוּפְרֶזֶת
speedometer *n.* מַד־מְהִירוּת
speedy *adj.* מָהִיר, מִיָּדִי
spell *n.* כִּישׁוּף, קֶסֶם; פֶּרֶק זְמַן
spell *v.* כָּתַב, אִיֵּית
spellbinder *n.* נוֹאֵם מַקְסִים
spelling *n.* כְּתִיב; אִיּוּת

spend *v.* הוֹצִיא כֶּסֶף; בִּילָּה (זמן); כִּילָּה (כּוח)
spender *n.* מְבַזְבֵּז כֶּסֶף
spending money *n.* דְמֵי־כִּיס
spendthrift *n., adj.* בַּזְבְּזָן, פַּזְרָן
sperm *n.* זֶרַע הַזָּכָר
spermatozoon *n.* תָּא זֶרַע הַזָּכָר
spew *v.* הֵקִיא
sphere *n.* כַּדּוּר, סְפֵירָה; תְּחוּם
spherical, spheric *adj.* כַּדּוּרִי
sphinx *n.* סְפִינְקְס (פסל מצרי קדום, בעל גוף אדם וראש אריה)
spice *n.,v.* פִּלְפֵּל, תַּבְלִין; תִּיבֵּל
spicebox *n.* קוּפְסַת־בְּשָׂמִים
spick and span *adj.* מְסוּדָּר וּמְצוּחְצָח
spicy *adj.* מְתוּבָּל; מְגָרֶה; מְפוּלְפָּל
spider *n.* עַכָּבִישׁ
spider web *n.* קוּרֵי עַכָּבִישׁ
spigot *n.* מְגוּפָה; בֶּרֶז, שַׁסְתּוֹם
spike *n.* חוֹד; מַסְמֵר מְחוּדָּד
spike *v.* מִסְמֵר, חִיבֵּר בְּמַסְמְרִים; הוֹצִיא מִכְּלַל שִׁימּוּשׁ
spill *v.* שָׁפַךְ; נִשְׁפַּךְ; זָרַק; נִזְרַק
spill *n.* הִישָּׁפְכוּת; גְלִישָׁה
spin *v.* טָוָה; סוֹבֵב; הִסְתּוֹבֵב
spin *n.* סִיבּוּב, סִחְרוּר (של מטוס)
spinach *n.* תֶּרֶד
spinal *adj.* שֶׁל הַשִּׁדְרָה
spinal column *n.* עַמּוּד־הַשִּׁדְרָה
spinal cord *n.* חוּט־הַשִּׁדְרָה
spindle *n.* פֶּלֶךְ, כִּישׁוֹר, צִיר (מסתובב)
spine *n.* שִׁדְרָה; קוֹץ; גַּב (של ספר)
spineless *adj.* חֲסַר חוּט־שִׁדְרָה, חֲסַר אוֹפִי
spinet *n.* צֶ'מְבָּלוֹ (קטן)
spinner *n.* מְכוֹנַת־טְוִויָה, מַטְוִויָה
spining-wheel *n.* גַּלְגַּל־טְוִויָה
spinster *n.* רַוָּקָה (מבוגרת)
spiral *adj.* לוּלְיָינִי, סְלִילִי
spiral *n.* לוּלְיָין; חִילָזוֹן
spiral *v.* נָע לוּלְיָינִית
spire *n.* צְרִיחַ מְחוּדָּד
spirit *n.* רוּחַ; נֶפֶשׁ; נְשָׁמָה; רוּחַ מֵת; (בּרבּים) יַי״שׁ
spirit *v.* 'נִידֵּף', סִילֵּק בַּחֲשַׁאי
spirited *adj.* נִמְרָץ, אַמִּיץ
spirit-lamp *n.* מְנוֹרַת־סְפִּירְט
spirit level *n.* פֶּלֶס מַיִם
spiritless *adj.* רְפֵה־רוּחַ, מְדוּכְדָּךְ
spiritual *adj.* רוּחָנִי, נַאֲצָל; דָּתִי
spiritual *n.* סְפִּירִיטוּאָל; שִׁיר־דָּת
spiritualism *n.* סְפִּירִיטוּאָלִיזְם (אמונה בּאפשרות קשר עם רוחות מתים)
spit *v.* יָרַק, הִתִּיז (מפּיו)
spit *n.* שַׁפּוּד; לְשׁוֹן יַבָּשָׁה; יְרִיקָה, רוֹק
spite *n.* רָצוֹן רָע, טִינָה; הַכְעָסָה
spite *v.* קִנְטֵר, הִכְעִיס
spiteful *adj.* קַנְטְרָנִי, זְדוֹנִי
spitfire *n.* רַגְזָן, מְהִיר חֵמָה
spittle *n.* רוֹק
spittoon *n.* מִרְקָקָה
splash *v.* הִתִּיז (מים, בּוץ); נִיתַּז
splash *n.* הַתָּזָה, נֶתֶז; כֶּתֶם
splashdown *n.* נְחִיתַת חֲלָלִית (בּים)
splatter *v.* הִתִּיז; נִיתַּז
spleen *n.* טְחוֹל, מָרָה שְׁחוֹרָה
splendid *adj.* נֶהְדָּר, מְפוֹאָר; מְצוּיָּן
splendor *n.* הוֹד, הָדָר, פְּאֵר
splice *v.* חִיבֵּר חֲבָלִים, חִיבֵּר בְּקֶשֶׁר
splint *n.* גֶּשֶׁשׁ (לתמיכת איבר שבור)
splint *v.* קָשַׁר גֶּשֶׁשׁ

splinter v.	פִּיצֵל (הִתְפַּצֵּל)
	לִקְיסָמִים; שִׁיבֵּר (שׁוּבַּר) לִרְסִיסִים
splinter n.	שָׁבָב, רְסִיס
splinter group n.	קְבוּצָה פּוֹרֶשֶׁת
split v.	בִּיקַע; חִילֵּק; נִבְקַע;
	נִתְפַּצֵּל
split hairs v.	הִתְפַּלְפֵּל
split off v.	הִתְפַּלֵּג, פָּרַשׁ
split on him v.	הִלְשִׁין עָלָיו
split the difference v.	בָּא לְעֵמֶק
	הַשָּׁוֶוה
split n.	בִּיקוּעַ; פִּיצוּל
split adj.	מְפוּצָל; בָּקוּעַ; שָׁסוּעַ
split personality n.	אִישִׁיּוּת מְפוּצֶּלֶת
splitting adj., n.	מְפַצֵּל, מְבַקֵּעַ; פּוּלָח
splosh v.	הִתִּיז סָבִיב
splurge n.	פְּעִילוּת רַאֲוַותָנִית
splurge v.	הֶרְאָה רַבְרְבָנוּת
splutter v.	הִתִּיז מִפִּיו
splutter n.	מִלְמוּל מָהִיר
spoil n.	שָׁלָל
spoil v.	קִלְקֵל; פִּינֵּק
spoilsman n.	תּוֹמֵךְ בִּשְׁחִיתוּת
	צִיבּוּרִית
spoilsport n.	מַשְׁבִּית שִׂמְחָה
spoils system n.	שְׁחִיתוּת צִיבּוּרִית
spoke n.	חִישּׁוּר; חַוָּוק
spokesman n.	דּוֹבֵר (בְּשֵׁם אֲגוּדָה,
	מוֹסָד)
sponge n.	סְפוֹג; טַפִּיל (חַי עַל
	חֶשְׁבּוֹן אֲחֵרִים)
sponge v.	קִינֵּחַ בִּסְפוֹג; הִסְפִּיג
spongecake n.	לִיבְּנְן
sponger n.	מְנַקֶּה בִּסְפוֹג; סַחְבָּן, טַפִּיל
spongy adj.	סְפוֹגִי, דְּמוּי סְפוֹג
sponsor n.	מַעֲנִיק, תּוֹמֵךְ, נוֹתֵן חָסוּת

sponsor v.	נָתַן חָסוּת
sponsorship n.	חָסוּת, פַּטְרוֹנוּת
spontaneous adj.	סְפּוֹנְטָנִי, מְאוּלְתָּר
spoof n.	רַמָּאוּת, הוֹלָכַת שׁוֹלָל
spoof v.	רִימָּה, הוֹלִיךְ שׁוֹלָל
spook n.	רוּחַ שֶׁל מֵת
spooky adj.	שֶׁל רוּחַ־מֵת
spool n.	סְלִיל
spoon n.	כַּף, כַּפִּית
spoon v.	אָכַל בְּכַף; הִתְחַבֵּק וְהִתְנַשֵּׁק
spoonerism n.	סְפּוּנֶרִיזְם, שִׁיבּוּשׁ
	בְּחִילּוּף הֲבָרוֹת (כְּגוֹן כְּשֶׁאוֹמְרִים

Let me sew you to
your sheet בִּמְקוֹם Let me
show you to your seat)

spoonful n.	מְלוֹא (הַ)כַּף
spoor n.	עִקְבוֹת בַּעַל חַיִּים
sporadic adj.	מִפַּעַם לְפַעַם, פֹּה וָשָׁם
spore n.	נֶבֶג
sport n.	סְפּוֹרְט; שַׁעֲשׁוּעִים; לָצוֹן
sport v.	הִשְׁתַּעֲשַׁע; הִצִּיג לְרַאֲוָוה
sportive adj.	עַלִּיז, אוֹהֵב
	לְהִשְׁתַּעֲשֵׁעַ
sport-fan n.	חוֹבֵב סְפּוֹרְט
sporting chance n.	סִיכּוּי שָׁקוּל
sporting goods n.pl.	צוֹרְכֵי סְפּוֹרְט
sportscaster n.	פַּרְשָׁן סְפּוֹרְט
sportsman n.	סְפּוֹרְטַאי
sports wear n.	תִּלְבּוֹשֶׁת סְפּוֹרְט
sports writer n.	כַּתָּב סְפּוֹרְט
sporty adj.	הוֹגֵן, סְפּוֹרְטִיוֹוִי
spot n.	מָקוֹם; נְקוּדָּה; כֶּתֶם
spot v.	הִכְתִּים; נִכְתַּם; גִּילָּה, אִיתֵר
spotless adj.	נָקִי מִכֶּתֶם
spotlight n.	אוֹר זַרְקוֹר, זַרְקוֹר
spot remover n.	מַסִיר כְּתָמִים

spot prices *n.pl.* מְחִירִים (בעד תשלום) בַּמָּקוֹם
spouse *n.* בֶּן־זוּג, בַּת זוג
spout *v.* הִתִּיז; נִיתֵּז; (בלגלוג) דִּקְלֵם
spout *n.* צִינּוֹר, זַרְבּוּבִית
sprain *v.* נָקַע אֵיבָר
sprain *n.* נֶקַע
sprawl *v.* שָׁכַב (ישב) בְּרִישׁוּל
spray *v.* זִילֵּף, רִיסֵּס; הִזְדַּלֵּף
spray *n.* תַּרְסִיס; עָנָף פּוֹרֵחַ
spray-gun *n.* מַרְסֵס
sprayer *n.* מַרְסֵס, מַזְלֵף
spread *v.* פָּרַשׂ, שָׁטַח, מָרַח; הֵפִיץ
spread the table *v.* עָרַךְ אֶת הַשּׁוּלְחָן
spread *n.* הִתְפַּשְּׁטוּת; מִמְרָח; (דיבּוּרית) סְעוּדָה
spree *n.* הִילּוּלָה
sprig *n.* זַלְזַל, עָנָף רַךְ; זַאֲטוּט
sprightly *adj.* מָלֵא חַיִּים, זָרִיז
spring *v.* קָפַץ; צָץ, נָבַע
spring *n.* קְפִיצָה, נִיתּוּר; קְפִיץ; מַעְיָן; אָבִיב
spring *adj.* אֲבִיבִי; קְפִיצִי
spring balance *n.* מֹאזְנֵי קְפִיץ
spring chicken *n.* פַּרְגִּית
spring fever *n.* בּוּלְמוּס אַהֲבָה
springboard *n.* מַקְפֵּצָה, קֶרֶשׁ־קְפִיצָה
springtime *n.* תּוֹר הָאָבִיב
sprinkle *v.* זִילֵּף; הִמְטִיר; הִזְדַּלֵּף
sprinkle *n.* זִילּוּף; נֶתֶז; גֶּשֶׁם קַל
sprinkling can *n.* מַזְלֵף
sprint *v.* רָץ מֶרְחָק קָצָר
sprint *n.* מֵרוֹץ קָצָר
sprite *n.* שֵׁדוֹן, פֵיָה
sprout *v.* צָמַח, נָבַט; גִּידֵּל, הִצְמִיחַ
sprout *n.* נֶבֶט
spruce *adj.* מְסוּדָּר וְנָקִי (בהופעתו)
spruce *v.* שִׁיפֵּר אֶת לְבוּשׁוֹ
spry *adj.* זָרִיז, קַל תְּנוּעָה
spud *n.* אֵת קָצָר; (דיבּוּרית) תַּפּוּחַ אֲדָמָה
spume *v., n.* הֶעֱלָה קֶצֶף; קֶצֶף
spunk *n.* אוֹמֶץ
spur *n.* מַדְרְבָן, תַּמְרִיץ
spur *v.* דִּרְבֵּן, הִמְרִיץ
spurious *adj.* מְזוּיָּף, לֹא אֲמִיתִּי
spurn *v.* דָּחָה בְּבוּז
spurt *v.* פָּרַץ פִּתְאוֹם; הִתִּיז פִּתְאוֹם
spurt *n.* פֶּרֶץ
sputter *v.* הִתִּיז מִפִּיו
sputter *n.* פֶּרֶץ דְּבָרִים
spy *v.* רִיגֵּל; רָאָה, עָקַב
spy *n.* מְרַגֵּל
spyglass *n.* מִשְׁקֶפֶת (קטנה)
squabble *v.* רָב (על עניין פעוּט)
squad *n.* קְבוּצָה, חוּלְיָה
squadron *n.* טַיֶּסֶת; שַׁיֶּטֶת
squalid *adj.* מְזוֹהָם; עָלוּב
squall *n.* צְוָוחָה; סוּפַת פִּתְאוֹם
squalor *n.* לִכְלוּךְ, עֲזוּבָה
squander *v.* בִּזְבֵּז
square *n.* רִיבּוּעַ, מִשְׁבֶּצֶת; רְחָבָה, כִּיכָּר; 'מְרוּבָּע' (אדם חסר מעוף או תחכום)
square *v.* רִיבֵּעַ; יִישֵּׁר; (דיבּוּרית) פָּרַע (חשבּוֹן); (דיבּוּרית) שִׁיחֵד
square *adj.* רָבוּעַ; מַלְבֵּנִי; רִיבּוּעִי
square *adv.* בְּצוּרָה רְבוּעָה; יָשָׁר, הוֹגֵן
square deal *n.* עִסְקָה הוֹגֶנֶת
square meal *n.* אֲרוּחָה מַשְׂבִּיעָה

squash *v.* מִיעֵךְ, כָּתַת; נִדְחַק
squash *n.* הָמוֹן דָּחוּס; דְלַעַת; סְקְווֹשׁ (משחק); מִיץ (בסודה)
squashy *adj.* מָעוּךְ; מִתְמַעֵךְ בְּקַלּוּת
squat *v.* יָשַׁב (הוֹשִׁיב) עַל עֲקֵבָיו
squat *adj.* גּוּץ
squatter *n.* מִתְיַישֵּׁב (או מתנחל) בִּלְתִּי חוּקִי
squaw *n.* אִישָּׁה אִינְדִיאָנִית
squawk *v.* קִעְקֵעַ, צָוַוח
squawk *n.* קִעְקוּעַ, צְוָוחָה
squeak *v., n.* צִייֵץ, חָרַק; צִיּוּץ, חֲרִיקָה
squeal *v.* צָוַוח, יִיבֵּב; הִלְשִׁין
squeal *n.* צְוָוחָה, יְבָבָה
squealer *n.* יַלְלָן, יַבְּבָן; (המונית) מַלְשִׁין
squeamish *adj.* רָגִישׁ מִדַּיי, אִיסְטְנִיס
squeeze *v.* סָחַט, לָחַץ; נִדְחַק
squeeze *n.* לְחִיצָה; סְחִיטָה
squelch *n.* קוֹל שִׁכְשׁוּךְ
squelch *v.* רָמַס, דָּרַס; הִשְׁתִּיק
squib *n.* זִיקּוּק אֵשׁ (מתפוצץ); מַאֲמָר סָטִירִי
squid *n.* דְּיוֹנוֹן, דַּג דְּיוֹ
squint *v.* פָּזַל; לִכְסֵן מַבָּט
squint *n.* פְּזִילָה
squint-eyed *adj.* פּוֹזֵל; זְדוֹנִי
squire *n.* בַּעַל אֲחוּזָּה (גדול)
squire *v.* לִיוָּוה (אישה)
squirm *v., n.* הִתְפַּתֵּל (כּאי נוחות); הִתְפַּתְּלוּת
squirrel *n.* סְנָאִי
squirt *v.* הִתִּיז; הוּתַּז
squirt *n.* סִילוֹן דַּק
stab *v.* דָּקַר
stab *n.* דְּקִירָה; פְּעוּלַּת נִיסָּיוֹן
stable *adj.* יַצִּיב
stable *n.* אוּרְוָוה
stack *n.* גָּדִישׁ, עֲרֵימָה
stack *v.* עָרַם לַעֲרֵימָה
stack the cards *v.* סִידֵּר אֶת הַקְּלָפִים (כּדי לרמות)
stadium *n.* אִיצְטַדְיוֹן
staff *n.* סֶגֶל, מַטֶּה; חֶבֶר עוֹבְדִים
staff *v.* אִייֵּשׁ (עובדים)
stag *n.* צְבִי
stage *n.* בָּמָה, בִּימָה
stage *v.* בִּייֵּם
stage coach *n.* מֶרְכָּבָה בְּקַו קָבוּעַ
stage craft *n.* אָמָנוּת הַבִּימּוּי אוֹ הַמִּשְׂחָק
stage fright *n.* אֵימַת הַצִּיבּוּר
stage manager *n.* בַּמַּאי, מְנַהֵל בָּמָה
stage struck *adj.* שׁוֹאֵף לִהְיוֹת שַׂחְקָן
stagger *v.* הִתְנוֹדֵד; הֶחֱרִיד; פִּיזֵּר (חופשות וכד')
stagger *n.* הִתְנוֹדְדוּת, הִתְנוֹעֲעוּת
staggering *adj.* מַדְהִים
stagily *adv.* בְּתֵיאַטְרָלִיּוּת
staging *n.* מַעֲרֶכֶת פִּיגּוּמִים וּקְרָשִׁים; בִּימּוּי
stagnant *adj.* קוֹפֵא (עַל שְׁמָרָיו)
stagnate *v.* עָמַד, קָפָא עַל שְׁמָרָיו
staid *adj.* שָׁקֵט, רְצִינִי
stain *v.* הִכְתִּים, צָבַע; נִכְתַּם
stain *n.* כֶּתֶם
stainless *adj.* לְלֹא כֶּתֶם, לְלֹא דּוֹפִי; לֹא חָלִיד
stair *n.* מַדְרֵגָה (בּבית)
staircase *n.* מַעֲרֶכֶת מַדְרֵגוֹת

stairwell *n.* חֲדַר־מַדְרֵגוֹת

stake *n.* מוֹט מְחוּדָּד, יָתֵד; עַמּוּד הַמּוֹקֵד; פְּרָס; סְכוּם הִימּוּרִים

stake *v.* חִיזֵּק; סִימֵּן בִּיתֵדוֹת; סִימֵּר

stalactite *n.* נְטִיף

stalagmite *n.* זְקִיף

stale *adj.* מְיוּשָּׁן; בָּאוּשׁ; נָדוֹשׁ

stalemate *n.* (בשחמט) פַּט, תֵּיקוּ; נְקוּדַּת־קִיפָּאוֹן

stalk *v.* צָעַד קוֹמְמִיּוּת; הִתְקָרֵב בַּלָּאט

stalk *n.* גִּבְעוֹל, קָנֶה

stall *v.* (מנוע) נִשְׁתַּתֵּק; דָּחָה בְּדִבְרֵי הִתְחַמְּקוּת

stall *n.* תָּא בְּאוּרְוָה; דּוּכָן; מוֹשָׁב (בתיאטרון)

stallion *n.* סוּס־רְבִיעָה

stalwart *adj., n.* חָזָק, אֵיתָן; תּוֹמֵךְ נֶאֱמָן (במפלגה וכד')

stamen *n.* אַבְקָן

stamina *n.* כּוֹחַ־עֲמִידָה

stammer *v.* גִּמְגֵּם

stammer *n.* גִּמְגּוּם

stamp *v.* הִטְבִּיעַ (בחותם וכד'), צִיֵּין, אִפְיֵין; בִּיֵּל; כָּתַשׁ

stamp *n.* בּוּל, תָּוִית; מַטְבֵּעַ; חוֹתָם

stampede *n.* מְנוּסַת־בֶּהָלָה

stampede *v.* נָס מְנוּסַת־בֶּהָלָה; גָּרַם לִמְנוּסַת־בֶּהָלָה

stance *n.* צוּרַת עֲמִידָה, עֶמְדָּה

stanch *v.* עָצַר (זרימת דם); נֶעְצַר

stanch *adj.* נֶאֱמָן וּמָסוּר

stand *v.* **(stood)** עָמַד; עָמַד זָקוּף; נִמְצָא; עָמַד בִּפְנֵי; הֶעֱמִיד

stand a chance *v.* הָיָה לוֹ סִיכּוּי

stand back זָז אֲחוֹרָה

stand by תָּמַךְ, הָיָה בְּמַצַּב הָכֵן

stand clear הִתְרַחֵק

stand off הִתְרַחֵק

stand out הִתְבַּלֵּט

stand to קִיֵּם

stand trial נִשְׁפַּט

stand up קָם

stand up to עָמַד בִּפְנֵי

stand *n.* עֲמִידָה; עֶמְדָּה; דּוּכָן

stand in *n.* מַחְלִיף

standard *n.* דֶּגֶל; תֶּקֶן; רָמָה

standard *adj.* תִּקְנִי, סְטַנְדַּרְטִי

standardize *v.* תִּקְנֵן, קָבַע תֶּקֶן

standard of living *n.* רָמַת־חַיִּים

standard time *n.* הַשָּׁעוֹן הָרִשְׁמִי (של מדינה או אזור)

standing *n.* עֲמִידָה; עֶמְדָּה

standing *adj.* עוֹמֵד; קָבוּעַ, שֶׁל קֶבַע

standing army *n.* צְבָא־קֶבַע

standing room *n.* מְקוֹמוֹת עֲמִידָה

standoffish *adj.* שׁוֹמֵר מֶרְחָק, קָרִיר, מִתְנַשֵּׂא

standpoint *n.* נְקוּדַּת־מַבָּט, הֶיבֵּט

standstill *n.* חוֹסֶר תְּנוּעָה, קִיפָּאוֹן

stanza *n.* בַּיִת (בשיר)

staple *n.* סְחוֹרָה עִיקָּרִית; חוֹמֶר יְסוֹדִי; כְּלִיב (במכלב)

staple *adj.* עִיקָּרִי

staple *v.* חִיבֵּר בְּמַכְלֵב

stapler *n.* מַכְלֵב

star *n.* כּוֹכָב; מַזָּל

star *adj.* מִצְטַיֵּן, מַזְהִיר

star *v.* סִימֵּן בְּכוֹכָב; כִּיכֵּב, 'כִּיכֵּב' (בדיבור)

starboard *n., adj.* צַד יָמִין; יְמָנִי

starch *n., v.* עֲמִילָן; עִמְלֵן

stare *v.* נָעַץ מַבָּט

stare *n.* מַבָּט נָעוּץ
starfish *n.* כּוֹכַב־יָם (דג)
stargaze *v.* הִבִּיט בַּכּוֹכָבִים; שָׁקַע בַּהֲזָיוֹת
stark *adj.* מוּחְלָט; קָשֶׁה, קָשִׁיחַ; לְגַמְרֵי
stark naked *adj.* עָרוֹם לְגַמְרֵי
Star of David *n.* מָגֵן דָּוִיד
start *v.* הִתְחִיל; יִיסֵּד; הִפְעִיל; הִתְנִיעַ; זִינֵּק; יָצָא לַדֶּרֶךְ
start *n.* הַתְחָלָה; זִינּוּק; נְתִירָה
starter *n.* מַתְנֵעַ; מַזְנִיק (במרוץ)
starting *adj.* הַתְחָלָתִי; מַזְנִיק
starting point *n.* נְקוּדַת זִינּוּק
startle *v.* הֶחֱרִיד, הִדְהִים
starvation *n.* רָעָב
starvation wages *n.pl.* מַשְׂכּוֹרֶת רָעָב
starve *v.* גָּוַוע בְּרָעָב; הִרְעִיב
stash *v.* אָגַר, הֶחְבִּיא (כסף וכד׳)
state *n.* מַצָּב; מְדִינָה
state of mind *n.* מַצַּב רוּחַ
state *v.* אָמַר, הִצְהִיר
State Department *n.* מַחְלֶקֶת הַמְּדִינָה (משרד החוץ של אה״ב)
statecraft *n.* חָכְמָה מְדִינִית
statehood *n.* מַעֲמַד מְדִינָה
stately *adj.* מְפוֹאָר, מַרְשִׁים
statement *n.* הוֹדָעָה, הַצְהָרָה; גִּילוּי־דַעַת
stateroom *n.* אוּלַם־פְּאֵר; תָּא פְּרָטִי (ברכבת, באונייה)
statesman *n.* מְדִינַאי
static *adj.* סְטָטִי, נַיָּיח
station *n.* תַּחֲנָה; מַעֲמָד; בָּסִיס צְבָאִי
station master *n.* מְנַהֵל תַּחֲנַת רַכֶּבֶת
station *v.* הִצִּיב; שִׁיבֵּץ
stationary *adj.* נַיָּיח
stationer *n.* מוֹכֵר צוֹרְכֵי־כְּתִיבָה
stationery *n.* צוֹרְכֵי־כְּתִיבָה
statistician *n.* סְטָטִיסְטִיקָן
statistics *n.pl.* סְטָטִיסְטִיקָה
statue *n.* אַנְדַּרְטָה, פֶּסֶל
statuesque *adj.* חָטוּב כְּפֶסֶל
stature *n.* (שִׁיעוּר) קוֹמָה
status *n.* מַעֲמָד, שִׁיעוּר קוֹמָה
status quo הַמַּצָּב הַקַּיָּים, סְטָטוּס קְוו
status symbol *n.* סֵמֶל הַמַּעֲמָד
statute *n.* חוֹק
statutory *adj.* הַנִּקְבָּע בַּחוֹק
staunch *adj.* נֶאֱמָן וּמָסוּר
stave *v.* פָּרַץ פִּרְצָה; מָנַע, דָּחָה
stave *n.* לוּחִית עֵץ (לאורך דופן חבית); שָׁלָב (של סולם); בַּיִת (בשיר)
stay *n.* שְׁהִיָּה, עִיכּוּב; חֶבֶל תּוֹמֵךְ; (ברבים) מָחוֹךְ
stay *v.* שָׁהָה, נִשְׁאַר, עָצַר; הֵלִין
stay-at-home *n., adj.* יוֹשֵׁב בַּיִת
stead *n.* מָקוֹם
steadfast *adj.* יַצִּיב, אֵיתָן
steady *adj.* יַצִּיב; סָדִיר; קָבוּעַ
steady *v.* יִיצֵּב; הִתְיַיצֵּב; הִרְגִּיעַ
steak *n.* אוּמְצַת בָּשָׂר, סְטֵיק
steal *v.* גָּנַב; הִתְגַּנֵּב
stealth *n.* הִתְגַּנְּבוּת, חֲשָׁאִיּוּת
steam *n., adj.* אֵדֵי מַיִם; שֶׁל קִיטוֹר
steam *v.* (בבישול) אִידָּה; פָּלַט אֵדִים
steamboat *n.* סְפִינַת־קִיטוֹר
steamer *n.* אוֹנִיַּית קִיטוֹר
steam heat *n.* חִימּוּם קִיטוֹר
steam-roller *n.* מַכְבֵּשׁ כְּבִישִׁים

steamship *n.* אוֹנִיַּת קִיטוֹר
steed *n.* סוּס נִמְרָץ
steel *adj., n.* (שֶׁל) פְּלָדָה
steel *v.* הִקְשָׁה (לִבּוֹ)
steel wool *n.* צֶמֶר־פְּלָדָה
steep *adj.* תָּלוּל; מוּגְזָם
steep *v.* הִשְׁרָה, הִסְפִּיג
steeple *n.* צְרִיחַ, מִגְדַּל כְּנֵסִיָּיה
steeplechase *n.* מֵרוֹץ מִכְשׁוֹלִים
steeplejack *n.* מְטַפֵּס עַל צְרִיחִים (לתקן ארובות)
steer *v.* נִיוֵּט, נִיהֵג, כִּיוֵּן
steer *n.* שׁוֹר צָעִיר (שמגדלים לבשר)
steerage *n.* נִיוּוּט; הַמַּחְלָקָה הַזּוֹלָה (באונייה)
steersman *n.* הַגַּאי
stellar *adj.* כּוֹכָבִי, שֶׁל כּוֹכָבִים
stem *n.* גֶּזַע; גִּבְעוֹל; בִּנְיָין (בדקדוק)
stem *v.* סָכַר; עָצַר; יָצָא (משורש), נָבַע
stench *n.* רֵיחַ רַע, סִרְחוֹן, צַחֲנָה
stencil *n.* שַׁעֲוָונִית, סְטֶנְסִיל
stencil *v.* שִׁכְפֵּל
stenographer *n.* קַצְרָן, קַצְרָנִית
stenography *n.* קַצְרָנוּת, סְטֶנוֹגְרַפְיָה
stentorian *adj.* (קוֹל) גָּבוֹהַּ וְחָזָק
step *n.* צַעַד; מַדְרֵגָה; שָׁלָב
step *v.* צָעַד, פָּסַע
stepbrother *n.* אָח חוֹרֵג
stepdaughter *n.* בַּת חוֹרֶגֶת
stepfather *n.* אָב חוֹרֵג
stepladder *n.* סוּלַּם מַדְרֵגוֹת (שלבים)
stepmother *n.* אֵם חוֹרֶגֶת
stepparent *n.* הוֹרֶה (אב, אֵם) חוֹרֵג
stepsister *n.* אָחוֹת חוֹרֶגֶת
stepson *n.* בֵּן חוֹרֵג

steppe *n.* עֲרָבָה, מִדְבָּר
stereophonic *adj.* סְטֶרֵיאוֹפוֹנִי (מפיק קולות כפי שהם נשמעים במרחב)
stereotyped *adj.* עָשׂוּי מֵאִימָּהוֹת; שַׁבְּלוֹנִי, סְטֶרֵאוֹטִיפִּי
sterile *adj.* מְעוּקָּר, סְטֶרִילִי
sterilization *n.* עִיקּוּר, סֵירוּס
sterilize *v.* עִיקֵּר, סֵירֵס
sterling *n.* סְטֶרְלִינְג (המטבע הבריטי)
sterling *adj.* שֶׁל סְטֶרְלִינְג; מְעוּלֶּה
stern *adj.* חָמוּר, קָשׁוּחַ, מַחְמִיר
stern *n.* יַרְכָתַיִים (בספינה)
stethoscope *n.* מַסְכֵּת, סְטֶתוֹסְקוֹפּ
stevedore *n.* סַוָּור (בנמל)
stew *v.* בִּישֵּׁל; הִתְבַּשֵּׁל
stew *n.* תַּבְשִׁיל, נָזִיד
steward *n.* מְנַהֵל מֶשֶׁק־בַּיִת; דַּיָּיל
stewardess *n.* דַּיֶּילֶת
stewed fruit *n.* לִפְתָּן־פֵּירוֹת
stick *n.* זְמוֹרָה, מַקֵּל, מַטֶּה
stick-up *n.* שׁוֹד
stick-in-the-mud *n.* (אדם) חֲסַר יוֹזְמָה, דִּמְיוֹן וְרוּחַ הִתְלַהֲבוּת
stick *v.* תָּקַע, נָעַץ, תָּחַב; הִדְבִּיק; נִתְקַע, נִדְבַּק
sticker *n.* דּוֹקֵר; דְּבֶקִית
sticking-plaster *n.* אִיסְפְּלָנִית דְּבִיקָה
stickpin *n.* סִיכַּת־נוֹי
sticky *adj.* דָּבִיק, צָמוּג
stiff *n.* (המונית) גְּוִויָּה
stiff *adj.* קָשִׁיחַ, נוּקְשֶׁה
stiff-necked *adj.* קְשֵׁה עוֹרֶף
stiff-shirt *n.* חוּלְצָה מְעוּמְלֶנֶת
stiffen *v.* הִקְשָׁה, הִקְשִׁיחַ
stifle *v.* הֶחֱנִיק

stigma *n.* אוֹת־קָלוֹן, כֶּתֶם; צַלֶּקֶת (בצמח)
stigmatize *v.* הִכְתִּים, הוֹקִיעַ
stiletto *n.* פִּגְיוֹן דַּק
stileto heels *n.pl.* עֲקֵבַיִים דַּקִּים וְחַדִּים
still *adj.* שָׁקֵט, דוֹמֵם, לְלֹא תְנוּעָה
still-life *adj., n.* דוֹמֵם
still *n.* תַּצְלוּם דוֹמֵם; מַזְקֵקָה (למשקאות חריפים)
still *adv.* עוֹד, עֲדַיִין, בְּכָל זֹאת
still *v.* הִשְׁקִיט, הִשְׁתִּיק
stillborn *adj.* מוּלָד מֵת
stilt *n.* קַב (לפסיעות גסות)
stilted *adj.* (לגבי סגנון, התנהגות) מְעוּשֶׂה, לֹא גָמִישׁ, לֹא טִבְעִי
stimulant *n.* (משקה) מַמְרִיץ, מְגָרֶה
stimulate *v.* הִמְרִיץ, גֵּירָה
stimulus *n.(pl.* **stimuli)** תַּמְרִיץ, גֵּירוּי
sting (stung) *v.* עָקַץ; הוֹנָה
sting *n.* עוֹקֶץ, עֲקִיצָה
stingy *adj.* קַמְצָן
stink *v.* הִסְרִיחַ; עוֹרֵר גוֹעַל
stink *n.* סִרְחוֹן; שַׁעֲרוּרִייָה
stint *v.* קִימֵּץ ב
stint *n.* מִכְסָה, הַגְבָּלָה
stipend *n.* שָׂכָר קָבוּעַ; קִצְבָּה
stipulate *v.* הִתְנָה
stir *v.* הֵנִיעַ, עוֹרֵר, הִלְהִיב; נָע
stir *n.* רַעַשׁ, מְהוּמָה, הִתְרַגְּשׁוּת
stirring *adj.* מְעוֹרֵר, מַלְהִיב
stirrup *n.* מִשְׁוֶורֶת (טבעת לרגל רוכב)
stitch *n.* תַּךְ, תֶּפֶר; כְּאֵב
stitch *v.* תָּפַר; תִּיפֵּר (עור)

stock *n.* בְּסִיס גֶּזַע עֵץ; מְלַאי; מְנָיוֹת
stock breeder *n.* מְגַדֵּל בְּהֵמוֹת
stock company *n.* חֶבְרַת מְנָיוֹת
stock exchange, stock market *n.* בּוּרְסָה
stock taking *n.* בְּדִיקָה וְרִישׁוּם הַמְּלַאי
stock *v.* צִייֵּד; הִצְטַייֵּד
stock *adj.* שִׁגְרָתִי, קָבוּעַ
stockade *n.* גָּדֵר הֲגָנָה
stockbroker *n.* סוֹכֵן מְנָיוֹת (בבורסה)
stockholder *n.* בַּעַל־מְנָיוֹת
stocking *n.* גֶּרֶב (ארוך)
stockpile *n.* מְלַאי אָגוּר
stocky *adj.* גּוּץ וְחָסוֹן
stockyard *n.* מִכְלָאַת בָּקָר
stodgy *adj.* (אוכל) כָּבֵד וַחֲסַר טַעַם; (סגנון) דָּחוּס, כָּבֵד, מְשַׁעֲמֵם
stoic *n.* עָמִיד בִּפְנֵי סֵבֶל, סְטוֹאִי
stoke *v.* הוֹסִיף דֶּלֶק
stoker *n.* מוֹסִיף דֶּלֶק
stolid *adj.* כּוֹלֵא רְגִישׁוּת וְהַבָּעָה
stomach *n.* קֵיבָה, בֶּטֶן; תֵּיאָבוֹן
stomach *v.* עִיכֵּל, בָּלַע, סָבַל
stone *n.* אֶבֶן; גַּלְעִין, חַרְצָן
stone *v.* רָגַם, סָקַל; גִּלְעֵן (פרי)
stone-broke *adj.* חֲסַר פְּרוּטָה
stone-cold *adj.* קַר כְּאֶבֶן
stone-deaf *adj.* חֵירֵשׁ גָּמוּר
stone quarry *n.* מַחְצָבָה
stonemason *n.* סַתָּת
stony *adj.* אַבְנִי, סַלְעִי
stooge *n.* עוֹזֵר (בזוי) לְבַדְחָן
stool *n.* שְׁרַפְרַף; צוֹאָה
stoop *v.* הִתְכּוֹפֵף; הִרְכִּין

stoop *n.* כְּפִיפַת גֵו; מִרְפֶּסֶת
stoop shouldered *adj.* כְּפוּף־גֵו
stop *v.* סָתַם, פָּקַק; עָצַר, מָנַע; חָדַל, נֶעֱמַד; נִשְׁאַר
stop *n.* עֲצִירָה; תַּחֲנָה; סִימַן פִּיסוּק; הֶגֶה פּוֹצֵץ
stop-watch *n.* שְׁעוֹן־עֶצֶר
stopcock *n.* שַׁסְתּוֹם וִיסּוּת, בֶּרֶז מַפְסִיק
stopgap *n.* 'פְּקָק', מְמַלֵּא מָקוֹם (זמנית)
stopover *n.* שְׁהִיַּת־בֵּינַיִים (בתחנה)
stoppage *n.* עֲצִירָה; הַפְסָקָה; סְתִימָה
stopper *n.* עוֹצֵר; סָתָם, פְּקָק; שְׁעוֹן עֶצֶר
storage *n.* אַחְסָנָה; דְּמֵי אִחְסוּן; מַחְסָן
storage battery *n.* סוֹלְלַת מַצְבְּרִים
store *n.* חֲנוּת; מַחְסָן; מְלַאי; כּוֹל בּוֹ
store *v.* צִיֵּיד; אִחְסֵן; צָבַר
storehouse *n.* מַחְסָן גָּדוֹל
storekeeper *n.* מַחְסְנַאי; חֶנְווָנִי
stork *n.* חֲסִידָה
storm *n.* סְעָרָה
storm *v.* סָעַר, גָּעַשׁ; הִסְתָּעֵר
storm cloud *n.* עֲנַן סוּפָה
storm-troops *n.pl.* פְּלוּגוֹת־סַעַר
stormy *adj.* סוֹעֵר, נִזְעָם
story *n.* סִיפּוּר, עֲלִילָה
story *v.* סִיפֵּר
storyteller *n.* מְסַפֵּר; שַׁקְרָן
stout *adj.* אַמִּיץ, עַקְשָׁנִי; נֶאֱמָן; שְׁמַנְמַן
stout *n.* בִּירָה שְׁחוֹרָה
stove *n.* תַּנּוּר, כִּירָה
stovepipe *n.* אֲרוּבַּת תַּנּוּר
stow *v.* הִכְנִיס וְסִידֵּר בְּמַחְסָן; צוֹפֵף בִּיעִילוּת
stowaway *n.* נוֹסֵעַ סָמוּי

straddle *v.* עָמַד (אוֹ יָשַׁב) בְּפִיסוּק־רַגְלַיִים
straddle *n.* עֲמִידָה (אוֹ יְשִׁיבָה) בְּפִיסוּק־רַגְלַיִים
strafe *v.* עָרַךְ הַפְצָצָה כְּבֵדָה
straggle *v.* הִזְדַּנֵּב, פִּיגֵּר; הִתְפַּזֵּר
straight *adj.* יָשָׁר; הָגוּן, כֵּן
straight *adv.* יָשָׁר; בְּמֵישָׁרִין
straight face *n.* הַבָּעָה רְצִינִית
straight off *adv.* מִיָּד
straight razor *n.* תַּעַר גִּילּוּחַ
straighten *v.* יִישֵּׁר; הִתְיַישֵּׁר
straightforward *adj.* יָשָׁר, כֵּן; בָּרוּר
straight(a)way *adv.* תֵּיכֶף וּמִיָּד
strain *v.* מָתַח; אִימֵּץ (עיניים וכד'); הִתְאַמֵּץ; סִינֵּן
strain *n.* מֶתַח; נֶקַע; גֶּזַע (של בע"ח)
strained *adj.* מָתוּחַ; מְסוּנָּן
strainer *n.* מְסַנֶּנֶת
strait *n.* מֵצַר; מְצוּקָה
strait-jacket *n.* מְעִיל מְיוּחָד (לריסון משתוללים)
strait-laced *adj.* טַהֲרָנִי, פּוּרִיטָנִי
strand *n.* גְּדִיל; נִימָה; גָּדָה
strand *v.* הֶעֱלָה (אוֹ עָלָה) עַל שִׂרְטוֹן אוֹ עַל חוֹף
stranded *adj.* נֶעֱזָב, תָּקוּעַ
strange *adj.* זָר; מוּזָר
stranger *n.* זָר, נוֹכְרִי
strangle *v.* חִינֵּק
strangulate *v.* שִׁינֵּק, הֶחְנִיק
strap *n.* רְצוּעָה
strap *v.* קָשַׁר (אוֹ הלקה) בִּרְצוּעָה
straphanger *n.* נוֹסֵעַ בַּעֲמִידָה
stratagem *n.* טַכְסִיס, תַּחְבּוּלָה
strategic, strategical *adj.* אַסְטְרָטֶגִי

strategist *n.* אַסְטְרָטֵג
strategy *n.* אַסְטְרָטֶגְיָה
stratify *v.* רִיבֵּד, עָרַךְ בִּשְׁכָבוֹת
stratosphere *n.* סְטְרָטוֹסְפֵירָה
stratum *n.* שִׁכְבָה
straw *n.* קַשׁ, תֶּבֶן
strawberry *n.* תּוּת־שָׂדֶה
straw man *n.* סוֹכֵן מְזוּיָף; 'אִישׁ קַשׁ', כְּלִי־שָׁרֵת
stray *v.* תָּעָה, הִתְרוֹצֵץ
stray *n., adj.* תּוֹעֶה; חֲסַר בַּיִת
streak *n.* קַו, פַּס; קַו אוֹפִי
streak *v.* פִּסְפֵּס, סִימֵּן בְּפַסִּים
streak off *v.* הִסְתַּלֵּק בִּמְהִירוּת הַבָּזָק
stream *n.* זֶרֶם, נַחַל
stream *v.* זָרַם, זָלַג
streamer *n.* נֵס, דֶּגֶל; סֶרֶט קִישּׁוּט מִתְנוֹפֵף; כּוֹתֶרֶת (עמוד שלם)
streamlined *adj.* זָרִים, יָעִיל, מָהִיר
street *n.* רְחוֹב
street floor *n.* קוֹמַת־קַרְקַע
street sprinkler *n.* מַזְלֵף רְחוֹבוֹת
streetcar *n.* חַשְׁמַלִּית
streetwalker *n.* יַצְאָנִית, זוֹנַת רְחוֹב
strength *n.* כּוֹחַ; תֹּקֶף; חֲרִיפוּת
strengthen *v.* חִיזֵּק; הִתְחַזֵּק
strenuous *adj.* מְאוּמָּץ; נִמְרָץ
stress *n.* הַדְגָּשָׁה, הַטְעָמָה; לַחַץ
stress *v.* הִדְגִּישׁ, הִטְעִים
stretch *v.* מָתַח; הִתְמַשֵּׁךְ, נִמְתַּח
stretch *n.* מְתִיחָה; מֶשֶׁךְ זְמַן; שֶׁטַח רָצוּף
stretcher *n.* אֲלוּנְקָה; מִתְקַן מְתִיחָה
stretcher-bearer *n.* אֲלוּנְקַאי
strew *v.* פִּיזֵּר, כִּיסָּה
stricken *adj.* מוּכֶּה, נָגוּעַ

strict *adj.* חָמוּר, קַפְּדָנִי; מְדוּיָּק
stricture *n.* בִּיקּוֹרֶת חֲרִיפָה; (ברפואה) הִיצָּרוּת אֵיבָר
stride *v.* צָעַד (בצעדים גדולים)
stride *n.* צַעַד גָּדוֹל
strident *adj.* צוֹרְמָנִי, צַרְחָנִי
strife *n.* מְרִיבָה, סִכְסוּךְ
strike *v.* הִכָּה, הִתְקִיף; צִלְצֵל (שעון); נִתְקַל בּ; נִרְאָה כּ; שָׁבַת
strike a bargain עָשָׂה עֵסֶק
strike a match הִדְלִיק גַּפְרוּר
strike back הֶחֱזִיר מַכָּה
כְּנֶגֶד מַכָּה
strike home קָלַע לַמַּטָּרָה
strike the flag *v.* נִכְנַע, הוֹרִיד אֶת הַדֶּגֶל
strike *n.* שְׁבִיתָה; גִּילּוּי; הַתְקָפָה
strike pay *n.* דְּמֵי שְׁבִיתָה
strikebreaker *n.* מֵפֵר שְׁבִיתָה
striker *n.* שׁוֹבֵת; מַכֶּה
striking *adj.* מַרְשִׁים
striking power *n.* כּוֹחַ מַחַץ
string *n.* חוּט, מֵיתָר; מַחְרוֹזֶת; סִיב
string *v.* קָשַׁר; קָבַע מֵיתָר; הִידֵּק בְּחוּט
string bean *n.* שְׁעוּעִית מְטַפֶּסֶת
string quartet *n.* רְבִיעִיַּת כְּלֵי־מֵיתָר
stringed instruments *n.pl.* כְּלֵי־מֵיתָר
stringent *adj.* חָמוּר, קַפְּדָנִי; חָנוּק
strip *v.* הִפְשִׁיט, פָּשַׁט; חָשַׂף; הִתְפַּשֵּׁט
strip *n.* רְצוּעָה, סֶרֶט
stripe *n.* פַּס; סִימַן דַּרְגָּה
striptease *n.* הוֹפָעַת חַשְׂפָנוּת

strive *v.* חָתַר, נֶאֱבַק, הִשְׁתַּדֵּל
stroke *n.* מַכָּה; פְּעִימָה; שָׁבָץ; לְטִיפָה
stroke *v.* לִיטֵף; חָתַר
stroll *v.* הָלַךְ בְּנַחַת, הִתְהַלֵּךְ
stroll *n.* טִיּוּל בְּנַחַת
strong *adj.* חָזָק, עַז; יַצִּיב; חָרִיף
strong box *n.* כַּסֶּפֶת
strong drink *n.* מַשְׁקֶה חָרִיף
strong language *n.* חֲרָפוֹת וְגִידּוּפִים
strong measures *n.* אֶמְצָעִים נִמְרָצִים
strong minded *adj.* תַּקִּיף בְּדַעְתּוֹ
strong willed *adj.* עַקְשָׁנִי
stronghold *n.* מִבְצָר
strontium *n.* סְטְרוֹנְצְיוּם (יסוד מתכתי)
strophe *n.* סְטְרוֹפָה (בית בשיר)
structure *n.* מִבְנֶה
struggle *v.* נֶאֱבַק; הִתְלַבֵּט
struggle *n.* מַאֲבָק; הִתְלַבְּטוּת
strum *v.* נִיגֵּן (ללא טעם)
strumpet *n.* זוֹנָה
strut *v.* צָעַד בְּשַׁחְצָנוּת
strut *n.* תְּמוֹכָה
strychnin(e) *n.* סְטְרִיכְנִין (רעל חריף)
stub *n.* שְׁאֵרִית; גֶּדֶם
stubble *n.* שֶׁלֶף, שְׂעַר פָּנִים
stubborn *adj.* קְשֵׁה־עוֹרֶף, עַקְשָׁנִי
stucco *n.* טִיחַ מוּתָּז
stuck-up *adj.* מִתְנַשֵּׂא, יָהִיר
stud *n.* מַסְמֵר, זִיז; חַוַּת סוּסִים
stud-horse *n.* סוּס־רְבִיעָה
stud *v.* שִׁיבֵּץ; זָרַע
studbook *n.* סֵפֶר יִיחוּס (של סוסים)
student *n.* סְטוּדֶנְט; חוֹקֵר
studied *adj.* מְכוּוָּן, מְחוּשָּׁב
studio *n.* אוּלְפָּן; חֲדַר־עֲבוֹדָה
studious *adj.* חָרוּץ, שַׁקְדָן
study *n.* לִימּוּד, חֵקֶר; חֲדַר־עֲבוֹדָה
study *v.* לָמַד, חָקַר, עִיֵּן בּ
stuff *n.* חוֹמֶר; בַּד; דְּבָרִים
stuff *v.* דָּחַס, גָּדַשׁ; מִילֵּא, פִּיטֵּם
stuffing *n.* מִילּוּי, מְלִית
stuffy *adj.* מַחֲנִיק; מְעוּפָּשׁ; רִשְׁמִי מְנוּפָּח; רוֹגְזָנִי
stultify *v.* הֵתֵל, עָשָׂה לִמְגוּחָךְ, שָׂם לְאַל
stumble *v.* מָעַד, נִכְשַׁל
stumbling-block *n.* אֶבֶן־נֶגֶף; מִכְשׁוֹל
stump *n.* גֶּדֶם; זָנָב, בָּדָל
stump *v.* הָלַךְ בִּכְבֵדוּת; עָרַךְ מַסַּע נְאוּמִים
stump speaker *n.* נוֹאֵם רְחוֹב
stun *v.* הֵמַם, זִעְזַע
stunning *adj.* יָפֶה לְהַפְלִיא, נֶהְדָּר, מַקְסִים
stunt *v.* עָצַר גִּידּוּל
stunt *n.* מַעֲשֵׂה רַאֲוָה; לַהֲטוּט פִּרְסוּמֶת
stunt flying *n.* טִיסַת לַהֲטוּטִים
stupefy *v.* הִדְהִים, טִמְטֵם, הִקְהָה
stupendous *adj.* עָצוּם, כַּבִּיר
stupid *adj.* אֱווִילִי, טִיפְּשִׁי; טִיפֵּשׁ
stupor *n.* הֶלֶם, טִמְטוּם־חוּשִׁים
sturdy *adj.* חָסוֹן; נִמְרָץ, בָּרִיא
sturgeon *n.* דַּג יָם (גדול)
stutter *v., n.* גִּמְגֵּם; גִּמְגּוּם
sty *n.* דִּיר חֲזִירִים
style *n.* סִגְנוֹן; אוֹפְנָה; חֶרֶט
style *v.* כִּינָּה; עִיצֵּב, סִגְנֵן
stylish *adj.* מְהוּדָּר, לְפִי הָאוֹפְנָה
stylus *n.* חֶרֶט; מַחַט (של יהלום)

stymie *v.* (בגולף) 'אֵין מוֹצָא'
styptic *n., adj.* עוֹצֵר דָם
suave *adj.* נְעִים־הֲלִיכוֹת, מְנוּמָּס
subaltern *adj., n.* קְצִין זוּטָר
subconscious *adj., n.* תַּת־מוּדָע
subconsciousness *n.* תַּת־מוּדָע
subcontract *v., n.* חוֹזֶה מִשְׁנֶה
subcutaneous *adj.* תַּת עוֹרִי
subdivide *v.* חִילֵּק (הִתְחַלֵּק) חֲלוּקַּת־מִשְׁנֶה
subdue *v.* דִיכֵּא; רִיכֵּךְ; עִמְעֵם
subheading *n.* כּוֹתֶרֶת־מִשְׁנֶה
subject *n.* נוֹשֵׂא; נָתִין; מִקְצוֹעַ
subject matter *n.* תּוֹכֶן (ספר וכד')
subject *adj.* כָּפוּף; מוּתְנֶה
subject *v.* הִכְנִיעַ; חָשַׂף ל
subjection *n.* דִיכּוּי; חִישּׂוּף
subjective *adj.* סוּבְּיֶיקְטִיבִי; שֶׁל הַנּוֹשֵׂא
subjugate *v.* שִׁעְבֵּד, הִכְנִיעַ
subjunctive *adj., n.* דֶרֶךְ הָאִיווּי
sublet *v.* הִשְׂכִּיר שְׂכִירוּת־מִשְׁנֶה
sublimate *v.* (בכימייה) זִיכֵּךְ; (בפסיכ') הֶאֱצִיל, עִידֵּן
sublime *adj.* נִשְׂגָּב, עִילָּאִי
submachine-gun *n.* תַּת־מַקְלֵעַ
submarine *adj., n.* תַּת־מֵימִי; צוֹלֶלֶת
submerge *v.* שִׁיקַּע, טִיבֵּעַ; צָלַל
submission *n.* כְּנִיעָה; הַכְנָעָה; הַגָּשָׁה
submissive *adj.* צַיְיתָן
submit *v.* נִכְנַע; הִגִּישׁ; טָעַן
subordinate *adj., n.* נָחוּת; כָּפוּף, מִשְׁנִי
subordinate *v.* שִׁעְבֵּד, הִכְפִּיף
suborn *v.* שִׁידֵּל לִדְבַר עֲבֵירָה (לשקר)
subpoena, subpena *n.* הַזְמָנָה לְבֵית־מִשְׁפָּט
sub rosa *adv.* בַּחֲשַׁאי
subscribe *v.* חָתַם; תָּמַךְ; תָּרַם; הָיָה מָנוּי
subscriber *n.* מָנוּי; חָתוּם
subsequent *adj.* עוֹקֵב, רָצוּף
subservient *adj.* מִתְרַפֵּס
subside *v.* שָׁקַע, שָׁכַךְ
subsidiary *n., adj.* חֶבְרַת בַּת; שֶׁל עֵזֶר
subsidize *v.* סִבְּסֵד, תָּמַךְ
subsidy *n.* סוּבְּסִידְיָה, מַעֲנָק תְּמִיכָה
subsist *v.* הִתְקַיֵּם, חַי
subsistence *n.* קִיּוּם, מִחְיָה
subsonic *adj.* תַּתְקוֹלִי (שמתחת למהירות הקול)
substance *n.* חוֹמֶר; עִיקָּר; מַמָּשׁוּת
substandard *adj.* תַּת־תִּקְנִי
substantial *adj.* יְסוֹדִי; מַמָּשִׁי; נִיכָּר
substantiate *v.* בִּיסֵּס
substantive *adj.* עַצְמִי, מַמָּשִׁי; תּוֹכָן
substantive *n.* שֵׁם־עֶצֶם
substation *n.* תַּחֲנַת־מִשְׁנֶה
substitute *n.* מַחֲלִיף; תַּחֲלִיף; מְמַלֵּא מָקוֹם
substitute *v.* שָׂם בִּמְקוֹם, הֶחֱלִיף
substitution *n.* הַחְלָפָה, מִילּוּי מָקוֹם
substratum *n.* שִׁכְבָה נְמוּכָה, תַּשְׁתִּית, יְסוֹד
subsume *v.* כָּלַל (דוגמה) בְּתוֹךְ סוּג
subterfuge *n.* תַּחְבּוּלָה, תֵּירוּץ (להתחמקות)
subterranean *adj.* תַּת־קַרְקָעִי; מַחְתַּרְתִּי

subtitle *n.* כּוֹתֶרֶת מִשְׁנֶה; כְּתוּבִית (בסרט, בטלוויזיה)
subtle *adj.* דַּק בְּיוֹתֵר, מְחוּכָּם, בַּעַל חוּשׁ הַבְחָנָה
subtlety *n.* דַּקּוּת, הַבְחָנָה דַּקָּה, שְׁנִינוּת
subtract *v.* חִיסֵּר
subtropical *adj.* סוּבְּטְרוֹפִּי (לגבי אוויר, צמחייה, חי), שֶׁל (או סמוך ל) אֵזוֹר קַו הַמַּשְׁוֶוה
suburb *n.* פַּרְבָּר, פַּרְוָור
subvention *n.* סַעַד כַּסְפִּי, מַעֲנָק
subversive *adj.* חַתְרָנִי
subvert *v.* עִרְעֵר; גָּרַם לְהַפָּלָה
subway *n.* רַכֶּבֶת תַּחְתִּית; מַעֲבָר תַּת־קַרְקָעִי
succeed *v.* בָּא בִּמְקוֹם; הִצְלִיחַ
success *n.* הַצְלָחָה
successful *adj.* מַצְלִיחַ, מוּצְלָח
succession *n.* רְצִיפוּת; סִדְרָה; יְרוּשָּׁה
succession duty *n.* מַס יְרוּשָּׁה
successive *adj.* רָצוּף, בָּא אַחֲרֵי
succinct *adj.* קָצָר וּבָרוּר, תַּמְצִיתִי
succor *n., v.* עֶזְרָה, תְּמִיכָה; עָזַר
succulent *adj.* עֲסִיסִי וְטָעִים
succumb *v.* נִכְנַע; נִפְתָּה; מֵת
such *adj., pron.* כָּזֶה; שֶׁכָּזֶה
suck *v.* מָצַץ, יָנַק
suck *n.* מְצִיצָה, יְנִיקָה
sucker *n.* יוֹנֵק; (המונית) פֶּתִי; סוּכָּרִיָּה
suckle *v.* הֵינִיקָה
suckling *n.* תִּינוֹק, עוֹלָל
suckling pig *n.* חֲזִירוֹן
suction *n.* יְנִיקָה; שְׁאִיבָה
sudden *adj., n.* פִּתְאוֹמִי; פִּתְאוֹמִיּוּת

suds *n.pl.* קֶצֶף סַבּוֹן
sue *v.* תָּבַע לְדִין; הִתְחַנֵּן
suède *n.* עוֹר מְמוֹרָט, זַ'מְס
suet *n.* חֵלֶב (של כליות בהמות)
suffer *v.* סָבַל; הִרְשָׁה
sufferable *adj.* נִסְבָּל, נִיתָּן לְסָבְלוֹ
sufferance *n.* חֶסֶד, רְשׁוּת
suffering *n.* סֵבֶל
suffice *v.* הָיָה דַּי, הִסְפִּיק
sufficient *adj.* מַסְפִּיק, דַּיּוֹ
suffix *n., v.* סוֹפִית, סִיוֹמֶת; (הוֹסִיף) סִיוֹמֶת
suffocate *v.* חָנַק; נֶחֱנַק
suffrage *n.* זְכוּת הַצְבָּעָה; הַסְכָּמָה
suffuse *v.* (לגבי נוזל) הִתְפַּשֵּׁט לְאַט, כִּיסָּה
sugar *n., v.* סוּכָּר; הִמְתִּיק
sugar-beet *n.* סֶלֶק־סוּכָּר
sugar-bowl *n.* מִסְכֶּרֶת
sugar-cane *n.* קְנֵה־סוּכָּר
sugar the pill הִמְתִּיק אֶת הַגְּלוּלָה
suggest *v.* הֶעֱלָה עַל הַדַּעַת; הִצִּיעַ, רָמַז
suggestion *n.* הַצָּעָה, רֶמֶז
suggestive *adj.* מְרַמֵּז
suicide *n.* הִתְאַבְּדוּת
suit *n.* חֲלִיפָה; תְּבִיעָה
suit *v.* הִתְאִים, הָלַם
suitable *adj.* מַתְאִים, הוֹלֵם
suitcase *n.* מִזְוָודָה
suite *n.* פָּמַלְיָה; מָדוֹר (במלון); מַעֲרָכָה (של כלים וכד'); סְוִויטָה (יצירה מוסיקלית)
suiting *n.* אָרִיג לַחֲלִיפוֹת
suitor *n.* תּוֹבֵעַ לְמִשְׁפָּט; מְחַזֵּר

sulfa drugs *n.pl.* תְּרוּפוֹת סוּלְפָה (אנטיביוטיות)
sulfate, sulphate *n., adj.* גּוֹפְרָה
sulfur, sulphur *n.* גּוֹפְרִית
sulfuric *adj.* גּוֹפְרָתִי
sulfurous *adj.* גּוֹפְרִיתִי
sulk *v., n.* שָׁתַק וְזָעַם; שְׁתִיקַת רוֹגֶז
sulky *adj.* מְרוּגָז וְשׁוֹתֵק
sullen *adj.* קוֹדֵר וְעוֹיֵן
sully *v.* הִכְתִּים (שם טוב)
sultan *n.* סוּלְטָן (שליט מוסלימי)
sultry *adj.* חַם וּמַחֲנִיק, לוֹהֵט
sum *n.* סְכוּם; סַך־הַכּוֹל
sum *v.* סִיכֵּם
summarize *v.* תִּמְצֵת, סִיכֵּם
summary *adj.* מַקִּיף; מָהִיר, מְזוֹרָז
summary *n.* תַּקְצִיר, סִיכּוּם
summer *n.* קַיִץ
summer-house *n.* בֵּיתַן קַיִץ
summer resort *n.* מְקוֹם קַיִט
summer-school *n.* סֶמִינַר קַיִץ, קוּרְסֵי קַיִץ
summer-time *n.,v.* שְׁעוֹן קַיִץ
summit *n.* פִּסְגָּה
summit conference *n.* וְעִידַת פִּסְגָּה
summon *v.* צִיוָּה לְהוֹפִיעַ
summons *n.* הַזְמָנָה (להופיע בבית־משפט)
summons *v.* שָׁלַח הַזְמָנָה (כנ״ל)
sumptuous *adj.* מְפוֹאָר, בַּזְבְּזָנִי
sun *n.* שֶׁמֶשׁ, חַמָּה
sun-bath *n.* אַמְבַּט־שֶׁמֶשׁ
sun-bathe *v.* הִשְׁתַּזֵּף בַּשֶּׁמֶשׁ
sun-beam *n.* קֶרֶן שֶׁמֶשׁ
sun-blind *n.* וִילוֹן נֶגֶד הַשֶּׁמֶשׁ
sun-dried *adj.* מְיוּבָּשׁ בַּשֶּׁמֶשׁ
sun-helmet *n.* כּוֹבַע שֶׁמֶשׁ
sun-lamp *n.* מְנוֹרָה כְּחוּלָּה (לשיזוף או לריפוי)
sun-parlour *n.* חֲדַר שֶׁמֶשׁ (בעל כותלי זכוכית)
sun-rays *n.* קַרְנַיִים עַל סְגוּלִיּוֹת (לריפוי)
sun-spot *n.* כֶּתֶם בַּשֶּׁמֶשׁ
sun-tan *n.* שִׁיזּוּף
sunbonnet *n.* כּוֹבַע שֶׁמֶשׁ
sunburn *n.* שִׁיזּוּף; הִשְׁתַּזְּפוּת
sunburn *v.* שִׁיזֵּף; הִשְׁתַּזֵּף
sundae *n.* גְּלִידַת פֵּירוֹת (עם אגוזים)
Sunday *n.* יוֹם א׳, יוֹם רִאשׁוֹן
sunder *v.* הִפְרִיד, נִיתֵּק
sundial *n.* שְׁעוֹן שֶׁמֶשׁ
sundown *n.* שְׁקִיעַת הַשֶּׁמֶשׁ
sundries *n.pl.* דְּבָרִים שׁוֹנִים, שׁוֹנוֹת
sundry *adj.* שׁוֹנִים
sunflower *n.* חַמָּנִית
sunglasses *n.pl.* מִשְׁקְפֵי־שֶׁמֶשׁ
sunken *adj.* שָׁקוּעַ, נָפוּל
sunlight *n.* אוֹר הַשֶּׁמֶשׁ
sunlit *adj.* מוּצָף שֶׁמֶשׁ
sunny *adj.* מוּצָף שֶׁמֶשׁ; עַלִּיז
sunrise *n.* זְרִיחַת הַשֶּׁמֶשׁ
sunset *n.* שְׁקִיעַת־הַחַמָּה
sunshade *n.* סוֹכֵך, שִׁמְשִׁיָּה
sunshine *n.* אוֹר שֶׁמֶשׁ
sunstroke *n.* מַכַּת שֶׁמֶשׁ
sup *v.* אָכַל אֲרוּחַת־עֶרֶב
superabundance *n.* שֶׁפַע רַב בְּיוֹתֵר
superannuated *adj.* שֶׁהוּעֲבַר לְקִצְבָּה; שֶׁהוּצָא מִשִּׁימּוּשׁ כִּמְיוּשָּׁן
superb *adj.* עִילָּאִי

supercargo *n.* מְמוּנֶּה עַל הַמִּטְעָן
supercharge *v.* הִגְדִּישׁ (את כוח המנוע)
supercilious *adj.* מִתְנַשֵּׂא, בָּז (לסובביו)
superficial *adj.* שִׁטְחִי
superfluous *adj.* מְיוּתָּר
superimpose *v.* הוֹסִיף עַל גַּבֵּי
superintendent *n.* מְפַקֵּחַ, מַשְׁגִּיחַ; (במשטרה) רַב־פַּקָּד
superior *adj.* גָּבוֹהַּ יוֹתֵר; טוֹב יוֹתֵר; יָהִיר
superior *n.* מְשׁוּבָּח, גָּדוֹל יוֹתֵר
superiority *n.* עֶלְיוֹנוּת, עֲדִיפוּת
superlative *adj.* עִילָּאִי; (בדקדוק) בְּדַרְגַּת הַהַפְלָגָה (הֲכִי)
superlative *n.* הַפְרָזָה, הַפְלָגָה
superman *n.* אָדָם עֶלְיוֹן
supermarket *n.* מַרְכּוֹל, שׁוּפֶּרְסַל, כּוּלְבּוֹ
supernatural *adj.* עַל־טִבְעִי
supersede *v.* בָּא בִּמְקוֹם
supersonic *adj.* עַל קוֹלִי (במהירות גדולה ממהירות הקול)
superstitious *adj.* מַאֲמִין בָּאֱמוּנוֹת טְפֵלוֹת
superstructure *n.* מִבְנֶה עַל, מִבְנֶה עֶלְיוֹן
supervene *v.* קָרָה בְּמַפְתִּיעַ
supervise *v.* פִּיקֵּחַ, הִשְׁגִּיחַ
supervisor *n.* מְפַקֵּחַ, מַשְׁגִּיחַ
supine *adj.* שׁוֹכֵב פַּרַקְדָּן; עַצְלָנִי
supper *n.* אֲרוּחַת־עֶרֶב
supplant *v.* תָּפַס מְקוֹם, בָּא בִּמְקוֹם
supple *adj.* כָּפִיף, גָּמִישׁ (גם רוחנית)
supplement *n.* תּוֹסֶפֶת; (בעיתון) מוּסָף
supplement *v.* הִשְׁלִים, הוֹסִיף
suppliant, *n., adj.* **supplicant** (שֶׁל) מִתְחַנֵּן
supplication *n.* תְּחִינָּה, בַּקָּשָׁה
supply *v.* סִיפֵּק, צִיֵּיד
supply *n.* הַסְפָּקָה; מְלַאי; הֶיצֵּעַ
supply and demand *n.* הֶיצֵּעַ וּבִיקּוּשׁ
support *v.* תָּמַךְ, סָמַךְ, פִּרְנֵס
support *n.* סִיּוּעַ, תְּמִיכָה; תּוֹמֵךְ; סְמוֹכָה
supporter *n.* תּוֹמֵךְ
suppose *v.* הִנִּיחַ, שִׁיעֵר, סָבַר
supposed *adj.* אָמוּר, חַיָּיב; כִּבְיָכוֹל, מְדוּמֶּה
supposition *n.* הַנָּחָה, סְבָרָה, הַשְׁעָרָה
suppository *n.* פְּתִילָה, נֵר (בפי הטבעת)
suppress *v.* דִּיכֵּא, שָׂם קֵץ; הִסְתִּיר
suppression *n.* כִּיבּוּשׁ (רגשות), דִּיכּוּי; הַעְלָמָה
suppurate *v.* נָזַל מוּגְלָה, הִתְמַגֵּל
supreme *adj.* עֶלְיוֹן; עִילָּאִי
surcharge *v.* דָּרַשׁ תַּשְׁלוּם נוֹסָף
surcharge *n.* מִטְעָן נוֹסָף; תַּשְׁלוּם נוֹסָף
sure *adj., adv.* בָּטוּחַ, וַדָּאִי; בְּוַדַּאי
surety *n.* עָרֵב; עֲרוּבָּה
surf *n.* דָּכִי, גַּלִּים מִשְׁתַּבְּרִים
surface *v.* לִיטֵּשׁ, צִיפָּה; (צוללת) עָלָה (עַל פְּנֵי הַמַּיִם)
surface *n., adj.* שֶׁטַח, מִשְׁטָח; שִׁטְחִי
surface-mail *n.* דּוֹאַר רָגִיל (לא באוויר)
surface-vessel *n.* כְּלִי שַׁיִט עַל מֵימִי (לא צוללת)
surfboard *n.* גַּלְשָׁן
surfeit *n.* הַפְרָזָה, זְלִילָה, פִּיטּוּם

surfeit *v.* הָאֱכִיל בְּהַפְרָזָה; פִּיטֵּם
surge *n.* תְּנוּעָה גַּלִּית, גַּל
surge *v.* נָע כְּגַל, הִתְנוֹדֵד
surgeon *n.* רוֹפֵא מְנַתֵּחַ, כִּירוּרג
surgery *n.* כִּירוּרְגְיָה
surgical *adj.* כִּירוּרְגִי, נִיתּוּחִי
surly *adj.* זָעֵף, גַּס
surmise *n.* הַשְׁעָרָה, סְבָרָה
surmise *v.* שִׁיעֵר
surmount *v.* הִתְגַּבֵּר עַל
surmountable *adj.* שֶׁנִּיתָּן לְהִתְגַּבֵּר עָלָיו
surname *n.* שֵׁם־מִשְׁפָּחָה
surpass *v.* עָלָה עַל (בטיבו, בכוחו)
surplice *n.* גְּלִימָה (טקסית)
surplus *n., adj.* עוֹדֶף; עוֹדֵף
surprise *v.* הִפְתִּיעַ
surprise *n.* הַפְתָּעָה; תְּמִיהָה
surprising *n.* מַפְתִּיעַ, פִּתְאוֹמִי
surrealism *n.* סוּרֵיאָלִיזְם, עַל מְצִיאוּתִיּוּת (זרם בספרות ובאמנות השואף לבטא בסמלים את העולם התת מודעי)
surrender *v.* הִסְגִּיר; נִכְנַע, וִיתֵּר
surrender *n.* כְּנִיעָה, וִיתּוּר
surreptitious *adj.* חֲשָׁאִי, בִּגְנֵיבָה
surrogate *n.* מְמַלֵּא מָקוֹם (של בישוף)
surround *v.* הִקִּיף; כִּיתֵּר
surrounding *n., adj.* סְבִיבָה; שֶׁמִּסָּבִיב
surtax *n.* מַס נוֹסָף
surveillance *n.* פִּיקּוּחַ
survey *v.* סָקַר, מָדַד, מִיפָּה
survey *n.* סֶקֶר, סְקִירָה; מִיפּוּי
surveyor *n.* מוֹדֵד, שַׁמַּאי

survival *n.* הִישָּׂרְדוּת
survive *v.* נִשְׂרַד, שָׂרַד, נִשְׁאַר בַּחַיִּים
survivor *n.* שָׂרִיד, נִיצּוֹל
susceptible *adj.* נוֹחַ לְהַשְׁפָּעָה, רָגִישׁ
suspect *v.* חָשַׁד
suspect *adj., n.* חָשׁוּד
suspend *v.* תָּלָה; דָּחָה; בִּיטֵּל זְמַנִּית; הִשְׁעָה
suspenders *n.pl.* כְּתֵפוֹת (למכנסיים); בִּירִיּוֹת (לגרביים)
suspense *n.* מֶתַח, מְתִיחוּת; אִי־וַדָּאוּת
suspension bridge *n.* גֶּשֶׁר תָּלוּי
suspicion *n.* חֲשָׁד; קוּרְטוֹב
suspicious *adj.* חוֹשֵׁד, מְעוֹרֵר חֲשָׁד
sustain *v.* נָשָׂא, קִיֵּם; תָּמַךְ; אִימֵּת
sustenance *n.* אוֹכֶל (מזון), שְׁתִיָּיה (מזינה)
suture *n., v.* תְּפִירָה (של פצע); חוּט; תָּפַר
suzerain *n.* שַׁלִּיט (פיאודלי); שׁוֹלֵט (על מדינה אוטונומית)
svelte *adj.* תְּמִירָה וְנָאָה
swab *n.* מַטְלִית; סְפוֹג (בחבישה)
swaddling clothes *n.pl.* חִיתּוּלִים
swagger *v.* מְהַלֵּךְ מִתְרַבְרֵב
swagger *n.* הִילּוּךְ מִתְרַבְרֵב
swain *n.* כַּפְרִי צָעִיר; מְאַהֵב
swallow *n.* סְנוּנִית; בְּלִיעָה, לְגִימָה
swallow *v.* בָּלַע
swamp *n.* בִּיצָּה
swamp *v.* הֵצִיף
swan *n.* בַּרְבּוּר
swan-dive *n.* צְלִילָה בְּיָדַיִים פְּרוּשׂוֹת
swan-song *n.* שִׁירַת הַבַּרְבּוּר (יצירה או הופעה אחרונה)

swank *n.* הִתְפָּאֲרוּת; רַבְרְבָן

swank *v.* הִתְפָּאֵר

swap *v.* הֶחֱלִיף; הִתְחַלֵּף

swap *n.* הַחְלָפָה, חִילוּפִים

swarm *n.* נְחִיל (של דבורים), לַהֲקָה; הָמוֹן

swarm *v.* נָהֲרוּ; שָׁרְצוּ

swarthy *adj.* שְׁחַרְחַר, כֵּיהֵה עוֹר

swashbuckler *n.* רַבְרְבָן; מַטִּיל אֵימִים

swastika *n.* צְלַב־קֶרֶס

swat *v.* הִכָּה מַכָּה זְרִיזָה, הִצְלִיף

sway *v.* הִתְנַדְנֵד; הִיסֵס; נִדְנֵד; הִטָּה; הִשְׁפִּיעַ עַל

sway *n.* נִעְנוּעַ; שְׁלִיטָה

swear *v.* נִשְׁבַּע; גִּידֵּף; הִשְׁבִּיעַ

sweat *v.* הִזִּיעַ

sweat *n.* זֵיעָה

sweater *n.* אֲפוּדָּה, מֵיזָע

sweaty *adj.* מַזִּיעַ; גּוֹרֵם הַזָּעָה

sweep *v.* נָע בִּתְנוּפָה; סָחַף בְּכוֹחַ; טִאטֵא

sweep *n.* טִאטוּא; סְחִיפָה; טְוָוח; תְּנוּפָה; מְנַקֵּה אֲרוּבּוֹת

sweeper *n.* (אדם) מְטַאטֵא

sweeping *adj., n.* מַקִּיף, כּוֹלְלָנִי; טִאטוּא

sweepstake(s) *n.* הִימּוּר מְאוּרְגָּן (על סוסים)

sweet *adj.* מָתוֹק; עָרֵב

sweet-pea *n.* אֲפוּנָה רֵיחָנִית

sweet-potato *n.* בָּטָטָה

sweet-scented *adj.* רֵיחָנִי

sweet-temper *n.* מֶזֶג נוֹחַ

sweet-toothed *adj.* אוֹהֵב מַמְתַּקִּים

sweet-water *n.* מַיִם מְתוּקִים, מֵי שְׁתִיָּה

sweet *n.* מַמְתָּק, סוּכָּרִיָּה

sweetbread *n.* לַבְלָב (עגל, טלה)

sweeten *v.* הִמְתִּיק; מִיתֵּן

sweetheart *n.* אָהוּב, אֲהוּבָה

sweetmeat *n.* סוּכָּרִיָּה, מַמְתָּק

swell *v.* הִתְגָּאָה, הִתְנַפֵּחַ; נִיפַּח, הִגְבִּיר

swell *n.* תְּפִיחוּת; (דיבורית) אָדָם חָשׁוּב

swell *adj.* נָאֶה, מְהוּדָּר (דיבורית)

swelter *v.* נָמַק; 'נִצְלָה' (מחום)

swerve *v.* סָטָה פִּתְאוֹם; הִפְנָה, הֵסִיט (פתאום)

swerve *n.* סְטִיָּה (פתאומית)

swift *adj., adv.* מָהִיר; מַהֵר

swig *v.* (המונית) לָגַם (מהבקבוק)

swig *n.* לְגִימָה גְדוֹלָה (כנ"ל)

swill *v.* שָׁטַף (במים); שָׁתָה בְּגַסּוּת

swill *n.* שְׁטִיפָה; שְׁפוֹכֶת (לחזירים)

swim *v.* שָׂחָה; הָיָה שָׁטוּף

swim *n.* שְׂחִיָּה; פְּעִילוּת הָעוֹנָה (בחיי החברה)

swim-suit *n.* בֶּגֶד־יָם

swimming-pool *n.* בְּרֵיכַת שְׂחִיָּה

swindle *v.* הוֹנָה, רִימָּה

swindle *n.* הוֹנָאָה, רַמָּאוּת

swine *n.* חֲזִיר, 'נְבֵלָה'

swing *v.* הִתְנַעְנֵעַ, הִתְנַדְנֵד; נִעְנַע נִדְנֵד; רָקַד סְוִוינְג; (המונית) נִתְלָה

swing *n.* נִעְנוּעַ; תְּנוּפָה, 'סְוִוינְג'

swing door *n.* דֶּלֶת נָעָה (לצדדים)

swinish *adj.* חֲזִירִי, מַגְעִיל

swipe *n.* חֲבָטָה פִּרְאִית; נִיסָּיוֹן לַחְבּוֹט

swipe *v.* חָבַט, הִכָּה; (המונית) גָּנַב, 'סָחַב'

swirl *v.* הִתְעַרְבֵּל; עִרְבֵּל

swish *v.* נָע בְּרַעַשׁ שׁוֹרֵק

swish *n.* שְׁרִיקַת הַצְלָפָה

switch *n.* מֶתֶג; שַׁרְבִיט; הַחְלָפָה; הַעְתָּקָה (רכבת)
switch *v.* מִיתֵּג; הֶחֱלִיף
switch-off *v.* כִּיבָּה, הִפְסִיק (זרם חשמל)
switch-on *v.* הִדְלִיק, פָּתַח (זרם חשמל)
switchback *n.* מַעֲלֶה מְסִילַּת עֲקַלָּתוֹן
switchboard *n.* (בטלפון) רַכֶּזֶת
switching engine *n.* קַטַּר עִיתּוּק
switchman *n.* עַתָּק (רכבות)
switchyard *n.* מִגְרַשׁ עִיתּוּק (לרכבות)
swivel *n.* סְבִיבוֹל
swivel *v.* הִסְתּוֹבֵב (אוֹ סוֹבֵב) עַל סְבִיבוֹל
swivel chair *n.* כִּיסֵּא מִסְתּוֹבֵב
swoon *v.* הִתְעַלֵּף; הִתְעַלְּפוּת
swoop *v.* עָט, הִתְנַפֵּל
swoop *n.* עִיטָה; חֲטִיפָה
sword *n.* חֶרֶב, סַיִף
swordfish *n.* דַּג־הַחֶרֶב
sword rattling *n.* נִפְנוּף חֲרָבוֹת
swordsman *n.* סַיָּיף
sybarite *n.* רוֹדֵף תַּעֲנוּגוֹת, נֶהֱנְתָן
sycamore *n.* שִׁקְמָה (העץ)
sycophant *adj.* חַנְפָן, מִתְחַנֵּף
syllabary *n.* רְשִׁימַת צוּרוֹת־הֲבָרוֹת (בכתב הברות)
syllable *n.* הֲבָרָה
syllabus *n.* תּוֹכְנִית לִימּוּדִים
syllogism *n.* סִילוֹגִיזְם (תורת ההיקש)
sylph *n.* נַעֲרָה תְּמִירָה
sylvan *adj.* שֶׁל יְעָרוֹת, שֶׁבְּתוֹךְ יַעַר
symbol *n.* סֵמֶל; סִימָן (במתימטיקה)
symbolic(al) *adj.* סִמְלִי
symbolize *v.* סִימֵּל
symmetric(al) *adj.* סִימֶטְרִי

sympathetic *adj.* אוֹהֵד, מַבִּיעַ אַהֲדָה; מִשְׁתַּתֵּף בְּצַעַר
sympathize *v.* אָהַד; הִשְׁתַּתֵּף בְּצַעַר
sympathy *n.* אַהֲדָה; הִשְׁתַּתְּפוּת בְּצַעַר
symphonic *adj.* סִימְפוֹנִי
symphony *n.* סִימְפוֹנְיָה
symposium *n.* סִימְפּוֹזְיוֹן, רַב־שִׂיחַ
symptom *n.* סִימְפְּטוֹם, סִימָן הֶיכֵּר (למחלה), תַּסְמִין
synagogue *n.* בֵּית־כְּנֶסֶת
synchronize *v.* תָּאַם בַּזְּמַן; סִנְכְּרֵן
synchronous *adj.* סִנְכְּרוֹנִי, בּוֹ זְמַנִּי
syncopation *n.* הַעֲבָרַת טוֹן הַקֶּצֶב, סִינְקוֹפָּה
syncope *n.* (בדקדוק) הַשְׁמָטָה (של אות או הגה בתוך מִלה); (ברפואה) אִיבּוּד הַהַכָּרָה
syndicate *n.* סִינְדִיקָט; הִתְאַגְּדוּת
syndicate *v.* אִיגֵּד; הֵפִיץ דֶּרֶךְ אִיגּוּד
syndrome *n.* תִּסְמוֹנֶת
synod *n.* מוֹעֶצֶת הַכְּנֵסִיָּה, סִינוֹד
synonym *n.* שֵׁם נִרְדָּף, מִלָּה נִרְדֶּפֶת
synonymous *adj.* סִינוֹנִימִי, נִרְדָּף ל
synopsis *n.* תַּמְצִית, תַּקְצִיר (של ספר וכד')
syntax *n.* תַּחְבִּיר
synthesis *n.* סִינְתֶּזָה, סִנְתּוּז
synthetic(al) *adj.* סִינְתֶּטִי; מְלָאכוּתִי
syphilis *n.* עַגֶּבֶת (מחלת מין)
syphon *n.* א. גִּשְׁתָּה; ב. סִיפוֹן (כינוי לבקבוק סגור של מי סודה היוצאים בלַחץ הגאז שבתוכו)
syringe *n.* מַזְרֵק
syringe *v.* הִזְרִיק

syrup, sirup *n.* סִירוּפּ, שִׁירוּב

system *n.* שִׁיטָה; מַעֲרָכֶת

systematic *adj.* שִׁיטָתִי; שֶׁל מִיּוּן

systematize *v.* הִנְהִיג שִׁיטָה; הָפַךְ לְשִׁיטָה

systole *n.* הִתְכַּוְּצוּת הַלֵּב

T

tab *n.* תָּג; תָּוִית
tabby *n.* מֶשִׁי גַּלִּי; חָתוּל מְנוּמָּר; בְּתוּלָה זְקֵנָה
tabernacle *n.* סוּכָּה; הַמִּשְׁכָּן (במדבר)
table *n.* שׁוּלְחָן; לוּחַ; טַבְלָה
table d'hote *n.* אֲרוּחָה אֲחִידָה
table linen *n.* מַפּוֹת וּמַפִּיּוֹת לַשּׁוּלְחָן
table manners *n.pl.* נִימוּסֵי אֲכִילָה
table tennis *n.* טֶנִיס שׁוּלְחָן, פִּינְג פּוֹנְג
table *v.* עָרַךְ טַבְלָאוֹת; דָּחָה (דיון); הִנִּיחַ עַל הַשּׁוּלְחָן
tableau *n.* תְּמוּנָה חַיָּה (כהצגה אילמת)
tablecloth *n.* מַפַּת שׁוּלְחָן
tableland *n.* רָמָה
Tables of the Covenant *n.pl.* לוּחוֹת הַבְּרִית
tablespoon *n.* כַּף לְמָרָק
tablespoonful *n.* מְלוֹא הַכַּף
tablet *n.* לוּחַ; לוּחִית; טַבְלִית (תרופה), גְלוּלָה
tableware *n.* כְּלֵי־שׁוּלְחָן
tabloid *n.* עִיתּוֹן זוֹל
taboo, tabu *n., adj.* טַאבּוּ, אִיסּוּר; בְּחֶזְקַת אִיסּוּר
taboo, tabu *v.* אָסַר
tabulate *v.* עָרַךְ בְּטַבְלָאוֹת; לִיוּוּחַ; רִידֵּד
tacit *adj.* מוּבָן מֵאֵלָיו, מִשְׁתַּמֵּעַ
taciturn *adj.* שַׁתְקָנִי, מְמַעֵט בְּדִיבּוּר
tack *n.* נַעַץ; שִׁינּוּי כִּיווּן
tack *v.* הִידֵּק; אִיחָה; שִׁינָּה כִּיווּן
tackle *n.* חִיבֵּל (של אונייה); צִיּוּד; בְּלִימָה (בכדורגל)
tackle *v.* הִתְמוֹדֵד (עם בעיה); שָׁקַד לִגְבּוֹר; (בכדורגל) בָּלַם
tacky *adj.* דָּבִיק
tact *n.* טַקְט, טַעַם טוֹב, נִימוּס
tactful *adj.* טַקְטִי
tactical *adj.* מִבְצָעִי, טַכְסִיסִי; טַקְטִי
tactician *n.* טַקְטִיקָן, טַכְסִיסָן
tactics *n.pl.* טַקְטִיקָה
tactile *adj.* מִישׁוּשִׁי, שֶׁל חוּשׁ הַמִּישׁוּשׁ
tactless *adj.* חֲסַר טַקְט
tadpole *n.* רֹאשָׁן
taffeta *n.* טַפֶטָה (אריג מבריק ונוקשה)
taffy *n.* מַמְתָּק (קשה ודביק)
tag *n.* קְצֵה שְׂרוֹךְ; תָּו, תָּוִית, תָּג
tag *v.* הִצְמִיד תָּג אֶל
tail *n.* זָנָב; כָּנָף (של בגד); מַעֲקָב
tail *v.* (דיבורית) עָקַב אַחֲרֵי; הִזְדַּנֵּב
tail-end *n.* קָצֶה, סִיּוּם
tail-light *n.* פַּנָּס אֲחוֹרִי
tailor *n.* חַיָּט
tailor-made *adj.* עָשׂוּי בִּידֵי חַיָּט, עָשׂוּי לְפִי מִידָּה
tailor *v.* תָּפַר לְפִי מִידָּה
tailoring *n.* חַיָּטוּת
tailpiece *n.* תּוֹסֶפֶת קָצֶה; עִיטּוּר
tailspin *n.* סִחְרוּר (של מטוס)
taint *v.* קִלְקֵל; טִימֵּא, זִיהֵם; הִתְקַלְקֵל
taint *n.* אֲבַק דּוֹפִי, כֶּתֶם
take *v.* **(took)** לָקַח, אָחַז; הִסְכִּים; חָשַׁב, הִסִּיק
take a bath *v.* הִתְרַחֵץ בְּאַמְבָּט

take after *v.* הָיָה דוֹמֶה ל

take aim *v.* כִּיוּוֵן לַמַּטָּרָה

take a look *v.* הִסְתַּכֵּל

take a walk *v.* יָצָא לְטַיֵּל

take back *v.* חָזַר בּוֹ

take care *v.* נִזְהַר

take cover *v.* תָּפַס מַחְסֶה

take for granted רָאָה כְּמוּבָן מֵאֵלָיו

take hold of *v.* אָחַז, תָּפַס

take into account *v.* הֵבִיא בְּחֶשְׁבּוֹן

take over *v.* נָטַל אַחְרָיוּת

take up arms *v.* אָחַז בְּנֶשֶׁק

take *n.* לְקִיחָה; פִּדְיוֹן (בחנות וכד')

take-off *n.* הַמְרָאָה; חִיקּוּי

talc, talcum powder *n.* אַבְקַת טַלְק

tale *n.* סִיפּוּר, מַעֲשִׂיָּה

talebearer *n.* הוֹלֵךְ רָכִיל

talent *n.* כִּשְׁרוֹן

talented *adj.* מְחוֹנָן, מוּכְשָׁר

talisman *n.* קָמֵיעַ

talk *v.* דִּיבֵּר, שׂוֹחַח

talk *n.* דִּיבּוּר, שִׂיחָה

talkative *adj.* מַרְבֶּה לְדַבֵּר, דַּבְּרָנִי

talker *n.* דַּבְּרָן

talkie *n.* סֶרֶט קוֹלְנוֹעַ

tall *adj.* גָּבוֹהַּ; (המונית) לֹא סָבִיר, מוּגְזָם

tallow *n.* חֵלֶב (לנרות)

tally *n.* מַקֵּל מְחוֹרָץ; חֶשְׁבּוֹן; תָּווִית זִיהוּי

tally *v.* חִישֵּׁב; הִתְאִים ל

tally-ho *interj.* הִנֵּה! (קריאת ציידי שועלים)

tally sheet *n.* תְּעוּדַת סִיכּוּם

Talmudic *adj.* תַּלְמוּדִי, מִשְׁנָתִי

Talmudist *n.* חוֹקֵר תַּלְמוּד, תַּלְמוּדַאי

talon *n.* טוֹפֶר (של עוף דורס); לְשׁוֹן הַמַּנְעוּל

tambourine *n.* טַנְבּוּרִית, תּוֹף מִרְיָם

tame *adj.* מְאוּלָּף, מְבוּיָּת; נִכְנָע

tame *v.* אִילֵּף, בִּייֵּת; רִיסֵּן

tamer *n.* מְאַלֵּף

tamp *v.* הִידֵּק בְּמַכּוֹת קַלּוֹת; סָתַם חוֹר

tampon *n.* סֶתֶם, טַמְפּוֹן

tan *n.* צֶבַע חוּם־צְהַבְהַב; שִׁיזּוּף

tan *adj.* שֶׁל עִיבּוּד עוֹרוֹת; שֶׁל שִׁיזּוּף

tan *v.* שִׁיזֵּף; הִשְׁתַּזֵּף

tandem *n., adv.* אוֹפַנַּיִים לִשְׁנַיִים

tang *n.* רֵיחַ (או טַעַם) חָרִיף; צִלְצוּל

tangent *adj., n.* מַשִּׂיקִי; מַשִּׂיק

tangerine *n.* מַנְדָּרִינָה

tangible *adj.* מָשִׁישׁ, מוּחָשׁ

tangle *v.* סִיבֵּךְ; הִתְבַּלְבֵּל

tangle *n.* סְבַךְ, פְּקַעַת

tango *n.* טַנְגּוֹ (מנגינה וריקוד סלוני)

tank *n.* מְכָל, טַנְק

tanker *n.* מְכָלִית

tanner *n.* בּוּרְסִי, מְעַבֵּד עוֹרוֹת

tannery *n.* בֵּית־חֲרוֹשֶׁת לְעוֹרוֹת, בּוּרְסְקִי

tantalize *v.* עִינָּה (בהפחת תקוות שווא), טִנְטֵל

tantamount *adj.* כְּמוֹהוּ כ

tantrum *n.* הִתְפָּרְצוּת, הִשְׁתּוֹלְלוּת חֵימָה

tap *v.* טָפַח, הִקִּישׁ קַלּוֹת

tap *n.* דְּפִיקָה, הַקָּשָׁה; בֶּרֶז

tap dance *n.* רִיקּוּד טֶפּ

tape *n.* סֶרֶט

tape-measure *n.* סֶרֶט מִידָּה

tape *v.* מָדַד בְּסֶרֶט; הִקְלִיט עַל סֶרֶט
taper *n.* נֵר דַּק; הִתְחַדְּדוּת הַדְרָגָתִית
taper *v.* הִקְטִין בְּהַדְרָגָה; הָלַךְ וָדַק
taperecorder *n.* רְשַׁמְקוֹל
tapestry *n.* טַפֵּיט
tapeworm *n.* תּוֹלַעַת־הַסֶּרֶט, שַׁרְשׁוּר
taproom *n.* מִסְבָּאָה, בָּאר
taproot *n.* שׁוֹרֶשׁ עִיקָּרִי
tar *n.* זֶפֶת; (המונית) מַלָּח
tar *v.* זִיפֵּת
tardy *adj.* אִטִּי; מְאַחֵר
target *n.* מַטָּרָה, יַעַד
target date *n.* תַּאֲרִיךְ הַיַּעַד (להשלמת מִבצע או להתחלתו)
target population *n.* קְהַל הַיַּעַד (לסַפר מסוים, למחקר, למועדון וכד')
tariff *n.* מְחִירוֹן, תַּעֲרִיף, רְשִׁימַת מִסֵּי מֶכֶס
tarmac *n.* חוֹמֶר רִיצּוּף, מַסְלוּל הַמְרָאָה
tarnish *v.* הִכְהָה; לִכְלֵךְ; כָּהָה
tarpaulin *n.* אַבַּרְזִין, בְּרֶזֶנְט
tarragon *n.* טַרְגוֹן (צמח לתיבול)
tarry *v.* הִתְמַהְמַהּ
tarry *adj.* מָשׁוּחַ בְּזֶפֶת, מָלֵא זֶפֶת
tart *adj.* חָרִיף; חָמוּץ; שָׁנוּן
tart *n.* טוֹרְט, עוּגַת־פֵּירוֹת; (דיבורית) זוֹנָה
tartar *n.* אַבְנִית שִׁינַּיִם, אַבְנִית יַיִן (שהחמיץ)
task *n.* מְשִׂימָה, תַּפְקִיד
taskmaster *n.* נוֹגֵשׂ; מְנַהֵל־עֲבוֹדָה
tassel *n.* גְּדִיל, פִּיף
taste *v.* טָעַם; הָיָה לוֹ טַעַם שֶׁל
taste *n.* טַעַם; קוּרְטוֹב
tasteful *adj.* עָשׂוּי בְּטַעַם
tasteless *adj.* חֲסַר טַעַם, תָּפֵל
tasty *adj.* טָעִים, עָרֵב
tat *v.* קִישְּׁטָה בְּתַחֲרִים
tata *interj.* טָטָה! (בּרכת שלום לילד קטן)
tatter *n.* קֶרַע; סְחָבָה, בְּלוֹאִים
tattered *adj.* קָרוּעַ וּבָלוּי
tattle *v.* דִּיבֵּר רְכִילוּת; פִּטְפֵּט
tattletale *n.* רַכְלָן; רְכִילוּת
tattoo *v.* קִעְקֵעַ, תָּפַף בְּאֶצְבָּעוֹת
tattoo *n.* כְּתוֹבֶת־קַעֲקַע; (בּצבא) תְּרוּעַת כִּיבּוּי אורות
tatty *adj.* מְרוּפָּט וּמוּזְנָח
taunt *n.* לַעַג, הִתְגָּרוּת
taunt *v.* הִתְגָּרָה בְּלִגְלוּג
taut *adj.* מָתוּחַ
tautology *n.* טָאוּטוֹלוֹגְיָה (חזרה במלים אחרות על אותו דבר)
tavern *n.* פּוּנְדָּק
tawdry *adj.* נוֹצֵץ אֲבָל זוֹל
tawny *n., adj.* צָהוֹב־חוּם
tax *v.* הִטִּיל מַס; הֶאֱשִׁים
tax *n.* מַס
taxable *adj.* חַיַּיב מַס, בַּר־מִיסּוּי
taxation *n.* מִיסּוּי, הַטָּלַת מַס
tax-collector *n.* גּוֹבֵה מִסִּים
tax cut *n.* קִיצּוּץ בְּמִסִּים
tax evader *n.* מִשְׁתַּמֵּט מִמִּסִּים
tax-exempt, tax-free *adj.* פָּטוּר מִמַּס
taxi *n.* מוֹנִית
taxi *v.* הִסִּיעַ (מטוס, על הקרקע)
taxicab *n.* מוֹנִית
taxidermist *n.* עוֹשֶׂה פּוּחְלָצִים
taxi-driver *n.* נַהַג מוֹנִית
taxi-plane *n.* מְטוֹס מוֹנִית
taxonomy *n.* סִיוּוּג, מִיּוּן (חי או צומח)

taxpayer *n.* מְשַׁלֵּם מִסִּים
tea *n.* תֵּה
teach *v.* הוֹרָה, הִנְחִיל, לִימֵּד
teacher *n.* מוֹרֶה
teacher's pet *n.* חֲבִיב הַמּוֹרֶה
teaching *n.* הוֹרָאָה, לִימוּד
teaching aids *n.pl.* עֶזְרֵי הוֹרָאָה
teaching staff *n.* סֶגֶל הַמּוֹרִים
teak *n.* (עץ) טִיק
team *n.* צֶוֶות; קְבוּצָה (ספורט); צֶמֶד (סוסים וכד׳)
team *v.* צִימֵּד; הִתְחַבֵּר
teammate *n.* חָבֵר לִקְבוּצָה
teamster *n.* עֶגְלוֹן; נַהַג מַשָּׂאִית
teamwork *n.* עֲבוֹדַת צֶוֶות
teapot *n.* תֵּיוֹן
tear *v.* קָרַע; נִקְרַע; רָץ מַהֵר
tear *n.* קְרִיעָה, קֶרַע
tear *n.* דִּמְעָה
tear bomb *n.* פְּצָצַת גַּז מַדְמִיעַ
tearful *adj.* מַזִּיל דְּמָעוֹת, בּוֹכֶה
tearjerker *n.* (המונית) סוֹחֵט דְּמָעוֹת
tease *v.* הִקְנִיט, קִנְטֵר
teaspoon *n.* כַּפִּית
teaspoonful *n.* מְלוֹא הַכַּפִּית
teat *n.* דַּד, פִּטְמָה
technical *adj.* טֶכְנִי
technicality *n.* פְּרָט טֶכְנִי; טֶכְנִיּוּת
technician *n.* טֶכְנַאי
technics *n.pl.* טֶכְנִיקָה
technique *n.* טֶכְנִיקָה; תְּבוּנַת כַּפַּיִים
technocracy *n.* טֶכְנוֹקְרַטְיָה (שלטון המומחים בטכנולוגיה)
technograt *n.* טֶכְנוֹקְרָט (דוגל בטכנוקרטיה)
technology *n.* טֶכְנוֹלוֹגְיָה

teddy bear *n.* דּוּבּוֹן
tedious *adj.* אָרוֹךְ וּמְשַׁעֲמֵם
tedium *n.* חַדְגוֹנִיּוּת מְשַׁעֲמֶמֶת
tee *n.* (בגולף) תְּלוּלִית
teem *v.* שָׁפַע; שָׁרַץ
teeming *adj.* שׁוֹרֵץ
teen-age *adj.* בְּגִיל הָעֶשְׂרֵה
teenager *n.* בֵּן (או בת) ׳טִיפֵּשׁ־עֶשְׂרֵה׳
teens *n.pl.* שְׁנוֹת הָעֶשְׂרֵה
teeny *adj.* קָטוֹן
teeter *v.* הִתְנַדְנֵד, הִתְנוֹעֵעַ
teethe *v.* צָמְחוּ (אצלו) שִׁינַּיִים
teething *n.* צְמִיחַת שִׁינַּיִים
teetotaler *n.* מִתְנַזֵּר (ממשקאות חריפים)
telecast *v.* שִׁידֵּר בְּטֶלֶוִויזְיָה
telegram *n.* מִבְרָק
telegraph *n.* מִבְרָקָה
telegraph *v.* טִלְגְרֵף, שִׁיגֵּר מִבְרָק
telekinesis *n.* טֶלֶקִינֶזִיס (הזזת עצמים דוממים בלא נגיעה בהם אלא בכוח אנושי סמוי)
telemeter *n.* מַד־רוֹחַק, טֶלֶמֶטֶר
teleology *n.* טֶלֶאוֹלוֹגְיָה, תּוֹרַת הַתַּכְלִית (אסכולה הרואה בכל התרחשות תכליתיות מכוונת ומודרכת מראש)
telepathy *n.* טֶלֶפַּתְיָה, טִלְפּוּת (תקשורת בין בני אדם רחוקים זה מזה בדרכי השפעה רגשית, ללא הסתייעות בחושים)
telephone *n.* טֶלֶפוֹן
telephone *v.* טִלְפֵּן
telephone booth *n.* תָּא טֶלֶפוֹן
telephone call *n.* קְרִיאָה טֶלֶפוֹנִית
telephone operator *n.* טֶלֶפוֹנַאי(ת)

telephone receiver *n.* מַכְשִׁיר טֶלֶפוֹן
telephoto *adj.* לְצִילּוּם מֵרָחוֹק (בּאמצעות עדשה מיוחדת)
teleprinter *n.* טֶלֶפְּרִינְטֶר, טַלְפָּר
telescope *n.* טֶלֶסְקוֹפּ
teletype *n.* טֶלֶפְּרִינְטֶר
teletype *v.* טִלְפֵּר
televise *v.* שִׁידֵּר בְּטֶלֶוִויזְיָה, טִלְוֵז; עִיבֵּד לְטֶלֶוִויזְיָה
television *n.* טֶלֶוִויזְיָה
television set *n.* מַקְלֵט טֶלֶוִויזְיָה
tell *v.* **(told)** סִיפֵּר, אָמַר; הִבְחִין
teller *n.* מְסַפֵּר; קוּפַּאי(ת) (בּבנק)
telly *n.* (קיצור) טֶלֶוִויזְיָה
temerity *n.* הֶעָזָה פְּזִיזָה, פְּזִיזוּת
temper *v.* מִיזֵּג, מִיתֵּן, רִיכֵּךְ
temper *n.* מֶזֶג, מַצַּב־רוּחַ; כַּעַס; דַּרְגַּת הַקַּשְׁיוּת אוֹ הַגְּמִישׁוּת
temperament *n.* מֶזֶג; טֶמְפֶּרָמֶנְט
temperamental *adj.* הֲפַכְפַּךְ; נִסְעָר
temperance *n.* הִתְאַפְּקוּת, הִינָּזְרוּת גְּמוּרָה
temperate *adj.* מָתוּן; מְמוּזָּג
temperature *n.* טֶמְפֶּרָטוּרָה, מִידַּת הַחוֹם
tempest *n.* סְעָרָה, סוּפָה
tempestuous *adj.* סוֹעֵר
temple *n.* בֵּית־הַמִּקְדָּשׁ; בֵּית־כְּנֶסֶת; רַקָּה
tempo *n.* טֶמְפּוֹ, מִפְעָם, קֶצֶב
temporal *adj.* זְמַנִּי, חוֹלֵף; חִילּוֹנִי
temporary *adj.* עֲרָאִי, אַרְעִי, זְמַנִּי
temporize *v.* הִתְחַמֵּק מִפְּעוּלָּה מִיָּדִית
tempt *v.* נִיסָּה, פִּיתָּה
temptation *n.* גֵּרוּי הַיֵּצֶר; פִּיתּוּי
tempter *n.* מֵסִית, מְפַתֶּה
tempting *adj.* מְפַתֶּה
ten *adj., n.* עֶשֶׂר, עֲשָׂרָה; עֲשִׂירִיָּה
Ten Commandments *n.pl.* עֲשֶׂרֶת הַדִּיבְּרוֹת
tenable *adj.* עָמִיד, אוֹחֵז בְּחוֹזְקָה
tenacious *adj.* שֶׁאֶפְשָׁר לְהָגֵן עָלָיו
tenacity *n.* אֲחִיזָה עַקְשָׁנִית; סֵירוּב לְהֵרָפוֹת
tenant *n.* אָרִיס, דַּיָּיר, שׂוֹכֵר
tend *v.* טִיפֵּל בּ; עִיבֵּד; נָטָה
tendency *n.* מְגַמָּה, נְטִיָּיה
tendentious *adj.* מְגַמָּתִי
tender *adj.* רַךְ, עָדִין; רָגִישׁ
tender *v.* הִצִּיעַ, הִגִּישׁ
tender *n.* הַצָּעָה (בּמכרז); הַצָּעַת תַּשְׁלוּם; מַשָּׂאִית קַלָּה, טֶנְדֶּר
tenderhearted *adj.* רַחְמָנִי
tenderloin *n.* בְּשַׂר אֲחוֹרַיִים
tenderness *n.* נוֹעַם, רוֹךְ
tendon *n.* גִּיד
tendril *n.* קְנוֹקֶנֶת (של מטפס)
tenebrous *adj.* אָפֵל
tenement *n.* בַּיִת מְשׁוּתָּף (בּרובע עוני)
tenet *n.* עִיקָּרוֹן, עִיקָּר (דתי)
tennis *n.* טֶנִּיס
tenor *n.* כִּיוּוּן כְּלָלִי, מְגַמָּה; טֶנוֹר
tense *n.* זְמַן הַפּוֹעַל (בּדקדוק)
tense *adj.* דָּרוּךְ, מָתוּחַ
tensile *adj.* מָתִיחַ, שֶׁנִּיתָּן לְמָתְחוֹ
tension *n.* מֶתַח, מְתִיחוּת
tent *n.* אוֹהֶל
tentacle *n.* (בּבע"ח) מַשּׁוֹשׁ
tentative *adj.* נִיסְיוֹנִי; אַרְעִי
tenterhooks *n.pl.* צִיפִּיָּיה מְתוּחָה; 'עַל סִיכּוֹת'

tenth *adj., n.* עֲשִׂירִי; עֲשִׂירִית
tenuous *adj.* דַק, רָפֶה, קָלוּש
tenure *n.* חֲזָקָה; קְבִיעוּת (במשרה)
tepee *n.* אוֹהֶל אִינְדְיָאנִי (דמוי חרוט)
tepid *adj.* פּוֹשֵר
terebinth *n.* אֵלָה (עץ)
term *n.* מוּנָח; בִּיטוּי; עוֹנַת לִימוּדִים, סֶמֶסְטֶר, טְרִימֶסְטֶר; (ברבים) תְּנָאִים
term *v.* כִּינָּה, קָרָא בְּשֵם
terminal *n.* תַּחֲנָה סוֹפִית, מָסוֹף
terminal *adj.* אַחֲרוֹן, סוֹפִי
terminate *v.* סִייֵם; הִסְתַּייֵם
termination *n.* גְמָר, סִיוּם, סוֹף
terminus *n.* סוֹף, קָצֶה; תַּחֲנָה סוֹפִית
termite *n.* טֶרְמִיט (חרק דמוי נמלה לבנה)
terra *n.* הָאָרֶץ, הָאֲדָמָה
terra cotta *n.* שֶל חֶרֶס
terra firma *n.* אֲדָמָה קָשָה, יַבָּשָה
terra incognita אֶרֶץ לֹא יְדוּעָה, (בהשאלה) נוֹשֵׂא לֹא מוּכָּר
terrace *n.* מַדְרֵגָה (בהר), טֵרַסָה; גַג שָטוּחַ
terrain *n.* פְּנֵי הַשֶּטַח
terrestrial *adj.* אַרְצִי, יַבַּשְתִּי
terrible *adj.* אָיוֹם, נוֹרָא
terrier *n.* שַפְלָן (כלב ציד נמוך)
terrific *adj.* מַפִּיל אֵימָה, עָצוּם, נֶהְדָר
terrify *v.* הִבְהִיל, הִבְעִית
territory *n.* חֶבֶל אֶרֶץ; תְּחוּם
terror *n.* אֵימָה, טֵרוֹר
terrorize *v.* הִפְחִיד בְּשִיטוֹת טֵרוֹר
terrycloth *n.* אֲרִיג מַגֶּבֶת
terse *adj.* קָצָר וְלָעִנְיָין; תַּמְצִיתִי (סגנון)

tertiary *adj.* שְלִישִי, שְלִישוֹנִי
test *n.* מִבְחָן, נִיסָּיוֹן
test *v.* בָּחַן, בָּדַק
test pilot *n.* טַיָּיס לְנִיסּוּי מְטוֹסִים
test-tube *n.* מַבְחֵנָה
testament *n.* צַוָּואָה; בְּרִית
testate *n., adj.* (מִי) שֶהִשְאִיר צַוָּואָה
testicle *n.* אֶשֶך
testify *v.* הֵעִיד
testimonial *n.* תְּעוּדַת אוֹפִי; תְּעוּדַת הוֹקָרָה
testimony *n.* עֵדוּת
testy *adj.* קְצַר רוּחַ, רַגְזָנִי
tetanus *n.* צַפֶּדֶת (מחלת עצבים מידבקת)
tête-à-tête *adj., n.* טֵנְדוּ, זֶה מוּל זֶה, בְּאַרְבַּע עֵינַיִים
tether *n.* אַפְסָר; תְּחוּם
tether *v.* אִפְסֵר, קָשַר בְּאַפְסָר
tetralogy *n.* טֶטְרָלוֹגְיָה (סדרה של ארבע יצירות)
text *n.* טֶקְסְט, נוּסָח; תַּמְלִיל (של שיר)
textbook *n.* סֵפֶר לִימוּד
textile *adj., n.* טֶקְסְטִיל, שֶל אֲרִיגָה
texture *n.* מִבְנֵה הַחֲלָקִים, מִרְקָם
than *conj.* מִן, מִ, מֵ, מֵאֲשֶר
thank *v.* הוֹדָה
thankful *adj.* אֲסִיר־תּוֹדָה
thankless *adj.* כְּפוּי טוֹבָה
thanks *n.pl.* תּוֹדָה
thanksgiving *n.* הוֹדָיָה, תְּפִילַּת הוֹדָיָה
Thanksgiving Day *n.* יוֹם הַהוֹדָיָה (חג לאומי באה"ב)
that *pron., adj.* אוֹתוֹ, אוֹתָהּ; הַהוּא, הַהִיא; כָּזֶה
that *conj.* שֶ, כְּדֵי שֶ; עַד שֶ; מִפְּנֵי שֶ

that *adv.* עַד כְּדֵי כָּךְ שֶׁ

thatch *n.* סְכַךְ קַשׁ; שַׂעָר עָבֶה

thatch *v.* סִיכֵּךְ, כִּיסָּה בִּסְכָךְ

thaw *n.* הַפְשָׁרָה, 'שְׁבִירַת קֶרַח'

thaw *v.* הִפְשִׁיר

the *def. article, adj.* הַ (הָ, הֶ),

the *adv.* בְּמִידָּה שֶׁ, בָּהּ בְּמִידָּה

theater, theatre *n.* תֵּיאַטְרוֹן

theatrical *adj.* תֵּיאַטְרוֹנִי; תֵּיאַטְרָלִי

thee *pron.* לְךָ, לָךְ; אוֹתְךָ, אוֹתָךְ

theft *n.* גְּנֵיבָה

their *pron., adj.* שֶׁלָּהֶם, שֶׁלָּהֶן

theirs *pron.* שֶׁלָּהֶם, שֶׁלָּהֶן

theism *n.* תֵּיאִיזְם (אמונה
באל יחיד)

theist *n.* תֵּיאִיסְט (מאמין כנ"ל)

them *pron.* אוֹתָם, אוֹתָן; לָהֶם, לָהֶן

theme *n.* נוֹשֵׂא; רַעְיוֹן עִיקָּרִי

theme song *n.* שִׁיר חוֹזֵר

themselves *pron.* בְּעַצְמָם, בְּעַצְמָן,
אֶת עַצְמָם, אֶת עַצְמָן

then *adv., conj., adj., n.* אָז; אַחַר,
אַחַר כָּךְ; אִם־כֵּן, לְפִיכָךְ

thence *adv.* מִשָּׁם; לְפִיכָךְ

thenceforth *adv.* מֵאָז וְאֵילָךְ

thenceforward *adv.* מֵאוֹתוֹ זְמַן
וָהָלְאָה, מֵאָז וְאֵילָךְ

theocracy *n.* תֵּיאוֹקְרַטְיָה (שלטון
הדת במדינה)

theology *n.* תֵּיאוֹלוֹגְיָה, תּוֹרַת־הָאֱמוּנָה

theophany *n.* הִתְגַּלּוּת הָאֵל

theorem *n.* תֵּיאוֹרֶמָה, הַנָּחָה

theory *n.* הֲלָכָה, תֵּיאוֹרְיָה, הַצַּד הָעִיּוּנִי

theosophy *n.* תֵּיאוֹסוֹפְיָה (פילוסופיה
המתיימרת להכרת האל ע"י
תפיסה רוחנית עילאית)

therapeutic(al) *adj.* רִיפּוּיִי,
שֶׁל רִיפּוּי

therapy *n.* רִיפּוּי, תֵּרַפְּיָה

there *adv.* שָׁם, לְשָׁם; הִנֵּה

thereabout(s) *adv.* בְּסָמוּךְ ל; בְּעֵרֶךְ

thereafter *adv.* אַחַר כָּךְ

thereby *adv.* בָּזֶה, עַל יְדֵי כָּךְ

therefore *adv., conj.* לָכֵן, מִכָּאן שֶׁ,
מִשּׁוּם כָּךְ

therein *adv.* בְּאוֹתוֹ מָקוֹם; בָּזֶה

thereof *adv.* מִזֶּה, מִמֶּנּוּ

thereupon *adv.* לְפִיכָךְ, עֵקֶב כָּךְ

thermal *adj.* תֶּרְמִי, שֶׁל חוֹם

thermodynamics *n.pl.* תֶּרְמוֹדִינָמִיקָה
(ענף בפיסיקה העוסק במעבר
אנרגיית החום לצורות אחרות
של אנרגיה)

thermometer *n.* מַדְחוֹם

thermonuclear *adj.* תֶּרְמוֹגַרְעִינִי

thermos *n.* תֶּרְמוֹס, שְׁמַרְחוֹם

thermostat *n.* תֶּרְמוֹסְטָט, וַסַּת חוֹם

thesaurus *n.* אוֹצַר מִלִּים
(לפי מושגים ולא לפי א"ב)

these *pron., adj.* אֵלֶּה, אֵלּוּ, הַלָּלוּ

thesis *n.(pl.* **theses)** תֶּזָה,
מֶחְקָר, טַעֲנָה

they *pron.* הֵם, הֵן

thick *adj.* עָבֶה; סָמִיךְ

thick *n.* מַעֲבֶה, עוֹבִי; מֶרְכַּז פְּעִילוּת

thicken *v.* עִיבָּה; הִתְעַבָּה

thicket *n.* סְבַךְ־יַעַר

thickheaded *adj.* כְּבַד תְּפִיסָה,
מְטוּמְטָם

thickset *adj.* מוּצָק, גּוּץ; נָטוּעַ צָפוּף

thief *n.(pl.* **thieves)** גַּנָּב

thieve *v.* גָּנַב

thievery *n.* גְנֵיבָה, גַנָּבוּת
thigh *n.* יָרֵךְ
thighbone *n.* עֶצֶם הַיָּרֵךְ
thimble *n.* אֶצְבָּעוֹן
thin *adj.* דַק, רָזֶה, דָלִיל
thin *v.* דִילֵל; דָלַל; רָזָה
thine *pron., adj.* שֶׁלְךָ, שֶׁלָךְ
thing *n.* דָבָר; חֵפֶץ; עִנְיָין
think *v.* חָשַׁב, הִרְהֵר, סָבַר
thinker *n.* הוֹגֶה, חוֹשֵׁב
third *adj., n.* שְׁלִישִׁי; שְׁלִיש
third degree *n.* (חקירה) אַכְזָרִית
third party *n.* צַד שְׁלִישִׁי (בביטוח וכד')
third-rate *adj.* מִמַּדְרֵגָה שְׁלִישִׁית, יָרוּד, סוּג ג'
thirst *n.* צָמָא, צִימָּאוֹן
thirst *v.* צָמֵא, נִכְסַף, כָּמַהּ
thirsty *adj.* צָמֵא; מַצְמִיא
thirteen *adj., n.* שְׁלוֹשָׁה עָשָׂר, שְׁלוֹשׁ עֶשְׂרֵה
thirteenth *adj., n.* הַשְּׁלוֹשָׁה עָשָׂר, הַשְּׁלוֹשׁ עֶשְׂרֵה; הַחֵלֶק הַשְּׁלוֹשָׁה עָשָׂר
thirtieth *adj., n.* הַשְּׁלוֹשִׁים; הַחֵלֶק הַשְּׁלוֹשִׁים
thirty *adj., n.* שְׁלוֹשִׁים
this *pron., adj.* זֶה, הַזֶּה, זֹאת, הַזֹּאת, זוֹ
thistle *n.* דַרְדַר
thither *adv., adj.* לְשָׁם, שָׁמָּה
thong *n.* רְצוּעַת עוֹר צָרָה
thorax *n.* חָזֶה
thorn *n.* קוֹץ, דַרְדַר
thorny *adj.* דוֹקְרָנִי, קוֹצִי, סָבוּךְ
thorough *adj.* גָמוּר; יְסוֹדִי; מוּחְלָט

thoroughbred *adj., n.* טְהוֹר גֶזַע, גִזְעִי; תַּרְבּוּתִי
thoroughfare *n.* דֶרֶךְ, מַעֲבָר
thoroughgoing *adj.* גָמוּר, מוּחְלָט
thoroughly *adv.* בְּאוֹפֶן יְסוֹדִי
those *adj., pron.* אוֹתָם, אוֹתָן, הָהֵם, הָהֵן
thou *pron.* (קדמאית) אַתָּה, אַתְּ
though *conj.* אִם־כִּי, אַף־עַל־פִּי שֶׁ
thought *n.* מַחְשָׁבָה, דֵעָה
thoughtful *adj.* מְהַרְהֵר, שָׁקוּעַ בְּמַחְשָׁבָה; מִתְחַשֵּׁב
thoughtless *adj.* לֹא דוֹאֵג, לֹא חוֹשֵׁב, פָּזִיז
thousand *adj., n.* אֶלֶף
thousandth *adj.* אַלְפִּית; הָאֶלֶף
thraldom *n.* עַבְדוּת
thrall *n.* עֶבֶד, עַבְדוּת
thrash *v.* דָשׁ; הִלְקָה; הֵבִיס (בתחרות)
thread *n.* חוּט; תַּבְרִיג
thread *v.* הִשְׁחִיל; פִּילֵס דַרְכּוֹ
threadbare *adj.* בָּלוּי, מְרוּפָּט, מָהוּהַ
threat *n.* אִיוּם
threaten *v.* אִייֵם, הִשְׁמִיעַ אִיוּם
three *adj., n.* שְׁלוֹשָׁה, שָׁלוֹשׁ
three-dimensional *adj.* תְּלַת מִמַּדִי
three hundred *adj., n.* שְׁלוֹשׁ מֵאוֹת
three-ply *adj.* תְּלַת־שִׁכְבָתִי
three R's *n.pl.* קְרִיאָה, כְּתִיבָה וְחֶשְׁבּוֹן
threescore *adj., n.* שֶׁל שִׁשִּׁים; שִׁשִּׁים
threnody *n.* קִינָה
thresh *v.* דָשׁ; חָבַט
threshing-machine *n.* מְכוֹנַת־דִישָׁה
threshold *n.* מִפְתָּן, סַף

thrice *adv.* פִּי שְׁלוֹשָׁה; שָׁלוֹשׁ פְּעָמִים
thrift *n.* חַסְכָנוּת, קִימּוּץ
thrifty *adj.* חוֹסֵךְ, חֶסְכוֹנִי
thrill *v.* חָשׁ רֶטֶט, הִתְרַגֵּשׁ
thrill *n.* הִתְרַגְּשׁוּת, רֶטֶט
thriller *n.* סִיפּוּר (אוֹ מַחֲזֶה) מֶתַח
thrilling *adj.* מוֹתֵחַ, מַרְטִיט, מְרַגֵּשׁ
thrive *v.* שִׂגְשֵׂג, הִצְלִיחַ
throat *n.* גָּרוֹן, גַּרְגֶּרֶת
throb *v.,n.* פָּעַם; פְּעִימָה
throes *n.pl.* כְּאֵבִים חַדִּים, צִירֵי לֵידָה, יִיסּוּרֵי גְּסִיסָה
thrombosis *n.* פַּקֶּקֶת, הִתְקָרְשׁוּת הַדָּם
throne *n.* כִּיסֵּא מַלְכוּת
throng *n.* הָמוֹן, עַם רַב
throng *v.* הִתְקַהֵל; מִילֵּא בַּהֲמוֹנִים
throttle *n.* מַשְׁנֵק (בּרכב)
throttle *v.* הֶחֱנִיק, שִׁינֵּק
through *prep., adv., adj.* דֶּרֶךְ; בִּגְלַל; לְאוֹרֶךְ; בְּאֶמְצָעוּת; יָשִׁיר
throughout *prep., adv.* כּוּלּוֹ, מִכָּל הַבְּחִינוֹת, לְגַמְרֵי
throughway *n.* דֶּרֶךְ מְהִירָה
throw *v.* זָרַק, הִשְׁלִיךְ
throw *n.* זְרִיקָה, הַפָּלָה, הֲטָלָה, הַשְׁלָכָה
thrum *n.* דַּלָּה; נְגִינָה חַדְגּוֹנִית
thrush *n.* קִיכְלִי מְזַמֵּר
thrust *v.* בִּיתֵּק; נָעַץ; תָּחַב
thrust *n.* דְּחִיפָה; דַּחַף; תְּחִיבָה
thruway *see* **throughway**
thud *n.* קוֹל חֲבָטָה עָמוּם
thud *v.* הִשְׁמִיעַ קוֹל עָמוּם
thug *n.* בִּרְיוֹן
thumb *n.* אֲגוּדָל, בּוֹהֶן
thumb *v.* דִּפְדֵּף, לִכְלֵךְ, בִּיקֵּשׁ (הַסָּעָה)
thumb-index *n.* מַפְתֵּחַ־בּוֹהֶן (שמתקינים בשוליים החיצוניים של ספר כדי להקל על העיון בו)
thumbprint *n.* טְבִיעַת אֲגוּדָל
thumbtack *n.* (באה"ב) נַעַץ
thump *n.* חֲבָטָה כְּבֵדָה, הַקָּשָׁה
thumping *adj.* (דיבּוּרית) עָצוּם מְאוֹד
thunder *n.* רַעַם, תּוֹכֵחָה קָשָׁה
thunder *v.* רָעַם, רָעַשׁ
thunderbolt *n.* בָּרָק וָרַעַם, מַהֲלוּמַת־בָּרָק
thunderclap *n.* נֶפֶץ־רַעַם, אָסוֹן
thunderous *adj.* רוֹעֵם, מַרְעִים
thunderstorm *n.* סוּפַת רְעָמִים
Thursday *n.* יוֹם חֲמִישִׁי
thus *adv.* כָּךְ, כָּכָה; לְפִיכָךְ, עַל־כֵּן
thwack *v.* הִכָּה
thwack *n.* חֲבָטָה
thwart *v.* סִיכֵּל, שָׂם לְאַל
thy *adj.* (קדמאית) שֶׁלְּךָ, שֶׁלָּךְ
thyme *n.* קוֹרָנִית (צמח ריחני)
thyroid gland *n.* בַּלּוּטַת הַתְּרִיס
thyself *n.* (קדמאית) אֶת עַצְמְךָ, אֶת עַצְמֵךְ
tiara *n.* נֵזֶר; כֶּתֶר
tibia *n.* שׁוֹקָה, עֶצֶם הַשּׁוֹק (העבה)
tic *n.* עֲווִית שְׁרִירֵי הַפָּנִים
tick *n.* טִקְטוּק (קוֹלִי), טִיק; (דיבּוּרית) רֶגַע
tick *v.* סִימֵּן; טִקְטֵק
ticker *n.* (שעון) מְטַקְטֵק; (המונית) לֵב
ticker tape *n.* סֶרֶט טַלֶּפְּרִינְטֶר
ticket *n.* כַּרְטִיס; רְשִׁימַת מוּעֲמָדִים; דּוּחַ תְּנוּעָה

ticket collector *n.* כַּרְטִיסָן
ticket scalper *n.* סַפְסַר כַּרְטִיסִים
ticket window *n.* אֶשְׁנַב כַּרְטִיסִים
ticking *n.* אָרִיג כּוּתְנָה (חזק לכיסוי מצעים וכרים)
tickle *v.* דִגְדֵג; שִׁעְשַׁע
tickle *n.* דִגְדוּג
ticklish *adj.* רָגִישׁ לְדִגְדוּג; עָדִין
tidal wave *n.* נַחְשׁוֹל גֵאוּת
tidbit *n.* חֲתִיכָה מוּבְחֶרֶת, רְכִילוּת שְׁמֵנָה.
tiddly-winks *n.pl.* טִידְלִי וִינְקס (משחק שבו מקפיצים אסימונים לתוך גביע)
tide *n.* גֵאוּת וָשֵׁפֶל; מְגַמָּה
tide *v.* חָתַר בְּעֶזְרַת הַגֵּאוּת
tidewater *n.* מֵי גֵאוּת וָשֵׁפֶל
tidings *n.pl.* בְּשׂוֹרוֹת חֲדָשׁוֹת
tidy *adj.* מְסוּדָּר, נָקִי; הָגוּן
tidy *v.* נִיקָּה, סִידֵּר
tidy *n.* סַל לִפְסוֹלֶת
tie *v.* קָשַׁר, חִיבֵּר
tie *n.* קֶשֶׁר; עֲנִיבָה; דָּבָר כּוֹבֵל
tiepin *n.* סִיכַּת עֲנִיבָה
tier *n.* קוֹשֵׁר; שׁוּרָה
tiger *n.* נָמֵר, טִיגְרִיס
tight *adj., adv.* הָדוּק; צַר; (דיבורית) קַמְצָן; (המונית) שִׁיכּוֹר; בַּחֲוָזְקָה
tighten *v.* אִימֵּץ, הִידֵּק; נֶהֱדַק
tightfisted *adj.* קַמְצָן
tightrope *n.* חֶבֶל מָתוּחַ
tights *n.pl.* בֶּגֶד צָמוּד (לחלק התחתון של הגוף)
tigress *n.* נְמֵרָה
tike, tyke *n.* כֶּלֶב עָלוּב; מְנוּוָּל
tile *n.* מַרְצֶפֶת, רַעַף, אָרִיחַ

tile *v.* רִיצֵּף, כִּיסָּה בִּרְעָפִים
tile roof *n.* גַּג רְעָפִים
till *prep., conj.* עַד שֶׁ
till *v.* חָרַשׁ, עִיבֵּד
till *n.* מְגֵרַת הַכְּסָפִים (בחנות)
tillage *n.* עִיבּוּד, חֲרִישָׁה; אֲדָמָה
tilt *n.* הִסְתַּעֲרוּת בְּרוֹמַח; הַטָּיָה, שִׁיפּוּעַ
tilt *v.* הִטָּה, שִׁיפֵּעַ
timber *n.* קוֹרָה; עֲצֵי בִּנְיָן
timber *v.* כִּיסָּה בְּעֵצִים
timbre *n.* גּוֹן הַצְּלִיל; צְלִיל אוֹפְיָינִי
timbrel *n.* טַנְבּוּרִית, תּוֹף מִרְיָם
time *n.* זְמַן; שָׁהוּת; תְּקוּפָה; קֶצֶב
time *v.* סִינְכְּרֵן, תִּזְמֵן
time bomb *n.* פִּצְצַת זְמַן
time clock *n.* שְׁעוֹן עֲבוֹדָה
time exposure *n.* יֶתֶר זְמַן (בצילום, בחשיפה לאור)
time signal *n.* צְלִיל זְמַן (בטלוויזיה וכד')
time zone *n.* אֵזוֹר זְמַן (בין שניים מ24 קווי אורך של כדור הארץ)
timecard *n.* כַּרְטִיס זְמַן (בעבודה)
timekeeper *n.* רוֹשֵׁם שְׁעוֹת הָעֲבוֹדָה; שׁוֹפֵט הַזְּמַן (במשחק); שָׁעוֹן
timely *adj., adv.* בַּזְּמַן הַנָּכוֹן, בְּעִיתּוֹ
timepiece *n.* מַד זְמַן, שָׁעוֹן
timetable *n.* לוּחַ זְמַנִּים; מַעֲרֶכֶת שָׁעוֹת
timework *n.* שָׂכָר לְפִי הַזְּמַן
timeworn *adj.* בָּלֶה מִיוֹשָׁן
timid *adj.* בַּיְישָׁנִי; חֲסַר עוֹז
timidity, timidness *n.* בַּיְישָׁנוּת; פַּקְפְּקָנוּת
timorous *adj.* פַּחְדָנִי, הַסְסָנִי

tin *n.* בְּדִיל; פַּח, פַּחִית
tin foil *n.* רִיקוּעַ בְּדִיל, 'נְיַיר כֶּסֶף'
tin hat *n.* קוֹבַע פְּלָדָה
tincture *n.* מִשְׁרָה, תְּמִיסָה; שֶׁמֶץ; גָּוֶון
tinder *n.* חוֹמֶר הַצָּתָה, חוֹמֶר דָּלִיק
tine *n.* שֵׁן (של קלשון וכד')
tinge *v.* גִּיוֵון, תִּיבֵּל
tinge *n.* גָּוֶון; שֶׁמֶץ
tingle *v.* חָשׁ דְּקִירָה
tingle *n.* הַרְגָּשַׁת דְּקִירָה
tinker *n.* פֶּחָח נוֹדֵד
tinker *v.* עָשָׂה עֲבוֹדַת סְרָק
tinkle *v.* צִלְצֵל צִלְצוּל דַּק
tinkle *n.* צִלְצוּל דַּק
tinsel *n.* קִישּׁוּט מַבְרִיק זוֹל
tint *n.* גָּוֶון
tint *v.* הוֹסִיף גָּוֶון
tinware *n.* כְּלֵי בְּדִיל, כְּלֵי פַּח
tiny *adj.* זָעִיר, קְטַנְטַן
tip *n.* חוֹד; תֶּשֶׁר; עֵצָה
tip *v.* נָגַע קַלּוֹת; הִטָּה; נָתַן תֶּשֶׁר; גִּילָּה סוֹד
tip-off *n.* אַזְהָרָה, רֶמֶז
tip-top *adj.* מְעוּלֶּה, סוּג א"א
tipple *n.* מַשְׁקֶה חָרִיף, מַשְׁקֶה
tipple *v.* נָהַג לְהַרְבּוֹת לִשְׁתּוֹת
tipstaff *n.* שַׁמַּשׁ בֵּית־דִּין
tipsy *adj.* מְבוּסָּם
tiptoe *n.* רָאשֵׁי אֶצְבָּעוֹת
tirade *n.* נְאוּם הוֹקָעָה נִרְגָּשׁ
tire *v.* הִתְיַיגֵּעַ; עִייֵּף
tire *n.* צְמִיג
tire gauge *n.* מַד־לַחַץ צְמִיגִים
tire pressure *n.* לַחַץ צְמִיגִים
tire pump *n.* מַשְׁאֵב

tired *adj.* עָיֵף
tireless *adj.* שֶׁאֵינוֹ יוֹדֵעַ לֵיאוּת
tiresome *adj.* מַטְרִיד, מַלְאֶה, מְיַיגֵּעַ
tissue *n.* רִקְמָה; מַלְמָלִית, מִמְחָטַת נְיָיר
tit for tat מִידָּה כְּנֶגֶד מִידָּה
titanic *adj.* עֲנָקִי
titanium *n.* טִיטַנְיוּם (יסוד מתכתי)
tithe *n.* מַעֲשֵׂר
tithe *v.* נָתַן מַעֲשֵׂר; גָּבָה מַעֲשֵׂר
titillate *v.* גֵּירָה (באופן מהנה)
title *n.* שֵׁם, כּוֹתֶר, כּוֹתֶרֶת; תּוֹאַר; זְכוּת
title *v.* כִּינָּה, קָרָא בְּשֵׁם
title deed *n.* שְׁטַר־קִנְיָין
title holder *n.* בַּעַל תּוֹאַר; בַּעַל זְכוּת
title page *n.* דַּף הַשַּׁעַר (שֶׁל סֵפֶר)
title role *n.* תַּפְקִיד (במחזה) הַקָּשׁוּר בְּשֵׁם הַמַּחֲזֶה
titter *v.* צָחַק צְחוֹק עָצוּר
titter *n.* צְחוֹק אֱוִילִי עָצוּר
tittle *n.* סִימָן נִיקּוּד קָטָן, תָּג
titular *adj.* בְּשֵׁם בִּלְבַד; מִכּוֹחַ הַתּוֹאַר
T.N.T. *n.* טִי אֶן טִי (חומר נפץ רב עוצמה)
to *prep., adv.* אֶל, ל, בּ; עַד; עַד כְּדֵי; לְפִי
to do *n.* מְהוּמָה, הִתְרַגְּשׁוּת
toad *n.* קַרְפָּדָה; (אדם) גּוֹעַל
toadstool *n.* פִּטְרִיַּית רַעַל
toast *n.* פַּת קְלוּיָה; שְׁתִיַּית לְחַיִּים
toast *v.* קָלָה; חִימֵּם; נִקְלָה; שָׁתָה לְחַיִּים
toaster *n.* מַקְלֶה
toastmaster *n.* מַנְחֶה בִּמְסִיבָּה
tobacco *n.* טַבָּק
toboggan *n.* מִזְחֶלֶת קֶרַח (אוֹ שלג)

toccata *n.* טוֹקָטָה (מיצור מוסיקלי המאופיין במהירות הנגינה)
tocsin *n.* (פַּעֲמוֹן) אַזְעָקָה
today *adv., n.* הַיּוֹם, בְּיָמֵינוּ
toddle *v.* דִּידָה
toddy *n.* מַשְׁקֶה חָרִיף; עֲסִיס תְּמָרִים
toe *n.* אֶצְבַּע (של רגל), בּוֹהֶן
toe *v.* נָגַע בִּבְהוֹנוֹת הָרֶגֶל
toenail *n.* צִיפּוֹרֶן הַבּוֹהֶן
toffee *n.* טוֹפִי, מַמְתָּק לָעִיס
together *adv.* בְּיַחַד, יַחַד
toil *v.* טָרַח, עָמַל קָשׁוֹת
toil *n.* עָמָל, עֲבוֹדָה קָשָׁה
toilet *n.* בֵּית כִּסֵּא, שֵׁירוּתִים
toilet articles *n.pl.* כְּלֵי תִּשְׁפּוֹרֶת
toilet paper *n.* נְיַיר טוֹאָלֶט
toilet powder *n.* אַבְקַת תִּשְׁפּוֹרֶת
toilet soap *n.* סַבּוֹן רַחְצָה
toilet water *n.* מֵי בּוֹשֶׂם
token *n.* אוֹת, סִימָן, סֶמֶל; אֲסִימוֹן
tolerance *n.* סוֹבְלָנוּת; סְבוֹלֶת
tolerate *v.* סָבַל, הִתִּיר, הִשְׁלִים עִם
toll *n.* צִלְצוּל פַּעֲמוֹן; מַס דְּרָכִים
tollbridge *n.* גֶּשֶׁר הַמַּס
tollgate *n.* שַׁעַר מֶכֶס (בכביש אַגרה)
tomahawk *n.* גַּרְזֶן אִינְדִיָּאנִים
tomato *n.* עַגְבָנִיָּה
tomb *n.* קֶבֶר וּמַצֵּבָה
tomboy *n.* נַעֲרָה־בִּרְיוֹן
tombstone *n.* מַצֵּבָה
tomcat *n.* חָתוּל (זכר)
tome *n.* כֶּרֶךְ עָבֶה, סֵפֶר גָּדוֹל
tomfoolery *n.* הִתְנַהֲגוּת (או בדיחה) טִיפְּשִׁית
tommy-gun *n.* תַּת־מַקְלֵעַ
tommy-rot *n.* שְׁטוּיוֹת

tomorrow *adv., n.* מָחָר, מָחֳרָת
tomtom *n.* תּוֹף יָד
ton *n.* טוֹנָה, טוֹן (יחידת מִשקל)
tone *n.* צְלִיל, נְעִימָה; אוֹרַח דִּיבּוּר
tone *v.* כִּיוְונֵן אֶת הַצְּלִיל; שִׁיוָוה גָוֶון
tone-deaf *adj.* חֵירֵשׁ לִצְלִילִים
tongs *n.pl.* מֶלְקָחַיִם, צְבָת
tongue *n.* לָשׁוֹן, שָׂפָה
tongue-tied *adj.* שֶׁאֵינוֹ יָכוֹל לְדַבֵּר, כְּאִילֵּם לֹא יִפְתַּח פִּיו
tongue-twister *n.* מִלָּה (או משפט) קָשָׁה בִּיטּוּי
tonic *adj., n.* טוֹנִי; מְחַזֵּק; סַם חִיזּוּק
tonight *adv., n.* הַלַּיְלָה
tonnage *n.* טוֹנָז', תְּפוּסָה
tons *n.pl.* (דיבּוּרית) הַרְבֵּה
tonsil *n.* שָׁקֵד (בּגרון)
tonsillitis *n.* דַּלֶּקֶת שְׁקֵדַיִים
too *adv.* אַף, גַּם; גַּם כֵּן; יוֹתֵר מִדַּיי
tool *n.* כְּלִי, מַכְשִׁיר
tool *v.* עִיבֵּד; קִישֵּׁט
tool-bag *n.* תִּיק מַכְשִׁירִים
toolmaker *n.* עוֹשֵׂה כֵּלִים
toot *v.* צָפַר, תָּקַע
toot *n.* צְפִירָה
tooth *n.(pl.* **teeth)** שֵׁן; בְּלִיטָה
toothache *n.* כְּאֵב שִׁינַּיִים
toothbrush *n.* מִבְרֶשֶׁת שִׁינַּיִים
toothless *adj.* חֲסַר שִׁינַּיִים
tooth-paste *n.* מִשְׁחַת־שִׁינַּיִים
toothpick *n.* קֵיסָם שִׁינַּיִים
top *n.* פִּסְגָּה, צַמֶּרֶת; מִכְסֶה; סְבִיבוֹן
top *adj.* רָאשִׁי; עֶלְיוֹן, עִילִּי
top *v.* הִתְקִין רֹאשׁ ל, כִּיסָּה; גָּזַם

top-dressing *n.* זִיבּוּל עֶלְיוֹן (על פני האדמה, לא לעומק)
top-flight *adj.* מְצוּיָן, מִמַּדְרֵגָה רִאשׁוֹנָה, א״א
top-gallant *n.* תּוֹרֶן עַל עִילִּי
top-heavy *adj.* כָּבֵד מִלְמַעְלָה, לֹא מְאוּזָּן
top-notch *adj.* מְצוּיָן, סוּג א״א
topaz *n.* טוֹפָּז (אבן טובה בגוון ירקרק)
topcoat *n.* מְעִיל עֶלְיוֹן
toper *n.* שִׁיכּוֹר מוּעָד
topic *n.* נוֹשֵׂא
topmost *adj.* עֶלְיוֹן
topography *n.* טוֹפּוֹגְרַפְיָה
topple *v.* מָט לִיפּוֹל; הִפִּיל
top priority *n.* עֲדִיפוּת עֶלְיוֹנָה
topsoil *n.* שִׁכְבַת הָאֲדָמָה הָעֶלְיוֹנָה
topsyturvy *adv., adj.* בְּעִרְבּוּבְיָה גְּמוּרָה; מְבוּלְבָּל, הָפוּךְ
torch *n.* לַפִּיד; פַּנַס־כִּיס
torch song *n.* שִׁיר־אַהֲבָה רַגְשָׁנִי
torchbearer *n.* נוֹשֵׂא הַלַּפִּיד
toreador *n.* פָּרָשׁ לוֹחֵם פָּרִים
torment *n.* יִיסּוּרִים
torment *v.* יִיסֵּר, עִינָּה, הֵצִיק
tornado *n.* טוֹרְנָדוֹ, סְעָרָה
torpedo *n.* טוֹרְפֶּדוֹ
torpedo *v.* טִרְפֵּד
torpid *adj.* אִיטִי וְאָדִישׁ; רָדוּם
torpor *n.* אִיטִיּוּת אֲדִישָׁה; תַּרְדֵּמָה, קִיהוּת
torrent *n.* זֶרֶם עַז, גֶּשֶׁם שׁוֹטֵף
torrid *adj.* חַם מְאוֹד; צָחִיחַ
torsion *n.* פִּיתּוּל (במכונות)
torso *n.* פֶּסֶל גּוּף (נטול ראש וגפיים)

tort(e) *n.* עוּגַת תּוּפִּין
tortoise *n.* צָב
tortuous *adj.* מְפוּתָּל, עֲקַלְקַל; נָלוֹז
torture *n.* עִינּוּי
torture *v.* עִינָּה
toss *v.* זָרַק; טִלְטֵל; הִטַּלְטֵל
tot *n.* פָּעוֹט; טִיפַּת מַשְׁקֶה
total *adj., n.* גָּמוּר, מוּשְׁלָם; סַךְ־הַכּוֹל
total *v.* סִיכֵּם; הִסְתַּכֵּם בּ
totalitarianism *n.* (אֱמוּנָה בְּ)מִשְׁטָר טוֹטָאלִיטָארִי (של מפלגת השלטון בלבד)
tote *v.* סָחַב, נָשָׂא (נשק)
totem *n.* טוֹטֶם (אליל השבט; עצם או בע״ח שמעריצים כאל שבטים פרימיטיוויים שונים)
totter *v.* חִידַּדָּה; הִתְנוֹדֵד
touch *v.* נָגַע, מִישֵּׁשׁ; נָגַע לַלֵּב
touch *n.* נְגִיעָה, מִישּׁוּשׁ; תִּיקּוּן קַל
touchdown *n.* נְחִיתַת מָטוֹס
touching *adj.* נוֹגֵעַ אֶל הַלֵּב
touchy *adj.* רָגִישׁ מְאוֹד; נוֹחַ לְהֵיעָלֵב
tough *adj., n.* קָשֶׁה, מְחוּסְפָּס
toughen *v.* הִקְשָׁה; הִתְקַשָּׁה
toupee *n.* פֵּאָה נָכְרִית קְטַנָּה
tour *n.* טִיּוּל, סִיבּוּב; תִּיּוּר
tour *v.* טִייֵּל, עָרַךְ סִיבּוּב; סִייֵּר
tour de force *n.* הַפְגָּנַת כּוֹחַ
tourist *n., adj.* תַּיָּיר; שֶׁל תַּיָּירוּת
tournament *n.* תַּחֲרוּת, סִיבּוּב תַּחֲרוּתִי
tourney *n.* סִיבּוּב שֶׁל תַּחֲרוּת פָּרָשִׁים
tourniquet *n.* חוֹסֵם עוֹרְקִים, חַסָּם
tousle *v.* סָתַר (שֵׂעָר), בִּלְבֵּל, הָפַךְ סְדָרִים
tout *v.* הִצִּיעַ לִמְכִירָה (בצורה טורדנית)

tow *n.* גְּרִירָה; חֶבֶל גְּרִירָה
tow *v.* גָּרַר, מָשַׁךְ
toward(s) *prep.* לִקְרַאת, לְעֵבֶר; כְּלַפֵּי
towboat *n.* סִירַת גְּרָר
towel *n., v.* מַגֶּבֶת; נִיגֵּב
tower *n.* מִגְדָּל, מְצוּדָה
tower block *n.* בִּנְיָן רַב קוֹמוֹת
tower *v.* הִתְנַשֵּׂא; גָּבַהּ מֵעַל
towering *adj.* גָּבוֹהַּ מְאוֹד; מִתְרוֹמֵם
towing service *n.* שֵׁירוּת גְּרִירָה
towline *n.* חֶבֶל גְּרִירָה
town *n.* עִיר
town clerk *n.* מַזְכִּיר הָעִירִיָּיה
town council *n.* מוֹעֶצֶת הָעִירִיָּיה
town hall *n.* בִּנְיַין הָעִירִיָּיה
town talk *n.* שִׂיחַת הָעִיר
town truck *n.* מַשָּׂאִית גְּרִירָה
townsfolk *n.* תּוֹשָׁבֵי הָעִיר
township *n.* אֵזוֹר בָּעִיר, עֲיָירָה
townsman *n.* בֶּן־עִיר, תּוֹשַׁב הָעִיר
townspeople *n.pl.* אֶזְרְחֵי הָעִיר
towplane *n.* מָטוֹס גּוֹרֵר
toxic *adj.* מַרְעִיל, אַרְסִי
toxin *n.* טוֹקְסִין, רַעֲלָן
toy *n.* צַעֲצוּעַ
toy *v.* הִשְׁתַּעֲשֵׁעַ
trace *n.* עֲקֵבוֹת, סִימָן; סִרְטוּט
trace *v.* עָקַב אַחֲרֵי; סִרְטֵט, גִּילָּה
trachoma *n.* גַּרְעֶנֶת (מחלת עיניים)
tracheotomy *n.* נִיתּוּחַ לִפְתִיחַת הַקָּנֶה
track *v.* יָצָא בְּעִקְבוֹת
track *n.* עֲקֵבוֹת, סִימָנִים, נָתִיב; מַסְלוּל (מרוץ); (ברבים) מְסִילַּת בַּרְזֶל
tracking *n.* עִיקּוּב
tract *n.* אֵזוֹר, מֶרְחָב; מַעֲרֶכֶת

tractate *n.* מַסֶּכֶת; סֵפֶר מֶחְקָר
tractile *adj.* מָתִיחַ
traction *n.* גְּרִירָה, מְשִׁיכָה
tractor *n.* טְרַקְטוֹר (לגרירת מחרשות, מכונות חקלאיות וכד׳)
trade *n.* אוּמָּנוּת, מְלָאכָה; מִסְחָר; מִקְצוֹעַ
trade *v.* סָחַר; עָשָׂה עֵסֶק חֲלִיפִין
trade name *n.* שֵׁם מִסְחָרִי
trade school *n.* בֵּית סֵפֶר מִקְצוֹעִי
trade union *n.* אִיגּוּד מִקְצוֹעִי
trademark *n.* סֵמֶל מִסְחָרִי
trader *n.* סוֹחֵר
tradesman *n.* חֶנְוָנִי, סוֹחֵר
tradition *n.* מָסוֹרֶת
traditional *adj.* מָסָורְתִּי
traduce *v.* הוֹצִיא דִיבָּה, הִשְׁמִיץ
traffic *n.* תְּנוּעַת דְּרָכִים; מִסְחָר
traffic *v.* סָחַר (סחר לא חוקי)
traffic jam *n.* פְּקָק תְּנוּעָה
traffic-light *n.* רַמְזוֹר
traffic sign *n.* תַּמְרוּר תְּנוּעָה
traffic ticket *n.* דּוּחַ תְּנוּעָה
tragedy *n.* טְרָגֶדְיָה; אָסוֹן
tragic *adj.* טְרָגִי, מַעֲצִיב
trail *v.* גָּרַר; הָלַךְ בְּעִקְבוֹת; נִגְרַר
trail *n.* שְׁבִיל; סִימָנִים, עֲקֵבוֹת
trailer *n.* גּוֹרֵר; נִגְרָר
train *v.* אִימֵּן, הִכְשִׁיר, הִתְאַמֵּן
train *n.* רַכֶּבֶת; שַׁיָּירָה; שׁוֹבֶל
train bearer *n.* נוֹשֵׂא שׁוֹבֶל (שמלה)
trained nurse *n.* אָחוֹת מוּסְמֶכֶת
trainee *n.* חָנִיךְ, שׁוּלְיָא (כבית מלאכה), מִתְאַמֵּן

trainer *n.* מְאַמֵּן, מַדְרִיךְ
training *n.* אִימּוּן, הַכְשָׁרָה
traipse, trapse *v.* חֲפָצִים אִישִׁיִּים, מִזְוָודוֹת
trait *n.* תְּכוּנָה, קַו אוֹפִי; קוּרטוֹב
traitor *n.* בּוֹגֵד
traitress *n.* בּוֹגֶדֶת
trajectory *n.* מַסְלוּל מָעוֹף (של פגז)
tramp *v.* פָּסַע בִּכְבֵדוּת; דָּרַךְ; שׁוֹטֵט
tramp *n.* צְעִידָה כְּבֵדָה; נַוָּד, פּוֹחֵחַ
trample *v.* דָּרַךְ, רָמַס
trampoline *n.* קַפֶּצֶת, מִזְרַן הִתְעַמְּלוּת (קפיצי)
trance *n.* חֲרָגוֹן, טְרַנְס (מצב שניתק בו כוח הרצון, כמו בהיפנוזה)
tranquil *adj.* שָׁלֵו, רוֹגֵעַ, שָׁקֵט
tranquilize *v.* הִרְגִּיעַ; נִרְגַּע
tranquilizer *n.* סַם מַרְגִּיעַ
tranquillity *n.* שֶׁקֶט, שַׁלְוָוה
transact *v.* בִּיצַּע; עָשָׂה עִסְקָה
transaction *n.* עִסְקָה, פְּעוּלָּה
transcend *v.* יָצָא אֶל מֵעֵבֶר
transcribe *v.* הֶעְתִּיק; תִּעְתֵּק
transcript *n.* הֶעְתֵּק; תַּעְתִּיק
transcription *n.* תַּעְתִּיק
transfer *v.* הֶעֱבִיר; עָבַר
transfer *n.* הַעֲבָרָה; מְסִירָה
transfix *v.* פִּילַּח; שִׁיתֵּק
transform *v.* שִׁינָּה צוּרָה; (בחשמל) שִׁינָּה מֶתַח וְזֶרֶם
transformer *n.* שַׁנַּאי, טְרַנְסְפוֹרְמָטוֹר
transfusion *n.* עִירוּי (דם)
transgress *v.* עָבַר עַל, חָטָא
transgression *n.* עֲבֵירָה, חֵטְא
transient *adj., n.* בֶּן־חֲלוֹף; חוֹלֵף
transistor *n.* מַקְלֵט, טְרַנְזִיסְטוֹר
transit *n.* מַעֲבָר
transitive *adj., n.* פּוֹעַל יוֹצֵא
transitory *adj.* חוֹלֵף, בֶּן־חֲלוֹף
Transjordan *n.* עֵבֶר הַיַּרְדֵּן (מזרחה)
translate *v.* תִּרְגֵּם; תּוּרְגַּם
translation *n.* תִּרְגּוּם; תַּרְגּוּם
translator *n.* מְתַרְגֵּם, מְתוּרְגְּמָן
transliterate *v.* תִּעְתֵּק
translucent *adj.* (לא שקוף) מַעֲבִיר אוֹר
transmission *n.* הַעֲבָרָה; שִׁידּוּר
transmission gear *n.* מַעֲרֶכֶת הַהִילּוּכִים
transmit *v.* הֶעֱבִיר, מָסַר; שִׁידֵּר
transmitter *n.* מַשְׁדֵּר; מַעֲבִיר, מוֹסֵר
transmitting station *n.* תַּחֲנַת שִׁידּוּר
transmute *v.* שִׁינָּה, הָפַךְ; הֵמִיר
transparency *n.* שְׁקִיפוּת
transparent *adj.* שָׁקוּף; גְּלוּי־לֵב
transpire *v.* הִסְתַּנֵּן, הוּדְלַף; (דיבורית) הִתְרַחֵשׁ
transplant *v.* הִשְׁתִּיל; הוּשְׁתַּל
transport *v.* הוֹבִיל; הֶעֱבִיר
transport *n.* הוֹבָלָה; מְטוֹס תּוֹבָלָה; מִשְׁלוֹחַ; רֶגֶשׁ עַז
transportation *n.* הוֹבָלָה; כְּלִי־הוֹבָלָה
transpose *v.* הֶחְלִיף (מקום); (במוסיקה) הֶעֱבִיר לְסוּלָּם אַחֵר
transship *v.* הֶעֱבִיר (מכלי שיט למשנהו)
transshipment *n.* הַעֲבָרָה (כנ"ל)
trap *n.* מִלְכּוֹד, מַלְכּוֹדֶת, פַּח
trap *v.* מִלְכֵּד, טָמַן פַּח, לָכַד
trap-door *n.* דֶּלֶת סְתָרִים

trapeze *n.* טְרַפֵּז; מֶתַח נָע
trapezoid *n., adj.* טְרַפֵּז (מוט תלוי); טְרַפֵּזִי
trapper *n.* לוֹכֵד, צַיָּיד
trappings *n.pl.* קִישׁוּטִים, עִיטּוּרִים
trapse, traipse *n.* חֲפָצִים אִישִׁיִּים, מִזְווּדוֹת
trash *n.* זֶבֶל, שְׁטוּיוֹת
trash can *n.* פַּח אַשְׁפָּה
trauma *n.* טְרַאוּמָה (חבלה חמורה, גופנית או נפשית)
travail *n.* עָמָל; חֶבְלֵי לֵידָה
travel *v.* נָסַע, נָע
travel *n.* נְסִיעָה, מַסָּע
traveler *n.* נוֹסֵעַ, תַּיָּיר; סוֹכֵן נוֹסֵעַ
traveler's check הַמְחָאַת נוֹסְעִים
traveling expenses *n.pl.* הוֹצָאוֹת נְסִיעָה
traverse *v.* חָצָה, עָבַר מִצַּד לְצַד
travesty *n.* חִיקּוּי נִלְעָג; סִילּוּף מְכוּוָּן
trawl *n.* מִכְמוֹרֶת
tray *n.* טַס, מַגָּשׁ
treacherous *adj.* בּוֹגְדָנִי, כּוֹזֵב
treachery *n.* בְּגִידָה
treacle *n.* דִּבְשָׁה (נוזל מתוק כעין דבש, הנשאר בייצור סוכר מסלק או מקנה סוכר)
tread *v.* צָעַד; דָּרַךְ, רָמַס
tread *n.* דְּרִיכָה; פְּסִיעָה; רְמִיסָה
treadmill *n.* מַכְשִׁיר דִּיווּשׁ; שִׁגְרָה חַדְגוֹנִית מְיַיגַּעַת
treason *n.* בֶּגֶד, בְּגִידָה
treasonable *adj.* שֶׁל בְּגִידָה
treasure *n.* אוֹצָר; מַטְמוֹן
treasure *v.* שָׁמַר כְּדָבָר יָקָר, הוֹקִיר
treasurer *n.* גִּזְבָּר, שַׂר אוֹצָר
treasury *n.* בֵּית־אוֹצָר; מִשְׂרַד הָאוֹצָר
treat *v.* הִתְנַהֵג עִם; הִתְיַיחֵס אֶל; כִּיבֵּד (במשקה וכד')
treat *n.* כִּיבּוּד; תַּעֲנוּג, הֲנָאָה
treatise *n.* מַסָּה, חִיבּוּר מַדָּעִי
treatment *n.* הִתְנַהֲגוּת; טִיפּוּל; עִיבּוּד
treaty *n.* אֲמָנָה, בְּרִית, חוֹזֶה
treble *adj., n.* כָּפוּל שָׁלוֹשׁ, פִּי שְׁלוֹשָׁה; (במוסיקה לגבי קול) דִּיסְקַנְטִי
treble *v.* הִכְפִּיל בְּשָׁלוֹשׁ, הִשְׁלִישׁ
tree *n.* עֵץ, אִילָן
treeless *adj.* שׁוֹמֵם, מֵעֵצִים
trek *v., n.* (נָסַע) נְסִיעָה אֲרוּכָּה וְקָשָׁה
trellis *n.* סוֹרָג, עָץ
tremble *v.* רָעַד, רָטַט
tremendous *adj.* עָצוּם
tremolo *n.* רַעֲדוּד, צְלִיל רוֹטֵט
tremulous *adj.* רוֹעֵד; נִפְחָד, מְהַסֵּס
tremor *n.* רְעָדָה, רֶטֶט
trench *n.* חֲפִירָה
trenchant *adj.* נוֹקֵב, חָרִיף, נִמְרָץ
trend *v.* נָטָה ל
trend *n.* כִּיווּן, מְגַמָּה
trepidation *n.* חֲרָדָה, הִתְרַגְּשׁוּת (של ציפייה)
trespass *v.* הִסִּיג גְּבוּל; פָּלַשׁ, חָטָא
trespass *n.* הַסָּגַת גְּבוּל; חֵטְא
tress *n.* קְווּצַת שֵׂעָר
trestle *n.* מִתְמָךְ, הֶתְקֵן רַגְלַיִים
trial *n.* מִבְחָן; נִיסָּיוֹן; מִשְׁפָּט
trial by jury *n.* מִשְׁפָּט מוּשְׁבָּעִים
triangle *n.* מְשׁוּלָּשׁ

tribe *n.* שֵׁבֶט; כַּת, מִשְׁפָּחָה
tribulation *n.* צָרָה, סֵבֶל, תְּלָאָה
tribunal *n.* בֵּית־דִין, חֶבֶר שׁוֹפְטִים
tribune *n.* בָּמָה, דוּכָן
tributary *n.* יוּבַל, פֶּלֶג; מְשַׁלֵּם מַס (במדינת חסות)
tribute *n.* מַס; שִׁילּוּמֵי כְּנִיעָה; אוֹת הוֹקָרָה
trice *n.* הֶרֶף־עַיִן, כְּהֶרֶף רֶגַע
trick *n.* אֲחִיזַת עֵינַיִים, לַהֲטוּט, תַּחְבּוּלָה
trick *v.* גָּנַב אֶת הַדַּעַת, הוֹנָה
trickery *n.* גְּנֵיבַת־דַּעַת, הוֹנָאָה
trickle *v.* דָּלַף, טִפְטֵף
trickle *n.* זְרִימָה אִיטִּית
trickster *n.* גּוֹנֵב דַּעַת, מְאַחֵז עֵינַיִים
tricky *adj.* זָרִיז; מַטְעֶה
tricolor *adj.* בַּעַל שְׁלוֹשָׁה צְבָעִים (הדגל הצרפתי)
tricycle *n.* תְּלַת אוֹפַן
trident *n.* חֲנִית שְׁלוֹשֶׁת הַחוּדִים (של נֶפְטוּן)
tried *adj.* בָּדוּק וּמְנוּסֶּה, נֶאֱמָן
trifle *n.* דָּבָר קַל־עֵרֶךְ; קְצָת
trifle *v.* הִשְׁתַּעֲשֵׁעַ; הִתְבַּטֵּל
trifling *adj.* לֹא חָשׁוּב, פָּעוּט
trigger *n.* הֶדֶק
trigger *v.* הִפְעִיל, הֵחִישׁ
trigonometry *n.* טְרִיגוֹנוֹמֶטְרִיָּה
trilateral *adj.* תְּלַת צְדָדִי, שֶׁל שְׁלוֹשָׁה צְדָדִים
trill *n.* טְרִיל, סִלְסוּל קוֹל
trillion *n., adj.* טְרִילְיוֹן
trilogy *n.* טְרִילוֹגְיָה (3 ספרים העוסקים בנושא מְאַחַד)
trim *v.* גָּזַם; הֶחֱלִיק; שִׁפֵּר; תֵּיאֵם
trim *n.* מַצָּב תַּקִּין, סֵדֶר; כּוֹשֶׁר הַפְלָגָה
trim *adj.* נָאֶה, מְסוּדָּר
trimester *n.* טְרִימֶסְטֶר (תקופת 3 חודשים; במכללות מסוימות שליש שנה)
trimming *n.* גִּיזּוּם; קִישּׁוּט
trinity *n.* הַשִּׁילּוּשׁ הַקָּדוֹשׁ; שְׁלָשָׁה
trinket *n.* קִישּׁוּט פָּשׁוּט; דָּבָר פָּעוּט
trio *n.* שְׁלִישִׁיָּה, טְרִיוֹ
trip *v.* מָעַד; הִמְעִיד, הִכְשִׁיל
trip *n.* טִיּוּל, נְסִיעָה; מְעִידָה; חֲוָיַת סַמִּים
tripartite *adj.* (הסכם) תְּלַת צְדָדִי
tripe *n.* מֵעַיִים; שְׁטוּיוֹת
triphthong *n.* תְּלַת־תְּנוּעָה
triple *adj., n.* פִּי שְׁלוֹשָׁה; בַּעַל שְׁלוֹשָׁה חֲלָקִים
triple *v.* הִגְדִּיל (אוֹ גָּדַל) פִּי שְׁלוֹשָׁה, שִׁילֵּשׁ
triplet *n.* שְׁלִישִׁיָּה
triplicate *adj., n.* פִּי שְׁלוֹשָׁה; אֶחָד מִשְּׁלוֹשָׁה; עוֹתֶק מְשׁוּלָּשׁ
tripod *n.* תְּלַת־רֶגֶל, חֲצוּבָה
triptych *n.* מִסְגֶּרֶת תְּלַת־לוּחִית (לשלוש תמונות); לוּחִית מְשׁוּלֶּשֶׁת
trisect *v.* חִילֵּק (קו, זווית) לִשְׁלוֹשָׁה
trite *adj.* נָדוֹשׁ
triumph *n.* נִיצָּחוֹן; הַצְלָחָה מַזְהִירָה
triumph *v.* נִיצַּח; הִצְלִיחַ
triumphant *adj.* מְנַצֵּחַ; חוֹגֵג נִיצָּחוֹן
triumvirate *n.* טְרִיאוּמְוִירָט, שְׁלִישִׁיַּת שַׁלִּיטִים
triune *adj.* שְׁלוֹשָׁה בְּאֶחָד, שִׁילּוּשׁ (קדוש אצל הנוצרים)
trivia *n.pl.* קְטַנּוֹת, פַּכִּים קְטַנִּים
trivial *adj.* שֶׁל מַה־בְּכָךְ, פָּעוּט

triviality *n.* עִנְיָן פָּעוּט
troika *n.* (בְּרוּסיה) עֶגְלַת 3 סוּסִים
troll *v.* זִימֵּר בְּעַלִּיזוּת; דִּייֵּג בְּחַכָּה
trolley *n.* עֶגְלַת יָד
trolley bus *n.* אוֹטוֹבּוּס חַשְׁמַלִּי
trolley car *n.* חַשְׁמַלִּית
trollop *n.* מְרוּשֶׁלֶת; זוֹנָה
trombone *n.* טְרוֹמְבּוֹן (כלי נשיפה)
troop *n.* גְּדוּד, לַהֲקָה, פְּלוּגָּה
troopcarrier *n.* מָטוֹס נוֹשֵׂא גַּייָסוֹת
trooper *n.* חַיָּל רוֹכֵב
trophy *n.* שָׁלָל; פְּרָס
tropic *n.* טְרוֹפִּיק, מַהְפָּךְ
tropical *adj.* טְרוֹפִּי, מַהְפָּכִי
trot *v.* צָעַד מַהֵר, רָץ מָתוּן
trot *n.* הֲלִיכָה מְהִירָה, דְהִירָה קַלָּה
troth *n.* נֶאֱמָנוּת
troubadour *n.* טְרוּבָּדוּר; זַמָּר נוֹדֵד
trouble *v.* הִדְאִיג; הִטְרִיד,
הִטְרִיחַ; טָרַח
trouble *n.* דְאָגָה, צָרָה
troublemaker *n.* עוֹשֵׂה צָרוֹת
troubleshooting *n.* תִּיקּוּן
קִלְקוּלִים, יִישּׁוּב סִכְסוּכִים
troublesome *adj.* מֵצִיק, מַטְרִיד
trough *n.* שׁוֹקֶת; שֶׁקַע
trounce *v.* הִכָּה קָשֶׁה, הֵבִיס;
נָזַף קָשֶׁה
troupe *n.* לַהֲקָה
trousers *n.pl.* מִכְנָסַיִים
trousseau *n.* מַעֲרֶכֶת בְּגָדִים לַכַּלָּה
trout *n.* טְרוּטָה (דג נחלים)
trowel *n.* כַּף טַייָּחִים (או גננים)
truant *n., adj.* (ילד) מִשְׁתַּמֵּט
truce *n.* הֲפוּגָה, הַפְסָקַת אֵשׁ
truek *n.* מַשָּׂאִית; קְרוֹן מַשָּׂא

truck *v.* הוֹבִיל בְּמַשָּׂאִית
truck driver *n.* נַהַג מַשָּׂאִית
truculent *adj.* תּוֹקְפָנִי, פִּרְאִי
trudge *v.* הָלַךְ בִּכְבֵדוּת
true *adj.* אֲמִיתִּי, כֵּן; נָכוֹן
true-blue *adj.* (אדם) נֶאֱמָן לַחֲלוּטִין
true copy *n.* הֶעְתֵּק נֶאֱמָן
truelove *n.* אָהוּב, אֲהוּבָה
truism *n.* אֱמֶת נְדוֹשָׁה
truly *adv.* בֶּאֱמֶת
trump *n.* קְלַף עֲדִיפוּת
trump *v.* שִׂיחֵק בִּקְלַף הַנִּיצָּחוֹן
trumpet *n.* חֲצוֹצְרָה
trumpet *v.* חִצְצֵר; הֵרִיעַ
truncate *v.* קִיצֵּר בִּקְטִיעָה, קָטַע
truncheon *n.* אַלָּה
trunk *n.* גֶּזַע, גּוּף; מִזְווָדָה; חֶדֶק
truss *v.* קָשַׁר, אָגַד; תָּמַךְ
truss *n.* מִבְנֶה תּוֹמֵךְ; חֲגוֹרַת־שֶׁבֶר
trust *n.* אֵמוּן, אֱמוּנָה; פִּיקָּדוֹן
trust *v.* הֶאֱמִין בְּ; סָמַךְ עַל
trust company *n.* חֶבְרַת נֶאֱמָנוּת
trustee *n.* נֶאֱמָן
trusteeship *n.* נֶאֱמָנוּת
trustful *adj.* מַאֲמִין, בּוֹטֵחַ
trustworthy *adj.* שֶׁאֶפְשָׁר לִסְמוֹךְ עָלָיו,
מְהֵימָן
trusty *adj.* נֶאֱמָן, מְהֵימָן
truth *n.* אֱמֶת
truthful *adj.* שֶׁל אֱמֶת; דּוֹבֵר אֱמֶת
try *v.* נִיסָּה; שָׁפַט; הוֹגִיעַ; הִשְׁתַּדֵּל
try *n.* נִיסָּיוֹן
trying *adj.* מַרְגִּיז, מֵצִיק
tryst *n.* פְּגִישַׁת אוֹהֲבִים; מִפְגָּשׁ
tub *n.* אַמְבָּט, גִּיגִית
tuba *n.* טוּבָּה (כלי נשיפה גדול ממתכת)

tubby *adj.* שְׁמַנְמַן, עֲגַלְגַּל
tube *n.* אַבּוּב, צִינּוֹר
tuber *n.* שׁוֹרֶשׁ מְעוּבֶּה, פְּקַעַת
tuberculosis *n.* שַׁחֶפֶת
tuck *v.* תָּחַב; כִּיסָּה; קִיפֵּל
tuck *n.* קֶפֶל; חִיפּוּת; (המונית) מַאֲכָל
Tuesday *n.* יוֹם שְׁלִישִׁי
tuft *n.* צִיצָה, חֲתִימַת זָקָן
tug *v.* מָשַׁךְ בְּחוֹזְקָה, גָּרַר; יָגַע
tug *n.* גְּרִירָה, מְשִׁיכָה חֲזָקָה
tug of war *n.* תַּחֲרוּת מְשִׁיכַת חֶבֶל
tugboat *n.* סְפִינַת-גֶּרֶר
tuition *n.* הוֹרָאָה, לִימּוּד
tuition fees *n.pl.* שְׂכַר לִימּוּד
tulip *n.* צִבְעוֹנִי (פרח)
tumble *v.* כָּשַׁל, מָעַד; נָפַל; הִתְהַפֵּךְ
tumble *n.* נְפִילָה, הִתְגַּלְגְּלוּת
tumble-down *adj.* מָט לִנְפּוֹל, רָעוּעַ
tumbler *n.* כּוֹס; לוּלְיָין
tummy *n.* בֶּטֶן, קֵיבָה
tumor *n.* גִּידּוּל (בגוף)
tumult *n.* הֲמוּלָּה, מְהוּמָה
tuna *n.* טוּנָה (דג ים גדול)
tundra *n.* טוּנְדְרָה (ערבה באזור הָאַרקטי של רוסיה או של אמריקה)
tune *n.* לַחַן, מַנְגִּינָה
tune *v.* כִּוונֵן; הִתְאִים
tungsten *n.* ווֹלְפְרָם (מתכת לבנה)
tunic *n.* מִקְטוֹרֶן; טוּנִיקָה, אִצְטָלָה
tuning fork *n.* מַצְלֵל, קוֹלָן, מַזְלֵג-קוֹל
tunnel *n.* מִנְהָרָה, נִקְבָּה
tunnel *v.* חָפַר מִנְהָרָה
tuppence *n.* שְׁנֵי פָּנִים, פְּרוּטָה
turban *n.* מִצְנֶפֶת, טוּרְבָּן
turbid *adj.* עָכוּר, דָּלוּחַ; (לגבי דמיון) פָּרוּעַ, מְבוּלְבָּל
turbine *n.* טוּרְבִּינָה
turbojet *n.* מָטוֹס סִילוֹן
turboprop *n.* מַדְחֵף סִילוֹן-טוּרְבִּינָה
turbulent *adj.* סוֹעֵר, פָּרוּעַ
turd *n.* גּוּשׁ צוֹאָה
tureen *n.* מָגֵס, קְעָרָה לְמָרָק
turf *n.* שִׁכְבַת עֵשֶׂב, עִשְׂבָּה
turgid *adj.* נָפוּחַ, מְנוּפָּח; (לגבי דיבור) מְפוּצָּץ
turkey *n.* בְּשַׂר תַּרְנְגוֹל הוֹדּוּ
turkey vulture *n.* הָעַיִט הָאֲמֵרִיקָנִי
turmoil *n.* אִי-שֶׁקֶט, אַנְדְּרָלָמוּסְיָה
turn *v.* סוֹבֵב; הִטָּה; שִׁינָּה; שׁוּנָּה, פָּנָה, סָבַב; הִסְתּוֹבֵב
turn *n.* סִיבּוּב; פְּנִיָּיה, תַּפְנִית; תּוֹר
turncoat *n.* בּוֹגֵד
turning point *n.* נְקוּדַת מִפְנֶה
turnip *n.* לֶפֶת (ירק)
turnkey *n.* סוֹהֵר
turn of mind *n.* נְטִיָּיה רוּחָנִית
turn-out *n.* הוֹפָעָה; תְּפוּקָה, צִיּוּד
turnover *n.* הֲפִיכָה; שִׁינּוּי; מַחְזוֹרִיּוּת
turnpike *n.* כְּבִישׁ אַגְרָה; מַחְסוֹם אַגְרָה
turnstile *n.* מַחְסוֹם מִסְתּוֹבֵב
turntable *n.* קֶטַע מְסִילָּה מִסְתּוֹבֵב; תַּקְלִיט (פטיפון)
turpentine *n.* טֶרְפֶּנְטִין, עִטְרָן
turpitude *n.* שְׁחִיתוּת, רִשְׁעוּת
turquoise *n.* טוּרְקִיז (כחול ירקרק)
turret *n.* צְרִיחַ
turtle *n.* צַב מַיִם
turtledove *n.* תּוֹר
tusk *n.* שֶׁנְהָב (של פיל)
tussle *v.* הִתְקוֹטֵט, נֶאֱבַק
tussle *n.* הִתְגּוֹשְׁשׁוּת, מַאֲבָק
tut! *interj.* בּוּז! (קריאת ביטול)

tutelage *n.* אַפִּיטְרוֹפְּסוּת, חָסוּת
tutor *n.* מוֹרֶה פְּרָטִי
tutor *v.* הוֹרָה בְּאוֹפֶן פְּרָטִי
tuxedo *n.* תִּלְבּוֹשֶׁת עֶרֶב (לְגֶבֶר)
twaddle *n.* פִּטְפּוּט, שְׁטוּיוֹת
twain *n.* שְׁנַיִים, שְׁתַּיִים
twang *n.* אִנְפּוּף, צְלִיל חַד
twang *v.* הִשְׁמִיעַ צְלִיל חַד
tweak *v.* צָבַט וְסוֹבֵב
tweed *n.* טְוִויד (אריג צמר רך)
tweet *n., v.* צִיּוּץ; צִיֵּץ
tweezers *n.pl.* מַלְקֵט
twelfth *adj., n.* הַשְּׁנֵים־עָשָׂר; הַחֵלֶק הַשְּׁנֵים־עָשָׂר
twelve *adj., pron.* שְׁנֵים־עָשָׂר, שְׁתֵּים־עֶשְׂרֵה
twentieth *adj., n.* הָעֶשְׂרִים; אֶחָד מֵעֶשְׂרִים
twenty *adj., pron.* עֶשְׂרִים
twerp *n.* מְנוּוָל, טִיפֵּשׁ; 'אֶפֶס'
twice *adv.* פַּעֲמַיִים; כִּפְלַיִים
twiddle *v.* הִתְבַּטֵּל, הִסְתּוֹבֵב
twig *n.* זְמוֹרָה, זֶרֶד
twilight *n.* דִּמְדוּמִים, בֵּין־הַשְּׁמָשׁוֹת
twill *n.* אָרִיג (וּבוֹ קווים מלוכסנים)
twin *adj., n.* תְּאוֹמִי; תְּאוֹם
twine *n.* חוּט שָׁזוּר; פִּיתּוּל
twine *v.* שָׁזַר, פִּיתֵּל; הִשְׂתָּרֵג
twinge *n.* כְּאֵב חַד, דְּקִירָה
twinkle *v., n.* נִצְנֵץ; נִצְנוּץ, נִיצוּץ
twirl *v.* סוֹבֵב; הִסְתּוֹבֵב בִּמְהִירוּת
twirp *n.* מְנוּוָל, טִיפֵּשׁ; 'אֶפֶס'
twist *v.* שָׁזַר; לִיפֵּף; עִיקֵּם; סִילֵּף; הִתְפַּתֵּל
twist *n.* פִּיתּוּל, עִיקּוּם, מַעֲקָל; סִילּוּף
twit *v.* הִקְנִיט, לִגְלֵג
twitch *v.* עִיוּוּת, מָשַׁךְ פִּתְאוֹם; הִתְעַוּוֵת
twitch *n.* עֲוִוית
twitter *n.* צִיּוּץ, צִפְצוּף
two *adj., pron.* שְׁנֵי, שְׁתֵּי; שְׁנַיִים, שְׁתַּיִים
two-faced *adj.* דּוּ־פַּרְצוּפִי, צָבוּעַ
two-timer *n.* רַמַּאי, בּוֹגֵד
twosome *n., adj.* זוּג; בִּשְׁנַיִים, לִשְׁנַיִים, בֵּין שְׁנַיִים
tycoon *n.* אֵיל הוֹן
tyke, tike *n.* כֶּלֶב עָלוּב, מְנוּוָל
tympanum *n.* תּוֹף הָאוֹזֶן
type *n.* טִיפּוּס, דּוּגְמָה, סוּג; סֶדֶר אוֹתִיּוֹת
type *v.* כָּתַב בִּמְכוֹנָה, תִּקְתֵּק; סִימֵּל
type face *n.* צוּרַת אוֹת
typescript *n.* חוֹמֶר כָּתוּב בִּמְכוֹנָה
typesetter *n.* סַדָּר
typewrite *v.* כָּתַב (במכונת־כתיבה)
typewriter *n.* מְכוֹנַת־כְּתִיבָה
typewriting *n.* כְּתִיבָה בִּמְכוֹנָה
typhoid fever *n.* טִיפּוּס הַבֶּטֶן
typhoon *n.* טַיְפוּן, סוּפָה עַזָּה
typhus *n.* טִיפּוּס הַבְּהָרוֹת
typical *adj.* טִיפּוּסִי
typify *v.* סִימֵּל, שִׁימֵּשׁ טִיפּוּס
typist *n.* כַּתְבָן, כַּתְבָנִית
typographical error *n.* טָעוּת דְּפוּס
typography *n.* מְלֶאכֶת הַדְּפוּס, טִיפּוֹגְרַפְיָה
tyrannic(al) *adj.* רוֹדָנִי, שֶׁל עָרִיץ
tyrannize *v.* רָדָה בּ, הִתְיַיחֵס כְּעָרִיץ
tyrannous *adj.* רוֹדָנִי, שֶׁל עָרִיץ
tyranny *n.* מִשְׁטַר רוֹדָנוּת, עָרִיצוּת
tyrant *n.* רוֹדָן, עָרִיץ
tyro *n.* טִירוֹן, חֲסַר נִיסָּיוֹן

U

ubiquitous *adj.* נִמְצָא בְּכָל מָקוֹם (בְּאוֹתוֹ זמן)

udder *n.* עֲטִין

ugh *interj.* אוּף! (קריאה להבעת סלידה)

ugliness *n.* כִּיעוּר

ugly *adj., n.* מְכוֹעָר, לֹא נָעִים

ukase *n.* פְּקוּדָה שְׁרִירוּתִית, צַו מִגָּבוֹהַּ

ukulele *n.* גִיטָרָה הַוָאִית (4 מיתרים)

ulcer *n.* כִּיב

ulcerate *v.* כִּיֵּב; הִתְכַּיֵּב

ulterior *adj.* כָּמוּס; שֶׁמֵּעֵבֶר לַצּוֹרֶךְ הַמִּיָּדִי

ultimate *adj.* סוֹפִי, אַחֲרוֹן; מְרַבִּי

ultimatum *n.* אוּלְטִימָטוּם, אַזְהָרָה

ultrasonic *adj.* אוּלְטְרָסוֹנִי (בתנודות קול שמעֵבר לתנודות הנקלטות באוזן האדם)

ultraviolet *adj.* אוּלְטְרָה־סָגוֹל (מֵעֵבר לסָגוֹל בתחזית האור)

ululate *v.* יִילֵל, יִיבֵּב

umbilical cord *n.* חֶבֶל הַטַּבּוּר

umbrage *n.* עֶלְבּוֹן

umbrella *n.* מִטְרִיָּה; חָסוּת

umpire *n.* בּוֹרֵר, פּוֹסֵק, (בספורט) שׁוֹפֵט

umpire *v.* שִׁימֵּשׁ כְּבוֹרֵר (או כְּשׁוֹפֵט)

umpteen *adj.* הַרְבֵּה מְאוֹד, לְאֵין סְפוֹר

U.N. הָאוּ״ם (ארגון האומות המאוחדות)

unabashed *adj.* לֹא מְבוּיָּשׁ, לֹא נָבוֹךְ

unable *adj.* לֹא יָכוֹל

unabridged *adj.* לֹא מְקוּצָּר

unaccented *adj.* לֹא מוּטְעָם

unaccountable *adj.* לֹא אַחְרָאִי; שֶׁאֵין לְהַסְבִּירוֹ, שֶׁאֵין לְקַבְּלוֹ

unaccustomed *adj.* לֹא מוּרְגָל, לֹא רָגִיל

unaffected adj. לֹא מְעוּשֶּׂה, כֵּן, טִבְעִי

unafraid *adj.* לֹא מְפַחֵד

unanimity *n.* תְּמִימוּת־דֵּעִים

unanimous *adj.* בְּדֵעָה אַחַת, פֶּה אֶחָד

unanswerable *adj.* שֶׁאֵין לִסְתּוֹר

unappreciative *adj.* שֶׁאֵינוֹ מַעֲרִיךְ

unapproachable *adj.* שֶׁקָּשֶׁה לָגֶשֶׁת אֵלָיו, לֹא נָגִישׁ

unarmed *adj.* לֹא חָמוּשׁ

unassuming *adj.* חֲסַר יוּמְרָה, לֹא יוּמְרָנִי

unattached *adj.* לֹא תָּלוּי, לֹא מִשְׁתַּיֵּךְ; לֹא נָשׂוּי

unattractive *adj.* לֹא מוֹשֵׁךְ, לֹא מְצוּדָד

unavailing *adj.* לֹא־יִצְלַח, לֹא מוֹעִיל

unavoidable *adj.* בִּלְתִּי־נִמְנָע

unaware *adj., adv.* לֹא מוּדָע; בְּלֹא יוֹדְעִים

unbalanced *adj.* לֹא מְאוּזָּן; לֹא שָׁפוּי

unbar *v.* פָּתַח, הֵסִיר אֶת הַבְּרִיחַ

unbearable *adj.* בִּלְתִּי־נִסְבָּל

unbeatable *adj.* שֶׁאֵין לְנַצְּחוֹ

unbecoming *adj.* לֹא מַתְאִים, לֹא יָאֶה, לֹא הוֹלֵם

unbelievable *adj.* לֹא יֵיאָמֵן

unbending *adj.* לֹא נִכְפָּף; קָשִׁיחַ

unbiassed *adj.* לֹא מְשׁוּחָד

unbind *v.* הִתִּיר; שִׁחְרֵר
unborn *adj.* שֶׁעֲדַיִין לֹא נוֹלַד
unbosom *v.* גִּילָּה, סִיפֵּר (דבר שהעיק עליו)
unbuckle *v.* רִיפָּה אֶת הָאַבְזֵם
unburden *v.* פָּרַק מֵעָלָיו, הֵסִיר מוּעָקָה
uncalled-for *adj.* מְיוּתָּר וְלֹא רָצוּי
uncanny *adj.* בְּאוֹפֶן מוּזָר, שֶׁלֹּא כְּדֶרֶךְ הַטֶּבַע
uncared-for *adj.* מוּזְנָח, לֹא מְטוּפָּח
unceasing *adj.* לֹא פּוֹסֵק
unceremonious *adj.* לְלֹא גִינּוּנִים; לֹא מְנוּמָּס
uncertain *adj.* לֹא וַדָּאִי, לֹא בָּטוּחַ
unchangeable *adj.* לֹא נִיתָּן לְשִׁינּוּי
uncharted *adj.* לֹא מְסוּמָּן בַּמַּפָּה
unchecked *adj.* לֹא מְבוּקָּר; בִּלְתִּי־מְרוּסָּן
uncivilized *adj.* פְּרָאִי, לֹא תַּרְבּוּתִי
unclaimed *adj.* שֶׁאֵין לוֹ דּוֹרְשִׁים
unclasp *v.* רִיפָּה; הִשְׁתַּחְרֵר
unclassified *adj.* לֹא מְסוּוָּג; לֹא סוֹדִי; לֹא מוּגְבָּל
uncle *n.* דּוֹד
unclean *adj.* לֹא נָקִי, טָמֵא
uncomfortable *adj.* לֹא נוֹחַ
uncommitted *adj.* שֶׁאֵין לְגַבָּיו מְחוּיָּבוּת, בִּלְתִּי תָּלוּי
uncommon *adj.* לֹא רָגִיל
uncompromising *adj.* לֹא פַּשְׁרָן, לֹא מְוַתֵּר
unconcerned *adj.* לֹא מְעוּנְיָין, אָדִישׁ
unconditional *adj.* לְלֹא תְּנָאִים
unconquerable *adj.* בִּלְתִּי נִכְבָּשׁ
unconquered *adj.* בִּלְתִּי־מְנוּצָּח

unconscionable *adj.* לֹא מוּסָרִי; לֹא סָבִיר
unconscious *adj., n.* לֹא מוּדָע
unconsciousness *n.* חוֹסֶר הַכָּרָה
unconstitutional *adj.* בְּנִיגּוּד לַחוּקָּה
uncontrollable *adj.* שֶׁאִי אֶפְשָׁר לְרַסְּנוֹ
unconventional *adj.* לֹא לְפִי נוֹהַג מְקוּבָּל
uncork *v.* חָלַץ פְּקָק
uncouth *adj.* גַּס, מְגוּשָּׁם
uncover *v.* הֵסִיר מִכְסֶה, חָשַׂף
unction *n.* מְשִׁיחָה בְּשֶׁמֶן; רְצִינוּת מְעוּשָּׂה
unctuous *adj.* מִתְרַפֵּס, מְעוּשֶּׂה
uncut *adj.* לֹא חָתוּךְ; (יהלום) לֹא מְלוּטָּשׁ
undamaged *adj.* לֹא פָּגוּם, לֹא נִיזָּק
undaunted *adj.* שֶׁלֹּא הוּפְחַד, עָשׂוּי לִבְלִי חַת
undecided *adj.* מְפַקְפֵּק; שֶׁלֹּא הוּחְלַט עַל כָּךְ
undefeated *adj.* שֶׁלֹּא הוּבַס
undeniable *adj.* שֶׁאֵין לְהַכְחִישׁוֹ, נַעֲלֶה מֵעַל כָּל סָפֵק
under *prep.* תַּחַת; מִתַּחַת לְ; פָּחוֹת מִן, לְמַטָּה מִן
under *adj., adv.* מִשְׁנִי, תַּחְתִּי, תַּת־
underbrush *n.* סְבַךְ, שִׂיחִים
undercarriage *n.* עֲגָלָה נוֹשֵׂאת (מטוס), תּוֹשֶׁבֶת
underclothes *n.pl.* בְּגָדִים תַּחְתּוֹנִים
undercover *adj.* חֲשָׁאִי, בִּגְנֵיבָה
underdeveloped *adj.* לֹא מְפוּתָּח דַּיּוֹ; מִתְפַּתֵּחַ
underdog *n.* מְנוּצָּח, מְקוּפָּח

underdone *adj.* לֹא מְבוּשָּׁל דַּיּוֹ
underestimate *v.* הֵקֵל רֹאשׁ בּ, מִיעֵט בְּעֶרְכּוֹ שֶׁל
undergarment *n.* לְבוּשׁ תַּחְתּוֹן
undergo *v.* נָשָׂא, סָבַל; הִתְנַסָּה
undergraduate *n.* סְטוּדֶנְט (לפני תואר ראשון)
underground *adj.* תַּת־קַרְקָעִי, מַחְתַּרְתִּי
underground *n.* מַחְתֶּרֶת; רַכֶּבֶת תַּחְתִּית
undergrowth *n.* שִׂיחִיָּה, עֵצִים נְמוּכִים
underhand *adj.* חֲשָׁאִי; בְּעוֹרְמָה
underline *v., n.* מָתַח קַו מִתַּחַת; הִדְגִּישׁ; קַו תַּחְתִּי
underling *n.* נְחוּת דַּרְגָּה
undermine *v.* חָתַר תַּחַת, עִרְעֵר יְסוֹדוֹת
underneath *adj., adv.* תַּחַת; מִתַּחַת ל
undernourished *adj.* סוֹבֵל מִתַּת־תְּזוּנָה
undernourishment *n.* תַּת־תְּזוּנָה
underpass *n.* מַעֲבָר תַּחְתִּי
underpay *v.* שִׁילֵּם פָּחוֹת מִדַּיי
underpin *v.* תָּמַךְ וְחִיזֵּק מִלְּמַטָּה
underprivileged *adj.* מְקוּפָּח (מבחינה חברתית וחינוכית)
underrate *v.* מִיעֵט בְּעֶרְכּוֹ שֶׁל
underscore *v.* מָתַח קַו מִתַּחַת, הִדְגִּישׁ
undersea *adj., adv.* מִתַּחַת לִפְנֵי הַיָּם
undersecretary *n.* עוֹזֵר לַמַּזְכִּיר; תַּת־שַׂר
undersell *v.* מָכַר יוֹתֵר בְּזוֹל
undershirt *n.* גּוּפִיָּה
undersigned *adj.* הֶחָתוּם מַטָּה
underskirt *n.* תַּחְתּוֹנִית
understand *v.* הֵבִין
understandable *adj.* מוּבָן, שֶׁנִּיתָּן לַהֲבִינוֹ
understanding *n.* הֲבָנָה, בִּינָה; הֶסְכֵּם
understanding *adj.* מְגַלֶּה הֲבָנָה
understudy *n.* שַׂחְקָן חָלִיף, כָּפִיל
understudy *v.* הִתְאַמֵּן לְתַפְקִידוֹ שֶׁל שַׂחְקָן אַחֵר
undertake *v.* הִבְטִיחַ, נָטַל עַל עַצְמוֹ
undertaker *n.* קַבְּלָן; קַבְּלָן לְסִדְרֵי קְבוּרָה, קַבְּרָן
undertaking *n.* הִתְחַיְּיבוּת, מְשִׂימָה
undertone *n.* קוֹל נָמוּךְ
undertow *n.* זֶרֶם חוֹזֵר (של גל הנשבר בחוף)
underwear *n.* (בְּגָדִים) תַּחְתּוֹנִים
underworld *n.* הַשְּׁאוֹל; הָעוֹלָם הַתַּחְתּוֹן
underwriter *n.* מְבַטֵּחַ; מִתְחַיֵּיב לָשֵׂאת בְּהֶפְסֵדִים (אפשריים בביטוח)
undeserved *adj.* שֶׁאֵינוֹ רָאוּי לוֹ
undesirable *adj., n.* (אָדָם) בִּלְתִּי רָצוּי
undignified *adj.* לֹא מְכוּבָּד
undo *v.* פָּתַח, הִתִּיר; סִילֵּק, הֵסִיר
undoing *n.* בִּיטּוּל, הֶרֶס
undone *adj.* לֹא עָשׂוּי, לֹא גָמוּר; לֹא סָגוּר, פָּתוּחַ
undoubtedly *adv.* בְּלִי סָפֵק
undress *adj., n.* לֹא לָבוּשׁ; לְבוּשׁ רָגִיל (לא רשמי)
undress *v.* הִפְשִׁיט, עִרְטֵל; הִתְפַּשֵּׁט
undrinkable *adj.* שֶׁאִי אֶפְשָׁר לִשְׁתּוֹתוֹ

undulate *v.* הִתְנוֹעֵעַ בְּצוּרָה גַּלִּית, עָלָה וְיָרַד (שטח, כביש)
unduly *adv.* יוֹתֵר מִדַּיי, שֶׁלֹּא כַּדִּין
undying *adj.* נִצְחִי, אַלְמוֹתִי
unearned *adj.* שֶׁלֹּא הִרְוִויחַ בַּעֲבוֹדָה (או בשירות), שֶׁלֹּא מַגִּיעַ
unearth *v.* גִּילָּה, חָשַׂף
unearthly *adj.* עַל טִבְעִי; לֹא אֱנוֹשִׁי
uneasy *adj.* שֶׁלֹּא בְּנוֹחַ; מוּדְאָג
uneconomical *adj.* לֹא חֶסְכוֹנִי
uneducated *adj.* לֹא מְחוּנָּךְ, חֲסַר חִינּוּךְ
unemployed *adj., n.* מְחוּסַּר עֲבוֹדָה; מוּבְטָל
unemployment *n.* אַבְטָלָה
unending *adj.* לֹא־פּוֹסֵק
unequal *adj.* לֹא שָׁוֶה
unequalled *adj.* שֶׁאֵין דּוֹמֶה לוֹ
unequivocal *adj.* חַד מַשְׁמָעִי; לֹא מִשְׁתַּמֵּעַ לִשְׁתֵּי פָּנִים
unerring *adj.* לְלֹא שְׁגִיאָה, מְדוּיָּק
unessential *adj.* לֹא הֶכְרֵחִי
uneven *adj.* לֹא יָשָׁר, לֹא חָלָק; לֹא זוּגִי
unexpected *adj.* לֹא צָפוּי
unexplained *adj.* שֶׁלֹּא הוּסְבַּר
unexplored *adj.* שֶׁלֹּא נֶחְקַר; שֶׁלֹּא סִיְּירוּ בּוֹ
unexposed *adj.* שֶׁלֹּא נֶחְשַׂף
unfading *adj.* שֶׁאֵינוֹ דּוֹהֶה; שֶׁלֹּא פָּג
unfailing *adj.* לֹא אַכְזָב, נֶאֱמָן
unfair *adj.* לֹא הוֹגֵן
unfaithful *adj.* לֹא נֶאֱמָן
unfamiliar *adj.* לֹא יָדוּעַ; לֹא בָּקִי; זָר
unfasten *v.* הִתִּיר
unfathomable *adj.* שֶׁאֵין לָרֶדֶת לְעוּמְקוֹ
unfavorable *adj.* לֹא נוֹחַ; שְׁלִילִי
unfeeling *adj.* נְטוּל רֶגֶשׁ
unfetter *v.* נִיתֵּק כְּבָלִים
unfit *adj.* לֹא רָאוּי, פָּסוּל, לֹא כָּשִׁיר
unflagging *adj.* בִּלְתִּי נִלְאֶה
unfold *v.* גָּלַל, פָּרַס; נִגְלַל, נִפְרַס
unforeseeable *adj.* שֶׁאֵין לַחֲזוֹתוֹ מֵרֹאשׁ
unfortunate *adj., n.* בִּישׁ מַזָּל, אוּמְלָל
unfurl *v.* (לגבי דגל) פָּרַס; נִפְרַס
ungainly *adj.* מְסוּרְבָּל, לֹא מְצוּדָד
ungodly *adj.* חוֹטֵא, רָשָׁע
ungracious *adj.* חֲסַר חֵן, לֹא מְנוּמָּס
ungrateful *adj.* כְּפוּי טוֹבָה
ungrudgingly *adv.* בְּעַיִן יָפָה
unguent *n.* מִשְׁחָה (לעור)
unhandy *adj.* לֹא נוֹחַ; לֹא מְאוּמָּן
unheard-of *adj.* חֲסַר תַּקְדִּים
unhinge *v.* עָקַר מִן הַצִּירִים; הִפְרִיד
unholy *adj.* חוֹטֵא, רָשָׁע
unhorse *v.* הִפִּיל מֵעַל גַּבֵּי סוּס
unicorn *n.* חַדְקֶרֶן (בע"ח אגדי)
unification *n.* אִיחוּד, הַאֲחָדָה
uniform *adj.* אָחִיד; שֶׁל מַדִּים
uniform *n.* מַדִּים
uniformity *n.* אֲחִידוּת
unify *v.* אִיחֵד; הֶאֱחִיד
unilateral *adj.* חַד־צְדָדִי, שֶׁל צַד אֶחָד
unimpeachable *adj.* מְהֵימָן בְּיוֹתֵר
uninhabited *adj.* לֹא מְיוּשָּׁב
uninhibited *adj.* לְלֹא מַעֲצוֹרִים
uninspired *adj.* בְּלִי הַשְׁרָאָה
unintelligible *adj.* לֹא מוּבָן
uninterested *adj.* שְׁוֵה־נֶפֶשׁ, אָדִישׁ

uninterrupted *adj.*	בְּלִי הַפְסָקָה,
	רָצוּף
union *n.*	אִיחוּד, אַחְדוּת, אִיגוּד
Union of Socialist	בְּרִית הַמּוֹעָצוֹת
Soviet Republics *n.*	
unionize *v.*	אִרְגֵן אִיגוּד מִקְצוֹעִי
unique *adj.*	מְיוּחָד, יָחִיד בְּמִינוֹ
unisex *adj.*	(לְגַבֵּי בְּגָדִים) שֶׁל
	שְׁנֵי הַמִּינִים
unison *n.*	הַרְמוֹנְיָה שֶׁל קוֹלוֹת
unit *n.*	יְחִידָה
Unitarian *n.*, *adj.*	אוּנִיטָרִי (נוֹצְרִי
	הַדּוֹחֶה אֶת תּוֹרַת הַשִּׁילוּשׁ)
unite *v.*	אִיחֵד, לִיכֵּד; הִתְאַחֵד;
	הִזְדַּוְוגוּ
united *adj.*	מְאוּחָד, מְחוּבָּר
United Kingdom *n.*	הַמַּמְלָכָה
	הַמְּאוּחֶדֶת
United Nations *n.pl.*	הָאוּמוֹת
	הַמְּאוּחָדוֹת (הָאוּ"ם)
United States of	אַרְצוֹת־הַבְּרִית שֶׁל
America *n.pl.*	אֲמֶרִיקָה
unity *n.*	אַחְדוּת
univalency *n.*	(בְּכִימְיָה) חַד־עֶרְכִּיּוּת
universal *adj.*	אוּנִיבֶרְסָלִי,
	כְּלַל עוֹלָמִי
universe *n.*	הַיְקוּם, הַקּוֹסְמוֹס
university *n.*	אוּנִיבֶרְסִיטָה, מִכְלָלָה
unjustified *adj.*	לֹא מוּצְדָק
unkempt *adj.*	לֹא מְסוֹרָק, מְרוּשָׁל
unkind *adj.*	לֹא טוֹב לֵב
unknowingly *adv.*	שֶׁלֹא מִדַּעַת
unknown *adj.*, *n.*	לֹא נוֹדָע,
	לֹא יָדוּעַ
unlace *v.*	הִתִּיר שְׂרוֹךְ
unlatch *v.*	פָּתַח (מַנְעוּל)
unlawful *adj.*	לֹא חוּקִי
unlearn *v.*	נִגְמַל (מֵהֶרְגֵּל, מֵרַעְיוֹן)
unleash *v.*	הִתִּיר רְצוּעָה, שִׁחְרֵר
unleavened bread *n.*	מַצָּה
unless *conj.*	אֶלָּא אִם כֵּן, אִם לֹא
unlettered *adj.*	בּוּר, לֹא מַשְׂכִּיל
unlike *adj.*, *prep.*	לֹא דוֹמֶה; שׁוֹנֶה מִן
unlikely *adj.*	לֹא סָבִיר, לֹא נִרְאֶה
unlimber *v.*	הֵכִין לִפְעוּלָה;
	הִתְכּוֹנֵן
unlined *adj.*	לְלֹא בִּטְנָה;
	חֲסַר קַוְוים; (עוֹר) לֹא מְקוּמָט
unload *v.*	פָּרַק; נִפְטַר מִן
unlock *v.*	פָּתַח (מַנְעוּל)
unloose *v.*	רִיפָּה, שִׁחְרֵר, הִרְפָּה
unmake *v.*	עָשָׂה לְאַל
unmanageable *adj.*	שֶׁלֹא נִיתָּן
	לְהִשְׁתַּלֵּט עָלָיו
unmanly *adj.*	לֹא גַבְרִי
unmanned *adj.*	לֹא מְאוּיָשׁ
unmannerly *adj.*, *adv.*	חֲסַר נִימוּס
unmask *v.*	הֵסִיר אֶת הַמַּסְווֶה
unmindful *adj.*	לֹא זָהִיר
unmoved *adj.*	לֹא מוּשְׁפָּע, אָדִישׁ
unnecessary *adj.*	לֹא נָחוּץ
unnerve *v.*	רִיפָּה אֶת יָדָיו
unnoticeable *adj.*	לֹא נִיכָּר
unnoticed *adj.*	שֶׁלֹּא הִבְחִינוּ בּוֹ
unobliging *adj.*	לֹא מוּכָן לַעֲזוֹר
unobserved *adj.*	שֶׁלֹּא הִבְחִינוּ בּוֹ
unobtrusive *adj.*	לֹא נִיכָּר
unoccupied *adj.*	לֹא כָּבוּשׁ; לֹא תָּפוּס
unofficial *adj.*	לֹא רִשְׁמִי
unorthodox *adj.*	לֹא דָתִי קִיצוֹנִי;
	לֹא דָבֵק בְּמוּסְכָּמוֹת
unpalatable *adj.*	לֹא נָעִים, לֹא עָרֵב

unparalleled *adj.* שֶׁאֵין כָּמוֹהוּ
unpardonable *adj.* שֶׁלֹּא יִיסָּלַח
unperceived *adj.* שֶׁלֹּא הִבְחִינוּ בּוֹ
unpopular *adj.* לֹא מְקוּבָּל, לֹא רוֹוֵחַ
unprecedented *adj.* חֲסַר תַּקְדִּים
unpremeditated *adj.* שֶׁלֹּא בְּכַוָּונָה תְּחִילָּה
unprepossessing *adj.* לֹא מַרְשִׁים
unpresentable *adj.* לֹא רָאוּי לְהַגָּשָׁה; לֹא רָאוּי לְהוֹפָעָה
unpretentious *adj.* לֹא יוּמְרָנִי
unprincipled *adj.* בִּלְתִּי מוּסָרִי, חֲסַר מַצְפּוּן
unproductive *adj.* לֹא פּוֹרֶה, לֹא יָעִיל
unprofitable *adj.* לֹא מַכְנִיס, לֹא רִווְחִי
unpronounceable *adj.* קָשֶׁה לְבִיטּוּי; לֹא רָאוּי לְצִיּוּן
unquenchable *adj.* שֶׁלֹּא יִיכָּבֶה; שֶׁאֵין לְדַכְּאוֹ
unquestionable *adj.* שֶׁאֵינוֹ מוּטָל בְּסָפֵק
unravel *v.* הִתִּיר, פָּתַר, הִבְהִיר
unreal *adj.* לֹא מַמָּשִׁי, דִּמְיוֹנִי
unreasonable *adj.* חֲסַר הִיגָּיוֹן; לֹא סָבִיר
unrecognizable *adj.* שֶׁאֵין לְהַכִּירוֹ
unreel *v.* גָּלַל, הִתִּיר
unrelenting *adj.* שֶׁאֵינוֹ יוֹדֵעַ רַחֲמִים; אֵיתָן בְּתַקִּיפוּתוֹ
unreliable *adj.* לֹא מְהֵימָן
unremitting *adj.* לֹא פּוֹסֵק, לֹא חָדֵל
unrequited *adj.* שֶׁאֵינוֹ מוּחְזָר, שֶׁאֵין לוֹ גְּמוּל
unresponsive *adj.* לֹא נַעֲנֶה, אָדִישׁ
unrighteous *adj.* לֹא צַדִּיק, רָשָׁע
unripe *adj.* פְּרִי בּוֹסֶר, לֹא בָּשֵׁל
unrivalled *adj.* לְלֹא מִתְחָרֶה
unroll *v.* גּוֹלֵל, גָּלַל, פָּרַס
unruffled *adj.* לֹא מִתְרַגֵּז; קַר־רוּחַ
unruly *adj.* פָּרוּעַ, פּוֹרֵק עוֹל
unsaddle *v.* הֵסִיר אוּכָּף, הִפִּיל מִסּוּס
unsavory *adj.* לֹא נָעִים, דּוֹחֶה
unscathed *adj.* לֹא נִפְגַּע, בָּרִיא וְשָׁלֵם
unscrew *v.* פָּתַח בּוֹרֶג, שִׁחְרֵר
unscrupulous *adj.* חֲסַר מַצְפּוּן
unseal *v.* הֵסִיר חוֹתֶמֶת, פָּתַח
unseasonable *adj.* שֶׁלֹּא בְּעִתּוֹ
unseemly *adj.* לֹא יָאֶה, לֹא הוֹלֵם
unseen *adj.* לֹא נִרְאֶה; (בבחינה) קֶטַע סָמוּי
unselfish *adj.* לֹא אָנוֹכִיִּי
unsettled *adj.* לֹא מְאוּכְלָס; לֹא יַצִּיב
unsex *v.* סֵירֵס, שָׁלַל תְּכוּנוֹת מִינִיּוֹת
unshaken *adj.* לֹא מְעוּרְעָר
unshapely *adj.* (לגבי גוף אישה) לֹא חָטוּב
unshaven *adj.* לֹא מְגוּלָּח
unsheathe *v.* שָׁלַף מִנְּדָנוֹ
unshod *adj.* לֹא נָעוּל; (לגבי סוס) לֹא מְפוּרְזָל
unsightly *adj.* לֹא נָעִים לִרְאוֹתוֹ, מְכוֹעָר
unskilled laborer *n.* פּוֹעֵל פָּשׁוּט (לֹא מקצועי)
unsociable *adj.* לֹא חֶבְרָתִי
unsolder *v.* הִפְרִיד, הֵמֵס
unsophisticated *adj.* לֹא מְתוּחְכָּם, תָּמִים
unsound *adj.* לֹא תַּקִּין; חוֹלֶה; לֹא מְבוּסָּס, רוֹפֵף
unsparingly *adv.* בְּיָד רְחָבָה

unspeakable *adj.* שֶׁאֵין לְהַעֲלוֹתוֹ עַל הַשְּׂפָתַיִם, שֶׁאֵין לְתָאֲרוֹ
unspotted *adj.* לְלֹא כֶּתֶם, לְלֹא דוֹפִי
unstable *adj.* לֹא יַצִּיב
unsteady *adj.* לֹא יַצִּיב; הֲפַכְפַּךְ
unstinted *adj.* רְחַב יָד, נָדִיב
unstitch *v.* פָּרַם, הִתִּיר תֶּפֶר
unstressed *adj.* לֹא מוּטְעָם
unstrung *adj.* רְפוּי מֵיתָרִים, מְעוּצְבָּן
unsurpassable *adj.* שֶׁאֵין לְמַעְלָה מִמֶּנּוּ
unswerving *adj.* יָשָׁר לַמַּטָּרָה, יַצִּיב, לֹא סוֹטֶה
unsympathetic *adj.* לֹא אוֹהֵד
unsystematic(al) *adj.* חֲסַר שִׁיטָתִיּוּת
untamed *adj.* לֹא מְאוּלָּף
untangle *v.* הוֹצִיא מִן הַסְּבַךְ
unteachable *adj.* שֶׁאִי אֶפְשָׁר לְלַמְּדוֹ, לֹא לָמִיד
untenable *adj.* לֹא נִיתָּן לַהֲגָנָה
unthinkable *adj.* שֶׁאֵין לְהַעֲלוֹתוֹ עַל הַדַּעַת
unthinking *adj.* שֶׁנַּעֲשָׂה בְּלִי מַחְשָׁבָה
untidy *adj.* לֹא נָקִי, לֹא מְסוּדָּר
untie *v.* הִתִּיר קֶשֶׁר
until *prep., conj.* עַד, עַד שֶׁ
untimely *adj.* בְּלֹא עֵת, שֶׁלֹּא בְּעִיתּוֹ
untiring *adj.* שֶׁאֵינוֹ יוֹדֵעַ לֵאוּת
untold *adj.* שֶׁלֹּא סוּפַּר; לְאֵין סְפוֹר, עָצוּם
untouchable *adj., n.* שֶׁאֵין לָגַעַת בּוֹ
untouched *adj.* שֶׁלֹּא נָגְעוּ בּוֹ
untoward *adj.* לֹא נָעִים, לֹא נוֹחַ
untried *adj.* שֶׁלֹּא נוּסָּה; שֶׁלֹּא נִידּוֹן בְּבֵית הַמִּשְׁפָּט

untrue *adj.* לֹא אֱמֶת; לֹא נֶאֱמָן, כּוֹזֵב
untruth *n.* אִי־אֱמֶת, שֶׁקֶר
untwist *v.* הִתִּיר, סָתַר
unused *adj.* לֹא מוּרְגָּל; בִּלְתִּי־מְשׁוּמָּשׁ
unusual *adj.* לֹא רָגִיל
unutterable *adj.* שֶׁאֵין לְבַטְּאוֹ בְּמִלִּים
unvanquished *adj.* בִּלְתִּי־מְנוּצָּח
unvarnished *adj.* לֹא מְצוּחְצָח; בְּלִי כָּחָל וּסְרָק, פָּשׁוּט
unveil *v.* הֵסִיר צָעִיף; הֵסִיר לוֹט
unwanted *adj.* לֹא רָצוּי
unwarranted *adj.* לֹא מוּצְדָּק; שֶׁאֵין לוֹ הַצְדָּקָה
unwary *adj.* לֹא זָהִיר, לֹא עֵרָנִי
unwavering *adj.* הֶחְלֵטִי, יַצִּיב
unwelcome *adj.* לֹא רָצוּי
unwell *adj.* לֹא בְּקַו הַבְּרִיאוּת
unwholesome *adj.* לֹא בָּרִיא, מַזִּיק
unwieldy *adj.* מְגוּשָּׁם, מְסוּרְבָּל
unwilling *adj.* מְמָאֵן, לֹא רוֹצֶה
unwind *v.* הִתִּיר, סָתַר; הִשְׁתַּחְרֵר
unwise *adj.* לֹא נָבוֹן
unwitting *adj.* בְּלִי כַּוָּנָה, בְּלֹא יוֹדְעִין
unwonted *adj.* לֹא נָהוּג
unworldly *adj.* לֹא גַשְׁמִי, רוּחָנִי וְתָמִים
unworthy *adj.* לֹא רָאוּי
unwritten *adj.* שֶׁלֹּא הוּעֲלָה עַל הַכְּתָב
unyielding *adj.* לֹא מִתְפַּשֵּׁר, לֹא נִכְנָע
unyoke *v.* פָּרַק עוֹל
up *adv., prep., adj.* עַד; עַל; לְגַמְרֵי מַעְלָה; מַאֲמִיר; זָקוּף; בְּמַעֲלֶה
up against עוֹמֵד בִּפְנֵי (קשיים)
up-and-coming *adj.* מַבְטִיחַ, בַּעַל סִיכּוּיִים

up and doing פָּעִיל
up-and-up *n.* מַעְלָה מַעְלָה, שִׁיפּוּר
up-to-date *adj.* מְעוּדְכָּן
upbraid *v.* נָזַף, גָּעַר
upbringing *n.* גִּידּוּל, חִינּוּךְ
upcountry *adj., adv., n.* אֶל פְּנִים הָאָרֶץ
update *v.* עִדְכֵּן
upgrade *v.* הֶעֱלָה לְדַרְגָּה גְבוֹהָה
upheaval *n.* מַהְפֵּכָה
uphill *adj.* עוֹלֶה; מְייַגֵּעַ
uphill *adv.* בְּמַעֲלֵה הָהָר
uphold *v.* הֶחֱזִיק, חִיזֵּק, עוֹדֵד
upholster *v.* רִיפֵּד
upholsterer *n.* רַפָּד
upkeep *n.* אַחְזָקָה
upland *n., adj.* רָמָה; רָמָתִי
uplift *v.* הֵרִים; רוֹמֵם
uplift *n.* הֲרָמָה; הַעֲלָאָה; הִתְעַלּוּת
upon *prep., adv.* עַל, עַל גַּבֵּי; אַחֲרֵי
upper *adj.* עֶלְיוֹן, עִילִּי
upper *n.* (בנעל) פֶּנֶת; מִטָּה עִילִּית
upper berth *n.* מִיטָּה עִילִּית
upper hand *n.* יָד עַל הָעֶלְיוֹנָה
upper middle class *n.* מַעֲמָד בֵּינוֹנִי עִילִּי
uppermost *adj., adv.* רֹאשׁ וְרִאשׁוֹן; בְּרֹאשׁ
uppish *adj.* מִתְנַשֵּׂא, שַׁחְצָן
upright *adj.* זָקוּף; יְשַׁר דֶּרֶךְ
upright *n.* עַמּוּד זָקוּף
uprising *n.* הִתְקוֹמְמוּת
uproar *n.* מְהוּמָה, הֲמוּלָּה
uproarious *adj.* רוֹעֵשׁ, הוֹמֶה
uproot *v.* עָקַר מִן הַשּׁוֹרֶשׁ, שֵׁירֵשׁ
upset *v.* הָפַךְ; הִתְהַפֵּךְ; הִדְאִיג
upset *n.* הֲפִיכָה; אַנְדְּרוֹלוֹמוּסְיָה, זַעֲזוּעַ
upset *adj.* מְבוּלְבָּל; נִרְגָּז
upsetting *adj.* מְצַעֵר
upshot *n.* תּוֹצָאָה סוֹפִית
upside *n.* בְּצַד הָעֶלְיוֹן
upside-down *adj.* הָפוּךְ, מְהוּפָּךְ; תּוֹהוּ וָבוֹהוּ
upstage *adv., adj.* בְּיַרְכְּתֵי הַבִּימָה; יָהִיר
upstairs *adv., adj., n.* לְמַעְלָה; (שֶׁל) קוֹמָה עֶלְיוֹנָה
upstanding *adj.* זְקוּף-קוֹמָה; הָגוּן
upstart *n.* מִי שֶׁעָלָה לִגְדוּלָה, כּוֹכָב חָדָשׁ
upstate *adj., n.* (שֶׁל) צְפוֹן הַמְּדִינָה
upstream *adv.* נֶגֶד הַזֶּרֶם, בְּמַעֲלֵה הַנָּהָר
upswing *n.* עֲלִיָּיה גְּדוֹלָה
uptight *adj.* מָתוּחַ וְעַצְבָּנִי
uptown *adj., adv., n.* (שֶׁל) אֵזוֹר הַמְּגוּרִים (שבעיבּוּר העיר); אֶל הָאֵזוֹר (כנ"ל)
uptrend *n.* מְגַמַּת עֲלִיָּיה
upturned *adj.* מוּפְנֶה כְּלַפֵּי מַעְלָה
upward *adj., adv.* עוֹלֶה; אֶל עָל, לְמַעְלָה
uranium *n.* אוּרַנְיוּם (מתכת רדיואקטיווית)
urban *adj.* עִירוֹנִי
urbane *adj.* מְנוּמָּס, תַּרְבּוּתִי
urbanite *n.* עִירוֹנִי
urbanity *n.* תַּרְבּוּתִיּוּת, נִימוּסִים
urbanize *v.* עִיֵּר, שִׁיוָּה צוּרַת עִיר
urchin *n.* (ילד) מַזִּיק, שׁוֹבָב, פִּרְחָח
urethra *n.* שׁוֹפְכָה, תְּעָלַת הַשֶּׁתֶן

urge *v.* דָּחַק, תָּבַע בְּמַפְגִּיעַ
urge *n.* דַּחַף, יֵצֶר
urgency *n.* דְּחִיפוּת
urgent *adj.* דָּחוּף
urinal *n.* כְּלִי שֶׁתֶן; מִשְׁתָּנָה
urinate *v.* הִשְׁתִּין
urine *n.* שֶׁתֶן
urn *n.* אֲגַרְטָל, כַּד; קַנְקַן
us *pron.* אוֹתָנוּ; לָנוּ
usable *adj.* שָׁמִישׁ, בַּר שִׁימוּשׁ
usage *n.* נוֹהַג, שִׁימוּשׁ
use *v.* הִשְׁתַּמֵּשׁ בּ; נָהַג בּ, צָרַךְ
use *n.* הֶרְגֵל, שִׁימוּשׁ, נִיצּוּל, תּוֹעֶלֶת
used *adj.* מְשׁוּמָּשׁ, רָגִיל
useful *adj.* מוֹעִיל, שִׁימוּשִׁי
usefulness *n.* תּוֹעֶלֶת
useless *adj.* חֲסַר תּוֹעֶלֶת
user *n.* מִשְׁתַּמֵּשׁ
usher *n.* סַדְרָן, שַׁמָּשׁ (בְּבֵית-דִּין)
usual *adj.* רָגִיל, שָׁכִיחַ
usually *adv.* בְּדֶרֶךְ כְּלָל
usufruct *n.* (במשפט) הֲנָאַת שִׁימוּשׁ
usurp *v.* נָטַל בְּכוֹחַ, הִסִּיג גְּבוּל, עָשַׁק
usury *n.* רִיבִּית קְצוּצָה, נֶשֶׁךְ
utensil *n.* כְּלִי, כְּלִי שָׁרֵת, מַכְשִׁיר
uterus *n.* רֶחֶם
utilitarian *adj., n.* תּוֹעַלְתָּנִי; תּוֹעַלְתָּן
utility *n.* שִׁימוּשִׁיּוּת, תּוֹעֶלֶת, דָּבָר מוֹעִיל; שֵׁירוּת
utilize *v.* הֵפִיק תּוֹעֶלֶת, נִיצֵּל
utmost *adj., n.* רַב בְּיוֹתֵר, מְרַבִּי; מְלוֹא
utopian *adj.* אוּטוֹפִּי, בַּעַל חֲלוֹמוֹת
utter *adj.* מוּחְלָט, גָּמוּר
utter *v.* בִּיטֵּא, הִבִּיעַ; הֵפִיץ
utterance *n.* הֲגִיָּיה, הַבָּעָה; דִּיבּוּר
utterly *adv.* לְגַמְרֵי, לַחֲלוּטִין
uvula *n.* (בַּחֵיךְ) עִנְבָּל, לְהָאָה
uxoricide *n.* הוֹרֵג אִשְׁתּוֹ
uxorious *adj.* כָּרוּךְ מְאוֹד אַחֲרֵי אִשְׁתּוֹ

V

vacancy *n.* רֵיקוּת; מָקוֹם פָּנוּי

vacant *adj.* רֵיק; פָּנוּי; נָבוּב

vacate *v.* פִּינָּה

vacation *n.* פִּינּוּי, פַּגְרָה; חוּפְשָׁה

vacation *v.* בִּילָּה חוּפְשָׁה

vacation with pay *n.* חוּפְשָׁה בְּתַשְׁלוּם

vaccination *n.* הַרְכָּבָה (נגד אבעבועות)

vaccine *n.* תַּרְכִּיב

vacillate *v.* הִיסֵּס

vacillating *adj.* מְהַסֵּס

vacuity *n.* רֵיקוּת, חוֹסֶר תּוֹכֶן

vacuous *adj.* נָבוּב, חֲסַר תּוֹכֶן

vacuum *v.* שָׁאַב אָבָק

vacuum *n.* רִיק, חָלָל רֵיק

vacuum-cleaner *n.* שׁוֹאֵב־אָבָק, שׁוֹאָבָק

vacuum-tube *n.* שְׁפוֹפֶרֶת־רִיק

vade mecum *n.* חוֹבֶרֶת הַדְרָכָה (קטנה)

vagabond *adj., n.* נַוָּד; בֶּן־בְּלִי־בַּיִת

vagary *n.* גַּחְמָה, קַפְרִיזָה

vagina *n.* פּוֹתָה

vagrancy *n.* נַוָּדוּת

vagrant *n., adj.* נָע־וָנָד, נוֹדֵד

vague *adj.* מְעוּרְפָּל, לֹא בָּרוּר

vain *adj.* הַבְלִי; רֵיקָנִי; שָׁוְא; רַבְרְבָנִי

vainglorious *adj.* רַבְרְבָן, מִתְפָּאֵר

valance *n.* וִילוֹנִית

vale *n.* עֵמֶק

valedictory *adj., n.* (נְאוּם) פְּרֵידָה

valence *n.* עֶרְכִּיּוּת (בכימייה)

valentine *n.* אָהוּב, אֲהוּבָה; מִכְתַּב אַהֲבָה

vale of tears *n.* עֵמֶק הַבָּכָא

valet *n.* נוֹשֵׂא־כֵּלִים; מְשָׁרֵת

valiant *adj.* נוֹעָז, אַמִּיץ־לֵב

valid *adj.* שָׁרִיר, תָּקֵף; תּוֹפֵס

validate *v.* בִּיסֵּס, הִקְנָה תּוֹקֶף

validity *n.* תְּקֵפוּת, תּוֹקֶף

valise *n.* מִזְוָודָה, זְוָד

valley *n.* עֵמֶק, בִּקְעָה

valor *n.* אוֹמֶץ־לֵב, גְבוּרָה

valuable *adj., n.* רַב־עֵרֶךְ; דְּבַר־עֵרֶךְ

valuation *n.* הַעֲרָכָה, שׁוּמָה

value *n.* עֵרֶךְ, שׁוֹוִי

value *v.* הֶעֱרִיךְ, שָׂם

valve *n.* שַׁסְתּוֹם, מַסְתֵּם; שְׁפוֹפֶרֶת

vamo(o)se *interj.* הִסְתַּלֵּק! הִתְנַדֵּף!

vamp *n.* חַרְטוֹם הַנַּעַל; טְלַאי; (אישה) עַרְפָּדִית, מְרוּשַׁעַת

vamp *v.* הִטְלִיא, אִלְתֵּר; נִיצְּלָה (גבר)

vampire *n.* עַרְפָּד (רוּחַ מֵת מוצצת דם)

van *n.* מַשָּׂאִית סְגוּרָה, רֶכֶב מִשְׁלוֹחַ

vandal *n.* וַנְדָּל, בַּרְבָּר, מַשְׁחִית

vandalism *n.* וַנְדָּלִיּוּת

vane *n.* שַׁבְשֶׁבֶת (המראה כיוון רוח)

vanguard *n.* חֵיל חָלוּץ

vanilla *n.* שֶׁנֶף, וָנִיל

vanish *v.* נֶעֱלַם, 'הִתְנַדֵּף'

vanity *n.* יְהִירוּת, הִתְפָּאֲרוּת־שָׁוְא

vanity case *n.* קוּפְסַת אִיפּוּר

vanquish *v.* הִכְנִיעַ, נִיצַּח, הֵבִיס

vantage ground *n.* עֶמְדַּת יִתְרוֹן

vapid *adj.* לֹא מְעַנְיֵין, חֲסַר טַעַם

vapor *n.* אֵד, הֶבֶל, קִיטוֹר

vaporize *v.* אִידָה; הִתְאַדָּה
vapor trail *n.* נְחַשׁ מְטוֹס סִילוֹן
variable *adj.* מִשְׁתַּנֶּה; שֶׁאֵינוֹ יַצִּיב
variance *n.* חִילוּקֵי דֵעוֹת
variant *adj., n.* שׁוֹנֶה, מִשְׁתַּנֶּה; גִּרְסָה שׁוֹנָה, נוֹסַח אַחֵר
variation *n.* שִׁינּוּי, שׁוֹנִי; גִּיוּוּן צוּרָה
varicose veins *n.pl.* דָּלִיּוֹת הָרַגְלַיִים
varied *adj.* שׁוֹנֶה, מְגוּוָּן
variegated *adj.* מְגוּוָּן, שׁוֹנֶה
variety *n.* רַבְגוֹנִיּוּת, מִגְוָן
variety show *n.* הַצָּגַת בִּידּוּר מְגוּוֶּנֶת
variola *n.* אֲבַעְבּוּעוֹת
various *adj.* שׁוֹנִים
varnish *n.* מִשְׁחַת־בָּרָק, לַכָּה
varnish *v.* לִיכָּה; צִחְצַח
varsity *n.* אוּנִיבֶרְסִיטָה
vary *v.* שִׁינָּה, גִּיוּוֵּן; הִשְׁתַּנָּה
vascular *adj.* שֶׁל כְּלֵי הַדָּם; (בצמח) שֶׁל צִינּוֹרִיּוֹת הַמּוֹהַל
vase *n.* וָזָה, אֲגַרְטֵל
vaseline *n.* וָזֵלִין (משחת מַרְפֵּא)
vassal *n., adj.* צָמִית, וַסָּל; מְשׁוּעְבָּד, עֶבֶד נִרְצָע
vast *adj.* גָּדוֹל, נִרְחָב
vastly *adv.* בְּמִידָּה רַבָּה, מְאוֹד מְאוֹד
vat *n.* מְכָל, אַמְבָּט
vaudeville *n.* ווֹדֶבִיל (תכנית בידור קלה ומגוּוֶנֶת)
vault *n.* כּוּךְ, מַרְתֵּף; כִּיפָּה; נִיתּוּר, קְפִיצָה
vault *v.* נִיתֵּר, קָפַץ
vaunt *v.* הִתְרַבְרֵב, הִתְפָּאֵר
veal *n.* בְּשַׂר עֵגֶל
veal chop *n.* כְּתִיתַת עֵגֶל

vector *n.* (במתמטיקה) וֶקְטוֹר (קטע ישר שאורכו וכיוון תנועתו מַשקפים גודל של כוח, מהירות וכד׳ - והכיוון שבו פועל גודל זה)
veer *v.* שִׁינָּה כִּיווּן, הִתְחַלֵּף
vegetable *n., adj.* יָרָק; צֶמַח; צִמְחִי; שֶׁל יְרָקוֹת
vegetarian *n., adj.* צִמְחוֹנִי; שֶׁל יְרָקוֹת
vegetation *n.* צִמְחִיָּה
vehemence *n.* עוֹז, תַּקִּיפוּת, חֲרִיפוּת
vehement *adj.* עַז, תַּקִּיף, חָרִיף
vehicle *n.* רֶכֶב; אֶמְצָעִי (להבעת רגש, מחשבה)
veil *n.* צָעִיף, מַעֲטֶה דַק
veil *v.* צִיעֵף, הִסְתִּיר
vein *n.* וְרִיד, גִּיד; הֲלַךְ רוּחַ
vellum *n.* קְלָף (לכתיבה)
velocity *n.* מְהִירוּת
velvet *n., adj.* קְטִיפָה; רַךְ
velveteen *n.* בַּד כּוּתְנָה (דמוי קטיפה)
velvety *adj.* קְטִיפָנִי, חָלָק וְרַךְ
venal *adj.* מוּשְׁחָת, מוּכָן לְקַבֵּל שׁוֹחַד
vend *v.* מָכַר
vendetta *n.* רְצִיחוֹת נַקְמָנִיּוֹת, מַנִּיעַ הַנַּקְמָנוּת
vendor, vender *n.* מוֹכֵר
veneer *n.* לְבִיד
veneer *v.* צִיפָּה בִּלְבִידִים
venerable *adj.* נִכְבָּד, רָאוּי לְהוֹקָרָה
venerate *v.* כִּיבֵּד, הֶעֱרִיץ
venereal *adj.* שֶׁל מַחֲלַת־מִין
vengeance *n.* נָקָם, נְקָמָה
vengeful *adj.* נוֹקֵם, שׁוֹאֵף נָקָם
venial *adj.* בַּר סְלִיחָה, סָלִיחַ; לֹא רְצִינִי כָּל כָּךְ

venison *n.* בְּשַׂר צְבִי
venom *n.* אֶרֶס, שִׂנְאָה אַרְסִית
venomous *adj.* אַרְסִי
vent *n.* פֶּתַח יְצִיאָה; פּוּרְקָן
vent *v.* הִתְקִין פֶּתַח; נָתַן (מָצָא) פּוּרְקָן
venthole *n.* נֶקֶב אִוורוּר
ventilate *v.* אִוורֵר; עוֹרֵר דִּיוּן פּוּמְבִּי
ventilator *n.* מְאַוורֵר
ventricle *n.* חָלָל בַּגּוּף (כמוח, בלב)
ventriloquism *n.* דִּיבּוּר מֵהַבֶּטֶן
venture *n.* מִפְעָל נוֹעָז, נִיסָּיוֹן מְסוּכָּן
venture *v.* הֵעֵז, הִסְתַּכֵּן
venue *n.* מְקוֹם הַשִּׁיפּוּט; מְקוֹם הִתְרַחֲשׁוּת (פשע, אירוע)
veracious *adj.* דּוֹבֵר אֱמֶת, שֶׁל אֱמֶת
veracity *n.* אֱמֶת, אֲמִיתּוּת
veranda(h) *n.* מִרְפֶּסֶת מְקוֹרָה
verb *n.* פּוֹעַל
verbalization *n.* הַמְלָלָה
verbally *adv.* בְּעַל פֶּה (לא בכתב)
verbatim *adv.* מִלָּה בְּמִלָּה, כִּלְשׁוֹנוֹ
verbiage *n.* גִּיבּוּב מִלִּים, מֶלֶל
verbose *adj.* מְגַבֵּב מִלִּים, רַב מֶלֶל
verdant *adj.* יָרוֹק; לֹא מְנוּסֶּה
verdict *n.* פְּסַק־דִּין; קְבִיעָה
verdigris *n.* יְרוֹקֶת נְחוֹשֶׁת
verdure *n.* יַרְקוּת, דֶּשֶׁא
verge *n.* קָצֶה, גְּבוּל, שׁוּל
verge *v.* גָּבַל עִם, הָיָה קָרוֹב ל
verification *n.* אִימּוּת, וִידּוּא
verify *v.* אִימֵּת, וִידֵּא
verily *adv.* בֶּאֱמֶת, אָכֵן
verisimilitude *n.* הִידַּמּוּת לֶאֱמֶת; דָּבָר הַנִּרְאֶה כֶּאֱמֶת
veritable *adj.* אֲמִיתִּי, מוּחָשִׁי
verity *n.* אֱמֶת, דְּבַר אֱמֶת
vermicelli *n.* אִטְרִיּוֹת דַּקּוֹת
vermillion, vermilion *n.* שָׁשַׁר
vermin *n.pl. or sing.* רֶמֶשׂ, שֶׁרֶץ, בָּזוּי
vermouth *n.* וֶרְמוּת (יין לבן)
vernacular *adj., n.* מְקוֹמִי; שְׂפַת הַמָּקוֹם
vernal *adj.* אֲבִיבִי, שֶׁל הָאָבִיב
versatile *adj.* רַב־צְדָדִי, רַב שִׁימוּשִׁי
verse *n.* חָרוּז, שִׁיר, בַּיִת; פָּסוּק
versed *adj.* בָּקִי, מְנוּסֶּה, מְיוּמָּן
versify *v.* חִיבֵּר שִׁיר, כָּתַב חֲרוּזִים
version *n.* גִּירְסָה, נוֹסַח
verso *n.* עֵבֶר הַדַּף
versus *prep.* נֶגֶד, מוּל, נוֹכַח
vertebra *n.* חוּלְיָה (בשדרה)
vertex *n.* פִּסְגָּה, שִׂיא, קוֹדְקוֹד
vertical *adj.* מְאוּנָּךְ, אֲנָכִי
vertigo *n.* סְחַרְחוֹרֶת
verve *n.* תְּנוּפָה, חִיּוּת, לַהַט
very *adj.* עַצְמוֹ; (דבר) כְּמוֹ שֶׁהוּא בְּדִיּוּק; מַמָּשׁ
very *adv.* מְאוֹד
vesicle *n.* שַׁלְפּוּחִית (קטנה בעור)
vesper *n.* תְּפִילַּת עֶרֶב (בכנסייה)
vessel *n.* כְּלִי־קִיבּוּל; כְּלִי־שַׁיִט, סְפִינָה
vest *n.* גּוּפִיָּיה; חֲזִיָּיה
vest *v.* הֶעֱנִיק, הִקְנָה
vestal *adj.* (נערה) צְנוּעָה וּטְהוֹרָה
vestibule *n., v.* מִסְדְּרוֹן, חֲדַר כְּנִיסָה
vestige *n.* שָׂרִיד, זֵכֶר
vestment *n.* לְבוּשׁ, גְּלִימָה
vestry *n.* חֲדַר הַלְבָּשָׁה (בכנסייה)

vestryman *n.* חֲבֵר וַעַד מָחוֹז (כנסייתי)
vet *v.* בָּדַק בְּדִיקָה וֵטֵרִינָרִית
vetch *n.* בַּקְיָה (צמח מספוא)
veteran *adj., n.* וָתִיק; בַּעַל וֶתֶק
veterinary *adj., n.* (שֶׁל) רִיפּוּי בְּהֵמוֹת.
veterinary medicine *n.* רִיפּוּי בְּהֵמוֹת
veto *n.* וֵטוֹ (סמכות הצבעת 'לאו' הניתנת ליחיד נגד דעת הרוב)
veto *v.* הֵטִיל וֵטוֹ
vex *v.* הִקְנִיט, הִרְגִּיז, עִצְבֵּן
via *prep.* דֶּרֶךְ, בְּאֶמְצָעוּת
viable *adj.* בַּר קִיּוּם, שֶׁיָּכוֹל לְהִתְקַיֵּם
viaduct *n.* גֶּשֶׁר קְשָׁתוֹת (מעל למים או לבִקעה)
vial *n.* צְלוֹחִית, כּוֹס קְטַנָּה
viand *n.* דִּבְרֵי אוֹכֶל
vibrate *v.* נִעְנַע, הִרְטִיט; נָע; רָטַט
vibration *n.* תְּנוּדָה, רֶטֶט
vibrato *n.* (במוּסיקה) בְּהַרְעָדַת הַקּוֹל
vicar *n.* כּוֹהֵן עוֹזֵר לְבִישׁוֹף; מְמַלֵּא מָקוֹם
vicarage *n.* בֵּית כּוֹמֶר הָאֵזוֹר
vicarious *adj.* מְמַלֵּא מָקוֹם, חֲלִיפִי, מְבוּצָּע בִּשְׁבִיל אוֹ דֶּרֶךְ מִישֶׁהוּ אַחֵר
vice *n.* מִידָּה רָעָה, הֶרְגֵּל רָע
vice *prep.* בִּמְקוֹם; סְגַן
vice-admiral *n.* סְגַן־אַדְמִירָל
vice-president *n.* סְגַן־נָשִׂיא
vice versa *adv.* לְהֶפֶךְ
viceroy *n.* מִשְׁנֶה לְמֶלֶךְ
vicinity *n.* סְבִיבָה, קִרְבָה
vicious *adj.* מוּשְׁחָת, מְרוּשָּׁע
vicissitude *n.* שִׁינּוּי, מַהְפָּךְ, תְּמוּרָה
victim *n.* קוֹרְבָּן, טֶרֶף
victimize *v.* עֲשָׂאוֹ קוֹרְבָּן, גָּרַם לוֹ סֵבֶל
victor *n.* מְנַצֵּחַ
victorious *adj.* עֲטוּר נִיצָּחוֹן
victory *n.* נִיצָּחוֹן
victual *v.* צִיֵּיד בְּמָזוֹן
victuals *n.pl.* מִצְרְכֵי מָזוֹן
vid. *abbr.* **vide (Latin)** רְאֵה/רְאִי, עַיֵּין/עַיְּינִי
video *adj.* שֶׁל טֵלֵוִויזְיָה, שֶׁל חוֹזִי
video tape *n.* סֶרֶט חוֹזִי
vie *v.* הִתְחָרָה
view *n.* מַרְאֶה, מַחֲזֶה; נוֹף; דֵּעָה
view *v.* רָאָה, צָפָה, בָּחַן
view-finder *n.* כַּוֶּנֶת (במצלמה)
viewer *n.* צוֹפֶה (בטלוויזיה)
viewpoint *n.* נְקוּדַּת מַבָּט
vigil *n.* פִּיקּוּחַ; עֵרוּת, שִׁימּוּרִים
vigilance *n.* עֵרָנוּת, כּוֹנְנוּת
vigilant *adj.* מַשְׁגִּיחַ, עֵר, דָּרוּךְ
vignette *n.* וִינְיֵיטָה, עִיטּוּר (צמח מטפס בשער ספר או בשולי הדפים)
vigor *n.* מֶרֶץ, כּוֹחַ
vigorous *adj.* נִמְרָץ, חָזָק, רַב־מֶרֶץ
vile *adj.* נִתְעָב, שָׁפָל, נִבְזֶה
vilify *v.* הִשְׁמִיץ, הִכְפִּישׁ
villa *n.* חֲוִילָה, וִילָּה
village *n.* כְּפָר, מוֹשָׁבָה
villager *n.* בֶּן כְּפָר, כַּפְרִי, כְּפָרִי
villain *n.* נָבָל, בֶּן בְּלִיַּעַל
villainous *adj.* נִתְעָב, רָע
villainy *n.* מַעֲשֵׂה נְבָלָה
villein *n.* אָרִיס (במשטר פיאודאלי)

vim *n.* כּוֹחַ, מֶרֶץ
vinaigrette *n.* צִנְצֶנֶת תְּבָלִים
vindicate *v.* הִצְדִּיק, הֵגֵן עַל
vindictive *adj.* נַקְמָן
vine *n.* גֶּפֶן
vinegar *n.* חוֹמֶץ
vinegary *adj.* חָמוּץ; שֶׁל חוֹמֶץ
vineyard *n.* כֶּרֶם
viniculture *n.* גִּידּוּל גְּפָנִים
vintage *n.* בָּצִיר; יֵין עוֹנַת הַבָּצִיר
vintager *n.* בּוֹצֵר
vintage wine *n.* יַיִן מְשׁוּבָּח
vintner *n.* יַיְּנָן
viola *n.* וִיוֹלָה, כּוֹנֶרֶת (דומה לכינור אך גדולה ממנו)
violate *v.* הֵפֵר; חִילֵּל; אָנַס
violence *n.* אַלִּימוּת, כּוֹחַ, חוֹזֶק
violent *adj.* אַלִּים, חָזָק
violet *n., adj.* סִיגָלִית, סָגֹל (צמח נוי); סָגוֹל (צבע)
violin *n.* כִּינּוֹר
violinist *n.* כַּנָּר
violoncello *n.* בַּטְנוּנִית, וִיוֹלוֹנְצֶ'לוֹ
viper *n.* צֶפַע; אָדָם רַע
virago *n.* מִרְשַׁעַת, רַגְזָנִית
virgin *n., adj.* בְּתוּלָה; שֶׁל בְּתוּלָה, בְּתוּלִי
virginity *n.* בְּתוּלִים
virility *n.* גַּבְרִיּוּת, כּוֹחַ גַּבְרָא
virology *n.* תּוֹרַת הַנְּגִיפִים
virtual *adj.* לְמַעֲשֶׂה, שֶׁבְּעֶצֶם
virtually *adv.* לְמַעֲשֶׂה, כִּמְעַט לְגַמְרֵי
virtue *n.* מִידָּה טוֹבָה; סְגוּלָּה; צְנִיעוּת
virtuosity *n.* אֻמָּנוּת (אָמָּנוּת) מְעוּלָּה, וִירְטוּאוֹזִיּוּת
virtuoso *n.* אֻמָּן (אָמָּן) בְּחֶסֶד עֶלְיוֹן
virtuous *adj.* מוּסָרִי, יָשָׁר, שֶׁל צַדִּיק
virulence *n.* אַרְסִיּוּת עַזָּה; חֲרִיפוּת אַרְסִית (של מלים)
virulent *adj.* חָרִיף, אַרְסִי; מִידַּבֵּק
virus *n.* נְגִיף, וִירוּס
vis-a-vis *adj., adv.* נוֹכַח, מוּל, פָּנִים אֶל פָּנִים
visa *n., v.* (נָתַן) אֲשָׁרָה
visage *n.* חֲזוּת, מַרְאֵה פָּנִים
viscera *n.* קְרָבַיִים
viscosity, viscidity *n.* צְמִיגוּת (של נוזל)
viscount *n.* וִיקוֹנְט (תואר אצילות)
viscous, viscid *adj.* דָּבִיק, צָמִיג
vise, vice *n.* מֶלְחָצַיִים
visibility *n.* רְאוּת, רְאִיּוּת
visible *adj.* נִרְאֶה, גָּלוּי לָעֵינַיִים
visibly *adv.* גְּלוּיוֹת, בְּאוֹפֶן נִרְאֶה לָעַיִן
vision *n.* רְאִיָּה; חָזוֹן, מַרְאֶה
visionary *n., adj.* הוֹזֶה, חוֹלֵם; דִּמְיוֹנִי; בַּעַל דִּמְיוֹן
visit *v.* בִּיקֵּר, סָר אֶל
visit *n.* בִּיקּוּר
visitation *n.* בִּיקּוּר; עוֹנֶשׁ מִשָּׁמַיִם, פּוּרְעָנוּת
visiting card *n.* כַּרְטִיס בִּיקּוּר
visitor *n.* אוֹרֵחַ, מְבַקֵּר
visor *n.* מִצְחַת קַסְדָּה; מָגֵן (במכונית) מִסְנוֹוֵר
vista *n.* מַרְאֶה, נוֹף; סִדְרַת תְּמוּנוֹת
visual *adj.* חֲזוּתִי, שֶׁל רְאִיָּה
visualize *v.* דִּמְיֵין, חָזָה בְּדִמְיוֹנוֹ
vital *adj.* חִיּוּנִי; הֶכְרֵחִי
vital statistics *n.pl.* סְטָטִיסְטִיקָה שֶׁל חַיֵּי הָאוּכְלוּסִיָּה

vitality *n.* חִיּוּת, חִיּוּנִיּוּת
vitalize *v.* מִילֵּא חִיּוּת, נָפַח חַיִּים
vitamin *n.* וִיטָמִין (חומר אורגני חיוני לגידול האדם המצוי במזון)
vitiate *v.* קִלְקֵל, זִיהֵם, פָּסַל
viticulture *n.* גִידּוּל גְּפָנִים
vitreous *adj.* זְגוּגִי, כְּמוֹ זְגוּגִית
vitriolic *adj.* (דיבּוּר) חָרִיף
vituperate *v.* חֵירֵף, גִידֵּף, הִשְׁמִיץ
viva *interj., n.* יְחִי!
viva voce *adj.adv.,n.* (בְּחִינָה) בְּעַל פֶּה, בְּדִיבּוּר חַי
vivacious *adj.* עַלִּיז, מָלֵא חַיִּים
vivacity *n.* עַלִּיזוּת, חִיּוּת, עֵרָנוּת
vivid *adj.* חַי, חָזָק
vivify *v.* הֶחְיָה, הוֹסִיף חִיּוּת
vivisection *n.* נִיתּוּחַ בַּעֲלֵי חַיִּים
vixen *n.* מִרְשַׁעַת; שׁוּעָלָה
viz. *abbr.* (קיצור של viderlicet) כְּלוֹמַר, הַיְינוּ
vocabulary *n.* אוֹצַר מִלִּים
vocal *adj.* קוֹלִי, שֶׁל קוֹל
vocalist *n.* זַמָּר
vocation *n.* מִשְׁלַח־יָד, מִקְצוֹעַ
vocative *adj., n.* (של) פְּנִיָּיה
vociferate *v.* צָעַק, צָרַח
vociferous *adj.* צַעֲקָנִי, צַרְחָנִי
vodka *n.*ווֹדְקָה (יין שרף רוסי)
vogue *n.* אוֹפְנָה
voice *n.* קוֹל (אדם)
voice *v.* בִּיטֵּא, הִבִּיעַ, הִשְׁמִיעַ
voiceless *adj.* חֲסַר קוֹל, אִילֵּם
void *adj.* רֵיק, בָּטֵל; נְטוּל תּוֹקֶף
void marriage *n.* (במשפט) נִישּׂוּאִים בְּטֵלִים מֵעִיקָּרָם
void *n.* חָלָל רֵיק
void *v.* בִּיטֵּל תּוֹקֶף; רוֹקֵן, הֵרִיק
volatile *adj.* נָדִיף; קַל־דַּעַת
volcanic *adj.*ווּלְקָנִי, שֶׁל הַר־גַּעַשׁ
volcano *n.* הַר גַּעַשׁ
volition *n.* רָצוֹן; בְּחִירָה
volley *n.* מַטַּח יְרִיּוֹת, צְרוֹר; (בטניס) מַכַּת יְעָף (החזרת כדור באוויר)
volley *v.* יָרָה צְרוֹר; הִכָּה בִּיעָף
volleyball *n.* כַּדּוּר עָף
volt *n.* ווֹלְט (יחידת מידה של מתח חשמלי)
voltage *n.* ווֹלְטָג' (ערך המתח בוולטים)
volte-face *n.* סִיבּוּב לְאָחוֹר; שִׁינּוּי מוּחְלָט
voltmeter *n.* מַד־מֶתַח
voluble *adj.* קוֹלֵחַ בְּדִיבּוּרוֹ
volume *n.* כֶּרֶךְ; נֶפַח; עוֹצְמַת קוֹל
voluminous *adj.* גָּדוֹל, רָחָב, מָלֵא
voluntary *adj.* ווֹלוּנְטָרִי, הִתְנַדְּבוּתִי
voluntary *n.* סוֹלוֹ בְּעוּגָב (בכנסייה)
volunteer *n.* מִתְנַדֵּב
volunteer *v.* הִתְנַדֵּב; הִצִּיעַ
voluptuary *n., adj.* מִתְמַכֵּר לְתַעֲנוּגוֹת חוּשָׁנִיִּים, נֶהֱנְתָן
voluptuous *adj.* חוּשָׁנִי, תַּאַוְתָנִי
vomit *n.* הֲקָאָה; קִיא
vomit *v.* הֵקִיא
voodoo *n.* כְּשָׁפִים (הנהוגים בין כושים באיי הודו המערבית ובדרום אה"ב)
voracious *adj.* רַעַבְתָנִי, זוֹלְלָנִי
voracity *n.* זְלִילָה, רַעַבְתָנוּת
vortex *n.(pl.* **vortices)** מְעַרְבּוֹלֶת, קַלַּחַת (פעילויות)
votary, votarist *n.* נָזִיר; חָסִיד נִלְהָב

vote *n.* קול, דֵעָה, הַצְבָּעָה
vote *v.* בָּחַר, הִצְבִּיעַ
vote down *v.* דָחָה בְּהַצְבָּעָה
vote getter *n.* מושֵׁך קולות
vote through *v.* אִישֵׁר בְּהַצְבָּעָה
voter *n.* מַצְבִּיעַ, בּוחֵר
votive *adj.* מְקודָשׁ; שֶׁל קִיום נֵדֶר
vouch *v.* עָרַב
voucher *n.* עָרֵב; תְּעודָה, שובֵר
vouchsafe *v.* הֶעֱנִיק; הואִיל לָתֵת
vow *n.* נֶדֶר, הַצְהָרָה חֲגִיגִית
vow *v.* נָדַר, הִבְטִיחַ
vowel *n.* תְּנוּעָה (כנגד עיצור)
vox populi *n.* קול הֶהָמון, דַעַת הַקָּהָל
voyage *n.* מַסָּע (באונייה), הַפְלָגָה
voyage *v.* הִפְלִיג (באונייה)
voyager *n.* נוסֵעַ (בים)
voyeur *n.* מְצִיצָן
vulcanize *n.* גִיפֵּר (גומי)
vulgar *adj.* גַס, הֲמוֹנִי; רווֵחַ
vulgarity *n.* גַסּות, הֲמונִיּות
Vulgate *n.* וולְגָטָה (התרגום הלטיני הראשון של כתבי הקודש. נעשה בידי הירונימוס)
vulnerable *adj.* פָּגִיעַ
vulpine *adj.* שׁועָלִי, עָרום כְּשׁועָל
vulture *n.* עַיִט; נֶשֶׁר
vulva *n.* רֶחֶם, פות, עֶרְוַת הָאִשָּׁה
vulvitis *n.* דַלֶּקֶת הָרֶחֶם

W

wad *v.* מִילֵּא, רִיפֵּד

wad *n.* מוֹךְ; צְרוֹר (ניירות, חומר רך)

wadding *n.* מִילּוּי; צֶמֶר גֶּפֶן, מוֹךְ

waddle *v.* הָלַךְ כְּבַרְוָז

waddle *n.* הִילּוּךְ הֲלִיכַת בַּרְוָז

wade *v.* הָלַךְ בְּקוֹשִׁי, עָבַר בִּכְבֵדוּת

wadi *n.* גַּיְא, עֵמֶק, וָאדִי

wafer *n.* אֲפִיפִית, מַרְקוֹעַ

waffle *n.* עוּגָה מְחוֹרֶצֶת

waffle *v.* בִּרְבֵּר (דיבר ללא משמעות של ממש)

waft *v.* הֵנִיף, נָשָׂא

wag *v.* נִעְנֵעַ, כִּשְׁכֵּשׁ (בזנבו)

wag *n.* נִעְנוּעַ, כִּשְׁכּוּשׁ (בזנב); לֵיצָן

wage *v.* נִיהֵל (מלחמה)

wage *n.* שָׂכָר

wage-earner *n.* עוֹבֵד שָׂכִיר

wager *n.* הִימּוּר, הִתְעָרְבוּת

wager *v.* הִתְעָרֵב, הִימֵּר

waggish *adj.* לֵיצָנִי

waggle *v.* הֵנִיעַ; הִתְנוֹעֵעַ, כִּשְׁכֵּשׁ

wagon *n.* עֲגָלָה, קָרוֹן, קְרוֹן־מִטְעָן

wagtail *n.* נַחֲלִיאֵלִי

waif *n.* (ילד או בע"ח) חֲסַר בַּיִת

wail *v.* בָּכָה, קוֹנֵן

wail *n.* בְּכִיָּיה, קִינָה; יְלָלָה

waist *n.* מוֹתְנַיִים; לְסוּטָה

waistband *n.* רְצוּעָה לַמּוֹתְנַיִים

waistcoat *n.* חֲזִיַּית גֶּבֶר

waistline *n.* קַו הַמּוֹתְנַיִים

wait *v.* הִמְתִּין, חִיכָּה; הִגִּישׁ (אוכל)

wait *n.* צִיפִּיָּיה, הַמְתָּנָה

waiter *n.* מֶלְצַר

waiting list *n.* רְשִׁימַת תּוֹר

waiting-room *n.* חֲדַר־הַמְתָּנָה

waitress *n.* מֶלְצָרִית

waive *v.* וִיתֵּר עַל (זכות, תביעה)

wake *v.* הֵעִיר; הִתְעוֹרֵר

wake *n.* הַשְׁגָּחָה, מִשְׁמָר (למת); עָקְבָה, שׁוֹבֶל (של ספינה); עֲקֵבוֹת

wakeful *adj.* עֵר

waken *v.* הֵקִיץ, הִתְעוֹרֵר; הֵעִיר

walk *v.* הָלַךְ, הִתְהַלֵּךְ; הוֹלִיךְ

walk about *v.* הִתְהַלֵּךְ

walk in *v.* נִכְנַס

walk off *v.* הָלַךְ לוֹ

walk out *v.* שָׁבַת

walk the hospital *v.* הָיָה סְטוּדֶנְט לִרְפוּאָה

walk *n.* הֲלִיכָה בְּרֶגֶל, טִיּוּל קָצָר

walk-on *n.* תַּפְקִיד קָטָן (במחזה)

walk-out *n.* שְׁבִיתָה

walker *n.* הַלְכָן

walkie-talkie *n.* שַׁחְנוֹעַ, מַכְשִׁיר קֶשֶׁר

walking-papers *n.pl.* מִכְתַּב־פִּיטּוּרִים

walking-stick *n.* מַקֵּל הֲלִיכָה

walkman *n.* שִׁמְעוֹן, 'ווֹקְמֶן'

walkover *n.* נִיצָּחוֹן קַל

wall *n.* קִיר, חוֹמָה, כּוֹתֶל

wallaby *n.* קֶנְגֻּרוּ (קטן)

wallet *n.* תִּיק, אַרְנָק

wallop *v.* 'הִרְבִּיץ', הִכָּה, נִיצַּח

wallop *n.* מַכָּה חֲזָקָה

wallow *v.* הִתְפַּלֵּשׁ, הִתְבּוֹסֵס

wallpaper *n.* טַפֵּיטֵי נְיָיר, נְיַיר־קִיר

walnut *n.* אֱגוֹזָה

waltz *n.* וַלְס

wan *adj.* עָיֵיף; חִיוֵּור

wand *n.* שַׁרְבִיט, מַטֶּה
wander *v.* נָדַד, שׁוֹטֵט
wanderer *n.* נוֹדֵד
wanderlust *n.* תַּאֲוַות נְסִיעוֹת
wane *v.* הִתְמַעֵט, נֶחֱלַשׁ
wane *n.* יְרִידָה, הִתְמַעֲטוּת
wangle *v.* הִשִּׂיג (בדרכים לא כשרות)
wangle *n.* תִּחְבּוּל, זִיּוּף, הוֹנָאָה
want *v.* חָסַר, רָצָה
want *n.* הֵיעָדֵר; רָצוֹן; צוֹרֶךְ; עוֹנִי
wanton *adj., n.* פָּרוּעַ, מוּפְקָר
war *n.* מִלְחָמָה
warble *v.* סִלְסֵל בְּקוֹלוֹ
warble *n.* סִלְסוּל קוֹל
ward *v.* הִטָּה, דָּחָה, מָנַע
ward *n.* אֵזוֹר, רוֹבַע; מוּשְׁגָּח, בֶּן חָסוּת
warden *n.* מְמוּנֶּה, אַפִּיטְרוֹפּוֹס; רַב־סוֹהֵר
warder *n.* שׁוֹמֵר שַׁעַר; (בבריטניה) סוֹהֵר
wardress *n.* סוֹהֶרֶת
wardrobe *n.* אֲרוֹן בְּגָדִים; מֶלְתָּחָה
wardroom *n.* (באוניית מלחמה) חֲדַר הַקְּצִינִים
ware *n.* מוּצָרִים, כֵּלִים
warehouse *n., v.* מַחְסָן (סחורות)
warehouseman *n.* מַחְסְנַאי, אַפְסְנַאי
warfare *n.* לוֹחְמָה, לְחִימָה
warhead *n.* רֹאשׁ חֵץ (של טיל, פגז וכד')
warily *adv.* בִּזְהִירוּת (מסכנה)
wariness *n.* זְהִירוּת (כנ"ל)
warlike *adj.* מִלְחַמְתִּי, אוֹהֵב מִלְחָמָה, מְאַיֵּם
warm *adj.* חָמִים, חַם; לְבָבִי

warm *v.* חִימֵּם; הִתְחַמֵּם
warm-blooded *adj.* (אדם, יונק) חַם־דָּם
warmhearted *adj.* חַם־לֵב, לְבָבִי
warmonger *n.* מְחַרְחֵר מִלְחָמָה
warmth *n.* חוֹם; חֲמִימוּת
warn *v.* הִזְהִיר, הִתְרָה
warning *n.* אַזְהָרָה, הַתְרָאָה
warp *v.* עִיקֵּל, עִיוּוֵת
warplane *n.* מָטוֹס צְבָאִי
warrant *n.* צַו, יִיפּוּי כּוֹחַ, שְׁטָר, שׁוֹבֵר
warrant of arrest *n.* צַו מַאֲסָר
warrant of attachment *n.* צַו עִיקּוּל
warrant of extradiction *n.* צַו הַסְגָּרָה
warrant *v.* הִרְשָׁה; הִצְדִּיק; עָרַב, הִתְחַיֵּיב
warrantable *adj.* שֶׁנִּיתָּן לְהַצְדִּיקוֹ
warrant officer *n.* נַגָּד בָּכִיר
warrantee *n.* מְקַבֵּל עֲרֻבּוֹת, נֶעֱרָב
warranty *n.* סַמְכוּת, עַרְבוּת, תַּעֲרוּבָה
warren *n.* שְׁפַנִּיָּה; בַּיִת מְאוּכְלָס בְּיוֹתֵר
warrior *n.* לוֹחֵם, חַיָּיל
warship *n.* אוֹנִיַּית מִלְחָמָה
wart *n.* יַבֶּלֶת; גַּבְשׁוּשִׁית
wartime *n.* זְמַן מִלְחָמָה
wary *adj.* זָהִיר (מִסַּכָּנָה)
wash *v.* רָחַץ, שָׁטַף; נִשְׁטַף, נִגְרַף
wash *n.* רְחִיצָה, שְׁטִיפָה
washable *adj.* כָּבִיס
washbasin *n.* קַעֲרַת רַחְצָה
washbasket *n.* סַל כְּבִיסָה
washcloth *n.* סְמַרְטוּט רְחִיצָה
washday *n.* יוֹם כְּבִיסָה
washed-out *adj.* חֲסַר כּוֹחַ, דָּהוּי; עָיֵיף

washed-up *adj.* כּוֹשֵׁל; לֹא יוּצְלַח עוֹד; נִמְאַס עָלָיו

washer *n.* מְכַבֵּס; דִּיסְקִית

washerwoman *n.* כּוֹבֶסֶת

washing *n.* רְחִיצָה, כְּבִיסָה

washing-machine *n.* מְכוֹנַת כְּבִיסָה

washout *n.* קֶטַע (בכביש) שֶׁנִּשְׁטַף; כִּישָּׁלוֹן

washrag *n.* מַטְלִית רְחִיצָה

washroom *n.* חֲדַר כְּבִיסָה; שֵׁירוּתִים, בֵּית כִּיסֵּא

washstand *n.* כִּיּוֹר

washtub *n.* גִּיגִית כְּבִיסָה

wasp *n.* צִרְעָה

waste *v.* בִּזְבֵּז, פִּיזֵּר; הִתְבַּזְבֵּז

waste *adj.* שָׁמֵם, לֹא מְנוּצָּל, שֶׁל פְּסוֹלֶת

waste *n.* בִּזְבּוּז; שְׁמָמָה; פְּסוֹלֶת

waste-basket *n.* סַל פְּסוֹלֶת (נייר)

waste paper *n.* נְיַיר פְּסוֹלֶת

wasteful *adj.* בַּזְבְּזָנִי, גּוֹרֵם בִּזְבּוּז

wastrel *n.* בַּזְבְּזָן, פַּזְרָן; לֹא יוּצְלַח

watch *n.* הַשְׁגָּחָה; מִשְׁמָר; שָׁעוֹן

watch *v.* צָפָה, הִתְבּוֹנֵן; חִיכָּה

watchdog *n.* כֶּלֶב שְׁמִירָה

watchful *adj.* עֵר, עֵרָנִי

watchfulness *n.* עֵרָנוּת

watchmaker *n.* שְׁעָן

watchman *n.* שׁוֹמֵר

watchstrap *n.* רְצוּעַת שָׁעוֹן

watchtower *n.* מִגְדַּל תַּצְפִּית

watchword *n.* סִיסְמַת שְׁמִירָה

water *n.* מַיִם

water *v.* הִשְׁקָה, הִרְוָה; זָלַג

water bottle *n.* מֵימִיָּה, צַפַּחַת מַיִם

water-bird *n.* עוֹף מַיִם

water-carrier *n.* שׁוֹאֵב (מוֹבִיל) מַיִם

water-closet *n.* בֵּית כִּיסֵּא

water-color *n.* צֶבַע מַיִם

water-front *n.* שֶׁטַח הַחוֹף

water-gap *n.* עָרוּץ, גַּיְא

water-heater *n.* מֵחַם, דּוּד חִימּוּם

water-ice *n.* שַׁלְגּוֹן (גלידת קרח)

water-jacket *n.* תַּרְמִיל מַיִם (במנוע מקורר במים)

water-main *n.* צִינּוֹר רָאשִׁי (במערכת מים)

water-melon *n.* אֲבַטִּיחַ

water-ski *n.* גַּלְשַׁן מַיִם (עם מנוע)

watercourse *n.* אֲפִיק מַיִם, נַחַל מַיִם

waterfall *n.* מַפַּל־מַיִם

watering-can *n.* מַזְלֵף גַּנָּנִים

watering-place *n.* מְקוֹם מֵי־מַרְפֵּא

waterline *n.* קַו־מַיִם (באונייה)

waterproof *adj., n.* עֲמִיד־מַיִם, חֲסִין־מַיִם; אַבַּרְזִין, מְעִיל־גֶּשֶׁם

watershed *n.* קַו פָּרָשַׁת הַמַּיִם

waterspout *n.* פֶּתַח צִינּוֹר; עַמּוּד מַיִם

watertight *adj.* אֲטִים מַיִם; לְלֹא כָּל סֶדֶק

waterway *n.* תְּעָלַת מַיִם (עבירה לכלי שַׁיִט)

watery *adj.* מֵימִי, דּוֹמֵעַ, לַח

watt *n.* וַט (יחידת הֶספק חשמלי)

wattle *n.* מִקְלַעַת זְרָדִים (לגדר)

wave *v.* נָע בְּגַלִּים; נוֹפֵף

wave *n.* גַּל, נַחְשׁוֹל; סִלְסוּל (שֵׂעָר)

waver *v.* הִתְנוֹדֵד, הִבְהֵב, הִיסֵּס

wavy *adj.* מְפוּתָּל, גַּלִּי, מְסוּלְסָל

wax *n.* שַׁעֲוָה, דּוֹנַג

wax *v.* דִּינֵּג, לִיטֵּשׁ בְּשַׁעֲוָה

wax-paper *n.* נְיַיר שַׁעֲוָוה (אטום בלמים)
wax taper *n.* פְּתִילַת שַׁעֲוָוה
way *n.* דֶּרֶךְ; אוֹפֶן, כִּיוּון, נוֹהַג; מֶרְחָק; צוּרָה; מַצָּב
way-station *n.* תַּחֲנָה בַּדֶּרֶךְ (בין תחנות ראשיות)
waybill *n.* רְשִׁימַת נוֹסְעִים (או מטען)
wayfarer *n.* הֵלֶךְ
waylay *v.* אָרַב, הִתְנַפֵּל
wayside *n., adj.* שׁוּל הַכְּבִישׁ
wayward *adj.* אָנוֹכִיִּי; גַּחְמָנִי; לֹא מְמוּשְׁמָע
W.C. *abbr.* בֵּית כִּסֵּא
water closet
we *pron.* אֲנַחְנוּ, אָנוּ
weak *adj.* חַלָּשׁ, רָפֶה; קָלוּשׁ
weak-minded *adj.* חַלָּשׁ בְּשִׂכְלוֹ, רְפֵה שֵׂכֶל
weaken *v.* הֶחֱלִישׁ; נֶחֱלַשׁ
weakling *n.* יְצוּר חָלוּשׁ
weadness *n.* חוּלְשָׁה, רִפְיוֹן
weal *n.* טוֹבָה, רְוָוחָה; סִימַן מַכָּה (בעור)
wealth *n.* עוֹשֶׁר, שֶׁפַע
wealthy *adj.* עָשִׁיר
wean *v.* גָּמַל, נִגְמַל; הִפְסִיק (מנהג נפסד)
weapon *n.* כְּלִי־נֶשֶׁק, נֶשֶׁק
wear *v.* לָבַשׁ, נָעַל, חָבַשׁ (כובע); בָּלָה, נִשְׁחַק; הֶחֱזִיק מַעֲמָד
wear a smile *v.* לְחַייֵךְ
wear *n.* לְבוּשׁ, מַלְבּוּשׁ; בְּלַאי; כּוֹחַ עֲמִידָה; בִּיגּוּד, הַנְעָלָה
wear and tear *n.* בְּלַאי וּפְחָת
weariness *n.* עֲייֵפוּת, לֵאוּת
wearisome *adj.* אָרוֹךְ וּמְייַגֵּעַ, מַלְאָה
weary *adj.* עָייֵף; מַלְאָה
weary *v.* עִייֵּף, הוֹגִיעַ
weasel *n.* סַמּוּר; עָרוּם, נוֹכֵל
weather *n.* מֶזֶג־אֲוִויר
weather *v.* ייִבֵּשׁ בָּאֲוִויר; הוּשְׁפַּע מֵהָאֲוִויר; הֶחֱזִיק מַעֲמָד; בָּלָה
weather-beaten *adj.* שְׁדוּף־רוּחוֹת
weather bureau *n.* שֵׁירוּת מֵטֵאוֹרוֹלוֹגִי
weather-cock *n.* שַׁבְשֶׁבֶת (בצורת תרנגול)
weather-glass *n.* בָּרוֹמֶטֶר
weather-report *n.* תַּחֲזִית מֶזֶג הָאֲוִויר
weather-vane *n.* שַׁבְשֶׁבֶת
weather-wise *adj.* מְנוּסֶּה בְּחִיזּוּי שִׁינּוּיֵי מֶזֶג הָאֲוִויר (או הדעות)
weatherman *n.* חַזַּאי (מזג האוויר)
weave *v.* אָרַג; שֵׂירֵךְ דְּרָכָיו; שָׁזַר; הִשְׁתַּזֵּר
weave *n.* מִרְקָם, מַאֲרָג
weaver *n.* אוֹרֵג
web *n.* רֶשֶׁת, קְרוּם שְׂחִיָּה (בין אצבעות עופות מים); מַסֶּכֶת, אָרִיג
web-footed *adj.* (עוף) בַּעַל רַגְלֵי שְׂחִיָּה
wed *v.* הִשִּׂיא; נָשָׂא, נִישְּׂאָה
wedding *n.* חֲתוּנָּה
wedding-cake *n.* עוּגַת כְּלוּלוֹת
wedding-day *n.* יוֹם כְּלוּלוֹת
wedge *v.* ייִתֵּד, בִּיקַּע בִּטְרִיז
wedge *n.* טְרִיז, יָתֵד, קוֹנוּס מְהַדֵּק
wedlock *n.* בְּרִית נִישּׂוּאִים
Wednesday *n.* יוֹם רְבִיעִי, יוֹם ד'
wee *adj.* פָּעוּט, פָּעוּט, קָטָן

weed *n.* עֵשֶׂב רָע, עֵשֶׂב שׁוֹטֶה
weed *v.* עָקַר עֵשֶׂב רָע
week *n.* שָׁבוּעַ
weekday *n.* יום חול
weekend *n.* סוֹף־שָׁבוּעַ, סוֹפְשָׁבוּעַ
weekly *adj., adv.* שְׁבוּעִי; בְּכָל שָׁבוּעַ
weekly *n.* שְׁבוּעוֹן
weep *v.* בָּכָה, שָׁפַךְ דְּמָעוֹת
weeper *n.* בּוֹכֶה, מְקוֹנֵן
weepy *adj.* בַּכְיָינִי
weevil *n.* חִדקוּנִית (מין חיפושית)
weft *n.* (באריג) עֵרֶב
weigh *v.* שָׁקַל, הָיָה מִשְׁקָלוֹ
weight *n.* מִשְׁקָל; מִשְׁקוֹלֶת, כּוֹבֶד
weight *v.* הוסיף מִשְׁקָל, הִכְבִּיד
weightless *adj.* חֲסַר מִשְׁקָל
weighty *adj.* כָּבֵד, כְּבַד מִשְׁקָל
weir *n.* סֶכֶר קָטָן, מַחְסוֹם דַּיִג
weird *adj.* מִסְתּוֹרִי; מַפְחִיד
welcome *adj.* רָצוּי, מִתְקַבֵּל בְּשִׂמְחָה
welcome! *interj.* בָּרוּךְ הַבָּא!
welcome *n.* קַבָּלַת פָּנִים
welcome *v.* קִידֵּם בִּבְרָכָה
weld *v.* רִיתֵּךְ, חִיבֵּר
weld *n.* מַעֲשֵׂה רִיתּוּךְ, חִיבּוּר מְרוּתָּךְ
welder *n.* רַתָּךְ
welfare *n.* טוֹבָה, רְווָחָה
welfare state *n.* מְדִינַת סַעַד
welfare work *n.* עֲבוֹדָה סוֹצִיאָלִית
well *n.* בְּאֵר, מַבּוּעַ, מַעְיָין
well *v.* נָבַע, פָּרַץ
well *adv.* הֵיטֵב, יָפֶה, טוֹב, מְאוֹד
well *adj.* בָּרִיא; מַשְׂבִּיעַ רָצוֹן, תַּקִּין
well-appointed *adj.* מְצוּיָּד הֵיטֵב
well-attended *adj.* שֶׁמִּידַּת הַנּוֹכְחוּת בּוֹ מְנִיחָה אֶת הַדַּעַת
well-balanced *adj.* שָׁקוּל, מְיוּשָּׁב
well-behaved *adj.* מְנוּמָּס, מִתְנַהֵג כָּרָאוּי
well-being *n.* אוֹשֶׁר, טוֹבָה
well-bred *adj.* מְחוּנָּךְ יָפֶה
well chosen *adj.* נִבְחַר בְּקַפְּדָנוּת, קוֹלֵעַ
well-disposed *adj.* מוּכָן לַעֲזוֹב, מִתְכַּוֵּון לְטוֹב
well-done *adj.* עָשׂוּי כַּהֲלָכָה
well-formed *adj.* גָּזוּר יָפֶה
well-founded *adj.* מְבוּסָּס הֵיטֵב
well-groomed *adj.* לָבוּשׁ בִּקְפִידָה
well-informed *adj.* בַּעַל יְדִיעוֹת רְחָבוֹת, יוֹדֵעַ דָּבָר
well-intentioned *adj.* בַּעַל כַּוָּונוֹת טוֹבוֹת
well-kept *adj.* מְטוּפָּח, נִשְׁמָר הֵיטֵב
well-known *adj.* יָדוּעַ, מְפוּרְסָם
well-meaning *adj.* בַּעַל כַּוָּונוֹת טוֹבוֹת
well-nigh *adv.* כִּמְעַט
well-off *adj.* אָמִיד
well-preserved *adj.* נִשְׁמָר יָפֶה
well proportioned *adj.* (לגבי גוּף, חדר) בַּעַל מִידּוֹת נָאוֹת
well-read *adj.* שֶׁקָּרָא הַרְבֵּה
well set *adj.* (גוּף) מוּצָק
well-spent *adj.* (לגבי כסף) שֶׁהוּצָא בִּיעִילוּת
well-spoken *adj.* מְדַבֵּר יָפֶה וּבְנִימוּס, שֶׁנֶּאֱמַר יָפֶה
wellspring *n.* מָקוֹר לֹא אַכְזָב
well-thought-of *adj.* שֶׁהַדֵּעוֹת עָלָיו טוֹבוֹת, שֶׁמַּעֲרִיכִים אוֹתוֹ
well-timed *adj.* בְּעִיתּוּי טוֹב, בְּעִיתּוֹ

well-to-do *adj.* אָמִיד, בַּעַל אֶמְצָעִים
well-wisher *n.* אוֹהֵד, דוֹרֵשׁ טוֹבָתוֹ שֶׁל
well-worn *adj.* בָּלֶה, מְשׁוּמָּשׁ; נָדוֹשׁ
welsh *v.* רִימָּה, הִתְחַמֵּק מִתַּשְׁלוּם
welt *n.* (בנעל) רְצוּעַת חִיבּוּר; סִימַן מַלְקוֹת, חַבּוּרָה
welter *v.* הִתְבּוֹסֵס
welter *n.* עִרְבּוּבְיָה; מְבוּכָה וּמְהוּמָה
welterweight *n.* (באגרוף) מִשְׁקַל קַל־בֵּינוֹנִי
wen *n.* גִידּוּל (לא ממאיר); עִיר שֶׁגָּדְלָה (בצורה מכוערת)
wench *n.* צְעִירָה, בַּחוּרָה; מְשָׁרֶתֶת
wend *v.* שָׂם פָּנָיו
wer(e)wolf *n.* אָדָם (שהפך) זְאֵב (באגדות)
west *n., adj., adv.* מַעֲרָב; מַעֲרָבִי; מַעֲרָבָה
westering *adj.* נוֹטֶה מַעֲרָבָה
western *adj., n.* מַעֲרָבִי; מַעֲרָבוֹן
westward *adj., adv.* מַעֲרָבָה
wet *adj.* לַח, רָטוֹב; גָּשׁוּם
wet *v.* הִרְטִיב; נִרְטַב
wet blanket *n.* (אדם) מְדַכֵּא שִׂמְחָה וְהִתְלַהֲבוּת
wet-nurse *n.* מֵינֶקֶת
whack *v.* הִצְלִיף חָזָק
whack *n.* מַכָּה מְצַלְצֶלֶת; (דיבורית) חֵלֶק
whale *n.* לִוְויָתָן
whale *v.* צָד לִוְויָתָנִים
wharf *n.* (בנמל) רְצִיף (לפריקת מטען)
what *pron., adj., adv., interj., conj.* מַה; מַהוּ; מַה שֶׁ; אֵיזֶה, אֵיזוֹ, אֵילוּ
whatever *pron., adj.* אֵיזֶה; כּוֹלְשֶׁהוּ
whatnot *n.* כּוֹלְשֶׁהוּ, מַה שֶׁתִּרְצֶה, מַה לֹּא
whatsoever *adj., pron.* אֵיזֶה, אֵיזוֹ; כָּל מַה, כּוֹלְשֶׁהוּ
wheat *n.* חִיטָּה
wheedle *v.* שִׁידֵּל, פִּיתָּה
wheel *n.* גַּלְגַּל, אוֹפַן; הֶגֶה
wheel *v.* שִׁינָּה כִּיוּוּן; הִסִּיעַ עַל גַּלְגַּלִּים
wheel-barrow *n.* מְרִיצָה
wheel-chair *n.* (לנכה) כִּיסֵּא גַּלְגַּלִּים
wheeler-dealer *n.* (דיבורית) בַּעַל קְשָׁרִים (בענייני מסחר או פוליטיקה)
wheel-horse *n.* (בעגלה) סוּס מְקוֹרָב (לעגלון); (בהשאלה) עוֹבֵד מָסוּר (במפלגה פוליטית)
wheelwright *n.* עוֹשֶׂה (ומתקן) גַּלְגַּלִּים
wheeze *v.* נָשַׁם בִּכְבֵדוּת וּבִשְׁרִיקָה
wheeze *n.* גְּנִיחָה, בְּדִיחָה יְשָׁנָה
whelp *n.* גּוּר חַיָּה; יֶלֶד לֹא מְרוּסָּן
whelp *v.* הִמְלִיטָה גּוּרִים
when *adv., conj., pron.* כְּשֶׁ; מָתַי?
whence *adv.* מִמָּקוֹם שֶׁ; מֵאַיִן?
whenever *adv., conj.* בְּכָל זְמַן שֶׁ
where *adv., conj., pron.* הֵיכָן? אֵיפֹה?; בְּמָקוֹם שֶׁ; לְאָן?
whereabouts *n.* סְבִיבָה, מְקוֹם הִימָּצְאוּת
whereabouts *conj., adv.* הֵיכָן, בְּמָקוֹם (בערך)
whereas *conj.* וְאִילּוּ, בְּעוֹד שֶׁ
whereby *adv.* שֶׁבּוֹ, שֶׁבְּאֶמְצָעוּתוֹ
wherefore *conj.* לָמָּה, מַדּוּעַ?; לְפִיכָךְ
wherefrom *adv.* מֵהֵיכָן שֶׁ
wherein *adv.* שֶׁבּוֹ, שֶׁשָּׁם
whereof *adv.* מִמַּה, שֶׁמִּמֶּנּוּ

whereupon *adv.* עַל כָּךְ, וְאָז
wherever *adv., conj.* בְּכָל מָקוֹם שֶׁהוּא
wherewithal *n.* מִימוּן, אֶמְצָעִים (לְמַטָרה מיוחדת)
whet *v.* הִשְׁחִיז; גֵּירָה (תיאבון)
whether *conj.* אִם, בֵּין אִם
whetstone *n.* אֶבֶן מַשְׁחֶזֶת
whew *interj.* אוּף! (הבעת תדהמה, הרגשת רווחה, תמיהה)
whey *n.* מֵי חָלָב (בתעשיית גבינה)
which *pron., adj.* אֵיזֶה, לְאֵיזֶה; שֶׁ, מַה שֶּׁ
whichever *pron., adj.* אֵיזֶשֶׁהוּ; כּוֹלְשֶׁהוּ
whiff *n.* מַשָּׁב קַל
whiff *v.* נָשַׁב קַלּוֹת
while *n.* שָׁעָה קַלָּה, זְמַן־מַה
while *conj.* בְּעוֹד, בְּשָׁעָה שֶׁ
while *v.* הֶעֱבִיר זְמַנּוֹ
whim *n.* גַּחַם, גַּחְמָה, קַפְּרִיסָה
whimper *v., n.* יִיבֵּב; יְבָבָה חֲלוּשָׁה
whimsical *adj.* גַּחְמָנִי, קַפְּרִיסִי, מוּזָר
whine *v.* יִיבֵּב, יִילֵּל
whine *n.* יְבָבָה, תְּלוּנָּה
whinny *v.,n.* צָהַל; צָהֳלָה (של סוס)
whip *v.* הִצְלִיף, הִלְקָה
whip *n.* שׁוֹט, מַגְלֵב; (כבית־הנבחרים) מַצְלִיף
whipcord *n.* חֶבֶל לְשׁוֹט
whip hand *n.* יִתְרוֹן כּוֹחַ
whiplash *n.* צְלִיפַת שׁוֹט
whipped cream *n.* קֶצֶפֶת
whippersnapper *n.* שַׁחְצָן
whippet *n.* וִיפֶּט (כלב מֵרוֹץ)
whipping-boy *n.* שָׂעִיר לַעֲזָאזֵל
whir(r) *v.* נָע בְּזִמְזוּם
whir(r) *n.* רִיצָה בְּזִמְזוּם
whirl *v.* הִסְתּוֹבֵב; סוֹבֵב
whirl *n.* עִרְבּוּל; סִיבּוּב
whirligig *n.* סְבִיבוֹן; גַּלְגַּל חוֹזֵר
whirlpool *n.* מְעַרְבּוֹלֶת
whirlwind *n.* עִלְעוֹל, סוּפָה עַזָּה
whirly bird *n.* מַסּוֹק, הֶלִיקוֹפְּטֶר
whisk *v.* טִאטֵא בְּמִבְרֶשֶׁת קַלָּה
whisk *n.* מְטַאֲטֵא קַל
whiskers *n.pl.* שְׂעַר הַלְּחָיַיִם
whisk(e)y *n.* וִיסְקִי (משקה חריף)
whisper *v.* לָחַשׁ; הִתְלַחֵשׁ
whisper *n.* לְחִישָׁה, רִשְׁרוּשׁ
whist *n.* וִיסְט (משחק קלפים)
whistle *v.* שָׁרַק, צִפְצֵף
whistle *n.* שְׁרִיקָה, צִפְצוּף; מַשְׁרוֹקִית
whistle stop *n.* תַּחֲנָה קְצָרָה
whit *n.* שֶׁמֶץ
white *adj.* לָבָן, חִיוֵּר
white *n.* צֶבַע לָבָן, לוֹבֶן; חֶלְבּוֹן (ביצה)
white-collar *adj.* בַּעַל צַוָּארוֹן לָבָן (פקיד וכד׳)
white-haired *adj.* לְבַן שֵׂעָר
white heat *n.* שַׁלְהוֹב, הִתְרַגְּשׁוּת חֲזָקָה
White House *n.* הַבַּיִת הַלָּבָן (הנשיאות באה"ב)
white lie *n.* שֶׁקֶר לָבָן (שכוונתו רצויה)
white slavery *n.* סַחַר זוֹנוֹת
white tie *n.* תִּלְבּוֹשֶׁת עֶרֶב
whitecap *n.* נַחְשׁוֹל, גַּל גָּדוֹל
whiten *v.* הִלְבִּין
whiteness *n.* לוֹבֶן, חִיוָּרוֹן
whitewash *n.* סִיד; חִיפּוּי (על פגמים)

whitewash *v.* סִייֵד, טִיהֵר
whither *adv., pron.* לְאָן?, לְאֵיזוֹ מַטָּרָה
whitish *adj.* לְבַנְבַּן
whittle *v., n.* חָתַךְ חֲתִיכוֹת קְטַנּוֹת; צִמְצֵם
whiz *v.* זִמְזֵם, שָׁרַק
whiz *n.* שְׁרִיקָה
who *pron.* מִי; אֲשֶׁר, שֶׁ
whoa *interj.* עֲצוֹר! עֲמוֹד! דַּיי!
whodunit *n.* 'מִי עָשָׂה זֹאת?', סִיפּוּר מִסְתּוֹרִי
whoever *pron.* (כָּל) מִי שֶׁ
whole *adj., n.* שָׁלֵם, כָּל־, כּוֹל; שְׁלֵמוּת
wholehearted *adj.* בְּכָל הַלֵּב
wholesale *n., adj., adv.* (שֶׁל) מְכִירָה סִיטוֹנִית; בְּסִיטוֹנוּת
wholesaler *n.* סִיטוֹנַאי
wholesome *adj.* מַבְרִיא, בָּרִיא
wholly *adv.* בִּשְׁלֵמוּת, לְגַמְרֵי, כָּלִיל
whom *pron.* אֶת מִי לְמִי; שֶׁ, שֶׁאוֹתוֹ
whomever *pron.* אֶת מִי שֶׁ
whoop *n.* צָהֳלָה; גְנִיחָה, שִׁיעוּל
whoop *v.* צָהַל; הִשְׁתַּעֵל
whooping-cough *n.* שַׁעֶלֶת
whopper *n.* (דִיבּוּרִית) מַשֶּׁהוּ עָצוּם; שֶׁקֶר גָּדוֹל
whopping *adj.* (דִיבּוּרִית) עֲנָקִי
whore *n., v.* זוֹנָה; זָנָה
whoremonger *n.* זַנַּאי, שׁוֹכֵב עִם זוֹנוֹת
whorl *n.* (בצמח) דוֹר; חוּלְיָה (בְּקוֹנְכִית)
whortleberry *n.* אוּכְמָנִית
whose *pron.* שֶׁל מִי, שֶׁלּוֹ, שֶׁאֶת שֶׁלּוֹ

why *adv., n.* מַדּוּעַ, לָמָּה; הַסִּיבָּה
why *interj.* מַה! (קריאה)
wick *n.* פְּתִילָה
wicked *adj.* רָשָׁע, רָע, מְרוּשָׁע
wicker *n., adj.* שֶׁל נְצָרִים; קָלוּעַ
wicket *n.* פִּשְׁפָּשׁ, אֶשְׁנָב (שֶׁל קוּפַּאי); (בקריקט) שַׁעַר, תּוֹר
wide *adj.* רָחָב; בְּרוֹחַב שֶׁל
wide *adv.* בְּמִידָּה רַבָּה, לְגַמְרֵי
wide-awake *adj.* עֵר לְגַמְרֵי
wide-open *adj.* פָּתוּחַ לִרְוָוחָה
widen *v.* הִרְחִיב; הִתְרַחֵב
widespread *adj.* נָפוֹץ מְאוֹד, רוֹוֵחַ
widow *n.* אַלְמָנָה
widow *v.* אִלְמֵן
widower *n.* אַלְמָן
widowhood *n.* אַלְמָנוּת (של אישה)
widow's mite *n.* תְּרוּמָה צְנוּעָה
widow's weeds *n.pl.* בִּגְדֵי אֲבֵלוּת שֶׁל אַלְמָנָה
width *n.* רוֹחַב
wield *v.* הֶחֱזִיק וְהִפְעִיל (נשק, כלי)
wife *n.(pl.* **wives)** אִישָּׁה (אשת־איש)
wifelike *adj.* כְּמוֹ אִישָּׁה טוֹבָה, יָאֶה לְאִישָּׁה (נשואה) טוֹבָה
wig *n.* פֵּאָה נוֹכְרִית, קַפֶּלֶט
wiggle *v.* הִתְנוֹדֵד; הֵנִיעַ, כִּשְׁכֵּשׁ
wiggle *n.* נִדְנוּד, הִתְנוֹעֲעוּת
wigwam *n.* וִיגְווֹאם (אוהל אינדיאני)
wild *adj., adv.* לֹא מְאוּלָּף, פִּרְאִי; פֶּרֶא; בַּר
wild *n.* שְׁמָמָה
wild-boar *n.* חֲזִיר בָּר
wild-cat *adj.* לֹא שָׁקוּל, לֹא מַעֲשִׂי
wild-cat-strike *n.* שְׁבִיתָה פִּרְאִית
wild-fire *n.* אֵשׁ מִתְפַּשֶּׁטֶת בִּמְהִירוּת

wild goose *adj.* אֲוָז בַּר
wild goose chase *n.* חִיפּוּשׂ חֲסַר טַעַם
wild oats *n.* חַטֹּאוֹת נְעוּרִים, טָעוּיוֹת נְעוּרִים
wilderness *n.* מִדְבָּר
wildlife *n.* חַיּוֹת בַּר
wile *n.* תַּחְבּוּלָה, טַכְסִיס עַרְמוּמִי
wilfulness *n.* כַּוָּונַת זָדוֹן; עַקְשָׁנוּת
will *n.* רָצוֹן; כּוֹחַ רָצוֹן
will *v.* רָצָה, חָפֵץ; הוֹרִישׁ, צִיוָּה
will *v. aux.* (פועל עזר להבעת זמן עתיד)
will power *n.* כּוֹחַ רָצוֹן
willing *adj.* מוּכָן, רוֹצֶה, מִשְׁתּוֹקֵק
willingly *adv.* בְּרָצוֹן
will-o'-the-wisp *n.* אוֹר תַּעְתּוּעִים (בביצות), אַשְׁלָיָה
willow *n.* עֲרָבָה (עץ)
willowy *adj.* דְּמוּי עֲרָבָה; תָּמִיר, גָּמִישׁ
willy-nilly *adv.* בִּרְצוֹנוֹ אוֹ שֶׁלֹּא בִּרְצוֹנוֹ, בְּעַל כּוֹרְחוֹ
wilt *v.* נָבַל, קָמַל; נֶחֱלַשׁ; הִקְמִיל
wily *adj.* עַרְמוּמִי, מָלֵא תַּחְבּוּלוֹת
win *v.* **(won)** נִיצַּח; זָכָה בְּ; שָׁבָה לֵב
win *n.* נִיצָּחוֹן; זְכִיָּיה
wince *v.* עִיוּוֹת פָּנִים; נִרְתַּע
wince *n.* עֲוִוית פָּנִים; רְתִיעָה
wind *v.* **(wound)** סִיבֵּב; לִיפֵּף; הִתְפַּתֵּל, נִכְרַךְ; כּוֹנֵן
wind *n.* רוּחַ; גַּזִּים; כּוֹחַ נְשִׁימָה; מֶלֶל רֵיק
wind *v.* גָּרַם קָשְׁיֵי נְשִׁימָה
wind instrument *n.* (בנגינה) כְּלִי רוּחַ (כגון חצוצרה, קלרינט)
wind sock *n.* שַׂק רוּחַ (בשדה תעופה, להראות את כיוון הרוח)
wind up *n.* סִיּוּם, סִיכּוּם
windbag *n.* רוֹעֵה רוּחַ
windbreak(er) *n.* שׁוֹבֵר־רוּחַ
winded *adj.* קְצַר נְשִׁימָה
windfall *n.* נְשׁוֹרֶת רוּחַ; יְרוּשָׁה לֹא צְפוּיָה
winding-sheet *n.* תַּכְרִיךְ
windmill *n.* טַחֲנַת־רוּחַ
window *n.* חַלּוֹן, אֶשְׁנָב
window-dressing *n.* קִישּׁוּט חַלּוֹנוֹת רַאֲוָה; הַצָּגָה לְרַאֲוָה
window frame *n.* מִסְגֶּרֶת חַלּוֹן
window screen *n.* רֶשֶׁת חַלּוֹן
window shade *n.* מָסַךְ חַלּוֹן
window-shop *v.* הִסְתַּכֵּל בְּחַלּוֹנוֹת־רַאֲוָה (לא לשם קנייה)
window shutter *n.* תְּרִיס
window sill *n.* אֶדֶן חַלּוֹן
windpipe *n.* קְנֵה הַנְּשִׁימָה
windshield *n.* שִׁמְשַׁת מָגֵן
windshield wiper *n.* מַגֵּב שְׁמָשׁוֹת
windward *n., adj., adv.* כִּיווּן הָרוּחַ; לְכִיווּן הָרוּחַ; גָּלוּי לָרוּחַ
windy *adj.* שֶׁל רוּחַ; חָשׂוּף לָרוּחַ
wine *n.* יַיִן
wine *v.* כִּיבֵּד בְּיַיִן; שָׁתָה יַיִן
wine cellar *n.* מַרְתֵּף לְיַיִן
winegrower *n.* כּוֹרֵם
winepress *n.* גַּת (לדריכת ענבים)
winery *n.* יֶקֶב
wineskin *n.* חֵמֶת יַיִן
wing *n.* כָּנָף; אֲגַף (בבניין, בצבא)
wing *v.* נָתַן כְּנָפַיִים, הֵעִיף; יֵירֵט; עָף, טָס

wing collar *n.* צַוְּארוֹן כְּנָפַיִים

wingspread *n.* מוּטַת כְּנָפַיִים

wink *v.* קָרַץ בְּעֵינוֹ, מִצְמֵץ; הִבְהֵב

wink *n.* קְרִיצָה, מִצְמוּץ

winner *n.* מְנַצֵּחַ, זוֹכֶה (בפרס)

winning *adj.* שֶׁמְּנַצֵּחַ; מְלַבֵּב, שׁוֹבֵה לֵב

winnings *n.pl.* זְכִיּוֹת (בהימורים)

winnow *v.* זֵרָה (תבואה); נִיפָּה

winsome *adj.* מוֹשֵׁךְ לֵב, מְצוֹדֵד

winter *n.* חוֹרֶף

winter *v.* חָרַף

wintry *adj.* חוֹרְפִּי, קַר

winy *adj.* יֵינִי; דְּמוּי יַיִן

wipe *v.* מָחָה, נִיגֵּב, נִיקָּה, קִינַּחַ

wipe *n.* נִיגּוּב, מְחִיָּה

wiper *n.* מְנַגֵּב, מוֹחֶה; מַגֵּב (שמשות)

wire *n.* חוּט חַשְׁמַל, תַּיִל; מִבְרָק

wire *v.* צִייֵּד בְּתַיִל; טִלְגְרֵף, הִבְרִיק

wire gauge *n.* מַד עוֹבִי תַּיִל

wire-haired *adj.* בַּעַל שְׂעָרוֹת סוֹמְרוֹת

wire-tap *v.* צוֹתֵת (לשיחות טלפון)

wirecutters *n.* מִגְזְרֵי תַּיִל

wireless *adj., n.* אַלְחוּטִי; אַלְחוּט, רַדְיוֹ

wireless *v.* טִלְגְרֵף; שִׁידֵּר

wirepulling *n.* מְשִׁיכָה בְּחוּטִים, 'פְּרוֹטֶקְצְיָה', נִיצּוּל קְשָׁרִים

wiring *n.* חוּטֵי חַשְׁמַל; הַתְקָנַת מַעֲרֶכֶת

wiry *adj.* תַּיִלִי; רָזֶה וּשְׁרִירִי

wisdom *n.* חָכְמָה, בִּינָה

wisdom tooth *n.* שֵׁן בִּינָה

wise *adj., n.* חָכָם, נָבוֹן; אוֹפֶן, דֶּרֶךְ

wise guy *n.* (המונית) מִתְחַכֵּם

wiseacre *n.* חָכָם (בלגלוג)

wisecrack *n.* הֶעָרָה שְׁנוּנָה

wish *v.* רָצָה, שָׁאַף; אִיחֵל

wish *n.* רָצוֹן, חֵפֶץ; מִשְׁאָלָה

wishbone *n.* עֶצֶם הַבְּרִיחַ (בעופות)

wishful *adj.* רוֹצֶה, מַבִּיעַ מִשְׁאָלָה

wishful thinking *n.* רְאִייָה מֵהִרְהוּרֵי הַלֵּב

wishy-washy *adj.* דָּלִיל, חַלָּשׁ (תֵּה, מרק); חֲסַר 'חַיִּים', מֵימִי (אדם, דיבור)

wisp *n.* צְרוֹר דַּל (של קש), צִיצָה דַלָּה (של שֵׂער); פַּס דַּק (של עשן, של ענן)

wispy *adj.* בִּצְרוֹרוֹת דַּלִּים; כְּפַסִּים דַּקִּים (של עשן, אֵשׁ)

wistful *adj.* מְהוּרְהָר, עָגוּם

wit *n.* בִּינָה, שְׁנִינוּת

witch *n.* מְכַשֵּׁפָה

witch-doctor *n.* רוֹפֵא אֱלִיל

witch-hunt *n.* צֵיד מְכַשֵּׁפוֹת

with *prep.* עִם; בְּ, עַל-יְדֵי

withal *adv., prep.* מִלְּבַד זֹאת; עִם זֹאת

withdraw *v.* נָסוֹג; הוֹצִיא; פָּרַשׁ; הֵסִיר

withdrawal *n.* נְסִיגָה; פְּרִישָׁה; הוֹצָאָה

wither *v.* קָמַל, כָּמַשׁ; הֵבִיךְ, הִשְׁתִּיק

withhold *v.* סֵירֵב, מָנַע, עָצַר, עִיכֵּב

withholding tax *n.* נִיכּוּי מַס בַּמָּקוֹר

within *adv., n., prep.* פְּנִימָה, לְתוֹךְ; הַפָּנִים; תּוֹךְ; בְּמֶשֶׁךְ

without *adv., prep.* בְּלִי, בִּלְעֲדֵי

withstand *v.* עָמַד בִּפְנֵי

witless *adj.* טִיפְּשִׁי, חֲסַר הִגָּיוֹן

witness *n.* עֵד, עֵדָה; עֵדוּת

witness *v.* הָיָה עֵד, הֵעִיד

witness stand *n.* דּוּכַן עֵדִים

witticism *n.* הֶעָרָה שְׁנוּנָה
wittingly *adv.* בְּיוֹדְעִין, בְּכַוָּונָה
witty *adj.* שָׁנוּן, מְחוּדָּד
wive *v.* נָשָׂא אִשָּׁה
wizard *n.* קוֹסֵם, מְכַשֵּׁף
wizardry *n.* כִּישׁוּף, כְּשָׁפִים
wizened *adj.* מְצוּמָּק
wo *interj.* עֲצוֹר! (לסוס)
wobble *v.* נָע מִצַּד אֶל צַד; הִתְנַדְנֵד, הִיסֵּס
wobble *n.* נִדְנוּד, נִעְנוּעַ
wobbly *adj.* מִתְנַדְנֵד, מְהַסֵּס
woe *n., interj.* אָסוֹן; אוֹי!
woe is me! אוֹי וַאֲבוֹי לִי
woebegone *adj.* מְדוּכְדָּךְ, עָצוּב
woeful *adj.* אוּמְלָל; עָצוּב; מְצַעֵר
wolf *n.* זְאֵב; רוֹדֵף נָשִׁים
wolf *v.* זָלַל, בָּלַע
wolfhound *n.* כֶּלֶב צַיִד (לציד זאבים)
wolfram *n.* ווֹלְפְרָם (מתכת קשה לבנה, המשמשת לייצור חוטי חשמל בנורות)
woman *n.* אִשָּׁה
womanhood *n.* נָשִׁיּוּת; כְּלַל הַנָּשִׁים
womanize *v.* נָאַף, רָדַף נָשִׁים
womankind *n.* מִין הַנָּשִׁים
womanly *adj., adv.* נָשִׁי, יָאֶה לְאִשָּׁה
womb *n.* רֶחֶם
wombat *n.* ווֹמְבָּט (יונק אוסטרלי דמוי דוב קטן)
womenfolk *n.* נָשִׁים, נְשֵׁי הַמִּשְׁפָּחָה
wonder *n.* פֶּלֶא; תְּמִיהָה
wonder *v.* הִתְפַּלֵּא, תָּמַהּ, חָכַךְ בְּדַעְתּוֹ
wonderful *adj.* נִפְלָא, מַפְלִיא
wonderland *n.* אֶרֶץ הַפְּלָאוֹת
wonderment *n.* תִּימָּהוֹן, הִשְׁתּוֹמְמוּת
wont *adj., n.* הֶרְגֵּל, נוֹהַג
wonted *adj.* רָגִיל, נָהוּג, מְקוּבָּל
woo *v.* בִּיקֵּשׁ אַהֲבָה, חִיזֵּר
wood *n.* (חומר) עֵץ; יַעַר
wood-engraving *n.* גִּילּוּף בָּעֵץ
wood-wind *n.* כְּלִי נְשִׁיפָה מֵעֵץ
woodcarving *n.* גִּילּוּף בָּעֵץ
woodchuck *n.* מַרְמוּטָה (יונק מכרסם)
woodcock *n.* חַרְטוּמַן יְעָרוֹת (עוף)
woodcut *n.* הֶדְפֵּס חִיתּוּךְ עֵץ
woodcutter *n.* חוֹטֵב עֵצִים
wooded *adj.* מְיוֹעָר
wooden *adj.* עָשׂוּי עֵץ, עֵצִי; נוּקְשֶׁה, חֲסַר מַבָּע
woodenheaded *adj.* קֵיהֶה, מְטוּמְטָם
woodland *n.* שֶׁטַח מְיוֹעָר
woodman *n.* יַעֲרָן; חוֹטֵב עֵצִים
woodpecker *n.* נַקָּר (עוף)
woodpile *n.* עֲרֵימַת עֵצִים (להסקה)
woodshed *n.* מַחְסַן עֲצֵי הַסָּקָה
woodwork *n.* עֲבוֹדוֹת עֵץ, נַגָּרוּת
woodworker *n.* נַגָּר
woody *adj.* מְיוֹעָר, יַעֲרִי; עֵצִי
wooer *n.* מְחַזֵּר (אחרי אישה)
woof *n.* (באריג) עֵרֶב
wool *n.* צֶמֶר; שֵׂעָר עָבֶה מְתוּלְתָּל
wool(l)en *n., adj.* אֲרִיגֵי צֶמֶר; צַמְרִי, עָשׂוּי צֶמֶר
woolly *adj., n.* צַמְרִי; הַמַּכִּיל צֶמֶר; מְטוּשְׁטָשׁ, לֹא בָּהִיר
woozy *adj.* שָׁתוּי, שִׁיכּוֹר
word *n.* מִלָּה, דָּבָר, דִּיבּוּר; הוֹדָעָה
word *v.* הִבִּיעַ בְּמִלִּים, נִיסַּח
word count *n.* סְפִירַת מִלִּים

word formation *n.* בְּנִיַּית מִלִּים
word of honor *n.* הֵן צֶדֶק
word order *n.* סֵדֶר מִלִּים
word play *n.* מִשְׂחַק מִלִּים
word splitting *n.* פִּלְפּוּל, דַקְדְקָנוּת מוּפְרֶזֶת בְּהַבְחָנָה בֵּין מַשְׁמָעִים
wording *n.* נִיסּוּחַ
wordy *adj.* רַב־מִלִּים (ללא צורך)
work *n.* עֲבוֹדָה, מְלָאכָה; (בּרבּים) כְּתָבִים; (בּרבּים) מִפְעָל
work force *n.* כּוֹחַ אָדָם
work of art *n.* מְלֶאכֶת אֳמָנוּת
work stoppage *n.* שְׁבִיתָה; הַשְׁבָּתָה
work *v.* עָבַד, פָּעַל; הִפְעִיל
workable *adj.* מַעֲשִׂי, בַּר בִּיצּוּעַ
workbench *n.* שׁוּלְחַן־מְלָאכָה
workbook *n.* יוֹמַן עֲבוֹדָה; (לתלמיד) מַחְבֶּרֶת לַעֲבוֹדָה עַצְמִית
workbox *n.* תֵּיבַת מַכְשִׁירִים
workday *n.* יוֹם עֲבוֹדָה, יוֹם חוֹל
worked-up *adj.* נִסְעָר, נִרְגָּז
worker *n.* פּוֹעֵל, עוֹבֵד
workhouse *n.* בֵּית־מַחְסֶה לַעֲנִיִּים
working class *n.* מַעֲמַד הַפּוֹעֲלִים
workman *n.* פּוֹעֵל, עוֹבֵד
workmanship *n.* אוּמָּנוּת, צוּרַת בִּיצּוּעַ, טִיב עֲבוֹדָה
workout *n.* אִימּוּן, מִבְחָן מוּקְדָם
workroom *n.* חֲדַר עֲבוֹדָה
workshop *n.* בֵּית־מְלָאכָה, סַדְנָה (גם במובן קורס עיוני ומעשי)
world *n.* עוֹלָם; כַּדּוּר־הָאָרֶץ
world-wide *adj.* שֶׁבְּרַחֲבֵי הָעוֹלָם
worldly *adj.* חִילּוֹנִי; גַּשְׁמִי, חוֹמְרָנִי
worldly-wise *adj.* נָבוֹן בְּעִנְיָנִים

worm *n.* רִימָּה, תּוֹלַעַת; תַּבְרִיג, תַּבְרוֹגֶת
worm *v.* חָדַר, הִתְגַּנֵּב; זָחַל
worm-eaten *adj.* אֲכוּל רִימָּה מְיוּשָּׁן
wormwood *n.* לַעֲנָה; מְרִירוּת
wormy *adj.* מְתוּלָּע
worn *adj.* מְשׁוּמָּשׁ, מְיוּשָּׁן
worn-out *adj.* בָּלוּי, שֶׁיָּצָא מִכְּלַל שִׁימּוּשׁ; תָּשׁוּשׁ, 'סָחוּט'
worrisome *adj.* מַדְאִיג, מַטְרִיד
worry *v.* הִטְרִיד, הֵצִיק; דָּאַג
worry *n.* דְּאָגָה, גּוֹרֵם לִדְאָגָה
worse *adj., adv.* יוֹתֵר רָע
worsen *v.* הֵרַע; הוּרַע
worship *n.* פּוּלְחָן; הַאֲלָהָה
worship *v.* סָגַד, הֶאֱלִיל
worship(p)er *n.* סוֹגֵד; מִתְפַּלֵּל
worst *v.* גָּבַר עַל, נִיצַּח, הֵבִיס
worst *adj., adv.* הַדָּבָר הַגָּרוּעַ בְּיוֹתֵר; הָרַע בְּיוֹתֵר; בְּמַצָּב הָרַע בְּיוֹתֵר
worsted *n.* אֲרִיג צֶמֶר
worth *n.* שׁוֹוִי, עֵרֶךְ
worth *adj.* רָאוּי; שָׁוֶוה; כְּדַאי
worthless *adj.* חֲסַר עֵרֶךְ
worthwhile *adj.* כְּדַאי
worthy *adj., n.* בַּעַל חֲשִׁיבוּת; רָאוּי; אָדָם חָשׁוּב
would-be *adj.* מִתְיַימֵּר לִהְיוֹת, מִי שֶׁשּׁוֹאֵף לִהְיוֹת
wound *n.* פֶּצַע, פְּגִיעָה
wound *v.* פָּצַע; פָּגַע
wounded *adj., n.* פָּצוּעַ
wrack *n.* שִׁבְרֵי סְפִינָה טְרוּפָה
wraith *n.* רוּחַ מֵת

wrangle *v.* רָב, הִתְכַּתֵּשׁ, הִתְנַצֵּחַ
wrangle *n.* רִיב, הִתְנַצְּחוּת
wrap *v.* כָּרַךְ, עָטַף; הִתְכַּסָּה
wrap *n.* כִּיסּוּי עֶלְיוֹן, סוּדָר
wrapper *n.* אוֹרֵז; עֲטִיפָה; חֲלוּק בַּיִת
wrapping paper *n.* נְיַיר עֲטִיפָה
wrath *n.* זַעַם, כַּעַס
wrathful *adj.* זוֹעֵם
wreak *v.* הוֹצִיא לַפּוֹעַל (נקמה); נָתַן בִּיטּוּי (לרוגז)
wreath *n.* זֵר, עֲטָרָה; תִּימְרוֹת עָשָׁן אוֹ עֲרָפֶל
wreathe *v.* עִיטֵּר בְּזֵר; הִקִּיף, כִּיסָּה; (עשן) תִּימֵּר
wreck *v.* הֶחֱרִיב, הָרַס
wreck *n.* חוּרְבָּן; טְרוּפַת; אוֹנִיָּה טְרוּפָה; שֶׁבֶר כְּלִי
wrecking car *n.* רֶכֶב מְפַנֵּה הֲרִיסוֹת
wren *n.* גִּדְרוֹן (ציפור שיר)
wrench *n.* עִיקּוּם בְּכוֹחַ, נְקִיעָה; מַפְתֵּחַ שְׁוֶודִי
wrench *v.* עִיקֵּם בְּכוֹחַ
wrest *v.* לָקַח בְּכוֹחַ; חָטַף
wrestle *v.* הִתְגּוֹשֵׁשׁ, הִתְאַבֵּק
wrestle *n.* מַאֲבָק
wrestling match *n.* תַּחֲרוּת הֵיאָבְקוּת
wretch *n.* אָדָם בָּזוּי, נִקְלֶה
wretched *adj.* עָלוּב, מִסְכֵּן, שָׁפָל
wriggle *v.* כִּשְׁכֵּשׁ; הִתְפַּתֵּל; הִתְחַמֵּק
wriggle *n.* נִעְנוּעַ; הִתְחַמְּקוּת
wriggly *adj.* נִפְתָּל, מִתְחַמֵּק
wring *v.* סָחַט, הוֹצִיא בְּאִיּוּמִים
wringer *n.* מִתְקַן סְחִיטָה
wrinkle *n.* קֶמֶט
wrinkle *v.* קִימֵּט; הִתְקַמֵּט
wrist *n.* פֶּרֶק כַּף הַיָּד
wrist-watch *n.* שְׁעוֹן יָד
writ *n.* כְּתָב; צַו
write *v.* כָּתַב; רָשַׁם; חִיבֵּר (ספר וכד׳)
write-up *n.* כַּתָּבָה מְשַׁבַּחַת
writer *n.* כּוֹתֵב; סוֹפֵר
writhe *v.* סָבַל סֵבֶל נַפְשִׁי, הִתְפַּתֵּל מִכְּאֵב
writing *n.* כְּתִיבָה; כְּתָב, כְּתַב יָד
writing-desk *n.* מִכְתָּבָה, שׁוּלְחַן־כְּתִיבָה
writing materials *n.pl.* צוֹרְכֵי כְּתִיבָה
writing-paper *n.* נְיַיר כְּתִיבָה
wrong *n.* עָוֶל, חֵטְא; אִי־צֶדֶק
wrong *adj., adv.* לֹא נָכוֹן; מוּטְעֶה; לֹא צוֹדֵק
wrong *v.* עָשָׂה עָוֶל ל
wrongdoer *n.* חוֹטֵא
wrong side *n.* צַד לֹא נָכוֹן
wroth *adj.* זוֹעֵם, מָלֵא תַּרְעוֹמֶת
wrought iron *n.* בַּרְזֶל חָשִׁיל
wrought-up *adj.* נִרְגָּשׁ, מָתוּחַ
wry *adj.* מְעוּוָּת

X

X, x *n., adj.* אֶקס (האות העשרים־וארבע באלפבית); נֶעלָם, אִיקְס

xenon *n.* קְסֵנוֹן (גאז חסר צבע וריח המצוי באטמוספירה בכמויות מזעריות)

xenophobe *n.* שׂוֹנֵא זָרִים

xenophobia *n.* שִׂנְאַת זָרִים

X-ray *v.* צִילֵם בְּקַרְנֵי רֶנְטְגֶן

X-rays *n.* קַרְנֵי רֶנְטְגֶן, קַרְנֵי x

xylophone *n.* מַקּוֹשִׁית, קְסִילוֹפוֹן

Xmas *n.* קְרִיסְטְמַס, חַג המוֹלָד (הנוצרי)

Y

yacht *n., v.* סְפִינַת טִיּוּל, יַכְטָה
yacht club *n.* מוֹעֲדוֹן שַׁיִט
yachtsman *n.* בַּעַל יַכְטָה
yah *interj.* יָה (קריאת בוז ולעג)
yahoo *n.* אָדָם בַּהֲמִי (על פי מסעי גוליוור)
yak *n.* יָאק (סוג של שור)
yam *n.* בַּטָּטָה (אמריקנית)
yank *n.* מְשִׁיכַת־פִּתְאוֹם
yank *v.* שָׁלַף, מָשַׁךְ פִּתְאוֹם
yankee *n.* יַנְקִי (איש הצָפון באה"ב במלחמת האזרחים; כינוי לאמריקני)
yap *v.* נָבַח
yap *n.* נְבִיחָה קְצָרָה וְחַדָּה
yard *n.* חָצֵר, מִגְרָשׁ; יַארְד (מידה: 91.40 ס"מ)
yardstick *n.* קְנֵה־מִידָּה
yarn *n., v.* מַטְוֶה; מַעֲשִׂיָּה, סִיפּוּר בַּדִּים
yaw *v., n.* סָטָה (מטוס, אונייה); הֵסֵב; הֲסָבָה
yawl *n.* סִירַת מִפְרָשִׂים (דו תורנית)
yawn *v., n.* פִּיהֵק; פִּיהוּק
ye *pron.* (קדמאי) אַתֶּם, אַתֶּן
yea, yeah *adv., n.* (המונית) כֵּן, נָכוֹן, בֶּאֱמֶת
year *n.* שָׁנָה
yearbook *n.* שְׁנָתוֹן (קובץ)
yearling *n., adj.* (בע"ח) בֶּן שְׁנָתוֹ
yearly *adj., adv.* שְׁנָתִי; מִדֵּי שָׁנָה
yearn *v.* עָרַג, הִתְגַּעְגֵּעַ, נִכְסַף
yearning *n.* גַּעְגּוּעִים
yeast *n.* שְׁמָרִים
yell *v.* צָעַק, צָרַח
yell *n.* צְעָקָה, צְרִיחָה
yellow *adj.* צָהוֹב
yellow *n.* צוֹהַב, צֶבַע צָהוֹב; חֶלְמוֹן (של ביצה); מוּג לֵב, פַּחְדָן
yellow *v.* הִצְהִיב
yellow jacket *n.* צִרְעָה
yellow streak *n.* פַּחְדָנוּת
yellowish *adj.* צְהַבְהַב
yelp *v.* יִיבֵּב, הִשְׁמִיעַ נְבִיחָה
yelp *n.* יְבָבָה (מהתרגשות)
Yemen *n.* תֵּימָן
yen *n.* יֶן (מטבע יפאני)
yen *n.* תְּשׁוּקָה, כְּמִיהָה
yeoman *n.* סַמָּל יַמִּי; אִיכָּר
yeomanly *adj., adv.* נֶאֱמָן; בְּנֶאֱמָנוּת
yes *adv., n.* כֵּן, נָכוֹן
yesterday *n., adv.* אֶתְמוֹל
yet *adv., conj.* עֲדַיִין, אֲבָל; בְּכָל זֹאת
yew tree *n.* טַקְסוּס (עֵץ מַחַט)
Yiddish *n., adj.* אִידִישׁ; אִידִישָׁאִי
yield *v.* הֵנִיב, נָשָׂא פְּרִי; נִכְנַע
yield *n.* תְּנוּבָה, יְבוּל; תְּפוּקָה
yodelling *n.* יִידּוּל, סִלְסוּל קוֹל
yoga *n.* יוֹגָה (שיטה הודית לחיזוק הגוף והרוח)
yogi *n.* הָעוֹסֵק בְּאִימּוּנֵי יוֹגָה
yog(h)(o)urt *n.* יוֹגוּרְט (סוג של חלב מוחמץ)
yoke *v.* שָׂם עוֹל; חִיבֵּר; הִתְחַבֵּר
yoke *n.* עוֹל; אֵסֶל
yokel *n.* בֶּן כְּפָר בּוּר
yolk *n.* חֶלְמוֹן
yon, yonder *adj., adv.* הַהוּא; הָהֵם; שָׁם

yore *n.* יְמֵי־קֶדֶם, הֶעָבָר
you *pron.* אַתָּה, אַתְּ, אַתֶּם, אַתֶּן
young *adj.* צָעִיר, רַךְ בַּשָּׁנִים
youngster *n.* צָעִיר, יֶלֶד
your *pron.* שֶׁלְּךָ, שֶׁלָּךְ, שֶׁלָּכֶם, שֶׁלָּכֶן
yours *pron.* שֶׁלְּךָ, שֶׁלָּךְ, שֶׁלָּכֶם, שֶׁלָּכֶן
yourself *pron.* לְבַדְּךָ, אֶת עַצְמְךָ וכו'; בְּעַצְמְךָ וכו'
youth *n.* נוֹעַר; נַעַר
youthful *adj.* צָעִיר, שֶׁל נְעוּרִים
yowl *v., n.* יִיבֵּב; יְבָבָה
Yule *n.* חַג הַמּוֹלָד (הנוצרי)
yuletide *n.* עוֹנַת חַג הַמּוֹלָד

הַמִּילוֹן הֶחָדָשׁ

עִבְרִי-אַנְגְּלִי אַנְגְּלִי-עִבְרִי

הַמִּילּוֹן הֶחָדָשׁ
עִבְרִי-אַנְגְּלִי אַנְגְּלִי-עִבְרִי

עָרוּךְ בִּידֵי יִשְׂרָאֵל לַזַּר

הוצאת "קרית-ספר" בע"מ, ירושלים

ISBN-965-17-0204-4 מסת"ב

Printed in Israel נִדְפַּס בִּמְדִינַת יִשְׂרָאֵל

Hemed Press Ltd., Jerusalem דְּפוּס חֶמֶד בְּע"מ יְרוּשָׁלַיִם

התוכן
(עברי–אנגלי)

הקדמה

מילון דו־לשוני חדש זה, המופיע בסוף המאה העשרים, על סַף שנת האַלפַּיים, כולל מלים ומושגים בשתי הלשונות שיש להם שימוש נרחב ביותר בדיבור היומיומי, בעיתונות ובכלי התקשורת בכלל, במערכת החינוך ובעולם המדע והטכנולוגיה. בתקופתנו רבים השינויים וההתפתחויות בכל שפה חיה, ובעיקר באנגלית שבמציאות של זמננו היא, למעשה, שפה בין־לאומית. אבל גם העברית, השפה העתיקה, שפת התנ"ך, עברה במאת השנים האחרונות התפתחויות רבות ושימושה מתרחב והולך הן במדינת ישראל והן בארצות רבות בעולם, שיש בהן קיבוצים יהודיים.

לסֵדר הערכים

ייחודי המילון הזה הם בעיקר בצד העברי: הכתיב הוא הכתיב המלֵא, שאת כלליו קבעה האקדמיה ללשון העברית על כל דברים שבכתב. עם זאת נראֶה בעינינו לנכון לנקד את המלים ניקוד מלא, כדי לאפשר למעיין וללומד לדייק בהגייתה של כל מלה ומלה. הפעלים הובאו כרגיל במילונים בצורת גוף שלישי בעבר. בבניין פָּעַל: כָּתַב, לָמַד, שָׁמַר... וכדומה. בבניין פיעל ופועל בתוספת י' או ו' של כתיב מלא אחרי האות הראשונה: סִידֵּר, לִימֵּד, בִּיטֵּל... סוּדַּר, שוּתַּק, בּוּטַּל... בבניין נִפעל באים הפעלים בנ' בתחילה: נִכְתַּב, נוֹתַר, נוֹאַש... ובבניין הִפעיל, הוּפעַל או התפעל בה' בתחילה: הִשְׁלִיךְ, הִמְתִּין, הִשְׁמִיד... הוּשְׁלַךְ, הוּרְחַק, הוּשְׁמַד... הִתְלַהֵב, הִסְתַּדֵּר, הִזְדַּמֵּן, הִצְטַעֵר...

הקיצורים בחלק העברי־אנגלי

Abbreviations on the Hebrew Side

ז׳ — זָכָר (שם עצם ממין זכר) masculine noun

ז״ז — זָכָר זוּגִי (כּגוֹן קַבַּיִים) masculine noun, dual form

מ״ג — מִלַּת גוּף או כִּינּוּי גוּף pronoun

מ״ח — מִלַּת חִיבּוּר conjunction

מ״י — מִלַּת יַחַס preposition

מ״ק — מִלַּת קְרִיאָה interjection

נ׳ — נְקֵבָה (שם עצם ממין נקֵבה) feminine noun

נ״ז — נְקֵבָה זוּגִי (כּגוֹן יָדַיִים) feminine noun, dual form

פ׳ — פּוֹעַל verb

ר׳ — רְאֵה/רְאִי/רְאוּ; רַבִּים see; plural

ש״מ — שֵׁם מִסְפָּר numeral

ת׳ — תּוֹאַר (בּצוּרת יחיד זכר) adjective (singular masculine form)

תה״פ —תּוֹאַר הַפּוֹעַל adverb

א

אָב ז'	father; Av (July-Aug.)
אַב בֵּית דִּין ז'	president of a court of justice
אָב חוֹרֵג ז'	stepfather
אַב מָזוֹן ז'	primary food substance
אַבָּא ז'	daddy, father
אָבַד פ'	be lost, perish
אֲבֵדָה, אֲבֵידָה נ'	loss; lost property
אֲבַדּוֹן ז'	destruction, ruin
אָבְדָן, אוֹבְדָן ז'	destruction, ruin; loss
אָבָה פ'	want, consent
אַבְהוּת נ'	fatherhood, paternity
אַבָּהִי ת'	fatherly, paternal
אַבּוּב ז'	oboe; tube
אַבּוּבָן ז'	oboist
אֲבוֹי מ"ק	alas, woe
אֵבוּס ז'	feeding trough, crib
אֲבוּקָה נ'	blazing torch
אַבְזָם ז'	buckle, clasp
אַבְזָר ז'	accessory
אִבְחוּן ז'	diagnosis
אִבְחֵן פ'	diagnose
אַבְחָנָה נ'	diagnosis
אִבְטֵחַ פ'	protect (from attack), provide security for
אַבְטָחָה נ'	protection (from attack), security measures
אֲבַטִּיחַ ז'	water-melon
אַבְטִיפּוּס ז'	archetype, prototype
אַבְטָלָה נ'	unemployment
אָבִיב ז'	spring
אֲבִיב יָמָיו	the springtime of one's life
אֲבִיבִי ת'	springlike
אָבִיד ת'	perishable
אֶבְיוֹן ז'	pauper
אֲבִיּוֹנָה נ'	lust, libido
אָבִיךְ ת'	hazy, misty,
אַבִּיר תו"ז	knight; mighty, strong
אַבִּירוּת נ'	valor
אֲבָל מ"ח	but, yet
אָבֵל תו"ז	mourner; grief-stricken
אֵבֶל ז'	grief, mourning
אֲבֵלוּת נ'	mourning (state of), mourning
אֶבֶן נ'	stone, rock
אֶבֶן בּוֹחַן נ'	touchstone, criterion
אֶבֶן גָּזִית נ'	hewn stone, ashlar
אֶבֶן חֵן, אֶבֶן טוֹבָה נ'	gem, precious stone
אַבְנֵט ז'	girdle, sash
אָבְנַיִם, אוֹבְנַיִם ז"ז	potter's-wheel; workbench; stool (for woman in labor)
אַבְנֵי מָרָה נ"ר	gallstones
אֶבֶן יְסוֹד נ'	foundation-stone
אֶבֶן יְקָרָה נ'	jewel, gem
אַבְנִית נ'	lime (in kettles etc.)
אֶבֶן מַשְׁחֶזֶת נ'	grindstone, whetstone
אֶבֶן נֶגֶף נ'	stumbling-bloc
אֶבֶן פִּנָּה נ'	corner stone
אֶבֶן רֵיחַיִם נ'	millstone
אֶבֶן שׁוֹאֶבֶת נ'	lodestone, magnet
אֶבֶן שָׂפָה נ'	curbstone, kerbstone
אֲבַעְבּוּעָה נ'	blister, boil

אֲבַעְבּוּעוֹת נ"ר small-pox, pox
אֲבַעְבּוּעוֹת חוֹרֶף chilblains
אֲבַעְבּוּעוֹת רוּחַ chicken pox
אָבָץ ז' zinc
אָבָק ז' dust, powder
אֲבַק־שְׂרֵפָה ז' gunpowder
אַבְקָה נ' powder; pollen
אִבְקָה נ' loop, button-hole, eyelet
אַבְקָן ז' stamen (of flower)
אֵבֶר ז' ר' גם אֵיבָר wing (of a bird)
אַבְרָזִין ז' tarpaulin
אַבְרֵךְ ז' young scholar
אַגַּב מ"י ותה"פ by way of, by the way
אַגַּב אוֹרְחָא תה"פ by the way, incidentally
אֶגֶד ז' bundle, bunch, sheaf; surgical bandage; Egged (bus company in Israel)
אַגָּדָה נ' legend, fable, tale, homily
אַגָּדַת עַם נ' popular legend
אַגָּדָתִי ת' legendary, fabulous
אֲגוּדָּה נ' association, union, society
אֲגוּדָל ז' thumb
אֱגוֹז ז' nut, walnut (fruit or tree)
אֱגוֹז קָשֶׁה ז' a difficult character
אֲגוֹרָה נ' agora (one hundredth of an Israeli sheqel); ancient coin
אָגִיד ז' gill (of a fish)
אֲגִירָה נ' hoarding, storing
אֶגֶל ז' drop
אֲגַם ז' lake, pond
אַגְמוֹן ז' bulrush

אֲגַמִיָּה נ' coot
אַגָּן ז' basin, bowl
אַגַּן הַיְרֵכַיִים ז' the peluis
אַגָּס ז' pear
אֲגַף ז' wing, department, branch, flank (military)
אָגַף פ' outflank (military)
אָגַר פ' hoard, store
אַגְרָה נ' toll, fee
אִגְרוּף ז' boxing
אֶגְרוֹף ז' fist
אֶגְרוֹפָן ז' boxer; brass knuckles
אֲגַרְטָל ז' vase
אִגְרֵף פ' box, fight
אֵד ז' vapor, mist, steam
אַדְווָה נ' ripple, wavelet
אָדוֹם ת' red
אָדוֹן ז' Sir, Mr., gentleman; master; possessor
אֲדוֹנִי! Sir!
אֲדוֹנָי, אֲדֹנָי ז' ר' גם הַשֵּׁם Lord God, the Lord
אָדוּק ת' orthodox (in religion), devout, devoted, pious
אָדִיב ת' courteous, polite
אֲדִיבוּת נ' courtesy, politeness
אֲדִיקוּת נ' orthodoxy, piety, devoutness, devotion
אַדִּיר ת' mighty, powerful; terrific (colloquial)
אָדִישׁ ז' apathetic, indifferent
אֲדִישׁוּת נ' indifference, apathy
אָדַם פ' be red, become red
אָדָם ז' man, person, human being
אֲדַמְדַּם ת' reddish, pale-red
אֲדַמְדֶּמֶת נ' German measles

אֲדָמָה נ׳ earth, soil, land; ground
אַדְמַת הַקּוֹדֶשׁ נ׳ the Holy Land
אַדְמוּמִי נ׳ reddish, ruddy
אַדְמוּמִית נ׳ reddishnes
אַדְמוֹנִי ת׳ ruddy, red-haired
אַדֶּמֶת נ׳ (colloquial) measles
אֶדֶן ז׳ base, sill
אֶדֶן הַחַלּוֹן ז׳ window sill
אַדְנוּת נ׳ mastery, power
אֵדֶר ז׳ stuffed animal
אֲדָר ז׳ Adar (Feb.-March)
אַדְּרַבָּה תה״פ on the contrary! certainly
אִדְרָה נ׳ fish-bone
אַדְרִיכָל ז׳ architect
אַדְרִיכָלוּת נ׳ architecture
אַדֶּרֶת נ׳ overcoat, cloak, mantle
אָהַב פ׳ love, adore; like
אַהֲבָה נ׳ love, affection, liking
אַהֲבַת בֶּצַע נ׳ avarice, love of money
אַהֲבַת הַבְּרִיּוֹת נ׳ love of mankind
אַהֲבַת נֶפֶשׁ נ׳ deep love
אֲהַבְהָבִים ז״ר flirtation, philandering
אָהַד פ׳ sympathize with, support
אֲהַדְדֵי תה״פ mutually
אַהֲדָה נ׳ sympathy, liking; support
אֲהָהּ מ״ק alas, woe
אָהוּב ת׳ beloved, sweetheart
אָהוּד ת׳ (well-)liked,popular
אָהִיל ז׳ lampshade
אָהַל פ׳ pitch a tent, camp
אוֹ מ״ח or
אוֹב ז׳ necromancy

אוֹבֵד ת׳ lost, forlorn
אוֹבֵד עֵצוֹת ז׳ perplexed, at a loss
אוּבְטַח פ׳ be protected, be secured
אוֹבֶךְ ז׳ dust-filled air
אוֹגֵד ז׳ copula (grammar)
אוּגְדָּה נ׳ division (mil.)
אוֹגְדָן ז׳ folder (for loose papers)
אוֹגֶן ז׳ brim (of a hat); rim
אוֹגֵר ז׳ collector, hoarder; hamster
אוּד ז׳ firebrand
אוֹדוֹת מ״י about, concerning
אוֹדֶם ז׳ redness, ruby; rouge, lipstick
אוֹהֵב ז׳-הֶבֶת נ׳ lover
אוֹהֵד ז׳ sympathizer, supporter
אוֹהֶל ז׳ tent
אֲוָוז ז׳ goose, gander
אֱוִויל ז׳ fool, dolt
אֱוִילִי ת׳ silly, stupid
אֲוִויר ז׳ air
אֲוִוירָאוּת נ׳ aviation
אֲוִוירָה נ׳ atmosphere
אֲוִוירוֹן ז׳ airplane
אֲוִוירִי ת׳ airy, ethereal
אֲוִוירִיּוּת נ׳ airiness
אָוֶון ז׳ wickedness, evil, iniquity
אוֹוְרָר ז׳ breather vent (in engine)
אִוְורוּר ז׳ ventilation, airing
אִוְורֵר פ׳ ventilate, air
אֲוְורָר ז׳ ventilator
אִוְושָׁה נ׳ rustle, murmur
אוּזְכַּר פ׳ be mentioned, be referred to

אוֹזְלַת יָד, אָזְלַת יָד נ' helplessness
אוֹזֶן נ' (נ"ז אוֹזְנַיִים) ear; handle
אוֹזֶן הָמָן נ' ear-shaped Purim cake
אוֹזְנִית, אוֹזְנִיָּה נ' earphone, headphone
אוֹחַ ז' eagle-owl
אוּחַד פ' be united, be unified
אוּחָה פ' be joined together, be patched
אוֹטֶם ז' stoppage, closure, obstruction
אוֹטֶם שְׁרִיר הַלֵּב ז' myocardial infarction
אוֹי! מ"ק oh! alas! woe!
אוֹי וַאֲבוֹי מ"ק alas! alack!
אוֹיֵב ז' enemy, foe, adversary
אוֹיָה! מ"ק alas! woe!
אוֹכֶל ז' food, nourishment
אוּכַּל פ' be burnt; be consumed
אוּכְלוּסִיָּיה נ' population
אוּכְלוּסִים ז"ר population
אוּכְלַס פ' be populated
אוּכְמָנִית נ' blackberry
אוּכְסַן פ' be lodged
אוּכָּף ז' saddle
אוּלַי, אוּלַיי תה"פ maybe, perhaps
אוּלָם מ"ח however, but, yet
אוּלָם ז' hall, auditorium
אוּלַּף פ' be trained, be tamed
אוּלְפָּן ז' studio; ulpan (center for intensive study of Hebrew
אוּלְפַּן עֲבוֹדָה ז' ulpan in Kibbutz
אוּלְפָּנִית נ' short-ulpan
אוּלַּץ פ' be compelled, be forced
אוֹלָר ז' pen-knife, pocket-knife, jack-knife
אוּלְתַּר פ' be improvised
(הָ)או"ם ז' the U.N.
אוֹם נ' nut (for bolt)
אוּמְדָּן ז' estimate, assessment
אוּמָּה נ' nation, people
(הָ)אוּמּוֹת (הַ)מְאוּחָדוֹת נ"ר United Nations
אוּמְלָל ת' wretched, miserable, unhappy, pitiful
אוּמַּן פ' be trained, be taught
אוֹמֵן ז' trainer, foster-father
אוּמָּן ז' craftsman, artisan
אוֹמְנָה נ' pillar, pier
אוּמָּנוּת נ' craftsmanship, craft
אוֹמֶנֶת נ' mursemaid, governess
אוּמַּץ פ' be adopted
אוֹמֶץ ז' courage, bravery
אוֹמֶץ לֵב ז' bravery
אוֹמֶץ רוּחַ ז' moral courage
אוּמְצָה נ' (beef) steak
אוֹמֶר ז' speech, utterance
אוֹן ז' force, strength
אוֹנָאָה נ' deceit, deception, fraud
אוּנָּה נ' lobe
אוֹנִיָּיה נ' ship
אוֹנִיַּית קִיטוֹר נ' steamship
אוֹנֵן פ' masturbate
אוֹנָן ז' onanist
אוֹנָנוּת נ' onanism, masturbation
אוֹנֵס ז' rapist, raper
אוֹנֶס ז' rape; compulsion
אוּנְקִיָּה נ' ounce
אוּנְקָל ז' hook

אוֹסֶם ז' bounty, rich harvest

אוֹסֶף ז' collection

אוֹפֶה ז', אוֹפָה נ' baker

אוֹפִי ז' character

אוֹפְיָנִי ת' characteristic

אוּפַּל פ' be blacked out

אוֹפֶל ז' darkness, gloom

אוֹפַן ז' wheel

אוֹפֶן ז' manner, way, method

אוֹפְנָה, אָפְנָה נ' fashion, mode

אוֹפַנּוֹעַ ז' motorcycle

אוֹפַנּוֹעָן ז' motorcyclist

אוֹפַנַּיִם ז"ז bicycle, bike

אוֹפְנָתִי פ' fashionable, stylish

אוֹפֶק ז' horizon

אוֹפְקִי פ' horizontal

אוּפְשַׁר פ' be enabled

אוֹצֵר ז' curator

אוֹצָר ז' treasure, treasury

אוֹצָר בָּלוּם ז' polymath, treasury

אוֹצַר מִלִּים ז' vocabulary

אוֹצְרוֹת קוֹרַח ז"ר immense wealth

אוֹקְיָנוֹס ז' ocean

אוֹר ז' light, brightness

אוֹר ל... תה"פ the night before

אוּר ז' flame, fire

אוֹרֵג ז' weaver

אוּרְגַּן פ' be organized

אוֹרָה נ' light

אוּרְוָה נ' stable

אוֹרֵז ז' ־רֶזֶת נ' packer

אוֹרֶז ז' rice

אוֹרֵחַ ז' ־רַחַת נ' guest, visitor

אוֹרַח ז' ר' אוֹרְחוֹת way, manner

אוֹרְחָה נ' caravan

אוֹרַיְיתָא נ' the Law, the Tora

אוּרִים וְתוּמִּים ז"ר oracle

אוֹרֶךְ ז' length; duration

אוֹרֶךְ אַפַּיִם ז' patience

אוֹרֶךְ יָמִים ז' longevity

אוֹרֶךְ רוּחַ ז' forbearance

אוֹרְלוֹגִין ז' clock

אוֹרֶן ז' pine, pine-wood

אוֹרַס פ' become engaged, become betrothed

אוֹרְקוֹלִי ת' audio-visual

אוּשְׁפַּז פ' be hospitalized

אוּשְׁפִּיז ז' guest, visitor

אוּשַּׁר פ' be confirmed, be approved

אוֹשֶׁר ז' happiness, bliss

אוּשְׁרַר פ' be ratified

אוֹשֵׁשׁ פ' encourage, strengthen

אוֹת ז' sign, mark, signal

אוֹת אַזְעָקָה ז' alarm

אוֹת אַרְגָּעָה ז' all clear

אוֹת הִצְטַיְּינוּת ז' mark of distinction

אוֹת קַיִן the mark of Cain

אוֹת נ' letter (of the alphabet)

אוֹתִיּוֹת שֶׁל קִידּוּשׁ לְבָנָה נ"ר very large letters

אוּתַּר פ' be located, be sited; be localized

אוֹתֵת פ' signal

אוּתַּת פ' be signalled

אָז תה"פ then, at that time; so

אָז מָה? so what?

אַזְהָרָה נ' warning, caution

אֵזוֹב ז' hyssop

אֵזוֹר ז' zone, region, district

אֲזוֹרִי ת׳	regional, district
אֲזַי תה״פ	then (arch).
אֲזִיקִים ז״ר	handcuffs, fetters, shackles
אִזְכּוּר ז׳	mentioning, reference
אִזְכֵּר פ׳	cite, refer
אַזְכָּרָה נ׳	memorial service
אָזְלַת יָד ר׳ אוֹזְלַת יָד	
אִזְמֵל ז׳	scalpel; chisel
אִזְמֵל הַנִּיתּוּחַ ז׳	surgeon's knife
אִזְמַרַגְדְּ, אִיזְמָרַגְדְּ ז׳	emerald
אַזְעָקָה נ׳	alarm, siren
אַזְעָקַת שָׁוְא נ׳	false alarm
אָזַר פ׳	gird
אָזַר כּוֹחַ פ׳	gather strength
אֶזְרָח ז׳, ־חִית נ׳	citizen, civilian
אִזְרֵחַ פ׳	naturalize, grant citizenship to
אֶזְרָחוּת נ׳	citizenship
אֶזְרָחוּת כָּבוֹד נ׳	freedom of the city
אֶזְרָחִי ת׳	civic, civil
אָח ז׳	brother; male nurse
אָח ז׳	fireplace, hearth
אֶחָא ז׳	brother! my brother!
אֶחָד ש״מ	one *(masculine)*
אַחְדוּת נ׳	unity, solidarity, oneness
אָחוּ ז׳	meadow
אַחֲוָוה נ׳	brotherhood, fraternity
אָחוּז ת׳	seized, caught
אָחוּז ז׳	percent,%
אֲחוּזָּה נ׳	estate, landed property
אָחוֹר ז׳	back, rear; backside, behind
אֲחוֹרָה תה״פ	backward, in reverse
אֲחוֹרִי ת׳	rear, back
אֲחוֹרַיִים ז״ר	buttocks
אֲחוֹרַנִּית תה״פ	backwards
אָחוֹת נ׳	sister; nurse
אָחוֹת רַחֲמָנִיָּה נ׳	nurse (in hospital)
אָחַז פ׳	hold, grasp, grip, seize
אֶחָז ז׳	handle
אִחְזּוּז ז׳	gimmick
אַחְזָקָה נ׳	maintenance, upkeep
אָחִיד ת׳	uniform, homogeneous
אֲחִידוּת נ׳	uniformity
אֲחִיזָה נ׳	holding, grasping, gripping, seizing
אַחְיָין ז׳	nephew
אַחְיָינִית נ׳	niece
אַחְלָמָה ז׳	amethyst
אָחָ״ם (אִישִׁיּוּת חֲשׁוּבָה מְאוֹד)	V.I.P.
אִחְסוּן ז׳	storage
אִחְסֵן פ׳	store
אַחְסָנָה נ׳	storage
אַחַר תה״פ	after, behind
אַחַר כָּךְ תה״פ	afterwards, later
אַחַר הַצָּהֳרַיִים	in the afternoon
אַחֵר מ״ג, ת׳	other, another, different
אַחְרַאי ז׳	responsible person
אַחְרָאִי ת׳	responsible, liable
אַחֲרוֹן ת׳	last, final, latter
אַחֲרֵי תה״פ	after, behind
אַחֲרֵי־כֵן תה״פ	after that
אַחְרָיוּת נ׳	responsibility, liability guarantee
אַחֲרִית נ׳	end; remnant
אַחֶרֶת תה״פ	otherwise, or else
אַחַת נ׳	one *(feminine)*; once

אַט־אַט תה״פ slowly, slow
אֶטֶב ז׳ clothes-peg, clothes-pin; paper-clip
אָטָד ז׳ thorn-bush, bramble
אָטוּם ת׳ sealed; closed, shut; opaque
אָטִים ת׳ impermeable, impervious
אֲטִים־אֲוִויר ת׳ airtight
אֲטִים־מַיִם ת׳ waterproof, watertight
אֲטִימָה נ׳ sealing, closing, stoppage
אֲטִימוּת נ׳ impermeability, opacity
אִטְלוּלָא, אִטְלוּלָה, אִיטְלוּלָא נ׳ jest, joke
אִטְלוּלִית נ׳ cartoon; caricature
אִטְלִיז, אִיטְלִיז ז׳ butcher's shop
אָטַם פ׳ shut close; seal; stop, obstruct
אֶטֶם ז׳ seal, packing; gasket
אִטְמוּט ז׳ automation
אִטְמֵט פ׳ outomate
אִטְרִית נ׳ noodle
אִי ז׳ island, isle
אִי תה״פ not
אִי מ״ק woe!
אֵי תה״פ where
אֵי פַּעַם תה״פ sometime, ever
אֵי שָׁם תה״פ somewhere
אִי־אֶפְשָׁר impossible
אִי־בְּהִירוּת נ׳ unclearness, lack of clarity
אִי־הֲבָנָה נ׳ misunderstanding
אִי־הֲפִיכוּת נ׳ irreversibility
אִי־וַדָּאוּת נ׳ uncertainty
אִי־יַצִּיבוּת נ׳ instability
אִי־סֵדֶר ז׳ disorder, lack of order
אִי־פְּעִילוּת נ׳ inactivity
אִבֵּד פ׳ lose, forfeit
אֵיבָה נ׳ animosity, hatred
אִיבּוּד ז׳ losing, loss
אִיבּוּד לָדַעַת ז׳ suicide
אִיבּוּךְ ז׳ billowing (as of smoke)
אִיבּוּכִי ת׳ billowy
אִיבּוּץ ז׳ galvanization, zinc-plating
אִיבּוּק ז׳ dusting, powdering
אִיבֵּךְ פ׳ billow (smoke etc.)
אִיבֵּן פ׳ petrify, turn to stone
אִיבֵּץ פ׳ galvanize, zinc-plate
אִיבֵּק פ׳ powder; cover with dust
אֵיבָר ז׳ limb, organ
אִיגֵּד פ׳ bind, tie, federate
אִיגּוּד ז׳ union, association
אִיגּוּף ז׳ outflanking
אִיגֵּף פ׳ outflank
אִיגָּרָא ז׳ roof
אִיגֶּרֶת נ׳ letter, epistle
אֵיד ז׳ calamity
אִידָּה פ׳ vaporize, turn into steam
אִידּוּי ז׳ evaporation, vaporization
אִידְיוֹט ז׳ idiot, fool
אִידִית, אִידִישׁ נ׳ Yiddish
אִידָךְ מ״ג the other
אַיֵּה תה״פ where?
אִיוָּה פ׳ desire, crave
אִיוּוּי ז׳ craving, longing
אִיוֶּלֶת נ׳ stupidity
אִיּוּם ז׳ threat, menace
אָיוֹם ת׳ dreadful, terrible
אִיּוּן ז׳ negation
אִיּוּר ז׳ illustration

אִיּוּשׁ ז׳ — **manning, staffing**
אִיּוּת ז׳ — **spelling**
אֵיזֶה מ״ג — **what?, which?, someone, anyone; who is?, which is?**
אֵיזֶהוּ מ״ג — **who is?, which is?**
אֵיזוֹ מ״ג — **what?, which?** *(fem);* **someone, anyone**
אֵיזוֹהִי מ״ג — **who is?, which is?** *(fem).*
אִיזּוּן ז׳ — **balancing, balance**
אִיזּוּן הַכּוֹחוֹת ז׳ — **balance of power**
אִיזֵּן פ׳ — **balance, weigh**
אֵיזֶשֶׁהוּ מ״ג — **whichever, whatever, some**
אִיחֵד פ׳ — **unite, join, unify**
אִיחָה פ׳ — **join, patch**
אִיחוּד ז׳ — **union, unification, unity**
אִיחוּי ז׳ — **joining, stitching; patching up**
אִיחוּל ז׳ — **wish, greeting**
אִיחוּר ז׳ — **delay, lateness**
אִיחֵל פ׳ — **wish**
אֵיחֵר פ׳ — **be late, be slow, arrive late**
אִיטוּם ז׳ — **sealing**
אִיטִּי ת׳ — **slow**
אִיטִּיּוּת נ׳ — **slowness**
אִיטְלִיז ר׳ אִטְלִיז
אִיטֵּם פ׳ — **seal, shut, make waterproof**
אִיטֵּר ת׳ — **left-handed**
אִיטְּרוּת נ׳ — **left-handedness**
אֱיָל ז׳ — **power, might**
אַיָּל ז׳ — **deer, stag**
אַיָּלָה נ׳ — **doe, hind**

אַיֶּלֶת הַשַּׁחַר נ׳ — **morning star**
אִיֵּם פ׳ — **threaten, menace**
אִיֵּיר פ׳ — **illustrate**
אִיָּר ז׳ — **Iyar (April-May)**
אִיֵּשׁ פ׳ — **man**
אִיֵּת פ׳ — **spell (letter by letter)**
אֵיךְ תה״פ — **how?**
אֵיכָה תה״פ — **how? (arch.)**
אִיכּוּל ז׳ — **consumption; combustion; burning; corroding, corrosion**
אִיכּוּן ז׳ — **pin-pointing**
אֵיכוּת נ׳ — **quality**
אֵיכוּתִי ת׳ — **qualitative**
אֵיכָכָה תה״פ — **how? (arch.)**
אִיכֵּל פ׳ — **consume; burn; corrode**
אִיכֵּן פ׳ — **pin-point, locate**
אִיכְפַּת, אִכְפַּת — **concern, matter to**
אִיכְפַּתִיּוּת נ׳ — **concern, a feeling of responsibility**
אִיכָּר ז׳ אִיכָּרָה נ׳ — **farmer, peasant**
אֵיכְשֶׁהוּ תה״פ — **somehow or other**
אַיִל ז׳ — **ram**
אִילוּ מ״ת — **if**
אֵילוּ מ״ג — **which (pl); some**
אִילוּלֵי מ״ת — **if not; but for, were it not for**
אִילּוּחַ ז׳ — **infection**
אִילּוּף ז׳ — **training, taming**
אִילּוּץ ז׳ — **compulsion, coercion**
אִילּוּצִים ז״ר — **compelling factors**
אֵילֵי נֵפְט ז״ר — **oil tycoons**
אֵילָךְ תה״פ — **thereafter, onwards, afterwards**
אִילְכָךְ מ״ח — **therefore, accordingly**
אִילֵּם תו״ז — **dumb, silent, mute**

אִילְמָלֵא מ"ח if not
אִילְמָלֵי מ"ח if
אִילָן ז' tree
אִילֵף פ' train, tame
אִילֵץ פ' compel, force, oblige
אִימָא נ' mummy, mother
אֵימָה נ' dread, terror
אֵימַת הַצִּיבּוּר נ' stage fright
אִימָּהוֹת נ"ר mothers, matriarchs; matrix (in printing)
אִימָּהוּת, אִמָּהוּת, נ' motherhood, maternity
אִימָּהִי, אִמָּהִי ת' motherly, maternal
אִימוּם ז' tailor's dummy, last, block
אִימּוּן ז' training, practice
אִימּוּץ ז' adoption; straining
אִימּוּת ז' verification
אִימֵּל פ' enamel-plate
אִימֵּן פ' train, practise
אִימֵּץ פ' adopt (child); strengthen, strain
אִימֵּת פ' verify, prove true
אֵימָתַי תה"פ whenever, when
אֵימְתָן ז' frightening person, ruffian
אֵימְתָנוּת נ' frightening or threatening appearance
אֵין, אַיִן תה"פ not; there is no; nothing
אֵין אוֹנִים helpless
אֵין דָּבָר never mind
אִינָּה פ' bring about, cause
אִינֵּךְ פ' make vertical
אֵינְסוֹף, אֵין־סוֹף ז' infinity
אֵינְסוֹפִי, אֵין־סוֹפִי ת' infinite

אִיסּוּם ז' storage
אִיסּוּף ז' collecting, collection, gathering
אִיסּוּר ז' prohibition, ban
אִיסְטְנִיס ת' fastidious
אִיסֵּם פ' store
אִיסֵּף פ' gather, collect
אֵיפֹה? תה"פ where?
אֵיפָה נ' ancient measure
אֵיפָה וְאֵיפָה discrimination
אֵיפוֹא ר' אֵפוֹא
אִיפּוּל ז' black-out
אִיפּוּר ז' make-up
אִיפֵּל פ' black-out, dim
אִיפֵּס פ' synchronize; nullify
אִיפֵּר פ' make-up
אִיצָּה נ' haste
אִיצְטְלָה נ' robe, toga
אִיקוֹנִין ז' portrait, picture; icon
אֵירוּחַ ז' hospitality
אִירוּס ז' iris
אֵירוּסִים, אֵירוּשִׂים ז"ר engagement, betrothal
אֵירוּעַ ז' event, incident, occurrence
אֵירֵחַ פ' entertain (as guest), host
אֵירֵס פ' betroth, become engaged to
אֵירַע פ' happen, occur
אִישׁ ז' man, male, husband
אִישׁ אֶשְׁכּוֹלוֹת ז' great scholar
אִישׁ אֶת רֵעֵהוּ one another, each other
אִישׁ בְּלִיַּעַל ז' scoundrel
אִישׁ דָּמִים ז' murderer

hero	אִישׁ חַיִל ז'
soldier	אִישׁ צָבָא ז'
public figure	אִישׁ צִיבּוּר ז'
frogman	אִישׁ צְפַרְדֵּעַ ז'
woman, wife; female	אִשָּׁה נ'
married woman	אֵשֶׁת אִישׁ נ'
capable woman, industrious woman	אֵשֶׁת חַיִל נ'
offering made by fire	אִשֶּׁה ז'
somewhere	אֵי־שָׁם, אֵישֶׁהוּ תה"פ
accusation, indictment	אִישּׁוּם ז'
pupil (of the eye)	אִישׁוֹן ז'
confirmation, endorsement, approval	אִישּׁוּר ז'
marriage relationship	אִישׁוּת נ'
personal, individual	אִישִׁי ת'
personality	אִישִׁיּוּת נ'
important people	אִישִׁים ז"ר
personally, in person	אִישִׁית תה"פ
confirm, approve	אִישֵּׁר פ'
locating	אִיתּוּר ז'
beeper, buzzer	אִיתּוּרִית נ'
signalling	אִיתּוּת ז'
firm, strong, steadfast	אֵיתָן פ'
firmness, stability	אֵיתָנוּת נ'
locate, site; localize	אִיתֵּר פ'
but; only; yet	אַךְ מ"ח
swarthy, dark brown	אָכוֹם ת'
deceptive, illusory	אַכְזָב ת'
disappoint, let down, disillusion	אִכְזֵב פ'
disappointment, let down, disillusionment	אַכְזָבָה נ'
cruel, brutal, harsh	אַכְזָר, אַכְזָרִי ת'
cruelty, brutality, harshness	אַכְזְרִיּוּת נ'

edible	אָכִיל ת'
eating, consumption	אֲכִילָה נ'
enforcement, constraint	אֲכִיפָה נ'
eat; consume, use up; devour	אָכַל פ'
populating, population	אִכְלוּס ז'
glutton, gourmand	אַכְלָן ז'
populate	אִכְלֵס פ'
black-head, comedo	אֲכְמוּמִית נ'
truly, imdeed, for all that	אָכֵן תה"פ
vestibule, porch	אַכְסַדְרָה נ'
accommodation, lodging	אִכְסוּן ז'
accommodate, put up	אִכְסֵן פ'
guest, lodger	אַכְסְנַאי ז'
hostel, inn	אַכְסַנְיָה נ'
enforce, compel, press	אָכַף פ'
not, don't	אַל תה"פ
don't touch!	אַל גַּעַת!
don't despair!	אַל יֵיאוּשׁ!
please don't!	אַל נָא!
God, god; ability	אֵל ז'
merciful and gracious God	אֵל רַחוּם וְחַנּוּן
be able, be capable, have the power	(יֵשׁ לְ) אֵל יָדוֹ
to, towards, into; at, by	אֶל מ"י
for certain, certainly	אֶל נָכוֹן
but, only	אֶלָּא תה"פ
unless	אֶלָּא־אִם־כֵּן
what else!	אֶלָּא מָה
crystal; hailstone; meteorite	אֶלְגָּבִישׁ ז'
pistachio-tree	אֵלָה נ'

אֵלָה נ'	goddess
אַלָּה נ'	club; baton
אָלָה נ'	curse, imprecation
אֵלֶּה, אֵלּוּ מ"ג	these
אֱלוֹהַּ ז'	God, god, deity
אֱלוֹהוּת נ'	divinity, godhead
אֱלוֹהִי ת'	divine, godly, godlike
אֱלוֹהִים ז'	God
אָלוּחַ ת'	infected, septic
אֱלוּל ז'	Ellul (Aug-Sept)
אֲלוּמָּה נ'	sheaf, bundle
אֲלוּמִינְיוּם ז'	aluminium, aluminum
אַלּוֹן ז'	oak
אֲלוּנְטִית נ'	towel
אֲלוּנְקָה נ'	stretcher
אַלּוּף ז'	Major-General; champion
אֶלַח ז'	infection, sepsis
אַלְחוּט ז'	wireless
אַלְחוּטַאי, אַלְחוּטָן ז'	radio operator
אִלְחוּשׁ ז'	anaesthetization
אִלְחֵשׁ פ'	anaesthetize
אֱלֵי מ"י	to (arch.)
אַלִּיבָּא תה"פ	according to
אַלְיָה נ'	fat tail of sheep
אַלְיָה וְקוֹץ בָּהּ	a mixed blessing, a fly in the ointment
אֱלִיל ז'	idol, false god
אֱלִילָה נ'	idol (female), goddess
אֱלִילוּת נ'	idolatry, idol-worship, paganism
אֱלִילִי ת'	pagan
אַלִּים ת'	violent; strong
אַלִּימוּת נ'	violence; power
אַלִּיפוּת נ'	championship
אֲלַכְסוֹן ז'	slant, slope; diagonal
אַלְלַי! מ"ק	woe! alas!
אֵלֶם ז'	dumbness, muteness; silence
אַלְמוֹג, אַלְגּוֹם ז'	coral; sandalwood
אַלְמָוֶת ז'	immortality
אַלְמוֹן ז'	widowhood
אַלְמוֹנִי ת'	unknown, anonymous, nameless
אַלְמוֹנִיּוּת נ'	anonymity
אַלְמוֹתִי ת'	everlasting, immortal
אַלְמָן ז'	widower
אַלְמָנָה נ'	widow
אַלְמְנוּת נ'	widowhood
אַלְמַתֶּכֶת נ'	non-metallic element
אִלְסָר, אִילְסָר ז'	hazel (nut or tree)
אֶלֶף ז'	a thousand
אָלֶפְבֵּיתִי ת'	alphabetic(al)
אַלְפוֹן ז'	primer (in reading instruction)
אַלְפִּית נ'	a thousandth part
אִלְפָּס, אִילְפָּס ז'	saucepan, pan, pot
אִלְרֵחַ פ'	deodorize
אִלְתּוּר ז'	improvisation, extemporisation
אִלְתִּית נ'	salmon
אִלְתַּר, לְאַלְתַּר תה"פ	on the spot, at once, immediately
אִלְתֵּר פ'	improvise, extemporise
אֵם נ'	mother, matriarch
אֵם בַּיִת נ'	matron
אֵם הַדֶּרֶךְ נ'	crossroads
אֵם חוֹרֶגֶת נ'	stepmother
אִם מ"ח	if, whether; in case; or
אִם כִּי מ"ח	although
אַמְבָּט ז'	bath, bathroom
אַמְבָּר ז'	granary
אָמַד פ'	estimate, assess

אָמָה נ׳ (ר׳ אֲמָהוֹת) maid, maidservant,
אַמָּה נ׳ cubit, forearm; middle finger
אֲמוֹדַאי ז׳, אֲמוֹדָאִית נ׳ diver
אֵמוּן ז׳ faith, confidence, trust; loyalty
אֱמוּנָה נ׳ belief, religion
אֱמוּנָה תְּפֵלָה (טְפֵלָה) נ׳ superstition
אַמּוֹנְיָה נ׳ ammonia
אָמוֹץ ת׳ bay, chestnut (color)
אָמוֹרָא ז׳ Amora, Talmudic sage
אֱמוֹרִי ז׳ Amorite
אָמִיד תו״ז well-to-do, prosperous
אֲמִידָה נ׳ estimate, assessment
אָמִין ת׳ credible; authentic
אַמִּיץ ת׳ courageous, bold, brave
אָמִיר ז׳ upper branch, treetop
אֲמִירָה נ׳ utterance, saying
אֲמִיתָּה נ׳ truth; axiom
אֲמִיתוּת נ׳ truth, veracity truthfulness; authenticity, genuineness
אֲמִיתִּי ת׳ true; genuine, authentic
אִמְלֵל פ׳ make miserable
אָמַן פ׳ foster; nurture
אָמֵן תה״פ amen, so be it
אָמָן ז׳, ־נִית נ׳ artist
אֲמָנָה נ׳ treaty, pact
אַמְנוּן ז׳ St. Peter's fish
אַמְנוּן וְתָמָר ז׳ pansy
אָמְנוּת, אֻמָּנוּת נ׳ art, artistry
אָמָנוּתִי ת׳ artistic
אָמְנָם תה״פ actually, in truth,
אָמַץ פ׳ be strong, be brave, be bold

אַמְצָאָה נ׳ invention
(בְּ)אֶמְצָעוּת by means of
אֶמְצָעִי ת׳ middle, center
אֶמְצָעִי ז׳ means, medium
אֶמְצָעֵי מְנִיעָה ז״ר preventive measures; contraceptives
אֶמְצָעִיּוּת נ׳ centrality
אָמַר פ׳ say; relate, tell; intend, mean
אֲמַרְגָּן ז׳ impresario
אִמְרָה נ׳ maxim, saying
אֲמַרְכָּל ז׳ administrator
אֲמַרְכָּלוּת נ׳ administration
אֶמֶשׁ תה״פ last night
אֱמֶת נ׳ truth, verity
אַמְתַּחַת נ׳ pouch, bag; rucksack, haversack
אֲמַתְלָה נ׳ excuse, pretext
אָן, לְאָן תה״פ where (to)?, whither?
אָנָּא מ״ק please, pray, I beseech you
אַנְדְּרוֹגִינוֹס ז׳ androgyne, hermaphrodite
אַנְדַּרְטָה נ׳ statue, memorial, bust
אַנְדְּרָלָמוּסְיָה נ׳ chaos, utter confusion, disorder
אָנָה תה״פ whither?, where (to)?
אָנוּ מ״ג we
אָנוֹכִי מ״ג I
אָנוֹכִיּוּת נ׳ egotism, selfishness
אָנוֹכִיִּי ת׳ egotistic, selfish
אָנוּס ז׳ forced, compelled; Marrano
אָנוּשׁ ת׳ very seriously (ill)
אֱנוֹשׁ ז׳ man
אֱנוֹשׁוּת נ׳ humanity, mankind

human; humane אֱנוֹשִׁי ת׳
humanity; humaneness אֱנוֹשִׁיּוּת נ׳
sigh אֲנָחָה נ׳
we אֲנַחְנוּ מ״ג
anti-Semitism אַנְטִישֵׁמִיּוּת נ׳
I אֲנִי מ״ג
delicate, sensitive, refined אָנִין ת׳
sensitivity, refinement אֲנִינוּת נֶפֶשׁ נ׳
flake (of hair, etc.), wisp אֲנִיץ ז׳
plumb line, plummet אֲנָךְ ז׳
perpendicular; vertical אֲנָכִי ת׳
pineapple אֲנָנָס ז׳
compel; rape אָנַס פ׳
rapist אַנָּס ז׳
heron, egret אֲנָפָה נ׳
nasalization אִנְפּוּף ז׳
felt slipper אַנְפִּילָה נ׳ (ר׳ אַנְפִּילָאוֹת) נ׳
nasalize, speak through one's nose אִנְפֵּף פ׳
moan, groan אֲנָקָה נ׳
large hook אַנְקוֹל ז׳
sparrow אַנְקוֹר ז׳
men; people (plural of אִישׁ) אֲנָשִׁים ז״ר
raft, barge אַסְדָּה נ׳
oil-can אָסוּךְ ז׳
disaster, calamity אָסוֹן (ר׳ אֲסוֹנוֹת)
foundling אֲסוּפִי ת׳
forbidden, prohibited; imprisoned אָסוּר ת׳, תה״פ
fetter, shackle, manacle אֵסוּר ז׳, אֱסוּרִים ז״ר
stele, grave-stone אַסְטֵלָה נ׳
strategic אַסְטְרָטֶגִי ת׳

token; an old worthless coin אֲסִימוֹן ז׳
harvest-time אָסִיף ז׳
accumulation; collecting אֲסִיפָה נ׳
meeting, assembly אֲסֵיפָה, אֲסֵפָה נ׳
prisoner אָסִיר, אַסִּיר ז׳
grateful, obliged אֲסִיר תּוֹדָה ת׳
school (of thought, etc.) אַסְכּוֹלָה נ׳
diphtheria אַסְכָּרָה נ׳
yoke (for carrying two buckets) אֵסֶל ז׳
lavatory seat, lavatory bowl אַסְלָה נ׳
convert to Islam אִסְלֵם פ׳
granary, barn אָסָם ז׳
authority, support אַסְמַכְתָּא נ׳
collect, gather, assemble אָסַף פ׳
collector (as hobby) אַסְפָן ז׳
rabble, mob אֲסַפְסוּף ז׳
alfalfa, lucerne grass אַסְפֶּסֶת נ׳
supplies, supply אַסְפָּקָה נ׳
mirror, looking-glass אַסְפַּקְלַרְיָה נ׳
doorstep אַסְקוּפָּה נ׳
fallguy, stooge; doormat אַסְקוּפָּה נִדְרֶסֶת נ׳
forbid, prohibit; imprison, jail אָסַר פ׳
the day after a festival (שָׁבוּעוֹת, פֶּסַח, סוּכּוֹת) אִסְרוּ־חַג ז׳
nose; anger אַף ז׳
also, even, too אַף מ״ח
although, even though אַף כִּי מ״ח
even so, nevertheless אַף־עַל־פִּי־כֵן תה״פ

אַף־עַל־פִּי־שֶׁ although, though
אָפָה פ׳ bake
אֵפוֹא, אֵיפוֹא תה״פ therefore, then
אֵפוֹד ז׳ ephod; tunic
אֲפוּדָּה נ׳ sweater, pullover, jumper
אַפּוֹטְרוֹפּוֹס ז׳ guardian, custodian
אַפּוֹטְרוֹפְּסוּת נ׳ custodianship, guardianship
אָפוּי ת׳ baked
אֲפוּנָה נ׳ (ר׳ אֲפוּנִים) pea
אָפוּף ת׳ wrapped, enveloped
אָפוֹר ת׳ gray, grey
אַפִּי ת׳ nasal
אֲפִיָּה נ׳ baking
אִפְיֵן פ׳ characterize, be characteristic of
אֲפִילוּ מ״ח even, even if
אֲפִיפִית נ׳ dry biscuit, wafer
אָפִיק ז׳ bed (of a river), channel
אֲפִיקוֹמָן ז׳ afikoman (piece of unleavened bread first hidden and later eaten at end of Passover evening)
אִפְכָא, אִיפְכָא ז׳ the opposite
אִיפְכָא מִסְתַּבְּרָא the opposite is the case
אָפֵל ת׳ dark gloomy
אֲפֵלָה נ׳ darkness, gloom
אַפְלוּלִי ת׳ dim, darkish
אַפְלוּלִית נ׳ dimness, dusk
אַפְלָיָה נ׳ discrimination
אָפֵס פ׳ come to an end, cease
אֶפֶס ז׳ zero; nothing
אֶפֶס תה״פ yet, but
אַפְסוּת נ׳ futility, worthlessness
אַפְסִי ת׳ insignificant, worthless

אַפְסְנַאי ז׳ ־נָאִית נ׳ quartermaster storekeeper
אַפְסָר ז׳ halter, brid 'ether
אֶפְעֶה ז׳ viper, adder
אָפַף פ׳ surround, beset
אֵפֶר ז׳ ash, ashes
אֲפֵר ז׳ mask, disuise
אָפָר ז׳ meadow, pasture
אֶפְרוֹחַ ז׳ young bird, chick
אַפְרוּרִי ת׳ grayish, ashen
אַפִּרְיוֹן ז׳ sedan-chair
אַפְּרִיל ז׳ April
אֲפַרְכֶּסֶת נ׳ ear-piece, outer ear
אֲפַרְסְמוֹן ז׳ persimmon
אֲפַרְסֵק ז׳ peach
אֲפַרְפַּר ת׳ grayish, light gray
אֶפְרָתִי aristocratic; Ephraimite
אִפְשׁוּר ז׳ enabling, facilitation
אֶפְשָׁר תה״פ perhaps, possibly
אִפְשֵׁר פ׳ enable, facilitate
אֶפְשָׁרוּת נ׳ possibility, likelihood, feasibility
אֶפְשָׁרִי ת׳ possible, likely, feasible
אָץ פ׳ hurry, rush
אֶצְבַּע נ׳ finger; toe
אֶצְבָּעוֹן ז׳ thimble
אֶצְבְּעוֹנִי תו״ז midget; Tom Thumb
אַצָּה נ׳ sea weed, algae
אֲצוּלָה נ׳ nobility, aristocracy
אִצְטַבָּה, אִיצְטַבָּה נ׳ shelf, ledge
אִצְטַגְנִין ז׳ astrologer, horoscoper
אִצְטַדְיוֹן ז׳ stadium, arena
אִצְטְרוּבָּל ז׳ pine-cone
אַצִּיל ז׳ אֲצִילָה נ׳ the upper arm
אָצִיל ז׳; aristocrat, nobleman; gentleman

אֲצִילָה נ'	delegating, bestowal; noble lady
אֲצִילוּת נ'	aristocracy, nobility; gentlemanliness, breeding
אֵצֶל מ"י	beside, by, near; at, with, in the posssession of
אֶצֶ"ל	I.Z.L., Irgun Zevai Leumi (the Irgun)
אָצַל פ'	delegate, bestow, impart
אֶצְעָדָה נ'	bangle, bracelet
אָצַר פ'	gather, hoard
אֶקְדָּח ז'	pistol, revolver
אֶקְדָּח ז'	carbuncle, garnet
אַקְלִים ז'	climate
אַקְלִימִי ת'	climatic
אִקְלֵם פ'	acclimate, acclimatize
אַקְרַאי ז'	chance, at random
אַקְרָאִי ת'	chance, random
אַקְרָאִיּוּת נ'	chance, randomness
אֶקְרָן ז'	screen (film, T.V, etc.)
אָרַב פ'	lie in wait, lie in ambush
אַרְבֶּה ז'	locust
אַרְבָּה נ'	barge
אַרְבַּע נ', אַרְבָּעָה ז'	four
אַרְבָּעָה־עָשָׂר ז'	fourteen *(masc.)*
אַרְבַּע־עֶשְׂרֵה נ'	fourteen *(fem.)*
אַרְבָּעִים זו"ג	forty
אַרְבַּעְתַּיִם תה"פ	fourfold, quadruple
אָרַג פ'	weave
אֶרֶג ז'	woven material, fabric, cloth
אִרְגּוּן ז'	organization, organizing
אִרְגּוּנִי ת'	organizational
אַרְגָּז ז'	chest, crate
אַרְגָּמָן ז'	dark red, purplish red, mauve
אִרְגֵּן פ'	organize, arrange
אַרְגָּעָה נ'	calm, respite, relief; all-clear
אָרָד ז'	bronze
אַדְרִיכָל, אַרְדִּיכָל ז'	architect
אַרְדִּיכָלוּת נ'	architecture
אָרָה פ'	pick, pluck, gather (fruit)
אֲרוּבָּה נ'	chimney
אָרוּג ת'	woven
אָרוּז ת'	packed; tied up
אֲרוּחָה נ'	meal, repast
אָרוֹךְ ת' (ר' אֲרוּכִּים)	long, lengthy
אֲרוּכָה נ'	healing, cure, recovery
אָרוֹן, אֲרוֹן ז'	cupboard, cabinet, closet; coffin
אֲרוֹן הַקּוֹדֶשׁ ז'	the Ark, the Holy Ark (in synagogue)
אֲרוֹנִית נ'	small cupboard
אָרוּס, אָרוּשׂ ז'	fiancé, betrothed (man)
אֲרוּסָה, אֲרוּשָׂה נ'	fiancée, betrothed (woman)
אָרוּר ת'	cursed, accursed
אֶרֶז ז'	cedar
אָרַז פ'	pack, tie up
אָרַח פ'	journey, travel, join
אָרְחֵי פָּרְחֵי ז"ר	vagabonds, tramps; good-for-nothings
אֲרִי, אַרְיֵה ז'	lion
אָרִיג ז'	woven cloth, fabric
אֲרִיגָה נ'	weaving
אֲרִיזָה נ'	packing, package
אָרִיחַ ז'	tile; small brick
אֲרִיָּה נ'	picking, plucking, gathering (of fruit)
אֲרִיךְ־נֶגֶן ת'	long-playing

אֲרִיכוּת נ' **prolongation, lengthening**
אֲרִיכוּת יָמִים נ' **longevity**
אֲרִינָמָל ז' **ant-lion**
אָרִיס ז' **tenant-farmer, share-cropper**
אֲרִיסוּת נ' **land tenancy; condition of tenant**
אָרַךְ פ' **last, take (time), be long**
אַרְכָאִי ת' **archaic**
אַרְכָּה נ' **extension (of time), respite**
אַרְכּוּבָּה נ' **knee joint; cranking handle**
אַרְכּוּף ז' **stirrup**
אַרְכִיב, אַרְכְיוֹן ז' **archive(s)**
אַרְכָנוּת נ' **long-windedness, verbosity**
אַרְמוֹן ז' **palace, mansion**
אֲרַמִּי ת' **Aramaic, Aramaean**
אֲרָמִית נ' **Aramaic**
אַרְנָב ז', אַרְנֶבֶת נ' **hare**
אַרְנוֹנָה נ' **property tax, rates**
אַרְנָק ז' **wallet, purse**
אֶרֶס ז' **poison, venom**
אַרְסִי ת' **poisonous**
אַרְסִיוּת נ' **toxity; virulence**
אַרְסָן ז' **arsenic**
אֲרָעִי ת' **temporary, provisional**
אֶרֶץ נ' **ground, earth, soil, country, land**
הָאָרֶץ **the country (Israel)**
אַרְצָה תה"פ **to the country (Israel)**
אַרְצִי ת' **national; earthly, mundane**
אָרַר פ' **curse, damn**

אֲרֶשֶׁת נ' **expression**
אֲרֶשֶׁת שְׂפָתַיִם נ' **expression (verbal)**
אֵשׁ נ' **fire, flame**
אֵשׁ צוֹלֶבֶת נ' **crossfire**
אֶשְׁבּוֹל ז' **corn cob**
אֶשֶׁד ז' **waterfall, cataract, cascade**
אֲשֵׁדָה נ' **mountainside, hillside**
אַשּׁוּחַ ז' **fir tree**
אָשׁוּן ת' **rough; rigid, stiff**
אָשׁוּר ז' **box tree, box wood**
אַשּׁוּר ז' **Assyria**
אַשּׁוּרִית נ' **Assyrian (language)**
אָשְׁיָה, אוֹשְׁיָה נ' **foundation; basic principle**
אֲשִׁינוּת נ' **stiffness, rigidity**
אֶשֶׁךְ, אֶשְׁכַּיִם ז"ר **testicle(s)**
אַשְׁכָּבָה נ' **interment, burial**
אֶשְׁכּוֹל ז' **cluster (of grapes)**
אֶשְׁכּוֹלִית נ' **grapefruit**
אֶשְׁכָּר ז' **present, gift, tribute**
אֶשֶׁל ז' **tamarisk**
אֶשֶׁ"ל ז' **traveling expenses (board and lodging)**
אַשְׁלָג ז' **potash**
אַשְׁלְגָן ז' **potassium**
אַשְׁלָיָה נ' **illusion, deception**
אָשֵׁם פ' **found guilty**
אָשֵׁם ת' **guilty, culpable**
אָשָׁם ז' **offense, crime, sin; guilt**
אַשְׁמַאי, אַשְׁמַיי ת' **sinner, wrongdoer**
אַשְׁמְדַאי ז' **Asmodeus, prince of demons**
אַשְׁמָה נ' **blame, fault**

אַשְׁמוּרָה, אַשְׁמוֹרֶת נ' watch(night of), vigil
אֶשְׁנָב ז' small window, lattice, grille
אֶשְׁנַבַּאי ז' clerk (dealing with public)
אַשָּׁף ז' magician, sorcerer
אַשַּׁף הַמִּטְבָּח ז' chef
אָשָ"ף ז' P.L.O.
אַשְׁפָּה נ' garbage, refuse, rubbish; quiver (for bows)
אִשְׁפּוּז ז' hospitalization
אִשְׁפֵּז פ' hospitalize
אַשְׁפָּרָה נ' finishing
אֲשֶׁר מ"ח, מ"ג that, which, who
אַשְׁרַאי ז' credit (financial)
אַשְׁרָה נ' visa, permit
אַשְׁרֵי מ"ק happy!, blessed!
אִשְׁרֵר פ' ratify
אֶשְׁתָּקַד תה"פ last year

אַתְּ, אַתָּה, אַתֶּם, אַתֶּן מ"ג you (sing fem., sing. masc., pl. masc., pl. fem.)
אֶת מ"י (אוֹתִי, אוֹתְךָ, אוֹתוֹ ...אוֹתָנוּ, אֶתְכֶם, אוֹתָם...) form-word indicating direct object
אֶת מ"י (אִתִּי, אִתְּךָ, אִתָּךְ...) with
אֶתְגָּר ז' challenge
אָתוֹן נ' donkey (fem), she-ass
אַתְחַלְתָּא נ' beginning
אַתְלֵט ז' athlete, strong man
אַתְלֵטִיקָה נ' athletics
אֶתְמוֹל תה"פ yesterday
אֶתְנָה ז', אַתְנַחְתָּא נ' pause, rest
אֶתְנָן ז' pay (to a prostitute)
אֲתָר ז' site, place, location
אֶתֶר ז' ether
אַתְרָאָה נ' warning
אֶתְרוֹג ז' citron, ethrog
אַתָּת ז' signaller (military)

ב

בְּ, בַּ, בָּ, בֶּ, בִּ מ״י in, at; on; with

בָּא (יָבוֹא) פ׳ come, arrive

בָּא כּוֹחַ ז׳ delegate, representative

בָּא לִי (לשיר) I have an urge (to sing), I want (to sing)

(הַ)בָּא ת׳ next, subsequent

בְּאוֹפֶן תה״פ in a manner

בָּאוּשׁ ת׳ stinking, evil-smelling

בָּאַחֲרוֹנָה תה״פ recently, lately

בְּאַקְרַאי תה״פ by chance, accidentally

בְּאֵר נ׳ (ר׳ בְּאֵרוֹת) well

בָּאַשׁ פ׳ stink

בַּאֲשֶׁר תה״פ as regards, as to; because; seeing that

בָּבָה, בָּבַת־עַיִן נ׳ pupil (of the eye)

בָּבוּאָה נ׳ reflection, image

בִּבְחִינַת תה״פ as a kind of, as a sort of

בְּבִטְחָה תה״פ confidently

בְּבֵירוּר תה״פ clearly, explicitly

בַּבְלִי ת׳ Babylonian

בְּבַקָּשָׁה תה״פ please; don't mention it

בְּבַת אַחַת תה״פ all at once

בְּבַת־עַיִן נ׳ pupil (of the eye)

בְּבַת־רֹאשׁ תה״פ with a nod

בָּגַד פ׳ betray, deceive

בֶּגֶד ז׳ garment, article of clothing

בְּגֶדֶר תה״פ within the bounds of

בְּגֶדֶר סוֹד in secrecy, in secret

בְּגִידָה נ׳ betrayal, treason, unfaithfulness

בְּגִילוּפִין תה״פ tipsy, tipsily

בְּגִין מ״י because of, due to

בַּגִּיר ז׳ adult (in the legal sense)

בַּגִּירוּת נ׳ adulthood (legal)

בִּגְלַל מ״י, תה״פ because of, on account of

בְּגַפּוֹ תה״פ alone, by oneself

בָּגַר פ׳ mature, grow up

בַּגְרוּת נ׳ adolescence; maturity; matriculation examination

בַּד ז׳ cloth, linen; screen (at cinema); canvas (for painting); branch (of tree)

בַּדַּאי ז׳ liar

בְּדַאי ז׳ fiction

בָּדָד תה״פ alone, apart

בָּדָה פ׳ make up, fabricate, invent

בֶּדְוִי ז׳ Bedouin

בָּדוּחַ ת׳ merry, jolly

בָּדוּי ת׳ fabricated, invented, false

בְּדוֹלַח ז׳ crystal; bdellium

בַּדּוֹן ז׳ canvas hut

בָּדוּק ת׳ tried, tested, checked

בְּדוּקָאִי ז׳ suspect (known to the police)

בְּדוּת, בְּדוּתָה נ׳ fabrication, fiction, lie

בִּדְחִילוּ וּרְחִימוּ תה״פ with awe and reverence

בַּדְחָן ז׳ comedian, jester

בַּדִּיד ז׳ twig, small branch

בְּדִידוּת נ׳ loneliness, solitude, isolation

בְּדָיָה נ' falsehood, fabrication
בִּדְיוֹנִי ת' fictitious
בְּדִיּוּק תה"פ precisely, exactly
בְּדִיּוּק נִמְרָץ most precisely, most exactly
בְּדִיחָה נ' joke, jest
בְּדִיחוּת נ' joy, merriment
בְּדִיל ז' tin
בְּדִיעֲבַד תה"פ now that it's happened, after the event, ex post facto
בְּדִיקָה נ' inspection, check, test
בָּדֵל ת' separated, isolated
בְּדָל ז' tip, end
בְּדַל־סִיגָרִיָּה ז' cigarette butt
בַּדְלָנוּת נ' isolationism
בָּדַק פ' inspect, examine, test, check
בֶּדֶק ז' repair
בֶּדֶק הַבַּיִת ז' house-repairs
בַּדְרָן ז' entertainer, comedian
בְּהַדְרָגָה תה"פ gradually
בָּהָה פ' gaze vacantly
בָּהוּל ת' hasty, hard-pressed, urgent
בְּהִזְדַּמְּנוּת תה"פ when time permits
בְּהֶחְלֵט תה"פ absolutely, certainly
בַּהַט ז' alabaster
בְּהִילוּת נ' urgent haste, agitation
בְּהֶיסַּח הַדַּעַת תה"פ in a moment of inattention
בָּהִיק ת' luminescent
בָּהִיר ת' bright, clear; light (in color)
בְּהִירוּת נ' brightness, clarity; lightness

בֶּהָלָה נ' panic, alarm
בֶּהָלַת קְנִיּוֹת נ' shopping spree, shopping splurge
בְּהֵמָה נ' animal, livestock
בְּהֵמוֹת ז' hippopotamus
בַּהֲמִיּוּת נ' brutishness, coarseness
בְּהֵן צִדְקִי! on my word of honor
בַּהֶקֶת נ' albinism
בַּהֶרֶת נ' freckle, white spot (on a skin)
בְּהַשְׁאָלָה תה"פ figuratively, metaphorically; on loan
בְּהֶתְאֵם תה"פ accordingly; respectively
בּוֹ מ"ג in him, in it
בּוֹא (לָבוֹא) מקור coming, arrival
בּוֹא נֹאמַר (כִּד, ש) let us say (that)
בּוֹאֵשׁ ז' skunk
בּוֹאְשָׁה נ' weed; stench
בּוּבָּה נ' doll, puppet
בּוּבּוּנַאי ז' puppeteer
בּוֹגֵד ז' traitor, renegade; unfaithful (man)
בּוֹגְדָנוּת נ' disloyalty, treachery
בּוֹגֵר ז' adult; graduate
בּוֹדֵד ת' isolated; lonely, individual
בּוֹדֵד פ' be isolated
בּוֹדֵק ז' examiner, tester, inspector
בּוֹהוּ ז' chaos, emptiness
בּוֹהֶן ז' thumb; big toe
בּוֹהַק ז' shine, glitter
בְּוַדַּאי תה"פ certainly
בּוּז ז' scorn, contempt, mockery
בּוֹזֵז ז' plunderer, looter

בּוֹזְמַנִּי ת'	simultaneous
בּוֹזְמַנִּית תה"פ	simultaneously
בּוֹחַל ז'	puberty
בּוֹחַן ז'	test, examination, quiz
בּוֹחֵן ז'	tester, examiner
בּוֹחֵר ז'	voter, elector
בּוּטַּח פ'	be insured
בּוּטַּל פ'	be cancelled
בּוֹטֶן ז' (ר' בּוֹטְנִים)	peanut; pistachio nut
בּוּיַּל פ'	be stamped
בּוּיַּם פ'	be staged
בּוּכְיָר ז'	(weaver's) shuttle
בּוּכְנָה נ'	piston
בּוּל ז'	(postage) stamp
בּוּל עֵץ ז'	block of wood
בּוּלָאוּת נ'	stamp-collecting, philately
בּוּלַאי ז'	stamp-collector, philatelist
בּוּלְבּוּס ז'	potato, bulb, tuber
בּוֹלֵט ת'	protruding, conspicuous, prominent
בּוֹלֵל פ'	assimilate, mix
בּוּלְמוּס ז'	mania, craze
בּוּלַע פ'	be swallowed up, be destroyed
בּוֹלֶשֶׁת נ'	secret police; police criminal-investigation department
בּוֹנֶה ז'	builder, mason; beaver
בּוֹסֵס פ'	trample, tread on; wallow, flounder
בּוֹסֶר ז'	unripe fruit
בּוּסְתָּן ז'	fruit garden
בּוּעָה נ'	bubble; blister
בּוּעַת אֲוִיר נ'	air bubble
בּוֹץ ז'	mud, mire
בּוּצִית נ'	dinghy, skiff
בּוּצַּע פ'	be performed
בּוֹצֵר ז'	grape-picker
בּוֹקֵר ז'	herdsman, cattleman, cowboy
בּוֹקֶר ז'	morning
בּוֹקֶר טוֹב!	good morning!
בּוּקַּשׁ פ'	be sought
בּוֹר ז'	pit; cistern
בּוּר ז'	ignoramus, boor
בּוֹרֵא ז'	creator
בּוֹרֵא עוֹלָם ז'	the creator of the world, God
בּוֹרֶג ז'	screw
בּוֹרְגִי ת'	screw-like
בּוּרְגָּנִי ת'	bourgeois
בּוֹרְדָם ז'	dysentery
בּוּרוּת נ'	ignorance
בּוֹרֵחַ ז'	runaway, fugitive
בּוּרְסָה נ'	stock-exchange
בּוּרְסְקִי ז'	tannery
בּוֹרֵר ז'	arbitrator; selector, sorter
בּוֹרַר פ'	be clarified
בּוֹרְרוּת נ'	arbitration
בּוֹשׁ (יֵבוֹשׁ) פ'	be ashamed
בּוּשָׁה נ'	shame, disgrace
בּוֹשֶׂם ז'	scent, fragrance; perfume
בּוֹשֵׁשׁ פ'	tarry, be late
בּוֹשֶׁת נ'	shame, disgrace
בּוֹשֶׁת פָּנִים נ'	shame, ignominy
בָּז פ'	despise, disdain, scorn
בַּז ז'	booty, loot; hawk, falcon
בִּזְבּוּז ז'	waste, squandering
בִּזְבֵּז פ'	waste, squander

בַּזְבְּזָן ז׳ spendthrift, squanderer
בְּזָדוֹן תה״פ maliciously, premeditatedly
בָּזָה פ׳ despise, scorn, mock
בָּזוּי ת׳ despised, despicable, contemptible
בְּזוֹל תה״פ cheap(ly)
בָּזַז פ׳ spoil, plunder, pillage, loot
בִּזִיזָה נ׳ plundering, pillaging, looting
בַּזְיָר ז׳ falconer, hawker
בָּזִיךְ ז׳ censer
בְּזִיל הַזּוֹל תה״פ dirt-cheap
בְּזִיקָה נ׳ sprinkling, spreading; flash(ing)
בַּזֶּלֶת נ׳ basalt
בִּזְמַנּוֹ תה״פ in his (its) time
בֶּזֶק ז׳ telecommunication
בָּזָק ז׳ flash; lighting
בְּחוּפְזָה תה״פ hastily
בָּחוּר ז׳ youth, young man; boy-friend
בַּחוּרָה נ׳ girl; girl-friend
בְּחָזְקָה, בְּחוֹזְקָה תה״פ forcefully
בְּחֶזְקַת תה״פ by virtue of, having the status of
בַּחֲזָרָה תה״פ back, in return
בְּחַיַּי! מ״ק On my word! Honestly!
בְּחִילָה נ׳ disgust, nausea, revulsion
בְּחִינָה נ׳ test, examination; aspect, point of view
בְּחִינוֹת בַּגְרוּת matriculation examinations
בְּחִנָּם, חִינָּם תה״פ free, gratis
בָּחִיר ת׳ chosen; choice, best
בְּחִירָה נ׳ choosing; choice, selection
בְּחִירוֹת נ״ר elections
בְּחִישָׁה נ׳ stirring, mixing; meddling
בָּחַל פ׳ loathe, abhor, be disgusted by
בָּחַן פ׳ examine, test
בָּחַר פ׳ choose, select; elect
בַּחֲרוּת נ׳ youth
בָּחַשׁ פ׳ stir, mix; meddle
בַּחֲשַׁאי תה״פ secretly, in secret
בָּטוּחַ ת׳ safe, sure, certain, secure
בֶּטוֹן ז׳ concrete
בָּטַח פ׳ trust, rely on, depend on
בֶּטַח תה״פ surely, certainly; safely
בִּטְחָה נ׳ certainty, sureness
בְּטִיחוּת נ׳ safety, security
בְּטִישָׁה נ׳ beating (of clothes, carpets); trampling
בָּטַל פ׳ cease, stop; be idle
בָּטֵל ת׳ unemployed, idle; null, void
בַּטָּלָה נ׳ idleness, doing nothing
בַּטְלָן ז׳ idler, loafer, impractical person
בֶּטֶן נ׳ belly, abdomen, stomach
בִּטְנָה נ׳ lining (of garment)
בַּטְנוּן ז׳ double-bass
בַּטְנוּנִית נ׳ cello
בִּיאָה נ׳ entry, incoming; coitus
בֵּיאוּר ז׳ elucidation, explanation, commentary
בֵּיאֵר פ׳ explain, elucidate
בִּיב ז׳ duct, gutter; canal
בֵּיבָר ז׳ zoo

בִּיגוּד ז' clothing
בִּידֵּד פ' isolate, insulate
בִּידּוּד ז' isolation, insulation
בִּידּוּחַ ז' amusement, diversion
בִּידּוּל ז' separation, setting apart
בִּידּוּר ז' entertainment, diversion
בִּידֵּחַ פ' entertain, amuse
בִּידֵּר פ' entertain, divert, amuse
בִּיּוּב ז' sewage, drainage
בְּיוֹדְעִין תה"פ knowingly, wittingly
בִּיּוּל ז' affixing of stamps, stamping
בִּיּוּם ז' production (of a play), staging
בִּיּוּן ז' intelligence, espionage; interpolation
בִּיּוּץ ז' ovulation
בְּיוֹקֶר תה"פ expensively
בִּיּוּת ז' domestication
בְּיוֹתֵר תה"פ most; exceedingly
בִּיזָּה פ' scorn, despise; humiliate
בִּיזּוּי ז' scorning, treating with contempt, despising; humiliating
בִּיזּוּר ז' decentralization
בִּיזָּיוֹן ז' disgrace, shame
בִּיזֵּר פ' decentralize
בִּיטֵּא פ' pronounce, articulate, express
בִּיטָּאוֹן ז' organ (journal etc.), mouthpiece
בִּיטּוּחַ ז' insurance
בִּיטּוּחַ חַיִּים ז' life insurance
בִּיטּוּחַ לְאוּמִּי ז' national insurance
בִּיטּוּי ז' expression, idiom
בִּיטּוּל ז' cancellation, annulment; contemptuous dismissal
בִּיטּוּשׁ ז' treading, trampling
בִּיטֵּחַ פ' insure
בִּיטָּחוֹן ז' security, defence; confidence, trust
בִּיטֵּל פ' cancel, annul; dismiss (as unimportant)
בִּיטֵּן פ' line, make lining
בְּיִיחוּד תה"פ especially, particularly
בִּיֵּיל פ' affix stamps to, stamp
בִּיֵּים פ' produce, stage
בִּיֵּישׁ פ' shame, put to shame
בַּיְּישָׁן ז' shy person, bashful person
בַּיְּישָׁנוּת נ' shyness, bashfulness
בִּיֵּית פ' domesticate, tame
בִּיכָּה פ' lament, bewail
בִּיכּוּרִים ז"ר first fruits
בִּיכֵּר פ' prefer
בִּילָּה פ' wear out; have a good time
בִּילּוּי ז' wearing out; having a good time, recreation
בִּילַּע פ' destroy, swallow up
בִּילֵּשׁ פ' search, inspect
בִּימַאי ז' producer (of a play)
בִּימָה נ' stage, platform
בִּימּוּי ז' production (of a play)
בֵּין מ"י between, among
בֵּין הָעַרְבַּיִים twilight, dusk
בֵּין הַשְּׁמָשׁוֹת dusk, night-fall
בֵּין־זְרוֹעִי ת' inter-service
בֵּין־חֵילִי ת' inter-corps

בֵּין לְאוּמִּי ת׳ international
בֵּין עִירוֹנִי ת׳ interurban
בִּינָה נ׳ wisdom, understanding
בִּינּוּי ז׳ rebuilding, reconstruction, restoration
בֵּינוֹנִי ת׳ middle, intermediate, mediocre; present tense (grammar), participle
בֵּינוֹנִיּוּת נ׳ mediocrity
בֵּינוֹת מ״י between, among
בֵּינַיִים ז״ז intermediate, interim
בֵּינְתַיִים תה״פ meanwhile, in the meantime
בִּיסּוּס ז׳ basing, establishing
בִּיסֵּם ת׳ perfume, scent
בִּיסֵּס פ׳ base, establish, found
בִּיעוּר ז׳ clearing out, elimination; burning
בִּיעוּת ז׳ terror, dread, horror
בְּיָעַף תה״פ in a rush
בִּיעֵר פ׳ clear out, eliminate; burn
בֵּיצָה נ׳ egg; testicle
בֵּיצָה שְׁלוּקָה נ׳ hard-boiled egg
בִּיצָּה נ׳ marsh, swamp
בִּיצּוּעַ ז׳ implementation, performance, execution
בִּיצּוּר ז׳ fortifying, fortification, strengthening
בֵּיצִי ת׳ oval, egg-like
בֵּיצִיָּה נ׳ fried egg
בֵּיצִית נ׳ ovule
בִּיצֵּעַ פ׳ carry out, perform, execute
בִּיצֵּר פ׳ fortify, strengthen
בִּיקּוּעַ ז׳ splitting, cleaving
בִּיקּוּר ז׳ visiting, visit, call

בִּיקּוֹרֶת נ׳ criticism; check
בִּיקּוֹרֶת הַמִּקְרָא נ׳ Biblical criticism
בִּיקּוֹרְתִּי ת׳ critical
בִּיקּוֹרְתִּיּוּת נ׳ criticism, fault-finding
בִּיקּוּשׁ ז׳ demand (for goods)
בִּיקֵּעַ פ׳ split, cleave
בִּיקֵּר פ׳ visit; criticize
בִּיקֵּשׁ פ׳ ask, request; want; seek
בֵּירֵג פ׳ unscrew
בִּירָה נ׳ capital (city); citadel, fortress; beer
בֵּירוּר ז׳ clarification, inquiry; sorting, selection
בִּירִית נ׳ garter; sleeve band
בֵּירֵךְ פ׳ bless; greet; congratulate
בֵּירֵר פ׳ explain, clarify, inquire into
בֵּירֵשׁ ת׳ brush
בִּישׁ ת׳ bad
בִּישׁ גַּדָּא ז׳ unlucky, unfortunate
בִּישׁ־מַזָּל ת׳ unfortunate, unlucky
בִּישּׁוּל ז׳ cooking, cookery
בִּישּׂוּם ז׳ perfuming, scenting
בִּישֵּׁל פ׳ cook
בִּישֵּׂם פ׳ perfume, scent
בִּישֵּׂר פ׳ bring news, herald, portend
בַּיִת ז׳ (ר׳ בָּתִּים) house, home; family; stanza
בֵּית־אוֹכֶל ז׳ restaurant
בֵּית אֲחִיזָה ז׳ handle
בֵּית אֲרִיגָה ז׳ textile mill
בֵּית אֲרִיזָה ז׳ packing-house
בֵּית אַרְכּוּבָּה ז׳ crankcase

בֵּית־בַּד ז׳ oil-press
בֵּית בּוֹשֶׁת ז׳ brothel; female pudenda
בֵּית בְּלִיעָה ז׳ gullet, esophagus
בֵּית־גִידּוּל ז׳ natural habitat
בֵּית־דוֹאַר ז׳ post office
בֵּית־דִּין ז׳ law court
בֵּית־דְּפוּס ז׳ printing-press
בֵּית הַבְּחִירָה ז׳ the Temple
בֵּית הַבְרָאָה ז׳ rest home, holiday home; convalescent home
בֵּית הַמִּקְדָּשׁ ז׳ the Temple
בֵּית הָעָם ז׳ community center, municipal center
בֵּית זוֹנוֹת ז׳ brothel
בֵּית זִיקּוּק ז׳ refinery
בֵּית־חוֹלִים ז׳ hospital
בֵּית־חָזֶה ז׳ chest; brassiere
בֵּית־חֲרוֹשֶׁת ז׳ factory
בֵּית יִשְׂרָאֵל ז׳ Jewry, the Jewish people
בֵּית־יְתוֹמִים ז׳ orphanage
בֵּית־כָּבוֹד ז׳ toilet, lavatory (euphem.)
בֵּית־כִּסֵּא ז׳ lavatory, water closet, bathroom
בֵּית־כֶּלֶא ז׳ prison, jail
בֵּית־כְּנֶסֶת ז׳ synagogue
בֵּית מִדְרָשׁ ז׳ rabbinical academy; training college; house of study; school (of thought)
בֵּית מְחוֹקְקִים ז׳ legislature
בֵּית מַחֲסֶה ז׳ poor-house, asylum
בֵּית מִטְבָּחַיִים ז׳ slaughterhouse, abattoir
בֵּית־מְלָאכָה ז׳ workshop
בֵּית־מָלוֹן ז׳ hotel
בֵּית־מִסְחָר ז׳ shop
בֵּית מַרְגּוֹעַ ז׳ rest-home
בֵּית מַרְזֵחַ ז׳ tavern, ale-house
בֵּית מֶרְחָץ ז׳ bath-house, public baths
בֵּית מִרְקַחַת ז׳ pharmacy, chemist's shop, drugstore
בֵּית־מְשׁוּגָּעִים ז׳ lunatic asylum, mad-house
בֵּית־מִשְׁפָּט ז׳ court (of law)
בֵּית נִבְחָרִים ז׳ parliament; house of representatives
בֵּית נוּרָה ז׳ socket (of electric bulb)
בֵּית־נְכוֹת ז׳ museum
בֵּית־סוֹהַר ז׳ prison, jail
בֵּית־סֵפֶר ז׳ school
בֵּית־סֵפֶר יְסוֹדִי ז׳ elementary school, primary school
בֵּית־סֵפֶר עַל־יְסוֹדִי ז׳, בֵּית־סֵפֶר תִּיכוֹן ז׳ secondary school, high school
בֵּית־סְפָרִים ז׳ library
בֵּית־עָלְמִין ז׳ cemetery
בֵּית־קְבָרוֹת ז׳ graveyard, cemetery
בֵּית־קִיבּוּל ז׳ receptacle, repository
בֵּית קָלוֹן ז׳ brothel
בֵּית־קָפֶה ז׳ café
בֵּית שֶׁחִי ז׳ arm-pit
בֵּית־שִׁימּוּשׁ ז׳ lavatory, bathroom
בַּיִת שֵׁנִי ז׳ Second Temple
בֵּית תַּמְחוּי ז׳ soup kitchen
בֵּית־תְּפִילָּה ז׳ prayer-house, synagogue

בִּיתוּק ז׳ piercing, stabbing, cutting open
בִּיתּוּר ז׳ dissection, cutting up
בֵּיתִי ת׳ domestic, homey
בִּיתָן ז׳ booth, pavilion
בִּיתֵּק פ׳ pierce, stab, cut open
בִּיתֵּר פ׳ dissect, cut up
בִּכְבֵדוּת תה״פ heavily
בְּכְדִי תה״פ in vain, for nothing
בָּכָה פ׳ cry, weep
בְּכַוּוָנָה תה״פ on purpose, intentionally
בְּכוֹחַ תה״פ by force; potential(ly); by virtue of, in the capacity of
בְּכוֹר ז׳ first-born, eldest; senior
בְּכוֹרָה נ׳ birthright; priority, precedence
בַּכּוּרָה, בִּיכּוּרָה נ׳ early ripening fruit
בְּכִי ז׳ crying, weeping
בִּכְי־טוֹב תה״פ for the best
בְּכִיָּה נ׳ crying, weeping
בְּכִיָּה לְדוֹרוֹת נ׳ an irreparable disaster
בַּכְיָן ז׳ crybaby
בָּכִיר ת׳ elder; senior
בְּכָל־אוֹפֶן תה״פ anyway, anyhow
בְּכָל־זֹאת תה״פ even so, nevertheless, still
בִּכְלָל תה״פ at all; generally
בְּלֹא תה״פ without
בְּלָאו הָכִי תה״פ in any case, even so, at any rate
בְּלָאט תה״פ clandestinely, secretly

בְּלַאי ז׳ ageing, wear
בְּלֹא עֵת תה״פ prematurely
בִּלְבַד תה״פ only, solely, merely
בִּלְבַדִּי ת׳ exclusive
בִּלְבַדִּיּוּת נ׳ exclusiveness
בִּלְבַדִּית תה״פ exclusively
בִּלְבּוּל ז׳ confusion, disorder
בְּלֵב וָלֵב תה״פ insincerely, falsely
בִּלְבּוֹלֶת נ׳ a state of confusion, disorder
בִּלְבֵּל פ׳ confuse, mix up
בַּלְדָּר ז׳ emissary, courier
בָּלָה פ׳ wear out; grow old; decay, wither
בָּלֶה ת׳ worn out, shabby
בַּלָּהָה נ׳ terror, horror, dread
בְּלוֹ ז׳ excise
בְּלוֹאִים ז״ר rags
בַּלּוּט ז׳ acorn
בַּלּוּטָה נ׳ gland
בָּלוּי ת׳ worn out; tattered, threadbare
בָּלוּם ת׳ crammed full, closed
בְּלוֹרִית נ׳ forelock, shock of hair
בְּלוֹת נ׳ menopause
בְּלוּת נ׳ ageing
בָּלַט פ׳ project, protrude, stick out; be distinguished, be emphasized
בֶּלֶט ז׳ projection
בְּלִי מ״י without
בְּלִי הֶרֶף תה״פ incessantly, continuously
בְּלָיָה, בְּלִיָּה נ׳ wearing out, decay
בְּלִיטָה נ׳ projection
בְּלִיַּעַל ז׳ wickedness

בְּלִיל ז׳ mash (of fodder); jumble, mixture
בְּלִילָה נ׳ mixing, mixture, medley
בְּלִימָה נ׳ braking, stopping; nothing
בָּלִיעַ ת׳ swallowable, absorbable
בְּלִיעָה נ׳ swallowing, absorption
בָּלַל פ׳ mix, mingle
בָּלַם פ׳ brake, stop, curb
בַּלָּם ז׳ stopper (in football)
בֶּלֶם ז׳ brake (on a vehicle)
בַּלְמְנוֹעַ ז׳ safety brake
בָּלַע פ׳ swallow, absorb
בֶּלַע ז׳ crookedness, corruption
בִּלְעֲדֵי מ״י without, except, apart from
בִּלְעָדִי ת׳ exclusive
בִּלְעָדִיּוּת נ׳ exclusiveness
בְּלַעַז תה״פ in a foreign language (not Hebrew)
בָּלַשׁ פ׳ search, investigate
בַּלָּשׁ ז׳ detective, investigator
בַּלְשָׁן ז׳ linguist
בַּלְשָׁנוּת נ׳ linguistics
בִּלְתִּי מ״י not; un-,in-; without
בִּלְתִּי אִם only, unless, except for
בִּלְתִּי מַסְפִּיק ת׳ insufficient; fail (as a mark)
בִּלְתִּי־נִמְנָע ת׳ inevitable
בַּמָּאוּת נ׳ stage production
בַּמַּאי ז׳ producer, director, stage-manager
בָּמָה נ׳ platform, stage
בְּמֵזִיד תה״פ maliciously, with evil intent
בְּמָטוּתָא תה״פ please

בַּמְיָה נ׳ okra
בִּמְיוּחָד תה״פ in particular, especially, particularly
בְּמֵישָׁרִים, בְּמֵישָׁרִין תה״פ directly
בִּמְקוֹם תה״פ instead of
בְּמִקְרֶה תה״פ by chance, accidentally
בְּמֶשֶׁךְ תה״פ during, in the course of
בְּמִתְכַּוֵּן תה״פ intentionally, deliberately, on purpose
בֵּן ז׳ (ר׳ בָּנִים) son, child
בֶּן־אָדָם ז׳ human being; man
בֶּן־אָח ז׳ nephew
בֶּן־אַלְמָוֶת ת׳ immortal
בֶּן־בַּיִת ת׳ frequent visitor, ‘one of the family’
בֶּן־בְּלִיַּעַל ת׳ wicked, villain
בֶּן־בְּלִי־שֵׁם ז׳ a nobody
בֶּן־בְּרִית ז׳ a Jew, ally
בֶּן גִּיל of the same age as, contemporary
בֶּן דּוֹד ז׳ cousin
בֶּן־זוּג ז׳ spouse, mate
בֶּן־זְקוּנִים ז׳ child born to elderly parents
בֶּן חוֹרֵג ז׳ stepson
בֶּן־חוֹרִין ת׳ free, freeborn
בֶּן־חַיִל ת׳ smart fellow, hero
בֶּן טוֹבִים ת׳ of good parentage, pampered
בֶּן־יוֹמוֹ ת׳ one day old
בֵּן יָחִיד ז׳ an only child
בֶּן כְּפָר ת׳ villager
בֶּן כְּרַךְ ת׳ townsman
בֶּן לְוָיָה ת׳ companion, escort
בֶּן־מָוֶת ת׳ doomed to die

בֵּן מִינוֹ ת'	of the same kind
בֵּן עֲרוּבָּה ז'	hostage
בֵּן רֶגַע, בִּין רֶגַע תה"פ	in an instant, in a moment
בֵּן תְּמוּתָה ת'	mortal
בֵּן תַּעֲרוֹבֶת ת'	half-breed, person of mixed race
בֵּן תַּרְבּוּת ת'	a cultured person
בִּנְאוּם ז'	internationalization
בַּנָּאוּת נ'	building (trade), construction
בַּנַּאי ז'	builder, construction worker
בָּנָה פ'	build, construct
בְּנוֹגֵעַ ל תה"פ	about, concerning
בָּנוּי ת'	built, constructed
בְּנִי ז'	masonry
בְּנֵי טִיפֵּש עֶשְׂרֵה ז"ר	(slang)teenagers
בְּנִיָּה נ'	building, construction
בִּנְיָן ז'	building; verb stem
בְּסוֹמֶת נ'	aroma
בְּסִיטוֹנוּת תה"פ	wholesale
בָּסִיס ז'	basis, base, foundation
בְּסִיסִי ת'	basic; fundamental; alkaline
בַּסָּם ז'	spice merchant
בִּעְבּוּעַ ז'	bubbling, effervescence
בַּעְבּוּעַ ז'	bubble, blister
בַּעְבּוּעָה נ'	boil, blister
בַּעֲבוּר מ"י	for
בִּעְבֵּעַ פ'	bubble; effervesce
בְּעַד, בְּעַד־ מ"י	for, in favor of; through
בְּעוֹד תה"פ	while; after, so long as
בָּעַט פ'	kick; despise, spurn, scorn
בְּעֶטְיוֹ תה"פ	because of (him, it)
בְּעָיָה נ'	problem
בְּעִיטָה נ'	kick, kicking
בְּעִילָה נ'	sexual intercourse, coitus
בְּעַיִן תה"פ	in actual fact, in reality
בְּעַיִן יָפָה תה"פ	generously; favorably, approvingly
בְּעַיִן רָעָה תה"פ	ungenerously; unfavorably, disapprovingly
בְּעִיר ז'	grazing cattle, livestock
בְּעֵירָבוֹן מוּגְבָּל (בע"מ)	Limited (Ltd)
בְּעֵירָה נ'	burning, conflagration
בְּעָיָתִי ת'	problematic(al)
בָּעַל פ'	have sexual relations with
בַּעַל ז'	husband; owner
בַּעַל אוֹפִי ז'	man of character
בַּעַל אֶמְצָעִים ז'	man of means, wealthy
בַּעַל־בַּיִת ז'	householder
בַּעַל בְּרִית ז'	ally
בַּעַל־גוּף ז'	burly person, stout person
בַּעַל דָּבָר ז'	person concerned
בַּעַל הוֹן ז'	capitalist
בַּעַל חוֹב ז'	debtor; debtee
בַּעַל חַיִּים ז'	animal
בַּעַל טַעַם ז'	man of taste
בַּעַל כִּשְׁרוֹן ת'	talented person, gifted person
בַּעַל מוּם ת'	cripple, invalid
בַּעַל מְלָאכָה ז'	craftsman, artisan
בַּעַל מִקְצוֹעַ ת'	skilled worker
בַּעַל מִשְׁפָּחָה ת'	man with a family, family-man
בַּעַל נִיסָּיוֹן ת'	person with experience

בַּעַל עֲגָלָה ז׳ **coachman**
בַּעַל עֵרֶךְ ת׳ **having value, valuable**
בְּעַל־פֶּה תה״פ **by heart, orally**
בַּעַל תְּפִילָּה ז׳ **cantor**
בַּעַל תְּשׁוּבָה ז׳ **penitent, repentant sinner**
בְּעַל־כּוֹרְחוֹ תה״פ **against one's will; perforce**
בַּעֲלוּת נ׳ **ownership, proprietorship**
בַּעֲלֵי חוּלְיוֹת ז״ר **vertebrates**
בַּעֲלִיל תה״פ **clearly, manifestly, expressly**
בְּעָלִים ז׳ **owner, proprietor**
בְּעֶצֶם תה״פ **actually, as a matter of fact**
בַּעֲקִיפִין תה״פ **indirectly, roundabout**
בָּעַר פ׳ **burn, blaze**
בַּעַר ז׳ **boor, ignorant, stupid**
בַּעֲרוּת נ׳ **boorishness; ignorance, stupidity**
בְּעֵרֶךְ תה״פ **approximately, about**
בַּעַת ז׳ **intense fear, phobia**
בְּעָתָה נ׳ **horror, dread, terror**
בְּפֶה מָלֵא תה״פ **wholeheartedly**
בְּפוּמְבֵּי תה״פ **publicly, in public**
בְּפוֹעַל תה״פ **actually; acting as, potentially**
בְּפֵירוּשׁ תה״פ **explicitly, expressly**
בִּפְנֵי תה״פ **in front of; against**
בִּפְנִים תה״פ **inside, within**
בִּפְנֵי עַצְמוֹ תה״פ **by itself, in itself**
בְּפַרְהֶסְיָא תה״פ **flagrantly, openly, publicly**
בִּפְרוֹטְרוֹט תה״פ **in detail, minutely**
בִּפְרָט תה״פ **in particular, particularly**
בִּצְבֵּץ פ׳ **break out; burst forth, emerge**
בְּצַוְותָא, בְּצַוְותָּה תה״פ **in company, together**
בַּצּוֹרֶת נ׳ **drought**
בָּצִיר ז׳ **grape harvest, vintage**
בָּצָל ז׳ **onion, bulb**
בְּצַלְצוּל, בְּצַלְצַל ז׳ **small onion, shallot**
בְּצִמְצוּם תה״פ **sparingly**
בָּצַע פ׳ **slice, cut, break off**
בֶּצַע ז׳ **ill-gotten gains, lucre**
בֶּצַע כֶּסֶף **ill-gotten profit, lucre**
בָּצֵק ז׳ **dough, pastry**
בַּצֶּקֶת נ׳ **edema, oedema**
בָּצַר פ׳ **gather, harvest (grapes)**
בַּקְבּוּק ז׳ **bottle**
בִּקְבִיעוּת תה״פ **regularly, constantly**
בְּקוֹצֶר־רוּחַ תה״פ **impatiently**
בְּקוֹשִׁי תה״פ **barely, hardly; with difficulty**
בָּקִי, בָּקִיא ת׳ (ר׳ בְּקִיאִים) **expert, learned**
בְּקִיאוּת נ׳ **proficiency, expertise; erudition**
בַּקְיָה נ׳ **vetch (cattle fodder)**
בְּקִיעַ ז׳ **crack, cleft, fissure**
בָּקִיעַ ת׳ **splittable, fissionable (atom)**
בְּקִיעָה נ׳ **cleaving, splitting**
בְּקִיצּוּר תה״פ **in brief, briefly**
בְּקֵירוּב תה״פ **approximately**
בֶּקַע ז׳ **split, crack; hernia**
בָּקַע פ׳ **cleave, split, break open**

valley	בִּקְעָה נ׳
cattle	בָּקָר ז׳
control, check	בַּקָּרָה נ׳
soon, shortly	בְּקָרוֹב תה״פ
request, application	בַּקָּשָׁה נ׳
bribe, baksheesh; tip	בַּקְשִׁישׁ ז׳
hut, hovel	בִּקְתָּה נ׳
countryside, open fields; grain, corn	בָּר, בַּר ז׳
pure, clean	בַּר ת׳
son of	בַּר ז׳
practicable, achievable	בַּר בִּיצּוּעַ ת׳
intelligent person	בַּר דַּעַת ת׳
transitory, ephemeral	בַּר חֲלוֹף ת׳
lucky person, fortunate person	בַּר מַזָּל ת׳
dead, deceased; God forbid	בַּר מִינָּן ז׳
boy of thirteen responsible (in Jewish religious law); bar-mitzva (religious coming of age of Jewish boy); ceremony celebrating the event	בַּר מִצְוָה ז׳
authority (on given subject)	בַּר סַמְכָא ת׳
supervisable	בַּר פִּיקּוּחַ ת׳
opponent, adversary	בַּר פְּלוּגְתָּא ז׳
lasting, durable	בַּר קַיָּימָא ת׳
valid, in force	בַּר תּוֹקֶף ת׳
create	בָּרָא פ׳
in the beginning, (of) earliest times	בְּרֵאשִׁית תה״פ
babble, babbling	בִּרְבּוּר ז׳
swan	בַּרְבּוּר ז׳

in public, publicly	בָּרַבִּים תה״פ
babble	בִּרְבֵּר פ׳
barbarity, barbarism, savagery	בַּרְבָּרִיּוּת נ׳
screw in, screw	בָּרַג פ׳
hail, hailstone	בָּרָד ז׳
panther	בַּרְדְּלָס ז׳
hood, cowl	בַּרְדָּס ז׳
creature	בָּרוּא ז׳
angrily, not on speaking terms	בְּרוֹגֶז תה״פ
spotted, dappled	בָּרוֹד ת׳
duck, drake; gossip	בַּרְוָז ז׳
young duck	בַּרְוָזוֹן ז׳
blessed, blest	בָּרוּךְ ת׳
thank God!	בָּרוּךְ הַשֵּׁם
clear, plain, evident	בָּרוּר ת׳
clearly, plain	בָּרוּר תה״פ
plain as day, clear as daylight	בָּרוּר כַּשֶּׁמֶשׁ
cypress	בְּרוֹשׁ ז׳
faucet, tap	בֶּרֶז ז׳
iron, ferrous	בַּרְזִילִי ת׳
iron	בַּרְזֶל ז׳
cover with iron, iron-plate	בִּרְזֵל פ׳
run away, escape, flee	בָּרַח פ׳
healthy, sound	בָּרִיא ת׳
creation; the world	בְּרִיאָה נ׳
health, soundness	בְּרִיאוּת נ׳
sanitary; healthful	בְּרִיאוּתִי ת׳
thug, tough, hooligan	בִּרְיוֹן ז׳
hooliganism, bullying	בִּרְיוֹנוּת נ׳
people, folk	בְּרִיּוֹת זונ״ר
bolt, latch, bar	בְּרִיחַ ז׳
flight, escape	בְּרִיחָה נ׳

בְּרִיָּה נ׳ person, creature, human being
בְּרֵירָה, בְּרֵרָה נ׳ choice, alternative
בְּרִית נ׳ covenant, treaty, pact; circumcision
בְּרִית מִילָה נ׳ rite of circumcision
בְּרִית שָׁלוֹם נ׳ peace treaty, peace pact
בָּרַךְ פ׳ kneel
בֶּרֶךְ נ׳ (נ״ז בִּרְכַּיִים) knee
בְּרָכָה נ׳ greeting, blessing
בְּרָכָה לְבַטָּלָה נ׳ wasted effort
בְּרֵכָה, בְּרֵיכָה נ׳ pool, pond
בַּרְכִיָּה נ׳ wild duck, mallard
בְּרַם תה״פ however, but
בַּרְמִינָן תה״פ dead, deceased; God forbid
בַּרְנַשׁ ז׳ guy, fellow (derisive)
בְּרָצוֹן תה״פ willingly, gladly
בִּרְצִיפוּת תה״פ continuously
בָּרָק ז׳ lightning, shine, glitter
בַּרְקַאי ז׳ morning star
בַּרְקָן ז׳ brier, briar, thorn
בָּרֶקֶת נ׳ agate
בָּרַר פ׳ select, choose, pick, sort
בַּרְרָן ז׳ choosy, fastidious
בִּשְׁבִיל מ״י for, on behalf of, for the sake of
בְּשׁוּם אוֹפֶן תה״פ by no means, on no account, in no way
בְּשׂוֹרָה נ׳ tidings, news
בָּשֵׁל ת׳ ripe, mature
בְּשֶׁל מ״י for, because of, on account of
בְּשֵׁלוּת נ׳ ripeness, maturity
בְּשֵׁם in the name of; on behalf
בַּשָּׂם ז׳ parfumier, scent-merchant
בִּשְׁעַת תה״פ at the time of, while, during
בִּשְׁעָתוֹ תה״פ in its time
בָּשָׂר נ׳ meat, flesh
בְּשָׂרִי ת׳ carnal, fleshy; for meat meals (in observance of kashrut)
בַּשְׂרָנִי ת׳ fat, fleshy, meaty, juicy
בַּת נ׳ daughter, girl
בַּת חַיִל נ׳ capable woman, industrious woman
בַּת יַעֲנָה נ׳ ostrich
בַּת מִצְוָוה נ׳ girl of twelve; bat mitzva (religious coming of age of Jewish girl); ceremony celebrating the event
בַּת צְחוֹק נ׳ smile
בַּת קוֹל נ׳ echo; divine voice
בְּתוּלָה נ׳ virgin, maiden
בְּתוּלִים ז״ר virginity
בְּתוֹם לֵב, בְּתוֹם לֵבָב תה״פ innocently, in good faith
בְּתוֹר, בְּתוֹרַת תה״פ as, in the role of, in the capacity of
בַּתְּחִילָּה תה״פ at first; previously
בְּתֵיאָבוֹן תה״פ bon appetit
בְּתַכְלִית תה״פ entirely, absolutely
בִּתְמִיהָה תה״פ with astonishment
בָּתַר פ׳ cut up, dissect, split
בָּתַר מ״י post-, after
בָּתַר־מִקְרָאִי post-Biblical
בְּתַשְׁלוּמִים תה״פ in instalments

ג

<table>
<tr><td>גֵּא, גֵּאֶה ת'</td><td>proud, conceited, arrogant</td></tr>
<tr><td>גָּאָה פ'</td><td>rise, be exalted</td></tr>
<tr><td>גַּאֲוָה נ'</td><td>pride, conceit, arrogance</td></tr>
<tr><td>גַּאַוְתָן ת'</td><td>conceited, self-important</td></tr>
<tr><td>גַּאַוְתָנוּת נ'</td><td>pride, vanity</td></tr>
<tr><td>גְּאוּלָה נ'</td><td>redemption, liberation, salvation, delivery; reclamation (of land)</td></tr>
<tr><td>גָּאוֹן ז'</td><td>grandeur, majesty; flood (of river)</td></tr>
<tr><td>גָּאוֹן ת'</td><td>genius, Gaon, learned</td></tr>
<tr><td>גְּאוֹנוּת נ'</td><td>quality of genius; position of Gaon</td></tr>
<tr><td>גְּאוֹנִי ת'</td><td>possessing genius, highly talented; Gaonic</td></tr>
<tr><td>גֵּאוּת, גֵּיאוּת נ'</td><td>high tide; pride, glory, majesty</td></tr>
<tr><td>גָּאַל פ'</td><td>redeem, deliver, save; dirty, soil</td></tr>
<tr><td>גַּב ז'</td><td>back, rear</td></tr>
<tr><td>גֵּב ז'</td><td>cistern</td></tr>
<tr><td>גַּבָּאוּת נ'</td><td>office of honorary management, office of Gabbai</td></tr>
<tr><td>גַּבַּאי ז'</td><td>Gabbai, head manager or treasurer (of a synagogue); collector of dues or contributions to charity</td></tr>
<tr><td>גָּבַב פ'</td><td>heap, pile up, accumulate</td></tr>
<tr><td>גֵּבֶב ז', גְּבָבָה נ'</td><td>heap, pile</td></tr>
<tr><td>גָּבַהּ פ'</td><td>be high, be tall; rise, mount</td></tr>
<tr><td>גָּבָה פ'</td><td>collect (money due)</td></tr>
<tr><td>גַּבָּה נ'</td><td>eyebrow, brow</td></tr>
<tr><td>גַּבְהוּת נ'</td><td>height; haughtiness, pride</td></tr>
<tr><td>גָּבוֹהַּ ת'</td><td>high, tall, exalted, lofty</td></tr>
<tr><td>גְּבוֹהָה תה"פ</td><td>proudly, vainly</td></tr>
<tr><td>גְּבוֹהָה גְּבוֹהָה תה"פ</td><td>very boastfully, loftily</td></tr>
<tr><td>גְּבוּל ז'</td><td>border, limit; frontier</td></tr>
<tr><td>גְּבוּרָה נ'</td><td>heroism, valor, courage</td></tr>
<tr><td>גַּבַּחַת נ'</td><td>baldness (at front of head)</td></tr>
<tr><td>גְּבִיָּה נ'</td><td>collection (of money due)</td></tr>
<tr><td>גְּבִין ז'</td><td>brow, eyebrow</td></tr>
<tr><td>גְּבִינָה נ'</td><td>cheese</td></tr>
<tr><td>גָּבִיעַ ז'</td><td>goblet, wine-glass, chalice; cup (as trophy); calix (botany)</td></tr>
<tr><td>גְּבִיר ז'</td><td>lord, master; rich man</td></tr>
<tr><td>גָּבִישׁ ז'</td><td>crystal</td></tr>
<tr><td>גְּבִישִׁי ת'</td><td>crystalline</td></tr>
<tr><td>גָּבַל פ'</td><td>limit, confine; border on; knead</td></tr>
<tr><td>גַּבְלוּל ז'</td><td>lump of dough; lump of mortar</td></tr>
<tr><td>גַּבָּן ז'</td><td>cheese-maker; cheese-vendor</td></tr>
<tr><td>גַּבְנוּן ז'</td><td>hump, peak</td></tr>
<tr><td>גַּבְנוּנִי ת'</td><td>hump-backed; convex, rounded</td></tr>
<tr><td>גֶּבֶס ז'</td><td>gypsum, plaster of Paris</td></tr>
<tr><td>גֶּבַע ז'</td><td>hillock, low hill</td></tr>
<tr><td>גִּבְעָה נ'</td><td>hill</td></tr>
</table>

גִּבְעוֹל ז' stalk, stem

גָּבַר פ' be strong; increase, grow stronger; overpower, subdue

גֶּבֶר ז' man, male; he-man; cock

גַּבְרָא ז' man, male

גַּבְרוּת נ' masculinity, virility

גַּבְרִי ת' male, manly, virile, masculine

גְּבֶרֶת נ' lady, madame; Miss, Mrs., Ms

גְּבִרְתִּי! Madame!

גְּבַרְתָּן ת' strong man, 'tough guy'

גַּבְשׁוּשִׁית נ' mound, hillock; hump, lump

גַּג ז' roof, top

גַּגּוֹן ז' awning; little roof

גָּדָה נ' bank (of river), shore

(הַ)גָּדָה הַמַּעֲרָבִית the West Bank

גְּדוּד ז' troop, battalion, regiment

גָּדוֹל ת' big, great, large, grand

גְּדוּלָּה נ' greatness, magnitude, high rank

גָּדוּעַ ת' cut down, hewn, felled

גָּדוּר ת' fenced (in)

גָּדוּשׁ ת' replete, crowded, crammed full

גְּדִי ז' kid (male), young goat

גְּדִיל ז' tassel, fringe, strand

גְּדִיעָה נ' chopping, hewing, felling

גָּדִישׁ ז' stack or heap (of corn or other plants)

גָּדַל פ' grow, increase, become great

גַּדְלוּת נ' greatness, grandeur; self-esteem

גָּדַם פ' cut off, lop off, amputate

גֶּדֶם ז' stump (of tree or limb), trunk

גָּדַע פ' chop, hew, fell, cut down

גַּדְפָן ז' blasphemer, reviler

גָּדַר פ' fence in, enclose

גָּדֵר נ' fence, railing; restriction, limit

גְּדֵרָה נ' sheep-pen; enclosure, pound, corral

גֶּדֶר תַּיִל נ' barbed-wire fence

גָּדַשׁ פ' pile, stack; overflow, overdo

גֵּהָה, גֵּיהָה נ' healing, cure, remedy

גֵּהוּת, גֵּיהוּת ת' hygiene, sanitation

גָּהַר פ' stretch oneself out full length

גֵּו ז' back

גּוֹאַל פ' be soiled, be dirtied

גּוֹאֵל ז' redeemer, saviour, deliverer

גּוֹב ז' den, pit

גּוֹב אֲרָיוֹת ז' lion's den

גּוֹבַהּ ז' height, altitude, grandeur

גּוֹבֶה ז' collector (of money due)

גּוּבַיְינָא נ' collection (of money due)

בְּגוּבַיְינָא collect

גּוֹבֵל ת' bordering, adjacent, adjoining

גּוֹדֶל ז' size, greatness, magnitude

גּוֹדֵר ז' fence-maker

גּוֹדֶשׁ ז' overflow, superabundance

גְּוִויָּה נ' corpse, dead body

גְּוִויל ז' parchment; unhewn stone

גְוִיעָה נ׳ dying, expiration, demise
גָוָן ז׳ color, shade, hue, tint
גִוּנוּן ז׳ tinting, tinging
גִוְנֵן פ׳ tint, tinge
גָוַע פ׳ die, expire
גוֹזֵז ז׳ shearer, clipper
גוֹזָל ז׳ chick, young bird, fledgling
גוּזְמָה נ׳ exaggeration
גוֹי ז׳ nation, people; gentile; non-religious Jew
גוּיַּס פ׳ be mobilized, be called up
גוּיַּר פ׳ be converted (to Judaism)
גוּלְגּוֹלֶת נ׳ skull, head
גוּלָּה נ׳ marble (children's toy)
גוֹלָה נ׳ exile, captivity, the Diaspora, the Dispersion
גוֹלֵל ז׳ tombstone
גוֹלֶם ז׳ idiot; robot, golem; shapeless lump; chrysalis
גוֹלְמִי ת׳ raw, crude, shapeless, amorphous
גוֹמֶא ז׳ papyrus plant, paper reed
גוֹמֶד ז׳ cubit
גוּמָּה נ׳ dimple; pit, hole, shallow crater
גוּמְחָה נ׳ niche, recess, alcove
גוּמִי ז׳ rubber, elastic
גוּמִיָּיה נ׳ rubber band, elastic band
גוֹמֵל ז׳ reciprocator; benefactor
גוֹמֵר ת׳ finishing, ending
גוּנְדָּר ז׳ squadron leader, company commander
גוּנִי ת׳ tinted, colored
גוּנִית נ׳ nuance, connotation
גוֹנֵן פ׳ protect, shelter
גוֹסֵס ת׳ תו״ז dying, expiring, moribund; a dying man
גוֹעַל ז׳ disgust, revulsion
גוֹעַל נֶפֶשׁ! disgusting!
גוֹעֲלִי ת׳ disgusting, revolting, abominable
גוּף ז׳ body, substance, essence
גוּף רִאשׁוֹן first person
גוּפָה נ׳ corpse, dead body
גוּפִיָּיה נ׳ undershirt, singlet
גוּפִיף ז׳ corpuscle
גוּפָנִי ת׳ physical, bodily, corporal
גוֹפֶר ז׳ gopher-wood
גוֹפְרָה, גָפְרָה נ׳ sulphate
גוֹפְרִית, גָפְרִית נ׳ sulphur, brimstone
גוֹפְרָתִי, גָפְרָתִי ת׳ sulphate
גוֹפְרִיתָנִי ת׳ sulphuric
גוּץ ת׳ short, dwarf-like
גוּר ז׳ cub, whelp
גוּר אַרְיֵה ז׳ lion cub
גוֹרָל ז׳ fate, destiny, fortune, lot
גוֹרָלִי ת׳ fateful, crucial
גוֹרֵם ז׳ cause, factor
גוֹרֶן נ׳ threshing-floor
גוֹרֵר ז׳, גוֹרֶרֶת נ׳ tug, tug-boat
גוֹרַשׁ פ׳ be driven away, be driven out, be expelled
גוּשׁ ז׳ bloc, mass; clod, lump, bulk
גוּשִׁי ת׳ bumpy; belonging to a power bloc

גּוּשְׁפַּנְקָה נ' — **seal; authorization, approval**

גַּז, גָּאז ז' — **gas**

גֵּז ז' — **shearing; shorn wool, fleece**

גָּז פ' — **disappear, pass away, go by**

גִּזְבָּר ז' — **treasurer, bursar**

גָּזָה נ' — **gauze**

גָּזוֹז ז' — **flavored soda water**

גָּזוּז ת' — **shorn, fleeced, cropped, cut**

גְּזוּזְטְרָה נ' — **balcony, veranda(h), porch**

גָּזוּל ת' — **robbed, plundered**

גְּזוֹמֶת נ' — **prunings, pruned branches**

גָּזוּר ת' — **cut, cut out; derived (gram.)**

גָּזַז פ' — **shear, fleece; cut, clip, trim**

גַּזֶּזֶת נ' — **ringworm**

גְּזִיזָה נ' — **shearing, clipping, cutting**

גְּזֵילָה, גְּזֵלָה נ' — **stolen goods, loot, plunder, spoils**

גָּזִיר ת' — **cuttable, easily cut; differentiable (math.)**

גְּזִיר ז' — **piece of wood, chip of wood; cutting, clipping (from newspaper)**

גְּזִירָה נ' — **cutting, shearing; differentiation (math.)**

גְּזֵירָה, גְּזֵרָה נ' — **decree, edict, decision**

גָּזִית נ' — **hewn stone**

גָּזַל פ' — **rob, spoil, plunder, pillage**

גָּזֵל, גֶּזֶל ז' — **robbery, plunder, seizure**

גַּזְלָן ז' — **robber, brigand, bandit; scoundrel, rascal (colloq.)**

גָּזַם פ' — **prune, clip, trim (branches of a tree)**

גַּזְמָן ז' — **exaggerator**

גֶּזַע ז' — **race, stock; tree trunk**

גִּזְעִי ת' — **racial; pure bred, thoroughbred**

גִּזְעָנוּת נ' — **racism**

גִּזְעָנִי ת', תו"ז — **racist**

גָּזַר פ' — **cut; decree; derive, differentiate (math.)**

גֶּזֶר ז' — **carrot; piece, block; clipping**

גְּזָר ז' — **decision**

גְּזַר דִּין ז' — **verdict**

גִּזְרָה נ' — **figure (shape of body); cut (of clothes); sector, section (military); segment (of a circle); conjugation (verbs)**

גָּח פ' — **burst forth, break out**

גָּחוֹן ז' — **belly (of reptile); bottom**

גָּחוּן ת' — **bent over, stooping**

גַּחֲלִילִית נ' — **firefly, glow-worm; carbuncle, anthrax**

גַּחֲלִית נ' — **carbuncle, anthrax**

גַּחֶלֶת נ' — **ember, glowing coal**

גַּחַם ז', גַּחְמָה נ' — **caprice, whim**

גַּחֲמוֹן ז' — **arsonist**

גַּחְמָן ז' — **capricious**

גָּחַן פ' — **bend over, stoop**

גֵּט ז' — **bill of divorce, divorce**

גֵּט-פִּיטוּרִין ז' — **dismissal, sacking**

גֶּטוֹ, גֵּיטוֹ ז' — **ghetto**

גַּי, גַּיְא ז' valley, gorge, wadi
גֵּיאַל פ' soil, foul, dirty, pollute
גִּיבֵּב פ' pile up, stack, heap, amass
גִּיבָּה פ' back, give backing to
גִּיבּוּב ז' piling up, stacking, accumulation
גִּיבּוּי ז' backing
גִּיבּוּל ז' kneading, remolding
גִּיבּוֹר תו"ז hero, champion; brave, courageous
גִּיבּוּשׁ ז' crystallization; consolidation; integration
גִּיבֵּחַ פ' bald (at front of head)
גִּיבֵּן ז' humpback, hunchback
גִּיבֵּן פ' make cheese
גִּיבֶּנֶת נ' hunchback (female)
גִּיבֵּשׁ פ' crystallize, consolidate; integrate
גִּיבְתּוֹן ז' yellow-hammer
גִּיגִית נ' tub, wash-tub
גִּיד ז' sinew, tendon
גִּידּוּל ז' growing; rearing, raising; breeding, growth, development; tumor
גִּידּוּלֵי פֶּרֶא ז"ר weeds
גִּידּוּלִים ז"ר crops
גִּידּוּף ז' abuse, revilement, curse
גִּידּוּר ז' fencing, enclosing; constraint, restraint, restriction
גִּידֵּל פ' grow, rear, raise, breed
גִּידֵּם ת' one-armed
גִּידַּע פ' cut to pieces, hew down
גִּידֵּף פ' revile, abuse, curse
גִּידֵּר פ' fence (in), enclose
גִּיהוּץ ז' ironing, pressing
גִּיהוּק ז' belching, burping
גֵּיהִינּוֹם ז' hell, gehinnom
גִּיהֵץ פ' iron, press
גִּיהֵק פ' belch, burp
גִּיוּוּן ז' variegation; variety, diversity
גִּיוֵּן פ' vary, diversify
גּוֹוֵן פ' add a nuance, tint
גִּיּוּס ז' mobilization, call-up, recruitment
גִּיּוּר ז' proselytizing, judaizing, conversion (to Judaism)
גִּיּוֹרֶת נ' converted Jewess
גִּיזָּה נ' fleece, shorn wool
גִּיזּוּם ז' pruning, clipping, trimming
גִּיזּוּר ז' cutting, clipping
גִּיזֵּם פ' prune, clip, trim
גִּיזָּרוֹן ז' etymology
גִּיחָה נ' sally, sortie, sudden attack
גִּיחוּךְ ז' giggle, smirk; absurdity
גִּיחֵךְ פ' smile (in scorn), smirk; giggle, grin
גֵּיטוֹ, גֶּטוֹ ז' ghetto
גִּייֵּס פ' mobilize, call up, recruit
גַּייֶּצֶת נ' cutter, etching tool, engraving tool
גִּייֵּר פ' convert, proselytize (to Judaism), judaize
גִּיל ז' joy, delight; age
גִּילַאי ז' aged, of same age-group
גִּילָאֵי 12־14 age group 12-14
גִּילָה נ' joy, rejoicing

גִּילָה פ׳ reveal, disclose, discover
גִּילּוּחַ ז׳ shaving
גִּילּוּי ז׳ revealing, discovering; discovery
גִּילּוּלִים ז״ר idols
גִּילּוּם ז׳ embodiment, personification
גִּילּוּף ז׳ engraving, carving, etching
בְּגִילוּפִין tipsy
גִּילַּחַ פ׳ shave
גִּילָּיוֹן ז׳ sheet (of paper); issue (of a newspaper)
גִּילֵּם פ׳ embody, personify, portray
גִּילֵּף פ׳ engrave, carve, etch
גִּימֵּד פ׳ reduce, shrink
גִּימּוּר ז׳ finishing; finish
גִּימֵּז פ׳ prune, trim, cut; criticize severely (literary slang)
גִּימְלָה ר׳ גִּמְלָה
גִּימֵּר פ׳ finish
גִּינָּה פ׳ denounce, censure, condemn
גִּינָּה נ׳ small garden, vegetable garden
גִּינּוּי ז׳ denunciation, censure, condemnation
גִּינּוּן ז׳ manner, mode of behaviour,etiquette; gardening
גִּיס ז׳ brother-in-law
גַּיִס ז׳ army corps, regiment
גַּיִס חֲמִישִׁי ז׳ fifth column
גִּיסָה נ׳ sister-in-law
גִּיפּוּף ז׳ embracing, caressing; embrace, caress

גִּיפּוּר ז׳ dusting with sulphur, sulphurization; vulcanization (of rubber)
גִּיפֵּף פ׳ embrace, caress
גִּיפֵּר פ׳ dust with sulphur, sulphurize; vulcanize (rubber)
גִּיר ז׳ chalk, a piece of chalk; limestone
גֵּירֵד פ׳ scratch, scrape; itch (colloq.)
גֵּירָה פ׳ provoke; incite, arouse; irritate
גֵּירוּד ז׳ scratching, scraping
גֵּירוּי ז׳ stimulation, provocation, irritation
גֵּירוּשׁ ז׳ expulsion, eviction, banishment
גִּירִית נ׳ badger
גִּירְסָא, גִּרְסָה נ׳ text, version, wording; interpretation
גֵּירָעוֹן ז׳ deficit, shortage
גֵּירֵשׁ פ׳ expel; banish; divorce
גִּישָׁה נ׳ approach, access; attitude
גִּישּׁוּם ז׳ realization, materialization, implementation
גִּישּׁוּר ז׳ bridging, bridgework
גִּישּׁוּשׁ ז׳ groping, feeling, probing, scouting
גִּישֵּׁר פ׳ bridge, build a bridge
גִּישֵּׁשׁ פ׳ grope, feel, probe, scout
גַּל ז׳ wave; pile, heap; lever
גַּל פָּתוּחַ ז׳ open radio program (for listeners' questions and comments)

גַּלַּאי ז' detector

גַּלָּב ז' barber

גִּלְגּוּל ז' rolling, revolving; meta-morphosis; re-incarnated soul

גַּלְגִּילָּה נ' pulley

גַּלְגִּילוֹן ז' small wheel, pulley

גַּלְגַּלַּיִים ז"ז scooter (for child)

גַּלְגַּל ז' wheel, cycle, pulley

גַּלְגַּל חוֹזֵר ז' regular, endless recurrence

גִּלְגֵּל פ' roll, revolve; cause, bring about

גַּלְגַּלִּית נ' (ר' גַּלְגַּלִּיּוֹת) roller-skate

גַּלְגֶּלֶת נ' pulley-block, pulley-wheel, derrick

גֶּלֶד ז' scab, crust

גָּלָה פ' be exiled; reveal

גִּלְוֵן פ' galvanize; electro-plate

גָּלוּחַ ת' shaven; irreligious

גָּלוּי ת' open, evident, apparent, manifest

גְּלוּי לֵב ת' frank, candid

גְּלוּי רֹאשׁ ת' bare-headed

גְּלוּיָה ת' postcard

גְּלוּלָה נ' pill

גָּלוּם ת' hidden, latent

גְּלוּסְקָמָה נ' ossuary, sarcophagus, coffin

גְּלוּפָה נ' block (for printing); woodcut

גָּלוּת נ' (ר' גָּלֻיּוֹת) exile, captivity; the Diaspora, the Dispersion

גַּלָּח ז' Christian priest

גַּלִּי ת' wavy, wave-like,undulating

גְּלִיד ז' piece of ice

גְּלִידָה נ' ice-cream

גַּלִּיּוּת נ' waviness, undulation

גָּלִיל ז' province, region, district; roll, cylinder

גְּלִילָה נ' rolling up; roll-like cake

גְּלִילִי ת' regional; cylindrical; Galilean

גְּלִימָה נ' cloak, gown, mantle

גְּלִיפָה נ' engraving

גְּלִישָׁה נ' skiing; sliding, boiling over, gliding

גָּלַל (יָגוֹל או יִגְלוֹל) פ' roll; roll up, wrap

גָּלָל ז' dung, excrement

גֹּלֶם ז' crudeness

גַּלְמוּד ת' lonely, solitary; barren, sterile

גַּל־עֵד ז' monument, cairn

גַּלְעִין ז' stone (of fruit), kernel, pit

גַּלְעִינִי ת' having a stone (fruit)

גִּלְעֵן פ' stone (fruit)

גָּלַף פ' engrave, carve, etch

גָּלַשׁ פ' slide, ski; glide; boil over

גִּלְשׁוֹן ז' glider (plane)

גַּלְשׁוֹן ז' avalanche

גַּלֶּשֶׁת נ' eczema

גַּם מ"ח also, as well, even

גַּם כֵּן תה"פ too

גִּמְגּוּם ז' stammering, stuttering; hesitation

גִּמְגֵּם פ' stammer, stutter; hesitate

גַּמְגְּמָן ז' stammerer, stutterer

גַּמָּד ז' dwarf

גָּמוּד ת' dwarfish, undersized, reduced

גָּמוּל ת' weaned
גְּמוּל ז' recompense, reward
גָּמוּר ת' finished, complete; exhausted (slang)
גָּמַז פ' criticize severely (literary slang)
גְּמִיאָה נ' drinking, sipping; sip
גְּמִילָה נ' weaning; recompensing, rewarding
גְּמִילוּת חֶסֶד נ' act of charity, interest-free loan
גְּמִילוּת חֲסָדִים נ' giving charity
גְּמִיעָה נ' drinking, sipping, gulping; gulp
גָּמִישׁ ת' flexible, elastic, pliable, supple
גְּמִישׁוּת נ' flexibility, elasticity, pliability, suppleness
גָּמַל פ' recompense, requite; ripen; wean
גָּמָל ז' camel
גַּמָּל ז' camel driver
גִּמְלָה, גִּימְלָה נ' (ר' גִּימְלָאוֹת) pension, insurance benefit
גַּמְלוֹנִי ת' overlarge, outsize
גַּמְלוּת נ' ripeness, maturity
גַּמֶּלֶת נ' camel caravan
גֻּמָּמִית נ' depression; pock-mark
גָּמַע פ' drink, sip, swallow; gulp
גָּמַר פ' finish, complete, terminate; conclude, decide
גְּמָר, גֶּמֶר ז' end, completion, conclusion
גְּמָרָא נ' the Talmud
גְּמַרְסָל ז' play off (basketball)
גַּמָּשָׁה נ' spat, legging

גַּן ז' garden; kindergarten
גַּן־יְלָדִים ז' kindergarten
גַּן עֵדֶן ז' Paradise, the Garden of Eden
גְּנַאי ז' disgrace, shame
גָּנַב פ' steal, rob
גַּנָּב נ' thief, robber
גְּנֵבָה, גְּנִיבָה נ' theft, stealing, robbery; stolen property
גִּנְדּוּר ז' dressing up, dolling up
גַּנְדְּרָן ת' coquettish, dandy, foppish
גַּנְדְּרָנוּת נ' coquetry, ostentation, overdressing, foppishness
גָּנוּב ת' stolen
גְּנוֹגֶנֶת נ' awning, canopy
גָּנוּז ת' hidden, concealed, secret
גַּנּוֹן ז' nursery-school
גְּנוּת נ' disgrace, dishonor; reproach
גָּנַז פ' hide, conceal; file away
גַּנָּז ז' archivist
גִּנְזָךְ ז' archives
גָּנַח פ' groan; cough blood
גְּנִיזָה נ' hiding, concealing; archives; Geniza
גְּנִיחָה נ' groaning, groan, coughing blood
גַּנָּן ז' gardener, horticulturist
גַּנָּנוּת נ' gardening, horticulture
גַּנָּנִית נ' woman gardener, woman horticulturist
גַּנֶּנֶת נ' kindergarten teacher (fem.)
גַּס ת' crude, boorish; large obscene, vulgar, coarse

גַּסּוּת נ'	rudeness, bad manners, vulgarity, obscenity
גְּסִיסָה נ'	dying, death throes
גָּסַס פ'	be dying, be about to die
גַּס־רוּחַ ת'	coarse, rude, vulgar
גַּעְגּוּעִים ז"ר	yearning, longing, nostalgia
גָּעָה פ'	moo, low, bleat; wail, moan, cry
גָּעָה בִּבְכִיָּה	cry aloud, sob loudly
גְּעִיָּה נ'	mooing, lowing, bleating; wailing, crying
גָּעַל פ'	hate, loathe, abhor; scald, rinse in boiling water, cleanse
גָּעַר פ'	rebuke, scold; curse
גְּעָרָה נ'	rebuke, scolding, reproof
גָּעַשׁ פ'	storm, rage
גַּעַשׁ ז'	storming, raging
גַּעֲשִׁי ת'	volcanic
גַּף ז'	wing; arm; leg; back, body; handle, rim; flight
גֶּפֶן נ'	vine
גַּפְרוּר ז'	match
גֵּץ ז' (ר' גִּיצִים)	spark, flicker
גֵּר ז'	stranger, foreigner; convert to Judaism, proselyte
גָּר פ'	dwell, live, reside, inhabit
גָּרָב ז'	eczema
גֶּרֶב ז'	sock, stocking
גַּרְבּוֹנִים ז"ר	tights (for women), panty hose
גִּרְגּוּר ז'	gargling, gargle
גַּרְגִּיר ז'	grain
גִּרְגֵּר פ'	gargle, gurgle; glut, gormandize
גַּרְגְּרָן ז'	glutton, gourmand
גַּרְגֶּרֶת נ'	throat, windpipe, trachea
גַּרְדּוֹם ז'	gallows, scaffold
גָּרֶדֶת נ'	itch; scabies
גֵּרָה נ'	cud (of chewed food)
גְּרוֹדֶת נ'	filings, shavings, chips
גְּרוּטָאוֹת נ"ר	scrap metal, junk
גָּרוּם ת'	bony; oversized
גָּרוֹן ז'	throat
גְּרוֹנִי ת'	guttural, throaty
גָּרוּעַ ת'	bad, inferior
גְּרוֹפֶת נ'	drift, bed load (of river), gravel
גְּרוֹרָה נ'	metastasis (med.)
גָּרוּשׁ ז'	divorced man, divorcé
גְּרוּשָׁה נ'	divorced woman, divorcée
גַּרְזֶן ז'	axe, hatchet
גְּרֵידָא תה"פ	only, merely, exclusively
גְּרִידָה נ'	scraping, scratching
גְּרִיוּת נ'	sensitivity, excitability
גְּרִימָה נ'	causing, bringing about
גְּרִיסִים ז"ר	groats, grits
גְּרִיעוּת נ'	inferiority, badness; deterioration, worsening
גְּרִיפָה נ'	scouring, cleaning out
גְּרִירָה נ'	towing, dragging, trailing
גָּרַם פ'	cause, bring about
גֶּרֶם ז'	bone; body
גַּרְמִי ת'	bony, large-boned
גָּרַס פ'	crush, pound; learn, study; think, be of the opinion
גָּרַע פ'	lessen, reduce, subtract

גַּרְעִין ז' nucleus; kernel, pip
גַּרְעִינִי ת' nuclear; pippy
גִּרְעֵן פ' core (fruit)
גַּרְעֶנֶת נ' trachoma
גָּרַף פ' sweep away, scour; rake up; blow (nose); amass (wealth)
גָּרַר פ' drag along, tow, draw; cause, lead to, bring about
גְּרָר ז' towing, trailing, dragging
גְּרָרָה נ' sledge, sleigh
גַּשׁ! come here!, draw near!
גָּשׁוּם ת' rainy, dripping, wet
גָּשׁוֹשׁ ז' sounding rod, calipers; mine-detector
גֶּשֶׁם ז' rain, shower
גַּשְׁמִי ת' physical, material, earthly, corporeal
גֶּשֶׁר ז' bridge
גִּשֵּׁר פ' bridge
גִּשְׁרוֹן ז' small bridge
גִּשְׁרִית נ' bridge (of stringed instrument)
גַּשָּׁשׁ ז' scout, pathfinder, tracker; reconnoitrer
גִּשְׁתָּה נ' syphon
גַּת נ' wine-press, vat

ד

דָּאַב פ׳ grieve, be sad, pine
דְּאָבוֹן ז׳ regret
דָּאַג פ׳ worry, be anxious
דְּאָגָה נ׳ worry, concern, anxiety
דָּאָה פ׳ glide, soar
דָּאוֹן ז׳ glider
דְּאָז ת׳ then, former
דְּאִיָּה נ׳ gliding, soaring
דָּבוּק ת׳ stuck, attached
דָּבוּר ת׳ spoken, said
דַּבּוּר ז׳ hornet
דְּבוֹרָה נ׳ bee
דָּבִיק ת׳ sticky, gummed, gummy
דְּבִיר ז׳ the Holy of Holies; sanctuary, palace, court
דָּבַק פ׳ stick, cling, adhere
דָּבֵק ת׳ sticking to, clinging, attached
דֶּבֶק ז׳ glue, gum, paste
דְּבֵקוּת נ׳ attachment, devotion, loyalty
דְּבִקִי ת׳ sticky, adhesive
דְּבִקִית נ׳ sticker
דָּבָר ז׳ thing; matter, affair; word, saying
דָּבָר אַחֵר ז׳ another meaning; euphemism for pig
דַּבָּר ז׳ leader, guide
דֶּבֶר ז׳ plague, pestilence
דִּבְרָה נ׳ word, saying; speech
דִּבְרֵי הַיָּמִים ז״ר history; the Book of Chronicles
דְּבָרִים Deuteronomy
דְּבַר־מָה ז׳ something, a trifle
דַּבְּרָן ז׳ eloquent speaker; chatter-box
דַּבֶּרֶת נ׳ incessant talking
דְּבַשׁ ז׳ honey; syrup
דַּבֶּשֶׁת נ׳ hump (of a camel)
דָּג פ׳ fish
דָּג ז׳ fish
דָּג מָלוּחַ ז׳ herring
דָּג מְמוּלָּא ז׳ stuffed fish, gefilte fish
דִּגְדֵּג פ׳ tickle
דַּגְדְּגָן ז׳ clitoris
דָּגוּל ת׳ distinguished, outstanding
דָּגִיג ז׳ small fish, young fish
דְּגִימָה נ׳ sampling, random sampling
דְּגִירָה נ׳ hatching, incubation
דָּגַל פ׳ believe in, stand for, profess; raise a standard, wave a flag
דֶּגֶל ז׳ flag, banner, standard
דַּגְלָן ז׳ flag-bearer
דֶּגֶם ז׳ pattern, type
דְּגָם ז׳ model, sample, specimen
דָּגָן ז׳ corn, grain cereals
דָּגַר פ׳ hatch, incubate
דָּגֵשׁ ז׳ dagesh (a dot put in a consonant); emphasis, stress
דַּד ז׳ nipple, teat
דָּהָה פ׳ fade
דָּהוּי ת׳ faded

דְּהַיְינוּ תה"פ namely, in other words
דְּהִירָה נ' gallop
דָּהַר פ' gallop
דּוּ ש"מ bi-, two-
דּוּ־לְשׁוֹנִי ת' bilingual
דּוּ־מַשְׁמָעִי ת' ambiguous
דּוּ־סִטְרִי ת' two-way (street)
דּוּ־עֶרְכִּי ת' ambivalent
דּוּ־פַּרְצוּפִי ת' two-faced
דּוּ־קִיוּם ז' coexistence
דּוּ־קְרָב ז' duel
דּוּ־שְׁבוּעוֹן ז' fortnightly
דּוּ־שִׂיחַ ז' dialogue
דּוֹאַר ז' post, mail
דּוֹאַר אֲוִויר ז' airmail
דּוֹאַר נָע ז' mobile post office
דּוֹב ז' bear
דּוֹבֵב פ' induce to speak
דּוּבְדְּבָן ז' cherry
דּוֹבֵר ז' spokesman
דּוֹבְרָה נ' raft, barge
דּוּבְשָׁן ז', דּוּבְשָׁנִית נ' honey cake
דּוּגִית נ' fishing boat
דּוּגְמָה נ' example, sample
דּוּגְמָה אִישִׁית נ' personal example
דּוּגְמָן ז', דּוּגְמָנִית נ' (male) model, (female) model
דּוּד ז' boiler, tank
דּוֹד ז' uncle
דּוֹדָה נ' aunt
דּוֹדָן נ' cousin (male)
דּוֹדָנִית נ' cousin (female)
דְּוַואי ז' sickness, affliction
דָּוֶוה ת' in pain, sad
דּוּוַח פ' be reported
דַּוְוקָא, דַּוְוקָה תה"פ for all that, precisely
דַּוָּור ז' postman
דּוּוַר פ' sent by post
דַּוְושָׁה נ' pedal
דּוּ"חַ ז' report
דּוּחַי, דּוּחַיי ז' amphibian
דּוֹחַן ז' millet
דּוֹחַק ז' pressure, stress; want, poverty; overcrowding
דּוּכָּא פ' be oppressed
דּוּכְדַּךְ פ' be depressed (mentally)
דּוֹכִי, דֳּכִי ז' surf
דּוּכִיפַת נ' hoopoe
דּוּכָן ז' stall (in market); dais, podium, platform
דּוֹלֶב ז' plane (tree)
דּוּלְדַּל פ' be weakened, be exhausted, be impoverished
דּוֹלָלָה נ' ball of thread
דּוֹם! attention!
דּוֹם לֵב cardiac arrest
דּוֹמֶה ת' similar, like, resembling
דּוֹמֶה שֶׁ it seems that
דּוּמִי, דֳּמִי ז' silence, stillness, quietness
דּוּמִיָּה נ' silence, stillness
דּוּמָם תה"פ silently, quietly
דּוֹמֵם ת' inanimate, inorganic; silent, still
דּוֹמֶן ז' manure, dung, excrement
דּוֹמַנִי it seems to me
דּוֹנַג ז' wax
דּוֹנַגִית נ' waxlike layer or film

דוֹפִי ז׳ defect, blemish, flaw
דוֹפֶן ז׳ wall, side
דוֹפֶק ז׳ pulse
דוּקְרָב, דוּ־קְרָב ז׳ duel
דוּקְרָן ז׳ sear (of a rifle)
דוּקְרָנִי ת׳ barbed, spiky, prickly, thorny
דוֹר ז׳ (ר׳ דורות) generation, age
דוֹרַג פ׳ be graded, be classed
דוּרֶגֶל ז׳ biped
דוּרָה נ׳ sorghum, durra
דוֹרוֹן ז׳ present, gift
דוֹרְסָנִי ת׳ predatory, crushing
דָּחָה פ׳ reject, refuse; postpone
דָּחוּי ת׳ postponed, put off
דָּחוּס ת׳ compressed
דָּחוּף ת׳ urgent, pressing
דָּחוּק ת׳ in need, hard up; far-fetched
דְּחִי, דֶּחִי ז׳ failure, downfall
מִדְּחִי אֶל דֶּחִי from bad to worse
דְּחִיָּה נ׳ rejection, postponement
דְּחִיסוּת נ׳ density, compressibility, compactness
דְּחִיפָה נ׳ push, impetus, incentive, stimulus
דְּחִיפוּת נ׳ urgency
דְּחִיקָה נ׳ pressing, pressure, thrust
דְּחִיקַת הַקֵּץ נ׳ rushing; hastening the Redemption
דַּחְלִיל ז׳ scarecrow
דָּחַס פ׳ compress, pack tight
דַּחַף ז׳ impulse, drive; impetus, thrust
דָּחַף פ׳ push, thrust, drive

דַּחְפּוֹר ז׳ bulldozer
דָּחַק פ׳ press, push, urge; oppress
דֹּחַק ז׳ pressure; stress, need
דַּי, דַּיי, דַּי־ תה״פ enough, sufficient, adequate
דַּיי וְהוֹתֵר תה״פ more than enough
דֵּי הַצּוֹרֶךְ תה״פ sufficiently
דִּיבָּה נ׳ slander, defamation, libel
דִּיבּוּב ז׳ encouragement (of others) to speak
דִּיבּוּק ז׳ a dead spirit taking possession of a live person; obsession
דִּיבּוּר ז׳ saying, speaking, speech, utterance
דִּיבּוּרִי ת׳ colloquial, spoken
דִּיבֵּר ז׳ speech, saying; commandment
דִּיבֵּר פ׳ speak
דַּיִג ז׳ fishing; fishery
דִּיגֵּל פ׳ raise a flag
דַּיָּה נ׳ kite
דֵּיהֶה, דֵּהֶה ת׳ faded, discolored
דִּיהוּי ז׳ fading, discoloration
דְּיוֹ נ׳ ink
דִּיוּג ז׳ fishing
דִּיוּוּחַ ז׳ reporting, accounting; report, account
דִּיוֵּוחַ פ׳ report, make a report, give an account
דִּיוֵּור פ׳ send by post
דִּיוּור ז׳ delivery by post
דִּיוֵּושׁ פ׳ pedal; practise
דְּיוֹטָה נ׳ floor, story
דִּיוּן ז׳ discussion, deliberation, debate

דִּיּוּק ז' precision, accuracy, exactitude
דְּיוֹקָן ז' likeness, image, portrait, profile
דִּיּוּר ז' living accommodation, housing
דְּיוֹת נ' India ink
דְּיוֹתָה נ' inkwell
דִּיחוּי ז' postponement, deferment, delay
דַּיָּיג ז' fisherman
דַּיָּיל ז' air host, steward
דַּיֶּילֶת נ' air hostess, stewardess
דַּיָּין ז' judge (in a religious court)
דַּיְיסָה נ' porridge, gruel; mess, confusion
דִּייֵּק פ' be exact, be accurate; be punctual
דָּיֵיק ז' defence work, rampart, bulwark
דַּייְקָן ז' a punctual person
דַּייְקָנוּת נ' punctuality, exactness
דַּיָּיר ז' tenant, lodger
דַּיַּיר מִשְׁנֶה ז' sub-tenant
דִּיכֵּא פ' oppress; suppress, crush; repress
דִּיכָּאוֹן ז' depression (mental), dejection, melancholy
דִּיכּוּי ז' oppression; suppression
דִּילֵּג פ' skip, omit
דִּילּוּג ז' skipping, omitting
דִּילּוּל ז' thinning out; dilution
דִּילֵּל פ' thin out, dilute, reduce
דִּימָּה פ' compare, liken; imagine
דִּימּוּי ז' comparison, likeness, image; simile

דִּימּוּם ז' bleeding, hemorrhage
דִּין ז' trial, judgment; sentence; lawsuit
דִּין וְחֶשְׁבּוֹן, דו"חַ ז' report, account
דִּינָר ז' dinar (unit of Jordanian & Iraqi currency)
דִּיסְקוּס ז' disc; discus
דִּיצָה נ' joy, amusement, joyful dancing
דִּיר ז' pen, fold, sty; shed
דֵּירָאוֹן ז' abomination, abhorrence, disgrace
דֵּירֵג פ' terrace; grade; classify
דִּירָה נ' apartment, flat
דֵּירוּג ז' terracing; grading, scaling, classification
דַּיִשׁ ז' threshing; threshing time; threshed grain
דִּישָׁה נ' threshing
דִּישׁוֹן ז' antelope
דִּישּׁוּן ז' fertilization
דִּישֵּׁן פ' fatten, make fat; fertilize
דִּכְדּוּךְ ז' dejection, depression
דִּכְדֵּךְ פ' depress (mentally), oppress
דַּכָּה נ' crushing, bruising
דָּכִי־חוֹף ז' surf
דַּל ת' poor; meager
דָּלַג פ' leap, skip, omit, skip over
דַּלְגִית נ' skipping rope
דִּלְדּוּל ז' impoverishment, decline, reduction
דִּלְדֵּל פ' impoverish, weaken, reduce

דָּלָה פ' **draw water; bring out, reveal**
דָּלוּחַ ת' **dirty, filthy, muddy**
דְּלוּעִים ז"ר **pumpkins**
דָּלוּק ת' **burning, alight, lit**
דַּלּוּת נ' **poverty; meagerness**
דָּלַח פ' **make filthy, muddy, pollute**
דְּלִי ז' **pail, bucket**
דְּלִיחָה נ' **making turbid, muddying, polluting**
דָּלִיל ת' **thin, meager, sparse**
דְּלִיפָה נ' **dripping, leaking, leak, leakage**
דָּלִיק ת' **inflammable, combustible**
דְּלִיקָה נ' **burning; chase, pursuit**
דְּלִיקוּת נ' **inflammability, combustibility**
דָּלַל פ' **dwindle, waste away, decline**
דְּלַעַת נ' **pumpkin**
דָּלַף פ' **drip, leak**
דַּלְפֵּק ז' **counter**
דָּלַק פ' **burn; chase, pursue**
דֶּלֶק ז' **fuel, oil**
דְּלֵקָה, דְּלִיקָה נ' **fire, conflagration**
דִּלְקַמָּן, כְּדִלְקַמָּן תה"פ **as follows**
דַּלֶּקֶת הַסִּימְפוֹנוֹת נ' **bronchitis**
דַּלֶּקֶת נ' **inflammation**
דַּלֶּקֶת הָרֵיאוֹת נ' **pneumonia**
דַּלַּקְתִּי ת' **inflammatory; inflamed**
דֶּלֶת נ' **door**
דַּלַּת הָעָם נ' **the poor of the people**
דָּם ז' **blood**
דִּמְדּוּם ז' **dimlight, glimmer, dimness**

דָּמָה פ' **be like, resemble; cease, stop**
דְּמוּת נ' **shape; likeness, image; character**
דִּמְיוֹן ז' **resemblance, likeness, similarity; imagination, fantasy**
דִּמְיוֹנִי ת' **imaginary; fantastic**
דִּמְיֵן פ' **imagine, fancy**
דָּמִים ז"ר **price; money; blood**
דְּמֵי־מַפְתֵּחַ ז"ר **key money**
דְּמֵי־קְדִימָה ז"ר **advance payment**
דָּמַם פ' **fall silent, be silent, be still; bleed**
דֶּמֶם ז' **hemorrhage, bleeding**
דְּמָמָה נ' **silence, stillness, calm**
דַּמֶּמֶת נ' **hemophilia**
דָּמַע פ' **shed tears, weep, cry**
דִּמְעָה נ' **tear**
דָּן פ' **consider, discuss; judge, try, punish**
דִּסְקָה נ' **writ; disc**
דִּסְקִית, דִּיסְקִית נ' **small disc, washer**
דֵּעָה נ' **opinion, view**
דֵּעָה צְלוּלָה נ' **clear thinking, lucidity**
דָּעַךְ פ' **fade, flicker, die out**
דַּעַת נ' **knowledge, wisdom; mind; understanding**
דַּעַת הַקָּהָל נ' **public opinion**
דַּף ז' **page, leaf; plank**
דִּפְדֵּף פ' **leaf through, turn over pages**
דַּפְדֶּפֶת נ' **notepad, loose-leaf notebook**

דְּפוּס ז׳ mold; type; printing-press
דְּפִיקָה נ׳ knock, beat; mistreatment (slang) sexual intercourse (slang)
דַּפְנָה נ׳ laurel, bay
דַּפָּס ז׳ printer
דָּפַק פ׳ knock, beat; work well, go smoothly (colloquial); cause someone to fail (slang); have sexually (slang)
דָּץ פ׳ rejoice; dance, leap
דָּק פ׳ examine very carefully
דַּק ת׳ thin, fine; delicate, subtle
דַּק ז׳ minute
דִּקְדּוּק ז׳ grammar; exactness, precision
דִּקְדּוּקִי ת׳ grammatical
דִּקְדֵּק פ׳ be precise, be very particular; examine minutely
דַּקְדְּקָן ז׳ grammarian; a meticulous person
דַּקָּה נ׳ minute
דַּקּוּת נ׳ fineness; thinness, slenderness; subtlety
דַּקִּיק ת׳ very fine, thin
דְּקִירָה נ׳ prick, stabbing, pierce; sarcastic remark
דֶּקֶל ז׳ palm tree
דִּקְלוּם ז׳ declamation, recitation
דִּקְלֵם פ׳ declaim, recite
דָּקַר פ׳ stab, prick, pierce, make sarcastic remark
דֶּקֶר נ׳ mattock, pick, pickaxe
דַּקָּר ז׳ spineback
דִּקְתָּה נ׳ plywood
דָּר פ׳ dwell, live, reside
דִּרְבּוּן ז׳ spurring on, urging on
דָּרְבָן, דָּרְבוֹן ז׳ spur, goad; quill
דַּרְבָּן ז׳ porcupine
דִּרְבֵּן פ׳ spur on, goad, prod, urge on
דֶּרֶג ז׳ grade, level, echelon
דַּרְגָּה נ׳ step, stair; degree, grade, rank
דְּרַגְנוֹעַ ז׳ escalator
דַּרְגָּשׁ ז׳ couch, divan, settee
דִּרְדּוּר ז׳ rolling down; causing to deteriorate
דַּרְדַּק ז׳ infant, small child
דַּרְדַּר ז׳ thistle, thorn
דִּרְדֵּר פ׳ send rolling down; cause to deteriorate
דָּרוּךְ ת׳ cocked, drawn; tense, taut
דָּרוֹם ז׳ south
דְּרוֹם מִזְרָח south east
דְּרוֹם מַעֲרָב south west
דְּרוֹמִי ת׳ southern, southerly
דְּרוֹר ז׳ freedom, liberty; sparrow
דְּרוּשׁ ז׳ homily, sermon
דָּרוּשׁ ת׳ needed, required, demanded
דְּרִיכָה נ׳ treading, trampling; cocking; drawing
דְּרִיכָה בַּמָּקוֹם נ׳ marking time
דְּרִיכוּת נ׳ tension, suspense, preparedness
דְּרִיסָה נ׳ treading, trampling, running over
דְּרִיסַת רֶגֶל נ׳ entry, access

דְּרִישָׁה נ' demand; requirement
דְּרִישַׁת-שָׁלוֹם, נ' דַּ"ש ז' greetings, regards
דָּרַךְ פ' tread, trample; step; cock; draw
דֶּרֶךְ ז"נ way, route; method; manner
דֶּרֶךְ אַגַּב תה"פ by the way, incidentally
דֶּרֶךְ אֶרֶץ נ' good manners, courtesy
דֶּרֶךְ הַמֶּלֶךְ נ' highway, highroad
דַּרְכּוֹן ז' passport
דָּרַס פ' run over, trample
דְּרָקוֹן ז' dragon
דָּרַשׁ פ' demand, require; inquire, seek; expound, preach, explain, interpret
דְּרָשָׁה נ' homily, sermon; homiletic interpretation
דַּרְשָׁן ז' preacher, homilist
דַּ"שׁ ז' (ר"ת דרישת שלום) regards, greetings (colloquial)
דָּשׁ פ' thresh; practise; tread, trample
דַּשׁ ז' lapel, flap
דֶּשֶׁא ז' grass, lawn
דִּשְׁדּוּשׁ ז' treading, trampling; training, practising
דִּשְׁדֵּשׁ פ' tread, trample; practise
דֶּשֶׁן ז' chemical fertilizer; fatness
דָּשֵׁן ת' lush, fat, rich
דָּשַׁן פ' grow fat, be fat
דָּת נ' religion; faith, creed
דָּתִי ת' religious, devout, pious
דָּתִיּוּת נ' religiousness, piety, religiosity

ה

הַ־,הָ־,הֶ־ the definite article
הָאִישׁ הֶחָזָק הַזֶּה this strong man
הֲ־ (הַ־,הֶ־)...? prefix indicating a question
הֲשָׁמַעְתָּ? have you heard?
ה׳ ר׳ הַשֵּׁם
הָא מ״ק here! look!
הֶאֱבִיד פ׳ destroy, cause to perish
הַאֲבָקָה נ׳ pollination
הֶאְדִּים פ׳ become red; redden
הֶאְדִּיר פ׳ glorify, magnify, extol
הַ״א הַיְדִיעָה the definite article
הֶאֱהִיל פ׳ shade, shelter; pitch (a tent)
הַאוּמְנָם? really?, is that so?
הֶאֱזִין פ׳ listen
הַאֲזָנָה נ׳ listening; monitoring
הַאֲחָדָה נ׳ making uniform; unification, standardization
הֶאֱחִיד פ׳ make uniform, unify, standardize
הֵאֵט פ׳ slow down, decelerate
הָאָטָה נ׳ slowing down, deceleration
הֵאִיץ פ׳ urge, hurry, accelerate
הֵאִיר פ׳ illuminate, throw light on
הֶאֱכִיל פ׳ feed
הַאֲלָהָה נ׳ deification, idolization
הַאֲלָחָה נ׳ infection; pollution, contamination
הֶאֱמִין פ׳ believe; trust
הֶאֱמִיר פ׳ rise steeply, soar (price)
הַאֲמָנָה נ׳ confirmation, accreditation
הַאֲנָשָׁה נ׳ personification, anthropomorphism
הֶאֱפִיל פ׳ darken, black-out, overshadow, obscure
הֶאֱפִיר פ׳ turn grey; make grey
הַאֲפָלָה נ׳ black-out; darkening, obscuring
הָאָצָה נ׳ urging, hurrying, acceleration
הֶאֱצִיל פ׳ bestow on, inspire, confer title of nobility
הָאָרָה נ׳ illumination, lighting
הַאֲרָחָה נ׳ entertaining (guests), acting as host
הֶאֱרִיךְ פ׳ lengthen, extend, prolong
הֶאֱרִיק פ׳ earth (electricity)
הַאֲרָכָה נ׳ extension, lengthening
הַאֲרָקָה נ׳ grounding, earthing
הֶאֱשִׁים פ׳ accuse, charge; blame
הַאֲשָׁמָה נ׳ accusation, charge; indictment
הֲבָאָה נ׳ bringing, fetching; quoting, quotation
הֲבַאי ז׳ nonsense
הִבְאִישׁ פ׳ stink, be offensive; cause to stink
הִבְדִּיל פ׳ separate, distinguish
הֶבְדֵּל ז׳ difference, distinction
הַבְדָּלָה נ׳ differentiation; separation; Havdala prayer at end of Shabbat
הִבְהֵב פ׳ singe; flicker, smoulder
הִבְהִיל פ׳ alarm, summon urgently

הִבְהִיק פ׳ glisten, gleam, glitter
הִבְהִיר פ׳ clarify, explain
הַבְהָרָה נ׳ clarifying, clarification
הִבְזָה פ׳ humiliate, scorn
הִבְזִיק פ׳ flash
הַבְזָקָה נ׳ flash, flashing
הִבְחִין פ׳ distinguish, discriminate
הַבְחָנָה נ׳ distinguishing, distinction
הַבָּטָה נ׳ looking (act of)
הַבְטָחָה נ׳ promising, promise, assurance
הִבְטִיחַ פ׳ promise, assure; ensure, make safe
הֵבִיא פ׳ bring, fetch
הִבִּיט פ׳ look
הֵבִיךְ פ׳ embarrass; bewilder, perplex
הָבִיל ת׳ steamy, muggy
הֵבִין פ׳ understand, comprehend
הֵבִיס פ׳ defeat, rout
הִבִּיעַ פ׳ express
הֶבֶל ז׳ nonsense, vanity; breath
הַבְלָגָה נ׳ restraint, self-restraint, moderation
הַבְלָטָה נ׳ emphasis, stressing
הַבְלִי ת׳ vain, conceited; nonsensical
הִבְלִיג פ׳ restrain oneself
הִבְלִיחַ פ׳ flicker, flutter
הִבְלִיט פ׳ give prominence to, emphasize, stress
הִבְלִיעַ פ׳ swallow, absorb, take in; insert unnoticed
הֲבָנָה נ׳ understanding, comprehension

הֲבָנַת הַנִּקְרָא נ׳ reading comprehension
הֲבָנַת הַנִּשְׁמָע נ׳ listening comprehension
הֲבָסָה נ׳ defeat, rout; defeating, routing
הַבָּעָה נ׳ expression, uttering
הִבְעִיר פ׳ set alight, burn
הִבְעִית פ׳ terrify, horrify
הִבְקִיעַ פ׳ seize; break through, penetrate
הַבְרָאָה נ׳ recovery, convalescence; recuperation
הַבְרָגָה נ׳ screwing in place
הֲבָרָה נ׳ syllable
הַבְרָחָה נ׳ smuggling, contraband; causing or helping to escape
הִבְרִיא פ׳ recover, convalesce, recuperate
הִבְרִיג פ׳ screw in place
הִבְרִיחַ פ׳ cause or help to flee; smuggle
הִבְרִיךְ פ׳ make kneel (camel)
הִבְרִיק פ׳ shine, gleam; send a telegram; burnish
הִבְרִישׁ פ׳ brush
הַבְרָקָה נ׳ flash, brilliancy; stroke of genius, inspired remark; polishing
הִבְשִׁיל פ׳ ripen, mature
הַבְשָׁלָה נ׳ ripening, maturation
הַגַּאי ז׳ pilot, helmsman
הֲגָבָה נ׳ response, reaction
הַגְבָּהָה נ׳ raising, lifting, elevating

raise, lift, elevate; be elevated הִגְבִּיהַּ פ'
limit, restrict הִגְבִּיל פ'
strengthen, increase, intensify הִגְבִּיר פ'
harden; become hard הִגְבִּישׁ פ'
limitation, restriction הַגְבָּלָה נ'
boosting הֶגְבֵּר ז'
strengthening, increasing, intensification הַגְבָּרָה נ'
tale, saga; telling הַגָּדָה נ'
the Passover Haggada (book) הַגָּדָה שֶׁל פֶּסַח נ'
West Bank (of River Jordan) הַגָּדָה הַמַּעֲרָבִית נ'
increase, enlarge, magnify; become larger הִגְדִּיל פ'
he did great things הִגְדִּיל לַעֲשׂוֹת
define הִגְדִּיר פ'
overdo, overfill הִגְדִּישׁ פ'
overdid things, went too far הִגְדִּישׁ אֶת הַסְּאָה
increasing, enlarging, magnification הַגְדָּלָה נ'
definition הַגְדָּרָה נ'
self determination הַגְדָּרָה עַצְמִית נ'
overdoing, overfilling הַגְדָּשָׁה נ'
utter, speak, say; study, think הָגָה פ'
sound, utterance; moan, whisper; steering wheel, rudder, helm הֶגֶה ז'
glide הֶגֶה מַעֲבָר ז'
proof-reading; proof (of book) הַגָּהָה נ'

pronounced הָגוּי ת'
decent, fair, proper הָגוּן ת'
philosophy, meditation, contemplation הָגוּת נ'
exaggerate הִגְזִים פ'
exaggeration הַגְזָמָה נ'
react, respond הֵגִיב פ'
meditation, thought הָגִיג ז'
tell, inform, say הִגִּיד פ'
proof-read, correct הִגִּיהַּ פ'
logical, rational, reasonable הֶגְיוֹנִי ת'
break out, burst forth הֵגִיחַ פ'
pronunciation; meditation, study הֲגִיָּה נ'
phoneme הֶגְיָן ז'
decency, fairness הֲגִינוּת נ'
arrive at, reach הִגִּיעַ פ'
it's (high) time הִגִּיעַ הַזְּמַן
close, bolt, shut הֵגִיף פ'
migration, emigration הֲגִירָה נ'
serve, offer present, submit הִגִּישׁ פ'
banish, exile, deport הִגְלָה פ'
form a scab; coagulate הִגְלִיד פ'
banishment, exile, deportation הַגְלָיָה נ'
even though הֲגַם שֶׁ מ"ח
cardinal, bishop הֶגְמוֹן ז'
hegemony, leadership הֶגְמוֹנְיָה נ'
make (more) flexible הִגְמִישׁ פ'
making (more) flexible הַגְמָשָׁה נ'
defend, protect הֵגֵן פ'
smuggling, inserting by stealth הַגְנָבָה נ'
protection, defense הֲגָנָה נ'

הִגְנִיב פ׳ smuggle, insert stealthily
הִגְעִיל פ׳ disgust, make sick; make ritually clean
הַגְעָלָה נ׳ scouring, scalding; ritual cleansing (in boiling water)
הֲגָפָה נ׳ closing, bolting, shutting
הִגְרִיל פ׳ raffle, draw lots for
הִגְרִיעַ פ׳ degrade
הַגְרָלָה נ׳ raffle, lottery
הַגָּשָׁה נ׳ serving, offering, presenting, submitting
הִגְשִׁים פ׳ realize, implement, achieve, materialize
הַגְשָׁמָה נ׳ realization; implementation, achieving, materialization
הֵד ז׳ echo, repercussion
הִדְאִיב פ׳ grieve, distress
הִדְאִיג פ׳ worry
הִדְבִּיק פ׳ stick; infect; overtake
הִדְבִּיר פ׳ destroy, exterminate; cause to submit
הַדְבָּקָה נ׳ sticking; infecting; overtaking
הִדְגִּים פ׳ exemplify, demonstrate, illustrate
הִדְגִּישׁ פ׳ emphasize, stress
הַדְגָּמָה נ׳ illustrating, exemplifying, demonstrating; illustration, exemplification, demonstration
הַדְגָּשָׁה נ׳ emphasis, stress
הֲדָדִי ת׳ mutual, reciprocal
הֲדָדִיּוּת נ׳ mutuality, reciprocity

הִדְהֵד פ׳ echo, resound, reverberate
הִדְהִים פ׳ stun, astound, amaze
הֲדוֹם ז׳ footstool, footrest
הָדוּר ת׳ splendid, glorious, illustrious, elegant
הַדָּחָה נ׳ dismissal, removal; leading astray
הֲדָחָה נ׳ (dish) washing
הַדְחָקָה נ׳ repression (psych)
הֶדְיוֹט ז׳ layman, commoner; ordinary person
הֵדִיחַ פ׳ rinse, wash
הֵדִיחַ בָּשָׂר rinsed meat
הֵדִיחַ כֵּלִים washed dishes
הִדִּיחַ פ׳ dismiss, remove, depose
הֲדִיפָה נ׳ repulse; pushing; push
הָדִיר ת׳ repeatable, reproducible
הִדְלָה פ׳ trellis (vines)
הִדְלִיחַ פ׳ soil, dirty, befoul, pollute
הִדְלִיף פ׳ leak (information, etc)
הִדְלִיק פ׳ light, ignite, set fire to; fire
הַדְלָפָה נ׳ leak, leaking (of information)
הַדְלָקָה נ׳ lighting, igniting, bonfire
הִדְמָה פ׳ simulate
הַדְמָיָה נ׳ simulation
הִדְמִים פ׳ silence, still
הֲדַס ז׳ myrtle
הֶדֶף ז׳ blast
הֶדֶף אֲוִויר ז׳ blast (after explosion)
הָדַף פ׳ push, repel, repulse, rebut
הִדְפִּיס פ׳ print

הֶדְפֵּס ז׳ print
הַדְפָּסָה נ׳ printing
הֶדֶק ז׳ trigger; paper clip; clothes peg
הֵדֵק פ׳ grind to powder, make fine
הָדָר ז׳ splendor, glory, majesty; citrus fruit
הַדְרָגָה נ׳ progression, gradualness, gradation
הַדְרָגָתִי ת׳ progressive, gradual
הִדְרִיךְ פ׳ guide, instruct, lead
הִדְרִיךְ אֶת מְנוּחָתוֹ disturbed his peace of mind
הִדְרִים פ׳ go south
הַדְרָכָה נ׳ instruction, guidance
הִדְרֵל פ׳ hydrolyze
הַדְרָן מ״ק encore!
הָהּ! מ״ק ah!, alas!
הֵהִין פ׳ venture, dare
הֵהֵל פ׳ shine, gleam
הוא מ״ג he, it
הוּאֲחַד פ׳ be made uniform, be standardized; be unified
הוּאַט פ׳ be slowed down, be decreased
הוֹאִיל פ׳ consent, be willing, deign
הוֹאִיל וְ תה״פ since, because
הוּאֲרַךְ פ׳ be lengthened, be extended, be prolonged
הוּבָא פ׳ be brought, be fetched
הוּבְהַל פ׳ be rushed in, be brought in a hurry
הוּבְטַח פ׳ be promised, be assured
הוֹבִיל פ׳ guide, lead; transport, convey; be ahead (in games)
הוֹבָלָה נ׳ transport, conveying
הוּבְלַט פ׳ be given prominence, be highlighted
הוּבַן פ׳ be understood
הוֹבְנָה ז׳ ebony (tree or wood)
הוֹבְנִית נ׳ ebonite
הוּבַס פ׳ be defeated
הוּבַּע פ׳ be expressed
הוּבְרַר פ׳ be clarified
הוּגְבַּהּ פ׳ be raised, be elevated
הוֹגִיעַ פ׳ weary, tire, exhaust
הוֹגֶן ז׳ ר׳ כְּהוֹגֶן decency
הוֹגֵן ת׳ decent, proper, fair
הוּגְרַל פ׳ be raffled
הוֹד ז׳ splendor, glory, majesty
הוּדְאַג פ׳ be worried, be made anxious
הוֹדָאָה נ׳ admission, confession; consent
הוּדְגַּשׁ פ׳ be emphasized
הוֹדָה פ׳ admit, confess; thank
הודות ל thanks to
הוּדַּח פ׳ be expelled, be deposed, be removed
הוֹדָיָה נ׳ praise, thanksgiving, thanking
הוֹדִיעַ פ׳ inform, announce
הוּדְלַק פ׳ be lit, be ignited
הוֹדָעָה נ׳ announcement, notice, communiqué
הָוָה פ׳ be
הֱוֵה/הֱוֵיאוֹמֵר that is to say
הוֹוֶה ז׳ the present; present tense
הֲוַיי ז׳ way of life, folk ways, cultural pattern
הֲוָיָה נ׳ existence, being, reality

הוֹזֶה ז׳ dreamer, visionary
הוֹזִיל פ׳ cheapen, make cheaper
הוּזַל פ׳ be made cheaper
הוֹזָלָה נ׳ cheapening, reduction (in price)
הוּזְנַח פ׳ be neglected
הוּחְזַק פ׳ be held, be maintained, be considered
הוּחְלַט פ׳ be decided
הוּחְלַשׁ פ׳ be weakened
הוּחְמַר פ׳ be made more severe
הוּחְסַן פ׳ be stored (goods)
הוּחְרַם פ׳ be confiscated; be boycotted
הוּחְשַׁד פ׳ be suspected
הוּטַב פ׳ be improved
הוּטַס פ׳ be flown
הוּטְעָה פ׳ be misled
הוּטְעַם פ׳ be emphasized, be stressed
הוּטְרַד פ׳ be troubled, be bothered
הוֹי מ״ק alas!!
הוּכָּה פ׳ be hit, be beaten
הוּכַח פ׳ be proved; be reproved
הוֹכָחָה נ׳ proof
הוֹכִיחַ פ׳ prove; reprove
הוּכַן פ׳ be prepared, be made ready
הוּכְפַּל פ׳ be doubled; be multiplied
הוּכַּר פ׳ be recognized
הוּכְרַח פ׳ be compelled, be forced
הוּכְשַׁר פ׳ be trained
הוּכְתַּר פ׳ be crowned
הוּלֶדֶת נ׳ birth
הוֹלִיד פ׳ give birth, have a child; cause

הוֹלִיךְ פ׳ lead, conduct
הוֹלָכָה נ׳ leading, transporting; conducting, (elec. etc.)
הוֹלֵלוּת נ׳ dissipation, profligacy
הוֹלֵם ז׳ strike, beat
הוֹמֶה ת׳ humming, noisy, busy and bustling
הוּמְלַח פ׳ be salted
הוּמַת פ׳ be put to death
הוֹן ז׳ capital; wealth
הוֹן חוֹזֵר ז׳ working capital
הוֹנָאָה נ׳ defrauding, cheating; fraud
הוֹנָה פ׳ defraud, cheat
הוּנַח פ׳ be set at rest
הוּנַּח פ׳ be put down; be assumed, be supposed
הוּנַס פ׳ be put to flight, be driven off
הוּנַף פ׳ be waved; be wielded; be hoisted
הוּנְצַח פ׳ be perpetuated
הוּסְדַּר פ׳ be arranged, be settled
הוּסְוָה פ׳ be camouflaged, be disguised
הוֹסִיף פ׳ add, increase, augment, continue
הוּסְכַּם פ׳ be agreed to, be approved
הוּסְמַךְ פ׳ be authorized; be graduated (academic)
הוֹסָפָה נ׳ addition; supplement
הוּסְרַט פ׳ be filmed, be shot (film)
הוּעֲבַר פ׳ be transferred, be brought across
הוֹעִיד פ׳ fix (an appointment with), invite (to an appointment)

הוֹעִיל פ׳ be useful, help, be profitable
הוּעַם פ׳ be darkened, be dulled
הוֹעֳרַךְ פ׳ be estimated, be valued
הוֹפִיעַ פ׳ appear
הוּפְנַט פ׳ be hypnotized
הוֹפָעָה נ׳ appearance; presence; show
הוּפְעַל פ׳ be activated, be set in motion, be put to work
הוֹפְעַל, הוּפְעַל Hoph'al, Huph'al (causative; passive verb stem of הִפְעִיל)
הוּפַץ פ׳ be distributed, be scattered, be disseminated
הוּפְצַץ פ׳ be bombed
הוּפְקַד פ׳ be deposited
הוּפְקַע פ׳ be requisitioned, be appropriated
הוּפְקַר פ׳ be abandoned
הוּפְרַד פ׳ be separated
הוּפְרָה פ׳ be impregnated, be made fruitful
הוּפְרַע פ׳ be disturbed, be interrupted, be hindered, be bothered
הוּפְתַּע פ׳ be surprised
הוּצָא פ׳ be taken out, be removed, be excluded
הוֹצָאָה נ׳ taking out, removing; outlay, expenses; publication, publishing house
הוֹצָאָה לְאוֹר נ׳ publishing publication

הוֹצָאָה לְפוֹעַל נ׳ execution
הוֹצָאוֹת נ״ר expenses
הוֹצָאַת סְפָרִים נ׳ publishing house
הוּצַב פ׳ be put in position, be stationed
הוּצַג פ׳ be presented, be put on (a play), be introduced
הוֹצִיא פ׳ take out, bring out, produce; exclude
הוּצְנַח פ׳ be dropped by parachute
הוּצְנַע פ׳ be concealed, be hidden away
הוּצַע פ׳ be proposed, be suggested
הוּצְרַךְ פ׳ be obliged, be required; be in need of
הוּצַת פ׳ be lit, be ignited be set on fire
הוּקְדַם פ׳ be set earlier
הוּקְדַשׁ פ׳ be dedicated, be devoted
הוֹקִיעַ פ׳ denounce, condemn, censure
הוֹקִיר פ׳ esteem, respect
הוּקַל פ׳ be made lighter, be lightened
הוּקַע פ׳ be denounced, be condemned, be censured
הוֹקָעָה נ׳ condemnation, censure
הוּקַף פ׳ be surrounded, be encircled
הוּקְפָּא פ׳ be frozen, be congealed
הוּקְצַב פ׳ be allocated (money), be allotted
הוּקְצָה פ׳ be set aside; be allocated
הוֹקָרָה נ׳ esteem, respect

הוּקְרַן פ' be projected (film), be radiated, be shown (film)

הוֹרָאָה נ' teaching; instruction, direction, order; meaning

הוּרַד פ' be brought down, be lowered, be reduced; be taken off

הוֹרָדָה נ' taking down, lowering, reduction; taking off

הוֹרֶה ז', הוֹרָה נ' parent

הוֹרָה פ' teach instruct show

הוֹרִיד פ' bring down, lower, reduce; take off

הוֹרִים ז"ר parents

הוֹרִיק פ' turn green, be green

הוֹרִישׁ פ' bequeath; dispossess

הוּרַע פ' grow worse

הוּרַשׁ פ' be lequreathed

הוּרְתַּח פ' be boiled be; infuriated

הוּשַׁב פ' be put back, be returned; be settled

הוּשְׁבַּע פ' be made swear

הוּשְׁבַּץ פ' be fitted in, be worked in

הוּשְׁבַּת פ' be stopped (work), be locked out

הוּשַּׂג פ' be attained; be grasped (idea); be criticized

הוֹשִׁיב פ' seat, set, settle

הוֹשִׁיט פ' extend, hold out (hand)

הוֹשִׁיעַ פ' save, rescue, deliver

הוּשְׁלַךְ פ' be thrown

הוּשַּׂם פ' be placed

הוּשְׁמַט פ' be omitted

הוּשְׁמַץ פ' be defamed

הוּשְׁפַּע פ' be influenced

הוּשַּׁק פ' be launched

הוּשְׁתַּל פ' be planted; be transplanted

הוֹתִיר פ' leave, leave over

הוּתְנָה פ' be made conditional (on)

הוּתְנַע פ' be started up (car engine)

הוּתְקַן פ' be installed, be fitted, be set

הוּתְקַף פ' be attacked

הוּתַּר פ' be loosened; be permitted

הוּתְרָה פ' be warned, be cautioned

הוּתְרַע פ' be protested vigorously at

הַזָּאָה נ' sprinkling

הִזְדַּהָה פ' identify oneself, be identified

הִזְדַּהוּת נ' identification (of oneself)

הִזְדַּהֵם פ' become dirty, contaminated, polluted

הִזְדַּוֵּג פ' couple, copulate, mate; join

הִזְדַּוְּגוּת נ' coupling, copulation, mating, joining

הִזְדַּיֵּן פ' be armed, arm oneself; have sexual intercourse (slang)

הִזְדַּכֵּךְ פ' become purified

הִזְדַּמֵּן פ' chance, happen

הִזְדַּמְּנוּת נ' opportunity, occasion, chance

הִזְדַּנֵּב פ' trail along, trail after

הִזְדַּעֲזַע פ' be shocked, be appalled

הִזְדַּעֵף פ' become angry
הִזְדַּקֵּן פ' grow old, age
הִזְדַּקֵּף פ' straighten up, stand upright
הִזְדַּקֵּק פ' need, be in need of; be refined, be purified
הִזְדַּקֵּר פ' stick out; stall
הִזְדָּרֵז פ' hurry, be brisk
הָזָה פ' daydream, dream
הִזָּה פ' sprinkle
הִזְהִיב פ' brown, gild; become golden
הִזְהִיר פ' warn, caution, adomonish; shine brightly
הַזְהָרָה נ' warning, caution
הֲזָזָה נ' moving, removal
הֲזָיָה נ' fantasy, delusion
הֵזִיז פ' move
הֵזִיחַ פ' budge, displace
הִזִּיל פ' cause to flow, distil
הִזִּיל דִּמְעָה פ' shed tears
הֵזִין פ' feed, nourish
הִזִּיעַ פ' perspire, sweat
הִזִּיק פ' harm, damage
הִזְכִּיר פ' remind, mention
הַזְכָּרָה נ' mentioning, reminding; reference, mention; commemoration, memorial ceremony
הִזְלִיף פ' sprinkle, spray
הֵזֵם פ' contradict, refute, confute
הֲזָמָה נ' refutation
הִזְמִין פ' invite, summon, order; reserve, book
הַזְמָנָה נ' invitation; order, booking
הֲזָנָה נ' nutrition; feeding, nourishing
הֲזָנָה מְלָאכוּתִית נ' artificial feeding (of patient)
הַזְנָחָה נ' abandoning; abandonment, neglect, negligence
הִזְנִיחַ פ' abandon, neglect, leave undone
הֲזָעָה נ' sweating, perspiring
הִזְעִים פ' infuriate, enrage
הִזְעִיק פ' summon, call for; sound an alarm
הַזְעָקָה נ' summoning, calling for, cry of alarm, warning-cry
הִזְקִין פ' become old, age
הִזְקִיק פ' oblige, compel
הִזְרִים פ' set flowing, cause to flow, pour
הִזְרִיעַ פ' impregnate, inseminate
הִזְרִיק פ' inject
הַזְרָעָה נ' impregnation, insemination
הַזְרָעָה מְלָאכוּתִית נ' artificial insemination
הַזְרָקָה נ' injection
הֶחְבִּיא פ' hide, conceal
הֶחְדִּיר פ' instil; cause to penetrate, insert
הַחְדָּרָה נ' instilling; insertion, piercing
הֶחְוִיר פ' blanch, turn pale
הֶחֱזִיק פ' hold, seize; maintain
הֶחֱזִיר פ' return, give back
הַחְזָקָה נ' holding, possesion; maintenance

הֶחְזֵר ז׳ return, thing returned
הַחְזָרָה נ׳ giving back, restoring
הַחְטָאָה נ׳ missing (one's aim)
הֶחְטִיא פ׳ miss (a target)
הַחְיָאָה נ׳ revival, reviving, resuscitating
הֶחְיָה פ׳ revive, restore to life, resuscitate
הֶחִיל פ׳ apply (a law), enforce (a law)
הֵחִישׁ פ׳ hasten, accelerate, rush
הֶחְכִּים פ׳ make wise(r), teach wisdom; grow wise(r)
הֶחְכִּיר פ׳ lease, rent
הֵחֵל פ׳ begin, start
הָחֵל מ(ן)... starting from...
הַחָלָה נ׳ application (of law etc.)
הַחְלָטָה נ׳ decision, resolution
הֶחְלֵטִי ת׳ decisive, absolute, definitive
הֶחְלֵטִיּוּת נ׳ decisiveness, absoluteness, resoluteness
הֶחֱלִיד פ׳ rust, become rusty; make rusty
הֶחְלִיט פ׳ decide; determine, resolve
הֶחְלִים פ׳ recover; cure, recuperate
הֶחְלִיף פ׳ change, exchange; replace
הֶחְלִיף כּוֹחַ פ׳ renewed his strength
הֶחְלִיק פ׳ slide, slip, skate (on ice); smooth
הֶחְלִישׁ פ׳ weaken
הַחְלָמָה נ׳ recovery, recuperation

הֶחְמִיא פ׳ flatter, compliment
הֶחְמִיץ פ׳ acidify; become sour; miss (opportunity)
הֶחְמִיר פ׳ make more severe; become graver; be strict, stern
הַחְמָצָה נ׳ missing (opportunity)
הַחְמָרָה נ׳ deterioration, worsening, greater severity; being strict, stern
הֶחְנָה פ׳ park
הֶחְנִיף פ׳ flatter
הֶחְנִיק פ׳ strangle, stifle, suffocate
הֶחְסִין פ׳ store (goods)
הֶחְסִיר פ׳ subtract, deduct; omit, miss
הַחְסָנָה נ׳ storage, storing
הַחְסָרָה נ׳ omission
הֶחְצִין פ׳ extrovert (psych)
הַחְצָנָה נ׳ extroversion
הֶחְרִיא פ׳ excrete, defecate
הֶחֱרִיב פ׳ destroy, ruin
הֶחֱרִיד פ׳ frighten, terrify
הֶחֱרִים פ׳ confiscate; ban; boycott; ostracize
הֶחֱרִיף פ׳ worsen; make worse, aggravate
הֶחֱרִישׁ פ׳ deafen, silence
הַחְרָמָה נ׳ confiscation; excommunicating, boycotting
הֶחֱשָׁה פ׳ fall silent, be still
הֶחֱשִׁיב פ׳ regard as important, appreciate, esteem
הֶחֱשִׁיד פ׳ throw suspicion on, implicate

הֶחְשִׁיךְ פ׳ darken; make dark

הֶחְתִּים פ׳ cause to sign, cause to subscribe (to journal etc.)

הֲטָבָה נ׳ improvement; bonus; doing a favor

הִטְבִּיל פ׳ dip, immerse; baptize

הִטְבִּיעַ פ׳ drown, sink

הַטְבָּלָה נ׳ dipping; immersing immersion

הִטָּה פ׳ deflect, divert; distort; decline, conjugate

הֲטָחָה נ׳ knocking; striking; hurling

הֲטָחַת דְּבָרִים נ׳ saying harsh things

הַטָּיָה נ׳ diversion, deflecting; bending; distorting; declining, conjugating

הִטִּיל פ׳ impose, set; lay (egg)

הֵטִיל פ׳ cast, throw, project

הֵטִיס פ׳ send by airplane

הִטִּיף פ׳ preach, hold forth; drip

הַטָּלָה נ׳ imposing; imposition; laying (egg)

הֲטָלָה נ׳ casting; throwing

הִטְלִיא פ׳ patch

הִטְמִין פ׳ hide, conceal

הִטְמִיעַ פ׳ absorb, take in; assimilate

הִטְעָה פ׳ mislead, lead astray

הִטְעִים פ׳ emphasize, stress

הִטְעִין פ׳ load

הַטְעָמָה נ׳ accentuation; stress; emphasis

הַטָּפָה נ׳ preaching, sermonizing

הִטְפִּיחַ פ׳ baste

הַטְרָדָה נ׳ troubling, bothering, harassment

הִטְרִיד פ׳ trouble, bother, harass

הִטְרִיחַ פ׳ bother, harass

הִיא מ״ג she

הֵיאָבְקוּת נ׳ wrestling

הֵיאָחֲזוּת נ׳ settling, settlement, taking root

הֵיאָלְמוּת נ׳ becoming silent

הֵיאָלְצוּת נ׳ being compelled

הֵיאָנְחוּת נ׳ sighing

הֵיאָנְסוּת נ׳ being compelled; being raped

הֵיאָסְפוּת נ׳ being gathered together

הֵיאָרְכוּת נ׳ becoming longer, lengthening

הִיבָּדְלוּת נ׳ separation, isolation; dissimilation

הֶיבֵּט ז׳ aspect

הִיבָּרְאוּת נ׳ creation

הֶיגֵּב ז׳ reaction

הֶיגֵּבִיּוּת נ׳ reactivity

הִיגּוּי ז׳ pronunciation

הִיגָּיוֹן ז׳ logic, common sense, reason

הִיגָּמְלוּת נ׳ weaning

הִיגֵּר פ׳ migrate, immigrate; emigrate

הִיגָּרְרוּת נ׳ being dragged, being towed

הִיגָּרְפוּת נ׳ being raked up

הִידַּבְּקוּת נ׳ infection; joining, attachment

הִידָּבְרוּת נ׳ rapprochement, dialogue

הֵידָד מ״ק hurrah! bravo!

הִידֵּד פ׳ interact

הִידּוּד ז׳ interaction

הִידּוּק ז׳ tightening, fastening

הִידּוּר ז׳ splendor, elegance, adornment

הִידָּחֲקוּת נ׳ pushing, shoving (through crowd)

הִידַּלְדֵּל, נִידַּלְדֵּל פ׳ waste away, dwindle, decline; become impoverished

הִידַּלֵּל פ׳ thin

הִידָּמוּת, הִידַּמּוּת נ׳ resemblance, likeness; assimilation

הִידֵּק פ׳ tighten, fasten

הִידֵּר פ׳ adorn, bedeck; be very scrupulous (in religious observance)

הִידַּרְדֵּר, נִידַּרְדֵּר פ׳ roll down; decline, deteriorate

הָיָה פ׳ be, exist; happen

הִיוָּדְעוּת נ׳ becoming known, making known

הִיוָּה פ׳ constitute, comprise

הִיוָּלְדוּת נ׳ birth, being born

הִיוָּעֲדוּת נ׳ meeting together

הִיוָּעֲצוּת נ׳ consulting, consultation

הִיוָּצְרוּת נ׳ being created; forming, formation

הִיוּלִי ת׳ primeval; formless, raw

הַיּוֹם תה״פ today

הֱיוֹת תה״פ since, seeing that, being that

הִיזּוּן ז׳ feeding

הִיזּוּן חוֹזֵר ז׳ feedback

הִיזָּכְרוּת נ׳ recall

הֶיזֵּק ז׳ harm, damage

הִיזָּקְקוּת נ׳ being in need of; need, necessity

הֵיחָלְשׁוּת נ׳ becoming weaker

הֵיחָפְזוּת נ׳ acting hastily

הֵיחָשְׂפוּת נ׳ being revealed, being exposed

הֵיטֵב תה״פ well, very well, properly

הִיטַּהֵר פ׳ become pure, purify oneself

הֵיטִיב פ׳ do good to, benefit; better, improve

הֶיטֵּל ז׳ levy, impost; projection

הִיטַּלְטֵל, נִיטַּלְטֵל פ׳ be moved about, move about

הִיטַּמֵּא פ׳ become unclean

הִיטַּמְטֵם, נִיטַּמְטֵם פ׳ become stupid, be stultified

הִיטָּמְעוּת נ׳ absorption, assimilation

הִיטַּנְּפוּת נ׳ becoming filthy, contamination, defilement

הִיטַּשְׁטֵשׁ, נִיטַּשְׁטֵשׁ פ׳ blur, become blurred, become obliterated

הַיְינוּ תה״פ that is

הַיְינוּ הַךְ the same thing, all the same

הִיכָּווּת נ׳ being burnt, scalded; scorching, burning

הִיכּוֹן ז׳ (state of) alert

הֵיכָל ז׳ palace, temple, hall

הֵיכָן תה״פ where?

הִיכָּנְעוּת נ׳ submitting, giving in, resignation, surrender

הֶיכֵּר ז׳ recognition
הֶיכֵּרוּת נ׳ acquaintance
הִיכָּשְׁלוּת נ׳ failure, failing; stumbling
הִילָה נ׳ halo
הִילוּךְ ז׳ gear; gait, carriage, walk
הִילוּךְ סְרָק ז׳ neutral gear
הִילוּלָה נ׳ merry-making, revel, festivity
הִילוּלָה וְחִינְגָּה נ׳ joyous celebration, revelry
הִילֵּךְ פ׳ walk about
הִילֵּל פ׳ praise, laud
הִימּוּר ז׳ betting, gambling, gamble
הִימִין פ׳ turn or go to the right
הִימָּלְטוּת נ׳ escaping, escape
הֵימֶנּוּ מ״ג from him, of him
הִימְנוֹן ז׳ hymn, anthem
הִימָּנְעוּת נ׳ avoidance
הִימָּצְאוּת נ׳ being found, existing
הִימֵּר פ׳ gamble
הִימָּשְׁכוּת נ׳ continuation, duration; being drawn to, being attracted
הִינֵּה, הִנֵּה תה״פ here, now, look
הִינָּה פ׳ cause joy, give pleasure to, please
הִינּוּמָה נ׳ veil, bridal veil
הֵינִיקָה, הֵנִיקָה פ׳ breast-feed, suckle
הֶינֵעַ ז׳ driving
הִינָּצְלוּת נ׳ being saved, being rescued
הִינָּתְקוּת נ׳ being cut off; severed; isolation, separation, severance

הִיסּוּס ז׳ hesitation, wavering
הֶיסֵּחַ ז׳ diversion, distraction
הֶיסֵּחַ הַדַּעַת ז׳ inattention, absent-mindedness
הִיסָּחֲפוּת נ׳ being swept along; being eroded
הִיסֵּס פ׳ hesitate, waver, vacillate
הֶיעָדֵר ז׳, הֵיעָדְרוּת נ׳ absence, lack
הֵיעָלְבוּת נ׳ being insulted, being offended
הֵיעָלְמוּת נ׳ being hidden; being unknown
הֵיעָנוּת נ׳ response, assent, consent
הֵיעָרְכוּת נ׳ arrangement, deployment (military)
הֵיעָתְרוּת נ׳ acceding (to request)
הִיפָּגְמוּת נ׳ being offended being insured
הִיפּוּךְ ז׳ inverting, inversion, reverse, contrary
הִיפָּעֲמוּת נ׳ being deeply moved
הִיפָּצְעוּת נ׳ being wounded
הִיפָּרְדוּת נ׳ being separated
הִיפָּרְסוּת נ׳ being spread out
הֶיצֵעַ ז׳ supply (economics)
הֶיצֵף ז׳ flooding, inundation
הִיקָּלְטוּת נ׳ being absorbed
הִיקָּלְעוּת נ׳ chancing
הֶיקֵּף ז׳ perimeter, circumference; scope, extent, range
הֶיקֵּשׁ ז׳ comparison, analogy; syllogism, inference
הִיקָּרְעוּת נ׳ being torn
הִירָגְעוּת נ׳ calming down, becoming tranquil

הֵירָדְמוּת נ׳ **falling asleep**

הֵירָיוֹן ז׳ **pregnancy, conception**

הִישָּׁאֲרוּת נ׳ **remaining, staying**

הֶישֵּׂג ז׳ **achievement, accomplishment; reaching, attaining**

הֵישִׁיר פ׳ **proceed directly**

הֵישִׁיר מַבָּט פ׳ **looked straight**

הִישָּׁמְדוּת נ׳ **being destroyed, destruction**

הִישָּׁנוּת נ׳ **being repeated, repetition, recurrence**

הִישָּׁעֲנוּת ת׳ **leaning (on), reclining; reliance, dependence**

הִישָּׂרְפוּת נ׳ **being burnt**

הִיתּוּךְ ז׳ **smelting, melting, fusing, fusion**

הִיתּוּל ז׳ **mockery, irony, derision**

הֶיתֵּז ז׳ **ricochet, shrapnel; splash**

הִיתַּמֵּם פ׳ **pretend innocence, pretend not to understand**

הִיתַּמֵּר פ׳ **rise, go up (in slender column)**

הִיתָּקְלוּת נ׳ **bumping into**

הֶיתֵּר ז׳ **permission, permit**

הַכָּאָה נ׳ **hitting, striking, beating**

הִכְאִיב פ׳ **hurt, cause pain**

הַכְבָּדָה נ׳ **burdening, burden, inconvenience**

הִכְבִּיד פ׳ **make heavier, burden, inconvenience**

הִכָּה פ׳ **hit, strike, beat**

הִכְהָה פ׳ **make darker, dull**

הִכְווִין פ׳ **set, regulate (controls); direct; tune**

הֶכְווֵן ז׳ **guidance, tuning**

הַכְוָונָה נ׳ **guidance, direction, tuning**

הִכְזִיב פ׳ **disappoint**

הִכְחִיד פ׳ **wipe out, exterminate**

הִכְחִיל פ׳ **be blue; turn blue**

הִכְחִישׁ פ׳ **deny**

הַכְחָשָׁה נ׳ **denial**

הֲכִי מ״ח תה״פ **really? the most**

הֲכִי טוֹב **the best**

הֵכִיל פ׳ **contain, include, hold**

הֵכִין פ׳ **prepare**

הִכִּיר פ׳ **know, recognize; get to know; introduce**

הִכִּישׁ פ׳ **bite, sting, strike**

הַכְלָאָה נ׳ **cross-breeding hybridization, crossing (plants)**

הִכְלִיב פ׳ **tack**

הִכְלִיל פ׳ **generalize; include**

הִכְלִים פ׳ **humiliate, insult**

הַכְלָלָה נ׳ **generalization; inclusion**

הַכְלָמָה נ׳ **humiliating, humiliation**

הִכְמִישׁ פ׳ **wither, wrinkle**

הָכֵן תה״פ **at the ready, ready, on the alert**

הֲכָנָה נ׳ **preparation; preparedness**

הִכְנִיס פ׳ **put in, insert; bring in**

הִכְנִיעַ פ׳ **subdue**

הַכְנָסָה נ׳ **income, revenue; putting in, insertion; bringing in**

הִכְסִיף פ׳ **turn silver; whiten**

הִכְעִיס פ׳ **anger, enrage**

הִכְפִּיל פ׳ **double; multiply**

הַכְפָּלָה נ׳ **doubling, duplication; multiplying, multiplication**

הַכָּרָה נ׳ recognizing, recognition; consciousness, awareness; acquaintance
הַכְרָזָה נ׳ proclamation, announcement,declaration; bid
הֶכְרֵחַ ז׳ necessity, compulsion
הֶכְרֵחִי ת׳ necessary, essential, indispensable
הִכְרִיז פ׳ proclaim, announce, declare; bid
הִכְרִיחַ פ׳ force, compel
הִכְרִיעַ פ׳ decide; subdue
הִכְרִית פ׳ destroy, cut down
הַכְרָעָה נ׳ deciding, decision; subduing
הַכָּרַת טוֹבָה נ׳ gratitude
הַכָּרָתִי ת׳ conscious
הַכָּשָׁה נ׳ bite, sting
הַכָּשַׁת נָחָשׁ נ׳ snake bite
הִכְשִׁיל פ׳ cause to fail; mislead; thwart
הִכְשִׁיר פ׳ train; make ritually clean (Kasher)
הֶכְשֵׁר ז׳ authorization, validation; permit (issued by a rabbi); certificate of Kashrut
הַכְשָׁרָה נ׳ training; preparation; making Kasher
הַכְתָּבָה נ׳ dictating, dictation
הִכְתִּיב פ׳ dictate
הִכְתִּים פ׳ stain, blot, soil
הִכְתִּיף פ׳ shoulder
הִכְתִּיר פ׳ crown; award a degree or title
הַכְתָּרָה נ׳ crowning, coronation; awarding a degree or title

הֲלֹא תה״פ surely!
הָלְאָה תה״פ farther, away
הֶלְאָה פ׳ weary, exhaust, tire
הִלְאִים פ׳ nationalize
הַלְאָמָה נ׳ nationalization
הִלְבִּין פ׳ turn white, make white, bleach
הִלְבִּין פְּנֵי חֲבֵרוֹ shamed his friend
הִלְבִּישׁ פ׳ dress, clothe
הַלָּה מ״ג that one, the latter
הִלְהִיב פ׳ inflame, excite, enthuse
הַלְוָואָה נ׳ lending, loan (of money)
הַלְוַואי מ״ק if only...!, would that...! oh that...!
הִלְוָוה פ׳ lend, loan
הַלְוָויָה נ׳ funeral, funeral procession, cortège
הָלוֹךְ וָשׁוֹב there and back, back and forth, 'return' (fare)
הֲלוֹם תה״פ hither, (to) here
הַלָּז, הַלָּזֶה מ״ג that one, the latter
הַלֵּזוּ מ״ג that one (fem.), the latter
הִלְחִים פ׳ solder, weld
הִלְחִין פ׳ set to music, compose
הַלְחָמָה נ׳ soldering, welding
הֵלִיז פ׳ slander, speak ill of, vilify
הֵלִיט פ׳ enwrap, enclose
הֲלִיךְ ז׳ custom, practice; proceeding, process
הֲלִיכָה נ׳ walking, going (on foot); conduct
הֲלִיכִים מִשְׁפָּטִיִּים ז״ר legal proceedings
הֲלִימוּת נ׳ suitability, appropriateness

הֵלִין פ' put up for the night; delay, put off (till morning)
הָלַךְ פ' walk, go (on foot); happen, go on; go away, depart; go well (colloq.)
הֵלֶךְ ז' traveller, wayfarer
הֲלַךְ־נֶפֶשׁ, הֲלוּךְ־נֶפֶשׁ ז' mood; fancy
הֲלַךְ־רוּחַ mood, state of mind
הֲלָכָה נ' law. tradition, religious practice; theory
הֲלָכָה לְמַעֲשֶׂה נ' actually, by rule of thumb
הֲלָכָה פְּסוּקָה נ' authoritative law
הַלְכָן ז' walker, hiker
הַלֵּל ז' praise, thanksgiving
הַלָּלוּ מ"ג these
הַלְלוּיָהּ נ' halleluyah (lit. praise the Lord)
הָלַם פ' fit, become; strike, beat, stun; suit, be approporiate
הֶלֶם ז' shock
הַלָּז, לְהַלָּן תה"פ below (in a text), further on, hereafter
הֲלָנָה נ' keeping overnight, leaving till morning; providing night's lodging
הַלְעָזָה נ' slandering, defaming, libelling; slander, defamation, libel
הַלְעָטָה נ' feeding, stuffing, cramming
הִלְעִיג פ' mock
הִלְעִיט פ' feed, stuff, cram
הֲלָצָה נ' joke, jest
הַלְקָאָה נ' whipping, flaggelation

הִלְקָה פ' whip, flog
הֶלְקֵט ז' capsule (botanic)
הִלְשִׁין פ' inform, denounce, blab
הֵם מ"ג they (masc.)
הִמְאִיס פ' make loathsome;disgust
הִמְדִּיר פ' bevel (wood); make a slope
הֵמָּה מ"ג they (masc.)
הָמָה פ' be noisy; hum; growl; coo; rumble; roar; yearn for
הִמְהֵם פ' hum, buzz; murmur
הֲמוּלָּה נ' noise, tumult, din, uproar
הָמוּם ת' stunned, shocked, dazed
הָמוֹן ז' crowd, mob; noise; plenty
הֲמוֹנִי ת' common; vulgar; mass
הֲמוֹנִית נ' slang, colloquial speech
הַמְחָאָה נ' check, cheque
הַמְחָאַת דּוֹאַר נ' postal order
הַמְחָזָה נ' dramatization
הִמְחִישׁ פ' illustrate, concretize, actualize
הַמְחָשָׁה נ' illustration, actualization, concretization
הִמְטִיר פ' rain, shower
הֶמְיָה נ' roar, sound, noise, moan, bleating, cooing; yearning for
הֶמְיַת לֵב נ' yearning
הֵמִיט פ' bring down on
הֵמִיר פ' exchange, change, convert
הֵמִית פ' execute, kill, slay
הַמְלָחָה נ' salting, salination
הַמְלָטָה נ' giving birth (animals)

הִמְלִיחַ פ׳ salt; pickle
הִמְלִיטָה פ׳ give birth (animals)
הִמְלִיךְ פ׳ make king, crown king
הִמְלִיץ פ׳ recommend, speak
הַמְלָצָה נ׳ for recommendation, reference (for employment)
הָמַם פ׳ shock, stun, stupefy
הֵמֵס פ׳ הִמְסָה פ׳ melt, dissolve, thaw
הֲמָסָה נ׳ melting, dessolving, dissolution
הַמְעָטָה נ׳ reduction, decrease, diminution
הִמְעִיד פ׳ cause to stumble
הִמְעִיט פ׳ reduce, decrease; do little of
הַמְצָאָה נ׳ invention, device; providing, provision
הִמְצִיא פ׳ supply; invent, devise
הֵמַר פ׳ embitter
הַמְרָאָה נ׳ taking off (plane), take-off
הִמְרָה פ׳ rebel, defy
הֲמָרָה נ׳ exchanging, converting; substitution; permutation
הִמְרִיא פ׳ take off (plane)
הִמְרִיד פ׳ incite to revolt or mutiny
הִמְרִיץ פ׳ urge on, stimulate
הִמְשִׁיךְ פ׳ continue, go on
הִמְשִׁיל פ׳ compare
הֶמְשֵׁךְ ז׳ continuation, sequel
הֶמְשֵׁךְ יָבוֹא to be continued
הֶמְשֵׁכִיּוּת נ׳ continuity
הֲמָתָה נ׳ killing, execution
הִמְתִּין פ׳ wait
הִמְתִּיק פ׳ sweeten; mitigate, reduce (sentence, punishment); desalinate
הַמְתָּנָה נ׳ waiting
הַמְתָּקָה נ׳ sweetening; mitigation, reduction (of sentence, punishment); desalination
הֲמָתַת חֶסֶד נ׳ euthanasia
הֵן מ״ג they (fem.)
הֵן מ״ק yes
הֵן־צֶדֶק ז׳ word of honor
הֲנָאָה נ׳ enjoyment, pleasure
הַנְבָּטָה נ׳ germination, sprouting
הִנְבִּיט פ׳ cause to germinate, sprout
הַנְגָּנָה נ׳ intonation
הַנְדָּסָה נ׳ engineering; geometry
הַנְדָּסִי ת׳ engineering; geometric(al)
הֵנָּה תה״פ hither, (to) here
הַנְהָגָה נ׳ leadership, management, direction
הִנְהוּן ז״ר nod, saying ‘yes’
הִנְהִיג פ׳ establish, lay down
הַנְהָלָה נ׳ management, executive
הַנְהָלַת חֶשְׁבּוֹנוֹת נ׳ bookkeeping
הִנְהֵן פ׳ nod, say ‘yes’
הַנַּח! פ׳ leave it!, leave off!
הֲנָחָה נ׳ reduction, discount, rebate
הַנָּחָה נ׳ putting, laying; assumption, premise
הַנָּחַת קֶדֶם נ׳ presupposition
הִנְחָה פ׳ guide, direct; be master of ceremonies

הַנְחָיָה נ' instruction, directive; direction; being master of ceremonies
הִנְחִיל פ' bequeath; impart
הִנְחִית פ' bring down, land; deal (a blow)
הַנְחָלָה נ' endowing (with); imparting; conferring
הַנְחָלַת הַלָּשׁוֹן נ' instruction in Hebrew (to adults)
הַנְחָתָה נ' bringing down, landing; dealing (a blow)
הֵנִיא פ' dissuade, prevent
הֵנִיב פ' yield (crops), produce
הֵנִיד פ' move, nod, blink
הַנִּידוֹן: subject:
הֵנִיחַ פ' put at ease, calm
הִנִּיחַ פ' put down; suppose; allow; leave
הֵנִיס פ' put to flight, rout, drive off
הֵנִיעַ פ' set in motion; impel (to act), motivate, urge
הֲנִיעָה, הֲנָעָה נ' motivation
הֵנִיף פ' wave, swing, brandish
הֵנִיקָה, הֵינִיקָה פ' suckle, breast-feed
הַנַּ"ל, הַנִּזְכָּר לְעֵיל the above-mentioned
הִנְמִיךְ פ' lower, depress
הַנְמָקָה נ' justification, argument(ation)
הִנְנוּ מ"ג (here) we are
הִנְנִי מ"ג (here) I am
הֲנָעָה נ' setting in motion, impelling, motivating, urging

הִנְעִיל פ' put shoes on
הִנְעִים פ' make pleasant, entertain
הֲנָפָה נ' waving, swinging, brandishing
הִנְפִּישׁ פ' animate (cartoons)
הַנְפָּקָה נ' issue (shares)
הַנְפָּשָׁה נ' animation (of cartoons)
הֵנֵץ פ' shine; sprout
הַנְצָחָה נ' perpetuation (of memory)
הִנְצִיחַ פ' perpetuate (memory)
הֲנָקָה נ' suckling, breast-feeding
הַס מ"ק selence!, quiet!
הֵסֵב פ' lead round; turn; endorse (check); recline; cause
הֲסַבָּה נ' endorsement (check); reclining; causing
הֲסַבָּה מִקְצוֹעִית נ' professional retraining
הִסְבִּיר פ' explain
הִסְבִּיר פָּנִים פ' was affable
הֶסְבֵּר ז' explanation
הַסְבָּרָה נ': explaining; explanation (act of); information, publicity
הֲסָגָה נ' moving back, shifting, trespassing
הִסְגִּיר פ' hand over, deliver; extradite
הֶסְגֵּר ז' detention, confinement; quarantine; blockade, parenthesis
הַסְגָּרָה נ' extradition, handing over; confining
הִסְדִּיר פ' arrange, settle, order

הֶסְדֵּר ז' arrangement, settlement, order
הַסְוָאָה נ' camouflage, disguise
הִסְוָה פ' camouflage, disguise
הַסָּחָה נ' diversion, distraction
הִסִּיחַ פ' divert, distract
הֵסִיחַ פ' talk, speak
הֵסִיט פ' shift, displace
הִסִּיעַ פ' transport, give a ride
הִסִּיק פ' light, heat; conclude, deduce
הֵסִיר פ' remove, take off
הֵסִית, הִסִּית פ' incite, instigate
הִסְכִּים פ' agree, consent
הִסְכִּית פ' listen
הֶסְכֵּם ז' agreement, accord
הֶסְכֵּם שֶׁבְּעַל־פֶּה ז' gentleman's agreement
הַסְכָּמָה נ' agreeing; agreement; approval
הַסְלָמָה נ' escalation
הִסְמִיךְ פ' attach, link; authorize; award academic degree
הִסְמִיק פ' blush, turn red
הַסְסָן ז' waverer, vacillator
הַסְסָנוּת נ' wavering, vacillation, indecision
הַסָּעָה נ' transport, carrying; lift
הִסְעִיר פ' agitate, arouse strong feeling
הַסְפָּגָה נ' soaking, impregnation
הֶסְפֵּד ז' eulogy, obituary
הִסְפִּיג פ' soak
הִסְפִּיד פ' eulogize
הִסְפִּיק פ' be sufficient, suffice
הֶסְפֵּק ז' capacity, output; supply

הַסְפָּקָה נ' supplying, providing; supply, provision
הַסָּקָה נ' heating; drawing a conclusion
הַסְרָטָה נ' filming, shooting (a film)
הִסְרִיחַ פ' stink
הִסְרִיט פ' film, shoot (a film)
הִסְתָּאֵב פ' become corrupt
הִסְתַּבֵּךְ פ' become entangled; get involved
הִסְתַּבֵּר פ' become evident, become clear; be probable
הִסְתַּבְּרוּת נ' probability, likelihood
הִסְתַּגֵּל פ' adapt (oneself), adjust
הִסְתַּגֵּף פ' mortify (the flesh)
הִסְתַּגֵּר פ' shut oneself up; withdraw into oneself
הִסְתַּדֵּר פ' line up, be organized, settle in
הִסְתַּדְּרוּת נ' organization, federation, association
הֲסָתָה נ' incitement, agitation, subversion
הִסְתּוֹבֵב פ' revolve, rotate; wander about, loiter (colloq.)
הִסְתּוֹדֵד פ' confer in secret
הִסְתּוֹפֵף פ' frequent, visit frequently
הִסְתַּחֵף פ' erode
הִסְתַּחְרֵר פ' go round and round; get giddy, dizzy
הִסְתַּיֵּג פ' have reservations; dissociate oneself from

הִסְתַּיְּדוּת נ' calcification

הִסְתַּיְּדוּת הָעוֹרְקִים נ' sclerosis

הִסְתַּיֵּם פ' end, finish

הִסְתַּיֵּעַ פ' be aided, be helped

הִסְתִּיר פ' hide, conceal

הִסְתַּכֵּל פ' look at, observe

הִסְתַּכְּלוּת נ' looking, observation

הִסְתַּכֵּם פ' add up to, amount to

הִסְתַּכֵּן פ' endanger oneself, take a chance

הִסְתַּכְסֵךְ פ' dispute, wrangle, quarrel

הִסְתַּלְסֵל פ' curl, become curly; undulate, trill

הִסְתַּלֵּק פ' go away, depart; die

הִסְתַּמֵּא פ' become blind

הִסְתַּמֵּךְ פ' rely on

הִסְתַּמֵּן פ' be indicated, be marked; begin to take shape, begin to appear

הִסְתַּנְווֵר פ' be dazzled, be blinded

הִסְתַּנֵּן פ' be filtered; infiltrate, filter through

הִסְתָּעֵף פ' fork (roads), branch out, ramify

הִסְתָּעֵר פ' storm, assault, charge

הִסְתַּפֵּחַ פ' join, be annexed to

הִסְתַּפֵּק פ' be content with, be satisfied with

הִסְתַּפֵּר פ' have one's hair cut

הֶסְתֵּר ז' concealment, hiding

הִסְתַּרְבֵּל פ' become awkward, unwieldy

הִסְתָּרֵג פ' become entwined, be intertwined

הַסְתָּרָה נ' concealment, hiding

הִסְתָּרֵחַ פ' sprawl

הִסְתָּרֵק פ' comb one's hair

הִסְתַּתֵּם פ' be sealed up, be stopped up

הִסְתַּתֵּר פ' hide (oneself), conceal oneself

הֶעֱבִיד פ' employ, put to work

הֶעֱבִיר פ' bring across, transfer; transmit; pass (someone in test)

הַעֲבָרָה נ' transfer

הֶעֱגִין פ' anchor

הֶעֱדִיף פ' prefer, give priority to, favor

הַעֲדָפָה נ' preferring, giving preference, favoring

הֶעְדֵּר ז' absence, lack, want

הַעֲוָיָה נ' grimace, facial contortion

הֵעֵז פ' dare, be bold, venture

הֶעָזָה נ' daring, boldness, audacity

הֶעֱטָה פ' wrap, cover

הֶעֱטִיר פ' crown

הֵעִיב פ' cloud over, darken

הֵעִיד פ' testify, give evidence; call as witness

הֵעִיז פ' dare, be bold

הֵעִיף פ' fly, set flying

הֵעִיק פ' weigh heavily, oppress, be distressing

הֵעִיר פ' wake, rouse; remark, comment

הַעֲלָאָה נ' increase; raising, lifting; bringing to Israel as immigrant; promotion

הַעֲלָבָה נ' insulting, offending

הֶעֱלָה פ׳ raise, lift; promote; bring to Israel as immigrant

הֶעֱלִיב פ׳ insult, offend

הֶעֱלִיל פ׳ accuse falsely, libel

הֶעְלִים פ׳ hide, conceal, suppress

הַעְלָמָה נ׳ concealing, hiding, supression

הֵעֵם פ׳ dim, dull, darken

הַעֲמָדָה נ׳ setting up, placing

הֶעֱמִיד פ׳ set up; stop; appoint

הֶעֱמִיד פָּנִים פ׳ pretend

הֶעְמִיס פ׳ load; impose

הֶעֱמִיק פ׳ deepen; go deeply into, be profound

הֶעֱנִיק פ׳ grant, award

הֶעֱנִישׁ פ׳ punish, penalize

הַעֲנָקָה נ׳ granting, awarding, bestowing

הֶעֱסִיק פ׳ employ; occupy (mind)

הָעָפָה נ׳ flying

הֶעְפִּיל פ׳ climb, struggle upwards; immigrate illegally to mandatory Palestine

הֲעָקָה נ׳ weighing heavily, oppression

הֶעֱרָה פ׳ lay bare, uncover

הֶעָרָה נ׳ remark, comment, observation

הֶעֱרִיךְ פ׳ estimate, value; appreciate; esteem

הֶעֱרִים פ׳ act with cunning, trick

הֶעֱרִיץ פ׳ admire, venerate

הַעֲרָכָה נ׳ valuing; evaluation; appreciation

הַעֲרָכָה עַצְמִית נ׳ self-evaluation

הַעֲרָצָה נ׳ admiration, veneration

הֶעֱשִׁיר פ׳ make wealthy; become rich

הֶעְתִּיק פ׳ transfer; copy

הֶעְתִּיר פ׳ entreat, supplicate

הֶעְתֵּק ז׳ copy

הַפְגָּזָה נ׳ shelling, bombardment

הִפְגִּיז פ׳ shell, bombard

הִפְגִּין פ׳ demonstrate

הִפְגִּיעַ פ׳ affict with; beseech

הִפְגִּישׁ פ׳ bring together

הַפְגָּנָה נ׳ demonstration

הֲפוּגָה נ׳ respite; cease-fire

הִפְחִיד פ׳ frighten, scare

הִפְחִית פ׳ reduce, diminish

הַפְחָתָה נ׳ lessening, reduction

הִפְטִיר פ׳ dismiss; release; read the Haftara (weekly reading from Prophets)

הֵפִיג פ׳ relax; relieve

הֵפִיחַ פ׳ blow; exhale (breath), breathe out

הִפִּיחַ פ׳ blow on, blow away

הָפִיךְ ת׳ reversible; convertible

הֲפִיכָה נ׳ inversion; overthrow; revolution, coup

הֲפִיכוּת נ׳ reversibility

הִפִּיל פ׳ bring down, cast down, overthrow

הִפִּילָה פ׳ have a miscarriage

הֵפִיס פ׳ appease, pacify

הֵפִיץ פ׳ spread, scatter, disseminate; distribute

הֵפִיק פ׳ obtain; produce

draw out, bring forth הֵפִיק פ׳

nullify, annul, break (contract, agreement) הֵפִיר, הֵפֵר פ׳

invert, reverse; overthrow, overturn; become, turn into הָפַךְ פ׳

opposite, contrary, reverse הֶפֶךְ ז׳

overthrow, revolution, coup הֲפֵכָה, הֲפִיכָה נ׳

fickle, changeable, capricious הֲפַכְפַּךְ ת׳

how wonderful!, how marvelous! הַפְלֵא!, הַפְלֵא וָפֶלֶא!

departure, sailing; exaggeration הַפְלָגָה נ׳

discriminate הִפְלָה פ׳

knocking down or over, dropping; overthrowing; miscarriage הַפָּלָה נ׳

ejection, discharge, letting slip הַפְלָטָה נ׳

amaze, astonish הִפְלִיא פ׳

depart, embark; exaggerate, overdo הִפְלִיג פ׳

discrimination הַפְלָיָה נ׳

eject, discharge; let slip הִפְלִיט פ׳

turn; refer; divert הִפְנָה פ׳

hypnotize, mesmerize הִפְנֵט פ׳

turning; referring הַפְנָיָה נ׳

internalize, turn inwards הִפְנִים פ׳

internalization, internalizing; introversion הַפְנָמָה נ׳

loss, damage הֶפְסֵד ז׳

lose הִפְסִיד פ׳

stop; interrupt הִפְסִיק פ׳

interruption, stopping, cessation הֶפְסֵק ז׳

break, intermission, interval; stopping הַפְסָקָה נ׳

cease-fire הַפְסָקַת אֵשׁ נ׳

electricity cut הַפְסָקַת חַשְׁמַל נ׳

set in motion, put to work, activate הִפְעִיל פ׳

excite, rouse הִפְעִים פ׳

putting to work, setting in motion, activating הַפְעָלָה נ׳

distribution, circulation, dissemination הֲפָצָה נ׳

entreat, beg, press הִפְצִיר פ׳

entreaty, insistent, request הֶפְצֵר ז׳, הַפְצָרָה נ׳

depositing, bailing; appointing; appointment הַפְקָדָה נ׳

production; extraction, deriving הֲפָקָה נ׳

deposit, entrust; appoint הִפְקִיד פ׳

requisition, confiscate, commandeer הִפְקִיעַ פ׳

abandon, renounce (ownership) הִפְקִיר פ׳

requisitioning, confiscation, commandeering הַפְקָעָה נ׳

ownerless property; lawlessness, anarchy הֶפְקֵר ז׳

abandonment, renunciation (of ownership) הַפְקָרָה נ׳

lawlessness, licence, anarchy הֶפְקֵרוּת נ׳

violate, infringe הֵפֵר פ׳

was a strike breaker הֵפֵר שְׁבִיתָה

separation, division הֶפְרֵד ז׳, הַפְרָדָה נ׳

הֵפֵרָה פ' fertilize (sexual), impregnate, make fruitful
הֲפָרָה נ' violation, infringement, nullification, annullment
הַפְרָזָה נ' exaggeration, overstatement, hyperbole
הַפְרָטָה נ' detailing, specifying, itemizing
הִפְרִיד פ' separate, part; decompose
הַפְרָיָה נ' fertilization, impregnation, insemination
הַפְרָיָה מְלָאכוּתִית נ' artificial insemination
הִפְרִיז פ' exaggerate, overstate, overdo
הִפְרִיחַ פ' flower, blossom; set flying, spread abroad
הִפְרִיחַ שְׁמוּעָה פ' spread a rumor
הִפְרִיךְ פ' refute
הִפְרִיס פ' be cloven-hoofed, have hooves
הִפְרִיעַ פ' disturb, interfere
הִפְרִישׁ פ' set aside; secrete
הַפְרָכָה נ' refutation, denial
הַפְרָעָה נ' disturbance, interference
הֶפְרֵשׁ ז' difference, remainder
הַפְרָשָׁה נ' setting aside; excretion,
הַפְשָׁטָה נ' abstraction; flaying, stripping off
הִפְשִׁיט פ' undress (another person); skin, abstract away from
הִפְשִׁיל פ' roll up (sleeves, trousers)
הִפְשִׁיר פ' thaw, melt (ice), defrost, become tepid
הַפְשָׁרָה נ' thaw, melting, defrosting
הִפְתִּיעַ פ' surprise
הַפְתָּעָה נ' surprise
הַצָּבָה נ' setting up, placing (in position), posting
הִצְבִּיעַ פ' vote; raise hand
הַצְבָּעָה נ' voting; indicating, pointing
הַצָּגָה נ' play (theatrical), show; introducing, presenting
הִצְדִּיד פ' avert, turn aside
הִצְדִּיעַ פ' salute (military)
הִצְדִּיק פ' justify, vindicate
הַצְדָּעָה נ' saluting; salute (military)
הַצְדָּקָה נ' justification, vindication
הִצְהִיב פ' yellow, turn yellow
הִצְהִיל פ' make happy, make jubilant
הִצְהִיר פ' declare, proclaim
הַצְהָרָה נ' declaring, proclaiming; declaration, proclamation
הִצְחִין פ' cause to smell, make stink
הִצְחִיק פ' make laugh, amuse
הִצְטַבֵּעַ פ' paint oneself, make up
הִצְטַבֵּר פ' accumulate, pile up
הִצְטַבְּרוּת נ' accumulation, accretion
הִצְטַדֵּד פ' move aside
הִצְטַדֵּק פ' justify oneself, apologize
הִצְטַדְּקוּת נ' apology, excuse

הִצְטוֹפֵף פ׳ crowd together

הִצְטַחֵק פ׳ chuckle, titter

הִצְטַיֵּד פ׳ equip oneself; provide oneself with food (for journey)

הִצְטַיֵּן פ׳ excel, be excellent, be distinguished

הִצְטַיֵּר פ׳ be drawn, be portrayed, be depicted, be painted

הִצְטַלֵּב פ׳ intersect, cross; cross oneself

הִצְטַלֵּם פ׳ be photographed

הִצְטַמְצֵם פ׳ limit oneself, be reduced

הִצְטַמֵּק פ׳ be dried up, shrink, shrivel, contract

הִצְטַנֵּן פ׳ catch (a) cold; cool

הִצְטַנְּנוּת נ׳ catching (a) cold; cold

הִצְטַנֵּעַ פ׳ pretend to be modest, be modest

הִצְטַנֵּף פ׳ be wound, be wrapped

הִצְטַעְצֵעַ פ׳ preen oneself; toy (with)

הִצְטַעֵר פ׳ be sorry, regret

הִצְטָרֵד פ׳ become hoarse

הִצְטָרֵךְ פ׳ have to; have need of, require

הִצְטָרֵף פ׳ join; be refined

הִצְטָרְפוּת נ׳ joining, siding with

הִצְטָרֵר פ׳ become narrow(er)

הִצִּיב פ׳ put in position, place

הִצִּיג פ׳ present; show, exhibit; introduce (person)

הַצִּידָה step aside!, out of the way!

הִצִּיל פ׳ save, rescue

הִצִּיעַ פ׳ suggest, propose, offer

הֵצִיף פ׳ flood, overflow, inundate

הֵצִיץ פ׳ peep, look

הֵצִיק פ׳ press, oppress; bother, pester

הִצִּית פ׳ light, set on fire, ignite

הֵצֵל פ׳ shade, give shade

הַצְלָבָה נ׳ crossbreeding, hybridization; crucifying; crucifixion

הַצָּלָה נ׳ rescuing; rescue, deliverance

הַצְלָחָה נ׳ success

הִצְלִיב פ׳ cross (plants), cross-breed, hybridize;

הִצְלִיחַ פ׳ succeed, prosper crucify

הִצְלִיף פ׳ lash, whip, flog

הַצְמָדָה נ׳ attachment, tying, linking, linkage

הִצְמִיחַ נ׳ cause to grow, produce

הִצְמִית פ׳ destroy, annihilate

הֵצֵן פ׳ cool, chill

הִצְנִיחַ פ׳ drop by parachute

הִצְנִיעַ פ׳ conceal, hide away; behave modestly

הַצָּעָה נ׳ suggestion, proposal; making (a bed)

הִצְעִיד פ׳ lead, cause to march

הִצְעִיר פ׳ rejuvenate

הֲצָפָה נ׳ flooding, overflowing, inundation

הִצְפִּין פ׳ hide; face north; encode

הִצְפִּיף פ׳ pack together

הֲצָצָה נ׳ glancing, peeping; glance, peep

הֲצָקָה נ׳ pestering, bothering, bullying
הֵצֵר פ׳ narrow, make narrow(er); vex, distress
הֵצֵר אֶת צְעָדָיו obstruct one's progress
הַצְרָחָה נ׳ castling (in chess)
הִצְרִיד פ׳ become hoarse
הִצְרִיחַ פ׳ castle (in chess)
הִצְרִיךְ פ׳ necessitate, require, oblige, compel
הַצָּתָה נ׳ setting on fire, igniting; ignition
הֲקָאָה נ׳ vomiting
הִקְבִּיל פ׳ welcome; make parallel; be equivalent to
הַקְבָּלָה נ׳ comparing, contrasting; comparison; parallelism
הַקְבָּעָה נ׳ fixation
הַקָּדוֹשׁ־בָּרוּךְ־הוּא ז׳ The Holy one blessed be He, God
הִקְדִּיחַ פ׳ burn (food) make feverish; have a fever
הִקְדִּים פ׳ anticipate, precede; do earlier; say or write as introduction
הִקְדִּישׁ פ׳ dedicate, devote
הֶקְדֵּם ז׳ earliness
הַקְדָּמָה נ׳ being early or first; anticipation; introduction, preface
הֶקְדֵּשׁ ז׳ dedicated objects; poor-house; hostel for the poor
הַקְדָּשָׁה נ׳ dedication, consecration, devotion

הִקְהָה פ׳ blunt, dull
הִקְהִיל פ׳ summon (a meeting), assemble, convoke
הִקְטִין פ׳ make smaller, reduce, diminish
הִקְטִיר פ׳ burn incense
הַקְטָנָה נ׳ reduction, diminution
הֵקִיא פ׳ vomit
הִקִּיז פ׳ bleed, let blood
הֵקִים פ׳ set up, raise
הִקִּיף פ׳ surround, encircle; comprise,include; sell on credit
הֵקִיץ פ׳ awake, be awake
הִקִּישׁ פ׳ beat, strike; draw an analogy with, compare, contrast
הֵקַל פ׳ lighten, make lighter
הֲקַלָּה נ׳ lightening, easing; alleviation; facilitation
הַקְלָטָה נ׳ recording
הִקְלִיט פ׳ record
הֲקָמָה נ׳ setting up, establishment
הִקְמִיחַ פ׳ add flour, flour
הִקְנָה פ׳ sell, transfer (property); provide with, impart
הַקְנָיָה נ׳ selling, transferring (property); imparting
הִקְנִיט פ׳ tease, irritate, annoy
הִקְסִים פ׳ fascinate, charm
הַקְפָּאָה נ׳ freezing, freeze
הַקְפָּדָה נ׳ meticulousness, preciseness, strictness
הֲקָפָה, הַקָּפָה נ׳ surrounding, encompassing; credit; circuit (esp. with Tora scrolls on Simhat Tora holiday)

הִקְפִּיא פ׳ **freeze**
הִקְפִּיד פ׳ **be meticulous, be strict**
הִקְפִּיץ פ׳ **cause to jump**
הַקְצָאָה נ׳ **allocation, setting aside**
הַקְצָבָה נ׳ **allocation, allotment, appropriation**
הִקְצָה פ׳ **set aside, allocate**
הִקְצִיב פ׳ **allocate, allot**
הִקְצִיעַ פ׳ **plane (wood), smooth**
הִקְצִיף פ׳ **whip, whisk (an egg), cause to foam; infuriate, enrage**
הַקְרָאָה נ׳ **reading, aloud, recital, recitation**
הַקְרָבָה נ׳ **sacrifice; drawing near**
הִקְרִיא פ׳ **read out, recite**
הִקְרִיב פ׳ **sacrifice; bring nearer**
הִקְרִיחַ פ׳ **go bald**
הִקְרִין פ׳ **radiate, shine; project, show (film)**
הִקְרִישׁ פ׳ **congeal, coagulate**
הַקְרָנָה נ׳ **radiation; projection, showing (of film)**
הַקְשָׁבָה נ׳ **listening; paying attention**
הִקְשָׁה פ׳ **harden, stiffen; ask a difficult question**
הִקְשִׁיב פ׳ **listen, pay attention**
הִקְשִׁיחַ פ׳ **harden (the heart), make callous**
הֶקְשֵׁר ז׳ **context, connection**
הַר ז׳ **mountain, mount**
הַר גַּעַשׁ ז׳ **volcano**
הֶרְאָה פ׳ **show**
הִרְבָּה פ׳ **increase, multiply**

הַרְבֵּה תה"פ **many, much, plenty**
הִרְבִּיךְ פ׳ **thicken with roux**
הִרְבִּיעַ פ׳ **mate (animals)**
הִרְבִּיץ פ׳ **cause to lie down (animals); hit, beat (colloq).**
הִרְבִּיץ תּוֹרָה **(he) taught**
הָרַג פ׳ **kill, slay**
הֶרֶג ז׳, הֲרִיגָה, הֲרֵיגָה נ׳ **killing, slaughter**
הִרְגִּיז פ׳ **make angry, annoy**
הִרְגִּיל פ׳ **accustom, habituate**
הִרְגִּיעַ פ׳ **calm, pacify; reassure**
הִרְגִּישׁ פ׳ **feel, sense**
הֶרְגֵּל ז׳ **habit, custom**
הַרְגָּעָה נ׳ **calming, tranquilizing; reassurance, pacification**
הַרְגָּשָׁה נ׳ **feeling, sensation**
הַרְדּוּף ז׳ **oleander (plant)**
הִרְדִּים פ׳ **put to sleep; anaesthetize**
הַרְדָּמָה נ׳ **putting to sleep; anaesthesia**
הָרָה, הָרְתָה פ׳ **be pregnant, conceive**
הָרָה ת׳, נ׳ **pregnant woman**
הִרְהוּר ז׳ **thought, meditation, reflection**
הִרְהִיב פ׳ **embolden; excite, fascinate**
הִרְהִיב עוֹז בְּנַפְשׁוֹ **(he) dared**
הִרְהֵר פ׳ **think, meditate, reflect**
הָרוּג תו"ז **(a person) slain; dead, tired (colloq).**
הִרְוָה פ׳ **saturate, quench**
הַרְוָחָה נ׳ **relief, comfort**

הִרְוִויחַ פ׳ profit, gain; earn
הִרְזָה פ׳ make slimmer; become thinner, slim
הַרְזָיָה נ׳ slimming
הַרְחָבָה נ׳ widening, broadening, expansion
הֲרָחָה נ׳ smelling, sniffing
הִרְחִיב פ׳ widen, broaden, expand
הִרְחִיק פ׳ remove (to a distance); go far; alienate
הַרְחֵק תה"פ far away, far off
הַרְחָקָה נ׳ removal; keeping away; alienating
הַרְטָבָה נ׳ moistening, wetting
הִרְטִיב פ׳ moisten, dampen, wet
הִרְטִיט פ׳ make tremble; quiver, thrill
הֲרֵי here is..., you see..., is it not that...?, after all...
הֲרִיגָה נ׳ killing, homicide
הֵרִיחַ פ׳ smell, scent
הֵרִים פ׳ lift, raise, pick up; contribute
הֲרֵינִי מ"ג I am (see also הֲרֵי)
הֲרִיסָה נ׳ destruction, ruin, demolition
הֵרִיעַ פ׳ shout, cheer
הֵרִיץ פ׳ make run, run in; send urgently
הֵרִיק פ׳ empty
הֵרַךְ פ׳ soften, mollify
הֶרְכֵּב ז׳ composition; compound, make-up
הַרְכָּבָה נ׳ putting together; compounding; grafting; inoculation

הִרְכִּיב פ׳ put together, assemble; make a compound; graft; inoculate, wear (eye glasses)
הִרְכִּין פ׳ lower, bow (the head)
הֲרָמָה נ׳ raising, lifting
הַרְמוּן ז׳ harmonizaton
הַרְמוֹן ז׳ harem
הַרְמוֹנִי ת׳ harmonious, harmonic
הַרְמוֹנְיָה נ׳ harmony
הִרְמֵן פ׳ harmonize
הִרְנִין פ׳ gladden, cheer
הָרַס פ׳ destroy, ruin
הֶרֶס ז׳ destruction, ruin
הַרְסָנִי ת׳ destructive, ruinous
הֲרָעָה נ׳ make worse; deterioration
הִרְעִיב פ׳ starve, cause hunger
הִרְעִיד פ׳ tremble; cause to tremble, shake
הִרְעִיל פ׳ poison
הִרְעִים פ׳ thunder
הִרְעִיף פ׳ drip, trickle
הִרְעִישׁ פ׳ make noise; bomb, bombard; cause a sensation
הִרְעִישׁ עוֹלָמוֹת caused a sensation
הַרְעָלָה נ׳ poisoning
הַרְעָשָׁה נ׳ bombardment
הֶרֶף! stop it!, leave it alone!
הֶרֶף ז׳ pause (momentary), instant
(כְּ)הֶרֶף עַיִן (in a) twinkling
הִרְפָּה פ׳ desist, leave alone; relax
הַרְפַּתְקָה נ׳ adventure, exploit
הַרְפַּתְקָנִי ת׳ adventurous, foolhardy

הַרְצָאָה נ' lecture, exposition
הִרְצָה פ' lecture, expound
הֲרָצָה נ' making run; running in (car)
הִרְצִין פ' become serious
הַרְקָדָה נ' making dance
הֲרָקָה נ' emptying
הִרְקִיב פ' decay, rot
הִרְקִיד פ' set dancing
הִרְקִיעַ פ' be exalted, reach the sky
הִרְקִיעַ (לַ)שְּׁחָקִים soar aloft; go sky-high (prices)
הֲרָרִי ת' mountainous, hilly
הַרְשָׁאָה נ' giving permission, giving authorization; permission, authorization
הִרְשָׁה פ' allow, permit; authorize
הִרְשִׁים פ' impress
הִרְשִׁיעַ פ' convict, find guilty
הַרְשָׁמָה נ' registering, registration, enrollment
הִרְתִּיחַ פ' boil; make boil, infuriate
הִרְתִּיעַ פ' deter, daunt
הִרְתִּית פ' tremble, quiver
הַרְתָּעָה נ' deterring, deterrence
הִשְׁאִיל פ' lend
הִשְׁאִיר פ' leave, leave behind
הַשְׁאָלָה נ' lending; metaphor
הַשָּׁבוּעַ this week
הַשְׁבָּחָה נ' improving; improvement
הִשְׁבִּיחַ פ' improve
הִשְׁבִּיעַ פ' make swear, swear in
הִשְׂבִּיעַ פ' sate, glut
הִשְׁבִּית פ' lock out (workers), stop (work)
הַשְׁבָּעָה נ' making swear, swearing in, administering an oath
הַשְׁבָּתָה נ' lock-out, stopping (work)
הַשָּׂגָה נ' achievement; perception; criticism
הַשְׁגָּחָה נ' supervision, overseeing, watching; providence
הִשְׁגִּיחַ פ' supervise, watch; oversee
הִשְׁגִּיר פ' habituate, accustom; run in
הַשְׁגָּרָה נ' stereotyping, making routine; running in
הִשְׁהָה פ' delay, hold back, defer
הַשְׁהָיָה נ' delaying; delay
הַשְׁוָאָה נ' comparing, comparison; equalization
הַשְׁוָאָתִי ת' comparative
הִשְׁוָה פ' compare, equate
הִשְׁחִיז פ' sharpen, whet
הִשְׁחִיל פ' thread, pass through a hole
הִשְׁחִים פ' brown
הִשְׁחִיר פ' blacken; become black
הִשְׁחִית פ' corrupt; mar; destroy
הִשְׁטִיף פ' elute
הִשִּׂיא פ' marry off
הִשִּׂיא לוֹעֵצָה (he) gave him advice
הֵשִׁיב פ' answer, reply; return, restore
הִשִּׂיג פ' obtain, attain, achieve; catch up with
הֵשִׂיחַ פ' ר' הֵסִיחַ
הֵשִׁיט פ' set afloat, launch; transport (by boat)

הִשִּׁיל פ׳ drop, shed (skin)
הִשִּׁיק פ׳ touch, graze; be a tangent to; launch (for first time)
הִשִּׁיר פ׳ drop, shed (skin)
הִשִּׁית פ׳ set
הַשְׁכָּבָה נ׳ laying down, putting to bed; knocking down flat (slang)
הִשְׁכִּיב פ׳ lay down, put to bed; knock down flat (slang)
הִשְׁכִּיחַ פ׳ banish from mind
הִשְׂכִּיל פ׳ learn; succeed (through cleverness)
הִשְׁכִּים פ׳ rise early
הִשְׂכִּיר פ׳ lease, let (property)
הַשְׂכָּלָה נ׳ education, learning; enlightenment, culture, Haskala
הַשְׁכֵּם תה״פ early in the morning
הַשְׁכֵּם וְהַעֲרֵב תה״פ morning and evening, continuously
הַשְׁכָּמָה נ׳ early rising; reveille
הִשְׁלָה פ׳ delude, deceive
הַשְׁלָיָה נ׳ deluding, deception
הִשְׁלִיט פ׳ put in control, establish, impose
הִשְׁלִיךְ פ׳ throw away; hurl
הִשְׁלִים פ׳ complete; accomplish
הִשְׁלִישׁ פ׳ hand to a third party; divide into three
הַשְׁלָכָה נ׳ throwing away; hurling; effect, implication, repercusssion
הַשְׁלָמָה נ׳ completion, making peace, reconciliation; resignation

הַשֵּׁם (ה׳) ז׳ God
הֵשַׁם פ lay waste, devastate
הַשְׁמָדָה נ׳ destruction, annihilation, extermination
הַשְׁמָטָה נ׳ omitting; omission, deletion
הִשְׁמִיד פ׳ destroy, annihilate, exterminate
הִשְׁמִיט פ׳ omit, delete, leave out
הִשְׂמִיל, הִשְׂמְאִיל פ׳ turn left
הִשְׁמִין פ׳ make fat(ter); become fat(ter)
הִשְׁמִיעַ פ׳ make heard; announce; play (music etc.)
הִשְׁמִיץ פ׳ defame, libel, slander
הַשְׁמָצָה נ׳ defamation, libel, slander
הַשָּׁנָה תה״פ this year
הִשְׁעָה פ׳ suspend (an employee etc,)
הַשְׁעָיָה נ׳ suspending, suspension
הִשְׁעִין פ׳ lean against (tr.)
הַשְׁעָרָה נ׳ assumption, guess, surmise, conjecture
הִשְׁפִּיל פ׳ humiliate, lower
הִשְׁפִּיעַ פ׳ influence, affect; give generously
הַשְׁפָּלָה נ׳ humiliation, abasement
הַשְׁפָּעָה נ׳ influence, effect
הַשְׁקָאָה נ׳ irrigation, watering, giving drink to
הַשָּׁקָה נ׳ touching, launching (ship)
הִשְׁקָה פ׳ water, irrigate, give drink to

הִשְׁקִיט פ׳ calm, quieten
הִשְׁקִיעַ פ׳ invest
הִשְׁקִיף פ׳ observe, watch, overlook
הַשְׁקָעָה נ׳ investing; investment
הַשְׁקָפָה נ׳ outlook, view, conception
הַשְׁקָפַת עוֹלָם נ׳ outlook on life
הַשְׁרָאָה נ׳ inspiration
הִשְׁרָה פ׳ inspire; immerse
הִשְׁרִישׁ פ׳ strike root
הִשְׁתָּאָה פ׳ be astonished, be surprised
הִשְׁתַּבֵּחַ פ׳ praise oneself, boast
הִשְׁתַּבֵּשׁ פ׳ be spoilt, deteriorate; be thrown into disarray, go wrong; have mistakes in it
הִשְׁתַּגֵּעַ פ׳ go crazy; go wild
הִשְׁתַּדֵּךְ פ׳ arrange to get married
הִשְׁתַּדֵּל פ׳ try hard, endeavor
הִשְׁתַּדְּלוּת נ׳ trying hard, endeavoring, lobbying
הִשְׁתָּהָה פ׳ be delayed
הִשְׁתּוֹבֵב פ׳ be naughty
הִשְׁתַּוָּה פ׳ be equal; become equal; reach an understanding
הִשְׁתּוֹלֵל פ׳ run wild, run riot; rage; thrash about
הִשְׁתּוֹמֵם פ׳ be astonished, be amazed
הִשְׁתּוֹקֵק פ׳ long for, crave, yearn for
הִשְׁתַּזֵּף פ׳ get a suntan, sunbathe
הִשְׁתַּזֵּר פ׳ be interwoven
הִשְׁתַּחֲוָה פ׳ bow down
הִשְׁתַּחֵל פ׳ squeeze through (colloq.)
הִשְׁתַּחֵק פ׳ be worn away, eroded
הִשְׁתַּחְרֵר פ׳ be set free, be released
הִשְׁתַּטָּה פ׳ play the fool; act foolishly
הִשְׁתַּטֵּחַ פ׳ stretch oneself out
הִשְׁתַּיֵּךְ פ׳ belong to, be associated with, join
הִשְׁתַּיֵּר פ׳ remain, be left
הִשְׁתִּיל פ׳ transplant
הִשְׁתִּין פ׳ urinate
הִשְׁתִּיק פ׳ silence
הִשְׁתִּית פ׳ base, establish
הִשְׁתַּכְלֵל פ׳ be perfected, become perfect
הִשְׁתַּכֵּן פ׳ take up residence
הִשְׁתַּכְנֵעַ פ׳ be(come) convinced or persuaded
הִשְׂתַּכֵּר פ׳ earn
הִשְׁתַּכֵּר פ׳ get drunk
הִשְׁתַּכְשֵׁךְ פ׳ paddle, dabble
הִשְׁתַּלֵּב פ׳ interlock, intertwine, become integrated
הַשְׁתָּלָה נ׳ transplanting
הִשְׁתַּלְהֵב פ׳ go up in flames; get enthusiastic
הִשְׁתַּלֵּט פ׳ take control of; overpower
הִשְׁתַּלֵּם פ׳ be profitable; further ones studies
הִשְׁתַּלְשֵׁל פ׳ hang down; develop, evolve
הִשְׁתַּמֵּד פ׳ apostatize (from Judaism)
הִשְׁתַּמֵּט פ׳ shirk, dodge, evade

הִשְׁתַּמֵּעַ פ׳ be heard; be understood; imply
הִשְׁתַּמְּעוּת נ׳ implication
הִשְׁתַּמֵּר פ׳ be preserved; be kept
הִשְׁתַּמֵּשׁ פ׳ use, make use of
הַשְׁתָּנָה נ׳ urination
הִשְׁתַּנָּה פ׳ change, alter, vary
הִשְׁתַּעְבֵּד פ׳ become enslaved, be subjugated
הִשְׁתַּעֵל פ׳ cough
הִשְׁתַּעֲמֵם פ׳ be bored
הִשְׁתָּעֵר, הִסְתָּעֵר פ׳ storm, assault
הִשְׁתַּעֲשֵׁעַ פ׳ play with, amuse oneself with
הִשְׁתַּפֵּךְ פ׳ be poured out; pour out, overflow
הִשְׁתַּפֵּר פ׳ improve
הִשְׁתַּפְשֵׁף פ׳ be rubbed; be put through the mill (slang, esp. military)
הִשְׁתַּקֵּם פ׳ rehabilitate oneself
הִשְׁתַּקֵּעַ פ׳ settle permanently
הִשְׁתַּקֵּף פ׳ be reflected
הִשְׁתַּרְבֵּב פ׳ be extended (in length); be wrongly inserted
הִשְׁתָּרֵךְ פ׳ plod along; be dragged along
הִשְׁתָּרֵעַ פ׳ spread out, extend
הִשְׁתָּרֵר פ׳ prevail; control, dominate, reign
הִשְׁתָּרֵשׁ פ׳ take root, strike root
הִשְׁתַּתֵּף פ׳ take part, participate
הִשְׁתַּתֵּק פ׳ become silent, fall silent
הִתְאַבֵּד פ׳ commit suicide
הִתְאַבֵּךְ פ׳ billow upwards (smoke)
הִתְאַבֵּל פ׳ mourn
הִתְאַבֵּן פ׳ be petrified, turn to stone; become fossilized
הִתְאַבֵּק פ׳ be covered with dust; wrestle, grapple
הִתְאַגֵּד פ׳ unite, combine
הִתְאַגְרֵף פ׳ box
הִתְאַדָּה פ׳ evaporate, vaporize
הִתְאַדֵּם פ׳ blush, flush
הִתְאַהֵב פ׳ fall in love
הִתְאַוְרֵר פ׳ be aired, be ventilated
הִתְאוֹנֵן פ׳ complain, grumble
הִתְאוֹשֵׁשׁ פ׳ recover, pull oneself together
הִתְאַזֵּן פ׳ be balanced, balance
הִתְאַזֵּר פ׳ gird oneself
הִתְאַזְרֵחַ פ׳ become naturalized
הִתְאַחֵד פ׳ unite, combine
הִתְאַחֲדוּת נ׳ union, association, confederation
הִתְאַחָה פ׳ be patched, be sewn together; heal
הִתְאַחֵר פ׳ be late
הִתְאִים פ׳ adapt, match, fit, suit
הִתְאַכְזֵב פ׳ be disappointed
הִתְאַכְזֵר פ׳ be cruel, behave cruelly
הִתְאַכֵּל ר׳ הִתְעַכֵּל
הִתְאַכְסֵן פ׳ stay (as guest), be accommodated
הִתְאַלְמֵן פ׳ become a widower
הֶתְאֵם ז׳ accord, agreement, fit
הַתְאָמָה נ׳ suitability, appropriateness, fit; adjustment, adaptation
הִתְאַמֵּן פ׳ train, practise

הִתְאַמֵּץ פ׳ make an effort, exert oneself
הִתְאַמֵּר פ׳ boast, brag
הִתְאַמֵּת פ׳ be verified, come true
הִתְאַנָּה פ׳ seek occasion (to do harm), seek a quarrel
הִתְאַנֵּחַ פ׳ groan, sigh
הִתְאַסְלֵם פ׳ become a Moslem
הִתְאַסֵּף פ׳ gather, assemble
הִתְאַפֵּק פ׳ control oneself, restrain oneself
הִתְאַפֵּר פ׳ make up (actor, woman)
הִתְאַפְשֵׁר פ׳ be made possible, become possible
הִתְאַקְלֵם פ׳ become acclimated
הִתְאַרְגֵּן פ׳ get organized
הִתְאָרֵחַ פ׳ stay (as a guest)
הִתְאָרֵךְ פ׳ grow longer, lengthen
הִתְאָרֵס פ׳ become engaged
הִתְאָרֵעַ פ׳ occur, happen
הִתְאַשֵּׁר פ׳ be confirmed, approved
הִתְבָּאֵר פ׳ become clear; be expounded
הִתְבַּגֵּר פ׳ become adult, mature
הִתְבַּדָּה פ׳ be proved wrong
הִתְבַּדֵּחַ פ׳ joke, amuse oneself
הִתְבַּדֵּל פ׳ isolate oneself, segregate oneself
הִתְבַּדֵּר פ׳ amuse oneself, entertain oneself
הִתְבַּהֵם פ׳ become brutalized, bestial
הִתְבַּהֵר פ׳ become clear, clear up
הִתְבּוֹדֵד פ׳ withdraw (from society), seek solitude

הִתְבּוֹלֵל פ׳ assimilate
הִתְבּוֹנֵן פ׳ stare, look intently, observe; contemplate
הִתְבּוֹסֵס פ׳ wallow
הִתְבּוֹשֵׁשׁ פ׳ tarry, be delayed
הִתְבַּזְבֵּז פ׳ be wasted; waste oneself
הִתְבַּזָּה פ׳ be (come) despised, be (come) contemptible
הִתְבַּטֵּא פ׳ express oneself
הִתְבַּטֵּל פ׳ be cancelled; do nothing; deny one's worth
הִתְבַּיֵּשׁ פ׳ be ashamed; be shy
הִתְבַּיֵּת פ׳ be tamed, be domesticated
הִתְבַּלְבֵּל פ׳ become confused, mixed up
הִתְבַּלָּה פ׳ wear out
הִתְבַּלֵּט פ׳ stand out, protrude
הִתְבַּסֵּם פ׳ become tipsy; put on perfume
הִתְבַּסֵּס פ׳ establish oneself, be based
הִתְבַּצֵּעַ פ׳ be performed, be executed
הִתְבַּצֵּר פ׳ fortify oneself, dig oneself in
הִתְבַּקֵּעַ פ׳ burst, split open
הִתְבַּקֵּשׁ פ׳ be asked, called for
הִתְבָּרֵג פ׳ be screwed (in)
הִתְבַּרְגֵּן פ׳ become bourgeois, middle-class
הִתְבָּרֵךְ פ׳ be blessed; consider oneself fortunate
הִתְבָּרֵר פ׳ be clarified

הִתְבַּשֵּׁל פ׳ be cooked, be boiled, ripen
הִתְבַּשֵּׂר פ׳ receive news
הִתְגָּאָה פ׳ pride oneself(on), be proud (of)
הִתְגַּבֵּב פ׳ accumulate, be piled up
הִתְגַּבֵּן פ׳ curdle (milk)
הִתְגַּבֵּר פ׳ overcome; become stronger
הִתְגַּבֵּשׁ פ׳ crystallize
הִתְגַּדֵּל פ׳ be magnified; think oneself great
הִתְגַּדֵּר פ׳ distinguish oneself, excel
הִתְגּוֹדֵד פ׳ form groups
הִתְגּוֹלֵל פ׳ roll about; grumble at
הִתְגּוֹנֵן פ׳ defend oneself
הִתְגּוֹרֵר פ׳ stay, dwell, live
הִתְגּוֹשֵׁשׁ פ׳ wrestle, struggle
הִתְגַּיֵּס פ׳ enlist, be mobilized
הִתְגַּיֵּר פ׳ become a Jew
הִתְגַּלְגֵּל פ׳ roll, revolve; drift; happen; be metamorphosed
הִתְגַּלָּה פ׳ be revealed, become known
הִתְגַּלַּח פ׳ shave (oneself)
הִתְגַּלֵּם פ׳ be embodied, take bodily form
הִתְגַּלַּע פ׳ become evident; break out
הִתְגַּלֵּשׁ פ׳ ski; slide down
הִתְגַּמֵּד פ׳ reduce oneself
הִתְגַּנֵּב פ׳ creep (in, out, or away), move stealthily
הִתְגַּנְדֵּר פ׳ dress up, show off
הִתְגַּעְגֵּעַ פ׳ yearn, long

הִתְגָּעֵל פ׳ be soiled, be tainted
הִתְגָּעֵשׁ פ׳ erupt; rage, be agitated
הִתְגָּרֵד פ׳ scratch oneself
הִתְגָּרָה פ׳ provoke, tease
הִתְגָּרֵשׁ פ׳ be divorced
הִתְגַּשֵּׁם פ׳ be realized, materialize
הִתְגַּשְּׁמוּת נ׳ realization, materialization
הִתְדַּבֵּק פ׳ become infected; be joined together
הִתְדַּיֵּן, נִתְדַּיֵּן פ׳ dispute; litigate, go to law
הִתְדַּלְדֵּל פ׳ waste away, dwindle
הִתְדַּפֵּק פ׳ keep knocking
הִתְדָּרֵג פ׳ be graded
הִתְדַּרְדֵּר פ׳ decline; roll down, worsen
הִתְהַדֵּק פ׳ be tightened
הִתְהַדֵּר פ׳ be ostentatious, overdress
הִתְהַוָּה פ׳ take shape, be formed, come into being
הִתְהוֹלֵל פ׳ revel, live riotously; act madly
הִתְהַלֵּךְ פ׳ walk about, go around
הִתְהַלֵּל פ׳ boast
הִתְהַפֵּךְ פ׳ be turned upside down; be inverted; turn over
הִתְוַדָּה פ׳ confess
הִתְוַדַּע פ׳ become acquainted with
הִתְוָה פ׳ mark; sketch; outline
הִתְוַכַּח פ׳ argue, debate
הִתּוּךְ, הִיתּוּךְ ז׳ melting; fusion
הַתָּזָה נ׳ spraying; breaking off
הִתְחַבֵּא פ׳ hide (oneself)

הִתְחַבֵּב פ' be liked
הִתְחַבֵּט פ' take pains, struggle hard, wrestle
הִתְחַבֵּק פ' embrace, hug
הִתְחַבֵּר פ' be connected, be allied with, join with
הִתְחַדֵּד פ' become sharp
הִתְחַדֵּשׁ פ' be renewed, be restored
הִתְחַוֵּר פ' become clear
הִתְחוֹלֵל פ' be brewing (storm, trouble); break out
הִתְחַזָּה פ' pose, pretend to be
הִתְחַזֵּק פ' take courage, gather strength
הִתְחַיָּה פ' be revived, live again
הִתְחַיֵּב פ' undertake, take upon oneself; follow
הִתְחַיְּבוּת ת' obligation, commitment, liability
הִתְחַיֵּךְ פ' smile, smile to oneself
הִתְחַיֵּל פ' become a soldier, enlist
הִתְחִיל פ' begin, start, commence
הִתְחַכֵּךְ פ' rub oneself, rub up against
הִתְחַכֵּם פ' try to be too clever
הַתְחָלָה נ' beginning, start, commencement
הִתְחַלָּה פ' malinger
הִתְחַלְחֵל פ' be shocked; permeate
הִתְחַלֵּף פ' be exchanged; change places
הִתְחַלֵּק פ' be divisible (number); slip, slide
הִתְחַמֵּם פ' warm oneself; warm up
הִתְחַמֵּץ פ' turn sour
הִתְחַמְצֵן פ' be oxidized, oxidize
הִתְחַמֵּק פ' slip away, dodge, evade
הִתְחַנְחֵן פ' act coquettishly; prettify oneself
הִתְחַנֵּךְ פ' be educated
הִתְחַנֵּן פ' beg, implore, beseech, entreat
הִתְחַנֵּף פ' fawn, toady
הִתְחַסֵּד פ' assume piety, be self-righteous
הִתְחַסֵּל פ' be liquidated
הִתְחַסֵּן פ' be strengthened; be immunized
הִתְחַפֵּר פ' dig oneself in
הִתְחַפֵּשׂ פ' disguise oneself
הִתְחַצֵּף פ' be impertinent
הִתְחַקָּה פ' search for; keep close check on
הִתְחַרְבֵּן פ' (slang) make a mess of things
הִתְחָרֵד פ' become extremely orthodox
הִתְחָרָה פ' compete, rival; emulate
הִתְחָרֵז פ' rhyme; be strung on thread
הִתְחָרֵט פ' regret, repent
הִתְחַשֵּׁב פ' consider, be considerate
הִתְחַשֵּׁל פ' be forged (iron, character)
הִתְחַשְׁמֵל פ' be electrified; be electrocuted
הִתְחַשֵּׁק פ' feel like, have an urge to
הִתְחַתֵּן פ' marry, wed
הִתִּיז פ' splash, spray; chop off
הִתְיָאֵשׁ פ' despair
הִתְיַבֵּשׁ פ' dry, dry up

הִתְיַיגֵּעַ פ' tire oneself out
הִתְיַידֵּד פ' become friendly with
הִתְיַיהֵד פ' become a Jew
הִתְיַיחֵד פ' be alone
הִתְיַיחֵם פ' be in heat, rut
הִתְיַיחֵס פ' treat, deal with, refer to
הִתְיַיחֲסוּת נ' attitude; treatment; referring, reference
הִתְיַימֵּר פ' pretend, purport; boast
הִתְיַיסֵּר פ' suffer torment
הִתְיַיעֵץ פ' consult with
הִתְיַיפָּה פ' prettify oneself
הִתְיַיפֵּחַ פ' sob, cry
הִתְיַיצֵּב פ' report, present oneself; become stable stabilize
הִתְיַיקֵּר פ' rise in price, become (more) expensive
הִתְיָירֵא פ' fear, be afraid
הִתְיַישֵּׁב פ' settle, colonize; sit down
הִתְיַישֵּׁן פ' become obsolete, become old-fashioned, age
הִתְיַישְּׁנוּת נ' obsolescence
הִתְיַישֵּׁר פ' be straightened (up, out), straighten (up, out)
הִתְיַיתֵּם פ' be orphaned
הִתִּיךְ פ' melt, fuse
הִתִּיר פ' release, set free; untie; permit, authorize; solve
הִתִּישׁ פ' weaken
הִתְכַּבֵּד פ' be honored; help oneself (to food etc.)
הַתָּכָה נ' melting, fusing
הִתְכַּוֵּון פ' intend, mean
הִתְכַּוֵּוץ פ' shrink contract; go into cramp
הִתְכּוֹנֵן פ' prepare oneself, get ready
הִתְכּוֹפֵף פ' bend (over, down), stoop
הִתְכַּחֵשׁ פ' disown, deny, disavow
הִתְכַּנֵּס פ' assemble, meet
הִתְכַּנֵּף פ' huddle together
הִתְכַּסָּה פ' cover oneself; be covered
הִתְכַּעֵס פ' become angry
הִתְכַּעֵר פ' become ugly
הִתְכַּרְבֵּל פ' wrap oneself up
הִתְכַּרְכֵּם פ' turn orange-red
הִתְכַּתֵּב פ' correspond, exchange letters
הִתְכַּתֵּשׁ פ' wrangle, fight
הֵתֵל פ' joke, jest, mock
הִתְלַבֵּט פ' debate with oneself
הִתְלַבֵּן פ' become white-hot; be clarified
הִתְלַבֵּשׁ פ' dress oneself; fit over or on to (colloq.)
הִתְלַהֵב פ' become excited
הִתְלַהֵט פ' blaze, burn; be roused to frenzy
הִתְלוֹנֵן פ' complain, make a complaint, grumble
הִתְלוֹצֵץ פ' joke; jest, clown
הִתְלַחְלֵחַ פ' be moistened, be made damp
הִתְלַחֵשׁ פ' whisper together
הִתְלִיל פ' become steep
הִתְלִיעַ פ' become wormy
הִתְלַכֵּד פ' unite
הִתְלַכְלֵךְ פ' become dirty
הִתְלַכְסֵן פ' run diagonally, slant

הִתְלַמֵּד פ' teach oneself
הִתְלַקַּח פ' catch fire, flare up
הִתְלַקֵּק פ' lick one's lips; fawn
הִתְמַגֵּל פ' fester, suppurate
הֶתְמֵד ז' constant practice, diligence
הַתְמָדָה נ' diligence, perseverance, persistence
הִתְמַהְמֵהַּ פ' tarry, linger; be late
הִתְמוֹגֵג פ' melt, dissolve; go into raptures
הִתְמוֹדֵד פ' compete with, take on
הִתְמוֹטֵט פ' collapse, break down
הִתְמוֹסֵס פ' dissolve, melt
הִתְמַזֵּג פ' merge, fuse, coalesce
הִתְמַזֵּל פ' be lucky
הִתְמַזְמֵז פ' become soft; pet, neck (slang); idle about (slang), be frittered away (slang)
הִתְמַחָה פ' become expert; specialize
הִתְמִיד פ' persist, persevere
הִתְמִיהַּ פ' astonish, amaze
הִתְמַיֵּן פ' be classified
הִתְמַכֵּן פ' be mechanized
הִתְמַכֵּר פ' devote oneself
הִתְמַלֵּא פ' be filled, become full
הִתְמַלֵּט פ' escape; slip out
הִתַּמֵּם, הִיתַּמֵּם פ' act innocent, pretend not to understand
הִתְמַמֵּשׁ פ' be realized, become a fact, materilize
הִתְמַנָּה פ' be appointed
הִתְמַסְמֵס פ' be dissolved, become soft, soggy

הִתְמַסֵּר פ' devote oneself; surrender
הִתְמַעֵט פ' diminish, decrease
הִתְמַעֲרֵב פ' become westernized
הִתְמַצֵּא פ' become orientated, know or find one's way about
הִתְמַצְּאוּת נ' orientation, familiarity, adaptability
הִתְמַצֵּק פ' solidify
הִתְמַקֵּחַ פ' bargain, haggle
הִתְמַקֵּם פ' take up position, be located, be situated
הִתְמַקְמֵק פ' rot, decay
הִתַּמֵּר, הִיתַּמֵּר פ' rise, go up (in slender column)
הִתְמָרֵד פ' revolt, rebel, mutiny
הֲתְמָרָה נ' substitution
הִתְמַרְמֵר פ' be bitter, complain, grumble
הִתְמַשֵּׁךְ פ' extend (in time)
הִתְמַתֵּחַ פ' be stretched; stretch oneself
הִתְמַתֵּן פ' become (more) moderate
הִתְמַתֵּק פ' be sweetened
הִתְנַבֵּא פ' prophesy, predict, foretell
הִתְנַגֵּב פ' dry oneself
הִתְנַגֵּד פ' oppose, object, resist
הִתְנַגְּדוּת נ' opposition, objection, resistance
הִתְנַגֵּחַ פ' contend with, tussle
הִתְנַגֵּשׁ פ' collide, clash
הִתְנַדֵּב פ' volunteer; donate
הִתְנַדְנֵד פ' see-saw; fluctuate, swing to and fro

הִתְנַדֵּף פ׳ evaporate; disappear (slang)
הִתְנָה פ׳ make conditional
הִתְנַהֵג פ׳ behave, conduct oneself
הִתְנַהֲגוּת נ׳ behavior, conduct
הִתְנַהֵל פ׳ be conducted, be carried on
הִתְנוֹדֵד פ׳ wander from place to place; oscillate, fluctuate
הִתְנַוֵּן פ׳ degenerate, atrophy
הִתְנוֹסֵס פ׳ be flaunted, be displayed; flutter on high
הִתְנוֹעֵעַ פ׳ move, sway
הִתְנוֹפֵף פ׳ flutter, be waved to and fro
הִתְנוֹצֵץ פ׳ sparkle, glitter, twinkle
הִתְנַזֵּר פ׳ abstain from
הִתְנַחֵל פ׳ settle (on land)
הִתְנַחֵם פ׳ be consoled, console oneself
הִתְנִיעַ פ׳ start (machine)
הִתְנַכֵּל פ׳ plot, conspire, attack
הִתְנַכֵּר פ׳ be estranged, act as a stranger to, disavow
הִתְנַמְנֵם פ׳ doze, drowse
הִתְנַסָּה פ׳ be tested by, undergo, experience
הַתְנָעָה נ׳ starting (machine)
הִתְנַעְנֵעַ פ׳ sway; vibrate
הִתְנַעֵר פ׳ shake oneself free of; disown
הִתְנַפֵּחַ פ׳ be inflated; puff up
הִתְנַפֵּל פ׳ fall on, attack
הִתְנַפְּלוּת נ׳ attack, assault

הִתְנַפֵּץ פ׳ be shattered
הִתְנַצֵּחַ פ׳ dispute, contest; wrangle
הִתְנַצֵּל פ׳ apologize
הִתְנַצְּלוּת נ׳ apology, excuse
הִתְנַצְנֵץ פ׳ sparkle, gleam
הִתְנַצֵּר פ׳ be converted to Christianity
הִתְנַקֵּם פ׳ avenge oneself; recoil on, boomerang on
הִתְנַקֵּשׁ פ׳ attack with intent to harm or kill
הִתְנַקְּשׁוּת נ׳ attempt to kill
הִתְנַשֵּׂא פ׳ arise, be borne aloft, boast
הִתְנַשֵּׁם פ׳ breathe in heavily, pant
הִתְנַשֵּׁף פ׳ breathe out heavily, pant
הִתְנַשֵּׁק פ׳ kiss each other
הִתְסִיס פ׳ ferment; animate, agitate
הִתְעַבָּה פ׳ become thicker, become denser, condense
הִתְעַבּוּת נ׳ thickening, condensation
הִתְעַבֵּר פ׳ become pregnant; become angry
הִתְעַגֵּל פ׳ become round; be rounded
הִתְעַדֵּן פ׳ become (more) refined; be sublimated
הִתְעָה פ׳ mislead, lead astray
הִתְעוֹדֵד פ׳ be encouraged, cheer up
הִתְעַוֵּר פ׳ go blind
הִתְעַוֵּת פ׳ be(come) distorted, perverted; be contorted, twisted

הִתְעוֹפֵף פ׳ fly about
הִתְעוֹרֵר פ׳ wake up
הִתְעוֹרְרוּת נ׳ waking up, awakening; stirring
הִתְעַטֵּף פ׳ wrap oneself
הִתְעַטֵּשׁ פ׳ sneeze
הַתְעָיָה נ׳ misleading; decoy
הִתְעַיֵּף פ׳ become tired
הִתְעַכֵּב, נִתְעַכֵּב פ׳ be delayed, be held up, stop
הִתְעַכֵּל פ׳ be digested
הִתְעַלָּה, נִתְעַלָּה פ׳ rise; be exalted
הִתְעַלֵּל פ׳ abuse, maltreat
הִתְעַלְּלוּת נ׳ abuse, maltreatment
הִתְעַלֵּם פ׳ ignore, overlook, disregard
הִתְעַלְּמוּת נ׳ overlooking, deliberately ignoring, disregarding
הִתְעַלֵּס פ׳ make love, play (at love)
הִתְעַלֵּף פ׳ faint, lose consciousness
הִתְעַמֵּל פ׳ do physical exercise
הִתְעַמְּלוּת נ׳ physical training, gymnastics, exercise
הִתְעַמְעֵם פ׳ become faint, become dim
הִתְעַמֵּק פ׳ go deeply into
הִתְעַמֵּר פ׳ abuse, treat harshly
הִתְעַנֵּג פ׳ take pleasure, indulge oneself
הִתְעַנָּה פ׳ be tormented
הִתְעַנְיֵין פ׳ take an interest; try to find out
הִתְעַנֵּן פ׳ become cloudy
הִתְעַסֵּק פ׳ have dealings with; quarrel; (sl.) flirt
הִתְעַסְּקוּת נ׳ having dealings with; occupation, affair; flirting
הִתְעַפֵּר פ׳ become dusty
הִתְעַצֵּב פ׳ be grieved, saddened
הִתְעַצְבֵּן פ׳ be irritated, annoyed
הִתְעַצֵּל פ׳ be lazy
הִתְעַצֵּם, נִתְעַצֵּם פ׳ become more powerful, stronger
הִתְעַקֵּל פ׳ be curved
הִתְעַקֵּם פ׳ be bent
הִתְעַקֵּשׁ פ׳ be obstinate, insist stubbornly
הִתְעָרֵב פ׳ be mixed with; intervene, meddle; bet
הִתְעַרְבֵּב פ׳ be mixed up together
הִתְעָרְבוּת נ׳ interference
הִתְעַרְבֵּל פ׳ be mixed (concrete, mortar)
הִתְעָרָה פ׳ become rooted
הִתְעַרְטֵל פ׳ expose one's body
הִתְעָרֵם פ׳ be piled up
הִתְעַרְעֵר פ׳ be undermined; be sapped (strength)
הִתְעַרְפֵּל פ׳ become dim, misty, foggy
הִתְעַשֵּׁר פ׳ become wealthy
הִתְעַתֵּד פ׳ be destined
הִתְפָּאֵר פ׳ boast, brag
הִתְפַּגֵּר פ׳ become a corpse or carcass; croak (slang)
הִתְפַּדֵּר פ׳ powder oneself
הִתְפּוֹגֵג פ׳ become less, become weak

הִתְפּוֹטֵר פ׳ be forced to resign (slang)
הִתְפּוֹצֵץ פ׳ explode, burst
הִתְפּוֹרֵר פ׳ crumble, disintegrate
הִתְפַּזֵּר פ׳ be scattered, be spread
הִתְפַּחֵם פ׳ be carbonized
הִתְפַּטֵּם פ׳ eat a lot; absorb a lot
הִתְפַּטֵּר פ׳ resign; get rid of
הִתְפִּיחַ פ׳ let rise (baking)
הִתְפַּיֵּס פ׳ be reconciled, make peace
הִתְפִּיל פ׳ desalinate (sea-water)
הִתְפַּכֵּחַ פ׳ become sober, come to one's senses
הִתְפַּלֵּא פ׳ be surprised, wonder
הִתְפַּלְבֵּל פ׳ roll one's eyes
הִתְפַּלֵּג פ׳ split up, sub-divide
הַתְפָּלָה נ׳ desalination
הִתְפַּלֵּחַ פ׳ be split; sneak in, out (slang)
הִתְפַּלֵּל פ׳ pray
הִתְפַּלְמֵס פ׳ engage in polemics, argue
הִתְפַּלְסֵף פ׳ philosophize
הִתְפַּלְפֵּל פ׳ quibble, split hairs
הִתְפַּלֵּץ פ׳ shudder, be deeply shocked
הִתְפַּלֵּשׁ פ׳ roll about
הִתְפַּנָּה פ׳ have free time; become vacant
הִתְפַּנֵּק פ׳ indulge oneself
הִתְפַּסֵּק פ׳ be spread wide
הִתְפַּעֵל פ׳ be impressed, be enthused about
הִתְפַּעֲלוּת נ׳ being deeply impressed, admiration
הִתְפָּעֵם פ׳ be agitated, be stirred
הִתְפַּצֵּל פ׳ be divided, be ramified, fork
הִתְפַּקֵּד פ׳ be numbered
הִתְפַּקֵּחַ פ׳ become clever
הִתְפַּקֵּעַ פ׳ burst, split
הִתְפַּקֵּעַ מִצְּחוֹק burst with laughter
הִתְפַּקֵּר פ׳ apostatize, renounce one's faith
הִתְפָּרֵד פ׳ be parted, be separated, dissociate
הִתְפַּרְחֵחַ פ׳ behave rowdily, unruly
הִתְפָּרֵט פ׳ disintegrate
הִתְפַּרְכֵּס פ׳ spruce oneself up
הִתְפַּרְנֵס פ׳ earn a living
הִתְפָּרֵס פ׳ spread out; be deployed
הִתְפַּרְסֵם פ׳ become famous; be published
הִתְפָּרֵעַ פ׳ create a disturbance, go on a rampage
הִתְפַּרְפֵּר פ׳ malinger (slang); run after other women (slang), go away
הִתְפָּרֵץ פ׳ burst in; break out, erupt
הִתְפָּרֵק פ׳ relax, relieve oneself, be dismantled; disintegrate, decompose
הִתְפַּרְקֵד פ׳ lie on one's back
הִתְפָּרֵשׁ פ׳ be interpreted, be explained
הִתְפָּרֵשׂ, הִתְפָּרֵס פ׳ be dispersed, be deployed
הִתְפַּשֵּׁט פ׳ become widespread; strip, undress oneself

הִתְפַּשְּׁטוּת נ׳ **spreading, expansion; stripping, undressing (oneself)**
הִתְפַּשֵּׂק, הִתְפַּסֵּק פ׳ **be spread wide**
הִתְפַּשֵּׁר פ׳ **compromise, come to terms**
הִתְפַּתָּה פ׳ **be enticed**
הִתְפַּתֵּחַ פ׳ **develop**
הִתְפַּתֵּל פ׳ **meander, wind, twist, writhe**
הִתְקַבֵּל פ׳ **be received, be accepted**
הִתְקַבֵּץ פ׳ **assemble, gather together**
הִתְקַדֵּם פ׳ **advance, move forward; make progress, get on**
הִתְקַדְּמוּת נ׳ **advance, progress**
הִתְקַדֵּשׁ פ׳ **be hallowed, become holy**
הִתְקַהֲלוּת נ׳ **assembly, gathering**
הִתְקוֹטֵט פ׳ **quarrel**
הִתְקוֹמֵם פ׳ **rebel, rise up; resent**
הִתְקַשֵּׁן פ׳ **contract, become smaller**
הִתְקַיֵּם פ׳ **take place; exist, make ends meet**
הִתְקִין פ׳ **set up, install; introduce (regulations etc.)**
הִתְקִיף פ׳ **attack, assault**
הִתְקַלֵּחַ פ׳ **take or have a shower**
הִתְקַלֵּס פ׳ **mock, deride**
הִתְקַלֵּף פ׳ **peel off, be peeled off**
הִתְקַלְקֵל פ׳ **go bad, go wrong, get spoilt; break down**
הִתְקַמֵּט פ׳ **crease, be crumpled**
הֶתְקֵן ז׳ **device, mechanism**
הִתְקַנֵּא פ׳ **become jealous or envious**
הַתְקָנָה נ׳ **installing; installation; setting up; introduction (of regulations, etc.)**
הִתְקַעֵר פ׳ **curve inwards**
הֶתְקֵף ז׳ **attack (of fear, pain, etc.)**
הַתְקָפָה נ׳ **attack, onslaught**
הִתְקַפֵּל פ׳ **be folded; cave in, withdraw opposition**
הִתְקַצֵּף פ׳ **become angry**
הִתְקַצֵּר פ׳ **become shorter**
הִתְקָרֵא פ׳ **be called**
הִתְקָרֵב פ׳ **approach, come or go near**
הִתְקָרֵחַ פ׳ **become bald**
הִתְקָרֵר פ׳ **grow cold; cool off; catch cold**
הִתְקָרֵשׁ פ׳ **congeal (blood), coagulate**
הִתְקַשָּׁה פ׳ **harden, become hard; find it hard**
הִתְקַשֵּׁט פ׳ **adorn oneself, dress oneself up**
הִתְקַשֵּׁר פ׳ **get in touch with, contact; communicate**
הַתְרָאָה נ׳ **warning; caution**
הַתְרָאָה אַחֲרוֹנָה נ׳ **last warning, final warning**
הִתְרָאָה פ׳ **see each other, meet again**
הִתְרַבָּה פ׳ **increase, multiply**
הִתְרַבְרֵב פ׳ **boast, brag, show off**
הִתְרַגֵּז פ׳ **be enraged, become angry, annoyed**

הִתְרַגֵּל פ' get used to

הִתְרַגֵּשׁ פ' be moved (emotionally), be excited, agitated

הִתְרַגְּשׁוּת נ' emotion; excitement, agitation

הִתְרָה פ' warn, caution

הַתָּרָה נ' loosening, untying; permission, authorization; solution, cancellation; release

הִתְרוֹמֵם פ' raise oneself; rise

הִתְרוֹמְמוּת נ' rising, ascending; exaltation

הִתְרוֹמְמוּת הָרוּחַ נ' spiritual exaltation

הִתְרוֹנֵן פ' shout for joy, rejoice

הִתְרוֹעֵעַ פ' be friendly, associate with

הִתְרוֹפֵף פ' become slack, become unsteady

הִתְרוֹצֵץ פ' run about, run around

הִתְרוֹקֵן פ' become empty

הִתְרוֹשֵׁשׁ פ' become poor

הִתְרַחֵב פ' expand, broaden

הִתְרַחֵץ פ' wash oneself, bathe

הִתְרַחֵק פ' move or keep away, keep at a distance

הִתְרַחֵשׁ פ' occur, happen, go on

הִתְרַטֵּב פ' become wet

הִתְרִים פ' elicit contributions from

הִתְרִיס פ' defy, challenge, protest, oppose

הִתְרִיעַ פ' protest vigorously at; sound the alarm about

הִתְרַכֵּב פ' combine

הִתְרַכְּבוּת נ' combination

הִתְרַכֵּז פ' concentrate; be concentrated on

הִתְרַכֵּךְ פ' soften, become soft; be mollified

הַתְרָמָה נ' obtaining contributions

הַתְרָסָה נ' defiance, challenge, protest

הִתְרַסֵּן פ' restrain oneself, curb oneself

הִתְרַסֵּק פ' be shattered, be smashed up; crash

הִתְרַעֵם פ' resent, grumble

הִתְרַעֲנֵן פ' refresh oneself, be refreshed

הִתְרַפֵּא פ' receive medical treatment, recover

הִתְרַפְּאוּת נ' curing, healing, recovery (from illness)

הִתְרַפָּה פ' grow slack, become slack

הִתְרַפֵּט פ' wear out, become tatty

הִתְרַפֵּס פ' grovel, abase oneself

הִתְרַפֵּק פ' cuddle up to; cling nostalgically to

הִתְרַצָּה פ' become reconciled, be appeased,

הִתְרַקֵּם פ' take shape, be formed

הִתְרַשֵּׁל פ' be negligent, be lazily careless, be slovenly

הִתְרַשֵּׁם פ' have the impression, be impressed

הִתְרַשְּׁמוּת נ' impression; being impressed

הִתְרַתֵּחַ פ' boil over; be furious

הַתָּשָׁה נ' weakening; attrition

ו

וְ־ (וּ־, וַ־, וָ־, וֶ־, וִי־) **and; but, therefore, then**

וְאִילוּ מ"ח **but, whereas**

וּבְכֵן מ"ח **so, thus, therefore, accordingly**

וְגוֹמֵר, וְגוֹ' **and so on, etc.**

וַדָּאוּת נ' **certainty, certitude**

וַדַּאי ז' **a certainty**

וַדַּאי תה"פ **certainly, of course**

וַדָּאִי ת' **certain, sure**

וָו ז' **hook, peg; Hebrew letter waw (vav)**

וָוִית נ' **small hook**

וַי מ"ק **woe!, alas!**

וִידֵּא פ' **make certain, check; certify, confirm, validate**

וִידָּה פ' **urge to confess; hear confession of**

וִידּוּי ז' **confession**

וִיכּוּחַ ז' **argument, dispute, debate**

וִיכּוּחַ סְרָק ז' **pointless argument**

וִילוֹן ז' **curtain, drape; velum**

וִיסּוּת ז' **regulation, control**

וִיסֵּת פ' **regulate, govern, control**

וִיתּוּר ז' **concession, giving way, yielding**

וִיתֵּר פ' **concede, give up, yield**

וְכַדּוֹמָה, וכד' תה"פ **and the like**

וְכוּלֵי, וְכוּ' תה"פ **and so on, etc.**

וַכְּחָן ז' **argumentative person**

וְתוּ לֹא **and that's all,**

וָלָד ז' **young (of an animal); child, offspring**

וַלְדָּנִית נ' **prolific mother**

וֶסֶת זו"נ **menstruation, period**

וַסָּת ז' **regulator, regulating instrument**

וַעַד ז' **committee, board**

וָעֶד תה"פ **forever**

וַעֲדָה נ' **committee, board, commission**

וְעִידָה נ' **conference, convention, congress**

וְעִידַת פִּסְגָּה נ' **summit conference**

וֶרֶד ז' **rose**

וַרְדִּי ת' **rose-colored, rosy, rose**

וְרַדְרַד ת' **pinkish, rose-tinted**

וָרוֹד ת' **pink, rose-colored, rosy**

וְרִיד ז' **vein**

וְרִידִי ת' **veiny, venous**

וֶשֶׁט ז' **gullet, (o)esophagus**

וְתוּ מ"ח **this also and no more**

וָתִיק ת' **veteran, senior, long-standing; old timer**

וֶתֶק ז' **seniority, long service**

וַתְּרָן ז' **acquiescent, compliant, yielding person**

וַתְּרָנִי ת' **acquiescent, compliant, yielding**

ז

זְאֵב ז׳ wolf

זְאֵב־הַיָּם ז׳ wolf fish, hake

זַאֲטוּט ז׳ youngster, kid, urchin

זאת מג״נ this

זָב פ׳ flow slowly, discharge, ooze

זִבְדָּה נ׳ sour cream

זְבוּב ז׳ fly

זְבוּבוֹן ז׳ small fly

זָבַח פ׳ sacrifice

זֶבַח ז׳ sacrifice

זְבִיל ז׳ bomb-holder, missile-holder

זֶבֶל ז׳ manure, dung, fertilizer; garbage, rubbish

זַבָּל ז׳ dustman

זַבְלְגָן ז׳ tearfully sentimental person, lachrymose person

זַבָּן ז׳ shop-assistant, salesman

זַבָּנִית נ׳ shop-assistant (fem.), salesgirl, saleslady

זַגָּג ז׳ glazier; dealer in glass

זְגוּגִית נ׳ glass, pane of glass

זֵד ז׳ evil-doer, villain

זָדוֹן ז׳ malice, vicious intent

זֶה מג״ז this; it

זֶה עַתָּה תה״פ just now

זָהָב ז׳ gold

זְהַבְהַב ת׳ golden (color)

זֶהָבִי ז׳ goldsmith

זֵהֶה, זֵיהֶה ת׳ identical

זֶהוּ מג״ז this is, that is; that's it!

זָהוֹב ת׳ golden, gilded

זְהוֹרִית נ׳ rayon

זֵהוּת נ׳ identity

זָהִיר ת׳ careful, cautious

זְהִירוּת נ׳ carefulness, caution, heed

זָהַר פ׳ glow, gleam, shine

זַהֲרוּר ז׳ glow, radiance, brightness

זוֹ מג״נ this

זוּבַּל פ׳ be manured, be fertilized

זוּג ז׳ pair, couple; married couple

זוּגַּג פ׳ be fitted with glass

זוּגָה נ׳ spouse (fem.), partner (fem.), wife

זוּגִי ת׳ even (number); dual, binary

זוּגָתִי my wife (coll.)

זוּהָה פ׳ be identified

זוֹהִי מג״נ this is, that is, that's it

זוּהַם פ׳ be contaminated, be infected

זוּהֲמָה נ׳ dirt, filth, scum

זוֹהַר ז׳ radiance, brightness, glow; ha-Zohar (book of Kabbala, Jewish mysticism)

זְוָד ז׳ kit; personal luggage

זָוִית נ׳ angle; corner

זָוִית רְאִיָּה נ׳ perspective, viewpoint

זָוִיתוֹן ז׳ square, try-square

זְוָעָה נ׳ atrocity, horror

זְוָעָתִי ת׳ horrible, ghastly, atrocious

זוֹחֵל ז׳ reptile, creeper

זוּטָא ת׳ little, tiny, miniature

זוּטוֹת נ״ר trifles, bagatelles

זוּטָר ת׳ junior, small

זוּיַּן פ׳ be armed; be 'had', be 'laid' (slang)

זוּיַּף פ׳ be forged, be faked

זוֹךְ ז׳ purity, clarity

זוּכָּה פ׳ be acquitted; be credited with (money)

זוּכַּךְ פ׳ be cleansed, be purified

זוֹל ז׳ cheapness

זוֹל ת׳ cheap, inexpensive

זוֹלֵל ת׳ gluttonous, voracious

זוֹלֵל וְסוֹבֵא ז׳ drunken glutton

זוּלַת, זוּלָתִי מ״י apart from, except for, but for

זוֹמֵם ת׳ plotting, scheming

זוּמַּן פ׳ be fixed, be appointed; be prepared

זוּמְנַן פ׳ be timed

זוֹנָה נ׳ prostitute, harlot, whore

זוּעְזַע פ׳ be shocked, be shaken

זוּפַּת פ׳ be tarred

זוֹקֶן ז׳ old age

זוֹקֵק ז׳ antecedent (gram.)

זוּקַּק פ׳ be refined (oil), be purified

זוֹרְמִי ת׳ fluid

זָז פ׳ move, shift

זָח פ׳ rise; be proud

זָחָה עָלָיו דַּעְתּוֹ (he) became self-satisfied

זָחִיחַ ת׳ sliding, movable

זְחִילָה נ׳ crawling, creeping

זַחִית נ׳ slide (part of tool)

זָחַל פ׳ crawl, creep; grovel

זַחַל ז׳ larva, caterpillar; track

זַחְלָם ז׳ light tank, bren-gun carrier, half-track

זַחְלָן ז׳ slow mover, crawler

זִיבָה נ׳ drip; gonorrhea

זִיבּוּל ז׳ manuring, fertilizing

זִיבּוּרִי ת׳ poor quality, shoddy

זִיבֵּל פ׳ manure, fertilize

זִיג ז׳ jacket, coat

זִיגֵּג פ׳ glaze, fit with glass

זִיהָה פ׳ identify

זִיהוּי ז׳ identification; identifying

זִיהוּם ז׳ infection; soiling, polluting

זִיהֵם פ׳ infect; soil, pollute

זִיו ז׳ brightness, radiance

זִיוֵּג פ׳ match, pair, couple; mate

זִיוּוּג ז׳ matching, pairing, coupling; mating

זִיוּן ז׳ arming; fornication (slang)

זִיוּף ז׳ forgery, fake, counterfeiting

זִיז ז׳ projection, bracket, knob

זִייֵּן פ׳ arm, fornicate (slang)

זִייֵּף פ׳ forge, fake, counterfeit

זַייְפָן ז׳ forger, counterfeiter

זִיכָּה פ׳ acquit; credit with; grant a right or privilege to

זִיכּוּי נ׳ acquittal (legal); crediting; granting of right or privilege

זִיכּוּךְ ז׳ purifying, cleansing, refining

זִיכָּיוֹן ז׳ concession, grant of rights

זִיכֵּךְ פ' purify, cleanse refine

זִיכָּרוֹן, זִכָּרוֹן ז' memory, remembrance; memorial

זִילּוּף ז' sprinkling, spraying

זִימָּה נ' licentiousness, lewdness

זִימּוּן ז' invitation, summons, appointment, meeting

זִימּוּנִית נ' beeper

זִימֵּן פ' fix, appoint; invite; provide; summon together, convene; say grace after a meal

זִימֵּר פ' sing

זַיִן ז' arm(s), weapon(s); the letter zayin; penis (slang)

זִינֵּב פ' dock (tail), trim, cut short

זִינָה נ' feeding

זִינֵּק פ' spring, leap forward

זִיעַ ז' tremor, quake

זִיף ז' bristle

זִיפּוּת ז' tarring

זִיפֵּת פ' tar

זִיפְת תו"ז lousy; lousy stuff

זִיק ז' spark, sparkle

זִיקָּה נ' connection, attachment; tie

זִיקּוּק ז' refining, purifying, distillation; spark

זִיקּוּקֵי אֵשׁ, זִיקּוּקִין דִּינוּר ז"ר fireworks

זִיקִית נ' chameleon

זִיקֵּק פ' refine, purify, distill

זִירָה נ' arena, ring

זֵירוּז ז' urging, hurrying, expediting; catalysis

זֵירֵז פ' hurry, hustle, expedite; catalyze

זֵירָעוֹן ז' sperm, seed

זַיִת ז' olive, olive tree

זַךְ ת' pure, clear, clean

זַכַּאי ת' innocent, acquitted; entitled, eligible

זָכָה פ' be acquitted; be privileged; win (prize), gain, earn

זְכוּכִית נ' glass

זְכוּכִית מַגְדֶּלֶת נ' magnifying glass

זָכוּר ת' remembered

זָכוּר לְטוֹב of blessed memory; well-remembered

זְכוּת נ' right, privilege, reward; credit; advantage; vantage; merit

זְכוּת יוֹצְרִים נ' copyright

זַכּוּת נ' purity, innocence

זְכִיָּיה נ' winning, gaining

זְכִירָה נ' remembering, recalling, retention

זָכַר פ' remember, recall

זָכָר ז' male, masculine

זֵכֶר, זָכָר ז' memory, remembrance; trace, hint

זַכְרוּת נ' maleness, masculinity; penis

זָלַג פ' drip; flow, trickle

זַלְדְּקָן תו"ז sparsely-bearded person

זִלְזוּל ז' disdain, scorn, contempt

זִלְזֵל פ' disdain, scorn, slight

זַלְזַל ז' sprig, young shoot, tendril

זָלַח פ' spray, sprinkle

זְלִילָה נ' eating greedily, gorging

זָלַל פ' eat greedily, gorge

זָלַף פ׳ drip, sprinkle, spray
זְמוֹרָה נ׳ branch, twig, sprig, tendril
זִמְזוּם ז׳ buzz, buzzing, humming
זַמְזָם ז׳ buzzer
זִמְזֵם פ׳ buzz, hum
זָמִין ת׳ available, cashable
זְמִינוּת נ׳ availability; cashability
זָמִיר ז׳ nightingale
זְמִירוֹת נ״ר religious songs
זָמַם פ׳ plot, scheme, intrigue; muzzle
זְמָם ז׳ plot, scheme, intrigue; muzzle
זְמַן ז׳ time, period, season, term; tense
זִמְנוּן ז׳ timing
זְמַנִּי ת׳ temporary, provisional, interim
זְמַנִּית תה״פ temporarily
זִמְנֵן פ׳ time
זָמַר פ׳ prune, trim
זֶמֶר ז׳ song, tune
זַמָּר ז׳ singer
זְמַרְגַּד ז׳ emerald
זִמְרָה נ׳ singing, music; choice produce
זִמְרַת הָאָרֶץ נ׳ best crop of the land
זַמֶּרֶת נ׳ singer (female)
זָן (יָזוּן) פ׳ feed, nourish, provide
זַן ז׳ variety (of plant, species), kind, sort, species
זַנַּאי ז׳ adulterer, lecher
זָנָב ז׳ tail, end, appendage; stump
זַנְגְּבִיל ז׳ ginger

זָנָה פ׳ prostitute oneself, commit adultery
זְנוּנִים ז״ר, זְנוּת נ׳ prostitution, whoredom, harlotry
זָנַח פ׳ abandon, forsake, neglect
זְנִיקָה נ׳ jump, spring, leap forward
זָע (יָזוּעַ) פ׳ move, budge
זֵעָה, זֵיעָה נ׳ sweat, perspiration
זָעוּם ת׳ meagre, scanty
זָעוּף ת׳ irate, angry, vexed
זַעֲזוּעַ ז׳ shock, shaking, rocking
זִעְזֵעַ פ׳ shock; shake, agitate
זָעִיר ת׳ tiny, little, small
זְעֵיר תה״פ a little, a trifle
זְעֵיר אַנְפִּין ז׳ miniature
זְעֵיר שָׁם זְעֵיר שָׁם תה״פ a litile here and a little there
זָעַם פ׳ be very angry with
זַעַם ז׳ fury, rage, anger, wrath
זָעַף פ׳ be angry, be enraged, be ill-tempered
זַעַף ז׳ rage
זָעֵף ת׳ ill-tempered, angry, cross
זָעַק פ׳ cry out, shout
זְעָקָה נ׳ cry, shout
זַעֲרוּרִי ת׳ tiny, minute, minuscule
זִפְזִיף, זִיפְזִיף ז׳ sand (used for building)
זֶפֶק ז׳ crop (in bird's gullet)
זֶפֶת נ׳ tar, pitch, asphalt
זַפָּת ז׳ worker with tar
זִפֵּת ר׳ זִיפֵּת pitch, or asphalt
זְקוּנִים ז״ר old age
זָקוּף ת׳ upright, erect, vertical
זָקוּק ת׳ needing, in need of

זָקִיף ז'	sentry, guard, sentinel
זְקִיפוּת נ'	uprightness, erectness
זְקִיפוּת קוֹמָה נ'	holding one's head high (in pride)
זָקֵן פ'	grow old, age; be old
זָקֵן ת', ז'	old, aged; grandfather, patriarch, sage
זָקָן ז'	beard
זִקְנָה נ'	old age
זְקַנְקַן ז'	small beard
זָקַף פ'	straighten up (or out); charge (an account); attribute
זָקָף ז'	adjacent side (of a right-angle)
זִקְפָּה נ'	erection (of male organ)
זֵר ז'	garland, wreath, bouquet
זָר ת'	foreign, alien
זָרָא ז'	abhorrence, disgust, loathing
זַרְבּוּבִית נ'	spout (of a kettle)
זֶרֶג ז'	penis (slang)
זֶרֶד ז'	sprig, shoot, twig
זָרָה פ'	scatter, spread
זְרוֹעַ נ'	arm, upper arm
זָרוּעַ ת'	sown, seeded; scattered
זָרוּת נ'	foreignness, oddness
זָרָז ז'	catalyst
זַרְזִיר ז'	starling
זָרַח פ'	shine, glow, rise (sun)
זַרְחָן ז'	phosphorus
זָרִיז ת'	nimble, agile, alert, quick
זְרִיזוּת נ'	agility, alertness, quickness
זְרִיחָה נ'	sunrise; shining, glowing
זָרִים ת'	streamlined
זְרִימָה נ'	flow, flowing
זְרִיעָה נ'	sowing, seeding; scattering
זְרִיקָה נ'	throwing; injection; sprinkling
זָרַם פ'	flow, stream
זֶרֶם ז'	flow, stream, current; trend, movement
זַרְנוּק ז'	hose, tube
זַרְנִיךְ ז'	arsenic
זָרַע פ'	sow, seed; scatter
זֶרַע ז'	seed; semen; offspring
זֵרְעוֹנִים ז"ר	seeds
זָרַק פ'	throw, toss; sprinkle
זֶרֶק ז'	serum (for injection)
זַרְקוֹל ז'	amplifier, loudspeaker
זַרְקוֹר ז'	searchlight, spotlight, floodlight
זֶרֶת נ'	the little finger; span

ח

חָב פ' be in debt, owe
חָבַב פ' like, be fond of
חָבוּט ת' beaten, stricken
חָבוּי ת' hidden, concealed; latent
חָבוּל ת' injured, damaged; pledged, pawned
חָבוּר ז' counterfoil
חַבּוּרָה נ' bruise, bump, wound
חֲבוּרָה נ' group; band, gang
חָבוּשׁ ת' bandaged; (of hat) worn, wearing; imprisoned; tied up; saddled
חַבּוּשׁ ז' quince
חָבוּת נ' indebtedness, debt; obligation
חָבַט פ' beat; strike; knock down
חֲבָטָה נ' beating, stroke, blow
חֲבִי ז', חֶבְיוֹן ז' hiding-place, hide-out, retreat
חָבִיב ת' likeable; lovable; pleasant
חֲבִיבוּת נ' amiability; pleasantness
חֲבִיל ז' bale
חֲבִילָה נ' package, parcel, bundle
חֲבִיץ ז' חֲבִיצָה נ' pudding, custard
חֲבִישָׁה נ' bandaging; wearing (a hat); imprisonment; tying up; saddling
חָבִית נ' barrel, cask
חֲבִיתָה נ' omelet
חֲבִיתִית נ' pancake, blintze
חָבַל פ' injure, damage, wound
חֲבָל מ"ק a pity..., what a pity!

חֶבֶל ז' rope, cord; region, district; part; group, band
חֵבֶל ז' pain, agony
חֶבְלֵי לֵידָה ז"ר labor pains; birth pangs
חֶבְלֵי מָשִׁיחַ ז"ר the suffering that ushers in the Messianic age
חֲבַלְבַּל ז' convolvulus, bind-weed
חַבָּלָה נ' sabotage, destruction
חַבְּלָן ז' sapper
חַבְּלָנוּת נ' demolition, destruction
חַבְּלָנִית נ' destroyer (ship)
חֲבַצֶּלֶת נ' lily
חָבַק פ' hug, embrace; encircle, encompass
חֶבֶק ז' clamp
חָבַר פ' join together, unite
חֶבֶר ז' company, association, league
חֶבֶר הַלְאוּמִּים ז' the League of Nations
חָבֵר ז' friend; member; comrade; mate; boy-friend
חֶבְרָה נ' society, community; company, firm
חֶבְרָה קַדִּישָׁא נ' Jewish burial society
חֲבֵרוּת נ' friendship; membership; comradeship
חִבְרוּת ז' socialization
חַבְרוּתִי ת' sociable, friendly
חֲבְרַיָּא, חֲבְרַיָּה נ' group of friends, 'gang', 'crowd'

חִבְרֵת פ' socialize
חֶבְרַת בַּת נ' subsidiary (company)
חֶבְרַת קַשׁ נ' dummy company
חֶבְרָתִי ת' social, communal
חָבַשׁ פ' bandage, dress,
put on, wear (hat); saddle;
imprison; tie-up
חַבְתָּן ז' barrel-maker, cooper
חָג (יָחוּג) פ' draw a circle; circle
חַג ז' holiday, festival
חַג שָׂמֵחַ! Happy Holiday!
חָגָב ז' locust, grasshopper
חָגַג פ' celebrate, observe
a festival
חָגוּ ז' cleft, crevice, crack
חָגוּר ת' girded, belted
חָגוֹר ז' full pack (military);
girdle, belt
חֲגוֹרָה נ' belt, girdle
חֲגִיגָה נ' celebration, festivity
חֲגִיגִי ת' festive; solemn
חֲגִיגִיּוּת נ' festiveness; solemnity
חָגְלָה נ' rock partridge
חָגַר פ' gird (a sword),
put on (a belt)
חַד ז', ת' one, mono-; sharp, acute
חַד וְחָלָק ת' just like that
חַד־לְשׁוֹנִי ת' monolingual
חַד־מַשְׁמָעִי ת' unambiguous
חַד־סִטְרִי ת' one-way
חַד־פַּעֲמִי ת' one-time
חַד־צְדָדִי ת' one-sided
חַד־שֵׂכֶל ת' with a keen mind
חָד (יָחוּד)פ' propound a riddle,
tell a riddle
חַדְגּוֹנִי ת' monotonous

חִדּוּד ז' point, blade, sharp edge
חֲדוּדִית נ' cone
חֶדְוָה נ' joy, gladness, delight
חֲדִילָה נ' ceasing, cessation
חָדִיר ת' penetrable, permeable
חֲדִירָה נ' penetration, permeation
חֲדִירוּת נ' penetrability,
permeability
חָדִישׁ ת' modern, up-to-date,
brand-new
חָדַל פ' cease, stop
חֵדֶק ז' thorn, thorn-bush; notch,
slot; trunk of elephant,
proboscis of insects
חִדְקוֹנִית נ' weevil, beetle
חָדַר פ' penetrate, permeate, enter
חֶדֶר ז' room, 'heder' (diaspora
Jewish religious school)
חַדְרָנִית נ' chambermaid
חָדָשׁ ת' new, fresh
חֲדָשָׁה נ' news item
חֲדָשׁוֹת נ"ר news
חַדְשִׂיחַ ז' monologue, monolog
חַדְשָׁן ז' innovator, neologist
חוֹב ז' debt; obligation
חוֹבֵב ת' amateur; admirer
חוֹבְבָן ז' amateur, hobbyist,
dilettante
חוֹבָה נ' duty, obligation; guilt;
debit
חוֹבֵל ז' seaman, sailor
חוּבַּל פ' be harmed, be injured
חוֹבֶץ ז' חוֹבְצָה נ' buttermilk
חוּבַּר פ' be joined, be connected;
be added; be written,
composed

חוֹבֶרֶת נ' booklet, pamphlet, brochure; copy (of a journal)

חוֹבֵשׁ ז' medical orderly, medical assistant, paramedic

חוּג ז' circle, class, department; range

חוֹגֵג ת', ז' celebrant, celebrator; pilgrim

חוּגָה נ' dial; lark, woodlark

חוֹגֵר ז' non-commissioned officer

חוֹד ז' point, sharp edge, tip, apex

חוּדַּד פ' be sharpened

חוֹדֶשׁ ז' month

חוּדַּשׁ פ' be renewed, be renovated; be innovated

חוֹדְשִׁי ת' monthly

חַוַּאי ז' farmer

חַוָּה נ' farm

חָוָה פ' live through, experience

חֲוָיָה נ' deep impression; experience, sensation

חֲוָיוֹן ז' 'happening'

חֲוִילָה נ' villa

חָוָק ז' transom, rung of ladder

חָוַר פ' pale, go white

חוּוַּר פ' be clarified

חֲוַרְוַר ת' palish, somewhat pale

חֲוַרְוָרִי ת' palish

חֲוַות־דַּעַת נ' opinion, pronouncement

חוֹזֶה ז' contract, treaty, agreement; seer, visionary

חוֹזִי ת', חוֹזִי ז' cortractual; video

(סֶרֶט) חוֹזִי video (tape)

חוּזַּק פ' be strengthened, be reinforced; be corroborated

חוֹזֶק ז' strength, might, intensity

חוֹזְקָה, בְּחוֹזְקָה תה"פ forcefully, hard

חוֹזֵר ז' circular (letter); person returning

חוֹזֵר בִּתְשׁוּבָה ז' penitent, repentant sinner

חוֹזֵר חֲלִילָה תה"פ go on repeatedly

חוּזְרָר ז' sorb-apple

חוֹחַ ז' thorn

חוֹחִית נ' goldfinch

חוּט ז' thread, string, wire

חוּט שִׁדְרָה ז' spinal cord, backbone

חוֹטֵא ז' sinner, evil-doer, transgressor

חוּטָּא פ' be disinfected, be fumigated

חוֹטֶם ז' nose, snout

חוֹטֵף ז' kidnapper, abductor; grabber, snatcher

חוֹטֶר ז' branch, shoot; stick

חוּיַּב פ' be obliged; be found guilty; be debited

חוּיַּג פ' be dialled

חוּיַּל פ' be enlisted, be called up, be mobilized

חוֹכֵךְ ת' fricative, spirant

חוֹכֵךְ בְּדַעְתּוֹ (he) is in doubt, uncertain

חוֹכֵר ז' tenant, renter, lessee

חוֹל ז' sand; phoenix

חו"ל, חוּץ לָאָרֶץ abroad

חוֹל ז' secular, not holy

חוּל הַמּוֹעֵד ז׳ the intermediate days (between first and last days of Pesah and Succot)
חוֹלֵב ז׳ milkman, dairyman
חוֹלֶד ז׳ mole
חוּלְדָּה נ׳ rat
חוֹלֶה תו"ז sick, ill; patient
חוֹלֵה רוּחַ ז׳ mentally ill, insane
חוֹלָה נ׳ (sand) dune
חוֹלִי ז׳ illness, sickness, disease
חוּלְיָה נ׳ link (in chain); coil, vertebra; squad, section (military)
חוֹלִירָע נ׳ cholera
חוֹלֵל פ׳ cause, bring about, perform, do; dance, cause to dance
חוּלַּל פ׳ be desecrated, be profaned
חוֹלְמָנִי ת׳ dreamy
חוֹלָנִי ת׳ sickly; morbid, pathological
חוֹלֵץ ז׳ corkscrew, extractor
חוּלְצָה נ׳ shirt, blouse
חוּלַּק פ׳ be divided, be shared
חוּלְשָׁה נ׳ weakness, feebleness
חוֹם ז׳ heat, warmth; fever
חוּם ת׳ brown
חוֹמָה נ׳ wall
חוּמַּם פ׳ be heated, be warmed, be warmed up
חוֹמֵס ז׳ robber, doer of violence
חוֹמֶץ ז׳ vinegar
חוּמְצָה נ׳ acid
חוּמְצָה גוֹפְרָתִית נ׳ sulphuric acid
חוּמְצָה חַנְקָנִית נ׳ nitric acid

חוּמְצִיוּת נ׳ acidity
חוּמְצַן פ׳ be oxidized
חוֹמֶר ז׳ clay, clay soil; matter, material; severity
חוֹמֶר גוֹלְמִי raw material
חוֹמֶר נֶפֶץ ז׳ explosive(s)
חוּמְרָה נ׳ severity; strictness, seriousness
חוּמְרִיּוּת נ׳ materialism; materiality
חוּמְרָנוּת נ׳ materialism
חוֹמֶשׁ ז׳ a fifth; five-year period; belly
חוּמָּשׁ ז׳ the Pentateuch
חוּמַּשׁ פ׳ be multiplied by five, fivefold
חוּנַּךְ פ׳ be educated; be inaugurated
חוֹנֵן פ׳ favor, be gracious to; endow
חוֹנַן פ׳ be pardoned, be favored with, be blessed with
חוּסַּל פ׳ be liquidated
חוֹסֶן ז׳ strength, power, immunity
חוּסַּן פ׳ be immunized; be strengthened
חוּסְפַּס פ׳ be roughened
חוֹסֶר ז׳ lack, want, shortage
חוֹסֶר כּוֹל ז׳ destitution
חוֹסֶר מַעַשׂ ז׳ inactiveness, failure to act
חוֹסֶר עֲבוֹדָה ז׳ unemployment
חוּסַּר פ׳ be subtracted; be deprived of
חוֹף ז׳ coast, shore, beach

חוּפָּה נ' canopy, covering; wedding, marriage ceremony
חוּפְזָה, חִפָּזוֹן נ' haste, hurry, rush
חוּפֶן ז' handful
חוּפֵף ת' congruent, overlapping
חוּפֶשׁ ז' freedom, liberty; vacation, holiday
חוּפֶשׁ הַדִּיבּוּר ז' freedom of speech
חוּפֶשׁ פְּעוּלָּה ז' freedom of action
חוּפְשָׁה נ' vacation, leave
חוּפְשַׁת לֵידָה נ' maternity leave
חוּפְשִׁי ת' free, unrestricted, irreligious
חוּפְשִׁיוּת נ' freedom (from restraint)
חוּץ ז' out of doors, outside; foreign
חוּץ תה"פ except (for), apart from, excluding
חוּץ לָאָרֶץ abroad; outside Israel
חוּץ מִזֶּה apart from this
חוֹצֵב ז' stone-cutter, mason
חוֹצֶה, חוֹצֶה זָוִוית ז' bisector
חוֹצֶן ז' bosom
חוּצְפָּה נ' insolence, impertinence, impudence, cheek
חוּצְפָּן ז' cheeky person, impertinent person
חוֹק ז' law, rule; regulation; portion
חוֹק בַּרְזֶל ז' unchangeable law
חוֹק וְלֹא יַעֲבוֹר law that admits of no exception
חוֹק לִימּוּדָיו course of one's studies
(הַ)חוֹק (הַ)פְּלִילִי ז' criminal law
חוּקָּה נ' constitution, law
חוּקִּי ת' lawful, legal
חוּקִּיּוּת נ' legality, lawfulness
חוֹקֶן ז' enema
חוֹקֵק פ' legislate, enact
חוֹקֵר ז' investigator, researcher
חוּקָּתִי ת' constitutional
חוֹר ז' hole
חוּר ז' white linen
חוֹרֶב ז' drought, dryness, aridity; desolation
חוּרְבָּה נ' ruin
חוּרְבָּן ז' destruction
חוּרְבַּן הַבַּיִת ז' the destruction of the Temple
חוֹרֵג ת' step-, exceptional
חוֹרִי־אַף, חֲרִי־אַף ז' wrath, fury, anger
חוֹרַךְ פ' be scorched, be charred, be singed
חוּרְמָה, חָרְמָה נ' extermination, annihilation, destruction
חוֹרֶף ז' winter
חוּרְפָּה נ' blade (of a knife)
חוֹרְפִּי ת' wintry
חוֹרְפָּן ז' mink
חוֹרֶשׁ ז', חוּרְשָׁה, חוּרְשָׁה נ' thicket, grove
חוּשׁ ז' sense, feeling
חוּשׁ הַטַּעַם sense of taste
חוּשׁ הַמִּישּׁוּשׁ sense of touch
חוּשׁ הָרְאִיָּה sense of sight
חוּשׁ הָרֵיחַ sense of smell
חוּשׁ הַשְּׁמִיעָה sense of hearing
חוּשַּׁב פ' be calculated, be thought out

חוּשְׁחָשׁ ז׳ wild orange
חוֹשֶׁךְ ז׳ darkness, dark
חוֹשֶׁךְ מִצְרַיִם ז׳ pitch blackness
חוּשַׁל פ׳ be forged; be steeled, be strengthened
חוֹשֶׁם ז׳ fool, dolt, simpleton
חוּשְׁמַל פ׳ be electrified
חוֹשֶׁן ז׳ breastplate
חוּשָׁנִי ת׳ sensual
חוֹשְׂפָנִי ת׳ revealing; all-revealing, blatant
חוֹשֵׁק ז׳ lover, adorer
חוֹשְׁשַׁנִי, חוֹשְׁשַׁנִי I fear, I'm afraid
חוֹתָל ז׳ wrapping, wrapper
חוֹתֶלֶת נ׳ legging, gaiter; diaper; wrapper
חוֹתָם ז׳, חוֹתֶמֶת נ׳ seal, mark, stamp
חוֹתֵן ז׳ father-in-law
חוֹתֶנֶת נ׳ mother-in-law
חַזַּאי ז׳ weather forecaster, weatherman
חָזָה פ׳ watch, foresee, envisage
חָזֶה ז׳ chest, breast
חָזוֹן ז׳ vision, prophecy, revelation
חָזוֹן נִפְרָץ ז׳ a common phenomenon
חָזוּת נ׳ vision (prophetic), revelation; appearance, outward form
חָזוּתִי ת׳ visual, optical
חֲזָזִית נ׳ acne, herpes; lichen, moss
חֲזִיז ז׳ flash, flash of lightning
חֲזִיז וָרַעַם! damnation!
חֲזִיָּה נ׳ brassiere (for women)
חֲזִיר ז׳ pig, swine
חֲזִיר־יָם ז׳ guinea-pig
חֲזִירוּת נ׳ piggishness, swinishness
חֲזִית נ׳ front, facade
חֲזִיתִי ת׳ frontal, head-on
חַזָּן ז׳ cantor
חַזָּנוּת נ׳ cantillation; cantorial music
חָזַק פ׳ be strong; become strong; be hard, be severe
חָזָק ז׳ strong, powerful, firm; hard, severe
חָזְקָה ר׳ חוּזְקָה
חֶזְקָה נ׳ force, severity; power (algebra)
חֲזָקָה נ׳ right of claim, right of possession; taking hold, holding
חֲזָקָה עָלָיו שֶׁ... you may rest assured that he...
חָזַר פ׳ return, go back, repeat
חָזַר בּוֹ changed his mind
חָזַר עַל פ׳ reiterate, repeat
חֲזָרָה נ׳ return, repetition,rehearsal
חֲזָרָה כְּלָלִית נ׳ dress rehearsal
חִזְרוּר ז׳ reiteration
חֲזַרְזִיר ז׳ piglet
חֲזֶרֶת נ׳ horse radish
חַזֶּרֶת נ׳ mumps
חַט ז׳ incisor, canine tooth; chisel
חָטָא פ׳ sin, transgress
חַטָּאָה, חַטָּאת נ׳ sin; sin offering, guilt
חָטַב פ׳ cut up, chop, hew

חָטוּב ת״ז חֲטוּבָה ת״נ cut, hewn; well shaped
חֲטוֹטֶרֶת נ׳ hump, hunch
חָטוּף ת׳ kidnapped, abducted; snatched
חֶטֶט ז׳ furuncle, scab, pimple
חַטְטָן תו״ז nosy person, fussy over details
חַטֶּטֶת נ׳ furunculosis
חֲטִיבָה נ׳ cutting, chopping, hewing; brigade, section, unit
חֲטִיפָה נ׳ snatching, grabbing; kidnapping
חָטַף פ׳ snatch, grab; abduct, kidnap
חַטְפָן תו״ז snatcher, kidnapper
חַי ת׳ alive, living, live; lively, active; raw
חַי נַפְשִׁי I swear
חִיבֵּב פ׳ like, be fond of
חִיבָּה נ׳ liking, affection, fondness
חִיבּוּב ז׳ liking, fondness
חִיבּוּט ז׳ beating, striking
חִיבּוּץ ז׳ churning
חִיבּוּק ז׳ embrace, hug, hugging
חִיבּוּר ז׳ connection, joining; joint; addition; composition
חִיבּוּר חוֹפְשִׁי ז׳ free composition
חִיבֵּל פ׳ sabotage, damage, harm, injure
חִיבֵּל ז׳ rigging, rig, ropes
חִיבֵּק פ׳ embrace, hug
חִיבֵּר פ׳ connect; add; compose
חִיגֵּר ז׳ lame person
חִידֵּד פ׳ sharpen

חִידָה נ׳ riddle, puzzle
חִידַת הַרְכָּבָה נ׳ jigsaw puzzle
חִידּוּד ז׳ sharpening; witticism, clever remark
חִידּוֹן ז׳ quiz
חִידּוּשׁ ז׳ renewal; innovation
חִידָּלוֹן ז׳ non-existence, cessation
חִידֵּשׁ פ׳ renew, renovate, innovate
חָיָה, חַי פ׳ live, exist
חַיָּה נ׳ animal, beast
חִיּוּב ז׳ obliging; affirmation, approval; guilt, conviction; debit
חִיּוּבִי ת׳ positive; affirmative
חִיּוּג ז׳ dialling
חִיוָּה פ׳ state, pronounce
חִיוָּה דֵעָה state one's opinion
חִיוֵּר ת׳ pale, wan
חִיוָּרוֹן ז׳ pallor,wanness, paleness
חִיּוּךְ ז׳ smile
חִיּוּל ז׳ mobilizing, enlisting, mobilization, recruitment
חִיּוּנִי ת׳ vital, essential
חִיּוּת, חַיּוּת נ׳ life, vitality
חִיזּוּי ז׳ prediction, forecast
חִיזּוּק ז׳ strengthening, fortifying; corroboration
חִיזּוּר ז׳ wooing, courting; going round
חִיזָּיוֹן ז׳ phenomenon, spectacle, vision; drama, play
חִיזֵּק פ׳ strengthen, fortify; corroborate
חִיזֵּר פ׳ woo, court; go round
חִיטֵּא פ׳ disinfect, cleanse, fumigate

חִיטָּה נ׳ wheat

חִיטּוּב ז׳ hewing, carving; shapely form

חִיטּוּט ז׳ scratching, scrabbling; searching closely, ransacking

חִיטּוּט בָּאַף ז׳ picking one's nose

חִיטּוּי ז׳ disinfection, fumigation

חִיטֵּט פ׳ scrabble, dig up, scratch about; search closely

חִיֵּיב פ׳ oblige; convict, find guilty, debit, approve

חַיָּיב ז׳ obliged; owing; guilty

חִיֵּיג פ׳ dial

חַיְידַק ז׳ microbe, bacterium

חִיָּה פ׳ keep alive, leave alive; revive

חַיָּט ז׳ tailor

חַיָּטוּת נ׳ tailoring

חַיֶּטֶת נ׳ tailor (female), dressmaker

חִיֵּיךְ פ׳ smile

חַייכָנִי ת׳ smiling, cheerful

חַיָּל ז׳, חַיֶּלֶת נ׳ soldier

חִיֵּיל פ׳ call up, mobilize, recruit

חַיִּים ז״ר life

חַייעַד ז׳ everlasting; aizoon flower

חַיְישָׁן ז׳ fearful person

חִיכָּה פ׳ wait, await; expect

חִיכּוּךְ ז׳ friction; rubbing

חִיכִּי ת׳ palatal

חִיכֵּךְ פ׳ rub against; clear throat

חִיכָּנִי ת׳ piquant, appetizing

חַיִל ז׳ strength, valor, bravery; armed force

חִיל ז׳ quake, fear

חֵיל הָאֲוִויר ז׳ air force

חֵיל הַיָּם ז׳ navy

חֵיל הָרַגְלִים, חִי״ר ז׳ infantry

חִילָּה פ׳ beseech, implore

חִילָּה אֶת פָּנָיו beseeched him

חִילּוּל ז׳ desecration, profanation

חִילּוּל הַשֵּׁם ז׳ blasphemy

חִילּוֹנִי ת׳ secular non-religious

חִילּוּף ז׳ exchanging, changing

חִילּוּף חוֹמָרִים ז׳ metabolism

חִילּוּפִית נ׳ amoeba

חִילּוּץ ז׳ deliverance, rescue

חִילּוּץ עֲצָמוֹת ז׳ exercise, physical training

חִילּוּק ז׳ dividing; division

חִילּוּקֵי דֵעוֹת ז״ר differences of opinion

חִלָּזוֹן ז׳ snail

חִילֵּל פ׳ profane, desecrate; play flute

חִילֵּן פ׳ secularize, make profane

חִילֵּץ פ׳ deliver, rescue; remove

חִילֵּק פ׳ divide; share out

חִימּוּם ז׳ heating, warming

חִימּוּשׁ ז׳ arming, ordnance; division into five

חִימֵּם פ׳ heat, warm

חִימֵּר פ׳ drive donkey

חִימֵּשׁ ז׳ child of the fifth generation

חִימֵּשׁ פ׳ arm; divide by five; multiply by five

חִינּוּךְ ז׳ education, schooling, upbringing

חִינוּכִי ת' educational

חִינֵּךְ פ' educate, school, bring up

חִינָּם, חִנָּם תה"פ free (of charge), in vain

חִינֵּן פ' implore, beseech

חִינָּנִי ת' charming, graceful, comely

חִינָּנִית נ' daisy; graceful lady

חִינֵּק פ' strangle, suffocate, throttle

חִיסּוּי ז' finding shelter, seeking refuge

חִיסּוּל ז' elimination, liquidation

חִיסּוּם ז' hardening (of metal); muzzling

חִיסּוּן ז' immunization, inoculation; strengthening

חִיסּוּר ז' subtraction (arithmetic), deduction; ellipsis

חִסָּיוֹן ז' right of restriction (of documents)

חִיסָּכוֹן ז' saving, ecomomy; thrift

חִיסֵּל פ' liquidate, eliminate

חִיסֵּן פ' immunize, inoculate; strengthen

חִיסֵּר פ' subtract; deprive

חִיסָּרוֹן ז' disadvantage, defect; deficiency

חִיפָּה פ' cover over, overspread

חִיפּוּי ז' covering, protecting; cover (by gunfire, etc.)

חִיפּוּשׂ ז' search, quest

חִיפּוּשִׁית נ' beetle

חִיפָּזוֹן ז' haste, hurry, rush

חִיפֵּשׂ פ' look for, seek

חַיִץ ז' barrier, partition, screen

חִיצּוּי ז' halving; bisection, division in two

חִיצוֹן, חִיצוֹנִי ת' outer, external

חִיצוֹנִיּוּת נ' outward appearance, exterior

חֵיק ז' bosom, lap

חִיקָּה פ' copy, imitate

חִיקּוּי ז' imitation, copy

חִיקּוּק ז' legislation, enacting; engraving

חִיקּוּר ז' investigation

חֵירוּם ז' emergency

חֵירוּף ז' abuse, curse

חֵירוּף נֶפֶשׁ ז' reckless courage

חֵירוּק ז' gnashing, grinding

חֵירוּק שִׁינַּיִם ז' gnashing of teeth, fury

חֵירוּת, חֵרוּת נ' freedom, liberty

חֵירֵף פ' abuse, revile, curse

חֵירֵשׁ ז' deaf

חֵירֵשׁ־אִילֵּם ז' deaf and dumb

חֵירְשׁוּת נ' deafness

חִישׁ תה"פ quickly, fast

חִישׁ קַל, חִישׁ מַהֵר תה"פ very quickly

חִישֵּׁב פ' estimate, calculate; esteem

חִישּׁוּב ז' calculation, reckoning; estimation

חִישּׁוּל ז' forging, strengthening

חִישּׂוּף ז' exposure, uncovering

חִישּׁוּק ז' rim, hoop

חִישּׁוּר ז' spoke (of wheel)

חִישֵּׁל פ' forge, strengthen, toughen

חִישֵּׁק פ' gird, tie round

חִיתּוּךְ ז' cutting up, carving
חִיתּוּךְ דִּיבּוּר ז' articulation
חִיתּוּל ז' diaper, nappy; wrapping
חִיתּוּם ז' stamping, sealing, subscribing
חִיתּוּן ז' marrying
חִיתֵּל פ' diaper (a baby); wrap
חִיתֵּן פ' marry off, give in marriage
חֵךְ, חֵיךְ ז' palate, roof of the mouth
חַכָּה נ' fish-hook, fishing-tackle
חֲכִירָה נ' tenancy (of property); leasing, renting
חִכֵּךְ פ' rub, scratch
חִכֵּךְ בְּדַעְתּוֹ hesitate, be in doubt
חָכַם פ' become wise; be wise
חָכָם ת' wise, sage, clever
חָכָם בַּלַּיְלָה ז' wiseacre, fool
חָכְמָה נ' wisdom, cleverness; science, study; clever trick (slang)
חָכַר פ' lease, rent, hire
חָל פ' fall on, occur; apply
חָל פ' tremble, fear
חֶלְאָה נ' filth, dirt, scum
חֶלְאַת הַמִּין הָאֱנוֹשִׁי נ' the dregs of humanity, loathsome person
חָלַב פ' milk
חָלָב ז' milk
חָלָב מְעוּקָּר ז' sterilized milk
חָלָב מְפוּסְטָר ז' pasteurized milk
חָלָב מְרוּכָּז ז' evaporated milk; condensed milk
חָלָב עָמִיד ז' long life milk

חֵלֶב ז' animal fat, tallow
חַלְבָה, חַלְוָוה נ' halva
חֶלְבּוֹן ז' white (of egg); albumen; protein
חֲלָבִי ת' milky, lactic; for or of milk foods in Jewish dietary laws
חֲלַבְלוּב ז' spurge (plant)
חֶלֶד ז' this world, this life
חָלָה פ' fall sick, be sick
חַלָּה נ' halla (loaf eaten on Shabbat)
חָלוּד ת' rusty; creaky with age (slang)
חֲלוּדָה נ' rust, rustiness
חַלְוָוה ר' חַלְבָה
חָלוּט ת' absolute, final, decided; soaked in hot water
חָלוּל ת' hollow
חֲלוֹם ז' dream
חַלּוֹן ז' window; free period (in school timetable) (colloq.)
חַלּוֹן רַאֲוָוה ז' display window
חֲלוֹף ז' vanishing, perishing, transient, ephemeral
חֲלוּפָה נ' alternative
(לְ)חֲלוּפִין תה"פ alternatively
חָלוּץ ז' pioneer, vanguard; forward (football)
חֲלוּצִיּוּת נ' pioneering, pioneering spirit
חָלוּק ז' dressing-gown, robe, work-coat
חָלוּק ת' divided, disagreeing
חַלּוּק ז' pebble, smooth stone

חֲלוּקֵי אֲבָנִים ז״ר pebbles

חֲלוּקָה נ׳ division, distribution, partition

חָלוּשׁ ת׳ feeble, weak, exhausted

חֲלוּשָׁה נ׳ weakness, feebleness

חֶלְזוֹנִי ת׳ spiral

חִלְחוּל ז׳ trembling, shaking; permeation, seeping

חַלְחוֹל ז׳ percolator

חִלְחֵל פ׳ move, shake; permeate, penetrate

חַלְחָלָה נ׳ trembling, shudder

חָלַט פ׳ scald, pour boiling water on, blanch

חַלְטָנִי ת׳ decisive, determined

חֲלִיבָה נ׳ milking

חָלִיד ת׳ liable to rust

חָלִיל ז׳ flute, pipe (musical)

(חוֹזֵר) חֲלִילָה תה״פ around, in turn

(חַס וְ) חָלִילָה! תה״פ God forbid!

חֲלִילִית נ׳ recorder, flute, shepherd's pipe

חֲלִילָן ז׳ flautist, flute-player

חָלִיף ז׳ new shoot; caliph; substitute

חָלִיף ת׳ interchangeable, exchangeable

חֲלִיפָה נ׳ suit, garment, dress; exchange, change, replacement

חֲלִיפוֹת תה״פ alternately

חֲלִיפוּת נ׳ caliphate; interchangeability

חֲלִיפִי ת׳ exchangeable

חֲלִיפִים, חֲלִיפִין ז״ר barter; thing bartered; exchange

חֲלִיצָה נ׳ taking off, removing, extracting; in Jewish law: release from obligation to marry brother's widow

חֲלִישׁוּת נ׳ weakness, enfeeblement

חֵלֶךְ, חֶלְכָה ת׳ wretched, poor, unfortunate, miserable

חָלָל ז׳ dead, fatal casualty; vacuum, void; outer space

חֲלָלַאי ז׳ spaceman

חֲלָלִית נ׳ space-ship

חָלַם פ׳ dream

חֶלְמוֹן ז׳ (egg) yolk

חֶלְמוֹנָה נ׳ egg brandy, egg-nog

חַלָּמִישׁ ז׳ flint

חִלְמֵן פ׳ brush with yolk; separate yolk from white

חָלַף פ׳ pass by, elapse

חֵלֶף תה״פ in exchange for, instead of

חֵלֶף ז׳ (ר׳ חֲלָפִים) spare part

חַלָּף ז׳ ritual slaughterer's knife

חַלְפִּית נ׳ swordfish

חַלְפָן ז׳ money-changer

חָלַץ פ׳ remove, extract; take off (shoe); rescue, remove, extricate

חֲלָצַיִים ז״ז loins

חִלֵּק פ׳ divide, apportion, allot

חָלַק עַל פ׳ differ with, disagree with

חָלַק כָּבוֹד אַחֲרוֹן לְ pay one's last respects to (dead person)

חָלָק ת׳ smooth; slippery

חֵלֶק ז׳ part, portion; share

חֵלֶק דִּיבּוּר ז׳ part of speech

חֵלֶק הָאֲרִי ז' lion's share
חֵלֶק כְּחֵלֶק תה"פ (in) equal shares
חֶלְקָה נ' plot (of land)
חֶלְקִי ת' partial, fractional; part-time
חֶלְקִיק ז' particle
חֶלְקִית תה"פ partly, partially
חֲלַקְלַק ת' very slippery; very smooth
חֲלַקְלַקָּה נ' skating-rink; slippery ground
חֲלַקְלַקּוֹת תה"פ by flattery, with a smooth tongue
חָלַשׁ פ' be weak, become weak
חָלְשָׁה דַעְתּוֹ he was downhearted
חַלָּשׁ ת' weak, feeble, frail
חֲלַשׁ אוֹפִי ת' of weak character
חַם, חָם ת' hot, warm
חָם ז' (חָמִי, חָמִיךָ... חָמִיו...) father-in-law
חֶמְאָה נ' butter
חָמַד פ' covet, desire, lust after
חֶמֶד ז' delight, charm, loveliness
חֶמְדָּה נ' desire, object of desire
חַמְדָּנוּת נ' covetousness, greed, lustfulness
חַמָּה נ' sun
חֵמָה נ' anger, wrath, rage
חָמוּד ת' delightful, charming, cute
חֲמוּלָה נ' clan
חָמוּם ת' heated
חֲמוּם מוֹחַ, חֲמוּם מֶזֶג ת' hot-tempered, excitable
חָמוּץ ת' sour
חֲמוּצִים ז"ר pickles
חַמּוּק ז' curve, bend, roundness
חַמּוּקֵי יְרֵכֶיהָ ז"ר her rounded thighs
חֲמוֹר ז' donkey, ass
חֲמוֹר גֶּרֶם ז' jackass
חָמוּר ת' grave, severe, serious
חָמוּשׁ ת' armed, equipped
חָמוֹת נ' mother-in-law
חָמִים ת' warm, warmish; cosy
חֲמִימוּת נ' warmth; warm-heartedness; cosiness
חַמִּין ז' 'cholent'; food kept warm for Shabbat
חֲמִיצָה נ' sour soup, beetroot soup, borsht
חֲמִיצוּת נ' sourness, acidity
חֲמִשָּׁה ש"מ five (masc.)
חֲמִשָּׁה עָשָׂר ש"מ fifteen (masc,)
חֲמִישִׁי ת' fifth (masc.)
חֲמִישִׁיָּה נ' group of five; quintet; quintuplets
חֲמִשִּׁים ש"מ one fifty (fem.);on fifth
חֲמִישִׁית נ' one fifth; fifth (fem.)
חָמַל פ' pity, have pity on, spare
חֶמְלָה נ' pity, mercy, compassion
חַמָּם ז' warmer (for food)
חֲמָמָה נ' hothouse, greenhouse
חַמָּנִית נ' sunflower
חָמַס פ' rob, extort; do violence
חָמָס ז' violent crime, brigandage; harsh wrong
חַמְסִין ז' hamsin (hot dry desert wind)
חַמְסָן ז' robber, oppressor
חָמֵץ פ' go sour, turn sour; become leavened, ferment
חָמֵץ ז' leavened bread, leavened dough, leaven

חִמְצָה נ׳ chick-pea(s), humus
חִמְצוּן ז׳ oxidation, oxygenation
חַמְצִיץ ז׳ sorrel
חֲמַצְמַץ ת׳ sourish
חַמְצָן ז׳ oxygen
חִמְצֵן פ׳ oxidize, oxygenate
חַמְצָנִי ת׳ oxygenic, containing oxygen
חַמֶּצֶת נ׳ acidosis
חָמַק פ׳ slip away, run off, dodge
חֲמַקְמַק, חַמְקָן ז׳ shirker, dodger
חַמְקָנוּת נ׳ shirking, evasiveness
חֵמָר ז׳ asphalt, bitumen
חֹמֶר ר׳ חוֹמֶר
חַמָּר ז׳ donkey-driver, pack-animal driver
חַמְרִיָּה נ׳ rufous warbler
חַמְרָן ז׳ aluminium
חָמְרָנוּת ר׳ חוֹמְרָנוּת
חֲמֹרֶת נ׳ caravan of donkeys
חָמֵשׁ ש״מ five (feminine)
חֲמִשָּׁה ש״מ quintuplets
חֲמֵשׁ־עֶשְׂרֵה ש״מ fifteen (fem.)
חַמְשִׁיר ז׳ limerick
חֲמִשִּׁית נ׳ quintet(te) (musical)
חֵמֶת נ׳ skin bottle, waterskin
חֵמֶת חֲלִילִים נ׳ bagpipes
חֵן ז׳ charm, grace; favor
חֵן־חֵן thank you, thanks
חָנָה פ׳ park; encamp
חֶנְוָנִי ז׳ shopkeeper
חָנוּט ז׳ mummy, embalmed body
חֲנֻכָּה נ׳, inauguration, dedication, Hanukka
חֲנֻכִּיָּה נ׳ Hanukka lamp
חַנּוּן ת׳ gracious, merciful
חֲנֻפָּה נ׳ flattery, sycophancy
חָנוּק ת׳ strangled, choked, stifled
חֲנוּת נ׳ shop, store; fly (of man's trousers) (colloq.)
חָנַט פ׳ embalm (a body), mummify
חֲנָיָה נ׳ parking place
חֲנִיטָה נ׳ embalming, mummification
חֲנִיָּה נ׳ parking; encampment
חָנִיךְ ז׳ student, pupil, apprentice, trainee; cadet
חֲנִיכַיִם ז״ר gums
חֲנִינָה נ׳ amnesty, pardon, mercy
חֲנִיקָה נ׳ strangulation, choking
חֲנִית נ׳ spear, javelin, lance
חָנַךְ פ׳ inaugurate, dedicate
חֲנָמַל ז׳ hail, sleet
חָנַן פ׳ pardon, show mercy to
חָנֵף ת׳ two-faced; flatterer
חַנְפָן ז׳ flatterer, sycophant
חָנַק פ׳ strangle, choke, stifle
חֶנֶק ז׳ strangulation, suffocation
חַנְקָה נ׳ nitrate
חִנְקוּן ז׳ nitrification
חַנְקָן ז׳ nitrogen
חִנְקֵן פ׳ nitrogenize
חַנְקָנִי ת׳ nitric, nitrogenous
חַנְקָתִי ת׳ nitrous
חָס פ׳ pity, have mercy on; spare
חַס וְחָלִילָה!, חַס וְשָׁלוֹם! God forbid!
חֶסֶד ז׳ loving kindness, graciousness, favor
חֶסֶד נְעוּרִים ז׳ youthful friendship and affection
חָסָה פ׳ find protection, find refuge

חַסָּה נ' lettuce

חָסוּד ת' graceful, charming

חָסוּי ת' protected, guarded; classified, restricted (documents)

חָסוּךְ ת' lacking, wanting

חָסוּם ת' muzzled, blocked, closed off

חָסוֹן ת' sturdy, strong, powerful

חָסוּת נ' protection, patronage, auspices

חַסְחוּס ז' cartilage

חֲסִי ז' leeward

חָסִיד ת' Hassid, pious man; fan, follower, devotee

חֲסִיד אוּמּוֹת הָעוֹלָם ז' righteous Gentile

חֲסִידָה נ' stork

חֲסִידוּת נ' Hassidism

חֲסִימָה נ' barring, blocking; obstruction; muzzling

חָסִין ת' proof (against...), immune (from...), resistant

חֲסִין־אֵשׁ ת' fireproof

חֲסִין־מַיִם ת' waterproof

חֲסִינוּת נ' immunity; strength

חָסַךְ פ' save; withhold

חֶסֶךְ ז' deprivation

חַסְכָן ז' thrifty person, frugal person

חַסְכָנִי ת' thrifty, economical, frugal

חֲסַל! מ"ק stop!, enough!

חָסַם פ' close, block, bar; muzzle

חִסְפּוּס ז' roughening, coarsening; roughness

חִסְפֵּס פ' roughen, coarsen

חָסַר פ' lack, be without; be absent, be missing

חָסֵר ת' lacking, in need of; incomplete; less, minus

חֶסֶר ז' lack, shortage; poverty; deficiency

חֲסַר דַּעַת ת' brainless, witless

חִסָּרוֹן ז' disadvantage; deficiency, lack

חַף ת' clean, pure, innocent

חַף מִפֶּשַׁע ת' innocent, guiltless

חָף ז' tooth of a key; dowel

חָפָה פ' cover

חָפוּז ת' hasty, rushed, hurried

חָפוּי ת' covered

חָפוּת ת' rolled-up (sleeve)

חַפּוּת נ' innocence

חָפַז פ' hasten, rush, hurry

חֲפִיזוּת נ' impulsiveness

חֲפִיָּה נ' covering

חֲפִיסָה נ' packet, pack (of cigarettes), deck (of cards), bar (of chocolate)

חָפִיף ת', תה"פ easy, light; easily (slang)

חֲפִיפָה נ' shampooing, washing the hair; congruence; overlapping

חֲפִירָה נ' digging; ditch, trench, excavation (archaeological)

חָפַן פ' take a handful of

חָפַף פ' shampoo, wash (the hair); be congruent, overlap

חֲפָפִית נ' rash, eczema

חָפֵץ, חָפַץ פ׳ want, wish, desire
חֵפֶץ ז׳ wish, desire; object article, thing
חָפַר פ׳ dig, excavate, search
חַפָּר ז׳ digger, sapper
חֲפַרְפָּרָה, חֲפַרְפֶּרֶת נ׳ mole
חָפַת פ׳ roll up (sleeves)
חֵפֶת ז׳ fold (in garment)
חֵץ ז׳ arrow, dart; vector (math.)
חֲצָאִית נ׳ skirt
חָצַב פ׳ quarry, hew; chisel, carve
חַצֶּבֶת נ׳ measles
חָצָה פ׳ halve; divide; cross
חָצוּב ת׳ quarried, hewn, dug out
חֲצוּבָה נ׳ tripod
חָצוּי ת׳ halved, bisected; crossed
חָצוּף ת׳ impudent, insolent, cheeky
חֲצוֹצְרָה נ׳ trumpet, bugle
חֲצוֹצְרָן ז׳ trumpeter, bugler
חֲצוֹת נ׳ midnight
חֲצִי, חֵצִי ז׳ half; middle, center
חֲצִי־אִי ז׳ peninsula
חֲצִי גְמָר ז׳ semi-final
חֲצִי גוֹרֶן ז׳ semi-circle
חֲצִי חֲצִי תה״פ fifty-fifty
חֲצִי נֶחָמָה ז׳ some consolation
חֲצִי תְנוּעָה ז׳ semi-vowel
חֲצָיָה, חֲצִיָּיה נ׳ halving, bisection; crossing
חָצִיל ז׳ egg-plant, aubergine
חֲצִיצָה נ׳ partitioning, separating; partition, intervening object
חָצִיר ז׳ hay, grass

חָצַץ פ׳ partition off, separate, divide
חָצָץ ז׳ gravel, stones
חִצְצֵר פ׳ blow a trumpet or a bugle
חָצֵר נ׳ yard, courtyard, court
חֲצֵרִים ז״ר premises
חַצְרָן ז׳ caretaker; courtier
חַקְיָן ז׳ imitator, mimic
חֲקִיקָה נ׳ legislation; engraving, carving
חֲקִירָה נ׳ investigation, interrogation; research
חַקְלָאוּת נ׳ farming, agriculture
חַקְלַאי ז׳ farmer, agriculturalist
חַקְלָאִי ת׳ agricultural
חָקַק פ׳ legislate, enact; engrave, carve
חָקַר פ׳ investigate, interrogate; study, research
חֵקֶר ז׳ investigation, inquiry, study
חֵקֶר הַמִּקְרָא ז׳ Bible study
חָרַב פ׳ be destroyed be dried up, arid
חָרֵב ת׳ destroyed, desolate; dry
חֶרֶב נ׳ sword
חָרָבָה נ׳ arid land
חֻרְבּוֹן ז׳ mess, failure (slang)
חִרְבֵּן פ׳ ruin, mess up, foul up (slang)
חָרַג פ׳ go beyond, exceed
חַרְגוֹל ז׳ locust, grasshopper
חָרַד פ׳ tremble; be anxious, be worried
חָרֵד ת׳ fearful; anxious; pious, God-fearing

חֲרָדָה נ' dread; anxiety
חֲרֵדִי ת' ultra orthodox
חַרְדָּל ז' mustard
חָרָה פ', חָרָה לוֹ be angry, be indignant
חָרוּב ז' carob
חָרוּז ז' bead; rhyme
חָרוּט ת' engraved, carved
חָרוּט ז' cone
חָרוּךְ ת' scorched, singed, charred
חָרוּל ז' thistle, nettle, bramble
חָרוּם ת' flattened
חֲרוּמַף ז' flat-nosed person
חָרוֹן, חֲרוֹן־אַף ז' wrath, fury, anger
חֲרוֹסֶת נ' haroset (mixture of nuts, fruit and wine eaten on night of Pessah)
חָרוּץ ת' industrious, diligent
חָרוּר ת' perforated, full of holes
חָרוּשׁ ת' ploughed, furrowed
חֲרוֹשֶׁת נ' industry, manufacture
חֲרוֹשְׁתָּן ז' industrialist, manufacturer
חָרוּת ת' engraved, carved
חָרַז פ' string, thread; write verses or rhymes
חָרְזָן ז' versifier, rhyme, poetaster
חִרְחוּר ז' stirring up, incitement, provocation
חִרְחוּר מִלְחָמָה ז' war mongering
חִרְחֵר פ' stir up, provoke
חָרַט פ' engrave, carve, etch
חֶרֶט ז' stylus
חָרָט ז' engraver, carver, etcher
חֲרָטָה נ' regret, remorse

חַרְטוֹם ז' snout, beak (of bird); prow (of vessel); nose (of plane); toe (of shoe)
חַרְטוּמָן ז' woodcock
חָרִיג תו"ז exception, irregular
חֲרִיגָה נ' deviation, exception; exceeding, going beyond
חֲרִיזָה נ' stringing, threading; rhyming; writing rhymes or verses
חָרִיט ז' purse
חֲרִיטָה נ' engraving, carving, etching
חָרִיף ת' sharp, keen, pungent; acute; severe
חָרִיץ ז' groove, slit, notch
חֲרִיצוּת נ' diligence, industriousness
חֲרִיקָה נ' creaking, squeaking
חָרִיר ז' small hole, eyelet
חָרִישׁ ז' ploughing; ploughing season
חֲרִישָׁה נ' ploughing
חֲרִישִׁי ת' still, quiet
חָרַךְ פ' scorch, singe, char
חָרָךְ ז' lattice window, loophole, slit
חֵרֶם ז' excommunication, boycott, ban; forfeited property
חֶרְמֵשׁ ז' scythe, sickle
חֶרֶס ז' clay; shard, sherd, piece of pottery
חַרְסִינָה נ' porcelain, porcelain tile
חַרְסִית נ' clay soil; sherds
חָרַף פ' winter, spend the winter, hibernate

in spite of, despite, notwithstanding חֵרֶף תה״פ
disgrace, shame, ignominy חֶרְפָּה נ׳
the shame of having to beg for food חֶרְפַּת רָעָב ז׳
groove, cut into; decide, determine חָרַץ פ׳
shackle, fetter חַרְצֻבָּה נ׳
pip, stone (of fruit) חַרְצָן ז׳
grate, creak, squeak; gnash, grind חָרַק פ׳
gnash one's teeth, become furious חָרַק שִׁנַּיִם פ׳
insect; grating חֶרֶק ז׳, חֲרָקִים ז״ר
secretly, silently חֶרֶשׁ תה״פ
plough חָרַשׁ פ׳
artisan, craftsman חָרָשׁ ז׳
artichoke חַרְשָׁף ז׳
feel; rush, hurry חָשׁ פ׳
stillness, silence, secrecy חֲשַׁאי ז׳
secret, clandestine חֲשָׁאִי ת׳
secrecy, clandestineness חֲשָׁאִיּוּת נ׳
think; intend; consider; esteem חָשַׁב פ׳
accountant חַשָּׁב ז׳
account, bill, invoice; arithmetic, calculation חֶשְׁבּוֹן ז׳
current account חֶשְׁבּוֹן עוֹבֵר וָשָׁב ז׳
accounting, accountancy חֶשְׁבּוֹנָאוּת נ׳
abacus, counting frame חֶשְׁבּוֹנִיָּה נ׳
figure, calculate חִשְׁבֵּן פ׳
suspect, distrust חָשַׁד פ׳
suspicion, distrust חֲשַׁד ז׳
suspicious person חַשְׁדָן ז׳
important חָשׁוּב ת׳
suspected, suspicious חָשׁוּד ת׳
Heshvan (Oct.-Nov.) חֶשְׁוָן ז׳
dark, obscure, dim; unenlightened חָשׁוּךְ ז׳
lacking, without, devoid חָשׂוּךְ ת׳
childless חֲשׂוּךְ בָּנִים ת׳
bare, exposed, uncovered חָשׂוּף ת׳
adored, beloved, desired חָשׁוּק ת׳
thinking, reckoning חֲשִׁיבָה נ׳
importance, significance חֲשִׁיבוּת נ׳
malleable, forgeable חָשִׁיל ת׳
laying bare, exposing; exposure חֲשִׂיפָה נ׳
hashish, marihuana חֲשִׁישׁ ז׳
darken, grow dark חָשַׁךְ פ׳
be appalled חָשְׁכוּ עֵינָיו
darkness, obscurity חֲשֵׁכָה נ׳
electricity חַשְׁמַל ז׳
electrocute; electrify; thrill חִשְׁמֵל פ׳
electrical engineering חַשְׁמַלָּאוּת נ׳
electrician חַשְׁמַלַּאי ז׳
electric(al) חַשְׁמַלִּי ת׳
streetcar, tram, trolley car חַשְׁמַלִּית נ׳
cardinal; noble חַשְׁמָן ז׳
uncover, expose, bare חָשַׂף פ׳
striptease; exhibitionism חַשְׂפָנוּת נ׳
strip-tease artiste חַשְׂפָנִית נ׳
desire, long for, crave חָשַׁק פ׳
desire, longing, craving חֵשֶׁק ז׳

חַשְׁקָנִיּוֹת נ"ר adolescent pimples (slang)
חָשַׁשׁ פ' fear, be afraid, be apprehensive
חֲשָׁשׁ ז' fear, apprehension
חֲשַׁשׁ ז' chaff, hay
חַשְׁשָׁן ז' apprehensive person
חָתָה פ' stir (fire), rake (ash), carry (coals)
חָתוּךְ ת' cut (up)
חָתוּל ז' cat
חָתוּם ת' stamped, signed; closed, blocked; subscriber
חֲתוּנָּה נ' wedding
חָתִיךְ ז' good-looking young man (slang)
חֲתִיכָה נ' piece, bit, slice; attractive young woman (slang)
חֲתִימָה נ' signature, signing; conclusion, completion; closing, blocking; subscription

חֲתִימַת זָקָן נ' first signs of a beard
חֲתִירָה נ' undermining; striving to attain or achieve; rowing
חֲתִירָה תַּחְתָּיו seeking to undermine his outhority
חָתַךְ פ' cut (up), slice
חֲתָךְ ז' cut, incision
חֲתַלְתּוּל ז' kitten, pussy
חָתַם פ' sign, seal, stamp; complete; stop up; take out a subscription
חָתַם קֶבַע sign up (for permanent army)
חָתָן ז' bridegroom; son-in-law; recipient of prize
חָתַר פ' undermine; strive to attain or achieve; row
חַתְרָנוּת נ' undermining, subversiveness, subversion
חַתְרָנִי ת' subversivc, intended to undermine position or authority

ט

טִאְטֵא פ' **sweep**

טַב, טָבָא ת' **good**

טַבּוּ **taboo; land registry office**

טָבוּחַ ת' **slaughtered**

טָבוּל ת' **dipped, immersed; baptized**

טָבוּעַ ת' **drowned, sunk**

טַבּוּר ז' **navel; hub, center**

טַבּוּרִי ת' **umbilical; navel orange**

טָבַח פ' **slaughter, massacre**

טֶבַח ז' **slaughter, massacre**

טַבָּח ז' **cook, chef**

טַבַּחַת, טַבָּחִית נ' **cook (female)**

טְבִילָה נ' **dipping, immersion; baptism**

טְבִילַת אֵשׁ נ' **baptism of fire**

טָבִין וּתְקִילִין ת"ר **hard cash**

טְבִיעָה נ' **stamping, imprinting, minting; coining; drowning, sinking**

טְבִיעַת אֶצְבָּעוֹת נ' **finger print**

טְבִיעַת עַיִן נ' **keen visual perception, sharp eye**

טָבַל פ' **dip, immerse; baptize**

טַבְלָה נ' **table, board; bar (of chocolate, etc.)**

טַבְלִית נ' **tablet**

טָבַע פ' **drown, sink; stamp; mint, coin**

טֶבַע ז' **nature**

טֶבַע דוֹמֵם ז' **inorganic nature**

טֶבַע שֵׁנִי **second nature**

טִבְעוֹנִי ת' **naturist, vegetarian**

טִבְעִי ת' **natural**

טִבְעִיּוּת נ' **naturalness**

טִבְעִית תה"פ **naturally, obviously**

טַבַּעַת נ' **ring**

טַבַּעַת נִישּׂוּאִין נ' **wedding ring**

טַבַּעְתִּי ת' **ringlike**

טַבָּק ז' **tobacco**

טֵבֵת ז' **Tevet (December-January)**

טְגָנִית נ' **fritter**

טָהוֹר ת' **pure, clean**

טָהַר פ' **become clean, become pure**

טַהֲרָנוּת נ' **purism**

טוּאְטָא פ' **be swept**

טוֹב ת' **good, fine**

טוֹב לֵב ת' **good hearted**

טוֹב תה"פ **well**

טוֹב ז' **goodness**

טוֹב מְאוֹד ת' **very good (mark)**

טוּב ז' **goodness, virtue**

טוּב טַעַם ז' **good taste**

טוֹבָה נ' **favor, kindness, good deed**

טוּבִים ז"ר **goods, movable property**

טוּבַּע פ' **be sunk, be drowned**

טוֹבְעָנִי ת' **swampy, marshy**

טוּגַּן פ' **be fried**

טוּגָנִים ז"ר **potato chips**

טוּהַר פ' **be cleansed; be purged, be purified**

טוֹהַר ז', טוֹהֳרָה, טָהֳרָה נ' **purity; purification**

טָוָה פ' **spin, weave**

טוּוַּח פ' **be ranged**

טְוָח ז' **range**

טְוָח אָרוֹךְ ז׳ long range
טַוָּס ז׳ peacock
טְוִי ז׳ cloth, fabric
טְוִיָּה נ׳ spinning, weaving
טוֹחֵן ז׳, טוֹחֶנֶת נ׳ miller
טוֹחֶנֶת נ׳ molar tooth
טוּיַּח פ׳ be plastered, be coated; be covered up
טוּלָא פ׳ be patched
טוּלְטַל פ׳ be moved about
טוּמָּא פ׳ be defiled
טוּמְאָה נ׳ defilement, impurity, uncleanness
טוּמְטַם פ׳ be made stupid, be dulled
טוּנַּף פ׳ be dirtied, be made filthy
טוֹעֶה ת׳ wrong, mistaken
טוֹעֵן ז׳ claimant (legal)
טוֹפַח ז׳ vetchling
טוּפַּח פ׳ be nurtured, be tended, be cherished
טוּפַּל פ׳ be treated, be dealt with, be attended to
טוֹפֶס ז׳ form; copy, mold, die
טוּר ז׳ column; row; progression
טוּרַאי ז׳ private (in army)
טוּרְדָנִי ת׳ pestering, troublesome, worrying
טוֹרַח ז׳ bother, trouble, hardship
טוֹרֵף ת׳ predatory, rapacious; carnivorous
טוֹרַף פ׳ be seized as prey; be deranged; be shuffled; be scrambled
טוּרְפַּד פ׳ be torpedoed

טוּשְׁטַשׁ פ׳ be blurred; be covered up; be confused
טָח פ׳ plaster, smear, coat
טַחַב ז׳ damp(ness), mustiness
טָחוּב ת׳ damp, moist, dank, moldy
טְחוֹל ז׳ spleen, milt
טָחוּן ת׳ ground, milled
טְחוֹרִים ז״ר haemorrhoids, piles
טְחִינָה נ׳ grinding; sesame paste, tehina
טָחַן פ׳ grind, mill
טֶחָן ז׳ miller
טַחֲנָה נ׳ mill
טַחֲנַת־רוּחַ נ׳ windmill
טִיב ז׳ quality, character
טִיבּוּעַ ז׳ sinking, drowning; submersion
טִיבֵּעַ פ׳ sink, drown; submerge
טִיגּוּן ז׳ frying
טִיגֵּן פ׳ fry
טִיהוּר ז׳ purification, cleansing, purge
טִיהֵר פ׳ purify, cleanse, purge
טִיּוּב ז׳ improving; improvement, betterment
טִיווּחַ ז׳ ranging, range-finding
טִיוַּח פ׳ range, find the range
טִיּוּחַ ז׳ plastering, coating; covering up
טְיוּטָה נ׳ rough draft, first copy
טִיּוּל ז׳ walk, hike; excursion, trip
טִיּוֹנֶת נ׳ silt, alluvium
טִיחַ ז׳ plaster
טִיט ז׳ clay, loam; mud, mire

טִיֵּב פ׳ improve, better
טִיֵּחַ פ׳ plaster, coat; cover up
טַיָּח ז׳ plasterer
טִיֵּל פ׳ go for walk or a hike, go on an excursion
טַיֶּלֶת נ׳ promenade, walk
טַיָּס ז׳ pilot, airman, aviator
טַיֶּסֶת נ׳ squadron; pilot (female)
טִיכֵּס פ׳ arrange, order
טִיכֵּס עֵצָה פ׳ consult, decide what to do
טִיל ז׳ missile, rocket, projectile
טִיל אֲוִיר־אֲוִיר ז׳ air to air missile
טִיל קַרְקַע־אֲוִיר ז׳ ground to air missile
טִיל קַרְקַע־קַרְקַע ז׳ ground to ground missile
טִימֵּא פ׳ defile, taint
טִין ז׳ silt, mud
טִינָא, טִינָה נ׳ resentment, grudge, jealousy
טִינּוֹפֶת נ׳ dirt, filth
טִינֵּף פ׳ dirty, make filthy
טַיִס ז׳ flying, flight, aviation
טִיסָה נ׳ flight, flying (by plane)
טִיסַת חָלָל נ׳ space flight
טִיסַת שָׂכָר נ׳ charter flight
טִיסָן ז׳ model plane
טִיעוּן ז׳ claim, argument
טִיפָּה נ׳ drop, drip
טִיפָּה מָרָה נ׳ strong liquor
טִיפ־טִיפָּה נ׳ just a drop, just a little (colloq.)
טִיפּוֹנֶת נ׳ a drop, a little
טִיפִּין־טִיפִּין drop by drop, little by little

טִיפּוּחַ ז׳ fostering, tending; cultivation; clap
טִיפּוּל ז׳ treating, treatment, care
טִיפּוּס ז׳ type, character; unusual or eccentric person (slang)
טִיפּוּסִי ת׳ typical, characteristic
טִיפֵּחַ פ׳ foster, tend, cultivate
טִיפֵּל פ׳ treat, look after, take care of, deal with
טִיפֵּס פ׳ climb
טִיפֵּשׁ ז׳ fool, stupid person
טִיפֵּשׁ עֶשְׂרֵה ז״ר the silly teens (sl.)
טִיפֵּשׁ, טִיפְּשִׁי ת׳ foolish, stupid, silly
טִיפְּשׁוּת נ׳ foolishness, stupidity, silliness
טִירָה נ׳ palace, castle, fortress
טִירוֹן ז׳ recruit; beginner, novice
טִירוֹנוּת נ׳ basic training; novitiate
טֵירוּף ז׳ madness, insanity
טֵירוּף הַדַּעַת ז׳ madness
טֶכְנַאי ז׳ technician
טַכְסִיס ז׳ tactic(s), design, trick, strategem
טַל ז׳ dew
טְלַאי ז׳ patch
טְלַאי עַל גַּבֵּי טְלַאי a patchwork
טִלְגְרֵף פ׳ telegraph, cable, wire
טֶלֶגְרָפִית תה״פ by telegram, by cable
טָלֶה ז׳ lamb; Aries
טָלוּא ת׳ patched, speckled
טִלְוֵוז פ׳ televise
טָלוּל ת׳ wet with dew, dewy
טִלְטוּל ז׳ moving, moving about
טִלְטֵל פ׳ move (trans.)

טַלְטֵלָה נ׳ hurling, throwing
טַלִּיסְמָה נ׳ talisman
טַלִּית נ׳ tallit (Jewish prayer-shawl)
טַלִּית קָטָן נ׳ small fringed garment (worn by religious Jews under their shirt)
טַלִּית שֶׁכּוּלָּהּ תְּכֵלֶת perfect person (ironically)
טְלָלִים ז״ר dew
טֶלֶף ז׳, טְלָפַיִם ז״ר hoof; hooves
טֶלֶפוֹנִית תה״פ by telephone
טִלְפֵּן פ׳ telephone
טֶלֶפַּתִית תה״פ telepathically
טָמֵא ת׳ unclean, impure, defiled
טִמְטוּם ז׳ stupefying, dulling; stupidity, dullness
טִמְטֵם פ׳ make stupid, dull
(יָרַד לְ) טִמְיוֹן perished, was lost completely
טְמִיעָה נ׳ assimilation, mixing, absorption
טָמִיר ת׳ mysterious, concealed, secret
טָמַן פ׳ hide, conceal
טֶנֶא ז׳ wicker basket
טַס ז׳ tray, platter
טָס פ׳ fly (in plane); rush off (colloq.)
טַסִּית נ׳ small tray
טָעָה פ׳ make a mistake, err; go astray
טָעוּן ת׳ requiring, needing; charged; loaded, laden
טְעוֹנֶת נ׳ river-load
טָעוּת נ׳ mistake, error, blunder
טָעוּת אוֹפְּטִית נ׳ optical illusion
טָעוּת דְּפוּס נ׳ printing error
טְעִיָּה נ׳ making a mistake, erring, blundering
טָעִים ת׳ tasty, delicious
טְעִינָה נ׳ loading, charging
טָעַם פ׳ taste; experience, try
טַעַם ז׳ taste, flavor; reason; sense, sensation; accent, stress
טַעַם גַּן עֵדֶן ז׳ delicious flavor
טַעֲמֵי הַמִּקְרָא ז״ר cantillation signs (of the Bible)
טָעַן פ׳ load, charge; claim, maintain
טַעֲנָה נ׳ claim, argument
טַף ז׳ (small) children
טְפוֹלֶת נ׳ putty
טֶפַח ז׳ span, handsbreadth; small amount
טָפַח פ׳ slap, strike
טְפָחוֹת נ״ר top (of a house)
טִפְטוּף ז׳ dripping, dropping; light drizzle
טִפְטֵף פ׳ drip, drop; drizzle
טַפְטֶפֶת נ׳ dropper
טַפִּי ז׳ oil-can; dropping flask
טְפִיחָה נ׳ slap
טְפִיחָה עַל הַכָּתֵף נ׳ slap on the back (in approval)
טַפִּיל ז׳ parasite
טַפִּילוּת נ׳ parasitism
טְפִיפָה נ׳ mincing walk, tripping along
טְפִיפִית נ׳ pipet(te)
טָפַל פ׳ stick, paste, attach

טָפֵל ת׳ subsidiary, subordinate; tasteless, insipid
טֶפֶל ז׳ putty
טַפְסָן ז׳ molder (in concrete)
טַפְסָן ז׳ climber, creeper
טָפַף פ׳ walk mincingly, trip along
טַקְט ז׳ tact; bar (of music)
טִקְטוּק ז׳ ticking, tick; typing
טִקְטֵק פ׳ tick; type
טֶקֶס ז׳ ceremony, protocol
טֶקְסְט ז׳ text
טִקְסִי ת׳ ceremenial
טָרַד פ׳ banish, drive away
טִרְדָּה נ׳ trouble, bother; preoccupation
טַרְדָן ז׳ nuisance, bothersome person
טַרְדָנִי ת׳ bothersome, troublesome
טָרוּד ת׳ bothered, preoccupied, busy
טְרוּט ת׳ bleary-eyed
טְרוֹם תה״פ before, pre-, ante-
טְרוֹם הִיסְטוֹרִי pre-historic
טְרוֹמִי ת׳ prefabricated
טְרוּנְיָה נ׳ indignation
טְרוֹפֶת נ׳ wreckage (of ship)
טַרְזָן ת״ז he-man, muscular athlete, Tarzan; foppish; fop
טָרַח פ׳ take trouble, bother
טִרְחָה נ׳ bother, effort, trouble
טַרְחָן ז׳ nuisance
טִרְטוּר ז׳ excessive drill (military slang); clatter, rattle, racket
טִרְטֵר פ׳ clatter, 'chase' (milit. slang)
טָרִי ת׳ fresh, new; raw
טְרִידָה נ׳ drift
טְרִיּוּת נ׳ freshness, newness; rawness
טְרִיז ז׳ wedge
טְרֵיפָה, טְרֵפָה נ׳ trefa (non-kasher fôod)
טְרִיקָה נ׳ slamming, banging
טְרִית נ׳ sardine
טִרְלֵל פ׳ trill; stupefy with incessant talk (slang)
טֶרֶם תה״פ before; not yet
טָרַף פ׳ tear to pieces; mix, confuse; shuffle; scramble
טֶרֶף ז׳ prey; food
טָרֵף ת׳ non-kasher
טִרְפֵּד פ׳ torpedo
טַרְפֶּדֶת נ׳ torpedo-boat
טָרַק פ׳ slam, bang
טְרַקְלִין ז׳ salon, drawing room
טְרָשִׁים ז״ר rocky ground
טָרֶשֶׁת הָעוֹרְקִים נ׳ sclerosis, hardening of the arteries
טִשְׁטֵשׁ פ׳ blur, make indistinct; cover up

יָאֶה ת' seemly, fitting, proper
יְאוֹר ז' the Nile; river
יָאוּת ת' fitting, proper
יְבָבָה נ' sobbing, wailing
יְבוּא ז' import(s)
יְבוּאָן ז' importer
יְבוּל ז' yield, crop
יְבוֹשֶׁת נ' dryness, aridity
יַבְחוּשׁ ז' gnat
יַבְלִית נ' crabgrass
יַבֶּלֶת נ' blister, corn, callus
יָבָם ז' husband's brother
יְבָמָה נ' brother's childless widow
יָבֵשׁ פ' be dry, be dried up
יָבֵשׁ ת' dry, arid
יַבָּשָׁה נ' dry land, mainland
יֹבֶשׁוּת נ' dryness, aridity
יַבֶּשֶׁת נ' continent; dry land
יַבַּשְׁתִּי ת' continental
יָגוֹן ז' grief, sorrow
יָגוֹר פ' fear, be afraid
יְגִיעַ ז' toil, labor
יְגִיעַ כַּפָּיו ז' fruits of one's labors
יְגִיעָה נ' toil, labor, effort, pains
יָגַע פ' toil, labor; become weary
יָגֵעַ ת' weary, exhausted; wearisome
יֶגַע ז' wearisome toil
יָד נ' (נ"ז יָדַיִים, נ"ר יָדַיִם, יָדוֹת) hand, arm; memorial
יָד וָשֵׁם memorial
יָד חוֹפְשִׁית נ' free hand
יָד פְּתוּחָה נ' open-handedness, generosity
יָד קָשָׁה נ' firm hand
יַד יְמִינוֹ נ' one's right hand man
יָדוֹ עַל הַתַּחְתּוֹנָה get the worst of it
יָדַיִים רֵיקוֹת נ"ר empty-handed
יָדָה נ' cuff
יָדָה פ' throw, cast, hurl
יְדוֹנִית נ' muff; handcuff
יָדוּעַ ת' known, well-known, famous
יְדוּעַ־חוֹלִי ת' sickly
(ה)יְדוּעָה בַּצִּיבּוּר נ' common law (wife)
יָדִיד ז' friend, close friend
יְדִידוּת נ' friendship
יְדִידוּתִי ת' friendly, amiable
יְדִיעָה נ' knowledge, awareness; information (item of)
יְדִיעוֹן ז' information sheet, bulletin
יָדִית נ' handle, grip
יָדָנִי ת' manual
יָדָנִית תה"פ manually, by hand
יָדַע פ' know, know how to
יֶדַע ז' knowledge; know-how, expertise information
יֶדַע־עַם ז' folklore
יַדְעָן ז' erudite person;
יָהּ ז' God
יְהֵא will be, let it be, may it be
יְהֵא כָּךְ let it be so
יַהֲדוּת נ' Jewry; Judaism, Jewishness
יְהוּדִי ז' Jew

הַיְּהוּדִי הַנּוֹדֵד ז' the wandering Jew
יְהוּדִית נ' Yiddish language
יְהִי let it be
יְהִי כֵן let it be so
יָהִיר ת' haughty, supercilious, conceited
יַהֲלוֹם ז' diamond
יַהֲלוֹמָן ז' diamond merchant;
יַהֲלוֹמָנוּת נ' diamond trade; diamond polishing
יוּבָא פ' be imported
יוֹבֵל ז' jubilee; anniversary
יוּבַל ז' stream, brook; tributary
יוֹבֶשׁ ז' dryness, aridity
יוּבַּשׁ פ' be dried, be dried up
יוֹד ז' iodine
יוּהַד פ' be converted to Judaism, be Judaized
יוּהֲרָה נ' arrogance, pride, conceit
יָוֵן ז' mire, mud
יְוֵן מְצוּלָה ז' slough of despond
יוֹזֵם ז' initiator
יוֹזְמָה, יָזְמָה נ' initiative, enterprise
יוּחַד פ' be singled out, be set apart, be assigned
יוּחַל פ' be hoped for, be awaited
יוּחַם פ' be sexually aroused
יוּחַס פ' be ascribed, be attributed
יוּחֲסִין ז"ר lineage, genealogy
יוּלַּד פ' be born
יוֹלְדָה, יוֹלֶדֶת נ' woman in confinement
יוֹם ז' day; daylight
יוֹם הוּלֶדֶת ז' birthday
יוֹם־יוֹם תה"פ daily, every day
יוֹם טוֹב ז' Jewish holiday
יוֹם הָעַצְמָאוּת ז' Independence Day
יוֹם הַשָּׁנָה ז' anniversary of death, Jahrzeit
יָמִים נוֹרָאִים ז"ר The High Holidays (Rosh Hashana and Yom Kippur)
יְמֵי הַבֵּינַיִם ז"ר the Middle Ages
יוֹם כִּיפּוּר ז' Yom Kippur, Day of Atonement
יוֹם רִאשׁוֹן ז' Sunday
יוֹם שֵׁנִי ז' Monday
יוֹם שְׁלִישִׁי ז' Tuesday
יוֹם רְבִיעִי ז' Wednesday
יוֹם חֲמִישִׁי ז' Thursday
יוֹם שִׁשִּׁי ז' Friday
יוֹם הַשַּׁבָּת ז' Shabbat, Saturday
יוֹמוֹן ז' daily paper
יוֹמִי ת' daily
יוֹם־יוֹמִי, יוֹמְיוֹמִי ת' daily; everyday
יוֹמֵם ז' commuter
יוֹמָם תה"פ by day, during the day, daily
יוֹמָם וָלַיְלָה day and night
יוֹמָן ז' diary; ledger, logbook
יוֹמָנַאי ז' duty officer (in police station)
יוּמְנָה נ' skill
יוּמְרָה נ' pretension, arrogant claim
יוּמְרָנִי ת' pretentious
יוֹנָה נ' dove, pigeon; symlol of peace
יוֹנֵק ז' mammal; suckling
יוּעַד פ' be assigned

יוּעַל פ'	be made efficient
יוֹעֵץ ז'	adviser, counsellor
יוֹעֵץ מִשְׁפָּטִי ז'	legal adviser
הַיּוֹעֵץ הַמִּשְׁפָּטִי ז'	the Attorney General
יוֹעֵץ הַסְּתָרִים ז'	confidential adviser
יוֹעַר פ'	be afforested
יוֹפִי ז'	beauty, loveliness
יוֹפִי!	lovely! fine! wonderful!
יוּצָא פ'	be exported
יוֹצֵא דוֹפֶן ת'	unusual, exceptional
יוֹצֵא מִן הַכְּלָל ת'	extraordinary, terrific
יוֹצֵא צָבָא ז'	liable for army service
יוּצַּב פ'	be stabilized
יוּצַּג פ'	be represented
יוֹצֵר ז'	creator, maker; potter
יוּצַר פ'	be made, be manufactured
יוֹקֶר ז'	expensiveness, cost
יוֹקֶר הַמִּחְיָה ז'	cost of living
יוּקְרָה נ'	prestige
יוֹרֵד ז'	emigrant (from Israel)
יוֹרֵד יָם ז'	sailor, seaman
יוֹרֶה ז'	first rain; shooter
יוֹרָה נ'	boiler
יוּרַט פ'	be intercepted (airplane)
יוֹרֵשׁ ז'	heir
יוֹשֵׁב ז'	inhabitant, dweller
יוֹשְׁבֵי קְרָנוֹת ז"ר	idlers, loafers
יוֹשֵׁב־רֹאשׁ ז'	chairman
יוּשַּׁב פ'	be settled
יוֹשֶׁן ז'	oldness, antiquity
יוֹשֶׁר ז'	straightness; honesty, integrity, uprightness
יוּשַּׁר פ'	be straightened, be levelled
יוּתַּם פ'	be orphaned
יוֹתֵר תה"פ	more
יוֹתֵר מִדַּי תה"פ	too much
יוֹתֶרֶת נ', יוֹתֶרֶת הַכָּבֵד נ'	the lobe of the liver
יָזוּם ת'	initiated, undertaken
יִזְכּוֹר ז'	yizkor (Memorial Service)
יַזָּם ז'	initiator, promoter, entrepreneur
יָזַם פ'	initiate, take the initiative
יֶזַע ז'	sweat, perspiration
יַחַד, יַחְדָּיו תה"פ	together
יָחִיד ת'	only, single, individual, unique; singular (grammar)
יְחִידֵי סְגוּלָּה ז"ר	special, selected few
יְחִידָה נ'	unit; unity (math)
יְחִידוּת נ'	solitariness, aloneness
יְחִידִי ת' ותה"פ	only, single, sole, alone
יְחִידָנִי ת'	individual
יַחְמוּר ז'	roebuck, fallow-deer
יַחַס ז'	relation; proportion; genealogy
יַחַס הָפוּךְ ז'	inverse proportion
יַחַס יָשָׁר ז'	direct proportion
יַחֲסֵי גוֹמְלִין ז"ר	reciprocal relations, reciprocity
יַחֲסֵי מִין ז"ר	sexual relations
יַחֲסֵי צִיבּוּר ז"ר	public relations
יַחֲסָה נ'	case (grammar)
יַחֲסוּת, יַחֲסִיּוּת נ'	relativity
יַחֲסִי ת'	relative, proportional
יַחֲסִית תה"פ	relatively, comparatively

high-born person; haughty person (colloq.)	יַחְסָן ז'
barefoot(ed)	יָחֵף ת' ותה"פ
public relations official (colloq.)	יַחְצָ"ן ז'
despair, hopelessness	יֵיאוּשׁ ז'
drive to despair	יֵיאֵשׁ פ'
import	יִיבֵּא פ'
sob, wail	יִיבֵּב פ'
importing, importation	יִיבּוּא ז'
drying, draining	יִיבּוּשׁ ז'
dry, drain	יִיבֵּשׁ פ'
tire, weary	יִיגַּע פ'
throw, cast, hurl	יִידָּה פ'
throwing stones	יִידּוּי אֲבָנִים ז'
convert to Judaism	יִיהֵד פ'
initiating, promoting	יִיזּוּם ז'
assign, set aside, devote	יִיחֵד פ'
setting aside; distinctiveness	יִיחוּד ז'
especially, particularly	בְּיִיחוּד תה"פ
exclusive, unique	יִיחוּדִי ת'
exclusiveness, uniqueness	יִיחוּדִיּוּת נ'
hope, expectation	יִיחוּל ז'
rut, sexual excitation	יִיחוּם ז'
lineage, distinguished birth, pedigree; attribution, ascribing	יִיחוּס ז'
shoot (of tree), twig	יִיחוּר ז'
hope for, expect, await	יִיחֵל פ'
attach, ascribe	יִיחֵס פ'
act as midwife	יִילֵּד פ'
born	יִילּוֹד ת'
wail, whine, howl; new (cat)	יִילֵּל פ'
wine	יַיִן ז' (ר' יֵינוֹת)
non-kasher wine	יֵין נֵסֶךְ ז'
table wine	יֵין שֻׁלְחָנִי ז'
spirits	יֵין שָׂרוּף ז'
ionization	יִינּוּן ז'
winy, vinous, wine-colored	יֵינִי ת'
wine maker; wine merchant	יֵינָן ז'
found, establish	יִיסֵּד פ'
founding, establishing	יִיסּוּד ז'
revaluation (of currency)	יִיסּוּף ז'
affliction, suffering, pains, pangs	יִיסּוּרִים ז"ר
hellish agony	יִיסּוּרֵי תּוֹפֶת ז"ר
chastise, punish	יִיסֵּר פ'
designate, assign	יִיעֵד פ'
designation; destiny, calling, mission	יִיעוּד ז'
making (more) efficient, streamlining	יִיעוּל ז'
advising, counselling	יִיעוּץ ז'
afforestation	יִיעוּר ז'
make (more) efficient, streamline	יִיעֵל פ'
advise, counsel	יִיעֵץ פ'
afforest	יִיעֵר פ'
beautify, embellish	יִיפָּה פ'
beautification, embellishment	יִיפּוּי ז'
authorization, power of attorney	יִיפּוּי-כּוֹחַ
export	יִיצֵּא פ'
stabilize	יִיצֵּב פ'
represent	יִיצֵּג פ'
exporting	יִיצּוּא ז'
stabilizing, stabilization	יִיצּוּב ז'

יִיצּוּג ז'	representing; representation
יִיצּוּר ז'	production, manufacture
יִיצֵּר פ'	produce, manufacture
יִיקּוּר ז'	making more expensive
יִיקֵּר פ'	make more expensive
יִירוּט ז'	interception (of airplane)
יִירֵט פ'	intercept (airplane)
יי"ש	spirits
יִישֵּׁב פ'	settle; colonize; solve, clarify
יִישּׁוּב ז'	settlement; settled area; solution, clarification
יִישּׂוּם ז'	application
יִישּׁוּר ז'	straightening, levelling
יִישֵּׂם פ'	apply
יִישֵּׁן פ'	put to sleep
יִישֵּׁר פ'	straighten
יִיתָּכֵן תה"פ	possibly, maybe, perhaps
יָכוֹל ת'	able, capable
יָכוֹל פ'	be able to, can
יְכוֹלֶת נ'	ability, capability
יֶלֶד ז'	child, small boy
יַלְדָּה נ'	girl, small girl
יָלְדָה פ'	give birth to, bear
יַלְדוּת נ'	childhood
יַלְדוּתִי ת'	childish, babyish
יְלוּד ז'	child, (born of)
יְלוּד אִשָּׁה	mortal (born of woman)
יְלוּדָה נ'	births total number of
יָלִיד ז'	native, native-born
יְלִיד הָאָרֶץ ז'	native-born Israeli
יְלִידִי ת'	native born, indigenous
יְלָלָה נ'	howl, wail, whine

יֶלֶק ז'	locust larva
יַלְקוּט ז'	satchel, bag, rucksack; school bag; anthology
יָם ז'	sea, ocean
יָם הַתִּיכוֹן ז'	Mediterranean Sea
יָם סוּף	Red Sea
יַמָּאוּת נ'	seamanship
יַמַּאי ז'	sailor, seaman, mariner
יָמָּה תה"פ	westwards; towards sea
יַמָּה נ'	inland sea
יְמוֹת הַמָּשִׁיחַ ז"ר	the Messianic Age
יַמִּי ת'	of the sea, maritime, marine, nautical
יַמִּיָּה נ'	navy, naval force, flotilla
יָמִין ז'	the right (also political), the right hand; outside part of a garment (colloq.)
יָמִינָה תה"פ	right, to the right
יְמִינִי ת'	right
יְמֵי קֶדֶם ז"ר	olden times
יַמְלוּחַ ז'	nitraria
יְמָמָה נ'	a day (24 hours), calendar day
יְמָנִי ת'	right (also political); right-handed
יְנוּקָא ז'	child
יְנִיקָה נ'	suction, sucking; imbibing, absorbing
יָנַק פ'	suckle (baby), suck; imbibe, absorb
יַנְקוּת נ'	infancy, babyhood, childhood
יַנְשׁוּף ז'	owl
יָסַד פ'	found, establish
יְסוֹד ז' (ר' יְסוֹדוֹת)	source, element, foundation, root, basis

יְסוֹד מוּסָד ז׳ firm foundation
יְסוֹדִי ת׳ fundamental, basic; thorough; elementary
יְסוֹדִיּוּת נ׳ thoroughness
יַסְמִין ז׳ jasmine
יַסְעוּר ז׳ petrel (sea bird)
יָסַף פ׳ continue, go on; add to, increase
יִעֵד פ׳ set aside, fix, assign, designate
יַעַד ז׳ objective, target, goal, aim
יָעֶה ז׳ shovel, spade
יָעוּד ת׳ designated, assigned
יָעִיל ת׳ efficient, effective
יְעִילוּת נ׳ efficiency, effectiveness
יָעֵל ז׳, יַעֲלָה נ׳ mountain-goat, ibex
יַעֲלַת חֵן נ׳ graceful, attractive woman
יָעֵן ז׳ ostrich (male)
יַעַן, יַעַן אֲשֶׁר, יַעַן כִּי because, on account of, since
יַעֲנִי that is, I mean (slang usage)
יָעֵף ת׳ tired, weary
יָעַץ פ׳ advise, counsel
יַעַר ז׳ forest, wood
יַעְרָה נ׳ honeycomb
יַעֲרָן ז׳ forester
יָפֶה ת׳ beautiful, lovely; good, fine
יְפֵה־נֶפֶשׁ ת׳ delicate, sensitive (usually derogatory and ironic in tone)
יָפֶה תה״פ well, properly
יְפֵה תּוֹאַר ת׳ good-looking
יְפֵהפֶה, יְפֵיפֶה ת״ז very beautiful, very handsome, exquisite

יְפֵהפִיָּה, יְפֵיפִיָּה ת״נ very beautiful (woman)
יִפְעָה נ׳ splendor, brilliance
יָצָא פ׳ come out, emerge, leave; go out
יָצָא יְדֵי חוֹבָתוֹ fulfilled one's formal obligation (and no more)
יָצָא לָאוֹר be published
יָצָא לוֹ פ׳ chance, happen (colloq.) gain (colloq)
יָצָא לַפּוֹעַל be carried out, be implemented
יָצָא מִגִּדְרוֹ lose control
יָצָא מִדַּעְתּוֹ go out of one's mind
יָצָא מִכֵּלָיו lose one's temper
יַצְאָנִית נ׳ prostitute, streetwalker
יִצְהָר ז׳ pure oil
יְצוּא ז׳ export(s)
יְצוּאָן ז׳ exporter
יָצוּל ז׳ shaft
יָצוּעַ ז׳ bed, couch
יָצוּק ת׳ cast, poured, forged
יְצוּר ז׳ creature
יְצִיאָה נ׳ coming or going out, exit, departure
יְצִיאַת הַנְּשָׁמָה נ׳ breathing one's last expiring
יַצִּיב ת׳ stable, firm, steady
יַצִּיבוּת נ׳ stability, firmness, steadiness
יָצִיג ת׳ representative
יָצִיעַ ז׳ balcony, gallery
יְצִיקָה נ׳ casting, pouring, forging
יְצִיר ז׳ creature
יְצִיר כַּפָּיו ז׳ his own creation

יְצִירָה נ' creation; work (of art, etc.)
יְצִירָתִי ת' creative
יָצַק פ' cast, pour
יָצַר פ' create, produce, form
יֵצֶר ז' instinct; impulse, desire, passion
יֵצֶר הַטּוֹב ז' good nature, good impulse
יֵצֶר הָרַע ז' evil nature
יִצְרִי ת' instinctual; instinctive
יַצְרָן ז' manufacturer, maker
יֶקֶב wine-cellar, wine-press
יָקַד פ' burn, blaze
יְקוֹד ז' blaze, fire
יְקוּם, הַיְקוּם ז' the world, the universe; creation
יַקִינְתּוֹן ז' hyacinth
יְקִיצָה נ' waking up, awakening
יַקִּיר ת' beloved, dear(est); worthy, honorable
יַקִּירֵי יְרוּשָׁלַיִם ז"ר freemen of the city of Jerusalem
יָקַץ (יִיקַץ) פ' awake, wake up
יָקָר ת' dear, precious, expensive
יְקַר־הַמְּצִיאוּת ת' rare
יְקַר עֵרֶךְ ת' valuable
יְקָר ז' honor, worthiness, glory
יַקְרָן ז' person who charges a high price, profiteer
יָרֵא פ' fear, be afraid of
יְרֵא שָׁמַיִם ת' God fearing
יָרֵא ת' fearful, afraid
יִרְאָה נ' awe, reverence, fear
יַרְבּוּז ז' amaranth
יַרְגָּזִי ז' great tit (lird)

יָרַד פ' go down, come down; deteriorate; decrease; emigrate (from Israel)
יָרַד לְסוֹף דַּעְתּוֹ פ' fully understand someone
יָרַד מִנְּכָסָיו פ' become poor
יַרְדָּה נ' companionway, gangway
יָרָה פ' shoot, fire; throw, hurl
יָרוֹד ז' cataract
יָרוּד ת' low, shabby, run-down, reduced
יָרוֹק ת' green
יְרוֹק־עַד ת' evergreen
יְרוֹקָה נ' green algae; chlorosis
יְרוּשָּׁה נ' inheritance, legacy
יָרֵחַ ז' moon
יֶרַח ז' month (lunar)
יַרְחוֹן ז' monthly (journal)
יַרְחִי ת' lunar
יְרִי ז' shooting, firing, gunfire
יָרִיב ז' rival, opponent, adversary
יְרִיד ז' market, fair
יְרִידָה נ' going or coming down, descent, deterioration; emigration (from Israel)
יְרִיָּה נ' shooting, firing, shot
יְרִיעָה נ' length of cloth; tent-canvas; curtain, hanging; proof-sheet
יְרִיקָה נ' spitting, expectoration
יָרֵךְ נ' thigh, hip, loin
יַרְכָה נ', יַרְכָתַיִם נ"ז end, outermost part
יָרַק פ' spit, expectorate
יֶרֶק ז' greens, greenery
יָרָק ז' vegetable; herbage

greengrocer	יַרְקָן ז'
greenish	יְרַקְרַק ת'
inherit, take possession of	יָרַשׁ פ'
there is, there are	יֵשׁ תה"פ
some say	יֵשׁ אוֹמְרִים
intend to	יֵשׁ בְּדַעְתּוֹ
be enough to	יֵשׁ בּוֹ כְּדֵי
must, have to, need	יֵשׁ ל
be angry with someone	יֵשׁ בְּלִבּוֹ עָלָיו
existence, reality	יֵשׁ ז'
sit, sit down; dwell, live, reside; meet (comittee, etc.); do time in prison (slang)	יָשַׁב פ'
be idle, not worke	יָשַׁב בָּטֵל
be very restless	יָשַׁב עַל גֶּחָלִים
wrestle with a problem	יָשְׁבוּ עַל הַמְּדוּכָה
be on tenterhooks	יָשַׁב עַל סִיכּוֹת
be chairman	יָשַׁב רֹאשׁ
observed the shiva (ritual seven days of mourning)	יָשַׁב שִׁבְעָה
behind, buttocks, bottom	יַשְׁבָן ז'
seated, sitting	יָשׁוּב ת'
salvation, redemption	יְשׁוּעָה נ'
'straight' (in racing course)	יְשׁוֹרֶת נ'
being, existence; entity	יֵשׁוּת נ'
sitting; settlement, dwelling; meeting, session, yeshiva (Jewish religious academy)	יְשִׁיבָה נ'
sitting cross-legged	יְשִׁיבָה מִזְרָחִית נ'
applicable	יָשִׂים ת'
desert, waste	יְשִׁימוֹן ז'
applicability	יְשִׂימוּת נ'
direct, straight, non-stop	יָשִׁיר ת'
directly	יְשִׁירוּת תה"פ
old and venerable person	יָשִׁישׁ ז'
sleep	יָשֵׁן, יָשַׁן פ'
old	יָשָׁן ת'
she is, there is (feminine)	יֶשְׁנָהּ
he is, there is (masculine)	יֶשְׁנוֹ
deliverance, salvation	יֶשַׁע ז'
jasper	יָשְׁפֵה ז'
go straight; be straight	יָשַׁר פ'
seem right to someone	יָשַׁר בְּעֵינָיו פ'
well done, bravo!	יִישַׁר כּוֹחַ!
straight, level; upright, honest	יָשָׁר ת'
straight to the point	יָשָׁר לָעִנְיָן
Israeli	יִשְׂרְאֵלִי ת'
straightness; honesty, integrity	יְשָׁרוּת נ'
peg, tent-peg	יָתֵד נ'
tongs	יַתּוּךְ ז'
orphan	יָתוֹם ז', יְתוֹמָה נ'
mosquito; gnat	יַתּוּשׁ ז'
superfluous, excessive	יַתִּיר ת'
orphanhood	יַתְמוּת נ'
extra, more than usual, excessive, superfluous	יָתֵר, יָתִיר ת'
moreover	יְתֵרָה מִזּוֹ
the rest, the remainder; surplus, excess; string (of bow); hypotenuse (geometry)	יֶתֶר ז'

יָתֵר עַל כֵּן **moreover, besides**
יִתְרָה נ' **balance (financial)**

יִתְרוֹן ז' **advantage, superiority; profit, gain**
יִתֶרֶת נ' **appendix, lobe (anatomy)**

כ

כְּ־ כַּ־... like, as; about
כָּאַב פ' hurt, ache
כְּאֵב ז' pain, ache
כָּאוּב ת' painful
כְּאִילוּ תה"פ as if, as though
כָּאן תה"פ here; now
כַּאֲשֶׁר when, as, while
כַּבָּאוּת נ' fire-fighting
כַּבַּאי ז' fireman, fire-fighter
כָּבֵד פ' be heavy, be weighty
כָּבֵד ת' heavy, weighty; grave, serious
כְּבַד פֶּה ת' having a speech impediment
כְּבַד שְׁמִיעָה ת' hard of hearing
כְּבַד תְּנוּעָה ת' slow and awkward
כָּבֵד ז' liver
כְּבֵדוּת נ' heaviness, weight
כָּבָה פ' be extinguished, go out
כָּבוֹד ז' honor, respect
כְּבוּדָּה נ' property, baggage; load
כָּבוּי ת' extinguished
כָּבוּל ת' bound, chained
כָּבוּשׁ ת' conquered, subjugated; pickled, preserved; repressed
כְּבוּשִׁים ז"ר pickles, preserves, conserves
כְּבִידָה נ' gravitation
כִּבְיָכוֹל תה"פ supposedly, so-called, so to speak, as it were
כָּבִיס ת' washable
כְּבִיסָה נ' washing, laundry
כַּבִּיר ת' grand, great, mighty, terrific

כְּבִישׁ ז' road, highway
כְּבִישׁ מָהִיר ז' motorway
כְּבִישׁ עוֹקֵף ז' by-pass
כְּבִישָׁה נ' pickling, preserving; repressing
כָּבַל פ' bind, tie, chain, fetter
כֶּבֶל ז' cable; chain, fetter
כַּבְלִיל ז' cablet
כַּבְלִית נ' cableway, telpher
כַּבְלָר ז' (cable) jointer, splicer
כְּבָסִים ז"ר washing, laundry
כְּבָר תה"פ already; at last
כְּבָרָה נ' sieve
כִּבְרַת דֶּרֶךְ נ' measure of distance
כִּבְרַת אֲדָמָה, כִּבְרַת קַרְקַע נ' plot of land
כֶּבֶשׂ ז', כִּבְשָׂה נ' sheep; lamb
כֶּבֶשׁ ז' ramp, gangway
כָּבַשׁ פ' conquer, subdue, subjugate; plckle, preserve; repress
כָּבַשׁ אֶת יִצְרוֹ, כַּעְסוֹ control one's passions, control one's anger
כָּבַשׁ אֶת לִבּוֹ win someone's heart
כִּבְשָׁן ז' furnace, kiln
כְּגוֹן תה"פ for example, like, as for instance
כַּד ז' jug, pitcher
כְּדָאִי ת', כְּדַאי, כְּדַיי תה"פ worth-while
כְּדָאִיּוּת נ' worthwhileness, profitableness
כִּדְבָעֵי תה"פ properly, as required

כַּדּוּמֶה, וְכַדּוּמֶה (וכד׳) and so on, and the like
כַּדּוּר ז׳ ball; globe, sphere; bullet; pill, tablet
כַּדּוּר־סְרָק ז׳ dummy bullet
כַּדּוּר־עָף ז׳ volley ball
כַּדּוּר פּוֹרֵחַ ז׳ balloon (for flight)
כַּדּוּר תּוֹעֶה ז׳ stray bullet
כַּדּוּר־רֶגֶל, כַּדּוּרֶגֶל ז׳ football
כַּדּוּרַגְלָן ז׳ football player
כַּדּוּרִי ת׳ spherical, round, globular
כַּדּוּר־סַל, כַּדּוּרְסַל ז׳ basketball
כַּדּוּרְסַלָּן ז׳ basketball player
כַּדּוֹרֶת נ׳ bowling, bowls
כְּדֵי תה״פ in order to; as much as
כַּדְכֹּד ז׳ carbuncle, jacinth (gem)
כִּדְלְהַלָּן, כִּלְהַלָּן תה״פ as follows
כִּדְלְקַמָּן תה״פ as follows
כִּדְרוּר ז׳ dribbling (football, basketball)
כִּדְרֵר פ׳ dribble (football, basketball)
כֹּה תה״פ so, thus; here; now
כָּהָה פ׳ grow dark, grow dim
כֵּהֶה, כֵּיהֶה ת׳ dark, dull, dim
כְּהוֹגֶן תה״פ properly, suitably, decently
כָּהוּי ת׳ dull, dim, faint
כְּהוּנָּה נ׳ priesthood; tenure of office
כַּהֲלָכָה תה״פ properly, correctly, thoroughly
כַּהֶלֶת נ׳ alcoholism
כָּהֵנָּה מ״ג like them
כָּהֵנָּה וְכָהֵנָּה more of the same
כְּהֶרֶף עַיִן תה״פ instantaneously
כּוֹאֵב ת׳ painful, in pain
כּוֹבֶד ז׳ weight, heaviness, seriousness
כּוֹבֶד רֹאשׁ ז׳ seriousness
כּוּבַּד פ׳ be honored, be treated with respect
כּוֹבֵס ז׳ laundryman
כּוֹבֶסֶת נ׳ laundrywoman, washerwoman
כּוּבַּס פ׳ be laundered, be washed
כּוֹבַע ז׳ hat
כּוֹבָעוֹן ז׳ small hat; condom
כּוֹבָעִית נ׳ cap
כּוֹבְעָן ז׳ hat-maker, hatter, milliner; hat-merchant
כּוֹבֵשׁ ז׳ conqueror
כּוֹהֶל ז׳ alcohol, spirits
כּוֹהֳלִי ת׳ alcoholic, of alcohol
כּוֹהֵן, כֹּהֵן ז׳ priest, Kohen (Jew tracing descent from line of Temple priests)
כַּוָּה נ׳ window, grille, manhole
כְּוִויָּה נ׳ burn, scald
כָּוִויץ ת׳ shrinkable
כּוּוַּן פ׳ be directed, be aimed; be adjusted, be set, be tuned (instrument, etc.)
כַּוָּונָה נ׳ intention, purpose, meaning
כִּוְונוּן ז׳ adjustment, regulation, setting, tuning (instrument, etc.)
כַּוְּונֶנֶת נ׳ regulator (on machine)
כַּוֶּונֶת נ׳ sight (on a weapon)

כַּוְּרָן ז' — beekeeper
כַּוֶּרֶת נ' — beehive, hive
כּוֹזֵב ת' — lying, false, misleading
כּוֹחַ ז' — power, strength, force
כּוֹחַ אָדָם ז' — manpower
כּוֹחַ גַּבְרָא ז' — virility
כּוֹחַ הַמְּשִׁיכָה ז' — force of gravity
כּוֹחַ סוּס ז' — horsepower
כּוֹחַ רָצוֹן ז' — will-power
כּוּיַּר פ' — be modelled (in clay)
כּוּךְ ז' — niche, recess, crypt
כּוֹכָב ז' — star, planet; asterisk
כּוֹל, כָּל — all, the whole
כּוֹל בּוֹ ז' — supermarket, department store; refuse bowl; Jack of all-trades
כּוֹל יָכוֹל ז' — omnipotent
כּוֹלֵל ת' — including, inclusive
כּוֹלְשֶׁהוּ — any
כּוֹמֶר ז' — priest (Christian), parson, clergyman
כּוּמְתָּה נ' — beret
כּוּנָּה פ' — be named, be called; be nicknamed
כּוֹנֵן פ' — establish, found, set up
כּוֹנָן ז' — rack
כּוֹנְנוּת נ' — state of alert, readiness
כּוֹנָנִית נ' — rack of shelves, book case
כּוֹנֵס נְכָסִים ז' — receiver (in case of bankruptcy)
כּוֹנֶרֶת נ' — viola
כּוֹס נ' — glass, tumbler
כּוֹס ז' — owl
כּוּסְבָּר ז' — coriander
כּוּסָּה פ' — be covered (up)
כּוֹסִיָּה, כּוֹסִית נ' — small glass
כּוּסֶּמֶת נ' — spelt, buck wheat
כּוֹפֵל ז' — multiplier (arithmetic)
כּוֹפֵף פ' — bend (down)
כּוֹפֵר ז' — unbeliever, atheist, heretic, infidel
כּוֹפֶר ז' — ransom; asphalt, pitch; camphor
כּוּפַּר פ' — be atoned for, be forgiven
כּוּפְתָּה נ' — dumpling
כּוּפְתַּר פ' — be buttoned (up)
כּוּר ז' — smelting furnace, melting-pot, crucible
כּוּרְבַּל פ' — be wrapped up
כּוֹרֶה ז' — miner
כּוֹרַח ז' — necessity, compulsion
כּוֹרֵךְ ז' — bookbinder, binder
כּוֹרַךְ פ' — be bound
כּוֹרְכָן ז' — binder, file
כּוֹרֵם ז' — vinegrower, vinedresser
כּוּרְסָה נ' — armchair, easychair
כּוּרְסַם פ' — be gnawed, be nibbled; be eroded
כּוֹרַת פ' — be cut down, be hewn
כּוּשִׁי ת' — negro, black; Ethiopian
כּוֹשֵׁל ת', ז' — feeble, helpless, failing; bungler
כּוּשַּׁף פ' — be bewitched, be enchanted
כּוֹשֶׁר ז' — fitness; capability, capacity
כּוֹשֶׁר גוּפָנִי ז' — physical fitness
כּוֹשֶׁר פְּעוּלָּה ז' — effectiveness
כּוּתּוֹנֶת, כְּתוֹנֶת נ' — shirt
כּוֹתֶל ז' — wall

הַכּוֹתֶל הַמַּעֲרָבִי ז' the Wailing Wall, the Western Wall (of the Temple)
כּוּתְנָה נ' cotton
כּוֹתֶפֶת נ' epaulette
כּוֹתָר ז' title (of book)
כּוּתַּר פ' be encircled, be surrounded, be cut off
כּוֹתֶרֶת נ' heading, headline; corolla; capital (of pillar)
כָּזָב ז' lie, falsehood, deceit
כְּזַיִת תה"פ very little, minute
כָּח פ' spit, bring up phlegm
כָּחוֹל ת' blue
כָּחוּשׁ ת' thin, lean, meager
כִּחְכֵּחַ פ' clear one's throat
כֹּחַל ז' kohl, antimony, eye-shadow
כָּחָל ז' roller (bird)
כְּחַלְחַל ת' bluish, light blue
כָּחַשׁ פ' become thin, lean
כַּחַשׁ ז' deceit, lie(s)
כִּי מ"ח, תה"פ because, for; that
כִּי אָז then
כִּי אִם but (after negative)
כַּיָאוּת תה"פ fittingly, properly, as is fitting, as is proper
כִּיב ז' ulcer
כִּיבֵּד פ' honor, respect; offer food to; sweep out, clean
כִּיבָּה פ' extinguish, put out
כִּיבּוּד ז' honoring; respect; offering food to; cleaning
כִּיבּוּי ז' extinguishing, putting out, turning off (light, etc.)
כִּיבּוּי אוֹרוֹת ז' lights out
כִּיבּוּשׁ ז' conquering; conquest, subjection
כִּיבּוּשׁ הַיֵּצֶר ז' self control
כִּיבֵּס פ' launder, wash
כִּידוֹן ז' javelin, spear; bayonet
כִּידֵּר פ' make round, shape into a ball
כִּיהֵן פ' officiate; hold office
כִּיוּוּן ז' direction; adjustment, tuning (instrument etc.)
כִּיוֵּון פ' direct, aim; adjust, tune (instrument, etc.)
כֵּיוָון שֶׁ since, because, seeing that
כִּיוּוּץ ז' shrinking, contracting; gather (in sewing)
כִּיוֵּוץ פ' shrink, contract; gather (in sewing)
כִּיוּל ז' gauging, measuring, calibrating, calibration
כַּיּוֹם תה"פ now, nowadays
כַּיּוֹצֵא בּוֹ and the like, similar to it, its like
כִּיּוֹר ז' sink, wash-basin
כִּיּוּר ז' modelling (in clay, etc.)
כִּיּוֹרֶת נ' plasticine
כִּיזֵּב פ' lie, deceive, mislead
כִּיחַ ז' phlegm
כִּיחָה נ' expectoration, bringing up or coughing up (phlegm)
כִּיחֵשׁ פ' deny, disclaim
כִּיֵּיל פ' calibrate, gauge, measure
כִּיֵּיף פ' enjoy oneself, have a good time (colloq.)
כַּיָּיס ז' pickpocket
כִּיֵּיר פ' model (in clay, etc.)

כִּיכָּר נ׳ square, plaza, circle; loaf
כִּילָּה נ׳ canopy (over a bed)
כִּילָּה פ׳ finish, exhaust, destroy
כִּילַיי, כִּילַי ז׳ skinflint, miser
כִּילָּיוֹן ז׳ destruction, extermination
כֵּילַף ז׳ adze
כִּימַאי ז׳ chemist
כִּימִי ת׳ chemical
כִּימְיָה נ׳ chemistry
כִּינָּה נ׳ louse
כִּינָּה פ׳ name, call; nickname
כִּינּוּי ז׳ name; nickname; pronoun
כִּינּוּן ז׳ establishing, founding
כִּינּוּס ז׳ conference, convention
כִּינּוֹר ז׳ violin, fiddle
כִּינֶּמֶת נ׳ pediculosis, infestation with lice
כִּינֵּס פ׳ gather, assemble, collect
כִּיס ז׳ pocket
כִּיסֵּא ז׳ chair, seat; throne
כִּיסֵּא גַלְגַּלִּים ז׳ wheel chair
כִּיסֵּא חַשְׁמַלִּי ז׳ electric chair
כִּיסֵּא מִתְקַפֵּל ז׳ folding chair
כִּיסֵּא נוֹחַ ז׳ deck chair
כִּיסָּה פ׳ cover; cover up
כִּיסּוּי ז׳ cover; covering (act of)
כִּיסַּח פ׳ cut down (weeds, etc.); beat up, make mincemeat of (slang)
כִּיסָן ז׳ stuffed pastry
כִּיעוּר ז׳ ugliness; making ugly
כִּיעֵר פ׳ make ugly
כֵּיף, כֵּייף ז׳ fun (colloq)
כִּיפָּה נ׳ dome, cupola; skullcap (worn by religious Jews)
כִּיפּוּף ז׳ bending
כִּיפּוּר ז׳ atoning, atonement, expiation
כִּיפֵּחַ ת׳ very tall, long-legged
כִּיפֵּר פ׳ atone for, expiate
כֵּיצַד תה״פ how
כִּירָה נ׳ hot plate (for cooking)
כִּירַיִים נ״ז stove, cooking-stove
כִּישּׁוּף ז׳ enchantment, magic spell, witchcraft
כִּישּׁוּרִים ז״ר qualifications
כִּישָּׁלוֹן ז׳ failure
כִּישֵּׁף פ׳ bewitch, cast a spell over
כִּיתָּה נ׳ class, grade; section; sect; faction; platoon, detachment
כִּיתָּתִי ת׳ factional, sectional
כִּיתּוּר ז׳ encirclement, surrounding
כִּיתֵּף פ׳ shoulder, carry on the shoulder
כִּיתֵּר פ׳ encircle, surround
כִּיתֵּת פ׳ crush, pulverize
כָּךְ, כָּכָה תה״פ so, thus
כָּל, כּוֹל ז׳ all, the whole, each; every
כָּל הַכָּבוֹד! bravo! well done, good show
כָּל זְמַן שֶׁ as long as, so long as
כָּל טוּב! all the best!
כָּל כָּךְ so much, as much
כָּל עוֹד as long as, so long as
כֶּלֶא ז׳ prison, jail
כָּלָא פ׳ imprison, jail
כִּלְאַיִים ז״ז cross-breeding, cross-fertilization, hybrid

כֶּלֶב ז׳ — dog
כֶּלֶב יָם ז׳ — seal
כֶּלֶב נָהָר (כֶּלֶב מַיִם) ז׳ — otter
כְּלַבְלָב ז׳ — puppy, small dog
כַּלְבָן ז׳ — dog breeder, dog trainer
כַּלֶּבֶת נ׳ — rabies, hydrophobia
כָּלָה פ׳ — end, come to an end, perish
כַּלָּה נ׳ — bride, betrothed; daughter-in-law
כְּדִלְהַלָּן תה״פ — as follows
כָּלוּא ת׳ — imprisoned, jailed
כְּלוּב ז׳ — cage
כָּלוּחַ ת׳ — obsolete, extinct
כָּלוּל ת׳ — included
כְּלוּלוֹת נ״ר — engagement; nuptials
כְּלוּם ז׳ — something; (after negative) nothing
כְּלוֹמַר תה״פ — that is to say, in other words, namely
כְּלוֹנָס ז׳ — stilt, long pole
כֶּלַח ז׳ — obsolescence
כְּלִי ז׳ — tool, implement; utensil; vessel
כְּלֵי זֶמֶר ז״ר — musical instruments; popular musicians
כְּלֵי קוֹדֶשׁ ז״ר — sacred objects; religious officials
כְּלֵי קֶשֶׁת ז״ר — string instruments
כְּלֵי רֶכֶב ז״ר — motor vehicles
כְּלִי שָׁרֵת ז׳ — tool
כִּלַי, כִּלַּיי ת׳ — stingy, mean, miserly
כַּלִיא־בָּרָק ז׳ — lightning-conductor
כְּלִיב ז׳ — staple
כִּלְיָה נ׳ — kidney
כְּלָיָה נ׳ — destruction, annihilation
כָּלִיל ת׳, תה״פ — entire, total; entirely, totally
כְּלִיל הַשְּׁלֵמוּת ת׳ — the acme of perfection
כְּלִיל(ת) יוֹפִי ת׳ — perfectly beautiful
כְּלִילוּת נ׳ — integrity
כְּלִימָה נ׳ — shame, disgrace
כָּלִיף ז׳ — caliph
כִּלְכֵּל פ׳ — maintain, provide for
כַּלְכָּלָה נ׳ — economics; economy
כַּלְכְּלָן ז׳ — economist
כָּלַל פ׳ — include, comprise
כְּלָל ז׳ — rule, regulation
כְּלָל וּכְלָל לֹא תה״פ — not at all
כְּלָלִי ת׳ — general; universal
כַּלָּנִית נ׳ — anemone
כִּלְעוּמַּת שֶׁבָּא תה״פ — just as, in the same way as he came
כְּלַפֵּי תה״פ — towards; with respect to, in respect of
כִּמְדוּמֶּה — it seems, it appears
כִּמְדוּמַּנִי — it seems to me, it appears to me
כַּמָּה תה״פ — how many, how much; several
כָּמַהּ פ׳ — long for, yearn, pine
כָּמֵהַּ ת׳ — longing, yearning, pining
כְּמֵהָה נ׳ — truffle
כְּמוֹ תה״פ — like, as; as if
כְּמוֹ כֵן תה״פ — likewise, also
כַּמּוּבָן תה״פ — of course
כַּמּוֹן ז׳ — cumin
כָּמוֹנִי כָּמוֹךָ — I'm just like you
כָּמוּס ת׳ — latent; hidden
כְּמוּסָה נ׳ — capsule
כְּמוּרָה נ׳ — clergy, priesthood

כָּמוּשׁ ת' withered, wrinkled, shrivelled
כְּמוֹת תה"פ like, as
כְּמוֹת שֶׁהוּא just as he [it] is
כַּמּוּת נ' quantity, amount
כַּמּוּתִי ת' quantitative
כִּמְטַחֲוֵי תה"פ within the range of
כְּמִיהָה נ' longing, yearning, languishing
כְּמִישָׁה נ' withering, wrinkling, shrivelling
כִּמְעַט תה"פ almost, nearly
כִּמְעַט הִתְעַלַּפְתִּי I nearly fainted
כָּמַשׁ פ' wither, wrinkle, shrivel
כֵּן תה"פ yes; so, thus
כֵּן ת' truthful, right, honest, sincere
כַּן ז' base, stand, pedestal
כַּנָּה נ' easel, stand; stock (for grafting), shoot
כְּנוּפְיָה נ' gang, band
כֵּנוּת נ' honesty, truthfulness, sincerity
כְּנִימָה נ' insect-pest, plant-louse
כְּנִיסָה נ' entering; entry, entrance
הַ)כְּנִיסָה אֲסוּרָה No entry
כְּנִיעָה נ' surrender, yielding, submission, capitulation
כְּנִיעָה לְלֹא תְּנַאי נ' unconditional surrender
כָּנַס פ' collect, gather, assemble
כֶּנֶס ז' conference, congress, assembly
כְּנֵסִיָּה נ' church
כְּנֶסֶת נ' Knesset (Israel's parliament); gathering

כָּנָף נ' wing
כַּנָּר ז' violinist, fiddler
כַּנִּרְאֶה תה"פ apparently, it seems, evidently
כַּנָּרִית נ' canary
כִּסּוּי ז' cover, lid
כָּסוּף ת' silvered
כְּסוּת נ' covering, cover, garment
כַּסַּח, כָּאסַח תה"פ toughly (slang)
כָּסַח פ' cut down (grass, etc.), trim; beat up, make mincemeat of (slang)
כְּסָיָה נ' glove
כְּסִיחָה נ' cutting down (grass, etc.), trimming
כְּסִיל ז' fool, dunce; Orion
כֻּסְּכּוּסִים ז"ר ground barley
כֶּסֶל ז' folly, stupidity
כִּסְלֵו ז' Kislev (Nov.-Dec.)
כָּסַס פ' gnaw, chew
כֶּסֶף ז' silver; money
כֶּסֶף קָטָן ז' small change
כֶּסֶף תּוֹעָפוֹת ז' plenty of money
כַּסְפִּי ת' financial, monetary
כַּסְפִּית נ' mercury, quicksilver
כַּסֶּפֶת נ' safe; cash register
כֶּסֶת נ' cushion, bolster; quilt
כְּעֵין תה"פ a kind of, a sort of, like
כַּעַךְ ז' ring-shaped roll, beigel
כִּעְכּוּעַ ז' clearing one's throat
כִּעְכֵּעַ פ' clear one's throat
כָּעַס פ' be angry, rage
כַּעַס ז' anger, rage
כַּעְסָן ז' irascible person, bad-tempered person

כָּעֵת תה"פ now, at present

כַּף נ' palm (of hand); sole (of foot); spoon; pan (of scales); the Hebrew letter Kaf

כַּף הַמֹּאזְנַיִים נ' pan (of scales)

כַּף נַעַל נ' shoehorn

כַּף סַיָּדִים נ' trowel

כֵּף ז' cape, headland; cliff, rock, promontory

כֵּף ר' כֵּיף

כְּפַאי ז' zugzwang (chess)

כָּפָה פ' force, compel, coerce

כָּפוּי ת' compelled, forced, coerced

כְּפוּי טוֹבָה ת' ungrateful

כָּפוּל ת' double; multiplied by

כָּפוּל וּמְכוּפָּל ת' manifold, many times over

כְּפוּלָה נ' multiple

כָּפוּף ת' bent, bowed; subordinate

כְּפוֹר ז' frost

כָּפוּת ת' tied up, trussed up, bound

כְּפִי תה"פ according to, as, like

כְּפִי הַנִּרְאֶה apparently, as it appears

כְּפִי שֶׁ as

כִּפְיוֹן ז' epilepsy

כְּפִיּוּת טוֹבָה נ' ingratitude

כְּפִיָּה נ' compulsion, forcing, coercion

כְּפִיל ז' double, duplicate

כָּפִיל ז' double (person)

כְּפִילוּת נ' duplication

כָּפִיס ז' rafter, beam, girder

כָּפִיף ת' flexible, pliable

כְּפִיפָה נ' bending, bowing; wicker-basket

כְּפִיפוּת נ' subordination, subjection

כְּפִיר ז' young lion

כְּפִירָה נ' denial; heresy; atheism; young lioness

כַּפִּית נ' teaspoon, small spoon

כְּפִיתָה נ' binding, tying up

כָּפַל פ' double, multiply

כֶּפֶל ז' duplication, doubling; multiplication

כֶּפֶל כִּפְלַיִים ז' many times over

כֶּפֶל ז' duplicate, second copy

כִּפְלַיִים תה"פ doubly, twice

כָּפָן ז' famine, hunger

כָּפַף פ' bend; stoop

כֶּפֶף ז' bend, twist

כְּפָפָה נ' glove

כָּפַר פ' deny; disbelieve

כְּפָר ז' village

כַּפָּרָה נ' atonement, expiation; substitute

כַּפְרִי ת' rural, rustic, village

כָּפַת פ' tie up, truss, bind

כַּפְתּוֹר ז' button, stud; knob; switch; bud

כַּפְתּוֹר וָפֶרַח! marvellous! wonderful!

כִּפְתֵּר פ' button (up)

כַּר ז' cushion, pillow; meadow, field

כָּרָאוּי תה"פ properly, fittingly

כַּרְבּוֹלֶת נ' cock's comb, crest

כָּרֶגַע תה"פ at the moment

כְּרָגִיל תה"פ **as usual**
כָּרָה פ' **dig up, dig a hole; mine**
כְּרוּב ז' **cabbage; angel, cherub**
כְּרוּבִית נ' **cauliflower**
כְּרוּז ז' **proclamation, announcement, manifesto**
כָּרוֹז ז' **herald, town-crier**
כָּרוּי ת' **dug, dug up, mined**
כָּרוּךְ ת' **wrapped, bound (book), involved, connected**
כָּרוּךְ אַחֲרֶיהָ **closely attached to her**
כְּרוּכִית נ' **strudel**
כָּרוּת ת' **cut down, cut off, hewn**
כְּרָזָה נ' **placard, poster**
כַּרְטִיס ז' **card; ticket**
כַּרְטִיסִיָּה נ' **card-index, card file; block of tickets**
כַּרְטִיסָן ז' **ticket-seller, ticket-collector**
כִּרְטֵס פ' **card-index**
כַּרְטֶסֶת נ' **card-index, card catalogue**
כְּרִיָּה נ' **digging (up), mining**
כָּרִיךְ ז' **sandwich**
כְּרִיכָה נ' **wrapping, binding (book); combining**
כְּרִיכִיָּה נ' **book bindery**
כְּרִיעָה נ' **kneeling**
כָּרִישׁ ז' **shark**
כְּרֵישָׁה נ' **leek**
כָּרִית נ' **pillow, cushion**
כְּרִיתָה נ' **cutting down or off; contracting (an alliance)**
כְּרִיתוּת נ' **divorce**
כָּרַךְ פ' **wrap, bind; combine, tie together**

כֶּרֶךְ ז' **volume (of a series)**
כְּרַךְ ז' **large town, city**
כַּרְכּוֹב ז' **rim, brim, cornice, curtain rail**
כַּרְכּוֹם ז' **saffron**
כִּרְכֵּר פ' **dance, leap, skip around**
כִּרְכָּר ז' **spinning top**
כִּרְכָּרָה נ' **cart, carriage**
כַּרְכֶּשֶׁת נ' **large intestine, colon**
כֶּרֶם ז' **vineyard**
כְּרֵס, כֶּרֶס נ' **belly, abdomen**
כִּרְסוּם ז' **gnawing, nibbling; eroding, erosion; etching, serrating; milling**
כַּרְסוּם ז' **milling cutter**
כַּרְסוֹמֶת נ' **milling machine**
כִּרְסֵם פ' **gnaw, nibble; erode, eat away; etch, serrate; mill**
כַּרְסְמָן ז' **rodent**
כַּרְסְתָן ז' **(big-) bellied**
כָּרַע פ' **kneel**
כֶּרַע ז' **leg**
כַּרְפַּס ז' **celery**
כָּרָץ ז' **thread-worm**
כָּרַת פ' **cut down or off, fell**
כָּרֵת ז' **extermination, excommunication, divine punishment by premature death**
כְּשֶׁ **when, as, while**
כַּשּׁוּרָה תה"פ **properly, correctly**
כְּשׁוּת נ' **hops**
כַּשִּׁיל ז' **sledge-hammer**
כָּשִׁיר ת' **fit, qualified**
כְּשִׁירוּת נ' **qualification, fitness**

כִּשְׁכֵּשׁ פ' wag, wiggle
כָּשַׁל פ' stumble; fail
כֶּשֶׁל ז' failure, lapse
כְּשֵׁם שֶׁ תה"פ just as, as
כְּשָׁפִים ז"ר magic
כָּשֵׁר ת' fit, good, proper, right, legitimate; Kasher
כִּשְׁרוֹן ז' talent, ability, aptitude, skill
כִּשְׁרוֹנִי ת' talented, gifted
כַּשְׁרוּת נ' Kashrut (Jewish dietary fitness); fitness
כַּת נ' sect, denomination; group
כָּתַב פ' write
כְּתָב ז' writing, script, handwriting
כְּתַב אִישׁוּם ז' charge sheet
כְּתַב הָאֲמָנָה ז' credentials
כְּתַב־יָד ז' handwriting; manuscript
כְּתַב פְּלַסְתֵּר ז' lampoon, libel
כִּתְבֵי הַקּוֹדֶשׁ ז"ר Holy Scripture(s)
כַּתָּב ז' newspaper correspondent
כַּתָּבָה נ' press report, press despatch
כַּתְבָנִית נ' typist (female)
כָּתוּב ת' written
כְּתוּבָּה נ' Ketuba, Jewish marriage contract
כְּתוּבִים ז"ר the Writings (third part of Hebrew Bible)

כְּתוּבִית נ' subtitle (in television etc)
כְּתוֹבֶת נ' address; inscription
כָּתוֹם ת' orange (color), golden
כָּתוּשׁ ת' pounded, pulverized, crushed
כְּתוֹשֶׁת נ' pulp
כָּתוּת ת' crushed, pounded
כְּתִיב ז' spelling
כְּתִיב חָסֵר ז' 'defective' Hebrew writing (with less ו' and י' vowel letters)
כְּתִיב מָלֵא ז' plene spelling, (with ו' and י' more as vowels)
כְּתִיבָה נ' writing
כְּתִיבָה תַּמָּה נ' calligraphy
כְּתִיבוֹן ז' spelling-book
כְּתִישָׁה נ' pounding, crushing
כְּתִיתָה נ' pounding, crushing
כֶּתֶם ז' stain, blot, spot
כָּתֵף נ' shoulder
כְּתֵפָה נ' shoulder strap, suspender, brace
כְּתֵפִיָּה נ' shoulder strap, brace
כֶּתֶר ז' crown
כֶּתֶר מַלְכוּת ז' royal crown
כָּתַשׁ פ' pound, crush
כָּתַת פ' pound, crush, hammer flat

ל

Milon, Lamed, g-1, 8.3.87

לְ (לְ, לַ, לֶ, לִ) to, towards, into; for, in order to
לֹא no, not
לֹא יוּצְלַח good-for-nothing
לֹא כְלוּם nothing
לָאָה פ׳ be weary; fail
לָאו תה״פ no; not
לָאו דַוְקָא not necessarily
לְאוֹם ז׳ nation, people, folk
לְאוּמִּי ת׳ national; nationalistic
לְאוּמִּיּוּת נ׳ nationalism; nationality
לְאוּמָנוּת נ׳ ultra-nationalism; chauvinism
לְאוּמָנִי ת׳ ultra-nationalistic; chauvinistic
לְאַט תה״פ slowly, calmly
לְאַלְתַּר תה״פ immediately, forthwith
לֵאמוֹר תה״פ as follows, in these words: that is to say, namely
לְאָן? תה״פ where?, where to?
לַאֲשׁוּרוֹ תה״פ properly, well
לֵב ז׳ heart; core, center
לֵב אֶבֶן ז׳ heart of stone, cruelty
לֵב אֶחָד ז׳ of one mind, unanimous
לֵב זָהָב ז׳ heart of gold, kind-heartedness
לֵבָב ז׳ heart
לְבָבִי ת׳ hearty, cordial
לְבָבִיּוּת נ׳ heartiness, cordiality
לְבַד תה״פ alone, by oneself; by themselves
לְבַד מִן apart from
לֶבֶד ז׳ felt
לַבָּה נ׳ lava
לָבוּד ת׳ glued together, joined
לְבוֹנָה ת׳ frankincense
לְבוּשׁ ז׳ dress, clothing, attire
לָבוּשׁ ת׳ dressed, clothed
לְבָטִים ז״ר difficulty, doubts, struggle
לָבִיא ז׳ lion
לְבִיבָה נ׳ latke, patty
לְבִיד ז׳ plywood
לְבַל תה״פ lest, in order not to
לִבְלֵב פ׳ sprout, bud, blossom
לַבְלָב ז׳ pancreas
לַבְלָר ז׳ clerk
לָבָן ת׳ white
לֶבֶּן ז׳ sour milk
לְבַנְבַּן ת׳ whitish
לְבָנָה נ׳ moon
לְבֵנָה נ׳ brick
לִבְנֶה ז׳ birch (tree)
לִבְנָה נ׳ lymph
לַבְנוּן ז׳ bleak (fish)
לַבְנוּנִי ת׳ whitish
לְבָנוֹנִי תו״ז Lebanese
לַבְנוּנִית נ׳ whiteness
לְבָנִים ז״ר underwear; bed-linen
לַבְנִין, לַבְנִין הַכְּרוּב ז׳ cabbage butterfly
לַבְקָן ת׳ albino
לַבְקָנוּת נ׳ albinism
לָבַשׁ פ׳ put on, wear, be dressed in

לְגַבֵּי מ"י concerning, with regard to
לְגִיוֹן ז' legion
לְגִימָה נ' sipping, sip, tasting (drink), gulping
לָגִין ז' jar, jug
לִגְלֵג פ' sneer, scoff, mock, ridicule
לַגְלְגָן ז' scoffer, mocker
לִגְלוּג ז' sneering, scoffing, mockery, ridicule
לָגַם פ' take a mouthful (of drink), sip, gulp
לְגַמְרֵי תה"פ entirely, completely
לְדִידִי for my part, as for me
לַהַב ז' blade; flame; flash, glitter
לָהַב פ' flash, flame, glitter
לְהַבָּא תה"פ in (the) future, from now on, henceforth
לֶהָבָה נ' flame
לַהֲבִיוֹר ז' flame-thrower
לַהַג ז' dialect; prattle, twaddle
לָהַג פ' prattle, talk nonsense
לַהֲדָ"ם it's completely false, it's absolutely untrue (initial letters of (לא הָיוּ דְבָרִים מֵעוֹלָם
לָהוּט ת' eager, desirous, keen
לָהַט פ' blaze, flame, burn
לַהַט ז' blaze, fierce heat; fervor
לַהֲטוּט ז' conjuring trick, sleight of hand
לַהֲטוּטָן ז' conjurer, magician
לְהָטִים ז"ר magic tricks
לַהֲטָנוּת נ' eagerness, fervor
לָהִיט ז' popular song, hit
לְהִיטוּת נ' eagerness, enthusiasm, keenness
לְהַלָּן תה"פ further on, what follows, below
לְהֶפֶךְ תה"פ on the contrary, just the opposite
לַהַק ז' group (in air-force), squadron; flight (of birds)
לַהֲקָה נ' troupe (of artists); flight (of birds); pack of wolves
לְהִתְרָאוֹת! au revoir!, goodbye!
לוּא, לוּ מ"ח if; if only
לוֹבֶן ז' whiteness
לוּבַּן פ' be whitened, be bleached; be heated white-hot; be clarified
לוּבְנָן ז' sponge cake
לוֹהֵט ת' blazing, burning; ardent, eager, keen
לְוַאי, הַלְוַאי! if only, would that
לְוַאי ז' qualifier, attribute, adjunct (grammar); accompaniment
לוֹוֶה ז' borrower (of money)
לָוָה פ' borrow (money)
לוּוָּה פ' be accompanied; be escorted
לִוְיָה נ' diadem, garland, fillet
לִוְיַת חֵן נ' adornment, decoration
לְוָיָה נ' escort; funeral
לַוְיָן ז' satellite
לִוְיָתָן ז' whale
לוּז ז' almond tree, gland
לוּחַ ז' board; plate; tablet; table (math.); calendar

לוּחוֹת הַבְּרִית ז"ר — **Tablets of the Covenant (bearing the Ten Commandments)**

לוּחִית נ' — **small board, tablet or plate, number plate**

לוּחְלַח פ' — **be moistened, be dampened**

לוֹחֵם ז' — **fighter, warrior**

לוֹחְמָה נ' — **warfare, fighting**

לוּט ת' — **enclosed (in a letter)**

לוּכְלַךְ פ' — **be dirtied, be soiled**

לוֹכְסָן ז' — **stroke (/)**

לוּל ז' — **hen-house; playpen**

לוּלֵא, לוּלֵי מ"ת — **if not for, were it not, but for**

לוּלָאָה נ' — **loop, tie; buttonhole**

לוּלָב ז' — **palm branch**

לוֹלָב ז' — **bolt**

לוּלְיָן ז' — **acrobat**

לוּלְיָנוּת נ' — **acrobatics**

לוּלְיָנִי ת' — **spiral**

לוּלָן ז' — **hen-keeper, poultry-farmer**

לוֹמַר — **to say**

לוֹעַ ז' — **mouth (of animal, gun, volcano); pharynx, throat**

לוֹעֲזִי ת' — **foreign (not Hebrew)**

לוֹעֲזִית נ' — **a foreign language**

לוּקַט פ' — **be gleaned; be gathered, collected**

לַזְבֵּז ז' — **frame, rim**

לְזוּת נ' — **perverseness, crookedness**

לְזוּת שְׂפָתַיִם נ' — **slander, calumny**

לַחַ ז' — **moisture; vigor, freshness**

לַח ת' — **damp, moist, humid**

לֵחָה נ' — **phlegm**

לְחוּד תה"פ — **separately, alone, apart**

לָחוּץ ת' — **pressed**

לַחוּת נ' — **dampness, moistness, humidity**

לַחֲזוֹרִין תה"פ — **by rotation**

לְחִי, לֶחִי נ' — **cheek; jaw**

לְחַיִּים מ"ק — **to your health!, cheers!**

לְחִימָה נ' — **fighting**

לָחִין ת' — **tuneful, melodious**

לָחִיץ ז' — **push-button**

לְחִיצָה נ' — **pressing, urging**

לְחִישָׁה נ' — **whispering; flickering**

לַחְלוּחִי ת' — **slightly moist, dampish; fresh**

לַחְלוּחִית נ' — **moistness, dampness; freshness**

לַחֲלוּטִין תה"פ — **absolutely, completely, entirely**

לַחֲלוּפִין תה"פ — **alternately**

לִחְלַח פ' — **moisten, dampen**

לָחַם פ' — **fight, make war**

לֶחֶם ז' — **bread; loaf of bread**

לֶחֶם חֶסֶד ז' — **the bread of charity, living on charity**

לֶחֶם חוּקוֹ ז' — **one's daily bread, one's regular source of income**

לֶחֶם עוֹנִי ז' — **the bread of affliction, just enough food for subsistence**

לַחְמִית נ' — **white of the eye, conjunctiva**

לַחְמָנִיָּה, לַחְמָנִית נ' — **roll (of bread)**

לַחַן ז' — **tune, melody**

לָחַץ פ׳ force, press; oppress
לַחַץ ז׳ pressure; oppression
לַחַץ דָּם ז׳ blood pressure
לָחַשׁ פ׳ whisper, prompt (on stage)
לַחַשׁ ז׳ whisper; incantation
לַחְשָׁן ז׳ prompter (on stage)
לָט פ׳ wrap up, enwrap, envelope
לְטָאָה נ׳ lizard
לְטִיפָה נ׳ caress(ing), pat(ting)
לָטַשׁ פ׳ polish; sharpen
לִי מ״ג to me, for me
לִיבֵּב פ׳ capture the heart, captivate, charm
לִיבָּה פ׳ fan (flames), stir up
לִיבָּה, לִבָּה נ׳ heart, core
לִיבּוּן ז׳ whitening, bleaching; clarifying; clarification
לִיבֵּן פ׳ whiten, bleach; clarify
לִיבְּרִית נ׳ libretto
לְיַד מ״י beside, by
לֵידָה, לֵדָה נ׳ birth
לִיוָּה פ׳ accompany, escort
לִיוּוּי ז׳ accompanying, escorting; accompaniment, escort
לִיחֵךְ פ׳ chew, graze; lick, lap
לִיטּוּף ז׳ caressing, stroking; caress, stroke
לִיטּוּשׁ ז׳ polishing, polish; improving, perfecting
לִיטֵּף פ׳ caress, stroke
לִיטֵּשׁ פ׳ polish; improve, perfect
לִיכֵּד פ׳ unite, combine
לִיכּוּד ז׳ uniting, combining; unity

לַיִל, לֵיל, לַיְלָה ז׳ night
לֵיל שַׁבָּת ז׳ Shabbat eve (Friday night)
לֵילִי ת׳ nocturnal, nightly
לִילִית נ׳ owl; Lilith
לִילָךְ ז׳ lilac
לִימֵּד פ׳ teach, instruct
לִימּוּד ז׳ teaching; study, learning
לִימוֹן ז׳ lemon
לִינָה נ׳ lodging, staying overnight
לִיפֵּף פ׳ wrap up, swathe
לֵיצָן ז׳ clown, joker, jester
לִיקּוּי ז׳ blemish, defect, fault; eclipse
לִיקֵּט פ׳ collect, gather; glean
לִיקֵּק ׳ lick, lap; flatter (colloq.)
לַיִשׁ ז׳ lion
לִישָׁה נ׳ kneading
לֵךְ! go!
לְךָ מ״ג to you, for you, (masc.)
לָךְ מ״ג to you, for you, (fem.)
לִכְאוֹרָה תה״פ apparently, seemingly, at first glance
לָכַד פ׳ capture, seize, trap
לָכִיד ת׳ coherent
לְכִידָה נ׳ capturing, seizing, trapping; capture, seizure
לְכִידוּת נ׳ coherence
לְכָל הַיּוֹתֵר תה״פ at (the) most
לְכָל הַפָּחוֹת תה״פ at least
לִכְלוּךְ ז׳ dirtying; dirt, filth
לִכְלֵךְ פ׳ dirty, soil
לַכְלְכָן ז׳ dirty person
לָכֵן תה״פ therefore, so, accordingly
לְכַסֵּן פ׳ slant

לֶכֶשׁ ז' raffia
לְכַתְּחִילָּה תה"פ from the beginning, a priori
לְלֹא without
לָמַד פ' learn, study
לָמֵד ת' taught, instructed
לְמַדַּי תה"פ sufficiently, enough, fairly, quite
לַמְדָן ז' scholar, learned man
לַמְדָנוּת נ' erudition
לָמָּה? תה"פ why?, what for?
לְמַטָּה, לְמַטָּן תה"פ below; further on (in text)
לָמִיד ת' learnable; teachable
לְמִידָה נ' learning
לְמַעֵט תה"פ with the exception of excluding, except for
לְמַעְלָה,לְמַעְלָן תה"פ above, up
לְמַעַן תה"פ in order that, so that; for the sake of; for
לְמַעֲשֶׂה תה"פ actually, in fact
לְמַפְרֵעַ תה"פ retroactively; in advance (colloq.)
לַמְרוֹת תה"פ in spite of, despite
לְמָשָׁל תה"פ for example
לָן פ' stay overnight, lodge
לָנוּ מ"ג to us, for us
לְסוּטָה נ' blouse
לְסְטוּת נ' robbery
לִסְטִים ז' robber
לִסְטֵם פ' rob
לַסְפִירָה (לִסְפִירַת הַנּוֹצְרִים) A.D.
לֶסֶת נ' jaw
לָעַג פ' jeer at, mock, ridicule
לַעַג ז' jeering, mockery, ridicule
לָעַד תה"פ for ever, eternally, always
לְעוֹלָם תה"פ for ever, eternally, always
לְעוֹלָם וָעֶד תה"פ for ever and ever
לְעוֹלָם לֹא (in future) never
לְעוּמַּת תה"פ in contrast to, as against, compared with
לָעוּס ת' chewed, masticated; hackneyed, trite
לַעַז ז' slander; foreign language (not Hebrew)
לְעֵיל תה"פ above, supra-
לְעִיסָה נ' chewing, mastication; talking on and on about the same thing (colloq.)
לִעְלֵעַ פ' stutter, stammer
לַעֲנָה נ' wormwood; bitterness, gall
לָעַס פ' chew, masticate; talk on and on about the same thing (colloq.)
לְעֶרֶךְ תה"פ about, approximately
לְעֵת תה"פ at the time
לְעֵת מָצוֹא תה"פ when the opportunity arises
לְעֵת עַתָּה תה"פ for the time being
לְעִתִּים קְרוֹבוֹת תה"פ often
לְעִתִּים רְחוֹקוֹת תה"פ seldom, rarely
לָפוּף ת' wrapped round, coiled round
לְפָחוֹת תה"פ at least
לְפִי מ"י according to
לְפִי שָׁעָה תה"פ for the time being
לַפִּיד ז' torch
לְפִיכָךְ תה"פ therefore, accordingly, hence
לְפִיתָה נ' clasping, gripping
לִפְנוֹת תה"פ just before

לִפְנוֹת בּוֹקֶר תה"פ early in the morning
לִפְנוֹת עֶרֶב תה"פ towards evening
לִפְנֵי תה"פ before; in front of
לִפְנֵי הַסְּפִירָה תה"פ B.C.
לִפְנֵי הַצָּהֳרַיִם תה"פ before noontime
לִפְנַיי תה"פ inside, within
לִפְנַיי וְלִפְנִים תה"פ well inside (the matter)
לְפָנִים תה"פ formerly; in front; forward
לִפְנִים תה"פ inside
לִפְעָמִים תה"פ sometimes
לָפַף פ' wrap around, swathe
לִפְרָקִים תה"פ sometimes, occasionally
לָפַת פ' clasp, grip
לֶפֶת נ' turnip
לִפְתָּן ז' compôte, stewed fruit
לְפֶתַע, לְפֶתַע פִּתְאוֹם תה"פ suddenly
לֵץ ז' joker, jester, clown
לָצוֹן ז' fun, frivolity
לִצְמִיתוּת תה"פ for ever, permanently
לָקָה פ' be stricken
לָקוֹחַ ז' customer, client, buyer
לָקוּי ת' defective, faulty
לִקּוּת נ' defect, deficiency
לָקַח פ' take
לָקַח חֵלֶק בּ פ' take part in
לָקַח עֵצָה מ פ' take advice from
לֶקַח ז' lesson, moral lesson
לִקֵּט פ' gather, collect; pick
לֶקֶט ז' collection; gleaning
לְקִיחָה נ' taking
לְקִיקָה נ' licking, lapping

לִקְלוּק ז' licking, lapping
לִקְלֵק פ' lick, lap
לְקַמָּן תה"פ further on, below
לָקַק פ' lick, lap
לַקְקָן ז' person, with a sweet-tooth; flatterer
לִקְרַאת תה"פ towards; for, in view of
לֶקֶשׁ ז' late crop
לָרִאשׁוֹנָה תה"פ for the first time
לְרַבּוֹת תה"פ including
לְרֶגֶל תה"פ on account of, because of; on the occasion of
לָרוֹב תה"פ generally, mostly; in plenty
לָרִיק תה"פ in vain
לָשׁ פ' knead
לְשַׁד ז' marrow; juice, vigor
לָשׁוֹן נ' tongue; language
לָשׁוֹן אַחֵר ז' in other words
לְשׁוֹן הַדִּיבּוּר נ' colloquial speech
לְשׁוֹן הַמֹּאזְנַיִים נ' pivot of balance
לְשׁוֹן הַקּוֹדֶשׁ נ' Hebrew, the Holy Tongue
לְשׁוֹן הָרַע נ' slander, malicious gossip
לְשׁוֹן חֲכָמִים נ' Mishnaic Hebrew
לָשׁוֹן נוֹפֵל עַל לָשׁוֹן pun, play on words
לְשׁוֹן נְקִיָּה נ' euphemism
לְשׁוֹנַאי ז' linguist
לְשׁוֹנִי ת' linguistic, lingual
לִשְׁכָּה נ' office, bureau
לִשְׁכַּת מוֹדִיעִין נ' information
לִשְׁכַּת עֲבוֹדָה נ' labor exchange

לְשָׁלֶשֶׁת נ׳ **poultry manure**
לֶשֶׁם ז׳ **ligure; opal**
לְשֵׁם מ״י **for, for the sake of**

לְשֶׁעָבַר תה״פ **formerly, previously; ex-, past**
לְתוֹךְ **into**
לֶתֶת ז **malt**

מ

מִ־ (= מִן), מֵ־ (לפני אהחע״ר) from, of; more than

מַאֲבוּס ז׳ feeding trough

מַאֲבָק ז׳ struggle, fight; anther

מַאֲגָר ז׳ storage reservoir, reserve

מְאַגְרֵף ז׳ boxing trainer

מְאַדֶּה ז׳ evaporator; carburettor

מַאְדִּים ז׳ Mars

מֵאָה ש״מ hundred; century

מְאַהֵב ז׳ lover, suitor

מַאֲהָל ז׳ encampment of tents

מְאוּבָּן ת׳, ז׳ petrified, fossilized; fossil

מְאוּבָּק ת׳ dusty, dust-covered, powdered

מְאוּגָּד ת׳ associated, organized, federated

מְאוֹד תה״פ very

מְאוֹד מְאוֹד תה״פ very much, exceedingly

מְאוּדֶּה ת׳ steamed (food)

מְאוֹהָב ת׳ in love, loving

מַאֲוַי ז׳, מַאֲוַיִּים ז״ר desire, longing

מְאַוְורֵר ז׳ ventilator, fan

מְאוּוְרָר ת׳ aired, ventilated

מְאוּזָּן ת׳ balanced; horizontal

מְאוּחָד ת׳ united

מְאוּחֶה ת׳ closely joined together

מְאוּחְסָן ת׳ in storage, stored

מְאוּחָר ת׳ late, belated

מְאוּיָּשׁ ת׳ manned

מְאוּכְזָב ת׳ disappointed

מְאוּכְלָס ת׳ populated, inhabited

מְאוּלָּף ת׳ trained, tamed

מְאוּלָּץ ת׳ forced, compelled

מְאוּלְתָּר ת׳ improvised, impromptu

מְאוּם, מְאוּמָה ז׳ something; nothing (colloquial)

מְאוּמָּן ת׳ trained, skilled

מְאוּמָּץ ת׳ adopted; strenuous

מְאוּמָּת ת׳ verified, confirmed, authenticated

מְאוּנָּךְ ת׳ perpendicular, vertical, upright

מְאוּנְקָל ת׳ hooked, hook-shaped

מָאוּס ת׳ repulsive, loathsome

מְאוּפְיָין ת׳ characterized, typified

מְאוּפָּל ת׳ darkened, blacked-out

מְאוּפָּס ת׳ zeroed (weapon), calibrated

מְאוּפָּק ת׳ restrained, reserved, self-controlled

מְאוּפָּר ת׳ made up (actor)

מְאוּצְבָּע ת׳ digitate (botany)

מְאוּקְלָם ת׳ acclimated, acclimatized

מָאוֹר ז׳ light, lighting; source of light

מְאוּרְגָּן ת׳ organized

מְאוּרָה נ׳ den, lair

מְאוֹרָס ז׳ fiancé; betrothed, engaged

מְאוֹרָע ז׳ event, occurrence

מְאוּשְׁפָּז ת׳ hospitalized, in the hospital

מְאוּשָּׁר ת׳ happy, confirmed, approved

firm, steady מְאוּשָּׁשׁ ת׳
localized; located מְאוּתָּר ת׳
signaller מְאוֹתֵת ז׳
listener מַאֲזִין ז׳ מַאֲזִינָה
balance, balance sheet מַאֲזָן ז׳
scales, balance מֹאזְנַיִים ז״ז
handle, hold, grip; outpost (military) מַאֲחָז ז׳
paper clamp, paper clip מַאֲחֵז ז׳
late, tardy; latecomer מְאַחֵר ת׳
since, as מֵאַחַר שֶׁ תה״פ
what? מַאי? מ״ג
on the other hand מֵאִידָךְ, מֵאִידָךְ גִּיסָא תה״פ
since when? from what time? מֵאֵימָתַי? תה״פ
whence? where from? מֵאַיִן? תה״פ
loathing, revulsion מְאִיסָה נ׳
accelerator מָאִיץ ז׳
hundreth part, 1/100 מֵאִית נ׳
food; meal מַאֲכָל ז׳
slaughterer's knife מַאֲכֶלֶת נ׳
anaesthetic; anaesthetist מְאַלְחֵשׁ ז׳
of itself, by itself, self- מֵאֵלָיו תה״פ
combine (machine), binder מַאֲלֶמֶת נ׳
trainer (of animals), tamer מְאַלֵּף ז׳
instructive, revealing מְאַלֵּף ת׳
deodorant מְאַלְרֵחַ ז׳
believer מַאֲמִין ז׳
trainer, instructor, coach מְאַמֵּן ז׳
effort, exertion, strain מַאֲמָץ ז׳
article, essay; saying מַאֲמָר ז׳
parenthesis מַאֲמָר מוּסְגָּר ז׳
leading article, leader (in newspaper) מַאֲמָר רָאשִׁי ז׳
loathe, despise, detest מָאַס פ׳
rearguard; collection, anthology; slow bus or train (as opposed to express) מְאַסֵּף ז׳
imprisonment, prison מַאֲסָר ז׳
house arrest מַאֲסַר בַּיִת ז׳
life imprisonment מַאֲסַר עוֹלָם ז׳
pastry, something baked מַאֲפֶה ז׳
bakery מַאֲפִיָּיה נ׳
ash-tray מַאֲפֵרָה נ׳
ambush מַאֲרָב ז׳
organizer מְאַרְגֵּן ז׳
host, hostess מְאָרֵחַ ז׳ מְאָרַחַת נ׳
extension (of appliance) מַאֲרִיךְ ז׳
extension rod מַאֲרֵךְ ז׳
from; by מֵאֵת מ״י
by S.J. Agnon מֵאֵת ש״י עַגְנוֹן
two hundred, 200 מָאתַיִים ש״מ
stinking, foul, putrid מַבְאִישׁ ת׳
insulator מְבַדֵּד ז׳
dry dock מִבְדּוֹק ז׳
amusing, funny מְבַדֵּחַ ת׳
frightening, terrifying מַבְהִיל ת׳
shining, glowing מַבְהִיק ת׳
entry, entrance; lane; introduction (to book), preface מָבוֹא ז׳
explained, annotated מְבוֹאָר ת׳
adult מְבוּגָּר ת׳
insulated; isolated מְבוּדָּד ת׳
amused, merry מְבוּדָּח ת׳
hurried, hasty; frightened מְבוֹהָל ת׳

מְבוּזְבָּז ת׳ wasted, squandered
מְבוּטָא ת׳ pronounced, expressed
מְבוּטָח ת׳ insured
מְבוּטָל ת׳ insignificant, negligible; cancelled, annulled
מָבוֹי ז׳ lane, alley
מָבוֹי סָתוּם ז׳ impasse, dead end
מְבוּיָל ת׳ stamped
מְבוּיָם ת׳ staged, contrived; phony, rigged
מְבוּיָץ ת׳ mixed with or coated with egg
מְבוּיָשׁ ת׳ shamed, ashamed, embarrassed
מְבוּיָת ת׳ domesticated, house-trained
מָבוֹךְ ז׳ maze, labyrinth
מְבוּכָה נ׳ perplexity, bewilderment, embarrassment
מַבּוּל ז׳ flood, deluge, inundation
מְבוּלְבָּל ת׳ confused, bewildered
מְבוּלְגָן ת׳ in a mess (sl.)
מְבוּסָה נ׳ defeat, rout
מְבוּסָם ת׳ perfumed; tipsy
מְבוּסָס ת׳ established, well-based
מַבּוּעַ ז׳ spring, fountain
מְבוּצָע ת׳ carried out, performed, executed
מְבוּצָר ת׳ fortified
מְבוּקָר ת׳ criticized; controlled, supervised; visited
מְבוּקָשׁ ת׳ sought after, required
מְבוֹרָג ת׳ unscrewed
מְבוֹרָךְ ת׳ blessed; welcome

מְבוּשִׁים ז״ר genitalia, pudenda
מְבוּשָׁל ת׳ cooked, boiled
מְבוּשָׂם, מְבוּסָם ת׳ scented, perfumed; tipsy
מְבוּתָּר ת׳ dissected, cut up, cleft
מַבְזֵק ז׳ flash; salt-shaker
מַבְזֶקֶת נ׳ (salt etc.) shaker
מִבַּחוּץ תה״פ from outside, from without, externally
מִבְחָן ז׳ test, examination; trial
מִבְחָן קָשֶׁה ז׳ severe test, ordeal
מַבְחֵנָה נ׳ test tube
מִבְחָר ז׳ selection; the choicest, choice
מַבְחֵשׁ ז׳ ladle
מַבָּט ז׳ look, glance, glimpse
מִבְטָא ז׳ pronunciation, accent
מִבְטָח ז׳ trust, confidence; refuge
מַבְטֵחַ ז׳ safety-fuse
מַבְטִיחַ ת׳ promising
מַבְטִיחָן ז׳ one who often promises
מִבֵּין תה״פ from among, from
מֵבִין ז׳ expert, knowledgeable person, connoisseur
מְבִינוּת נ׳ expertise, knowledgeability
מֵבִישׁ ת׳ shameful, disgraceful
מִבַּיִת תה״פ from within, from inside, internally
מַבְלֵט ז׳ die, block
מַבְלְטָן ז׳ die maker
מִבְּלִי תה״פ without
מִבְּלִי מֵשִׂים תה״פ without noticing
מַבְלִיג ת׳ restraining, controlling
מִבַּלְעֲדֵי תה״פ apart from, except, save

מִבְנֶה ז׳ structure, build(ing); formation
מִבְנִי ת׳ structural
מַבְסוּט ת׳ self satisfied (sl. Arabic)
מַבָּע ז׳ expression, utterance
מִבַּעַד לְ תה״פ through, from behind
מִבְּעוֹד תה״פ while it is still...
מַבְעִית ת׳ terrifying, frightful
מַבְעֵר ז׳ burner, torch (for welding)
מִבִּפְנִים תה״פ from within, from inside, internally
מְבַצֵּעַ ז׳, מְבַצַּעַת נ׳ performer, executor
מִבְצָע ז׳ project, operation
מִבְצָעִי ת׳ operational
מִבְצָר ז׳ fortress, castle
מְבַקֵּר ז׳, מְבַקֶּרֶת נ׳ critic; controller; visitor
מְבַקֵּר הַמְּדִינָה ז׳ Israel State Comptroller
מְבַקֵּשׁ ז׳, מְבַקֶּשֶׁת נ׳ applicant
מַבְרָאָה נ׳ rest home, sanatorium
מִבְּרֵאשִׁית תה״פ from the beginning
מַבְרֵג ז׳ screwdriver
מַבְרִיא ז׳, מַבְרִיאָה נ׳ convalescent
מַבְרִיחַ, מַבְרִיחָן ז׳ smuggler
מַבְרִיק ת׳ shining, brilliant
מִבְרָק ז׳ cable, wire, telegram
מִבְרָקָה נ׳ telegraph office
מִבְרֶשֶׁת נ׳ brush
מְבַשֵּׁל ז׳, מְבַשֶּׁלֶת נ׳ cook
מִבְשָׂמָה, מִבְסָמָה נ׳ perfumery
מְבַשֵּׂר ז׳, מְבַשֶּׂרֶת נ׳ herald, forerunner, harbinger
מִבְתָּר ז׳ cut
מַגָּב ז׳ windscreen wiper; squeegee
מַגְבֵּהַּ ז׳ jack (for raising vehicle)
מִגְבָּה ז׳ elevation
מִגְבּוֹל ז׳ range, gamut
מַגְבִּיר ת׳ increasing, amplifying
מַגְבִּיר־קוֹל ז׳ megaphone
מַגְבִּית נ׳ fund-drive, collection, appeal
(הַ)מַגְבִּית (הַ)יְהוּדִית (הַ)מְאוּחֶדֶת נ׳ the United Jewish Appeal
מִגְבָּלָה נ׳ limitation, restriction
מִגְבַּע ז׳ top hat
מִגְבַּעַת נ׳ hat (with brim), trilby
מַגְבֵּר ז׳ amplifier
מַגֶּבֶת נ׳ towel
מֶגֶד ז׳ sweetness
מַגָּ"ד (מפקד גדוד) ז׳ regiment commander
מַגְדִּיר ז׳ definer, book of terms
מַגְדִּיר צְמָחִים ז׳ plant guide
מִגְדָּל ז׳ tower
מִגְדַּלּוֹר ז׳ lighthouse
מַגְדֶּלֶת, זְכוּכִית מַגְדֶּלֶת נ׳ magnifying glass
מִגְדָּנִיָּה נ׳ pastry shop
מַגְהֵץ ז׳ iron
מַגְהֵץ אֵדִים ז׳ steam iron
מַגּוֹב ז׳ rake
מְגוּבָּב ת׳ piled up, heaped
מְגוּבְנָן ת׳ hunched, humped
מָגוֹד ז׳ clothes hanger
מְגוּדָּל ת׳ large, sizeable
מְגוּדָּר ת׳ fenced, enclosed
מְגוֹהָץ ת׳ ironed, pressed

מְגוּוָּן ת׳	varied, diversified
מִגְוָן ז׳	variety, range
מְגוּחָךְ ת׳	ridiculous, absurd
מְגוּיָּס ת׳	mobilized, called up; committed (to cause)
מְגוּיָּר ת׳	converted to Judaism
מְגוּלְגָּל ת׳	rolled, rounded
מְגוּלֶּה ת׳	revealed, visible
מְגוּלְוָן ת׳	galvanized
מְגוּלָּח ת׳	shaved, shaven
מְגוּלָּח לְמִשְׁעִי ת׳	cleanly shaved
מְגוֹלָל ת׳	rolled up
מְגוּלָּף ת׳	carved, engraved
מְגוּמְגָּם ת׳	stammered, faltering
מְגוּנְדָּר ת׳	dressed up, dandified
מְגוּנֶּה ת׳	indecent, improper
מְגוּפָה נ׳	plug, cap
מְגוּפָּר ת׳	sulphurized
מָגוֹר ז׳	terror, dread
מְגוֹרָד ת׳	scraped, scratched
מְגוֹרֶה ת׳	stimulated, provoked
מְגוּרִים ז״ר	living quarters
מְגוֹרָם ת׳	boned
מִגְזָזַיִים ז״ז	shears
מִגְזָר ז׳	section, sector
מְגֵירָה נ׳	board saw, frame saw
מִגְזָרַיִים ז״ז	wire-cutters
מַגִּיד ז׳	preacher
מַגִּיהַּ ז׳	proof-reader, corrector
מְגִילָּה נ׳	scroll
מְגִילַּת הָעַצְמָאוּת נ׳	(Israel) Declaration of Independence
מְגִינָּה נ׳	distress, sorrow
(לְ)מְגִינַּת לִבּוֹ	to his sorrow
מָגִינּוֹר ז׳	lampshade
מַגִּיעַ ת׳	arriving, coming; deserved, merited
מַגִּיעַ לוֹ	he deserves
מַגִּישׁ ז׳	waiter, steward; server (in tennis)
מַגִּישָׁה נ׳	waitress, stewardess
מַגָּל ז׳	sickle, reaping-hook
מַגְלֵב ז׳	whip, lash
מַגְלוֹל ז׳	tape measure
מַגְלֵחַ ז׳	razor, shaver
מִגְלֶעֶנֶת נ׳	stoning machine
מַגְלֵף ז׳	engraving tool
מִגְלָפָה נ׳	engraver's workshop
מַגְלֵשׁ ז׳	skid (aeron.)
מִגְלָשׁ ז׳	ski
מַגְלֵשָׁה נ׳	slide; toboggan
מִגְלָשַׁיִים ז״ז	skis
מְגַמְגֵּם ז׳	stutterer, stammerer
מְגַמָּה נ׳	aim, object, purpose; tendency; stream (of studies)
מְגַמָּתִי ת׳	tendentious
מָגֵן ז׳	shield, protection
מָגֵן־דָּוִיד ז׳	Star of David
מָגֵן דָּוִיד אָדוֹם	Red Star of David (Israel Red Cross)
מֵגֵן ז׳	defender; back (football)
מַגְנֵט ז׳	magnet
מִגְנֵט פ׳	magnetize
מִגְנָן ז׳	defence structure
מִגְנָנָה נ׳	defensive
מָגָס ז׳	(soup) tureen
מַגָּע ז׳	touch, contact
מַגָּף ז׳	high boot
מַגֵּפָה נ׳	plague, epidemic
מַגְפֵּר ז׳	sulfurator

מַגְרֵד ז' scraper; strigil
מְגָרֵד ת' itching, itchy
מְגָרֵד לִי בַּגַּב my back is itchy
מְגֵרָה נ' drawer (of desk, etc.)
מְגָרֶה ת' provocative, stimulating; irritating
מַגְרֵסָה נ' mill, grinder
מִגְרָע ז' groove
מִגְרָעָה נ' niche, recess, alcove
מִגְרַעַת נ' defect, fault
מַגְרֵפָה נ' rake
מִגְרָרָה נ' sled, sledge, sleigh
מְגָרֶרֶת נ' grater
מִגְרָשׁ ז' plot; lot; playing field
מַגָּשׁ ז' tray
מַגְשִׁים, מַגְשִׁימָן ז' realizer, embodier
מַד ז' measure, gauge, meter
מַד־מְהִירוּת ז' speedometer
מַדְמַיִם, מַד־מַיִם ז' water-meter
מִדְאָה נ' gliding-field
מַדְאוֹר ז' photometer, lightmeter
מַדְבֵּקָה נ' gummed label, sticker
מִדְבָּר ז' desert, wilderness
מִדְבָּרִי ת' desert
מִדְגָּם ז' sample, specimen
מְדַגְמֵן ת' modelling
מַדְגֵּרָה נ' incubator
מַדְגֶּשֶׁם ז' rain-gauge
מָדַד פ' measure, survey; try on
מַדָּד ז' index
מַדַּד יוֹקֶר הַמִּחְיָה ז' cost of living index
מְדוּבְלָל ת' sparse, straggly
מַדְוֶה ז' affliction, ill
מַדּוּחַ ז' lure
מְדוּיָּק ת' exact, precise
מְדוּכָּא ת' dejected, depressed, oppressed
מְדוּכְדָּךְ ת' depressed, dejected
מְדוֹכָה נ' (big) mortar; saddle
מְדוּלְדָּל ת' sparse; dangling, hanging
מְדוּמְדָּם ת' dazed, stupefied
מְדוּמֶּה ת' imaginary, seeming
מָדוֹן ז' contention, quarrel, strife
מַדּוּעַ תה"פ why?, for what reason?
מְדוּפְלָם ת' diplomaed, qualified
מָדוֹר ז' department, section, branch
מְדוֹרָג ת' graded; terraced
מְדוּרָה נ' bonfire, fire
מַדְזָווִית ז' protractor
מַדְזְמַן ז' chronometer; stop-watch
מַדְזֶרֶם ז' ammeter, ampermeter
מַדְחוֹם ז' thermometer
מַדְחָן ז' parking meter
מַדְחֵס ז' compressor
מַדְחֵף ז' propeller
מִדֵּי תה"פ whenever
מִדֵּי יוֹם בְּיוֹמוֹ תה"פ daily, every day
מִדֵּי פַּעַם (בפעם) תה"פ occasionally
מִדַּי, מִדַּיי תה"פ than required, than enough
מָדִיד ת' measurable
מַדִּיד ז' gauge
מְדִידָה נ' measurement, surveying; trying on
מַדִּיחַ ז' inciter, subverter
מַדִּיחַ (כֵּלִים) ז' dish-washer
מַדִּים ז"ר uniform

מְדִינַאי ז׳ statesman, politician
מְדִינָה נ׳ state, country
מְדִינִי ת׳ political
מְדִינִיּוּת נ׳ policy, politics
מְדַכֵּא ת׳ depressing, oppressive
מְדַכְדֵּךְ ת׳ depressing, distressing
מַדְלֶה ז׳ derrick, crane
מַדְלָחוּת, מַד־לַחוּת ז׳ hygrometer
מַדְלַחַץ, מַד־לַחַץ ז׳ pressure gauge, manometer
מַדְלִיף, מַדְלִיפָן ז׳ one who leaks information
מַדְלִיק, מַדְלִיקָן ז׳ one who excites (sexually)
מַדְלֵק ז׳ lighter, igniter
מְדַמֶּה ת׳ imaginative
מַדְמֶה ז׳ simulator
מַדְמֵנָה נ׳ dunghill
מְדָנִים ז״ר quarrel, contention, strife
מַדְנֶשֶׁם, מַד נְשִׁימָה ז׳ spirometer
מְדַסְקֶסֶת נ׳ disc-harrow
מַדָּע ז׳ science; knowledge
מַדָּעִי ת׳ scientific; scholarly
מַדְּעֵי הַחֶבְרָה ז״ר social sciences
מַדְּעֵי הַטֶּבַע ז״ר natural sciences
מַדְּעֵי הַיַּהֲדוּת ז״ר Jewish studies
מַדְּעֵי הָרוּחַ ז״ר humanities, the arts
מַדְעָן ז׳ scientist
מַדָּף ז׳ shelf, ledge
מַדְפִּיס, מַדְפִּיסָן ז׳ printer
מְדַקְדֵּק ז׳ grammarian; precise or pedantic person
מְדַקְלֵם ז׳ reciter
מַדְקֵר ז׳ awl

מַדְקֵרָה נ׳ stab, piercing, prick
מֶדֶר ז׳ bevel
מְדַרְבֵּן ת׳ incentive, stimulating, urging
מַדְרֵגָה נ׳ step, stair; degree, level; terrace
מַדְרוּחַ, מַד־רוּחַ ז׳ wind-gauge, anemometer
מִדְרוֹן ז׳ slope, incline
מִדְרְחוֹב ז׳ mall
מַדְרִיךְ ז׳ instructor, guide
מִדְרָךְ ז׳ foothold; tread
מִדְרַךְ כַּף רֶגֶל ז׳ foothold
מִדְרָכָה נ׳ pavement, sidewalk
מִדְרָס ז׳ foot support
מִדְרָסָה נ׳ doormat
מַדְרַעַשׁ ז׳ seismograph
מִדְרָשׁ ז׳ midrash (homiletics); allegory, metaphor
מִדְרָשָׁה נ׳ college
מִדְרָשִׁי ת׳ midrashic, homiletic
מִדְשָׁאָה נ׳ lawn, grass
מַדְשֶׁטַח, מַד־שֶׁטַח ז׳ planimeter
מָה, מַה, מֶה מ״ג מ״ק what?; what; a little, some(what)
מְהַבְהֵב ת׳ flickering, glimmering, winking
מְהַגֵּר ז׳ immigrant, emigrant, migrant
מַהֲדוּרָה נ׳ edition, version
מַהְדִּיר, מַהְדִּירָן ז׳ editor, reviser
מְהַדֵּק ז׳ paper clip, clothes-peg, stapler
מַהוּ מ״ג what is it?, what is he?
מְהוּגָּן ת׳ decent, proper
מָהוֹד ז׳ resonator

מְהוּדָּק ת׳ tight, tightened, fastened
מְהוּדָּר ת׳ splendid, elegant
מְהוּהֶה ת׳ shabby, tattered
מָהוּל ת׳ dilute(d), adulterated; circumcised
מְהוּלָּל ת׳ praised
מְהוּמְגָּן ת׳ homogenized
מְהוּמָה נ׳ tumult, uproar, confusion
מְהוּפָּךְ ת׳ inverted; turned upside down or inside out
מְהוּפְּנָט ת׳ hypnotized
מְהוּקְצָע ת׳ planed, smoothed, polished
מְהוּרְהָר ת׳ pensive, thoughtful
מַהוּת נ׳ essence, true nature
מַהוּתִי ת׳ essential, real; immanent
מֵהֵיכָן תה״פ where from?, whence?
מְהִילָה נ׳ dilution, adulteration; circumcision
מְהֵימָן ת׳ reliable, trustworthy
מָהִיר ת׳ fast, quick
מְהִיר חֵמָה ת׳ quick-tempered
מְהִירוּת נ׳ speed, rapidity, velocity
מָהַל פ׳ dilute, adulterate
מַהֲלוּמָה נ׳ heavy blow, knock
מַהֲלָךְ ז׳ walking distance, walk; movement, move, course (of events)
מַהֲלַךְ חַיִּים ז׳ curriculum vitae
מַהֲמוֹרָה נ׳ pothole, pit
מְהַנְדֵּס ז׳ engineer
מַהְפָּךְ ז׳ reversal (of political fortunes, at the polls), complete change
מַהְפֵּכָה נ׳ revolution; overthrow; total disorder (colloq.)
מַהְפְּכָן ז׳ revolutionary, revolutionist
מַהְפְּכָנוּת נ׳ revolutionism, advocacy of revolution
מַהְפְּכָנִי ת׳ revolutionary
מְהַפְּנֵט ז׳ hypnotist
מַהֵר תה״פ quickly, fast, speedily
(בִּ)מְהֵרָה תה״פ quickly, very soon
מַהֲתַלָּה נ׳ joke, jest
מוּאָר ת׳ lit, illuminated
מוּאֳרָךְ ת׳ lengthened, extended
מוּאֲרָק ת׳ earthed (electricity)
מוּבָאָה נ׳ quotation, reference
מוּבְדָּל ת׳ separated
מוּבְהָק ת׳ outstanding; wholly characteristic
מוּבְהָר ת׳ clarified, clearly explained
מוּבְחָר ת׳ best, choice, selected
מוּבְטָח ת׳ promised, assured, guaranteed
מוּבְטְחַנִי ש׳ I (masc.) am certain
מוּבְטַחַתְנִי ש׳ I (fem.) am certain
מוּבְטָל ת׳ unemployed, out of work
מוֹבִיל ז׳ carrier, conveyor, transporter, conduit
מוֹבִיל ת׳ leading (to place, or in race etc.)
מוּבְלָע ת׳ slurred over, elided, syncopated
מוּבְלָעָה, מוּבְלַעַת נ׳ enclave
מוּבָן ז׳ meaning, sense

מוּבָן ת׳ understood; understandable
מוּבָן מֵאֵלָיו ת׳ obvious, self-evident, self-explanatory
מוּבָס ת׳ trounced, defeated
מוּבְרָח ת׳ smuggled
מוּג־לֵב ת׳ coward
מוּגְבָּל ת׳ limited, restricted
מוּגְבָּלוּת נ׳ (state of) being limited; limited capacity; paucity
מוּגְבָּר ת׳ increased, intensified
מוּגְדָּל ת׳ enlarged, magnified
מוּגְדָּר ת׳ defined, classified; definite
מוּגָּה ת׳ proof-read, corrected, free from error
מוּגָז ת׳ aerated
מוּגְזָם ת׳ exaggerated
מוּגְלָד ת׳ congealed, covered with new skin
מוּגְלָה נ׳ pus
מוּגְלָתִי ת׳ festering, suppurating
מוּגְמָר ת׳ completed, finished
מוּגָן ת׳ defended, protected, shielded
מוּגְנַט פ׳ be magnetized
מוּגָף ת׳ closed, shut
מוּגַּר פ׳ be defeated, be destroyed
מוּגָּשׁ ת׳ offered, presented, served
מוּגְשָׁם ת׳ realized, implemented; materialized
מוּדְאָג ת׳ worried, anxious
מוּדְגָּם ת׳ exemplified, demonstrated
מוּדְגָּשׁ ת׳ emphasized, stressed
מוֹדֵד ז׳ index; gauge, meter; surveyor
מוֹדֶה ת׳ thankful, grateful; admitting
מוּדָּח ת׳ expelled, dismissed, removed (from office)
מוֹדִיעַ ז׳ announcer, informer
מוֹדִיעִין ז׳ information; information desk; intelligence
מוֹדָע ז׳ acquaintance, friend
מוּדָע ת׳ aware, conscious
מוּדָע ל conscious of, aware of
מוּדָע ז׳ conscious mind
מוֹדָעָה נ׳ notice, announcement; advertisement
מוּדָעוּת נ׳ awareness
מוּדְפָּס ת׳ printed
מוּדְרָג ת׳ graded, graduated
מוּדְרָךְ ת׳ instructed, guided
מוֹהֵל ז׳ circumcizer
מֹהַר ז׳ bride-price
מָוֶת ז׳ death
מוֹז ז׳ banana
מוֹזֵג ז׳ bartender, barman
מוּזַג פ׳ be blended, be combined
מוּזְהָב ת׳ gilded, gold-plated
מוּזֵיאוֹן ז׳ museum
מוּזְכָּר ת׳ mentioned, referred to
מוּזָל ת׳ reduced (in price), cheaper
מוּזְמָן ת׳ invited; ordered
מוּזְנָח ת׳ neglected, uncared for
מוּזָר ת׳ strange, queer, odd

מוֹחַ ז' brain; brains, mind
מוּחְזָק ת' held; considered; supported
מוּחְזָר ת' returned, restored
מוּחְכָּר ת' leased, rented
מוּחְלָד ת' rusty, rusted
מוּחְלָט ת' absolute, definite
מוֹחֵק ז' eraser, rubber
מוּחֲרָם ת' excommunicated, boycotted; confiscated
מוֹחֳרָת, מָחֳרָת תה"פ the next day, the following day
מוֹחֳרָתַיִים תה"פ the day after tomorrow
מוּחָשׁ, מוּחָשִׁי ת' concrete, tangible, perceptible, real
מוֹט ז' pole, rod, bar
מוּטָב תה"פ it's better that, so much the better
מוּטָב ז' beneficiary, person to whom cheque etc. is made out
מוּטְבָּל ת' immersed; baptized
מוֹטֵט פ' shake, knock over
מוֹטֶטֶת נ' linkage, assembly of rods in a machine
מוֹטִיוֹת הַמִּשְׁקָפַיִים נ"ר earpieces of eyeglasses
מוֹטִית נ' stick, short rod
מוּטָל ת' imposed, inflicted; thrown
מוּטָל בְּסָפֵק ת' in doubt
מוּטָס ת' flown (by plane)
מוּטְעֶה ת' mistaken, erroneous
מוּטְעָם ת' stressed, accented
מוּטְרָד ת' bothered, troubled
מוּיַּן פ' be sorted, be classified
מוֹךְ ז' cotton wool, fluff, down
מוּכֶּה ת' beaten, smitten; sick, ill
מוּכְוָון ת' set, adjusted, tuned
מוֹכָ"ז ז' bearer (initial letters of (מוֹסֵר כְּתָב זֶה
מוּכָח ת' proved, proven
מוּכְחָד ת' destroyed, wiped out
מוֹכִיחַ, מוֹכִיחָן ז' reprover, rebuker, admonisher
מוּכַּן פ' be mechanized
מוּכָן ת' ready, prepared
מוּכָן וּמְזוּמָן ת' fully prepared
מוּכְנָס ת' brought in, inserted
מוֹכֵס, מוֹכְסָן ז' customs-officer
מוּכְסָף ת' silver-plated
מוּכְפָּל ת' doubled; duplicated; multiplied
מוֹכֵר ז' seller, salesman
מוּכָּר ת' known, familiar, recognized
מוּכְרָח ת' compelled, must, have to
מוּכְרָע ת' decided, determined; defeated
מוּכְשָׁר ת' talented; kashered; fit
מוּכְתָּב ת' dictated
מוּכְתָּר ת', ז' crowned; mukhtar (Arab village chief)
מוּל מ"י opposite, facing, up against
מו"ל ז' (מוֹצִיא לָאוֹר) publisher
מוּלָּא פ' be filled, be stuffed; be fulfilled, be performed
מוּלְאָם ת' nationalized
מוֹלָד ז' birth; new moon

מוּלָד ת' born with
מוֹלֶדֶת נ' native country, homeland, birthplace
מו"לוּת נ' publishing
מוּלְחָם ת' soldered
מוֹלִיד ז' procreator, progenitor
מוֹלִיךְ ז' conductor; leader
מוֹלִיכוּת נ' conductivity, conductance
מוּם ז' defect, deformity, disability
מוּמְחֶה ת', ז' expert, specialist
מוּמְחִית נ' expert, specialist (fem)
מוּמְחָז ת' dramatized, adapted for the stage
מוּמְחָשׁ ת' actualized, made perceptible
מוּמַּן פ' be financed
מוּמָס ת' dissolved, melted
מוּמָר ז' apostate, convert (from Judaism)
מוּמַּשׁ פ' be realized, be actualized, be implemented
מוּמָת ת' put to death, slain
מוֹנֶה ז' meter; numerator
מוּנָּה פ' be appointed
מוּנְהָג ת' led, directed
מוּנָּח ת' lying, resting, placed
מוּנָּח ז' term
מוּנַח פ' be termed
מוּנְחֶה ת' guided, directed
מוֹנִיטִין ז"ר reputation, renown, fame
מוֹנִית נ' taxi, cab
מוֹנֵעַ ת' preventive

מוּסָב ת' endorsed (check, bill, etc.); recipient (of endorsed check, bill, etc.)
מוּסְבָּר ת' explained
מוּסְגָּר ת' handed over, extradited; in parenthesis
מוֹסָד ז' (ר' מוֹסָדוֹת) institution, establishment, foundation
מוּסְוֶה ת' camouflaged, disguised
מוּסָךְ ז' garage; hangar
מוּסְכָּם ת' agreed; accepted
מוּסְכָּמָה נ' convention (generally agreed way of conduct)
מוּסְמָךְ ת', ז' authorized; qualified
מוּסְמַךְ אוּנִיבֶרְסִיטָה ז' M.A.
מוּסָף ת' additional, supplementary
מוּסָף ז' addition, supplement; Musaf prayer
מוּסְפַּר פ' be numbered
מוּסָק ת' lit, heated
מוּסָר ז' morals, morality, ethics; reproof
מוּסַר הַשְׂכֵּל ז' moral
מוּסַר כְּלָיוֹת ז' remorse
מוֹסֵר ז' informer, stool-pigeon
מוּסְרָט ת' filmed, screened; taped
מוּסָרִי ת' moral, ethical
מוּסָרִיּוּת נ' morality, ethics
מוּסְתָּר ת' hidden, concealed
מוּעֳבָר ת' transferred, carried (over); transmitted
מוֹעֵד ז' fixed time; festival
מוֹעֵד אַחֲרוֹן ז' deadline
מוֹעֲדִים לְשִׂמְחָה! Happy Holiday!
מוּעָד ת' forewarned, cautioned; turned to; notorious

מוּעָד לְפוּרְעָנוּת dangerous (place etc.)

מוֹעֲדוֹן ז' club, club-house

מוּעָט ת' few, scanty

מוֹעִיל ת' useful, advantageous, profitable

מוּעַךְ פ' be squeezed, be squashed

מוּעֲמָד, מוּעֳמָד ז' candidate

מוּעֲמָדוּת נ' candidacy

מוּעַן פ' be addressed (letter)

מוֹעָצָה נ' council, board

מוֹעֶצֶת הַבִּיטָּחוֹן נ' the Security Council

מוּעָקָה נ' heavy feeling, weight, depression, oppression

מוּעֲשָׁר ת' enriched

מוּפְלָא ת' wonderful, marvellous

מוּפְלָג ת' distinguished; superlative; distant

מוּפְלֶה ת' set apart, discriminated

מוּפְלֶה לְטוֹבָה ת' favoured, favored

מוּפְלֶה לְרָעָה ת' discriminated against

מוּפְנֶה ת' turned, set, directed

מוּפְנָם ת' introvert; indented

מוּפְסָק ת' interrupted, discontinued

מוֹפָע ז' event, show, appearance; phase (electric)

מוֹפַע בִּידּוּר ז' entertainment performance

מוּפְעָל ת' set in motion, put into effect, activated

מוּפָץ ת' distributed, diffused

מוּפְצָץ ת' bombed, bombarded; burst

מוּפָק ת' extracted; produced

מוּפְקָד ת' deposited, entrusted

מוּפְקָע ת' requisitioned, expropriated; exorbitant

מוּפְקָר ת' licentious; abandoned

מוּפְרָד ת' separated; disjointed

מוּפְרֶה ת' fertilized, impregnated

מוּפְרָז ת' exaggerated, overdone

מוּפְרָךְ ת' refuted, disproved, groundless

מוּפְרָךְ מִיסוֹדוֹ (מֵעִיקָּרוֹ) ת' completely absurd

מוּפְרָע ת' interrupted; disturbed, mentally disturbed

מוּפְרָעוּת נ' mental disturbance

מוּפְשָׁט ת' abstract

מוּפְשָׁל ת' rolled up, thrown back

מוּפְשָׁר ת' thawed, unfrozen

מוֹפֵת ז' model, exemplar; proof

מוֹפְתִי ת' exemplary, model

מוּפְתָּע ת' surprised

מוֹץ ז' chaff

מוֹצָא ז' exit, outlet; source, origin

מוּצָא ת' taken or brought out; spent

מוֹצָאֵי־שַׁבָּת ת' end of Shabbat, Saturday night

מוּצָב ת' set, placed

מוּצָב ז' post, position (military)

מוּצָג ז' exhibit

מוּצְדָּק ת' justified

מוּצָה פ' be drained; be exhausted; be treated exhaustively

מוּצְהָר ת' declared, proclaimed, affirmed

מוֹצִיא ת׳ taking out, bringing out
מוֹצִיא לָאוֹר, מו״ל ז׳ publisher
מוּצָל ת׳ shaded, shadowed, shady
מוּצָל ת׳ saved, rescued
מוּצְלָח ת׳ successful, fortunate, lucky
מוּצָן ת׳ chilled (of food)
מוּצְנָע ת׳ concealed, hidden
מוּצָע ת׳ proposed, suggested; made (bed)
מוּצָף ת׳ flooded, inundated
מוּצָק ת׳ solid, firm
מוּצָר ת׳ narrowed
מוּצָר ז׳ product
מוֹקֵד ז׳ focus; burning fire, hearth
מוּקְדָם ת׳ early
מוּקְדָּשׁ ת׳ dedicated, devoted
מוּקְטָן ת׳ reduced, diminished
מוּקְיוֹן ז׳ clown, jester
מוֹקִיר ז׳ affectionate admirer, one who appreciates
מוּקְלָט ת׳ recorded, taped
מוּקָם ת׳ erected, put up
מוּקְסָם ת׳ charmed, fascinated, captivated
מוּקָע ת׳ censured, blamed
מוּקָף ת׳ surrounded, encircled
מוּקְפָּא ת׳ frozen
מוּקְצֶה ת׳ set apart
מוּקְצֶה מֵחֲמַת מֵיאוּסת׳ rejected as abhorrent
מוּקְרָשׁ ת׳ congealed, solidified
מוֹקֵשׁ ז׳ mine
מוּקַשׁ פ׳ be mined

מוֹר ז׳ myrrh
מוֹרָא ז׳ awe, dread
מוֹרָא שָׁמַיִם ז׳ Godfearingness, piety
מוּרְאָה נ׳ gizzard, crop
מוּרְגָּשׁ ת׳ felt, sensed, noticed
מוֹרָד ז׳ descent, slope
מוֹרֵד ז׳ rebel, mutineer, insurgent
מוּרָד ת׳ lowered, let down
מוּרְדָּף ת׳ pursued, chased
מוֹרֶה ת׳ rebellious
מוֹרֶה ז׳, מוֹרָה נ׳ teacher
מוֹרֵה־דֶרֶךְ ז׳ guide; guide-book
מוּרְחָב ת׳ widened, enlarged, expanded
מוּרְכָּב ת׳ composed (of), consisting (of), complex, composite
מוֹרֶךְ לֵב ז׳ timidity, faint-heartedness
מוּרְכָּבוּת נ׳ complexity
מוּרָם ת׳ raised, elevated
מוּרְסָה נ׳ abscess
מוּרְעָל ת׳ poisoned
מוּרָק ת׳ emptied, vacated
מוֹרַק פ׳ be scoured, be polished
מוּרְקָב ת׳ rotten, decayed
מוֹרָשָׁה, מוֹרֶשֶׁת נ׳ inheritance; heritage
מוּרְשֶׁה ז׳ deputy, delegate; lawyer (of client)
מוּרְשׁוֹן ז׳ parliament
מוּרְשָׁע ת׳ convicted, condemned
מוֹרַת רוּחַ נ׳ displeasure, annoyance

מוּרְתָּח ת׳ boiled, infuriated
מוּשָּׂא ז׳ object (grammar)
מוּשְׁאָל ת׳ lent; figurative, metaphorical
מוֹשָׁב ז׳ seat; session; residence, cooperative village (moshav)
מוֹשַׁב זְקֵנִים ז׳ old age home
מוֹשַׁב עוֹבְדִים ז׳ cooperative village, moshav
מוּשָׁב ת׳ returned, restored
מוֹשָׁבָה נ׳ colony; large village (moshava)
מוּשְׁבָּע ת׳ sworn in, sworn; confirmed
מוּשְׁבָּת ת׳ laid-off; stopped
מוּשָּׂג ז׳ concept, idea, notion
מוּשְׁהֶה ת׳ delayed, held wp, deferred
מוּשְׁזָר ת׳ interwoven, intertwined
מוּשְׁחָז ת׳ sharpened, whetted
מוּשְׁחָל ת׳ threaded
מוּשְׁחָר ת׳ blackened
מוּשְׁחָת ת׳ corrupt, perverted
מוֹשִׁיעַ ז׳ savior,deliverer, redeemer
מוֹשֵׁךְ ת׳ attractive
מוֹשֵׁךְ ז׳ drawer (of cheque)
מוֹשְׁכוֹת נ״ר reins
מוּשְׂכָּל ז׳ idea, concept
מוּשְׂכָּל רִאשׁוֹן ז׳ axiom, first principle
מוּשְׁכַּן פ׳ be mortgaged, be pawned
מוּשְׂכָּר ת׳ let, hired, rented
מוֹשֵׁל ז׳ ruler, governor
מוּשְׁלָם ת׳ accomplished; perfect, complete

מוּשְׁמָד ת׳ destroyed, annihilated
מוּשְׁמָץ ת׳ slandered, defamed
מוּשְׁפָּל ת׳ lowered, humil:ated, demeaned
מוּשְׁפָּע ת׳ influenced, affected
מוּשְׁקֶה ת׳ watered, irrigated
מוּשְׁרָשׁ ת׳ rooted, ingrained
מוּתְאָם ת׳ adapted, fitted, adjusted
מוּתָג ז׳ trade name
מוֹתֵחַ ת׳ gripping, full of tersion
מוֹתְחָן ז׳ thriller (film, look)
מוֹתֶן ז׳ loin, hip, waist
מוּתְנֶה ת׳ conditioned
מוֹתְנַיִים ז״ר hips, loins; waist
מוֹתֶק ז׳ sweetness; darling, sweetie, honey (slang)
מוּתָּר ת׳ permitted, allowed
מוֹתָר ז׳ remainder; advantage, superiority
מוֹתַר הָאָדָם (מן הבהמה) ז׳ the superiority of man (to other creatures)
מוֹתָרוֹת ז״ר luxuries, luxury
מוּתַת פ׳ put to death
מִזְבֵּחַ ז׳ altar
מִזְבָּלָה נ׳ garbage dump
מֶזֶג ז׳ temperament, disposition
מֶזֶג אֲוִויר ז׳ weather
מֶזֶג חַם ז׳ emotional nature
מֶזֶג קַר ז׳ phlegmatic nature
מָזַג פ׳ mix, pour out
מִזְגָּגָה נ׳ glass factory
מַזֶּה ז׳ sprinkler
מַזְהִיר ת׳ shining; warning, cautionary

מְזוּבָּל ת' manured, fertilized
מָזוּג ת' mixed; poured out
מְזוּגָּג ת' fitted with glass; glazed
מְזוּהֶה ת' identified
מְזוּהָם ת' contaminated, filthy, dirty, infected
מְזוּוָּג ת' paired, coupled
מִזְוָד ז' kitbag
מִזְוָדָה נ' suitcase, bag, valise
מְזָוֶה ז' pantry, larder
מְזוּוִיעַ, מְזַוֵּעַ ת' atrocious, horrific, ghastly
מַזְוִית נ' bevel, T-square
מְזוּזָה נ' doorpost; mezuza
מְזוּיָּן ת' armed; fixed (slang); screwed sexually (vul. sl.)
מְזוּיָּף ת' forged, fake, counterfeit; out of tune
מְזוּכָּךְ ת' purified, cleansed
מְזוּמָּן ז' ready (money), cash
מְזוּמָּנִים ז"ר cash, ready money
מָזוֹן ז' food
מְזוּעְזָע ת' shocked, shaken
מְזוּפָּת ת' lousy, rotten (slang), tarred
מְזוּקָּן ת' bearded
מְזוּקָּק ת' refined, purified
מָזוֹר ז' healing, cure, remedy
מְזוֹרָז ת' accelerated, quick
מֵזַח ז' pier, jetty, quay
מִזְחֶלֶת נ' sled, sleigh, sledge
מְזִיגָה נ' blending, mixing; mixture, blend; pouring out
מֵזִיד ת' malicious, wilful
מְזַיֵּף ז' forger, counterfeiter

מְזִימָּה נ' scheme, evil intent, plot
מֵזִין ת' nourishing, nutritious
מַזִּיק ז', ת' harmful; damager, pest
מַזְכִּיר ז' מַזְכִּירָה נ' secretary
מַזְכִּירוּת נ' secretariat, secretary's office
מַזְכֶּרֶת נ' souvenir, reminder, memento
מַזָּל ז' luck, good luck; Sign of Zodiac, constellation
מַזָּל טוֹב! congratulations! good luck!
מַזְלֵג ז' fork
מַזְלְגָן ז' fork-lift operator
מַזְלֵף ז' watering-can; sprayer
מִזְמוּז ז' necking, petting (slang); softening, spoiling
מִזְמוּט ז' amusement, frolic
מִזְמוֹר ז' psalm, song
מִזְמֵז פ' neck, pet (slang); soften, spoil
מִזְּמַן תה"פ long ago
מַזְמֵרָה נ' pruning-shears; poultry shears
מִזְנוֹן ז' bar, buffet, sideboard; kitchen cabinet
מַזְנֵק ז' spout; jet branch (aeron.)
מִזְעוּר ז' minimization
מַזְעֲזֵעַ ת' shocking, appalling
מִזְעָר תה"פ a little, a trifle
מִזְעֵר פ' minimize
מִזְרָח ז' east
מִזְרָחִי ת' east, eastern, oriental
מִזְרְחָן ז' orientalist
מִזְרָן ז' mattress

מִזְרָעָה נ' sowing machine
מִזְרָק ז' syringe, injector
מִזְרָקָה נ' fountain (ornamental)
מָחָא פ' clap together, applaud
מְחָאָה, מְחָאָה נ' protest, objection
מַחֲבוֹא ז' hiding-place
מַחְבּוֹאִים hide-and-seek
מַחְבּוֹשׁ ז' detention, imprisonment
מַחְבֵּט ז' carpet-beater, racquet
מְחַבֵּל ת', ז' sabotaging; saboteur, terrorist
מַחְבֵּצָה נ' churn
מְחַבֵּר ז' author
מְחַבֵּר ז' joint (carpentry)
מַחְבָּר ז' joint (machinery)
מַחְבֶּרֶת נ' note-book, copy-book, exercise-book
מַחֲבַת נ' frying-pan, pan
מֵחַד, מֵחַד גִּיסָא תה"פ on the one hand
מְחַדֵּד, מְחַדֵּד ז' pencil-sharpener, sharpener
מֶחְדָּל ז' error, blunder; omission; neglect
מְחַדֵּשׁ ז' innovator, renovator
מָחָה פ' wipe, erase; protest; mash, purée
מְחוּבָּר ת' fastened, connected, joined
מָחוֹג ז' pointer, hand (on watch, etc.)
מְחוּגָה נ' compass, pair of compasses, calipers
מְחוּדָּד ת' pointed; sharp, acute
מְחוּדָּשׁ ת' renewed, renovated
מַחֲוֶה ז' pointer

מֶחְוָה נ' gesture
מַחֲוָן ז' indicator
מְחוּוָּר ת' clear, clarified, elucidated
מָחוֹז ז' district, region
מְחוֹז חֶפְצוֹ ז' his goal, his destination
מְחוֹזִי ת' regional, district
מְחוּזָּק ת' strengthened, toughened
מְחוּטָּא ת' disinfected
מְחוּיָּב ת' obliged, bound; committed
מְחוּיַּב הַמְּצִיאוּת ת' absolutely necessary, imperative
מְחוּיָּבוּת נ' commitment
מְחוּיָּל ת' enlisted, mobilized
מָחוֹךְ ז' corset
מְחוּכָּם ת' wise, clever, cunning, shrewd
מָחוּל ת' forgiven, pardoned
מָחוֹל ז' dance
מְחוֹל שֵׁדִים ז' wild outburst
מְחוֹלִית נ' St. Vitus dance
מְחוֹלֵל ז' dancer; performer; generator, causer
מְחוּלָּק ת', ז' distributed, divided
מְחוּמָּם ת' heated, warmed
מְחוּמְצָן ת' oxidized, oxygenized
מְחוּמָּשׁ ת' fivefold; pentagon
מְחוּנָּךְ ת' educated, well brought up, well-behaved
מְחוּנָּן ת' gifted, talented; pardoned, amnestied
מְחוּסָּל ת' ended, liquidated, finished

מְחוּסָּן ת' **immune, immunized**

מְחוּסְפָּס ת' **rough, uneven**

מְחוּסָּר ת' **lacking, devoid of, without**

מְחוּפָּשׂ ת' **disguised, in fancy dress**

מְחוּצָּף ת' **impertinent, insolent, cheeky**

מָחוּק ת' **level (spoon); rubbed out, erased**

מְחוֹקֵק ז' **legislator, lawmaker; engraver**

מְחוּרְבָּן ת' **lousy, stinking (slang)**

מְחוֹרָז ת' **threaded; rhymed**

מֵחוֹשׁ, מַחוֹשׁ ז' **ache, pain**

מְחוּשָּׁל ת' **forged, toughened, steeled**

מְחוּשְׁמָל ת' **electrified**

מְחוּתָּן ז' **relation by marriage, in-law; married**

מַחֲזַאי ז' **playwright, dramatist**

מַחֲזֶה ז' **play, drama; sight**

מִחזוּר ז' **recycling**

מַחְזוֹר ז' **circulation, circuit; graduation class; cycle, series; prayer book for Jewish festivals; period (menstrual)**

מַחְזוֹר הַדָּם ז' **blood cir culation**

מַחְזוֹרִיּוּת נ' **periodicity, recurrence**

מַחֲזִירוֹר ז' **reflector**

מַחֲזֶמֶר ז' **musical**

מַחֲזֵק ז' **holder, handle, grip**

מְחַזֵּר ת' **suitor, wooer**

מִחְזֵר פ' **recycle**

מָחַט פ' **blow (nose); trim (candle, lamp)**

מַחַט נ' **needle**

מְחִי ז' **blow, smack; stroke**

בִּמְחִי יָד **with a wave of the hand**

מְחִיאוֹת כַּפַּיִם נ"ר **hand-clapping, applause**

מִחְיָה נ' **subsistence, livelihood**

מְחַיֵּב ת' **obliging, binding; approving**

מְחִילָה נ' **pardon, forgiveness**

מְחִיצָּה נ' **partition**

מְחִיקָה נ' **erasing, deleting; erasure, deletion**

מְחִיר ז' **price, cost**

מְחִירוֹן ז' **price-list, tariff**

מְחִית נ' **purée, sauce, pulp**

מַחְכִּיר ז' **lessor, renter**

מָחַל פ' **forgive, pardon**

מַחְלָבָה נ' **dairy**

מַחֲלָה נ' **sickness, illness**

מַחֲלַת יָם נ' **seasickness**

מַחֲלַת לֵב נ' **heart disease**

מַחֲלוֹקֶת נ' **disagreement, controversy, dispute**

מַחְלִיט, מַחְלִיטָן ז' **decision maker**

מַחֲלִים ת' **convalescent**

מַחֲלִיקַיִים ז"ז **skates**

מַחְלֵף ז' **commutator, changer**

מֶחְלָף ז' **interchange (on motorway)**

מַחְלָפָה נ' **plait (of hair), lock**

מַחְלֵץ ז' **cork-screw**

מַחְלָצוֹת נ"ר **festive costume**

מַחְלָקָה נ' **department, class; ward; platoon**

מֵחַם ז' **samovar**

מַחְמָאָה נ׳ compliment
מַחְמֵאָה נ׳ butterdish
מַחְמָד ז׳ darling
מַחְמַד לִבִּי ת׳ my darling
מַחְמִיא ת׳ flattering; complimentary
מַחְמִיר, מַחְמִירָן ז׳ strict person
מַחְמַצִּים ז״ר pickles
מֵחֲמַת תה״פ because of, due to
מַחֲנָאוּת נ׳ camping, campcraft
מַחֲנֶה ז׳ camp, encampment
מַחֲנֵה הֶסְגֵּר ז׳ internment camp
מַחֲנֵה רִיכּוּז ז׳ concentration camp
מְחַנֵּךְ ז׳ educator, teacher
מַחֲנָק ז׳ strangulation, suffocation, stifling
מַחֲסֶה ז׳ shelter, refuge, cover
מַחְסוֹם ז׳ roadblock, barrier, muzzle
מַחְסוֹר ז׳ shortage, lack, want
מַחְסָן ז׳ store, storeroom, warehouse
מַחְסְנַאי ז׳ storeman, warehouse-keeper
מַחְסָנִית נ׳ magazine (of rifle, etc.)
מְחַסֵּר ז׳ subtracter, detractor
מַחְפּוֹרֶת נ׳ trench (military), dugout
מַחְפִּיר ת׳ shameful, disgraceful
מַחְפֵּר ז׳ digger (machine), excavator
מָחַץ פ׳ smite, crush, smash
מַחַץ ז׳ severe wound, crushing blow
מַחְצָב ז׳ mineral
מַחְצָבָה נ׳ quarry

מֶחֱצָה נ׳ half
מֶחֱצָה עַל מֶחֱצָה תה״פ fifty-fifty
מַחֲצִית נ׳ half
מַחְצֶלֶת נ׳ (straw-) mat
מְחַצְצֵר ז׳ trumpeter, bugler
מָחַק פ׳ erase, rub out
מַחַק, מוֹחֵק ז׳ eraser, rubber
מְחַקֶּה ז׳ imitator, mimic
מֶחְקָר ז׳ research, study
מָחָר תה״פ tomorrow, next day
מַחֲרָאָה נ׳ latrine, privy
מַחֲרוֹזֶת נ׳ necklace; series, chain
מְחַרְחֵר ז׳ trouble-maker, inciter
מַחֲרֵטָה נ׳ lathe
מַחֲרִיב ז׳ destroyer, devastator
מַחֲרִיד ז׳ frightful, terrible, horrible
מַחֲרִישׁ ת׳ deafening, silencing
מַחֲרִישׁ אוֹזְנַיִים ת׳ deafening
מַחֲרֵץ ז׳ grooved knife
מַחֲרֵשָׁה נ׳ plough, plow
(לְ)מָחֳרָת, מוֹחֳרָת ז׳, תה״פ the next day, the following day
מָחֳרָתַיִים תה״פ the day after tomorrow, in two days time
מִחְשֵׁב פ׳ computerize
מַחְשֵׁב ז׳ computer
מַחֲשָׁבָה נ׳ thought, idea
מַחְשְׁבוֹן ז׳ small computer, calculator
מִחְשׁוּב ז׳ computerizaton
מַחְשׂוֹף ז׳ cleared space; neck-line, open neck
מַחְשָׁךְ ז׳ darkness
מַחֲשְׁמַל ת׳ electrifying

מַחְתָּה נ׳ censer, fire-pan; shovel (for coals)
מַחְתֵּךְ ז׳ cutter
מַחְתֵּכָה נ׳ bread-slicer
מַחְתֶּרֶת נ׳ underground
מַחְתַּרְתִּי ת׳ underground
מָט (יָמוּט) פ׳ totter, shake
מָט לִנְפּוֹל ת׳ about to fall, very shaky
מָט ז׳ mate (chess)
מַטְאֲטֵא ז׳ broom
מְטַאֲטֵא ז׳ sweeper, cleaner
מִטְבָּח ז׳ kitchen; cuisine
מַטְבֵּחַ ז׳ slaughter, massacre
(בֵּית) מִטְבָּחַיִם ז׳ slaughter (house)
מַטְבִּיל ז׳ baptizer, dipper
מַטְבֵּעַ ז׳ coin; type, form
מַטְבֵּעַ חוּץ (זָר) ז׳ foreign currency
מַטְבֵּעַ לָשׁוֹן ז׳ idiomatic expression
מִטְבָּעָה נ׳ mint (for making coins)
מַטֶּה ז׳ walking-stick; staff
(ה)מַטֶּה (הַ)כְּלָלִי (mil.) General Staff
מַטָּה תה״פ down, downwards
מְטוּאְטָא ת׳ swept
מְטוּגָּן ת׳ fried
מְטוֹהָר ת׳ purified, cleansed
מַטְוֶוה ז׳ (spun) yarn
מִטְווָח ז׳ range (for shooting)
מַטְווִייָה נ׳ spinning-mill, spinnery
מְטוּטֶּלֶת נ׳ pendulum
מְטוּיָּח ת׳ plastered; covered up
מָטוֹל ז׳ projector (film); thrower (mil.)
מְטוּלָּא ת׳ patched
מְטוּמָּא ת׳ defiled; made ritually unclen
מְטוּמְטָם ת׳ stupid, imbecile, idiotic
מְטוּנָּף ת׳ filthy, dirty
מָטוֹס ז׳ plane, airplane
מְטוֹס סִילוֹן ז׳ jet plane
מְטוֹס תּוֹבָלָה ז׳ transport plane
מְטוּפָּח ת׳ tended, nurtured, cultivated; well-groomed
מְטוּפָּשׁ ת׳ silly, foolish, stupid
מְטוֹרָף ת׳ mad, crazy, insane
מְטוּרְפָּד ת׳ torpedoed
מְטוּשְׁטָשׁ ת׳ blurred, unclear; confused
מַטָּח ז׳ salvo
מְטַחֲוֶוה ז׳ range
מַטְחֵנָה נ׳ food grinder, mincer, mincing-machine
מֵטִיב, מֵיטִיב ת׳,ז׳ beneficent; benefactor
מְטַיֵּיל ז׳ walker, rambler, hiker, vacationer
מְטִיל ז׳ bar (of metal)
מְטִיל זָהָב ז׳ gold ingot
מַטִּיף ז׳ preacher, sermonizer
מַטְלִית נ׳ rag, duster
מַטְמוֹן ז׳ treasure
מַטָּע ז׳ plantation
מַטְעֶה ת׳ misleading, deceptive
מִטַּעַם תה״פ on behalf of, in the name of, under the auspices of
מִטַּעַם הַמֶּמְשָׁלָה on behalf of the government
מַטְעַמִּים ז״ר delicacies, sweetmeats
מִטְעָן ז׳ load, freight, baggage; charge

fire-extinguisher מַטְפֶּה ז׳

headscarf, kerchief; handkerchief מִטְפַּחַת נ׳

handkerchief מִטְפַּחַת אַף נ׳

dropper מְטַפְטֵף ז׳

attendant, male nurse מְטַפֵּל ז׳

mursemaid, nanny מְטַפֶּלֶת נ׳

creeper, climber מְטַפֵּס ז׳

rain מָטָר ז׳

driving rain מָטָר סוֹחֵף ז׳

nuisance, bother; (naut.) drift מִטְרָד ז׳

purpose, aim, objective, target מַטָּרָה נ׳

bothersome מַטְרִיד, מַטְרִידָן ז׳

troublesome מַטְרִיחַ, מַטְרִיחָן ז׳

umbrella מִטְרִיָּה נ׳

egg-beater, whisk מַטְרֵף ז׳

torpedoing מְטֻרְפָּד ת׳

who?, whoever, anyone מִי מ״ג

refusal מֵיאוּן ז׳

loathing, repulsiveness, abhorrence מִיאוּס ז׳

refuse, repudiate מֵיאֵן פ׳

infecting; infection (with pus) מִיגּוּל ז׳

taking measures for defence מִיגּוּן ז׳

destruction, overcoming, overpowering, defeat מִיגּוּר ז׳

infect (with pus) מִיגֵּל פ׳

take measures for defence מִיגֵּן פ׳

destroy, overwhelm, defeat; knock-out מִיגֵּר פ׳

immediately, at once מִיָּד תה״פ

infectious, contagious; sticky, adhesive מִידַּבֵּק ת׳

measure, extent; attribute, quality מִידָּה נ׳

scientification מִידּוּעַ ז׳

from the hands, from מִידֵי מ״י

immediate, instant מִיָּדִי ת׳

information, knowledge מֵידָע ז׳

scientify מִידֵּעַ פ׳

who is he? מִיהוּ

identity מִיהוּת נ׳

hasten, hurry מִיהֵר פ׳

in despair, desperate, despairing מְיוּאָשׁ ת׳

imported מְיוּבָּא ת׳

dried, dried up מְיוּבָּשׁ ת׳

exhausted, fatigued מְיוּגָּע ת׳

friendly, acquainted with מְיוּדָּד ת׳

friend, acquaintance; (grammar) marked as definite מְיוּדָּע ת׳

sweaty, perspiring מְיוּזָּע ת׳

special, particular, specific מְיוּחָד ת׳

unique מְיוּחָד בְּמִינוֹ ת׳

expected, hoped for, long-awaited מְיוּחָל ת׳

of good family; attributed, ascribed; privileged מְיוּחָס ת׳

skilled מְיוּמָּן ת׳

skill מְיוּמָּנוּת נ׳

sorting, classifying, classification מִיּוּן ז׳

מְיוֹנִית נ׳ mayonnaise
מְיוּעָד ת׳ intended, designated
מְיוּפֶּה ת׳ beautified; authorized, empowered
מְיוּפֵּה כּוֹחַ ז׳ authorized (legally)
מְיוּצָא ת׳ exported
מְיוּצָב ת׳ stabilized
מְיוּצָג ת׳ represented
מְיוּצָר ת׳ produced, made, manufactured
מְיוּשָׁב ת׳ calm, at ease, sedate; settled, inhabited
מְיוּשָׁב בְּדַעְתּוֹ ת׳ calm and collected
מְיוּשָׁן ת׳ sleepy; ancient, old antique, out of date
מְיוּשָׁר ת׳ straightened
מְיוּתָּם ת׳ orphaned; isolated, solitary
מְיוּתָּר ת׳ superfluous, redundant, unnecessary
מִיזֵג פ׳ blend, mix
מִיזּוּג ז׳ mixing, combining, blending
מִיזּוּג אֲוִויר ז׳ air conditioning
מִיזּוּג גָּלוּיוֹת ז׳ integration of immigrants from all parts of the Diaspora (in Israel)
מִיחָה פ׳ protest; wipe clean
מִיחוּשׁ ז׳ ache, pain
מֵיחַם, מֵחַם ז׳ samovar, tea urn
מֵיטָב ז׳ the best
מִיטָּה נ׳ bed, couch
מֵיטִיב ז׳ benefactor
מִיטַּלְטֵל ת׳ portable, movable
מִיטַּלְטְלִים ז״ר movables, belongings
מְיַיבֵּא ת׳ importing
מְיַיגֵּעַ ת׳ tiring, exhausting, wearisome
מִיָּד, מִיַּד תה״פ immediately, at once
מִיָּדִי, מִיַּדִי ת׳ immediate, instant
מְיַילֶּדֶת נ׳ midwife
מִיֵּן פ׳ sort, classify
מְיַיסֵּד ז׳ founder, establisher
מְיַיצֵּא ת׳ exporting
מִיכּוּן ז׳ mechanization
מִיכָל ר׳ מְכָל
מִיכָלִית ר׳ מְכָלִית
מִיכֵּן פ׳ mechanize
מֵילָא מ״ק never mind, so be it
מִילֵּא פ׳ fill, fulfil
מִילָה נ׳ circumcision
מִילּוּאִים ז״ר reserve, reserve service; supplement, addenda
מִילּוּי ז׳ filling, fulfilling
מִילּוּי מָקוֹם ז׳ replacement, substitute
מִילּוּלִי ת׳ verbal, literal, verbatim
מִילּוֹן ז׳ dictionary, lexicon
מִילּוֹנָאוּת נ׳ lexicography
מִילּוֹנַאי ז׳ lexicographer
מִילֵּט פ׳ save, deliver; cement
מִילִּית, מִלִּית נ׳ particle (grammar)
מִילֵּל פ׳ speak, say
מַיִם ז״ר water
מֵי בּוֹשֶׂם ז״ר eau de cologne
מֵי רַגְלַיִים ז״ר urine

מֵי שׁוֹפְכִין ז"ר sewage

מֵי שְׁתִיָּיה ז"ר drinking water

מַיִם חַיִּים ז"ר fresh water

מַיִם טֶרִיטוֹרְיָאלִיִּים ז"ר territorial water

מַיִם מְזוּקָּקִים ז"ר distilled water

מַיִם מְתוּקִים ז"ר fresh water (not saline)

מַיִם עוֹמְדִים ז"ר stagnant water

מַיִם קָשִׁים ז"ר hard water

מֵימָה נ' hydroxide

מִימּוּן ז' financing

מִימּוּשׁ ז' realizing, realization, implementing, implementation

מֵימִי ת' watery; feeble, lacking content

מֵימִיָּיה נ' water-bottle, canteen

מִימֵּן פ' finance

מֵימָן ז' hydrogen

מֵימְרָה נ' saying, maxim, proverb

מִימֵּשׁ פ' realize, implement

מִין ז' kind, sort, species; sex; gender

מִין בָּטוּחַ ז' safe sex

מִינָּה פ' appoint, nominate

מִינּוּחַ ז' terminology, nomenclature

מִינּוּי ז' appointment, nomination

מִינּוּן ז' dosage, dosing

מִינוּת נ' heresy

מִינֵּחַ פ' term

מִינִי ת' sexual

מִינִי ז' mini (skirt)

מִינִיּוּת נ' sexuality, sexual urge

מִינֵּן פ' dispense, apportion

מֵינֶקֶת נ' wet nurse, nanny

מִיסָה נ' mass (Catholic)

מִיסּוּי ז' taxing, taxation

מִיעוּט ז' minority; minimum

מִיעֵט פ' reduce, lessen, minimize

מִיעֵן פ' address (a letter)

מִיפּוּי ז' mapping

מִיץ ז' juice; vitality (slang)

מִיצָּה פ' squeeze (dry), drain; exhaust

מִיצּוּי ז' exhausting, extraction

מִיצּוּעַ ז' averaging

מִיקֵּד פ' focus, center

מִיקּוּד ז' focussing, centering; coding; zip code

מִיקּוּחַ ז' bargaining, haggling

מִיקּוּם ז' location, siting

מִיקּוּשׁ ז' mining, mine-laying

מִיקָּח ז' buying, purchase

מִיקָּח וּמִמְכָּר ז' buying and selling

מִיקַּח טָעוּת ז' bad bargain

מִיקֵּם פ' locate, site

מִיקֵּשׁ פ' mine, lay mines

מֵירַב ר' מֵרַב

מֵירַבִּי ר' מְרַבִּי

מֵירוּט ז' polishing, buffing

מֵירוּץ ר' מֵרוּץ

מֵירַק פ' polish, scour

מֵירַר פ' embitter

מִישׁוֹר ז' plain, flat land; plane

מִישֵּׁשׁ פ' feel, touch, grope

מִיתֵּג פ' switch (elec.)

מֵיתָד ז' dowel

מִיתָה נ׳ death, dying

מִיתַת נְשִׁיקָה נ׳ easy death, painless death

מִיתּוּן ז׳ moderating, moderation; recession

מִיתֵּן פ׳ moderate

מֵיתָר ז׳ string, cord, chord

מַכְאוֹב ז׳ pain, suffering, grief

מַכְאִיב ת׳ painful, hurting

מִכָּאן תה״פ from here, hence

מְכַבֶּה ז׳ extinguisher

מְכַבֵּה־אֵשׁ ז׳ fireman

מַכְבֵּנָה נ׳ hair-pin, bobby-pin

מִכְבָּסָה נ׳ laundry

מִכְבָּר ז׳ rack (in kitchen)

מַכְבֵּשׁ ז׳ press, (steam-) roller

מַכָּה נ׳ hit, blow, stroke

מְכוּבָּד ת׳ honored, respected

מְכוּדָּן ת׳ armed with a bayonet

מַכְוֵן ז׳ regulator, tuner

מְכוּוָּן ת׳ aimed, intended, intentional

מְכוּוָנוּת נ׳ orientation

מְכוּוָּץ ת׳ shrunk, cramped, contracted

מִכְוֶורֶת נ׳ apiary, beehouse

מְכוּלָה נ׳ container

מַכּוֹלֶת נ׳ grocery, grocery store

מָכוֹן ז׳ institute; institution

מְכוֹנָאוּת נ׳ mechanics, mechanical engineering

מְכוֹנַאי ז׳ mechanic, machinist

מְכוֹנָה נ׳ machine

מְכוֹנַת יְרִיָּיה נ׳ machine gun

מְכוֹנַת כְּבִיסָה נ׳ washing machine

מְכוֹנַת כְּתִיבָה נ׳ typewriter

מְכוֹנַת תְּפִירָה נ׳ sewing machine

מְכוֹנִית נ׳ car, motor car

מְכוּסֶּה ת׳ covered

מְכוֹעָר ת׳ ugly, repulsive

מָכוּר ת׳ sold, sold out

מָכוּר ל addicted to (drugs etc.)

מְכוּרְבָּל ת׳ wrapped up; huddled

מְכוֹרָה נ׳ native land, homeland

מְכוֹרָךְ ת׳ bound (book)

מַכּוֹשׁ ז׳ pick, pick-axe

מִכְחוֹל ז׳ paint-brush

מִכֵּיוָן שׁ תה״פ since, seeing, that, inasmuch as

מֵכִיל ת׳ containing, comprising

מְכִינָה נ׳ preparatory course

מַכִּיר ז׳ acquaintance, friend

מְכִירָה נ׳ selling, sale

מְכִירָה כְּלָלִית נ׳ clearance sale

מְכִירָה פּוּמְבִּית נ׳ auction

מֵכָל ז׳ container, tank

מִכְלָאָה נ׳ fold, pen; internment camp

מַכְלֵב ז׳ stapler

מִכְלוֹל ז׳ sum, total, totality

מְכָלִית נ׳ tanker

מִכְלָלָה נ׳ college

מִכָּל מָקוֹם תה״פ anyway, in any case

מַכָּ״ם ז׳ radar

מִכְמוֹנֶת נ׳ police ambush

מִכְמוֹרֶת נ׳ fishing-net, trawl

מִכְמָן ז׳, מִכְמַנִּים ז״ר treasure(s)

מְכַנֶּה ז׳ denominator

מְכַנֶּה מְשׁוּתָּף ז׳ (lowest) common denominator

מַכְנִיס ת׳ bringing in; profitable

מִכְנָסַיִם ז"ר — **pants, trousers**

מִכְנָסַיִם תַּחְתּוֹנִים ז"ז — **drawers**

מֶכֶס ז' — **customs, duty**

מִכְסָה נ' — **norm, quota**

מִכְסֶה ז' — **cover, lid**

מַכְסֵחָה נ' — **mower, lawn-mower**

מַכְסִיף ת' — **turning silvery, greying**

מְכָעֵר ת' — **making ugly**

מַכְפִּיל ז' — **duplicator, multiplier**

מִכְפָּל ז' — **nıultiple, double**

מַכְפֵּלָה נ' — **product (of multiplication)**

מָכַר פ' — **sell, deliver; sell out, betray (colloq.)**

מַכָּר ז' — **acquaintance, friend**

מִכְרֶה ז' — **mine, pit**

מִכְרָז ז' — **tender (for contract), announcement (of job)**

מַכְרִיז ז' — **announcer; auctioneer**

מַכְרִיעַ ת' — **decisive, determining**

מְכַרְסֵם ז',ת' — **rodent; gnawing, eroding**

מְכַרְסֶמֶת נ' — **grinder, milling machine**

מִכְשׁוֹל ז' — **obstacte, stumbling-block**

מַכְשִׁיל, מַכְשִׁילָן ז' — **one who causes to fail**

מַכְשִׁיר ז' — **instrument, tool, gadget**

מַכְשִׁירָן ז' — **instrument, mechanic, tool operator**

מַכְשֵׁלָה נ' — **obstacle, impediment**

מְכַשֵּׁף ז' — **magician, wizard, sorcerer**

מְכַשֵּׁפָה נ' — **witch, sorceress; shrew (colloq.)**

מִכְתָּב ז' — **letter**

מִכְתָּב גָּלוּי ז' — **open letter**

מִכְתָּב רָשׁוּם ז' — **registered letter**

מִכְתָּבָה נ' — **writing-desk**

מִכְתָּם ז' — **epigram, aphorism**

מַכְתֵּשׁ ז' — **mortar (tool); crater**

מָל פ' — **circumcize**

מָלֵא פ' — **be full, be completed**

מָלֵא ת' — **full, full of**

מְלַאי ז' — **stock; inventory**

מַלְאָךְ ז' — **angel, messenger**

מְלָאכָה נ' — **work, trade; craft**

מְלֶאכֶת יָד נ' — **handicraft**

מְלֶאכֶת מַחֲשֶׁבֶת נ' — **fine craftsmanship, fine artistry**

מַלְאָכוּת נ' — **mission, commission**

מְלָאכוּתִי ת' — **artificial**

מְלַבֵּב ת' — **heartening, heart-warming**

מִלְּבַד מ"ח — **in addition to, apart from, besides**

מַלְבּוּשׁ ז' — **dress, clothing**

מַלְבֵּן ז' — **rectangle, oblong**

מָלַג פ' — **scald**

מִלְגָּה נ' — **scholarship, award**

מַלְגֵּז ז' — **pitchfork**

מִלָּה נ' — **word**

מִלָּה בְּמִלָּה תה"פ — **word for word, verbatim**

מִלַּת גּוּף נ' — **pronoun**

מִלַּת חִיבּוּר נ' — **conjunction**

מִלַּת יַחַס נ' — **preposition**

מִלַּת קְרִיאָה נ' — **exclamation**

מִלַּת שְׁאֵלָה נ' — **interrogative**

מְלוֹא ז׳ fullness, full measure
מְלוֹא הַכּוֹס ז׳ galssful
מְלוֹא קוֹמָתוֹ ז׳ his full height
מְלוּבָּן ת׳ whitened; white-hot
מְלוּבָּשׁ ת׳ clothed, dressed
מַלְוֶה ז׳ moneylender, creditor
מִלְוֶה ז׳, מִלְוֶוה נ׳ loan
מְלַוֶּוה ז׳ escort, chaperone; accompanist
מְלַוֵּה מַלְכָּה ז׳ Saturday night ceremony for the departure of Shabbat
מָלוּחַ ת׳ salty, savory
מְלוּטָּשׁ ת׳ polished
מְלוּכָּד ת׳ united, combined, consolidated
מְלוּכָה נ׳ kingdom, kingship
מְלוּכְלָךְ ת׳ dirty, soiled, filthy
מְלוּכָנִי ת׳ monarchic
מְלוּכְסָן ת׳ slanting, diagonal, skew
מְלוּמָּד ז׳ scholar, learned man
מָלוֹן, בֵּית־מָלוֹן ז׳ hotel
מֶלוֹן ז׳ melon
מְלוֹנָאוּת נ׳ hotel management, the hotel business
מְלוֹנַאי ז׳ hotel keeper
מְלוּנָה נ׳ kennel
מָלוֹשׁ ז׳ kneading-trough
מֶלַח ז׳ salt
מַלָּח ז׳ seaman, sailor
מְלֵחָה נ׳ salt lands, desert
מַלְחִין ז׳ composer (music)
מְלַחֵךְ ז׳ licker
מְלַחֵךְ פִּינְכָּא ז׳ toady, lickspittle
מַלְחֵם ז׳ soldering iron
מִלְחָמָה נ׳ war, struggle
מִלְחֶמֶת אֶזְרָחִים נ׳ civil war
מִלְחֶמֶת בָּזָק נ׳ blitzkrieg
מִלְחֶמֶת בְּחִירוֹת נ׳ election campaign
מִלְחֶמֶת הָעַצְמָאוּת נ׳ war of independence of Israel, 1948-9
מִלְחֶמֶת הַתָּשָׁה נ׳ war of attrition
מִלְחֶמֶת מַעֲמָדוֹת נ׳ class struggle
מִלְחֶמֶת מִצְוָוה נ׳ holy war
מִלְחֶמֶת קִיּוּם נ׳ struggle for survival
מִלְחַמְתִּי ת׳ warlike, militant
מִלְחַמְתִּיּוּת נ׳ bellicosity, belligerence
מַלְחֵץ ז׳ pinchcock
מֶלְחָצַיִם ז״ז vice, vise
מְלַחַת נ׳ saltpetre, saltpeter
מֶלֶט ז׳ cement; mortar
מִלְטָשָׁה נ׳ diamond-polishing plant
מְלִיא ז׳ stuffed vegetable
מְלִיאָה נ׳ plenum, plenary session
מָלִיחַ ז׳ salt herring
מְלִיחוּת נ׳ saltiness, salinity
מְלִיל ז׳ dumpling
מֵלִיץ ז׳ advocate, rhetorician; interpreter
מֵלִיץ יוֹשֶׁר ז׳ advocate, recommender
מְלִיצָה נ׳ flowery language, fine literary turn of phrase
מְלִיצִי ת׳ flowery, rhetorical
מְלִית נ׳ filling, stuffing
מִלִּית, מִילִּית נ׳ particle (grammar)
מָלַךְ ז׳ reign, rule, be king
מֶלֶךְ פ׳ king, sovereign

מִלְכֵּד פ׳ trap
מַלְכָּה נ׳ queen
מִלְכּוּד ז׳ trapping
מַלְכּוֹדֶת נ׳ trap, snare
מַלְכוּת נ׳ kingdom; kingship
מַלְכוּתִי ת׳ royal, regal, sovereign
מִלְכַּתְחִילָּה תה״פ from the start, from the very beginning
מֶלֶל ז׳ talk; chatter, verbiage
מִלָל ז׳ border, hem, seam
מַלְמָד ז׳ goad
מַלְמַד הַבָּקָר ז׳ cattle goad
מְלַמֵּד ז׳ teacher
מִלְמוּל ז׳ mumbling, muttering
מִלְמַטָּה תה״פ from below
מִלְמֵל פ׳ mumble, mutter
מַלְמָלָה נ׳ muslin, fine, cloth
מַלְמָלִית ז׳ tissue paper
מִלְעֵיל תה״פ accented on the penultimate syllable
מַלְעָן ז׳ awn; husk
מְלָפְפוֹן ז׳ cucumber
מֶלְצַר ז׳ waiter
מָלַק פ׳ pinch off (a fowl's head), behead
מַלְקוֹחַ ז׳ booty, plunder, spoil
מַלְקוֹשׁ ז׳ last rain (in winter)
מַלְקוֹת נ״ר whipping, flogging
מֶלְקָחַיִים ז״ז tongs, pincers
מֶלְקַחַת נ׳ pliers
מַלְקֶטֶת נ׳ tweezers, pincers
מִלְרַע תה״פ accented on the ultimate syllable
מַלְשִׁין ז׳ informer
מֶלְתָּחָה נ׳ cloakroom, wardrobe
מַלְתָּעָה נ׳ fang (of a beast of prey)

מַמְאִיר ת׳ malignant, pernicious
מַמְגוּרָה נ׳ silo, granary
מֵמַד ז׳ dimension, extent
מַמְדֵּד ז׳ measuring instrument
מְמַדִּי ת׳ dimensional
מְמוּגָּל ת׳ infected (with pus), festering
מְמוּזָּג ת׳ temperate, moderate; air-conditioned
מְמוּיָּן ת׳ sorted, classified
מְמוּכָּן ת׳ mechanized
מִמּוּל תה״פ opposite, facing
מְמוּלָּא ת׳ filled, stuffed
מְמוּלָּח ת׳ salty; sharp, shrewd
מְמוּלְכָּד ת׳ trapped
מְמוּמָּן ת׳ financed
מָמוֹן ז׳ money, Mammon
מְמוּנֶּה ת׳ in charge, responsible, appointed
מְמוּנָּע ת׳ motorized, motored
מְמוּסָּד ת׳ institutionalized
מְמוּסְחָר ת׳ commercialized
מְמוּסְפָּר ת׳ numbered
מְמוּעָן ת׳,ז׳ addressed; addressee
מְמוּצָּע ת׳ average, mean
מְמוּקָּד ת׳ focused, centered
מְמוּקָּשׁ ת׳ mined
מְמוֹרָט ת׳ polished; frayed, worn thin
מְמוּרְטָט ת׳ frayed, threadbare
מְמוּרְמָר ת׳ embittered, bitter
מְמוּשָּׁךְ ת׳ prolonged, long
מְמוּשְׁכָּן ת׳ mortgaged, pawned
מְמוּשְׁמָע ת׳ disciplined, obedient
מְמוּשְׁקָף ת׳ bespectacled, wearing eyeglasses

מְמוּתָּק ת׳ sweetened, sugared
מַמְזֵר ז׳ bastard
מַמְחֵה ז׳ blender
מִמְחָטָה נ׳ handkerchief
מִמְטָר ז׳ shower
מַמְטֵרָה נ׳ sprinkler
מִמֵּילָא תה״פ in any case, anyway; of itself, of its own accord
מִמְּךָ מ״י from you (masc., sing.)
מִמֵּךְ מ״י from you (fem., sing)
מִמְכָּר ז׳ sale; goods
מְמַלֵּא מָקוֹם ז׳ deputy, substitute, stand-in
מִמְלָחָה נ׳ salt-shaker, salt-cellar
מַמְלִיץ ז׳ recommender
מַמְלָכָה נ׳ kingdom; reign
מַמְלַכְתִּי ת׳ state, governmental
מִמֶּנָּה מ״י from her, from it (fem.)
מִמֶּנּוּ מ״י from him, from it (masc.); from us
מֵמֵס ת׳,ז׳ solvent, dissolvent
מִמְסָד, מִימְסָד ז׳ establishment
מְמַסְפֵּר ז׳ number stamp
מִמְסָר ז׳ relay
מִמְסָרָה נ׳ transmission line (gear)
מַמְעֵךְ ז׳ garlic press, onion press
מִמְצָא ז׳ finding, find, discovery
מַמְצִיא, מַמְצִיאָן ז׳ inventor, discoverer
מְמַקֵּד ת׳ focusing, centering
מַמְרֵא, מַמְרֶה ת׳ rebellious, disobedient
מִמְרָאָה נ׳ air-strip, landing-strip
מִמְרָח ז׳ spread, paste
מַמָּשׁ ז׳ תה״פ reality; really, exactly
מַמָּשׁוּת נ׳ reality, substance
מַמָּשִׁי ת׳ real, concrete, actual, tangible
מַמָּשִׁיּוּת נ׳ reality, actuality
מִמְשָׁל ז׳ government, rule
מֶמְשָׁלָה נ׳ government, rule
מֶמְשַׁלְתִּי ת׳ government(al)
מִמְשָׁק ז׳ administration (economic)
מַמְתִּיק ז׳ sweetener
מַמְתָּק ז׳ sweet, candy
מָן ז׳ manna
מִן מ״י from; of; for
מְנָאֵף ז׳ adulterer
מִנְבָּטָה נ׳ seedbed
מַנְגִּינָה נ׳ tune, melody
מַנְגָּן ז׳ manganese
מְנַגֵּן ז׳ musician, player (of musical instrument)
מַנְגָּנוֹן ז׳ administrative staff, personnel; mechanism, apparatus
מַנְגְּנוֹן הַמִּפְלָגָה ז׳ the party machine
מְנַדֵּב ז׳ donor, benefactor
מָנָה פ׳ number; count
מָנָה נ׳ portion, piece; ration; quotient; telling-off (slang)
מִנְהָג ז׳ custom, practice, usage
מַנְהִיג ז׳ leader
מַנְהִיגוּת נ׳ leadership
מְנַהֵל ז׳ director, manager, headmaster
מְנַהֵל חֶשְׁבּוֹנוֹת ז׳ bookkeeper, accountant
מְנַהֵל עֲבוֹדָה ז׳ foreman
מִנְהָל, מִינְהָל ז׳ administration, management

מִנְהָלָה נ' directorate
מִנְהָלַאי ז' administrator
מִנְהָלִי ת' administrative, managerial
מִנְהָרָה נ' tunnel
מְנוּאָץ ת' despised
מְנוּגָּד ת' opposed, contrary
מְנוּגָּן ת' played (on musical instrument)
מְנוּדֶּה ת' ostracized, outcast
מְנוּוָּל ת' despicable, contemptible
מְנוּוָּן ת' degenerate, effete
מְנוּזָּל ת' catarrhal, suffering from a cold
מָנוֹחַ ז' rest, repose; deceased, late
מְנוּחָה ז' rest, repose
מָנוּי ת' subscriber; counted
מָנוּי וְגָמוּר ת' resolved, decided definitely
מְנוּמְנָם ת' sleepy, drowsy
מְנוּמָּס ת' polite, courteous, well-mannered
מְנוּמָּק ת' argued, explained, reasoned
מְנוּמָּר ת' mottled, spotted, speckled
מְנוּמָּשׁ ת' freckled
מָנוֹס ז' flight; refuge, escape
מְנוּסָה נ' flight, running away
מְנוּסֶּה ת' experienced
מָנוֹעַ ז' engine, motor
מְנוֹעִי ת' engined, motored, motorized
מָנוֹף ז' lever, crane; impetus, stimulus
מְנוֹפַאי ז' crane operator
מְנוּקְבָּב ת' porous, perforated
מְנוֹרָה נ' lamp, candelabrum
מְנוּשָּׁל ת' evicted, dispossessed
מְנוּתָּק ת' cut off, severed, disconnected
מִנְזָר ז' monastery, convent
מִנְחָה נ' gift; afternoon prayer; afternoon
מְנַחֵם ז' comforter, consoler
מְנַחֵשׁ ז' fortune-teller, diviner
מְנַחֵת ז' damper, absorber
מִנִּי מ"י from, of
מִנִּי אָז תה"פ ever since
מְנָיָה נ' share
מִנְיָין ז' number, counting; quorum; minyan (ten adult Jewish males for prayer)
מִנַּיִן תה"פ where from?, whence?
מֵנִיעַ ז' motive, factor
מָנִיעַ ת' avoidable
מְנִיעָה נ' prevention, hindrance
מְנִיפָה נ' fan (held in hand)
מִנְסָרָה נ' prism; sawmill
מָנַע פ' prevent, hold back
מָנַע ז' prevention
מַנְעוּל ז' lock (of door etc.)
מַנְעַמִּים ז"ר pleasures
מְנַצֵּחַ ז' winner, victor, conqueror; conductor (of orchestra)
מְנַצֵּל ז' exploiter
מְנַקֵּב ז' punch(er)
מְנַקְבֵּב ז' perforator
מְנַקֵּד ז' pointer, vocalizer (in Hebrew)

מְנַקֶּה ז׳ מְנַקָּה נ׳ cleaner
מְנַקִּיָּה נ׳ cleaning instrument
מְנַקֵּר ז׳ porger
מִנְשָׁר ז׳ manifest(o), proclamation
מְנָת חֶלְקוֹ נ׳ one's lot, one's fate
מַנְתֵּב ז׳ branchpoint (comp.)
מִנְתָּה, מֶנְתָּה נ׳ mint
מְנַתֵּחַ ז׳ surgeon; analyst
מְנַתֵּק ז׳ breaker, cut out
מַס ז׳ tax, levy
מַס הַכְנָסָה ז׳ income tax
מַס חָבֵר ז׳ membership fee
מַס עִירִיָּה ז׳ municipal rates
מַס שְׂפָתַיִם ז׳ lip service
מֵסַב ז׳ bearing
מֵסַב כַּדּוּרִיּוֹת ז׳ ball bearing
מִסְבָּאָה נ׳ tavern, saloon, pub
מַסְבֵּב ז׳ stocks and dies
מִסְבָּךְ ז׳ tangle, maze
מִסְבָּנָה נ׳ soap factory
מִסְגָּד ז׳ mosque
מְסַגְנֵן ז׳ style editor
מַסְגֵּר ז׳ metal-worker, locksmith
מַסְגְּרוּת נ׳ metal-work
מַסְגֵּרִיָּה נ׳ metal workshop
מִסְגֶּרֶת נ׳ frame (for picture), framework
מַסַּד ז׳ basement, basis, foundation
מִסְדָּר ז׳ parade; order
מִסְדַּר הַיֵּשׁוּעִים ז׳ the Jesuit Order
מִסְדָּרָה נ׳ composing room
מִסְדְּרוֹן ז׳ corridor, passage
מַסְדֶּרֶת נ׳ composing machine
מַסָּה נ׳ trial, test; essay; mass, weight
מְסוֹאָב ת׳ dirty, tainted
מְסוּבָּךְ ת׳ complicated, complex
מְסוּגָּל ת׳ capable, able
מְסוּגְנָן ת׳ well styled, stylized
מְסוּגָּר ת׳ closed in, shut up
מְסוּדָּר ת׳ well arranged; neat, tidy
מְסוּוָּג ת׳ classified (document)
מַסְוֶה ז׳ disguise, mask
מָסוֹט ז׳ switch (computer)
מְסוּיָּג ת׳ reserved, fenced
מְסוּיָּד ת׳ whitewashed; sclerosed (slang)
מְסוּיָּם ת׳ certain, specific, particular
מְסוּכָה נ׳ hedge (of thorn-bushes); lubricator
מְסוּכָּן ת׳ dangerous, risky
מְסוּכְסָךְ ת׳ quarreling, in conflict
מְסוּלָּא ת׳ worth, valued
מְסוּלְסָל ת׳ curly; trilled; elaborate (style)
מְסוּלָּע ת׳ rocky
מְסוּלָּף ת׳ distorted, garbled, false
מְסוּמָּם ת׳ drugged; poisoned
מְסוּמָּן ת׳ marked
מְסוּנְדָּל ת׳ sandalled
מְסוּנְוָר ת׳ blinded, dazzled
מְסוּנָּן ת׳ filtered, strained
מְסוּנָּף ת׳ affiliated
מְסוּנְתָּז ת׳ synthesized
מְסוֹעָף ת׳ ramified, with many branches
מָסוֹף ז׳ terminal

מְסוּפָּק ת׳ doubtful; supplied

מְסוּפָּר ת׳ told, related; having had a haircut, cut (hair)

מְסוּפְרָר ת׳ numbered

מַסּוֹק ז׳ helicopter

מְסוּקָּל ת׳ cleared of stones

מְסוּקָּס ת׳ knotty (wood), gnarled

מְסוּקְרָן ת׳ inquisitive, curious

מַסּוֹר ז׳ saw

מָסוּר ת׳ devoted, conscientious

מְסוּרְבָּל ת׳ clumsy, awkward

מְסוּרָג ת׳ fitted with bars or grille

מְסוּרְגָּל ת׳ ruled, lined

מְסוּרְטָט ת׳ drawn; crossed (check)

מְסוּרְטָן ת׳ cancerous

מְסוּרָס ת׳ castrated, emasculated; distorted, garbled

מְסוּרָק ת׳ combed

מָסוֹרֶת נ׳ tradition

מְסוֹרְתִּי ת׳ traditional, conservative

מְסוּתָּת ת׳ chiselled, cut, hewn

מִסְחוּר ז׳ commercialization

מַסְחֵט ז׳ squeezer, hand-juicer

מַסְחֵטָה נ׳ juicer (machine)

מִסְחָר ז׳ commerce, trade

מִסְחֵר פ׳ commercialize

מִסְחָרִי ת׳ commercial

מְסַחְרֵר ת׳ dizzying; getting out of control

מְסִיבָּה נ׳ party, get-together

מְסִיבָּן ז׳ party-goer

מֵסִיחַ ת׳ talking, speaking

מֵסִיחַ לְפִי תּוּמּוֹ talk innocently (unaware of the implications)

מֵסִיחַ ת׳ averting, diverting

מַסִּיחַ ז׳ distractor (as in multiple-choice test)

מְסַייֵעַ ת׳ aiding, helping, supporting

מְסִילָּה נ׳ path, track

מְסִילַּת בַּרְזֶל נ׳ railway track

מְסִיסוּת נ׳ solubility

מַסִּיק ז׳ fireman, stoker, heater

מָסִיק ז׳ olive harvest

מְסִירָה נ׳ delivery, handing over, transmitting, transmission

מְסִירוּת נ׳ devotion, dedication

מֵסִית, מַסִּית ז׳ inciter, agitator, instigator

מָסַךְ פ׳ pour, mix, blend

מָסָךְ ז׳ curtain; screen

מַסֵּכָה נ׳ mask; molten image

מַסֵּכַת גַּז נ׳ gas mask

מִסְכֵּן ז׳,ת׳ miserable, wretched, unfortunate

מִסְכֵּנוּת נ׳ misery, poverty, wretchedness

מִסְכֶּרֶת נ׳ sugar-bowl

מַסֶּכֶת נ׳ web; tractate (of Mishna or Talmud; pageant

מַסְכֵּת ז׳ stethoscope

מַסֶּכְתָּא נ׳ tractate (of the Talmud)

מַסְלוּל ז׳ route, course, orbit, trajectory

מִסְלָקָה נ׳ clearing (banking)

מִסְמָךְ ז׳ document, paper

מִסְמֵס פ׳ dissolve, melt

מַסְמֵר ז׳ nail

מְסַנְווֵר ת׳ blinding, dazzling

מַסְנֵן ז׳ **filter**
מְסַנֶּנֶת, מִסְנֶנֶת נ׳ **strainer**
מַסָּע ז׳ **journey; move (in chess)**
מִסְעָדָה נ׳ **restaurant**
מַסְעֵי הַצְּלָב ז״ר **the Crusades**
מִסְעָף ז׳ **branching, fork; road junction**
מַסְפֵּג ז׳ **blotter**
מִסְפֵּד ז׳ **mourning, lament, eulogy**
מִסְפּוֹא ז׳ **fodder, provender**
מִסְפּוּר ז׳ **numbering, numeration**
מַסְפִּיק ת׳ **enough, adequate; pass (as mark or grade)**
מַסְפִּיק בְּקוֹשִׁי **hardly satisfactory, not good enough**
מִסְפָּנָה נ׳ **dockyard, shipyard**
מִסְפָּר ז׳ **number; some, a few; character (slang)**
מִסְפָּר זוּגִי ז׳ **even number**
מִסְפָּר לֹא זוּגִי ז׳ **odd number**
מִסְפָּר יְסוֹדִי **cardinal number**
מִסְפָּר סִידּוּרִי **ordinal number**
מִסְפֵּר פ׳ **number, numerate**
מְסַפֵּר ז׳ **story-teller**
מִסְפָּרָה נ׳ **hairdresser shop, barber('s) shop**
מִסְפָּרִי ת׳ **numerical, numeral**
מִסְפָּרַיִים ז״ז **scissors, shears**
מָסַק פ׳ **pick olives, harvest olives**
מַסְקָנָה נ׳ **conclusion, result**
מְסַקְרֵן ת׳ **intriguing, arousing curiosity**
מָסַר פ׳ **hand over, deliver, transmit**

מֶסֶר ז׳ **message**
מַסְרֵגָה נ׳ **knitting-needle**
מַסְרֵטָה נ׳ **movie camera**
מְסַרְטֵט ז׳ **draughtsman, draftsman**
מְסַרְטֵן ת׳ **cancerous, causing cancer**
מַסְרִיחַ ת׳ **stinking**
מַסְרִיט ז׳ **camera-man, film-maker**
מַסְרֵק ז׳ **comb**
מִסְתּוֹר ז׳ **hiding-place, refuge**
מִסְתּוֹרִי ת׳ **mysterious**
מִסְתּוֹרִין ז׳ **mystery**
מִסְתַּיֵּיג ז׳ **one who has reservations**
מִסְתַּכֵּל ז׳ **onlooker, observer**
מַסְתֵּם ז׳ **stopper**
מִסְתַּמָּא תה״פ **apparently, probably**
מִסְתַּנֵּן ז׳ **infiltrator**
מִסְתַּפֵּק ת׳ **satisfied, content**
מִסְתַּפֵּק בְּמוּעָט ז׳ **satsified or content with very little**
מְסַתֵּת ז׳ **stone-cutter**
מְעַבֵּד נְתוּנִים ז׳ **data processor**
מְעַבֵּד תַּמְלִילִים ז׳ **word processor**
מַעְבָּדָה נ׳ **laboratory, lab**
מַעֲבֶה ז׳ **thickness**
מַעְבּוֹרֶת נ׳ **ferry, ferryboat**
מַעֲבִיד ז׳ **employer**
מַעֲבִיר ז׳ **transferor, carrier, conveyor, conductor**
מַעֲבָר ז׳ **transition; crossing; transit, passage**
מַעֲבַר חֲצִיָּה ז׳ **pedestrian crossing**
מַעְבָּרָה נ׳ **ford, river-crossing; maabara (transit camp in Israel)**

מַעְגִּילָה נ׳ roller; mangle
מַעְגָּל ז׳ circle, ring; course, circuit
מַעֲגָן ז׳ anchorage, quayside
מָעַד פ׳ stumble, slip, totter
מַעֲדָן ז׳, מַעֲדַנִּים ז״ר delicacies
מַעְדֵּר ז׳ hoe, mattock, spade
מָעָה נ׳ coin
מְעוּבֶּרֶת נ׳ pregnant
מְעוּגָּל ת׳ round, rounded
מְעוֹדֵד ת׳ encouraging, heartening
מְעוֹדָד ת׳ encouraged, heartened
מְעוּדְכָּן ת׳ up-to-date, updated
מְעוּדָּן ת׳ delicate, dainty
מְעוּוֶּה ת׳ deformed, malformed
מְעוּוָּת ת׳ crooked, distorted, perverted
מָעוֹז ז׳ stronghold, fastness
מְעוּטָּף ת׳ wrapped
מְעוּטָּר ת׳ garnished (of cake etc.)
מְעוּיָּן ת׳, ז׳ rhombus
מְעוּךְ ת׳ squashed, crushed, crumpled
מְעוּכָּב ת׳ delayed, held up
מְעוּכָּל ת׳ digested
מְעוּלֶּה ת׳ excellent, superlative
מֵעוֹלָם תה״פ ever, from of old, ever before
מֵעוֹלָם לֹא תה״פ never (in the past)
מְעוּמְלָן ת׳ starched, stiff(ened)
מְעוּמְעָם ת׳ dimmed, dim, faint, hazy
מָעוֹן ז׳ residence, home
מְעוּנֶּה ת׳ tortured, tormented
מְעוּנְיָין ת׳ interested, concerned

מְעוּנָּן ת׳ cloudy, overcast
מָעוֹף, מָעוּף ז׳ flight
מְעוּפָּשׁ ת׳ moldy, rotten
מְעוּצָּב ת׳ fashioned, designed, molded
מְעוּצְבָּן ת׳ nervous, nervy, edgy
מְעוּצֶּה ת׳ woody
מְעוּקָּב ת׳ cubic, cube
מְעוּקָּל ת׳ confiscated, foreclosed
מְעוּקָּם ת׳ curved, twisted, bent
מְעוּקָּר ת׳ sterilized
מְעוּרָב ת׳ mixed; involved
מְעוּרָב עִם הַבְּרִיּוֹת ת׳ a good mixer, a sociable person
מְעוּרְבָּב ת׳ mixed; jumbled, confused
מְעוּרָבוּת נ׳ involvement
מְעוּרֶה ת׳ rooted, connected, attached
מְעוּרְטָל ת׳ uncovered, stripped, nude
מְעוּרְפָּל ת׳ foggy, hazy
מְעוֹרֵר ת׳ awakening,
מְעוֹרֵר ז׳ excitor
מְעוֹרָר ת׳ excited
מְעוּשֶּׂה ת׳ forced, affected
מְעוּשָּׁן ת׳ smoked
מָעוֹת נ״ר money, small change
מְעוֹת שֶׁל חֲנוּכָּה נ״ר Hanuka gelt
מָעַט פ׳ be little or few, be reduced, diminish
מְעַט תה״פ, ת׳ little, few; a little, a few
מַעֲטֶה ז׳ wrap, covering
מַעֲטוֹף ז׳ condom

מַעֲטָפָה נ׳ envelope; dust-jacket; cover
מְעִי ז׳, ר׳ מֵעַיִים bowels, intestines; entrails, guts
מַעְיָן ז׳ spring, fountain; source
מַעְיָן הַמִּתְגַּבֵּר ז׳ a prolific scholar
מְעַיֵּן ז׳ reader, browser
מְעִיכָה נ׳ crumpling, squashing, crushing
מְעִיל ז׳ coat, overcoat; jacket
מְעִיל גֶּשֶׁם ז׳ raincoat
מְעִילָה נ׳ embezzlement, fraud
מְעַיֵּן ת׳ addressable
מֵעֵין תה״פ somewhat like, almost, as if
מְעִי עִיוֵור ז׳ appendix (anat.)
מְעִינָה נ׳ addressing
מֵעִיק ת׳ oppressive
מֵעִיקָּרָא תה״פ from the very beginning, essentially, a priori
מָעַךְ פ׳ crush, squash, crumple
מְעַכֵּב ת׳ delaying, detaining
מָעַל פ׳ embezzle, betray trust
מַעַל ז׳ embezzlement, fraud, betrayal of trust
מַעֲלֶה ז׳ rise, ascent
מַעֲלָה נ׳ degree, step; advantage, virtue, merit
מַעְלָה תה״פ upwards, up
מַעֲלוֹן (בְּאֳנִיָּה) נ׳ elevator
מַעֲלִית נ׳ elevator, lift
מַעֲלָל ז׳ deed, action, act
מֵעִם מ״י from
מַעֲמָד ז׳ class, status, position; occasion

מְאַמֵּל ז׳ physical training instructor
מַעֲמָס ז׳ load, burden
מַעֲמָסָה נ׳ great burden, heavy load
מַעֲמָק ז׳ depth
מַעַן ז׳ address
מַעֲנָב ז׳ sling
מַעֲנֶה ז׳ answer, reply
מְעַנְיֵין ת׳ interesting
מַעֲנָק ז׳ bonus; scholarship, grant
מַעֲסִיק ז׳ employer
מַעֲפוֹרֶת נ׳ overall, smock
מַעְפִּיל ז׳ 'illegal' immigrant into Mandated Palestine
מְעַצֵּב ת׳, ז׳ fashioner, shaper
מְעַצֵּב אוֹפְנָה ז׳ fashion designer
מַעֲצֵבָה נ׳ pain, sorrow
מְעַצְבֵּן ת׳ irritating, annoying, getting on the nerves
מַעֲצָד ז׳ spoke-shave; drawing knife
מַעְצוֹר ז׳ inhibition; brake; hindrance, impediment
מַעֲצִיב ת׳ saddening
מַעֲצֵם ז׳ intensifier
מַעֲצָמָה נ׳ power, great nation
מַעֲצָר ז׳ arrest, detention, imprisonment
מַעֲצֵר ז׳ brake
מַעֲקָב ז׳ follow-up
מַעֲקֶה ז׳ railing, rail, banister
מַעֲקוֹבֶת נ׳ sequence
מַעֲקוֹף ז׳ traffic island
מַעֲקָף ז׳ detour, by-pass
מַעֲרָב ז׳ west, occident
מַעֲרָבָה תה״פ westwards

מְעַרְבּוֹלֶת נ׳ whirlpool, vortex, eddy
מַעֲרָבוֹן ז׳ a western (film, story)
מַעֲרָבִי ת׳ west, western, occidental
מְעַרְבֵּל ז׳ mixer, concrete mixer
מַעֲרְבָּל ז׳ eddy, whirlpool, vortex
מְעָרָה נ׳ cave, cavern
מַעֲרוֹךְ ז׳ rolling pin
מַעֲרוֹכֶת נ׳ constitution (of human body)
מַעֲרוּמִּים ז״ר nakedness
מַעֲרִיב ז׳ Jewish evening prayer; evening
מַעֲרִיךְ ז׳ assessor, appraiser, valuer
מַעֲרִיץ ז׳ admirer, fan
מַעֲרָךְ ז׳ array, arrangement, lay-out; alignment, deployment (military)
מַעֲרָכָה נ׳ act (of a play); order; set, system; battle line; battlefield; battle
מַעַרְכוֹן ז׳ one-act play
מַעֲרֶכֶת נ׳ editorial board or office; set, system; assembly
מְעַרְעֵר ז׳ appellant
מַעַשׂ ז׳ action, deed
מַעֲשֶׂה ז׳ deed, action; event; tale, story
מַעֲשִׂי ת׳ practical; practicable; actual
מַעֲשִׂיּוּת ז׳ practicality; practicability, feasibility
מַעֲשִׂיָּה נ׳ tale, fairy story, legend

מְעַשֵּׁן ז׳ smoker
מַעֲשֵׁנָה נ׳ chimney, smokestack
מַעֲשֵׂר ז׳ tithe, tenth
מֵעֵת לְעֵת נ׳ a full day (24 hours)
מַעְתִּיקָה (בּמחשב) נ׳ reproducer
מַעְתָּק ז׳ displacement, fault (geography); shift
מִפְּאַת תה״פ because (of); from the side of
מִפְגָּן ז׳ parade, demonstration, display
מִפְגָּע ז׳ obstacle, hazard
מְפַגֵּר תו״ז lagging behind, slow; backward; retarded
מִפְגָּשׁ ז׳ meeting-place; meeting
מִפְדֶּה ז׳ repayment
מַפָּה נ׳ map; tablecloth
מְפוֹאָר ת׳ magnificent, splendid, glorious
מְפוּגָּל ת׳ tainted, unfit for use
מְפוּזָּר ת׳ scattered, dispersed, strewn; absentminded, scatterbrained
מַפּוּחַ ז׳ bellow(s)
מַפּוּחוֹן ז׳ accordion
מַפּוּחוֹנַאי ז׳ accordionist
מַפּוּחִית, מַפּוּחִית פֶּה נ׳ harmonica
מְפוּחָם ת׳ sooty, sooted; charred
מְפוּטָּם ת׳ fattened, stuffed
מְפוּטָּר ת׳ fired, dismissed
מְפוּיָּח ת׳ sooty, blackened
מְפוּיָּס ת׳ appeased, pacified, conciliated
מְפוּכָּח ת׳ sober, clear-headed
מְפוּלָּג ת׳ divided, separated
מְפוּלְפָּל ת׳ peppery; subtle, sharp

מַפּוֹלֶת נ׳ fall, collapse; landslide, avalanche
מְפוּנֶּה ת׳ cleared, evacuated
מְפוּנָּק ת׳ pampered, spoiled
מְפוּסְטָר ת׳ pasteurized
מְפוּסָּל ת׳ sculptured, carved
מְפוּסְפָּס ת׳ striped
מְפוּסָּק ת׳ punctuated; parted
מְפוּצֶּה ת׳ compensated, indemnified
מְפוּצָּל ת׳ split up, divided
מְפוּקָּח ת׳ clever, shrewd, astute
מְפוּקְפָּק ת׳ doubtful, dubious, questionable
מְפוֹרָד ת׳ split up, divided, dispersed
מְפוֹרָז ת׳ demilitarized
מְפוּרְזָל ת׳ shod (horse); iron-clad
מְפוֹרָט ת׳ detailed
מְפוּרְסָם ת׳ famous, eminent
מְפוֹרָק ת׳ dismantled; wound up
מְפוֹרָר ת׳ crumbled
מְפוֹרָשׁ ת׳ explained; explicit, specific
מְפוּתָּח ת׳ developed
מְפוּתָּל ת׳ twisted, winding
מְפַזֵּר ז׳ diffuser
מַפָּח ז׳ frustration
מַפַּח נֶפֶשׁ ז׳ frustration, disappointment
מַפָּחָה נ׳ smithy, forge
מַפְחִית ז׳ reducer
מַפְטִיר ז׳ Maftir (reader who finishes the reading from the Law and reads a chapter from the Prophets)

מַפִּיוֹן ז׳ napkin-holder, serviette-holder
מֵפִיץ ז׳ distributor
מֵפִיק תו״ז producer (of films)
מַפִּיק ז׳ the point placed in a final ה
מַפִּית נ׳ napkin, serviette
מַפָּל ז׳ fall, drop
מַפְלֵג ז׳ distributor (in automobile)
מִפְלָג ז׳ branching off; department
מִפְלָגָה נ׳ party (political)
מִפְלַגְתִּי ת׳ party
מַפְלֶה ז׳ discriminator
מַפָּלָה נ׳ defeat, downfall, fall
מַפְלֵחַ בֵּיצִים ז׳ egg slicer
מִפְלָט ז׳ refuge, asylum
מַפְלֵט ז׳ ejector; exhaust
מִפְלָס ז׳ level; altitude
מַפְלֵס ז׳ level, grader (for roads)
מִפְלְפֶּלֶת נ׳ pepper caster
מִפְלֶצֶת נ׳ monster; horror
מִפְלָשׁ ז׳ culvert; drift
מִפְנֶה ז׳ turn, turning-point
מִפְּנֵי מ״י because of, on account of
מַפְסִיד, מַפְסִידָן ז׳ loser
מַפְסִיק ז׳ separator
מַפְסֶלֶת נ׳ chisel
מַפְסֵק ז׳ switch
מִפְסָק ז׳ breakpoint (comp.)
מַפְעִיל, מַפְעִילָן ז׳ activator, operator
מִפְעָל ז׳ enterprise, project; factory, plant
מִפְעַל הַפַּיִס ז׳ Israel's national lottery

מִפְעָם ז' tempo
מִפְּעָם לְפַעַם תה"פ occasionally
מַפָּץ ז' smashing
מַפְצֵחַ ז', מַפְצֵחַ אֱגוֹזִים ז' nut-cracker
מַפְצִיץ ז' bomber (plane)
מִפְקָד ז' census; muster; parade
מְפַקֵּד ז' commander, officer
מִפְקָדָה נ' headquarters, command
מְפַקֵּחַ ז', מְפַקַּחַת נ' inspector, supervisor, superintendent
מַפְקִיד ז' depositor
מַפְקִיעַ ת' requisitioner, appropriator
מַפְקִיעַ שְׁעָרִים, מַפְקִיעַ מְחִירִים, מַפְקִיעָן ז' profiteer
מֵפֵר שְׁבִיתָה ז' strike breaker
מַפְרֵד ז', מַפְרֵדָה נ' separator
מִפְרָט ז' specification
מַפְרֵט ז' plectrum
מַפְרִיס ת' hooved
מַפְרִיס פַּרְסָה ז' animal with cloven hoofs
מְפַרְנֵס ז' supporter, provider, bread-winner
מַפְרֵסָה נ' slicer
מְפַרְסֵם ז' advertiser
מִפְרָעָה נ' part-payment
מַפְרֵעִי ת' retroactive
מַפְרֵעִית תה"פ retroactively
מִפְרָץ ז' bay, gulf, inlet, cove
מִפְרָק ז' joint, link
מְפָרֵק ז' liquidator
מַפְרֶקֶת נ' nape, back of the neck
מִפְרָשׂ ז' sail (of a ship); spread, expanse
מִפְרָשׂ מָלֵא ז' sail in full
מִפְרַשׁ כּוֹחַ ז' power take-off
מְפָרֵשׁ ז' commentator, exegete
מִפְרָשִׂית נ' sailing-boat
מִפְשָׂעָה נ' crotch, groin
מִפְשָׂק ז' astride position, leap-frog
מְפַשֵּׁר ז' conciliator, arbitrator, mediator
מְפַתֶּה ז' seducer, enticer, tempter
מִפְתּוּחַ ז' keying (telephone)
מַפְתֵּחַ ז' key; index; spanner; clef
מַפְתֵּחַ מִתְכַּוְנֵן ז' adjustable spanner, wrench
מִפְתֵּחַ פ' index, key
מִפְתָּח ז' opening; aperture
מְפַתֵּחַ ז' engraver; developer
מַפְתִּיעַ ת' surprising, amazing, startling
מַפְתִּיעָן ז' one who often surprises
מִפְתָּן ז' threshold
מָצָא פ' find; find out
מְצַאי ז' inventory
מַצָּב ז' state, situation, position
מַצַּב רוּחַ ז' mood, (colloq) bad mood
מַצֵּבָה נ' tombstone, gravestone; monument
מַצָּבָה נ' list of people in a particular category
מִצְבָּטַיִם ז"ז pincers, nippers
מַצְבִּיא ז' commander of an army, general
מַצְבִּיעַ ת', ז' voter, elector
מִצְבָּעָה נ' dye-works
מַצְבֵּר ז' accumulator, battery
מַצַּב־רוּחַ ז' mood, (coll.) bad mood
מֵצַר ז' catch, lock; shunt; parameter (comp.)

מְצָד ז'	pill-box, stronghold
מְצַדֵּד ת', ז'	supporting; supporter
מְצָדָה נ'	fortress, stronghold
מַצָּה נ'	unleavened bread, matza
מִצְהָר ז'	meridian; manifest, affirmation
מְצוּבְרָח ת'	in a bad mood (slang)
מָצוֹד ז'	hunt, manhunt
מְצוֹדֵד ת'	captivating, alluring
מְצוּדָה נ'	fortress, citadel
מִצְוָה נ'	commandment, divine precept; good deed
מִצְוָה גוֹרֶרֶת מִצְוָה	one good deed leads to another
מְצוּחְצָח ת'	polished
מָצוּי ת'	common, usual; existing
מְצוּיָּד ת'	equipped
מְצוּיָּן ת'	excellent, fine; marked
מְצוּיָּץ ת'	fringed; crested
מְצוּיָּר ת'	drawn, illustrated
מְצוּלָה נ'	deep water, depth
מְצוּלָּם ת'	photographed, filmed
מְצוּלָּע ת'	polygon
מְצוּלָּק ת'	scarred
מְצוּמְצָם ת'	reduced; limited
מְצוּמָּק ת'	shrivelled, withered, dried up
מְצוּנָּן ת'	chilled, having a cold
מְצוֹעָף ת'	veiled
מְצוּעְצָע ת'	showy, ornate
מָצוֹף ז'	float; buoy
מְצוּפֶּה ת'	expected; plated, coated
מָצוּץ ת'	sucked
מָצוֹק ז', מְצוּקָה נ'	distress, trouble
מָצוֹר ז'	siege, blockade
מְצוּרָה נ'	fortress
מְצוֹרָע ת', ז'	leprous, leper
מְצוֹרָף ת'	attached, added; refined
מֵצַח ז'	forehead, brow
מֵצַח נְחוּשָׁה ז'	brazen faced
מִצְחָה נ'	eye-shade, visor, peak
מִצְחִיָּה נ'	peak (of cap)
מַצְחִין ת'	stinking
מַצְחִיק ת'	amusing, funny; laughable, ridiculous
מַצְחִיקָן ז'	comedian
מִצְטַלֵּב ת'	crossing, crossing oneself
מְצִיאָה נ'	finding; find, discovery; bargain
מְצִיאוּת נ'	reality; existence
מְצִיאוּתִי ת'	realistic, real
מַצִּיג ז'	demonstrator, exhibitor; performer or producer (of a play)
מַצִּיָּה נ'	cracker (biscuit)
מַצִּיל, מַצִּילָן ז'	life-guard, life-saver, rescuer, saver
מְצִילָּה נ'	bell
מְצִיצָה נ'	sucking, suction
מֵצִיץ, מְצִיצָן ז'	peeping Tom
מֵצִיק ז', ת'	oppressor; pestering
מַצִּית נ'	lighter, cigarette lighter
מֵצַל ת'	shady, shading
מַצְלִיחַ ת', מַצְלִיחָן ז'	successful, prosperous
מַצְלִיף, מַצְלִיפָן ז'	flogger; whip (parliamentary)
מַצְלֵמָה נ'	camera
מַצְלְצְלִים ז"ר	small change, coins, money
מְצִלְתַּיִם ז"ז	cymbals

מַצְמֵד ז' clutch (automobile)
מִצְמוּץ ז' blinking; wink
מִצְמֵץ פ' blink, wink
מַצְנֵחַ ז' parachute
מַצְנֵן ז' radiator
מִצְנֶפֶת נ' headdress, turban; head-scarf
מַצָּע ז' bed, bedding; mat; platform (political); bottom crust (baking)
מִצְעָד ז' parade, march; step, walk
מְצַעֵר ת' sad, distressing, upsetting
מַצְעֶרֶת נ' throttle (of engine)
מִצְפֶּה ז' observation point, look-out point
מַצְפּוּן ז' conscience
מַצְפּוּן נָקִי ז' a clear conscience
מַצְפֵּן ז' compass
מָצַץ פ' suck
מַצֶּקֶת נ' ladle
מֵצַר, מֵיצַר ז' strait; isthmus; distress
מֶצֶר ז' boundary, border
מִצְרִי ת' Egyptian
מִצְרַיִם נ' Egypt
מִצְרָךְ ז' commodity
מִצְרָנִי ת' adjacent
מַצְרֵף ז' crucible
מִצְרָר ז' cluster
מַצַּת ז' spark plug, lighter
מַק ז' rot, decay
מַקָּב ז' punch (tool for cutting holes)
מַקְבִּיל ז', ת' parallel; parallel line

מַקְבִּילַיִם ז"ז parallel bars (for gymnastics)
מַקְבִּילִית נ' parallelogram
מִקְבָּע ז' fixation
מִקְבָּץ ז' assembly point; group (in target practice)
מַקֶּבֶת נ' sledge-hammer, mallet
מַקָּד ז' cutter (in baking)
מַקְדֵּחַ ז' drill, borer
מַקְדֵּחָה נ' drilling machine, drill press
מְקַדֵּם ז' coefficient
מִקְדָּם ז' introduction (music); handicap (in race, etc.)
מִקְדָּמָה נ' advance payment
מִקַּדְמַת דְּנָה תה"פ from of old
מִקְדָּשׁ ז' temple, shrine, sanctuary
מַקְהֵלָה נ' choir, chorus
מְקוּבָּל ת', ז' common, customary, accepted; Kabbalist, mystic
מְקוּבָּץ ת' collected together, grouped together
מַקּוֹד ז' center punch
מְקוּדָּשׁ ת' sanctified, consecrated, hallowed
מִקְוֶוה ז' ritual bath
מְקוּוֶּה ת' hoped for, expected
מְקוּוְקוֹ ת' lined
מְקוּטְלָג ת' catalogued
מְקוּטָּע ת' cut down; interrupted
מָקוֹל ז', מְקוֹלִית נ' gramophone
מְקוּלָּל ת' cursed, accursed
מְקוּלְקָל ת' spoilt, broken, bad
מָקוֹם ז' place, locality
מְקוּמָּט ת' wrinkled, creased
מְקוֹמִי ת' local

מְקוּמָר ת׳ arched, vaulted, convex
מְקוֹנֵן ז׳ mourner
מְקוּעָר ת׳ concave
מַקּוֹף ז׳ beat
מְקוּפָּח ת׳ deprived, discriminated against
מְקוּפָּל ת׳ folded
מְקוּצָץ ת׳ cut down; curtailed, reduced
מְקוּצָּר ת׳ shortened, abbreviated, condensed
מָקוֹר ז׳ origin; spring; infinitive
מַקּוֹר ז׳ beak; firing-pin
מְקוֹרָב ת׳, ז׳ close friend
מְקוֹרֶה ת׳ roofed
מְקוּרְזָל ת׳ frizzy, curly
מְקוֹרִי ת׳ original
מְקוֹרִיּוּת נ׳ originality
מְקוֹרָר ת׳ chilled, having a cold
מַקּוֹשׁ ז׳ gong, clapper, knocker, stick
מְקוּשָּׁט ת׳ decorated, adorned
מַקּוֹשִׁית נ׳ xylophone
מְקוּשְׁקָשׁ ת׳ mixed up, confused; scribbled, doodled
מְקוּשְׂקָשׂ ת׳ scaly
מְקוּשָּׁר ת׳ tied, connected
מְקוּשָּׁת ת׳ arched, vaulted
מֶקַח ר׳ מִיקָּח
מִקְטוֹרֶן ז׳ jacket (man's), smoking jacket
מִקְטָע ז׳ segment
מִקְטֶרֶת נ׳ pipe (for smoking)
מַקִּיף ת׳ surrounding; comprehensive
מֵקִיץ ת׳ waking up, rousing
מַקִּישׁ ת׳ knocking, banging
מַקֵּל ז׳ stick, staff
מֵקֵל ת׳ lenient; alleviating
מִקְלֶדֶת נ׳ keyboard
מִקְלֶה, מַקְלֵה לֶחֶם ז׳ toaster
מִקְלַחַת נ׳ shower
מִקְלָט ז׳ shelter, refuge
מַקְלֵט ז׳ receiver, wireless set
מִקְלָע ז׳ machine-gun
מִקְלָעָן ז׳ machine-gunner
מִקְלַעַת נ׳ braiding, plaiting, wicker-work
מַקְלֵף ז׳ fruit and vegetable peeler
מַקְלֵפָה נ׳ peeling machine
מְקַנֵּא ת׳ jealous, envious
מִקְנֶה ז׳ cattle, flocks
מַקְסִים ת׳ charming, attractive, delightful
מֶקֶסֶם ז׳ charm, attention
מִקְסַם שָׁוְא ז׳ fantasy, delusion
מַקָּף, מַקֵּף ז׳ hyphen
מִקְפָּא ז׳ jelly
מִקְפָּה נ׳ skimming ladle
מַקְפִּיד ת׳, מַקְפִּידָן ז׳ strict, particular
מִקְפָּצָה נ׳ spring-board, diving-board
מִקְצָב ז׳ meter (poetic); rhythm
מִקְצָבִי ת׳ rhythmical
מִקְצוֹעַ ז׳ profession, occupation, trade; subject (at school)
מִקְצוֹעַ חוֹפְשִׁי ז׳ liberal profession
מַקְצוּעָה נ׳ plane (tool)
מִקְצוֹעִי ת׳ professional, vocational
מִקְצוֹעָן ז׳ professional

מִקְצוֹעָנִי ת' professional
מַקְצִיף ת' foaming, frothy
מַקְצֵף ז' rotary-beater
מַקְצֵפָה נ' (elec.) cake mixer
מַקְצֵץ ז' cleaver, food chopper
מַקְצֵצָה נ' chopping machine
מַקְצֵרָה נ' reaping machine, harvester
מִקְצָת נ' part, a little, some
מַקָּק ז' cockroach
מֶקֶק ז' rot; gangrene
מִקְרָא ז' reading; legend (on map, etc.); the Bible
מִקְרָאָה נ' reader, anthology
מִקְרָאִי ת' Biblical
מִקְרֶה ז' happening, incident
מִקָּרוֹב תה"פ recently
מִקָּרוֹב בָּאוּ they came recently
מִקְרִי ת' accidental, random, casual
מַקְרֵן ז' radiator; projector (for films, etc.)
מִקְרֶצֶת נ' piece, lump of dough
מְקַרְקְעִים, מְקַרְקְעִין ז"ר real estate, landed property
מְקָרֵר ז' refrigerator
מַקָּשׁ ז' key (of typewriter etc.)
מִקְשָׁה נ' solid piece (of metal)
מִקְשָׁה אַחַת נ' all of one piece (fig.)
מַקְשֵׁחַ ז' stiffener, stiffening bar
מַקְשָׁן ז' questioner, arguer
מְקַשְׁקֵשׁ ז' prattler, chatterbox
מְקַשֵּׁר ז' binder; liaison officer; half-back (in Br. football)
מַר ת' bitter

מַר ז' Mr.
מַרְאֶה ז' sight, view; appearance
מַרְאֵה מָקוֹם ז' reference (to place in a book)
מַרְאָה נ' mirror
מְרַאְיֵן ז' interviewer
מַרְאִית נ' appearance
(לְ)מַרְאִית עַיִן apparently, outwardly
מֵרֹאשׁ תה"פ in advance, from the beginning
מְרַאֲשׁוֹת נ"ר the head of the bed
מֵרַב ז' maximum
מַרְבָד ז' carpet, rug, mat
מִרְבָּד ז' deposit; stratification
מַרְבֶּה ת' imcreasing, multiplying
מַרְבֵּה רַגְלַיִם ז' millipede (insect)
מְרַבִּי ת' maximal
מַרְבִּית נ' majority, most
מִרְבָּץ ז' deposit (geology)
מַרְגּוֹעַ ז' rest, repose
מְרַגֵּל ז' spy, secret agent
מַרְגְּלוֹת נ"ר foot (of bed, of mountain)
מַרְגָּלִית נ' pearl
מַרְגֵּמָה נ' mortar (weapon)
מַרְגָּנִית נ' pimpernel
מַרְגָּשׁ ז' feeling, disposition
מָרַד פ' revolt, rebel, mutiny
מֶרֶד ז' revolt, rebellion, mutiny
מַרְדֶּה ז' baker's shovel
מַרְדִּים ת' מַרְדִּימָן ז' anaesthetist
מַרְדָן ז' rebellious, insubordinate person
מַרְדָנוּת נ' rebelliousness, insubordination

מַרְדַּעַת נ׳ saddle-cloth; porter's cushion

מִרְדָּף ז׳ pursuit, chase

מָרָה פ׳ disobey, rebel

מָרָה נ׳ bile, gall

מָרָה שְׁחוֹרָה נ׳ melancholy

מַרְהִיב ת׳ spectacular, splendid

מַרְהִיב עַיִן ת׳ splendid

מְרוּאְיָן ת׳ interviewed

מְרוּבָּב ת׳ multiple

מְרוּבֶּה ת׳ much, many, mumerous

מְרוּבָּע ת׳ square (any four-sided figure); square (person)

מְרוּגָּז ת׳ angry, irate, annoyed

מְרוּגָּשׁ ת׳ excited, agitated

מָרוּד ת׳ wretched, depressed

מְרוּדָּד ת׳ flat, beaten

מְרוֹהָט ת׳ furnished

מְרוּוָּח ת׳ roomy, spacious

מִרְוָח ז׳ space; clearance; distance

מַרְוִויחָן ז׳ profiteer

מְרוּחָץ ת׳ washed, bathed

מְרוּחָק ת׳ remote, far; removed

מְרוּטָּשׁ ת׳ ripped open, mutilated

מְרוּכָּז ת׳ concentrated; centralized

מְרוּכָּךְ ת׳ softened

מָרוֹם ז׳ height, high place; heaven

מְרוּמֶּה ת׳ deceived, deluded, misled, tricked

מְרוּמָּז ת׳ hinted, implied

מְרוֹמָם ת׳ exalted, uplifted

מְרוּסָּן ת׳ restrained, checked

מְרוּסָּס ת׳ sprayed

מְרוּסָּק ת׳ crushed, mashed

מְרוּעְנָן ת׳ refreshed, reinvigorated

מְרוּעָף ת׳ tiled

מְרוּפָּד ת׳ cushioned, padded, upholstered

מְרוּפָּט ת׳ shabby, worn-out, threadbare

מְרוּפָּשׁ ת׳ muddy, swampy

מֵרוֹץ ז׳ race (competitive)

מְרוּצָה נ׳ running

מְרוּצֶּה ת׳ pleased, satisfied

מְרוּצָּף ת׳ paved, tiled

מְרוּקָּן ת׳ emptied, empty

מְרוּקָּע ת׳ flattened, beaten flat

מָרוֹר ז׳ bitter herb

מְרוּשָּׁל ת׳ careless, untidy, slovenly

מְרוּשָּׁע ת׳ wicked, evil, vicious

מְרוּשָּׁשׁ ת׳ run down, impoverished

מְרוּשָּׁת ת׳ meshed, covered with a net; net-like

מָרוּת נ׳ mastery, authority

מְרוּתָּךְ ת׳ welded

מְרוּתָּק ת׳ tied; confined

מַרְזֵב ז׳ drainpipe

מָרַח פ׳ spread, smear; do sloppily (slang); write a lot with little content (slang); bribe (slang)

מֶרְחָב ז׳ wide and open space, expanse

מַרְחֶפָה נ׳ hovercraft

מֶרְחָץ ז׳ bath

מֶרְחַץ דָּמִים ז׳ bloodbath

מֶרְחָק ז׳ distance; distant place

מַרְחֶשְׁוָן ז׳ Marheshvan (Oct.-Nov.)

מַרְחֶשֶׁת נ' deep frying pan
מָרַט פ' pluck; polish, sharpen
מֶרִי, מְרִי ז' rebelliousness, disobedience
מְרִי אֶזְרָחִי ז' civil disobedience
מְרִיבָה נ' quarrel, dispute, strife
מְרִידָה נ' revolt, mutiny
מְרִיחָה נ' smearing, spreading; sloppy work (sl.), bribe (sl.), verbiage (written) (sl.)
מְרִיצָה נ' wheelbarrow
מְרִיקָה נ' cleansing, polishing; purging
מָרִיר ת' bitterish, bitter, tart
מְרִירוּת נ' bitterness, acrimony
מָרִית נ' spatula
מֵרְכָא, מֵירְכָא נ' inverted comma; cantillation sign
מֵרְכָאוֹת כְּפוּלוֹת נ"ר inverted commas
מֶרְכָּב ז' chassis, body (of a car)
מֶרְכָּבָה נ' chariot; cab, carriage
מֵרְכָה, מֵרְכָא נ' quotation mark, cantillation sign
מִרְכּוּז ז' centralizing, centralization
מַרְכּוֹל ז' supermarket
מַרְכּוֹלִית נ' mini-market
מַרְכֹּלֶת נ' merchandise
מֶרְכָּז ז' center, centre
מְרַכֵּז ז' organizer, coordinator
מִרְכֵּז פ' center; centralize
מֶרְכָּזִי ת' central, main
מֶרְכָּזִיָּה, מִרְכֶּזֶת נ' telephone exhange

מַרְכִּיב ז' component, ingredient
מִרְמָה נ' deceit, fraud, cheating
מַרְנִין ת' gladdening
מַרְס, מַארְס ז' March
מַרְסֵס ז' spray, sprayer
מַרְסֵק ז' masher
מִרְעֶה ז' pasture, pasturage
מַרְעוֹם ז' fuse (of bomb, etc.)
מַרְעִית נ' flock at pasture
מַרְפֵּא ז' healing, cure, remedy
מִרְפָּאָה נ' clinic
מִרְפֶּסֶת נ' verandah, porch, balcony
מַרְפֵּק ז' elbow
מְרַפְרֵף ת' superficial, cursory
מֶרֶץ ז' energy, drive, strength
מַרְצֶה ז' lecturer
מֵרָצוֹן תה"פ of one's free will
מְרַצֵּחַ ז' murderer, killer
מַרְצֵעַ ז' awl
מְרַצֵּף ז' tiler, tile-layer
מַרְצֶפֶת נ' paving-stone; pavement, tiled area
מָרָק ז' soup, broth
מְרַק עַגְבָנִיּוֹת ז' tomato soup
מֶרֶק ז' putty
מַרְקוֹעַ ז' biscuit, wafer
מֶרְקָחָה נ' turmoil
מִרְקַחַת נ' mixture of spices or perfumes; jam
(בֵּית) מִרְקַחַת ז' chemist's shop, pharmacy
מִרְקָם ז' texture, weave
מִרְקָע ז' screen (T.V.)
מַרְקֵקָה נ' spittoon
מַרְשֶׁה ז' client (of lawyer)

מַרְשִׁים ת'	impressive
מִרְשָׁם ז'	diagram, sketch; recipe; prescription
מָרַת נ'	Mrs.; Miss; Ms.
מַרְתֵּף ז'	cellar, basement
מְרַתֵּק ת'	binding; thrilling, fascinating
מַשָּׂא ז'	load, burden; prophetic vision
מַשָּׂא וּמַתָּן ז'	negotiations
מַשְׁאָב ז' (ר' מַשְׁאַבִּים)	resource
מַשְׁאֵבָה נ'	pump
מַשָּׂאִית ז'	truck, lorry
מִשְׁאָל ז'	referendum, poll
מִשְׁאַל־עַם ז'	referendum
מִשְׁאָלָה נ'	wish, desire
מִשְׁאֶלֶת לֵב נ'	aspiration, deepest wish
מִשְׁאֶרֶת נ'	kneading-trough
מַשָּׁב ז'	breeze, blowing
מַשְׂבִּיעַ רָצוֹן ת'	satisfactory
מִשְׁבֶּצֶת נ'	square; framework, setting
מַשְׁבֵּר ז'	crisis
מִשְׁבָּר ז'	heavy wave, billow
מִשְׁגֶּה ז'	mistake, error
מַשְׁגִּיחַ ז'	inspector, monitor
מִשְׁגָּל ז'	copulation, sexual intercourse
מְשַׁגֵּעַ ת'	maddening; (colloquial) wonderful, terrific
מַשְׁגֵּר ז'	launcher (for missiles)
מַשְׂדֵּדָה נ'	harrow
מַשְׁדֵּר ז'	transmitter
מִשְׁדָּר ז'	program (on radio, T.V.), broadcast
מָשָׁה פ'	draw out (of the water)
מַשֶּׁהוּ ז'	something, a little
מַשּׂוֹא פָּנִים ז'	partiality, favoritism
מַשּׂוּאָה נ'	smoke-signal, beacon
מָשׁוֹב ז'	feedback
מְשׁוּבָה נ'	mischief
מְשׁוּבָּח ת'	fine, excellent
מְשׁוּבָּץ ת'	check, chequered; fitted in, inserted
מְשׁוּבָּשׁ ת'	faulty, disrupted; in bad repair
מְשׁוּגָּע ת'	mad, crazy, insane
מְשׁוּגָּע לְדָבָר ת'	(person) with single-minded devotion to something
מְשׁוּדָּר ת'	broadcast, transmitted
מִשְׁוָאָה נ'	equation
מִשְׁוֶה, קַו הַמִּשְׁוֶה ז'	equator
מַשְׁוָנִי ת'	equatorial
מָשׁוּחַ ת'	oiled; annointed
מְשׁוּחָד ת'	bribed; biased
מְשׁוּחְרָר ת'	set free, emancipated, liberated, released
מָשׁוֹט ז'	oar, paddle
מְשׁוֹטֵט ז'	wanderer, rambler
מְשׂוּכָה, מְסוּכָה נ'	hedge; hurdle
מְשׁוּכְלָל ת'	perfect, perfected
מְשׁוּכָּן ת'	housed, lodged
מְשׁוּכְנָע ת'	convinced, persuaded
מָשׁוּל ת'	comparable, similar, like
מְשׁוּלָּב ת'	combined, interwoven
מְשׁוּלְהָב ת'	aflame, flaming, greatly excited
מְשׁוּלָּח ת',ז'	sent away
מְשׁוּלָל, מְשׁוּלָּל ת'	deprived of, denied, lacking

מְשׁוּלָּשׁ ז׳,ת׳ triangle, triangular; threefold, triple
מִשּׁוּם שֶׁ תה״פ on account of, because of
מְשׁוּמָּד ת׳,ז׳ Jewish convert, Jewish apostate
מְשׁוּמָּן ת׳,ז׳ oiled; octagon
מְשׁוּמָּר ת׳ preserved, canned, tinned
מְשׁוּמָּשׁ ת׳ used, second-hand
מְשׁוּנֶּה ת׳ odd, strange, queer
מְשׁוּנָּן ת׳ toothed; serrated
מְשׁוּסָּע ת׳ mangled, torn to pieces; interrupted, broken
מְשׁוּעְבָּד ת׳ enslaved; subjugated; mortgaged
מְשׁוּעֲמָם ת׳ bored
מְשׁוֹעָר ת׳ estimated, assumed
מָשׁוֹף ז׳ rasp, file
מְשׁוּפָה נ׳ wire cleaner
מְשׁוּפֶּה ת׳ planed, smoothed
מְשׁוּפָּם ת׳ having a moustache
מְשׁוּפָּע ת׳ sloping, inclined, slanting; abundant, rich; suffering from flu
מְשׁוּפָּץ ת׳ restored, renovated
מְשׁוּפָּר ת׳ improved; embellished
מְשׁוּפְשָׁף ת׳ rubbed; polished; run through the mill (army slang)
מְשׁוּקָּם ת׳ rehabilitated, rebuilt
מְשׁוּקָּע ת׳ immersed
מְשׁוּקָּץ ת׳ abominable, loathsome
מַשּׁוֹר, מַסּוֹר ז׳ saw
מְשׂוּרָה נ׳ measuring vessel
מְשׁוּרְטָט, מְסוּרְטָט ת׳ drawn, sketched, underlined; crossed (check)
מְשׁוּרְיָן ת׳ armored; set aside
מַשּׁוֹרִית, מַסּוֹרִית נ׳ fret-saw
מְשׁוֹרֵר ז׳ poet, bard
מְשׁוּרְשָׁר ת׳ chain-like
מָשׂוֹשׂ ז׳ joy, gladness
מְשׁוּשֶּׁה ת׳,ז׳ hexagon
מְשׁוֹשָׁה נ׳ antenna, aerial; feeler
מְשׁוּתָּף ת׳ shared, joint, common
מְשׁוּתָּק ת׳ paralyzed
מָשַׁח פ׳ oil; annoint
מִשְׂחֶה ז׳ swimming-race
מִשְׁחָה נ׳ paste, cream, ointment, polish
מַשְׁחֵז ז׳ knife-sharpener
מַשְׁחֵזָה נ׳ grinding machine
מַשְׁחֶזֶת נ׳ grindstone, whetstone
מַשְׁחִית ז׳ destroyer
מִשְׂחָק ז׳ game, play; acting
מַשְׁחֶתֶת נ׳ destroyer (naval)
מִשְׁטָח ז׳ surface; flat ground; expanse
מַשְׂטֵמָה נ׳ hatred, enmity
מִשְׁטָר ז׳ regime, authority; rule
מִשְׁטָרָה נ׳ police
מִשְׁטַרְתִּי ת׳ police (adj.)
מֶשִׁי ז׳ silk
מָשִׁיחַ ז׳ Messiah; the annointed
מְשִׁיחִיּוּת נ׳ Messianism
מַשִּׁיט ת׳,ז׳ oarsman, rower
מְשִׁיכָה נ׳ pulling, drawing, attraction
מְשִׂימָה נ׳ task, mission
מַשִּׁיק ז׳ tangent

pull, draw, attract מָשַׁךְ פ'
duration מֶשֶׁךְ ז'
bed, couch; lying down מִשְׁכָּב ז'
pledge, security, pawn מַשְׁכּוֹן ז'
salary, wage, pay מַשְׂכּוֹרֶת נ'
man of culture, intellectual, enlightened person מַשְׂכִּיל ז'
early riser מַשְׁכִּים ז'
lessor, renter מַשְׂכִּיר ז'
mosaic; ornament, jewel מַשְׂכִּית נ'
intelligence מִשְׂכָּל ז'
dwelling place; imposing building; the Tabernacle מִשְׁכָּן ז'
the Knesset building מִשְׁכַּן הַכְּנֶסֶת ז'
the residence of the President of Israel מִשְׁכַּן נְשִׂיאֵי יִשְׂרָאֵל ז'
pawn, pledge, mortgage מִשְׁכֵּן פ'
convincing, persuasive מְשַׁכְנֵעַ ת'
mortgage מַשְׁכַּנְתָּא, מַשְׁכַּנְתָּה נ'
mimeograph מְשַׁכְפֶּלֶת נ'
intoxicating, inebriating מְשַׁכֵּר ת'
parable, fable; proverb; example מָשָׁל ז'
it is like מָשָׁל ל
rule, govern; give a parable מָשַׁל פ'
drive (technology) מַשְׁלֵב ז'
electromagnetic drive מַשְׁלֵב אֶלֶקְטְרוֹמַגְנֵטִי ז'
consignment; sending מִשְׁלוֹחַ ז'
occupation, profession מִשְׁלַח־יָד ז'

delegation, deputation, expedition מִשְׁלַחַת נ'
vantage-point, strong point מִשְׁלָט ז'
completing, complementary, supplementary מַשְׁלִים ת',ז'
purgative, laxative מְשַׁלְשֵׁל ת',ז'
touching, feeling מִשְׁמוּשׁ ז'
gladdening מְשַׂמֵּחַ ת'
defamatory, slanderous מַשְׁמִיץ ת'
slanderer מַשְׁמִיצָן ז'
hearing מִשְׁמָע ז'
meaning, sense מַשְׁמָע ז'
meaning, significance, implication מַשְׁמָעוּת נ'
significant, meaningful מַשְׁמָעִי ת'
discipline, obedience מִשְׁמַעַת נ'
preservative מְשַׁמֵּר ת'
guard, watch מִשְׁמָר ז'
civil guard מִשְׁמָר אֶזְרָחִי ז'
Border Police מִשְׁמַר הַגְּבוּל ז'
guard of honour מִשְׁמַר כָּבוֹד ז'
watch, guard; shift מִשְׁמֶרֶת נ'
strainer, colander מְשַׁמֶּרֶת נ'
touch, feel מִשְׁמֵשׁ פ'
apricot מִשְׁמֵשׁ, מִישְׁמִישׁ ז'
double, twice; deputy, second in rank מִשְׁנֶה ז'
redoubled force מִשְׁנֵה תּוֹקֶף ז'
the Mishna; doctrine מִשְׁנָה נ'
secondary, minor מִשְׁנִי ת'
choke (automobile) מַשְׁנֵק ז'
lane, path מִשְׁעוֹל ז'
boring, tedious, dull מְשַׁעֲמֵם ת'
support, prop מִשְׁעָן ז'

מִשְׁעָן ז׳, מַשְׁעֵנָה נ׳ support, buttress

מִשְׁעֶנֶת נ׳ support, prop; back or arm (of chair)

מִשְׁעֶנֶת קָנֶה רָצוּץ נ׳ a broken reed (fig.)

מְשַׁעֲשֵׁעַ ת׳ amusing, entertaining, diverting

מִשְׁפָּחָה נ׳ family

מִשְׁפַּחְתִּי ת׳ of a family, family (adj.)

מִשְׁפַּחְתִּיּוּת נ׳ intimacy, family atmosphere

מִשְׁפָּט ז׳ trial; judgment; laws; (gram.) sentence; theorem

מִשְׁפָּט קָדוּם ז׳ prejudice

מִשְׁפַּט רַאֲוָה ז׳ show trial

מִשְׁפָּטִי ת׳ legal, judicial

מִשְׁפְּטָן ז׳ jurist, jurisprudent

מַשְׁפִּיל ת׳,ז׳ lowering, humiliating, degrading

מַשְׁפֵּךְ ז׳ funnel

מַשְׁפֵּת ז׳ hot-plate

מֶשֶׁק ז׳ economy; farm; management, maintenance

מַשָּׁק ז׳ noise, rustling

מַשַּׁ״ק ז׳ non-commissioned officer (N.C.O.)

מַשְׁקֶה ז׳ drink

מַשְׁקֶה חָרִיף ז׳ alcoholic drink

מִשְׁקוֹלֶת נ׳ weight; shot (athletics)

מַשְׁקוֹף ז׳ framehead; lintel

מִשְׁקִי ת׳ economic

מַשְׁקִיף ז׳ observer, onlooker

מִשְׁקָל ז׳ weight; weighing; meter; scales

מִשְׁקָל סְגוּלִי specific gravity

מִשְׁקָע ז׳ precipitate, sediment, residue

מִשְׁקָפַיִים ז״ז glasses, spectacles

מִשְׁקְפֵי מָגֵן ז״ז goggles

מִשְׁקְפֵי שֶׁמֶשׁ ז״ז sunglasses

מִשְׁקֶפֶת נ׳ field-glasses, binoculars; telescope

מִשְׂרָד ז׳ office; ministry (government)

מִשְׂרָדִי ת׳ office (adj.), clerical

מִשְׂרָה נ׳ job, post, position

מַשְׁרוֹקִית נ׳ whistle

מְשַׂרְטֵט, מְסַרְטֵט ז׳ draftsman, draughtsman

מְשָׁרֵת ז׳ servant, attendant

מְשָׁרֶתֶת נ׳ servant (female)

מִשּׁוּשׁ ז׳ massage

מִשְׁתֶּה ז׳ banquet, feast

מַשְׁתִּין ת׳ urinating

מִשְׁתַּכֵּן ז׳ tenant, occupant

מַשְׁתֵּלָה, מִשְׁתָּלָה נ׳ nursery, seedbed

מִשְׁתַּמֵּט ז׳ shirker, dodger

מִשְׁתָּנָה נ׳ urinal

מִשְׁתַּנֶּה ת׳,ז׳ varying; variable, changeable

מִשְׁתַּתֵּף ז׳ participant, partaker, sharer

מֵת ז׳ dead, dead person

מֵת עַל ת׳ dying for (slang)

מִתְאַבֵּד ז׳ a suicide

מְתַאֲבֵן ז׳ appetizer

מִתְאַגְרֵף ז׳ boxer, pugilist

מִתְאוֹנֵן ת׳ complainant, grumbler

מַתְאִים ת׳ appropriate, fitting

מַתְאֵם ז' adapter
מִתְאַמֵּן ז' trainee
מִתְאָר ז' contour, outline
מִתְבּוֹדֵד ת',ז' solitary, hermit, recluse
מִתְבּוֹלֵל ז' assimilator
מִתְבַּיֵּית ת' homing
מַתְבֵּן ז' hay loft, hay stack
מֶתֶג ז' bit (for horse); bridle; switch (electric); bacillus; stress mark (on syllable)
מִתְגּוֹשֵׁשׁ ז' wrestler
מִתְגַּיֵּיס ז' recruit, mobilized soldier
מְתוֹאָם ת' coordinated, correlated
מְתוֹאָר ת' described, depicted
מְתוּבָּל ת' seasoned, spiced
מְתַוֵּוךְ ז' middle-man, mediator, intermediary, go-between
מָתוּחַ ת' stretched; tense, taut
מְתוּחְכָּם ת' sophisticated
מְתוּכְנָן ת' planned
מְתוּלָּע ת' wormy, worm-eaten
מְתוּלְתָּל ת' curly
מָתוּן ת' moderate, mild
מְתוּסְבָּךְ ת' complex-ridden, neurotic
מְתוּסְכָּל ת' frustrated
מְתוֹעָב ת' abominable, loathsome, despicable
מְתוֹפֵף ז' drummer
מָתוֹק ת' sweet; pleasant
מְתוּקָּן ת' repaired, fixed; corrected; proper
מְתוּרְבָּת ת' cultured, civilzed
מְתוּרְגָּל ת' practised, exercised
מְתוּרְגָּם ת' translated
מְתוּרְגְּמָן ז' interpreter (by simultaneous or consecutive translation)
מָתַח פ' stretch, extend; stimulate; pull someone's leg, bluff (colloq.)
מֶתַח ז' tension; voltage; suspense; horizontal bar (gymnastics)
מֶתַח נַפְשִׁי ז' emotional tension
מַתְחִיל ז' beginner
מִתְחַכֵּם ז' wit, wisecracker
מִתְחַלֶּה ת' malingerer, feigning sickness
מִתְחָם ז' demarcated area
מִתְחָרֶה ז' competitor, rival
מָתַי מ"ש when?
מָתִיחַ ת' elastic, stretchable
מְתִיחָה נ' stretching; leg-pulling (colloquial)
מְתִיחוּת נ' elasticity; tension
מִתְיַיהֵד ת',ז' convert to Judaism
מִתְיַישֵּׁב ז' settler, colonist
מְתִינוּת נ' moderation
מְתִיקוּת נ' sweetness
מַתִּירָן ז' permissive person
מַתִּירָנוּת נ' permissiveness
מַתְכּוֹן ז' prescription; recipe
מַתְכּוֹנֶת נ' measurement, proportion; pattern, layout
מַתֶּכֶת נ' metal
מַתַּכְתִּי ת' metallic
מַתְלוּל ז' escarpment
מִתְלוֹנֵן ז' complainer, grumbler
מִתְלַמֵּד ז' self-taught person, autodidact; apprentice

מַתְמִיד ת',ז'	diligent, persevering
מַתְמִיהַּ ת'	surprising, astonishing, astounding
מַתָּן ז'	giving, gift
מִתְנַגֵּד ת',ז'	opposed; opponent, adversary
מַתְנֵד ז'	oscillator
מִתְנַדֵּב ז'	volunteer
מַתָּנָה נ'	gift, present
מִתְנַחֵל ז'	settler (on land considered to be part of Eretz Israel)
מִתְנַיֵּעַ ת'	mobile
מַתְנֵעַ ז'	starter, self-starter
מָתְנַת נ'	lumbago
מַתְסִיס ז'	enzyme
מַתְעֶה ת'	misleading
מִתְעַמֵּל ז'	gymnast, athlete
מַתְפִּיחַ ז'	leavening agent
מִתְפַּלֵּל ז'	prayer, worshipper
מִתְפַּלְסֵף ז'	philosophizer, casuist, sophist
מִתְפָּרָה נ'	sewing-room
מֶתֶק ז'	sweetness
מֶתֶק שְׂפָתַיִם ז'	soft words, winning words
מַתָּק ז'	cut-out (switch)
מִתְקַדֵּם ת'	progressing, progressive; advancing, advanced
מִתְקוֹמֵם ז'	rebel, insurgent
מַתְקִין ז'	installer
מַתְקִיף ז'	attacker, assailant, aggressor
מִתְקִית נ'	glycerine
מִתְקַלֵּף ת'	peeling, flaking
מְתַקֵּן ז'	repairer, mender; reformer, corrector
מִתְקָן ז'	apparatus, device, installation, mechanism
מִתְקַפֵּל ת'	folding, collapsible
מְתַקְתַּק ת'	sweetish
מְתַרְגֵּם ז'	translator, interpreter
מַתְרִים ז'	fund-raiser
מִתְרָס ז'	barricade
מַתָּת נ'	gift, present
מַתַּת אֱלוֹהִים נ'	divine gift

נ

נָא מ"ק, תה"פ please
נָא ת' half-cooked
נֶאֱבַד פ' get lost, be lost; perish
נֶאֱבַק פ' struggle, wrestle
נֶאֱגַר פ' be stored, be hoarded
נֹאד ז' water-bottle (of leather); fart (vulg.)
נֹאד נָפוּחַ! ז' pompous ass! (vulg.)
נָאֶה ת' pleasant, fine, fitting
נֶאֱהָב ת' beloved, lovable
נָאוָה ת' lovely, comely, beautiful
נְאוּם ז' speech, address; oration
נָאוֹר ת' enlightened, cultured
נֵאוֹת פ' deign, agree, consent
נָאוֹת ת' proper, suitable, fitting
נְאוֹת מִדְבָּר נ"ר spots of greenery in the desert, oasis
נֶאֱחַז פ' be held, clutch at
נֶאֱטַם פ' be sealed up
נֶאֱכַל פ' be eaten
נֶאֱלָח ת' dirty; mean; infected, contaminated
נֶאֱלַם פ' fall silent
נֶאֱלַץ פ' be obliged, be forced, be compelled
נָאַם פ' make a speech, speak, address
נֶאֱמַד פ' be assessed, be estimated
נֶאֱמָן ת' loyal, faithful, trustworthy
נֶאֱמָנָה תה"פ firmly and clearly
נֶאֱמָנוּת נ' trustworthiness, reliability; loyalty; trusteeship

נֶאֱמַר פ' be said, be told
נֶאֱנַח פ' sigh, groan
נֶאֱנַס, נֶאֶנְסָה פ' be forced, be raped
נֶאֱנַק פ' moan, groan
נֶאֱסַף פ' be gathered, be collected
נֶאֱסַף אֶל עַמָּיו died, passed away
נֶאֱסַר פ' be imprisoned; be forbidden
נָאַף פ' commit adultery
נַאֲפוּפִים ז"ר adultery
נְאָצָה, נָאָצָה נ' reviling, abuse
נָאַק פ' groan, moan, wail
נְאָקָה נ' groan, moan, wail
נָאקָה נ' female camel
נֶאֱרַג פ' be woven
נֶאֱרַז פ' be packed; be tied up
נֶאֱשַׁם פ' be accused
נִבְאַשׁ פ' become repulsive
נֶבֶג ז' spore
נִבְדַּל פ' be different, be distinct
נִבְדָּל ת"ז different, separate; (football) offside
נִבְדַּק פ' be tested, be examined
נִבְהַל פ' be frightened, be scared
נְבוּאָה נ' prophecy
נְבוּאִי ת' prophetic
נָבוּב ת' hollow, empty
נָבוֹךְ פ' be confused, be perplexed
נָבוֹן ת' sensible, wise, understanding
נִבְזֶה ת' contemptible, vile, despicable
נִבְזוּת נ' vileness, despicable action

נָבַח פ׳ bark
נִבְחַן פ׳ be examined, be tested
נִבְחָן ז׳ examinee
נִבְחַר פ׳ be chosen
נִבְחָר תו״ז selected, picked; elected, representative
נֶבֶט ז׳ sprout, shoot, bud
נָבַט פ׳ sprout, germinate, bud
נָבִיא ז׳ prophet
נְבִיבוּת נ׳ hollowness, emptiness
נְבִיחָה נ׳ bark, barking
נְבִיטָה נ׳ sprouting, germination, budding
נְבִילָה נ׳ wilting, withering, fading
נָבַל פ׳ wilt, wither, fade
נָבָל ז׳ scoundrel, villain
נֵבֶל, נֶבֶל ז׳ harp
נְבָלָה נ׳ villainy; baseness
נְבֵלָה נ׳ carcass; animal not slaughtered according to Jewish ritual; bastard, swine (slang)
נִבְלַם פ׳ be braked, be curbed, be stopped
נִבְלַע פ׳ be swallowed, be absorbed
נִבְנָה פ׳ be built
נָבַע פ׳ flow, gush forth; result, follow
נִבְעַט פ׳ be kicked
נִבְעָר ת׳ ignorant, stupid
נִבְעַת פ׳ be frightened, be startled
נִבְצַר פ׳ be too difficult, be beyond
נִבְצָר מִמֶּנִּי לְהָבִין I cannot understand

נִבְקַע פ׳ be split, be cleft
נָבַר פ׳ burrow, rummage
נִבְרָא פ׳ be created
נִבְרַג פ׳ be screwed (in)
נַבְרָן ז׳ vole, field-mouse
נִבְרֶשֶׁת נ׳ chandelier
נִגְאַל פ׳ be delivered, be liberated, be redeemed
נֶגֶב ז׳ south
נֶגְבָּה תה״פ southwards
נָגַד פ׳ oppose, be against
נַגָּד ז׳ warrant officer; resistor (electrical)
נֶגֶד מ״ג against; opposite
נֶגְדִּי ת׳ opposite; opposing; counter
נִגְדַּם פ׳ be amputated, be cut off
נִגְדַּע פ׳ be lopped off, be cut off
נָגַהּ פ׳ shine, glow, glitter
נָגוֹז פ׳ vanish, disappear
נָגוֹזוּ תִּקְווֹתָיו he gave up hope
נָגוֹל פ׳ be rolled
נָגוּעַ ת׳ afflicted, diseased
נִגְזַל פ׳ be robbed
נִגְזַר פ׳ be cut; be decreed
נִגְזָר ת׳ cut; decreed; derived
נָגַח פ׳ gore, butt; head (ball)
נָגִיד ז׳ leader, ruler; chancellor
נְגִיד בַּנְק יִשְׂרָאֵל managing director of the Bank of Israel
נְגִיד הָאוּנִיבֶרְסִיטָה chancellor of the university
נְגִיחָה נ׳ goring, butting; heading (ball)
נְגִינָה נ׳ playing music; accent; cantillation

נְגִיסָה נ׳ biting; bite
נְגִיעָה נ׳ touching; touch; connection
נְגִיעוּת נ׳ infection, contamination
נְגִיף ז׳ virus
נְגִישָׂה נ׳ pressure, oppression
נְגִישׁוּת נ׳ accessibility
נִגְלָה פ׳ be revealed, be disclosed
נִגְמַל פ׳ be weaned
נִגְמַר פ׳ be finished
נַגָּן ז׳ musician, player
נִגְנַב פ׳ be stolen, be robbed
נִגְנַז פ׳ be stored away
נָגַס פ׳ bite into, bite
נֶגֶס ז׳ bite
נָגַע פ׳ touch; affect, concern
נֶגַע ז׳ plague, disease; afliction
נִגְעַל פ׳ be disgusted
נָגַף פ׳ smite, injure
נַגָּר ז׳ carpenter, joiner
נַגָּרוּת נ׳ carpentry, joinery
נַגָּרִיָּה נ׳ carpentry workshop
נִגְרַם פ׳ be caused
נִגְרַע פ׳ be diminished, be reduced; be thought worse
נִגְרַר פ׳ be dragged, be drawn, be towed
נִגְרָר ז׳ trailer
נָגַשׂ פ׳ press, oppress; urge, drive, impel
נִגְשַׁר פ׳ be bridged
נָד פ׳ move, wander; shake one's head
נְדָבָה נ׳ donation; alms, charity
נִדְבָּךְ ז׳ course (of stones or bricks), layer
נַדְבָן ז׳ philanthropist, donor
נִדְבַּק פ׳ be stuck, be affixed; be infected
נִדְבַּר פ׳ reach agreement, agree
נָדַד פ׳ wander, roam, rove; migrate
נִדְהַם פ׳ be amazed, be stunned, be shocked
נִדְהַמְתִּי לִשְׁמוֹעַ שֶׁ I was shocked to hear that
נְדוּדִים ז״ר wanderings
נְדוּדֵי שֵׁינָה ז״ר insomnia, sleeplessness
נְדוּנְיָה נ׳ dowry
נָדוֹשׁ ת׳ threshed; hackneyed, trite
נִדְחָה פ׳ be deferred, be postponed; be refused, be rejected
נִדְחַק פ׳ be pressed
נָדִיב ת׳ generous
נְדִיבוּת נ׳ generosity
נְדִידָה נ׳ wandering, roaming, roving, migration
נָדִיף ת׳ volatile
נָדִיר ת׳ rare, scarce
נִדְלָה פ׳ be drawn out, be elicited
נִדְלַף פ׳ leak, be leaked
נִדְלַק פ׳ be lit; get excited about (slang)
נִדְלַקְתִּי עָלָיו I got excited about him (slang)
נָדַם פ׳ fall silent
נִדְמֶה תה״פ aparently, it seems, it appears
נִדְמֶה לִי שֶׁ it seems to me that

נָדָן ז' scabbard, sheath
נִדְנֵד פ' rock, swing; nag, pester, bother (colloquial)
נַדְנֵדָה נ' see-saw; swing
נִדְנוּד ז' rocking, swinging; (coloquial) nagging, pestering, bothering
נָדַף פ' be given off (scent), be wafted
נִדְפַּס פ' be printed
נִדְפַּק פ' be knocked, be beaten; be had, be fixed, be had sexually (slang)
נִדְקַר פ' be stabbed, be pierced, be pricked
נָדַר פ' vow, take a vow
נֶדֶר, נֵדֶר ז' vow
נִדְרַךְ פ' be trampled; be run over
נִדְרַס פ' be run over
נִדְרַשׁ פ' be demanded, be required, be requested; be interpreted
נָהַג פ' drive; lead, conduct; be accustomed to, be in the habit of
נֶהָג, נַהָג ז' driver, chauffeur
נַהָג זָהִיר ז' careful driver, safe driver
נֶהֱגָה פ' be uttered, be pronounced
נֶהְדַּף פ' be pushed back, be repulsed
נֶהְדָּר ת' marvellous, glorious, splendid, superb
נָהָה פ' follow; yearn for; wail, lament
נָהוּג ת' customary, usual
נְהִי ז' lament, wailing
נְהִיגָה נ' driving, leading, conducting
נְהִיָּה נ' yearning, longing, weeping, wailing; following
נְהִימָה נ' growling, roaring; groaning; cooing
נְהִיקָה נ' braying
נָהִיר ת' clear, lucid
נְהִירָה נ' flowing, streaming
נָהַם פ' growl, roar; groan; coo
נַהַם ז' growl, roar; groan; coo
נֶהֱנָה פ' enjoy, benefit
נַהֲפוֹךְ הוּא on the contrary
נֶהְפַּךְ פ' be inverted; be changed
נָהַק פ' bray
נָהַר פ' stream, flow, flock
נָהָר ז' river
נֶהֱרַג פ' be killed
נְהָרָה נ' brightness, light
נֶהֱרַס פ' be destroyed
נוֹאֵם ז' speaker, orator
נוֹאֵף ז' adulterer, fornicator
נוֹאַשׁ פ' be desperate, be in despair
נוֹאַשׁ מִתִּקְוָה (he) gave up hope
נוֹאָשׁ ת' desperate, despairing
נוֹבֵעַ ת' gushing; deriving; resulting
נוֹגַב פ' be dried, be wiped
נוֹגְדָן ז' antibody
נוּגֶה ת' sad, gloomy
נוֹגַהּ ז' light, radiance
נוּגַּן פ' be played (music)

touching, affecting, concerning — נוֹגֵעַ ת'
interested party — נוֹגֵעַ בַּדָּבָר ת'
slave-driver, taskmaster — נוֹגֵשׂ ז'
wanderer, nomad, migrant — נוֹדֵד ז'
be ostracized — נוּדָּה פ'
become known — נוֹדַע פ'
it has come to my attention that, I have been informed that — נוֹדַע לִי שֶׁ
well-known, famous, prominent — נוֹדָע ת'
procedure, practice — נוֹהַג ז'
be managed, be administered — נוֹהַל פ'
procedure — נוֹהַל ז'
working procedures — נוֹהֲלֵי עֲבוֹדָה ז"ר
procedural — נוֹהֳלִי ת'
nomad — נַוָּד ז'
pasture; dwelling, habitation — נָוֶה ז'
comely, beautiful, lovely — נָוֶה ת'
helmsman; navigator, pilot — נַוָּט ז'
navigation — נַוָּטוּת ז'
liquid, fluid — נוֹזֵל ז'
liquid, fluid — נוֹזְלִי ת'
comfortable, easy; convenient, easy-going; mild — נוֹחַ ת'
it is convenient for me like this, I am comfortable this way — נוֹחַ לִי כָּךְ
comfort, convenience, amenity — נוֹחוּת נ'
comfort; convenience; W.C. — נוֹחִיּוּת נ'
consolation — נוֹחַם ז'
be consoled, be comforted — נוּחַם פ'
tending, inclined, bent — נוֹטֶה ת'
tending to forgive — נוֹטֶה לִסְלוֹחַ ת'
guard, watchman — נוֹטֵר ז'
notary — נוֹטַרְיוֹן ז'
abbreviation (acronym) — נוֹטָרִיקוֹן ז'
be neutralized — נוּטְרַל פ'
be abbreviated — נוּטְרַק פ'
be deserted, be left — נוּטַשׁ פ'
beauty, ornament — נוֹי ז'
be deducted, be discounted — נוּכָּה פ'
realize, be convinced — נוֹכַח פ'
I was convinced that he was right — נוֹכַחְתִּי בְּצִדְקָתוֹ
present; second person masculine (grammar) — נוֹכֵחַ ת'
opposite; in face of — נוֹכַח תה"פ
presence, attendance — נוֹכְחוּת נ'
present, present-day — נוֹכְחִי ת'
crook, swindler — נוֹכֵל ז'
foreigner, alien; gentile — נוֹכְרִי, נָכְרִי ז'
be weeded — נוּכַּשׁ פ'
loom — נוֹל ז'
be born; be created — נוֹלַד פ'
be founded, be established — נוֹסַד פ'
be tried, be tested — נוּסָּה פ'
wording, form, version — נוּסָח, נוֹסַח ז'
correct version — נוּסָח נָכוֹן

נוּסַּח פ'	be formulated
נוּסְחָה נ'	formula
נוֹסֵעַ ז'	passenger, traveller
נוֹסֵעַ סָמוּי ז'	stowaway
נוֹסָף ת'	additional, supplementary, extra
נוֹסַף פ'	be added
נוֹעַ ז'	movement, motion
נוֹעַד פ'	be intended for, be designated; meet by appointment
נוֹעַד לִגְדוֹלוֹת	be intended for great things
נוֹעָז ת'	bold, daring, courageous
נוֹעַם ז'	pleasantness, delight
נוֹעַץ פ'	take advice, be advised
נוֹעַר ז'	young people, youth
נוֹעַר לוֹמֵד	organization of youth who study
נוֹעַר עוֹבֵד	organization of youth who work
נוֹף ז'	landscape, scenery; top (of tree)
נוֹף נֶהְדָר ז'	a beautiful view, wonderful scenery
נוּפָּה פ'	be sifted, be sieved
נוּפַּח פ'	be inflated; be exaggerated
נוֹפֶךְ ז'	turquoise
נוֹפֵף פ'	wave, brandish
נוּפַּץ פ'	be shattered, be broken up
נוֹפֶשׁ ז'	rest, recreation, holiday, vacation
נוֹפֶשׁ בִּטְבֶרְיָה	a vacation in Teverya
נוֹפֵשׁ ז'	person on holiday, holiday-maker
נוֹפֶת נ'	flowing honey
נוֹפֶת צוּפִים נ'	sweetest nectar
נוֹצָה נ'	feather, quill
נוּצַּח פ'	be defeated, be beaten
נוֹצִית נ'	badminton
נוּצַּל פ'	be exploited
נוֹצֵץ ת'	sparkling, gleaming, glittering
נוֹצַר פ'	be created
נוֹצְרִי ת', ז'	Christian
נוֹקֵב ת'	piercing, penetrating, incisive
נוֹקַב פ'	be pierced, be punched
נוּקְבַּב פ'	be perforated
נוּקַּד פ'	be pointed (Hebrew script); be dotted
נוֹקְדָן ז'	pedant
נוּקָּה פ'	be cleaned
נוּקַּז פ'	be drained
נוּקְשֶׁה ת'	rigid, stiff, hardened
נוּקְשׁוּת נ'	rigidity, stiffness, harshness
נוּר ז'	fire
נוֹרָא ת', תה"פ	dreadful, awful; awfully, very (slang)
נוֹרָה פ'	be fired, be shot
נוּרָה נ'	electric bulb
נוֹשֵׂא ז'	subject, theme, topic; carrier
נוֹשֵׂא מִכְתָּבִים ז'	postman
נוֹשַׁב פ'	be ihnhabited, be populated
נוֹשֶׁה ז'	creditor, usurer
נוֹשָׁן ת'	old, ancient, obsolete

נוּשַׁךְ פ׳	be bitten
נוּשַׁל פ׳	be dispossessed
נוּתַּח פ׳	be cut up, be operated on, be analyzed
נוּתַּח בַּכָּבֵד	had a liver operation
נוּתַּץ פ׳	be smashed
נוֹתָר ת׳	remaining, left over
נוֹתַר פ׳	be left, remain
נוֹתַר הָאַחֲרוֹן	be the last one remaining
נִזְהַר פ׳	take care, beware
נָזִיד ז׳	pottage, mess
נְזִיד עֲדָשִׁים ז׳	mess of lentils, mess of pottage (fig.)
נָזִיל ת׳	fluid, liquid
נְזִילָה נ׳	flowing; leak
נְזִילוּת נ׳	fluidity, liquidity
נְזִיפָה נ׳	reprimand, rebuke, admonition
נְזִיפָה חֲמוּרָה נ׳	harsh rebuke, harsh reprimand
נְזִיקִים ז״ר	damages, torts
נָזִיר ז׳	monk, hermit, abstainer
נְזִירוּת נ׳	monasticism
נִזְכַּר פ׳	remember, be reminded
נָזַל פ׳	flow, drip, leak
נַזֶּלֶת נ׳	cold, catarrh
נֶזֶם ז׳	nose-ring
נֶזֶם זָהָב בְּאַף חֲזִיר	a gold ring in a swine's nose (i.e. outer refinement but inner coarseness)
נִזְעָם ת׳	furious, angry, enraged
נִזְעַק פ׳	be summoned, be called; gather together, be assembled
נָזַף פ׳	rebuke, reprimand, admonish
נֶזֶק ז׳	damage, harm
נִזְקַק פ׳	be in need of; have recourse to
נֵזֶר ז׳	crown, diadem
נִזְרַע פ׳	be sown
נִזְרַק פ׳	be thrown, be hurled, be flung
נָח פ׳	rest, be at rest
נֶחְבָּא ת׳	hidden, hiding
נֶחְבָּא פ׳	hide
נֶחְבָּא אֶל הַכֵּלִים	be shy, withdrawn
נֶחְבַּט פ׳	be beaten with a stick
נֶחְבַּל פ׳	be injured
נֶחְבַּשׁ פ׳	be bandaged; be imprisoned
נֶחְבַּשׁ וְנִשְׁלַח הַבַּיְתָה	was treated and sent home
נָחָה פ׳	guide, lead
נָחוּץ ת׳	necessary; urgent
נָחוּשׁ ת׳	hard, enduring
נָחוּשׁ בְּדַעְתּוֹ ת׳	firmly resolved, adamant
נְחוֹשֶׁת נ׳	copper
נְחוּשְׁתַּיִם ז״ז	fetters, manacles
נָחוּת ת׳	inferior
נֶחְטַף פ׳	be snatched; be kidnapped
נְחִיל ז׳	swarm (of bees)
נְחִיצוּת נ׳	urgency, necessity
נְחִירָה נ׳	snoring
נְחִירַיִם ז״ז	nostrils
נְחִיתָה נ׳	landing, descent
נְחִיתַת אוֹנֶס נ׳	forced landing
נְחִיתוּת נ׳	inferiority

נָחַל פ׳ inherit, take possession of, obtain
נַחַל ז׳ stream, brook; wadi
נֶחֱלַד פ׳ rust, become rusty
נַחֲלָה נ׳ estate, property; inheritance
נַחֲלַת אָבוֹת נ׳ family property, heirloom
נֶחֱלַץ פ׳ be rescued, escape
נֶחֱלַץ בְּקוֹשִׁי rescued with difficulty, barely rescued
נֶחֱלַשׁ פ׳ grow weak, be weakened
נֶחְמָד ת׳ lovely, delightful
נֶחָמָה נ׳ comfort, consolation
נֶחָמָה פּוּרְתָּא נ׳ small comfort
נֶחְמַץ פ׳ turn sour
נֵחַן פ׳ be pardoned; be blessed with
נֵחַן בְּכִשְׁרוֹנוֹת talented
נֶחֱנַט פ׳ be embalmed
נֶחֱנַךְ פ׳ be dedicated, be opened for use (building etc.)
נֶחְנַק פ׳ be strangled, be throttled
נֶחְסַךְ פ׳ be saved
נֶחְסַם פ׳ be blocked
נֶחְפַּז פ׳ rush, hurry
נַחַץ ז׳ stress, emphasis (grammar)
נֶחְצַב פ׳ be quarried
נֶחֱצָה פ׳ be halved
נֶחְקַק פ׳ be passed (law), be enacted; be engraved
נֶחְקַר פ׳ be investigated
נָחַר פ׳ snore
נֶחֱרַב פ׳ be destroyed
נֶחֱרַד פ׳ be alarmed
נְחָרָה נ׳ snore
נֶחֱרַז פ׳ be threaded; be rhymed
נֶחֱרַט פ׳ be engraved
נֶחֱרַךְ פ׳ be scorched
נֶחֱרַץ פ׳ be decreed, be decided
נֶחֱרַץ דִּינוֹ have one's fate sealed
נֶחֱרָצוּת נ׳ decisiveness
נֶחֱרַשׁ פ׳ be ploughed
נֶחֱרַת פ׳ be engraved
נָחָשׁ ז׳ snake, serpent
נָחָשׁ אַרְסִי ז׳ poisonous snake
נֶחְשַׁב פ׳ be considered
נֶחְשַׁד פ׳ be suspected
נַחְשׁוֹל ז׳ wave, billow, torrent
נֶחְשָׁל ת׳ backward, retarded
נֶחְשַׂף פ׳ be revealed, be bared
נֶחְשַׂף לְבִיקּוֹרֶת was exposed to criticism
נָחַת פ׳ descend, land, come down
נָחַת בְּשָׁלוֹם land safely
נַחַת נ׳ repose, satisfaction, pleasure
נַחַת רוּחַ נ׳ satisfaction, pleasure
נַחְתּוֹם ז׳ baker
נֶחְתַּךְ פ׳ be cut up; be decided
נֶחְתַּם פ׳ be signed; be stamped
נַחֲתֶת נ׳ landing, craft
נִטְבַּח פ׳ be slaughtered
נִטְבַּל פ׳ be dipped
נִטְבַּע פ׳ be coined
נָטָה פ׳ turn; tend
נָטָה לִסְלוֹחַ tended to forgive
נָטוּי ת׳ inclined; extended; stretched out; slanting; inflected (grammar)
נָטוּל ת׳ lacking; devoid of

נָטוּעַ ת׳ planted
נָטוּשׁ ת׳ abandoned, deserted
נִטְחַן פ׳ be milled, be ground
נְטִיָּה נ׳ inclination, tendency; inflection (grammar)
נְטִילָה נ׳ taking, receiving
נְטִילַת יָדַיִים נ׳ washing hands before eating
נְטִילַת רְשׁוּת נ׳ obtaining permission
נְטִיעָה נ׳ planting; young plant
נְטִיף ז׳ stalagmite or stalactite
נְטִירָה נ׳ bearing a grudge
נְטִישָׁה פ׳ abandoning, abandonment
נָטַל פ׳ take, receive
נֵטֶל ז׳ burden, load
נִטְמָא פ׳ be defiled, be polluted
נִטְמַן פ׳ be hidden
נִטְמַע פ׳ be absorbed, be assimilated
נָטַע פ׳ plant; implant
נֶטַע ז׳ seedling, sapling, plant
נִטְעַן פ׳ be loaded, be charged; be claimed
נָטַף פ׳ drip, drop
נֵטֶף ז׳ drop
נֵטֶף דִמְעָה ז׳ teardrop
נִטְפַּל פ׳ cling to, pester
נִטְפַּל אֵלָיו cling to someone, pester someone
נָטַר פ׳ guard, watch; bear a grudge
נִטְרוּל ז׳ neutralization
נִטְרוּק ז׳ abbreviation (by acronym)

נִטְרֵל פ׳ neutralize
נִטְרַף פ׳ be torn to pieces
נִטְרֵק פ׳ abbreviate
נָטַשׁ פ׳ abandon, forsake, desert
נִיאוּף ז׳ adultery, fornication
נִיאוּץ ז׳ reviling, abuse
נִיאֵץ פ׳ revile, abuse
נִיב ז׳ idiom; dialect; canine tooth
נִיבֵּא פ׳ predict
נִיבָּא פ׳ prophesy
נִיבּוּי ז׳ prediction
נִיבּוּל פֶּה ז׳ foul language
נִיבֵּל פ׳ disgrace, dishonor
נִיבֵּל אֶת פִּיו swear, talk obscenely
נִיגֵּב פ׳ wipe, dry
נִיגּוּב ז׳ wiping, drying
נִיגּוּד ז׳ contrast, difference, contradiction
נִיגּוּחַ ז׳ goring, butting
נִיגּוּן ז׳ playing (musical instrument), tune, melody
נִיגַּח פ׳ gore, butt
נִיגֵּן פ׳ play (music)
נִיגַּף פ׳ be smitten, be defeated
נִיגַּר פ׳ be poured out, flow
נִיגַּשׁ פ׳ approach, go up to; begin
נִיד ז׳ movement, quiver; swing
נִידֵּב פ׳ donate
נִידָּה נ׳ menstruation
נִידָּה פ׳ banish, ostracize
נִידּוּי ז׳ excommunication, ostracism
נִידּוֹן, נָדוֹן פ׳ be sentenced, be discussed
נִידּוֹן, נָדוֹן ת׳ under discussion, in question

נִידָּח ת׳ remote, out-of-the-way; banished, expelled
נִידָּף ת׳ scattered, blown, fallen
נִיהוּל ז׳ management, direction, administration, conducting
נִיהֵל פ׳ manage, direct, administer; conduct, lead
נִיהֵם פ׳ growl, roar; moan; coo
נִיווּט ז׳ navigating, navigation, piloting
נִיוֵּט פ׳ navigate, pilot
נִיוּוּל ז׳ disfigurement, ugliness
נִיוֵּל פ׳ disfigure, make ugly
נִיוּוּן ז׳ degeneration, atrophy, decadence
נִיוֵּן פ׳ cause to degenerate, cause to become decadent
נִיזּוֹן פ׳ be fed, be nourished
נִיזּוֹק, נִיזָּק ת׳ injured, damaged
נִיחָא ת׳ good!, well!, all right!, so be it!
נִיחוֹחַ ז׳ aroma, fragrance
נִיחוֹחִי ת׳ aromatic, fragrant
נִיחוּם ז׳ comforting, consoling, condolence
נִיחוּשׁ ז׳ guessing, guess, guesswork
נִיחוּתָא ז׳ ease, serenity, quiet
בְּנִיחוּתָא תה״פ quietly, calmly
נִיחֵם פ׳ console, comfort
נִיחַם פ׳ repent, regret
נִיחֵשׁ פ׳ guess, conjecture
נִיחֵשׁ נָכוֹן בַּלּוֹטוֹ guess correctly in the state lottery
נִיטַּע פ׳ be planted
נִיטַּשׁ פ׳ be abandoned

נַיָּיד ת׳ mobile, moveable
נַיָּידוּת נ׳ mobility
נַיֶּידֶת נ׳ patrol car, mobile patrol
נַיֶּידֶת הַמִּשְׁטָרָה נ׳ police patrol car
נַיָּיח ת׳ stationary, at rest
נַיָּיע ת׳ mobile
נְיָיר ז׳ paper; document
נַיֶּירֶת נ׳ paper work, bureaucracy
נִיכָּה פ׳ deduct; discount
נִיכּוּי ז׳ deduction; discount
נִיכּוּיֵי הַמַּשְׂכּוֹרֶת ז״ר deductions in wages
נִיכּוּר ז׳ alienating, alienation
נִיכּוּשׁ ז׳ weeding
נִיכָּיוֹן ז׳ discount
נִיכָּר ת׳ recognizable; considerable, substantial
נִיכֵּשׁ פ׳ weed
נִים ת׳ asleep, drowsing
נִים וְלֹא נִים תה״פ half awake, half asleep
נִימָה נ׳ thread, string, filament; note, tone, chord
נִימּוֹל פ׳ be circumcized
נִימּוּס ז׳ politeness, good manners, courtesy, etiquette
נִימּוּסִי ת׳ polite, well-mannered, courteous
נִימּוּק ז׳ reason; argument
נִימּוּקוֹ עִמּוֹ he has his reasons
נִימִי ת׳ capillary
נִימִיּוּת נ׳ capillarity
נִימֵּק פ׳ give reasons for, justify by argument
נִימֵּר פ׳ spot, bespeckle

נִין ז' great-grandson
נִינוֹחַ ת' at ease
נִינוֹחוּת נ' ease, composure
נִיסָּה פ' test; try, attempt
נִיסוּחַ ז' formulating, formulation
נִיסוֹט פ' be shifted, be removed
נִיסוּי ז' trying, experimenting; experiment; test, trial
נִיסוּיִי ת' experimental; test (adj.), trial (adj.)
נִיסָּיוֹן ז' attempt; experience; experiment; test, trial
נִיסָּיוֹן לְרֶצַח ז' attempted murder
נִיסָן ז' Nisan (March-April)
נִיסֵּר פ' saw
נִיעַ ז' quiver, slight movement
נִיעוּר ז' shaking out, shaking
נִיעֵר פ' shake out, shake
נִיעֵר אֶת חוֹצְנוֹ מֵהָעֵסֶק wash one's hands of the affair
נִיפָּה פ' sift, winnow
נִיפּוּחַ ז' inflating, inflation, exaggerating
נִיפּוּי ז' sifting, winnowing
נִיפּוּץ ז' splitting, shattering, exploding
נִיפּוּק ז' issue
נִיפֵּחַ פ' inflate, blow up, exaggerate
נִיפֵּט פ' beat (wool, cotton)
נִיפֵּץ פ' split, break up; shatter, smash, explode
נִיצַּב פ' stand, stand up
נִיצָּב ז', ת' perpendicular; standing upright; superintendent; handle (of knife or dagger).

נִיצוֹד פ' be caught
נִיצוּחַ ז' conducting (orchestra, etc.)
נִיצוּל ז' exploiting, utilizing; exploitation, utilization
נִיצוֹל ת' rescued, saved
נִיצוֹלֶת נ' salvage
נִיצוֹץ ז' spark
נִיצֵּחַ פ' defeat, vanquish; conduct (orchestra, etc.)
נִיצָּחוֹן ז' victory, triumph
נִיצִּי ת' hawkish (politically)
נִיצַּל פ' be saved, be rescued
נִיצֵּל פ' exploit, utilize
נִיצַּלְתִּי אֶת הַהִזְדַּמְּנוּת I took the opportunity, I used the occasion
נִיצָּן ז' bud
נִיצַּת פ' be ignited, be lit
נִיצַּת שְׁבִיב תִּקְוָוה a ray of hope was kindled
נִיקֵּב פ' perforate, punch
נִיקֵּד פ' point (Hebrew script), vocalize; dot, draw a dotted line
נִיקָּה פ' clean
נִיקּוּד ז' pointing (of Hebrew script), vocalization
נִיקּוּז ז' draining, drainage
נִיקּוּי ז' cleaning
נִיקּוּי יָבֵשׁ ז' dry cleaning
נִיקּוּר ז' poking out, gouging out
נִיקֵּז פ' drain
נִיקָּיוֹן ז' cleanliness, cleanness
נִיקְיוֹן כַּפַּיִם ז' incorruptibility
נִיקֵּר פ' poke out, gouge out

נִיר ז' ploughed field
נִישָּׂא, נִישְּׂאָה פ' be carried, be raised on high, be borne; be married
נִישֵּׂא פ' raise on high, exalt
נִישָּׂא ת' high, lofty, exalted
נִישֵּׁב פ' blow
נִישּׂוּאִים ז"ר marriage, wedlock
נִישּׂוּאִים מְאוּשָּׁרִים ז"ר a happy marriage
נִישּׁוּל ז' dispossessing, eviction
נִישּׁוֹם ז' assessed person, tax-payer
נִישּׁוֹם פ' be assessed, be rated
נִישָּׁיוֹן ז' amnesia
נִישֵּׁל פ' dispossess, evict, oust
נִישֵּׁם פ' breathe heavily, pant
נִישֵּׁק פ' kiss
נִיתּוּב ז' guiding, directing, steering
נִיתּוּחַ ז' operation; dissection; analysis
נִיתּוּחַ לֵב פָּתוּחַ ז' open-heart surgery
נִיתּוּץ ז' smashing, shattering
נִיתּוּק ז' cutting off, breaking off, severing
נִיתּוּר ז' hopping, skipping; leap
נִיתַּז פ' be sprayed, be splashed
נִיתַּח פ' operate; cut up; analyze
נִיתַּךְ פ' flow down; be melted
נִיתַּן פ' be given
נִיתַּץ פ' be smashed, be shattered
נִיתֵּץ פ' smash, shatter
נִיתַּק פ' be cut off, be broken off
נִיתֵּק פ' cut off, break off, sever
נִיתְּקוּ אֶת הַיְחָסִים they cut off relations
נִיתֵּר פ' hop, skip, leap
נְכָאִים ז"ר depression, dejection
נִכְבָּד ת' respected, distinguished, honored
נִכְבָּדִי My dear Sir
נִכְבַּל פ' be fettered, be chained
נִכְבַּשׁ פ' be conquered, be captured
נֶכֶד ז' grandchild, grandson
נֶכְדָּה נ' granddaughter
נָכֶה ז', ת' disabled, handicapped, crippled
נְכֵה מִלְחָמָה ת' war disabled
נִכְוָוה פ' be burnt, be scalded
נְכוֹחָה תה"פ (up)rightly,
נָכוֹן ת', תה"פ right, correct; prepared, ready
נָכוֹן מְאוֹד ת' very true
נְכוֹנוּת נ' rightness, correctness; readiness
נְכוֹנוּת לְהַקְרָבָה נ' readiness for self-sacrifice
נְכוֹת ז' treasure
נָכוּת ז' disability, handicap
נָכַח פ' be present
נִכְחַד פ' be wiped out
נִכְלָא פ' be imprisoned
נְכָלִים ז"ר vices
נִכְלַל פ' be included
נִכְלָם ת' ashamed, embarrassed
נִכְלַם פ' be ashamed, be embarrassed

נִכְמְרוּ רַחֲמָיו עָלַיי he had pity on me
נִכְמַשׁ פ' wither, fade
נִכְנַס פ' enter, come or go in
נִכְנַס בְּשָׁלוֹם וְיָצָא בְּשָׁלוֹם get through something safely
נִכְנַע פ' yield, submit
נֶכֶס ז' property; asset
נִכְסֵי דְלָא נָיְידֵי real estate
נִכְסָף ת' longed for, desired
נִכְסַף פ' long for, yearn
נִכְפֶּה ז' epileptic
נִכְפָּה פ' be forced, be compelled
נִכְפָּה עָלַיי I was forced
נִכְפּוּת נ' epilepsy
נִכְפַּל פ' be doubled; be multiplied
נִכְפַּף פ' be bent
נִכְפַּשׁ פ' be pressed down
נֵכָר ז' foreign land; strangeness, foreignness
נִכְרָה פ' be dug, be mined
נָכְרִי, נוֹכְרִי תו"ז foreigner, gentile
נִכְרַת פ' be destroyed; be cut down
נִכְשַׁל פ' fail; stumble
נִכְתַּב פ' be written
נִכְתַּם פ' be stained
נִלְאָה פ' be exhausted
נִלְבָּב ת' charming, endeared
נִלְהַב פ' be enthusiastic, be keen
נִלְוָוה פ' accompany
נָלוֹז ת' perverse, wayward, crooked
נִלְחַם פ' fight, make war
נִלְחַץ פ' be pressed
נִלְכַּד פ' be captured, be caught
נִלְמַד פ' be studied, be learnt
נִלְעָג ת' ridiculous
נִלְקַח פ' be taken
נָם פ' slumber, drowse, doze
נִמְאַס פ' be hated, be loathed
נִמְאַס לִי/עָלַיי I am fed up
נִמְדַּד פ' be measured
נִמְהַל פ' be diluted; be circumcized
נִמְהָר ת' hasty, impetuous, rash
נָמוֹג ת' melting away, fading away
נָמוּךְ ת' low, short
נָמוּשׁ ת' backward, belated
נִמְזַג פ' be mixed; be poured out
נִמְחָה פ' be erased, be deleted
נִמְחַל פ' be forgiven, be pardoned
נִמְחַץ פ' be crushed, be severely wounded
נִמְחַק פ' be erased, be rubbed out
נְמִיכוּת נ' lowness, shortness
נִמְכַּר פ' be sold
נָמָל ז' port, harbor
נְמַל תְּעוּפָה ז' airport
נִמְלָא פ' be filled, be full
נְמָלָה נ' ant
נִמְלַח פ' be salted
נִמְלַט פ' escape, flee
נִמְלַךְ פ' consider, ponder; consult
נִמְלָץ ת' flowery, ornate, rhetorical
נִמְלַק פ' be pinched off, be nipped off
נִמְנָה פ' be counted, be numbered

נִמְנוּם ז׳ doze, snooze, light sleep
נִמְנֵם פ׳ doze, snooze, drowse
נִמְנָע ת׳ impossible; abstaining
נִמְנַע פ׳ avoid, abstain; be prevented, be unable
נָמֵס ת׳ melting, dissolving
נָמַס פ׳ melt, dissolve
נִמְסַךְ פ׳ be mixed, be blended
נִמְסַק פ׳ be picked (olives)
נִמְסַר פ׳ be handed over, be delivered
נִמְעַךְ פ׳ be crushed, be crumpled
נִמְעָן ז׳ addressee
נִמְצָא פ׳ be found; be, exist
נִמְצְאָה הָאֲבֵדָה! what was lost has been found!
נָמַק פ׳ rot, decay
נָמַק בְּבֵית הַסּוֹהַר rot in jail
נָמֵר ז׳ tiger; brave person
נִמְרַח פ׳ be spread; be done sloppily (slang); be written at length with little content (slang); be bribed (slang)
נִמְרָץ ת׳ vigorous, forceful
נָמָשׁ ז׳ freckle
נִמְשָׁה פ׳ be pulled out
נִמְשַׁךְ פ׳ be drawn, be attracted; be withdrawn; attracted; continue
נִמְשַׁל פ׳ be likened to, be compared
נִמְתַּח פ׳ be stretched
נִנְזַף פ׳ be admonished, be reprimanded
נַנָּס ז׳, ת׳ midget, dwarf

נִנְעַל פ׳ be locked
נִנְעַץ פ׳ be stuck in
נִנְעַר פ׳ be shaken out
נִנְקַט פ׳ be taken (steps), be adopted (measures)
נִנְקְטוּ צְעָדִים נֶגְדּוֹ steps were taken against him
נָס פ׳ flee, escape
נֵס ז׳ miracle; banner, standard
נֵס גָּדוֹל הָיָה שָׁם a great miracle happened there
נָסַב פ׳ turn aside, go round
נִסְבָּל ת׳ tolerated, tolerable
נִסְבַּל פ׳ be tolerated
נַסְגָּנִי ת׳ recessive
נִסְגַּר פ׳ be shut, be closed
נִסְדַּק פ׳ be cracked
נָסוֹג פ׳ retreat, withdraw
נְסוֹרֶת נ׳ sawdust
נֹסַח ז׳ extract (of document), copy, text
נַסָּח ז׳ formulator
נִסְחַב פ׳ be dragged, be dragged out
נִסְחַט פ׳ be wrung out, be squeezed
נִסְחַף פ׳ be swept along; be eroded
נִסְחַף עִם הַזֶּרֶם be swept along with the tide
נְסִיבָּה נ׳ circumstance
נְסִיבּוֹת (מְסִיבּוֹת) מְקִילוֹת נ״ר extenuating circumstances
נְסִיגָה נ׳ retreating, retreat, withdrawal
נַסְיוּב ז׳ serum

נַסְיָן ז׳ experimenter
נִסְיֵן פ׳ experiment
נָסִיךְ ז׳ prince
נְסִיכוּת נ׳ principality, princedom
נְסִיעָה נ׳ travelling, journey, voyage
נְסִיעָה טוֹבָה נ׳ bon voyage
נְסִיקָה נ׳ taking off (of plane, etc.)
נָסַךְ פ׳ pour out; inspire
נֶסֶךְ, נֵסֶךְ ז׳ libation; molten image
נִסְלַח פ׳ be forgiven, be pardoned
נִסְלַל פ׳ be paved
נִסְמַךְ פ׳ be supported; be authorized
נָסַע פ׳ travel, journey
נִסְעַר פ׳ be agitated, be enraged
נִסְפַּג פ׳ be absorbed
נִסְפָּה פ׳ be destroyed, be wiped out
נִסְפָּח ז׳ attache; appendix, addendum, supplement
נִסְפָּח בַּשַּׁגְרִירוּת ז׳ embassy attache
נִסְפַּח פ׳ be attached, join
נִסְפַּר פ׳ be counted
נָסַק פ׳ rise (plane, etc.), ascend, climb
נִסְקַל פ׳ be stoned
נִסְקַר פ׳ be surveyed, be scanned
נִסְקְרוּ הַהִתְפַּתְּחוּיוֹת הָאַחֲרוֹנוֹת בַּחֲזִית the latest developments at the front were covered
נִסְרַג פ׳ be knitted
נִסְרַט פ׳ be scratched
נִסְרַק פ׳ be combed
נִסְתַּם פ׳ be stopped up, be blocked
נִסְתַּם הַגּוֹלָל עַל הַפָּרָשָׁה the affair is completely over
נִסְתַּר פ׳ be hidden, be concealed
נָע פ׳ move, wander, roam
נָע ת׳ mobile, moving
נֶעְדַּר פ׳ be absent, be missing
נֶעְדַּרְתִּי מִבֵּית הַסֵּפֶר I was absent from school
נָעוּל ת׳ shut, closed, locked; wearing (footwear)
נָעוּל בְּמַגָּפַיִם ת׳ wearing boots
נָעוּץ ת׳ inserted, stuck in, rooted in
נֵעוֹר ת׳ awake, awakened
נְעוּרִים ז״ר youth
נְעֹרֶת נ׳ tow
נֶעֱזַב פ׳ be left, be abandoned
נֶעֱזַר פ׳ be helped, be aided
נֶעֱזַרְתִּי בְּסִפְרֵי עִיּוּן I used reference books for help as aids
נֶעֱטַף פ׳ be wrapped, be enveloped
נְעִילָה נ׳ locking, closing; putting on, wearing (footwear); Neila (closing prayer of Day of Atonement)
נָעִים ת׳ pleasant, agreeable
נָעִים מְאוֹד! pleased to meet you!
נְעִימָה נ׳ tune, melody
נְעִימוּת נ׳ pleasantness, agreeableness
נָעִיץ ת׳ insertable, penetrable
נְעִיצָה נ׳ insertion, sticking in
נְעִירָה נ׳ shaking out; braying

נֶעֱכַל פ' be digested
נֶעְכַּר פ' be depressed, be gloomy, be dejected
נָעַל פ' lock, close, shut; put on (footwear)
נַעַל נ' shoe, boot
נֶעְלָב ת' insulted, offended
נֶעֱלַב פ' be insulted, be offended
נַעֲלֶה ת' lofty, sublime, exalted
נַעֲלָה פ' be superior to, be exalted
נֶעְלָם ת' hidden; unknown
נֶעְלַם פ' disappear, vanish
נָעַם פ' be pleasant, be delightful
נֶעֱמַד פ' stand still
נֶעֱנַד פ' be tied, be worn (jewellery)
נַעֲנָה נ' mint (plant)
נַעֲנָה פ' be anwered (positively), be accepted; agree, consent
נַעֲנֵיתִי לָהּ I agreed to what she wanted
נִעְנוּעַ ז' movement, shaking, tossing, rocking
נִעְנַע פ' shake, toss, rock
נִעְנַע אֶת הַלּוּלָב shook the lulav
נֶעֱנַשׁ פ' be punished
נֶעֱנַשְׁתִּי עַל חוּצְפָּתִי I was punished for my impudence
נָעַץ פ' stick in, insert, fix upon
נַעַץ ז' drawing-pin, tack
נֶעֱצַב פ' be sad
נֶעֱצַב אֶל לִבּוֹ be sad, be saddened
נֶעֱצַר פ' stop, come to a halt
נֶעֱצַר לִשְׁלוֹשָׁה יָמִים be detained for three days
נֶעֱקַד פ' be trussed, be bound
נֶעֱקַף פ' be by-passed
נֶעֱקַץ פ' be stung; be bitten
נֶעֱקַר פ' be uprooted, be pulled out
נַעַר ז' youth, lad
נַעֲרָה נ' young girl, lass
נַעֲרוּת נ' youth, boyhood
נֶעֱרַךְ פ' be arranged; be edited; be valued
נֶעֶרְכָה מְסִיבָּה לִכְבוֹדוֹ a party was made in his honor
נֶעֱרַם פ' be piled
נֶעֱרַם חוֹמֶר רַב a lot of material accumulated
נֶעֱרַף פ' be beheaded
נַעֲרָץ ת' admired, revered, esteemed
נַעֲשָׂה פ' be made, be done, become
נֶעְתַּק פ' be moved, be shifted; be copied
נֶעְתַּר פ' accede
נֶעְתַּרְנוּ לְבַקָּשָׁתוֹ we acceded to his request
נִפְגַּם פ' be spoiled, be marred
נִפְגַּע פ' be injured, be stricken
נִפְגְּעוּ בַּהַתְקָפָה they were wounded in the attack
נִפְגַּשׁ פ' meet, encounter
נִפְדָּה פ' be redeemed, be ransomed
נָפָה נ' sieve; district, region
נָפוֹג פ' become weak
נָפוּחַ ת' swollen; inflated
נְפוֹלֶת נ' fallout

נָפוֹץ ת׳ widespread, common
נָפוֹץ פ׳ be scattered, be spread
נָפַח פ׳ breathe out, exhale, blow
נֶפַח ז׳ volume, bulk
נַפָּח ז׳ blacksmith
נִפְחַד פ׳ be frightened, be afraid
נַפָּחוּת נ׳ smithery
נַפָּחִיָּה נ׳ smithy, forge
נִפְחַס פ׳ be flattened
נֵפְט ז׳ oil. mineral oil, petroleum, kerosene, paraffin
נִפְטָר ז׳ deceased
נִפְטַר פ׳ pass away, die; be released; go away from
נִפְטַרְנוּ מִמֶּנּוּ we got rid of him
נְפִיחָה נ׳ blowing, puffing; breaking wind
נְפִיחוּת נ׳ swelling
נְפִיל ז׳, נְפִילִים ז״ר giants, titans
נְפִילָה נ׳ fall; defeat, collapse
נָפִיץ ת׳ explosive
נָפַל פ׳ fall, drop; fall in battle, die; happen
נָפַל בַּפַּח get into a mess
נֵפֶל ז׳ abortion
נִפְלָא ת׳ wonderful, marvelous
נִפְלַט פ׳ be given off, escape, come out; be let slip
נִפְלַט כַּדּוּר a bullet was accidentally released
נִפְנָה פ׳ turn round; be free
נִפְנוּף ז׳ waving, flapping
נִפְנֵף פ׳ wave, flap
נִפְסָד ת׳ faulty, bad, spoilt, corrupt
נִפְסַל פ׳ be disqualified
נִפְסַק פ׳ cease, stop, be interrupted
נִפְסַק פ׳ cease, stop, be interrupted
נִפְעַל פ׳ nifal (gram.) passive of פָּעַל
נִפְעַם פ׳ be stirred, be deeply moved
נֶפֶץ ז׳ explosion
נַפָּץ ז׳ detonator
נִפְצַע פ׳ be wounded
נִפְקַד פ׳ be counted, be numbered; be absent
נִפְקָדוּת נ׳ absenteeism, absence
נִפְקַח פ׳ be opened, (eyes, ears)
נִפְרָד ת׳ separate, apart, different
נִפְרַד פ׳ be separated
נִפְרַם פ׳ be ripped (stitches)
נִפְרַס פ׳ be sliced (bread); be spread out
נִפְרַע פ׳ be paid up; be collected (debt)
נִפְרַץ פ׳ be broken into
נִפְרַץ הַמַּחְסָן the warehouse was broken into
נִפְרַק פ׳ be unloaded
נִפְרַשׂ ר׳ נִפְרַס
נָפַשׁ פ׳ rest, relax
נֶפֶשׁ ז׳ soul, spirit of life; person; character in a play
נַפְשִׁי ת׳ spiritual; mental; warm-hearted
נִפְשָׁע ת׳ sinful, wicked, criminal
נִפְתָּה פ׳ be enticed
נִפְתֵּיתִי לְהַאֲמִין לוֹ I was tempted to believe him

נַפְתּוּלִים ז׳ struggle(s), wrestling
נִפְתַּח פ׳ be opened
נִפְתַּל פ׳ be twined, be twisted
נִפְתַּר פ׳ be solved
נִפְתְּרָה הַבְּעָיָה the problem was solved
נֵץ ז׳ hawk
נָצוּר ת׳,ז׳ besieged; locked (gun, etc.)
נֶצַח ז׳ eternity
נֵצַח יִשְׂרָאֵל the Eternal of Israel, God
נִצְחִי ת׳ eternal, perpetual, everlasting
נַצְחָנוּת נ׳ argumentativeness
נִצִּי, נִיצִּי ת׳ hawkish (politically)
נְצִיב ז׳ commissioner, governor; pillar, column
נְצִיב שֵׁירוּת הַמְּדִינָה ז׳ civil service commissioner
נְצִיבוּת נ׳ governorship
נָצִיג ז׳ representative, delegate
נְצִיגוּת נ׳ representation, delegation
נְצִילוּת נ׳ efficient use, efficiency
נָצִיץ ז׳ mica
נַצְלָנִי ת׳ exploiting
נִצְנוּץ ז׳ sparkle, twinkle
נִצְנֵץ פ׳ sparkle, twinkle
נָצַר פ׳ guard, preserve; lock (gun, etc.)
נֵצֶר ז׳ shoot, sprout; scion, descendant, offspring
נִצְרָה נ׳ safety-catch (on a gun)
נַצְרוּת נ׳ Christianity
נִצְרָךְ ת׳ needy, indigent, destitute

נָקַב פ׳ perforate, punch; specify, designate
נָקַב בִּשְׁמוֹ specified his name
נֶקֶב ז׳ hole, aperture
נִקֵּב פ׳ perforate, punch
נְקֵבָה נ׳ woman, female, feminine
נִקְבָּה נ׳ tunnel
נִקּוּב ז׳ perforating, perforation
נַקְבּוּבִי ת׳ porous, perforated
נַקְבּוּבִית נ׳ pore
נְקֵבִי ת׳ feminine, female
נַקְבָנִית נ׳ punch-typist
נִקְבַּע פ׳ be determined, be fixed
נִקְבְּעוּ הַתְּקָנִים the standards were fixed
נִקְבַּץ פ׳ be assembled, be gathered together, be grouped
נִקְבַּר פ׳ be buried
נֶקֶד ז׳ center point (for drilling); coccus (microbe)
נִקֵּד פ׳ draw a dotted line, mark with dots
נִקְדַּח פ׳ be drilled, be bored
נַקְדָּן ז׳ pointer (of Hebrew texts), vocalizer; pedant
נַקְדָנוּת נ׳ pointing; vocalizing; pedantry
נִקְהָה פ׳ be blunted, be dulled
נִקְהַל פ׳ assemble, convene
נָקוּב ת׳ perforated, punched, pierced; nominal (value); specified, designated
נָקוּד ת׳ spotted, dotted
נְקוּדָה נ׳ point, dot; full stop, period

נְקוּדָה וּפְסִיק ז"ר semi-colon
נְקוּדָתַיִים נ"ז colon
נְקוּדַת רְאוּת נ' point of view, viewpoint
נִקְוָוה פ' be collected, be gathered together
נָקַט פ' take (measures, etc.), adopt
נָקַטְנוּ אֶמְצָעִים נֶגְדָּם we took steps against them
נִקְטַל פ' be slain, be killed
נִקְטַף פ' be picked (fruit, etc.)
נִקְטְפָה בַּאֲבִיב יָמֶיהָ she was taken away in the prime of her life, she died young
נָקִי ת' clean, innocent
נְקִי כַּפַּיִים ת' clean hands (fig.)
נְקִיוּת נ' cleanliness
נְקִיעָה נ' dislocation, sprain
נְקִיפַת מַצְפּוּן נ' pricking of conscience
נָקִיק ז' crevice, cleft
נְקִישָׁה נ' tapping, beating, knocking, percussion
נָקֵל תה"פ easy
נִקְלֶה ת' base, vile, dishonorable
נִקְלָה פ' be roasted (coffee)
נִקְלַט פ' be absorbed; take root
נִקְלַע פ' be hurled; chance
נִקְלַעְתִּי בְּמִקְרֶה לַמָּקוֹם I chanced to be there
נִקְלַשׁ פ' be thinned, be weakened
נָקַם פ' avenge, take vengeance
נָקָם ז', נְקָמָה נ' revenge, vengeance
נִקְנָה פ' be bought, be purchased
נַקְנִיק ז' sausage, salami
נַקְנִיקִיָּה נ' sausage-shop
נַקְנִיקִית, נַקְנִיקִיָּה נ' small sausage, frankfurter, hot dog
נִקְנַס פ' be fined; be punished
נָקַע פ' be sprained, be dislocated
נָקְעָה לִי הָעֶצֶם I dislocated the bone
נֶקַע ז' sprain, dislocation (of limb)
נָקַף פ' beat, knock; rotate, spin
נֶקֶף ז' bruise, wound
נִקְפָּא פ' be frozen, be solidified
נִקְצַץ פ' be cut down, be chopped, be minced
נִקְצַר פ' be reaped, be harvested
נָקַר פ' peck, pierce, bore, gouge
נֶקֶר ז' pecking, pecked hole; puncture, flat (tire)
נַקָּר ז' woodpecker
נִקְרָא פ' be read; be called; be summoned
נִקְרֵאתִי לְמִילוּאִים I was called to army reserve duty
נִקְרָה נ' crevice, cleft
נִקְרָה פ' happen upon, chance
נִקְרַח פ' go bald, lose hair
נִקְרַם פ' be covered with skin
נַקְרָן ז' fussy person, fault-finder
נַקְרָנוּת נ' fussiness, fault-finding
נִקְרַע פ' be torn, be rent
נִקְרַשׁ פ' solidify, congeal
נָקַשׁ פ' knock, beat, rap
נֶקֶשׁ ז' click

be tied up, be bound, be connected	נִקְשַׁר פ'
candle; suppository	נֵר ז'
memorial candle, memorial lamp	נֵר נְשָׁמָה ז'
Shabbat candles	נֵרוֹת שַׁבָּת ז"ר
visible; acceptable	נִרְאֶה ת'
be visible; seem; seem right	נִרְאָה פ'
it seems to me that you are right	נִרְאֶה לִי שֶׁאַתְּ צוֹדֶקֶת
be mated (animal)	נִרְבְּעָה פ'
be enraged, be annoyed	נִרְגַּז פ'
be stoned	נִרְגַּם פ'
grumble, complain	נִרְגַּן פ'
calm down, relax	נִרְגַּע פ'
moved, excited	נִרְגָּשׁ ת'
fall asleep	נִרְדַּם פ'
hunted, persecuted; synonymous	נִרְדָּף ת'
be pursued, be persecuted	נִרְדַּף פ'
be washed	נִרְחַץ פ'
get wet	נִרְטַב פ'
be fastened, be buttoned	נִרְכַּס פ'
be obtained, be acquired	נִרְכַּשׁ פ'
be hinted, be suggested	נִרְמַז פ'
it was hinted to him that soon he would be freed	נִרְמַז לוֹ שֶׁבְּקָרוֹב יְשׁוּחְרַר
be trampled, be trodden on	נִרְמַס פ'
tremble, shiver	נִרְעַד פ'
be upset, be shaken	נִרְעַשׁ פ'
get well, be cured, recover	נִרְפָּא פ'
lazy, slack, idle	נִרְפֶּה ת'
become slack, weaken	נִרְפָּה פ'
be muddied, become muddy	נִרְפַּשׂ פ'
be acceptable, be accepted	נִרְצָה פ'
be murdered	נִרְצַח פ'
be pierced	נִרְצַע פ'
decay, rot	נִרְקַב פ'
narcissus	נַרְקִיס ז'
be embroidered; be formed	נִרְקַם פ'
be registered, be written down	נִרְשַׁם פ'
case, sheath, holster; vagina	נַרְתִּיק ז'
be harnessed	נִרְתַּם פ'
flinch, recoil, be deterred	נִרְתַּע פ'
lift, raise; carry; endure; marry	נָשָׂא פ'
be drawn	נִשְׁאַב פ'
be asked	נִשְׁאַל פ'
be inhaled	נִשְׁאַף פ'
remain, be left	נִשְׁאַר פ'
blow, puff	נָשַׁב פ'
be captured, be taken prisoner	נִשְׁבָּה פ'
swear, take an oath	נִשְׁבַּע פ'
be broken	נִשְׁבַּר פ'
I have had enough	נִשְׁבַּר לִי
lofty, sublime, exalted; powerful	נִשְׂגָּב ת'
be elevated, be set on high	נִשְׂגַּב פ'
it is beyond my understanding, it is beyond me	נִשְׂגַּב מִבִּינָתִי
be robbed	נִשְׁדַּד פ'

נַשְׁדּוּר ז' ammonia
נִשְׁדַּף פ' be burnt, be dried by heat
נָשָׁה פ' demand payment of a debt; forget
נָשֶׁה, גִּיד הַנָּשֶׁה ז' sinew of the thigh, sciatic nerve
נָשׂוּא ת' lifted, raised; carried; (grammar) predicate
נְשׂוּאָה נ' married woman
נְשׂוּאִי ת' predicative
נְשׂוּאִים ז"ר married (couple)
נָשׂוּי ת' married (man)
נָשׁוּךְ ת' bitten; stung
נְשׁוֹפֶת נ' filings
נָשׁוּק ת' kissed
נְשׁוֹרֶת נ' fallout; droppings
נְשׁוֹרֶת רַדְיוֹאַקְטִיבִית נ' radioactive fallout
נִשְׁזַף פ' be sun-tanned
נִשְׁזַר פ' be interwoven
נִשְׁחַט פ' be slaughtered
נִשְׁחַק פ' be ground, be pulverized
נִשְׁחַת פ' be spoiled, be destroyed
נִשְׁטַף פ' be rinsed, be washed
נָשִׁי ת' womanly, feminine, female
נָשִׂיא ז' president; rain-cloud
נְשִׂיאוּת נ' presidency, the office of president; presidium
נְשִׁיבָה נ' blowing (of wind)
נָשִׁיּוּת נ' womanliness, femininity
נְשִׁיָּה נ' forgetting, forgetfulness
נְשִׁיכָה נ' bite, biting
נָשִׁים נ"ר women
נְשִׁימָה נ' breathing, breath, respiration

נְשִׁיפָה נ' blowing, exhaling, expiration
נְשִׁיקָה נ' kiss
נָשִׁיר ת' deciduous
נְשִׁירָה נ' falling off (out), dropping off (out)
נָשִׁית נ' sciatica
נָשַׁךְ פ' bite
נֶשֶׁךְ ז' excessive interest, usury
נִשְׁכַּח פ' be forgotten
נַשְׁכָן ת' given to biting
נִשְׂכָּר ת' hired, paid; rewarded
נִשְׂכַּר פ' be hired, be paid; be rewarded
נִשְׁלַח פ' be sent, be dispatched
נִשְׁלַל פ' be deprived of
נִשְׁלַל רִשְׁיוֹנוֹ have one's license revoked
נִשְׁלַם פ' be completed
נִשְׁלְמָה הַמְּלָאכָה the work was completed
נָשַׁם פ' breathe, inhale
נִשְׁמַד פ' be destroyed
נְשָׁמָה נ' soul, spirit; living being
נִשְׁמַט פ' be omitted, be left out; slip, fall
נִשְׁמַע פ' be heard; be listened to; sound (intr.)
נִשְׁמַר פ' be kept, be guarded
נִשְׁנָה פ' be repeated, recur; be learned, be studied
נִשְׁעַן פ' lean, be supported; rely on
נָשַׁף פ' blow, breathe out, exhale
נֶשֶׁף ז' party at night, soirée
נֶשֶׁף רִיקּוּדִים ז' dance, ball

נִשְׁפַּט פ׳ be tried, be brought to trial
נִשְׁפִּיָּה נ׳ small party at night
נִשְׁפַּךְ פ׳ be spilled, be poured out
נָשַׁק פ׳ kiss; come together, touch
נַשָּׁק ז׳ armorer
נֶשֶׁק ז׳ arms, weapons
נֶשֶׁק אָטוֹמִי, נֶשֶׁק גַּרְעִינִי ז׳ atomic (nuclear) weapons
נֶשֶׁק חַם ז׳ firearms
נֶשֶׁק קַר ז׳ cold steel (knives, etc.)
נִשְׁקַל פ׳ be weighed; be considered
נִשְׁקַף פ׳ be seen, be visible; look out, look through, look over
נָשַׁר פ׳ fall off, fall away, fall out
נֶשֶׁר ז׳ vulture (Biblical); eagle (colloquial)
נִשְׁרָה פ׳ be soaked, be steeped
נִשְׂרַט פ׳ ר׳ נִסְרַט
נִשְׂרַף פ׳ be burnt
נִשְׁרַץ פ׳ swarm, teem
נִשְׁתַּל פ׳ be planted, be transplanted
נִתְבָּע ז׳ defendant, respondent
נִתְבַּע פ׳ be claimed, be demanded, be required
נָתוּן ז׳ given; datum
נְתוּנִים ז״ר data
נֶתֶז ז׳ spray, splash
נֵתַח ז׳ cut, piece
נִתְחַם פ׳ be delimited
נָתִיב ז׳ path, way, lane
נָתִיךְ ז׳ fuse
נָתִין ז׳ citizen, national, subject
נְתִינָה נ׳ giving, presentation
נְתִינוּת נ׳ citizenship, nationality
נָתִיק ת׳ severable, detachable
נֶתֶךְ ז׳ alloy
נִתְלָה פ׳ be hung
נִתְמַךְ פ׳ be supported
נָתַן פ׳ give, present; let
נִתְעָב ת׳ loathsome, abhorrent, detestable
נִתְעָה פ׳ be misled, be led astray
נִתְפַּס פ׳ be caught, be seized; be grasped
נִתְפַּר פ׳ be sewn, be stitched
נִתְפַּשׂ ר׳ נִתְפַּס
נָתַץ פ׳ smash, shatter
נָתֵק ז׳ contact-breaker (elect.)
נִתְקַל פ׳ bump into, meet by chance
נִתְקַע פ׳ be stuck
נִתְקַף פ׳ be attacked
נֶתֶר ז׳ washing soda; nitre
נִתְרַם פ׳ be contributed, be donated
נַתְרָן ז׳ sodium

ס

סְאָה נ׳ se'a (ancient dry measure)

סְאַת הַצָּרוֹת שֶׁלּוֹ הוּגְדְשָׁה he was overwhelmed by troubles

סְאוֹר ז׳ leaven; original state

סְאוֹר (שְׂאוֹר) שֶׁבָּעִיסָּה the best part, the vital part

סָב, סָבָא ת׳ old, grandfather

סַבָּא ז׳ granddad

סָבָא פ׳ drink to excess

סָבַב פ׳ turn, go round

סַבֶּבֶת נ׳ pinion, cog-wheel

סָבוּךְ ת׳ tangled, complicated

סְבוֹלֶת נ׳ tolerance, endurance

סַבּוֹן ז׳ soap; softy (slang)

סַבּוֹנִיָּה, סַבּוֹנִית נ׳ soap-dish

סָבוּר ת׳ of the opinion

סַבּוֹרֶג ז׳ screwdriver

סְבוּרְנִי, סְבוּרַנִי I am of the opinion, I think

סְבִיאָה נ׳ drinking to excess

סָבִיב תה״פ (a)round, surrounding

סְבִיבוֹת נ״ר surroundings, environs

סְבִיבָה נ׳ vicinity, neighborhood

סְבִיבוֹל ז׳ swivel

סְבִיבוֹן ז׳ spinning-top

סַבְיוֹן ז׳ ragwort

סְבִיכוּת נ׳ entanglement, complexity

סָבִיל ת׳ passive; endurable

סְבִילוּת נ׳ passivity; endurance

סָבִיר ת׳ reasonable, probable

סְבִירוּת נ׳ reasonableness, probability

סְבַךְ, סְבָךְ ז׳ thicket; tangle, complication

סְבָכָה נ׳ grate, trellis, lattice

סָבַל פ׳ suffer, bear, endure, tolerate

סַבָּל ז׳ porter, carrier

סֵבֶל ז׳ suffering; load, burden

סַבְלָנוּת נ׳ patience, tolerance

סַבְלָנִי ת׳ patient

סָבַר פ׳ be of the opinion, think; understand

סֵבֶר ז׳ hope, expectation; countenance

סֵבֶר פָּנִים יָפוֹת ז׳ warm welcome

סְבָרָה נ׳ opinion, theory, supposition

סְבָרוֹת כֶּרֶס נ״ר baseless supposition

סַבְתָּא נ׳ granny, grandma, grandmother

סָגַד פ׳ worship, adore, bow down to

סֶגּוֹל ז׳ segol (Hebrew vowel, é)

סָגוֹל ת׳ purple, violet, mauve

סְגוּלָּה נ׳ treasured possession; (special) characteristic; remedy

סְגוּלָּה לַאֲרִיכוּת יָמִים נ׳ remedy for long life

סְגוּלִּי ת׳ specific, characteristic

סָגוּר ת׳ closed, shut

סְגוֹרֶץ ז׳ zip

סַגִּי תה״פ plenty, sufficiently, enough

סַגִּי נָהוֹר ז׳ blind man (euphem.)

סְגִידָה נ' worshipping, worship, adoring, bowing down to
סָגִיל ת' adaptable
סְגִילוּת נ' adaptability
סָגִיר ז' shackle
סְגִירָה נ' shutting, closing
סְגִירוּת נ' introversion; narrow-mindedness
סֶגֶל ז' cadre, staff, corps
סְגַלְגַּל ת' oval, elliptical
סְגָן ז' assistant, deputy, vice-
סֶגֶן ז' lieutenant
סֶגֶן מִשְׁנֶה ז' second lieutenant
סִגְנוֹן ז' style
סִגְנוּן ז' stylizing, style-editing, polishing
סִגְנוֹנִי ת' of style, stylistic
סִגְנֵן פ' stylize, improve the style
סַגְסוֹגֶת נ' alloy
סַגְפָן ז' ascetic
סָגַר פ' shut, close
סֶגֶר ז' clasp, bolt; valve disc, valve gate; curfew (milit.)
סַגְרִיר ז' rainstorm
סַגְרִירִי ת' cold and rainy
סַד ז' stocks, pillory; splint
סְדוֹם ש"פ Sodom
סָדוּק ת' cracked, split
סָדוּר ת' arranged, in order
סָדִין ז' sheet
סָדִיר ת' regular, in order
סָדִיר ז' regular army
סְדִירוּת נ' regularity
סַדָּן ז' anvil
סַדְנָה נ' workshop

סֶדֶק ז' crack, split, fissure
סִדְקִית נ' haberdashery
סֵדֶר ז' order, arrangement; seder (Passover night ceremony)
סֵדֶר הַיּוֹם ז' agenda
סַדָּר ז' type-setter, compositor
סֶדֶר ז' set-up type
סִדְרָה נ' series, sequence; weekly portion of the Pentateuch
סַדְרָן ז' usher, steward
סַדְרָנוּת נ' ushering, stewarding
סַהַר ז' moon, crescent
(הַ)סַהַר (הַ)פּוֹרֶה ז' Fertile Crescent
סַהֲרוּרִי ת' sleepwalking, dreamy
סוֹאֵן ת' noisy, bustling
סוֹבֵא ז' drunkard
סוֹבֵב ז' radius (anat.)
סוֹבֵב פ' go round, encircle
סוּבַּב פ' be surrounded, be encircled
סוּבִּים, סוּבִּין ז"ר bran
סוּבַּךְ פ' be complicated, be entangled, be involved
סוֹבֶךְ ז' lair; calf of leg
סוֹבְלָנוּת נ' tolerance, toleration
סוֹבְלָנִי ת' tolerant
סוּבַּן פ' be soaped; be made a fool of (slang)
סוּג ז' kind, type, class
סוּגְיָה נ' problem, issue, subject for study
סוּגַּל פ' be acquired; be adapted
סוּגְנַן פ' be stylized, be polished
סוּגַר ז' cage; muzzle
סוּגַּר פ' be closed up

סוֹגֵר ז' bracket; second line of a verse
סוֹגְרַיִים מְרוּבָּעִים ז"ר square brackets
סוֹגְרַיִים עֲגוּלִים ז"ז round brackets
סוֹד ז' secret
סוֹד צְבָאִי ז' military secret
סוֹדִי ת' secret, confidential
סוֹדֵר ת' serial, ordinal
סוּדָר ז' shawl, scarf
סוּדַּר פ' be arranged, be put in order
סוֹדְרָן ז' index file
סוֹהֵר ז' jailer, prison guard, warder
סוּוַּג פ' be classified
סַוָּור ז' stevedore, longshoreman
סוֹחֲפָנִי ת' erosive; swirling
סוֹחֵר ז' merchant, trader
סוֹטֶה ת' deviating, divergent, deviant
סוֹטָה נ' faithless wife, adulteress
סוּיַּד פ' be whitewashed
סוֹךְ ז', סוֹכָה נ' branch, bough
סוּכָּה נ' booth; succa
סוּכּוֹת, חַג־הַסוּכּוֹת ז' Succot, the Feast of Tabernacles
סוֹכֵךְ ז' umbrella; sunshade
סוּכַּךְ פ' be covered over
סוּכַּל פ' be frustrated, be foiled
סוּכַּם פ' be added up, be totalled; be summarized
סוֹכֵן ז' agent
סוּכַּן פ' be risked; be endangered
סוֹכְנוּת נ' agency
(הַ)סוֹכְנוּת (הַ)יְהוּדִית נ' the Jewish Agency
סוּכְסַךְ פ' be involved in a quarrel
סוּכָּר ז' sugar
סוּכְּרָזִית נ' saccharine
סוּכָּרִייָה נ' candy, sweet
סוּכֶּרֶת נ' diabetes
סוּלָּא פ' be valued
סוֹלֵד ת' shrinking from, recoiling, revolted by
סוֹלְדָנוּת נ' allergy
סוֹלְחָן ת' forgiving, condoning
סוֹלְחָנוּת נ' forgiveness, leniency
סוּלְיָה נ' sole (of footwear)
סוֹלְלָה נ' embankment, rampart; dike; battery
סוּלָּם ז' ladder; scale
סוֹלָן ז' soloist
סוּלְסַל פ' be curled, be waved; be trilled
סוּלַּף פ' be distorted, be garbled
סוּלַּק פ' be removed, be taken away
סוּלַּק הַחוֹב the debt was paid
סוֹלֶת ז' fine flour, semolina; cream (of society, etc.)
סוּמָא, סוּמֵא ז' blind man
סוֹמֶךְ ז' consistency (of soup, etc.)
סוֹמֵךְ ז' support, prop; uninflected form in Hebrew compound noun (gramm.)
סוּמַּם פ' be drugged; be poisoned
סוּמַּן פ' be marked
סוּמְּנוּ הַגְּבוּלוֹת the boundaries were marked
סוֹמֶק ז' redness, crimson

סוֹמֶק לְחָיַיִם ז' rouge; flush (of one's cheeks)
סוּמְרַר פ' be riveted
סוּנְווֵר פ' be dazzled
סוּנַּן פ' be strained
סוּס ז' horse; knight (in chess)
סוּסָה נ' mare
סוֹעֵר ת' stormy, raging
סוּף ז' reed, bulrush, rush
סוֹף ז' end, finish, conclusion
סוֹף דָּבָר ז' conclusion
סוֹף (כָּל) סוֹף תה"פ finally, at last
סוֹף פָּסוּק ז' the end
סוֹף שָׁבוּעַ ז' weekend
סוֹף שָׁחוֹר ז' tragic end
סוֹפֵג ז' blotting-paper
סוּפְגָּן ז' sponge cake
סוּפְגָּנִיָּיה, סוּפְגָּנִית נ' doughnut
סוּפָה נ' storm, gale, tempest
סוּפַת חוֹל נ' sandstorm
סוּפַת שֶׁלֶג נ' snowstorm
סוּפַּח פ' be attached, be annexed
סוֹפִי ת' final, terminal; finite
סוֹפִית תה"פ, נ' finally; suffix
סוֹפָנִי ת' final
סוּפַּק פ' be supplied
סוֹפֵר ז' author, writer; scribe
סוּפַּר פ' be told, be narrated; have one's hair cut
סוּפְרַר פ' be numbered, be given a number
סוּקַּל פ' be cleared of stones; be stoned
סוֹר ז' leaven; original state
סוּרְבַּל פ' be wrapped up, be made cumbersome

סוֹרֵג ז', סוֹרְגִים ז"ר lattice, grille, grid
סוּרַג פ' be plaited, be interwoven
סוּרְגַּל פ' be ruled (lines)
סוּרְטַט פ' be drawn, be sketched, be designed
סוֹרַס פ' be castrated; be muddled (text)
סוֹרֵק ז' scanner; tomograph
סוֹרַק פ' be combed
סוֹרֵר ת' stubborn, rebellious
סוֹרֵר וּמוֹרֶה ת' stubborn and rebellious
סוּת נ' garment, clothing, apparel
סוֹתֵר נ' contradictory, conflicting
סוֹתְרָנִי ת' ambivalent
סוּתַּת פ' be chipped, be chiselled
סָח, שָׂח פ' say, speak, tell
סָחַב פ' drag, draw out; pilfer, steal (colloq.)
סְחָבָה נ' rag
סַחֶבֶת נ' red-tape (colloq.), procrastination
סָחוּט ת' squeezed, wrung out; exhausted (colloq.)
סְחוּס ז' cartilage
סְחוֹפֶת נ' sediment, silt, erosion
סְחוֹרָה נ' goods, ware, merchandise
סְחוֹר־סְחוֹר תה"פ round and round; roundabout, indirectly, circuitously
סָחַט פ' squeeze, wring out; blackmail
סַחְטָן ז' blackmailer, extortioner

סַחְטָנוּת נ׳ blackmail, extortion
סְחִי ז׳ refuse, garbage
סְחִי וּמָאוֹס ז׳ disgrace
סְחִיבָה נ׳ dragging; pilfering, stealing (colloq.)
סְחִיטָה נ׳ squeezing; wringing out; blackmailing, blackmail
סְחִיפָה נ׳ sweeping away, eroding, erosion
סָחִיר ת׳ negotiable (bill)
סַחְלָב ז׳ orchid
סָחַף פ׳ sweep away, erode
סַחַף ז׳ erosion; alluvial soil
סָחַר פ׳ do business, trade
סַחַר ז׳ trade, commerce, business
סַחַר־חֲלִיפִין ז׳ barter, trade
סַחַר־מֶכֶר ז׳ crooked dealings
סְחַרְחוֹרֶת נ׳ dizziness, giddiness
סְחַרְחַר ת׳ dizzy, whirling round
סְחַרְחֵרָה נ׳ merry-go-round, carousel
סִחְרֵר פ׳ make dizzy, whirl round
סָטָה פ׳ deviate, digress
סְטִיָּה נ׳ deviation, aberration, digression
סְטִירָה נ׳ slap
סְטִירַת לֶחִי נ׳ slap in the face
סָטַר פ׳ slap
סֵיאוּב ז׳ dirtying, defiling, corruption
סִיב ז׳ fiber
סִיבִים ז״ר fibers
סִיבֵּב פ׳ cause; turn; surround

סִיבָּה נ׳ cause, reason
סִיבּוּב, סִיבוּב ז׳ rotation; round, spin
סִיבּוּבִי, סִיבוּבִי ת׳ rotary, circulatory
סִיבּוּךְ ז׳ complicating; complication, entanglement
סִיבּוֹלֶת נ׳ endurance, stamina
סִיבּוּן ז׳ soaping; soap-making; making a fool of (slang)
סִיבִי ת׳ fibrous
סִיבִית נ׳ fiber-board
סִיבֵּךְ פ׳ complicate, entangle, involve
סִיבֵּן פ׳ soap; make soap; make a fool of (slang)
סִיבָּתִי ת׳ causal
סִיבָּתִיּוּת נ׳ causality
סִיג ז׳ dross, base metal
סִיגִים ז״ר cinder, slag
סִיגּוּף ז׳ affiction, torture, mortification of the flesh, self-denial
סִיגֵּל פ׳ adapt, adjust, fit
סִיגֵּף פ׳ afflict, torture, mortify the flesh
סִיד ז׳ lime, whitewash, plaster
סִידּוּק ז׳ cracking, splitting
סִידּוּר ז׳ arranging; arrangement; prayer book; tricking or fixing someone (slang)
סִידּוּר עֲבוֹדָה ז׳ work roster
סִידּוּרִי ת׳ serial, ordinal
סִידָן ז׳ calcium
סִידֵּר פ׳ arrange, put in order; trick or fix someone (slang)

סִיוּד ז׳ whitewashing
סִיוּג פ׳ classify, categorize
סִיוּג ז׳ classifying; classification, categorization
סִיוָן, סִיוָן ז׳ Sivan (May-June)
סִיוּט ז׳ nightmare; horror
סִיוּם ז׳ ending, finishing, concluding; end, finish, conclusion
סִיוֹמֶת נ׳ suffix, ending
סִיוּעַ ז׳ help, aid, assistance
סִיוּף ז׳ fencing
סִיוּר ז׳ tour; expedition; reconnaissance (military)
סִיטוֹנַאי ז׳ wholesaler
סִיטוֹנוּת ז׳ wholesale trading
סְיָג ז׳ fence, hedge, restriction
סְיָג לַחָכְמָה – שְׁתִיקָה mum's the word; a wise man knows when to keep silent
סִייֵּד פ׳ whitewash, plaster
סַייָּד ז׳ whitewasher, plasterer
סְייָח ז׳ colt, foal
סִייֵּם פ׳ end, finish, conclude
סַייָּס ז׳ groom (for horses)
סִייֵּעַ פ׳ help, aid, assist, support
סַייָּף ז׳ fencer
סִייֵּף פ׳ fence
סִייֵּר פ׳ tour, survey; reconnoiter (military)
סַייֶּרֶת נ׳ mobile police unit; reconnaissance unit; battle-cruiser
סִיכָה נ׳ lubrication, oiling
סִיכָּה נ׳ pin, clip, staple
סִיכַּת בִּיטָּחוֹן נ׳ safety pin
סִיכַּת רֹאשׁ נ׳ hairpin
סִיכּוּי ז׳ chance, prospect
סִיכּוּל ז׳ foiling, frustration
סִיכּוּם ז׳ addition; summing up, summary
סִיכּוּן ז׳ risk; endangering
סִיכֵּךְ פ׳ cover over, thatch
סִיכֵּל פ׳ foil, frustrate
סִיכֵּם פ׳ add up, sum up, summarize
סִיכֵּן פ׳ endanger, risk, jeopardize
סִיכֵּר פ׳ sugar, sugar-coat
סִילּוּם ז׳ modulation (music); scaling
סִילוֹן ז׳ jet (plane), stream
סִילּוּף ז׳ distortion, perversion, falsification
סִילּוּק ז׳ removing; removal, disposal
סִילֵּם פ׳ modulate (music); scale
סִילֵּף פ׳ distort, pervert, falsify
סִילֵּק פ׳ remove, take away
סִילֵּק חוֹב פ׳ pay a debt
סִילֵּת פ׳ sift, select
סִימֵּא פ׳ blind; dazzle
סִימּוּי ז׳ blinding
סִימּוּכִין ר׳ סְמוּכִין
סִימּוּל ז׳ symbolization
סִימּוּם ז׳ poisoning; drugging
סִימּוּן ז׳ marking, notation
סִמְטָה נ׳ narrow lane; alley; boil, furuncle
סִימֵּל פ׳ symbolize

סִימֵם פ׳ poison; drug
סִימָן ז׳ sign, mark; omen
סִימָן טוֹב! good luck! best of luck!
סִימַן קְרִיאָה ז׳ exclamation point(!)
סִימַן שְׁאֵלָה ז׳ question mark(?)
סִימֵן פ׳ mark, indicate
סִימָנִיָּה, סִימָנִית נ׳ bookmark; sign, mark
סִימְפּוֹזְיוֹן ז׳ symposium
סִינּוּן ז׳ straining, sifting, filtration
סִינְכְּרוּן, סִנְכְּרוּן ז׳ synchronizing; synchronization
סִינְכְּרוֹנִי ת׳ synchronous
סִינְכְּרֵן, סִנְכְּרֵן פ׳ synchronize
סִינֵּן פ׳ strain, sift, filter; mutter
סִינָּר ז׳ apron
סִיס ז׳ fringe, fiber; swallow (bird)
סִיסְמָה נ׳ password; slogan
סִיעָה נ׳ faction, group
סִיעָתִי ת׳ factional, group
סַיִף ז׳ sword; fencing (sport)
סֵיפָא ז׳ ending, last section
סִיפּוּחַ ז׳ annexing; annexation
סִיפּוּן ז׳ deck (of a ship); ceiling
סִיפּוּק ז׳ supplying; satisfying; satisfaction
סִיפּוּר ז׳ story-telling; story, tale; cutting hair
סִיפּוּרִי ת׳ narrative
סִיפּוֹרֶת נ׳ fiction
סִיפַּח פ׳ annex, attach
סֵיפָן ז׳ gladiolus
סִיפֵּק פ׳ supply; satisfy
סִיפֵּר פ׳ tell; cut hair
סִיקּוּל ז׳ clearing of stones
סִיקּוּס ז׳ knot (in wood)
סִיקּוּר ז׳ surveying, reviewing, covering (news); survey, review, coverage (news)
סִיקּוֹרֶת נ׳ review
סִיקֵּל פ׳ clear of stones; stone
סִיקֵּר פ׳ survey, review, cover (news)
סִיקָרִי, סִיקָרִיקוֹן ז׳ armed bandit
סִיר ז׳ pot, pan, vessel
סִיר הַבָּשָׂר ז׳ fleshpots, plenty
סִיר לַיְלָה ז׳ chamber pot
סֵירֵב פ׳ refuse, decline
סִירָה נ׳ small boat
סֵירוּב ז׳ refusing, declining, refusal
סֵירוּג ז׳ interweaving; covering with a grille
סִירוֹנִית נ׳ mermaid, siren
סֵירוּס ז׳ castration; jumbling, garbling
סֵירֵס פ׳ castrate; jumble, garble
סִיתּוּת ז׳ stone-cutting; chip
סִיתֵּת פ׳ cut (stone), chip
סָךְ פ׳ lubricate, grease
סַךְ ז׳ amount, sum
סַךְ הַכּוֹל ז׳ sum total
סָכוּךְ ת׳ covered, thatched
סְכוּם ז׳ amount, sum, total
סַכּוּ"ם ז׳ cutlery, silverware (סַכִּינִים, כַּפּוֹת וּמַזְלֵגוֹת)
סַכִּין ז׳, נ׳ knife
סַכִּין בַּגַּב stab in the back

סַכִּינַאי ז׳ cut-throat, armed-robber
סָכַךְ פ׳ screen, cover
סְכָךְ ז׳ covering, thatch
סְכָכָה נ׳ covering; covered shed
סָכָל ת׳ stupid, foolish
סִכְלוּת נ׳ stupidity, foolishness
סַכָּנָה נ׳ danger, peril, hazard
סַכָּנַת מָוֶת נ׳ danger of death, mortal risk, peril
סַכָּנַת נְפָשׁוֹת נ׳ danger to life, mortal risk
סִכְסוּךְ ז׳ quarrel, strife, conflict
סִכְסֵךְ פ׳ foment a quarrel, entangle, embroil
סִכְסַךְ ז׳ zigzag
סַכְסְכָן ת׳ trouble-maker
סַכְסְכָנוּת נ׳ trouble-making
סָכַר פ׳ dam (up), stop (up)
סֶכֶר ז׳ dam; lock
סַל ז׳ basket
סַל הַמְּזוֹנוֹת ז׳ food-basket
סַל הַמַּעֲרֶכֶת ז׳ editor's waste-paper basket
סָלַד פ׳ recoil, shrink from
סַלֶּדֶת נ׳ allergy
סָלוּחַ ת׳ forgiven, pardoned
סָלוּל ת׳ paved
סָלַח פ׳ forgive, pardon
סַלְחָן, סוֹלְחָן ת׳ forgiving, clement
סַלְחָנִי ת׳ forgiving, clement, lenient
סָלָט ז׳ salad; mishmash (slang)
סְלִידָה נ׳ revulsion, disgust
סְלִיחָה נ׳ pardon, forgiveness
סְלִיל ז׳ coil, spool, reel
סְלִילָה נ׳ paving, road-building; winding (weaving)

סְלִילִי ת׳ spiral, coiled
סְלִיק ז׳ arms cache; end, conclusion
סָלַל פ׳ pave, build a road
סַלָּמַנְדְּרָה נ׳ salamander
סִלְסוּל ז׳ curl, wave; trill; curling, waving,; trilling
סִלְסוּל תְּמִידִי ז׳ permanent wave
סַלְסִילָּה נ׳ small basket
סִלְסֵל פ׳ curl, wave; trill
סֶלַע ז׳ rock, boulder
סֶלַע הַמַּחְלוֹקֶת ז׳ bone of contention
סַלְעִי ת׳ rocky, craggy
סַלְעִית נ׳ chat (bird), wheatear
סֶלֶף ז׳ distortion, perversion, falsification
סַלְפָן ז׳ distorter, perverter, falsifier
סֶלֶק ז׳ beet
סַם ז׳, ר׳ סַמִּים drug; poison
סַם חַיִּים ז׳ healing drug, tonic
סַם מָוֶת ז׳ poison
סַם מַרְגִּיעַ ז׳ tranquilizer
סַמֵּי רְפוּאָה ז״ר medicines
סַמְבּוּק ז׳ elder (plant)
סְמָדַר ז׳ bud, blossom
סָמוּי ת׳ hidden, concealed, invisible, unobserved
סָמוּךְ ת׳ adjacent, nearby; supported, leaning; firm
סָמוֹךְ ז׳ סְמוֹכָה נ׳ support, prop, stay
סְמוּכִין, סִימוּכִין ז״ר documentary evidence
סָמוּק ת׳ flushed, red

סָמוּר ת׳ bristly, stiff
סַמּוּר ז׳ weasel, marbled polecat
סִמְטָה ר׳ סִימְטָה
סַמֶּטֶת נ׳ boils, a boil, furuncle
סָמִיךְ ת׳ thick, dense
סְמִיכָה נ׳ supporting, support, dependence; ordaining; ordination
סְמִיכוּת נ׳ ordination; construct state (grammar); nearness, proximity; density; association
סְמִיכוּת הַפָּרָשִׁיּוֹת נ׳ connection (causal or logical)
סָמִיר ת׳ bristly, stiff
סָמַךְ פ׳ rely on, trust; support, lay (hands)
סָמְכוּ אֶת יְדֵיהֶם עַל הַתִּיקּוּן they supported the change
סֶמֶךְ ז׳ support, prop
סְמָכָא ז׳ support, authority
סַמְכוּת נ׳ authority, power
סַמְכוּת עֶלְיוֹנָה ת׳ supreme authority
סֵמֶל, סֶמֶל ז׳ symbol, emblem, badge
סַמָּל ז׳ sergeant
סַמָּל רִאשׁוֹן ז׳ staff sergeant
סִמְלוֹן ז׳ harness, collar (of a yoke)
סִמְלִי ת׳ symbolic, token
סִמְלִיּוּת נ׳ symbolism
סַמֶּלֶת נ׳ sergeant (fem.)
סְמָמִית, שְׂמָמִית נ׳ house-lizard
סַמְמָן ז׳ ingredient of perfume, drug; flavor; effect
סַמָּן ז׳ marker
סִמְפּוֹנוֹן ז׳ סִמְפּוֹנִית נ׳ bronchial tube

סָמַר פ׳ bristle, stiffen
סָמְרוּ שַׂעֲרוֹתָיו his hair stood on end, bristled
סָמָר ז׳ rush (plant)
סִמְרוּר ז׳ riveting
סְמַרְטוּט ז׳ rag
סְמַרְטוּטָר ז׳ rag-merchant
סִמְרֵר פ׳ rivet; make bristle, stiffen, cause to shudder
סְנָאִי ז׳ squirrel
סָנֵגוֹר, סָנֵיגוֹר ז׳ defending counsel
סָנֵגוֹרְיָה, סָנֵיגוֹרְיָה נ׳ defense (in law) case
סִנְגֵּר פ׳ defend (in law)
סִנְדּוּל ז׳ locking (a car or vehicle), clamping, bolting
סַנְדָּל ז׳ sandal; sole (fish)
סִנְדֵּל פ׳ lock (a car or vehicle), bolt
סִנְדְּלוּ אוֹתִי they locked my car
סַנְדְּלָר ז׳ shoemaker, cobbler
סַנְדְּלָרוּת נ׳ shoemaking
סַנְדְּלָרִיָּה נ׳ shoemaker's workshop
סַנְדָּק ז׳ godfather
סִנְדֵּק פ׳ act as godfather; sponsor
סְנֶה ז׳ thorn-bush
סַנְהֶדְרִין נ׳ Jewish high court (in Second Temple times)
סִנְווֵר פ׳ blind, dazzle
סִנְווּר ז׳ blinding, dazzling, dazzle
סַנְוֵורִים ז״ר sudden blindness
סְנוּנִית נ׳ swallow (bird)
סְנוֹקֶרֶת נ׳ a punch (with fist)
סָנַט פ׳ mock, sneer, taunt, jeer at

סַנְטֵר ז׳ chin
סְנִיף ז׳ branch, affiliate
סְנִיקָה ז׳ discharge, delivery (in pumps)
סִנְכְּרוּן ז׳ synchronization
סִנְכְּרֵן פ׳ synchronize
סְנַפִּיר ז׳ fin; bilge keel
סְנַפִּירִית נ׳ hydrofoil
סָנַק פ׳ (of pumps) deliver
סָס ז׳ clothes moth
סַסְגּוֹנִי ת׳ multicolored, variegated, colorful
סַסְגּוֹנִיּוּת נ׳ multicolor, variegation
סַסְקוֹלִי ת׳ polyphonic
סַסְקוֹלִיּוּת נ׳ polyphony
סָעַד פ׳ eat, dine; sustain, support, assist
סָעֲדוּ אֶת לִבָּם (they) ate
סַעַד ז׳ support, aid, assistance; corroboration
סְעוּדָּה נ׳ meal
סְעוּדָּה מַפְסֶקֶת נ׳ last meal before a fast day
סָעוּר ת׳ stormy
סְעִיף ז׳ paragraph, clause; branch; cleft
סְעִיף קָטָן ז׳ sub-section
סַעֶפֶת נ׳ manifold
סָעַר פ׳ storm, rage
סַעַר ז׳, סְעָרָה נ׳ gale, storm, tempest
סְעָרָה בִּצְלוֹחִית שֶׁל מַיִם a storm in a teacup
סַף ז׳ threshold, sill
סַף הַהַכָּרָה ז׳ the threshold of consciousness
סַף הַחַלּוֹן ז׳ window sill
סַף הַמָּוֶת ז׳ the threshold of death
סָפַג פ׳ absorb; blot, dry
סָפַד פ׳ mourn, lament, eulogize
סַפָּה נ׳ sofa, couch, divan
סְפוֹג ז׳ sponge, absorbent material
סָפוּג ת׳ permeated, saturated, imbued
סְפוֹגִי ת׳ spongy, absorbent
סְפוֹגִיּוּת נ׳ sponginess, absorptiveness
סָפוּר ת׳ numbered, counted
סְפּוֹרְטַאי ז׳ sportsman
סְפּוֹרְטִיבִי ת׳ sportive, sporting, sportsmanlike
סֶפַח ז׳ addition, attachment; aftergrowth; stub (of ticket, etc.)
סַפַּחַת נ׳ skin-disease
סְפִיגָה נ׳ absorption, soaking up, taking in
סְפִיגוּת נ׳ absorbency, absorptiveness
סָפִיחַ ז׳ aftergrowth, accretion
סְפִינָה נ׳ ship, vessel
סְפִיקָה נ׳ flow; capacity, supply; possibility; need; clapping
סַפִּיר ז׳ sapphire
סָפִיר ת׳ countable
סְפִירָה נ׳ counting, numbering, numeration; era; sphere
סְפִירַת דָּם נ׳ blood count
סְפִירַת הַמְּלַאי נ׳ taking stock
סְפִירַת הַנּוֹצְרִים נ׳ the Christian era

סְפִירַת הָעוֹמֶר נ' the counting of the omer (from Passover to Shavuot)
סְפִירָה נ' sphere
סֵפֶל ז' cup, mug
סִפְלוֹן ז' small cup
סַפָּן ז' seaman, sailor
סַפָּנוּת נ' seamanship
סַפְסָל ז' bench
סַפְסַל הַלִּמּוּדִים ז' school bench, school desk
סַפְסַל הַנֶּאֱשָׁמִים ז' the dock
סַפְסָר ז' speculator, profiteer; broker, middleman, agent
סִפְסֵר פ' speculate, profiteer
סַפְסָרוּת נ' speculation, profiteering
סַפְסָרִי ת' speculative, profiteering
סָפַק פ' clap, strike
סָפַק כַּפָּיו he clapped his hands (in sorrow)
סָפֵק ז' doubt
סָפֵק רַב אִם יֵצֵא זַכַּאי there is little chance he will be judged innocent
סַפָּק ז' supplier
סַפְקָן ז' sceptic, doubter
סַפְקָנוּת נ' scepticism, doubt
סַפְקָנִי ת' sceptical, doubtful
סָפַר פ' count, number
סֵפֶר ז' book, volume
סֵפֶר זִיכְרוֹנוֹת ז' memoirs
סֵפֶר כְּרִיתוּת ז' divorce
סֵפֶר לִימּוּד ז' textbook
סֵפֶר עֵזֶר ז' reference book
סֵפֶר תּוֹרָה ז' the Tora, Tora Scroll

סַפָּר ז' barber, hairdresser
סְפָר ז' border, frontier
סְפָרַד ז' Spain
סְפָרַדִּי ת', ז' Spanish; Sepharadi Jew
סְפָרַדִּית נ' Spanish (language)
סִפְרָה נ' numeral, figure, digit
סִפְרוֹן ז' booklet, small book, pamphlet
סַפָּרוּת נ' hairdressing
סִפְרוּת נ' literature
סִפְרוּת יָפָה נ' belles-lettres
סִפְרוּתִי ת' literary
סִפְרִייָה נ' library
סַפָּרִית נ' female barber, hairdresser
סַפְרָן ז', סַפְרָנִית נ' librarian
סַפְרָנוּת נ' librarianship
סִפְתָּח ז' (colloq) [a good] start
סְקִילָה נ' stoning
סְקִירָה נ' review(ing), survey(ing), covering; glancing, looking; glance, look
סָקַל פ' stone
סָקַר פ' survey, review, cover; glance at, scan
סֶקֶר ז' survey, review
סַקְרָן ז' curious or inquisitive person
סִקְרֵן פ' arouse curiosity, intrigue
סַקְרָנוּת נ' curiosity, inquisitiveness
סָר פ' turn (aside), drop in; cease, stop
סִרְבּוּל ז' making awkward, making clumsy; awkwardness, clumsiness; wrapping, swathing

סַרְבָּל ז' overalls
סִרְבֵּל פ' make awkward, make cumbersome
סַרְבָן ת' uncompliant, disobedient
סַרְבָנוּת נ' non-compliance, disobedience
סָרַג פ' knit; plait, weave
סִרְגּוּל ז' ruling (lines)
סִרְגֵּל פ' rule (lines)
סַרְגֵּל ז' ruler
סָרוּג ת' knitted
סָרוּחַ ת' stinking; sinful; sprawled, stretched out
סָרוּק ת' combed, carded
סָרַח פ' stink, smell; sin, misbehave; spread out, sprawl
סֶרַח ז' overhang, excess, appendage; stink, stench; sin
סֶרַח עוֹדֵף ז' amount left over
סִרְחוֹן ז' stink, stench
סָרַט פ' scratch
סֶרֶט ז' film; strip, ribbon, tape
סֶרֶט מֶתַח ז' thriller
סֶרֶט נָע ז' conveyor belt
סִרְטוּט ז' sketch, drawing, design
סִרְטוֹן ז' film-strip
סִרְטוּן ז' causing cancer, canceration
סִרְטֵט פ' sketch, draw, design
סַרְטָט ז' draughtsman, draftsman
סִרְטִיָּה נ' film-library
סַרְטָן ז' cancer; crab; Cancer
סַרְטַן הַדָּם ז' leukemia
סִרְטֵן פ' cause cancer, cancerate
סְרֶטֶת נ' scratch
סְרִיג ז' grille, lattice; (elec.) grid; knitted work
סְרִיגָה נ' knitting
סְרִיטָה נ' scratch, scratching
סָרִיס ז' castrated person, eunuch
סְרִיקָה נ' combing; thorough search
סֶרֶן ז' captain (army); axle
סַרְסוּר ז' agent, middleman; procurer, pimp
סַרְסוּר לִדְבַר עֲבֵירָה ז' procurer, pimp
סִרְסֵר פ' act as agent, procure
סַרְסָרוּת נ' brokery, mediation; procuring
סַרְעַפִּים ז"ר thoughts
סַרְעֶפֶת נ' diaphragm
סִרְפָּד ז' nettle
סִרְפֶּדֶת נ' nettle-rash, urticaria
סָרַק פ' comb, card; search thoroughly
סְרָק ז' emptiness, barrenness
סְתַגְלָן ז' adaptable person; opportunist
סְתַגְלָנוּת נ' adaptability; opportunism
סְתַגְרָן ז' introvert
סְתַגְרָנוּת נ' introversion
סְתָו ר' סְתָיו
סְתָוִי ת' autumnal
סִתְוָונִית נ' meadow saffron
סָתוּם ת' stopped up, blocked; vague, obscure; stupid (slang)
סָתוּר ת' dishevelled, unkempt; destroyed; refuted; contradictory

סְתָיו ז' autumn, fall

סְתִימָה נ' stopping up, plugging; blockage; (dental) filling

סְתִירָה נ' contradicting; contradiction; refuting; refutation; hiding; destroying

סָתַם פ' stop up, block; state unclearly, speak vaguely

סִתְמִי אֶת פִּיךְ! shut your mouth! shut up! (fem.)

סְתָם תה"פ just, merely

סֶתֶם ז' seal, plug; tampon

סְתָמִי ת' vague, indefinite; neuter; abstract (number)

סָתַר פ' contradict; refute; destory

סֵתֶר ז' hiding-place, secret

סְתַרְשָׁף ז' flash eliminator (on gun)

סַתָּת ז' stone-cutter

סַתָּתוּת נ' stone-cutting

ע

עָב נ׳ **cloud**
עָב ת׳ **thick, coarse**
עָבַד פ׳ **work; worship**
עֶבֶד ז׳ **slave**
עֶבֶד כִּי יִמְלוֹךְ **underdog become topdog**
עַבְדוּת נ׳ **slavery, bondage**
עֶבֶד נִרְצָע ז׳ **willing slave**
עַבְדְּקָן ז׳ **thick-bearded man**
עָבֶה ת׳ **thick, coarse; deep**
עֲבוֹדָה נ׳ **work; job; piece of work; worship**
עֲבוֹדָה זָרָה נ׳ **idolatry, idol-worship, paganism**
עֲבוֹדָה שְׁחוֹרָה נ׳ **hack-work**
עֲבוֹדַת אֲדָמָה נ׳ **agriculture**
עֲבוֹדַת אֱלִילִים נ׳ **idolatry**
עֲבוֹדַת פֶּרֶךְ נ׳ **hard labor**
עֲבוֹט ז׳ **pledge, pawn, surety**
עֲבוּר מ״י **for**
עָבִיב ז׳ **light cloud**
עָבִיט ז׳ **chamber-pot; tub**
עָבִיר ת׳ **passable, crossable**
עֲבִירָה נ׳ **passing, crossing**
עֲבֵירָה, עֲבֵרָה נ׳ **sin, transgression, offence, crime**
עֲבִירוּת נ׳ **passability, negotiability**
עָבַר פ׳ **pass, cross**
עָבָר ז׳ **past**
עֵבֶר ז׳ **side**
עֵבֶר הַיַּרְדֵּן נ׳ **Trans-Jordan**
עֶבְרָה נ׳ **wrath, fury, anger**
עִבְרוּר, עִבְרוּת ז׳ **Hebraization**
עִבְרִי ז׳, ת׳ **Hebrew**

עֲבַרְיָן ז׳ **criminal, trangressor, delinquent**
עֲבַרְיָינוּת נ׳ **crime, delinquency**
עֲבַרְיָינוּת נוֹעַר נ׳ **juvenile delinquency**
עִבְרִית נ׳ **Hebrew (language)**
עִבְרֵר פ׳ **Hebraize**
עִבְרֵת פ׳ **Hebraize**
עָבַשׁ פ׳ **go moldy, go musty**
עָבֵשׁ ת׳ **moldy, musty**
עָג פ׳ **draw a circle**
עָגַב פ׳ **lust; make love**
עֲגָבִים ז״ר **lust, sensual love**
עַגְבָנוּת נ׳ **lust, sexuality**
עַגְבָנִיָּה נ׳ **tomato**
עַגֶּבֶת נ׳ **syphilis**
עָגָה נ׳ **vernacular, slang**
עָגוֹל ת׳ **round, circular**
עָגוּם ת׳ **sad, sorrowful, gloomy**
עֲגוּנָה נ׳ **abandoned wife (who cannot remarry)**
עָגוּר ז׳ **crane (bird)**
עֲגוּרָן ז׳ **crane (for lifting)**
עָגִיל ז׳ **earring**
עֲגִינָה נ׳ **anchoring, mooring; dependence, reliance**
עֵגֶל ז׳ **calf**
עֵגֶל הַזָּהָב ז׳ **the golden calf (as symbol of materialism)**
עֲגַלְגַּל ת׳ **rounded**
עֶגְלָה נ׳ **heifer**
עֲגָלָה נ׳ **cart; carriage, pram**
עֶגְלַת יְלָדִים נ׳ **perambulator**

עֲגָלַת תֵּה נ׳ tea trolley
עֶגְלוֹן ז׳ coachman, carter
עָגַם פ׳ be sad, be distressed, be gloomy
עַגְמוּמִי ת׳ a little sad, rather sad
עַגְמַת נֶפֶשׁ נ׳ chagrin, disress
עָגַן פ׳ be anchored, moor, rely
עַד ז׳ eternity
עַד מ״י until, till; up to, to
עַד אֶחָד every single one
עַד אֵין סוֹף endlessly
עַד בּוֹשׁ a very long time
עַד בְּלִי דַי without end
עַד... וְעַד בִּכְלָל up to and including
עַד כָּאן up to here
עַד כְּדֵי כָּךְ to such an extent
עַד מֵאָה וְעֶשְׂרִים! may you live to 120!
עַד שֶׁ until
עֵד ז׳ witness
עֵד מְדִינָה ז׳ state's evidence
עֵד רְאִיָּה ז׳ eye witness
עֵד שֶׁקֶר ז׳ false witness
עֵדָה נ׳ community; congregation; witness (female)
עָדוּי ת׳ adorned, bejewelled
עֵדוּת נ׳ evidence, testimony; precept
עֵדוּת שֶׁקֶר נ׳ false evidence
עֲדִי ז׳ adornment, jewel
עֲדַיִין תה״פ still
עֲדַיִין לֹא תה״פ not yet
עָדִין ת׳ delicate, fine, gentle
עֲדִינוּת ז׳ delicacy, refinement, gentleness

עָדִיף ת׳ preferable; superior
עֲדִיפוּת נ׳ priority, preference; superiority
עֲדִירָה נ׳ hoeing, digging
עִדְכּוּן ז׳ bringing up-to-date
עִדְכֵּן פ׳ bring up-to-date
עַדְכָּנִי ת׳ up-to-date
עַדְלָיָדַע נ׳ Purim carnival
עֵדֶן ז׳ delight, pleasure; Eden, paradise
עֶדְנָה נ׳ delight
עָדַר פ׳ hoe, dig over
עֵדֶר ז׳ herd, flock
עֶדְרִי ת׳ herd-like
עֶדְרִיּוּת נ׳ leing like a herd
עֲדָשָׁה נ׳ lentil; lens; eyeball
עֲדָשׁוֹת מַגָּע נ״ר contact lenses
עֲדָתִי ת׳ communal
עֲדָתִיּוּת נ׳ sectionalism
עוֹבֵד ז׳ worker, laborer
עוֹבֵד אֱלִילִים ז׳ idol worshipper
עוֹבֵד מְדִינָה ז׳ civil servant
עוּבַּד פ׳ be worked; be adapted, be arranged
עוּבְדָה נ׳ fact
עוּבְדָּתִי ת׳ factual
עוֹבִי ז׳ thickness
עוֹבֵר ת׳ passing; passer-by
עוּבָּר ז׳ embryo, foetus, fetus
עוֹבֵר אוֹרַח ז׳ passer by
עוֹבֵר בָּטֵל ז׳ in his dotage, senile
עוֹבֵר וָשָׁב ת׳ current (account)
עוּבְרַר פ׳ be Hebraized
עוֹבֶשׁ ז׳ mould (on moist surface)
עוּגָב ז׳ organ
עוֹגֵב ז׳ lover philanderer

עוּגָה נ׳ cake; circle
עוּגִיָּה נ׳ small cake, bun, cookie
עוֹגְמַת נֶפֶשׁ נ׳ chagrin, distress
עוֹד תה״פ more; also, yet, still
עוֹד מְעַט in a little while
עוֹדֵד פ׳ cheer up, encourage, support
עוֹדַד פ׳ be encouraged, be supported
עוּדְכַּן פ׳ be brought up to date
עוּדַּן פ׳ be refined, be ennobled
עוֹדֵף ת׳ surplus, extra, in excess
עוֹדֶף ז׳ surplus, excess; change
עֲוָיָה נ׳ twisted expression, contortion (of face)
עֲוִית נ׳ convulsion, spasm, twitch
עֲוִיתִי ת׳ convulsive
עָוֶל ז׳, עַוְלָה נ׳ wrong, injustice, evil
עָווֹן ז׳ sin, crime, iniquity
עִוְעִים ז״ר confusion; madness
עָווֹק ז׳ rung, step
עִוָּרֶת נ׳ blindness
עוּוַּת פ׳ be perverted (justice); be distorted, be twisted
עוֹז ז׳ strength, courage, boldness
עוֹז רוּחַ ז׳ courage
עוֹזֵר ז׳ helper, assistant
עוּזְרָר ז׳ hawthorn
עוֹזֶרֶת, עוֹזֶרֶת־בַּיִת נ׳ domestic help, charwoman
עוּטַּף פ׳ be wrapped, be swathed
עוֹטְפָן ז׳ folder
עוּטַּר פ׳ be adorned, be decorated, be illustrated
עוֹיֵן ת׳ hostile, inimical
עוֹיְנוּת נ׳ hostility, enmity
עוּכַּל פ׳ be digested
עוֹכֵר ת׳ defiler
עוֹכֵר יִשְׂרָאֵל ז׳ enemy of the Jewish people (term of abuse)
עוּל ת׳ young
עוּל יָמִים ת׳ young person
עוֹל ז׳ yoke; burden
עוֹלֵב ת׳ offensive, insulting
עוֹלֶה ז׳ immigrant (to Israel)
עוֹלָה נ׳ sacrifice, burnt offering
עוֹלֵה רֶגֶל ז׳ pilgrim
עוֹלָל ז׳ baby, infant
עוֹלֵל פ׳ perpetrate, commit, do (evil)
עוֹלַל פ׳ be caused (evil), be perpetrated
עוֹלָם ז׳ the world; universe; eternity
עוֹלָם הָאֱמֶת ז׳ the world to come
הָעוֹלָם הַבָּא ז׳ the next world (after death)
הָעוֹלָם הַזֶּה ז׳ this world (of the living)
הָעוֹלָם הַתַּחְתּוֹן ז׳ the underworld
עוֹלָם־גּוֹלָם people are just stupid
עוֹלָמִי ת׳ universal, world-wide; wonderful (slang)
עוֹלָמִית תה״פ eternally
עוֹלֶשׁ ז׳ chicory
עוּמַּד פ׳ be set up (in printed pages)

עוּמְלַן פ' be starched
עוֹמֵם ת' flickering, growing dim
עוּמַּם פ' be dimmed,
be dipped (lights),
be muffled
עוֹמֶס ז' load, burden; strain
עוּמְעַם פ' pree-ssure be dimmed;
be vague
עוֹמֶק ז' depth, profundity
עוֹמֶר ז' sheaf (of corn);
omer (ancient dry measure)
עוּמַּת, לְעוּמַּת תה"פ against, opposite
עוֹנֶג ז' pleasure, delight
עוֹנֶג שַׁבָּת ז' Shabbat social
gathering
עוֹנָה נ' season, term
עוּנָּה פ' be tortured, be tormented
עוֹנִי ז' poverty
עוּנְייַן פ' be intersested
עוֹנֵן ז' fortune teller
עוֹנֶשׁ ז' punishment, penalty
עוֹנֶשׁ מָוֶות ז' death penalty
עוֹנָתִי ת' seasonal
עוֹף ז' fowl, bird
עוֹפֶל ז' citadel, fortified height
עוֹפֵף פ' fly, flutter
עוֹפְפָן ז' kite
עוֹפֶר ז' young deer
עוּפַּר פ' be covered with dust
עוֹפֶרֶת נ' lead
עוּפַּשׁ פ' go moldy, decay
עוּצַּב פ' be modelled,
be designed
עוּצְבָּה נ' regiment
עוּצְבַּן פ' be made nervous
עוֹצֶם ז' force, power
עוֹצְמָה, עָצְמָה נ' intensity; force
עוֹצֵר ז' regent
עוֹצֶר ז' curfew
עוֹקֵב ת' consequent, following
עוּקַּב פ' be cubed
עוֹקְבָה, עָקְבָה נ' guile
עוֹקְדָן ז' file, classeur
עוּקָה נ' sump
עוּקַּל פ' (legal) be distrained,
be foreclosed
עוּקַּם פ' be bent, be twisted
עוֹקֶם ז' curvature, bend
עוֹקֶץ ז' thorn; sting
עוֹקֶץ הָעַקְרָב ז' heliotrope
עוֹקְצָנוּת נ' sarcasm, stinging
remarks
עוֹקְצָנִי ת' sarcastic
עוּקַּר פ' be sterilized
עוֹר ז' skin, hide; leather
עוֹרֵב ז' crow
עוֹרְבָא פְּרַח illusion
עוּרְבַּב פ' be mixed; be jumbled
עוּרְבַּל פ' be mixed; be
churned up
עוֹרְבָנִי ז' jay
עוּרְגַּל פ' be rolled (steel)
עוּרְטַל פ' be stripped, be laid bare
עוֹרִי ת' of leather
עוֹרֵךְ ז' editor
עוֹרֵךְ-דִּין ז' lawyer, advocate
עוֹרְלָה, עָרְלָה נ' foreskin
עוֹרְמָה, עָרְמָה נ' cunning, slyness
עוּרְעַר פ' be undermined,
be shaken, be oppealed
עוֹרֶף ז' back of the neck, nape,
(military) rear

עוֹרְפִּי ת' in the rear
עוּרְפַּל פ' be obscured, be befogged
עוֹרֶק ז' artery
עוֹרְקִי ת' arterial
עוֹרֵר ז' (legal) appellant
עוֹרֵר פ' rouse, wake
עוּשַּׂב פ' be weeded
עוּשַּׁן פ' be smoked (fish etc)
עוֹשֶׁק ז' exploitation, oppression
עוֹשֶׁר ז' wealth, riches
עוּשַּׂר פ' be tithed
appellant (at law)
עוֹתֶק ז' exemplar, copy
עוֹתֵר ז'
עַז ת' strong; pungent
עַז פָּנִים ז' impudent, impertinent
עֵז נ' goat (female), she-goat
עֲזָאזֵל ז' Azazel, hell
עָזַב פ' leave, leave behind; abandon
עָזוּב ת' abandoned, deserted, uncared for
עֲזוּבָה נ' neglect, derelict condition
עַזּוּת נ' insolence, impudence
עַזּוּת פָּנִים נ' insolence, brazenness
עֲזִיבָה נ' departure abandonment, leaving desertion
עִזְקָה נ' ring
עָזַר פ' help, assist
עֵזֶר ז' help, assistance
עֵזֶר כְּנֶגְדּוֹ ז' helpmate (i.e. wife)
עֶזְרָה נ' help, assistance, aid
עֲזָרָה נ' Temple Court

עֶזְרָה הֲדָדִית נ' mutual assistance
עֶזְרָה רִאשׁוֹנָה נ' first aid
עֶזְרַת נָשִׁים נ' women's gallery (in a synagogue)
עָט פ' pounce, swoop down
עֵט ז' pen
עֵט כַּדּוּרִי ז' ball point pen
עֵט נוֹבֵעַ ז' fountain pen
עָטָה פ' wrap oneself in, put on
עָטוּי ת' wrapped, enveloped
עָטוּף ת' wrapped, enveloped
עָטוּר ת' adorned, crowned
עֲטוּר תְּהִילָּה ת' crowned with praise
עֲטִין ז' udder, brisket
עֲטִיפָה נ' covering, wrapping; wrapper, cover
עֲטִישָׁה נ' snezze
עֲטַלֵּף ז' bat
עָטַף פ' wrap, cover
עִטֵּר פ' decorate, arnament
עֲטָרָה נ' crown, diadem, wreath
עִטְרָן ז' pitch, resin, taor
עֲטֶשֶׁת נ' fit of sneezing
עִיר חוֹרָבוֹת ז' heap of ruins
עִיבֵּד פ' work over, adapt, arrange
עִיבָּה פ' thicken, coarsen; condense
עִיבּוּד ז' adaptation, arrangement; working over, working on
עִיבּוּד מוּסִיקָלִי ז' musical arrangement
עִיבּוּד נְתוּנִים ז' data processing
עִיבּוּד תַּמְלִילִים ז' word processing

עִיבּוּי ז' thickening; coarsening; condensing
עִיבּוּר ז' conception, gestation; Hebraization
עִיבּוּרָה שֶׁל עִיר ז' outskirts of the town
עִיבּוּשׁ ז'. turning moldy
עִיבּוּת ז' cable-making, rope making
עִיבֵּר פ' cause to conceive, impregnate
עִיגּוּל ז' circle; rounding off
עִיגּוּלִי ת' circular, round
עִיגּוּן ז' desertion of a wife; anchorage
עִיגֵּל פ' round, round off
עִיגֵּל מִסְפָּר פ' round up a number
עִיגֵּן פ' moor (ship); desert a wife
עִידּוּד ז' encouragement, support
עִידּוּן ז' refining, refinement
עִידּוּר ז' hoeing, digging
עִידִּית נ' good soil; quality goods
עִידֵּן פ' indulge; refine
עִידָּן ז' age, epoch, era
עִידָּנָא דְרִיתְחָא ז' a moment ot temper
עִיוָּוה פ' twist, deform, contort
עִיוֵּור ז' blind (man)
עִיוֵּור פ' blind
עִיוָּרוֹן ז' blindness
עִיוֶּורֶת נ' blind (woman)
עִיוֵּות פ' pervert; distort
עִיוּוּת ז' distortion, perversion, contortion
עִיוּוּת הַדִּין ז' injustice, perversion of justice

עִיּוּן ז' reading, perusing; study
עִיּוּנִי ת' theoretical, speculative
עִיּוּר ז' urbanization
עִיזָּבוֹן ז' legacy; remains
עִיזָּה נ' goat, she-goat
עִיזּוּז ת' bold, brave, courageous
עַיִט ז' bird of prey, vulture
עֵיט־הַיָּם ז' eagle-fish
עִיטּוּף ז' wrapping, enveloping
עִיטּוּר ז' ornament, decoration; illustration
עִיטּוּשׁ ז' sneezing; sneeze
עִיטֵּר פ' crown; surround, encircle; adorn; illustrate
עִיֵּין פ' read, study; ponder, reflect
עָיֵף ת' tired, weary, fatigued
עָיֵף פ' grow tired, tire
עִייֵּף פ' tire, weary, make tired
עֲיֵיפָה נ' tiredness, weariness
עֲיֵיפוּת נ' weariness, fatigue
עִייֵּר פ' urbanize
עֲיָירָה נ' small town, township
עִיכֵּב פ' delay, hold up; hinder
עִיכּוּב ז' delaying, holding-up; hindering; delay, hold-up; hindrance
עִיכּוּל ז' digesting, digestion
עִיכּוּר ז' muddying; polluting
עִיכֵּל פ' digest
עִיכֵּס פ' rattle, jingle
עִיכֵּר פ' make turbid, pollute, spoil
עֵיל, לְעֵיל תה"פ above, supra
עִילָּא ז' top, up, height

עִילָּאוּת נ׳ — supremacy, superiority, superbness
עִילָּאִי ת׳ — supreme, superior, superb
עִילֵּג ת׳ — stammering, stuttering, inarticulate
עִילָּה פ׳ — exalt, praise, extol
עִילָּה נ׳ — pretext, cause
עִילּוּי ז׳ — genius, prodigy; elevation, uplift(ing)
עִילּוּיִי ת׳ — of a genius, of a prodigy
עִילּוּם ז׳ — hiding, concealment
בְּעִילּוּם שֵׁם תה"פ — anonymously
עִילִּי ת׳ — upper, higher, top, overhead
עִילִּית נ׳ — ´elite
עִילָּפוֹן ז׳ — swoon, faint
עִימֵּד פ׳ — set up (print in pages)
עִימָּדִי, עִמָּדִי מ"י — with me
עִימּוּד ז׳ — setting up (print in pages)
עִימּוּל ז׳ — training, exercising, drill
עִימּוּם ז׳ — dimming; muffling, blurring
עִימּוּת ז׳ — confrontation, comparison
עִימֵּל פ׳ — exercise, train, drill
עִימֵּם פ׳ — dim; muffle, blur
עִימֵּת פ׳ — confront; contrast, compare
עַיִן נ׳ — eye; shade, color; appearance; stitch; loop
עַיִן הָרָע נ׳ — the Evil Eye
עַיִן ז׳ — spring, fountain, the letter and consonant ayin

עִינֵּג פ׳ — delight, please
עִינָּה פ׳ — torture, torment
עִינּוּג ז׳ — delighting; delight, pleasure
עִינּוּי ז׳ — torturing, tormenting; torture, torment
עִינּוּי הַדִּין ז׳ — prolonged delay in legal proceedings
עֵינִית נ׳ — mesh; eyepiece
עִינֵּן פ׳ — overcloud
עִיסָּה נ׳ — dough
עִיסָּה פ׳ — massage; knead
עִיסּוּי ז׳ — massaging; massage
עִיסּוּק ז׳ — occupation, employment, business
עִיפּוּשׁ ז׳ — mold
עִפָּרוֹן ז׳ — pencil
עִיפֵּשׁ פ׳ — turn moldy, cause to decay
עִיצֵּב פ׳ — shape, fashion, model, design
עִיצָּבוֹן ז׳ — pain, distress, sorrow
עִיצּוּב ז׳ — shaping, fashioning, modelling, designing; design
עִיצּוּם ז׳ — essence; height, peak; strengthening
עִיצּוּמִים ז"ר — sanctions
עִיצּוּר ז׳ — consonant
עִיצֵּר פ׳ — press (olives, grapes)
עִיקּוּל ז׳ — foreclosing, foreclosure; distraint; bending; curve
עִיקּוּם ז׳ — bending, curving, bend; distortion, perversion
עִיקּוּף ז׳ — bypassing, going round
עִיקּוּר ז׳ — uprooting, extirpation; sterilizing; sterilization

עִיקֵּל פ' foreclose; distrain; bend, curve
עִיקֵּל ת' bow-legged, bandy-legged
עִיקֵּם פ' bend, twist; distort
עִיקֵּר פ' uproot, hamstring; sterilize
עִיקָּר ז' the main thing; basis, core; principle, tenet
עִיקָּר שָׁכַחְתִּי (ע"ש) P.S. (at end of letter)
עִיקָּרוֹן ז' principle, tenet
עִיקָּרִי ת' main, principal, basic
עִיקֵּשׁ ת' crooked, perverse; stubborn
עִיר נ' city, town
עִיר בִּירָה נ' capital city, capital
עִיר הַקּוֹדֶשׁ נ' (Jerusalem), the Holy City
עַיִר ז' young ass
עֵירֵב פ' mix; involve
עֵירָבוֹן ז' pledge, security, pawn
עֵירָה פ' lay bare, strip; pour out
עֵירוּב ז' mixing, mixture
עֵירוּב פָּרָשִׁיּוֹת ז' a jumble of texts; confusion, muddle
עֵירוּב תְּחוּמִים ז' confusing different issues
עֵירוּי ז' emptying, pouring, out; transfusion
עֵירוּי דָּם ז' blood transfusion
עֵירוֹם תה"פ nude, nudity
עִירוֹנִי ת',ז' urban, municipal; townsman
עִירוּר ז' excitation
עֵירוּת, עֵרוּת נ' alertness; liveliness, stir, activity
עִירִיָּה נ' municipality; city hall, town hall
עֵירָנוּת, עֵרָנוּת נ' alertness
עֵירָנִי, עֵרָנִי ת' alert
עַיִשׁ נ' the Great Bear
עִישֵּׂב פ' weed
עִישּׂוּב ז' weeding
עִישּׁוּן ז' smoking; fumigation; curing (meat, etc.)
עִישֵּׁן פ' smoke; fumigate; cure (meat, etc.)
עִישֵּׂר פ' tithe
עִישֵּׁר פ' enrich, make rich
עִישָּׂרוֹן ז' one-tenth, decimal
עִיתֵּד פ' make ready, prepare; intend
עִיתָּה פ' time
עִיתּוּי ז' timing, choosing the time
עִיתּוֹן ז' newspaper
עִיתּוֹן יוֹמִי ז' daily newspaper
עִיתּוֹנָאוּת נ' journalism
עִיתּוֹנַאי ז' journalist, reporter
עִיתּוֹנָאִי ת' journalistic
עִיתּוֹנוּת נ' the press
עִיתִּי, עִתִּי ת' at an appointed time; periodical
עִיתֵּק פ' shunt; (nautical) shift, haul
עַכָּבָה נ' hindrance, delay; inhibition
עַכָּבִישׁ ז' spider
עַכְבָּר ז' mouse
עַכְבָּרוֹן ז' little mouse
עַכְבְּרוֹשׁ ז' rat
עַכּוּז ז' buttocks

עַכּו״ם ז׳ (עוֹבֵד כּוֹכָבִים וּמַזָּלוֹת) pagan
עָכוּר ת׳ muddy, turbid; gloomy, dismal
עֲכִירוּת נ׳ turbidity, muddiness; gloom; bad state
עֶכֶס ז׳ anklet, bangle
עָכַר פ׳ make turbid, muddy; pollute, spoil
עַכְרוּרִי ת׳ slightly turbid; dismal
עַכְשָׁוִי ת׳ of the present, current, contemporary, actual
עַכְשָׁיו תה״פ now
עַל ז׳ height
עַל מ״י on, upon, over, above, about
עַל אוֹדוֹת about, concerning
עַל אַחַת כַּמָּה וְכַמָּה all the more so
עַל אַף in spite of, despite
עַל בּוּרְיוֹ thoroughly, perfectly
עַל גַּבֵּי on top of, on
עַל דְּבַר concerning
עַל דַּעַת by authority of, on instructions from
עַל הַגּוֹבָה first class (sl.)
עַל הַכַּוֶּנֶת singled out, marked down (for attack etc.)
עַל יַד near, close to
עַל יְדֵי by (of agent, means)
עַל יְדֵי כָּךְ thus, in this way
עַל כּוֹרְחוֹ against one's will
עַל כֵּן therefore
עַל לֹא דָּבָר don't mention it, not at all

עַל מְנַת in order to
עַל נְקַלָּה easily
עַל סְמַךְ on the basis of
עַל פֶּה by heart
עַל פִּי according to
עַל פִּי רוֹב generally, mostly
עַל קוֹלִי supersonic
עָלַב פ׳ insult, offend
עֶלְבּוֹן ז׳ insult, humiliation
עָלָה פ׳ go or come up, rise; cost; immigrate (to Israel)
עָלֶה ז׳ leaf; sheet (of paper)
עֲלֵה גָּבִיעַ ז׳ sepal
עֲלֵה כּוֹתֶרֶת ז׳ petal
עֲלֵה תְּאֵנָה ז׳ fig-leaf, comouflage
עֲלֵי הַגָּהָה ז״ר proof sheets
עָלוּב ת׳ wretched, poor, pathetic
עֲלוּב נֶפֶשׁ ת׳ miserable (person)
עַלְוָוה נ׳ foliage, leafage
עָלוּל ת׳ likely, liable, prone (usu. in unpleasant sense)
עָלוּם ת׳ hidden, unknown, secret
עֲלוּם שֵׁם ת׳ anonymous
עֲלוּמִים ז״ר youth, time of youth
עָלוֹן ז׳ leaflet, pamphlet, brochure, bulletin
עֲלוּקָה נ׳ bloodsucker, leech
עֲלוּת נ׳ cost
עָלַז פ׳ rejoice, be merry
עַלִּיז ת׳ joyful, merry
עֲלָטָה נ׳ darkness, gloom
עֱלִי ז׳ pestle; pistil (botany)
עֲלֵי מ״י on
עֶלְיוֹן ת׳ supreme; upper, lofty, high
עֶלְיוֹנוּת נ׳ supremacy, superiority

עָלִיז ת׳ merry, joyful; 'gay'
עַלִּיזוּת נ׳ cheerfulness, joy
עֲלִיָּה נ׳ coming or going up; rise, ascent; promotion; immigration (to Israel); upper rom
עֲלִייה בְּדַרְגָּה נ׳ promotion
עֲלִיַּת־גַּג נ׳ attic, loft
עֲלִיָּה לְרֶגֶל נ׳ pilgrimage (esp. to Jerusalem)
עֲלִיָּה לַתּוֹרָה נ׳ being called up to reading of the Law (in synagogue)
עֲלִיָּה פְּנִימִית נ׳ increase of population by natural reproduction
עֲלִילָה נ׳ plot (of story, etc); deed, act, action; scene; libel, false charge
עֲלִילַת דָּם נ׳ bloodlibel
עֲלִילוּת נ׳ likelihood, predisposition
עֲלִילָתִי ת׳ of a plot
עֲלִיצוּת נ׳ gladness, gaiety, rejoicing
עֶלֶם ז׳ youth, young man
עַלְמָה נ׳ maiden, lass, young woman
עָלַס פ׳ refoice, exult
עִלְעוּל ז׳ leafing through, mmbrowsing
עַלְעָל ז׳ small leaf, leaf
עִלְעֵל פ׳ leaf through, browse
עַלְעֶלֶת נ׳ blight (in citrus trees)
עָלַץ פ׳ rejoice, be glad
עַלְקוֹלִי, עַל־קוֹלִי ת׳ supersonic

עַם ז׳ people, nation, folk
עַם הָאָרֶץ ז׳ ignoramus, illiterate
עַם הַסֵּפֶר ז׳ the people of the Book, the Jews
עִם מ״י with, by, beside, at
עִם זֹאת nevertheless, at the same time
עִם שֶׁ while
עִם כָּל זֶה nevertheless, all the same
עָמַד פ׳ stand; stop; remain; be about to
עֶמְדָּה נ׳ position, stand; post (military); standpoint
עִמָּדִי, עִימָּדִי מ״י with me, beside me
עַמּוּד ז׳ column, pillar; page; lectern, stand
עַמּוּד הַקָּלוֹן ז׳ pillory
עַמּוּד הַשִּׁדְרָה ז׳ spinal column, spine
עַמּוּד הַשַּׁחַר ז׳ first light of dawn
עַמּוּד הַתָּוֶךְ ז׳ mainstay, central pillar of a building; kingpin
עַמּוּדָה נ׳ column (in a page)
עָמוּם ת׳ dim, dull, muffled
עֲמוּמוֹת תה״פ dimly, dully, muffledly
עָמוּס ת׳ loaded, burdened; very busy
עָמוֹק ת׳, תה״פ deep; profound; deeply, profoundly
עֲמוּקוֹת תה״פ deeply, profoundly
עָמִיד ת׳ durable, resistant

standing position; durability עֲמִידָה נ׳
durability, resistance עֲמִידוּת נ׳
commission agent עָמִיל ז׳
commission, brokerage עֲמִילוּת נ׳
starch עֲמִילָן ז׳
loading עֲמִיסָה נ׳
sheaf (of wheat, etc.) עָמִיר ז׳
colleague, associate, comrade; counterpart עָמִית ז׳
ordinary Jews, common folk עַמְּךָ ז״ר
toil, labor, exert oneself עָמַל פ׳
worker, laborer עָמֵל ז׳
work, toil, labor; suffering, misery, ills עָמָל ז׳
commission fee עֲמָלָה, עַמְלָה נ׳
starch עִמְלֵן פ׳
based on practical work עֲמָלָנִי ת׳
dim, darken עָמַם פ׳
muffler, dimmer עַמָּם, עַמַּם פְּלִיטָה ז׳
headlight dimmer עַמָּמוֹר ז׳
popular; of the people, folk עֲמָמִי ת׳
folksiness, popularism עֲמָמִיּוּת נ׳
load; carry עָמַס פ׳
dimming, fading, blurring עִמְעוּם ז׳
dim, dull, blur עִמְעֵם פ׳
silencer (on gun) עַמְעָם ז׳
valley, lowland עֵמֶק ז׳
depth, profundity עֲמִקוּת, עַמְקָנוּת נ׳
profound thinker עַמְקָן ת׳
put on or wear (a tie) עָנַב פ׳
grape; berry עֵנָב ז׳
single fruit or berry עֲנָבָה נ׳
gooseberries עִנְבֵי שׁוּעָל ז״ר
bell clapper; uvula עִנְבָּל ז׳
amber עִנְבָּר ז׳
tie on, decorate (with medal, etc.) עָנַד פ׳
answer, reply, respond עָנָה פ׳
tender, delicate עָנוֹג ת׳, עֲנוּגָה ת״נ
tied on, decorated עָנוּד ת׳
humility, modesty, meekness עֲנָוָה נ׳
humble, modest, meek עַנְוְתָן ת׳
affliction, suffering עֱנוּת נ׳
poor, wretched עָנִי ת׳
putting on (a tie); tying a loop; tie; loop עֲנִיבָה נ׳
tying on, decorating עֲנִידָה נ׳
humble, modest, meek עָנָיו ת׳
humility, diffidence עַנְיְוּוּת נ׳
poverty עֲנִיּוּת נ׳
matter, thing, affair; topic; interest עִנְיָן ז׳
interest, concern עִנְיֵן פ׳
relevant, to the point, appropriate; matter-of-fact, businesslike עִנְיָנִי ת׳
punishing, punishment עֲנִישָׁה נ׳
cloud עָנָן ז׳
storm cloud; bank of clouds עֲנָנָה נ׳
branch, bough עָנָף ז׳
thick with branches; ramified, widespread עָנֵף ת׳
giant, necklace עֲנָק ז׳
gigantic, enormous, huge עֲנָקִי ת׳
punish עָנַשׁ פ׳

עַסַּאי ז׳, עַסָּאִית נ׳ masseur
עָסוּק ת׳ busy, occupied
עַסְיָין ז׳ masseur
עָסִיס ז׳ juice, fruit-juice
עֲסִיסִי ת׳ juicy
עֲסִיסִיּוּת נ׳ juiciness
עָסַק פ׳ deal with, engage in, occupy oneself with
עֵסֶק ז׳ business; affair; concern
עֵסֶק בִּישׁ ז׳ a nasty business
עִסְקָה נ׳ transaction, deal
עִסְקַת חֲבִילָה נ׳ package deal
עִסְקִי ת׳ business-like, business
עַסְקָן ז׳ public figure, public worker
עַסְקָנוּת נ׳ public service
עַסְקָנִי ת׳ busy, always busy
עָף פ׳ fly; be dismissed (slang)
עָפוּץ ת׳ tanned (as leather)
עֲפַיָּן ז׳ anchovy
עֲפִיפוֹן ז׳ kite
עִפְעוּף ז׳ blinking, winking, flickering
עִפְעֵף פ׳ blink, wink, flicker
עַפְעַף ז׳, עַפְעַפַּיִם ז״ז eyelid(s)
עֶפֶץ ז׳ gall-nut
עָפָר ז׳ dust
עֲפְרָה נ׳ ore
עֶפְרוֹנִי ז׳ lark
עַפְרוּרִי ת׳ dust-like, earthen
עַפְרוּרִית נ׳ dirt
עֵץ ז׳ tree; wood; timber
עֵץ לָבוּד ז׳ plywood
עֵץ מַחַט ז׳ conifer
עֵץ נוֹי ז׳ tree (non fruit bearing)
עֵץ פְּרִי ז׳ fruit tree

עֶצֶב ז׳ sadness, pain, sorrow
עָצָב ז׳, ר׳ עֲצַבִּים nerve
עָצֵב ת׳ sad, sorrowful
עַצְבוּת נ׳ sadness, grief
עִצְבֵּן פ׳ irritate, annoy, get on one's nerves
עַצְבָּנוּת נ׳ nervousness, edginess
עַצְבָּנִי ת׳ nervous, edgy
עַצֶּבֶת נ׳ grief, sadness, sorrow
עֵצָה נ׳ piece of advice, counsel; lignin
עֲצַת אֲחִיתוֹפֶל נ׳ deliberately bad advice
עָצָה ז׳ lowest vertebra of the spine
עָצוּב ת׳ sad, sorrowful
עָצוּם ת׳ huge, enormous, numerous; closed; wonderful (colloq.)
עֲצוּמָה נ׳ petition; claim
עָצוּר ת׳,ז׳ confined, detained; restrained
עֲצוֹר! פ׳ stop!, halt!
עֲצִי ת׳ woody
עָצִיץ ז׳ flower-pot
עָצִיר ז׳ prisoner, detainee
עֲצִירָה נ׳ stopping; arresting
עֲצִירַת גְּשָׁמִים נ׳ drought
עֲצִירוּת נ׳ constipation
עָצֵל ת׳ lazy, idle
עַצְלָה, עַצְלוּת נ׳ laziness, sloth
עַצְלָן ז׳ lazy person, idler; sloth
עַצְלָנוּת נ׳ laziness, idleness
(בַּ)עֲצַלְתַּיִים תה״פ extremely slowly, sluggishly

עָצַם פ׳ flourish, grow powerful; close (one's eyes)
עֶצֶם ז׳, ר׳ עֲצָמִים object, substance, matter; essence
עֶצֶם נ׳, ר׳ עֲצָמוֹת bone
עַצְמָאוּת נ׳ independence
עַצְמָאִי ת׳ independent; self-employed
עָצְמָה ר׳ עוֹצְמָה
עַצְמוֹ himself, itself; alone
עַצְמִי ת׳ of one's own, personal, self
עַצְמִיּוּת נ׳ original and independent character
עָצַר פ׳ stop, halt; arrest, detain; prevent
עֲצָרָה, עֲצֶרֶת נ׳ public meeting, assembly
עֲצֶרֶת הָאו״ם נ׳ General Assembly of the United Nations
עֲצֶרֶת עַם נ׳ mass meeting
עָקָא נ׳ trouble, distress
דָא עָקָא that is the trouble, unfortunately
עָקַב פ׳ follow; track
עָקֵב ז׳ heel; footprint; trace
עֲקֵבוֹת ז״ר foot-prints, traces
עֵקֶב תה״פ as a result of, because of
עֲקָב ז׳ buzzard
עִקְבָּה נ׳ trace
עִקְבִי ת׳ consistent
עָקַד פ׳ bind hand and foot, truss
עֶקֶד ז׳ collection, set

עֲקֵדָה, נ׳ binding (for sacrifice); (self-) sacrifice
עֲקֵדַת יִצְחָק the bimding of Isaac
עָקָה נ׳ oppression, stress, trouble
עָקוֹב ת׳ crooked; deceitful
עָקוֹב מִדָּם ז׳ bloody
עָקוּד ת׳ bound hand and foot
עָקוֹד ת׳ striped (animal)
עָקוּם ת׳ curved, bent
עָקוֹם ז׳, עֲקוּמָה נ׳ curve, graph
עָקוּץ ת׳ stung
עָקוּר תו״ז uprooted, displaced person; sterilized
עָקִיב ת׳ consistent
עֲקִיבוּת נ׳ consistency
עֲקִידָה ר׳ עֲקֵדָה
עָקִיף ת׳ indirect, roundabout
עֲקִיפָה נ׳ going round; circumventing; overtaking (in driving)
(בַּ)עֲקִיפִין תה״פ indirectly
עֲקִיצָה נ׳ stinging; sting; sarcastic remark
עֲקִירָה נ׳ uprooting; extracting, removing; removal
עֲקַלְקַל ת׳ crooked, winding, twisted
עֲקַלָּתוֹן תו״ז winding, crooked; zigzag
עַקְמוּמִיּוּת נ׳ crookedness, crooked behavior
עַקְמוּמִית נ׳ curvature, curve
עַקְמִימוּת נ׳ crookedness; crooked behavior
עָקַף פ׳ byspass, go round; circumvent; overtake

עָקַץ פ׳ sting; be sarcastic about

עִקְצוּץ ז׳ slight sting; itch

עִקְצֵץ פ׳ sting (slightly)

עָקַר פ׳ uproot, extract; remove

עָקָר ז׳ sterile, barren

עַקְרָב ז׳ scorpion; Scorpio

עֲקָרָה נ׳ barren woman

עֶקְרוֹנִי ת׳ principal, fundamental, essential

עֶקְרוֹנִית תה״פ in principle

עֲקָרוּת נ׳ barrenness, sterility

עֲקֶרֶת בַּיִת נ׳ housewife

עִקְּשׁוּת, עִיקְּשׁוּת נ׳ obstinacy, stubbornness; crookedness

עַקְשָׁן ז׳ obstinate, stubborn person

עַקְשָׁנוּת נ׳ obstinacy, stubbornness

עַקְשָׁנִי ת׳ persistent, dogged

עֵר ת׳ awake; alert

עֲרַאי ז׳ chance occurrence, accident

עֲרָאִי ת׳ temporary, provisional casual, chance

עֲרָאִיּוּת נ׳ temporariness, provisional nature

עָרַב פ׳ guarantee, pledge, pawn; be pleasant, be agreeable; become evening; become dark

עָרֵב תו״ז liable, responsible; guarantor; pleasant, agreeable, tasty

עֶרֶב ז׳ evening; the eve of, the day before

עֶרֶב שַׁבָּת ז׳ Shabbat eve (Friday night)

עֵרֶב ז׳ mixture, jumble; woof

עֲרָב נ׳ Arabia

עִרְבֵּב פ׳ mix, mix up, confuse

עֲרָבָה נ׳ widerness, steppe, prairie; willow

עִרְבּוּב ז׳ mixing; confusing, mudling

עִרְבּוּבְיָה נ׳ mess, confusion, muddle

עִרְבּוּל ז׳ mixing; whipping up, churning

עַרְבּוֹלֶת נ׳ whirlpool

עֲרֵבוּת נ׳ guarantee, surety; pleasantness, sweetness tastiness

עַרְבִי, עֲרָבִי תו״ז Arab; Arabian, Arabic

עַרְבִיָּיה נ׳ Arab woman

(בֵּין הָ) עַרְבַּיִם ז״ז twilight, dusk

עַרְבִית, עֲרָבִית נ׳ Arabic (the language)

עַרְבִית נ׳ evening prayer

עִרְבֵּל פ׳ mix; whip up, churn

עַרְבָּל ז׳ mixing-machine; concrete-mixer

עֲרַבְרַב, עֵרֶב־רַב ז׳ rabble, mob

עָרַג פ׳ long for, yearn

עֲרָגָה נ׳ longing, yearning

עִרְגּוּל ז׳ rolling (steel)

עִרְגֵּל פ׳ roll (steel)

עַרְדָּל (עַרְדָּלַיִם) ז׳ rubber overshoe, galosh

עֲרוּבָּה נ׳ security, surety

עֲרוּגָה ז׳ flower-bed, garden-bed

עָרוֹד ז' wild ass, onager
עָרְוָה נ' nakedness; genitals, pudenda
עָרוּךְ ת' arranged, laid (table); edited
עָרוֹם ת' naked, bare, nude
עָרוּם ת' cunning, sly
עָרוּץ ז' ravine; channel
עִרְטוּל ז' stripping, laying bare
עַרְטִילָאִי ת' abstract, immaterial; naked, bare
עִרְטֵל פ' strip, lay bare
עֲרִיגָה נ' longing, yearning
עֶרְיָה נ' nakedness, nudity
עֲרִיָּה נ' seminal fluid, semen
עֲרִיכָה נ' arranging; arrangement; editing
עֲרִיכַת דִּין נ' the practice of law
עֲרִיסָה נ' cradle
עֲרִיפָה נ' beheading, decapitation
עָרִיץ תו"ז cruel; tyrant, despot
עָרִיצוּת נ' tyranny, despotism
עָרִיק תו"ז deserter
עֲרִיקָה, עֲרִיקוּת נ' desertion
עֲרִירוּת נ' childlesssness; loneliness
עֲרִירִי ת' childless; lonely, alone
עָרַךְ פ' arrange, put in order; edit
עֵרֶךְ ז' value, worth
(בְּ)עֵרֶךְ abut
עֵרֶךְ מוּסָף value added
עַרְכָּאָה נ' instance (legal)
עַרְכָּאוֹת נ"ר authorities (governmental, legal)
עֶרְכִּי ת' valued; valent
עֶרְכִּיּוּת נ' value; valency
עָרֵל ת' uncircumcised; Gentile, non-Jew; unpruned tree (in first three years)
עֲרַל־לֵב ת' heartless
עֲרַל שְׂפָתַיִם ת' stammering
עָרְלָה ר' עוֹרְלָה
עָרַם פ' stack, pile up
עָרְמָה ר' עוֹרְמָה
עֲרֵמָה נ' heap, pile, stack
עַרְמוּמִי ת' sly, cunning, artful
עַרְמוּמִיּוּת נ' slyness, cunning
עַרְמוֹן ז' chestnut
עַרְמוֹנִי ת' chestnut (color)
עַרְמוֹנִיּוֹת נ"ר castanets
עַרְמוֹנִית נ' prostate
עַרְמִימוּת נ' cunning, slyness
עֵרָנוּת נ' alertness
עֵרָנִי ת' alert
עֶרֶס, עֶרֶשׂ ז' cradle
עַרְסָל ז' hammock
עִרְעוּר ז' undermining; (legal) appeal; protest, objection
עִרְעֵר פ' undermine; (legal) appeal, lodge an appeal; protest, object
עַרְעָר ז' juniper tree
עָרַף פ' behead, decapitate
עַרְפָּד ז' vampire-bat; (fig.) bloodsucker
עִרְפּוּל ז' making indistinct; fogginess, mistiness; obscurity
עַרְפִּיחַ ז' smog
עַרְפִילִי ת' foggy, hazy, indistinct

עֲרָפֶל ז' mist, fog

עִרְפֵּל פ' obscure, befog, blur

עָרַק פ' desert, run away

עַרְקוּב ז' knee-joint

עַרְקוּם ז' talus

עֲרָר ז' appeal, protest, objection

עֶרֶשׂ, עֶרֶס ז' cradle

עָשׁ ז' moth, clothes-moth; the Great Bear (astron.), Ursa Major

עֵשֶׂב ז' grass

עִשְׂבִּיָּה נ' herbarium, grass

עָשָׂה פ' do, make; cause, bring about; spend (time)

עָשָׂה אֶת צְרָכָיו פ' relieve himself

עָשָׂה חַיִל פ' do well, proper

עָשָׂה חֶסֶד עִם פ' be kind or gracious to

עָשָׂה טוֹבָה פ' do favor

עָשָׂה לוֹ כְּנָפַיִם פ' spread abroad

עוֹשִׂים עִנְיָן פ' make a whole fuss

עָשָׂה רוֹשֶׁם פ' make an impression

עָשָׂה עַצְמוֹ פ' pretend

עָשׂוּי ת' made; done; capable, likely

עָשׂוּי לִבְלִי חַת ת' intrepid

עָשׁוּק ת' exploited, robbed, wronged

עָשׂוֹר ש"מ decade, ten

עֲשִׂיָּה נ' doing, making; action

עָשִׁיר ת',ז' rich, wealthy

עֲשִׁירוּת נ' richness, wealth

עֲשִׂירִי ת' tenth

עֲשִׂירִיָּה נ' a tenth; a group of ten

עֲשִׂירִית נ',ת' (a) tenth, 1/10

עָשַׁן פ' smoke, give off smoke

עָשֵׁן ת' smoking

עָשָׁן ז' smoke

עָשַׁק פ' exploit; oppress, wrong

עָשַׁר פ' become rich, get rich

עֶשֶׂר ש"מ ten (fem.)

עָשָׂר ש"מ (in numbers from 11 to 19) teen (masc.)

עֶשְׂרֵה ש"מ (in numbers from 11 to 19) teen (fem.)

עֲשָׂרָה ש"מ ten (masc.)

עֲשֶׂרֶת הַדִּיבְּרוֹת ז"ר the Ten Commandments

עֲשֶׂרֶת הַשְּׁבָטִים ז"ר the Ten (lost) Tribes

עֶשְׂרוֹנִי ת' decimal

עֶשְׂרִים ש"מ twenty (masc. & fem.)

עֲשָׁשִׁית נ' oil-lamp, kerosene-lamp

עַשֶּׁשֶׁת נ' decay (bones or teeth), caries

עֶשֶׁת ז' bar, lump; mooring clump, steel

עֶשְׁתּוֹנוֹת ז"ר mind, wits

עַשְׁתּוֹרֶת נ' Astarte

עֵת נ' time, season, period, occasion

עַתָּה תה"פ now

עַתּוּד ז' he-goat, billy-goat

עַתּוּדַאי ז' reservist

עֲתוּדָה נ' reserve

עֲתוּדוֹת ז"ר reserves (mil.)

עָתִיד ז',ת' future; ready, prepared

עָתִיד ל ת' is going to, is destined to

עַתִּיק ת' ancient, old, antique

עַתִּיק יוֹמִין ת׳	ancient, very old
עַתִּיקוּת נ׳	antiquity, great age
עַתִּיקוֹת נ״ר	antiquities; antiques
עָתִיר ת׳	rich, wealthy
עֲתִיר מַדָּע ת׳	high technology
עֲתִיר נְכָסִים ת׳	wealthy, affluent
עֲתִיר קָלוֹרְיוֹת ת׳	multi-caloried
עֲתִירָה נ׳	plea (legal); request

פ

פֵּאָה, פֵּיאָה נ' edge; corner; side, fringe; side curl

פֵּאָה נוֹכְרִית נ' wig

פֵּאִי ת' faced (geometry)

פְּאֵר ז' glory, magnificence; headdress

פְּאֵר הַיְּצִירָה ז' consummate creation

פֹּארָה נ' branch, bough

פָּארוּר ז' glow, redness

פִּבְרוּק ז' fabricating; fabrication

פִּבְרֵק פ' fabricate, make up

פַּג ז' premature baby

פָּג פ' grow faint, fade away, expire

פַּגָּה נ' girl (before puberty); premature baby (female); unripe fig

פָּגוּם ת' defective, flawed, faulty

פָּגוּעַ ת' stricken; damaged

פָּגוֹשׁ ז' bumper, fender

פָּגָז ז' shell (artillery); terrific (slang)

פִּגְיוֹן ז' dagger

פְּגִימָה נ' spoiling; flaw, defect

פָּגִיעַ ת' vulnerable

פְּגִיעָה נ' hurting; attack, blow, hit

פְּגִיעוּת נ' vulnerability

פְּגִישָׁה נ' meeting

פָּגַם פ' spoil, impair

פְּגָם ז' defect, flaw, fault

פָּגַע פ' harm, wound, hit; offend

פֶּגַע ז' misfortune, trouble; imp

פֶּגַע רַע ז' evil spirit; a pest, a nuisance

פָּגַר פ' die (like an animal)

פֶּגֶר ז' corpse, carcass, cadaver

פַּגְרָה נ' holiday; vacation

פָּגַשׁ פ' meet, encounter

פָּדָה פ' redeem, ransom, save; have a turnover (in business)

פָּדוּי ת' redeemed, ransomed

פְּדוּת נ' redemption, deliverance; difference, discrimination

פַּדַּחַת נ' forehead

פִּדְיוֹן ז' ransom, redemption; payment (to redeem); (commercial) turnover

פִּדְיוֹן הַבֵּן ז' redemption of first-born son

פְּדִיָּה נ' ransoming, redeeming

פֶּה ז' mouth; opening

פֹּה תה"פ here, in this place

פֶּה אֶחָד תה"פ unanimously

פְּהִיקָה נ' yawning, yawn

פּוֹאַר פ' be decorated, be adorned

פּוּבְרַק פ' be fabricated, be made up

פּוּגַג פ' de-energize, release

פּוּגָה נ' release, relaxation

פּוּגַּל פ' be spoiled, be made unfit; be denatured; be adulterated

פּוֹגֵעַ ת' offending

פּוּדַּר פ' be powdered

פּוּדְרִיָּה נ' — powder-compact, powder-box
פּוּזַל ת' — cross-eyed, squinting
פּוּזַם פ' — be sung, be hummed
פּוּזְמָק ז' — stocking, sock
פּוּזַר פ' — be scattered, be dispersed
פּוֹחֵז ת' — rash, irresponsible, reckless
פּוֹחֵחַ ת' — shabbily dressed, in rags
פּוּחְלָץ פ' — stuffed animal; saddlebag
פּוּחַם פ' — be blackened; be turned into charcoal
פּוֹחֵר ז' — potter
פּוֹחֵת ת' — diminishing, growing less, decreasing
פּוּחַת פ' — be reduced, be lessened, be devalued
פּוֹחֵת וְהוֹלֵךְ ת' — dwindling, diminishing
פּוּטַם פ' — be fattened; be stuffed, be filled; be mixed
פּוּטַר פ' — be dismissed, be fired, be discharged
פּוּיַּח פ' — be blackened with soot
פּוּיַּס פ' — be appeased, be soothed
פּוּךְ ז' — kohl (eye-shadow)
פּוֹל ז' — bean, broad bean
פּוּלַג פ' — be split up, be divided
פּוּלַח פ' — be sliced, be cut up
פּוּלְחָן ז' — worship; cult, ritual; adoration

פּוּלְחָנִי ת' — ritual
פּוֹלֵט ז' — emitter
פּוּלְמוּס ז' — polemic(s), debate
פּוּלְמוּסָן תו"ז — polemist, polemicist, debater
פּוּלַס פ' — be levelled, be smoothed flat
פּוּמְבֵּי נ' — publicity
פּוּמִית נ' — mouthpiece
פּוּמְפִּיָּה נ' — grater
פּוּנְדָק ז' — inn, tavern
פּוּנְדְקָאי, פּוּנְדָּקִי ז' — innkeeper, tavernkeeper
פּוּנָּה פ' — be cleared, be evacuated
פּוּנַּק פ' — be pampered, be spoiled
פּוּסַל פ' — be carved, be sculptured, be hewn
פּוּסְפַּס פ' — be striped
פּוּסְפַּס פ' — be muffed (slang)
פּוֹסֵק ז' — arbiter; Rabbinic authority
פּוּסַק פ' — be punctuated; be spaced
פּוּסְקָן ז' — normativist, prescriber
פּוֹעֵל ז' — worker, workman, laborer
פּוֹעַל ז' — action; verb
פּוּעַל ז' — Pu'al (name of verbal conjugation – passive of Pi'el)
פּוֹעֲלִי ת' — of the workers, labor
פּוֹעֳלִי ת' — working, functioning; verbal
פּוֹעַל יוֹצֵא (עוֹמֵד) ז' — transitive (intransitive) verb

פּוּעֲנַח פ' be deciphered, be decoded
פּוּצָּה פ' be compensated, be paid damages
פּוּצַּח פ' be cracked, be split
פּוּצַּל פ' be split up, be subdivided
פּוֹצֵץ ת' explosive
פּוֹצֵץ פ' explode; smash, shatter
פּוּצַּץ פ' be exploded, be demolished
פּוּקַּד פ' be ordered
פּוּקָה נ' obstacle, hindrance
פּוּקַּח פ' be inspected, be supervised
פּוּקְפַּק פ' be in doubt, be dubious
פּוּר ז' lot
פּוּרְגַּל פ' be whipped
פּוֹרֶה ת' fertile, prolific
פּוֹרַז פ' be demilitarized
פּוּרְזַל פ' be shod
פּוֹרֵחַ ת' flowering, blooming; flying
פּוֹרַט פ' be specified, be detailed
פּוֹרְטָן ז' plectrum
פּוֹרִיּוּת נ' fertility, fruitfulness
פּוּרִים ז' Purim, Feast of Esther
פּוּרְכַּס פ' be beautified, be prettified
פּוֹרַם פ' be or come unstitched
פּוּרְסַם פ' be advertised, be publicized
פּוֹרֵעַ ז' rioter, riotous person
פּוּרְעָנוּת נ' tribulation, suffering, affliction
פּוֹרֵץ ז' burglar
פּוֹרֵק ז' discharger; unloader
פּוֹרַק פ' be dismantled; be unloaded; be dissolved
פּוּרְקָן ז' redemption, salvation; relief
פּוֹרֶקֶת נ' lighter (boat)
פּוֹרֵר פ' crumble, break up
פּוֹרַר פ' be crumbled, be broken up
פּוֹרֵשׁ ז' dissenter, dissident
פּוֹרַשׁ פ' be explained, be interpreted
פּוֹרֶת ת' flourishing, fruitful
פּוּרְתָּא נ' a little, a bit
פּוֹשֵׁט ת' taking off, stripping; stretching out
פּוּשַּׁט פ' be simplified
פּוֹשֵׁט יָד ז' beggar
פּוֹשֵׁט עוֹר ז' skinner; profiteer
פּוֹשֵׁט רֶגֶל ז' bankrupt
פּוֹשֵׁעַ ז' criminal; sinner
פּוּשַּׂק פ' be opened wide
פּוֹשֵׁר ת' lukewarm, tepid; indifferent
פּוֹשְׁרִין, פּוֹשְׁרִים ז"ר lukewarm water
פּוֹת נ' vagina, female pudenda
פּוֹתֶה ת' gullible, credulous
פּוֹתָה נ' vagina, female pudenda
פּוּתָּה פ' be seduced; be tempted
פּוּתַּח פ' be developed; be opened wide
פּוֹתְחָן ז' opener (for cans, tins, bottles, etc.)

פּוֹתַחַת נ׳ master-key, skeleton-key
פּוּתַּל פ׳ be twisted
פּוֹתֵר ז׳ solver
פָּז ז׳ pure gold
פָּזוּר ת׳ scattered, strewn
פְּזוּר נֶפֶשׁ ת׳ scatterbrained, absent-minded
פְּזוּרָה נ׳ dispersion, diaspora
פָּזִיז ת׳ rash, impetuous
פְּזִיזוּת נ׳ rashness, impetuosity, haste
פְּזִילָה נ׳ squinting; squint; ogling
פָּזַל פ׳ squint; ogle
פַּזְלָן ז׳ squinter, cross-eyed person
פִּזְמוֹן ז׳ popular song; chorus, refrain
פִּזְמוֹנָאוּת נ׳ popular song-writing
פִּזְמוֹנַאי ז׳ popular song-writer
פַּזְרָן ז׳ lavish spender, spendthrift
פַּזְרָנוּת נ׳ lavishness, extravagance; squandering
פַּח ז׳ sheet-metal; tin, can; trap
פָּחַד פ׳ fear, be afraid of
פַּחַד ז׳ fear, fright; dreadful (slang)
פַּחַד מָוֶת ז׳ mortal fear; terrifying (slang)
פַּחְדָּן ת׳ coward, timid person
פַּחְדָּנוּת נ׳ cowardice, timidity
פֶּחָה ז׳ governor, prefect; pasha
פַּחוֹן ז׳ tin hut, shack, shanty
פָּחוּס ת׳ compressed, flattened

פָּחוּת ת׳ inferior; lesser
פָּחוֹת תה״פ less; minus
פָּחוֹת אוֹ יוֹתֵר תה״פ more or less
פָּחַז פ׳ act rashly, act recklessly
פַּחַז ז׳ rashness, recklessness
פַּחֲזָנוּת נ׳ impetuosity, rashness
פַּחֲזָנִית נ׳ éclair, cream-puff
פֶּחָח ז׳ tinsmith, tinner
פֶּחָחוּת נ׳ the work of a tinsmith
פֶּחָחִיָּה נ׳ tinsmithy, tinsmith's workshop
פְּחִיסָה נ׳ compressing, flattening
פְּחִיסוּת נ׳ flatness, oblateness
פַּחִית נ׳ small can, small tin
פְּחִיתָה נ׳ reduction
פְּחִיתוּת נ׳ decrease, reduction
פְּחִיתוּת כָּבוֹד נ׳ disrespect, disgrace
פִּחְלֵץ פ׳ stuff (animals or birds)
פֶּחָם ז׳ coal; charcoal
פַּחְמָה נ׳ carbonate
פֶּחָמִי ת׳ charcoal-burner
פַּחְמֵי אֶבֶן ז״ר coal, anthracite
פַּחְמֵימָה נ׳ carbohydrate
פַּחְמֵימָן ז׳ hydrocarbon
פַּחְמָן ז׳ carbon
פִּחְמֵן פ׳ carbonize
פַּחְמָן דּוּ־חַמְצָנִי ז׳ carbon dioxide
פַּחְמָנִי ת׳ carbonic
פַּחֶמֶת נ׳ anthrax
פַּחְמָתִי ת׳ containing carbon dioxide
פָּחַס פ׳ compress, flatten, squash
פֶּחָר ז׳ potter
פָּחַת פ׳ grow less, diminish, depreciate (in value)

פְּחָת ז׳ depreciation, amortization; waste, loss
פַּחַת נ׳ pit, snare, trap
פִּטְדָה נ׳ topaz
פְּטוֹטֶרֶת נ׳ stalk (of fruit); leaf-stalk, petiole
פָּטוּם ת׳ crammed, filled
פָּטוּר ת׳ exempt, free
פְּטוֹר ז׳ exemption (from tax)
פְּטִירָה נ׳ departing, departure; decease, death
פַּטִּישׁ ז׳ hammer
פַּטִּישׁוֹן ז׳ small hammer
פֶּטֶל ז׳ raspberry
פַּטָּם ז׳ specialist in fattening animals
פְּטָם ז׳ fatted ox, fatted animal or bird
פִּטְמָה נ׳ nipple; knob
פִּטְפּוּט ז׳ chatter, prattle
פִּטְפֵּט פ׳ chatter, prattle
פַּטְפְּטָן ז׳ chatterer, chatterbox
פַּטְפְּטָנוּת נ׳ chattering, chattiness
פָּטַר פ׳ dismiss, send away; exempt, acquit
פֶּטֶר, פֶּטֶר־רֶחֶם ז׳ first-born
פִּטְרוּל ז׳ patrolling
פַּטְרוֹן ז׳ patron, guardian
פַּטְרוֹנוּת נ׳ patronage, guardianship
פֶּטְרוֹסִילְיוֹן, פֶּטְרוֹסְלִינוֹן ז׳ parsley
פִּטְרִיָּה נ׳ mushroom, fungus
פִּטְרֵל פ׳ patrol
פִּי הַטַּבַּעַת ז׳ anus
פִּי שְׁנַיִם twice as much
פֵּיאוֹן, פֵּאוֹן ז׳ polyhedron
פֵּאֵר פ׳ adorn, decorate, embellish, glorify
פִּיגּוּל ז׳ taint, filth, stench; abomination
פִּיגּוּם ז׳ scaffolding
פִּיגּוּעַ ז׳ hitting; hit, blow, strike
פִּיגּוּר ז׳ lagging; lag, delay; arrears (of payment), backlog; backwardness
פִּיגֵּל פ׳ pollute, spoil, make unfit (for consumption)
פִּיגֵּר פ׳ fall behind, lag, be backward; be slow (clock)
פִּיד ז׳ calamity, disaster
פִּידֵּר פ׳ powder
פִּיהוּק ז׳ yawning, yawn
פִּיהֵק פ׳ yawn
פִּיּוּט ז׳ poetry (mainly liturgical)
פִּיּוּטִי ת׳ poetic, lyrical
פִּיּוֹנִית נ׳ pore (in a leaf)
פִּיּוּס ז׳ appeasing; appeasement, conciliation
פִּיּוֹת ז״ר mouths (plur. of פֶּה)
פִּיזּוּל ז׳ squinting; squint
פִּיזּוּר ז׳ scattering, dispersal
פִּיזּוּר נֶפֶשׁ ז׳ absent-mindedness, distraction
פִּיזֵּז פ׳ dance, leap about
פִּיזֵּם פ׳ hum, sing
פִּיזֵּר פ׳ scatter, disperse
פִּיחֵד פ׳ fear, be afraid
פִּיחוּם ז׳ charcoal-burning; blackening
פִּיחוּת נ׳ reduction; devaluation
פִּיחֵם פ׳ blacken, cover with carbon

פִּיחֵת פ׳ reduce, lessen, depreciate, devalue
פִּיטוּם ז׳ fattening, stuffing
פִּיטוּרִים, פִּיטוּרִין ז״ר dismissal, discharge
פִּיטֵם פ׳ fatten, stuff
פִּיטָם ז׳ knob, protuberance (on fruit)
פִּיטֵר פ׳ dismiss, discharge, fire
פִּיָּה נ׳ mouthpiece; aperture, orifice
פִּייַחַ פ׳ blacken (with soot), darken
פִּייַחַת נ׳ black rot
פַּייְטָן ז׳ poet; liturgical poet
פַּייְלָה נ׳ bowl, basin
פִּייֵּס פ׳ appease, pacify, conciliate
פַּייְסָן ז׳ appeaser, conciliator
פַּייְסָנוּת נ׳ appeasement, conciliation
פַּייְסָנִי ת׳ appeasing, conciliatory
פִּיכָּה פ׳ gush, flow forth
פִּיכֵּחַ ת׳ sober, clear-headed
פִּיכְחוֹן ז׳ soberness, sobriety
פִּיל ז׳ elephant
פִּילֵג פ׳ split, divide
פִּילֶגֶשׁ נ׳ mistress, concubine
פִּילָּה פ׳ delouse, search for lice
פִּילוּג ז׳ splitting; split, division, schism
פִּילוּחַ ז׳ slicing, breaking open; plowing
פִּילוֹן ז׳ baby elephant
פִּילוּס ז׳ levelling, grading, straightening out
פִּילוּס דֶּרֶךְ ז׳ making a way
פִּילוֹסוֹף ז׳ philosopher
פִּילוֹסוֹפִי ת׳ philosophical
פִּילַּח פ׳ slice (fruit); break open; plow
פִּילַּח פ׳ steal, pinch (slang)
פִּילֵּל פ׳ expect; pray
פִּילָנוּת נ׳ elephantism
פִּילֵּס פ׳ level, smooth flat; straighten out; break through
פִּימָה נ׳ double chin; fat
פִּין ז׳ pin, tooth (of wheel); penis
פִּינָּה נ׳ corner
פִּינָּה פ׳ clear, clear out; remove; evacuate
פִּינּוּי ז׳ clearing, removal, evacuation
פִּינּוּק ז׳ spoiling, pampering; luxury
פִּינָךְ ז׳ mess-tin
פִּינֵּק פ׳ spoil, pamper
פִּינְקָס ר׳ פִּנְקָס
פַּיִס ז׳ lottery
פִּיסָּה נ׳ scrap, bit, small piece
פִּיסּוּל ז׳ carving; sculpturing, sculpture
פִּיסּוּק ז׳ punctuation; opening
פִּיסֵּחַ ת׳ lame
פִּיסֵּל פ׳ sculpture, carve, hew, chisel
פִּיסֵּק פ׳ punctuate; space out
פִּיעֵל ז׳ Pi'el (name of verbal stem)

פִּיעֵם פ׳ excite, animate, inspire

פִּיף ז׳ fringe, tassel

פִּיפְיוֹן ז׳ pipit

פִּיפִיָּה נ׳ blade, sharp edge; mouth, opening

פִּיפִית נ׳ pipette

פִּיצָּה פ׳ compensate, recompense, pay damages; pacify, appease

פִּיצּוּחַ ז׳ cracking (nuts, etc.), splitting

פִּיצּוּי ז׳, פִּיצּוּיִים ז״ר compensation, damages

פִּיצּוּל ז׳ splitting; subdivision; strip, peel

פִּיצּוּץ ז׳ blowing up, explosion, blast

פִּיצַּח פ׳ crack (nuts etc.) split

פִּיצֵּל פ׳ split; strip, peel

פִּיק ז׳ trembling, quivering

פִּיק בִּרְכַּיִים ז׳ feeling weak (from fear)

פִּיקֵּד פ׳ command; give orders

פִּיקָּדוֹן ז׳ deposit, pledge

פִּיקָּה נ׳ cap; cam; kneecap

פִּיקּוּד ז׳ command

פִּיקּוּדִי ת׳ command

פִּיקּוּחַ ז׳ supervising; supervision, inspection

פִּיקּוּחַ נֶפֶשׁ ז׳ the saving of life

פִּיקּוּק ז׳ corking, plugging

פִּיקַּח פ׳ supervise, inspect

פִּיקֵּחַ ת׳ clever, shrewd; not blind, not deaf

פֵּירֵד פ׳ decompose, separate into component parts

פֵּירוּד ז׳ split, separation, division

פֵּירוּז ז׳ demilitarization

פֵּירוּט ז׳ detailing, giving in detail; changing money into smaller denominations

פֵּירוּךְ ז׳ crushing, sapping

פֵּירוּס ז׳ distribution; fanning out

פֵּירוּק ז׳ dismantling; unloading; dissolution

פֵּירוּק נֶשֶׁק ז׳ disarmament

פֵּירוּר ז׳ crumbling; crumb

פֵּירוּשׁ ז׳ interpretation, explanation

פֵּירוֹת ז״ר fruits

פֵּירֵז פ׳ demilitarize

פֵּירֵט פ׳ specify, give in detail; change money into smaller denominations

פִּירְכָא, פִּירְכָה נ׳ refutation, rebuttal

פֵּירֵם פ׳ unstitch, undo

פֵּירֵס פ׳ spread out; fan out deploy

פֵּירָעוֹן ז׳ paying off, payment

פֵּירֵק פ׳ dismantle; unload; dissolve

פֵּירֵשׂ פ׳ ר׳ פֵּירֵס פ׳

פֵּירֵשׁ פ׳ interpret, explain, clarify

פִּישּׁוּט ז׳ simplification; extension, stretching

פִּישּׂוּק ז׳ opening (legs etc.)

פִּישּׂוּק רַגְלַיִים ז׳ legs apart

פִּישֵּׁט פ׳ simplify

פִּישֵּׁל פ׳ make a mess off (sl.), botch

פִּישֵּׂק פ׳ open wide

פִּישֵׁר פ׳ **compromise, mediate**
פִּיתָּה נ׳ **pitta, flat round Arab bread**
פִּיתָּה פ׳ **seduce, entice, tempt**
פִּיתּוּחַ ז׳ **developing; engraving**
פִּיתּוּי ז׳ **tempting; seduction, temptation, enticement**
פִּיתּוּךְ ז׳ **blending (colors)**
פִּיתּוּל ז׳ **winding, twisting; bend; torsion, torque**
פִּיתוֹם ז׳ **ventriloquist**
פִּיתַּח פ׳ **develop, elaborate, expand; engrave**
פִּיתָּיוֹן ז׳ **bait, lure**
פִּיתֵּךְ פ׳ **blend (colors)**
פִּיתֵּל פ׳ **twist, wind, bend, curve**
פַּךְ ז׳ **flask, cruse, can (esp. for oil)**
פַּכִּים קְטַנִּים ז״ר **trifles, trivialities**
פַּכִּית נ׳ **small can (esp. for oil), small jar**
פַּכְסָם ז׳ **rusk, dry biscuit**
פִּכְפּוּךְ ז׳ **gushing, flow, bubbling**
פִּכְפֵּךְ פ׳ **gush, flow, bubble**
פֶּלֶא ז׳ **miracle, marvel**
פִּלְאִי ת׳ **miraculous, marvellous**
פִּלְאֵי פְּלָאִים ז״ר **absolutely wonderful**
פִּלְבּוּל ז׳ **goggling, rolling (eyes)**
פִּלְבֵּל פ׳ **goggle, roll**
פֶּלֶג ז׳ **stream, brook, rivulet; part, section**
פֶּלֶג ז׳ **part, section**
פְּלַגָּה נ׳ **group; company, detachment (military)**
פַּלְגָן ז׳ **dissenter, schismatist, sectarian**
פַּלְגָנוּת נ׳ **separatism, dissension, factionalism**
פַּלְגָנִי ת׳ **schismatic, separatist**
פְּלָדָה נ׳ **steel**
פָּלָה פ׳ **search for lice, delouse**
פְּלוּגָּה נ׳ **company (military), squadron, platoon; group**
פְּלוּגְתָּא נ׳ **controversy, (military) disagreement**
פְּלוּגָתִי ת׳ **company, platoon**
פְּלוֹטֶת נ׳ **emission; exhaust**
פְּלוּמָה נ׳ **down, fluff**
פְּלוֹנִי ת׳ **someone (unnamed)**
פְּלוֹנִי אַלְמוֹנִי ז׳ **someone**
פָּלוּשׁ ז׳ **vestibule, vestry corridor**
פָּלַח פ׳ **plow, furrow, break**
פֶּלַח ז׳ **segment, slice, piece**
פַּלָּח ז׳ **fellah, peasant**
פַּלְחָה נ׳ **field crops**
פָּלַט פ׳ **emit, give off, eject**
פְּלֵטָה, פְּלֵיטָה נ׳ **remnant, remains**
פַּלְטִין נ׳ **palace**
פַּלְטֵרִין ז׳ **palace**
פְּלִיאָה נ׳ **marvel, wonder; surprise**
פְּלִיז ז׳ **brass**
פָּלִיט ז׳ **refugee, fugitive**
פְּלִיטָה נ׳ **emitting, giving off; casting up, ejecting; exhaust, emission, (technical)**
פְּלִיטַת פֶּה נ׳ **slip of the tongue**
פְּלִיטַת קוּלְמוּס נ׳ **slip of the pen**

פְּלִילִי ת' criminal

פְלִירְטֵט פ' flirt (slang)

פְּלִישָׁה נ' invading; invasion, incursion

פֶּלֶךְ ז' district, province; distaff, spindle

פַּלְמוֹנִי נ' so-and-so, someone (unnamed), such-and-such

פַּלְמוּדָה נ' tuna fish

פְלָנֵלִית נ' flannelette; "four-by-two" (army)

פֶּלֶס ז' scale, balance, level

פֶּלֶס מַיִם ז' spirit-level

פַּלְסְתֵּר, פְּלַסְטֵר ז' fraud, deceit, forgery

פִּלְפּוּל ז' sophistry, casuistry, hair-splitting

פֶּלֶפ(א)פוֹן ז' portable telephone (in vehicle)

פִּלְפֵּל פ' split hairs, argue, debate

פִּלְפֵּל ז' pepper

פִּלְפְּלוֹן ז' pepper tree

פַּלְפְּלָן ז' casuist, sophist, hairsplitter

פִּלְפֶּלֶת נ' sweet-pepper or red pepper

פְּלָצוּר ז' lasso, lariat

פַּלָּצוּת נ' shuddering, quaking, horror, shock

פָּלַשׁ פ' invade

פְּלִשְׁתִּי ת' Philistine

פָּמוֹט ז' candlestick

פָּמַלְיָה נ' entourage, retinue

פֶּן מ"ח lest, in order not to

פַּן ז' face, surface; facet, aspect

פְּנַאי ז' free time, spare time; leisure

פָּנָה פ' turn; turn to, apply to

פָּנָה עוֹרֶף פ' turned his back; fled

פָּנוּי ת' free, unoccupied; unmarried

פְּנוּת נ' partiality; free time

פִּנְטֵז, פִּנְטֵס פ' (music) improvise; have illusions

פְּנֵי הַיָּם זו"נ ר' sea level

פְּנִיָּה נ' turning; turn; addressing, application, appeal

פָּנִים ז"ר, נ"ר face, facade, front; appearance; surface

פְּנִים ז' inside, interior

פָּנִים אֶל פָּנִים תה"פ face to face

פְּנִימָה תה"פ inside, within

פְּנִימִי ת' internal, inward

פְּנִימִיָּה נ' boarding school

פְּנִינָה נ' pearl

פְּנִינִיָּה נ' guinea fowl

פִּנְכָּה, פִּינְכָּה נ' plate, dish

פָּנָס ז' lantern, flashlight, torch; black eye (slang)

פִּנְקָס, פִּינְקָס ז' notebook; ledger

פִּנְקַס זֶהוּת ז' identity card

פִּנְקְסָן ז' book-keeper

פִּנְקְסָנוּת כְּפוּלָה נ' double-entry book-keeping; hypocrisy

פֶּנֶת נ' upper (of shoe)

פַּס ז' stripe, streak; rail on railway line; pass

פִּסְגָּה נ' summit, peak

פָּסוּל ת' disqualified; unfit for use; unacceptable; faulty

פָּסוּל ז' fault, flaw, defect
פְּסוֹלֶת נ' refuse, waste
פָּסוּק ז' verse (of the Bible); sentence
פְּסוּקִית נ' half-verse, hemistich; clause
פְּסוֹקֶת נ' parting (in the hair)
פָּסַח פ' pass over; skip; celebrate Passover
פֶּסַח ז' Passover, Pessaḥ
פָּסַח עַל שְׁתֵּי הַסְּעִפִּים (he) vacillated, wavered
פַּסְחָא ז' Easter
פִּסְחוּת, פִּיסְחוּת נ' lameness
פִּסְטוּר ז' pasteurization
פִּסְטֵר פ' pasteurize
פָּסִיג ז' cotyledon
פְּסִיגִי ת' cotyledonous
פַּסְיוֹן ז' pheasant
פְּסִיחָה נ' passing over, skipping, omitting
פְּסִילָה נ' declaring unfit, disqualification, rejection
פְּסִילִים ז"ר graven images, idols
פָּסִיס ז' batten, plank, beam
פְּסִיסָה נ' strip
פְּסִיעָה נ' stepping; step, pace
פְּסֵיפָס ז' mosaic
פְּסִיק ז' comma
פְּסִיקָה נ' giving judgment; body of legal judgments
פָּסַל פ' declare unfit; disqualify, reject; carve, chisel
פַּסָּל ז' sculptor
פֶּסֶל ז' statue, piece of sculpture; graven image, idol
פִּסְלוֹן ז' statuette, small piece of sculpture
פְּסַנְתֵּר ז' piano
פְּסַנְתֵּר כָּנָף ז' grand piano
פְּסַנְתְּרָן ז' pianist (male)
פְּסַנְתְּרָנִית נ' pianist (female)
פָּסַע פ' step, tread, pace
פִּסְפֵּס פ' miss, muff (slang)
פָּסַק פ' stop; give judgment
פֶּסֶק ז' disconnection; gap, space
פְּסַק־דִּין ז' verdict, judgment
פְּסַק־זְמַן ז' time-out
פִּסְקָה נ' paragraph
פַּסְקָנוּת נ' absoluteness, indisputability
פָּעָה פ' bleat
פָּעוּט ז' small child, tot
פָּעוּט ת' petty, trifling, small
פָּעוּל ת' creature, passive
פְּעוּלָּה נ' action, act; effect
פָּעוּר ת' wide open
פְּעִי ז' bleat
פְּעִיטוּת נ' smallness, insignificance
פְּעִיָּה נ' bleating, bleat
פָּעִיל ת' active
פְּעִילוּת נ' activity; activeness
פְּעִים ז' knock, beat
פְּעִימָה נ' beating, throbbing; beat, throb; message unit of telephone
פָּעַל פ' work, act, do, function; influence
פָּעַל ז' Paal (simple stem of the Hebrew verb)

פַּעֲלוּל ז' effect, gimmick
פְּעַלְתָּן ז' active person
פְּעַלְתָּנוּת נ' activity
פָּעַם פ' beat, throb
פַּעַם נ' time, occasion; beat; (foot) step
פַּעַם אַחַת נ' once, once upon a time
פַּעֲמָה נ' beat (in music)
פַּעֲמוֹן ז' bell
פַּעֲמוֹנָה נ' carillon
פַּעֲמוֹנִית נ' harebell, campanula
פְּעָמִים, לִפְעָמִים תה"פ sometimes, at times
פִּעְנוּחַ ז' decipherment, decoding; unraveling
פִּעְנֵחַ פ' decipher, decode; unravel
פִּעְפּוּעַ ז' bubbling, sizzling; diffusing; diffusion
פִּעְפֵּעַ פ' bubble, sizzle; diffuse
פָּעַר פ' open wide, gape
פַּעַר ז' gap, difference
פָּצָה פ' open (usu. mouth)
פָּצוּעַ ת', ז' wounded, injured; casualty
פָּצַח פ' open (mouth to sing)
פְּצִיחָה נ' burst of song, singing; cracking (nuts etc.), breaking
פְּצִיעָה נ' wounding, injuring; wound, injury
פְּצִיץ ז' piece (of shrapnel), splinter, fragment
פְּצִירָה נ' filing; file
פְּצָלָה נ' peeled part of a tree
פַּצֶּלֶת נ' feldspar, spar

פָּצַע פ' wound, injure
פֶּצַע ז' wound, injury
פִּצְעֵי בַּגְרוּת ז"ר acne, blackheads
פִּצְפֵּץ פ' shatter; pop, explode
פַּצָּץ ז' detonator, fuse
פְּצָצָה נ' bomb
פִּצְצַת מֵימָן נ' hydrogen bomb
פִּצְצַת עוֹמֶק נ' depth-charge
פִּצְצַת שָׁעוֹן נ' time-bomb
פָּצַר פ' entreat, plead, urge; file
פָּקַד פ' order, command; remember; count, number; punish; visit
פַּקָּד ז' chief-inspector (of police)
פָּקוּד ת', ז' numbered, counted; under someone's command, subordinate; soldier
פְּקוּדָה נ' order, command
פָּקוּק ת' corked, plugged
פָּקַח פ' open (eyes, ears)
פַּקָּח ז' inspector, controller
פַּקָּחוּת נ' inspection, control, supervision
פִּקֵּחַ, פִּיקֵחַ ת' clever, shrewd
פָּקִיד ז' (modern) clerk, official; (biblical) officer
פְּקִידָה נ' elerk (female), official (female), period
מִפְּקִידָה לִפְקִידָה from time to time
פְּקִידוֹן ז' petty official
פְּקִידוּת נ' office-work; office staff
פְּקִידוּתִי ת' bureaucratic, clerical
פְּקִימָה נ' diverting; changing course (ship)
פְּקִיעָה נ' bursting, splitting; lapse (of rights), expiration

פְּקִיקָה נ' corking, plugging
פַּקֶּלֶת נ' scaly bark, psoriasis
פָּקַם פ' divert;
change course (ship)
פָּקַע פ' burst, split; expire,
lapse (rights)
פֶּקַע ז' bud
פְּקַעַת נ' bulb (flower); ball (of
wool), coil
פְּקַעַת עֲצַבִּים a bundle of nerves
פִּקְפּוּק ז' doubt, hesitation,
uncertainty
פִּקְפֵּק פ' doubt, hesitate, waver
פַּקְפְּקָן ז' doubter, sceptic
פַּקְפְּקָנוּת נ' doubting, scepticism
פָּקַק פ' cork, plug
פְּקָק, פָּקָק ז' cork, plug, stopper
פַּקֶּקֶת נ' thrombosis
פַּקְרֵס ז' jumper, sweater
פַּר ז' bull, bullock
פֶּרֶא ז' savage, wild; wild ass
פֶּרֶא־אָדָם ת', ז' wild man, savage
פִּרְאוּת נ' savagery, wildness
פִּרְאִי ת' savage, wild
פַּרְבָּר ז' suburb, outskirts
פֶּרֶג ז' poppy; poppy-seed
פַּרְגּוֹד ז' screen, curtain
פַּרְגּוֹל ז' whip
פַּרְגִּית נ' young chicken; (slang)
teenage girl, chick
פִּרְגֵּל פ' whip
פֶּרֶד ז' mule; odd number
פִּרְדָּה נ' mule (fem.)
פְּרֵדָה, פְּרִידָה נ' parting, departure
פַּרְדָּנִית נ' gadabout (woman)
פַּרְדֵּס ז' orchard; citrus grove

פַּרְדְּסָן ז' citrus-grower,
citriculturist
פָּרָה פ' be fruitful, multiply
פָּרָה נ' cow
פָּרָה חוֹלֶבֶת נ' milch-cow (lit. and
fig.)
פִּרְהֵס פ' publicize,
make public
פִּרְהֶסְיָה נ' publicity, public
פָּרוּד ת' divided, separated
פְּרוּדָה נ' molecule
פַּרְוָה נ' fur; fur coat
פַּרְוָן ז' furrier
פַּרְוָר ז' outskirts
פָּרוּז ת' demilitarized
פְּרוֹזְדוֹר ז' corridor, passage
פְּרוּטָה נ' small coin
פְּרוֹטְרוֹט ז' detail; small change
פָּרוֹכֶת נ' curtain (in front of ark of
Covenant, in synagogue)
פָּרוּס ת' spread (out); sliced;
deployed (military)
פְּרוּסָה נ' slice
פָּרוּעַ ת' wild, unrestrained,
dishevelled
פָּרוּף ת' fastened, pinned
פָּרוּץ ת' broken open;
licentious, dissolute
פְּרוּצָה נ' loose woman
פָּרוּשׁ ת' ascetic, abstemious;
Pharisee; finch (bird)
פָּרוּשׂ ת' spread out, stretched out
פִּרְזוּל ז' shoeing (horses)
פְּרָזוֹן ז' undefended area
פְּרָזוֹת תה"פ open, unwalled,
unfortified

פִּרְזֵל פ׳ shoe (horses)

פָּרַח פ׳ blossom, flower; bloom, flourish; break out (rash); fly away

פְּרַחָה נ׳ vulgar tarty female (sl.)

פִּרְחָח ז׳ urchin, mischievous and rowdy child

פִּרְחָחוּת נ׳ mischievousness and rowdiness

פִּרְחֵי קְצִינִים ז״ר officer cadets

פָּרַט פ׳ change (money); give small change; specify, detail; play or pluck stringed instrument

פְּרָט ז׳ small change; odd number; detailed list; detail, individual

פְּרָטוּת נ׳ detail

פְּרָטִי ת׳ private, individual, personal

(בִּ)פְרָטֵי פְּרָטִים תה״פ in minute detail

פְּרָט ל תה״פ except for

פְּרִי ז׳ fruit; result; profit

פְּרִידָה נ׳ parting, departure, separation

פְּרֵידָה ר׳ פְּרֵדָה

פִּרְיוֹן ז׳ fruitfulness, productivity, productiveness

פְּרִיחָה נ׳ flowering, blossoming; success; rash (medical); flying, flight

פְּרִיט ז׳ item

פְּרִיטָה נ׳ changing (money), giving small change; playing, strumming,or plucking stringed instrument

פְּרִיָּה נ׳ fruitfulness, bearing fruit

פְּרִיָּה נ׳ bull-shed

פְּרִיָּה וּרְבִיָּה נ׳ having children; copulation

פָּרִיךְ ת׳ brittle, crumbly

פְּרִיכָה נ׳ breaking, crushing

פְּרִיכוּת נ׳ brittleness, fragility

פְּרִיסָה נ׳ spreading out; slicing; (military) deployment

פְּרִיעָה נ׳ payment; letting one's hair grow wild

פְּרִיפָה נ׳ fastening; pin, clasp

פָּרִיץ ז׳ squire; lawless and violent person

פְּרִיץ חַיּוֹת ז׳ wild animal

פְּרִיצָה נ׳ breaking-through; break-through; breach, burglary

פְּרִיצוּת נ׳ licentiousness, dissoluteness, lawlessness

פְּרִיצַת דֶּרֶךְ נ׳ forcing a way through; break-through

פָּרִיק ת׳ detachable, capable of being dismantled

פְּרִיקָה נ׳ unloading

פְּרִיקַת עוֹל נ׳ lawlessness, irresponsibility

פָּרִיר ת׳ crumbly

פְּרִישָׂה נ׳ spreading out, extending

פְּרִישָׁה נ׳ leaving; withdrawal; retirement

פְּרִישׁוּת נ׳ abstemiousness, abstinence

פְּרִישׁוּת דֶּרֶךְ אֶרֶץ נ׳ sexual abstinence

פֶּרֶךְ ז׳ oppression; crushing

פִּרְכָא, פִּרְכָה נ׳ refutation, counter-argument, rebuttal
פִּרְכּוּס ז׳ dolling up, self-adornment; spasm, jerk
פִּרְכֵּס פ׳ prettify, doll up; jerk, have spasms
פָּרַם פ׳ unstitch, undo, take apart; rip
פִּרְנֵס פ׳ support, sustain, maintain, provide for
פַּרְנָס ז׳ community leader
פַּרְנָסָה נ׳ livelihood, maintenance
פָּרַס פ׳ spread out, extend; slice
פֶּרֶס ז׳ bearded vulture
פְּרָס ז׳ prize, reward
פַּרְסָה נ׳ hoof; horse-shoe
פִּרְסוּם ז׳ publicizing, publishing; publication; fame, popularity; publicity
פִּרְסוֹמֶת נ׳ advertisement, publicity
פִּרְסֵם פ׳ publish, publicize, advertise
פָּרַע פ׳ repay (a debt), pay off; riot; dishevel
פַּרְעוֹשׁ ז׳ flea
פְּרָעוֹת נ״ר riots, pogroms
פָּרַף פ׳ pin together, fasten
פִּרְפּוּר ז׳ spasm, twitch, quiver
פַּרְפַּר ז׳ butterfly; breast-stroke (colloq.); bow-tie (colloq.); swinger, ladies man (colloq.)
פִּרְפֵּר פ׳ twitch; flutter, quiver
פַּרְפַּר לַיְלָה ז׳ moth; night-bird (slang)
פַּרְפֶּרֶת נ׳ dessert
פָּרַץ פ׳ break open, break into
פֶּרֶץ ז׳ breach, gush, trouble
פִּרְצָה נ׳ breach, gap
פַּרְצוּף ז׳ face (often derogatory); character, type (slang)
פָּרַק פ׳ unload, take or throw off; save, redeem
פָּרַק עוֹל פ׳ throw off the yoke (of law, of morals)
פֶּרֶק ז׳ chapter, section; joint; maturity
פְּרַקְדָּן תה״פ supine, lying on one's back
פְּרַקְלִיט ז׳ advocate, attorney
פְּרַקְלִיטוּת נ׳ advocacy, law (as profession)
פְּרַקְמַטְיָה נ׳ goods, merchandise; business
פָּרַשׂ, פָּרַס פ׳ stretch, spread out, extend
פָּרַשׁ פ׳ leave, retire, withdraw
פָּרָשׁ ז׳ horseman; knight; horse
פָּרָשָׁה נ׳ affair, case; portion (of Scripture), chapter
פַּרְשָׁן ז׳ commentator, exegete
פַּרְשָׁנוּת נ׳ commentary, exegesis
פָּרָשַׁת דְּרָכִים נ׳ cross-roads
פָּרָשַׁת הַשָּׁבוּעַ נ׳ weekly portion of the Law
פָּרָשַׁת הַמַּיִם נ׳ watershed
פָּרַת־יָם נ׳ sea-cow
פָּשׁ פ׳ relax, rest
פָּשָׂה פ׳ spread (esp. disease)
פָּשׁוּט ת׳, תה״פ simple, easy; undistinguished; extended; simply
פָּשׁוּט מְאוֹד! very simple!

פְּשׁוּט ז' simple meaning, plain meaning
פְּשׁוּטוֹ כְּמַשְׁמָעוֹ תה"פ literally, quite simply, quite plainly
פָּשׁוּשׁ ז' graceful warbler
פְּשָׁט ז' literal meaning, plain meaning
פָּשַׁט פ' take off, strip; stretch out, extend; attack, raid
פָּשַׁט אֶת הָרֶגֶל פ' went bankrupt
פָּשַׁט יָד פ' begged for alms
פָּשַׁט עוֹר פ' skinned; overcharged
פַּשְׁטוּת נ' simplicity, plainness
פַּשְׁטִידָה נ' pie, pudding
פַּשְׁטָנוּת נ' simplicity; over-simplification
פַּשְׁטָנִי ת' simple; over-simple
פְּשִׁיטָא תה"פ obviously! clearly! of course!
פְּשִׁיטָה נ' stripping; attack, raid
פְּשִׁיטַת רֶגֶל נ' bankruptcy
פְּשִׁיעָה נ' sinning, offending; crime; criminal negligence
פַּשְׁלָה נ' mess, fiasco, botched job (sl.)
פָּשַׁע פ' sin, offend; commit crime
פֶּשַׁע ז' sin, offense; crime
פָּשַׂע, פָּסַע פ' step, tread
פֶּשַׂע, פְּסִיעָה נ' step, pace
פִּשְׁפּוּשׁ ז' searching; search, examination
פִּשְׁפֵּשׁ ז' bug, bed-bug
פִּשְׁפֵּשׁ פ' search, scrutinize
פִּשְׁפָּשׁ ז' wicket (gate)

פָּשַׂק פ' open wide
פֵּשֶׁר ז' meaning, explanation
פְּשָׁרָה נ' compromise
פַּשְׁרָן ז' compromiser
פַּשְׁרָנוּת נ' tendency to compromise
פִּשְׁתָּה נ' flax
פִּשְׁתָּן ז' linen; linseed
פַּת נ' piece (of bread), morsel
פִּתְאוֹם תה"פ suddenly
פִּתְאוֹמִי ת' sudden
פְּתָאִים ז"ר fools
פַּתְבַּג, פַּת־בַּג delicacy, good food
פִּתְגָּם ז' proverb, saying
פָּתוּחַ ת' open, open-minded
פָּתוּךְ ת' (colors) blended, mixed
פָּתוֹת ז' crumb, flake
פְּתוֹתֵי לֶחֶם ז"ר breadcrumbs
פָּתַח פ' open; begin, start
פֶּתַח ז' opening; doorway, entrance
פַּתָּח ז' patah (vowel as in פַּ)
פַּתָּח גְּנוּבָה נ' patah (when occurring under a final ע, ח, ה)
פֶּתַח דָּבָר ז' foreword, preface
פְּתָחָה נ' opening, scuttle
פִּתְחוֹן־פֶּה excuse, pretext
פֶּתִי ז' fool, simpleton
פְּתַיָּה נ' foolish woman, simple-minded woman
פְּתַיּוּת נ' foolishness, simple-mindedness
פְּתִיחָה נ' opening; start; overture
פְּתִיחוּת נ' openness, open-mindedness

פְּתִיכָה נ׳ (colors) blending, mixing
פְּתִיל ז׳ wick; fuse; thread, cord
פְּתִילָה נ׳ wick; fuse; suppository
פְּתִילִיָּה נ׳ paraffin stove
פְּתִיעָה נ׳ surprise
פָּתִיר ת׳ solvable, soluble
פְּתִירָה נ׳ solving
פָּתִית ז׳ crumb; flake, floccule
פְּתַלְתּוֹל ת׳ twisted, winding, tortuous; perverse, crooked

פֶּתֶן ז׳ cobra
פֶּתַע, לְפֶתַע תה"פ suddenly
פִּתְפּוּת ז׳ crumbling, crushing, mashing
פִּתְפּוּתֵי בֵּיצִים ז"ר nonsense
פֶּתֶק ז׳, פִּתְקָה נ׳ note, chit
פָּתַר פ׳ solve
פִּתְרוֹן ז׳ solution
פַּתְשֶׁגֶן ז׳ summary

צ

go out! צא
a kind of shady acacia צֶאֱל ז׳, צֶאֱלִים ז״ר
flocks (sheep and goats); sheep, goat צֹאן נ״ר
offspring, descendant צֶאֱצָא ז׳
going out, departure צֵאת נ׳
tortoise, turtle צַב ז׳, צַבִּים ז״ר
assemble, throng, gather, crowd צָבָא פ׳
army, armed forces צָבָא ז׳
the regular army צְבָא הַקֶּבַע ז׳
Israel Defense Force צְבָא הַהֲגָנָה לְיִשְׂרָאֵל ז׳
armies צְבָאוֹת ז״ר
military צְבָאִי ת׳
militant spirit, militarism צְבָאִיּוּת נ׳
swell, become swollen צָבָה פ׳
painted, colored, dyed; hypocritical, two-faced צָבוּעַ ת׳
hyena צָבוּעַ ז׳
heaped together, piled up צָבוּר ת׳
swelling צָבוּת נ׳
pinch, nip; grip, clasp צָבַט פ׳
deer, stag; loveliness, beauty צְבִי ז׳
character, quality צִבְיוֹן ז׳
pinching; pinch, holding, clasping צְבִיטָה נ׳
hind, gazelle (fem.) צְבִיָּה נ׳
painting, coloring, dyeing צְבִיעָה נ׳
hypocrisy צְבִיעוּת נ׳

cluster; galaxy צָבִיר ז׳
accumulative, accumulable צָבִיר ת׳
piling up, accumulation, collecting צְבִירָה נ׳
paint, color, dye צָבַע פ׳
paint, color, dye צֶבַע ז׳
painter צַבָּע ז׳
colorful צִבְעוֹנִי ת׳
tulip צִבְעוֹנִי ז׳
colorfulness צִבְעוֹנִיּוּת נ׳
painting צַבָּעוּת נ׳
protective coloring צִבְעֵי מָגֵן ז״ר
pigment צִבְעָן ז׳
pile-up, amass, accumulate צָבַר פ׳
prickly pear, cactus, Sabra, native born Israeli, צָבָר, צַבָּר ז׳
character of a Sabra צַבָּרִיּוּת נ׳
pliers, tongs צְבָת נ׳
side; aspect; party; page צַד ז׳
hunt, catch צָד פ׳
side, lateral; secondary, incidental צְדָדִי ת׳
sides; aspects; parties (plur. of צַד) צְדָדִים ז״ר
profile צְדוּדִית נ׳
malice, wicked intent צְדִיָּה נ׳
godfearing, righteous, just צַדִּיק ת׳
righteousness, saintliness צַדִּיקוּת נ׳
temple צֶדַע ז׳
shell צֶדֶף ז׳
oyster צִדְפָּה נ׳

צִדְפִּי ת׳ shell-like, molluscoid

צָדַק פ׳ be right; be just

צֶדֶק ז׳ justice, justness; rightness; Jupiter (the planet)

צְדָקָה נ׳ charity, act of charity; righteousness; justice

צַדֶּקֶת נ׳ righteous woman

צָהַב פ׳ turn yellow, glow

צְהַבְהַב ת׳ yellowish, yellowy

צַהֶבֶת נ׳ jaundice

צָהוּב ת׳ angry, hostile, sullen

צָהֹב ת׳ yellow

צָהַל פ׳ shout for joy, exult; neigh

צה"ל ז׳ Israel Defense Force, the Israel Army

צָהֳלָה נ׳ shouts of joy

צַהֲלָה נ׳ neighing, neigh

צָהֳרַיִים ז"ר noon, midday; lunch (colloq.)

צָהֳרַיִים טוֹבִים! ז"ר good noontime

צַו ז׳ command, order, decree

צַו עַל תְּנַאי ז׳ order nisi

צוֹאָה נ׳ excrement, faeces

צוֹבֵעַ ז׳ painter; dyer

צוּבַּע פ׳ be painted, be dyed

צוֹבֶר ז׳ heap, pile, accumulation

צוֹדֵד פ׳ captivate, capture

צוּדַּד פ׳ be diverted, be turned aside

צוֹדֵק ת׳ right; just

צוֹהַב ז׳ yellowness; yellow

צוֹהֵל ת׳ shouting for joy, joyful, exultant

צוֹלֵעַ ת׳ limping, lame

צוֹהַר ז׳ skylight, window

צַוָּאָה נ׳ will, testament

צַוָּאר ז׳ neck

צַוַּאר בַּקְבּוּק ז׳ bottleneck (fig)

צַוָּארוֹן ז׳ collar

צַוָּאַת שְׁכִיב מְרַע ז׳ last will and testament of sick person

צוּוָּה פ׳ be ordered, be commanded, be bidden

צָוַח פ׳ shriek, scream, cry

צְוָחָה נ׳ scream, cry, shriek

צַוְחָן ז׳ screamer shrieker

צַוְחָנִי ת׳ shrieking, screaming

צְוִיחָה נ׳ shriek, scream

צְוִיץ ז׳ chirrup

צֶוֶת ז׳ team, crew, panel

צַוְתָּא נ׳ team; company

צוּחְצַח פ׳ be polished; be dressed up

צוּטַּט פ׳ be quoted

צוּיַּד פ׳ be equipped, be supplied

צוּיַּן פ׳ be marked, be noted

צוּיַּר be drawn, be illustrated

צוֹלָב ת׳ crossed, cruciform

צוּלָה נ׳ depth(s) (of the sea)

צוֹלֵל ת׳,ז׳ diver, frogman

צוֹלֶלֶת נ׳ submarine

צוּלַּם פ׳ be photographed, be filmed

צוֹלֵעַ ת׳ lame, limping; shaky, feeble

צוֹלְפָנִי ת׳ lashing whipping, biting

צוּלַּק פ׳ be scarred

צוֹם ז׳ fast

צוּמַּד פ׳ be coupled, be combined

צוֹמֵחַ ת׳, ז׳ **growing; flora, vegetation**
צוּמְצַם פ׳ **be reduced, be cut down**
צוֹמֵק ת׳ **shrunken, shriveled**
צוּמַּק פ׳ **be shrunken, be shriveled**
צוֹמֶת ז׳ **juncture point, joint, node**
צוֹמֶת דְּרָכִים ז׳ **crossroads**
צוֹמֶת רַכָּבוֹת ז׳ **railway junction**
צוּנְזַר פ׳ **be censored**
צוֹנֵן ת׳ **cold, chilly**
צוּנַּן פ׳ **be cooled, cool down**
צוֹנְנִים ז״ר **cold water**
צוֹעֲנִי ז׳ **gypsy**
צוּעַף פ׳ **be veiled**
צוּעֲצַע פ׳ **be ornamented, be decorated**
צוֹעֵר ז׳ **cadet; junior; assistant, shepherd boy**
צוּף ז׳ **nectar; mead**
צוֹפֶה ז׳ **observer, spectator; viewer; scout**
צוּפָּה פ׳ **be plated, be coated**
צוֹפִי ת׳ **of the scouts, scouting**
צוֹפִיּוּת נ׳ **scouting**
צוֹפִים ז״ר **scouts**
צוּפִית נ׳ **hummingbird**
צוּפָן ז׳ **nectary**
צוֹפֶן ז׳ **code**
צוֹפֵף פ׳ **crowd together, close up**
צוּפַּף פ׳ **be crowded together**
צוֹפָר ז׳ **siren, hooter, horn**
צוּצָל ז׳, צוּצֶלֶת נ׳ **ringed turtle-dove, ring-dove**

צוּק ז׳ **cliff**
צוֹק ז׳, צוּקָה נ׳ **hardship, distress, trouble**
צוֹק הָעִיתִּים ז׳ **troubled times**
צוֹר ז׳ **flint**
צוּר ז׳ **rock, fortress**
צוּר מַחְצַבְתּוֹ ז׳ **one's origins, one's roots**
צוּר מִכְשׁוֹל ז׳ **stumbling block**
צוֹרֵב ת׳ **burning, scalding; painful, agonizing**
צוֹרְבָנִי ת׳ **burning, scalding, agonizing**
צוּרָה נ׳ **form, shape; figure; structure, appearance**
צוֹרֶךְ ז׳ **need, necessity**
צוֹרְכֵי צִיבּוּר ז״ר **public affairs**
צוֹרְכֵי שַׁבָּת ז״ר **requirements of the Shabbat**
צוֹרְמָנִי ת׳ **discordant**
צוֹרָן ז׳ **silicon**
צוּרָן ז׳ **morpheme**
צוּרָנִי ת׳ **formal; morphemic**
צוֹרָנִי ת׳ **silicious**
צוֹרֵף ז׳ **goldsmith, silversmith**
צוֹרַף פ׳ **be added, be attached; be refined, be purified**
צוֹרְפוּת נ׳ **craft of goldsmith or silversmith**
צוֹרֵר ז׳ **foe, enemy**
צוּרָתִי ת׳ **formal**
צוֹתֵת פ׳ **listen in, bug**
צַח ת׳ **pure, clear, clean**
צָחוּן ת׳ **stinking, smelly**
צְחוֹק ז׳ **laughter, laugh; joke**

צְחוֹק בְּצַד joking apart
צָחוֹר ת׳ purity, white
צְחוֹר ז׳ purity, whiteness
צַחוּת נ׳ purity, lucidity, clarity
צָחִיחַ ת׳ dry, parched, arid
צְחִיחַ ז׳ dryness, parchedness
צְחִיחוּת נ׳ dryness, aridity
צָחַן פ׳ stink, smell
צַחֲנָה נ׳ stench, stink
צִחְצוּחַ ז׳ polishing, shining
צִחְצוּחַ חֲרָבוֹת ז׳ sabre-rattling
צִחְצֵחַ פ׳ polish, shine
צָחַק פ׳ laugh; joke, mock
צַחֲקָה נ׳ chuckle, smile
צְחְקוּק ז׳ faint smile, chuckle, giggle
צַחְקָן ז׳ laughter-loving person
צִחְקֵק פ׳ chuckle, giggle
צְחַרְחַר ת׳ whitish
צִי ז׳ fleet, marine, navy
צִי מִלְחָמָה ז׳ naval fleet, navy
צִי סוֹחֵר ז׳ merchant navy
צִיאָה, צֹאָה נ׳ excrement, filth
צִיבּוּי ז׳ swelling
צִיבּוּעַ ז׳ painting, paint
צִיבּוּר ז׳ public, community; heap, pile
צִיבּוּרִי ת׳ public, communal
צִיבַּע פ׳ paint
צַיִד ז׳ hunting; hunt game
צִידֵּד פ׳ side with; support
צֵידָה נ׳ provisions, food for a journey
צִידּוּד ז׳ supporting; turning aside
צִידּוּק ז׳ justifying; justification; proving right, vindication

צֵידָנִית נ׳ picnic hamper
צִידֵּק פ׳ justify, vindicate
צִיּוּד ז׳ equipping; equipment, supplies
צִיוָּה פ׳ command, order
צִיוָּה, לְבֵיתוֹ פ׳ made his will
צִיוּוּי ז׳ order, command; imperative (grammar)
צִיּוּן ז׳ mark; marking; note, remark; grade marker
צִיּוּן לְשֶׁבַח; צַל״ש ז׳ citation (for bravery) (mil.)
צִיּוֹן נ׳ Zion
צִיּוֹנוּת נ׳ Zionism; (colloquial) moralizing
צִיּוֹנִי ת׳, ז׳ Zionist
צִיּוֹנִיּוּת נ׳ Zionism
צִיּוּץ ז׳ chirruping, chirping
צִיּוּר ז׳ drawing, painting; picture, description, figure
צִיּוּרִי ת׳ pictorial, descriptive, graphic; picturesque
צִיּוּת ז׳ obeying; obedience
צִיטֵּט פ׳ quote, cite
צִיטָטָה נ׳ quotation, citation
צִיֵּיד פ׳ equip, supply, furnish
צַיָּיד ז׳ hunter, huntsman
צִיָּה נ׳ desert, aridity
צִיֵּין פ׳ mark, indicate; point out
צִיֵּיץ פ׳ chirrup, twitter
צַיְּיקָן ז׳ miser, skinflint
צִיֵּיר פ׳ draw,paint;describe,picture
צַיָּיר נ׳ artist, painter
צִיֵּית פ׳ obey, heed, submit
צַיְּיתָן ז׳ obedient or submissive person

צַיְיתָנוּת נ' obedience, submissiveness
צִילֵּב פ' cross, make the sign of the cross
צִילּוּם ז' photographing; photograph; photography
צִילֵּם פ' photograph, film
צִילֵּק פ' scar
צִמָּאוֹן ז' thirst; arid land
צִימֵּד פ' combine, fasten, couple, pair
צִימּוּק ז' shrivelling; raisin; choice story (colloq.)
צִימַּח פ' grow, sprout
צַיִן ז' caption
צִינָּה נ' cold, chill; shield, breastplate; protective wall; gun barrel
צִינּוּן ז' chilling, cooling
צִינּוֹק ז' solitary cell; prison,
צִינּוֹר ז' pipe, tube; drain, conduit; channel
צִינּוֹרָה נ' knitting needle; stream, jet (of water)
צִינּוֹרִית נ' knitting needle
צִינֵּן פ' cool
צִיעֵף פ' veil
צִיעֵר פ' sadden, grieve, pain
צִיפָּה נ' floating, floatation; pulp
צִיפָּה פ' expect, wait; coat, plate, overlay
צִיפָּה נ' cover, covering; bed-cover
צִיפּוּי ז' cover, covering, plating, coating
צִיפּוּף ז' crowding together, pressing, closing up
צִיפּוֹר נ' bird
צִיפּוֹר נַפְשׁוֹ נ' one's dearest wish, one's aim in life
צִיפּוֹרֶן נ' nail; claw; nib; clove; carnation
צִיפּוֹרֶת נ' small bird; butterfly
צִיפִּיָּה נ' expectation, anticipation
צִיפִּית נ' pillow-case, pillow-slip
צִיפָּנִי ת' buoyant
צִיפֵּף פ' crowd together, press, close up
צִיץ ז' blossom, flower
צִיצָה נ' blossom, flower; tuft, cluster; tassel
צִיצִית נ' tassel, fringe, fringed garment (worn by observant Jews)
צִיצִית הָרֹאשׁ נ' forelock
צִיקְלוֹן ז' cyclone
צִיר ז' hinge, pivot, axle; axis; envoy, delegate; brine, sauce; line of advance; labor pain, pain
צֵירֶה ז' tsere - vowel (as in צֵ)
צִירֵי לֵידָה ז"ר labor pain (in child birth)
צֵירוּף ז' joining; combination; refining
צֵירוּפִי ת' combinatorial
צִירוּת נ' legation
צִירִי ת' axial
צֵירֵף פ' combine, join together; purify, refine
צִיתוּת ז' listening-in, bugging
צִיתָר ז' zither
צֵל ז' shade, shadow

צָלַב פ׳ crucify
צְלָב ז׳ cross, crucifix; club (in cards)
צְלַב הַקֶּרֶס ז׳ swastika
צְלָבוֹן ז׳ cross (worn as an ornament)
צַלְבָן ז׳ Crusader
צַלְבָנִי ת׳ Crusader, of the Crusades
צָלָה פ׳ roast, grill
צָלוּב ת׳ crucified; Jesus
צְלוֹחִית נ׳ flask, phial, flagon
צָלוּי ת׳ roast(ed); grill(ed)
צָלוּל ת׳ clear, pure, transparent, lucid
צְלוֹפָח ז׳ eel
צָלוּק ת׳ scarred
צָלַח פ׳ succeed, prosper, flourish; fit, be good for; ford, cross
צָלֵחַ ת׳ successful, prosperous
צִלְחָה נ׳ headache, migraine
צַלַּחַת נ׳ plate, dish
צָלִי ז׳ roast meat, roast
צְלִיבָה נ׳ crucifying; crucifixion
צְלִיחָה נ׳ fording, crossing
צְלִיָּיה נ׳ roasting, grilling
צַלְיָין ז׳ pilgrim
צְלִיל ז׳ note, tone; sound, ring
צְלִילָה נ׳ diving; sinking to the bottom
צְלִילוּת נ׳ clearness, lucidity
צְלִילוּת הַדַּעַת נ׳ clear-headedness
צְלִילִיּוּת נ׳ resonance
צְלִיעָה נ׳ limping; limp, lameness
צְלִיפָה נ׳ lashing, whipping, sniping

צָלַל פ׳ dive, plunge; sink to the bottom
צְלָלִים ז״ר shadows (plur. of צֵל)
צְלָלִית נ׳ silhouette
צֶלֶם ז׳ likeness, image; form, idol; the Cross
צַלָּם ז׳ photographer, cameraman
צַלְמָוֶת ז׳ deep shadow, great darkness
צַלְמוֹנִיָּה, צַלְמָנִיָּיה נ׳ photographer's studio
צֶלְסִיוּס ז׳ centigrade
צָלַע פ׳ limp; lag; be inadequate, be feeble
צֶלַע, צֵלָע ז׳ rib; side; wing
צַלְעוֹן ז׳ polygon
צַלְעִית נ׳ chop, cutlet
צָלָף ז׳ caper bush
צָלַף פ׳ snipe
צַלָּף ז׳ sniper, sharpshooter
צַלָּפוּת נ׳ sniping, sharpshooting
צִלְצוּל ז׳ ringing; ring, telephone call
צְלָצַל ז׳ kind of locust
צִלְצֵל פ׳ ring, chime; telephone
צִלְצָל ז׳ harpoon
צַלֶּקֶת נ׳ scar; stigma (of flower)
צַל״ש ר׳ צִיּוּן לְשֶׁבַח
צָם פ׳ fast
צָמֵא פ׳ be thirsty, thirst
צָמֵא ת׳ thirsty, arid
צָמָא ז׳ thirst, thirstiness
צְמֵא דָם ת׳ bloodthirsty
צֶ׳מְבָּלוֹ ז׳ harpsichord, cembalo
צֶמֶג ז׳ rubber
צְמִגְמַג ת׳ sticky, tacky

צָמַד פ׳ couple, link, join together, pair
צֶמֶד ז׳ pair, couple
צִמְדָּה נ׳ duet
צֶמֶד־חֶמֶד ז״ר a lovely couple
צַמָּה נ׳ plait, braid
צָמוּג ת׳ sticky, adhesive
צָמוּד ת׳ tied, linked, joined
צָמוּם ת׳ compact
צָמוּק ת׳ shrivelled, wrinkled, dried up
צָמַח פ׳ grow, sprout, develop; spring from
צֶמַח ז׳ plant; growth
צִמְחוֹנוּת נ׳ vegetarianism
צִמְחוֹנִי ת׳ vegetarian
צִמְחוֹנִיָּה נ׳ vegetarian restaurant
צִמְחִי ת׳ vegetable, vegetal
צִמְחִיָּה נ׳ vegetation, flora
צְמִיג ז׳ tire, tyre
צָמִיג ת׳ sticky, viscous
צְמִיגוּת נ׳ stickiness, viscosity
צְמִיגִי ת׳ sticky, adhesive
צָמִיד ז׳ bracelet; lid, cover
צְמִידוּת נ׳ attachment, linkage, joining;1 interdependence
צְמִיחָה נ׳ growing, growth, sprouting, development
צָמִיר ת׳ woolly, shaggy
צָמִית ת׳, ז׳ permanent, everlasting, perpetual; vassal
צְמִיתוּת נ׳ permanence, everlastingness, perpetuity
צֶמֶל ז׳ ripe fig; adolescent girl
צִמְנֵט פ׳ cement
צִמְצוּם ז׳ reduction, restriction, cutting down, contraction
צִמְצֵם פ׳ reduce, restrict, cut down, contract
צַמְצָם ז׳ shutter (of camera) etc., restrictor
צָמַק פ׳ shrivel, shrink, dry up
צֶמֶק ז׳ dried fruit
צֶמֶר ז׳ wool; fiber (on plants)
צֶמֶר גֶּפֶן ז׳ cotton wool; cotton
צַמְרִי ת׳ wolly, woollen
צְמַרְמוֹרֶת נ׳ shiver, shudder
צַמֶּרֶת נ׳ tree-top; top, leadership, upper ranks
צַמֶּרֶת הַשִּׁלְטוֹן נ׳ the upper ranks of government, the leadership
צָמַת פ׳ destroy; oppress; shrink, shrivel
צֵן ז׳ thorn, brier
צְנוֹבָר ז׳ pine-cone
צָנוּם ת׳ skinny, thin, shrunken; scanty, meager
צְנוֹן ז׳ radish
צְנוֹנִית נ׳ small radish
צָנוּעַ ת׳ modest, meek; chaste
צָנוּף ת׳ turbaned
צִנְזֵר פ׳ censor
צָנַח פ׳ drop, sink, fall to the ground; parachute
צַנְחָן ז׳ parachutist
צַנְחָנוּת נ׳ parachute jumping
צְנִיחָה נ׳ dropping, sinking, falling to the ground; parachuting; parachute descent
צְנִים ז׳ rusk, toast

צְנִין ז' thorn, prick, goad
צְנִיעוּת נ' modesty, meekness; chastity
צָנִיף ז' turban, head-cloth, mitre
צְנִיפָה נ' winding around; putting on a turban; neighing; neigh
צְנִירָה נ' knitting; crocheting
צֶנַע ז' austerity; modesty
צִנְעָה נ' secrecy, privacy
צָנַף פ' wrap round; roll; neigh
צִנְצֶנֶת נ' jar
צַנָּר ז' pipe-maker; pipe-layer
צַנֶּרֶת נ' piping, pipe-system
צִנְתּוּר ז' catheterization
צַנְתָּר ז' thin pipe, tube, catheter
צִנְתֵּר פ' catheterize
צָעַד פ' march, step, stride
צַעַד ז' step, stride
צְעָדָה נ' march
צְעִידָה נ' marching; stepping
צָעִיף ז' veil; stole
צָעִיר ת', ז' young, youthful; youth, lad
צְעִירָה נ' young girl, young woman
צְעִירוֹן ז' youngster, mere lad
צְעִירוּת נ' youth, youthfulness
צָעַן פ' wander, roam
צַעֲצוּעַ ז' toy, plaything
צִעְצֵעַ פ' adorn, ornament, decorate
צָעַק פ' shout, yell, cry (out)
צְעָקָה נ' shout(ing), yell(ing)
צַעֲקָן ז' shouter, yeller, crier
צַעֲקָנוּת נ' shouting, noisiness; blatancy, loudness

צַעַר ז' sorrow, grief, trouble; pain
צַעַר בַּעֲלֵי חַיִּים ז' prevention of cruelty to animals
צַעַר גִּידּוּל בָּנִים ז' the trouble of bringing up children
צָף פ' float; flow
צָף ז' float
צַפְדִּינָה נ' scurvy
צַפֶּדֶת נ' tetanus
צָפָה פ' watch, observe; foresee
צָפוּי ת' expected; foreseen, destined
צָפוֹן ז' north
צָפוּן ת' hidden, concealed, secret
צְפוּנוֹת נ"ר secrets
צְפוֹנִי ת' north, northern
צָפוּף ת' crowded, packed tight, overcrowded
צִפְחָה נ' slate (rock)
צַפַּחַת נ' flat flask, water-bottle
צַפִּיחִית נ' wafer, cake
צְפִיָּה נ' watching, observation, viewing
צָפִיעַ ז' dung, excrement
צְפִיעָה נ' infant, baby
צְפִיפוּת נ' crowding, overcrowding; denseness, density
צָפִיר ז' young goat
צְפִירָה נ' whistle, siren, hoot(ing); dawn, morning
צְפִיר עִזִּים ז' he-goat
צְפִית נ' covering, table-cloth
צָפַן פ' hide, conceal
צֶפַע ז' viper
צִפְעוֹנִי ז' viperine snake

צִפְצוּף ז׳ whistling; whistle; complete disregard (colloq.)
צִפְצֵף פ׳ whistle; completely disregard (colloq.)
צַפְצָפָה נ׳ poplar
צַפְצֵפָה נ׳ whistle
צֶפֶק ז׳ peritoneum
צַפֶּקֶת נ׳ peritonitis
צָפַר פ׳ hoot, sound horn (of a car, etc.), sound siren
צַפָּר ז׳ bird-keeper, bird-fancier
צַפְרָא ז׳ morning
צַפְרָא טָבָא! good morning
צְפַרְדֵּעַ נ׳ frog
צִפְרוֹנִי ת׳ capricious
צִפְרוֹנִיּוּת נ׳ capriciousness, caprice
צַפָּרוּת נ׳ bird-keeping, bird-raising
צְפִירִיר ז׳ zephyr, light morning breeze
צֶפֶת נ׳ capital (of a pillar)
צָץ פ׳ blossom, bloom; spring forth, come up
צִקְלוֹן ז׳ bag, satchel
צָר ז׳ czar, tsar
צַר ז׳ enemy, foe
צָר פ׳ besiege (a city); shape, form
צַר ת׳ narrow
צַר־אוֹפֶק ת׳ narrow-minded
צַר עַיִן ת׳ mean, stingy
צָרַב פ׳ burn, scorch; sting; cauterize; corrode
צָרֶבֶת נ׳ heartburn
צְרֵדָה, צְרֵידָה נ׳ middle finger
צָרֶדֶת נ׳ hoarseness, huskiness
צָרָה נ׳ trouble, misfortune
צָרָה צְרוּרָה נ׳ great trouble
צָרוּב ת׳ burnt, scorched; stung; cauterized; corroded
צָרוּד ת׳ hoarse
צָרוּעַ ת׳ leprous
צָרוּף ת׳ refined, smelted, purified, pure
צָרוּר ת׳ bound up, tied up
צְרוֹר ז׳ bundle, package, bunch; burst (of bullets); pebble
צָרוּת נ׳ narrowness, crampedness
צָרוּת אוֹפֶק נ׳ narrow-mindedness
צָרוּת עַיִן נ׳ meanness, selfishness
צָרַח פ׳ scream, screech, yell
צַרְחָן ז׳ screamer, screecher, yeller
צַרְחָנִי ת׳ screaming, screeching, yelling
צְרִי, צוֹרִי ז׳ balsam, balm
צְרִיבָה נ׳ burn(ing), scorch(ing); sting(ing); cauterizing; cauterization; corroding; corrosion; etching; heartburn
צְרִידוּת נ׳ hoarseness
צְרִיחַ ז׳ tower spire; turret; castle, rook
צְרִיחָה נ׳ screaming; scream; screeching; screech
צָרִיךְ ת׳ necessary, needful; must, should, have to
צָרִיךְ אֶת meed, require
צָרִיךְ לִהְיוֹת should be
צָרִיךְ לוֹמַר one has to say (to admit)

צְרִיכָה נ׳ consumption
צְרִימָה נ׳ grating (sound), dissonance
צְרִיף ז׳ hut, shack
צְרִיפָה נ׳ refining, smelting purifying
צְרִיפוֹן ז׳ small hut, shack
צְרִיר ז׳ dissonance
צָרַךְ פ׳ need, be required to; use, consume
צַרְכָן ז׳ consumer
צַרְכָנוּת נ׳ consumers (as a body); consumption; cooperative marketing
צַרְכָנִיָּה נ׳ cooperative store, co-op
צָרַם פ׳ grate (of sounds), jar
צִרְעָה נ׳ wasp
צָרַעַת נ׳ leprosy; plague
צָרַף פ׳ refine, smelt, purify; test
צָרְפַת נ׳ France
צָרְפָתִי ת׳,ז׳ French, Frenchman
צְרָצוּר ז׳ cricket (insect)
צִרְצוּר ז׳ chirping like a cricket
צִרְצֵר פ׳ chirp like a cricket
צָרַר פ׳ make into a bundle, pack

ק

קָאסַח ז׳ **brawl, tough treatment (sl.)**

קָאת נ׳ **pelican**

קַב ז׳ **small amount; crutch; wooden leg; stilt**

קַב וְנָקִי תה״פ **short but good**

קַב חֲרוּבִים ז׳ **small and poor quantity of food**

קָבַב פ׳ **curse**

קָבוּעַ ת׳ **fixed, regular, permanent**

קָבוּעַ ז׳ **constant (maths)**

קְבוּצָה נ׳ **group, team; collection; kvutza, collective settlement**

קְבוּצָתִי ת׳ **collective, combined**

קָבוּר ת׳ **buried**

קְבוּרָה נ׳ **burial**

קַבַּיִים ז״ז **(a pair of) crutches**

קָבִיל ת׳ **acceptable**

קְבִילָה נ׳ **complaint**

קְבִילוּת נ׳ **acceptability**

קְבִיעָה נ׳ **fixing, determining**

קְבִיעוּת נ׳ **regularity; permanence; tenure**

קְבִירָה נ׳ **burying; burial**

קָבַל פ׳ **complain**

קַבָּל ז׳ **condenser, capacitor**

קֳבֵל, קוֹבֵל תה״פ **before, in front of**

קֳבָל עַם תה״פ **openly, publicly**

קַבָּלָה נ׳ **receiving; receipt; reception, acceptance; tradition; Kabbala, Jewish mysticism**

קַבָּלַת פָּנִים נ׳ **reception, welcome**

קַבָּלַת שַׁבָּת נ׳ **inauguration of the Shabbat**

קַבְּלָן ז׳ **contractor**

קַבְּלָנוּת נ׳ **contracting, piece-work**

קַבְּלָנִי ת׳ **contracting, undertaking piece-work**

קֶבֶס ז׳ **nausea**

קַבְסְתָן ז׳ **nauseating individual**

קָבַע פ׳ **fix, determine, designate; install; assert, maintain**

קָבַע מַסְמְרוֹת בַּדָּבָר **made hard and fast rules, was dogmatic**

קָבַע עוּבְדוֹת בַּשֶּׁטַח **established facts on the ground**

קֶבַע ז׳ **permanence, regularity**

קִבֵּץ פ׳ **collect, gather, assemble**

קַבְּצָן ז׳ **beggar, pauper**

קַבְּצָנוּת נ׳ **beggary**

קַבְּצָנִי ת׳ **beggarly**

קַבְקַב ז׳ **clog, wooden shoe**

קָבַר פ׳ **bury, inter**

קֶבֶר ז׳ **grave, tomb**

קֶבֶר אַחִים ז׳ **communal grave**

קַבְּרָן ז׳ **gravedigger**

קַבַּרְנִיט ז׳ **captain; leader**

קָדַד פ׳ **bow (the head)**

קָדוּחַ ת׳ **drilled, bored; burning, ardent**

קָדוּם ת׳ **ancient, old**

קְדוּמָנִי ת׳ **forward, front**

קְדוֹרָנִי ת׳ **gloomy, dismal, dark**

קְדוֹרַנִּית תה״פ **gloomily, dismally**

קָדוֹשׁ ת׳ **holy, sacred, hallowed**

הַקָּדוֹשׁ בָּרוּךְ הוּא the Holy One Blessed be He (i.e. God)
קְדוּשָּׁה נ׳ holiness, sanctity
קָדַח פ׳ drill, bore; be sick with fever; have malaria
קֶדַח ז׳ fume; bore
קַדַּחְדַּח ז׳ spiral drill
קַדַּחַת נ׳ fever; malaria; excitement, flush; like hell (slang); nothing at all (slang)
קַדַּחְתָּנִי ת׳ feverish; exciting
קְדִיחָה נ׳ boring, drilling; having a fever; having malaria
קָדִים ז׳ east; east wind
קְדִימָה נ׳ priority, precedence, advancement
קָדִימָה! תה״פ forward!
קְדֵירָה, קְדֵרָה נ׳ pot, cooking-pot
קַדִּישׁ ת׳, ז׳ Kaddish, (memorial prayer for the dead); son (colloquial)
קַדִּישׁ יָתוֹם ז׳ Kaddish said by an orphan
קָדַם פ׳ precede, come before
קְדַם- pre-
קְדַם הִיסְטוֹרִי pre-historic
קְדַם מִקְצוֹעִי pre-vocational
קְדַם צְבָאִי pre-military
קֶדֶם ז׳ front; east; antiquity
קִדְמָה נ׳ progress, advance
קֵדְמָה תה״פ eastward
קַדְמוֹן, קַדְמוֹנִי ת׳ ז׳ ancient, primeval
קַדְמוֹנִיּוֹת נ״ר ancient events, early history antiquities
קַדְמוּת נ׳ early condition, former condition, antiquity
קִדְמִי ת׳ forward, front, anterior
קָדַר פ׳ darken, grow dark; be gloomy, become gloomy
קַדָּר ז׳ potter
קַדָּרוּת נ׳ pottery, ceramics
קַדְרוּת נ׳ gloom, depression; darkness
קָדַשׁ פ׳ become holy, be consecrated, be hallowed
קָדֵשׁ ז׳ temple prostitute (male)
קְדֵשָׁה נ׳ temple prostitute (female)
קָהָה פ׳ be blunted, be dulled; be faint
קֵהֶה, קֵיהֶה ת׳ blunt, dull; dull witted; on edge
קָהֳוָה נ׳ coffee
קָהוּי ת׳ blunted, dulled
קֵהוּת נ׳ bluntness, dullness
קְהִילָּה נ׳ community, congregation
קְהִילָּה קְדוֹשָׁה (ק״ק) a Jewish community
קְהִילִיָּה נ׳ republic; community, commonwealth
קְהִילָּתִי ת׳ communal, congregational
קָהָל ז׳ community, public; audience, gathering, crowd
קַו, קָו ז׳ line
קַו אוֹרֶךְ ז׳ line of longitude

קַו הַבְּרִיאוּת	good health
קַו הַמַּשְׁוֶה ז'	equator
קַו מַפְרִיד ז'	dash
קַו רוֹחַב ז'	line of latitude
קוּבָה, קֻבָּה נ'	womb
קוּבּוּץ ז', קִיבּוּץ ז'	Kubbutz – name of Hebrew vowel sign (as in the first letter of toopim) = תֻּפִּים
קוּבְיוּסְטוּס ז'	dice-player; card-player; gambler
קוּבִּיָּה נ'	cube; dice
קוּבְלָנָה נ'	complaint
קוֹבַע ז'	helmet
קוּבַּעַת נ'	cup, goblet
קוּבַּץ פ'	be gathered together, be assembled
קוֹבֶץ ז'	collection, anthology
קוֹד ז'	code
קוֹדַאי ז'	encoder, coder
קוּדַּד פ'	be pierced, be drilled; be coded, be encoded
קוֹדֶדֶת נ'	pastry cutter
קוֹדֵם ת'	previous, prior, former
קוֹדֶם תה"פ	previously, before
קוֹדֶם כּוֹל	first of all, first
קוֹדֶם לָכֵן	before this
קוֹדֶם שֶׁ...	before...
קוֹדְמָן ז'	antecedent
קוֹדְקוֹד, קָדְקוֹד ז'	crown (of the head), head; top, apex, vertex
קוֹדֵר ת'	dark; gloomy, dismal, somber
קוּדַּשׁ פ'	be sanctified, be consecrated; be betrothed
קוֹדֶשׁ ז'	holiness, sanctity
קוֹדֶשׁ לְ...	dedicated to, devoted to
קוֹדֶשׁ־קוֹדָשִׁים ת'	Holy of Holies; most holy
קַוִּוי ת'	linear
קַוָּון ז'	line(s)man
קַוָּונוּת נ'	the work of a line(s)man
קְוֻוצָּה נ'	lock (of hair), tress
קִווְקֵד פ'	line with alternate dots and dashes
קוּוְקַד פ'	be lined with alternate dots and dashes
קִווְקֵו פ'	hatch, shade with lines
קוּוְקַו פ'	be hatched, be shaded with lines
קִווְקוּד ז'	line of dots and dashes
קִווְקוּו ז'	hatching, shading with lines
קוּזַּז פ'	be compensated for, be written off, be set off
קוֹטֶב ז'	pole (geography, elec.)
קוֹטְבִּי ת'	polar; polarized
קוֹטְבִּיּוּת נ'	polarity, polarization
קוּטְלַג פ'	be catalogued
קוֹטֶן ז'	smallness, littleness; little finger
קוּטַּע פ'	be cut off; be interrupted; be split
קוּטַּף פ'	be picked, be plucked
קוּטָר ז', קוּטֶרֶת ז'	moaner (sl.)
קוֹטֶר ז'	diameter; axis; caliber
קוּטְרַב פ'	be fastened with a cotter

קוּיַּם פ' be fulfilled; be validated; be held, take place

קוֹל ז' voice; sound; vote, opinion

קוֹל קוֹרֵא ז' proclamation, public appeal

קוֹל קוֹרֵא בַּמִּדְבָּר ז' a voice crying in the wilderness

קוֹלָב, קוֹלָב ז' clothes-hanger

קוֹלֶג' ז' college

קוֹלֶגְיָאלִי ת' fraternal

קוּלְטַר פ' be cultivated, be prepared with a cultivator

קוֹלִי ת' vocal, oral, voiced

קוּלִית נ' thighbone

קוּלַּל פ' be cursed

קוּלְמוֹס ז' pen

קוֹלָן ז' tuning fork

קוֹלְנוֹעַ ז' talking film, movie, cinema

קוֹלְנוֹעִי ת' cinematic, of the films

קוֹלָנִי ת' loud, noisy, vociferous

קוֹלָנִיּוּת נ' loudness, noisiness, clamorousness

קוֹלֶס ז' stalk

קוּלַּס פ' be praised

קוֹלֵעַ ת' to the point, apt

קוּלַּף פ' be peeled

קוּלְקַל פ' be spoiled, be damaged

קוֹלָר ז' collar, chain

קוֹל רִאשׁוֹן ז' soprano

קוֹל שֵׁנִי ז' alto

קוֹם ז' curd

קוֹמְבִּינַצְיָה נ' combination, wangle, trick

קוֹמָה נ' height; floor, storey

קוֹמַת קַרְקַע נ' ground floor

קוּמַּח פ' be dusted with flour

קוּמַּט פ' be wrinkled, be creased, be crumpled

קוֹמֵם פ' rebuild, restore; rouse, stir up

קוֹמְמִיּוּת נ', תה"פ sovereignty, independence; erect, upright

קוֹמֶץ ז' handful; small number

קוּמְקוּם ז' kettle

קוּנְדֵּס ז' prankster, practical joker

קוּנְדֵּסִי ת' prankish, mischievous

קוֹנֶה ז' buyer, customer

קוּנַּח פ' be wiped clean

קוּנְטְרֵס ז' booklet, pamphlet; sheet folded as part of book

קוֹנְכִיָּה, קוֹנְכִית נ' shell, conch

קוֹנָם ז' oath

קוֹנָם אִם, קוֹנָם שֶׁ I swear that

קוֹנֵן פ' lament, bewail

קוֹנְצֶרְט ז' concert

קוֹסֵם ז' magician, sorcerer, wizard, conjurer

קוּעְקַע פ' be undermined; be tattooed

קוּעַר פ' be made concave

קוֹעַר ז' concavity; bucket (of ship)

קוֹף ז' קוֹפִים ז"ר monkey, ape; Kof (letter of Hebrew alphabet), ק

קוֹף ז' eye (of a needle)

קוּפַּאי ז׳ cashier, teller; ticket-seller
קוּפַּד פ׳ be cut short, be cut off
קוּפָּה נ׳ cash-box, till; booking-office, box-office, ticket-office; fund; kitty (in games)
קוּפָּה שֶׁל שְׁרָצִים תְּלוּיָה לוֹ מֵאֲחוֹרָיו he has a bad record
קוּפַּת חוֹלִים נ׳ sick fund
קוּפַּת מִלְוֶוה נ׳ loan fund
קוּפַּת תַּגְמוּלִים נ׳ pension fund
קוּפַּח פ׳ be deprived
קוֹפִי ז׳ froth
קוֹפִי ת׳ ape-like, apish
קוֹפִיץ ז׳ meat-chopper
קוּפַּל פ׳ be folded, be rolled up
קוֹפֶל ז׳ padlock
קוּפְסָה נ׳ box, tin
קוּפְסִית נ׳ small box
קוֹץ ז׳ thorn, thistle; jot
קוֹצוֹ שֶׁל יוּד ז׳ tiny trivial detail
קוֹצֵב לֵב ז׳ pacemaker (med.)
קוֹצִי ת׳ thorny, prickly
קוֹצִיץ ז׳ acanthus (plant)
קוֹצָן ז׳ thistle
קוֹצָנִי ת׳ thorny, prickly
קוֹצֵץ ת׳ cutting, chopping
קוּצַּץ פ׳ be cut, be curtailed
קוֹצֵר ז׳ reaper, harvester
קוּצַּר פ׳ be shortened, be abridged
קוֹצֶר ז׳ shortness, brevity
קוֹצֶר־יָד ז׳ powerlessness, impotence
קוֹצֶר נְשִׁימָה ז׳ shortness of breath
קוֹצֶר רְאוּת ז׳ shortsightedness
קוֹצֶר־רוּחַ ז׳ impatience
קוּקִיָּה נ׳ cuckoo
קוֹר ז׳ cold, coldness
קוֹר רוּחַ ז׳ coldheadedness, nonchalance
קוּר ז׳ spider's web
קוֹרֵא ז׳ reader; desert partridge
קוֹרָא פ׳ be called, be named
קוּרְאָן ז׳ Koran, Quran
קוֹרַב פ׳ be brought near
קוּרְבָה נ׳ proximity, nearness
קוֹרְבָּן, קָרְבָּן ז׳ sacrifice; victim
קוֹרָה נ׳ beam, girder, rafter; coolness
קוֹרַת גַּג a roof over one's head
קוֹרַת־רוּחַ נ׳ satisfaction, contentment
קוֹרוֹת נ״ר events, happenings; history
קוּרְזַל פ׳ be curled
קוֹרְחָה, קָרְחָה נ׳ bald spot, bald patch
קוֹרֶט ז׳ speck, grain, drop
קוֹרְטוֹב ז׳ small liquid measure, dram; speck, grain, drop
קוֹרֵן ת׳ shining, radiant, beaming
קוּרְנָס ז׳ sledgehammer
קוֹרַץ פ׳ be shaped, be fashioned
קוּרְצַף פ׳ be curried, be scraped, be combed
קוּרְקְבָן ז׳ gizzard; belly-button (colloq.)

קוּרְקַע פ׳ be grounded (aircraft)
קוּשַּׁט פ׳ be decorated, be adorned
קוֹשִׁי ז׳ hardness; difficulty
קוּשְׁיָה נ׳ difficult question, poser
קוֹשֵׁר ז׳ rebel, conspirator, plotter
קוּשַּׁר פ׳ be tied, be connected
קוֹשֵׁשׁ פ׳ gather (straw or wood)
קוֹתֶל ז׳ wall; fat meat, thick meat
קַח פ׳ take!
קַחְוָון ז׳ anthemis (plant)
קַחַת, לָקַחַת פ׳ taking, to take
קַט ת׳ little, small, tiny
קָטֵגוֹר, קָטֵיגוֹר ז׳ prosecutor, prosecuting counsel
קָטֵגוֹרִי, קָטֵיגוֹרִי ת׳ categorical
קָטֵגוֹרְיָה, קָטֵיגוֹרְיָה נ׳ prosecution; category
קָטוּם ת׳ chopped down, cut down, truncated
קְטוּמָה נ׳ trapezoid
קָטוֹן פ׳ be small
קָטוּעַ ת׳ cut off, amputated; fragmentary, interrupted
קָטוּף ת׳ picked, plucked
קְטוֹרָה, קְטוֹרֶת נ׳ incense
קְטָטָה נ׳ quarrel, squabble, brawl
קְטִימָה נ׳ chopping, lopping
קָטִין ז׳ minor (legal)
קְטִינָא ת׳ tiny, small
קְטִיעָה נ׳ cutting off, amputating; amputation; interrupting; interruption
קָטִיף ז׳ fruit-picking; orange picking season

קְטִיפָה נ׳ picking, plucking; velvet (material)
קְטִיפָתִי ת׳ velvety
קָטַל פ׳ kill, slay; tear to pieces (colloq.)
קֶטֶל ז׳ killing, slaughter
קְטָלָב ז׳ arbutus (tree)
קִטְלֵג פ׳ catalogue
קִטְלֵז פ׳ catalyze
קַטְלִית נ׳ hip, pelvis
קַטְלָן ז׳ killer, murderer
קַטְלָנִי ת׳ killing, murderous, fatal
קָטַם פ׳ cut off, lop off
קָטָן, קָטוֹן ת׳, ז׳ small, little; young; unimportant; small boy
קָטֵן ת׳ becoming smaller
קְטַן־אֱמוּנָה ז׳, ת׳ person of little faith, pessimist
קַטְנוּנִי ת׳ small-minded, petty
קַטְנוּנִיּוּת נ׳ small-mindedness, pettiness
קַטְנוֹעַ ז׳ motor-scooter
קַטְנוּת נ׳ smallness, littleness; pettiness
קְטַנְטַן, קְטַנְטוֹן ת׳ very small, tiny, minuscule
קִטְנִית נ׳ pulse, legume
קָטַע פ׳ amputate, cut off; interrupt
קֶטַע ז׳ section, passage; sector (military)
קָטַף פ׳ pick, pluck
קַטָּר ז׳ steam engine, locomotive
קַטָּרַאי ז׳ engine-driver
קַטְרָב ז׳ cotter-pin, linch pin; cross-piece of a yoke

קִטְרֵג פ׳ prosecute; accuse, denounce

קִטְרוּג ז׳ prosecuting; accusing, denunciating; prosecution; accusation, denunciation

קִיא ז׳ vomit

קֵיבָה, קֵבָה נ׳ stomach

קֵיבָה מְקוּלְקֶלֶת נ׳ upset stomach

קִיבּוּל ז׳ receiving, accepting; capacity

קִיבּוּלִי ת׳ capacitive (electrical)

קִיבּוּלִית נ׳ jerrycan, container

קִיבּוֹלֶת נ׳ capacity; piece-work, contract work

קִיבּוּעַ ז׳ fixing, installing; fixation

קִיבּוּץ ז׳ Kibbutz, communal settlement; gathering, collecting

קִיבּוּץ גָלוּיוֹת ז׳ ingathering of the exiles (in Israel)

קִיבּוּצִי ת׳ collective, communal

קִיבּוּצִיוּת נ׳ collectivism, collective living

קִיבּוֹרֶת נ׳ biceps (muscle)

קִיבֵּל פ׳ receive; accept

קִיבָּעוֹן ז׳ fixture; fixation

קִיבֵּץ פ׳ gather together, collect

קִיבָּר ז׳ bran, coarse flour

קִידֵּד פ׳ broach, drill a hole in; code, encode

קִידָּה נ׳ bow, curtsey

קִידּוּד ז׳ broaching, drilling a hole; coding, encoding

קִידּוּחַ ז׳ drilling, boring

קִידּוּם ז׳ advancing; advancement

קִידּוֹמֶת נ׳ prefix; area code in telephone number

קִידּוּשׁ ז׳ hallowing; sanctification; kiddush (blessing said over wine)

קִידּוּשׁ הַשֵּׁם ז׳ martyrdom

קִידּוּשִׁים, קִידּוּשִׁין ז״ר Jewish marriage ceremony

קִידַּח פ׳ drill, bore

קִידֵּם פ׳ advance; welcome, receive, greet

קִידֵּשׁ פ׳ sanctify, consecrate; betroth

קִיוָּה פ׳ hope, expect

קִיוְוִית נ׳ lapwing, pewit

קִיוֵּץ פ׳ remove thorns, clear away thorns

קִיּוּם ז׳ carrying out, fulfilment; confirmation; preservation; existence

קִיזּוּז ז׳ compensation, equalization; writing off, setting off

קִיזֵּז פ׳ compensate, write off, set off

קַיִט ז׳ summer holiday, vacation

קִיטּוּב ז׳ polarization

קִיטוֹן ז׳ bed-room, small room

קִיטּוּעַ ז׳ cutting off, amputation; interrupting; interruption; breaking off

קִיטוֹר ז׳ steam; thick smoke

קִיטֶל ז׳ kittel, white robe worn by orthodox Jews

קִיטֵּם פ׳ cut down, chop down
קִיטֵּעַ פ׳ cut off, lop off; interrupt
קִיטֵּעַ ז׳ amputee, person with a limb amputated
קִיטֵּר פ׳ burn incense, perfume; grumble, complain (slang)
קִייֵּט פ׳ spend one's summer vacation
קַיְיטָן ז׳ vacationist, holidaymaker
קַיְיטָנָה נ׳ summer camp; summer vacation resort
קִייֵּם פ׳ fulfil, carry out; confirm; arrange, hold
קַיָּים ת׳ existing, extant, alive
קִיּוּם ז׳ duration, life period; existence
קַיְימָא ת׳ standing
קַיְימָא לָן it is generally accepted
קַיָּין ת׳ having large testicles
קִייֵּץ פ׳ spend the summer
קַיָּיץ ז׳ fig-picker, fig-dryer, vacationist, holidaymaker
קִיכְלִי ז׳ thrush
קִילּוּחַ ז׳ flow, jet, gush, steady stream
קִילּוּס ז׳ praising, praise
קִילּוּף ז׳ peeling, shelling, skinning
קִילֵּחַ פ׳ spout, jet forth; flow
קִילֵּל פ׳ curse
קִילֵּס פ׳ praise
קִילֵּף פ׳ peel, shell, skin
קִילֵּשׁ פ׳ thin, thin out

קִימָה נ׳ standing up
קִימּוּחַ ז׳ dusting with flour; addition of flour
קִימּוּט ז׳ creasing, wrinkling; crease, wrinkle
קִימּוּם ז׳ rebuilding, restoration
קִימּוּץ ז׳ saving; thrift, frugality
קִימּוּר ז׳ arching, vaulting; convexity
קִימּוֹרֶת נ׳ arch, dome, anticlinorium
קִימּוֹשׁ ז׳ thorn, thistle
קִימֵּחַ פ׳ dust with flour; mix with flour
קִימָּחוֹן ז׳ mo(u)ld (on food); fungus disease
קִימֵּט פ׳ wrinkle, crease
קִימֵּץ פ׳ save, be thrifty, economize
קִינֵּא פ׳ envy; be jealous
קִינָה נ׳ lament, dirge, elegy
קִינּוּחַ ז׳ wiping clean; dessert
קִינּוּחַ סְעוּדָה ז׳ dessert
קִינּוּן ז׳ nesting; occupying, taking hold
קִינֵּחַ פ׳ wipe clean
קִינָּמוֹן ז׳ cinnamon
קִינֵּן פ׳ make a nest, nestle; occupy, take hold
קִיסוֹס ז׳ ivy
קִיסוֹסִית נ׳ greenbrier
קֵיסָם, קִיסָם ז׳ chip, splinter; toothpick
קֵיסָר ז׳ emperor, Caesar, Kaiser, Czar
קֵיסָרוּת נ׳ empire

קֵיסָרִי ת׳ imperial; Caesarean
קִיעוּר ז׳ concavity
קִיעֵר פ׳ make concave
קִיפָּאוֹן ז׳ freezing, coagulation; deadlock
קִיפֵּד פ׳ cut short, cut off
קִיפָּה פ׳ skim off
קִיפּוֹד ז׳ hedgehog
קִיפּוֹדָן ז׳ globe thistle
קִיפּוּחַ ז׳ depriving; deprivation; discriminating; discrimination
קִיפּוּי ז׳ skimming; scum
קִיפּוּל ז׳ fold(ing), pleat(ing)
קִיפּוֹן ז׳ mullet
קִיפּוֹף ז׳ long-tailed ape
קִיפֵּחַ פ׳ deprive; discriminate against; lose; strike
קִיפֵּחַ ת׳ very tall
קִיפֵּל פ׳ fold, roll up
קִיפֵּץ פ׳ skip, leap suddenly
קַיִץ ז׳ summer
קִיצֵּב פ׳ ration, apportion, allocate; cut
קִיצוּב ז׳ rationing, apportioning, allocation
קִיצוֹן, קִיצוֹנִי ת׳ extreme, extremist, endmost, end
קִיצוֹנִיּוּת נ׳ extremism
קִיצוּעַ ז׳ planing, smoothing off
קִיצוּץ ז׳ cutting (off), curtailing; cut
קִיצוּר ז׳ shortening, abridgement
קֵיצִי ת׳ summer, summery
קִיצֵּעַ פ׳ plane, smooth off,
קִיצֵּץ פ׳ cut (off), curtail, reduce
קִיצֵּר פ׳ shorten, curtail
קִיק ז׳ castor oil seed
קִיקָיוֹן ז׳ castor-oil plant
קִיקְיוֹנִי ת׳ short-lived, ephemeral
קִיר ז׳ wall
קֵירֵב פ׳ bring near, bring closer; befriend
קֵירֵד פ׳ scrape, curry, comb
קֵירָה פ׳ roof over
קֵירוּב ז׳ bringing nearer
קֵירוּב לְבָבוֹת ז׳ promoting better understanding
קֵירוּי ז׳ roofing
קֵירוּן ז׳ radiating; radiation
קֵירוּס ז׳ squatting, crouching; knees-bent position
קֵירוּר ז׳ chilling, cooling; refrigerating, refrigeration
קֵירֵחַ, קֵרֵחַ ת׳ bald
קֵירְחוּת, קָרְחוּת נ׳ baldness
קֵירֵר פ׳ chill, cool, refrigerate
קִישּׁוּא ז׳ squash, marrow
קִישּׁוּט ז׳ decorating, adorning; decoration, ornament
קִישּׁוּי ז׳ hardening, stiffening
קִישּׁוּר ז׳ connecting, tying together; connection; ribbon, bow
קִישׁוֹשֶׁת נ׳ splint
קִישּׁוּת נ׳ squash, marrow
קִישֵּׁחַ ת׳ harsh, callous
קִישֵּׁט פ׳ decorate, adorn, ornament
קִישֵּׁר פ׳ tie, bind; connect

קִיתוֹן ז׳ jug

קַל ת׳ light; easy; simple; swift, nimble

קַל־דַּעַת ת׳ frivolous, light-minded

קַל־וָחוֹמֶר תה״פ all the more so

קַל־עֵרֶךְ ת׳ unimportant, trivial

קַל־רַגְלַיִים ת׳ swift-footed

קַל־תְּפִיסָה ת׳ quick-minded

קַלְבּוֹסֶת נ׳ hip-bone

קַלְגַּס ז׳ soldier

קַלְדָן ז׳, קַלְדָנִית נ׳ keyboarder, keyboard operator

קָלָה פ׳ roast, parch; toast; burn

קָלוּי ת׳ roasted, parched; toasted

קָלוֹן ז׳ shame, disgrace, dishonor

קָלוּעַ ת׳ twisted, plaited

קָלוּף ת׳ peeled, skinned, shelled

קְלוֹקֵל ת׳ poor quality, shoddy, bad

קָלוּשׁ ת׳ thin; weak, flimsy

קַלּוּת נ׳ lightness; easiness, ease

קַלּוּת דַּעַת נ׳, קַלּוּת רֹאשׁ נ׳ frivolity, light-mindedness

קָלַח פ׳ flow, gush

קֶלַח ז׳ head (of cabbage); stalk

קַלַּחַת נ׳ cauldron; turmoil, uproar

קָלַט פ׳ absorb, take in; receive (transmission); comprehend

קֶלֶט ז׳ input (computer); reception center (military)

קִלְטוּר ז׳ cultivating; cultivation, breaking up soil with cultivator

קַלְטָקוֹל ז׳ dictaphone

קִלְטֵר פ׳ cultivate, break up soil with cultivator

קַלֶּטֶת נ׳ cassette (radio)

קָלִי נ׳ parched corn

קְלִיבּוֹסֶת נ׳ hip-bone

קְלִיד ז׳ key (of piano, computer)

קְלִיטָה נ׳ absorbing; absorption, taking in; receiving; reception; comprehension

קְלִייָה נ׳ roasting, parching; toasting

קַלִּיל, קָלִיל ת׳ light, slight

קַלִּילוּת, קְלִילוּת נ׳ lightness, slightness

קָלִיעַ ז׳ bullet; projectile, missile

קָלִיעַ אֲטוֹמִי ז׳ atomic warhead

קָלִיעַ מוּדְרָךְ ז׳ guided missile

קְלִיעָה נ׳ weaving, plaiting; shooting; throwing, slinging; hitting; target practice; network

קָלִיף ת׳ easily peeled, skinned off, shelled

קְלִיפָה נ׳ peeling, skinning, shelling

קְלִיפָּה נ׳ peel, skin, shell; rind; evil spirit

קְלִישׁוּת נ׳ thinness, flimsiness; superficiality

קָלָל ז׳ burnished metal

קְלָלָה נ׳ curse; misfortune

קַלְמָר ז׳ pencil-box

קַלְנוֹעַ ז׳ motorized pedal-cycle
קֶלֶס ז׳ praise; scorn, derision
קַלָּסָה נ׳ scorn, derision
קְלַסְתֵּר פָּנִים ז׳ countenance, facial features
קְלַסְתְּרוֹן ז׳ indentikit
קָלַע פ׳ weave, plait; shoot; throw, sling; hit
קַלָּע ז׳ marksman, sharpshooter
קֶלַע ז׳ bullet; curtain
קִלֵּף פ׳ peel, skin, shell
קְלָף ז׳ parchment; card, playing card
קַלְפִּי נ׳ ballot-box
קַלְפָן ז׳ card-player
קִלְקוּל ז׳ spoiling; damage, deterioration; corruption, sin; fault
קִלְקוּל קֵיבָה ז׳ stomach upset
קִלְקֵל פ׳ spoil, impair damage; corrupt; cause to break down
קַלְקָלָה נ׳ corrupt behavior, misconduct
קְלַרְנִית נ׳ clarinet
קִלְשׁוֹן ז׳ pitchfork
קֶלֶת נ׳ fruit basket
קַלְתִּית נ׳ tartlet
קָם ז׳ enemy, foe
קָם פ׳ get up; stand up, rise; be established
קָמָה נ׳ standing crop
קָמוּט ת׳ wrinkled, creased
קָמוּל ת׳ withered, wilted, dried up
קָמוּץ ת׳ clamped, closed; pointed with Hebrew vowel Kammats
קָמוּר ת׳ convex; arched, vaulted
קָמוּר־קָעוּר ת׳ convexo-concave
קֶמַח ז׳ flour; food
קֶמֶט ז׳ wrinkle, crease
קִמְטוּט ז׳ small wrinkle, crinkle
קַמְטָר ז׳ chest of drawers
קָמִיט ת׳ liable to crease
קְמִילָה נ׳ wilting, withering
קָמִין ז׳ stove; fireplace
קָמֵיעַ ז׳ charm, amulet, talisman
קְמִיצָה נ׳ taking a handful; creasing; fourth finger
קָמַל פ׳ wilt, wither, fade
קָמֵל ת׳ wilted, withered, faded
קִמְעָה תה״פ a little, somewhat
קִמְעוֹנַאי ז׳ retailer
קִמְעוֹנוּת נ׳ retail, retail trade
קִמְעוֹנִי ת׳ retail
קָמָץ ז׳ Kammats (Hebrew vowel for ā, as in קָ)
קָמַץ פ׳ take a handful; close, clench
קֹמֶץ ז׳ pinch, small quantity
קַמְצָן ת׳ miser, skinflint
קַמְצָנוּת נ׳ miserliness, stinginess
קַמְצָנִי ת׳ miserly, stingy
קִמֵּר פ׳ vault, arch, build a dome
קִמְרוֹן ז׳ vault, arch, dome
קִמְשׁוֹן ז׳ nettle, thorn, thistle
קֵן ז׳ nest, compartment; socket
ק״ן ש״מ 150
ק״ן טְעָמִים ז״ר many reasons (for, against)

קַנָּא ת' **jealous**
קִנְאָה נ' **envy, jealousy**
קַנָּאוּת נ' **fanaticism, zealotry, zeal**
קַנַּאי ז' **fanatic, zealot**
קַנָּאִי ת' **fanatical, zealous**
קַנְאָתָנִי ת' **jealous, jealous-natured**
קַנָּבוֹס ז' **hemp, cannabis**
קָנָה פ' **buy, purchase; acquire, gain, get**
קָנָה את לִבּוֹ **(he) won his heart**
קָנָה אֶת עוֹלָמוֹ **won renown**
קָנֶה ז' **stalk, stem; cane, reed; branch**
קְנֵה מִידָּה ז' **criterion**
קְנֵה סוּכָּר ז' **sugar-cane**
קְנֵה רוֹבֶה ז' **barrel of a rifle**
קָנֶה רָצוּץ ז' **a broken reed**
קָנוּי ת' **bought, purchased; acquired**
קָנוֹן ז' **canon, round (song)**
קְנוּנְיָה נ' **intrigue, conspiracy**
קְנוֹקֶנֶת נ' **tendril**
קִנְטוּר ז' **annoying, vexing**
קִנְטֵר פ' **annoy, vex**
קַנְטְרָנוּת נ' **provocativeness**
קַנְטְרָנִי ת' **provocative, quarrelsome**
קַנְיוֹן ז' **shopping center, shopping mall**
קְנִיָּיה נ' **buying, purchase; acquisition**
קִנְיָין ז' **property, possession; purchase; value, quality**
קַנְייָן ז' **buyer, purchaser**
קָנַס פ' **fine, impose a penalty**
קְנָס ז' **fine, penalty**
קַנְקַן ז' **jar, jug, flask**
קִנְרֵס ז' **artichoke**
קַסְדָּה נ' **helmet**
קָסוּם ת' **enchanted, charmed, bewitched**
קַסַח ז', תה"פ **brawl, tough treatment (slang)**
קָסַם פ' **enchant, bewitch; practise magic**
קֶסֶם ז' **charm, fascination; witchcraft**
קִסְמִית נ' **chip, splinter**
קְסַרְקְטִין ז' **barracks, military camp**
קֶסֶת נ' **inkwell**
קָעוּר ת' **concave**
קָעוּר־קָמוּר ת' **concave-convex**
קְעִירוּת נ' **concavity**
קִעְקוּעַ ז' **tattooing; undermining, destruction**
קַעֲקַע ז' **tattooing, tattoo mark**
קִעְקַע פ' **tattoo; undermine, destroy**
קְעָרָה נ' **bowl, basin, dish**
קַעֲרוּר ז' **synclinal bowl**
קַעֲרוּרִי ת' **concave**
קְעָרִית נ' **small bowl**
קָפָא פ' **freeze, harden, solidify**
קוֹפֵא עַל שְׁמָרָיו **stands still, does not move with the times**
קַפְּדָן, קַפְּדָנִי ת' **strict, pedantic**
קַפְּדָנוּת נ' **strictness, pedantry**
קָפֶה ז' **coffee**
קָפֶה הָפוּךְ ז' **coffee with a lot of milk**

קָפֶה נָמֵס ז׳ instant coffee
קָפֶה קָפוּא ז׳ iced coffee
קָפוּא ת׳ frozen, chilled, solidified, congealed
קַפּוֹטָה נ׳ long black coat (worn by orthodox Jews)
קָפוּץ ת׳ closed tight, clenched
קְפִידָה נ׳ strictness, severity, sternness
קְפִיץ ז׳ spring
קְפִיצָה נ׳ jump(ing), leap(ing)
קְפִיצַת הַדֶּרֶךְ נ׳ short cut (especially miraculous)
קְפִיצִי ת׳ springy, elastic
קְפִיצִיּוּת נ׳ springiness, elasticity
קֶפֶל ז׳ fold, pleat
קֶפֶל קַרְקַע ז׳ fold in the ground
קַפֶּנְדַּרְיָא נ׳ short cut
קַפְסוּלֶת נ׳ capsule
קָפַץ פ׳ jump, leap; close tight, clench; drop in, pay a short visit (colloq.)
קֵץ ז׳ end; destruction
קָץ פ׳ loathe, abhor, detest
קָצַב פ׳ cut, chop; allot, ration
קַצָּב ז׳ butcher
קֶצֶב ז׳ rhythm, tempo, beat, rate, meter
קִצְבָּה נ׳ annuity, pension, allowance
קִצְבִּי ת׳ rhythmical, full of rhythm
קָצֶה ז׳ end, edge
קָצוּב ת׳ rhythmic(al), steady; allotted, allocated
קְצוּבָּה נ׳ allowance
קְצוּנָּה נ׳ officer class, commission
קָצוּץ ת׳ minced, chopped (up); cut off
קְצוֹצֶת נ׳ clippings (of metal); trimmings
קֶצַח ז׳ black cumin
קָצִין ז׳, קְצִינָה נ׳ officer
קְצִין בִּיטָּחוֹן ז׳ security officer
קְצִין הָעִיר ז׳ Town Major (army's liaison officer with soldiers' families)
קְצִין מִבְצָעִים ז׳ operations officer
קְצִין תּוֹרָן ז׳ orderly officer
קְצִינוּת נ׳ commission, commissioned rank
קָצִיף ת׳ foamy
קְצִיפָה נ׳ whipping; whip, foam
קְצִיץ ז׳ meat loaf
קְצִיצָה נ׳ chopping, mincing; meat-ball, rissole; fritter, croquette
קָצִיר ז׳ harvest, harvest season
קָצַף פ׳ be angry, rage
קֶצֶף ז׳ anger, rage; foam, froth
קַצֶּפֶת נ׳ whipped cream
קָצַץ פ׳ chop up, cut up
קָצַר פ׳ reap, harvest
קֶצֶר ז׳ short-circuit
קָצָר ת׳ short, brief
קְצַר יָד ת׳ powerless
קְצַר יָמִים ת׳ short lived
קְצַר קוֹמָה ת׳ short (in stature)
קְצַר רְאוּת ת׳ short sighted
קְצַר רוּחַ ת׳ impatient, quick tempered

קְצָרוֹת תה"פ in short, briefly
קַצְרָן ז' shorthand writer, stenographer
קַצְרָנוּת נ' shorthand, stenography
קְצַרְצַר ת' very short, very brief
קַצֶּרֶת נ' asthma
קְצָת תה"פ a little, a few, some
קְצָתָם some of them
קַר ת' cold
קַר מֶזֶג ת' cool tempered, unemotional
קַר רוּחַ ת' cool headed, composed, calm
קָרָא פ' read; call, name; call out
קְרָא ז' a Biblical verse
קָרָאִי ת' Karaite
קָרַב פ' come near, approach
קְרָב ז' battle; match
קְרַב מַגָּע ז', קְרַב פָּנִים אֶל פָּנִים ז' hand to hand fighting
קִרְבָה נ' proximity, nearness, closeness; connection (kinship)
קִרְבַת דָם נ' blood relationship
קִרְבַת מָקוֹם נ' proximity
קִרְבַת מִשְׁפָּחָה נ' family connection
קְרָבַיִם ז"ר intestines, bowels
קְרָבִי ת' of battle, fighting, combat
קְרָבִית נ' corvette
קֶרֶד ז' lime (on kettles, etc.)
קַרְדָּה נ' thistle
קַרְדּוֹם ז' ax(e), hatchet
קָרָה פ' happen, occur
קָרָה נ' frost

קָרוּא ת' called, summoned; invited; read
קָרוֹב ת', ז' near, close; relative, relation
קְרוּם ז' crust, membrane, skin
קְרוּמִי ת' crusty, membraneous
קְרוּמִית נ' thin skin, membrane
קָרוֹן ז' coach, carriage; cart, wagon
קָרוֹנַאי ז' carter, coachman
קְרוֹנוֹעַ ז' diesel car on rail road
קְרוֹנִית נ' small wagon; trolley
קָרוּעַ ת' torn, ripped, tattered
קָרוּץ ת' formed, made
קָרוּשׁ ת' solid, congealed, jellied
קִרְזוּל ז' curling; curl
קִרְזֵל פ' curl
קֶרַח ז' ice
קַרְחוֹן ז' glacier, iceberg
קָרַחַת נ' baldness, bald spot
קִרְטוּם ז' cutting, lopping
קַרְטוֹן ז' cardboard, cardboard box, carton
קִרְטֵל פ' cartelize, form a cartel
קִרְטֵם פ' cut, lop
קַרְטֶנֶת נ' cretinism
קִרְטֵעַ פ' prance, jump about
קְרִי, קֶרִי ז' violent opposition; nocturnal emission (of semen)
קְרִי, קְרֵי ז' Masoretic reading of the Bible
קָרִיא ת' legible, readable
קְרִיאָה נ' reading; calling, call, cry

קְרִיאַת בֵּינַיִים נ׳ interruption, interjection

קִרְיָה נ׳ town, district

קִרְיַת הָאוּנִיבֶרְסִיטָה נ׳ university campus

קַרְיָין ז׳ announcer (radio, etc.)

קַרְיֵין פ׳ announce

קַרְיָינוּת נ׳ announcing

קְרִימָה נ׳ forming a crust, forming a skin

קְרִינָה נ׳ shining; radiation

קְרִיסָה נ׳ kneeling, knees-bend position; buckling, collapse

קְרִיעָה נ׳ tearing, rending

קְרִיעַת יַם סוּף נ׳ extremely hard task

קְרִיצָה נ׳ winking; wink

קָרִיר ת׳ cool

קְרִירוּת נ׳ coolness

קָרִיש ז׳ jelly

קְרִיש דָם נ׳ infarct, blood clot

קְרִישָׁה נ׳ coagulating, congealing

קְרִישׁוּת נ׳ coagulation, congealment

קָרַם פ׳ form a crust, form a skin; cover with a skin

קָרֶמֶת נ׳ diphtheria

קָרַן פ׳ shine, radiate

קֶרֶן נ׳ horn; corner; capital; fund; ray

קֶרֶן הַיְסוֹד נ׳ Keren Hayesod (main fund of Zionist Organization)

(הַ)קֶּרֶן הַקַּיֶּמֶת (לְיִשְׂרָאֵל) נ׳ Jewish National Fund

קֶרֶן זָוִית נ׳ forgotten corner

קַרְנְזוֹל ז׳ diagonal

קַרְנִי ת׳ horny, made of horn

קֶרֶן יַעַר נ׳ French horn

קַרְנֵי רֶנְטְגֶן נ״ר X-rays

קַרְנִית נ׳ cornea

קַרְנָן ז׳ hornwort (plant)

קַרְנַף ז׳ rhinoceros

קָרַס פ׳ collapse, buckle; bend at the knees

קֶרֶס ז׳ hook, brace, clasp

קַרְסוֹל ז׳ ankle

קַרְסוּלִית נ׳ gaiter

קִרְסוּם ז׳ gnawing, nibbling; deterioration

קִרְסֵם פ׳ gnaw, nibble

קָרַע פ׳ tear, rend, split

קֶרַע ז׳ tear, rent; split, breach, schism

קַרְפָּדָה נ׳ toad

קַרְפִּיוֹן ז׳ carp

קַרְפִּיף ז׳ enclosure, fenced-in area

קָרַץ פ׳ wink; grimace; hint, cut off, nip off; fashion, form

קֶרֶץ ז׳ slaughter, destruction; winking; hinting; something cut off, esp. dough; tick

קִרְצוּף ז׳ scraping, currying, combing

קַרְצִית נ׳ tick

קִרְצֵף פ׳ scrape, curry, comb

קִרְקוּר ז׳ croaking, caw, clucking; undermining; destruction

קִרְקָס ז׳ circus

קַרְקַע זו״נ soil, ground; land; bottom, floor

קַרְקַע פ׳ ground
קַרְקָעִי ת׳ of the soil or ground
קַרְקָעִית נ׳ bottom, base
קִרְקֵף פ׳ scalp, behead
קַרְקֶפֶת נ׳ head, scalp, skull
קִרְקֵר פ׳ croak, cluck, caw, undermine, destroy
קָרַשׁ פ׳ harden, congeal, coagulate
קֶרֶשׁ ז׳ board, plank; idiot (colloq.); frigid person (slang); flat-chested girl (slang)
קֶרֶת נ׳ town, city
קַרְתָּנוּת נ׳ provincialism
קַרְתָּנִי ת׳ provincial
קַשׁ ז׳ straw
קַשׁ וּגְבָבָה ז״ר so much rubbish
קֶשֶׁב ז׳ attentiveness, attentive listening
קָשָׁה פ׳ harden, be hard; be difficult
קָשֶׁה ת׳ hard; difficult; harsh; severe
קְשֵׁה־הֲבָנָה ת׳ slow to understand
קְשֵׁה־חִינּוּךְ ת׳ difficult to educate
קָשֶׁה לִכְעוֹס ת׳ slow to anger
קָשֶׁה לִרְצוֹת ת׳ hard to pacify, implacable
קְשֵׁה־עוֹרֶף ת׳ stubborn
קְשֵׁה־תְּפִיסָה ת׳ slow to grasp things
קַשּׁוּב ת׳ attentive, listening
קַשְׂוָה נ׳ cup, libation-cup; valve (botany)
קָשׁוּחַ ת׳ callous, harsh, unfeeling

קָשׁוּט עַצְמְךָ תְּחִילָּה charity begins at home
קָשׁוּר ת׳ connected, related; tied (up), bound
קָשׁוּת, קָשׁוּת ת׳ arched, vaulted
קָשׁוֹת תה״פ severely, harshly
קַשְׁיוּת נ׳ hardness, severity
קַשְׁיוּת עוֹרֶף נ׳ stubbornness
קָשִׁיחַ ת׳ rigid, unbending, callous
קְשִׁיחוּת נ׳ rigidity, callousness
קְשִׂיטָה נ׳ ancient coin
קָשִׁיר ת׳ connectable, connected
קְשִׁירָה נ׳ tying, binding
קְשִׁירַת קְשָׁרִים נ׳ tying knots; forming ties
קָשִׁישׁ ת׳ elderly, aged; senior
קְשִׁישׁוּת נ׳ elderliness, old age
קַשִּׁית נ׳ straw (for drinks)
קִשְׁקוּשׁ נ׳ tinkle, rattle; prattle, nonsense; scribble
קִשְׁקֵשׁ פ׳ tinkle, rattle; prattle, talk nonsense; scribble
קַשְׂקַשׂ ז׳, קַשְׂקֶשֶׂת נ׳ scale (of fish, etc.)
קַשְׁקְשָׁן ת׳ chatterbox, prattler
קָשַׁר פ׳ tie, bind; connect; conspire
קֶשֶׁר ז׳ knot, tie, bond; contact; conspiracy; signals
קַשָּׁר ז׳ liaison officer; signaller (army)
קוֹשֵׁשׁ פ׳ gather (straw, thistles, etc.); become old
קֶשֶׁת נ׳ bow; rainbow; arc; arch; spectrum

קַשָּׁת ז׳ **archer, bowman**

קַשְׁתִּי ת׳ **arched, bow-shaped, convex**

קַשְׁתִּית נ׳ **retina; fret-saw; coat-hanger**

קַת נ׳ **wooden handle; butt (of rifle)**

קָתֶדְרָה נ׳ **chair (at a university)**

קַתְרוֹס ז׳ **(ancient) lyre, lute; (modern) guitar**

ר

רָאָה פ׳ see, behold, perceive

רָאָה אֶת הַנּוֹלָד foresee the future

רְאֵה זֶה פֶּלֶא! what a marvel!

רַאֲוָוה נ׳ show, display, ostentation

רַאֲווְתָן ז׳ exhibitionist, showoff

רַאֲווְתָנִי ת׳ ostentatious

רָאוּי ת׳ proper, fit; desirable

רָאוּי ל it is proper to, one should

רְאוּת נ׳ sight, vision

רְאִי ז׳ mirror, glass

רְאָיָה נ׳ proof, evidence

רְאִיוּת נ׳ visibility

רְאִיָּה נ׳ seeing, looking; sight

רְאִיַּת הַנּוֹלָד נ׳ foresight, anticipation

רִאְיֵין פ׳ interview

רְאִינוֹעַ ז׳ cinematograph, cinema

רְאֵם ז׳ wild ox

רֹאשׁ ז׳ head; top; leader; beginning; principal, basis

רֹאשׁ גָּדוֹל (דיבורית) broad mindedness

רֹאשׁ גֶּשֶׁר ז׳ bridgehead

רֹאשׁ הַשָּׁנָה ז׳ the Jewish New Year

רֹאשׁ חוֹדֶשׁ ז׳ New Moon

רֹאשׁ חֵץ ז׳ warhead

רֹאשׁ מֶמְשָׁלָה ז׳ Prime Minister

רֹאשׁ עִיר ז׳ mayor

רֹאשׁ פִּינָּה ז׳ cornerstone, foundation stone

רֹאשׁ קָטָן ז׳ (דיבורית) narrow-mindedness

רָאשֵׁי פְּרָקִים ז״ר headings, main points

רָאשֵׁי תֵּיבוֹת ז״ר initials, acronym

רִאשׁוֹן ת׳ first; foremost; initial; prime

רִאשׁוֹנָה תה״פ first, firstly

רִאשׁוֹנוּת נ׳ priority

רִאשׁוֹנִי ת׳ first, foremost, primary

רִאשׁוֹנִים ז״ר forefathers, ancestors

רָאשׁוּת נ׳ leadership, headship

רָאשִׁי ת׳ chief, principal, head, main

רֹאשִׁיָּה נ׳ (football) header

רֵאשִׁית נ׳ beginning, start

רֵאשִׁית תה״פ first of all, in the first place

רֹאשָׁן ז׳ tadpole

רַב, רַבָּה ת׳ many, numerous; great, mighty; multi-, poly-

רַב־אַלּוּף ז׳ Lieutenant-General

רַב־חוֹבֵל ז׳ captain (ship)

רַב חֶסֶד ת׳ magnanimous

רַב־טוּרַאי, רַבָּ״ט ז׳ corporal

רַב־מֶכֶר ת׳, ז׳ best-seller

רַב־סַמָּל ז׳ sergeant-major

רַב־סֶרֶן ז׳ major (army)

רַב־צְדָדִי ת׳ many-sided, versatile

רַב־צַלְעוֹן ז׳ polygon

רַב־קוֹלִי ת׳ polyphonic

רַב־שִׂיחַ ז׳ symposium

רַב תה״פ enough

רַב ז׳ Rabbi, teacher, master

רָב פ׳ quarrel, argue, dispute

רֶבֶב ז׳ stain, spot
רְבָבָה נ׳ ten thousand
רַבְגּוֹנִי ת׳ multi-colored, variegated
רָבָה פ׳ be many, be great
רָבוּךְ ת׳ soaked in boiling water and slightly baked
רָבוּעַ ת׳ square
רָבוּץ ת׳ lying down (animal)
רְבוּתָה נ׳ remarkable thing, great thing
רַבִּי ז׳ Rabbi; teacher; sir!
רְבִיב ז׳ light rain, drizzle
רַבִּיב ת׳ major (music)
רָבִיד ז׳ necklace
רְבִיָּה נ׳ propagation, increase
רְבִיכָה נ׳ flour mixed with boiling water or oil
רְבִיעַ ז׳ quarter
רְבִיעָה נ׳ mating (animals)
רְבִיעוֹנִי ת׳ quaternary
רְבִיעִי ת׳ fourth
רְבִיעִיָּה נ׳ quartet; quadruplets
רְבִיעִית ש"מ, נ׳ fourth; quarter
רְבִיצָה נ׳ lying down (animal)
רַבָּן ז׳ Rabbi; teacher
רַבָּנוּת נ׳ rabbinate
רַבָּנוּת רָאשִׁית נ׳ Chief Rabbinate
רַבָּנִי ת׳ Rabbinic
רַבָּנִית נ׳ Rabbi's wife
רַבָּנָן ז"ר our Rabbis
רָבַע פ׳ mate (animal)
רֶבַע ז׳ quarter, one fourth
רִבְעוֹן ז׳ quarterly (journal)
רְבָעִי ת׳ of the fourth year (of planting)

רָבַץ פ׳ lie down (animal)
רִבְצָל ז׳ haversack; perfume-bag
רַבְרְבָן, רַבְרְבָנִי ת׳ boastful, bragging
רַבָּתִי ת׳ great, large; capital
רְגָבוּבִית נ׳ lump of earth, clod
רָגוּעַ ת׳ relaxed, calm
רָגַז פ׳ be angry, be enraged
רַגְזָן ז׳ bad-tempered person, irritable person
רַגְזָנוּת נ׳ bad-temper, irritability
רָגִיל ת׳ ordinary, usual, accustomed, regular
רְגִילוּת נ׳ usualness, habit; ordinariness, regularity
רְגִימָה נ׳ stoning
רְגִיעָה נ׳ calming down; relaxation, rest, lull
רָגִישׁ ת׳ sensitive; touchy
רְגִישׁוּת נ׳ sensitivity; touchiness
רֶגֶל נ׳ foot; leg
רַגְלִי ז׳ man going on foot, pedestrian; infantryman, footsoldier; pawn (chess)
רַגְלִי תה"פ on foot
רָגַם פ׳ stone; shell with mortar fire
רַגָּם ז׳ mortarman, gunner
רָגַן פ׳ grumble, complain
רָגַע פ׳ be calm, be at rest
רֶגַע ז׳ moment, instant, minute (colloq.)
רִגְעִי ת׳ momentary, transient
רַגֶּפֶת ז׳ eclampsia
רָגַשׁ פ׳ be in commotion

רֶגֶשׁ ז' feeling, emotion, sentiment
רַגָּשׁ ת' feeling, emotional, sensitive
רִגְשִׁי ת' emotive, sentimental
רִגְשִׁיּוּת נ' emotionalism, sentimentality
רַגְשָׁן ת' emotional person, sentimental person
רַגְשָׁנוּת נ' sentimentality, emotionalism
רַגְשָׁנִי ת' sentimental, emotional
רָדָה פ' rule over; tyrannize; remove honey from hive; remove bread from oven
רָדוּד ת' flattened, shallow; superficial
רָדוּם ת' asleep; sleepy, drowsy
רָדוּף ת' hunted, pursued
רְדִיד ז' woman's scarf
רְדִיָּה נ' rule, dominion, subjugation; removal of honey from hive, removal of bread from oven
רָדִים ת' sleepy, drowsy; lethargic
רְדִיפָה נ' pursuit, hunt, pursuing; persecution
רַדֶּמֶת נ' lethargy; extreme sleepiness, stupor
רָדַף פ' run, pursue, chase; persecute
רַהַב ז' boasting, pride, arrogance
רָהוּט ת' fluent; hasty
רְהָטָא, רִיהֲטָא ז' haste, hurry
רָהִיט ז' piece of furniture
רְהִיטוּת נ' fluency, speed
רָהִיטִים ז"ר furniture
רוֹאֶה ז' spectator, onlooker; seer; prophet
רוֹאֵה חֶשְׁבּוֹן ז' accountant; auditor
רוֹאֶה מַהִרְהוּרֵי לִבּוֹ indulges in wishful thinking
רוֹאֶה שְׁחוֹרוֹת ז' pessimist
רוּאְיַן פ' be interviewed
רוֹב ז' majority, greater part; plenty, abundance
רוֹב רוּבּוֹ, רוּבּוֹ כְּכוּלּוֹ תה"פ almost all, almost entirely
רוֹבָאוּת נ' rifle-shooting
רוֹבַאי ז' rifleman
רוֹבֶד ז' layer, stratum
רוֹבֶה ז' rifle
רוֹבֵה צַיִד ז' shotgun
רוּבָּנִי ת' majority
רוֹבַע ז' quarter (of a city, etc.)
רוֹגֵז ת' angry, irate
רוֹגֶז ז' anger, rage, ire, wrath
רוֹגְזָנִי ת' angry, irate, enraged
רוֹגֵן ת' grumbling, complaining
רוֹגֵעַ ת' calm, tranquil, peaceful
רוּדַּד פ' be beaten flat, be flattened
רוֹדָן ז' dictator, tyrant, despot
רוֹדָנוּת נ' dictatorship, tyranny, despotism
רוֹדָנִי ת' dictatorial, tyrannical, despotic
רוֹדֵף בֶּצַע ת' money grubber
רוֹדֵף כָּבוֹד ת' pursuer of honors
רָוָה פ' drink one's fill, be well-watered

רָוֶה ת' saturated, well-watered, quenched
רָווּחַ ת' spacious, wide, roomy
רוֹוֵחַ ת' widespread, common
רָוַח פ' be relieved; be widespread, be common
רָוַח לִי! I am relieved, I feel easier
רֶוַח ז' profit, gain; space, interval; relief, respite
רֶוַח נָקִי ז' clear profit, clear gain
רְוָחָה נ' relief, respite; welfare, affluence
רְוָחִיּוּת נ' profitability, profitableness
רָווּי ת' saturated, well-watered, quenched
רְוָיָה נ' saturation, fill
רִוְיוֹן ז' saturation
רְוִיָּה נ' saturating, quenching
רַוָּק ז' bachelor
רַוָּקָה נ' single woman
רוֹזֵן ז' baron, count
רוּחַ זו"נ wind, air, breath; soul, mind, spirit, ghost; point of compass
רוּחַ הַקּוֹדֶשׁ נ' divine inspiration
רוּחַ חֲרִישִׁית נ' breeze, light wind
רוּחַ פְּרָצִים נ' draught, draft
רוּחַ צֶוֶת נ' team spirit
רוּחַ רְפָאִים נ' ghost, phantom
רוּחַ שְׁטוּת נ', רוּחַ תְּזָזִית נ' spirit of madness
רוֹחַב ז' breadth, width
רוֹחַב לֵב ז' generosity
רוֹחְבִּי ת' transverse

רוּחַם פ' be pitied
רוּחָנִי ת' spiritual, intellectual, mental
רוּחַץ פ' be washed
רוּחַק פ' be placed at a distance
רוֹחַק ז' distance
רוֹטֶב ז' sauce, gravy
רוֹטֵט ת' quivering
רוּטַשׁ פ' be torn apart, be split open; be retouched (photography)
רוֹךְ ז' softness, gentleness, tenderness
רוֹכֵב ז' rider
רוּכַּז פ' be concentrated
רוּכַּךְ פ' be softened
רוֹכֵל ז' peddler, hawker
רוֹכְלוּת נ' peddling, petty trade
רוּכַּס פ' be fastened, be buttoned
רוֹכְסָן ז' zip fastener, zipper
רוֹם, רוּם ז' height, level, altitude; pride
רוֹמָאִי ת', ז' Roman
רוּמָּה פ' be cheated, be swindled
רוּמַּז פ' be hinted at, be alluded to
רוֹמַח ז' short spear, lance
רוֹמֵם פ' raise, lift up
רוֹמַם פ' be raised, be lifted up
רוֹמְמוּת נ' loftiness, elevation, sublimity
רוֹמְמוּת רוּחַ נ' high spirits

רוֹן ז׳ song, music
רוּסַן פ׳ be restrained, be curbed
רוּסַס פ׳ be sprayed
רוּסַק פ׳ be mashed, be smashed
רוֹעַ ז׳ evil, wickedness, badness
רוֹעַ הַמַּזָּל ז׳ unluckiness
רוֹעַ לֵב ז׳ malevolence, wickedness
רוֹעֶה ז׳ shepherd, herdsman
רוֹעֶה רוּחַ ז׳ waster, idler
רוֹעֵם ת׳ thunderous, thundering
רוּעֲנַן פ׳ be refreshed
רוֹעֵעַ פ׳ smash, break down
רוֹעֵץ ז׳ obstacle, stumbling-block
רוֹעֵשׁ ת׳ loud, noisy, clamorous
רוֹפֵא ז׳ doctor, physician
רוֹפֵא אֱלִיל ז׳ witch doctor; quack
רוֹפֵא בְּהֵמוֹת ז׳ veterinarian
רוּפַּד פ׳ be padded; be upholstered
רוּפַּט פ׳ be worn through, be worn out
רוֹפֵס ת׳ feeble; weak, limp
רוֹפֵף ת׳ wobbly, shaky, weak
רוֹפֵף פ׳ make shaky, make unstable
רוֹצֵחַ ז׳ murderer, assassin
רוֹצְחָנִי ת׳ murderous
רוּצַּף פ׳ be tiled, be paved
רוֹצֵץ פ׳ shatter, crush
רוֹק ז׳ saliva, spit
רוֹקֵחַ ז׳ druggist, pharmacist, chemist
רוּקַּח פ׳ be dispensed (medicines), be prepared (drugs); be mixed (spices, etc.)

רוֹקְחוּת נ׳ pharmaceutics, pharmacy
רוֹקֵם ז׳ embroiderer
רוֹקֵן פ׳ empty, empty out
רוֹקַן פ׳ be emptied, be emptied out
רוּקַּע פ׳ be hammered flat, be beaten flat
רוּשַּׁל פ׳ be neglected, be slovenly
רוֹשֶׁם ז׳ impression
רוֹשֵׁשׁ פ׳ impoverish, make poor
רוֹשַׁשׁ פ׳ be impoverished, be made poor
רוּשַּׁת פ׳ be covered with netting
רוֹתֵחַ ת׳ boiling; furious
רוּתַּח פ׳ be coiled
רוּתַּךְ פ׳ be welded
רוֹתֶם ז׳ broom (shrub)
רוּתַּק פ׳ be tied, be bound; be confined; be held
רָז ז׳ secret, mystery
רָזָה פ׳ become thin, lose weight
רָזֶה ת׳ thin, lean, slim
רָזוֹן ז׳ thinness, leanness
רָזִי ת׳ secret, mysterious
רְזִיָּה נ׳ losing weight, loss of weight
רַזַ״ל (רַבּוֹתֵינוּ זִכְרָם לִבְרָכָה) initials of “our Rabbis, of blessed memory”
רָזַם פ׳ wink; hint
רָחַב פ׳ widen, broaden, expand

רָחָב ת' wide, broad; spacious
רְחַב אוֹפֶק ת' of wide horizons
רְחַב יָדַיִים ת' extensive, spacious
רְחַב כְּתֵפַיִים ת' broad shouldered
רְחַב לֵב ת' magnanimous
רְחָבָה נ' square, open space
רַחֲבוּת נ' breadth, extent; generosity
רְחוֹב ז' street, road
רְחוֹב צְדָדִי ז' side-street
רַחוּם ת' merciful, compassionate
רְחוֹפֶת נ' suspended load material
רָחוּץ ת' washed
רָחוֹק ת' far, distant; remote
רֵחַיִים, רֵיחַיִים ז"ז millstone(s)
רְחִימָאִי my darling, my love
רְחִימוּ נ' love
רְחִיפָה נ' hovering; suspension
רָחִיץ ת' washable
רְחִיצָה נ' washing, bathing
רְחִישָׁה נ' stirring; movement; swarming, crawling
רָחֵל נ' ewe
רַחַם, רֶחֶם ז' womb, uterus
רָחָם ז' Egyptian vulture
רַחֲמִים ז"ר mercy, pity, compassion
רַחֲמָן ת' merciful, compassionate
רַחְמָנָא ז' God the Merciful
רַחְמָנָא לִיצְלַן God forbid!
רַחְמָנוּת נ' mercy, pity, compassion
רַחְמָנוּת עָלָיו poor fellow
רַחֶמֶת נ' metritis
רָחַף פ' shake, tremble; hover, float
רַחֶפֶת נ' hovercraft

רָחַץ פ' wash, bathe
רַחְצָה נ' washing, bathing; washing place, bathing place
רָחַק פ' be far, be distant, keep far from
רְחְרוּחַ ז' sniffing; nosing around
רִחְרֵחַ פ' sniff; nose around
רָחַשׁ פ' murmur; feel, sense; swarm, crawl, creep (insects)
רַחַשׁ ז' whisper, murmur; feeling, thought; rustle; swarming, crawling
רַחַת נ' spade; tennis racket
רָטַב פ' be wet, be moist, be damp, be humid
רָטוֹב ת' wet, moist, damp, humid
רָטוּשׁ ת' split open, torn apart; retouched (photography)
רֶטֶט ז' trembling, quaking; quiver, thrill
רַטָּט ז' vibrator
רְטִיבוּת נ' wetness, moistness, dampness, humidity
רְטִיָּה נ' poultice, plaster, compress; eye-patch
רָטַן פ' grumble, mutter, complain
רַטְנָן ז' grumbler, complainer
רֵיאָה, רֵאָה נ' lung
רֵיאָיוֹן ז' interview; appointment
רִיב ז' quarrel, dispute
רִיבָּה נ' jam
רִיבָּה פ' increase, add; raise, rear

רִיבָה נ׳ young lady, lass, maiden

רִיבּוֹא ז׳ ten thousand

רִיבּוּד ז׳ layering; stratification

רִיבּוּי ז׳ increase, growth; raising, breeding

רִיבּוֹן ז׳ lord, sovereign, the Lord

רִיבּוֹנוֹ שֶׁל עוֹלָם ז׳ Lord Almighty

רִיבּוֹנוּת נ׳ sovereignty

רִיבּוֹנִי ת׳ sovereign

רִיבּוּעַ ז׳ square; squaring

רִיבִּית נ׳ interest (on money)

רִיבִּית דְּרִיבִּית נ׳ compound interest

רִיבִּית קְצוּצָה נ׳ exorbitant interest, usury

רִיבָּס ז׳ rhubarb

רִיבֵּעַ פ׳ square (number); multiply by four; repeat four times

רִיגּוּל ז׳ spying, espionage

רִיגּוּן ז׳ grumbling, complaining

רִיגּוּשׁ ז׳ excitement, agitation

רִיגּוּשִׁי ת׳ emotional

רִיגּוּשִׁיּוּת נ׳ emotionalism

רִיגֵּל פ׳ spy

רִיגֵּשׁ פ׳ fill with emotion, move, stir, excite

רִידּוּד ז׳ beating flat, hammering flat

רִיהוּט ז׳ furnishing; furniture

רִיהֵט פ׳ furnish

רִיוָּה פ׳ saturate, quench

רִיוַּח פ׳ space; spread out

רִיוּוּי ז׳ saturation, quenching

רִיזּוּן ז׳ slimming, thinning

רֵיחַ ז׳ smell, odor; a hint of

רִיחוּף ז׳ hovering; flying; suspending

רִיחוּק ז׳ putting at a distance, moving away; removal; distance

רִיחוּשׁ ז׳ murmuring, stirring; swarming, crawling, creeping (insects)

רִיחֵם פ׳ pity, show mercy to

רֵיחָנִי ת׳ fragrant, sweet-smelling, aromatic

רֵיחַ נִיחוֹחַ ז׳ fragrance

רִיחֵף פ׳ hover; be suspended

רִיחֵק פ׳ place at a distance, remove

רִיחֵשׁ פ׳ murmur, stir; swarm, crawl, creep (insects)

רִיטּוּט ז׳ quivering, vibrating

רִיטּוּן ז׳ muttering, grumbling, complaining

רִיטּוּשׁ ז׳ tearing apart, splitting open; retouching (photography)

רִיטֵּט פ׳ quiver, quake; vibrate

רִיטֵּשׁ פ׳ tear apart, split open; retouch (photography)

רִיכּוּז ז׳ concentrating; concentration

רִיכּוּזִיּוּת נ׳ centralism, centralization

רִיכּוּךְ ז׳ softening, softening up; mollifying

רִיכֵּז פ׳ concentrate, bring together

רִיכֵּךְ פ׳ soften, soften up, mollify, palliate

רִיכֵּל, 'רִיכֵל' פ' gossip
רִיכֵּס פ' fasten, button
רִימָּה נ' worm, maggot
רִימָּה פ' deceive, cheat, swindle
רִימּוּז ז' hinting; hint, allusion
רִימּוּם ז' raising; uplift, elevation
רִימּוֹן ז' pomegranate; grenade
רִימֵּז פ' hint at, imply; beckon
רִינָּה נ' singing; joy
רִינּוּן ז' song; gossip
רִינֵּן פ' sing for joy; gossip
רִיס ז' eyelash, lash
רִיסּוּן ז' restraining, curbing, bridling
רִיסּוּס ז' spraying; spray; pulverization
רִיסּוּק ז' shattering, smashing; mashing
רִיסֵּן פ' restrain; curb; bridle
רִיסֵּס פ' spray; pulverize
רִיסֵּק פ' shatter, smash; mash
רִיעוּף ז' tiling
רִיעֵף פ' tile, cover with tiles
רִיפֵּא פ' heal; cure; treat
רִיפֵּד פ' upholster, pad; spread
רִיפָּה פ' relax, slacken, weaken
רִיפּוּד ז' upholstery, padding
רִיפּוּי ז' curing, healing; relaxing, weakening
רִיפֵּשׁ פ' muddy, dirty
רִיצֵּד פ' skip, dart to and fro
רִיצָה נ' running, racing; race
רִיצָּה פ' placate, appease
רִיצּוּד ז' skipping, darting to and fro
רִיצּוּי ז' placating, appeasement
רִיצּוּף ז' tiling, paving
רִיצּוּץ ז' breaking, crushing
רִיצֵּף פ' tile, pave
רֵיק ת' empty, vacant
רֵיק וּפוֹחֵז ת' irresponsible, reckless
רִיק ז' emptiness, vacuum
רֵיקָא, רֵיקָה ת' empty headed, good for nothing
רִיקָּבוֹן ז' decay, rot
רִיקֵּד פ' dance; jump about
רִיקּוּד ז' dancing; dance
רִיקּוּחַ ז' dispensing of medicines; preparation of drugs
רִיקּוּן ז' emptying
רִיקּוּעַ ז' hammering flat, beating flat; metal leaf
רֵיקוּת נ' emptiness, vacancy
רִיקַּח פ' prepare drugs; mix (spices, etc.)
רֵיקָם תה"פ with nothing, empty-handed
רֵיקָן ת' empty; empty-headed
רֵיקָנוּת נ' emptiness, futility; vacancy
רִיקַּע פ' hammer flat, beat flat; coat
רִיר ז' saliva; mucus
רִירִי ת' mucous
רִישׁ, רֵישׁ ז' want, poverty indigence
רֵישׁ ז' head; letter of Hebrew alphabet (=r)
רֵישָׁא נ' beginning, first part
רִישּׁוּי ז' licensing

רִישׁוּל ז׳ negligence, sloppiness, slovenliness
רִישׁוּם ז׳ registering; registration; drawing, sketching; sketch, graphic art; trace, effect, impression
רִישׁוּת ז׳ covering with netting; network, grid
רִישֵּׁם פ׳ draw, sketch; have an effect, leave an impression
רִישֵּׁת פ׳ cover with netting; grid
רִיתָּה פ׳ show favor, wish well
רִיתּוּחַ ז׳ boiling, stewing
רִיתּוּי ז׳ indulgence, leniency
רִיתּוּךְ ז׳ welding
רִיתּוּק ז׳ tying, binding; confining; confinement; enthralment
רִיתֵּךְ פ׳ weld
רִיתֵּק פ׳ tie, bind; confine; enthral
רַךְ פ׳ soften, become softer
רַךְ ת׳ soft; tender; young
רָכַב פ׳ ride; boss around (slang)
רֶכֶב ז׳ (motor) vehicle; graft; upper millstone
רַכָּב ז׳ charioteer, horseman
רַכֶּבֶל ז׳ cable car
רַכֶּבֶת נ׳ (railway) train, railway; ladder in stocking, (colloq.)
רַכֶּבֶת תַּחְתִּית נ׳ underground (railway), subway, tube
רָכוּב ת׳ riding, mounted; ridden

רְכוּבָּה נ׳ knee-cap
רָכוּן ת׳ stooping, leaning over, bent over
רָכוּס ת׳ buttoned, fastened
רְכוּשׁ ז׳ property, possessions; capital
רְכוּשָׁנוּת נ׳ capitalism
רְכוּשָׁנִי ת׳ capitalist(ic)
רַכּוּת נ׳ softness, gentleness, tenderness
רַכּוּת תה״פ softly, gently, tenderly
רַכָּז ז׳ organizer, co-ordinator, person in charge
רַכֶּזֶת נ׳ (telephone) switchboard
רְכִיב ז׳ component
רְכִיבָה נ׳ riding
רַכִּיךְ ת׳ softish, somewhat soft
רַכִּיכָה נ׳, רַכִּיכוֹת נ״ר mollusc(s)
רַכִּיכוּת נ׳ softness, slight softness
רְכִיל ז׳ gossip, backbiting
רְכִילַאי ז׳ gossip, backbiter
רְכִילוּת נ׳ gossip, slander
רָכִין ת׳ stooping, tipping, bending over
רְכִיסָה נ׳ fastening, buttoning
רְכִישָׁה נ׳ purchasing, acquiring; acquisition
רַכִּית, רַכֶּכֶת נ׳ rickets, rachitis
רָכַל פ׳ peddle
רַךְ־לֵב ת׳ cowardly, timorous
רַכְלָן ז׳ gossip, slanderer
רַכְלָנוּת נ׳ gossip
רָכַן פ׳ stoop, lean over, bend over
רָכַס פ׳ button, fasten
רֶכֶס ז׳ ridge, range; cuff link; collar button

רְכֻפָּה נ׳ mignonette
רַכְרוּכִי ת׳ soft, weak; pliant, unstable
רַכְרוּכִיּוּת נ׳ softness, weakness; instability, pliancy
רַכְרַךְ ת׳ delicate, soft
רִכְרֵךְ פ׳ soften a little
רָכַשׁ פ׳ purchase, acquire, obtain
רֶכֶשׁ ז׳ purchase (of arms)
רָם ת׳ high, lofty, eminent
רָם פ׳ rise aloft, rise up
רַם לֵב ת׳ haughty
רַם־מַעֲלָה ת׳ of high rank
רַם קוֹמָה ת׳ tall
רַמָּאוּת נ׳ swindling, cheating, fraud
רַמַּאי ת׳ swindler, cheat, fraud
רָמָה נ׳ hill, plateau, height; level, standard
רָמַת (הַ)חַיִּים נ׳ standard of living
רָמוּז ת׳ hinted at, implied, suggested; beckoned
רָמוּס ת׳ trampled, trodden
רָמַז פ׳ hint, allude to, gesticulate; imply, suggest; beckon
רֶמֶז ז׳ hint, allusion, clue; insinuation; gesture; indication
רֶמֶז דַּק ז׳ gentle hint
רֶמֶז עָבֶה ז׳ broad hint
רֶמֶז שָׁקוּף ז׳ obvious hint
רַמְזוּז ז׳ slight hint
רַמְזוֹר ז׳ traffic light(s)
רַמַטְכָּ״ל (רֹאשׁ הַמַּטֶּה הַכְּלָלִי) Chief of Staff
רְמִיזָא ז׳ hint
רְמִיזָה נ׳ hinting, implying, alluding; gesticulation
רְמִיָּה נ׳ deceiving, cheating; falsehood, deceit, fraud
רְמִיסָה נ׳ trampling, treading
רַמָּם ז׳ booster
רַמָּן ז׳ grenade-thrower, grenadier
רָמַס פ׳ trample, stamp, tread
רֶמֶץ ז׳ hot ashes
רַמְקוֹל ז׳ loudspeaker
רָמַשׂ פ׳ creep, crawl
רֶמֶשׂ ז׳ creeping things, reptiles
רָן פ׳ sing, chant
רְנָנָה נ׳ joyful music, song(s) of joy
רָסוּק ת׳ crushed, shattered; smashed
רְסִיס ז׳ drop; splinter, chip, shrapnel, fragment
רֶסֶן ז׳ curb, restraint; bridle
רִסֵּס פ׳ sprinkle, spray
רֶסֶק ז׳ purée, mash
רֶסֶק עַגְבָנִיּוֹת ז׳ tomato purée
רֶסֶק תַּפּוּחֵי אֲדָמָה ז׳ mashed potatoes
רָע ת׳ bad, evil, wicked, malignant
רַע־לֵב ת׳ wicked
רֹעַ ז׳ badness, evil, wickedness; harm, misfortune
רֵעַ ז׳ friend, companion
רָעֵב פ׳ be hungry, feel hungry, starve; crave
רָעֵב ת׳ hungry, starving; craving
רָעָב ז׳ hunger, starvation, famine
רְעָבוֹן ז׳ hunger

רַעַבְתָן ת' glutton, voracious eater
רַעַבְתָנוּת נ' gluttony, voracity
רָעַד פ' tremble, shiver, shudder
רַעַד ז' tremble, shiver, shudder
רְעָדָה נ' trembling, shivering, shuddering
רַעֲדוּד ז' tremolo
רָעָה פ' herd, shepherd; pasture; lead
רָעָה נ' evil deed, wickedness; misfortune, calamity
רֵעֶה ז' friend, companion (male)
רֵעָה נ' friend, companion (female)
רָעָה חוֹלָה נ' a serious trouble
רָעוּל ת' veiled, masked
רָעוּעַ ת' in bad condition, dilapidated, decrepit, unstable
רְעוּת נ' friendship, companionship
רְעוּת רוּחַ נ' vanity, futility
רְעִידָה נ' quaking, shaking, trembling
רְעִידַת אֲדָמָה נ' earthquake
רַעְיָה נ' wife, lady, spouse
רַעְיוֹן ז' idea, notion, thought
רַעְיוֹן רוּחַ ז' folly, nonsense
רַעְיוֹנִי ת' notional, intellectual, ideological
רְעִיָּה נ' putting out to pasture, pasturing, grazing
רְעִימָה נ' thundering; backfire
רְעִיעוּת נ' bad condition, dilapidation, shakiness
רְעִיפָה נ' dripping, trickling
רַעַל ז' poison

רַע־לֵב ת' wicked
רְעָלָה נ' veil
רַעֲלָן ז' toxin
רַעֶלֶת נ' toxicosis
רָעַם פ' thunder, roar, rage
רַעַם ז' thunder, roar
רַעְמָה נ' mane
רִעֲנוּן ז' refreshing, freshening, invigorating
רִעֲנֵן פ' refresh, freshen; invigorate
רַעֲנָן ת' fresh, refreshed, vigorous
רַעֲנַנּוּת נ' freshness, vigor
רָעַף פ' drizzle, drip, trickle
רַעַף ז' tile, roof-tile
רָעַץ פ' crush, shatter
רָעַשׁ פ' make a noise, be noisy; quake
רַעַשׁ ז' noise, din; earthquake
רַעֲשִׁי ת' seismic
רַעֲשִׁיּוּת נ' seismicity
רַעֲשָׁן ז' noisy person; rattle
רַעֲשָׁנוּת נ' noisiness, loudness, din
רַעֲשָׁנִי ת' noisy, loud, clamorous; blatant
רַף ז' shelf
רָפָא פ' cure, heal
רְפָאוּת נ' medicine, cure, remedy
רְפָאִים ז"ר ghosts, shades, spirits of the dead
רֶפֶד ז' padding, material for upholstery
רַפָּד ז' upholsterer
רָפָה פ' lose strength, grow weak
רָפֶה ת' weak, feeble, flabby; without dagesh (grammar)

רְפֵה שֵׂכֶל ת׳ **weak minded**

רְפוּאָה נ׳ **medicine, medical science; cure; recovery**

רְפוּאָה שְׁלֵמָה! נ׳ **"I wish you a full recovery!" (said to someone sick)**

רְפוּאִי ת׳ **medical**

רָפוּי ת׳ **slack, loose, lax**

רָפוּף ת׳ **shaky, flimsy**

רָפִיא ת׳ **curable**

רְפִידָה נ׳ **upholstering, lining, padding, cushioning; inner sole**

רִפְיוֹן ז׳ **weakness, slackness, looseness**

רִפְיוֹן יָדַיִים ז׳ **impotence, powerlessness**

רְפִיסוּת נ׳ **weakness, feebleness**

רְפִיפוּת נ׳ **shakiness, instability**

רָפַס פ׳ **be feeble, be frail; trample, tread**

רִפְסֵד פ׳ **sail a raft**

רַפְסוֹדַאי ז׳ **raftsman**

רַפְסוֹדָה נ׳ **raft**

רִפְרוּף ז׳ **fluttering, hovering; skimming**

רִפְרֵף פ׳ **flutter, hover; examine superficially, skim**

רַפְרָף ז׳, רַפְרָפִים ז״ר **hawk moth**

רַפְרַף ז׳ **(wireless) wobbulator**

רַפְרֶפֶת נ׳ **custard**

רֶפֶשׁ ז׳ **mud, mire, dirt**

רֶפֶת נ׳ **cowshed; dairy-farming**

רַפְתָּן ז׳ **cowman**

רַפְתָּנוּת נ׳ **dairy-farming**

רָץ פ׳ **run**

רָץ ז׳ **courier, envoy; half-back (football); bishop (chess)**

רָצָה פ׳ **want, wish; be willing; be pleased with**

רָצוּי ת׳ **wanted, desirable; acceptable, welcome**

רָצוֹן ז׳ **wish, desire; will; (good) will**

רָצוֹן חוֹפְשִׁי ז׳ **free will**

רְצוֹנִי ת׳ **voluntary, volitional**

רְצוּעָה נ׳ **strap, band, belt; strip; ligament**

רָצוּף ת׳ **continuous, non-stop; attached; paved; enclosed**

רָצוּף בָּזֶה, ר״ב **enclosed herewith**

רָצוּץ ת׳ **broken, crushed; exhausted**

רָצַח פ׳ **murder, kill, assassinate**

רֶצַח ז׳ **murder, killing, assassination**

רֶצַח אוֹפִי ז׳ **character assassination**

רַצְחָנִי ת׳ **murderous, killing**

רְצִיחָה נ׳ **murdering, assassinating; murder, assassination**

רְצִיָּה נ׳ **wishing; wish; desire**

רְצִינוּת נ׳ **seriousness; gravity**

רְצִינִי ת׳ **serious; grave**

רְצִיעָה נ׳ **piercing or boring with an awl**

רָצִיף ז׳ **platform; wharf, quay**

רָצִיף ת׳ **continuous**

רְצִיפוּת נ׳ **continuity**

רָצַע פ׳ **pierce or bore with an awl**

רַצְעָן ז׳ leatherworker; shoemaker, cobbler

רַצָּף ז׳ paver, floor-layer

רֶצֶף ז׳ continuity, succession, duration

רִצְפָּה נ׳ floor; ember

רַצָּפוּת נ׳ paving, floor-laying

רָצַץ פ׳ crush, shatter

רַק תה״פ only

רָקַב פ׳ rot, decay, go bad

רָקָב ז׳ decayed matter

רֶקֶב ז׳ plant rot

רַקְבּוּבִי ת׳ decayed, rotten

רַקְבּוּבִית נ׳ decay, rot

רַקְבִּיבוּת נ׳ decay, rot, corruption

רָקַד פ׳ dance

רַקְדָן ז׳ dancer

רַקָּה נ׳ temple

רָקוּב ת׳ decayed, rotten

רָקַח פ׳ dispense (medicine), prepare (drugs)

רַקָּחוּת נ׳ dispensing (medicines), pharmacy, pharmaceutics

רָקִיב ת׳ perishable, tending to rot easily

רְקִיבוּת נ׳ proneness to rot

רְקִימָה נ׳ embroidering; embroidery; fashioning, creating

רָקִיעַ ז׳ sky, heaven, firmament

רָקִיעַ ת׳ malleable, ductile

רְקִיעָה נ׳ stamping (of feet)

רָקִיק ז׳ wafer

רְקִיקָה נ׳ spitting

רָקַם פ׳ embroider; fashion, form, create

רֶקֶם, רֶקֶם ז׳ embroidery

רִקְמָה נ׳ embroidery; tissue; texture

רָקַע פ׳ stamp (foot), trample; spread; beat into sheets

רֶקַע ז׳ background, setting

רַקֶּפֶת נ׳ cyclamen

רָקַק פ׳ spit

רְקָק ז׳ shoal, shallow; swamp

רְקָקִית נ׳ spittoon, cuspidor

רָשׁ ת׳ poor, destitute

רַשַּׁאי ת׳ allowed, entitled, authorized

רָשׁוּי ת׳ licensed

רָשׁוּם ת׳ registered, recorded

רְשׁוּמָה נ׳ record

רְשׁוּמוֹת נ״ר minutes; Reshumot, official gazette of the Israeli government

רָשׁוּת נ׳ authority, power

רָשׁוּת מְקוֹמִית נ׳ local authority, local council

רְשׁוּת נ׳ permission; option; possession

רְשׁוּת הַיָּחִיד נ׳ private possession

רְשׁוּת הָרַבִּים נ׳ public possession

רָשׁוּת ת׳ net-like, of net

רִשָּׁיוֹן ז׳ licence

רִשְׁיוֹן נְהִיגָה ז׳ driving licence

רְשִׁימָה נ׳ writhing, recording, noting down; list; short article or story

רַשְׁלָן ז׳ lazy person, sloppy person, careless person

רַשְׁלָנוּת נ׳ laziness, sloppiness; carelessness, negligence
רַשְׁלָנִי ת׳ lazy, sloppy, careless
רָשַׁם פ׳ note down, record, register; list; sketch, draw
רַשָּׁם ז׳ registrar
רִשְׁמִי ת׳ official
רִשְׁמִיּוּת נ׳ formality
רִשְׁמִית תה״פ officially
רְשַׁמְקוֹל ז׳ tape-recorder
רָשָׁע ת׳, ז׳ wicked, evil; villain
רֶשַׁע ז׳ wickedness, evil
רִשְׁעָה נ׳ wickedness, iniquity
רִשְׁעוּת נ׳ wickedness, malice
רֶשֶׁף ז׳ spark; flash
רִשְׁרוּשׁ ז׳ rustling; rustle
רִשְׁרֵשׁ פ׳ rustle
רֶשֶׁת נ׳ net, network
רִשְׁתִּי ת׳ made of net, of net
רִשְׁתִּית נ׳ retina
רָתוּחַ ת׳ boiled
רָתוּם ת׳ harnessed, hitched

רַתּוֹק ז׳ chain, cable
רַתּוּקָה, רְתוּקָה נ׳ chain
רָתַח פ׳ boil, rage, be furious
רִתְחָה נ׳ boiling; fury, rage
רַתְחָן ת׳ bad-tempered person, person given to fits of anger
רַתְחָנוּת נ׳ irascibility, bad-temperedness
רְתִיחָה נ׳ boiling; rage; effervescence
רָתִיךְ ת׳ weldable
רְתִיכוּת נ׳ weldability
רְתִיעָה נ׳ recoiling, flinching; recoil
רַתָּךְ ז׳ welder
רַתָּכוּת נ׳ welding
רָתַם פ׳ harness, hitch
רִתְמָה נ׳ harness
רֶתַע ז׳ recoiling, recoil
רָתַת פ׳ tremble, shake, quiver
רְתֵת ז׳ trembling, quivering, quaking

ש

שֶ... that, who, which; because; let

שֶׁיְּדַבֵּר! let him talk

שָׁאַב פ׳ draw, pump; derive, obtain

שָׁאַג פ׳ roar, bellow

שְׁאָגָה נ׳ roar, bellow

שָׁאוּב ת׳ drawn, pumped; derived, obtained

שְׁאוֹל זו״נ sheol, the underworld

שָׁאוּל ת׳ borrowed, loaned

שָׁאוֹן ז׳ noise, roar, din

שְׂאוֹר ז׳ leaven, yeast

שְׁאָט ז׳ contempt, disgust, revulsion

(בִּ)שְׁאָט נֶפֶשׁ תה״פ (with) disgust

שְׁאִיבָה נ׳ drawing, pumping; deriving, obtaining

שְׁאִיָּה נ׳ desolation, destruction

שְׁאִילָה נ׳ borrowing; asking

שְׁאִילְתָּה נ׳ parliamentary question

שְׁאִיפָה נ׳ breathing in, inhaling; ambition, aspiration

שְׁאִיר ז׳ surviving relative

שָׁאַל פ׳ ask, ask for; borrow

שְׁאֵלָה נ׳ question; request

שְׁאֵלַת תָּם נ׳ an innocent question, a plain question

שְׁאֵלוֹן ז׳ questionnaire

שׁוֹנֶה... שְׁאַנִי ת׳ different

שַׁאֲנָן ת׳ tranquil, serene, complacent

שַׁאֲנָנוּת נ׳ tranquillity, serenity, complacency

שָׁאַף פ׳ breathe in; strive for

שַׁאֲפָן ז׳ ambitious person

שַׁאֲפָנוּת נ׳ ambition, ambitiousness

שַׁאֲפָנִי, שְׁאַפְתָּנִי ת׳ ambitious

שְׁאַפְתָּן ז׳ ambitious man

שְׁאַפְתָּנוּת נ׳ ambitiousness

שְׁאָר ז׳ the rest, the remainder, other

שְׁאַר־רוּחַ ז׳ nobility of mind or spirit

שְׁאֵר ז׳ kinsman

שְׁאֵר בָּשָׂר ז׳ blood relation

שְׁאֵרִית נ׳ remainder, remnant

שְׁאֵרִית הַפְּלֵיטָה נ׳ the few surviving remnants

שְׂאֵת נ׳ loftiness

שָׂב ת׳ old, aged, grey-haired

שָׁב פ׳ return, come back, go back; repeat; repent

שֵׁב sit down!

שָׂב פ׳ become old, age, become grey-haired

שְׁבָב ז׳ splinter, shaving, chip

שָׁבָה פ׳ capture, take prisoner

שְׁבוֹ ז׳ agate

שָׁבוּי ת׳, ז׳ captured; prisoner-of-war, captive

שָׁבוּעַ ז׳ week

שְׁבוּעָה נ׳ oath, vow

שְׁבוּעַת שָׁוְא נ׳ vain oath

שְׁבוּעַת שֶׁקֶר נ׳ false oath

שְׁבוּעוֹן ז׳ weekly (journal)

שָׁבוּעוֹת, חַג הַשָּׁבוּעוֹת ז׳ Shavuot, Pentecost, the Feast of Weeks

שְׁבוּעִי ת׳ weekly
שְׁבוּעַיִם ז״ז two weeks, a fortnight
שָׁבוּר ת׳ broken, fractured
שִׁבוּת נ׳ return (to the land of Israel)
שֶׁבַח, שְׁבָח ז׳ praise; improvement
שֶׁבַח מְקַרְקְעִין ז׳ increased value of landed property
שֵׁבֶט ז׳ rod; scepter; tribe
שְׁבָט ז׳ Shevat (January-February)
שִׁבְטִי ת׳ tribal
שְׁבִי, שֶׁבִי ז׳ captivity; captives
שְׁבִיב ז׳ spark, ray (of hope etc.)
שָׁבִיט, כּוֹכַב שָׁבִיט ז׳ comet
שְׁבִיל ז׳ path, pathway; part (in hair)
שְׁבִיל הַזָּהָב ז׳ the golden mean
שְׁבִיל הֶחָלָב ז׳ the Milky Way
שָׁבִיס ז׳ woman's head ornament; woman's kerchief, head-scarf
שְׂבִיעָה נ׳ feeling of satisfaction, satiety
שְׁבִיעוֹנִי ת׳ seven-month baby
שְׂבִיעוּת נ׳ satiety
שְׂבִיעוּת רָצוֹן נ׳ satisfaction
שְׁבִיעִי ת׳ seventh
שְׁבִיעִיָּה נ׳ septet; set of seven
שָׁבִיר ת׳ fragile, breakable
שְׁבִיר ז׳ diopter
שְׁבִירָה נ׳ breaking, fracturing; breakage; refraction
שְׁבִירוּת נ׳ fragility, brittleness
שְׁבִיתָה נ׳ strike
שְׁבִיתָה פְּרָאִית נ׳ wildcat strike

שְׁבִיתַת אַהֲדָה נ׳ sympathy strike
שְׁבִיתַת הָאָטָה נ׳ go-slow strike
שְׁבִיתַת נֶשֶׁק נ׳ armistice, cease fire, truce
שְׁבִיתַת רָעָב נ׳ hunger strike
שְׁבִיתַת שֶׁבֶת נ׳ sit-in strike
שְׂבָכָה, סְבָכָה נ׳ lattice, trellis, net, grid
שַׁבְּלוּל ז׳ snail
שַׁבְּלוֹנָה נ׳ pattern, model: stereotype, routine (colloq.)
שַׁבְּלוֹנִי ת׳ stereotyped, routine, hackneyed
שָׂבַע פ׳ eat one's fill, be sated
שָׂבֵעַ ת׳ satisfied, sated, full
שְׂבַע רָצוֹן ת׳ satisfied, pleased
שֹׂבַע ז׳ plenty, satiety
שֶׁבַע ש״מ, נ׳ seven (fem.)
שְׁבַע־עֶשְׂרֵה ש״מ,נ׳ seventeen (fem.)
שִׁבְעָה ש״מ, ז׳ seven (masc.)
שִׁבְעָה־עָשָׂר ש״מ, ז׳ seventeen (masc.)
שָׂבְעָה, שׂוֹבְעָה נ׳ satiety, satisfaction
שִׁבְעִים ש״מ, זו״נ seventy (masc. and fem.)
שַׁבְעִית נ׳ septet
שִׁבְעָתַיִם ש״מ seven times; sevenfold
שָׁבָץ ז׳ death throes, apoplexy, convulsion, stroke
שְׁבַץ לֵב ז׳ stroke
שָׁבַק פ׳ leave, forsake, abandon
שָׁבַק חַיִּים לְכָל חַי depart this life (biblical)

שֶׂבֶר ז' hope, expectation
שָׁבַר פ' break, fracture; refract; turn sharply (steering-wheel) (colloq.)
שֶׁבֶר ז' break, fracture; fragment; fraction; hernia, rupture; disaster; grain; fulfilment, realization
שַׁבְרִיר ז' fragment, splinter, sliver
שְׁבַר־כְּלִי ז' weakling, human wreck
שֶׁבֶר עָנָן ז' cloudburst
שַׁבְשֶׁבֶת נ' weather-vane, weathercock
שַׁבְשְׁתָא נ' mistake, error
שַׁבְשְׁתָא כֵּיוָן דְּעַל־עַל once a mistake is made, it is bound to remain
שָׁבַת פ' strike; cease, stop; rest; observe the Shabbat
שֶׁבֶת נ' sitting; cessation; idleness,
שַׁבָּת נ' Shabbat, seventh day; day of rest
שַׁבָּת שָׁלוֹם! (greeting on Shabbat)
שַׁבְּתַאי ז' Saturn
שַׁבָּתוֹן ז' complete rest; public holiday (when all working establishments are closed); sabbatical
שָׂגַב פ' be strong, be high, be great
שֶׂגֶב ז' greatness, sublimity
שָׁגַג פ' sin in error, be unintentionally mistaken

שְׁגָגָה נ' inadvertent sin; unintentional mistake
שָׂגָה פ' prosper, thrive, rise
שָׁגָה פ' make a mistake, err
שָׁגוּר ת' fluent; usual, habitual
שַׂגִּיא ת' exalted, sublime
שְׁגִיאָה נ' mistake, error
שַׂגִּיב ת' sublime, great
שְׁגִירוּת נ' fluency; habitual use
שָׁגַל פ' have sexual intercourse with (a woman)
שֵׁגַל נ', שִׁגְלוֹנָה נ' concubine
שֶׁגֶם ז' tenon, spline, tongue
שִׁגְעוֹנִי, שִׁיגְעוֹנִי ת' insane, crazy, wild
שֶׁגֶר ז' young (of animals)
שִׁגְרָה נ' routine; fluency
שַׁגְרִיר ז' ambassador
שַׁגְרִירוּת נ' embassy
שִׁגְרָתִי ת' routine, habitual
שִׂגְשֵׂג פ' flourish, thrive, prosper
שִׂגְשׂוּג ז' flourishing, thriving, prosperity
שָׁד, שַׁד ז' ז"ר שָׁדַיִם breast
שֵׁד ז', שֵׁדָה נ' devil, demon
שֵׁד מִשַּׁחַת ז' little devil; a real wizard; a bundle of energy
שְׂדָאוּת נ' field training, fieldcraft
שָׁדַד פ' rob, loot, plunder
שָׂדֶה ז' field
שְׂדֵה בּוּר ז' uncultivated land
שְׂדֶה מַגְנֵטִי ז' magnetic field
שְׂדֵה מוֹקְשִׁים ז' minefield

שְׂדֵה קְרָב ז' battlefield
שְׂדֵה רְאִיָּה ז' field of vision
שְׂדֵה שְׁלָחִים ז' artificialy irrigated land
שְׂדֵה תְּעוּפָה ז' airfield
שָׁדוּד ת' robbed, looted, plundered
שְׁדוּלָה נ' lobby, lobbying
שֵׁדוֹן ז' little devil, imp, gnome
שָׁדוּף ת' blighted, scorched, blasted; empty, meaningless
שַׁדַּי ת' the Almighty
שְׁדִידָה נ' robbery, looting, plundering
שָׁדִיר ת' suitable for broadcasting
שַׁדְכָן ז' match-maker, marriage-broker; stapler (colloq.)
שַׁדְכָנוּת נ' match-making
שְׁדֵמָה נ' field (of grain or fruit)
שָׁדַף פ' blight, scorch, blast
שַׁדָ"ר ז' collector (for Jewish institutes of learning)
שַׁדָּר ז' broadcaster, transmitter; birch
שֶׁדֶר ז' broadcasting transmission; message
שִׁדְרָה נ' spine, backbone
שְׂדֵרָה נ' avenue, boulevard; row, column; social class, social circle
שְׂדֵרוֹת הֶרְצְל Herzl Avenue
שִׁדְרִית נ' keel
שַׁדְרָן ז' broadcaster
שַׁדֶּרֶת נ' rickets, rachitis
שֶׂה זו"נ lamb

שָׂהֵד ז' witness
שָׂהֲדִי בַּמְּרוֹמִים! as God's my witness!
שָׁהָה פ' stay (for a certain time)
שְׁהוּת, שָׁהוּת נ' sufficient time, leisure
שְׁהִי ז' rest (music), fermata
שְׁהִיָּה נ' staying; stay, wait; delaying; delay
שַׂהַר, סַהַר ז' moon, crescent
שַׂהֲרוֹן, סַהֲרוֹן ז' moon-shaped ornament
שׁוֹאֵב־אָבָק ז' vacuum cleaner, dust extractor
שׁוֹאֵב, שׁוֹאֵב מַיִם ז' water-drawer
שׁוֹאָה נ' catastrophe, holocaust, destruction, calamity
שׁוֹאֵל ז' questioner; borrower
שׁוּב תה"פ again, once more
שׁוֹבֵב פ' return, restore, refresh; put back; cause go astray; go astray
שׁוֹבָב ת' naughty, mischievous
שׁוֹבְבוּת נ' naughtiness, mischievousness, misbehavior
שׁוּבָה נ' calm, rest, repose
שׁוֹבֵה לֵב ת' captivating, enchanting
שׁוּבַּח פ' be praised; be praiseworthy
שׂוֹבֶךְ ז' lattice-work, network; thicket, tangle of boughs
שׁוֹבָךְ ז' dove-cote

שׁוֹבֶל ז׳ train (of a dress); wake (of a ship), vapor trail (of airplane)
שׂוֹבַע ז׳, שׂוֹבְעָה, שָׂבְעָה נ׳ satisfaction, satiety
שׁוּבַּץ פ׳ be checkered be marked out in squares; be graded; be set be integrated
שׁוֹבֵר ז׳ voucher, warrant, receipt
שׁוּבַּר פ׳ be shattered
שׁוֹבֵר־גַּלִּים ז׳ breakwater
שׁוֹבֵר־רוּחַ ז׳ windbreak
שׁוּבַּשׁ פ׳ be corrupt (text), be full of mistakes; into disorder, be disrupted
שׁוֹבֵת ז׳ striker
שׁוֹגֵג ת׳, בְּשׁוֹגֵג unintentionally or inadvertantly erring
שׁוּגַּע פ׳ driven mad, be maddened; be infatuated (slang)
שׁוּגַּר פ׳ be sent, be dispatched, be launched
שׁוֹד ז׳ robbery, plunder
שׁוֹדֵד ז׳ robber, bandit
שׁוּדַּד פ׳ be laid waste, be ravaged, be destroyed
שׂוּדַּד פ׳ be harrowed
שׁוּדַּךְ פ׳ be brought together (by a matchmaker)
שׁוּדַּל פ׳ be coaxed, be persuaded
שׁוּדַּר פ׳ be broadcast, be transmitted

שֹׁהַם ז׳ onyx
שָׁוְא ז׳ falsehood; vanity
שְׁוָא ז׳ sheva (silent or half vowel of Hebrew)
שְׁוָא נָח ז׳ silent sheva
שְׁוָא נָע ז׳ sounded sheva
שְׁוָאִי ת׳ pointed with a sheva
שָׁוָה פ׳ be equal, be equivalent, be comparable, be worthwhile
שָׁוֶה ת׳ equal, equivalent; worth, worthwhile (colloq.)
שָׁוֶה בְּשָׁוֶה תה״פ equally, in equal shares, fifty-fifty
שְׁוֵה־זְכוּיוֹת ת׳ with equal rights
שָׁוֶה לְכָל נֶפֶשׁ suitable for everyone
שְׁוֵה־נֶפֶשׁ ת׳ indifferent
שְׁוֵה־עֵרֶךְ ת׳ equal in value, equivalent
שָׁוֶה פְּרוּטָה ת׳ of little value
שְׁוֵה צְלָעוֹת ת׳ equilateral (triangle)
שׁוֹוִי ז׳ value, worth
שִׁוְיוֹן ז׳ equality, equivalence
שִׁוְיוֹן־זְכוּיוֹת ז׳ equality of rights
שִׁוְיוֹן נֶפֶשׁ ז׳ indifference, equanimity
שִׁוְיוֹנוּת, שִׁוְיוֹנִיּוּת נ׳ equality of rights
שָׁוִיק ת׳ marketable
שַׁוְעַ ז׳, שַׁוְעָה נ׳ cry for help
שׁוּוַּק פ׳ be marketed
שַׁוָּר ז׳ dancer; tight-rope artist, trapeze-artist
שׁוּזַּר פ׳ be twisted, be twined

שׁוֹחַד פ׳	be bribed
שׁוֹחַד ז׳	bribe
שׁוּחָה נ׳	deep trench, pit
שׁוּחְזַר פ׳	be reconstructed
שׂוֹחַח פ׳	talk, converse
שׁוֹחֵט ז׳	ritual slaughterer
שׂוֹחֵק ת׳	laughing, merry
שׁוֹחֵר ז׳	well wisher,friend, supporter; seeker
שׁוּחְרַר פ׳	be set free, be released
שׁוֹט ז׳	whip
שׁוֹטֶה ת׳	foolish, stupid, silly
שׁוּטַּח פ׳	be flattened
שׁוֹטֵט פ׳	rove, wander about; loiter
שׁוֹטְטוּת נ׳	wandering about, loitering, vagrancy
שׁוּטִית נ׳	skiff, canoe
שׁוֹטֵף ת׳	continuous, running; flowing; current; rapid
שׁוֹטֵר ז׳	policeman, constable
שׁוֹטֵר־חָרָשׁ ז׳	detective
שׁוֹטֵר מַקּוֹפִי ז׳	policeman on the beat
שׁוֹטֵר תְּנוּעָה ז׳	traffic policeman
שׁוּיַּךְ פ׳	be ascribed, be attributed
שׁוּיַּף פ׳	be filed
שׂוֹכָה נ׳	bough, branch
שׁוּכַּךְ פ׳	be calmed, be appeased, be eased
שׁוּכַּל פ׳	be left childless
שׁוּכְלַל פ׳	be improved, be perfected
שׁוּכַּן פ׳	be housed, be provided with housing
שׁוּכְנַע פ׳	be convinced
שׁוּכְפַּל פ׳	be duplicated
שׂוֹכֵר ז׳	hirer, renter, lessee
שׁוּל ז׳	edge, margin
שׁוּלַּב פ׳	be interlocked, be interwoven
שׁוּלְהַב פ׳	be set alight, be inflamed, be fired with enthusiasm, be carried away
שׁוּלַּח פ׳	be sent away
שׁוּלְחָן ז׳	table; desk
שׁוּלְחַן כְּתִיבָה ז׳	writing desk
שׁוּלְחַן מְלָאכָה ז׳	work-bench
שׁוּלְחָן עָגוֹל ז׳	round table
שׁוּלְחָן עָרוּךְ ז׳	laid table (for a meal); Shulhan Arukh (codification of Jewish laws)
שׁוּלְחָנִי ז׳	money-changer
שׁוּלַּט פ׳	be signposted
שׁוּלְטָאן ז׳	Sultan
שׁוּלְטָנִי ת׳	domineering, bossy
שׁוּלִי ת׳	marginal
שׁוּלְיָה ז׳	apprentice
שׁוּלַיִים ז״ז	edge, brim; margins
שׁוֹלֵל ז׳	one who says no, opponent
שׁוֹלָל ת׳	stripped, deprived, bereft
שׁוּלַּל פ׳	be devoid of, be deprived of
שׁוּלַּם פ׳	be paid
שׁוּלַּשׁ פ׳	be tripled, be trebled
שׁוּלְשַׁל פ׳	be dropped in; be mailed

שום ז' garlic; something, anything
שום דָּבָר תה"פ nothing
שוּמָה נ' assessment, valuation; mole (on body)
שׂוּמָה ת' incumbent
שׂוּמָה עָלָיו it is incumbent on him
שׁוֹמֵם ת' waste, desolate, dreary
שׁוּמָן ז' fatness
שׁוּמָן ז' fat
שׁוּמַּן פ' be oiled
שׁוֹמֵר ז' watchman, guard, keeper
שׁוֹמֵר (שׁוֹמֶרֶת) טַף ז' (נ') baby-sitter
שׁוֹמֵר יִשְׂרָאֵל ז' Guard of Israel (God)
שׁוֹמֵר מִשְׁקָל ז' weight watcher
שׁוֹמֵר נַפְשׁוֹ ת' cautious, careful
שׁוֹמֵר רֹאשׁ ז' bodyguard
שׁוּמַּר פ' be preserved, be conserved, be canned
שׁוּמָר ז' fennel
שׁוֹמְרוֹנִי ת' Samaritan
שׁוּמַּשׁ פ' be used, be second-hand
שׁוּמְשׁוּמִין, שׁוּמְשׁוּם ז' sesame
שׂוֹנֵא ז' enemy, foe
שׂוֹנֵא יִשְׂרָאֵל ז' anti-Semite
שׁוֹנֶה ת' different
שׁוּנָּה פ' be changed, be altered
שׁוֹנוּת נ' difference; variation, divergence, variability
שׁוֹנִי ז' difference; variance, variety

שׁוּנִית נ' reef; cliff, promontory
שׁוּנַּן פ' be learned by heart; be sharpened
שׁוּנָרָה נ' wild cat
שׁוּנַּת פ' be notched, be graduated
שׁוּסָּה פ' be set on be provoked, be incited
שׁוּסַּע פ' be split; be interrupted
שׁוּסַּף פ' be split, be rent
שׁוֹעַ ז' magnate; noble
שׁוּעְבַּד פ' be enslaved; be subjected; be mortgaged
שׁוּעָל ז' fox
שׁוּעְמַם פ' be bored
שׁוֹעֵר ז' gatekeeper; doorman; janitor, goalkeeper
שׁוֹעַר פ' be estimated; be supposed, be imagined
שׁוּעֲשַׁע פ' be amused, be diverted
שׁוּעְתַּק פ' be reproduced
שׁוֹפֵט ז' judge; referee, umpire
שׁוֹפֵט שָׁלוֹם ז' magistrate
שׁוּפִי ז' ease, comfort
שׁוֹפִין ז' file
שׁוּפַּךְ פ' be poured out; be spilled
שׁוֹפְכָה, שָׁפְכָה נ' penis
שׁוֹפְכִים ז"ר dirty water; sewage
שׁוֹפְכֵי תַּעֲשִׂיָּה ז"ר industrial waste
שׁוֹפֵעַ ת' flowing, streaming; full of, abounding (in)
שׁוֹפַע פ' abound in, be rich in
שׁוּפַע ז' trim (of ship)

שׁוּפַּץ פ׳ be renovated, be restored, be overhauled
שׁוֹפָר ז׳ shofar (ram's horn); mouthpiece
שׁוּפַּר פ׳ be improved
שׁוּפְרָא ז׳ beauty; best portion
שׁוּפְרָא דְשׁוּפְרָא תה״פ the very best quality, first class
שׁוּפְרַט פ׳ be elaborated
שׁוּפֶּרְסַל ז׳ supermarket
שׁוּפְשַׁף פ׳ be rubbed; be burnished; be broken in (by tough military training) (mil. slang)
שׁוֹק נ׳ leg (below the knee), side (geometry); shock
שׁוּק ז׳ market, market-place, bazaar
שׁוּקִי ת׳ vulgar
שׁוֹקִית נ׳ leg (of a high boot)
שׁוּקַם פ׳ be rehabilitated
שׁוֹקַע ז׳ draft (of ship), draught
שׁוּקַע פ׳ be submerged, be sunk in
שׁוּקַץ פ׳ be loathsome, be detestable
שׁוֹקֵק ת׳ bustling; craving, longing
שׁוֹקֶת נ׳ drinking-trough
שׁוֹקֶת שְׁבוּרָה נ׳ efforts come to nothing
שׁוֹר ז׳ ox, bull, bullock
שׁוּרְבַּב פ׳ be extended, hang down; be interpolated
שׁוּרָה נ׳ row, rank, line; series
שׁוּרַת הַדִּין נ׳ the strict letter of the law
שׁוֹר הַבָּר ז׳ bison, buffalo
שׁוּרוֹן ז׳ lined paper
שׁוּרְטַט ר׳ סוּרְטַט
שׁוּרְיַין פ׳ be earmarked, be set aside; be armor-plated
שׁוֹרֵר פ׳ sing; write poetry
שׁוֹרֶר ז׳ navel, umbilicus
שׁוֹרֶשׁ ז׳ root
שׁוֹרַשׁ פ׳ be uprooted; be eradicated
שׁוֹרְשׁוֹן ז׳ rootlet, small root
שׁוֹרְשִׁי ת׳ root, radical; deep-rooted, authentic, fundamental
שׁוֹרְשִׁיּוּת נ׳ deep-rootedness, authenticity, fundamentality
שׁוֹשְׁבִין ז׳ best man; partner; friend and promoter
שׁוֹשְׁבִינוּת נ׳ status of best man
שׁוֹשֶׁלֶת נ׳ dynasty; genealogy
שׁוֹשָׁן ז׳ lily; rosette (architecture)
שׁוֹשַׁנָּה נ׳ lily; rose (colloq.); erysipelas (med.)
שׁוֹשֶׁנֶת נ׳ rosette
שׁוֹשַׁנַּת הָרוּחוֹת נ׳ compass card
שׁוּתָּף ז׳ partner
שׁוּתַּף פ׳ be made a partner, be allowed to participate
שׁוּתָּפוּת נ׳ partnership
שׁוּתַּק פ׳ be paralysed; be silenced
שָׁזוּף ת׳ tanned, sunburnt
שָׁזוּר ת׳ twisted, twined; interwoven, intertwined

שְׁזִיף ז׳ **plum**
שְׁזִירָה נ׳ **twisting, twining; interweaving, intertwining**
שָׁזַר פ׳ **twist, twine; interweave, intertwine**
שִׁזְרָה נ׳ **spine, backbone**
שַׁח ת׳ **bent, bowed; depressed, dejected, cast down (eyes)**
שָׁח ז׳ **chess; check (in chess); shah (of Iran)**
שָׂח, סָח פ׳ **talk, speak**
שָׂחָה פ׳ **swim**
שָׁחָה פ׳ **bow down, bend, stoop**
שָׁחוּז ת׳ **sharpened**
שְׁחוֹחַ תה״פ **stooped, with head bent**
שָׁחוּחַ ת׳ **stooping, bent**
שָׁחוּט ת׳ **slaughtered; beaten flat (metal); sharpened (metal)**
שָׁחוּל ת׳ **threaded (needle)**
שָׁחוּם, שְׁחוּם ת׳ **dark brown, swarthy**
שְׁחוּם עוֹר ת׳ **negro**
שָׁחוּן ת׳ **very hot and dry**
שָׁחוּף ת׳ **consumptive, tubercular**
שְׂחוֹק ז׳ **laughter, jest; mockery, derision**
שָׁחוּק ת׳ **worn, frayed; powdered, crushed**
שָׁחוֹר ת׳ **black, dark**
שְׁחוֹר ז׳ **blackness**
שָׁחוֹר מִשְׁחוֹר ת׳ **jet black**
שִׁחְזוּר ז׳ **reconstruction, restoration**
שִׁחְזֵר פ׳ **reconstruct, restore**

שַׁחַח פ׳ **be bowed**
שָׁחַט פ׳ **slaughter; butcher, massacre**
שֶׁחִי, שָׁחִי ז׳ **armpit**
שְׁחִיטָה נ׳ **slaughtering; slaughter; massacer**
שְׂחִיָּה נ׳ **swimming**
שַׂחְיָן ז׳ **swimmer**
שַׂחְיָנוּת נ׳ **swimming (sport)**
שָׁחִיל ת׳ **threadable**
שְׁחִין ז׳ **boils**
שְׁחִיף־עֵץ ז׳ **thin board, lath**
שְׁחִיף עֲצָמוֹת ת׳ **thin as a rake**
שָׁחִיק ת׳ **crushed, powdered, ground**
שְׁחִיקָה נ׳ **crushing, powdering, grinding; attrition**
שְׁחִיתוּת נ׳ **corruption; demoralization**
שַׁחַל ז׳ **lion**
שַׁחֲלָה נ׳ **ovary**
שִׁחְלוּף ז׳ **rearranging; rearrangement**
שַׁחַם ז׳ **granite**
שְׁחַמְחַם ת׳ **brownish, darkish**
שַׁחְמָט ז׳ **chess**
שַׁחְמְטַאי ז׳ **chess-player**
שַׁחַף ז׳ **seagull**
שַׁחֶפֶן ז׳, שַׁחַפָּנִי ת׳ **consumptive, tubercular**
שַׁחֶפֶת נ׳ **consumption, tuberculosis**
שַׁחַץ ז׳ **pride, arrogance, haughtiness**
שַׁחְצָן ת׳ **arrogant person, vain person**

שַׁחְצֵן פ׳ be arrogant; bluster, brag
שַׁחְצָנוּת נ׳ arrogance, vanity
שַׁחְצָנִי ת׳ arrogant, vain
שָׂחַק פ׳ laugh, smile; jeer, mock
שַׁחַק ז׳ powder, dust
שָׁחַק פ׳ powder, grind to powder; wear away, wear down
שְׁחָקִים ז״ר sky, heavens
שַׂחְקָן ז׳ actor; player
שַׁחַר ז׳ dawn, daybreak; meaning, sense
שַׁחַר נְעוּרָיו ז׳ his early years
שִׁחֵר פ׳ take an active interest in, seek after
שִׁחְרוּר ז׳ release, discharge; liberation, emancipation; exemption; loosening
שַׁחֲרוּר ז׳ blackbird
שַׁחֲרוּת נ׳ blackness; boyhood
שְׁחַרְחוֹר, שְׁחַרְחַר ת׳ blackish, brunette; darkish, swarthy
שַׁחֲרִית נ׳ early morning; morning prayer; matinee
שִׁחְרֵר פ׳ set free, liberate; emancipate, release; loosen, undo
שַׁחַת נ׳ pit; grave
שַׁחַת ז׳ hay, fodder
שָׁט פ׳ sail; roam, wander
שָׂטָה, סָטָה פ׳ deviate; turn aside, turn away
שָׁטוּחַ ת׳ flat, spread out
שְׁטוּיוֹת! nonsense!, rubbish!, rot!
שָׁטוּף ת׳ flooded, washed, bathed; passionately addicted
שָׁטוּף בְּזִימָּה ת׳ lustful, salacious
שְׁטוּף שֶׁמֶשׁ ת׳ bathed in sunshine
שְׁטוּת נ׳ nonsense, foolishness
שְׁטוּתִי ת׳ nonsensical, foolish
שָׁטַח פ׳ spread out
שֶׁטַח ז׳ surface; area; domain, sphere
שֶׁטַח בָּנוּי ז׳ built up area
שֶׁטַח הֶפְקֵר ז׳ no man's land
שֶׁטַח מֵת ז׳ dead ground
שִׁטְחִי ת׳ surface; superficial, shallow
שִׁטְחִיּוּת נ׳ superficiality, shallowness
שָׁטִיחַ ז׳ carpet, rug
שְׁטִיחוֹן ז׳ small carpet, small rug, mat
שְׁטִיפָה נ׳ washing, rinsing; flooding, washing away
שְׁטִיפַת מוֹחַ נ׳ brainwashing
שְׁטִיפוּת נ׳ engrossment, absorption
שָׂטַם פ׳ hate
שָׂטָן ז׳ Satan, the Devil; fiend, devil
שִׂטְנָה נ׳ enmity, hate; denunciation, accusation
שְׂטָנִי ת׳ Satanic, diabolical, fiendish
שָׁטַף פ׳ wash, rinse; flood, wash away
שָׁטַף לוֹ אֶת הַמּוֹחַ brainwashed him
שֶׁטֶף ז׳ flow, flood; fluency
שֶׁטֶף דִּיבּוּר ז׳ flow of speech
שֶׁטֶף דָּם ז׳ haemorrhage

שְׁטָר ז' bill, promissory note, banknote
שְׁטַר כֶּסֶף ז' banknote
שְׁטַר־מֶכֶר ז' bill of sale
שַׁי ז' gift, present
שִׂיא ז' climax, peak; record
שִׂיא הַתַּעֲנוּג ז' the height of pleasure
שִׁיבֵּב פ' whittle, chip
שֵׂיבָה נ' grey hair; old age
שֵׂיבָה טוֹבָה נ' ripe old age
שִׁיבָה נ' returning; return
שִׁיבַת צִיּוֹן נ' Return to Eretz Israel
שִׁיבּוּב ז' whittling, chipping
שִׁיבּוֹלִית נ' ear (of corn)
שִׁיבּוֹלֶת נ' ear of grain; torrent, rapids
שִׁיבּוֹלֶת שׁוּעָל נ' oats
שִׁיבּוּץ ז' checkering; marking out in squares; grading; setting; interweaving, integrating
שִׁיבּוּשׁ ז' throwing into disorder, disrupting; confusion, muddle; error; mistake; corruption (text)
שִׁיבַּח פ' praise, extol, laud
שִׁיבַּע פ' repeat seven times; multiply by seven
שִׁיבֵּץ פ' mark out in squares; grade; set; interweave, integrate
שִׁיבֵּר פ' shatter, smash
שִׂיבֵּר פ' hope, expect
שִׁבְרוֹן לֵב ז' a broken heart

שִׁיבֵּשׁ פ' throw into disorder, disrupt; confuse, muddle, garble; make errors, corrupt (text)
שִׂיג ז' affair, business
שִׂיג וָשִׂיחַ ז' chat, dealings, business
שִׂיגֵּב פ' exalt, raise up
שִׂיגּוּב ז' exalting; exaltation
שִׁיגּוּר ז' sending, dispatch(ing)
שִׁיגּוּר טִיל ז' launching of rocket
שִׁיגָּיוֹן ז' obsession, fixed idea
שִׁיגֵּם פ' mortise, join
שִׁיגֵּעַ פ' drive mad, madden; infatuate (slang)
שִׁיגָּעוֹן ז' madness; mania; fantastic! (slang)
שִׁיגְעוֹן גַּדְלוּת ז' megalomania
שִׁיגְעוֹנִי ת' crazy, mad, wild
שִׁיגֵּר פ' send, dispatch, launch
שִׁיגָּרוֹן ז' rheumatism, arthritis
שִׁידֵּד פ' plow, harrow
שִׁידָּה נ' chest of drawers
שִׁידּוּד ז' plundering, despoling, ravaging
שִׁידּוּד מַעֲרָכוֹת ז' a thorough change
שִׁידּוּךְ ז' marriage negotiations; betrothal, engagement; proposed match; alliance
שִׁידּוּל ז' persuading; persuasion; lobbying; coaxing
שִׁידּוּף ז' blighting, withering
שִׁידּוּר ז' broadcasting; broadcast transmitting; sending
שִׁידּוּרֵי יִשְׂרָאֵל ז"ר Israel Broadcasting Service

שִׁידֵּךְ פ' negotiate a marriage; match, bring together
שִׁידֵּל פ' persuade; coax; lobby
שִׁידֵּף פ' blight, wither
שִׁידָּפוֹן ז' blight, blast
שִׁידֵּר פ' broadcast, transmit, send
שֵׂיָה נ' ewe-lamb
שִׁיהוּי ז' delay, hold-up
שִׁיהוּק ז' hiccough, hiccup
שִׁיהֵק פ' hiccough, hiccup
שִׁיוָּה פ' compare; imagine; give form to
שִׁיוּוּי ז' equalizing, making even; comparing; giving form to; value, worth
שִׁיוּוּי זְכוּיוֹת ז' equal rights
שִׁיוּוּי מִשְׁקָל ז' equilibrium
שִׁיוַּע פ' cry, shout
לְשַׁוֵּעַ לְעֶזְרָה cry for help
שִׁיוּוּק ז' marketing
שִׁיוֵּק פ' market
שִׁיוֵּר פ' align
שִׁיוּט ז' rowing, sailing
שִׁיוּךְ ז' ascription, attribution; ascribing, attributing
שִׁיוּף ז' filing, scraping, rubbing
שִׁיוּר ז' remainder, remnant, residue
שִׁיוֹרֶת נ' remainder, leavings
שִׁיזּוּף ז' tanning, sunbathing; tan, sunburn
שֵׁיזָף ז' jujube, zizyphus (shrub)
שִׁיזֵּף פ' tan, burn
שִׁיזָּפוֹן ז' suntan; sunburn
שִׂיחַ ז' bush, shrub; speech, talk, conversation

שִׁיחֵד פ' bribe, corrupt
שִׂיחָה נ' conversation; talk
שִׂיחָה בֵּין־עִירוֹנִית נ' trunk call
שִׂיחָה דְחוּפָה נ' urgent call
שִׂיחַת רֵעִים נ' friendly chat
שִׁיחָה נ' pit
שִׁיחוּד ז' bribing, corrupting
שִׁיחוּל ז' extrusion (meteor.)
שִׂיחוֹן ז' phrase-book, conversation manual
שִׂיחַ וָשִׂיג ז' dealings, contact
שִׁיחוּת ז' corruption, marring
שִׂיחֵק פ' play (game); act (on stage)
שִׁיחֵק פ' grind fine, pound, pulverize
שִׁיחֵת פ' corrupt, spoil
שַׁיִט ז' sailing; rowing
שִׁיטָה נ' system, line, method
(הַ)שִּׁיטָה (הָ)עֶשְׂרוֹנִית נ' decimal system
שִׁיטָה נ' acacia (tree)
שִׁיטָּה פ' make a fool of, laugh at, ridicule
שִׁיטּוּחַ ז' flattening, beating flat; spreading out
שִׁיטוּט ז' wandering, roving
שִׁיטוּר ז' policing; police work
שִׁיטֵּחַ פ' flatten, beat flat; spread out, set out
שִׁיטָּפוֹן ז' flood, deluge
שִׁיטָתִי ת' systematic, methodical
שִׁיטָתִיּוּת נ' methodicalness, systematic procedure
שַׁיָּט ז' rower, oarsman
שַׁיֶּטֶת נ' fleet, flotilla

שִׁיֵּךְ פ׳ ascribe, attribute

שַׁיָּךְ ת׳ belonging; relevant

שַׁיָּכוּת נ׳ possession; belonging; relevance, connection

שִׁיֵּף פ׳ file, scrape, rub

שִׁיֵּר פ׳ leave, leave over

שַׁיָּרָה נ׳ caravan, convoy

שְׁיָרִים ז״ר remains, leftovers

שֵׁיךְ ז׳ sheikh

שִׁיכּוּךְ ז׳ appeasing; calming, easing

שִׁיכּוּל ז׳ crossing; transposition, metathesis

שִׁיכּוּן ז׳ housing; housing project

שִׁיכּוֹר ז׳ drunk, intoxicated

שִׁיכֵּחַ פ׳ cause to forget forget

שִׁכָּחוֹן ז׳ oblivion, forgetfulness

שִׁיכֵּךְ פ׳ appease, calm, ease

שִׁיכֵּל פ׳ bereave, kill the children of

שִׁיכֵּל פ׳ cross; transpose

שִׁיכֵּן פ׳ house, provide with housing

שִׁיכֵּר פ׳ intoxicate, make drunk

שִׁיכָּרוֹן ז׳ drunkenness, intoxication

שִׁילֵּב פ׳ fold, cross; combine, interlock, interweave

שִׁילּוּב ז׳ folding, (arm) crossing; (legs); combining, interlocking, interweaving

שִׁילּוּחַ ז׳ sending away; dismissal; release; launching

שִׁילּוּט ז׳ signposting; roadsigns

שִׁילּוּם ז׳ paying; payment

שִׁילּוּמִים ז״ר reparations

שִׁילּוּשׁ ז׳ tripling; group of three; Trinity

שִׁילַּח פ׳ send away, dismiss; release; send forth; stretch out; divorce (a wife); launch

שִׁילֵּט פ׳ put up sign(s), signpost

שִׁילֵּם פ׳ pay, pay for

שִׁילֵּם ז׳ payment, requital, recompense

שִׁילֵּשׁ פ׳ triple; divide into three

שִׁילֵּשׁ ז׳ great-grandchild, member of the third generation

שִׂימָה נ׳ putting, placing, appointing

שִׂימַת לֵב נ׳ attention

שִׁימּוּן ז׳ oiling

שִׁימּוּעַ ז׳ hearing

שִׁימּוּר ז׳ preserving, conserving, canning

שִׁימּוּרִים ז״ר preserves, conserves, canned goods

שִׁימּוּשׁ ז׳ using; use, usage

שִׁימּוּשׁ לְרָעָה ז׳ using for ill purposes

שִׁימּוּשִׁי ת׳ useful, practical; applied

שִׁימּוּשִׁיּוּת נ׳ usefulness, practicalness

שִׂימַּח פ׳ make happy, gladden, delight

שִׁימָּמוֹן ז׳ desolation; depression

שִׁימֵּן פ׳ oil

שִׁימֵּר פ׳ conserve, preserve, can

שִׁימֵּשׁ פ׳ serve, serve as, act as; minister, officiate

שִׁינָּה פ׳ change, alter, make a difference

שִׁינּוּי ז׳ change, alteration, changing, altering

שִׁינּוּן ז׳ memorizing (by repetition); memorization; learning by heart; sharpening

שִׁינּוּס ז׳ girding

שִׁינּוּעַ ז׳ handling (cargo, etc.); transshipment

שִׁינּוּץ ז׳ rib-lacing

שִׁינּוּק ז׳ throttling, choking

שִׁינּוּת ז׳ division, gradation

שִׁינֵּן פ׳ memorize (by repetition), learn by heart; sharpen

שִׁינָּן ז׳ dental hygienist

שִׁינֵּס פ׳ gird

שִׁינֵּס אֶת מוֹתְנָיו gird up his loins (fig.)

שִׁינֵּק פ׳ choke, throttle

שִׁינֵּת פ׳ notch, gradate

שִׁיסָּה פ׳ set on, incite

שִׁיסּוּי ז׳ setting on, inciting; incitement, provocation

שִׁיסּוּעַ ז׳ splitting; interrupting

שִׁיסּוּף ז׳ hewing in pieces, splitting

שִׁיסַּע פ׳ split; interrupt

שִׁיסֵּף פ׳ hew in pieces, split

שִׁיעוּל ז׳ cough

שִׁיעוּם ז׳ covering with cork

שִׁיעוּר ז׳ lesson; measure, quantity; rate; approximation, estimate; instalment

שִׁיעוּרֵי בַּיִת ז״ר homework

שִׁיעוּר קוֹמָה ז׳ stature

שִׁיעֵר פ׳ imagine, conceive, estimate

שִׁיפָה נ׳ filing, scraping, rubbing

שִׁיפָּה פ׳ plane, smooth

שִׁיפּוּט ז׳ judging; jurisdiction judgment, discretion

שִׁיפּוּי ז׳ shavings, splinters; slope, slant

שִׁיפּוּלַיִים ז״ז, שִׁיפּוּלֵי אוֹנִיָּה bilge

שִׁיפּוּלִים ז״ר lower, part, bottom; train (of a dress)

שִׁיפּוֹן ז׳ rye

שִׁיפּוּעַ ז׳ sloping, slanting; slope, slant, incline

שִׁיפּוּץ ז׳ renovation, restoration, overhaul; renovating, restoring, overhauling

שִׁיפּוּר ז׳ improvement; improving

שִׁיפֵּעַ פ׳ make slant, slant, make slope; trim(ship)

שִׁיפֵּץ פ׳ renovate, restore, overhaul

שִׁיפֵּר פ׳ improve

שִׁיקּוּי ז׳ drink, beverage

שִׁיקּוּל ז׳ considering, weighing; consideration

שִׁיקּוּל דַּעַת ז׳ consideration, discretion

שִׁיקּוּם ז׳ rehabilitation, restoration

שִׁיקּוּף ז׳ making, transparent, reflecting; reflection; X-ray photograph

שִׁיקּוּץ ז׳ abomination, idol

שִׁיקֵּם פ׳ rehabilitate, restore
שִׁיקַּע פ׳ sink in, embed, immerse
שִׁיקֵּף פ׳ make transparent; mirror, reflect
שִׁיקֵּץ פ׳ detest, abominate
שִׁיקֵּר פ׳ lie, tell a lie
שִׁיר ז׳ song; poem
שִׁיר הַשִּׁירִים ז׳ song of songs
שִׁיר זָהָב ז׳ sonnet
שִׁיר לֶכֶת ז׳ marching song
שִׁיר עַם ז׳ folksong
שִׁיר עֶרֶס, עֶרֶשׂ ז׳ lullaby
שִׁירָאִים ז״ר fine, silk
שֵׂירֵג פ׳ interweave, intertwine
שִׁירָה נ׳ poetry, singing, song
שִׁירוֹן ז׳ songbook
שִׁירוּעַ ז׳ spreading(out); spread, extent
שֵׁירוּשׁ ז׳ uprooting; eradication
שֵׁירוּת ז׳ service; utility, aid; Israel taxi service
שֵׁירוּתִים ז״ר W.C., utilities
שִׁירִי ת׳ poetic(al), lyric(al)
שֵׁירֵךְ פ׳ twist, wind; go slowly, go astray
שֵׁירֵשׁ פ׳ uproot, eradicate
שֵׁירֵת פ׳ serve, minister
שַׁיִשׁ ז׳ marble
שִׁישָּׁה ש״מ six (masc.)
שִׁישָּׁה פ׳ multiply by six; divide into six parts
שִׁישָּׁה־עָשָׂר ש״מ sixteen (masc.)
שִׁישִּׁי ת׳ sixth (masc)
שַׁיִשִׁי ת׳ made of marble
שִׁישִּׁים ש״מ זו״נ sixty (masc. or fem.)

שִׁישִּׁית נ׳ sixth (fem.) 1/6
שַׁיִת ז׳ thorn-bush
שִׁיתּוּךְ ז׳ corrosion, rusting
שִׁיתּוּף ז׳ sharing; collaborating; partnership; participation, collaboration
שִׁיתּוּפִי ת׳ co-operative
שִׁיתּוּף פְּעוּלָּה ז׳ co-operation, collaboration
שִׁיתּוּק ז׳ paralysis; silencing
שִׁיתּוּק יְלָדִים ז׳ infantile paralysis, polio
שִׁיתֵּךְ פ׳ corrode, rust
שִׁיתֵּף פ׳ join, let participate, take in, include
שִׁיתֵּף פְּעוּלָּה פ׳ co-operate, collaborate
שִׁיתֵּק פ׳ paralyse; silence; calm, soothe
שַׁךְ ז׳ thorn, prickle
שָׁכַב פ׳ lie, lie down; lie (with), sleep (with)
שָׁכַב עִם, שָׁכְבָה עִם sleep with (sexually)
שֶׁכֶב ז׳ lower millstone
שִׁכְבָה נ׳ layer, stratum
שָׁכוּב ת׳ lying down
שֶׂכְוִוי ז׳ cock, rooster
שָׁכוּחַ ת׳ forgotten
שְׁכוּחַ אֵל ת׳ God forsaken
שְׁכוֹל ז׳ bereavement, loss
שַׁכּוּל ת׳ bereaved (of children)
שְׁכוּנָה נ׳ neighbourhood, quarter, district
שָׂכוּר ת׳ rented, hired, leased
שָׁכַח פ׳ forget

שִׁכְחָה נ׳ forgetfulness, oblivion
שַׁכְחָן ז׳ forgetful person
שַׁכְחָנוּת נ׳ forgetfulness
שְׁכִיבָה נ׳ lying, lying down; lying (with), sleeping (with)
שְׁכִיב־מְרַע ז׳ dangerously ill person
שְׁכִיחַ ת׳ common, widespread, frequent, usual
שְׁכִיחוּת נ׳ commonness, frequency
שַׂכִּין ר׳ סַכִּין
שְׁכִינָה נ׳ the Divine Presence, God
שָׂכִיר ז׳ hired laborer, wage earner, salaried employee
שְׂכִירָה נ׳ renting, hiring, leasing
שְׂכִירוּת נ׳ renting, rental
שָׁכַךְ פ׳ calm down, abate, subside
שַׁכָּךְ ז׳ damper (elec.)
שֵׂכֶל ז׳ intelligence, intellect; wisdom, understanding, sense
שֵׂכֶל יָשָׁר ז׳ common sense
שָׁכַל פ׳ lose (one's children)
שִׁכְלוּל ז׳ perfecting; improvement
שִׂכְלִי ת׳ intellectual, rational, mental
שִׂכְלִיּוּת נ׳ intelligence, intellectuality, rationalism
שִׁכְלֵל פ׳ perfect, improve
שִׂכְלֵן פ׳ rationalize
שִׂכְלְתָנוּת נ׳ rationalism, intellectualism
שִׂכְלְתָנִי ת׳ rationalistic, intellectual

שְׁכֶם, שֶׁכֶם ז׳ shoulder
שְׁכֶם אֶחָד תה״פ shoulder to shoulder, together
שִׁכְמִיָּה נ׳ cape, cloak
שָׁכַן פ׳ dwell, reside, live
שָׁכֵן ז׳ neighbor
שִׁכְנוּעַ ז׳ convincing, persuading
שְׁכֵנוּת נ׳ neighborliness; vicinity
שִׁכְנַע פ׳ convince, persuade
שִׁכְפּוּל ז׳ duplicating; duplication, stencilling, mimeographing
שִׁכְפֵּל פ׳ duplicate, stencil, mimeograph
שַׁכְפֵּלָה נ׳ duplicating, machine, stencilling machine, mimeographing machine
שָׂכַר פ׳ rent, hire, lease
שָׂכָר ז׳ wages, pay, remuneration; fee
שְׂכַר דִּירָה ז׳ rental, rent
שָׂכָר וָעוֹנֶשׁ ז״ר reward and punishment
שְׂכַר טִרְחָה ז׳ professonal fee
שְׂכַר לִימּוּד ז׳ tuition fee
שְׂכַר סוֹפְרִים ז׳ royalties (paid to writer)
שְׂכָר ז׳ charter
שֵׁכָר ז׳ beer
שִׁיכְּרוּת נ׳ drunkenness, alcoholism
שִׁכְשׁוּךְ ז׳ padling
שִׁכְשֵׁךְ פ׳ paddle
שֶׁל מ״י (שֶׁלִּי, שֶׁלָּהּ, שֶׁלָּךְ וכו׳) of, belonging to; made of
שָׁלָב ז׳ stage, phase; rung
שִׁלְבֵּק פ׳ cause to blister

שַׁלְבֶּקֶת נ׳ herpes

שֶׁלֶג ז׳ snow

שִׁלְגּוֹן ז׳ avalanche, snowslide; ice-cream bar, ice-cream on a stick

שִׁלְגִּיָּה נ׳ Snow-white

שֶׁלֶד ז׳ skeleton; outline, framework, frame

שַׁלְדָּג ז׳ kingfisher

שָׁלָה פ׳ be tranquil, be calm; draw out, fish out

שִׁלְהֵב פ׳ fire with enthusiasm, inflame; set alight

שַׁלְהֶבֶת נ׳ flame

שִׁלְהֵי ז״ר end of

שִׁלְהֵי הַקַּיִץ ז״ר end of summer

שְׂלָו, שְׂלָיו ז׳ quail (bird)

שָׁלַו פ׳ be calm, be tranquil, be serene; be still

שָׁלֵו ת׳ tranquil, serene, still

שָׁלוּב ת׳ interlinked, interlaced; folded, crossed; combined

שְׁלוּבֵי זְרוֹעַ ת״ר arm in arm

שְׁלוּגִית נ׳ slush

שַׁלְוָה נ׳ calmness, tranquillity, serenity, stillness

שָׁלוּחַ ת׳ sent; stretched out

שְׁלוּחַ רֶסֶן ת׳ unrestrained, uncontrolled

שְׁלוּחָה נ׳ offshoot, extension, branch, branch-line

שְׁלוּלִית נ׳ puddle, pool

שָׁלוֹם ז׳ peace; well-being; welfare; hello; goodbye

שְׁלוֹם־בַּיִת ז׳ domestic harmony

שְׁלוּמִיאֵל ת׳ shlemiel, bungler

שְׁלוֹמֵי אֱמוּנֵי יִשְׂרָאֵל Orthodox Jews

שָׁלוּף ת׳ drawn (sword)

שָׁלוּק ת׳ cooked in boiling water

שָׁלוֹשׁ ש״מ three (fem.)

שְׁלוֹשׁ עֶשְׂרֵה ש״מ thirteen (fem.)

שְׁלוֹשָׁה ש״מ three (masc.)

שְׁלוֹשָׁה־עָשָׂר ש״מ thirteen (masc.)

שְׁלוֹשִׁים ש״מ thirty (masc. & fem.)

שָׁלַח פ׳ send; stretch out; send away, dismiss

שֶׁלַח ז׳ spear

שַׁלְחוּפָה נ׳ tortoise

שָׁלַט פ׳ rule, control; master; be proficient

שֶׁלֶט ז׳ sign, signboard; shield

שֶׁלֶט רָחוֹק ז׳ remote control

שִׁלְטוֹן ז׳ rule, dominion, reign

(הַ)שִּׁלְטוֹנוֹת ז״ר (the) authorities

שְׁלִיבָה נ׳ interlocking, linkage

שִׁלְיָה נ׳ placenta

שָׁלִיחַ ז׳ messenger, emissary, envoy, agent

שְׁלִיחַ צִיבּוּר ז׳ cantor, leader of prayers (in synagogue), public servant

שְׁלִיחוּת נ׳ mission, errand

שַׁלִּיט ז׳ ruler, governor, overlord

שַׁלִּיט בְּרוּחוֹ ת׳ self-controlled

שְׁלִיטָה נ׳ rule, command, control

שָׁלִיל ז׳ embryo, foetus

שְׁלִילָה נ׳ negating, rejecting; negation, rejection, deprivation

שְׁלִילַת זְכוּיּוֹת נ׳ denial of rights

שְׁלִילִי ת׳ negative; unfavorable, undesirable

שְׁלִימַזָל ת' unlucky person
שָׁלִיף ת' extractable, capable of being drawn
שְׁלִיפָה נ' drawing (out), extracting
שָׁלִישׁ ז' adjutant, officer
שְׁלִישׁ ז' third
שְׁלִישׁוֹן ז' triplet (music)
שְׁלִישׁוֹנִי ת' tertiary (geology)
שָׁלִישׁוּת נ' adjutancy
שְׁלִישִׁי ת' third (masc.)
שְׁלִישִׁיָּה נ' trio; triplets
שַׁלֶּכֶת נ' falling of leaves, fall
שָׁלַל פ' reject, deny, negate, deprive
שָׁלָל ז' plunder, booty, spoils
שְׁלַל צְבָעִים ז' a riot of color
שָׁלַם פ' be completed
שָׁלֵם ת' whole, entire, full; perfect; unharmed
שַׁלָּם ז' paymaster, pay clerk
שְׁלָמָא ז' peace
שַׂלְמָה נ' robe, dress, gown
שַׁלְמוֹן ז', שַׁלְמוֹנִים ז"ר bribe, illegal payment
שְׁלֵמוּת נ' wholeness; perfection
שְׁלָמִים ז"ר peace-offering
שָׁלַף פ' draw (out), extract
שֶׁלֶף ז', שְׂדֵה שֶׁלֶף ז' stubble, stubble-field
שַׁלְפּוּחִית נ' bladder
שָׁלַק פ' cook in boiling water
שְׁלָשָׁה נ' row or line of three
שִׁלְשׁוּל ז' earthworm; letting down; putting in; diarrhea
שִׁלְשׁוֹם תה"פ the day before yesterday
שִׁלְשִׁי ת' triliteral
שִׁלְשֵׁל פ' lower, put in; let down; suffer from diarrhea
שַׁלְשֶׁלֶת נ' chain; succession
שַׁלְשַׁלְתִּי ת' chain-like
שֵׁם ז' name; substantive; noun
שֵׁם (הַ)גוּף ז' pronoun
שֵׁם בָּדוּי ז' pseudonym, pen name
שֵׁם דָּבָר ז' sonething which gained publiclty
שֵׁם הַפּוֹעַל ז' infinitive
שֵׁם טוֹב ז' reputation
שֵׁם לְוַוי ז' appellation, nick name
שֵׁם מִסְחָרִי ז' brand name
שֵׁם מִשְׁפָּחָה ז' surname
שֵׁם נִרְדָּף ז' synonym
שֵׁם עֶצֶם ז' nown, substantive
שֵׁם פְּעוּלָּה ז' verbal noun
שֵׁם פְּרָטִי ז' first name
שֵׁם רַע ז' bad name
שֵׁם תּוֹאַר ז' adjective
שָׁם תה"פ there
שָׁם פ' assess, value
שָׂם פ' put, place, set; appoint
שֶׁמָּא תה"פ perhaps; lest, in case, for fear that
שַׁמָּאוּת נ' assessing, appraising; assessment
שַׁמַּאי ז' assessor, appraiser
שְׂמֹאל ז' left; left hand; the Left (politics); purl (knitting) (colloq); inside part of garment (colloq.)
שְׂמָאלִי ת' left; left-handed; of the Left (politics), radical
שְׂמֹאלָנוּת נ' leftism, radicalism

leftist, left-wing, leftist שְׂמֹאלָנִי ת'
religious persecution, שְׁמָד ז'
forced conversion
devastation, desolation שַׁמָּה נ'
there; to there, thither שָׁמָּה תה"פ
list of names שֵׁמוֹן ז'
eight (fem.) שְׁמוֹנֶה ש"מ
eight (masc.) שְׁמוֹנָה ש"מ
eighteen (masc.) שְׁמוֹנָה עָשָׂר ש"מ
eighteen (fem.) שְׁמוֹנֶה עֶשְׂרֵה ש"מ
eighty שְׁמוֹנִים ש"מ
rumor, hearsay שְׁמוּעָה נ'
guarded, preserved; שָׁמוּר ת'
reserved, restricted
reserve, reservation, שְׁמוּרָה נ'
preserve, eyelash; catch
(on a gun), safety-guard
nature reserve שְׁמוּרַת טֶבַע נ'
be happy, be glad, rejoice שָׂמַח פ'
glad, joyful שָׂמֵחַ ת'
happy, happiness; joy שִׂמְחָה נ'
festivity, glad ocasion
the joy of creation שִׂמְחַת יְצִירָה נ'
Simhat Tora (the שִׂמְחַת תּוֹרָה ז'
last day of Succot,
marking end of annual cycle
of Readings of the law)
drop; cast down; leave שָׁמַט פ'
nominal, by name; שֵׁמִי ת'
Semitic
removable, detachable שָׁמִיט ת'
leaving; abandoning; שְׁמִיטָּה נ'
Sabbatical year of the land
blanket שְׂמִיכָה נ'
sky, heavens; שָׁמַיִם ז"ר
Heaven; God

heavenly, celestial שְׁמֵימִי ת'
eighth (masc.) שְׁמִינִי ת'
octave; octet שְׁמִינִיָּיה נ'
eighth (1/8) (fem.) שְׁמִינִית ש"מ
audible שָׁמִיעַ ת'
hearing, listening; שְׁמִיעָה נ'
ear (for music)
audibility שְׁמִיעוּת נ'
auditory, aural שְׁמִיעָתִי ת'
thorn, thistle; dill; שָׁמִיר ז',ת'
emery, flint; guardable,
defensible; legendary
worm (that cuts stone)
guarding; watching; שְׁמִירָה נ'
guard, watch; observing,
keeping; reserving (place);
observance
thorns and thistles שָׁמִיר וָשַׁיִת ז"ר
(as symbol of desolation)
serviceable, usable שָׁמִישׁ ת'
dress, woman's garment שִׂמְלָה נ'
skirt שִׂמְלָנִית נ'
be desolate, be waste, שָׁמַם פ'
be deserted
desolate, waste, deserted שָׁמֵם ת'
waste land, desert, שְׁמָמָה נ'
desolation
grow fat שָׁמַן פ'
fat, stout, thick; fatty, oily שָׁמֵן ת'
oil שֶׁמֶן ז'
cod-liver oil שֶׁמֶן דָּגִים ז'
lubricating oil שֶׁמֶן סִיכָה ז'
castor oil שֶׁמֶן קִיק ז'
fatty שַׁמְנוּנִי ת'
fattiness שַׁמְנוּנִיּוּת נ'
oily, oil-bearing שַׁמְנִי ת'

שִׁמְנִי ת׳ nominal
שְׁמַנְמַן ת׳ fattish, plump
שַׁמֶּנֶת נ׳ cream
שָׁמַע פ׳ hear, listen; obey
שֵׁמַע ז׳ hearing; report, rumor
שְׁמְעוֹן ז׳ walkman
שֶׁמֶץ ז׳ a little, jot, bit
שִׁמְצָה נ׳ disgrace
שָׁמַר פ׳ observe, guard, watch; keep; reserve (place)
שְׁמַרְחוֹם ז׳ thermos flask
שְׁמַרְטַף ז׳ baby sitter (colloq.)
שְׁמָרִים ז״ר yeast; lees, dregs
שַׁמְרָן ז׳,ת׳ conservative
שַׁמְרָנוּת נ׳ conservatism
שַׁמְרָנִי ת׳ conservative
שַׁמָּשׁ ז׳ caretaker; janitor; central Hanukka candle
שֶׁמֶשׁ זו״נ sun
שִׁמְשָׁה נ׳ windshield, windscreen; window-pane
שִׁמְשׁוֹן ז׳ sun-rose (plant)
שִׁמְשִׁיָּה נ׳ parasol, sunshade
שֵׁן נ׳ tooth; cog; ivory
שֵׁן בִּינָה נ׳ wisdom tooth
שֵׁן הָאֲרִי ז׳ dandelion
שֵׁן חוֹתֶכֶת נ׳ incisor, front tooth
שֵׁן טוֹחֶנֶת נ׳ molar, back tooth
שֵׁן סֶלַע נ׳ cliff
שִׁינַּיִים תּוֹתָבוֹת נ״ר false teeth
שָׂנֵא, שָׂנָא פ׳ hate, detest, dislike
שִׂנְאָה נ׳ hate, hatred, dislike
שַׁנַּאי ז׳ transformer (electricity)
שִׁנְאָן ז׳ angel (poet.)
שָׁנָה פ׳ repeat; learn; teach
שָׁנָה נ׳ year
שָׁנָה טוֹבָה! A Happy New Year!
שָׁנָה מְעוּבֶּרֶת נ׳ leap year, year with intercalated month
שְׁנַת אוֹר נ׳ light year
שְׁנַת הַכְּסָפִים נ׳ financial year
שְׁנַת הַלִּימּוּדִים נ׳ school year
שֵׁנָה, שֵׁינָה נ׳ sleep
שֶׁנְהָב ז׳ ivory
שַׁנְהֶבֶת נ׳ elephantiasis
שָׂנוּא ת׳ hated, detested, disliked
שָׁנוּי ת׳ repeated; stated; learned
שָׁנוּי בְּמַחֲלוֹקֶת ת׳ controversial, disputed
שָׁנוּן ת׳ sharp, keen, clever, shrewd
שְׁנוּנִית נ׳ cape, promontory
שְׁנוֹרֵר פ׳ beg (colloq.)
שָׁנִי ז׳ scarlet, crimson; scarlet fabric
שֵׁנִי ת׳ second (masc.)
שְׁנִיּוּת נ׳ duality; duplicity; dualism
שְׁנִיָּיה נ׳ second (of time)
שְׁנִיָּיה ת׳ second (fem.)
שְׁנַיִים ש״מ two (masc.)
שְׁנֵים־עָשָׂר ז״ר twelve (masc.)
שְׁנִינָה נ׳ taunt, gibe
שְׁנִינוּת נ׳ sharp-wittedness, mockery, sharpness, sarcasm
שֵׁנִית תה״פ a second time, again; secondly
שָׁנִית נ׳ scarlet fever, scarlatina
שֶׁנֶף ז׳ vanilla
שֶׁנֶץ ז׳ strap, lace (on shoes), cord

שָׁנַץ פ׳ **fasten (with straps), tie, strap, lace**
שֵׁנָה נ׳ **sleep (poet.)**
שֶׁנֶת נ׳ **mark, gradation**
שְׁנָתוֹן ז׳ **yearbook, annual; age-group**
שְׁנָתִי ת׳ **yearly, annual**
שְׁנָתִית תה״פ **throughout the year, by the year, yearly**
שַׁסַּאי ז׳ **instigator, inciter**
שָׁסוּי ת׳ **plundered, robbed, despoiled**
שָׁסוּעַ ת׳ **split, cloven, cleft**
שֶׁסַע ז׳ **split, cleft**
שַׁסַּעַת נ׳ **schizophrenia**
שֶׁסֶק ז׳ **loquat**
שַׁסְתּוֹם ז׳ **valve**
שִׁעְבֵּד פ׳ **enslave; subjugate; mortgage**
שִׁעְבּוּד ז׳ **enslavement; subjugating; subjection; enslaving; mortgaging**
שָׁעָה פ׳ **turn towards; pay heed, notice**
שָׁעָה נ׳ **hour; time, while**
שָׁעָה קַלָּה נ׳ **a short time, a while**
שְׁעַת חֵירוּם נ׳ **emergency**
שְׁעַת כּוֹשֶׁר נ׳ **opportune moment**
שַׁעֲוָה נ׳ **wax**
שַׁעֲוָנִית נ׳ **oilcloth**
שָׁעוּן ת׳ **leaning; supported**
שָׁעוֹן ז׳ **clock, watch; meter, gauge**
שָׁעוֹן מְעוֹרֵר ז׳ **alarm clock**
שְׁעוֹנִית נ׳ **passion-flower**
שְׁעוּעִית נ׳ **bean, beans**
שְׂעוֹרָה נ׳ **barley; sty (in the eye)**
שָׁעַט פ׳ **stamp, pound**
שְׁעָטָה נ׳ **stamping, pounding**
שַׁעַטְנֵז ז׳ **mixture of wool and linen (forbidden in Judaism); incompatible combination**
שְׁעִינָה נ׳ **leaning, supporting, resting**
שָׁעִיעַ ת׳ **smooth, not hairy**
שָׂעִיר ת׳ **hairy, woolly, furry**
שָׂעִיר ז׳ **he-goat; satyr**
שָׂעִיר לַעֲזָאזֵל ז׳ **scapegoat**
שְׂעִירָה נ׳ **she-goat**
שְׂעִירוּת נ׳ **hairiness, wooliness, furriness**
שַׁעַל ז׳ **step, pace**
שַׁעֲלוּל ז׳ **fox cub**
שַׁעֶלֶת נ׳ **whooping-cough**
שַׁעַם ז׳ **cork**
שִׁעֲמוּם ז׳ **boredom, dullness, tedium**
שִׁעֲמֵם פ׳ **bore**
שַׁעֲמָנִית נ׳ **linoleum**
שָׁעָן ז׳ **watchmaker, watch repairer**
שֵׂעָר ז׳ **hair**
שִׁעֵר פ׳ **imagine, think**
שַׁעַר ז׳ **gate, gateway; goal (sport); cover, title-page; rate, measure**
שַׁעַר חֲלִיפִין ז׳ **rate of exchange**
שַׁעַר עַצְמִי ז׳ **own goal (in football)**
שַׂעֲרָה נ׳ **hair**
שַׁעֲרוּרִיָּה נ׳ **scandal**
שַׁעֲשׁוּעַ ז׳ **amusement, pleasure; game**

שִׁעֲשַׁע פ׳ amuse, delight, entertain
שִׁעְתּוּק ז׳ reproducing
שַׁעְתּוּק ז׳ reproduction (of picture etc.)
שִׁעְתֵּק פ׳ reproduce, make a reproduction of
שָׁף פ׳ file, scrape
שָׂפָה נ׳ lip; language; edge, rim, hem; shore, bank; labium
שְׂפַת אֵם נ׳ mother tongue
שְׂפַת אַרְנֶבֶת נ׳ hare lip
שְׂפַת דִּיבּוּר נ׳ colloquial language
שָׂפָה זָרָה נ׳ foreign langnage
שְׂפַת יֶתֶר ז׳ verbosity
שְׂפַת עֵבֶר נ׳ Hebrew language
שַׁפּוּד ז׳ spit, skewer; knitting needle (colloq.)
שָׁפוּי ת׳ sane
שְׁפוּי בְּדַעְתּוֹ ת׳ of sound mind, sane
שָׁפוּךְ ת׳ poured out, spilt
שְׁפוֹכֶת נ׳ debris, detritus
שָׂפוּן ת׳ hidden, concealed, secret
שָׁפוּף ת׳ bent, stooping; dejected, tired, low
שְׁפוֹפֶרֶת נ׳ tube; (telephone) receiver
שָׁפוּת ת׳ placed on the fire
שִׁפְחָה נ׳ female slave
שָׁפַט פ׳ judge; pass judgment
שָׁפִי תה״פ quietly, calmly
שְׁפִיטָה נ׳ judging; judgment; refereeing, umpiring
שְׁפִיכָה נ׳ pouring, spilling
שְׁפִיכוּת נ׳ spilling
שְׁפִיכוּת דָּמִים נ׳ murder, bloodshed
שָׁפִיעַ ת׳ talus cone
שְׁפִיעָה נ׳ abundant supply; flow; flowing
שְׁפִיפָה נ׳ bending, stooping crouching
שְׁפִיפוֹן ז׳ horned viper
שָׁפִיר ז׳ foetal sac
שַׁפִּיר ת׳ fine, good, excellent, benign
שַׁפִּירִית נ׳ dragonfly
שָׂפִית נ׳ labellum
שְׁפִיתָה נ׳ placing on the fire
שָׁפַךְ פ׳ pour, spill
שֶׁפֶךְ ז׳ mouth (of a river), estuary
שָׁפַל פ׳ become low, subside
שָׁפָל ת׳ mean, base, low
שֵׁפֶל ז׳ low condition, nadir; ebb tide; slump
שְׁפֵלָה נ׳ lowland, plain
שִׁפְלוּת נ׳ baseness, meanness; humility
שַׁפְלָן ז׳ terrier
שְׁפַל־רוּחַ ת׳ meek, humble
שָׂפָם ז׳ moustache
שְׂפָמוֹן ז׳ small moustache
שְׂפַמְנוּן ז׳ catfish
שָׁפָן ז׳ coney; rabbit; coward (colloq.)
שְׁפַנִיָּיה נ׳ rabbit-hutch
שָׁפַע פ׳ abound in, give copiously; flow abundantly
שֶׁפַע, שִׁפְעָה ז׳,נ׳ abundance, plenty, profusion
שִׁפְעוּל ז׳ activation
שִׁפְעֵל פ׳ activate

שַׁפַּעַת נ׳ influenza, flu, grippe
שָׁפַר פ׳ be fine, be good
שֶׁפֶר ז׳ beauty, fairness
שִׁפְרוּט ז׳ elaboration
שִׁפְרֵט פ׳ elaborate
שַׁפְרִיר ז׳ canopy, pavilion
שִׁפְשׁוּף ז׳ rubbing, grazing; breaking in (by tough army training) (slang)
שִׁפְשֵׁף פ׳ rub, graze; put through the mill (by tough army training) (slang)
שַׁפְשֶׁפֶת נ׳ doormat
שָׁפַת פ׳ place on the fire
שְׂפָתוֹן ז׳ lipstick
שִׂפְתוּת ז׳ labialization
שְׂפָתַיִים נ״ז lips
שִׂפְתָנִי ת׳ labiate
ש״ץ ז׳ cantor [initials of שְׁלִיחַ צִיבּוּר]
שֶׁצֶף ז׳ flow, stream
שֶׁצֶף־קֶצֶף ז׳ great rage, fury
שַׂק ז׳ sack, bag; sack-cloth
שֶׁק, צֶ׳ק ז׳ check, cheque
שֶׁק מְסוּרְטָט ז׳ crossed check
שָׁקַד פ׳ be vigilant; be diligent
שָׁקֵד ז׳ almond; tonsil
שְׁקֵדִי ת׳ almond-shaped
שְׁקֵדִיָּיה נ׳ almond-tree
שַׁקְדָן ז׳ diligent person, industrious person
שַׁקְדָנוּת נ׳ diligence, industriousness
שָׁקוּד ת׳ diligent, industrious
שָׁקוּל ת׳ weighed; balanced; equal; considered
שָׁקוּל כְּנֶגֶד counterweight to
שָׁקוּעַ ת׳ submerged, immersed, wrapped up in
שָׁקוּף ת׳ transparent, clear
שְׁקוּפִית נ׳ slide (for projection of picture)
שָׁקַט פ׳ be quiet, be still
שֶׁקֶט ז׳ silence, stillness, quiet
שָׁקֵט ת׳ quiet, still
שְׁקִידָה נ׳ diligence, zeal, industriousness
שְׁקִיטָן ז׳ flamingo
שְׁקִילָה נ׳ weighing
שְׁקִיעָה נ׳ sinking; immersion; decline; sunset
שְׁקִיעַת דָּם נ׳ blood test (of sedimentation)
שְׁקִיעַת הַשֶּׁמֶשׁ נ׳ sunset
שָׁקִיף ז׳ crag, cliff; bayonet catch
שְׁקִיפוּת נ׳ transparence
שַׂקִּיק ז׳ small bag; saccule
שְׁקִיקָה נ׳ growl, noise; lust, craving
שְׁקִיקוּת נ׳ lust, craving
שַׂקִּית נ׳ small bag
שָׁקַל פ׳ weigh; consider
שֶׁקֶל ז׳ sheqel (unit of Israeli currency)
שַׁקְלָא וְטַרְיָא נ׳ discussion, negotiation
שִׁקְלֵל פ׳ weigh (statistics)
שֶׁקֶם ז׳ Shekem - Army Canteen Organization
שִׁקְמָה נ׳ sycamore
שַׁקְנַאי ז׳ pelican

שָׁקַע פ׳ sink, settle; decline; subside; be immersed; set (sun)
שֶׁקַע ז׳ hollow, depression; socket; depression (barometric); fault (geological)
שְׁקַעֲרוּרִי ת׳ concave, hollow
שְׁקַעֲרוּרִית נ׳ concave surface, concavity
שִׁקְפֵּף פ׳ render transparent
שֶׁקֶץ ז׳ unclean animal; loathsome creature; abomination
שָׁקַק פ׳ bustle, bustle about, be full of bustle
שֶׁקֶר ז׳ lie, untruth, falsehood
שֶׁקֶר וְכָזָב! lies!, all lies!
שִׁקְרִי ת׳ false, untrue
שַׁקְרָן ז׳ liar
שַׁקְרָנוּת נ׳ lying; mendacity
שִׁקְשׁוּק ז׳ rustle, rumble, clatter; fear, terror (slang)
שִׁקְשֵׁק פ׳ rumble, rustle, clatter; fear, be terrified (slang)
שַׂר ז׳ minister; chief, ruler
שַׂר צָבָא ז׳ military commander
שָׁר ז׳ singer
שָׁר פ׳ sing
שָׁרָב ז׳ hot dry weather, khamseen; fata morgana, mirage
שִׁרְבֵּב פ׳ prolong, extend; interpolate, transpose
שִׁרְבּוּב ז׳ prolonging, extending; interpolating, transposing
שִׁרְבּוּט ז׳ doodling, scribbling
שִׁרְבֵּט פ׳ doodle, scribble

שְׁרָבִי ת׳ hot and dry (weather), khamseen
שַׁרְבִיט ז׳ sceptre, rod; baton
שְׁרַבְרָב ז׳ plumber
שְׁרַבְרָבוּת נ׳ plumbing
שְׁרַגָא ז׳ candle
שָׂרַד פ׳ remain, survive
שְׂרָד ז׳ office, service
שֶׂרֶד ז׳ stylus
שָׂרָה פ׳ wrestle, struggle, fight
שָׂרָה נ׳ minister (female)
שָׁרָה פ׳ soak, steep; rest, dwell
שַׁרְוּוּל נ׳ sleeve
שַׁרְווּלִית ז׳ cuff
שָׁרוּי ת׳ steeped, soaked; dwelling, resting
שְׂרוֹךְ ז׳ lace, string
שְׂרוֹךְ נַעַל ז׳ shoe-lace
שָׂרוּעַ ת׳ stretched out, extended
שָׂרוּף ת׳ burnt; scorched; fired, enthusiastic
שָׂרַט, סָרַט פ׳ scratch
שִׂרְטוֹן ז׳ sandbank, shoal
שִׂרְטֵט ר׳ סִרְטֵט
שָׂרֶטֶת, סָרֶטֶת נ׳ scratch, cut, incision
שָׁרֵי תה"פ permitted, allowed
שָׂרִיד ז׳ survivor; vestige, remainder, residue
שִׁרְיוֹן ז׳ armor, armor-plate; armored force; protective outer shell (of animals)
שִׁרְיוּן ז׳ armoring, armor-plating; earmarking, setting aside
שִׁרְיוֹנַאי ז׳ member of the armored corps

שִׁרְיוֹנִית נ' armored car
שְׂרִיטָה, סְרִיטָה נ' scratching; scratch; incision
שְׁרִיָּה נ' steeping, soaking; resting, dwelling
שִׁרְיֵן פ' armor, armor-plate; earmark, set aside
שְׁרִיקָה נ' whistling; whistle
שְׁרִיר ז' muscle, sinew
שָׁרִיר ת' firm, strong
שָׁרִיר וְקַיָּם ת' firm and established
שְׁרִירוּת, שְׁרִירוּת-לֵב נ' arbitrariness, obduracy
שְׁרִירוּתִי ת' arbitrary
שְׁרִירִי ת' muscular
שָׂרָךְ ז' fern
שַׂרְעַף ז' thought, contemplation
שָׂרַף פ' burn, fire; use up, waste (colloq.)
שָׂרָף ז' poisonous snake; seraph
שְׂרָף ז' resin
שְׂרֵפָה, שְׂרֵיפָה נ' burning; fire, conflagration
שְׂרָפִי ת' resinous
שְׁרַפְרַף ז' footstool, stool
שָׁרַץ פ' swarm, teem, abound; produce abundantly, breed
שֶׁרֶץ ז' small, creeping animals
שֶׁרֶץ עוֹף ז' winged insect
שָׁרַק פ' whistle
שָׂרָק ז' rouge
שְׁרַקְרַק ז' bee-eater (bird)
שָׂרַר פ' rule; dominate, reign, prevail
שְׂרָרָה נ' rule, authority, power, dominion

שִׁרְשׁוּר ז' chaining, linking; belting, (gun)
שִׁרְשֵׁר פ' chain together, link together)
שַׁרְשֶׁרֶת נ' chain; cordon (military)
שָׁרָת ז' caretaker
שָׁרֵת ז' service, office (religious)
שִׁרְתּוּעַ ז' strut
שִׁרְתֵּעַ פ' strut
שֵׁשׁ ש"מ six (fem.)
שֵׁשׁ ז' marble; fine linen
שָׂשׂ פ' rejoice, be glad
שָׂשׂוֹן ז' joy, delight
שֵׁשׁ-עֶשְׂרֵה ש"מ sixteen (fem.)
שָׁשַׁר ז' lacquer, vermilion
שֵׁת ז' buttocks, posterior
שָׁת ז' basis, foundation
שָׁת פ' set, put, place
שַׁתָּא נ' year
שְׁתַדְלָן ז' intercessor; pleader
שְׁתַדְלָנוּת נ' intercession; pleading
שְׁתַדְלָנִי ת' interceding; pleading
שָׁתָה פ' drink, imbibe
שָׁתוּי ת' drunk, drunken, intoxicated
שָׁתוּל ת' planted
שְׁתוּקִי ת' of unknown parentage, illegitimate (child)
שְׁתִי ז' warp (of loom)
שְׁתִי וָעֵרֶב ז' warp and woof, crosswise, crisscross
שְׁתִיָּה נ' drinking; drink (colloq.); basis, foundation
שְׁתַּיִם ש"מ two (fem.)
שַׁתְיָן ז' heavy drinker, drunkard
שְׁתִיל ז' seedling, sapling, plant

שְׁתִילָה נ׳ planting
שְׁתַּיִם ש״מ two (fem.)
שְׁתֵּים־עֶשְׂרֵה ש״מ twelve (fem.)
שְׁתִיקָה נ׳ silence
שְׁתִיתָה נ׳ flowing; flow (of blood from a wound)
שֶׁתֶל ז׳ plant (for transplanting)
שָׁתַל פ׳ plant
שְׁתַלְטָן ז׳ domineering person
שְׁתַלְטָנוּת נ׳ domineering nature
שַׁתְלָן ז׳ nurseryman
שַׁתְלָנוּת נ׳ nursery gardening, planting
שְׁתַמְּטָן ז׳ shirker, dodger
שְׁתַמְּטָנוּת נ׳ shirking, dodging duty
שֶׁתֶן ז׳ urine
שְׁתִנּוּן ז׳ urination
שָׁתַע פ׳ be afraid, fear
שִׁתּוּפִי ת׳ co-operative
שָׁתַק פ׳ keep quiet, be silent; be calm
שַׁתְקָן ז׳ taciturn person, reticent person
שַׁתְקָנוּת נ׳ taciturnity, reticence
שַׁתֶּקֶת נ׳ paralysis
שָׁתַת פ׳ flow, drip; lose (blood)
שַׁתָּת ז׳ bleeder, haemophilic

ת

תָּא ז' cell, conpartment, cabin; box
תָּא דוֹאַר ז' post office box
תָּא הַקְפָּאָה ז' freezer
תָּאֵב ת' longing; desiring, craving
תְּאַבְדָּע ת' inquisitive, curious, eager to learn
תַּאֲגִיד ז' corporation
תְּאוֹ ז' bufallo
תַּאֲוָה נ' desire, greed, passion
תַּאַוְתָן ת' lustful, greedy, libidinous
תַּאַוְתָנוּת נ' lustfulness, lust
תַּאַוְתָנִי ת' lustful, greedy, libidinous
תְּאוּטָה נ' deceleration
תְּאוֹם ז' twin (male)
תְּאוֹמָה נ' twin (female)
תְּאוּנָה נ' accident, mishap
תְּאוּנַת דְּרָכִים נ' road accident
תְּאוּצָה נ' acceleration
תְּאוּרָה נ' lighting, illumination
תַּאֲחִיזָה נ' cohesion, adhesion
תָּאִי ת' cellular, built of cells, honeycombed
תְּאִימוּת נ' harmony, symmetry
תָּאִיר ת' figurate (music)
תָּאִית נ' cellulose
תָּאַם פ' fit, match, suit
תְּאֵנָה נ' fig (fruit, tree)
תַּאֲנִיָּה וַאֲנִיָּה נ' grief and lamentation
תָּאַר פ' surround, encompass
תַּאֲרִיךְ ז' date

תַּאֲרִיכוֹן ז' date-stamp
תִּאֲרֵךְ פ' date
תְּאַשּׁוּר ז' box tree
תַּבְהָלָה נ' panic
תְּבוּאָה נ' grains, cereals; produce, yield, crop
תְּבוּנָה נ' understanding, reason, wisdom
תְּבוּסָה נ' defeat, rout
תְּבוּסָן ז' defeatist
תְּבוּסָנוּת נ' defeatism
תְּבוּסָנִי ת' defeatistic
תַּבְחִין ז' diagnostic test
תְּבִיעָה נ' demand, claim
תְּבִיעָה מִשְׁפָּטִית נ' law suit, prosecution
תֵּבֵל נ' the world, the universe
תֶּבֶל ז' abomination
תְּבַלּוּל ז' cataract
תַּבְלִיט ז' relief, bas-relief
תַּבְלִיל ז' batter (cookery)
תַּבְלִין ז' spice, seasoning
תֶּבֶן ז' straw, stubble
תַּבְנִית נ' form, mold, pattern, structure; paradigm
תַּבְנִיתִי ת' patterned, structured
תָּבַע פ' demand, claim; sue
תָּבַע אֶת עֶלְבּוֹנוֹ (he) demanded satisfaction (for insult)
תָּבַע לְמִשְׁפָּט sued, prosecuted
תַּבְעֵרָה נ' conflagration, fire
תִּבְרֵג פ' thread, cut screws
תַּבְרוּאָה נ' sanitation, hygiene
תַּבְרוּאָתִי ת' sanitary, hygienic

תַּבְרוּאָן ז' public hygiene expert, public health expert
תַּבְרוּג ז' threading, screw-cutting
תַּבְרוֹגֶת נ' תַּבְרִיג ז' thread, screw thread
תַּבְשִׁיל ז' cooked food, dish
תָּג ז' tag, badge, label; apostrophe, coronet on letter of Hebrew alphabet
תִּגְבּוּר ז' reinforcement, reinforcing
תִּגְבּוֹרֶת נ' reinforcement; increase
תִּגְבֵּר פ' reinforce, send reinforcements
תְּגוּבָה נ' reaction, comment
תִּגְלַחַת נ' shaving; shave
תַּגְלִיף ז' engraving
תַּגְלִית נ' discovery, find
תַּגְמוּל ז' reward, recompense; reprisal, retaliation
תַּגְמִיר ז' final stage, finishing touch, finish
תַּגָּר ז' merchant, dealer, trader
תִּגְרָה נ' skirmish, tussle, brawl, scuffle
תִּגְרוֹבֶת נ' hosiery
תִּגְרוֹלֶת נ' raffle, lottery
תַּגְרָן ז' small-time merchant, trafficker
תַּגְרָנוּת נ' haggling, bargaining; petty trade
תְּדְגוֹרֶת נ' incubation period
תַּדְהֵמָה נ' shock, dismay
תַּדְחִית נ' moratorium
תָּדִיר ת', תה"פ frequent, constant; constantly, regularly
תְּדִירוּת נ' frequency, constancy
תִּדְלוּק ז' fuelling, refuelling
תִּדְלֵק פ' fuel, refuel
תַּדְמִית נ' stencil, die; image
תַּדְמִיתָן ז' pattern maker
תַּדְפִּיס ז' offprint, reprint, print
תֶּדֶר ז' frequency
תִּדְרוּךְ ז' instruction, briefing
תַּדְרִיךְ ז' briefing, detailed instructions
תִּדְרֵךְ פ' brief (with instructions)
תֵּה ז' tea
תָּהָה פ' gape, gaze in astonishment, be amazed, wonder
תְּהוּדָה נ' resonance, reverberation
תְּהוֹם זו"נ the depths; abyss, chasm, bottomless pit
תְּהוֹם הַנְּשִׁיָּה נ' oblivion, limbo
תְּהִיָּה נ' surprise, astonishment; wondering; wonderment
תְּהִלָּה נ' praise; glory, fame
תְּהִילִים, תְּהִלִּים ז"ר the Book of Psalms
תַּהֲלוּכָה נ' procession, parade
תַּהֲלִיךְ ז' process
תַּהְפּוּכָה נ', תַּהְפּוּכוֹת נ"ר unreliability, deceitfulness; upheaval, vicissitude
תַּהְפּוּכָן ז' unreliable person, deceitful person
תָּו ז' mark, sign; note (in music); tag, label; tav (letter of Hebrew alphabet ,ת)
תּוֹ תה"פ more, again, further

וְתוּ לֹא — and nothing more
תּוֹא ר׳ תְּאוֹ
תּוֹאֵם ת׳ — matching, suitable; fitting, simliar
תּוֹאַם פ׳ — be correlated, be co-ordinated
תּוֹאַם ז׳ — symmetry; correlation, co-ordination
תּוֹאֲנָה נ׳ — pretext, excuse
תּוֹאַר פ׳ — be described; be drawn, be portrayed
תּוֹאַר ז׳ — appearance, form; title, degree; adjective
תּוֹאַר הַפּוֹעַל ז׳ — adverb
תּוֹאֲרַךְ פ׳ — be dated
תּוֹבָּה נ׳ — trunk (of ship)
תּוּבַּל פ׳ — be seasoned, be spiced
תּוֹבָלָה נ׳ — transport
תּוֹבָנָה נ׳ — insight
תּוֹבֵעַ ז׳ — plaintiff; prosecutor
(הַ)תּוֹבֵעַ (הַ)כְּלָלִי ז׳ — public prosecutor
תּוֹבְעָנָה נ׳ — bill of complaint
תּוּבְרַג פ׳ — be threaded
תּוּגְבַּר פ׳ — be reinforced
תּוּגָה נ׳ — grief, sorrow, sadness
תּוֹדָה נ׳ — gratitude, thanks
תּוֹדָה רַבָּה נ׳ — thanks very much
תּוֹדָעָה נ׳ — consciousness, awareness
תּוּדְרַךְ פ׳ — be briefed, be given instructions
תּוֹהוּ ז׳ — emptiness, nothingness, desolation
תּוֹהוּ וָבוֹהוּ ז׳ — chaos
תּוֹהֳלָה, תָּהֳלָה נ׳ — fault, blemish; sin

תַּוַּאי ז׳ — plotter, designer
תְּוַויי, תְּוַואי ז׳ — alignment, feature
תְּוִויָּה נ׳ — plotting, designing
תַּוְוּיָן ז׳ — copyist, (musical)
תָּוִית נ׳ — label
תָּוֶךְ ז׳ — middle, center, inside, interior
תּוּזְמַר פ׳ — be orchestrated, be scored
תּוּחְלַב פ׳ — be emulsified
תּוֹחֶלֶת נ׳ — hope, expectation
תּוּיָה נ׳ — thiya (plant)
תּוּיַק פ׳ — be filed
תּוֹךְ ז׳ — inside, interior
תּוֹכַחָה נ׳ — chastisement, reproof
תּוֹכָחָה, תּוֹכַחַת נ׳ — reproach, rebuke
תּוֹכִי ת׳ — inner, inside, internal
תּוּכִּי ז׳ — parrot
תּוֹכִיּוּת נ׳ — inwardness, inner nature
תּוֹכִית נ׳ — infix
תּוֹךְ כְּדֵי — in the course of, while, during
תּוּכַּן פ׳ — be measured; be planned
תּוֹכֵן ז׳ — astronomer
תּוֹכֶן ז׳ — content, contents
תּוֹכֶן הָעִנְיָנִים, הַתּוֹכֶן ז׳ — table of contents
תּוֹכְנָה נ׳ — software (computers)
תּוּכְנַן פ׳ — be planned, be designed
תּוּכְנַת פ׳ — be programmed
תּוֹלָדָה נ׳ — outcome, consequence; corollary
תּוֹלְדוֹת נ״ר — descendants; history
תּוֹלְדוֹת יִשְׂרָאֵל נ״ר — history of the Jewish People

תּוֹלָע ז' worm; scarlet cloth
תּוּלַע פ' be full of worms, be wormy
תּוֹלַעַת נ' worm
תּוֹלַעַת מֶשִׁי נ' silkworm
תּוֹלַעַת סְפָרִים נ' bookworm (fig)
תּוּלְתַּל פ' be curled, be made curly
תּוֹם ז' perfect innocence, naivete; wholeness, purity
תּוֹמֵךְ ת' supporting; supporter
תּוּמְצַת פ' be summarized
תּוֹמֶר ז' date-palm, palm tree
תּוּנְפָּן ז' kettle drum
תּוּסְכַּל פ' be frustrated
תּוֹסֵס ת' fermenting; effervescent, bubbling; excited, lively
תּוֹסֶפֶת נ' addition, supplement, bonus
תּוֹסֶפֶת יוֹקֶר ז' cost-of-living bonus
תּוֹסַפְתָּן ז' appendix
תּוֹעַב פ' be abominable
תּוֹעֵבָה נ' abomination, loathsome act or object
תּוֹעַד פ' be documented
תּוֹעֶלֶת נ' use, utility, benefit
תּוֹעַלְתִּי ת' useful; utilitarian
תּוֹעַלְתִּיּוּת נ' utilitarianism
תּוֹעַמְלָן ז' propagandist, agitator
תּוֹעָפוֹת נ"ר height
הוֹן תּוֹעָפוֹת ז' great fortune, a vast amount of money
תּוּעַשׂ פ' be industrialized
תּוּעְתַּק פ' be transliterated
תּוֹף ז' drum
תּוּפִּי ת' drum-like, drum-loaded

תּוּפִין ז' flat pastry; biscuit
תּוֹפִית נ' diaphragm
תּוֹפֵס ז' guard (mechanics)
תּוֹפֵס ת' relevant, applicable
תּוֹפָעָה נ' phenomenon
תּוֹפֵף פ' drum
תּוֹפֵר ז' tailor
תּוֹפֶרֶת נ' dressmaker, seamstress
תּוֹפֶת ז' inferno, hell, fire
תּוֹצָא ז' effect
תּוֹצָאָה נ' result, outcome, consequence
תּוֹצָר ז' product
תּוֹצֶרֶת נ' produce, products, production
תּוּקַן פ' be corrected; be repaired
תּוּקְנַן פ' be standardized
תּוֹקֶף ז' power; validity, force
תּוֹקְפָן ז' aggressor
תּוֹקְפָנוּת נ' aggression, aggressiveness
תּוֹקְפָנִי ת' aggressive
תּוּקְצַב פ' be budgeted for
תּוּקְצַר פ' be outlined, be summarized
תּוּקְשַׁר be communicated
תּוֹר ז' turn; queue, line; turtle-dove; appointment (colloq.)
תּוּר פ', ר' תָּר
תּוּרְבַּת פ' be cultured; be cultivated, be tamed
תּוּרְגַּם פ' be translated
תּוּרְגְּמָן ז' interpreter; translator; dragoman

תּוֹרָה נ׳ Tora, the Pentateuch; the Law; instruction, teaching; doctrine; theory

תּוֹרָה שֶׁבִּכְתָב נ׳ the Written Law, the Pentateuch

תּוֹרָה שֶׁבְּעַל־פֶּה נ׳ the Oral Law, the Talmud

תּוֹרֵם ז׳ donor, contributor

תּוּרְמוֹס ז׳ lupin (plant)

תּוֹרֶן ז׳ mast (on ship); flag-pole

תּוֹרָן ז׳ person on duty, orderly

תּוֹרָנוּת נ׳ turn of duty

תּוֹרָנִי ת׳ learned in the Tora; religious, theological

תּוֹרָנִית נ׳ main shaft

תּוֹרֶף ז׳ blank spaces on a document to be filled in (name, date, etc.)

תּוֹרְפָּה נ׳ מְקוֹם הַתּוֹרְפָּה ז׳ weakness, weak spot

תּוֹרַץ פ׳ be explained, be clarified

תּוֹרָשָׁה נ׳ heredity

תּוֹרַשְׁתִּי ת׳ hereditary

תּוֹשָׁב ז׳ resident, inhabitant

תּוֹשֶׁבֶת נ׳ chassis (of a vehicle); base

תּוּשִׁיָּה נ׳ resourcefulness, skill

תּוּשַׁע פ׳ be multiplied by nine

תּוּת ז׳ mulberry

תּוּת שָׂדֶה ז׳ strawberry

תּוּתָב ת׳ inserted, fixed in

תּוֹתֶבֶת נ׳ insert, insertion, prosthesis

תּוֹתָח ז׳ gun, cannon; big shot (colloq.)

תּוֹתְחָן ז׳ gunner, artilleryman

תּוֹתְחָנוּת נ׳ gunnery, artillery

תַּזְגִּיג ז׳ enamel

תְּזוּזָה נ׳ moving, movement, motion

תְּזוּנָה נ׳ nutrition

תְּזוּנָתִי ת׳ nutritional, nutritive

תְּזוּעָה נ׳ slight movement

תְּזָזִית, רוּחַ תְּזָזִית נ׳ spirit of madness

תִּזְכֹּרֶת נ׳ reminder

תַּזְכִּיר ז׳ memorandum

תִּזְמוּן ז׳ timing

תִּזְמוּר ז׳ orchestrating; orchestration, scoring

תִּזְמֹרֶת נ׳ orchestra

תִּזְמָרְתִּי ת׳ orchestral

תִּזְמֵן פ׳ time

תִּזְמֵר פ׳ orchestrate, score

תַּזְנוּת נ׳ fornication, whoring

תַּזְרִיק ז׳ injection

תָּחַב פ׳ stick in, insert

תָּחַב אֶת חוֹטְמוֹ (אַפּוֹ) poked his nose

תַּחְבּוּלָה נ׳ trick, wile, ruse, strategem

תַּחְבּוּרָה נ׳ transport, communication; traffic

תַּחְבּוֹשֶׁת נ׳ bandage, dressing

תַּחְבִּיב ז׳ hobby

תַּחְבִּיבָן ז׳ hobbyist

תַּחְבִּיר ז׳ syntax

תַּחְבִּירִי ת׳ syntactic(al)

תִּחְבֵּל פ׳ contrive, plot, scheme

תַּחְבְּלָן ז׳ wily person; schemer, plotter

תַּחְבְּלָנוּת נ׳ wiliness, trickiness;

תַּחְדִּישׁ ז' word-coining; coined word
תָּחוּב ת' ז' stuck in, inserted
תָּחוּחַ ת' broken up (soil), loose
תְּחוּלָּה נ' time of coming into force or into effect
תְּחוּם border, limit, domain, field, area
תְּחוּם שַׁבָּת ז' Shabbat day's journey (beyond which one may not walk)
תְּחוּשָׁה נ' feeling, sensation, perception
תְּחוּשָׁתִי ת' perceptual
תַּחְזוּקָה נ' maintenance
תַּחֲזִית נ' forecast; spectrum
תַּחֲזִית מֶזֶג הָאֲוִויר נ' weather forecast
תִּחְזֵק פ' maintain
תְּחִיבָה נ' sticking in, inserting
תְּחִיגָה נ' festival
תְּחִיחָה נ' breaking up (soil)
תְּחִיחוּת נ' looseness (of soil)
תְּחִיָּה נ' revival, rebirth, renaissance
תְּחִיַּת הַמֵּתִים נ' resurrection of the dead
תְּחִילָּה נ', תה"פ beginning, start; firstly
תְּחִילִּית נ' prefix
תְּחִימָה נ' fixing limits; demarcation
תְּחִינָּה נ' entreaty, supplication
תְּחִיקָה נ' legislation
תִּחְכּוּם ז' sophisticating, sophistication
תִּחְכֵּם פ' sophisticate
תִּחְלֵב פ' emulsify
תַּחֲלוּאָה נ' incidence of disease, morbidity
תַּחֲלוּאִי ת' concerning the incidence of disease
תַּחֲלוּפָה נ' replacement, turnover (of personnel)
תַּחֲלִיב ז' emulsion
תַּחֲלִיף ז' replacement, substitute
תִּחְלֵף פ' replace, substitute
תָּחַם פ' fix limits, fix a boundary, demarcate, delimit
תַּחְמוֹצֶת נ' oxide
תַּחְמוֹשֶׁת נ' ammunition
תַּחְמִיץ ז' silage
תַּחְמָס ז' falcon
תִּחְמֵץ פ' make into silage
תַּחֲנָה נ' station, stop
תַּחֲנַת דֶּלֶק נ' petrol station, gas station
תַּחֲנַת כּוֹחַ נ' power station
תַּחֲנַת מִשְׁטָרָה נ' police station
תַּחֲנַת רַדְיוֹ נ' radio station
תַּחֲנוּן ז' supplication, plea, entreaty
תַּחַנְחָנוּת נ' coquetry
תַּחַנְחָנִי ת' coquettish
תַּחְפּוֹשֶׂת נ' disguise; fancy dress
תַּחְקִיר ז' investigation
תַּחְקִירָן ז' researcher (for press, radio etc)
תִּחְקֵר פ' investigate
תִּחֲרָה פ' compete
תַּחֲרוּת נ' competition, contest, match

תַּחְרִיט ז׳ engraving, etching
תַּחְרִים ז׳ lacework, embroidery
תַּחַשׁ ז׳ badger
תַּחְשִׁיב ז׳ calculation
תַּחַת מ״י under, beneath; in place of, instead of
תַּחַת ז׳ bottom, behind (slang)
תַּחְתּוֹן ת׳ lower, lowest
תַּחְתּוֹנִים נ״ר underpants, panties
תַּחְתּוֹנִית נ׳ petticoat, slip
תַּחְתִּי ת׳ lower, underground
תַּחְתִּית נ׳ bottom part; saucer; subway
תֵּיאָבוֹן ז׳ appetite
תֵּיאוּם ז׳ coordinating, correlating; co-ordination, correlation
תֵּיאוּר ז׳ describing; description, depiction
תֵּיאוּרִי ת׳ descriptive
תֵּיאַטְרוֹן ז׳ theater
תֵּיאַטְרוֹנִי ת׳ theatrical
תֵּיאַטְרָלִי ת׳ theatrical; dramatic, spectacular, pompous
תֵּיאַטְרָלִיּוּת נ׳ theatricalness, theatricality; staginess, pomposity
תֵּיאֵם פ׳ correlate, co-ordinate
תֵּיאֵר פ׳ describe, portray, depict
תֵּיבָה נ׳ box, crate, chest; ark; written word
תֵּיבַת דּוֹאַר נ׳ mail box, pillar-box, post office-box
תֵּיבַת הִילּוּכִים נ׳ gear-box
תֵּיבַת מִכְתָּבִים נ׳ letter-box, mail box
תֵּיבַת נֹחַ נ׳ Noah's ark

תִּיבּוּל ז׳ spicing, seasoning
תִּיבֵּל פ׳ spice, season
תִּיגָּר ז׳ dispute, quarrel
תִּיוָּה פ׳ put a mark on; sketch
תִּיוּוּי ז׳ sketching, laying out
תִּיוּוּךְ ז׳ mediation, arbitration
תִּיוֵּךְ פ׳ mediate, arbitrate
תִּיוּל ז׳ wiring
תִּיוֹן ז׳ teapot
תִּיוּק ז׳ filing (papers)
תִּיוּר ז׳ touring, tour
תִּיחוּחַ ז׳ breaking up (soil)
תִּיחוּם ז׳ setting limits, demarcating, delimiting
תִּיחֵחַ פ׳ break up (soil)
תִּיחֵם פ׳ set limits, demarcate, delimit
תִּיֵּק פ׳ file (papers)
תַּיָּק ז׳ filing-clerk
תַּיָּר ז׳ tourist, sightseer
תִּיֵּר פ׳ tour, sightsee
תַּיָּרוּת נ׳ tourism, sightseeing
תַּיָּרָן ז׳ promoter of tourism
תִּיכוֹן ת׳ middle, central
תִּיכוֹן ז׳ high-school (colloq.)
תִּיכוֹנִי ת׳ intermediate
תֵּיכֶף, תֵּכֶף תה״פ immediately, instantly, at once
תֵּיכֶף וּמִיָּד תה״פ at once
תַּיִל ז׳ wire, barbed wire
תִּילּוּי ז׳ raising, hanging up; suspension, deferment
תִּילּוּל ז׳ heaping earth; making steep, steepening

תִּילּוּם ז׳ **furrowing**
תִּילּוּעַ ז׳ **removal of worms**
תִּילֵּי תִּילִּים ז״ר **heaps and heaps**
תִּילֵּל פ׳ **heap earth around**
תִּילֵּם פ׳ **furrow**
תִּילֵּעַ פ׳ **remove worms**
תִּימָּהוֹן ז׳ **wonder, surprise, amazement, astonishment**
תִּימְהוֹנִי ר׳ תִּמְהוֹנִי
תִּימּוּךְ ז׳ **bracing, supporting**
תִּימּוּכִין ז״ר **backing, support**
תִּימּוּר ז׳ **rising, aloft**
תֵּימָן נ׳ **Yemen**
תֵּימָנִי ת׳ **Yemenite**
תִּימֵּר פ׳ **rise, rise, aloft**
תִּימָרָה נ׳ **column (of smoke, dust, etc.)**
תִּינֵּד פ׳ **vibrate, oscillate**
תִּינָּה פ׳ **recount, relate, tell; mourn, grieve**
תִּינּוּי ז׳ **recounting, telling**
תִּינוֹק ז׳ **baby, babe, infant**
תִּינוֹקוֹת שֶׁל בֵּית רַבָּן ז״ר **infants, schoolchildren**
תִּינוֹקִי ת׳ **babyish, childish, infantile**
תִּינוֹקִיּוּת נ׳ **babyishness**
תִּינוֹקֶת נ׳ **baby (girl), small baby (girl)**
תִּיסּוּף ז׳ ר׳ ייסוּף **revaluation**
תִּיסֵּף פ׳ **revaluate**
תִּיעֵב פ׳ **abominate, abhor, loathe, detest, make abominable**
תִּיעֵד פ׳ **document**
תִּיעוּב ז׳ **abomination, abhorrence**

תִּיעוּד ז׳ **documentation**
תִּיעוּל ז׳ **channelling; drainage, sewerage**
תִּיעוּשׁ ז׳ **industrialization**
תִּיעֵל פ׳ **provide with drains, channels, sewers**
תִּיעֵשׁ פ׳ **industrialize**
תִּיפּוּר ז׳ **stitching, sewing**
תִּיפֵּר פ׳ **stitch, sew**
תִּיק ז׳ **case; briefcase, bag; file, folder, dossier, portfolio; handbag**
תֵּיקוּ ז׳ **tie, draw; stalemate**
תִּיקּוּן ז׳ **repairing, correcting, reforming, amending; repair, correction, reform, amendment**
תִּיקּוּן הָעוֹלָם ז׳ **putting the world to rights**
תִּיקִיּוֹן ז׳, תִּיקִיָּה נ׳ **filing cabinet**
תִּיקָן ז׳ **cockroach**
תִּיקֵּן פ׳ **repair, correct, reform, amend**
תֵּירוּץ ז׳ **excuse, pretext**
תִּירוֹשׁ ז׳ **new wine, unfermented wine, grape juice**
תִּירָס ז׳ **corn, maize**
תַּיִשׁ ז׳ **he-goat, billy-goat**
תִּישַּׁע פ׳ **multiply by nine**
תִּיתוֹרָה נ׳ **brim, rim**
תֵּיתֵי פ׳ **let it come**
תֵּיתֵי לוֹ **thanks to him**
תַּךְ ז׳ **stitch**
תִּכְבּוֹסֶת נ׳ **washing, laundering**
תָּכוֹל ת׳ **light blue, azure**
תְּכוֹל ז׳ **light blue, azure**

תְּכוּלָה נ׳ content(s), capacity

תְּכוּנָה נ׳ property, characteristic, trait, feature; preparation(s)

תָּכוּף ת׳ frequent, in quick succession

תְּכוּפוֹת תה״פ frequently, at frequent intervals

תְּכִיפוּת נ׳ frequency, recurrence

תְּכָכִים ז״ר intrigue(s)

תַּכְכָן ז׳ intriguer, troublemaker

תַּכְכָנוּת נ׳ intriguing

תַּכְלִיל ז׳ score (music)

תַּכְלִית נ׳ aim, purpose, end

תַּכְלִיתִי ת׳ purposeful

תַּכְלִיתִיּוּת נ׳ purposefulness

תְּכַלְכַּל ת׳ pale blue

תְּכֵלֶת נ׳ light blue, azure

תָּכַן פ׳ examine, estimate; design, plan, measure

תֶּכֶן ז׳ design

תַּכָּן ז׳ designer

תָּכְנָה ר׳ תּוֹכְנָה נ׳ software (computer)

תִּכְנוּן ז׳ planning

תִּכְנוּת ז׳ programming

תָּכְנִיָּה, תּוֹכְנִיָּה נ׳ program(me) (theater, concert, etc.)

תָּכְנִית, תּוֹכְנִית נ׳ plan, scheme; program(me)

תָּכְנִית לִימּוּדִים נ׳ syllabus

תָּכְנִיתִי, תּוֹכְנִיתִי ת׳ planned, programmatic

תִּכְנֵן פ׳ plan

תִּכְנֵת פ׳ program

תַּכְסִיס ז׳ tactic(s), strategy, stratagem

תַּכְסִיסִי ת׳ tactical, strategic(al)

תַּכְסִיסָן ז׳ tactician, strategist

תַּכְסִיסָנוּת נ׳ use of tactics, tactical manoeuvring

תִּכְסֵס פ׳ use tactics, manoeuvre

תָּכַף פ׳ come in quick succession, be frequent

תֶּכֶף ז׳ frequency

תַּכְרִיךְ ז׳ bundle; covering

תַּכְרִיכִים ז״ר shroud

תַּכְשִׁיט ז׳ jewel, ornament; mischievous child (colloq.)

תַּכְשִׁיטִים ז״ר jewellery

תַּכְשִׁיטָן ז׳ jeweller

תַּכְשִׁיר ז׳ preparation

תִּכְתּוֹבֶת נ׳ correspondence

תַּכְתִּיב ז׳ dictate, order, dictation

תֵּל ז׳ mound, hillock, tel (archaeology)

תְּלָאָה נ׳ hardship, suffering

תִּלְבּוֹשֶׁת נ׳ dress, attire; uniform

תַּלְבִּיד ז׳ plywood

תָּלָה פ׳ hang(up), suspend; ascribe; leave undecided

תָּלָה אֶת הָאַשְׁמָה בָּהּ placed the blame on her

תָּלוּי ת׳ hanging; suspended; dependent on, depending on

תָּלוּי וְעוֹמֵד ת׳ pending, undecided

תְּלוּי ז׳ suspender, hanger, loop

תָּלוּל ת׳ steep, precipitous

תְּלוּלִית נ׳ hillock, hummock

תְּלוּנָה נ׳ complaint, grumbling

תָּלוּשׁ ת׳ plucked, picked, detached; rootless, out of touch

תָּלוּשׁ מִן הַמְּצִיאוּת ת׳ unrealistic, out of touch with reality
תְּלוּשׁ ז׳ coupon, counterfoil
תְּלוּת נ׳ dependence
תְּלִי ז׳ clothes rack, peg
תְּלִיָּה נ׳ hanging (up), suspending
תַּלְיָן ז׳ hangman
תַּלְיָנוּת נ׳ hangman's work
תְּלִילוּת נ׳ steepness, precipitousness
תְּלִישָׁה נ׳ picking, pulling out, tearing off (out), detaching
תְּלִישׁוּת נ׳ rootlessness, detachment, remoteness
תַּלְכִּיד ז׳ agglomeration
תֶּלֶם ז׳ furrow
תַּלְמוּד ז׳ Talmud (code of Jwish Law); learning, study
תַּלְמוּד־תּוֹרָה ז׳ Jewish religious school
תַּלְמִיד ז׳ pupil, student, disciple
תַּלְמִיד־חָכָם ז׳ man learned in the Law
תַּלְפִּיּוֹת נ״ר citadels, fortresses
תָּלַשׁ פ׳ pick, pull out, tear off (out); detach
תְּלַת ש״מ tri-, three-
תְּלַת אוֹפַן ז׳ tricycle
תְּלַת־מְמַדִּי ת׳ three-dimensional
תְּלַת־שְׁנָתִי ת׳ triennial
תִּלְתּוּל ז׳ curling
תַּלְתַּל ז׳ curl
תִּלְתֵּל פ׳ curl
תַּלְתֶּלֶת נ׳ curl (plant disease)
תִּלְתָּן ז׳ clover
תָּם ת׳ simple, innocent, flawless

תֶּמֶד ז׳ mead; grape-skin wine
תָּמַהּ פ׳ be surprised, be astonished; wonder
תְּמַהּ ז׳ surprise, astonishment, wonder
תָּמֵהַּ ת׳ surprised, astonished, amazed
תִּמְהוֹנִי, תִּימְהוֹנִי ת׳ eccentric, odd, peculiar
תְּמֵהַנִי I doubt (whether)
תָּמוּהַּ ת׳ peculiar, strange
תַּמּוּז ז׳ Tammuz (June-July)
תְּמוּטָה נ׳ collapse, ruin, downfall
תְּמוּכָה נ׳ support, buttress
תְּמוֹל תה״פ, ז׳ yesterday
תְּמוֹל שִׁלְשׁוֹם תה״פ formerly, in the recent past
תְּמוּנָה נ׳ picture; image, form, scene, tableau (in drama); photograph
תְּמוּרָה נ׳ exchange; object exchanged; price; exchange value; apposition (grammar)
תַּמּוּת נ׳ perfection, soundness
תְּמוּתָה נ׳ mortality
תִּמְזֹגֶת נ׳ mixture, blend
תַּמְזִיג ז׳ condensation product
תַּמְחוּי ז׳ plate with compartments; charity plate; soup kitchen
תַּמְחִיר ז׳ cost accounting
תַּמְחִירָן ז׳ cost accountant
תָּמִיד תה״פ,ז׳ at all times, always, constantly; eternity
תְּמִידוּת נ׳ constancy, continuity, regularity

תְּמִידִי ת׳ constant, perpetual
תְּמִיהָה נ׳ surprise, wonder, astonishment, amazement
תְּמִיכָה נ׳ support, assistance
תָּמִים ת׳ whole, entire; naive, innocent; faultless
תְּמִימוּת נ׳ naiveté, simpleness, innocence; integrity, completeness
תְּמִיסָה נ׳ solution (chemical)
תָּמִיר ת׳ tall and erect
תְּמִירוּת נ׳ erect carriage
תָּמַךְ פ׳ support, maintain
תַּמְלוּגִים ז״ר royalties
תַּמְלַחַת נ׳. brine, salts
תַּמְלִיל ז׳ text (music), libretto; wording
תְּמָנוּן ז׳ octopus
תְּמְנוּעַ ז׳ preventive medicine, prophylaxis; parry (milit)
תְּמָנִיּוֹן ז׳ octahedron
תְּמָנִית נ׳ octet
תִּמְנֵעַ פ׳ take preventive medicine
תְּמְנָעָה נ׳ institute of preventive medicine
תְּמְנָעִי ת׳ preventive, prophylactic
תְּמְסוֹרֶת נ׳ transmission (mechanical)
תִּמְסָח ז׳ crocodile
תַּמְסִיר ז׳ handout, announcement
תְּמְצוּת נ׳ summarizing, making a précis
תַּמְצִיק ז׳ concretion
תַּמְצִית נ׳ essence, juice; summary, précis
תַּמְצִיתִי ת׳ concise, brief, succinct
תַּמְצִיתִיּוּת נ׳ conciseness, succinctness
תִּמְצֵת פ׳ summarize, précis
תָּמָר ז׳ date-paim (tree), date (fruit)
תְּמָרָה נ׳ date-palm (tree)
תַּמְרוּט ז׳ varnish, polish
תְּמְרוֹן ז׳ manoeuver; strategem, trick
תִּמְרוּן ז׳ manoeuvering
תַּמְרוּק ז׳ cosmetic
תַּמְרוּקִיָּה נ׳ perfumery, cosmetic shop
תַּמְרוּקִים ז׳ cosmetics
תַּמְרוּר ז׳ traffic sign, road-sign
תִּמְרוּר ז׳ putting up road signs or traffic signs
תַּמְרוּרִים ז״ר bitterness
תַּמְרִיץ ז׳ impetus, stimulus, incentive
תִּמְרֵן פ׳ manoeuver
תַּמְשִׁיחַ ז׳ fresco
תַּן ז׳ jackal
תְּנַאי ז׳ condition, term, stipulation
תְּנָאִים ז״ר engagement, betrothal
תְּנַאי מוּקְדָם ז׳ precondition
תְּנְגּוֹדֶת נ׳ resistance
תָּנַד פ׳ oscillate, vibrate
תְּנוּבָה נ׳ crop, yield, produce
תְּנוּדָה נ׳ oscillation, vibration
תְּנוּחָה נ׳ lie, lay, position, posture
תְּנוּךְ, תְּנוּךְ־אוֹזֶן ז׳ ear-lobe
תְּנוּמָה נ׳ nap, light sleep, doze
תְּנוּעָה נ׳ movement, move, motion; traffic; vowel

תְּנוּעַת נוֹעַר נ׳ youth movement

תְּנוּפָה נ׳ upward swing; lifting, surge; momentum

תַּנּוּר ז׳ stove, oven

תַּנְחוּמִים ז״ר condolences

תִּנְייָנִי ת׳ secondary

תַּנִּין ז׳ crocodile

תַּנַ״ךְ ז׳ the Bible (initial letters of תּוֹרָה, נְבִיאִים, כְּתוּבִים, Law, Prophets, Writings)

תְּנָ״כִי ת׳ Scriptural, Biblical

תִּנְשֶׁמֶת נ׳ barn owl

תִּסְבּוֹכֶת נ׳ complication(s), mess, mix-up

תִּסְבּוֹלֶת נ׳ load carrying capacity

תַּסְבִּיךְ ז׳ complex (psychology)

תַּסְבִּיר ז׳ information brochure, prospectus

תַּסְדִּיר ז׳ arrangement, lay-out

תְּסוּגָה נ׳ retreat, withdrawal

תָּסוּס ת׳ fermented

תָּסִיס ת׳ fermentable

תְּסִיסָה נ׳ fermentation, agitation, excitement

תִּסְכּוּל ז׳ frustration

תַּסְכִּית ז׳ radio play, dramatic sketch

תִּסְכֵּל פ׳ frustrate

תִּסְמוֹכֶת נ׳ association (of ideas)

תִּסְמוֹנֶת נ׳ syndrome

תַּסְמִין ז׳ symptom

תַּסְנִין ז׳ filtrate, filter

תָּסַס פ׳ ferment, effervesce; seethe, boil, bubble; be agitated, be excited

תַּסָּס ז׳ enzyme

תִּסְפֹּרֶת נ׳ haircut

תִּסְקוֹרֶת נ׳ revue, review

תַּסְקִיר ז׳ survey, review

תִּסְרוֹקֶת נ׳ hairstyle, coiffure

תַּסְרִיט ז׳ scenario, film-script

תַּסְרִיטַאי ז׳ scriptwriter

תַּעֲבוּרָה נ׳ traffic

תָּעָה פ׳ lose one's way; go astray

תְּעוּדָה נ׳ document; certificate, diploma; purpose, mission

תְּעוּדַת בַּגְרוּת נ׳ matriculation certificate

תְּעוּדַת זֶהוּת נ׳ identity card

תְּעוּדַת כָּבוֹד נ׳ mark of honor, something very creditable

תְּעוּדַת עֲנִיוּת ל׳... something that speaks badly for...

תְּעוּזָה נ׳ daring

תְּעוּפָה נ׳ flying, flight, aviation

תְּעוּקָה נ׳ pressure

תְּעוּקַת הֶחָזֶה נ׳ angina pectoris

תְּעוּרָה נ׳ awakening

תְּעִיָּה נ׳ losing one's way, straying

תְּעָלָה נ׳ ditch, drain, trench, channel, canal

תַּעֲלוּל ז׳ mischievous trick, prank

תַּעֲלוּמָה נ׳ mystery, secret

תְּעָלִית נ׳ small channel, ditch

תַּעֲמוּלָה נ׳ propaganda

תַּעַמְלָן ז׳ propagandist, agitator

תַּעַמְלָנוּת נ׳ propagandism, propagandizing

תַּעֲנוּג ז׳ pleasure, delight, joy

תַּעֲנִית נ׳ fast
תַּעֲנִית צִיבּוּר נ׳ public fast
תַּעֲסוּקָה נ׳ employment; something to do
תַּעֲצוּמָה נ׳ power, strength, might
תַּעֲקִיף ז׳ paraphrase
תִּעְקֵף פ׳ paraphrase
תַּעַר ז׳ razor; sheath, scabbard
תַּעֲרוּבָה נ׳ pledge, warranty
תַּעֲרוֹבֶת נ׳ mixture; medley, mix-up
תַּעֲרוּכָה נ׳ exhibition, display
תַּעֲרִיף ז׳ tariff, price list
תַּעֲרִיפוֹן ז׳ price list
תַּעֲשִׂיָּה נ׳ industry; manufacture
תַּעֲשִׂיָּן ז׳ industrialist
תַּעֲשִׂיָּנוּת נ׳ idustrialism
תַּעֲשִׂיָּתִי ת׳ industrial
תַּעְתּוּעַ ז׳ deceit, deception, delusion
תַּעְתִּיק ז׳ transliteration; transcription
תִּעְתֵּעַ פ׳ deceive, delude
תִּעְתֵּק פ׳ transliterate; transcribe
תַּפְאוּרָה נ׳ decor, stage design
תַּפְאוּרָן ז׳ stage designer
תִּפְאָרָה, תִּפְאֶרֶת נ׳ glory, splendor
תְּפוּגָה נ׳ expiry
תַּפּוּז ז׳ orange
תַּפּוּז ת׳ orange (color)
תַּפּוּחַ ז׳ apple
תַּפּוּחַ אֲדָמָה, תַּפּוּד ז׳ potato
תַּפּוּחַ־זָהָב ז׳ orange
תָּפוּחַ ת׳ swollen, puffed up
תְּפוּנָה נ׳ doubt, hesitation

תָּפוּס ת׳ occupied, busy, engaged, taken; absorbed, immersed; held, seized
תְּפוּסָה נ׳ possession; volume, space, size, capacity; tonnage
תְּפוּצָה נ׳ circulation, distribution; scattering; diaspora community
תְּפוּצוֹת נ״ר diaspora Jewish communities
תְּפוּקָה נ׳ production, yield, output
תָּפוּשׂ, תָּפוּס ת׳ held, ocupied; absorbed, engrossed
תִּפְזוֹרֶת נ׳ loose cargo
תָּפַח פ׳ swell, swell up
תְּפִיחָה נ׳ swelling; soufflé
תְּפִיחוּת נ׳ swelling, tumescence
תְּפִלָּה נ׳ prayer; one of the phylacteries
תְּפִלִּין נ״ר phylacteries, tefillin
תְּפִיסָה נ׳ seizing, taking; grasp; conception, outlook; comprehension, perception
תְּפִירָה נ׳ sewing; stitching
תָּפַל פ׳ paste, plaster; slander, denounce
תָּפֵל ת׳ tasteless, insipid
תִּפְלָה נ׳ pointlessness, tastelessness; folly
תִּפְלוּת נ׳ folly; pointless behavior
תְּפֵלוּת נ׳ tastelessness, insipidity, absurdity
תַּפְלִיט ז׳ exudate
תִּפְלֶצֶת נ׳ dread, horror
תַּפְנוּק ז׳ pampering, indulgence spoiling

תַּפְנִים ז׳ **interior**
תַּפְנִית נ׳ **turn, half-turn**
תָּפַס פ׳ **seize, catch; grasp, comprehend**
תֶּפֶס ז׳ **catch, clip**
תִּפְעוּל ז׳ **operation**
תִּפְעֵל פ׳ **put into operation**
תָּפַף פ׳ **drum, beat**
תִּפְקֵד פ׳ **function**
תִּפְקוּד ז׳ **functioning**
תַּפְקִיד ז׳ **function; task, duty, office; role**
תַּפְקִיק ז׳ **infarct**
תָּפַר פ׳ **sew, stitch**
תֶּפֶר ז׳ **stitch, seam**
תַּפָּר ז׳ **stitcher**
תִּפְרוֹשֶׂת, תִּפְרֹסֶת נ׳ **sails**
תְּפָרוּת נ׳ **stitching, hand-sewing**
תִּפְרַחַת נ׳ **cluster of flowers; bloom; rash**
תַּפְרִיט ז׳ **menu**
תִּפְרֶצֶת נ׳ **eruption (medical)**
תָּפַשׂ, תָּפַס פ׳ **seize, take hold; apprehend, perceive; capture**
תַּפְשׁוּעָה נ׳ **delinquency, crime**
תִּצְבּוֹרֶת נ׳ **pile, accumulation**
תַּצְהִיר ז׳ **affidavit; declaration**
תְּצוּגָה נ׳ **show, display**
תְּצוּרָה נ׳ **configuration, formation, form**
תִּצְלוֹבֶת נ׳ **crossing; hybrid**
תַּצְלוּם ז׳ **photograph, photo**
תַּצְלִיל ז׳ **chord**
תַּצְפִּית נ׳ **observation, observation post, look-out**

תִּצְרוֹכֶת נ׳ **consumption**
תַּצְרוּם ז׳ **cacophony, dissonance**
תַּצְרֵף ז׳ **jig saw puzzle**
תַּ"ק **500**
תַּ"ק פַּרְסָה נ"ר **a long distance**
תַּקְבּוּל ז׳ **intake, receipts (cash)**
תִּקְבּוֹלֶת נ׳ **parallelism**
תַּקְדִּים ז׳ **precedent**
תִּקְוָה נ׳ **hope**
תָּקוּל ת׳ **out of order, defective**
תְּקוּמָה נ׳ **revival, renewal, recovery**
תָּקוּעַ ת׳ **stuck in, inserted; stranded, stuck (colloq.)**
תָּקוּף ת׳ **seized with**
תְּקוּפָה נ׳ **period, era, cycle, season**
תְּקוּפָתִי ת׳ **periodic(al), seasonal**
תְּקוּרָה נ׳ **overhead expenses**
תָּקִיל ת׳ **weighed**
תָּקִין ת׳ **standard, normal**
תְּקִינָה נ׳ **standardization**
תְּקִינוּת נ׳ **normality, regularity**
תְּקִיעָה נ׳ **insertion, sticking in; blowing (a trumpet or shofar)**
תְּקִיעַת כַּף נ׳ **shaking hands (on a deal)**
תַּקִּיף ת׳ **forceful, hard, firm, strong, tough**
תְּקִיפָה נ׳ **attack, assault**
תַּקִּיפוּת נ׳ **forcefulness, hardness, firmness, toughness**
תַּקָּלָה נ׳ **obstacle, hindrance; accident, mishap**
תַּקְלִיט ז׳ **phonograph record**
תַּקְלִיטִיָּה נ׳ **record library, record collection**

תֶּקֶן ז׳ **norm, standard; establishment, complement; post, position**
תַּקָּנָה נ׳ **remedy; reform, improvement; regulation, rule**
תַּקָּנוֹן ז׳ **constitution (of organization, etc.), regulations, set of rules**
תִּקְנוּן ז׳ **standardization**
תִּקְנִי ת׳ **standard, normal**
תִּקְנֵן פ׳ **standardize**
תָּקַע פ׳ **sound (a trumpet or shofar), stick in, insert**
תָּקַע כַּף **shake hands (on a deal)**
תֶּקַע ז׳ **plug (electric)**
תָּקֵף ת׳ **valid, in force**
תָּקַף פ׳ **attack, assault**
תִּקְצֵב פ׳ **draw up the budget, budget**
תַּקְצִיב ז׳ **budget; allocation, allowance**
תַּקְצִיבִי ת׳ **budgetary**
תַּקְצִיר ז׳ **summary, synopsis, outline, abstract**
תִּקְצֵר פ׳ **summarize, outline, abstract**
תֶּקֶר, נֶקֶר ז׳ **flat tire, puncture**
תִּקְרָה נ׳ **ceiling**
תִּקְרֹבֶת נ׳ **light refreshments**
תִּקְרֹנֶת נ׳ **radiation**
תַּקְרִישׁ ז׳ **thrombosis**
תַּקְרִית נ׳ **incident**
תִּקְשֹׁרֶת נ׳ **communication(s)**
תִּקְשָׁרְתִּי ת׳ **of communication**
תַּקְשִׁיט ז׳ **ornament, decoration, décor**
תַּקְשִׁ"ר ז׳ (תַּקָּנוֹן שֵׁירוּת הַמְּדִינָה) **civil service regulations**
תִּקְשֵׁר פ׳ **communicate**
תִּקְתּוּק ז׳ **ticking; typing**
תִּקְתֵּק פ׳ **tick; type**
תָּר פ׳ **tour, survey**
תַּרְבּוּת נ׳ **culture, civilization; culture (bacteria)**
תִּרְבּוּת ז׳ **civilizing; cultivating; domesticating, taming; preparing a culture**
תַּרְבּוּתִי ת׳ **cultured, cultural; cultivated**
תַּרְבִּיךְ ז׳ **ragout**
תַּרְבִּית נ׳ **interest, usury; breeding, increase**
תִּרְבֵּת פ׳ **civilize, make cultured; domesticate, tame**
תִּרְגּוּל ז׳ **exercise, practice**
תִּרְגֹּלֶת נ׳ **series of exercises**
תִּרְגּוּם ז׳ **translating**
תַּרְגּוּם ז׳ **translation; Targum (Aramaic version of Bible)**
תַּרְגּוּם הַשִּׁבְעִים ז׳ **Septuagint**
תַּרְגִּיל ז׳ **exercise, drill**
תַּרְגִּימָה נ׳ **sweets**
תַּרְגִּישׁ ז׳ **sentiment**
תִּרְגֵּל פ׳ **exercise, train, drill**
תִּרְגֵּם פ׳ **translate**
תֶּרֶד ז׳ **spinach**
תַּרְדֵּמָה נ׳ **deep sleep, torpor**
תַּרְדֶּמֶת נ׳ **coma**
תָּרוֹג ת׳ **citron-colored, lemon-colored**
תַּרְוָד ז׳ **kitchen spoon, ladle**
תַּרְוָוִיחַ ז׳ **diastole**

תְּרוּמָה נ' contribution, donation
תְּרוּמִי ת' choice, superlative
תְּרוּנָה נ' masting
תְּרוּעָה נ' shout, cry, cheer; trumpet or shofar blast
תְּרוּפָה נ' medicine, remedy
תִּרְזָה נ' linden
תֶּרַח ז' old fool
תַּרְחִיף ז' suspension
תַּרְחִיץ ז' lotion
תַּרְחִישׁ ז' scenario
תַּרְטִיט ז' vibration
תַּרְיַ"ג מִצְווֹת נ"ר 613 commandments (of Jewish Law)
תְּרִיס ז' shutter, blind; shield, protection
תְּרִיסִיָּה נ' thyroid gland
תְּרֵיסַר ש"מ twelve; a dozen
תְּרֵיסַריוֹן ז' duodenum
תְּרֵי־עָשָׂר ש"מ the twelve Minor Prophets
תִּרְכּוּב ז' vaccination, inoculation
תִּרְכּוֹבֶת נ' compound (chemical)
תִּרְכּוֹזֶת נ' concentration
תַּרְכּוֹס ז' side board
תַּרְכִּיב ז' vaccine, serum
תַּרְכִּיז ז' concentrate
תָּרַם פ' contribute, donate
תַּרְמִיל ז' bag, rucksack, pack; pod; cartridge (of bullet)
תַּרְמִית נ' deceit, fraud
תַּרְנְגוֹל ז' rooster, cock
תַּרְנְגוֹלֶת נ' hen
תַּרְנְהוֹד ז' turkey
תַּרְסִיס ז' spray

תַּרְעוֹמֶת נ' resentment, grudge, indignation, anger
תַּרְעֵלָה נ' poison
תְּרָפִים ז"ר household gods
תַּרְקוֹבֶת נ' compost
תַּרְשִׁים ז' draft plan, design, sketch
תַּרְשִׁישׁ ז' nacre, mother-of-pearl; pearl
תַּרְתֵּי ש"מ two
תַּרְתֵּי דִּסְתְרֵי ז"ר a contradiction in terms
תַּרְתֵּי מַשְׁמָע ז"ר double meaning
תִּשְׁאֵל פ' investigate, question
תִּשְׁאוּל ז' investigating; investigation, questioning
תַּשְׁבֵּץ ז' checker work; crossword puzzle
תִּשְׁדּוֹרֶת נ' broadcast message or report
תַּשְׁדִּיר ז' commercial broadcast
תְּשׁוּאָה נ', תְּשׁוּאוֹת נ"ר cheers, applause
תְּשׁוּאָה נ' proceeds, capital gains
תְּשׁוּבָה נ' answer, reply; return; repentance, penitence
תְּשׂוּמָה נ' input; putting
תְּשׂוּמַת (תְּשׂוּמֶת) לֵב נ' attention
תְּשׁוּעָה נ' salvation, rescue, deliverance, redemption
תְּשׁוּקָה נ' desire, craving, lust
תְּשׁוּרָה נ' present, gift
תָּשׁוּשׁ ת' feeble, exhausted, worn out
תַּשְׁטִיף ז' gargle
תְּשִׁיעִי ת' ninth (masc.)

תְּשִׁיעִית נ׳ ninth (fem.); one-ninth
תְּשִׁישׁוּת נ׳ feebleness, exhaustion
תִּשְׁלוֹבֶת נ׳ gearing; combination; complex
תַּשְׁלוּם ז׳ payment, instalment
תַּשְׁמִישׁ ז׳ use; coitus
תֵּשַׁע ש״מ. nine (fem.)
תִּשְׁעָה ש״מ nine (masc.)
תִּשְׁעָה עָשָׂר ש״מ nineteen (masc.)
תִּשְׁעִים ש״מ ninety
תְּשַׁע־עֶשְׂרֵה ש״מ nineteen (fem.)
תִּשְׁעָתַיִם תה״פ ninefold
תִּשְׁפּוֹרֶת נ׳ cosmetics, make-up
תַּשְׁקוּפָה נ׳ perspective
תַּשְׁקִיף ז׳ forecast (of weather)
תֶּשֶׁר ז׳ tip
תִּשְׁרֵי ז׳ Tishri (Sept.–Oct,)
תַּשְׁרִיט ז׳ draft, plan, blueprint
תַּשְׁרִיר ז׳ enactment, validation
תִּשְׁרֵר פ׳ enact, validate

תָּשַׁשׁ, תַּשׁ פ׳ grow weak, be exhausted
תַּשְׁתִּית נ׳ foundation, base, infrastructure
תֵּת פ׳ to give
תַּת תה״פ under-, sub-
תַּת־אַלּוּף ת׳ Brigadier-General
תַּת־הַכָּרָה נ׳ the subconscious
תַּת־יָמִי, תַּת־מֵימִי ת׳ under-water
תַּת־מִקְלָע ז׳ sub-machine gun
תַּת־קַרְקָעִי ת׳ subterranean
תַּת תְּזוּנָה נ׳ malnutrition, under-nourishment
תַּת תִּקְנִי ת׳ sub-standard
ת״ת Jewish religious school (initials of תַּלְמוּד תּוֹרָה)
תַּתּוֹן הַמּוֹחַ ז׳ pituitary gland
תַּתְמוֹכֶת נ׳ support, prop, bulwark
תַּתְרָן ז׳ anosmic
תַּתְרָנוּת נ׳ anosmia

Z

zany *n.* בַּדְחָן, מוּקְיוֹן; שׁוֹטֶה, מְשׁוּגָּע

zeal *n.* קַנָּאוּת, לַהַט

zealot *n.* קַנַּאי

zealous *adj.* קַנָּאִי

zebra *n.* זֶבְּרָה

zebra crossing *n.* מַעֲבַר חֲצִיָּיה

zenith *n.* זֵנִית; שִׂיא הַגּוֹבַהּ

zephyr *n.* רוּחַ מַעֲרָבִית, רוּחַ חֲרִישִׁית

zeppelin *n.* סְפִינַת אֲוִיר, צֶפֶּלִין

zero *n.* אֶפֶס (0), נְקוּדַת־הָאֶפֶס

zest *n.* טַעַם מְגָרֶה; חֵשֶׁק, הִתְלַהֲבוּת

zigzag *adj., adv., n.* סִכְסָךְ, זִגְזָג;
סִכְסָכִי, זִגְזָגִי; בְּזִגְזָג

zigzag *v.* הִזְדַגְזֵג

zinc *n.* אָבָץ, צִינְק

zinc etching *n.* חֲרִיטַת אָבָץ

zinnia *n.* צִינְיָה (צמח נוֹי ססגוני)

Zion *n.* צִיּוֹן (גם בּמשמעוּת ישׂראל)

Zionism *n.* צִיּוֹנִיּוּת, צִיּוֹנוּת

Zionist *adj., n.* צִיּוֹנִי

zip *n.* שְׁרִיקָה; כּוֹחַ; רוֹכְסָן

zip *v.* חָלַף בִּשְׁרִיקָה; רָכַס בְּרוֹכְסָן

zip fastener,
zipper *n.* רוֹכְסָן

zircon *n.* זִירְקוֹן (מינרל)

zirconium *n.* זִירְקוֹנִיוּם (יסוד מתכתי)

zither *n.* צִיתֵר (כּלי פּריטה)

zodiac *n.* גַּלְגַּל 12 הַמַּזָּלוֹת

zone *n.* אֵזוֹר, חֶבֶל

zone *v.* חִילֵּק לַאֲזוֹרִים

zoo *n.* גַּן חַיּוֹת

zoologic(al) *adj.* זוֹאוֹלוֹגִי

zoologist *n.* זוֹאוֹלוֹג (חוקר חיי בּע״ח)

zoom *n.* נְסִיקָה מְהִירָה תְּלוּלָה

zoom *v.* הִנְסִיק בִּמְהִירוּת וּבִתְלִילוּת

zucchini *n.* דְּלַעַת קִישׁוּא (מוּארכת)